මහමෙව්නාවේ බෝධිඥාන ත්‍රිපිටක ග්‍රන්ථ මාලා 10

සූත්‍ර පිටකයට අයත්

ආශ්චර්යවත් ශ්‍රී සද්ධර්මය

සංයුත්ත නිකායේ

(සිව්වෙනි කොටස)

සළායතන වර්ගය

පරිවර්තනය

පූජ්‍ය කිරිබත්ගොඩ ඤාණානන්ද ස්වාමීන් වහන්සේ

ප්‍රකාශනය

මහාමේඝ ප්‍රකාශකයෝ

වඩුවාව, යටිගල්ඔළුව, පොල්ගහවෙල.

දුර : 037 2053300, 076 8255703

ඊ-මේල් : mahameghapublishers@gmail.com

ශ්‍රී. බු.ව. 2550 ව්‍යවහාර වර්ෂ : 2006

මහමෙව්නාවේ බෝධිඥාන ත්‍රිපිටක ග්‍රන්ථ මාලා 10

සූත්‍ර පිටකයට අයත් ආශ්චර්යවත් ශ්‍රී සද්ධර්මය

සංයුත්ත නිකාය 4
(සළායතන වර්ගය)

පරිවර්තනය : පූජ්‍ය කිරිබත්ගොඩ ඤාණානන්ද ස්වාමීන් වහන්සේ

ISBN : 978-955-687-106-7

© සියලුම හිමිකම් ඇවිරිණි.

ප්‍රථම මුද්‍රණය : ශ්‍රී බුද්ධ වර්ෂ 2550/ ව්‍යවහාරික වර්ෂ 2006

- පරිගණක අකුරු සැකසුම සහ ප්‍රකාශනය -

මහාමේඝ ප්‍රකාශකයෝ
වඩුවාව, යටිගල්ඔළුව, පොල්ගහවෙල.
දුර : (+94) 37 20 53 300, (+94) 76 82 55 703
ඊ-මේල් : mahameghapublishers@gmail.com

Mahamevnawa Bodhiñāna Tripitaka Series, Volume 10

The Wonderful Dhamma in the Suttantapitaka
SAMYUTTA NIKĀYA
(THE GROUPED DISCOURES OF THE TATHĀGATA SAMMĀSAMBUDDHA)

Part 04

SALĀYATANA VAGGA

With the Sinhala Translation
By

VEN. KIRIBATHGODA ÑĀNĀNANDA BHIKKHU

PUBLISHED BY:

Mahamegha Publishers
Waduwawa, Yatigal-Oluwa, Polgahawela, Sri Lanka.
Tel : (+94) 37 20 53 300, (+94) 76 82 55 703
e-mail : mahameghapublishers@gmail.com

B. E. 2550   C.E. 2006

"ධම්මෝ හි වාසෙට්ඨා, සෙට්ඨෝ ජනේතස්මිං
දිට්ඨේ චේව ධම්මේ, අභිසම්පරායේ ච."

වාසෙට්ඨයෙනි, මෙලොවෙහි ත්, පරලොවෙහි ත්
ජනයා අතර ධර්මය ම ශ්‍රේෂ්ඨ වෙයි !

- අග්ගඤ්ඤ සූත්‍රය - භාගයවත් බුදුරජාණන් වහන්සේ

පටුන

සංයුත්ත නිකායේ සළායතන වර්ගය

සළායතන සංයුත්තය

1. අනිච්ච වර්ගය

1.1.1. **අජ්ඣත්තානිච්ච සූත්‍රය** 1
තමා තුළ ඇති අනිත්‍යතාව ගැන වදාළ දෙසුම

1.1.2. **අජ්ඣත්තදුක්ඛ සූත්‍රය** 3
තමා තුළ ඇති දුක ගැන වදාළ දෙසුම

1.1.3. **අජ්ඣත්තානත්ත සූත්‍රය** 4
තමා තුළ ඇති අනාත්ම බව ගැන වදාළ දෙසුම

1.1.4. **බාහිරානිච්ච සූත්‍රය** 4
බාහිර දේ තුළ ඇති අනිත්‍යතාව ගැන වදාළ දෙසුම

1.1.5. **බාහිරදුක්ඛ සූත්‍රය** 5
බාහිර දේ තුළ ඇති දුක ගැන වදාළ දෙසුම

1.1.6. **බාහිරානත්ත සූත්‍රය** 6
බාහිර දේ තුළ ඇති අනාත්ම බව ගැන වදාළ දෙසුම

1.1.7. **දුතිය අජ්ඣත්තානිච්ච සූත්‍රය** 7
තමා තුළ ඇති අනිත්‍යතාව ගැන වදාළ දෙවෙනි දෙසුම

1.1.8. **දුතිය අජ්ඣත්තදුක්ඛ සූත්‍රය** 8
තමා තුළ ඇති දුක ගැන වදාළ දෙවෙනි දෙසුම

1.1.9. **දුතිය අජ්ඣත්තානත්ත සූත්‍රය** 8
තමා තුළ ඇති අනාත්ම බව ගැන වදාළ දෙවෙනි දෙසුම

1.1.10. **දුතිය බාහිරානිච්ච සූත්‍රය** 9
බාහිර දේ තුළ ඇති අනිත්‍යතාව ගැන වදාළ දෙවෙනි දෙසුම

1.1.11. **දුතිය බාහිරදුක්ඛ සූත්‍රය** 10
බාහිර දේ තුළ ඇති දුක ගැන වදාළ දෙවෙනි දෙසුම

1.1.12. **දුතිය බාහිරානත්ත සූත්‍රය** 11
බාහිර දේ තුළ ඇති අනාත්ම බව ගැන වදාළ දෙවෙනි දෙසුම

2. යමක වර්ගය

1.2.1. **සම්බෝධ සූත්‍රය** 12
සම්බුද්ධත්වය ගැන වදාළ දෙසුම

1.2.2. **දුතිය සම්බෝධ සූත්‍රය** 13
සම්බුද්ධත්වය ගැන වදාළ දෙවෙනි දෙසුම

1.2.3. **අස්සාදපරියේසන සූත්‍රය** 15
ආශ්වාදය පිළිබඳව පර්යේෂණ කිරීම ගැන වදාළ දෙසුම

1.2.4. **දුතිය අස්සාදපරියේසන සූත්‍රය** 16
ආශ්වාදය පිළිබඳව පර්යේෂණ කිරීම ගැන වදාළ දෙවෙනි දෙසුම

1.2.5. **නෝ චේ අස්සාද සූත්‍රය** 18
'ඉදින් ආශ්වාදයක් නොතිබුණා නම්' යන්න ගැන වදාළ දෙසුම

1.2.6. **දුතිය නෝ චේ අස්සාද සූත්‍රය** 20
'ඉදින් ආශ්වාදයක් නොතිබුණා නම්' යන්න ගැන
වදාළ දෙවෙනි දෙසුම

1.2.7. **අභිනන්ද සූත්‍රය** 21
සතුටින් පිළිගැනීම ගැන වදාළ දෙසුම

1.2.8. **දුතිය අභිනන්ද සූත්‍රය** 23
සතුටින් පිළිගැනීම ගැන වදාළ දෙවෙනි දෙසුම

1.2.9. **උප්පාද සූත්‍රය** 24
ඉපදීම ගැන වදාළ දෙසුම

1.2.10. **දුතිය උප්පාද සූත්‍රය** 24
ඉපදීම ගැන වදාළ දෙවෙනි දෙසුම

3. සබ්බ වර්ගය

1.3.1. **සබ්බ සූත්‍රය** 26
සියල්ල ගැන වදාළ දෙසුම

1.3.2. **පහාන සූත්‍රය** 27
ප්‍රහාණය කිරීම ගැන වදාළ දෙසුම

1.3.3. **දුතිය පහාන සූත්‍රය** 28
ප්‍රහාණය කිරීම ගැන වදාළ දෙවෙනි දෙසුම

1.3.4. **අපරිජාන සූත්‍රය** 29
පිරිසිඳ නොදැනීම ගැන වදාළ දෙසුම

1.3.5. **දුතිය අපරිජාන සූත්‍රය** 32
පිරිසිඳ නොදැනීම ගැන වදාළ දෙවෙනි දෙසුම

1.3.6. **ආදිත්ත පරියාය සූත්‍රය** 33
ගිනි ඇවිලුණු දේ ගැන වදාළ දෙසුම

1.3.7. **අන්ධභූත සූත්‍රය** 36
මුලාවෙන් මුලාවට පත්වීම ගැන වදාළ දෙසුම

1.3.8. **සාරුප්ප පටිපදා සූත්‍රය** 38
කෙලෙස් නැසීම පිණිස ගැලපෙන ප්‍රතිපදාව ගැන වදාළ දෙසුම
1.3.9. **සප්පාය පටිපදා සූත්‍රය** 40
කෙලෙස් නැසීමට ගැලපෙන ප්‍රතිපදාව ගැන වදාළ දෙසුම
1.3.10. **දුතිය සප්පාය පටිපදා සූත්‍රය** 42
කෙලෙස් නැසීමට ගැලපෙන ප්‍රතිපදාව ගැන
වදාළ දෙවෙනි දෙසුම

4. ජාතිධම්ම වර්ගය

1.4.1. **ජාතිධම්ම සූත්‍රය** 47
ඉපදීම ස්වභාව කොට ඇති දෙය ගැන වදාළ දෙසුම
1.4.2. **ජරාධම්ම සූත්‍රය** 48
ජරාවට පත්වීම ස්වභාව කොට ඇති දෙය ගැන වදාළ දෙසුම
1.4.3. **ව්‍යාධිධම්ම සූත්‍රය** 49
රෝදුක් වැළඳීම ස්වභාව කොට ඇති දෙය ගැන වදාළ දෙසුම
1.4.4. **මරණධම්ම සූත්‍රය** 49
මරණය ස්වභාව කොට ඇති දෙය ගැන වදාළ දෙසුම
1.4.5. **සෝකධම්ම සූත්‍රය** 49
ශෝකවීම ස්වභාව කොට ඇති දෙය ගැන වදාළ දෙසුම
1.4.6. **සංකිලේසධම්ම සූත්‍රය** 50
කෙලෙස්වලින් කිලිටිවීම ස්වභාව කොට ඇති දේ ගැන වදාළ දෙසුම
1.4.7. **ඛයධම්ම සූත්‍රය** 50
ක්ෂය වීම ස්වභාව කොට ඇති දෙය ගැන වදාළ දෙසුම
1.4.8. **වයධම්ම සූත්‍රය** 50
වැනසීම ස්වභාව කොට ඇති දෙය ගැන වදාළ දෙසුම
1.4.9. **සමුදයධම්ම සූත්‍රය** 51
හටගැනීම ස්වභාව කොට ඇති දෙය ගැන වදාළ දෙසුම
1.4.10. **නිරෝධධම්ම සූත්‍රය** 51
නිරුද්ධ වීම ස්වභාව කොට ඇති දෙය ගැන වදාළ දෙසුම

5. සබ්බානිච්ච වර්ගය

1.5.1. **අනිච්ච සූත්‍රය** 53
අනිත්‍යය ගැන වදාළ දෙසුම
1.5.2. **දුක්ඛ සූත්‍රය** 54
දුක ගැන වදාළ දෙසුම
1.5.3. **අනත්ත සූත්‍රය** 54
අනාත්මය ගැන වදාළ දෙසුම
1.5.4. **අභිඤ්ඤෙය්‍ය සූත්‍රය** 54
විශේෂ නුවණකින් අවබෝධ කළ යුතු දෙය ගැන වදාළ දෙසුම

1.5.5. **පරිඤ්ඤෙය්‍ය සූත්‍රය** 54
නුවණින් පිරිසිඳ දත යුතු දෙය ගැන වදාළ දෙසුම
1.5.6. **පහතාබ්බ සූත්‍රය** 55
ප්‍රහාණය කළ යුතු දෙය ගැන වදාළ දෙසුම
1.5.7. **සච්ඡිකාතබ්බ සූත්‍රය** 55
නුවණින් සාක්ෂාත් කළ යුතු දෙය ගැන වදාළ දෙසුම
1.5.8. **අභිඤ්ඤෙය්‍යපරිඤ්ඤෙය්‍ය සූත්‍රය** 55
විශේෂ නුවණින් අවබෝධ කළ යුතු - පිරිසිඳ දත යුතු දෙය ගැන වදාළ දෙසුම
1.5.9. **උපද්දුත සූත්‍රය** 55
උවදුරු සහිත බව ගැන වදාළ දෙසුම
1.5.10. **උපස්සට්ඨ සූත්‍රය** 56
අනතුරු සහිත බව ගැන වදාළ දෙසුම

6. අවිජ්ජා වර්ගය

1.6.1. **අවිජ්ජාපහාන සූත්‍රය** 58
අවිද්‍යාව ප්‍රහාණය වීම ගැන වදාළ දෙසුම
1.6.2. **සඤ්ඤෝජනපහාන සූත්‍රය** 59
කෙලෙස්වලට බැඳී යෑම ප්‍රහාණය ගැන වදාළ දෙසුම
1.6.3. **සඤ්ඤෝජනසමුග්ඝාත සූත්‍රය** 60
කෙලෙස්වලට බැඳී යෑම මුලින්ම වැනසීම ගැන වදාළ දෙසුම
1.6.4. **ආසවප්පහාන සූත්‍රය** 61
ආශ්‍රවයන් ප්‍රහාණය වීම ගැන වදාළ දෙසුම
1.6.5. **ආසවසමුග්ඝාත සූත්‍රය** 62
ආශ්‍රවයන් මුලින්ම වැනසීම ගැන වදාළ දෙසුම
1.6.6. **අනුසයප්පහාන සූත්‍රය** 62
අභ්‍යන්තර කෙලෙස් ප්‍රහාණය ගැන වදාළ දෙසුම
1.6.7. **අනුසයසමුග්ඝාත සූත්‍රය** 63
අභ්‍යන්තර කෙලෙස් මුලින්ම වැනසීම ගැන වදාළ දෙසුම
1.6.8. **සබ්බූපාදානපරිඤ්ඤා සූත්‍රය** 64
සියළු උපාදාන පිරිසිඳ දැනීම ගැන වදාළ දෙසුම
1.6.9. **සබ්බූපාදානපරියාදාන සූත්‍රය** 66
සියළු උපාදාන අවසන් කිරීම ගැන වදාළ දෙසුම
1.6.10. **දුතිය සබ්බූපාදානපරියාදාන සූත්‍රය** 68
සියළු උපාදාන අවසන් කිරීම ගැන වදාළ දෙවෙනි දෙසුම

7. මිගජාල වර්ගය

1.7.1. **මිගජාල සූත්‍රය** 70
මිගජාල තෙරුන්ට වදාළ දෙසුම

1.7.2. **දුතිය මිගජාල සූත්‍රය** 72
මිගජාල තෙරුන්ට වදාළ දෙවෙනි දෙසුම
1.7.3. **සමිද්ධි - මාරපඤ්හ සූත්‍රය** 74
සමිද්ධි තෙරුන් මාරයා ගැන ඇසූ ප්‍රශ්නයට වදාළ දෙසුම
1.7.4. **සමිද්ධි - සත්තපඤ්හ සූත්‍රය** 75
සමිද්ධි තෙරුන් සත්වයා ගැන ඇසූ ප්‍රශ්නයට වදාළ දෙසුම
1.7.5. **සමිද්ධි - දුක්ඛපඤ්හ සූත්‍රය** 76
සමිද්ධි තෙරුන් දුක ගැන ඇසූ ප්‍රශ්නයට වදාළ දෙසුම
1.7.6. **සමිද්ධි - ලෝකපඤ්හ සූත්‍රය** 77
සමිද්ධි තෙරුන් ලෝකය ගැන ඇසූ ප්‍රශ්නයට වදාළ දෙසුම
1.7.7. **උපසේන සූත්‍රය** 78
උපසේන තෙරුන් ගැන වදාළ දෙසුම
1.7.8. **උපවාණ සූත්‍රය** 79
උපවාණ තෙරුන්ට වදාළ දෙසුම
1.7.9. **පඨම ඡඵස්සායතන සූත්‍රය** 81
ස්පර්ශ ආයතන හය ගැන වදාළ පළමු දෙසුම
1.7.10. **දුතිය ඡඵස්සායතන සූත්‍රය** 83
ස්පර්ශ ආයතන හය ගැන වදාළ දෙවෙනි දෙසුම
1.7.11. **තතිය ඡඵස්සායතන සූත්‍රය** 84
ස්පර්ශ ආයතන හය ගැන වදාළ තුන්වෙනි දෙසුම

8. ගිලාන වර්ගය

1.8.1. **ගිලාන සූත්‍රය** 86
ගිලන් භික්ෂුවකට වදාළ දෙසුම
1.8.2. **දුතිය ගිලාන සූත්‍රය** 88
ගිලන් භික්ෂුවකට වදාළ දෙවෙනි දෙසුම
1.8.3. **අනිච්ච සූත්‍රය** 91
අනිත්‍යය ගැන වදාළ දෙසුම
1.8.4. **දුක්ඛ සූත්‍රය** 92
දුක ගැන වදාළ දෙසුම
1.8.5. **අනත්ත සූත්‍රය** 93
අනාත්මය ගැන වදාළ දෙසුම
1.8.6. **අවිජ්ජා සූත්‍රය** 94
අවිද්‍යාව ගැන වදාළ දෙසුම
1.8.7. **දුතිය අවිජ්ජා සූත්‍රය** 95
අවිද්‍යාව ගැන ගැන වදාළ දෙවෙනි දෙසුම
1.8.8. **සම්බහුලභික්ඛු සූත්‍රය** 96
බොහෝ භික්ෂූන්ට වදාළ දෙසුම
1.8.9. **ලෝක සූත්‍රය** 98
ලෝකය ගැන වදාළ දෙසුම

1.8.10. **එග්ගුන සූත්‍රය** 99
එග්ගුන තෙරුන්ට වදාළ දෙසුම

9. ඡන්න වර්ගය

1.9.1. **පලෝකධම්ම සූත්‍රය** 101
බිඳීයන ස්වභාවය ගැන වදාළ දෙසුම

1.9.2. **සුඤ්ඤලෝක සූත්‍රය** 102
හිස් ලෝකය ගැන වදාළ දෙසුම

1.9.3. **සංඛිත්තධම්ම සූත්‍රය** 103
කෙටියෙන් ධර්මයක් පැවසීම ගැන වදාළ දෙසුම

1.9.4. **ඡන්න සූත්‍රය** 104
ඡන්න තෙරුන්ට වදාළ දෙසුම

1.9.5. **පුණ්ණ සූත්‍රය** 109
පුණ්ණ තෙරුන්ට වදාළ දෙසුම

1.9.6. **බාහිය සූත්‍රය** 113
බාහිය තෙරුන්ට වදාළ දෙසුම

1.9.7. **ඒජා සූත්‍රය** 115
තණ්හාව ගැන වදාළ දෙසුම

1.9.8. **දුතිය ඒජා සූත්‍රය** 117
තණ්හාව ගැන වදාළ දෙවෙනි දෙසුම

1.9.9. **ද්වය සූත්‍රය** 119
දෙකක් මුල්කොට වදාළ දෙසුම

1.9.10. **දුතිය ද්වය සූත්‍රය** 119
දෙකක් මුල්කොට වදාළ දෙවෙනි දෙසුම

10. ඡළ වර්ගය

1.10.1. **ඡඵස්සායතන සූත්‍රය** 122
ස්පර්ශ ආයතන හය ගැන වදාළ දෙසුම

1.10.2. **මාලුංක්‍යපුත්ත සූත්‍රය** 124
මාලුංක්‍යපුත්ත තෙරුන්ට වදාළ දෙසුම

1.10.3. **පරිහානධම්ම සූත්‍රය** 130
පිරිහී යන දෙය මුල්කොට වදාළ දෙසුම

1.10.4. **පමාදවිහාරී සූත්‍රය** 132
නිවන් මගෙහි ප්‍රමාදීව වාසය කිරීම මුල්කොට වදාළ දෙසුම

1.10.5. **සංවර සූත්‍රය** 134
සංවර වීම මුල්කොට වදාළ දෙසුම

1.10.6. **සමාධි සූත්‍රය** 135
සමාධිය ගැන වදාළ දෙසුම

1.10.7. **පටිසල්ලාන සූත්‍රය** 137
හුදෙකලා භාවනාවෙහි යෙදීම ගැන වදාළ දෙසුම
1.10.8. **න තුම්හාක සූත්‍රය** 137
'ඔබේ නොවේ' යන කරුණ ගැන වදාළ දෙසුම
1.10.9. **දුතිය න තුම්හාක සූත්‍රය** 139
'ඔබේ නොවේ' යන කරුණ ගැන වදාළ දෙවෙනි දෙසුම
1.10.10. **උද්දක සූත්‍රය** 140
උද්දක රාමපුත්ත ගැන වදාළ දෙසුම

11. යෝගක්ඛේමි වර්ගය

1.11.1. **යෝගක්ඛේමි සූත්‍රය** 143
කෙලෙස් බන්ධනයන්ගෙන් නිදහස් වීම ගැන වදාළ දෙසුම
1.11.2. **උපාදාය සූත්‍රය** 144
'හේතුවෙන්' යන්න ගැන වදාළ දෙසුම
1.11.3. **දුක්ඛසමුදය සූත්‍රය** 145
දුකේ හටගැනීම ගැන වදාළ දෙසුම
1.11.4. **ලෝකසමුදය සූත්‍රය** 147
ලෝකයේ හටගැනීම ගැන වදාළ දෙසුම
1.11.5. **සෙය්‍ය සූත්‍රය** 148
'උසස්' යන්න ගැන වදාළ දෙසුම
1.11.6. **සඤ්ඤෝජන සූත්‍රය** 149
කෙලෙස් බන්ධනය ගැන වදාළ දෙසුම
1.11.7. **උපාදාන සූත්‍රය** 150
ග්‍රහණය වීම ගැන වදාළ දෙසුම
1.11.8. **පරිජානන සූත්‍රය** 151
පිරිසිඳ දැනීම ගැන වදාළ දෙසුම
1.11.9. **දුතිය පරිජානන සූත්‍රය** 151
පිරිසිඳ දැනීම ගැන වදාළ දෙවෙනි දෙසුම
1.11.10. **උපස්සුති සූත්‍රය** 152
ළඟ සිට සවන් දීම ගැන වදාළ දෙසුම

12. ලෝකකාමගුණ වර්ගය

1.12.1. **මාරපාස සූත්‍රය** 154
මාර තොණ්ඩුව ගැන වදාළ දෙසුම
1.12.2. **දුතිය මාරපාස සූත්‍රය** 155
මාර තොණ්ඩුව ගැන වදාළ දෙවෙනි දෙසුම
1.12.3. **ලෝකන්තගමන සූත්‍රය** 156
ලෝකයෙහි කෙළවරට ගමන් කිරීම ගැන වදාළ දෙසුම

1.12.4. **කාමගුණ සූත්‍රය** 162
කාමගුණ ගැන වදාළ දෙසුම
1.12.5. **සක්කපඤ්හ සූත්‍රය** 168
සක්දෙව්ඳුගේ ප්‍රශ්නයකට වදාළ දෙසුම
1.12.6. **පඤ්චසිඛපඤ්හ සූත්‍රය** 169
පඤ්චසිඛගේ ප්‍රශ්නයට වදාළ දෙසුම
1.12.7. **සාරිපුත්තසද්ධිවිහාරික සූත්‍රය** 170
සැරියුත් තෙරුන් ළඟ විසූ භික්ෂුවක් අරභයා වදාළ දෙසුම
1.12.8. **රාහුලෝවාද සූත්‍රය** 172
රාහුල තෙරුන්ට අවවාද වශයෙන් වදාළ දෙසුම
1.12.9. **සඤ්ඤෝජන සූත්‍රය** 176
කෙලෙස් බන්ධනය ගැන වදාළ දෙසුම
1.12.10. **උපාදාන සූත්‍රය** 176
ග්‍රහණය වීම ගැන වදාළ දෙසුම

13. ගහපති වර්ගය

1.13.1. **වේසාලි සූත්‍රය** 178
විශාලා මහනුවර දී වදාළ දෙසුම
1.13.2. **වජ්ජි සූත්‍රය** 179
වජ්ජි ජනපදයේ දී වදාළ දෙසුම
1.13.3. **නාලන්දා සූත්‍රය** 180
නාලන්දාවේ දී වදාළ දෙසුම
1.13.4. **භාරද්වාජ සූත්‍රය** 181
භාරද්වාජ තෙරුන් වදාළ දෙසුම
1.13.5. **සෝණ සූත්‍රය** 184
සෝණ ගෘහපති පුත්‍රයා අරභයා වදාළ දෙසුම
1.13.6. **ඝෝසිත සූත්‍රය** 185
ඝෝෂිත ගෘහපතියා අරභයා වදාළ දෙසුම
1.13.7. **හාලිද්දකානි සූත්‍රය** 187
හාලිද්දකානි ගෘහපතිතුමා හට වදාළ දෙසුම
1.13.8. **නකුලපිතු සූත්‍රය** 188
නකුලපිතු ගෘහපතිතුමා හට වදාළ දෙසුම
1.13.9. **ලෝහිච්ච සූත්‍රය** 190
ලෝහිච්ච බ්‍රාහ්මණයාට වදාළ දෙසුම
1.13.10. **වේරහච්චානි සූත්‍රය** 194
වේහරච්චානි ගෘහපතිනියට වදාළ දෙසුම

14. දේවදහ වර්ගය

1.14.1.	දේවදහ සූත්‍රය	197
	දේවදහ නුවර දී වදාළ දෙසුම	
1.14.2.	ඛණ සූත්‍රය	198
	ක්ෂණය ගැන වදාළ දෙසුම	
1.14.3.	සගය්හ සූත්‍රය	200
	මැනැවින් ගැනීම ගැන වදාළ දෙසුම	
1.14.4.	ගය්හ සූත්‍රය	202
	ගැනීම ගැන වදාළ දෙසුම	
1.14.5.	පලාස සූත්‍රය	203
	දළු කොළ ගැන වදාළ දෙසුම	
1.14.6.	දුතිය පලාස සූත්‍රය	204
	දළු කොළ ගැන වදාළ දෙවෙනි දෙසුම	
1.14.7.	අජ්ඣත්තඅනිච්ච සූත්‍රය	205
	තමා තුළ ඇති අනිත්‍ය බව ගැන වදාළ දෙසුම	
1.14.8.	අජ්ඣත්තදුක්ඛ සූත්‍රය	205
	තමා තුළ ඇති දුක ගැන වදාළ දෙසුම	
1.14.9.	අජ්ඣත්තානත්ත සූත්‍රය	206
	තමා තුළ ඇති අනාත්මය ගැන වදාළ දෙසුම	
1.14.10.	බාහිරඅනිච්ච සූත්‍රය	207
	බාහිර දේ තුළ ඇති අනිත්‍යය ගැන වදාළ දෙසුම	
1.14.11.	බාහිරදුක්ඛ සූත්‍රය	207
	බාහිර දේ තුළ ඇති දුක ගැන වදාළ දෙසුම	
1.14.12.	බාහිරඅනත්ත සූත්‍රය	208
	බාහිර දේ තුළ ඇති අනාත්මය ගැන වදාළ දෙසුම	

15. නවපුරාණ වර්ගය

1.15.1.	කම්ම සූත්‍රය	209
	කර්මය ගැන වදාළ දෙසුම	
1.15.2.	සප්පාය සූත්‍රය	210
	උපකාරී වන දේ ගැන වදාළ දෙසුම	
1.15.3.	දුතිය සප්පාය සූත්‍රය	211
	උපකාරී වන දේ ගැන වදාළ දෙවෙනි දෙසුම	
1.15.4.	තතිය සප්පාය සූත්‍රය	212
	උපකාරී වන දේ ගැන වදාළ තුන්වෙනි දෙසුම	
1.15.5.	චතුත්ථ සප්පාය සූත්‍රය	213
	උපකාරී වන දේ ගැන වදාළ හතරවෙනි දෙසුම	

1.15.6. **අන්තේවාසික සූත්‍රය** 215
ගෝලයා ගැන වදාළ දෙසුම
1.15.7. **කිමත්ථිය සූත්‍රය** 217
'කුමක් පිණිස ද' යන්න ගැන වදාළ දෙසුම
1.15.8. **අත්ථිනුඛෝපරියාය සූත්‍රය** 218
'එවැනි ක්‍රමයක් තිබෙනවා ද?' යන්න ගැන වදාළ දෙසුම
1.15.9. **ඉන්ද්‍රියසම්පන්න සූත්‍රය** 220
ඉන්ද්‍රිය සම්පන්න භික්ෂුව ගැන වදාළ දෙසුම
1.15.10. **ධම්මකථික සූත්‍රය** 221
ධර්මකථික භික්ෂුව ගැන වදාළ දෙසුම

16. නන්දික්ඛය වර්ගය

1.16.1. **අජ්ඣත්තනන්දික්ඛයඅනිච්ච සූත්‍රය** 223
තමා තුළ ඇති තණ්හාව ක්ෂය වීම පිණිස
අනිත්‍ය දැකීම ගැන වදාළ දෙසුම
1.16.2. **බහිද්ධානන්දික්ඛයඅනිච්ච සූත්‍රය** 224
බාහිර දේ කෙරෙහි ඇති තණ්හාව ක්ෂය වීම පිණිස
අනිත්‍ය දැකීම ගැන වදාළ දෙසුම
1.16.3. **අජ්ඣත්තනන්දික්ඛයයෝනිසෝ සූත්‍රය** 224
තමා තුළ ඇති තණ්හාව ක්ෂය වීම පිණිස
නුවණින් දැකීම ගැන වදාළ දෙසුම
1.16.4. **බහිද්ධානන්දික්ඛයයෝනිසෝ සූත්‍රය** 225
බාහිර දේ කෙරෙහි ඇති තණ්හාව ක්ෂය වීම පිණිස
නුවණින් දැකීම ගැන වදාළ දෙසුම
1.16.5. **සමාධි සූත්‍රය** 226
සමාධිය ගැන වදාළ දෙසුම
1.16.6. **පටිසල්ලාන සූත්‍රය** 227
භාවනාවෙන් වාසය කිරීම ගැන වදාළ දෙසුම
1.16.7. **කොට්ඨිතඅනිච්ච සූත්‍රය** 228
කොට්ඨිත තෙරුන්ට අනිත්‍යය ගැන වදාළ දෙසුම
1.16.8. **කොට්ඨිතදුක්ඛ සූත්‍රය** 229
කොට්ඨිත තෙරුන්ට දුක ගැන වදාළ දෙසුම
1.16.9. **කොට්ඨිතඅනත්ත සූත්‍රය** 230
කොට්ඨිත තෙරුන්ට අනාත්මය ගැන වදාළ දෙසුම
1.16.10. **මිච්ඡාදිට්ඨිප්පහාන සූත්‍රය** 231
මිථ්‍යා දෘෂ්ටිය ප්‍රහාණය වීම ගැන වදාළ දෙසුම
1.16.11. **සක්කායදිට්ඨිප්පහාන සූත්‍රය** 232
සක්කාය දෘෂ්ටිය ප්‍රහාණය වීම ගැන වදාළ දෙසුම

1.16.12 **අත්තානුද්ට්ඨිප්පහාන සූත්‍රය** 233
ආත්ම දෘෂ්ටිය ප්‍රහාණය වීම ගැන වදාළ දෙසුම

17. සට්ඨි පෙය්‍යාලය

1.17.1. **අනිච්ච ඡන්ද සූත්‍රය** 234
අනිත්‍ය දේ කෙරෙහි ඇති ඡන්දය දුරු කිරීම ගැන වදාළ දෙසුම
1.17.2. **අනිච්ච රාග සූත්‍රය** 235
අනිත්‍ය දේ කෙරෙහි ඇති රාගය දුරු කිරීම ගැන වදාළ දෙසුම
1.17.3. **අනිච්ච ඡන්දරාග සූත්‍රය** 235
අනිත්‍ය දේ කෙරෙහි ඇති ඡන්දරාගය දුරු කිරීම
ගැන වදාළ දෙසුම
1.17.4.-6. **දුක්ඛ ඡන්ද - දුක්ඛ රාග - දුක්ඛ ඡන්දරාග සූත්‍ර** 236
දුක් දේ කෙරෙහි ඇති ඡන්දයත්, රාගයත්, ඡන්දරාගයත්
දුරුකිරීම ගැන වදාළ දෙසුම්
1.17.7.-9. **අනත්ත ඡන්ද - අනත්ත රාග - අනත්ත ඡන්දරාග සූත්‍ර** 236
අනාත්ම දේ කෙරෙහි ඇති ඡන්දයත්, රාගයත්, ඡන්දරාගයත්
දුරුකිරීම ගැන වදාළ දෙසුම්
1.17.10.-12. **බාහිරානිච්ච ඡන්ද - බාහිරානිච්ච රාග -**
බාහිරානිච්ච ඡන්දරාග සූත්‍ර 237
බාහිර අනිත්‍ය දේ කෙරෙහි ඇති ඡන්දයත්, රාගයත්,
ඡන්දරාගයත් දුරු කිරීම ගැන වදාළ දෙසුම්
1.17.13.-15. **බාහිරදුක්ඛ ඡන්ද - බාහිරදුක්ඛ රාග -**
බාහිරදුක්ඛ ඡන්දරාග සූත්‍ර 237
බාහිර දුක් දේ කෙරෙහි ඇති ඡන්දයත්, රාගයත්,
ඡන්දරාගයත් දුරු කිරීම ගැන වදාළ දෙසුම්
1.17.16.-18. **බාහිරානත්ත ඡන්ද - බාහිරානත්ත රාග -**
බාහිරානත්ත ඡන්දරාග සූත්‍ර 238
බාහිර අනාත්ම දේ කෙරෙහි ඇති ඡන්දයත්, රාගයත්,
ඡන්දරාගයත් දුරු කිරීම ගැන වදාළ දෙසුම්
1.17.19. **අතීතානිච්ච සූත්‍රය** 238
අතීතයට ගිය අනිත්‍ය දේ ගැන වදාළ දෙසුම
1.17.20. **අනාගතානිච්ච සූත්‍රය** 239
අනාගතයේ පහළ වන අනිත්‍ය දේ ගැන වදාළ දෙසුම
1.17.21. **පච්චුප්පන්නානිච්ච සූත්‍රය** 240
වර්තමානයේ හටගෙන තිබෙන අනිත්‍ය දේ ගැන වදාළ දෙසුම
1.17.22.-24. **අතීත දුක්ඛ - අනාගත දුක්ඛ - පච්චුප්පන්න දුක්ඛ සූත්‍ර** 240
අතීත වූත්, අනාගත වූත්, වර්තමාන වූත් දුක් දේ ගැන වදාළ දෙසුම්

1.17.25.-27.	අතීතානත්ත - අනාගතානත්ත - පච්චුප්පන්නානත්ත සූත්‍ර අතීත වූත්, අනාගත වූත්, වර්තමාන වූත් අනාත්ම දේ ගැන වදාළ දෙසුම්	241
1.17.28.-30.	බාහිර අතීතානිච්ච - බාහිර අනාගතානිච්ච - බාහිර පච්චුප්පන්නානිච්ච සූත්‍ර අතීත වූත්, අනාගත වූත්, වර්තමාන වූත් බාහිර අනිත්‍ය දේ ගැන වදාළ දෙසුම්	241
1.17.31.-33.	බාහිරාතීත දුක්ඛ - බාහිරානාගත දුක්ඛ - බාහිර පච්චුප්පන්න දුක්ඛ සූත්‍ර අතීත වූත්, අනාගත වූත්, වර්තමාන වූත් බාහිර දුක් දේ ගැන වදාළ දෙසුම්	242
1.17.34.-36.	බාහිර අතීතානත්ත - බාහිර අනාගතානත්ත - බාහිර පච්චුප්පන්නානත්ත සූත්‍ර අතීත වූත්, අනාගත වූත්, වර්තමාන වූත් බාහිර අනාත්ම දේ ගැන වදාළ දෙසුම්	242
1.17.37.	අතීතයදනිච්ච සූත්‍රය 'අතීතයට ගිය යමක් ඇද්ද, එය අනිත්‍යයි' යනුවෙන් වදාළ දෙසුම	243
1.17.38.	අනාගතයදනිච්ච සූත්‍රය 'අනාගතයෙහි හටගන්නා යමක් ඇද්ද, එය අනිත්‍යයි' යනුවෙන් වදාළ දෙසුම	244
1.17.39.	පච්චුප්පන්නයදනිච්ච සූත්‍රය 'වර්තමානයේ හටගෙන තිබෙන යමක් ඇද්ද, එය අනිත්‍යයි' යනුවෙන් වදාළ දෙසුම	244
1.17.40.-42	අතීත යං දුක්ඛ - අනාගත යං දුක්ඛ - පච්චුප්පන්න යං දුක්ඛ සූත්‍ර අතීත වූත්, අනාගත වූත්, වර්තමාන වූත් යමක් ඇද්ද, එය දුක් බව වදාළ දෙසුම්	245
1.17.43.-45	අතීත යදනත්ත - අනාගත යදනත්ත - පච්චුප්පන්න යදනත්ත සූත්‍ර අතීත වූත්, අනාගත වූත්, වර්තමාන වූත් යමක් ඇද්ද, එය අනාත්ම බව වදාළ දෙසුම්	246
1.17.46-48.	බාහිරාතීත යදනිච්ච - බාහිරානාගත යදනිච්ච - බාහිර පච්චුප්පන්න යදනිච්ච සූත්‍ර අතීත වූත්, අනාගත වූත්, වර්තමාන වූත් බාහිර යමක් ඇද්ද, එය අනිත්‍ය බව වදාළ දෙසුම්	246
1.17.49.-51	බාහිරාතීත යං දුක්ඛ - බාහිරානාගත යං දුක්ඛ - බාහිර පච්චුප්පන්න යං දුක්ඛ සූත්‍ර අතීත වූත්, අනාගත වූත්, වර්තමාන වූත්, බාහිර යමක් ඇද්ද, එය දුක් බව වදාළ දෙසුම්	247

1.17.52.-54 බාහිරාතීත යදනත්ත - බාහිරානාගත යදනත්ත - බාහිර පච්චුප්පන්න යදනත්ත සූත්‍ර 248
අතීත වූත්, අනාගත වූත්, වර්තමාන වූත් බාහිර යමක් ඇද්ද, එය අනාත්ම බව වදාළ දෙසුම්

1.17.55. අජ්ඣත්තායතන අනිච්ච සූත්‍රය 248
තමා තුළ ඇති ආයතනවල අනිත්‍ය බව ගැන වදාළ දෙසුම

1.17.56. අජ්ඣත්තායතන දුක්ඛ සූත්‍රය 249
තමා තුළ ඇති ආයතනවල දුක් බව ගැන වදාළ දෙසුම

1.17.57. අජ්ඣත්තායතන අනත්ත සූත්‍රය 249
තමා තුළ ඇති ආයතනවල අනාත්ම බව ගැන වදාළ දෙසුම

1.17.58. බාහිරායතන අනිච්ච සූත්‍රය 250
බාහිර ආයතනවල අනිත්‍ය බව ගැන වදාළ දෙසුම

1.17.59. බාහිරායතන දුක්ඛ සූත්‍රය 250
බාහිර ආයතනවල දුක් බව ගැන වදාළ දෙසුම

1.17.60. බාහිරායතන අනත්ත සූත්‍රය 251
බාහිර ආයතනවල අනාත්ම බව ගැන වදාළ දෙසුම

18. සමුද්ද වර්ගය

1.18.1. සමුද්ද සූත්‍රය 252
මහා සයුර ගැන වදාළ දෙසුම

1.18.2. දුතිය සමුද්ද සූත්‍රය 253
මහා සයුර ගැන වදාළ දෙවෙනි දෙසුම

1.18.3. බාළිසිකෝපම සූත්‍රය 254
මාළු බිලී බාන කෙනා උපමා කොට වදාළ දෙසුම

1.18.4. ඛීරරුක්ඛෝපම සූත්‍රය 256
කිරි ගස උපමා කොට වදාළ දෙසුම

1.18.5. කොට්ඨිත සූත්‍රය 259
කොට්ඨිත තෙරුන්ට වදාළ දෙසුම

1.18.6. කාමභූ සූත්‍රය 262
කාමභූ තෙරුන්ට වදාළ දෙසුම

1.18.7. උදායී සූත්‍රය 263
උදායි තෙරුන්ට වදාළ දෙසුම

1.18.8. ආදිත්තපරියාය සූත්‍රය 265
ගිනි ඇවිල ගත් ක්‍රමය ගැන වදාළ දෙසුම

1.18.9. හත්ථපාදූපම සූත්‍රය 269
අත් පා උපමා කොට වදාළ දෙසුම

1.18.10. දුතිය හත්ථපාදූපම සූත්‍රය 270
අත් පා උපමා කොට වදාළ දෙවෙනි දෙසුම

19. ආසිවිස වර්ගය

1.19.1. **ආසිවිසෝපම සූත්‍රය** 271
විෂ ඝෝර සර්පයන් උපමා කොට වදාළ දෙසුම

1.19.2. **රථූපම සූත්‍රය** 274
රථ උපමා කොට වදාළ දෙසුම

1.19.3. **කුම්මෝපම සූත්‍රය** 277
ඉදිබුවා උපමා කොට වදාළ දෙසුම

1.19.4. **දාරුක්ඛන්ධෝපම සූත්‍රය** 278
දර කඳ උපමා කොට වදාළ දෙසුම

1.19.5. **දුතිය දාරුක්ඛන්ධෝපම සූත්‍රය** 281
දර කඳ උපමා කොට වදාළ දෙවෙනි දෙසුම

1.19.6. **අවස්සුතපරියාය සූත්‍රය** 282
කෙලෙස් වැගිරීමේ ක්‍රමය ගැන වදාළ දෙසුම

1.19.7. **දුක්ඛධම්ම සූත්‍රය** 287
දුක් සහිත දේවල් ගැන වදාළ දෙසුම

1.19.8. **කිංසුකෝපම සූත්‍රය** 292
කැල ගස උපමා කොට වදාළ දෙසුම

1.19.9. **වීණෝපම සූත්‍රය** 296
වීණාව උපමා කොට වදාළ දෙසුම

1.19.10. **ඡප්පාණක සූත්‍රය** 299
ප්‍රාණීන් සය දෙනා මුල්කොට වදාළ දෙසුම

1.19.11. **යවකලාපී සූත්‍රය** 302
තිරිඟු කරල් මිටිය ගැන වදාළ දෙසුම

වේදනා සංයුත්තය

1. සගාථා වර්ගය

2.1.1. **සමාධි සූත්‍රය** 307
සමාධිය ගැන වදාළ දෙසුම

2.1.2. **සුඛ සූත්‍රය** 308
සැප ගැන වදාළ දෙසුම

2.1.3. **පහාන සූත්‍රය** 308
ප්‍රහාණය ගැන වදාළ දෙසුම

2.1.4. **පාතාල සූත්‍රය** 310
පාතාලය ගැන වදාළ දෙසුම

2.1.5. **දට්ඨබ්බ සූත්‍රය** 311
'දැක්ක යුතුය' යනුවෙන් වදාළ දෙසුම

2.1.6. **සල්ල සූත්‍රය** 312
හුල ගැන වදාළ දෙසුම

2.1.7. **ගේලඤ්ඤ සූත්‍රය** 315
ගිලන්හලේ දී වදාළ දෙසුම
2.1.8. **දුතිය ගේලඤ්ඤ සූත්‍රය** 318
ගිලන්හලේ දී වදාළ දෙවෙනි දෙසුම
2.1.9. **අනිච්ච සූත්‍රය** 322
අනිත්‍යය ගැන වදාළ දෙසුම
2.1.10. **ඵස්සමූලක සූත්‍රය** 322
ස්පර්ශය මුල් වූ දෙය ගැන වදාළ දෙසුම

2. රහෝගත වර්ගය

2.2.1. **රහෝගත සූත්‍රය** 324
අප්‍රකට තැනක බවුන් වැඩූ භික්ෂුවට වදාළ දෙසුම
2.2.2. **ආකාස සූත්‍රය** 326
අහස ගැන වදාළ දෙසුම
2.2.3. **දුතිය ආකාස සූත්‍රය** 327
අහස ගැන වදාළ දෙවෙනි දෙසුම
2.2.4. **අගාර සූත්‍රය** 327
නිවස ගැන වදාළ දෙසුම
2.2.5. **සන්තක සූත්‍රය** 328
අයත් දේ ගැන වදාළ දෙසුම
2.2.6. **දුතිය සන්තක සූත්‍රය** 330
අයත් දේ ගැන වදාළ දෙවෙනි දෙසුම
2.2.7. **අට්ඨක සූත්‍රය** 331
වේදනාව පිළිබඳ අට කරුණකින් වදාළ දෙසුම
2.2.8. **දුතිය අට්ඨක සූත්‍රය** 333
වේදනාව පිළිබඳ අට කරුණකින් වදාළ දෙවෙනි දෙසුම
2.2.9. **පඤ්චකංග සූත්‍රය** 333
පඤ්චකංග මුල්කොට වදාළ දෙසුම
2.2.10. **භික්ඛු සූත්‍රය** 339
භික්ෂූන්ට වදාළ දෙසුම

3. අට්ඨසතපරියාය වර්ගය

2.3.1. **මෝළියසීවක සූත්‍රය** 342
මෝළියසීවක පිරිවැජියාට වදාළ දෙසුම
2.3.2. **අට්ඨසතපරියාය සූත්‍රය** 344
එකසිය අට වැදෑරුම් දහම් ක්‍රමයක් ගැන වදාළ දෙසුම
2.3.3. **භික්ඛු සූත්‍රය** 345
භික්ෂුවට වදාළ දෙසුම

2.3.4. **පුබ්බේ සූත්‍රය** 346
'සම්බුද්ධත්වයට පෙර' යන්න ගැන වදාළ දෙසුම
2.3.5. **ඤාණ සූත්‍රය** 346
ඥානය ගැන වදාළ දෙසුම
2.3.6. **සම්බහුලභික්ඛු සූත්‍රය** 347
බොහෝ භික්ෂූන්ට වදාළ දෙසුම
2.3.7. **සමණබ්‍රාහ්මණ සූත්‍රය** 348
ශ්‍රමණ බ්‍රාහ්මණයින් ගැන වදාළ දෙසුම
2.3.8. **දුතිය සමණබ්‍රාහ්මණ සූත්‍රය** 348
ශ්‍රමණ බ්‍රාහ්මණයන් ගැන වදාළ දෙවෙනි දෙසුම
2.3.9. **තතිය සමණබ්‍රාහ්මණ සූත්‍රය** 349
ශ්‍රමණ බ්‍රාහ්මණයන් ගැන වදාළ තුන්වෙනි දෙසුම
2.3.10. **සුද්ධිකවේදනා සූත්‍රය** 349
පිරිසිදු ලෙස වේදනාව ගැන වදාළ දෙසුම
2.3.11. **නිරාමිස සූත්‍රය** 350
නිරාමිස වේදනාව ගැන වදාළ දෙසුම

මාතුගාම සංයුත්තය

1. මාතුගාම වර්ගය

3.1.1. **මාතුගාම සූත්‍රය** 353
ස්ත්‍රිය ගැන වදාළ දෙසුම
3.1.2. **පුරිස සූත්‍රය** 354
පුරුෂයා ගැන වදාළ දෙසුම
3.1.3. **ආවේණික දුක්ඛ සූත්‍රය** 354
ස්ත්‍රියට ආවේණික වූ දුක ගැන වදාළ දෙසුම
3.1.4. **තීහිධම්මේහි සූත්‍රය** 355
කරුණු තුනකින් යුතු ස්ත්‍රිය ගැන වදාළ දෙසුම
3.1.5. **අනුරුද්ධ සූත්‍රය** 356
අනුරුද්ධ තෙරුන්ට වදාළ දෙසුම
3.1.6. **කෝධන සූත්‍රය** 357
ක්‍රෝධ කරන ස්ත්‍රිය ගැන වදාළ දෙසුම
3.1.7. **උපනාහී සූත්‍රය** 357
වෛර බඳින ස්ත්‍රිය ගැන වදාළ දෙසුම
3.1.8. **ඉස්සුකී සූත්‍රය** 358
ඊර්ෂ්‍යාකාර ස්ත්‍රිය ගැන වදාළ දෙසුම
3.1.9. **මච්ඡරී සූත්‍රය** 358
මසුරුකමින් සිටින ස්ත්‍රිය ගැන වදාළ දෙසුම

3.1.10.	අතිචාරී සූත්‍රය	359
	සැමියා ඉක්මවා හොර සැමියන් කරා යන ස්ත්‍රිය ගැන වදාළ දෙසුම	
3.1.11.	දුස්සීල සූත්‍රය	359
	දුස්සීල ස්ත්‍රිය ගැන වදාළ දෙසුම	
3.1.12.	අප්පස්සුත සූත්‍රය	360
	දහම් දැනුමෙන් තොර ස්ත්‍රිය ගැන වදාළ දෙසුම	
3.1.13.	කුසීත සූත්‍රය	360
	කම්මැලි ස්ත්‍රිය ගැන වදාළ දෙසුම	
3.1.14.	මුට්ඨස්සති සූත්‍රය	361
	සිහි මුලා වී සිටින ස්ත්‍රිය ගැන වදාළ දෙසුම	
3.1.15.	පඤ්චවේර සූත්‍රය	361
	වෛරය ඇති කරවන කරුණු පහෙන් යුතු ස්ත්‍රිය ගැන වදාළ දෙසුම	

2. අනුරුද්ධ වර්ගය

3.2.1.	අනුරුද්ධ සූත්‍රය	363
	අනුරුද්ධ තෙරුන්ට වදාළ දෙසුම	
3.2.2.	අක්කෝධන සූත්‍රය	364
	ක්‍රෝධ නොකරන ස්ත්‍රිය ගැන වදාළ දෙසුම	
3.2.3.	අනුපනාහී සූත්‍රය	364
	බද්ධ වෛර නැති ස්ත්‍රිය ගැන වදාළ දෙසුම	
3.2.4.	අනිස්සුකී සූත්‍රය	365
	ඊර්ෂ්‍යා නොකරන ස්ත්‍රිය ගැන වදාළ දෙසුම	
3.2.5.	අමච්ඡරී සූත්‍රය	365
	මසුරුකමින් නොසිටින ස්ත්‍රිය ගැන වදාළ දෙසුම	
3.2.6.	අනතිචාරී සූත්‍රය	366
	සැමියා ඉක්මවා හොර සැමියන් කරා නොයන ස්ත්‍රිය ගැන වදාළ දෙසුම	
3.2.7.	සීලවන්ත සූත්‍රය	366
	සිල්වත් ස්ත්‍රිය ගැන වදාළ දෙසුම	
3.2.8.	බහුස්සුත සූත්‍රය	367
	දහම් දැනුමෙන් යුතු ස්ත්‍රිය ගැන වදාළ දෙසුම	
3.2.9.	ආරද්ධවිරිය සූත්‍රය	367
	පටන්ගත් වීරිය ඇති ස්ත්‍රිය ගැන වදාළ දෙසුම	
3.2.10.	උපට්ඨීතසති සූත්‍රය	368
	සිහිය පිහිටුවා ගෙන සිටින ස්ත්‍රිය ගැන වදාළ දෙසුම	
3.2.11.	පඤ්චසීල සූත්‍රය	368
	පන්සිල් රකින ස්ත්‍රිය ගැන වදාළ දෙසුම	

3. බල වර්ගය

3.3.1.	සුද්ධ සූත්‍රය	369
	පිරිසිදු ස්ත්‍රිය ගැන වදාළ දෙසුම	
3.3.2.	විසාරද සූත්‍රය	369
	විශාරද ස්ත්‍රිය ගැන වදාළ දෙසුම	
3.3.3.	පසය්හ සූත්‍රය	370
	සැමියාව පාලනය කරන ස්ත්‍රිය ගැන වදාළ දෙසුම	
3.3.4.	අභිභුය්හ සූත්‍රය	370
	සැමියා මැඩගෙන සිටින ස්ත්‍රිය ගැන වදාළ දෙසුම	
3.3.5.	අංග සූත්‍රය	371
	කොටස ගැන වදාළ දෙසුම	
3.3.6.	නාසිතබ්බ සූත්‍රය	372
	නැසිය යුතු ස්ත්‍රිය ගැන වදාළ දෙසුම	
3.3.7.	හේතු සූත්‍රය	373
	හේතු ගැන වදාළ දෙසුම	
3.3.8.	ඨාන සූත්‍රය	373
	තැන් ගැන වදාළ දෙසුම	
3.3.9.	විසාරදවාස සූත්‍රය	374
	විශාරදව වාසය කිරීම ගැන වදාළ දෙසුම	
3.3.10.	වඩ්ඪී සූත්‍රය	375
	දියුණුවීම ගැන වදාළ දෙසුම	

ජම්බුඛාදක සංයුත්තය

4.1.1.	නිබ්බාන සූත්‍රය	377
	නිවන ගැන වදාළ දෙසුම	
4.1.2.	අරහත්ත සූත්‍රය	378
	අරහත්වය ගැන වදාළ දෙසුම	
4.1.3.	ධම්මවාදී සූත්‍රය	378
	ධර්මවාදීන් ගැන වදාළ දෙසුම	
4.1.4.	කිමත්ථිය සූත්‍රය	380
	'කුමක් පිණිස ද' යන්න ගැන වදාළ දෙසුම	
4.1.5.	අස්සාස සූත්‍රය	380
	අස්වැසිල්ලට පත්වීම ගැන වදාළ දෙසුම	
4.1.6.	පරමස්සාස සූත්‍රය	381
	ඉහළ ම අස්වැසිල්ල ගැන වදාළ දෙසුම	
4.1.7.	වේදනා සූත්‍රය	382
	වේදනාව ගැන වදාළ දෙසුම	

4.1.8. **ආසව සූත්‍රය** 383
ආශ්‍රව ගැන වදාළ දෙසුම
4.1.9. **අවිජ්ජා සූත්‍රය** 383
අවිද්‍යාව ගැන වදාළ දෙසුම
4.1.10. **තණ්හා සූත්‍රය** 384
තණ්හාව ගැන වදාළ දෙසුම
4.1.11. **ඕඝ සූත්‍රය** 385
කෙලෙස් සැඩපහර ගැන වදාළ දෙසුම
4.1.12. **උපාදාන සූත්‍රය** 386
බැඳීයාම ගැන වදාළ දෙසුම
4.1.13. **භව සූත්‍රය** 386
විපාක විඳීමට කර්ම සකස් වීම ගැන වදාළ දෙසුම
4.1.14. **දුක්ඛ සූත්‍රය** 387
දුක ගැන වදාළ දෙසුම
4.1.15. **සක්කාය සූත්‍රය** 388
සක්කාය ගැන වදාළ දෙසුම
4.1.16. **දුක්කර සූත්‍රය** 389
දුෂ්කර දේ ගැන වදාළ දෙසුම

සාමණ්ඩකානි සංයුත්තය

5.1.1. **නිබ්බාන සූත්‍රය** 390
නිවන ගැන වදාළ දෙසුම
5.1.16. **දුක්කර සූත්‍රය** 391
දුෂ්කර දේ ගැන වදාළ දෙසුම

මොග්ගල්ලාන සංයුත්තය

6.1.1. **සවිතක්ක සූත්‍රය** 392
විතර්ක සහිත සමාධිය ගැන වදාළ දෙසුම
6.1.2. **අවිතක්ක සූත්‍රය** 393
විතර්ක රහිත සමාධිය ගැන වදාළ දෙසුම
6.1.3. **සුඛ සූත්‍රය** 394
සැප සහගත සමාධිය ගැන වදාළ දෙසුම
6.1.4. **උපේඛා සූත්‍රය** 395
උපේක්ෂා සහගත සමාධිය ගැන වදාළ දෙසුම
6.1.5. **ආකාසානඤ්චායතන සූත්‍රය** 396
ආකාසානඤ්චායතනය ගැන වදාළ දෙසුම
6.1.6. **විඤ්ඤාණඤ්චායතන සූත්‍රය** 397
විඤ්ඤාණඤ්චායතනය ගැන වදාළ දෙසුම

6.1.7.	ආකිඤ්චඤ්ඤායතන සූත්‍රය	398
	ආකිඤ්චඤ්ඤායතනය ගැන වදාළ දෙසුම	
6.1.8.	නේවසඤ්ඤානාසඤ්ඤායතන සූත්‍රය	399
	නේවසඤ්ඤානාසඤ්ඤායතනය ගැන වදාළ දෙසුම	
6.1.9.	අනිමිත්ත සූත්‍රය	400
	අනිමිත්ත සමාධිය ගැන වදාළ දෙසුම	
6.1.10.	සක්ක සූත්‍රය	401
	සක් දෙවිඳුට වදාළ දෙසුම	
6.1.11.	දුතිය සක්ක සූත්‍රය	402
	සක් දෙවිඳුට වදාළ දෙවෙනි දෙසුම	
6.1.12.	තතිය සක්ක සූත්‍රය	403
	සක් දෙවිඳුට වදාළ තුන්වෙනි දෙසුම	
6.1.13.	චතුත්ථ සක්ක සූත්‍රය	405
	සක් දෙවිඳුට වදාළ හතරවෙනි දෙසුම	
6.1.14.	පඤ්චම සක්ක සූත්‍රය	407
	සක් දෙවිඳුට වදාළ පස්වෙනි දෙසුම	
6.1.15.	ඡට්ඨ සක්ක සූත්‍රය	408
	සක් දෙවිඳුට වදාළ සයවෙනි දෙසුම	
6.1.16.	සත්තම සක්ක සූත්‍රය	410
	සක් දෙවිඳුට වදාළ සත්වෙනි දෙසුම	
6.1.17.	අට්ඨම සක්ක සූත්‍රය	411
	සක් දෙවිඳුට වදාළ අටවෙනි දෙසුම	
6.1.18.-25.	නන්දන සූත්‍ර	415
	නන්දන දෙව්පුතුට වදාළ දෙසුම්	
6.1.26.-33.	සුයාම සූත්‍ර	415
	සුයාම දෙව්පුතුට වදාළ දෙසුම්	
6.1.34.-41.	සන්තුසිත සූත්‍ර	415
	සන්තුසිත දෙව්පුතුට වදාළ දෙසුම්	
6.1.42.-49.	සුනිම්මිත සූත්‍ර	415
	සුනිම්මිත දෙව්පුතුට වදාළ දෙසුම්	
6.1.50.-57.	වසවත්ති සූත්‍ර	416
	වසවත්ති දෙව්පුතුට වදාළ දෙසුම්	

චිත්ත සංයුත්තය

1. චිත්ත වර්ගය

7.1.1.	සංයෝජන සූත්‍රය	417
	කෙලෙස් බන්ධන ගැන වදාළ දෙසුම	
7.1.2.	ඉසිදත්ත සූත්‍රය	420
	ඉසිදත්ත තෙරුන් වදාළ දෙසුම	

7.1.3.	දුතිය ඉසිදත්ත සූත්‍රය	422
	ඉසිදත්ත තෙරුන් වදාළ දෙවෙනි දෙසුම	
7.1.4.	මහක සූත්‍රය	426
	මහක තෙරුන්ගේ ඉර්ධිබලය ගැන විස්තර වන දෙසුම	
7.1.5.	කාමභූ සූත්‍රය	428
	කාමභූ තෙරුන් නැඟූ ප්‍රශ්න පිළිබඳ දෙසුම	
7.1.6.	දුතිය කාමභූ සූත්‍රය	430
	කාමභූ තෙරුන් වදාළ දෙවෙනි දෙසුම	
7.1.7.	ගෝදත්ත සූත්‍රය	433
	ගෝදත්ත තෙරුන් නැඟූ ප්‍රශ්න පිළිබඳ දෙසුම	
7.1.8.	නිගණ්ඨ සූත්‍රය	435
	නිගණ්ඨ නාතපුත්ත සමඟ ඇති වූ සාකච්ඡාවක් ගැන දෙසුම	
7.1.9.	අචේල සූත්‍රය	438
	අචේල කස්සප සමඟ ඇති වූ සාකච්ඡාව ගැන දෙසුම	
7.1.10.	ගිලාන සූත්‍රය	440
	ගිලන් වූ චිත්ත ගෘහපති පිළිබඳ දෙසුම	

ගාමණී සංයුත්තය

1. ගාමණී වර්ගය

8.1.1.	චණ්ඩගාමණී සූත්‍රය	443
	චණ්ඩ ගාමණීට වදාළ දෙසුම	
8.1.2.	තාලපුට සූත්‍රය	444
	තාලපුට නටගාමණීට වදාළ දෙසුම	
8.1.3.	යෝධාජීව සූත්‍රය	447
	යෝධාජීව (යුද සෙබළ) ගාමණීට වදාළ දෙසුම	
8.1.4.	හත්ථාරෝහ සූත්‍රය	449
	හත්ථාරෝහ ගාමණීට වදාළ දෙසුම	
8.1.5.	අස්සාරෝහ සූත්‍රය	449
	අස්සාරෝහ (යුද්ධයේදී අශ්වයන් මෙහෙයවන) ගාමණීට වදාළ දෙසුම	
8.1.6.	අසිබන්ධක සූත්‍රය	451
	අසිබන්ධකපුත්ත ගාමණීට වදාළ දෙසුම	
8.1.7.	බෙත්තුපම සූත්‍රය	454
	කුඹුරක් උපමා කොට වදාළ දෙසුම	
8.1.8.	සංඛධම සූත්‍රය	457
	සක් පිඹින්නා උපමා කොට වදාළ දෙසුම	
8.1.9.	කුල සූත්‍රය	463
	දායක පවුල් ගැන වදාළ දෙසුම	

8.1.10. මණිචූළක සූත්‍රය 465
මණිචූළක ගාමණීට වදාළ දෙසුම
8.1.11. භද්‍රක සූත්‍රය 467
භද්‍රක ගාමණීට වදාළ දෙසුම
8.1.12. රාසිය සූත්‍රය 470
රාසිය ගාමණීට වදාළ දෙසුම
8.1.13. පාටලිය සූත්‍රය 479
පාටලිය ගාමණීට වදාළ දෙසුම

අසංඛත සංයුත්තය

1. අසංඛත වර්ගය

9.1.1. කායගතාසති සූත්‍රය 497
කායගතාසතිය ගැන වදාළ දෙසුම
9.1.2. සමථවිපස්සනා සූත්‍රය 498
සමථ විපස්සනා භාවනා ගැන වදාළ දෙසුම
9.1.3. සවිතක්කසවිචාර සූත්‍රය 498
විතර්ක සහිත, විචාර සහිත සමාධිය ගැන වදාළ දෙසුම
9.1.4. සුඤ්ඤතසමාධි සූත්‍රය 499
සුඤ්ඤත සමාධිය ගැන වදාළ දෙසුම
9.1.5. සතිපට්ඨාන සූත්‍රය 499
සතිපට්ඨානය ගැන වදාළ දෙසුම
9.1.6. සම්මප්පධාන සූත්‍රය 499
සම්‍යක්ප්‍රධාන වීරිය ගැන වදාළ දෙසුම
9.1.7. ඉද්ධිපාද සූත්‍රය 500
ඉර්ධිපාද ගැන වදාළ දෙසුම
9.1.8. ඉන්ද්‍රිය සූත්‍රය 500
ඉන්ද්‍රිය ධර්ම ගැන වදාළ දෙසුම
9.1.9. බල සූත්‍රය 500
බල ධර්ම ගැන වදාළ දෙසුම
9.1.10. බොජ්ඣංග සූත්‍රය 501
බොජ්ඣංග ධර්මයන් ගැන වදාළ දෙසුම
9.1.11. මග්ග සූත්‍රය 501
මාර්ග අංග ගැන වදාළ දෙසුම

2. දුතිය අසංඛත වර්ගය

9.2.1. අසංඛත සූත්‍රය 502
අසංඛත ගැන වදාළ දෙසුම

9.2.2.	විපස්සනා සූත්‍රය	503
	විපස්සනා භාවනාව ගැන වදාළ දෙසුම	
9.2.3.	සවිතක්කසවිචාර සූත්‍රය	503
	සවිතක්ක සවිචාර සමාධිය ගැන වදාළ දෙසුම	
9.2.4.	අවිතක්කවිචාරමත්ත සූත්‍රය	504
	අවිතක්ක විචාරමාත්‍ර සමාධිය ගැන වදාළ දෙසුම	
9.2.5.	අවිතක්කඅවිචාර සූත්‍රය	504
	අවිතක්ක අවිචාර සමාධිය ගැන වදාළ දෙසුම	
9.2.6.	සුඤ්ඤතසමාධි සූත්‍රය	504
	සුඤ්ඤත සමාධිය ගැන වදාළ දෙසුම	
9.2.7.	අනිමිත්තසමාධි සූත්‍රය	505
	අනිමිත්ත සමාධිය ගැන වදාළ දෙසුම	
9.2.8.	අප්පණිහිසමාධි සූත්‍රය	505
	අප්පණිහිත සමාධිය ගැන වදාළ දෙසුම	
9.2.9.	කායානුපස්සනා සූත්‍රය	505
	කායානුපස්සනාව ගැන වදාළ දෙසුම	
9.2.10.	වේදනානුපස්සනා සූත්‍රය	506
	වේදනානුපස්සනාව ගැන වදාළ දෙසුම	
9.2.11.	චිත්තානුපස්සනා සූත්‍රය	506
	චිත්තානුපස්සනාව ගැන වදාළ දෙසුම	
9.2.12.	ධම්මානුපස්සනා සූත්‍රය	506
	ධම්මානුපස්සනාව ගැන වදාළ දෙසුම	
9.2.13.	පඨම සම්මප්පධාන සූත්‍රය	507
	සමයක්පධාන වීරිය ගැන වදාළ පළමු දෙසුම	
9.2.14.	දුතිය සම්මප්පධාන සූත්‍රය	507
	සමයක්පධාන වීරිය ගැන වදාළ දෙවෙනි දෙසුම	
9.2.15.	තතිය සම්මප්පධාන සූත්‍රය	508
	සමයක්පධාන වීරිය ගැන වදාළ තුන්වෙනි දෙසුම	
9.2.16.	චතුත්ථ සම්මප්පධාන සූත්‍රය	508
	සමයක්පධාන වීරිය ගැන වදාළ හතරවෙනි දෙසුම	
9.2.17.	ඡන්දිද්ධිපාද සූත්‍රය	508
	ඡන්ද සෘද්ධිපාදය ගැන වදාළ දෙසුම	
9.2.18.	විරියිද්ධිපාද සූත්‍රය	509
	විරිය සෘද්ධිපාදය ගැන වදාළ දෙසුම	
9.2.19.	චිත්තිද්ධිපාද සූත්‍රය	509
	චිත්ත සෘද්ධිපාදය ගැන වදාළ දෙසුම	
9.2.20.	වීමංසිද්ධිපාද සූත්‍රය	510
	වීමංසා සෘද්ධිපාදය ගැන වදාළ දෙසුම	
9.2.21.	සද්ධින්ද්‍රිය සූත්‍රය	510
	ශ්‍රද්ධා ඉන්ද්‍රිය ගැන වදාළ දෙසුම	

9.2.22.	විරියින්ද්‍රිය සූත්‍රය	510
	විරිය ඉන්ද්‍රිය ගැන වදාළ දෙසුම	
9.2.23.	සතින්ද්‍රිය සූත්‍රය	511
	සති ඉන්ද්‍රිය ගැන වදාළ දෙසුම	
9.2.24.	සමාධින්ද්‍රිය සූත්‍රය	511
	සමාධි ඉන්ද්‍රිය ගැන වදාළ දෙසුම	
9.2.25.	පඤ්ඤින්ද්‍රිය සූත්‍රය	511
	ප්‍රඥා ඉන්ද්‍රිය ගැන වදාළ දෙසුම	
9.2.26.	සද්ධාබල සූත්‍රය	512
	ශ්‍රද්ධා බලය ගැන වදාළ දෙසුම	
9.2.27.	විරියබල සූත්‍රය	512
	විරිය බලය ගැන වදාළ දෙසුම	
9.2.28.	සතිබල සූත්‍රය	513
	සති බලය ගැන වදාළ දෙසුම	
9.2.29.	සමාධිබල සූත්‍රය	513
	සමාධි බලය ගැන වදාළ දෙසුම	
9.2.30.	පඤ්ඤාබල සූත්‍රය	513
	ප්‍රඥා බලය ගැන වදාළ දෙසුම	
9.2.31.	සතිසම්බොජ්ඣංග සූත්‍රය	514
	සති සම්බොජ්ඣංගය ගැන වදාළ දෙසුම	
9.2.32.	ධම්මවිච්චයසම්බොජ්ඣංග සූත්‍රය	514
	ධම්මවිච්චය සම්බොජ්ඣංගය ගැන වදාළ දෙසුම	
9.2.33.	විරියසම්බොජ්ඣංග සූත්‍රය	514
	විරිය සම්බොජ්ඣංගය ගැන වදාළ දෙසුම	
9.2.34.	පීතිසම්බොජ්ඣංග සූත්‍රය	515
	ප්‍රීති සම්බොජ්ඣංගය ගැන වදාළ දෙසුම	
9.2.35.	පස්සද්ධිසම්බොජ්ඣංග සූත්‍රය	515
	පස්සද්ධි සම්බොජ්ඣංගය ගැන වදාළ දෙසුම	
9.2.36.	සමාධිසම්බොජ්ඣංග සූත්‍රය	515
	සමාධි සම්බොජ්ඣංගය ගැන වදාළ දෙසුම	
9.2.37.	උපේඛාසම්බොජ්ඣංග සූත්‍රය	516
	උපේක්ෂා සම්බොජ්ඣංගය ගැන වදාළ දෙසුම	
9.2.38.	සම්මාදිට්ඨි සූත්‍රය	516
	සම්මා දිට්ඨිය ගැන වදාළ දෙසුම	
9.2.39.	සම්මාසංකප්ප සූත්‍රය	516
	සම්මා සංකල්ප ගැන වදාළ දෙසුම	
9.2.40.	සම්මාවාචා සූත්‍රය	517
	සම්මා වාචා ගැන වදාළ දෙසුම	
9.2.41.	සම්මාකම්මන්ත සූත්‍රය	517
	සම්මා කම්මන්ත ගැන වදාළ දෙසුම	

9.2.42.	සම්මාආජීව සූත්‍රය	517
	සම්මා ආජීව ගැන වදාළ දෙසුම	
9.2.43.	සම්මාවායාම සූත්‍රය	518
	සම්මා වායාම ගැන වදාළ දෙසුම	
9.2.44.	සම්මාසති සූත්‍රය	518
	සම්මා සති ගැන වදාළ දෙසුම	
9.2.45.	සම්මාසමාධි සූත්‍රය	518
	සම්මා සමාධිය ගැන වදාළ දෙසුම	
9.2.46.-101.	අන්ත සූත්‍ර	519
	දුකෙහි නිමාව ගැන වදාළ දෙසුම්	
9.2.102.-157.	අනාසව සූත්‍ර	519
	ආශ්‍රව රහිත වීම ගැන වදාළ දෙසුම්	
9.2.158.-213.	සච්ච සූත්‍ර	520
	සත්‍යය ගැන වදාළ දෙසුම්	
9.2.214.-269.	පාර සූත්‍ර	520
	සසරින් එතෙර ගැන වදාළ දෙසුම්	
9.2.270.-325.	නිපුණ සූත්‍ර	520
	අතිශයින්ම සියුම් වූ දෙය ගැන වදාළ දෙසුම්	
9.2.326.-381.	සුදුද්දස සූත්‍ර	520
	දැකීමට ඉතා දුෂ්කර වූ දෙය ගැන වදාළ දෙසුම්	
9.2.382.-437.	අජර සූත්‍ර	521
	ජරාවට හසු නොවන දෙය ගැන වදාළ දෙසුම්	
9.2.438.-493.	ධුව සූත්‍ර	521
	ස්ථීර වූ දෙය ගැන වදාළ දෙසුම්	
9.2.494.-549.	අපලෝකිත සූත්‍ර	521
	නොනැසෙන දෙය ගැන වදාළ දෙසුම්	
9.2.550.-605.	අනිදස්සන සූත්‍ර	521
	නිදර්ශන රහිත දෙය ගැන වදාළ දෙසුම්	
9.2.606.-661.	නිප්පපඤ්ච සූත්‍ර	522
	ප්‍රපඤ්ච රහිත දෙය ගැන වදාළ දෙසුම්	
9.2.662.-717.	සන්ත සූත්‍ර	522
	ශාන්ත දෙය ගැන වදාළ දෙසුම්	
9.2.718.-773.	අමත සූත්‍ර	522
	අමෘතය ගැන වදාළ දෙසුම්	
9.2.774.-829.	පණීත සූත්‍ර	522
	ඉතා උතුම් දෙය ගැන වදාළ දෙසුම්	
9.2.830.-885.	සිව සූත්‍ර	523
	සුන්දර දෙය ගැන වදාළ දෙසුම්	
9.2.886.-941.	බේම සූත්‍ර	523
	භය රහිත දෙය ගැන වදාළ දෙසුම්	

9.2.942.-997. තණ්හක්බය සූත්‍ර	523
තණ්හාව ක්ෂය වීම ගැන වදාළ දෙසුම්	
9.2.998.-1053. අච්ජරිය සූත්‍ර	523
ආශ්චර්යවත් දෙය ගැන වදාළ දෙසුම්	
9.2.1054.-1109. අබ්භූත සූත්‍ර	524
පුදුම සහගත දෙය ගැන වදාළ දෙසුම්	
9.2.1110.-1165. අනීතික සූත්‍ර	524
දුක් රහිත දෙය ගැන වදාළ දෙසුම්	
9.2.1166.-1221. අනීතිකධම්ම සූත්‍ර	524
දුක් නැති ස්වභාවයට අයත් දෙය ගැන වදාළ දෙසුම්	
9.2.1222.-1277. නිබ්බාන සූත්‍ර	524
අමා මහ නිවන ගැන වදාළ දෙසුම්	
9.2.1278.-1333. අබ්‍යාපජ්ඣ සූත්‍ර	525
පීඩා රහිත දෙය ගැන වදාළ දෙසුම්	
9.2.1334.-1389. විරාග සූත්‍ර	525
විරාගී දෙය ගැන වදාළ දෙසුම්	
9.2.1390.-1445. සුද්ධි සූත්‍ර	525
පිරිසිදු දෙය ගැන වදාළ දෙසුම්	
9.2.1446.-1501. මුත්ති සූත්‍ර	525
දුකින් නිදහස් වූ දෙය ගැන වදාළ දෙසුම්	
9.2.1502.-1557. අනාලය සූත්‍ර	526
ආල රහිත දෙය ගැන වදාළ දෙසුම්	
9.2.1558.-1613. දීප සූත්‍ර	526
පිහිට සළසන දෙය ගැන වදාළ දෙසුම්	
9.2.1614.-1669. ලේණ සූත්‍ර	526
ආරක්ෂාව සළසන දෙය ගැන වදාළ දෙසුම්	
9.2.1670.-1725. තාණ සූත්‍ර	526
රැකවරණය සළසන දෙය ගැන වදාළ දෙසුම්	
9.2.1726.-1781. සරණ සූත්‍ර	527
පිළිසරණ වන දෙය ගැන වදාළ දෙසුම්	
9.2.1782.-1837. පරායන සූත්‍ර	527
පිහිට වන දෙය ගැන වදාළ දෙසුම්	

අබ්‍යාකත සංයුත්තය

1. අබ්‍යාකත වර්ගය

10.1.1.	බේමා සූත්‍රය	529
	බේමා හික්ෂුණිය විසින් වදාළ දෙසුම	
10.1.2.	අනුරාධ සූත්‍රය	535
	අනුරාධ තෙරුන්ට වදාළ දෙසුම	
10.1.3.	උපගත සූත්‍රය	540
	අයත් වීම ගැන වදාළ දෙසුම	
10.1.4.	සමුදය සූත්‍රය	542
	හටගැනීම ගැන වදාළ දෙසුම	
10.1.5.	ජේම සූත්‍රය	543
	ප්‍රේමය ගැන වදාළ දෙසුම	
10.1.6.	ආරාම සූත්‍රය	544
	තුළ සිටීම ගැන වදාළ දෙසුම	
10.1.7.	ආයතන සූත්‍රය	548
	ආයතන පිළිබඳව වදාළ දෙසුම	
10.1.8.	ඛන්ධ සූත්‍රය	551
	ස්කන්ධ ගැන වදාළ දෙසුම	
10.1.9.	කුතුහලසාලා සූත්‍රය	554
	කුතුහල ශාලාවේ දී වූ කථාව අරභයා වදාළ දෙසුම	
10.1.10.	අත්ථත්ත සූත්‍රය	556
	ආත්මයක් තිබෙනවා ද යන්න ගැන වදාළ දෙසුම	
10.1.11.	සභිය සූත්‍රය	557
	සභිය තෙරුන් වදාළ දෙසුම	

**සංයුත්ත නිකායෙහි සළායතන වර්ගය
මෙතෙකින් සමාප්ත වේ.**

දසබලසේලප්පභවා නිබ්බානමහාසමුද්දපරියන්තා
අට්ඨංග මග්ගසලිලා ජිනවචනනදී චිරං වහතූති

දසබලයන් වහන්සේ නමැති ශෛලමය පර්වතයෙන් පැන නැගී
අමා මහ නිවන නම් වූ මහා සාගරය අවසන් කොට ඇති
ආර්ය අෂ්ටාංගික මාර්ගය නම් වූ සිහිල් දිය දහරින් හෙබි
උතුම් ශ්‍රී මුඛ බුද්ධ වචන ගංගාව (ලෝ සතුන්ගේ සසර දුක් නිවාලමින්)
බොහෝ කල් ගලාබස්නා සේක්වා !

(සළායතන සංයුත්තය - උද්දාන ගාථා)

සූත්‍ර පිටකයට අයත්
සංයුත්ත නිකාය
සිව්වෙනි කොටස

සළායතන වර්ගය

නමෝ තස්ස භගවතෝ අරහතෝ සම්මාසම්බුද්ධස්ස
ඒ භාග්‍යවත් අරහත් සම්මා සම්බුදුරජාණන් වහන්සේට නමස්කාර වේවා!

සූත්‍ර පිටකයට අයත්

සංයුත්ත නිකාය

සිව්වෙනි කොටස

1. සළායතන සංයුත්තය

1. අනිච්ච වර්ගය

1.1.1
අජ්ඣත්තානිච්ච සූත්‍රය
තමා තුළ ඇති අනිත්‍යතාව ගැන වදාළ දෙසුම

මා හට අසන්නට ලැබුණේ මේ විදිහටයි. එක් සමයක භාග්‍යවතුන් වහන්සේ වැඩසිටියේ සැවැත් නුවර ජේතවන නම් වූ අනේපිඬු සිටුතුමාගේ ආරාමයේ. එකල්හී භාග්‍යවතුන් වහන්සේ "පින්වත් මහණෙනි" යි කියා භික්ෂූන් අමතා වදාළා. ඒ භික්ෂූහු "පින්වතුන් වහන්ස" යැයි කියා භාග්‍යවතුන් වහන්සේට පිළිතුරු දුන්නා. භාග්‍යවතුන් වහන්සේ මෙම දේශනය වදාළා.

පින්වත් මහණෙනි, ඇස යනු අනිත්‍ය දෙයක්. අනිත්‍ය වූ යමක් ඇද්ද

ඒක තමයි දුක. දුක් වූ යමක් ඇද්ද ඒක (තමාගේ වසඟයේ පවත්වන්ට බෑ) අනාත්මයි. අනාත්ම වූ යමක් ඇද්ද අන්න ඒ දෙය "මෙය මගේ නොවේ. මෙය මම නොවෙමි. මෙය මාගේ ආත්මය නොවේ" කියා ඔය අයුරින් දියුණු කළ ප්‍රඥාවෙන් යථාර්ථය දැක්ක යුතුයි.

පින්වත් මහණෙනි, කන යනු අනිත්‍ය දෙයක්. අනිත්‍ය වූ යමක් ඇද්ද ඒක තමයි දුක. දුක් වූ යමක් ඇද්ද ඒක (තමාගේ වසඟයේ පවත්වන්ට බෑ) අනාත්මයි. අනාත්ම වූ යමක් ඇද්ද අන්න ඒ දෙය "මෙය මගේ නොවේ. මෙය මම නොවෙමි. මෙය මාගේ ආත්මය නොවේ" කියා ඔය අයුරින් දියුණු කළ ප්‍රඥාවෙන් යථාර්ථය දැක්ක යුතුයි.

පින්වත් මහණෙනි, නාසය යනු අනිත්‍ය දෙයක්. අනිත්‍ය වූ යමක් ඇද්ද ඒක තමයි දුක. දුක් වූ යමක් ඇද්ද ඒක (තමාගේ වසඟයේ පවත්වන්ට බෑ) අනාත්මයි. අනාත්ම වූ යමක් ඇද්ද අන්න ඒ දෙය "මෙය මගේ නොවේ. මෙය මම නොවෙමි. මෙය මාගේ ආත්මය නොවේ" කියා ඔය අයුරින් දියුණු කළ ප්‍රඥාවෙන් යථාර්ථය දැක්ක යුතුයි.

පින්වත් මහණෙනි, දිව යනු අනිත්‍ය දෙයක්. අනිත්‍ය වූ යමක් ඇද්ද ඒක තමයි දුක. දුක් වූ යමක් ඇද්ද ඒක (තමාගේ වසඟයේ පවත්වන්ට බෑ) අනාත්මයි. අනාත්ම වූ යමක් ඇද්ද අන්න ඒ දෙය "මෙය මගේ නොවේ. මෙය මම නොවෙමි. මෙය මාගේ ආත්මය නොවේ" කියා ඔය අයුරින් දියුණු කළ ප්‍රඥාවෙන් යථාර්ථය දැක්ක යුතුයි.

පින්වත් මහණෙනි, කය යනු අනිත්‍ය දෙයක්. අනිත්‍ය වූ යමක් ඇද්ද ඒක තමයි දුක. දුක් වූ යමක් ඇද්ද ඒක (තමාගේ වසඟයේ පවත්වන්ට බෑ) අනාත්මයි. අනාත්ම වූ යමක් ඇද්ද අන්න ඒ දෙය "මෙය මගේ නොවේ. මෙය මම නොවෙමි. මෙය මාගේ ආත්මය නොවේ" කියා ඔය අයුරින් දියුණු කළ ප්‍රඥාවෙන් යථාර්ථය දැක්ක යුතුයි.

පින්වත් මහණෙනි, මනස යනු අනිත්‍ය දෙයක්. අනිත්‍ය වූ යමක් ඇද්ද ඒක තමයි දුක. දුක් වූ යමක් ඇද්ද ඒක (තමාගේ වසඟයේ පවත්වන්ට බෑ) අනාත්මයි. අනාත්ම වූ යමක් ඇද්ද අන්න ඒ දෙය "මෙය මගේ නොවේ. මෙය මම නොවෙමි. මෙය මාගේ ආත්මය නොවේ" කියා ඔය අයුරින් දියුණු කළ ප්‍රඥාවෙන් යථාර්ථය දැක්ක යුතුයි.

පින්වත් මහණෙනි, ශ්‍රැතවත් ආර්ය ශ්‍රාවකයා ඔය අයුරින් දකින විට ඇස කෙරෙහිත් කලකිරෙනවා. කන කෙරෙහිත් කලකිරෙනවා. නාසය කෙරෙහිත්

කලකිරෙනවා. දිව කෙරෙහිත් කලකිරෙනවා. කය කෙරෙහිත් කලකිරෙනවා. මනස කෙරෙහිත් කලකිරෙනවා. කලකිරුණු විට ඒ කෙරෙහි තිබුණ ඇල්ම නැතුව යනවා. ඇල්ම නැතිවීම නිසා එයින් නිදහස් වෙනවා. නිදහස් වූ විට නිදහස් වූ බවට අවබෝධ ඤාණය ඇති වෙනවා. "ඉපදීම ක්ෂය වුණා. බඹසර වාසය සම්පූර්ණ කළා. නිවන පිණිස කළ යුතු දෙය කළා. නිවන පිණිස කළ යුතු වෙන දෙයක් නැත්තේම" යැයි අවබෝධයෙන් ම දැනගන්නවා.

සාදු! සාදු!! සාදු!!!

අජ්ඣත්තානිච්ච සූත්‍රය නිමා විය.

1.1.2
අජ්ඣත්තදුක්ඛ සූත්‍රය
තමා තුළ ඇති දුක ගැන වදාළ දෙසුම

සැවැත් නුවර දී ....

පින්වත් මහණෙනි, ඇස යනු දුකයි. දුක් වූ යමක් ඇද්ද ඒක (තමාගේ වසඟයේ පවත්වන්ට බෑ) අනාත්මයි. අනාත්ම වූ යමක් ඇද්ද අන්න ඒ දෙය "මෙය මගේ නොවේ. මෙය මම නොවෙමි. මෙය මාගේ ආත්මය නොවේ" කියා ඔය අයුරින් දියුණු කළ ප්‍රඥාවෙන් යථාර්ථය දැක්ක යුතුයි.

කන යනු දුකයි ....(පෙ).... නාසය යනු දුකයි ....(පෙ).... දිව යනු දුකයි ....(පෙ).... කය යනු දුකයි ....(පෙ).... මනස යනු දුකයි. දුක් වූ යමක් ඇද්ද ඒක (තමාගේ වසඟයේ පවත්වන්ට බෑ) අනාත්මයි. අනාත්ම වූ යමක් ඇද්ද අන්න ඒ දෙය "මෙය මගේ නොවේ. මෙය මම නොවෙමි. මෙය මාගේ ආත්මය නොවේ" කියා ඔය අයුරින් දියුණු කළ ප්‍රඥාවෙන් යථාර්ථය දැක්ක යුතුයි.

පින්වත් මහණෙනි, ඔය අයුරින් දකින විට ....(පෙ).... නිවන පිණිස කළ යුතු වෙන දෙයක් නැත්තේම" යැයි අවබෝධයෙන් ම දැනගන්නවා.

සාදු! සාදු!! සාදු!!!

අජ්ඣත්තදුක්ඛ සූත්‍රය නිමා විය.

1.1.3
අජ්ඣත්තානත්ත සූත්‍රය
තමා තුළ ඇති අනාත්ම බව ගැන වදාළ දෙසුම

සැවැත් නුවර දී ....

පින්වත් මහණෙනි, ඇස යනු (තමාගේ වසඟයෙහි පැවැත්විය නො හැකි) අනාත්ම දෙයක්. අනාත්ම වූ යමක් ඇද්ද අන්න ඒ දෙය "මෙය මගේ නොවේ. මෙය මම නොවෙමි. මෙය මාගේ ආත්මය නොවේ" කියා ඔය අයුරින් දියුණු කළ ප්‍රඥාවෙන් යථාර්ථය දැක්ක යුතුයි.

කන යනු (තමාගේ වසඟයෙහි පැවැත්විය නො හැකි) අනාත්ම දෙයක් ....(පෙ).... නාසය යනු (තමාගේ වසඟයෙහි පැවැත්විය නො හැකි) අනාත්ම දෙයක් ....(පෙ).... දිව යනු (තමාගේ වසඟයෙහි පැවැත්විය නො හැකි) අනාත්ම දෙයක් ....(පෙ).... කය යනු (තමාගේ වසඟයෙහි පැවැත්විය නො හැකි) අනාත්ම දෙයක් ....(පෙ).... මනස යනු (තමාගේ වසඟයෙහි පැවැත්විය නො හැකි) අනාත්ම දෙයක්. අනාත්ම වූ යමක් ඇද්ද අන්න ඒ දෙය "මෙය මගේ නොවේ. මෙය මම නොවෙමි. මෙය මාගේ ආත්මය නොවේ" කියා ඔය අයුරින් දියුණු කළ ප්‍රඥාවෙන් යථාර්ථය දැක්ක යුතුයි.

පින්වත් මහණෙනි, ඔය අයුරින් දකින විට ....(පෙ).... නිවන පිණිස කළ යුතු වෙන දෙයක් නැත්තේම" යැයි අවබෝධයෙන් ම දැනගන්නවා.

සාදු! සාදු!! සාදු!!!

අජ්ඣත්තානත්ත සූත්‍රය නිමා විය.

1.1.4
බාහිරානිච්ච සූත්‍රය
බාහිර දේ තුළ ඇති අනිත්‍යතාව ගැන වදාළ දෙසුම

සැවැත් නුවර දී ....

පින්වත් මහණෙනි, රූපය යනු අනිත්‍ය දෙයක්. අනිත්‍ය වූ යමක් ඇද්ද ඒක තමයි දුක. දුක් වූ යමක් ඇද්ද ඒක (තමාගේ වසඟයේ පවත්වන්ට බෑ)

අනාත්මයි. අනාත්ම වූ යමක් ඇද්ද අන්න ඒ දෙය "මෙය මගේ නොවේ. මෙය මම නොවෙමි. මෙය මාගේ ආත්මය නොවේ" කියා ඔය අයුරින් දියුණු කළ ප්‍රඥාවෙන් යථාර්ථය දැක්ක යුතුයි.

ශබ්ද යනු අනිත්‍ය දෙයක් ....(පෙ).... ගඳ-සුවඳ යනු අනිත්‍ය දෙයක් ....(පෙ).... රස යනු අනිත්‍ය දෙයක් ....(පෙ).... පහස යනු අනිත්‍ය දෙයක් ....(පෙ).... සිතට අරමුණු වන දේ යනු අනිත්‍ය දෙයක්. අනිත්‍ය වූ යමක් ඇද්ද ඒක තමයි දුක. දුක් වූ යමක් ඇද්ද ඒක (තමාගේ වසඟයේ පවත්වන්ට බෑ) අනාත්මයි. අනාත්ම වූ යමක් ඇද්ද අන්න ඒ දෙය "මෙය මගේ නොවේ. මෙය මම නොවෙමි. මෙය මාගේ ආත්මය නොවේ" කියා ඔය අයුරින් දියුණු කළ ප්‍රඥාවෙන් යථාර්ථය දැක්ක යුතුයි.

පින්වත් මහණෙනි, ශ්‍රැතවත් ආර්ය ශ්‍රාවකයා ඔය අයුරින් දකින විට රූප කෙරෙහිත් කලකිරෙනවා. ශබ්ද කෙරෙහිත් කලකිරෙනවා. ගඳ-සුවඳ කෙරෙහිත් කලකිරෙනවා. රස කෙරෙහිත් කලකිරෙනවා. පහස කෙරෙහිත් කලකිරෙනවා. සිතට අරමුණු වන දේ කෙරෙහිත් කලකිරෙනවා. කලකිරුණු විට ඒ කෙරෙහි තිබුණ ඇල්ම නැතුව යනවා. ඇල්ම නැතිවීම නිසා එයින් නිදහස් වෙනවා. නිදහස් වූ විට නිදහස් වූ බවට අවබෝධ ඤාණය ඇති වෙනවා. "ඉපදීම ක්ෂය වුණා. බඹසර වාසය සම්පූර්ණ කළා. නිවන පිණිස කළ යුතු දෙය කළා. නිවන පිණිස කළ යුතු වෙන දෙයක් නැත්තේම" යැයි අවබෝධයෙන් ම දැනගන්නවා.

සාදු! සාදු!! සාදු!!!

බාහිරානිච්ච සූත්‍රය නිමා විය.

1.1.5
බාහිරදුක්ඛ සූත්‍රය
බාහිර දේ තුළ ඇති දුක ගැන වදාළ දෙසුම

සැවැත් නුවර දී....

පින්වත් මහණෙනි, රූප යනු දුකයි. දුක් වූ යමක් ඇද්ද ඒක (තමාගේ වසඟයේ පවත්වන්ට බෑ) අනාත්මයි. අනාත්ම වූ යමක් ඇද්ද අන්න ඒ දෙය "මෙය මගේ නොවේ. මෙය මම නොවෙමි. මෙය මාගේ ආත්මය නොවේ"

කියා ඔය අයුරින් දියුණු කළ ප්‍රඥාවෙන් යථාර්ථය දැක්ක යුතුයි.

ශබ්ද යනු දුකයි ....(පෙ).... ගඳ-සුවඳ යනු දුකයි ....(පෙ).... රස යනු දුකයි ....(පෙ).... පහස යනු දුකයි ....(පෙ).... සිතට අරමුණු වන දේ යනු දුකයි. දුක් වූ යමක් ඇද්ද ඒක (තමාගේ වසඟයේ පවත්වන්ට බෑ) අනාත්මයි. අනාත්ම වූ යමක් ඇද්ද අන්න ඒ දෙය "මෙය මගේ නොවේ. මෙය මම නොවෙමි. මෙය මාගේ ආත්මය නොවේ" කියා ඔය අයුරින් දියුණු කළ ප්‍රඥාවෙන් යථාර්ථය දැක්ක යුතුයි.

පින්වත් මහණෙනි, ඔය අයුරින් දකින විට ....(පෙ).... නිවන පිණිස කළ යුතු වෙන දෙයක් නැත්තේම" යැයි අවබෝධයෙන් ම දැනගන්නවා.

සාදු! සාදු!! සාදු!!!

බාහිරදුක්ඛ සූත්‍රය නිමා විය.

1.1.6
බාහිරානත්ත සූත්‍රය
බාහිර දේ තුළ ඇති අනාත්ම බව ගැන වදාළ දෙසුම

සැවැත් නුවර දී ....

පින්වත් මහණෙනි, රූප යනු (තමාගේ වසඟයෙහි පැවැත්විය නො හැකි) අනාත්ම දෙයක්. අනාත්ම වූ යමක් ඇද්ද අන්න ඒ දෙය "මෙය මගේ නොවේ. මෙය මම නොවෙමි. මෙය මාගේ ආත්මය නොවේ" කියා ඔය අයුරින් දියුණු කළ ප්‍රඥාවෙන් යථාර්ථය දැක්ක යුතුයි.

ශබ්ද යනු (තමාගේ වසඟයෙහි පැවැත්විය නො හැකි) අනාත්ම දෙයක් ....(පෙ).... ගඳ-සුවඳ යනු (තමාගේ වසඟයෙහි පැවැත්විය නො හැකි) අනාත්ම දෙයක් ....(පෙ).... රස යනු (තමාගේ වසඟයෙහි පැවැත්විය නො හැකි) අනාත්ම දෙයක් ....(පෙ).... පහස යනු (තමාගේ වසඟයෙහි පැවැත්විය නො හැකි) අනාත්ම දෙයක් ....(පෙ).... සිතට අරමුණු වන දේ යනු (තමාගේ වසඟයෙහි පැවැත්විය නො හැකි) අනාත්ම දෙයක්. අනාත්ම වූ යමක් ඇද්ද අන්න ඒ දෙය "මෙය මගේ නොවේ. මෙය මම නොවෙමි. මෙය මාගේ ආත්මය නොවේ" කියා ඔය අයුරින් දියුණු කළ ප්‍රඥාවෙන් යථාර්ථය දැක්ක යුතුයි.

පින්වත් මහණෙනි, ඕය අයුරින් දකින විට ....(පෙ).... නිවන පිණිස කළ යුතු වෙන දෙයක් නැත්තේම" යැයි අවබෝධයෙන් ම දැනගන්නවා.

සාදු! සාදු!! සාදු!!!

බාහිරානත්ත සූත්‍රය නිමා විය.

1.1.7
දුතිය අජ්ඣත්තානිච්ච සූත්‍රය
තමා තුළ ඇති අනිත්‍යතාව ගැන වදාළ දෙවෙනි දෙසුම

සැවැත් නුවර දී ....

පින්වත් මහණෙනි, අතීත වූ ත් අනාගත වූ ත් ඇස අනිත්‍ය යි. ඉතින් වර්තමාන ඇසේ අනිත්‍ය බව ගැන කවර කතා ද? පින්වත් මහණෙනි, ශ්‍රැතවත් ආර්ය ශ්‍රාවකයා ඕය අයුරින් දකින විට අතීතයට ගිය ඇස පිළිබඳව අපේක්ෂා රහිත (මධ්‍යස්ථ) වෙනවා. අනාගත ඇස පිළිගන්නේ නෑ. වර්තමානයෙහි ඇති ඇස පිළිබඳව කලකිරීම පිණිස, නො ඇල්ම පිණිස, තණ්හාව නිරුද්ධ වීම පිණිස ධර්මයෙහි හැසිරෙනවා.

කන අනිත්‍ය යි ....(පෙ).... නාසය අනිත්‍ය යි ....(පෙ).... අතීත වූ ත් අනාගත වූ ත් දිව අනිත්‍ය යි. ඉතින් වර්තමාන දිවේ අනිත්‍ය බව ගැන කවර කතා ද? පින්වත් මහණෙනි, ශ්‍රැතවත් ආර්ය ශ්‍රාවකයා ඕය අයුරින් දකින විට අතීතයට ගිය දිව පිළිබඳව අපේක්ෂා රහිත (මධ්‍යස්ථ) වෙනවා. අනාගත දිව පිළිගන්නේ නෑ. වර්තමානයෙහි ඇති දිව පිළිබඳව කලකිරීම පිණිස, නො ඇල්ම පිණිස, තණ්හාව නිරුද්ධ වීම පිණිස ධර්මයෙහි හැසිරෙනවා.

කය අනිත්‍ය යි ....(පෙ).... අතීත වූ ත් අනාගත වූ ත් මනස අනිත්‍යයි. ඉතින් වර්තමාන මනසේ අනිත්‍ය බව ගැන කවර කතා ද? පින්වත් මහණෙනි, ශ්‍රැතවත් ආර්ය ශ්‍රාවකයා ඕය අයුරින් දකින විට අතීතයට ගිය මනස පිළිබඳව අපේක්ෂා රහිත (මධ්‍යස්ථ) වෙනවා. අනාගත මනස පිළිගන්නේ නෑ. වර්තමානයෙහි ඇති මනස පිළිබඳව කලකිරීම පිණිස, නො ඇල්ම පිණිස, තණ්හාව නිරුද්ධ වීම පිණිස ධර්මයෙහි හැසිරෙනවා.

සාදු! සාදු!! සාදු!!!

දුතිය අජ්ඣත්තානිච්ච සූත්‍රය නිමා විය.

1.1.8
දුතිය අජ්ඣත්තදුක්ඛ සූත්‍රය
තමා තුළ ඇති දුක ගැන වදාළ දෙවෙනි දෙසුම

සැවැත් නුවර දී ....

පින්වත් මහණෙනි, අතීත වූත් අනාගත වූත් ඇස දුකයි. ඉතින් වර්තමාන ඇසේ දුක ගැන කවර කතා ද? පින්වත් මහණෙනි, ශ්‍රැතවත් ආර්ය ශ්‍රාවකයා ඔය අයුරින් දකින විට අතීතයට ගිය ඇස පිළිබඳව අපේක්ෂා රහිත (මධ්‍යස්ථ) වෙනවා. අනාගත ඇස පිළිගන්නේ නෑ. වර්තමානයෙහි ඇති ඇස පිළිබඳව කලකිරීම පිණිස, නො ඇල්ම පිණිස, තණ්හාව නිරුද්ධ වීම පිණිස ධර්මයෙහි හැසිරෙනවා. ....(පෙ).... අතීත වූත් අනාගත වූත් මනස දුකයි. ඉතින් වර්තමාන මනසේ දුක ගැන කවර කතා ද? පින්වත් මහණෙනි, ශ්‍රැතවත් ආර්ය ශ්‍රාවකයා ඔය අයුරින් දකින විට අතීතයට ගිය මනස පිළිබඳව අපේක්ෂා රහිත (මධ්‍යස්ථ) වෙනවා. අනාගත මනස පිළිගන්නේ නෑ. වර්තමානයෙහි ඇති මනස පිළිබඳව කලකිරීම පිණිස, නො ඇල්ම පිණිස, තණ්හාව නිරුද්ධ වීම පිණිස ධර්මයෙහි හැසිරෙනවා.

සාදු! සාදු!! සාදු!!!

දුතිය අජ්ඣත්තදුක්ඛ සූත්‍රය නිමා විය.

1.1.9
දුතිය අජ්ඣත්තානත්ත සූත්‍රය
තමා තුළ ඇති අනාත්ම බව ගැන වදාළ දෙවෙනි දෙසුම

සැවැත් නුවර දී ....

පින්වත් මහණෙනි, අතීත වූත් අනාගත වූත් ඇස අනාත්මයි. ඉතින් වර්තමාන ඇසේ අනාත්ම බව ගැන කවර කතා ද? පින්වත් මහණෙනි, ශ්‍රැතවත් ආර්ය ශ්‍රාවකයා ඔය අයුරින් දකින විට අතීතයට ගිය ඇස පිළිබඳව අපේක්ෂා රහිත (මධ්‍යස්ථ) වෙනවා. අනාගත ඇස පිළිගන්නේ නෑ. වර්තමානයෙහි ඇති ඇස පිළිබඳව කලකිරීම පිණිස, නො ඇල්ම පිණිස, තණ්හාව නිරුද්ධ වීම පිණිස ධර්මයෙහි හැසිරෙනවා. අතීත වූත් අනාගත වූත් කන අනාත්මයි.

ඉතින් වර්තමාන කනේ අනාත්ම බව ගැන කවර කතා ද? ....(පෙ).... අතීත වූත් අනාගත වූත් නාසය අනාත්මයි. ඉතින් වර්තමාන නාසයේ අනාත්ම බව ගැන කවර කතා ද? ....(පෙ).... අතීත වූත් අනාගත වූත් දිව අනාත්මයි. ඉතින් වර්තමාන දිවේ අනාත්ම බව ගැන කවර කතා ද? ....(පෙ).... අතීත වූත් අනාගත වූත් කය අනාත්මයි. ඉතින් වර්තමාන කයේ අනාත්ම බව ගැන කවර කතා ද? ....(පෙ).... අතීත වූත් අනාගත වූත් මනස අනාත්මයි. ඉතින් වර්තමාන මනසේ අනාත්ම බව ගැන කවර කතා ද? පින්වත් මහණෙනි, ශ්‍රැතවත් ආර්ය ශ්‍රාවකයා ඔය අයුරින් දකින විට අතීතයට ගිය මනස පිළිබඳව අපේක්ෂා රහිත (මධ්‍යස්ථ) වෙනවා. අනාගත මනස පිළිගන්නේ නෑ. වර්තමානයෙහි ඇති මනස පිළිබඳව කලකිරීම පිණිස, නො ඇල්ම පිණිස, තණ්හාව නිරුද්ධ වීම පිණිස ධර්මයෙහි හැසිරෙනවා.

සාදු! සාදු!! සාදු!!!

දුතිය අජ්ඣත්තානත්ත සූත්‍රය නිමා විය.

1.1.10
දුතිය බාහිරානිච්ච සූත්‍රය
බාහිර දේ තුළ ඇති අනිත්‍යතාව ගැන වදාළ දෙවෙනි දෙසුම

සැවැත් නුවර දී ....

පින්වත් මහණෙනි, අතීත වූත් අනාගත වූත් රූප අනිත්‍යයි. ඉතින් වර්තමාන රූපවල අනිත්‍ය බව ගැන කවර කතා ද? පින්වත් මහණෙනි, ශ්‍රැතවත් ආර්ය ශ්‍රාවකයා ඔය අයුරින් දකින විට අතීතයට ගිය රූප පිළිබඳව අපේක්ෂා රහිත (මධ්‍යස්ථ) වෙනවා. අනාගත රූප පිළිගන්නේ නෑ. වර්තමානයෙහි ඇති රූප පිළිබඳව කලකිරීම පිණිස, නො ඇල්ම පිණිස, තණ්හාව නිරුද්ධ වීම පිණිස ධර්මයෙහි හැසිරෙනවා. ශබ්ද ....(පෙ).... ගඳ-සුවඳ ....(පෙ).... රස ....(පෙ).... පහස ....(පෙ).... අතීත වූත් අනාගත වූත් සිතට අරමුණු වන දේ අනිත්‍යයි. ඉතින් වර්තමානයේ සිතට අරමුණු වන දේ තුළ ඇති අනිත්‍ය බව ගැන කවර කතා ද? පින්වත් මහණෙනි, ශ්‍රැතවත් ආර්ය ශ්‍රාවකයා ඔය අයුරින් දකින විට අතීතයට ගිය සිතට අරමුණු වුණ දේ පිළිබඳව අපේක්ෂා රහිත (මධ්‍යස්ථ) වෙනවා. අනාගතයේ සිතට අරමුණු වන දේ පිළිගන්නේ නෑ.

වර්තමානයෙහි සිතට අරමුණු වන දේ පිළිබඳව කලකිරීම පිණිස, නො ඇල්ම පිණිස, තණ්හාව නිරුද්ධ වීම පිණිස ධර්මයෙහි හැසිරෙනවා.

සාදු! සාදු!! සාදු!!!

දුතිය බාහිරානිච්ච සූත්‍රය නිමා විය.

1.1.11
දුතිය බාහිරදුක්ඛ සූත්‍රය
බාහිර දේ තුළ ඇති දුක ගැන වදාළ දෙවෙනි දෙසුම

සැවැත් නුවර දී ....

පින්වත් මහණෙනි, අතීත වූත් අනාගත වූත් රූප දුකයි. ඉතින් වර්තමාන රූපවල ඇති දුක ගැන කවර කතා ද? පින්වත් මහණෙනි, ශ්‍රැතවත් ආර්ය ශ්‍රාවකයා ඔය අයුරින් දකින විට අතීතයට ගිය රූප පිළිබඳව අපේක්ෂා රහිත (මධ්‍යස්ථ) වෙනවා. අනාගත රූප පිළිගන්නේ නෑ. වර්තමානයෙහි ඇති රූප පිළිබඳව කලකිරීම පිණිස, නො ඇල්ම පිණිස, තණ්හාව නිරුද්ධ වීම පිණිස ධර්මයෙහි හැසිරෙනවා. ශබ්ද ....(පෙ).... ගඳ-සුවඳ ....(පෙ).... රස ....(පෙ).... පහස ....(පෙ).... අතීත වූත් අනාගත වූත් සිතට අරමුණු වන දේ දුකයි. ඉතින් වර්තමානයේ සිතට අරමුණු වන දේ තුළ ඇති දුක ගැන කවර කතා ද? පින්වත් මහණෙනි, ශ්‍රැතවත් ආර්ය ශ්‍රාවකයා ඔය අයුරින් දකින විට අතීතයට ගිය සිතට අරමුණු වුණ දේ පිළිබඳව අපේක්ෂා රහිත (මධ්‍යස්ථ) වෙනවා. අනාගතයේ සිතට අරමුණු වන දේ පිළිගන්නේ නෑ. වර්තමානයෙහි සිතට අරමුණු වන දේ පිළිබඳව කලකිරීම පිණිස, නො ඇල්ම පිණිස, තණ්හාව නිරුද්ධ වීම පිණිස ධර්මයෙහි හැසිරෙනවා.

සාදු! සාදු!! සාදු!!!

දුතිය බාහිරදුක්ඛ සූත්‍රය නිමා විය.

1.1.12
දුතිය බාහිරානත්ත සූත්‍රය
බාහිර දේ තුළ ඇති අනාත්ම බව ගැන වදාළ දෙවෙනි දෙසුම

සැවැත් නුවර දී ....

පින්වත් මහණෙනි, අතීත වූත් අනාගත වූත් රූප අනාත්මයි. ඉතින් වර්තමාන රූපවල අනාත්ම බව ගැන කවර කතා ද? පින්වත් මහණෙනි, ශ්‍රැතවත් ආර්ය ශ්‍රාවකයා ඔය අයුරින් දකින විට අතීතයට ගිය රූප පිළිබඳව අපේක්ෂා රහිත (මධ්‍යස්ථ) වෙනවා. අනාගත රූප පිළිගන්නේ නෑ. වර්තමානයෙහි ඇති රූප පිළිබඳව කලකිරීම පිණිස, නො ඇල්ම පිණිස, තණ්හාව නිරුද්ධ වීම පිණිස ධර්මයෙහි හැසිරෙනවා. ශබ්ද ....(පෙ).... ගඳ-සුවඳ ....(පෙ).... රස ....(පෙ).... පහස ....(පෙ).... අතීත වූත් අනාගත වූත් සිතට අරමුණු වන දේ අනාත්මයි. ඉතින් වර්තමානයේ සිතට අරමුණු වන දේවල් අනාත්ම ය යන කරුණ ගැන කවර කතා ද? පින්වත් මහණෙනි, ශ්‍රැතවත් ආර්ය ශ්‍රාවකයා ඔය අයුරින් දකින විට අතීතයට ගිය සිතට අරමුණු වුණ දේ පිළිබඳව අපේක්ෂා රහිත (මධ්‍යස්ථ) වෙනවා. අනාගතයේ සිතට අරමුණු වන දේ පිළිගන්නේ නෑ. වර්තමානයෙහි සිතට අරමුණු වන දේ පිළිබඳව කලකිරීම පිණිස, නො ඇල්ම පිණිස, තණ්හාව නිරුද්ධ වීම පිණිස ධර්මයෙහි හැසිරෙනවා.

සාදු! සාදු!! සාදු!!!

දුතිය බාහිරානත්ත සූත්‍රය නිමා විය.

පළමුවෙනි අනිච්ච වර්ගය යි.

- එහි පිළිවෙළ උද්දානය යි.

අනිච්ච සූත්‍රය, දුක්ඛ සූත්‍රය, අනත්ත සූත්‍රය වශයෙන් ආධ්‍යාත්ම බාහිර තුන බැගින් ඇත. ඒ වගේ ම අනිත්‍ය ආදී සූත්‍රවල දෙවෙනි සූත්‍ර තුනක් කියන ලදී. ඒවා ද ආධ්‍යාත්ම බාහිර වශයෙන් යුක්ත වේ.

2. යමක වර්ගය

1.2.1
සම්බෝධ සූත්‍රය
සම්බුද්ධත්වය ගැන වදාළ දෙසුම

සැවැත් නුවර දී ....

පින්වත් මහණෙනි, සම්බුද්ධත්වයට කලින් ම, සම්බුද්ධත්වයට පත් නොවී, (මේ ජීවිතයේ දී ම) බෝධිසත්වයන් වහන්සේ හැටියට සිටිය දී ම මා හට මේ අදහස ඇති වුණා. ඇසෙහි තිබෙන ආශ්වාදය කුමක්ද? ආදීනවය කුමක්ද? නිදහස් වීම කුමක්ද? කනෙහි තිබෙන ....(පෙ).... නාසයෙහි තිබෙන ....(පෙ).... දිවෙහි තිබෙන ....(පෙ).... කයෙහි තිබෙන ....(පෙ).... මනසෙහි තිබෙන ආශ්වාදය කුමක්ද? ආදීනවය කුමක්ද? නිදහස් වීම කුමක්ද? කියලා.

පින්වත් මහණෙනි, එතකොට මට මේ කරුණ අවබෝධ වුණා. ඇස හේතු කරගෙන යම් සැපයක් සොම්නසක් උපදිනවා නම්, මේක තමයි ඇසෙහි ඇති ආශ්වාදය. යම් ඇසක් අනිත්‍ය නම්, දුක නම්, වෙනස් වන ධර්මතාවයට අයිති නම් මේක තමයි ඇසෙහි ඇති ආදීනවය. ඇස කෙරෙහි ඇති ඡන්දරාගයේ යම් දුරු කිරීමක් ඇත්ද, ඡන්දරාගය ප්‍රහාණය වීමක් ඇත්ද, මේක තමයි ඇසෙන් නිදහස් වීම. කන හේතු කරගෙන යම් ....(පෙ).... නාසය හේතු කරගෙන යම් ....(පෙ).... දිව හේතු කරගෙන යම් සැපයක් සොම්නසක් උපදිනවා නම්, මේක තමයි දිවෙහි ඇති ආශ්වාදය. යම් දිවක් අනිත්‍ය නම්, දුක නම්, වෙනස් වන ධර්මතාවයට අයිති නම් මේක තමයි දිවෙහි ඇති ආදීනවය. දිව කෙරෙහි ඇති ඡන්දරාගයේ යම් දුරු කිරීමක් ඇත්ද, ඡන්දරාගය ප්‍රහාණය වීමක් ඇත්ද, මේක තමයි දිවෙන් නිදහස් වීම. කය හේතු කරගෙන යම් ....(පෙ).... මනස හේතු කරගෙන යම් සැපයක් සොම්නසක් උපදිනවා නම්, මේක තමයි මනසෙහි ඇති ආශ්වාදය. යම් මනසක් අනිත්‍ය නම්, දුක නම්, වෙනස් වන ධර්මතාවයට අයිති නම් මේක තමයි මනසෙහි ඇති ආදීනවය.

මනස කෙරෙහි ඇති ඡන්දරාගයේ යම් දුරු කිරීමක් ඇත්ද, ඡන්දරාගය ප්‍රහාණය වීමක් ඇත්ද, මේක තමයි මනසෙන් නිදහස් වීම.

පින්වත් මහණෙනි, මා යම්තාක් කලක් මේ ආධ්‍යාත්මික ආයතන හය පිළිබඳව ඔය ආකාරයට ආශ්වාදය ආශ්වාදය වශයෙනුත්, ආදීනවය ආදීනවය වශයෙනුත්, නිස්සරණය නිස්සරණය වශයෙනුත් ඒ වූ ස්වභාවයෙන් ම අවබෝධ කළේ නැත් ද, පින්වත් මහණෙනි, ඒ තාක්කල් ම මා දෙවියන් සහිත වූ, මරුන් සහිත වූ, බඹුන් සහිත වූ, ශ්‍රමණ බමුණන් සහිත වූ, මේ දෙව් මිනිස් ප්‍රජාවෙන් යුතු ලෝකයෙහි අනුත්තර වූ සම්මා සම්බුද්ධත්වය අවබෝධ කළ වගට ප්‍රතිඥා දුන්නේ නෑ.

පින්වත් මහණෙනි, මා යම් දිනෙක මේ ආධ්‍යාත්මික ආයතන හය පිළිබඳව ඔය ආකාරයට ආශ්වාදය ආශ්වාදය වශයෙනුත්, ආදීනවය ආදීනවය වශයෙනුත්, නිස්සරණය නිස්සරණය වශයෙනුත් ඒ වූ ස්වභාවයෙන් ම අවබෝධ කරගත්තා ද, පින්වත් මහණෙනි, එතකොට යි මා දෙවියන් සහිත වූ, මරුන් සහිත වූ, බඹුන් සහිත වූ, ශ්‍රමණ බමුණන් සහිත වූ, මේ දෙව් මිනිස් ප්‍රජාවෙන් යුතු ලෝකයෙහි අනුත්තර වූ සම්මා සම්බුද්ධත්වය අවබෝධ කළ වගට ප්‍රතිඥා දුන්නේ. මා තුළ ඥානදර්ශනය පහළ වුණා. මගේ චිත්තවිමුක්තිය නො වෙනස් වන දෙයක්. මේක මාගේ අවසාන උපතයි. ආයෙත් නම් දැන් පුනර්භවයක් නෑ.

සාදු! සාදු!! සාදු!!!

සම්බෝධ සූත්‍රය නිමා විය.

1.2.2
දුතිය සම්බෝධ සූත්‍රය
සම්බුද්ධත්වය ගැන වදාළ දෙවෙනි දෙසුම

සැවැත් නුවර දී ....

පින්වත් මහණෙනි, සම්බුද්ධත්වයට කලින්ම, සම්බුද්ධත්වයට පත් නොවී, (මේ ජීවිතයේ දී ම) බෝධිසත්වයන් වහන්සේ හැටියට සිටිය දී ම මා හට මේ අදහස ඇති වුණා. රූපවල තිබෙන ආශ්වාදය කුමක්ද? ආදීනවය කුමක්ද? නිදහස් වීම කුමක්ද? ශබ්දවල තිබෙන ....(පෙ).... ගඳ-සුවඳෙහි

තිබෙන ....(පෙ).... රසයෙහි තිබෙන ....(පෙ).... පහසෙහි තිබෙන ....(පෙ).... සිතට අරමුණු වන දේවල්වල තිබෙන ආශ්වාදය කුමක්ද? ආදීනවය කුමක්ද? නිදහස් වීම කුමක්ද? කියලා.

පින්වත් මහණෙනි, එතකොට මට මේ කරුණ අවබෝධ වුණා. රූප හේතු කරගෙන යම් සැපයක් සොම්නසක් උපදිනවා නම්, මේක තමයි රූපවල ඇති ආශ්වාදය. ඉතින් ඔය රූප අනිත්‍ය නම්, දුක නම්, වෙනස් වන ධර්මතාවයට අයිති නම් මේක තමයි රූපවල ඇති ආදීනවය. රූප කෙරෙහි ඇති ඡන්දරාගයේ යම් දුරු කිරීමක් ඇත්ද, ඡන්දරාගය ප්‍රහාණය වීමක් ඇත්ද, මේක තමයි රූපවලින් නිදහස් වීම. ශබ්ද හේතු කරගෙන යම් ....(පෙ).... ගඳ-සුවඳ හේතු කරගෙන යම් ....(පෙ).... රස හේතු කරගෙන යම් ....(පෙ).... පහස හේතු කරගෙන යම් ....(පෙ).... සිතට අරමුණු වන දේ හේතු කරගෙන යම් සැපයක් සොම්නසක් උපදිනවා නම්, මේක තමයි සිතට අරමුණු වන දේ තුළ ඇති ආශ්වාදය. ඉතින් ඔය සිතට අරමුණු වන දේ අනිත්‍ය නම්, දුක නම්, වෙනස් වන ධර්මතාවයට අයිති නම් මේක තමයි සිතට අරමුණු වන දේ තුළ ඇති ආදීනවය. සිතට අරමුණු වන දේ කෙරෙහි ඇති ඡන්දරාගයේ යම් දුරු කිරීමක් ඇත්ද, ඡන්දරාගය ප්‍රහාණය වීමක් ඇත්ද, මේක තමයි සිතට අරමුණු වන දෙයින් නිදහස් වීම.

පින්වත් මහණෙනි, මා යම්තාක් කලක් මේ බාහිර ආයතන හය පිළිබඳව ඔය ආකාරයට ආශ්වාදය ආශ්වාදය වශයෙනුත්, ආදීනවය ආදීනවය වශයෙනුත්, නිස්සරණය නිස්සරණය වශයෙනුත් ඒ වූ ස්වභාවයෙන් ම අවබෝධ කළේ නැත් ද, ...(පෙ).... ඒ වූ ස්වභාවයෙන් ම අවබෝධ කරගත්තා ද, පින්වත් මහණෙනි, එතකොට යි මා දෙවියන් සහිත වූ, මරුන් සහිත වූ, බඹුන් සහිත වූ, ශ්‍රමණ බමුණන් සහිත වූ, මේ දෙව් මිනිස් ප්‍රජාවෙන් යුතු ලෝකයෙහි අනුත්තර වූ සම්මා සම්බුද්ධත්වය අවබෝධ කළ වගට ප්‍රතිඥා දුන්නේ. මා තුළ ඥානදර්ශනය පහළ වුණා. මගේ චිත්තවිමුක්තිය නො වෙනස් වන දෙයක්. මේක මාගේ අවසාන උපතයි. ආයෙත් නම් දැන් පුනර්භවයක් නෑ.

සාදු! සාදු!! සාදු!!!

දුතිය සම්බෝධ සූත්‍රය නිමා විය.

1.2.3
අස්සාද පරියේසන සූත්‍රය
ආශ්වාදය පිළිබඳව පර්යේෂණ කිරීම ගැන වදාළ දෙසුම

සැවැත් නුවර දී ....

පින්වත් මහණෙනි, මා ඇසෙහි ඇති ආශ්වාදය පිළිබඳව පර්යේෂණ කරමින් ගියා. එතකොට ඇසෙහි යම් ආශ්වාදයක් ඇද්ද, එය මට අවබෝධ වුණා. ඇසෙහි ආශ්වාදය යම්තාක් ඇද්ද, මා එය මනාව ප්‍රඥාවෙන් දැක ගත්තා. පින්වත් මහණෙනි, මා ඇසෙහි ඇති ආදීනවය පිළිබඳව පර්යේෂණ කරමින් ගියා. එතකොට ඇසෙහි යම් ආදීනවයක් ඇද්ද, එය මට අවබෝධ වුණා. ඇසෙහි ආදීනවය යම්තාක් ඇද්ද, මා එය මනාව ප්‍රඥාවෙන් දැක ගත්තා. පින්වත් මහණෙනි, මා ඇසෙහි ඇති නිස්සරණය පිළිබඳව පර්යේෂණ කරමින් ගියා. එතකොට ඇසෙහි යම් නිස්සරණයක් ඇද්ද, එය මට අවබෝධ වුණා. ඇසෙහි නිස්සරණය යම්තාක් ඇද්ද, මා එය මනාව ප්‍රඥාවෙන් දැක ගත්තා.

පින්වත් මහණෙනි, මා කනෙහි ඇති ආශ්වාදය පිළිබඳව පර්යේෂණ කරමින් ගියා ....(පෙ).... පින්වත් මහණෙනි, මා නාසයෙහි ඇති ආශ්වාදය පිළිබඳව පර්යේෂණ කරමින් ගියා ....(පෙ).... පින්වත් මහණෙනි, මා දිවෙහි ඇති ආශ්වාදය පිළිබඳව පර්යේෂණ කරමින් ගියා. එතකොට දිවෙහි යම් ආශ්වාදයක් ඇද්ද, එය මට අවබෝධ වුණා. දිවෙහි ආශ්වාදය යම්තාක් ඇද්ද, මා එය මනාව ප්‍රඥාවෙන් දැක ගත්තා. පින්වත් මහණෙනි, මා දිවෙහි ඇති ආදීනවය පිළිබඳව පර්යේෂණ කරමින් ගියා. එතකොට දිවෙහි යම් ආදීනවයක් ඇද්ද, එය මට අවබෝධ වුණා. දිවෙහි ආදීනවය යම්තාක් ඇද්ද, මා එය මනාව ප්‍රඥාවෙන් දැක ගත්තා. පින්වත් මහණෙනි, මා දිවෙහි ඇති නිස්සරණය පිළිබඳව පර්යේෂණ කරමින් ගියා. එතකොට දිවෙහි යම් නිස්සරණයක් ඇද්ද, එය මට අවබෝධ වුණා. දිවෙහි නිස්සරණය යම්තාක් ඇද්ද, මා එය මනාව ප්‍රඥාවෙන් දැක ගත්තා. පින්වත් මහණෙනි, මා කයෙහි ඇති ආශ්වාදය පිළිබඳව පර්යේෂණ කරමින් ගියා ....(පෙ).... පින්වත් මහණෙනි, මා මනසෙහි ඇති ආශ්වාදය පිළිබඳව පර්යේෂණ කරමින් ගියා. එතකොට මනසෙහි යම් ආශ්වාදයක් ඇද්ද, එය මට අවබෝධ වුණා. මනසෙහි ආශ්වාදය යම්තාක් ඇද්ද, මා එය මනාව ප්‍රඥාවෙන් දැක ගත්තා. පින්වත් මහණෙනි, මා මනසෙහි ඇති ආදීනවය පිළිබඳව පර්යේෂණ කරමින් ගියා. එතකොට මනසෙහි යම්

ආදීනවයක් ඇද්ද, එය මට අවබෝධ වුණා. මනසෙහි ආදීනවය යම්තාක් ඇද්ද, මා එය මනාව ප්‍රඥාවෙන් දැක ගත්තා. පින්වත් මහණෙනි, මා මනසෙහි ඇති නිස්සරණය පිළිබඳව පර්යේෂණ කරමින් ගියා. එතකොට මනසෙහි යම් නිස්සරණයක් ඇද්ද, එය මට අවබෝධ වුණා. මනසෙහි නිස්සරණය යම්තාක් ඇද්ද, මා එය මනාව ප්‍රඥාවෙන් දැක ගත්තා.

පින්වත් මහණෙනි, මා යම්තාක් කලක් මේ ආධ්‍යාත්මික ආයතන හය පිළිබඳව ඔය ආකාරයට ආශ්වාදය ආශ්වාදය වශයෙනුත්, ආදීනවය ආදීනවය වශයෙනුත්, නිස්සරණය නිස්සරණය වශයෙනුත් ඒ වූ ස්වභාවයෙන් ම අවබෝධ කළේ නැත් ද, ...(පෙ).... ඒ වූ ස්වභාවයෙන් ම අවබෝධ කර ගත්තා ද, ...(පෙ).... මා තුළ ඥානදර්ශනය පහළ වුණා. මගේ චිත්තවිමුක්තිය නො වෙනස් වන දෙයක්. මේක මාගේ අවසාන උපතයි. ආයෙත් නම් දැන් පුනර්භවයක් නෑ.

සාදු! සාදු!! සාදු!!!

අස්සාද පරියේසන සූත්‍රය නිමා විය.

1.2.4
දුතිය අස්සාද පරියේසන සූත්‍රය
ආශ්වාදය පිළිබඳව පර්යේෂණ කිරීම ගැන වදාළ දෙවෙනි දෙසුම

සැවැත් නුවර දී ....

පින්වත් මහණෙනි, මා රූපවල ඇති ආශ්වාදය පිළිබඳව පර්යේෂණ කරමින් ගියා. එතකොට රූපවල යම් ආශ්වාදයක් ඇද්ද, එය මට අවබෝධ වුණා. රූපවල ආශ්වාදය යම්තාක් ඇද්ද, මා එය මනාව ප්‍රඥාවෙන් දැක ගත්තා. පින්වත් මහණෙනි, මා රූපවල ඇති ආදීනවය පිළිබඳව පර්යේෂණ කරමින් ගියා. එතකොට රූපවල යම් ආදීනවයක් ඇද්ද, එය මට අවබෝධ වුණා. රූපවල ආදීනවය යම්තාක් ඇද්ද, මා එය මනාව ප්‍රඥාවෙන් දැක ගත්තා. පින්වත් මහණෙනි, මා රූපවල ඇති නිස්සරණය පිළිබඳව පර්යේෂණ කරමින් ගියා. එතකොට රූපවල යම් නිස්සරණයක් ඇද්ද, එය මට අවබෝධ වුණා. රූපවල නිස්සරණය යම්තාක් ඇද්ද, මා එය මනාව ප්‍රඥාවෙන් දැක ගත්තා.

පින්වත් මහණෙනි, මා ශබ්දවල ඇති ආශ්වාදය පිළිබඳව පර්යේෂණ කරමින් ගියා ....(පෙ).... පින්වත් මහණෙනි, මා ගඳ-සුවඳෙහි ඇති ආශ්වාදය පිළිබඳව පර්යේෂණ කරමින් ගියා ....(පෙ).... පින්වත් මහණෙනි, මා රසයෙහි ඇති ආශ්වාදය පිළිබඳව පර්යේෂණ කරමින් ගියා ....(පෙ).... පින්වත් මහණෙනි, මා පහසෙහි ඇති ආශ්වාදය පිළිබඳව පර්යේෂණ කරමින් ගියා ....(පෙ).... පින්වත් මහණෙනි, මා සිතට අරමුණු වන දේ තුළ ඇති ආශ්වාදය පිළිබඳව පර්යේෂණ කරමින් ගියා. එතකොට සිතට අරමුණු වන දේ තුළ යම් ආශ්වාදයක් ඇද්ද, එය මට අවබෝධ වුණා. සිතට අරමුණු වන දේ තුළ ආශ්වාදය යම්තාක් ඇද්ද, මා එය මනාව ප්‍රඥාවෙන් දැක ගත්තා. පින්වත් මහණෙනි, මා සිතට අරමුණු වන දේ තුළ ඇති ආදීනවය පිළිබඳව පර්යේෂණ කරමින් ගියා. එතකොට සිතට අරමුණු වන දේ තුළ යම් ආදීනවයක් ඇද්ද, එය මට අවබෝධ වුණා. සිතට අරමුණු වන දේ තුළ ආදීනවය යම්තාක් ඇද්ද, මා එය මනාව ප්‍රඥාවෙන් දැක ගත්තා. පින්වත් මහණෙනි, මා සිතට අරමුණු වන දේ තුළ ඇති නිස්සරණය පිළිබඳව පර්යේෂණ කරමින් ගියා. එතකොට සිතට අරමුණු වන දේ තුළ යම් නිස්සරණයක් ඇද්ද, එය මට අවබෝධ වුණා. සිතට අරමුණු වන දේ තුළ නිස්සරණය යම්තාක් ඇද්ද, මා එය මනාව ප්‍රඥාවෙන් දැක ගත්තා.

පින්වත් මහණෙනි, මා යම්තාක් කලක් මේ බාහිර ආයතන හය පිළිබඳව ඔය ආකාරයට ආශ්වාදය ආශ්වාදය වශයෙනුත්, ආදීනවය ආදීනවය වශයෙනුත්, නිස්සරණය නිස්සරණය වශයෙනුත් ඒ වූ ස්වභාවයෙන් ම අවබෝධ කළේ නැත් ද, ...(පෙ).... ඒ වූ ස්වභාවයෙන් ම අවබෝධ කර ගත්තා ද ....(පෙ).... මා තුළ ඥානදර්ශනය පහළ වුණා. මගේ චිත්තවිමුක්තිය නො වෙනස් වන දෙයක්. මේක මාගේ අවසාන උපතයි. ආයෙත් නම් දැන් පුනර්භවයක් නෑ.

සාදු! සාදු!! සාදු!!!

දුතිය අස්සාද පරියේසන සූත්‍රය නිමා විය.

1.2.5
නෝ චේ අස්සාද සූත්‍රය
"ඉදින් ආශ්වාදයක් නොතිබුණා නම්" යන්න ගැන වදාළ දෙසුම

සැවැත් නුවර දී ....

පින්වත් මහණෙනි, ඉදින් ඇසෙහි ආශ්වාදයක් නොතිබුණා නම්, සත්වයන් ඇස කෙරෙහි ඇල්මක් ඇති කරගන්නේ නෑ. පින්වත් මහණෙනි. යම් යම් කරුණු නිසා ඇසෙහි ආශ්වාදයක් තියෙනවා. ඒ නිසයි සත්වයන් ඇස කෙරෙහි ඇලෙන්නේ. පින්වත් මහණෙනි, ඉදින් ඇසෙහි ආදීනවයක් නොතිබුණා නම්, සත්වයන් ඇස කෙරෙහි කලකිරීමක් ඇති කරගන්නේ නෑ. පින්වත් මහණෙනි, යම් යම් කරුණු නිසා ඇසෙහි ආදීනවයක් තියෙනවා. ඒ නිසයි සත්වයන් ඇස ගැන සත්‍ය ස්වභාවය තේරුම් ගෙන කලකිරෙන්නේ. පින්වත් මහණෙනි, ඉදින් ඇසෙන් නිදහස් වීමක් නොතිබුණා නම්, සත්වයන් ඇසෙන් නිදහස් වෙන්නේ නෑ. පින්වත් මහණෙනි, යම් යම් කරුණු නිසා ඇසෙන් නිදහස් වීමක් තියෙනවා ඒ නිසයි සත්වයන් ඇසෙන් නිදහස් වෙන්නේ.

පින්වත් මහණෙනි, ඉදින් කනෙහි ආශ්වාදයක් නොතිබුණා නම් ....(පෙ).... පින්වත් මහණෙනි, ඉදින් නාසයෙහි ආශ්වාදයක් නොතිබුණා නම් ....(පෙ).... පින්වත් මහණෙනි, ඉදින් දිවෙහි ආශ්වාදයක් නොතිබුණා නම් සත්වයන් දිව කෙරෙහි ඇල්මක් ඇති කරගන්නේ නෑ. පින්වත් මහණෙනි. යම් යම් කරුණු නිසා දිවෙහි ආශ්වාදයක් තියෙනවා. ඒ නිසයි සත්වයන් දිව කෙරෙහි ඇලෙන්නේ. පින්වත් මහණෙනි, ඉදින් දිවෙහි ආදීනවයක් නොතිබුණා නම්, සත්වයන් දිව කෙරෙහි කලකිරීමක් ඇති කරගන්නේ නෑ. පින්වත් මහණෙනි, යම් යම් කරුණු නිසා දිවෙහි ආදීනවයක් තියෙනවා. ඒ නිසයි සත්වයන් දිව ගැන සත්‍ය ස්වභාවය තේරුම් ගෙන කලකිරෙන්නේ. පින්වත් මහණෙනි, ඉදින් දිවෙන් නිදහස් වීමක් නොතිබුණා නම්, සත්වයන් දිවෙන් නිදහස් වෙන්නේ නෑ. පින්වත් මහණෙනි, යම් යම් කරුණු නිසා දිවෙන් නිදහස් වීමක් තියෙනවා. ඒ නිසයි සත්වයන් දිවෙන් නිදහස් වෙන්නේ.

පින්වත් මහණෙනි, ඉදින් කයෙහි ආශ්වාදයක් නොතිබුණා නම් ....(පෙ).... පින්වත් මහණෙනි, ඉදින් මනසෙහි ආශ්වාදයක් නොතිබුණා නම් සත්වයන් මනස කෙරෙහි ඇල්මක් ඇති කරගන්නේ නෑ. පින්වත් මහණෙනි,

යම් යම් කරුණු නිසා මනසෙහි ආශ්වාදයක් තියෙනවා. ඒ නිසයි සත්වයන් මනස කෙරෙහි ඇලෙන්නේ. පින්වත් මහණෙනි, ඉදින් මනසෙහි ආදීනවයක් නොතිබුණා නම්, සත්වයන් මනස කෙරෙහි කලකිරීමක් ඇති කරගන්නේ නෑ. පින්වත් මහණෙනි, යම් යම් කරුණු නිසා මනසෙහි ආදීනවයක් තියෙනවා. ඒ නිසයි සත්වයන් මනස ගැන සත්‍ය ස්වභාවය තේරුම් ගෙන කලකිරෙන්නේ. පින්වත් මහණෙනි, ඉදින් මනසෙන් නිදහස් වීමක් නොතිබුණා නම්, සත්වයන් මනසෙන් නිදහස් වෙන්නේ නෑ. පින්වත් මහණෙනි, යම් යම් කරුණු නිසා මනසෙන් නිදහස් වීමක් තියෙනවා. ඒ නිසයි සත්වයන් මනසෙන් නිදහස් වෙන්නේ.

පින්වත් මහණෙනි, සත්වයන් යම්තාක් කලක් මේ ආධ්‍යාත්මික ආයතන හය පිළිබඳව ඔය ආකාරයට ආශ්වාදය ආශ්වාදය වශයෙනුත්, ආදීනවය ආදීනවය වශයෙනුත්, නිස්සරණය නිස්සරණය වශයෙනුත් ඒ වූ ස්වභාවයෙන් ම අවබෝධ කළේ නැත් ද, පින්වත් මහණෙනි, ඒ තාක්කල් ම සත්වයෝ, දෙවියන් සහිත වූ මරුන් සහිත වූ බඹුන් සහිත වූ ශ්‍රමණ බමුණන් සහිත වූ මේ දෙව් මිනිස් ප්‍රජාවෙන් යුතු ලෝකයෙහි ජීවත් වුණේ ආධ්‍යාත්මික ආයතන හයෙන් වෙන් වෙලා නොවේ. නොබැඳී නොවේ. නිදහස් වෙලා නොවේ. එයට හසු නොවුන සිතිනුත් නොවේ.

පින්වත් මහණෙනි, සත්වයන් යම් දවසක මේ ආධ්‍යාත්මික ආයතන හය පිළිබඳව ඔය ආකාරයට ආශ්වාදය ආශ්වාදය වශයෙනුත්, ආදීනවය ආදීනවය වශයෙනුත්, නිස්සරණය නිස්සරණය වශයෙනුත් ඒ වූ ස්වභාවයෙන් ම අවබෝධ කරගත්තා ද, පින්වත් මහණෙනි, එතකොට තමයි සත්වයෝ, දෙවියන් සහිත වූ මරුන් සහිත වූ බඹුන් සහිත වූ ශ්‍රමණ බමුණන් සහිත වූ මේ දෙව් මිනිස් ප්‍රජාවෙන් යුතු ලෝකයෙහි ආධ්‍යාත්මික ආයතන හයෙන් වෙන් වෙලා වාසය කරන්නේ. එක් නොවී වාසය කරන්නේ. නිදහස් වෙලා වාසය කරන්නේ. එයට හසු නොවුන සිතින් වාසය කරන්නේ.

සාදු! සාදු!! සාදු!!!

නෝ චේ අස්සාද සූත්‍රය නිමා විය.

1.2.6
දුතිය නෝ චේ අස්සාද සූත්‍රය
"ඉදින් ආශ්වාදයක් නොතිබුණා නම්" යන්න ගැන වදාළ දෙවෙනි දෙසුම

සැවැත් නුවර දී ....

පින්වත් මහණෙනි, ඉදින් රූපවල ආශ්වාදයක් නොතිබුණා නම්, සත්වයන් රූප කෙරෙහි ඇල්මක් ඇති කරගන්නේ නෑ. පින්වත් මහණෙනි, යම් යම් කරුණු නිසා රූපවල ආශ්වාදයක් තියෙනවා. ඒ නිසා සත්වයන් රූප කෙරෙහි ඇලෙනවා. පින්වත් මහණෙනි, ඉදින් රූපවල ආදීනවයක් නොතිබුණා නම්, සත්වයන් රූප කෙරෙහි කලකිරීමක් ඇති කරගන්නේ නෑ. පින්වත් මහණෙනි, යම් යම් කරුණු නිසා රූපවල ආදීනවයක් තියෙනවා. ඒ නිසා සත්වයන් රූපවල සත්‍ය ස්වභාවය තේරුම් ගෙන කලකිරෙනවා. පින්වත් මහණෙනි, ඉදින් රූපවලින් නිදහස් වීමක් නොතිබුණා නම්, සත්වයන් රූපවලින් නිදහස් වෙන්නේ නෑ. පින්වත් මහණෙනි, යම් යම් කරුණු නිසා රූපවලින් නිදහස් වීමක් තියෙනවා. ඒ නිසා සත්වයන් රූපවලින් නිදහස් වෙනවා.

පින්වත් මහණෙනි, ඉදින් ශබ්දවල ආශ්වාදයක් නොතිබුණා නම් ....(පෙ).... ගඳ-සුවඳෙහි ....(පෙ).... රසයෙහි ....(පෙ).... පහසෙහි ....(පෙ).... සිතට අරමුණු වන දේ තුළ ආශ්වාදයක් නොතිබුණා නම්, සත්වයන් සිතට අරමුණු වන දේ කෙරෙහි ඇල්මක් ඇති කරගන්නේ නෑ. පින්වත් මහණෙනි, යම් යම් කරුණු නිසා සිතට අරමුණු වන දේ තුළ ආශ්වාදයක් තියෙනවා. ඒ නිසා සත්වයන් සිතට අරමුණු වන දේ කෙරෙහි ඇලෙනවා. පින්වත් මහණෙනි, ඉදින් සිතට අරමුණු වන දේ තුළ ආදීනවයක් නොතිබුණා නම්, සත්වයන් සිතට අරමුණු වන දේ කෙරෙහි කලකිරීමක් ඇති කරගන්නේ නෑ. පින්වත් මහණෙනි, යම් යම් කරුණු නිසා සිතට අරමුණු වන දේ තුළ ආදීනවයක් තියෙනවා. ඒ නිසා සත්වයන් සිතට අරමුණු වන දේ ගැන සත්‍ය ස්වභාවය තේරුම් ගෙන කලකිරෙනවා. පින්වත් මහණෙනි, ඉදින් සිතට අරමුණු වන දෙයින් නිදහස් වීමක් නොතිබුණා නම්, සත්වයන් සිතට අරමුණු වන දෙයින් නිදහස් වෙන්නේ නෑ. පින්වත් මහණෙනි, යම් යම් කරුණු නිසා සිතට අරමුණු වන දෙයින් නිදහස් වීමක් තියෙනවා. ඒ නිසා සත්වයන් සිතට අරමුණු වන දෙයින් නිදහස් වෙනවා.

පින්වත් මහණෙනි, සත්වයන් යම්තාක් කලක් මේ බාහිර ආයතන හය පිළිබඳව ඔය ආකාරයට ආශ්වාදය ආශ්වාදය වශයෙනුත්, ආදීනවය ආදීනවය වශයෙනුත්, නිස්සරණය නිස්සරණය වශයෙනුත් ඒ වූ ස්වභාවයෙන් ම අවබෝධ කළේ නැත් ද, පින්වත් මහණෙනි, ඒ තාක්කල් ම සත්වයෝ, දෙවියන් සහිත වූ මරුන් සහිත වූ බඹුන් සහිත වූ ශ්‍රමණ බමුණන් සහිත වූ මේ දෙව් මිනිස් ප්‍රජාවෙන් යුතු ලෝකයෙහි ජීවත් වුණේ බාහිර ආයතන හයෙන් වෙන් වෙලා නොවේ. නොබැඳී නොවේ. නිදහස් වෙලා නොවේ. එයට හසු නොවුන සිතිනුත් නොවේ.

පින්වත් මහණෙනි, සත්වයන් යම් දවසක මේ බාහිර ආයතන හය පිළිබඳව ඔය ආකාරයට ආශ්වාදය ආශ්වාදය වශයෙනුත්, ආදීනවය ආදීනවය වශයෙනුත්, නිස්සරණය නිස්සරණය වශයෙනුත් ඒ වූ ස්වභාවයෙන් ම අවබෝධ කර ගත්තා ද, පින්වත් මහණෙනි, එතකොට තමයි සත්වයෝ, දෙවියන් සහිත වූ මරුන් සහිත වූ බඹුන් සහිත වූ ශ්‍රමණ බමුණන් සහිත වූ මේ දෙව් මිනිස් ප්‍රජාවෙන් යුතු ලෝකයෙහි බාහිර ආයතන හයෙන් වෙන් වෙලා වාසය කරන්නේ. එක් නොවී වාසය කරන්නේ. නිදහස් වෙලා වාසය කරන්නේ. එයට හසු නොවුන සිතින් වාසය කරන්නේ.

සාදු! සාදු!! සාදු!!!

දුතිය නෝ චේ අස්සාද සූත්‍රය නිමා විය.

1.2.7
අභිනන්ද සූත්‍රය
සතුටින් පිළිගැනීම ගැන වදාළ දෙසුම

සැවැත් නුවර දී ....

පින්වත් මහණෙනි, යම් කෙනෙක් ඇස සතුටින් පිළිගන්නවා නම්, එයා සතුටින් පිළිගන්නේ දුකයි. ඉතින් යම් කෙනෙක් සතුටින් පිළිගන්නේ දුක නම්, ඔහු දුකෙන් නිදහස් වෙලා නෑ කියලයි මා කියන්නේ. පින්වත් මහණෙනි, යම් කෙනෙක් කන සතුටින් පිළිගන්නවා නම්, එයා සතුටින් පිළිග න්නේ දුකයි. ඉතින් යම් කෙනෙක් සතුටින් පිළිගන්නේ දුක නම්, ඔහු දුකෙන් නිදහස් වෙලා නෑ කියලයි මා කියන්නේ. පින්වත් මහණෙනි, යම් කෙනෙක්

නාසය සතුටින් පිළිගන්නවා නම්, එයා සතුටින් පිළිගන්නේ දුකයි. ඉතින් යම් කෙනෙක් සතුටින් පිළිගන්නේ දුක නම්, ඔහු දුකෙන් නිදහස් වෙලා නෑ කියලයි මා කියන්නේ. පින්වත් මහණෙනි, යම් කෙනෙක් දිව සතුටින් පිළිගන්නවා නම්, එයා සතුටින් පිළිගන්නේ දුකයි. ඉතින් යම් කෙනෙක් සතුටින් පිළිගන්නේ දුක නම්, ඔහු දුකෙන් නිදහස් වෙලා නෑ කියලයි මා කියන්නේ. පින්වත් මහණෙනි, යම් කෙනෙක් කය සතුටින් පිළිගන්නවා නම්, එයා සතුටින් පිළිගන්නේ දුකයි. ඉතින් යම් කෙනෙක් සතුටින් පිළිගන්නේ දුක නම්, ඔහු දුකෙන් නිදහස් වෙලා නෑ කියලයි මා කියන්නේ. පින්වත් මහණෙනි, යම් කෙනෙක් මනස සතුටින් පිළිගන්නවා නම්, එයා සතුටින් පිළිගන්නේ දුකයි. ඉතින් යම් කෙනෙක් සතුටින් පිළිගන්නේ දුක නම්, ඔහු දුකෙන් නිදහස් වෙලා නෑ කියලයි මා කියන්නේ.

පින්වත් මහණෙනි, යම් කෙනෙක් ඇස සතුටින් පිළි නො ගනී නම්, එයා සතුටින් පිළි නො ගන්නේ දුකයි. ඉතින් යම් කෙනෙක් දුක සතුටින් පිළි නො ගනී නම්, ඔහු දුකෙන් නිදහස් වුන කෙනෙක් කියල යි මා කියන්නේ. පින්වත් මහණෙනි, යම් කෙනෙක් කන සතුටින් පිළි නො ගනී නම්, එයා සතුටින් පිළි නො ගන්නේ දුකයි. ඉතින් යම් කෙනෙක් දුක සතුටින් පිළි නො ගනී නම්, ඔහු දුකෙන් නිදහස් වුන කෙනෙක් කියල යි මා කියන්නේ. පින්වත් මහණෙනි, යම් කෙනෙක් නාසය සතුටින් පිළි නො ගනී නම්, එයා සතුටින් පිළි නො ගන්නේ දුකයි. ඉතින් යම් කෙනෙක් දුක සතුටින් පිළි නො ගනී නම්, ඔහු දුකෙන් නිදහස් වුන කෙනෙක් කියල යි මා කියන්නේ. පින්වත් මහණෙනි, යම් කෙනෙක් දිව සතුටින් පිළි නො ගනී නම්, එයා සතුටින් පිළි නො ගන්නේ දුකයි. ඉතින් යම් කෙනෙක් දුක සතුටින් පිළි නො ගනී නම්, ඔහු දුකෙන් නිදහස් වුන කෙනෙක් කියල යි මා කියන්නේ. පින්වත් මහණෙනි, යම් කෙනෙක් කය සතුටින් පිළි නො ගනී නම්, එයා සතුටින් පිළි නො ගන්නේ දුකයි. ඉතින් යම් කෙනෙක් දුක සතුටින් පිළි නො ගනී නම්, ඔහු දුකෙන් නිදහස් වුන කෙනෙක් කියල යි මා කියන්නේ. පින්වත් මහණෙනි, යම් කෙනෙක් මනස සතුටින් පිළි නො ගනී නම්, එයා සතුටින් පිළි නො ගන්නේ දුකයි. ඉතින් යම් කෙනෙක් දුක සතුටින් පිළි නො ගනී නම්, ඔහු දුකෙන් නිදහස් වුන කෙනෙක් කියල යි මා කියන්නේ.

සාදු! සාදු!! සාදු!!!

අභිනන්ද සූත්‍රය නිමා විය.

1.2.8
දුතිය අභිනන්ද සූත්‍රය
සතුටින් පිළිගැනීම ගැන වදාළ දෙවෙනි දෙසුම

සැවැත් නුවර දී ....

පින්වත් මහණෙනි, යම් කෙනෙක් රූප සතුටින් පිළිගන්නවා නම්, එයා සතුටින් පිළිගන්නේ දුකයි. ඉතින් යම් කෙනෙක් සතුටින් පිළිගන්නේ දුක නම්, ඔහු දුකෙන් නිදහස් වෙලා නෑ කියලයි මා කියන්නේ. යම් කෙනෙක් ශබ්ද ....(පෙ).... යම් කෙනෙක් ගඳ-සුවඳ ....(පෙ).... යම් කෙනෙක් රස ....(පෙ).... යම් කෙනෙක් පහස ....(පෙ).... යම් කෙනෙක් මනසට අරමුණු වන දේ සතුටින් පිළිගන්නවා නම්, එයා සතුටින් පිළිගන්නේ දුකයි. ඉතින් යම් කෙනෙක් සතුටින් පිළිගන්නේ දුක නම්, ඔහු දුකෙන් නිදහස් වෙලා නෑ කියලයි මා කියන්නේ.

පින්වත් මහණෙනි, යම් කෙනෙක් රූප සතුටින් පිළි නො ගනී නම්, එයා සතුටින් පිළි නො ගන්නේ දුකයි. ඉතින් යම් කෙනෙක් දුක සතුටින් පිළි නො ගනී නම්, එයා දුකෙන් නිදහස් වුන කෙනෙක් කියල යි මා කියන්නේ. යම් කෙනෙක් ශබ්ද ....(පෙ).... යම් කෙනෙක් ගඳ-සුවඳ ....(පෙ).... යම් කෙනෙක් රස ....(පෙ).... යම් කෙනෙක් පහස ....(පෙ).... යම් කෙනෙක් මනසට අරමුණු වන දේ සතුටින් පිළි නො ගනී නම්, එයා සතුටින් පිළි නොගන්නේ දුකයි. ඉතින් යම් කෙනෙක් දුක සතුටින් පිළි නො ගනී නම්, එයා දුකෙන් නිදහස් වුන කෙනෙක් කියල යි මා කියන්නේ.

සාදු! සාදු!! සාදු!!!

දුතිය අභිනන්ද සූත්‍රය නිමා විය.

1.2.9
උප්පාද සූත්‍රය
ඉපදීම ගැන වදාළ දෙසුම

සැවැත් නුවර දී ....

පින්වත් මහණෙනි, ඇසෙහි යම් ඉපදීමක් ඇත්ද, යම් පැවැත්මක් ඇත්ද, යම් විශේෂ උපතක් ඇත්ද, යම් පහළ වීමක් ඇත්ද, එය වනාහී දුකේ ඉපදීම යි. රෝගයන්ගේ පැවැත්ම යි. ජරා මරණයේ පහළ වීම යි. කනෙහි යම් ....(පෙ).... නාසයෙහි යම් ....(පෙ).... දිවෙහි යම් ....(පෙ).... කයෙහි යම් ....(පෙ).... මනසෙහි යම් ඉපදීමක් ඇත්ද, යම් පැවැත්මක් ඇත්ද, යම් විශේෂ උපතක් ඇත්ද, යම් පහළ වීමක් ඇත්ද, එය වනාහී දුකේ ඉපදීම යි. රෝග යන්ගේ පැවැත්ම යි. ජරා මරණයේ පහළ වීම යි.

පින්වත් මහණෙනි, ඇසෙහි යම් නිරුද්ධ වීමක් ඇත්ද, සංසිඳීමක් ඇත්ද, නැතිවී යෑමක් ඇත්ද, එය වනාහී දුකෙහි නිරුද්ධ වීම යි. රෝගයන්ගේ සංසිඳීම යි. ජරා මරණයේ නැතිවී යෑම යි. කනෙහි යම් නිරුද්ධ වීමක් ඇත්ද, සංසිඳීමක් ඇත්ද, නැතිවී යෑමක් ඇත්ද, එය වනාහී දුකෙහි නිරුද්ධ වීම යි. රෝගයන්ගේ සංසිඳීම යි. ජරා මරණයේ නැතිවී යෑම යි. නාසයෙහි යම් ....(පෙ).... දිවෙහි යම් ....(පෙ).... කයෙහි යම් ....(පෙ).... මනසෙහි යම් නිරුද්ධ වීමක් ඇත්ද, සංසිඳීමක් ඇත්ද, නැතිවී යෑමක් ඇත්ද, එය වනාහී දුකෙහි නිරුද්ධ වීම යි. රෝගයන්ගේ සංසිඳීම යි. ජරා මරණයේ නැතිවී යෑම යි.

සාදු! සාදු!! සාදු!!!

උප්පාද සූත්‍රය නිමා විය.

1.2.10
දුතිය උප්පාද සූත්‍රය
ඉපදීම ගැන වදාළ දෙවෙනි දෙසුම

සැවැත් නුවර දී ....

පින්වත් මහණෙනි, රූපවල යම් ඉපදීමක් ඇත්ද, යම් පැවැත්මක් ඇත්ද,

යම් විශේෂ උපතක් ඇත්ද, යම් පහළ වීමක් ඇත්ද, එය වනාහී දුකේ ඉපදීමයි. රෝගයන්ගේ පැවැත්ම යි. ජරා මරණයේ පහළ වීම යි. ශබ්දවල යම් ....(පෙ).... ගඳ-සුවඳෙහි යම් ....(පෙ).... රසයෙහි යම් ....(පෙ).... පහසෙහි යම් ....(පෙ).... සිතට අරමුණු වන දේවල්වල යම් ඉපදීමක් ඇත්ද, යම් පැවැත්මක් ඇත්ද, යම් විශේෂ උපතක් ඇත්ද, යම් පහළ වීමක් ඇත්ද, එය වනාහී දුකේ ඉපදීම යි. රෝගයන්ගේ පැවැත්ම යි. ජරා මරණයේ පහළ වීම යි.

පින්වත් මහණෙනි, රූපවල යම් නිරුද්ධ වීමක් ඇත්ද, සංසිඳීමක් ඇත්ද, නැතිවී යෑමක් ඇත්ද, එය වනාහී දුකෙහි නිරුද්ධ වීම යි. රෝගයන්ගේ සංසිඳීම යි. ජරා මරණයේ නැතිවී යෑම යි. ශබ්දවල යම් ....(පෙ).... ගඳ-සුවඳෙහි යම් ....(පෙ).... රසයෙහි යම් ....(පෙ).... පහසෙහි යම් ....(පෙ).... සිතට අරමුණු වන දේවල්වල යම් නිරුද්ධ වීමක් ඇත්ද, සංසිඳීමක් ඇත්ද, නැතිවී යෑමක් ඇත්ද, එය වනාහී දුකෙහි නිරුද්ධ වීම යි. රෝගයන්ගේ සංසිඳීම යි. ජරා මරණයේ නැතිවී යෑම යි.

සාදු! සාදු!! සාදු!!!

දුතිය උප්පාද සූත්‍රය නිමා විය.

දෙවෙනි යමක වර්ගය යි.

- **එහි පිළිවෙළ උද්දානය යි.**

සම්බෝධ සූත්‍ර දෙකක් පවසන ලදී. එමෙන් ම අස්සාද සූත්‍ර දෙකකි. නෝ චේ අස්සාද සූත්‍ර ද දෙකක් පවසන ලදී. එමෙන් ම අභිනන්ද සූත්‍ර ද දෙකකි. උප්පාද සූත්‍ර ද දෙකක් පවසන ලදී. එම දෙසුම්වලින් මෙම වර්ගය කියනු ලැබේ.

3. සබ්බ වර්ගය

1.3.1
සබ්බ සූත්‍රය
සියල්ල ගැන වදාළ දෙසුම

සැවැත් නුවර දී ....

පින්වත් මහණෙනි, මා ඔබට දේශනා කරන්නට යන්නේ සියල්ල ගැනයි. එය සවන් යොමා අසන්න. පින්වත් මහණෙනි, සියල්ල යනු කුමක්ද? ඇසත් රූපත් ය. කනත් ශබ්දත් ය. නාසයත් ගඳ-සුවඳත් ය. දිවත් රසයත් ය. කයත් පහසත් ය. මනසත් මනසට අරමුණු වන දේත් ය. පින්වත් මහණෙනි, සියල්ල යයි කියන්නේ මෙයට යි.

පින්වත් මහණෙනි, යම් කෙනෙක් මේ විදිහට කිව්වොත් "මං මේ සියල්ල ප්‍රතික්ෂේප කොට වෙන සියල්ලක් පණවන්නෙමි" යි කියා එය ඔහුගේ වචනවලට විතරයි සීමා වෙන්නේ. කරුණු විමසද්දී පිළිතුරු සොයා ගන්ට බැරිව යනවා. ඉස්සරහට ලොකු කරදරයක වැටෙනවා. එයට හේතුව කුමක්ද? පින්වත් මහණෙනි, තමන්ට විෂය නැති දේවල් කතා කරන්ට ගියහම සිදු වෙන දේ තමයි.

සාදු! සාදු!! සාදු!!!

සබ්බ සූත්‍රය නිමා විය.

1.3.2
පහාන සූත්‍රය
ප්‍රහාණය කිරීම ගැන වදාළ දෙසුම

සැවැත් නුවර දී ....

පින්වත් මහණෙනි, මා ඔබට සියල්ල ප්‍රහාණය කිරීම පිණිස පවතින ධර්මයක් දේශනා කරන්නට යි යන්නේ. එය සවන් යොමා අසන්න. පින්වත් මහණෙනි, සියල්ල ප්‍රහාණය කිරීම පිණිස පවතින ධර්මය කුමක්ද? පින්වත් මහණෙනි, ඇස යනු ප්‍රහාණය කළ යුතු දෙයකි. රූප ප්‍රහාණය කළ යුතුය. ඇසේ විඤ්ඤාණය ප්‍රහාණය කළ යුතුය. ඇසේ ස්පර්ශය ප්‍රහාණය කළ යුතුය. ඇසේ ස්පර්ශයෙන් උපදින්නා වූ සැප හෝ වේවා, දුක් හෝ වේවා, දුක් සැප රහිත හෝ වේවා යම් විඳීමක් ඇද්ද එයත් ප්‍රහාණය කළ යුතුය ....(පෙ).... දිව ප්‍රහාණය කළ යුතුය. රස ප්‍රහාණය කළ යුතුය. දිවේ විඤ්ඤාණය ප්‍රහාණය කළ යුතුය. දිවේ ස්පර්ශය ප්‍රහාණය කළ යුතුය. දිවේ ස්පර්ශයෙන් උපදින්නා වූ සැප හෝ වේවා, දුක් හෝ වේවා, දුක් සැප රහිත හෝ වේවා යම් විඳීමක් ඇද්ද එයත් ප්‍රහාණය කළ යුතුය ....(පෙ).... මනස ප්‍රහාණය කළ යුතුය. මනසට අරමුණු වන දේ ප්‍රහාණය කළ යුතුය. මනසේ විඤ්ඤාණය ප්‍රහාණය කළ යුතුය. මනසේ ස්පර්ශය ප්‍රහාණය කළ යුතුය. මනසේ ස්පර්ශයෙන් උපදින්නා වූ සැප හෝ වේවා, දුක් හෝ වේවා, දුක් සැප රහිත හෝ වේවා යම් විඳීමක් ඇද්ද එයත් ප්‍රහාණය කළ යුතුය. පින්වත් මහණෙනි, සියල්ල ප්‍රහාණය කිරීම පිණිස පවතින ධර්මය යනු මෙය යි.

සාදු! සාදු!! සාදු!!!

පහාන සූත්‍රය නිමා විය.

1.3.3
දුතිය පහාන සූත්‍රය
ප්‍රහාණය කිරීම ගැන වදාළ දෙවෙනි දෙසුම

සැවැත් නුවර දී ....

පින්වත් මහණෙනි, විශේෂ ඥාණයකින් අවබෝධ කිරීමෙන්, පිරිසිඳ අවබෝධ කිරීමෙන්, ප්‍රහාණය කිරීම පිණිස පවතින සියල්ල නම් වූ ධර්මයක් මා ඔබට දේශනා කරන්නට යි යන්නේ. එය සවන් යොමා අසන්න.

පින්වත් මහණෙනි, විශේෂ ඥාණයකින් අවබෝධ කිරීමෙන්, පිරිසිඳ අවබෝධ කිරීමෙන්, ප්‍රහාණය කිරීම පිණිස පවතින සියල්ල නම් වූ ධර්මය කුමක්ද? පින්වත් මහණෙනි, ඇස විශේෂ ඥාණයකින් අවබෝධ කිරීමෙන්, පිරිසිඳ අවබෝධ කිරීමෙන්, ප්‍රහාණය කළ යුතුයි. රූප විශේෂ ඥාණයකින් අවබෝධ කිරීමෙන්, පිරිසිඳ අවබෝධ කිරීමෙන්, ප්‍රහාණය කළ යුතුයි. ඇසේ විඤ්ඤාණය විශේෂ ඥාණයකින් අවබෝධ කිරීමෙන්, පිරිසිඳ අවබෝධ කිරීමෙන්, ප්‍රහාණය කළ යුතුයි. ඇසේ ස්පර්ශය විශේෂ ඥාණයකින් අවබෝධ කිරීමෙන්, පිරිසිඳ අවබෝධ කිරීමෙන්, ප්‍රහාණය කළ යුතුයි. ඇසේ ස්පර්ශයෙන් උපදින්නා වූ සැප හෝ වේවා, දුක් හෝ වේවා, දුක් සැප රහිත හෝ වේවා යම් විඳීමක් ඇද්ද එයත් විශේෂ ඥාණයකින් අවබෝධ කිරීමෙන්, පිරිසිඳ අවබෝධ කිරීමෙන්, ප්‍රහාණය කළ යුතුයි ....(පෙ)....

දිව විශේෂ ඥාණයකින් අවබෝධ කිරීමෙන්, පිරිසිඳ අවබෝධ කිරීමෙන්, ප්‍රහාණය කළ යුතුයි. රස විශේෂ ඥාණයකින් අවබෝධ කිරීමෙන්, පිරිසිඳ අවබෝධ කිරීමෙන්, ප්‍රහාණය කළ යුතුයි. දිවේ විඤ්ඤාණය විශේෂ ඥාණයකින් අවබෝධ කිරීමෙන්, පිරිසිඳ අවබෝධ කිරීමෙන්, ප්‍රහාණය කළ යුතුයි. දිවේ ස්පර්ශය විශේෂ ඥාණයකින් අවබෝධ කිරීමෙන්, පිරිසිඳ අවබෝධ කිරීමෙන්, ප්‍රහාණය කළ යුතුයි. දිවේ ස්පර්ශයෙන් උපදින්නා වූ සැප හෝ වේවා, දුක් හෝ වේවා, දුක් සැප රහිත හෝ වේවා යම් විඳීමක් ඇද්ද එයත් විශේෂ ඥාණයකින් අවබෝධ කිරීමෙන්, පිරිසිඳ අවබෝධ කිරීමෙන්, ප්‍රහාණය කළ යුතුයි ....(පෙ)....

මනස විශේෂ ඥාණයකින් අවබෝධ කිරීමෙන්, පිරිසිඳ අවබෝධ කිරීමෙන්, ප්‍රහාණය කළ යුතුයි. මනසට අරමුණු වන දේ විශේෂ ඥාණයකින් අවබෝධ කිරීමෙන්, පිරිසිඳ අවබෝධ කිරීමෙන්, ප්‍රහාණය කළ යුතුයි. මනසේ

විඤ්ඤාණය විශේෂ ඤාණයකින් අවබෝධ කිරීමෙන්, පිරිසිඳ අවබෝධ කිරීමෙන්, ප්‍රහාණය කළ යුතුයි. මනසේ ස්පර්ශය විශේෂ ඤාණයකින් අවබෝධ කිරීමෙන්, පිරිසිඳ අවබෝධ කිරීමෙන්, ප්‍රහාණය කළ යුතුයි. මනසේ ස්පර්ශයෙන් උපදින්නා වූ සැප හෝ වේවා, දුක් හෝ වේවා, දුක් සැප රහිත හෝ වේවා යම් විඳීමක් ඇද්ද එයත් විශේෂ ඤාණයකින් අවබෝධ කිරීමෙන්, පිරිසිඳ අවබෝධ කිරීමෙන්, ප්‍රහාණය කළ යුතුයි. පින්වත් මහණෙනි, විශේෂ ඤාණයකින් අවබෝධ කිරීමෙන්, පිරිසිඳ අවබෝධ කිරීමෙන්, ප්‍රහාණය කිරීම පිණිස පවතින සියල්ල නම් වූ ධර්මය යනු මෙය යි.

සාදු! සාදු!! සාදු!!!

දුතිය පහාන සූත්‍රය නිමා විය.

1.3.4
අපරිජාන සූත්‍රය
පිරිසිඳ නො දැනීම ගැන වදාළ දෙසුම

සැවැත් නුවර දී ....

පින්වත් මහණෙනි, සියලු දෙය විශේෂ ඤාණයකින් අවබෝධ නො කොට, පිරිසිඳ අවබෝධ නො කොට, ඇල්ම දුරු නො කොට, ඇල්ම අත් නො හැර දුක ක්ෂය කිරීම නම් විය නො හැකි දෙයක්. පින්වත් මහණෙනි, විශේෂ ඤාණයකින් අවබෝධ නො කොට, පිරිසිඳ අවබෝධ නො කොට, ඇල්ම දුරු නො කොට, ඇල්ම අත් නො හැර දුක ක්ෂය කිරීම නො හැකි වන්නේ කවර සියලු දෙයක් ගැන ද?

පින්වත් මහණෙනි, ඇස විශේෂ ඤාණයකින් අවබෝධ නො කොට, පිරිසිඳ නො දැක, ඇල්ම දුරු නො කොට, ඇල්ම අත් නො හැර දුක ක්ෂය කිරීම නම් විය නො හැකි දෙයක්. රූප විශේෂ ඤාණයකින් අවබෝධ නො කොට, පිරිසිඳ නො දැක, ඇල්ම දුරු නො කොට, ඇල්ම අත් නො හැර දුක ක්ෂය කිරීම නම් විය නො හැකි දෙයක්. ඇසේ විඤ්ඤාණය විශේෂ ඤාණයකින් අවබෝධ නො කොට, පිරිසිඳ නො දැක, ඇල්ම දුරු නො කොට, ඇල්ම අත් නො හැර දුක ක්ෂය කිරීම නම් සිදු විය නො හැකි දෙයක්. ඇසේ ස්පර්ශය විශේෂ ඤාණයකින් අවබෝධ නො කොට, පිරිසිඳ නො දැක,

ඇල්ම දුරු නො කොට, ඇල්ම අත් නො හැර දුක ක්ෂය කිරීම නම් විය නො හැකි දෙයක්. ඇසේ ස්පර්ශයෙන් උපදින්නා වූ සැප හෝ වේවා, දුක් හෝ වේවා, දුක් සැප රහිත හෝ වේවා යම් විඳීමක් ඇද්ද එයත් විශේෂ ඥාණයකින් අවබෝධ නො කොට, පිරිසිඳ නො දැක, ඇල්ම දුරු නො කොට, ඇල්ම අත් නො හැර දුක ක්ෂය කිරීම නම් විය නො හැකි දෙයක් ....(පෙ)....

දිව විශේෂ ඥාණයකින් අවබෝධ නො කොට, පිරිසිඳ නො දැක, ඇල්ම දුරු නො කොට, ඇල්ම අත් නො හැර දුක ක්ෂය කිරීම නම් විය නො හැකි දෙයක්. රස ....(පෙ).... දිවේ විඤ්ඤාණය ....(පෙ).... දිවේ ස්පර්ශය ....(පෙ).... දිවේ ස්පර්ශයෙන් උපදින්නා වූ සැප හෝ වේවා, දුක් හෝ වේවා, දුක් සැප රහිත හෝ වේවා යම් විඳීමක් ඇද්ද එයත් විශේෂ ඥාණයකින් අවබෝධ නො කොට, පිරිසිඳ නො දැක, ඇල්ම දුරු නො කොට, ඇල්ම අත් නො හැර දුක ක්ෂය කිරීම නම් විය නො හැකි දෙයක් ....(පෙ)....

මනස විශේෂ ඥාණයකින් අවබෝධ නො කොට, පිරිසිඳ නො දැක, ඇල්ම දුරු නො කොට, ඇල්ම අත් නො හැර දුක ක්ෂය කිරීම නම් විය නො හැකි දෙයක්. මනසට අරමුණු වන දේ ....(පෙ).... මනසේ විඤ්ඤාණය ....(පෙ).... මනසේ ස්පර්ශය ....(පෙ).... මනසේ ස්පර්ශයෙන් උපදින්නා වූ සැප හෝ වේවා, දුක් හෝ වේවා, දුක් සැප රහිත හෝ වේවා යම් විඳීමක් ඇත්නම් එයත් විශේෂ ඥාණයකින් අවබෝධ නො කොට, පිරිසිඳ නො දැක, ඇල්ම දුරු නො කොට, ඇල්ම අත් නො හැර දුක ක්ෂය කිරීම නම් විය නො හැකි දෙයක්. පින්වත් මහණෙනි, මේ සියලු දෙය විශේෂ ඥාණයකින් අවබෝධ නො කොට, පිරිසිඳ නො දැක, ඇල්ම දුරු නො කොට, ඇල්ම අත් නො හැර දුක ක්ෂය කිරීම නම් විය නො හැකි දෙයක්.

පින්වත් මහණෙනි, සියලු දෙය විශේෂ ඥාණයකින් අවබෝධ කොට, පිරිසිඳ දැන, ඇල්ම දුරු කොට, ඇල්ම අත්හැර දුක ක්ෂය කිරීම නම් විය හැකි දෙයක්. පින්වත් මහණෙනි, විශේෂ ඥාණයකින් අවබෝධ කළොත්, පිරිසිඳ දැක්කොත්, ඇල්ම දුරු කළොත්, ඇල්ම අත් හැරියොත් දුක ක්ෂය කිරීම විය හැකි වන්නේ කවර සියලු දෙයක් ගැන ද?

පින්වත් මහණෙනි, ඇස විශේෂ ඥාණයකින් අවබෝධ කොට, පිරිසිඳ දැක, ඇල්ම දුරු කොට, ඇල්ම අත් හැර දුක ක්ෂය කිරීම විය හැකි දෙයක්. රූප විශේෂ ඥාණයකින් අවබෝධ කොට, පිරිසිඳ දැක, ඇල්ම දුරු කොට, ඇල්ම අත් හැර දුක ක්ෂය කිරීම විය හැකි දෙයක්. ඇසේ විඤ්ඤාණය විශේෂ ඥාණයකින් අවබෝධ කොට, පිරිසිඳ දැක, ඇල්ම දුරු කොට, ඇල්ම අත්

හැර දුක ක්ෂය කිරීම විය හැකි දෙයක්. ඇසේ ස්පර්ශය විශේෂ ඥාණයකින් අවබෝධ කොට, පිරිසිඳ දැක, ඇල්ම දුරු කොට, ඇල්ම අත් හැර දුක ක්ෂය කිරීම විය හැකි දෙයක්. ඇසේ ස්පර්ශයෙන් උපදින්නා වූ සැප හෝ වේවා, දුක් හෝ වේවා, දුක් සැප රහිත හෝ වේවා යම් විඳීමක් ඇද්ද එයත් විශේෂ ඥාණයකින් අවබෝධ කොට, පිරිසිඳ දැක, ඇල්ම දුරු කොට, ඇල්ම අත් හැර දුක ක්ෂය කිරීම විය හැකි දෙයක් ....(පෙ)....

දිව විශේෂ ඥාණයකින් අවබෝධ කොට, පිරිසිඳ දැක, ඇල්ම දුරු කොට, ඇල්ම අත් හැර දුක ක්ෂය කිරීම විය හැකි දෙයක්. රස ....(පෙ).... දිවේ විඥ්ඥාණය ....(පෙ).... දිවේ ස්පර්ශය ....(පෙ).... දිවේ ස්පර්ශයෙන් උපදින්නා වූ සැප හෝ වේවා, දුක් හෝ වේවා, දුක් සැප රහිත හෝ වේවා යම් විඳීමක් ඇද්ද එයත් විශේෂ ඥාණයකින් අවබෝධ කොට, පිරිසිඳ දැක, ඇල්ම දුරු කොට, ඇල්ම අත් හැර දුක ක්ෂය කිරීම විය හැකි දෙයක් ....(පෙ)....

මනස විශේෂ ඥාණයකින් අවබෝධ කොට, පිරිසිඳ දැක, ඇල්ම දුරු කොට, ඇල්ම අත් හැර දුක ක්ෂය කිරීම විය හැකි දෙයක්. මනසට අරමුණු වන දේ ....(පෙ).... මනසේ විඥ්ඥාණය ....(පෙ).... මනසේ ස්පර්ශය ....(පෙ).... මනසේ ස්පර්ශයෙන් උපදින්නා වූ සැප හෝ වේවා, දුක් හෝ වේවා, දුක් සැප රහිත හෝ වේවා යම් විඳීමක් ඇද්ද එයත් විශේෂ ඥාණයකින් අවබෝධ කොට, පිරිසිඳ දැක, ඇල්ම දුරු කොට, ඇල්ම අත් හැර දුක ක්ෂය කිරීම විය හැකි දෙයක්.

පින්වත් මහණෙනි, මේ සියලු දෙය විශේෂ ඥාණයකින් අවබෝධ කිරීමෙන්, පිරිසිඳ දැකීමෙන්, ඇල්ම දුරු කිරීමෙන්, ඇල්ම අත් හැරීමෙන් තමයි දුක ක්ෂය කිරීම විය හැකි දෙයක් වන්නේය.

සාදු! සාදු!! සාදු!!!

අපරිජාන සූත්‍රය නිමා විය.

1.3.5
දුතිය අපරිජාන සූත්‍රය
පිරිසිඳ නො දැනීම ගැන වදාළ දෙවෙනි දෙසුම

සැවැත් නුවර දී ....

පින්වත් මහණෙනි, සියලු දෙය විශේෂ ඤාණයකින් අවබෝධ නො කොට, පිරිසිඳ අවබෝධ නො කොට, ඇල්ම දුරු නො කොට, ඇල්ම අත් නො හැර දුක ක්ෂය කිරීම නම් විය නො හැකි දෙයක්. පින්වත් මහණෙනි, විශේෂ ඤාණයකින් අවබෝධ නො කොට, පිරිසිඳ අවබෝධ නො කොට, ඇල්ම දුරු නො කොට, ඇල්ම අත් නො හැර දුක ක්ෂය කිරීම නො හැකි වන්නේ කවර සියලු දෙයක් ගැන ද?

පින්වත් මහණෙනි, යම් ඇසක් ඇද්ද, යම් රූප ඇද්ද, යම් ඇසේ විඤ්ඤාණයක් ඇද්ද, ඇසේ විඤ්ඤාණයෙන් දැනගත යුතු යම් දෙයක් ඇද්ද, (මෙයින් අදහස් කරන්නේ ඇසේ ස්පර්ශයෙන් හටගන්නා සියල්ල ගැනයි.) යම් කනක් ඇද්ද, යම් ශබ්ද ඇද්ද, යම් කනේ විඤ්ඤාණයක් ඇද්ද, කනේ විඤ්ඤාණයෙන් දැනගත යුතු යම් දෙයක් ඇද්ද, යම් නාසයක් ඇද්ද, යම් ගඳ-සුවඳක් ඇද්ද, යම් නාසයේ විඤ්ඤාණයක් ඇද්ද, නාසයේ විඤ්ඤාණයෙන් දැනගත යුතු යම් දෙයක් ඇද්ද, යම් දිවක් ඇද්ද, යම් රසයක් ඇද්ද, යම් දිවේ විඤ්ඤාණයක් ඇද්ද, දිවේ විඤ්ඤාණයෙන් දැනගත යුතු යම් දෙයක් ඇද්ද, යම් කයක් ඇද්ද, යම් පහසක් ඇද්ද, යම් කයේ විඤ්ඤාණයක් ඇද්ද, කයේ විඤ්ඤාණයෙන් දැනගත යුතු යම් දෙයක් ඇද්ද, යම් මනසක් ඇද්ද, මනසට අරමුණු වන යම් දෙයක් ඇද්ද, යම් මනසේ විඤ්ඤාණයක් ඇද්ද, මනෝ විඤ්ඤාණයෙන් දැනගන්නා යම් දෙයක් ඇද්ද, පින්වත් මහණෙනි, මේ සියල්ල විශේෂ ඤාණයකින් අවබෝධ නො කළොත් තමයි, පිරිසිඳ නො දැක්කොත් තමයි, ඇල්ම දුරු නො කළොත් තමයි, ඇල්ම අත් නො හැරියොත් තමයි දුක ක්ෂය කිරීම විය නො හැකි දෙයක් වන්නේ.

පින්වත් මහණෙනි, සියලු දෙය විශේෂ ඤාණයකින් අවබෝධ කොට, පිරිසිඳ දැන, ඇල්ම දුරු කොට, ඇල්ම අත් හැර දුක ක්ෂය කිරීම නම් විය හැකි දෙයක්. පින්වත් මහණෙනි, විශේෂ ඤාණයකින් අවබෝධ කළොත්, පිරිසිඳ දැක්කොත්, ඇල්ම දුරු කළොත්, ඇල්ම අත් හැරියොත් දුක ක්ෂය කිරීම විය හැකි වන්නේ කවර සියලු දෙයක් ගැන ද?

පින්වත් මහණෙනි, යම් ඇසක් ඇද්ද, යම් රූප ඇද්ද, යම් ඇසේ විඤ්ඤාණයක් ඇද්ද, ඇසේ විඤ්ඤාණයෙන් දැනගත යුතු යම් දෙයක් ඇද්ද, (මෙයින් අදහස් කරන්නේ ඇසේ ස්පර්ශයෙන් හටගන්නා සියල්ල ගැන යි.) ....(පෙ).... යම් දිවක් ඇද්ද, යම් රසයක් ඇද්ද, යම් දිවේ විඤ්ඤාණයක් ඇද්ද, දිවේ විඤ්ඤාණයෙන් දැනගත යුතු යම් දෙයක් ඇද්ද ....(පෙ).... යම් මනසක් ඇද්ද, මනසට අරමුණු වන යම් දෙයක් ඇද්ද, යම් මනසේ විඤ්ඤාණයක් ඇද්ද, මනෝ විඤ්ඤාණයෙන් දැන ගන්නා යම් දෙයක් ඇද්ද, පින්වත් මහණෙනි, මේ සියල්ල විශේෂ ඤාණයකින් අවබෝධ කළොත් තමයි, පිරිසිඳ දැක්කොත් තමයි, ඇල්ම දුරු කළොත් තමයි, ඇල්ම අත් හැරියොත් තමයි දුක ක්ෂය කිරීම විය හැකි දෙයක් වන්නේ.

සාදු! සාදු!! සාදු!!!

දුතිය අපරිජාන සූත්‍රය නිමා විය.

1.3.6
ආදිත්ත පරියාය සූත්‍රය
ගිනි ඇවිලුනු දේ ගැන වදාළ දෙසුම

ඒ දිනවල භාග්‍යවතුන් වහන්සේ දහසක් භික්ෂූන් පිරිවරා ගයාවෙහි ගයා ශීර්ෂයෙහි වැඩසිටියා. එකල්හී භාග්‍යවතුන් වහන්සේ භික්ෂූන් අමතා වදාළා.

පින්වත් මහණෙනි, සෑම දෙයක් ම ගිනි ඇවිලිල යි තියෙන්නේ. පින්වත් මහණෙනි, ගිනි ඇවිලිලා තියෙන සියලු දේ මොනවා ද? පින්වත් මහණෙනි, ඇස ගිනි අරගෙනයි තියෙන්නේ. රූප ගිනි අරගෙනයි තියෙන්නේ. ඇසේ විඤ්ඤාණය ගිනි අරගෙනයි තියෙන්නේ. ඇසේ ස්පර්ශය ගිනි අරගෙනයි තියෙන්නේ. ඇසේ ස්පර්ශයෙන් උපදින්නා වූ සැප හෝ වේවා, දුක් හෝ වේවා, දුක් සැප රහිත හෝ වේවා යම් විඳීමක් ඇත්නම් එයත් ගිනි අරගෙනයි තියෙන්නේ. කුමකින් ද ගිනි අරගෙන තියෙන්නේ? ගිනි අරගෙන තියෙන්නේ රාග ගින්නෙනුයි, ද්වේෂ ගින්නෙනුයි, මෝහ ගින්නෙනුයි. ගිනි අරගෙන තියෙන්නේ ඉපදීමෙනුයි, ජරා මරණයෙනුයි. සෝක වැලපීම්වලින්, දුක් දොම්නස්වලින්, සුසුම් හෙළීම්වලින් ගිනි අරගෙන තියෙනවා කියල යි මා කියන්නේ.

කන ගිනි අරගෙනයි තියෙන්නේ. ශබ්ද ගිනි අරගෙනයි තියෙන්නේ. කනේ විඤ්ඤාණය ගිනි අරගෙනයි තියෙන්නේ. කනේ ස්පර්ශය ගිනි අරගෙනයි තියෙන්නේ. කනේ ස්පර්ශයෙන් උපදින්නා වූ සැප හෝ වේවා, දුක් හෝ වේවා, දුක් සැප රහිත හෝ වේවා යම් විඳීමක් ඇත්නම් එයත් ගිනි අරගෙනයි තියෙන්නේ. කුමකින් ද ගිනි අරගෙන තියෙන්නේ? ගිනි අරගෙන තියෙන්නේ රාග ගින්නෙනුයි, ද්වේෂ ගින්නෙනුයි, මෝහ ගින්නෙනුයි. ගිනි අරගෙන තියෙන්නේ ඉපදීමෙනුයි, ජරා මරණයෙනුයි. සෝක වැලපීම්වලින්, දුක් දොම්නස්වලින්, සුසුම් හෙළීම්වලින් ගිනි අරගෙන තියෙනවා කියල යි මා කියන්නේ.

නාසය ගිනි අරගෙනයි තියෙන්නේ. ගඳ-සුවඳ ගිනි අරගෙනයි තියෙන්නේ. නාසයේ විඤ්ඤාණය ගිනි අරගෙනයි තියෙන්නේ. නාසයේ ස්පර්ශය ගිනි අරගෙනයි තියෙන්නේ. නාසයේ ස්පර්ශයෙන් උපදින්නා වූ සැප හෝ වේවා, දුක් හෝ වේවා, දුක් සැප රහිත හෝ වේවා යම් විඳීමක් ඇත්නම් එයත් ගිනි අරගෙනයි තියෙන්නේ. කුමකින් ද ගිනි අරගෙන තියෙන්නේ? ගිනි අරගෙන තියෙන්නේ රාග ගින්නෙනුයි, ද්වේෂ ගින්නෙනුයි, මෝහ ගින්නෙනුයි. ගිනි අරගෙන තියෙන්නේ ඉපදීමෙනුයි, ජරා මරණයෙනුයි. සෝක වැලපීම්වලින්, දුක් දොම්නස්වලින්, සුසුම් හෙළීම්වලින් ගිනි අරගෙන තියෙනවා කියල යි මා කියන්නේ.

දිව ගිනි අරගෙනයි තියෙන්නේ. රස ගිනි අරගෙනයි තියෙන්නේ. දිවේ විඤ්ඤාණය ගිනි අරගෙනයි තියෙන්නේ. දිවේ ස්පර්ශය ගිනි අරගෙනයි තියෙන්නේ. දිවේ ස්පර්ශයෙන් උපදින්නා වූ සැප හෝ වේවා, දුක් හෝ වේවා, දුක් සැප රහිත හෝ වේවා යම් විඳීමක් ඇත්නම් එයත් ගිනි අරගෙනයි තියෙන්නේ. කුමකින් ද ගිනි අරගෙන තියෙන්නේ? ගිනි අරගෙන තියෙන්නේ රාග ගින්නෙනුයි, ද්වේෂ ගින්නෙනුයි, මෝහ ගින්නෙනුයි. ගිනි අරගෙන තියෙන්නේ ඉපදීමෙනුයි, ජරා මරණයෙනුයි. සෝක වැලපීම්වලින්, දුක් දොම්නස්වලින්, සුසුම් හෙළීම්වලින් ගිනි අරගෙන තියෙනවා කියල යි මා කියන්නේ.

කය ගිනි අරගෙනයි තියෙන්නේ. පහස ගිනි අරගෙනයි තියෙන්නේ. කයේ විඤ්ඤාණය ගිනි අරගෙනයි තියෙන්නේ. කයේ ස්පර්ශය ගිනි අරගෙනයි තියෙන්නේ. කයේ ස්පර්ශයෙන් උපදින්නා වූ සැප හෝ වේවා, දුක් හෝ වේවා, දුක් සැප රහිත හෝ වේවා යම් විඳීමක් ඇත්නම් එයත් ගිනි අරගෙනයි තියෙන්නේ. කුමකින් ද ගිනි අරගෙන තියෙන්නේ? ගිනි අරගෙන තියෙන්නේ රාග ගින්නෙනුයි, ද්වේෂ ගින්නෙනුයි, මෝහ ගින්නෙනුයි. ගිනි

අරගෙන තියෙන්නේ ඉපදීමෙනුයි, ජරා මරණයෙනුයි. සෝක වැලපීම්වලින්, දුක් දොම්නස්වලින්, සුසුම් හෙළීම්වලින් ගිනි අරගෙන තියෙනවා කියල යි මා කියන්නේ.

මනස ගිනි අරගෙනයි තියෙන්නේ. මනසට අරමුණු වන දේ ගිනි අරගෙනයි තියෙන්නේ. මනසේ විඤ්ඤාණය ගිනි අරගෙනයි තියෙන්නේ. මනසේ ස්පර්ශය ගිනි අරගෙනයි තියෙන්නේ. මනසේ ස්පර්ශයෙන් උපදින්නා වූ සැප හෝ වේවා, දුක් හෝ වේවා, දුක් සැප රහිත හෝ වේවා යම් විඳීමක් ඇත්නම් එයත් ගිනි අරගෙනයි තියෙන්නේ. කුමකින් ද ගිනි අරගෙන තියෙන්නේ? ගිනි අරගෙන තියෙන්නේ රාග ගින්නෙනුයි, ද්වේෂ ගින්නෙනුයි, මෝහ ගින්නෙනුයි. ගිනි අරගෙන තියෙන්නේ ඉපදීමෙනුයි, ජරා මරණයෙනුයි. සෝක වැලපීම්වලින්, දුක් දොම්නස්වලින්, සුසුම් හෙළීම්වලින් ගිනි අරගෙන තියෙනවා කියල යි මා කියන්නේ.

පින්වත් මහණෙනි, ශ්‍රැතවත් ආර්ය ශ්‍රාවකයා ඔය අයුරින් දකින විට ඇස කෙරෙහිත් කලකිරෙනවා. රූප කෙරෙහිත් කලකිරෙනවා. ඇසේ විඤ්ඤාණය කෙරෙහිත් කලකිරෙනවා. ඇසේ ස්පර්ශය කෙරෙහිත් කලකිරෙනවා. ඇසේ ස්පර්ශයෙන් උපදින්නා වූ සැප වේවා, දුක් වේවා, දුක් සැප රහිත වේවා යම් විඳීමක් ඇද්ද ඒ කෙරෙහිත් කලකිරෙනවා ....(පෙ).... දිව කෙරෙහිත් කලකිරෙනවා. රස කෙරෙහිත් කලකිරෙනවා. දිවේ විඤ්ඤාණය කෙරෙහිත් කලකිරෙනවා. දිවේ ස්පර්ශය කෙරෙහිත් කලකිරෙනවා. දිවේ ස්පර්ශයෙන් උපදින්නා වූ සැප වේවා, දුක් වේවා, දුක් සැප රහිත වේවා යම් විඳීමක් ඇද්ද ඒ කෙරෙහිත් කලකිරෙනවා ....(පෙ).... මනස කෙරෙහිත් කලකිරෙනවා. මනසට අරමුණු වන දේ කෙරෙහිත් කලකිරෙනවා. මනසේ විඤ්ඤාණය කෙරෙහිත් කලකිරෙනවා. මනසේ ස්පර්ශය කෙරෙහිත් කලකිරෙනවා. මනසේ ස්පර්ශයෙන් උපදින්නා වූ සැප වේවා, දුක් වේවා, දුක් සැප රහිත වේවා යම් විඳීමක් ඇද්ද ඒ කෙරෙහිත් කලකිරෙනවා. කලකිරුණු විට ඒ කෙරෙහි තිබුණ ඇල්ම නැතුව යනවා. ඇල්ම නැතිවීම නිසා එයින් නිදහස් වෙනවා. නිදහස් වූ විට නිදහස් වූ බවට අවබෝධ ඤාණය ඇති වෙනවා. "ඉපදීම ක්ෂය වුණා. බඹසර වාසය සම්පූර්ණ කළා. නිවන පිණිස කළ යුතු දෙය කළා. නිවන පිණිස කළ යුතු වෙන දෙයක් නැත්තේම" යැයි අවබෝධයෙන් ම දැනගන්නවා.

භාග්‍යවතුන් වහන්සේ මෙම දේශනය වදාළා. ඒ භික්ෂූන් වහන්සේලා භාග්‍යවතුන් වහන්සේ විසින් වදාරණ ලද දෙසුම ගැන ඉතා සතුටට පත් වුණා. එය සතුටින් පිළිගත්තා. මෙම දේශනය වදාරණ කල්හී ඒ දහසක්

භික්ෂූන් වහන්සේලාගේ සිත් කිසිවකට නොබැඳී ආශ්‍රවයන්ගෙන් නිදහස් වුණා.

සාදු! සාදු!! සාදු!!!

ආදිත්තපරියාය සූත්‍රය නිමා විය.

1.3.7
අන්ධභූත සූත්‍රය
මුළාවෙන් මුළාවට පත් වීම ගැන වදාළ දෙසුම

ඒ දිනවල භාග්‍යවතුන් වහන්සේ වැඩසිටියේ රජගහ නුවර කලන්දක නිවාප නම් වූ වේළුවනාරාමයේ. එදා භාග්‍යවතුන් වහන්සේ භික්ෂූන් අමතා වදාළා.

පින්වත් මහණෙනි, සෑම දෙයක් ම මුළාවෙන් මුළාවට පත් වෙලයි තියෙන්නේ. පින්වත් මහණෙනි, මුළාවෙන් මුළාවට පත් වී ඇති සෑම දෙය කුමක්ද? පින්වත් මහණෙනි, ඇස මුළාවෙන් මුළාවට පත් වෙලයි තියෙන්නේ. රූප මුළාවෙන් මුළාවට පත් වෙලයි තියෙන්නේ. ඇසේ විඤ්ඤාණය මුළාවෙන් මුළාවට පත් වෙලයි තියෙන්නේ. ඇසේ ස්පර්ශය මුළාවෙන් මුළාවට පත් වෙලයි තියෙන්නේ. ඇසේ ස්පර්ශයෙන් උපදින්නා වූ සැප වේවා, දුක් වේවා, දුක් සැප රහිත වේවා යම් විඳීමක් ඇත්නම් එයත් මුළාවෙන් මුළාවට පත් වෙලයි තියෙන්නේ. මුළාවෙන් මුළාවට පත් වෙලා තියෙන්නේ මොන දෙයකින් ද? ඉපදීමෙන්, ජරා-මරණයෙන් මුළාවෙන් මුළාවට පත් වෙලයි තියෙන්නේ. සෝක වැලපීම්වලින්, දුක් දොම්නස්වලින්, සුසුම් හෙළීම්වලින් මුළාවෙන් මුළාවට පත් වෙලා තියෙනවා කියල යි මා කියන්නේ. කන ....(පෙ)....

දිව මුළාවෙන් මුළාවට පත් වෙලයි තියෙන්නේ. රස මුළාවෙන් මුළාවට පත් වෙලයි තියෙන්නේ. දිවේ විඤ්ඤාණය මුළාවෙන් මුළාවට පත් වෙලයි තියෙන්නේ. දිවේ ස්පර්ශය මුළාවෙන් මුළාවට පත් වෙලයි තියෙන්නේ. දිවේ ස්පර්ශයෙන් උපදින්නා වූ සැප වේවා, දුක් වේවා, දුක් සැප රහිත වේවා යම් විඳීමක් ඇත්නම් එයත් මුළාවෙන් මුළාවට පත් වෙලයි තියෙන්නේ. මුළාවෙන් මුළාවට පත් වෙලා තියෙන්නේ මොන දෙයකින් ද? ඉපදීමෙන්, ජරා-මරණයෙන් මුළාවෙන් මුළාවට පත් වෙලයි තියෙන්නේ. සෝක වැලපීම්වලින්,

දුක් දොම්නස් වලින්, සුසුම් හෙළීම්වලින් මුළාවෙන් මුළාවට පත් වෙලා තියෙනවා කියල යි මා කියන්නේ. කය ....(පෙ)....

මනස මුළාවෙන් මුළාවට පත් වෙලයි තියෙන්නේ. මනසට අරමුණු වන දේ මුළාවෙන් මුළාවට පත් වෙලයි තියෙන්නේ. මනසේ විඤ්ඤාණය මුළාවෙන් මුළාවට පත් වෙලයි තියෙන්නේ. මනසේ ස්පර්ශය මුළාවෙන් මුළාවට පත් වෙලයි තියෙන්නේ. මනසේ ස්පර්ශයෙන් උපදින්නා වූ සැප වේවා, දුක් වේවා, දුක් සැප රහිත වේවා යම් විඳීමක් ඇත්නම් එයත් මුළාවෙන් මුළාවට පත් වෙලයි තියෙන්නේ. මුළාවෙන් මුළාවට පත් වෙලා තියෙන්නේ මොන දෙයකින් ද? ඉපදීමෙන්, ජරා-මරණයෙන් මුළාවෙන් මුළාවට පත් වෙලයි තියෙන්නේ. සෝක වැලපීම්වලින්, දුක් දොම්නස් වලින්, සුසුම් හෙළීම්වලින් මුළාවෙන් මුළාවට පත් වෙලා තියෙනවා කියල යි මා කියන්නේ.

පින්වත් මහණෙනි, ශ්‍රැතවත් ආර්ය ශ්‍රාවකයා ඔය අයුරින් දකින විට ඇස කෙරෙහිත් කලකිරෙනවා. රූප කෙරෙහිත් කලකිරෙනවා. ඇසේ විඤ්ඤාණය කෙරෙහිත් කලකිරෙනවා. ඇසේ ස්පර්ශය කෙරෙහිත් කලකිරෙනවා. ඇසේ ස්පර්ශයෙන් උපදින්නා වූ සැපක් වේවා, දුකක් වේවා, දුක් සැප රහිත වේවා යම් විඳීමක් ඇද්ද ඒ කෙරෙහිත් කලකිරෙනවා ....(පෙ).... මනස කෙරෙහිත් කලකිරෙනවා. මනසට අරමුණු වන දේ කෙරෙහිත් කලකිරෙනවා. මනසේ විඤ්ඤාණය කෙරෙහිත් කලකිරෙනවා. මනසේ ස්පර්ශය කෙරෙහිත් කලකිරෙනවා. මනසේ ස්පර්ශයෙන් උපදින්නා වූ සැපක් වේවා, දුකක් වේවා, දුක් සැප රහිත වේවා යම් විඳීමක් ඇද්ද ඒ කෙරෙහිත් කලකිරෙනවා. කලකිරුණු විට ඒ කෙරෙහි තිබුණ ඇල්ම නැතුව යනවා. ඇල්ම නැතිවීම නිසා එයින් නිදහස් වෙනවා. නිදහස් වූ විට නිදහස් වූ බවට අවබෝධ ඤාණය ඇති වෙනවා. "ඉපදීම ක්ෂය වුණා. බඹසර වාසය සම්පූර්ණ කළා. නිවන පිණිස කළ යුතු දෙය කළා. නිවන පිණිස කළ යුතු වෙන දෙයක් නැත්තේම" යැයි අවබෝධයෙන් ම දැනගන්නවා.

සාදු! සාදු!! සාදු!!!

අන්ධභූත සූත්‍රය නිමා විය.

1.3.8
සාරුප්පපටිපදා සූත්‍රය
කෙලෙස් නැසීම පිණිස ගැලපෙන ප්‍රතිපදාව ගැන වදාළ දෙසුම

සැවැත් නුවර දී ....

පින්වත් මහණෙනි, මමත්වයෙන් හිතාගත් සෑම දෙයක් ම මුලින් ම විනාශ වීම පිණිස ගැලපෙන ප්‍රතිපදාව ඔබට දේශනා කරන්ටයි යන්නේ. එය සවන් යොමා අසන්න.

පින්වත් මහණෙනි, මමත්වයෙන් හිතාගත් සෑම දෙයක් ම මුලින් ම විනාශ වීම පිණිස ගැලපෙන ඒ ප්‍රතිපදාව කුමක්ද? පින්වත් මහණෙනි, මෙහි භික්ෂුව ඇස මම කියා මමත්වයෙන් හිතන්නේ නෑ. ඇස තුළ මම ඉන්නවා කියා මමත්වයෙන් හිතන්නේ නෑ. ඇසෙන් බාහිරව මම ඉන්නවා කියා මමත්වයෙන් හිතන්නේ නෑ. ඇස මගේ කියා මමත්වයෙන් හිතන්නේ නෑ. රූප මම කියා මමත්වයෙන් හිතන්නේ නෑ. රූප තුළ මම ඉන්නවා කියා මමත්වයෙන් හිතන්නේ නෑ. රූපවලින් බාහිරව මම ඉන්නවා කියා මමත්වයෙන් හිතන්නේ නෑ. රූප මගේ කියා මමත්වයෙන් හිතන්නේ නෑ. ඇසේ විඤ්ඤාණය මම කියා මමත්වයෙන් හිතන්නේ නෑ. ඇසේ විඤ්ඤාණය තුළ මම ඉන්නවා කියා මමත්වයෙන් හිතන්නේ නෑ. ඇසේ විඤ්ඤාණයෙන් බාහිරව මම ඉන්නවා කියා මමත්වයෙන් හිතන්නේ නෑ. ඇසේ විඤ්ඤාණය මගේ කියා මමත්වයෙන් හිතන්නේ නෑ. ඇසේ ස්පර්ශය මම කියා මමත්වයෙන් හිතන්නේ නෑ. ඇසේ ස්පර්ශය තුළ මම ඉන්නවා කියා මමත්වයෙන් හිතන්නේ නෑ. ඇසේ ස්පර්ශයෙන් බාහිරව මම ඉන්නවා කියා මමත්වයෙන් හිතන්නේ නෑ. ඇසේ ස්පර්ශය මගේ කියා මමත්වයෙන් හිතන්නේ නෑ. ඇසේ ස්පර්ශයෙන් උපදින්නා වූ සැප වේවා, දුක් වේවා, දුක් සැප රහිත වේවා යම් විඳීමක් ඇත්නම් එයත් මම කියා මමත්වයෙන් හිතන්නේ නෑ. ඒ තුළ මම ඉන්නවා කියා මමත්වයෙන් හිතන්නේ නෑ. ඒ දෙයින් බාහිරව මම ඉන්නවා කියා මමත්වයෙන් හිතන්නේ නෑ. එය මගේ කියා මමත්වයෙන් හිතන්නේ නෑ ....(පෙ)....

දිව මම කියා මමත්වයෙන් හිතන්නේ නෑ. දිව තුළ මම ඉන්නවා කියා මමත්වයෙන් හිතන්නේ නෑ. දිවෙන් බාහිරව මම ඉන්නවා කියා මමත්වයෙන්

හිතන්නේ නෑ. දිව මගේ කියා මමත්වයෙන් හිතන්නේ නෑ. රස මම කියා මමත්වයෙන් හිතන්නේ නෑ. රස තුළ මම ඉන්නවා කියා මමත්වයෙන් හිතන්නේ නෑ. රසයෙන් බාහිරව මම ඉන්නවා කියා මමත්වයෙන් හිතන්නේ නෑ. රස මගේ කියා මමත්වයෙන් හිතන්නේ නෑ. දිවේ විඤ්ඤාණය මම කියා මමත්වයෙන් හිතන්නේ නෑ. දිවේ විඤ්ඤාණය තුළ මම ඉන්නවා කියා මමත්වයෙන් හිතන්නේ නෑ. දිවේ විඤ්ඤාණයෙන් බාහිරව මම ඉන්නවා කියා මමත්වයෙන් හිතන්නේ නෑ. දිවේ විඤ්ඤාණය මගේ කියා මමත්වයෙන් හිතන්නේ නෑ. දිවේ ස්පර්ශය මම කියා මමත්වයෙන් හිතන්නේ නෑ. දිවේ ස්පර්ශය තුළ මම ඉන්නවා කියා මමත්වයෙන් හිතන්නේ නෑ. දිවේ ස්පර්ශයෙන් බාහිරව මම ඉන්නවා කියා මමත්වයෙන් හිතන්නේ නෑ. දිවේ ස්පර්ශය මගේ කියා මමත්වයෙන් හිතන්නේ නෑ. දිවේ ස්පර්ශයෙන් උපදින්නා වූ සැප වේවා, දුක් වේවා, දුක් සැප රහිත වේවා යම් විඳීමක් ඇත්නම් එයත් මම කියා මමත්වයෙන් හිතන්නේ නෑ. ඒ තුළ මම ඉන්නවා කියා මමත්වයෙන් හිතන්නේ නෑ. ඒ දෙයින් බාහිරව මම ඉන්නවා කියා මමත්වයෙන් හිතන්නේ නෑ. එය මගේ කියා මමත්වයෙන් හිතන්නේ නෑ ....(පෙ)....

මනස මම කියා මමත්වයෙන් හිතන්නේ නෑ. මනස තුළ මම ඉන්නවා කියා මමත්වයෙන් හිතන්නේ නෑ. මනසින් බාහිරව මම ඉන්නවා කියා මමත්වයෙන් හිතන්නේ නෑ. මනස මගේ කියා මමත්වයෙන් හිතන්නේ නෑ. මනසට අරමුණු වන දේ මම කියා මමත්වයෙන් හිතන්නේ නෑ. මනසට අරමුණු වන දේ තුළ මම ඉන්නවා කියා මමත්වයෙන් හිතන්නේ නෑ. මනසට අරමුණු වන දෙයින් බාහිරව මම ඉන්නවා කියා මමත්වයෙන් හිතන්නේ නෑ. මනසට අරමුණු වන දේ මගේ කියා මමත්වයෙන් හිතන්නේ නෑ. මනසේ විඤ්ඤාණය මම කියා මමත්වයෙන් හිතන්නේ නෑ. මනසේ විඤ්ඤාණය තුළ මම ඉන්නවා කියා මමත්වයෙන් හිතන්නේ නෑ. මනසේ විඤ්ඤාණයෙන් බාහිරව මම ඉන්නවා කියා මමත්වයෙන් හිතන්නේ නෑ. මනසේ විඤ්ඤාණය මගේ කියා මමත්වයෙන් හිතන්නේ නෑ. මනසේ ස්පර්ශය මම කියා මමත්වයෙන් හිතන්නේ නෑ. මනසේ ස්පර්ශය තුළ මම ඉන්නවා කියා මමත්වයෙන් හිතන්නේ නෑ. මනසේ ස්පර්ශයෙන් බාහිරව මම ඉන්නවා කියා මමත්වයෙන් හිතන්නේ නෑ. මනසේ ස්පර්ශය මගේ කියා මමත්වයෙන් හිතන්නේ නෑ. මනසේ සපර්ශයෙන් උපදින්නා වූ සැප වේවා, දුක් වේවා, දුක් සැප රහිත වේවා යම් විඳීමක් ඇත්නම් එයත් මම කියා මමත්වයෙන් හිතන්නේ නෑ. ඒ තුළ මම ඉන්නවා කියා මමත්වයෙන් හිතන්නේ නෑ. ඒ දෙයින් බාහිරව මම ඉන්නවා කියා මමත්වයෙන් හිතන්නේ නෑ. එය මගේ කියා මමත්වයෙන් හිතන්නේ නෑ.

හැම දෙයක් ම මම කියා මමත්වයෙන් හිතන්නේ නෑ. හැම දෙයක් තුළ ම මම ඉන්නවා කියා මමත්වයෙන් හිතන්නේ නෑ. හැම දෙයකින් ම බාහිරව මම ඉන්නවා කියා මමත්වයෙන් හිතන්නේ නෑ. හැම දෙයක් ම මගේ කියා මමත්වයෙන් හිතන්නේ නෑ. ඔහු ඔය ආකාරයෙන් මමත්වයෙන් නොසිතන විට ලෝකයෙහි කිසිවකට බැඳෙන්නේ නෑ. නොබැඳෙන විට තැතිගැනීමක් ඇති වන්නේ නෑ. තැතිගැනීම් රහිත වන විට තමා තුළ ම පිරිනිවී යනවා. 'ඉපදීම ක්ෂය වුණා. බඹසර වාසය සම්පූර්ණ කළා. නිවන පිණිස කළ යුතු දෙය කළා. නිවන පිණිස කළ යුතු වෙන දෙයක් නැත්තේම'යැයි අවබෝධයෙන් ම දැනගන්නවා.

පින්වත් මහණෙනි, මමත්වයෙන් හිතාගත් සෑම දෙයක් ම මුලින් ම විනාශ වීම පිණිස ගැලපෙන ප්‍රතිපදාව යනු මෙය යි.

සාදු! සාදු!! සාදු!!!

සාරුප්පපටිපදා සූත්‍රය නිමා විය.

1.3.9
සප්පායපටිපදා සූත්‍රය
කෙලෙස් නැසීමට ගැලපෙන ප්‍රතිපදාව ගැන වදාළ දෙසුම

සැවැත් නුවර දී ....

පින්වත් මහණෙනි, මමත්වයෙන් හිතාගත් සෑම දෙයක් ම මුලින් ම විනාශ වීමට ගැලපෙන ප්‍රතිපදාව ඔබට දේශනා කරන්නටයි යන්නේ. එය සවන් යොමා අසන්න.

පින්වත් මහණෙනි, මමත්වයෙන් හිතාගත් සෑම දෙයක් ම මුලින් ම විනාශ වීමට ගැලපෙන ඒ ප්‍රතිපදාව කුමක්ද?

පින්වත් මහණෙනි, මෙහි භික්ෂුව ඇස මම කියා මමත්වයෙන් හිතන්නේ නෑ. ඇස තුළ මම ඉන්නවා කියා මමත්වයෙන් හිතන්නේ නෑ. ඇසෙන් බාහිරව මම ඉන්නවා කියා මමත්වයෙන් හිතන්නේ නෑ. ඇස මගේ කියා මමත්වයෙන් හිතන්නේ නෑ. රූප මම කියා මමත්වයෙන් හිතන්නේ නෑ ....(පෙ).... ඇසේ විඤ්ඤාණය මම කියා මමත්වයෙන් හිතන්නේ නෑ ....(පෙ).... ඇසේ ස්පර්ශය

මම කියා මමත්වයෙන් හිතන්නේ නෑ ....(පෙ).... ඇසේ ස්පර්ශයෙන් උපදින්නා වූ සැප වේවා, දුක් වේවා, දුක් සැප රහිත වේවා යම් විඳීමක් ඇත්නම් එයත් මම කියා මමත්වයෙන් හිතන්නේ නෑ. ඒ තුළ මම ඉන්නවා කියා මමත්වයෙන් හිතන්නේ නෑ. ඒ දෙයින් බාහිරව මම ඉන්නවා කියා මමත්වයෙන් හිතන්නේ නෑ. එය මගේ කියා මමත්වයෙන් හිතන්නේ නෑ.

පින්වත් මහණෙනි, යම් දෙයක් මම කියා මමත්වයෙන් හිතනවා නම්, යම් දෙයක් තුළ මම ඉන්නවා කියා මමත්වයෙන් හිතනවා නම්, යම් දෙයකින් බැහැරව මම ඉන්නවා කියා මමත්වයෙන් හිතනවා නම්, යම් දෙයක් මගේ කියා මමත්වයෙන් හිතනවා නම් එයට වෙනස් දෙයක් ම යි වෙන්නේ. වෙනස් වන දෙයට පත් වෙන්නා වූ ද භවයට ඇලී සිටින්නා වූ ද ලෝකයා සතුටින් පිළිගන්නෙත් භවය ම යි ....(පෙ)....

දිව මම කියා මමත්වයෙන් හිතන්නේ නෑ. දිව තුළ මම ඉන්නවා කියා මමත්වයෙන් හිතන්නේ නෑ. දිවෙන් බාහිරව මම ඉන්නවා කියා මමත්වයෙන් හිතන්නේ නෑ. දිව මගේ කියා මමත්වයෙන් හිතන්නේ නෑ. රස මම කියා මමත්වයෙන් හිතන්නේ නෑ ....(පෙ).... දිවේ ස්පර්ශයෙන් උපදින්නා වූ සැප වේවා, දුක් වේවා, දුක් සැප රහිත වේවා යම් විඳීමක් ඇත්නම් එයත් මම කියා මමත්වයෙන් හිතන්නේ නෑ. ඒ තුළ මම ඉන්නවා කියා මමත්වයෙන් හිතන්නේ නෑ. ඒ දෙයින් බාහිරව මම ඉන්නවා කියා මමත්වයෙන් හිතන්නේ නෑ. එය මගේ කියා මමත්වයෙන් හිතන්නේ නෑ.

පින්වත් මහණෙනි, යම් දෙයක් මම කියා මමත්වයෙන් හිතනවා නම්, යම් දෙයක් තුළ මම ඉන්නවා කියා මමත්වයෙන් හිතනවා නම්, යම් දෙයකින් බැහැරව මම ඉන්නවා කියා මමත්වයෙන් හිතනවා නම්, යම් දෙයක් මගේ කියා මමත්වයෙන් හිතනවා නම් එයට වෙනස් දෙයක් ම යි වෙන්නේ. වෙනස් වන දෙයට පත් වෙන්නා වූ ද භවයට ඇලී සිටින්නා වූ ද ලෝකයා සතුටින් පිළිගන්නෙත් භවය ම යි ....(පෙ)....

මනස මම කියා මමත්වයෙන් හිතන්නේ නෑ. මනස තුළ මම ඉන්නවා කියා මමත්වයෙන් හිතන්නේ නෑ. මනසින් බාහිරව මම ඉන්නවා කියා මමත්වයෙන් හිතන්නේ නෑ. මනස මගේ කියා මමත්වයෙන් හිතන්නේ නෑ. මනසට අරමුණු වන දේ මම කියා මමත්වයෙන් හිතන්නේ නෑ ....(පෙ).... මනසේ විඤ්ඤාණය මම කියා මමත්වයෙන් හිතන්නේ නෑ ....(පෙ).... මනසේ ස්පර්ශය මම කියා මමත්වයෙන් හිතන්නේ නෑ ....(පෙ).... මනසේ ස්පර්ශයෙන් උපදින්නා වූ සැප වේවා, දුක් වේවා, දුක් සැප රහිත වේවා යම් විඳීමක් ඇත්නම් එයත් මම කියා මමත්වයෙන් හිතන්නේ නෑ. ඒ තුළ මම ඉන්නවා

කියා මමත්වයෙන් හිතන්නේ නෑ. ඒ දෙයින් බාහිරව මම ඉන්නවා කියා මමත්වයෙන් හිතන්නේ නෑ. එය මගේ කියා මමත්වයෙන් හිතන්නේ නෑ.

පින්වත් මහණෙනි, යම් දෙයක් මම කියා මමත්වයෙන් හිතනවා නම්, යම් දෙයක් තුළ මම ඉන්නවා කියා මමත්වයෙන් හිතනවා නම්, යම් දෙයකින් බැහැරව මම ඉන්නවා කියා මමත්වයෙන් හිතනවා නම්, යම් දෙයක් මගේ කියා මමත්වයෙන් හිතනවා නම් එයට වෙනස් දෙයක් ම යි වෙන්නේ. වෙනස් වන දෙයට පත් වෙන්නා වූ ද භවයට ඇලී සිටින්නා වූ ද ලෝකයා සතුටින් පිළිගන්නෙත් භවය ම යි.

පින්වත් මහණෙනි, ස්කන්ධ, ධාතු, ආයතන යම්තාක් ඇද්ද එයත් මම කියා මමත්වයෙන් හිතන්නේ නෑ. ඒ තුළ මම ඉන්නවා කියා මමත්වයෙන් හිතන්නේ නෑ. ඒ දෙයින් බාහිරව මම ඉන්නවා කියා මමත්වයෙන් හිතන්නේ නෑ. එය මගේ කියා මමත්වයෙන් හිතන්නේ නෑ. ඔහු ඔය ආකාරයෙන් මමත්වයෙන් නොසිතන විට ලෝකයෙහි කිසිවකට බැඳෙන්නේ නෑ. නොබැඳෙන විට තැති ගැනීමක් ඇති වන්නේ නෑ. තැතිගැනීම් රහිත වන විට තමා තුළ ම පිරිනිවී යනවා. 'ඉපදීම ක්ෂය වුණා. බඹසර වාසය සම්පූර්ණ කළා. නිවන පිණිස කළ යුතු දෙය කළා. නිවන පිණිස කළ යුතු වෙන දෙයක් නැත්තේම'යැයි අවබෝධයෙන් ම දැන ගන්නවා. පින්වත් මහණෙනි, මමත්වයෙන් හිතාගත් සෑම දෙයක් ම මුලින් ම විනාශ වීමට ගැලපෙන ප්‍රතිපදාව යනු මෙය යි.

සාදු! සාදු!! සාදු!!!

සප්පායපටිපදා සූත්‍රය නිමා විය.

1.3.10
දුතිය සප්පායපටිපදා සූත්‍රය
කෙලෙස් නැසීමට ගැලපෙන ප්‍රතිපදාව ගැන වදාළ දෙවෙනි දෙසුම

සැවැත් නුවර දී ....

පින්වත් මහණෙනි, මමත්වයෙන් හිතාගත් සෑම දෙයක් ම මුලින් ම විනාශ වීමට ගැලපෙන ප්‍රතිපදාව ඔබට දේශනා කරන්ටයි යන්නේ. එය සවන් යොමා අසන්න. පින්වත් මහණෙනි, මමත්වයෙන් හිතාගත් සෑම දෙයක් ම

මුලින් ම විනාශ වීමට ගැලපෙන ඒ ප්‍රතිපදාව කුමක්ද?

පින්වත් මහණෙනි, මේ ගැන ඔබ කුමක්ද සිතන්නේ? ඇස නිත්‍ය යි ද? අනිත්‍ය යි ද? ස්වාමීනී, අනිත්‍යයි. යමක් වනාහී අනිත්‍ය නම්, එය දුකයි ද? සැපයි ද? ස්වාමීනී, දුකයි. යමක් වනාහී අනිත්‍ය නම්, දුක නම්, වෙනස් වන ස්වභාවයෙන් යුතු නම්, එය "මේක මගේ, මේක තමයි මම, මේ තමයි මගේ ආත්මය" වශයෙන් දකින එක සුදුසුද? ස්වාමීනී, එය සුදුසු නැත.

රූප නිත්‍ය යි ද? අනිත්‍ය යි ද? ස්වාමීනී, අනිත්‍යයි. යමක් වනාහී අනිත්‍ය නම්, එය දුකයි ද? සැපයි ද? ස්වාමීනී, දුකයි. යමක් වනාහී අනිත්‍ය නම්, දුක නම්, වෙනස් වන ස්වභාවයෙන් යුතු නම්, එය "මේක මගේ, මේක තමයි මම, මේ තමයි මගේ ආත්මය" වශයෙන් දකින එක සුදුසුද? ස්වාමීනී, එය සුදුසු නැත.

ඇසේ විඤ්ඤාණය නිත්‍ය යි ද? අනිත්‍ය යි ද? ස්වාමීනී, අනිත්‍යයි. යමක් වනාහී අනිත්‍ය නම්, එය දුකයි ද? සැපයි ද? ස්වාමීනී, දුකයි. යමක් වනාහී අනිත්‍ය නම්, දුක නම්, වෙනස් වන ස්වභාවයෙන් යුතු නම්, එය "මේක මගේ, මේක තමයි මම, මේ තමයි මගේ ආත්මය" වශයෙන් දකින එක සුදුසුද? ස්වාමීනී, එය සුදුසු නැත.

ඇසේ ස්පර්ශය නිත්‍ය යි ද? අනිත්‍ය යි ද? ස්වාමීනී, අනිත්‍යයි. යමක් වනාහී අනිත්‍ය නම්, එය දුකයි ද? සැපයි ද? ස්වාමීනී, දුකයි. යමක් වනාහී අනිත්‍ය නම්, දුක නම්, වෙනස් වන ස්වභාවයෙන් යුතු නම්, එය "මේක මගේ, මේක තමයි මම, මේ තමයි මගේ ආත්මය" වශයෙන් දකින එක සුදුසුද? ස්වාමීනී, එය සුදුසු නැත.

ඇසේ ස්පර්ශයෙන් උපදින්නා වූ සැප වේවා, දුක් වේවා, දුක් සැප රහිත වේවා යම් විඳීමක් ඇත්නම් එය නිත්‍ය යි ද? අනිත්‍ය යි ද? ස්වාමීනී, අනිත්‍යයි. යමක් වනාහී අනිත්‍ය නම්, එය දුකයි ද? සැපයි ද? ස්වාමීනී, දුකයි. යමක් වනාහී අනිත්‍ය නම්, දුක නම්, වෙනස් වන ස්වභාවයෙන් යුතු නම්, එය "මේක තමයි මම, මේක මගේ, මේක තමයි මගේ ආත්මය" වශයෙන් දකින එක සුදුසුද? ස්වාමීනී, එය සුදුසු නැත. කන ....(පෙ)....

දිව නිත්‍ය යි ද? අනිත්‍ය යි ද? ස්වාමීනී, අනිත්‍යයි. යමක් වනාහී අනිත්‍ය නම්, එය දුකයි ද? සැපයි ද? ස්වාමීනී, දුකයි. යමක් වනාහී අනිත්‍ය නම්, දුක නම්, වෙනස් වන ස්වභාවයෙන් යුතු නම්, එය "මේක මගේ, මේක තමයි මම, මේ තමයි මගේ ආත්මය" වශයෙන් දකින එක සුදුසුද? ස්වාමීනී, එය සුදුසු නැත.

රස නිත්‍ය යි ද? අනිත්‍ය යි ද? ස්වාමීනී, අනිත්‍යයි. යමක් වනාහී අනිත්‍ය නම්, එය දුකයි ද? සැපයි ද? ස්වාමීනී, දුකයි. යමක් වනාහී අනිත්‍ය නම්, දුක නම්, වෙනස් වන ස්වභාවයෙන් යුතු නම්, එය "මේක මගේ, මේක තමයි මම, මේක තමයි මගේ ආත්මය" වශයෙන් දකින එක සුදුසුද? ස්වාමීනී, එය සුදුසු නැත.

දිවේ විඤ්ඤාණය නිත්‍ය යි ද? අනිත්‍ය යි ද? ස්වාමීනී, අනිත්‍යයි. යමක් වනාහී අනිත්‍ය නම්, එය දුකයි ද? සැපයි ද? ස්වාමීනී, දුකයි. යමක් වනාහී අනිත්‍ය නම්, දුක නම්, වෙනස් වන ස්වභාවයෙන් යුතු නම්, එය "මේක මගේ, මේක තමයි මම, මේක තමයි මගේ ආත්මය" වශයෙන් දකින එක සුදුසුද? ස්වාමීනී, එය සුදුසු නැත.

දිවේ ස්පර්ශය නිත්‍ය යි ද? අනිත්‍ය යි ද? ස්වාමීනී, අනිත්‍යයි. යමක් වනාහී අනිත්‍ය නම්, එය දුකයි ද? සැපයි ද? ස්වාමීනී, දුකයි. යමක් වනාහී අනිත්‍ය නම්, දුක නම්, වෙනස් වන ස්වභාවයෙන් යුතු නම්, එය "මේක මගේ, මේක තමයි මම, මේ තමයි මගේ ආත්මය" වශයෙන් දකින එක සුදුසුද? ස්වාමීනී, එය සුදුසු නැත.

දිවේ ස්පර්ශයෙන් උපදින්නා වූ සැප වේවා, දුක් වේවා, දුක් සැප රහිත වේවා යම් විඳීමක් ඇද්ද එය නිත්‍ය යි ද? අනිත්‍ය යි ද? ස්වාමීනී, අනිත්‍යයි. යමක් වනාහී අනිත්‍ය නම්, එය දුකයි ද? සැපයි ද? ස්වාමීනී, දුකයි. යමක් වනාහී අනිත්‍ය නම්, දුක නම්, වෙනස් වන ස්වභාවයෙන් යුතු නම්, එය "මේක මගේ, මේක තමයි මම, මේ තමයි මගේ ආත්මය" වශයෙන් දකින එක සුදුසුද? ස්වාමීනී, එය සුදුසු නැත. කය ....(පෙ)....

මනස නිත්‍ය යි ද? අනිත්‍ය යි ද? ස්වාමීනී, අනිත්‍යයි. යමක් වනාහී අනිත්‍ය නම්, එය දුකයි ද? සැපයි ද? ස්වාමීනී, දුකයි. යමක් වනාහී අනිත්‍ය නම්, දුක නම්, වෙනස් වන ස්වභාවයෙන් යුතු නම්, එය "මේක මගේ, මේක තමයි මම, මේ තමයි මගේ ආත්මය" වශයෙන් දකින එක සුදුසුද? ස්වාමීනී, එය සුදුසු නැත.

මනසට අරමුණු වන දෙය නිත්‍ය යි ද? අනිත්‍ය යි ද? ස්වාමීනී, අනිත්‍යයි. යමක් වනාහී අනිත්‍ය නම්, එය දුකයි ද? සැපයි ද? ස්වාමීනී, දුකයි. යමක් වනාහී අනිත්‍ය නම්, දුක නම්, වෙනස් වන ස්වභාවයෙන් යුතු නම්, එය "මේක මගේ, මේක තමයි මම, මේ තමයි මගේ ආත්මය" වශයෙන් දකින එක සුදුසුද? ස්වාමීනී, එය සුදුසු නැත.

මනසේ විඤ්ඤාණය නිත්‍ය යි ද? අනිත්‍ය යි ද? ස්වාමීනී, අනිත්‍යයි. යමක් වනාහී අනිත්‍ය නම්, එය දුකයි ද? සැපයි ද? ස්වාමීනී, දුකයි. යමක් වනාහී අනිත්‍ය නම්, දුක නම්, වෙනස් වන ස්වභාවයෙන් යුතු නම්, එය "මේක මගේ, මේක තමයි මම, මේ තමයි මගේ ආත්මය" වශයෙන් දකින එක සුදුසුද? ස්වාමීනී, එය සුදුසු නැත.

මනසේ ස්පර්ශය නිත්‍ය යි ද? අනිත්‍ය යි ද? ස්වාමීනී, අනිත්‍යයි. යමක් වනාහී අනිත්‍ය නම්, එය දුකයි ද? සැපයි ද? ස්වාමීනී, දුකයි. යමක් වනාහී අනිත්‍ය නම්, දුක නම්, වෙනස් වන ස්වභාවයෙන් යුතු නම්, එය "මේක මගේ, මේක තමයි මම, මේ තමයි මගේ ආත්මය" වශයෙන් දකින එක සුදුසුද? ස්වාමීනී, එය සුදුසු නැත.

මනසේ ස්පර්ශයෙන් උපදින්නා වූ සැප වේවා, දුක් වේවා, දුක් සැප රහිත වේවා යම් විඳීමක් ඇද්ද එය නිත්‍ය යි ද? අනිත්‍ය යි ද? ස්වාමීනී, අනිත්‍යයි. යමක් වනාහී අනිත්‍ය නම්, එය දුකයි ද? සැපයි ද? ස්වාමීනී, දුකයි. යමක් වනාහී අනිත්‍ය නම්, දුක නම්, වෙනස් වන ස්වභාවයෙන් යුතු නම්, එය "මේක මගේ, මේක තමයි මම, මේ තමයි මගේ ආත්මය" වශයෙන් දකින එක සුදුසුද? ස්වාමීනී, එය සුදුසු නැත.

පින්වත් මහණෙනි, ශ්‍රැතවත් ආර්ය ශ්‍රාවකයා ඔය අයුරින් දකින විට ඇස ගැන සත්‍ය ස්වභාවය අවබෝධ වීම තුළින් ම කලකිරෙනවා. රූප ගැනත් සත්‍ය ස්වභාවය අවබෝධ වීම තුළින් ම කලකිරෙනවා. ඇසේ විඤ්ඤාණය ගැනත් සත්‍ය ස්වභාවය අවබෝධ වීම තුළින් ම කලකිරෙනවා. ඇසේ ස්පර්ශය ගැනත් සත්‍ය ස්වභාවය අවබෝධ වීම තුළින් ම කලකිරෙනවා. ඇසේ ස්පර්ශයෙන් උපදින්නා වූ සැපක් වේවා, දුකක් වේවා, දුක් සැප රහිත වේවා යම් විඳීමක් ඇත්නම් ඒ ගැනත් සත්‍ය ස්වභාවය අවබෝධ වීම තුළින් ම කලකිරෙනවා ....(පෙ).... දිව ගැනත් සත්‍ය ස්වභාවය අවබෝධ වීම තුළින් ම කලකිරෙනවා. රස ගැනත් සත්‍ය ස්වභාවය අවබෝධ වීම තුළින් ම කලකිරෙනවා. දිවේ විඤ්ඤාණය ගැනත් සත්‍ය ස්වභාවය අවබෝධ වීම තුළින් ම කලකිරෙනවා. දිවේ ස්පර්ශය ගැනත් සත්‍ය ස්වභාවය අවබෝධ වීම තුළින් ම කලකිරෙනවා. දිවේ ස්පර්ශයෙන් උපදින්නා වූ සැපක් වේවා, දුකක් වේවා, දුක් සැප රහිත වේවා යම් විඳීමක් ඇත්නම් ඒ ගැනත් සත්‍ය ස්වභාවය අවබෝධ වීම තුළින් ම කලකිරෙනවා ....(පෙ)....

මනස ගැන සත්‍ය ස්වභාවය අවබෝධ වීම තුළින් ම කලකිරෙනවා. මනසට අරමුණු වන දේ ගැනත් සත්‍ය ස්වභාවය අවබෝධ වීම තුළින් ම

කලකිරෙනවා. මනසේ විඤ්ඤාණය ගැනත් සත්‍ය ස්වභාවය අවබෝධ වීම තුළින් ම කලකිරෙනවා. මනසේ ස්පර්ශය ගැනත් සත්‍ය ස්වභාවය අවබෝධ වීම තුළින් ම කලකිරෙනවා. මනසේ ස්පර්ශයෙන් උපදින්නා වූ සැපක් වේවා, දුකක් වේවා, දුක් සැප රහිත වේවා යම් විඳීමක් ඇත්නම් ඒ ගැනත් සත්‍ය ස්වභාවය අවබෝධ වීම තුළින් ම කලකිරෙනවා. කලකිරුණු විට ඒ කෙරෙහි තිබුණ ඇල්ම නැතුව යනවා. ඇල්ම නැතිවීම නිසා එයින් නිදහස් වෙනවා. නිදහස් වූ විට නිදහස් වූ බවට අවබෝධ ඥාණය ඇති වෙනවා. "ඉපදීම ක්ෂය වුණා. බඹසර වාසය සම්පූර්ණ කළා. නිවන පිණිස කළ යුතු දෙය කළා. නිවන පිණිස කළ යුතු වෙන දෙයක් නැත්තේම" යැයි අවබෝධයෙන් ම දැනගන්නවා.

පින්වත් මහණෙනි, මමත්වයෙන් හිතාගත් සෑම දෙයක් ම මුලින් ම විනාශ වීමට ගැලපෙන ප්‍රතිපදාව යනු මෙය යි.

සාදු! සාදු!! සාදු!!!

දුතිය සප්පායපටිපදා සූත්‍රය නිමා විය.

තුන්වෙනි සබ්බ වර්ගය යි.

- එහි පිළිවෙළ උද්දානය යි.

සබ්බ සූත්‍රයත්, පහාන සූත්‍ර දෙකත්, අපරිජාන සූත්‍ර දෙකත්, ආදිත්තපරියාය සූත්‍රයත්, අන්ධභූත සූත්‍රයත්, සාරුප්පපටිපදා සූත්‍රයත්, සප්පායපටිපදා සූත්‍ර දෙකත් යන මෙයින් මෙම වර්ගය කියනු ලැබේ.

4. ජාතිධම්ම වර්ගය

1.4.1
ජාතිධම්ම සූත්‍රය
ඉපදීම ස්වභාව කොට ඇති දෙය ගැන වදාළ දෙසුම

සැවැත් නුවර දී ....

පින්වත් මහණෙනි, සියල්ල ඉපදීම ස්වභාව කොටයි තියෙන්නේ. පින්වත් මහණෙනි, ඉපදීම ස්වභාව කොට ඇති සියල්ල යනු කුමක්ද? පින්වත් මහණෙනි, ඇස ඉපදීම ස්වභාව කොටයි තියෙන්නේ. රූප ඉපදීම ස්වභාව කොටයි තියෙන්නේ. ඇසේ විඤ්ඤාණය ඉපදීම ස්වභාව කොටයි තියෙන්නේ. ඇසේ ස්පර්ශය ඉපදීම ස්වභාව කොටයි තියෙන්නේ. ඇසේ ස්පර්ශයෙන් උපදින්නා වූ සැප වේවා, දුක් වේවා, දුක් සැප රහිත වේවා යම් විඳීමක් ඇද්ද එයත් ඉපදීම ස්වභාව කොටයි තියෙන්නේ.

කන ඉපදීම ස්වභාව කොටයි තියෙන්නේ. ශබ්ද ඉපදීම ස්වභාව කොටයි තියෙන්නේ. කනේ විඤ්ඤාණය ඉපදීම ස්වභාව කොටයි තියෙන්නේ. කනේ ස්පර්ශය ඉපදීම ස්වභාව කොටයි තියෙන්නේ. කනේ ස්පර්ශයෙන් උපදින්නා වූ සැප වේවා, දුක් වේවා, දුක් සැප රහිත වේවා යම් විඳීමක් ඇද්ද එයත් ඉපදීම ස්වභාව කොටයි තියෙන්නේ.

නාසය ඉපදීම ස්වභාව කොටයි තියෙන්නේ. ගඳ-සුවඳ ඉපදීම ස්වභාව කොටයි තියෙන්නේ. නාසයේ විඤ්ඤාණය ඉපදීම ස්වභාව කොටයි තියෙන්නේ. නාසයේ ස්පර්ශය ඉපදීම ස්වභාව කොටයි තියෙන්නේ. නාසයේ ස්පර්ශයෙන් උපදින්නා වූ සැප වේවා, දුක් වේවා, දුක් සැප රහිත වේවා යම් විඳීමක් ඇද්ද එයත් ඉපදීම ස්වභාව කොටයි තියෙන්නේ.

දිව ඉපදීම ස්වභාව කොටයි තියෙන්නේ. රස ඉපදීම ස්වභාව කොටයි තියෙන්නේ. දිවේ විඤ්ඤාණය ඉපදීම ස්වභාව කොටයි තියෙන්නේ. දිවේ

ස්පර්ශය ඉපදීම ස්වභාව කොටයි තියෙන්නේ. දිවේ ස්පර්ශයෙන් උපදින්නා වූ සැප වේවා, දුක් වේවා, දුක් සැප රහිත වේවා යම් විඳීමක් ඇද්ද එයත් ඉපදීම ස්වභාව කොටයි තියෙන්නේ.

කය ඉපදීම ස්වභාව කොටයි තියෙන්නේ. පහස ඉපදීම ස්වභාව කොටයි තියෙන්නේ. කයේ විඤ්ඤාණය ඉපදීම ස්වභාව කොටයි තියෙන්නේ. කයේ ස්පර්ශය ඉපදීම ස්වභාව කොටයි තියෙන්නේ. කයේ ස්පර්ශයෙන් උපදින්නා වූ සැප වේවා, දුක් වේවා, දුක් සැප රහිත වේවා යම් විඳීමක් ඇද්ද එයත් ඉපදීම ස්වභාව කොටයි තියෙන්නේ.

මනස ඉපදීම ස්වභාව කොටයි තියෙන්නේ. මනසට අරමුණු වන දේ ඉපදීම ස්වභාව කොටයි තියෙන්නේ. මනසේ විඤ්ඤාණය ඉපදීම ස්වභාව කොටයි තියෙන්නේ. මනසේ ස්පර්ශය ඉපදීම ස්වභාව කොටයි තියෙන්නේ. මනසේ ස්පර්ශයෙන් උපදින්නා වූ සැප වේවා, දුක් වේවා, දුක් සැප රහිත වේවා යම් විඳීමක් ඇද්ද එයත් ඉපදීම ස්වභාව කොටයි තියෙන්නේ.

පින්වත් මහණෙනි, ශ්‍රැතවත් ආර්ය ශ්‍රාවකයා ඔය අයුරින් දකින විට ඇස ගැනත් සත්‍ය ස්වභාවය අවබෝධ වීම තුළින් ම කලකිරෙනවා ....(පෙ).... නිවන පිණිස කළ යුතු වෙන දෙයක් නැත්තේම" යැයි අවබෝධයෙන් ම දැන ගන්නවා.

සාදු! සාදු!! සාදු!!!

ජාතිධම්ම සූත්‍රය නිමා විය.

1.4.2
ජරාධම්ම සූත්‍රය
ජරාවට පත් වීම ස්වභාව කොට ඇති දෙය ගැන වදාළ දෙසුම

සැවැත් නුවර දී ....

පින්වත් මහණෙනි, සියල්ල ජරාවට පත් වීම ස්වභාව කොටයි තියෙන්නේ ....(පෙ)....

1.4.3
ව්‍යාධිධම්ම සූත්‍රය
රෝදුක් වැළඳීම ස්වභාව කොට ඇති දෙය ගැන වදාළ දෙසුම

සැවැත් නුවර දී ....

පින්වත් මහණෙනි, සියල්ල රෝදුක් වැළඳීම ස්වභාව කොටයි තියෙන්නේ ....(පෙ)....

1.4.4
මරණධම්ම සූත්‍රය
මරණය ස්වභාව කොට ඇති දෙය ගැන වදාළ දෙසුම

සැවැත් නුවර දී ....

පින්වත් මහණෙනි, සියල්ල මරණය ස්වභාව කොටයි තියෙන්නේ ....(පෙ)....

1.4.5
සෝකධම්ම සූත්‍රය
ශෝක වීම ස්වභාව කොට ඇති දෙය ගැන වදාළ දෙසුම

සැවැත් නුවර දී ....

පින්වත් මහණෙනි, සියල්ල ශෝක වීම ස්වභාව කොටයි තියෙන්නේ ....(පෙ)....

1.4.6
සංකිලේසධම්ම සූත්‍රය
කෙලෙස් වලින් කිලිටි වීම ස්වභාව කොට ඇති දෙය ගැන වදාළ දෙසුම

සැවැත් නුවර දී ....

පින්වත් මහණෙනි, සියල්ල කෙලෙස්වලින් කිලිටි වීම ස්වභාව කොටයි තියෙන්නේ ....(පෙ)....

1.4.7
ඛයධම්ම සූත්‍රය
ක්ෂය වීම ස්වභාව කොට ඇති දෙය ගැන වදාළ දෙසුම

සැවැත් නුවර දී ....

පින්වත් මහණෙනි, සියල්ල ක්ෂය වීම ස්වභාව කොටයි තියෙන්නේ ....(පෙ)....

1.4.8
වයධම්ම සූත්‍රය
වැනසීම ස්වභාව කොට ඇති දෙය ගැන වදාළ දෙසුම

සැවැත් නුවර දී ....

පින්වත් මහණෙනි, සියල්ල වැනසීම ස්වභාව කොටයි තියෙන්නේ ....(පෙ)....

1.4.9
සමුදයධම්ම සූත්‍රය
හටගැනීම ස්වභාව කොට ඇති දෙය ගැන වදාළ දෙසුම

සැවැත් නුවර දී ....

පින්වත් මහණෙනි, සියල්ල හටගැනීම ස්වභාව කොටයි තියෙන්නේ ....(පෙ)....

1.4.10
නිරෝධධම්ම සූත්‍රය
නිරුද්ධ වීම ස්වභාව කොට ඇති දෙය ගැන වදාළ දෙසුම

සැවැත් නුවර දී ....

පින්වත් මහණෙනි, සියල්ල නිරුද්ධ වීම ස්වභාව කොටයි තියෙන්නේ. පින්වත් මහණෙනි, නිරුද්ධ වීම ස්වභාව කොට ඇති සියල්ල යනු කුමක්ද? පින්වත් මහණෙනි, ඇස නිරුද්ධ වීම ස්වභාව කොටයි තියෙන්නේ. රූප නිරුද්ධ වීම ස්වභාව කොටයි තියෙන්නේ. ඇසේ විඤ්ඤාණය නිරුද්ධ වීම ස්වභාව කොටයි තියෙන්නේ. ඇසේ ස්පර්ශය නිරුද්ධ වීම ස්වභාව කොටයි තියෙන්නේ. ඇසේ ස්පර්ශයෙන් උපදින්නා වූ සැප වේවා, දුක් වේවා, දුක් සැප රහිත වේවා යම් විඳීමක් ඇද්ද එයත් නිරුද්ධ වීම ස්වභාව කොටයි තියෙන්නේ. කන ....(පෙ)....

දිව නිරුද්ධ වීම ස්වභාව කොටයි තියෙන්නේ. රස නිරුද්ධ වීම ස්වභාව කොටයි තියෙන්නේ. දිවේ විඤ්ඤාණය නිරුද්ධ වීම ස්වභාව කොටයි තියෙන්නේ. දිවේ ස්පර්ශය නිරුද්ධ වීම ස්වභාව කොටයි තියෙන්නේ. දිවේ ස්පර්ශයෙන් උපදින්නා වූ සැප වේවා, දුක් වේවා, දුක් සැප රහිත වේවා යම් විඳීමක් ඇද්ද එයත් නිරුද්ධ වීම ස්වභාව කොටයි තියෙන්නේ. කය ....(පෙ)....

මනස නිරුද්ධ වීම ස්වභාව කොටයි තියෙන්නේ. මනසට අරමුණු වන දේ නිරුද්ධ වීම ස්වභාව කොටයි තියෙන්නේ. මනසේ විඤ්ඤාණය නිරුද්ධ වීම ස්වභාව කොටයි තියෙන්නේ. මනසේ ස්පර්ශය නිරුද්ධ වීම ස්වභාව

කොටයි තියෙන්නේ. මනසේ ස්පර්ශයෙන් උපදින්නා වූ සැප වේවා, දුක් වේවා, දුක් සැප රහිත වේවා යම් විඳීමක් ඇද්ද එයත් නිරුද්ධ වීම ස්වභාව කොටයි තියෙන්නේ.

පින්වත් මහණෙනි, ශ්‍රැතවත් ආර්ය ශ්‍රාවකයා ඔය අයුරින් දකින විට ඇස ගැනත් සත්‍ය ස්වභාවය අවබෝධ වීම තුළින් ම කලකිරෙනවා ....(පෙ).... නිවන පිණිස කළ යුතු වෙන දෙයක් නැත්තේම" යැයි අවබෝධයෙන් ම දැන ගන්නවා.

සාදු! සාදු!! සාදු!!!

නිරෝධධම්ම සූත්‍රය නිමා විය.

හතරවෙනි ජාතිධම්ම වර්ගය යි.

- **එහි පිළිවෙළ උද්දානය යි.**

ජාති සූත්‍රය, ජරා සූත්‍රය, ව්‍යාධි සූත්‍රය, මරණ සූත්‍රය, සෝක සූත්‍රය, සංකිලේස සූත්‍රය, ඛයධම්ම සූත්‍රය, වයධම්ම සූත්‍රය, සමුදයධම්ම සූත්‍රය, නිරෝධධම්ම සූත්‍රය යන දෙසුම් දහයෙන් මෙම වර්ගය සමන්විත වේ.

5. සබ්බානිච්ච වර්ගය

1.5.1
අනිච්ච සූත්‍රය
අනිත්‍යය ගැන වදාළ දෙසුම

සැවැත් නුවර දී ....

පින්වත් මහණෙනි, සියල්ල අනිත්‍යයි. පින්වත් මහණෙනි, සියල්ල අනිත්‍ය යනු කුමක්ද? පින්වත් මහණෙනි, ඇස අනිත්‍යයි. රූප අනිත්‍යයි. ඇසේ විඤ්ඤාණය අනිත්‍යයි. ඇසේ ස්පර්ශය අනිත්‍යයි. ඇසේ ස්පර්ශයෙන් උපදින්නා වූ සැප වේවා, දුක් වේවා, දුක් සැප රහිත වේවා යම් විඳීමක් ඇද්ද එයත් අනිත්‍යයි. කන ....(පෙ)....

දිව අනිත්‍යයි. රස අනිත්‍යයි. දිවේ විඤ්ඤාණය අනිත්‍යයි. දිවේ ස්පර්ශය අනිත්‍යයි. දිවේ ස්පර්ශයෙන් උපදින්නා වූ සැප වේවා, දුක් වේවා, දුක් සැප රහිත වේවා යම් විඳීමක් ඇද්ද එයත් අනිත්‍යයි. කය ....(පෙ)....

මනස අනිත්‍යයි. මනසට අරමුණු වන දේ අනිත්‍යයි. මනසේ විඤ්ඤාණය අනිත්‍යයි. මනසේ ස්පර්ශය අනිත්‍යයි. මනසේ ස්පර්ශයෙන් උපදින්නා වූ සැප වේවා, දුක් වේවා, දුක් සැප රහිත වේවා යම් විඳීමක් ඇද්ද එයත් අනිත්‍යයි.

පින්වත් මහණෙනි, ශ්‍රැතවත් ආර්ය ශ්‍රාවකයා ඔය අයුරින් දකින විට ඇස ගැනත් සත්‍ය ස්වභාවය අවබෝධ වීම තුළින් ම කලකිරෙනවා. ....(පෙ).... කලකිරුණු විට ඒ කෙරෙහි තිබුණ ඇල්ම නැතුව යනවා. ඇල්ම නැතිවීම නිසා එයින් නිදහස් වෙනවා. නිදහස් වූ විට නිදහස් වූ බවට අවබෝධ ඤාණය ඇති වෙනවා. "ඉපදීම ක්ෂය වුණා. බඹසර වාසය සම්පූර්ණ කළා. නිවන පිණිස කළ යුතු දෙය කළා. නිවන පිණිස කළ යුතු වෙන දෙයක් නැත්තේම" යැයි අවබෝධයෙන් ම දැනගන්නවා.

සාදු! සාදු!! සාදු!!!

අනිච්ච සූත්‍රය නිමා විය.

1.5.2
දුක්ඛ සූත්‍රය
දුක ගැන වදාළ දෙසුම

පින්වත් මහණෙනි, සියල්ල දුක යි ....(පෙ)....

1.5.3
අනත්ත සූත්‍රය
අනාත්මය ගැන වදාළ දෙසුම

පින්වත් මහණෙනි, සියල්ල අනාත්ම යි ....(පෙ)....

1.5.4
අභිඤ්ඤෙය්‍ය සූත්‍රය
විශේෂ නුවණකින් අවබෝධ කළ යුතු දේ ගැන වදාළ දෙසුම

පින්වත් මහණෙනි, සියල්ල විශේෂ නුවණකින් අවබෝධ කළ යුතු යි ....(පෙ)....

1.5.5
පරිඤ්ඤෙය්‍ය සූත්‍රය
නුවණින් පිරිසිඳ දත යුතු දෙය ගැන වදාළ දෙසුම

පින්වත් මහණෙනි, සියල්ල නුවණින් පිරිසිඳ දත යුතු යි ....(පෙ)....

1.5.6
පහාතබ්බ සූත්‍රය
ප්‍රහාණය කළ යුතු දෙය ගැන වදාළ දෙසුම

පින්වත් මහණෙනි, සියල්ල ප්‍රහාණය කළ යුතු යි ....(පෙ)....

1.5.7
සච්ඡිකාතබ්බ සූත්‍රය
නුවණින් සාක්ෂාත් කළ යුතු දෙය ගැන වදාළ දෙසුම

පින්වත් මහණෙනි, සියල්ල නුවණින් සාක්ෂාත් කළ යුතු යි ....(පෙ)....

1.5.8
අභිඤ්ඤෙය්‍යපරිඤ්ඤෙය්‍ය සූත්‍රය
විශේෂ නුවණින් අවබෝධ කළ යුතු, පිරිසිඳ දත යුතු දෙය ගැන වදාළ දෙසුම

පින්වත් මහණෙනි, සියල්ල විශේෂ නුවණින් අවබෝධ කළ යුතුයි. පිරිසිඳ දත යුතු යි ....(පෙ)....

1.5.9
උපද්දුත සූත්‍රය
උවදුරු සහිත බව ගැන වදාළ දෙසුම

පින්වත් මහණෙනි, සියල්ල උවදුරු සහිත යි ....(පෙ)....

1.5.10
උපස්සට්ඨ සූත්‍රය
අනතුරු සහිත බව ගැන වදාළ දෙසුම

පින්වත් මහණෙනි, සියල්ල අනතුරු සහිතයි. පින්වත් මහණෙනි, අනතුරු සහිත සියල්ල යනු කුමක්ද? පින්වත් මහණෙනි, ඇස අනතුරු සහිතයි. රූප අනතුරු සහිතයි. ඇසේ විඤ්ඤාණය අනතුරු සහිතයි. ඇසේ ස්පර්ශය අනතුරු සහිතයි. ඇසේ ස්පර්ශයෙන් උපදින්නා වූ සැප වේවා, දුක් වේවා, දුක් සැප රහිත වේවා යම් විඳීමක් ඇද්ද එයත් අනතුරු සහිතයි. කන ....(පෙ)....

දිව අනතුරු සහිතයි. රස අනතුරු සහිතයි. දිවේ විඤ්ඤාණය අනතුරු සහිතයි. දිවේ ස්පර්ශය අනතුරු සහිතයි. දිවේ ස්පර්ශයෙන් උපදින්නා වූ සැප වේවා, දුක් වේවා, දුක් සැප රහිත වේවා යම් විඳීමක් ඇද්ද එයත් අනතුරු සහිතයි. කය අනතුරු සහිතයි ....(පෙ)....

මනස අනතුරු සහිතයි. මනසට අරමුණු වන දේ අනතුරු සහිතයි. මනසේ විඤ්ඤාණය අනතුරු සහිතයි. මනසේ ස්පර්ශය අනතුරු සහිතයි. මනසේ ස්පර්ශයෙන් උපදින්නා වූ සැප වේවා, දුක් වේවා, දුක් සැප රහිත වේවා යම් විඳීමක් ඇද්ද එයත් අනතුරු සහිත යි.

පින්වත් මහණෙනි, ශ්‍රැතවත් ආර්ය ශ්‍රාවකයා ඔය අයුරින් දකින විට ඇස ගැනත් සත්‍ය ස්වභාවය අවබෝධ වීම තුළින් ම කලකිරෙනවා ....(පෙ).... නිවන පිණිස කළ යුතු වෙන දෙයක් නැත්තේම" යැයි අවබෝධයෙන් ම දැන ගන්නවා.

සාදු! සාදු!! සාදු!!!

උපස්සට්ඨ සූත්‍රය නිමා විය.

පස්වෙනි සබ්බානිච්ච වර්ගය යි.

- **එහි පිළිවෙළ උද්දානය යි.**

අනිච්ච සූත්‍රය, දුක්ඛ සූත්‍රය, අනත්ත සූත්‍රය, අභිඤ්ඤෙය්‍ය සූත්‍රය, පරිඤ්ඤෙය්‍ය සූත්‍රය, පහාතබ්බ සූත්‍රය, සච්ඡිකාතබ්බ සූත්‍රය, අභිඤ්ඤෙය්‍යපරිඤ්ඤෙය්‍ය සූත්‍රය, උපද්දුත සූත්‍රය, උපස්සට්ඨ සූත්‍රය යන මෙයින් මෙම වර්ගය කියනු ලැබේ.

පළමුවෙනි පණ්ණාසකය යි.

- එහි වර්ගයන්ගේ උද්දානය යි.

අනිච්ච වර්ගය, යමක වර්ගය, සබ්බ වර්ගය, ජාතිධම්ම වර්ගය, සබ්බානිච්ච වර්ගයෙන් යුතු දෙසුම් පනස් දෙකක් පළමුවෙනි පණ්ණාසකය යි කියනු ලැබේ.

6. අවිජ්ජා වර්ගය

1.6.1
අවිජ්ජාපහාන සූත්‍රය
අවිද්‍යාව ප්‍රහාණය වීම ගැන වදාළ දෙසුම

සැවැත් නුවර දී ....

එකල්හී එක්තරා භික්ෂුවක් භාග්‍යවතුන් වහන්සේ වැඩසිටි තැනට පැමිණුනා. පැමිණ භාග්‍යවතුන් වහන්සේට ආදරයෙන් වන්දනා කොට එකත්පස්ව වාඩි වුණා. එකත්පස්ව වාඩි වුන ඒ භික්ෂුව භාග්‍යවතුන් වහන්සේට මෙකරුණ පැවසුවා. "ස්වාමීනී, කොයි විදිහට දන්නා විට ද, කොයි විදිහට දකිනා විට ද අවිද්‍යාව ප්‍රහාණය වෙන්නේ, විද්‍යාව උපදින්නේ?"

පින්වත් භික්ෂුව, ඇස අනිත්‍ය වශයෙන් දන්නා විට, දකිනා විට තමයි අවිද්‍යාව ප්‍රහාණය වන්නේ, විද්‍යාව උපදින්නේ. රූප අනිත්‍ය වශයෙන් දන්නා විට, දකිනා විට තමයි අවිද්‍යාව ප්‍රහාණය වන්නේ, විද්‍යාව උපදින්නේ. ඇසේ විඤ්ඤාණය අනිත්‍ය වශයෙන් දන්නා විට, දකිනා විට තමයි අවිද්‍යාව ප්‍රහාණය වන්නේ, විද්‍යාව උපදින්නේ. ඇසේ ස්පර්ශය අනිත්‍ය වශයෙන් දන්නා විට, දකිනා විට තමයි අවිද්‍යාව ප්‍රහාණය වන්නේ, විද්‍යාව උපදින්නේ. ඇසේ ස්පර්ශයෙන් උපදින්නා වූ සැප වේවා, දුක් වේවා, දුක් සැප රහිත වේවා යම් විඳීමක් ඇද්ද එයත් අනිත්‍ය වශයෙන් දන්නා විට, දකිනා විට තමයි අවිද්‍යාව ප්‍රහාණය වෙන්නේ, විද්‍යාව උපදින්නේ.

කන ....(පෙ).... නාසය ....(පෙ).... දිව අනිත්‍ය වශයෙන් දන්නා විට, දකිනා විට තමයි අවිද්‍යාව ප්‍රහාණය වන්නේ, විද්‍යාව උපදින්නේ. රස අනිත්‍ය වශයෙන් දන්නා විට, දකිනා විට තමයි අවිද්‍යාව ප්‍රහාණය වන්නේ, විද්‍යාව උපදින්නේ. දිවේ විඤ්ඤාණය අනිත්‍ය වශයෙන් දන්නා විට, දකිනා විට තමයි අවිද්‍යාව ප්‍රහාණය වන්නේ, විද්‍යාව උපදින්නේ. දිවේ ස්පර්ශය අනිත්‍ය වශයෙන් දන්නා විට, දකිනා විට තමයි අවිද්‍යාව ප්‍රහාණය වන්නේ, විද්‍යාව

උපදින්නේ. දිවේ ස්පර්ශයෙන් උපදින්නා වූ සැප වේවා, දුක් වේවා, දුක් සැප රහිත වේවා යම් විඳීමක් ඇද්ද එයත් අනිත්‍ය වශයෙන් දන්නා විට, දකිනා විට තමයි අවිද්‍යාව ප්‍රහාණය වන්නේ, විද්‍යාව උපදින්නේ.

කය ....(පෙ).... මනස අනිත්‍ය වශයෙන් දන්නා විට, දකිනා විට තමයි අවිද්‍යාව ප්‍රහාණය වන්නේ, විද්‍යාව උපදින්නේ. මනසට අරමුණු වන දේ අනිත්‍ය වශයෙන් දන්නා විට, දකිනා විට තමයි අවිද්‍යාව ප්‍රහාණය වන්නේ, විද්‍යාව උපදින්නේ. මනසේ විඤ්ඤාණය අනිත්‍ය වශයෙන් දන්නා විට, දකිනා විට තමයි අවිද්‍යාව ප්‍රහාණය වන්නේ, විද්‍යාව උපදින්නේ. මනසේ ස්පර්ශය අනිත්‍ය වශයෙන් දන්නා විට, දකිනා විට තමයි අවිද්‍යාව ප්‍රහාණය වන්නේ, විද්‍යාව උපදින්නේ. මනසේ ස්පර්ශයෙන් උපදින්නා වූ සැප වේවා, දුක් වේවා, දුක් සැප රහිත වේවා යම් විඳීමක් ඇද්ද එයත් අනිත්‍ය වශයෙන් දන්නා විට, දකිනා විට තමයි අවිද්‍යාව ප්‍රහාණය වන්නේ, විද්‍යාව උපදින්නේ. පින්වත් භික්ෂුව, ඔය විදිහට දන්නා විට, ඔය විදිහට දකිනා විට තමයි අවිද්‍යාව ප්‍රහාණය වන්නේ. විද්‍යාව උපදින්නේ.

සාදු! සාදු!! සාදු!!!

අවිජ්ජාපහාන සූත්‍රය නිමා විය.

1.6.2
සඤ්ඤෝජනපහාන සූත්‍රය
කෙලෙස්වලට බැඳී යෑම ප්‍රහාණය ගැන වදාළ දෙසුම

සැවැත් නුවර දී ....

"ස්වාමීනී, කොයි විදිහට දන්නා විට ද, කොයි විදිහට දකිනා විට ද කෙලෙස් වලට බැඳී යෑම ප්‍රහාණය වන්නේ?"

පින්වත් භික්ෂුව, ඇස අනිත්‍ය වශයෙන් දන්නා විට, දකිනා විට තමයි කෙලෙස්වලට බැඳී යෑම ප්‍රහාණය වන්නේ. රූප අනිත්‍ය වශයෙන් දන්නා විට, දකිනා විට තමයි කෙලෙස්වලට බැඳී යෑම ප්‍රහාණය වන්නේ. ඇසේ විඤ්ඤාණය අනිත්‍ය වශයෙන් දන්නා විට, දකිනා විට තමයි කෙලෙස්වලට බැඳී යෑම ප්‍රහාණය වන්නේ. ඇසේ ස්පර්ශය අනිත්‍ය වශයෙන් දන්නා විට, දකිනා විට තමයි කෙලෙස්වලට බැඳී යෑම ප්‍රහාණය වන්නේ. ඇසේ

ස්පර්ශයෙන් උපදින්නා වූ සැප වේවා, දුක් වේවා, දුක් සැප රහිත වේවා යම් විඳීමක් ඇද්ද එයත් අනිත්‍ය වශයෙන් දන්නා විට, දකිනා විට තමයි කෙලෙස්වලට බැඳී යෑම ප්‍රහාණය වන්නේ ....(පෙ).... මනසේ ස්පර්ශයෙන් උපදින්නා වූ සැප වේවා, දුක් වේවා, දුක් සැප රහිත වේවා යම් විඳීමක් ඇද්ද එයත් අනිත්‍ය වශයෙන් දන්නා විට, දකිනා විට තමයි කෙලෙස්වලට බැඳී යෑම ප්‍රහාණය වන්නේ.

පින්වත් භික්ෂුව, ඔය විදිහට දන්නා විට, ඔය විදිහට දකිනා විට තමයි කෙලෙස්වලට බැඳී යෑම ප්‍රහාණය වන්නේ.

සාදු! සාදු!! සාදු!!!

සඤ්ඤෝජනපහාන සූත්‍රය නිමා විය.

1.6.3
සඤ්ඤෝජනසමුග්ඝාත සූත්‍රය
කෙලෙස්වලට බැඳී යෑම මුලින් ම වැනසීම ගැන වදාළ දෙසුම

"ස්වාමීනී, කොයි විදිහට දන්නා විට ද, කොයි විදිහට දකිනා විට ද කෙලෙස්වලට බැඳී යෑම මුලින්ම වැනසී යන්නේ?"

පින්වත් භික්ෂුව, ඇස අනාත්ම වශයෙන් දන්නා විට, දකිනා විට තමයි කෙලෙස්වලට බැඳී යෑම මුලින් ම වැනසී යන්නේ. රූප අනාත්ම වශයෙන් දන්නා විට, දකිනා විට තමයි කෙලෙස්වලට බැඳී යෑම මුලින් ම වැනසී යන්නේ. ඇසේ විඤ්ඤාණය අනාත්ම වශයෙන් දන්නා විට, දකිනා විට තමයි කෙලෙස්වලට බැඳී යෑම මුලින් ම වැනසී යන්නේ. ඇසේ ස්පර්ශය අනාත්ම වශයෙන් දන්නා විට, දකිනා විට තමයි කෙලෙස්වලට බැඳී යෑම මුලින් ම වැනසී යන්නේ. ඇසේ ස්පර්ශයෙන් උපදින්නා වූ සැප වේවා, දුක් වේවා, දුක් සැප රහිත වේවා යම් විඳීමක් ඇද්ද එයත් අනාත්ම වශයෙන් දන්නා විට, දකිනා විට තමයි කෙලෙස්වලට බැඳී යෑම මුලින් ම වැනසී යන්නේ ....(පෙ).... මනසේ ස්පර්ශයෙන් උපදින්නා වූ සැප වේවා, දුක් වේවා, දුක් සැප රහිත වේවා යම් විඳීමක් ඇද්ද එයත් අනාත්ම වශයෙන් දන්නා විට, දකිනා විට තමයි කෙලෙස්වලට බැඳී යෑම මුලින් ම වැනසී යන්නේ.

පින්වත් භික්ෂුව, ඔය විදිහට දන්නා විට, ඔය විදිහට දකිනා විට තමයි කෙලෙස්වලට බැඳී යෑම මුලින්ම වැනසී යන්නේ.

සාදු! සාදු!! සාදු!!!

සඤ්ඤෝජනසමුග්ඝාත සූත්‍රය නිමා විය.

1.6.4
ආසවප්පහාන සූත්‍රය
ආශ්‍රවයන් ප්‍රහාණය වීම ගැන වදාළ දෙසුම

සැවැත් නුවර දී ....

"ස්වාමීනී, කොයි විදිහට දන්නා විට ද, කොයි විදිහට දකිනා විට ද ආශ්‍රවයන් ප්‍රහාණය වන්නේ?

පින්වත් භික්ෂුව, ඇස අනිත්‍ය වශයෙන් දන්නා විට, දකිනා විට තමයි ආශ්‍රවයන් ප්‍රහාණය වන්නේ. රූප ....(පෙ).... ඇසේ විඤ්ඤාණය ....(පෙ).... ඇසේ ස්පර්ශය ....(පෙ).... ඇසේ ස්පර්ශයෙන් උපදින්නා වූ සැප වේවා, දුක් වේවා, දුක් සැප රහිත වේවා යම් විඳීමක් ඇද්ද එයත් අනිත්‍ය වශයෙන් දන්නා විට, දකිනා විට තමයි ආශ්‍රවයන් ප්‍රහාණය වන්නේ ....(පෙ).... මනසේ ස්පර්ශයෙන් උපදින්නා වූ සැප වේවා, දුක් වේවා, දුක් සැප රහිත වේවා යම් විඳීමක් ඇද්ද එයත් අනිත්‍ය වශයෙන් දන්නා විට, දකිනා විට තමයි ආශ්‍රවයන් ප්‍රහාණය වන්නේ.

පින්වත් භික්ෂුව, ඔය විදිහට දන්නා විට, ඔය විදිහට දකිනා විට තමයි ආශ්‍රවයන් ප්‍රහාණය වන්නේ.

සාදු! සාදු!! සාදු!!!

ආසවප්පහාන සූත්‍රය නිමා විය.

1.6.5
ආසවසමුග්ඝාත සූත්‍රය
ආශ්‍රවයන් මුලින්ම වැනසීම ගැන වදාළ දෙසුම

"ස්වාමීනී, කොයි විදිහට දන්නා විට ද, කොයි විදිහට දකිනා විට ද ආශ්‍රව මුලින් ම වැනසී යන්නේ?"

පින්වත් භික්ෂුව, ඇස අනාත්ම වශයෙන් දන්නා විට, දකිනා විට තමයි ආශ්‍රවයන් මුලින් ම වැනසී යන්නේ. රූප ....(පෙ).... ඇසේ විඤ්ඤාණය ....(පෙ).... ඇසේ ස්පර්ශය ....(පෙ).... ඇසේ ස්පර්ශයෙන් උපදින්නා වූ සැප වේවා, දුක් වේවා, දුක් සැප රහිත වේවා යම් විඳීමක් ඇද්ද එයත් අනාත්ම වශයෙන් දන්නා විට, දකිනා විට තමයි ආශ්‍රවයන් මුලින් ම වැනසී යන්නේ. ....(පෙ).... මනසේ ස්පර්ශයෙන් උපදින්නා වූ සැප වේවා, දුක් වේවා, දුක් සැප රහිත වේවා යම් විඳීමක් ඇද්ද එයත් අනාත්ම වශයෙන් දන්නා විට, දකිනා විට තමයි ආශ්‍රවයන් මුලින් ම වැනසී යන්නේ.

පින්වත් භික්ෂුව, ඔය විදිහට දන්නා විට, ඔය විදිහට දකිනා විට තමයි ආශ්‍රවයන් මුලින්ම වැනසී යන්නේ.

සාදු! සාදු!! සාදු!!!

ආසවසමුග්ඝාත සූත්‍රය නිමා විය.

1.6.6
අනුසයප්පහාන සූත්‍රය
අභ්‍යන්තර කෙලෙස් ප්‍රහාණය ගැන වදාළ දෙසුම

"ස්වාමීනී, කොයි විදිහට දන්නා විට ද, කොයි විදිහට දකිනා විට ද අභ්‍යන්තර කෙලෙස් ප්‍රහාණය වන්නේ?"

පින්වත් භික්ෂුව, ඇස අනිත්‍ය වශයෙන් දන්නා විට, දකිනා විට තමයි අභ්‍යන්තර කෙලෙස් ප්‍රහාණය වන්නේ. රූප ....(පෙ).... ඇසේ විඤ්ඤාණය ....(පෙ).... ඇසේ ස්පර්ශය ....(පෙ).... ඇසේ ස්පර්ශයෙන් උපදින්නා වූ සැප වේවා, දුක් වේවා, දුක් සැප රහිත වේවා යම් විඳීමක් ඇද්ද එයත් අනිත්‍ය

වශයෙන් දන්නා විට, දකිනා විට තමයි අභ්‍යන්තර කෙලෙස් ප්‍රහාණය වන්නේ ....(පෙ).... මනසේ ස්පර්ශයෙන් උපදින්නා වූ සැප වේවා, දුක් වේවා, දුක් සැප රහිත වේවා යම් විඳීමක් ඇද්ද එයත් අනිත්‍ය වශයෙන් දන්නා විට, දකිනා විට තමයි අභ්‍යන්තර කෙලෙස් ප්‍රහාණය වන්නේ.

පින්වත් භික්ෂුව, ඔය විදිහට දන්නා විට, ඔය විදිහට දකිනා විට තමයි අභ්‍යන්තර කෙලෙස් ප්‍රහාණය වන්නේ.

සාදු! සාදු!! සාදු!!!

අනුසයප්පහාන සූත්‍රය නිමා විය.

1.6.7
අනුසයසමුග්ඝාත සූත්‍රය
අභ්‍යන්තර කෙලෙස් මුලින් ම වැනසීම ගැන වදාළ දෙසුම

"ස්වාමීනී, කොයි විදිහට දන්නා විට ද, කොයි විදිහට දකිනා විට ද අභ්‍යන්තර කෙලෙස් මුලින් ම වැනසී යන්නේ?"

පින්වත් භික්ෂුව, ඇස අනාත්ම වශයෙන් දන්නා විට, දකිනා විට තමයි අභ්‍යන්තර කෙලෙස් මුලින් ම වැනසී යන්නේ. රූප ....(පෙ).... ඇසේ විඤ්ඤාණය ....(පෙ).... ඇසේ ස්පර්ශය ....(පෙ).... ඇසේ ස්පර්ශයෙන් උපදින්නා වූ සැප වේවා, දුක් වේවා, දුක් සැප රහිත වේවා යම් විඳීමක් ඇද්ද එයත් අනාත්ම වශයෙන් දන්නා විට, දකිනා විට තමයි අභ්‍යන්තර කෙලෙස් මුලින් ම වැනසී යන්නේ. ....(පෙ).... මනසේ ස්පර්ශයෙන් උපදින්නා වූ සැප වේවා, දුක් වේවා, දුක් සැප රහිත වේවා යම් විඳීමක් ඇද්ද එයත් අනාත්ම වශයෙන් දන්නා විට, දකිනා විට තමයි අභ්‍යන්තර කෙලෙස් මුලින් ම වැනසී යන්නේ.

පින්වත් භික්ෂුව, ඔය විදිහට දන්නා විට, ඔය විදිහට දකිනා විට තමයි අභ්‍යන්තර කෙලෙස් මුලින් ම වැනසී යන්නේ.

සාදු! සාදු!! සාදු!!!

අනුසයසමුග්ඝාත සූත්‍රය නිමා විය.

1.6.8
සබ්බුපාදානපරිඤ්ඤා සූත්‍රය
සියලු උපාදාන පිරිසිඳ දැනීම ගැන වදාළ දෙසුම

පින්වත් මහණෙනි, මා ඔබට සියලු උපාදාන පිරිසිඳ දැනීම පිණිස පවතින ධර්මයක් දේශනා කරන්ටයි යන්නේ. එය සවන් යොමා අසන්න. පින්වත් මහණෙනි, සියලු උපාදාන පිරිසිඳ දැනීම පිණිස පවතින ධර්මය යනු කුමක්ද?

ඇසත්, රූපත් නිසා ඇසේ විඤ්ඤාණය උපදිනවා. ඔය තුනේ එකතු වීම ස්පර්ශයයි. ස්පර්ශය හේතුවෙන් විඳීම ඇති වෙනවා. පින්වත් මහණෙනි, ශ්‍රැතවත් ආර්ය ශ්‍රාවකයා ඔය අයුරින් දකින විට ඇස ගැනත් සත්‍ය ස්වභාවය අවබෝධ වීම තුළින් ම කලකිරෙනවා. රූප ගැනත් සත්‍ය ස්වභාවය අවබෝධ වීම තුළින් ම කලකිරෙනවා. ඇසේ විඤ්ඤාණය ගැනත් සත්‍ය ස්වභාවය අවබෝධ වීම තුළින් ම කලකිරෙනවා. ඇසේ ස්පර්ශය ගැනත් සත්‍ය ස්වභාවය අවබෝධ වීම තුළින් ම කලකිරෙනවා. විඳීම ගැනත් සත්‍ය ස්වභාවය අවබෝධ වීම තුළින් ම කලකිරෙනවා. කලකිරුණු විට ඒ කෙරෙහි තිබුණ ඇල්ම නැතුව යනවා. ඇල්ම නැතිවීම නිසා එයින් නිදහස් වෙනවා. එසේ නිදහස් වීම නිසා "මා විසින් කෙලෙස් නැති වී යන අයුරින් උපාදාන පිරිසිඳ දැනගත්තා" යි යන කරුණ අවබෝධ කර ගන්නවා.

කනත්, ශබ්දත් නිසා කනේ විඤ්ඤාණය උපදිනවා. ඔය තුනේ එකතු වීම ස්පර්ශයයි. ස්පර්ශය හේතුවෙන් විඳීම ඇති වෙනවා. පින්වත් මහණෙනි, ශ්‍රැතවත් ආර්ය ශ්‍රාවකයා ඔය අයුරින් දකින විට කන ගැනත් සත්‍ය ස්වභාවය අවබෝධ වීම තුළින් ම කලකිරෙනවා. ශබ්ද ගැනත් සත්‍ය ස්වභාවය අවබෝධ වීම තුළින් ම කලකිරෙනවා. කනේ විඤ්ඤාණය ගැනත් සත්‍ය ස්වභාවය අවබෝධ වීම තුළින් ම කලකිරෙනවා. කනේ ස්පර්ශය ගැනත් සත්‍ය ස්වභාවය අවබෝධ වීම තුළින් ම කලකිරෙනවා. විඳීම ගැනත් සත්‍ය ස්වභාවය අවබෝධ වීම තුළින් ම කලකිරෙනවා. කලකිරුණු විට ඒ කෙරෙහි තිබුණ ඇල්ම නැතුව යනවා. ඇල්ම නැතිවීම නිසා එයින් නිදහස් වෙනවා. එසේ නිදහස් වීම නිසා "මා විසින් කෙලෙස් නැති වී යන අයුරින් උපාදාන පිරිසිඳ දැනගත්තා "යි යන කරුණ අවබෝධ කර ගන්නවා.

නාසයත්, ගඳ-සුවඳත් නිසා නාසයේ විඤ්ඤාණය උපදිනවා. ඔය තුනේ එකතු වීම ස්පර්ශයයි. ස්පර්ශය හේතුවෙන් විඳීම ඇති වෙනවා. පින්වත්

මහණෙනි, ශ්‍රැතවත් ආර්ය ශ්‍රාවකයා ඔය අයුරින් දකින විට නාසය ගැනත් සත්‍ය ස්වභාවය අවබෝධ වීම තුළින් ම කලකිරෙනවා. ගඳ-සුවඳ ගැනත් සත්‍ය ස්වභාවය අවබෝධ වීම තුළින් ම කලකිරෙනවා. නාසයේ විඤ්ඤාණය ගැනත් සත්‍ය ස්වභාවය අවබෝධ වීම තුළින් ම කලකිරෙනවා. නාසයේ ස්පර්ශය ගැනත් සත්‍ය ස්වභාවය අවබෝධ වීම තුළින් ම කලකිරෙනවා. විඳීම ගැනත් සත්‍ය ස්වභාවය අවබෝධ වීම තුළින් ම කලකිරෙනවා. කලකිරුණු විට ඒ කෙරෙහි තිබුණ ඇල්ම නැතුව යනවා. ඇල්ම නැතිවීම නිසා එයින් නිදහස් වෙනවා. එසේ නිදහස් වීම නිසා "මා විසින් කෙලෙස් නැති වී යන අයුරින් උපාදාන පිරිසිඳ දැනගත්තා" යි යන කරුණ අවබෝධ කර ගන්නවා.

දිවත්, රසත් නිසා දිවේ විඤ්ඤාණය උපදිනවා. ඔය තුනේ එකතු වීම ස්පර්ශයයි. ස්පර්ශය හේතුවෙන් විඳීම ඇති වෙනවා. පින්වත් මහණෙනි, ශ්‍රැතවත් ආර්ය ශ්‍රාවකයා ඔය අයුරින් දකින විට දිව ගැනත් සත්‍ය ස්වභාවය අවබෝධ වීම තුළින් ම කලකිරෙනවා. රස ගැනත් සත්‍ය ස්වභාවය අවබෝධ වීම තුළින් ම කලකිරෙනවා. දිවේ විඤ්ඤාණය ගැනත් සත්‍ය ස්වභාවය අවබෝධ වීම තුළින් ම කලකිරෙනවා. දිවේ ස්පර්ශය ගැනත් සත්‍ය ස්වභාවය අවබෝධ වීම තුළින් ම කලකිරෙනවා. විඳීම ගැනත් සත්‍ය ස්වභාවය අවබෝධ වීම තුළින් ම කලකිරෙනවා. කලකිරුණු විට ඒ කෙරෙහි තිබුණ ඇල්ම නැතුව යනවා. ඇල්ම නැතිවීම නිසා එයින් නිදහස් වෙනවා. එසේ නිදහස් වීම නිසා "මා විසින් කෙලෙස් නැති වී යන අයුරින් උපාදාන පිරිසිඳ දැනගත්තා" යි යන කරුණ අවබෝධ කර ගන්නවා.

කයත්, පහසත් නිසා කයේ විඤ්ඤාණය උපදිනවා. ඔය තුනේ එකතු වීම ස්පර්ශයයි. ස්පර්ශය හේතුවෙන් විඳීම ඇති වෙනවා. පින්වත් මහණෙනි, ශ්‍රැතවත් ආර්ය ශ්‍රාවකයා ඔය අයුරින් දකින විට කය ගැනත් සත්‍ය ස්වභාවය අවබෝධ වීම තුළින් ම කලකිරෙනවා. පහස ගැනත් සත්‍ය ස්වභාවය අවබෝධ වීම තුළින් ම කලකිරෙනවා. කයේ විඤ්ඤාණය ගැනත් සත්‍ය ස්වභාවය අවබෝධ වීම තුළින් ම කලකිරෙනවා. කයේ ස්පර්ශය ගැනත් සත්‍ය ස්වභාවය අවබෝධ වීම තුළින් ම කලකිරෙනවා. විඳීම ගැනත් සත්‍ය ස්වභාවය අවබෝධ වීම තුළින් ම කලකිරෙනවා. කලකිරුණු විට ඒ කෙරෙහි තිබුණ ඇල්ම නැතුව යනවා. ඇල්ම නැතිවීම නිසා එයින් නිදහස් වෙනවා. එසේ නිදහස් වීම නිසා "මා විසින් කෙලෙස් නැති වී යන අයුරින් උපාදාන පිරිසිඳ දැනගත්තා" යි යන කරුණ අවබෝධ කර ගන්නවා.

මනසත්, මනසට අරමුණු වන දේත් නිසා මනසේ විඤ්ඤාණය උපදිනවා. ඔය තුනේ එකතු වීම ස්පර්ශයයි. ස්පර්ශය හේතුවෙන් විඳීම ඇති

වෙනවා. පින්වත් මහණෙනි, ශ්‍රැතවත් ආර්‍ය ශ්‍රාවකයා ඔය අයුරින් දකින විට මනස ගැනත් සත්‍ය ස්වභාවය අවබෝධ වීම තුළින් ම කලකිරෙනවා. මනසට අරමුණු වන දේ ගැනත් සත්‍ය ස්වභාවය අවබෝධ වීම තුළින් ම කලකිරෙනවා. මනසේ විඤ්ඤාණය ගැනත් සත්‍ය ස්වභාවය අවබෝධ වීම තුළින් ම කලකිරෙනවා. මනසේ ස්පර්ශය ගැනත් සත්‍ය ස්වභාවය අවබෝධ වීම තුළින් ම කලකිරෙනවා. විඳීම ගැනත් සත්‍ය ස්වභාවය අවබෝධ වීම තුළින් ම කලකිරෙනවා. කලකිරුණු විට ඒ කෙරෙහි තිබුණ ඇල්ම නැතුව යනවා. ඇල්ම නැතිවීම නිසා එයින් නිදහස් වෙනවා. එසේ නිදහස් වීම නිසා "මා විසින් කෙලෙස් නැති වී යන අයුරින් උපාදාන පිරිසිඳ දැනගත්තා" යි යන කරුණ අවබෝධ කර ගන්නවා. පින්වත් මහණෙනි, සියලු බැඳීම් පිරිසිඳ දැනීම පිණිස පවතින ධර්මය යනු මෙය යි.

සාදු! සාදු!! සාදු!!!

සබ්බූපාදානපරිඤ්ඤා සූත්‍රය නිමා විය.

1.6.9
සබ්බූපාදානපරියාදාන සූත්‍රය
සියලු උපාදාන අවසන් කිරීම ගැන වදාළ දෙසුම

පින්වත් මහණෙනි, මා ඔබට සියලු උපාදාන අවසන් කිරීම පිණිස පවතින ධර්මයක් දේශනා කරන්ටයි යන්නේ. එය සවන් යොමා අසන්න. පින්වත් මහණෙනි, සියලු උපාදාන අවසන් කිරීම පිණිස පවතින ධර්මය යනු කුමක්ද?

ඇසත්, රූපත් නිසා ඇසේ විඤ්ඤාණය උපදිනවා. ඔය තුනේ එකතු වීම ස්පර්ශයයි. ස්පර්ශය හේතුවෙන් විඳීම ඇති වෙනවා. පින්වත් මහණෙනි, ශ්‍රැතවත් ආර්‍ය ශ්‍රාවකයා ඔය අයුරින් දකින විට ඇස ගැනත් සත්‍ය ස්වභාවය අවබෝධ වීම තුළින් ම කලකිරෙනවා. රූප ගැනත් සත්‍ය ස්වභාවය අවබෝධ වීම තුළින් ම කලකිරෙනවා. ඇසේ විඤ්ඤාණය ගැනත් සත්‍ය ස්වභාවය අවබෝධ වීම තුළින් ම කලකිරෙනවා. ඇසේ ස්පර්ශය ගැනත් සත්‍ය ස්වභාවය අවබෝධ වීම තුළින් ම කලකිරෙනවා. විඳීම ගැනත් සත්‍ය ස්වභාවය අවබෝධ වීම තුළින් ම කලකිරෙනවා. කලකිරුණු විට ඒ කෙරෙහි තිබුණ ඇල්ම නැතුව යනවා. ඇල්ම නැතිවීම නිසා එයින් නිදහස් වෙනවා. එසේ නිදහස් වීම

නිසා "මා විසින් උපාදාන අවසන් කර දැමුවා" යි යන කරුණ අවබෝධ කර ගන්නවා ....(පෙ)....

දිවත්, රසත් නිසා දිවේ විඤ්ඤාණය උපදිනවා. ඔය තුනේ එකතු වීම ස්පර්ශයයි. ස්පර්ශය හේතුවෙන් විඳීම ඇති වෙනවා. පින්වත් මහණෙනි, ශ්‍රැතවත් ආර්ය ශ්‍රාවකයා ඔය අයුරින් දකින විට දිව ගැනත් සත්‍ය ස්වභාවය අවබෝධ වීම තුළින් ම කලකිරෙනවා. රස ගැනත් සත්‍ය ස්වභාවය අවබෝධ වීම තුළින් ම කලකිරෙනවා. දිවේ විඤ්ඤාණය ගැනත් සත්‍ය ස්වභාවය අවබෝධ වීම තුළින් ම කලකිරෙනවා. දිවේ ස්පර්ශය ගැනත් සත්‍ය ස්වභාවය අවබෝධ වීම තුළින් ම කලකිරෙනවා. විඳීම ගැනත් සත්‍ය ස්වභාවය අවබෝධ වීම තුළින් ම කලකිරෙනවා. කලකිරුණු විට ඒ කෙරෙහි තිබුණ ඇල්ම නැතුව යනවා. ඇල්ම නැතිවීම නිසා එයින් නිදහස් වෙනවා. එසේ නිදහස් වීම නිසා "මා විසින් උපාදාන අවසන් කර දැමුවා" යි යන කරුණ අවබෝධ කර ගන්නවා ....(පෙ)....

මනසත්, මනසට අරමුණු වන දේත් නිසා මනසේ විඤ්ඤාණය උපදිනවා. ඔය තුනේ එකතු වීම ස්පර්ශයයි. ස්පර්ශය හේතුවෙන් විඳීම ඇති වෙනවා. පින්වත් මහණෙනි, ශ්‍රැතවත් ආර්ය ශ්‍රාවකයා ඔය අයුරින් දකින විට මනස ගැනත් සත්‍ය ස්වභාවය අවබෝධ වීම තුළින් ම කලකිරෙනවා. මනසට අරමුණු වන දේ ගැනත් සත්‍ය ස්වභාවය අවබෝධ වීම තුළින් ම කලකිරෙනවා. මනසේ විඤ්ඤාණය ගැනත් සත්‍ය ස්වභාවය අවබෝධ වීම තුළින් ම කලකිරෙනවා. මනසේ ස්පර්ශය ගැනත් සත්‍ය ස්වභාවය අවබෝධ වීම තුළින් ම කලකිරෙනවා. විඳීම ගැනත් සත්‍ය ස්වභාවය අවබෝධ වීම තුළින් ම කලකිරෙනවා. කලකිරුණු විට ඒ කෙරෙහි තිබුණ ඇල්ම නැතුව යනවා. ඇල්ම නැතිවීම නිසා එයින් නිදහස් වෙනවා. එසේ නිදහස් වීම නිසා "මා විසින් උපාදාන අවසන් කර දැමුවා" යි යන කරුණ අවබෝධ කර ගන්නවා. පින්වත් මහණෙනි, සියලු උපාදාන අවසන් කිරීම පිණිස පවතින ධර්මය යනු මෙය යි.

සාදු! සාදු!! සාදු!!!

සබ්බුපාදානපරියාදාන සූත්‍රය නිමා විය.

1.6.10
දුතිය සබ්බුපාදානපරියාදාන සූත්‍රය
සියලු උපාදාන අවසන් කිරීම ගැන වදාළ දෙවෙනි දෙසුම

සැවැත් නුවර දී ....

පින්වත් මහණෙනි, මා ඔබට සියලු උපාදාන අවසන් කිරීම පිණිස පවතින ධර්මයක් දේශනා කරන්ටයි යන්නේ. එය සවන් යොමා අසන්න. පින්වත් මහණෙනි, සියලු උපාදාන අවසන් කිරීම පිණිස පවතින ධර්මය යනු කුමක්ද?

පින්වත් මහණෙනි, මේ ගැන ඔබ කුමක්ද සිතන්නේ? ඇස නිත්‍ය යි ද? අනිත්‍ය යි ද? ස්වාමීනී, අනිත්‍යයි. යමක් වනාහී අනිත්‍ය නම්, එය දුකයි ද? සැපයි ද? ස්වාමීනී, දුකයි. යමක් වනාහී අනිත්‍ය නම්, දුක නම්, වෙනස් වන ස්වභාවයෙන් යුතු නම්, එය "මේක මගේ, මේක තමයි මම, මේ තමයි මගේ ආත්මය" වශයෙන් දකින එක සුදුසුද? ස්වාමීනී, එය සුදුසු නැත.

රූප නිත්‍යයි ද? අනිත්‍ය යි ද? ස්වාමීනී, අනිත්‍ය යි ....(පෙ).... ඇසේ විඤ්ඤාණය ....(පෙ).... ඇසේ ස්පර්ශය ....(පෙ).... ඇසේ ස්පර්ශයෙන් උපදින්නා වූ යම් විඳීමක් ඇද්ද ....(පෙ).... එයත් ....(පෙ).... කන ....(පෙ).... ශබ්ද ....(පෙ).... කනේ විඤ්ඤාණය ....(පෙ).... කනේ ස්පර්ශය ....(පෙ).... කනේ ස්පර්ශයෙන් උපදින්නා වූ යම් විඳීමක් ඇද්ද ....(පෙ).... එයත් ....(පෙ).... නාසය ....(පෙ).... ගඳ-සුවඳ ....(පෙ).... නාසයේ විඤ්ඤාණය ....(පෙ).... නාසයේ ස්පර්ශය ....(පෙ).... නාසයේ ස්පර්ශයෙන් උපදින්නා වූ යම් විඳීමක් ඇද්ද ....(පෙ).... එයත් ....(පෙ).... දිව ....(පෙ).... රස ....(පෙ).... දිවේ විඤ්ඤාණය ....(පෙ).... දිවේ ස්පර්ශය ....(පෙ).... දිවේ ස්පර්ශයෙන් උපදින්නා වූ යම් විඳීමක් ඇද්ද ....(පෙ).... එයත් ....(පෙ).... කය ....(පෙ).... පහස ....(පෙ).... කයේ විඤ්ඤාණය ....(පෙ).... කයේ ස්පර්ශය ....(පෙ).... කයේ ස්පර්ශයෙන් උපදින්නා වූ යම් විඳීමක් ඇද්ද ....(පෙ).... එයත් ....(පෙ).... මනස ....(පෙ).... මනසට අරමුණු වන දේ ....(පෙ).... මනෝ විඤ්ඤාණය ....(පෙ).... මනසේ ස්පර්ශය ....(පෙ).... මනසේ ස්පර්ශයෙන් උපදින්නා වූ සැප වේවා, දුක් වේවා, දුක් සැප රහිත වේවා යම් විඳීමක් ඇද්ද එයත් නිත්‍ය යි ද? අනිත්‍ය යි ද? ස්වාමීනී, අනිත්‍යයි. යමක් වනාහී අනිත්‍ය නම්, එය දුකයි ද? සැපයි ද? ස්වාමීනී, දුකයි. යමක් වනාහී අනිත්‍ය නම්, දුක නම්, වෙනස් වන ස්වභාවයෙන් යුතු නම්, එය "මේක මගේ, මේක තමයි මම, මේ තමයි මගේ ආත්මය" වශයෙන් දකින එක

සුදුසුද? ස්වාමීනී, එය සුදුසු නැත.

පින්වත් මහණෙනි, ශ්‍රැතවත් ආර්ය ශ්‍රාවකයා ඔය අයුරින් දකින විට ඇස ගැන සත්‍ය ස්වභාවය අවබෝධ වීම තුළින් ම කලකිරෙනවා. රූප ගැනත් සත්‍ය ස්වභාවය අවබෝධ වීම තුළින් ම කලකිරෙනවා. ඇසේ විඤ්ඤාණය ගැනත් සත්‍ය ස්වභාවය අවබෝධ වීම තුළින් ම කලකිරෙනවා. ඇසේ ස්පර්ශය ගැනත් සත්‍ය ස්වභාවය අවබෝධ වීම තුළින් ම කලකිරෙනවා. ඇසේ ස්පර්ශයෙන් උපදින්නා වූ සැපක් වේවා, දුකක් වේවා, දුක් සැප රහිත වේවා යම් විඳීමක් ඇත්නම් ඒ ගැනත් සත්‍ය ස්වභාවය අවබෝධ වීම තුළින් ම කලකිරෙනවා ....(පෙ).... මනසේ ස්පර්ශයෙන් උපදින්නා වූ සැපක් වේවා, දුකක් වේවා, දුක් සැප රහිත වේවා යම් විඳීමක් ඇත්නම් ඒ ගැනත් සත්‍ය ස්වභාවය අවබෝධ වීම තුළින් ම කලකිරෙනවා. කලකිරුණු විට ඒ කෙරෙහි තිබුණ ඇල්ම නැතුව යනවා. ඇල්ම නැතිවීම නිසා එයින් නිදහස් වෙනවා. නිදහස් වූ විට නිදහස් වූ බවට අවබෝධ ඤාණය ඇති වෙනවා. "ඉපදීම ක්ෂය වුණා. බඹසර වාසය සම්පූර්ණ කළා. නිවන පිණිස කළ යුතු දෙය කළා. නිවන පිණිස කළ යුතු වෙන දෙයක් නැත්තේම" යැයි අවබෝධයෙන් ම දැනගන්නවා. පින්වත් මහණෙනි, සියලු උපාදාන අවසන් කිරීම පිණිස පවතින ධර්මය යනු මෙය යි.

සාදු! සාදු!! සාදු!!!

දුතිය සබ්බුපාදානපරියාදාන සූත්‍රය නිමා විය.

හයවෙනි අවිජ්ජා වර්ගය යි.

- **එහි පිළිවෙළ උද්දානය යි.**

අවිජ්ජා සූත්‍රය, සංයෝජන සූත්‍ර දෙක, ආසව සූත්‍ර දෙක, අනුසය සූත්‍ර දෙක, පරිඤ්ඤා සූත්‍රය, පරියාදින්න සූත්‍ර දෙක යන මෙයින් මේ වර්ගය සමන්විත වෙයි.

7. මිගජාල වර්ගය

1.7.1
මිගජාල සූත්‍රය
මිගජාල තෙරුන්ට වදාළ දෙසුම

සැවැත් නුවර දී ....

එකල්හී ආයුෂ්මත් මිගජාල තෙරුන් භාග්‍යවතුන් වහන්සේ වැඩසිටි තැනට පැමිණුනා. පැමිණිලා භාග්‍යවතුන් වහන්සේට ආදරයෙන් වන්දනා කොට එකත්පස්ව වාඩි වුණා. එකත්පස්ව වාඩි වුන ආයුෂ්මත් මිගජාල තෙරුන් භාග්‍යවතුන් වහන්සේට මෙකරුණ සැල කළා.

"ස්වාමීනී, හුදෙකලාව වසනවා, හුදෙකලාව වසනවා" කියා කියනවා. ස්වාමීනී, හුදෙකලාව විසීම වන්නේ කවර කරුණු මත ද? දෙවැන්නෙක් සහිතව විසීම වන්නේ කවර කරුණු මත ද?

පින්වත් මිගජාල, ඇසෙන් දැනගත යුතු වූ සිත් ඇදගන්නා, ලස්සන, මනාප, ප්‍රිය ස්වරූප ඇති, කැමැත්ත ඇති කරවන, බැඳීම හටගන්නා රූප තියෙනවා. ඉතින් භික්ෂුව එය සතුටින් පිළිගන්නවා. එහි ගුණ කියනවා, එහි බැසගෙන සිටිනවා. එතකොට එය සතුටින් පිළිගනිද්දී, එහි ගුණ කියද්දී, එහි බැසගෙන සිටිද්දී ඔහුට උපදින්නේ තණ්හාවයි. තණ්හාව තියෙන කොට රාග සහිත වෙනවා. රාග සහිත වෙන කොට එයට එකතු වෙනවා. පින්වත් මිගජාල, ආශාවෙන් යුතුව කෙලෙස්වලට බැඳී එයට එකතු වී සිටින භික්ෂුවට තමයි දෙවැන්නෙක් සහිතව ඉන්නවා කියලා කියන්නේ ....(පෙ)....

පින්වත් මිගජාල, දිවෙන් දැනගත යුතු වූ සිත් ඇදගන්නා, ලස්සන, මනාප, ප්‍රිය ස්වරූප ඇති, කැමැත්ත ඇති කරවන, බැඳීම හටගන්නා රස තියෙනවා. ඉතින් භික්ෂුව එය සතුටින් පිළිගන්නවා. එහි ගුණ කියනවා, එහි බැසගෙන සිටිනවා. එතකොට එය සතුටින් පිළිගනිද්දී, එහි ගුණ කියද්දී, එහි බැසගෙන සිටිද්දී ඔහුට උපදින්නේ තණ්හාවයි. තණ්හාව තියෙන කොට

රාග සහිත වෙනවා. රාග සහිත වෙන කොට එයට එකතු වෙනවා. පින්වත් මිගජාල, ආශාවෙන් යුතුව කෙලෙස්වලට බැඳී එයට එකතු වී සිටින භික්ෂුවට තමයි දෙවැන්නෙක් සහිතව ඉන්නවා කියලා කියන්නේ ....(පෙ)....

පින්වත් මිගජාල, මනසින් දැනගත යුතු වූ සිත් ඇදගන්නා, ලස්සන, මනාප, ප්‍රිය ස්වරූප ඇති, කැමැත්ත ඇති කරවන, බැඳීම හටගන්නා අරමුණු තියෙනවා. ඉතින් භික්ෂුව එය සතුටින් පිළිගන්නවා. එහි ගුණ කියනවා, එහි බැසගෙන සිටිනවා. එතකොට එය සතුටින් පිළිගනිද්දී, එහි ගුණ කියද්දී, එහි බැසගෙන සිටිද්දී ඔහුට උපදින්නේ තණ්හාවයි. තණ්හාව තියෙන කොට රාග සහිත වෙනවා. රාග සහිත වෙන කොට එයට එකතු වෙනවා. පින්වත් මිගජාල, ආශාවෙන් යුතුව කෙලෙස්වලට බැඳී එයට එකතු වී සිටින භික්ෂුවට තමයි දෙවැන්නෙක් සහිතව ඉන්නවා කියලා කියන්නේ ....(පෙ)....

පින්වත් මිගජාල, ඔය විදිහට වාසය කරන භික්ෂුවක් අරණ්‍යවල, මහා වනාන්තරවල, ඈත දුර වන සෙනසුන්වල, අල්ප ශබ්ද ඇති, අල්ප ඝෝෂා ඇති, ජනයා නො ගැවසෙන, මිනිසුන්ගේ අප්‍රකට කටයුතුවලට යෝග්‍ය වූ, බණ භාවනාවට සුදුසු වූ තැන්වල කොයිතරම් හිටියත්, දෙවැන්නෙක් එක්කම වාසය කරනවා කියලයි කියන්නේ. එයට හේතුව කුමක්ද? ඔහුගේ දෙවැන්නා තණ්හාව නොවැ. ඒ තණ්හාව ප්‍රහීණ වෙලා නෑ නොවැ. ඒ නිසයි දෙවැන්නෙක් සහිතව වාසය කරනවා කියලා කියන්නේ.

පින්වත් මිගජාල, ඇසෙන් දැනගත යුතු වූ සිත් ඇදගන්නා, ලස්සන, මනාප, ප්‍රිය ස්වරූප ඇති, කැමැත්ත ඇති කරවන, බැඳීම හටගන්නා රූප තියෙනවා. ඉතින් භික්ෂුව එය සතුටින් පිළිගන්නේ නෑ. එහි ගුණ කියන්නේ නෑ. එහි බැසගෙන ඉන්නෙත් නෑ. එතකොට එය සතුටින් නො පිළිගනිද්දී, එහි ගුණ නො කියද්දී, එහි බැසගෙන නො සිටිද්දී ඔහුගේ තණ්හාව නිරුද්ධ වෙනවා. තණ්හාව නැති විට රාග සහිත වෙන්නේ නෑ. රාග සහිත නො වෙන විට එය හා එක් වෙන්නෙත් නෑ. පින්වත් මිගජාල, ආශාවෙන් යුතුව කෙලෙස්වලට බැඳී එයට එකතු නොවී සිටින භික්ෂුවට තමයි හුදෙකලාවේ ඉන්නවා කියලා කියන්නේ ....(පෙ)....

පින්වත් මිගජාල, දිවෙන් දැනගත යුතු වූ සිත් ඇදගන්නා, ලස්සන, මනාප, ප්‍රිය ස්වරූප ඇති, කැමැත්ත ඇති කරවන, බැඳීම හටගන්නා රස තියෙනවා. ඉතින් භික්ෂුව එය සතුටින් පිළිගන්නේ නෑ. එහි ගුණ කියන්නේ නෑ. එහි බැසගෙන ඉන්නෙත් නෑ. එතකොට එය සතුටින් නො පිළිගනිද්දී, එහි ගුණ නො කියද්දී, එහි බැසගෙන නො සිටිද්දී ඔහුගේ තණ්හාව නිරුද්ධ වෙනවා. තණ්හාව නැති විට රාග සහිත වෙන්නේ නෑ. රාග සහිත නො

වෙන විට එය හා එක් වෙන්නෙත් නෑ. පින්වත් මිගජාල, ආශාවෙන් යුතුව කෙලෙස්වලට බැඳී එයට එකතු නොවී සිටින භික්ෂුවට තමයි හුදෙකලාවේ ඉන්නවා කියලා කියන්නේ ....(පෙ)....

පින්වත් මිගජාල, මනසින් දැනගත යුතු වූ සිත් ඇදගන්නා, ලස්සන, මනාප, ප්‍රිය ස්වරූප ඇති, කැමැත්ත ඇති කරවන, බැඳීම හටගන්නා අරමුණු තියෙනවා. ඉතින් භික්ෂුව එය සතුටින් පිළිගන්නේ නෑ. එහි ගුණ කියන්නේ නෑ. එහි බැසගෙන ඉන්නෙත් නෑ. එතකොට එය සතුටින් නො පිළිගනිද්දී, එහි ගුණ නො කියද්දී, එහි බැසගෙන නො සිටිද්දී ඔහුගේ තණ්හාව නිරුද්ධ වෙනවා. තණ්හාව නැති විට රාග සහිත වෙන්නේ නෑ. රාග සහිත නො වෙන විට එය හා එක් වෙන්නෙත් නෑ. පින්වත් මිගජාල, ආශාවෙන් යුතුව කෙලෙස්වලට බැඳී එයට එකතු නොවී සිටින භික්ෂුවට තමයි හුදෙකලාවේ ඉන්නවා කියලා කියන්නේ.

පින්වත් මිගජාල, ඔය විදිහට වාසය කරන භික්ෂුව ඉදින් ග්‍රාමවාසී සෙනසුනක, භික්ෂු භික්ෂුණී, උපාසක, උපාසිකා, රාජ, රාජ මහාමාත්‍යයන්, තීර්ථක, තීර්ථක ශ්‍රාවකයන්ගෙන් පිරීගිය තැනක සිටියත් ඔහු හුදෙකලාවේ ම වාසය කරන කෙනෙක් කියල යි කියන්නේ. එයට හේතුව කුමක්ද? ඔහුගේ දෙවැන්නා විදිහට තණ්හාව තිබුණානේ. අන්න ඒ තණ්හාව ප්‍රහීණ වෙලා. ඒ නිසයි හුදෙකලාවේ වාසය කරනවා කියලා කියන්නේ.

සාදු! සාදු!! සාදු!!!

මිගජාල සූත්‍රය නිමා විය.

1.7.2
දුතිය මිගජාල සූත්‍රය
මිගජාල තෙරුන්ට වදාළ දෙවෙනි දෙසුම

එකල්හී ආයුෂ්මත් මිගජාල තෙරුන් භාග්‍යවතුන් වහන්සේ වැඩසිටි තැනට පැමිණුනා ....(පෙ).... එකත්පස්ව වාඩිවුණ ආයුෂ්මත් මිගජාල තෙරුන් භාග්‍යවතුන් වහන්සේට මෙකරුණ සැල කළා. ස්වාමීනී, භාග්‍යවතුන් වහන්ස, මා හට සංක්ෂේපයෙන් ශ්‍රී සද්ධර්මය වදාරණ සේක් නම් මැනැවි. එතකොට මට භාග්‍යවතුන් වහන්සේගෙන් යම් ධර්මයක් අසා දැනගෙන හුදෙකලා වෙලා, පිරිසෙන් වෙන් වෙලා, අප්‍රමාදීව, කෙලෙස් තවන වීරිය ඇතිව, දහමට

දිවි පුදා වාසය කරන්ට පුළුවනි.

පින්වත් මිගජාල, ඇසෙන් දැනගත යුතු වූ සිත් ඇදගන්නා, ලස්සන, මනාප, ප්‍රිය ස්වරූප ඇති, කැමැත්ත ඇති කරවන, බැඳීම හටගන්නා රූප තියෙනවා. ඉතින් භික්ෂුව එය සතුටින් පිළිගන්නවා, එහි ගුණ කියනවා, එහි බැසගෙන සිටිනවා. එතකොට එය සතුටින් පිළිගනිද්දී, එහි ගුණ කියද්දී, එහි බැසගෙන සිටිද්දී ඔහුට උපදින්නේ තණ්හාවයි. පින්වත් මිගජාල, තණ්හාව හටගැනීමෙනුයි දුක හටගන්නේ කියලයි මා කියන්නේ ....(පෙ)....

පින්වත් මිගජාල, දිවෙන් දැනගත යුතු වූ සිත් ඇදගන්නා, ලස්සන, මනාප, ප්‍රිය ස්වරූප ඇති, කැමැත්ත ඇති කරවන, බැඳීම හටගන්නා රස තියෙනවා. ....(පෙ).... මනසින් දත යුතු වූ සිත් ඇදගන්නා, ලස්සන, මනාප, ප්‍රිය ස්වරූප ඇති, කැමැත්ත ඇති කරවන, බැඳීම හටගන්නා අරමුණු තියෙනවා. ඉතින් භික්ෂුව එය සතුටින් පිළිගන්නවා, එහි ගුණ කියනවා, එහි බැසගෙන සිටිනවා. එතකොට එය සතුටින් පිළිගනිද්දී, එහි ගුණ කියද්දී, එහි බැසගෙන සිටිද්දී ඔහුට උපදින්නේ තණ්හාවයි. පින්වත් මිගජාල, තණ්හාව හටගැනීමෙනුයි දුක හටගන්නේ කියල යි මා කියන්නේ.

පින්වත් මිගජාල, ඇසෙන් දැනගත යුතු වූ සිත් ඇදගන්නා, ලස්සන, මනාප, ප්‍රිය ස්වරූප ඇති, කැමැත්ත ඇති කරවන, බැඳීම හටගන්නා රූප තියෙනවා. ඉතින් භික්ෂුව එය සතුටින් පිළිගන්නේ නෑ, එහි ගුණ කියන්නේ නෑ, එහි බැසගෙන ඉන්නෙත් නෑ. එතකොට එය සතුටින් නො පිළිගනිද්දී, එහි ගුණ නොකියද්දී, එහි බැසගෙන නොසිටිද්දී ඔහුගේ තණ්හාව නිරුද්ධ වෙනවා. පින්වත් මිගජාල, තණ්හාව නිරුද්ධ වීමෙනුයි දුක නිරුද්ධ වෙන්නේ කියල යි මා කියන්නේ. ....(පෙ)....

පින්වත් මිගජාල, දිවෙන් දැනගත යුතු වූ සිත් ඇදගන්නා, ලස්සන, මනාප, ප්‍රිය ස්වරූප ඇති, කැමැත්ත ඇති කරවන, බැඳීම හටගන්නා රස තියෙනවා ....(පෙ).... පින්වත් මිගජාල, මනසින් දැනගත යුතු වූ සිත් ඇද ගන්නා, ලස්සන, මනාප, ප්‍රිය ස්වරූප ඇති, කැමැත්ත ඇති කරවන, බැඳීම හටගන්නා අරමුණු තියෙනවා. ඉතින් භික්ෂුව එය සතුටින් පිළිගන්නේ නෑ, එහි ගුණ කියන්නේ නෑ, එහි බැසගෙන ඉන්නෙත් නෑ. එතකොට එය සතුටින් නො පිළිගනිද්දී, එහි ගුණ නොකියද්දී, එහි බැසගෙන නොසිටිද්දී ඔහුගේ තණ්හාව නිරුද්ධ වෙනවා. පින්වත් මිගජාල, තණ්හාව නිරුද්ධ වීමෙනුයි දුක නිරුද්ධ වෙන්නේ කියල යි මා කියන්නේ. එතකොට ආයුෂ්මත් මිගජාල තෙරුන් භාග්‍යවතුන් වහන්සේ වදාළ දෙසුම සතුටින් පිළිගත්තා. අනුමෝදන් වුණා. අසුනෙන් නැගිට භාග්‍යවතුන් වහන්සේට ආදරයෙන් වන්දනා කොට

පැදකුණු කොට පිටත් වුණා.

ඉතින් ආයුෂ්මත් මිගජාල තෙරුන් හුදෙකලා වුණා. පිරිසෙන් වෙන් වුණා. අප්‍රමාදී වුණා. කෙලෙස් තවන වීරියෙන් යුතු වුණා. දහමට දිවි පුදා ධර්මයේ හැසිරෙනකොට නොබෝ කලකින් ම යම් කුල පුත්‍රයෝ යම් කිසි ලොව්තුරු අපේක්ෂාවකින් මනා කොට ගිහි ජීවිතය අත් හැරලා බුදු සසුනේ පැවිදි වුණා ද, අන්න ඒ උත්තරීතර බඹසර පූර්ණත්වය වන අමා මහ නිවන මේ ජීවිතයෙහිදී ම විශේෂ ඤාණයකින් යුතුව අවබෝධ කරගෙන පැමිණ වාසය කළා. "ඉපදීම ක්ෂය වුණා. බඹසර වාසය සම්පූර්ණ කර ගත්තා. කළ යුතු දේ කළා. නිවන පිණිස කළ යුතු වෙන දෙයක් නැත්තේම'යැයි අවබෝධ වුණා. ආයුෂ්මත් මිගජාල තෙරුන් එක්තරා රහතන් වහන්සේ නමක් බවට පත් වුණා.

සාදු! සාදු!! සාදු!!!

දුතිය මිගජාල සූත්‍රය නිමා විය.

1.7.3
සමිද්ධි - මාරපඤ්හ සූත්‍රය
සමිද්ධි තෙරුන් මාරයා ගැන ඇසූ ප්‍රශ්නයට වදාළ දෙසුම

ඒ දිනවල භාග්‍යවතුන් වහන්සේ වැඩසිටියේ රජගහ නුවර කලන්දක නිවාප නම් වූ වේළුවනාරාමයේ. එදා ආයුෂ්මත් සමිද්ධි තෙරුන් භාග්‍යවතුන් වහන්සේ වැඩසිටි තැනට පැමිණුනා. පැමිණ භාග්‍යවතුන් වහන්සේට ආදරයෙන් වන්දනා කොට එකත්පස්ව වාඩි වුණා. එකත්පස්ව වාඩි වුණ ආයුෂ්මත් සමිද්ධි තෙරුන් භාග්‍යවතුන් වහන්සේට මෙකරුණ සැල කළා. " ස්වාමීනී, මාරයා, මාරයා යැයි කියනවා. ස්වාමීනී, මාරයා හෝ මාරයා යන පැණවීම හෝ ඇති වන්නේ කවර කරුණු මත ද ?"

පින්වත් සමිද්ධි, යම් තැනක ඇස තිබේ නම්, රූප තිබේ නම්, ඇසේ විඤ්ඤාණය තිබේ නම්, ඇසේ විඤ්ඤාණයෙන් දත යුතු දේ තිබේ නම්, අන්න එතැන තමයි මාරයා සිටීම හෝ මාර පැණවීම තිබෙන්නේ ....(පෙ).... දිව තිබේ නම්, රස තිබේ නම්, දිවේ විඤ්ඤාණය තිබේ නම්, දිවේ විඤ්ඤාණයෙන් දත යුතු දේ තිබේ නම්, අන්න එතැන තමයි මාරයා සිටීම හෝ මාර පැණවීම තිබෙන්නේ ....(පෙ).... මනස තිබේ නම්, මනසට අරමුණු වන දේ තිබේ නම්,

මනසේ විඤ්ඤාණය තිබේ නම්, මනසේ විඤ්ඤාණයෙන් දත යුතු දේ තිබේ නම්, අන්න එතැන තමයි මාරයා සිටීම හෝ මාර පැණවීම තිබෙන්නේ.

පින්වත් සමිද්ධි, යම් තැනක ඇස නැත්නම්, රූප නැත්නම්, ඇසේ විඤ්ඤාණය නැත්නම්, ඇසේ විඤ්ඤාණයෙන් දත යුතු දේ නැත්නම්, අන්න එතැන තමයි මාරයා නැති තැන හෝ මාර පැණවීම නොතිබෙන තැන ....(පෙ).... දිව නැත්නම්, රස නැත්නම්, දිවේ විඤ්ඤාණය නැත්නම්, දිවේ විඤ්ඤාණයෙන් දත යුතු දේ නැත්නම්, අන්න එතැන තමයි මාරයා නැති තැන හෝ මාර පැණවීම නොතිබෙන තැන ....(පෙ).... මනස නැත්නම්, මනසට අරමුණු වන දේ නැත්නම්, මනසේ විඤ්ඤාණය නැත්නම්, මනසේ විඤ්ඤාණයෙන් දත යුතු දේ නැත්නම්, අන්න එතැන තමයි මාරයා නැති තැන හෝ මාර පැණවීම නො තිබෙන තැන.

සාදු! සාදු!! සාදු!!!

සමිද්ධි - මාරපඤ්හ සූත්‍රය නිමා විය.

1.7.4
සමිද්ධි - සත්තපඤ්හ සූත්‍රය
සමිද්ධි තෙරුන් සත්වයා ගැන ඇසූ ප්‍රශ්නයට වදාළ දෙසුම

රජගහ නුවර දී ....

"ස්වාමීනී, සත්වයා, සත්වයා යැයි කියනවා. ස්වාමීනී, සත්වයා හෝ සත්වයා යන පැණවීම හෝ ඇති වන්නේ කවර කරුණු මත ද?"

පින්වත් සමිද්ධි, යම් තැනක ඇස තිබේ නම්, රූප තිබේ නම්, ඇසේ විඤ්ඤාණය තිබේ නම්, ඇසේ විඤ්ඤාණයෙන් දත යුතු දේ තිබේ නම්, අන්න එතැන තමයි සත්වයා සිටීම හෝ සත්ව පැණවීම තිබෙන්නේ ....(පෙ).... දිව තිබේ නම්, රස තිබේ නම්, දිවේ විඤ්ඤාණය තිබේ නම්, දිවේ විඤ්ඤාණයෙන් දත යුතු දේ තිබේ නම්, අන්න එතැන තමයි සත්වයා සිටීම හෝ සත්ව පැණවීම තිබෙන්නේ ....(පෙ).... මනස තිබේ නම්, මනසට අරමුණු වන දේ තිබේ නම්, මනසේ විඤ්ඤාණය තිබේ නම්, මනසේ විඤ්ඤාණයෙන් දත යුතු දේ තිබේ නම්, අන්න එතැන තමයි සත්වයා සිටීම හෝ සත්ව පැණවීම තිබෙන්නේ.

පින්වත් සමිද්ධි, යම් තැනක ඇස නැත්නම්, රූප නැත්නම්, ඇසේ විඤ්ඤාණය නැත්නම්, ඇසේ විඤ්ඤාණයෙන් දත යුතු දේ නැත්නම්, අන්න එතැන තමයි සත්වයා නැති තැන හෝ සත්ව පැණවීම නොතිබෙන තැන ....(පෙ).... දිව නැත්නම්, රස නැත්නම්, දිවේ විඤ්ඤාණය නැත්නම්, දිවේ විඤ්ඤාණයෙන් දත යුතු දේ නැත්නම්, අන්න එතැන තමයි සත්වයා නැති තැන හෝ සත්ව පැණවීම නොතිබෙන තැන ....(පෙ).... මනස නැත්නම්, මනසට අරමුණු වන දේ නැත්නම්, මනසේ විඤ්ඤාණය නැත්නම්, මනසේ විඤ්ඤාණයෙන් දත යුතු දේ නැත්නම්, අන්න එතැන තමයි සත්වයා නැති තැන හෝ සත්ව පැණවීම නො තිබෙන තැන.

සාදු! සාදු!! සාදු!!!

සමිද්ධි - සත්තපඤ්හ සූත්‍රය නිමා විය.

1.7.5
සමිද්ධි - දුක්ඛපඤ්හ සූත්‍රය
සමිද්ධි තෙරුන් දුක ගැන ඇසූ ප්‍රශ්නයට වදාළ දෙසුම

රජගහ නුවර දී ....

"ස්වාමීනී, දුක, දුක යැයි කියනවා. ස්වාමීනී, දුක හෝ දුක යන පැණවීම හෝ ඇති වන්නේ කවර කරුණු මත ද?"

පින්වත් සමිද්ධි, යම් තැනක ඇස තිබේ නම්, රූප තිබේ නම්, ඇසේ විඤ්ඤාණය තිබේ නම්, ඇසේ විඤ්ඤාණයෙන් දත යුතු දේ තිබේ නම්, අන්න එතැන තමයි දුක තිබීම හෝ දුක පැණවීම තිබෙන්නේ ....(පෙ).... දිව තිබේ නම්, රස තිබේ නම් ....(පෙ).... මනස තිබේ නම්, මනසට අරමුණු වන දේ තිබේ නම්, මනසේ විඤ්ඤාණය තිබේ නම්, මනසේ විඤ්ඤාණයෙන් දත යුතු දේ තිබේ නම්, අන්න එතැන තමයි දුක තිබීම හෝ දුක පැණවීම තිබෙන්නේ.

පින්වත් සමිද්ධි, යම් තැනක ඇස නැත්නම්, රූප නැත්නම්, ඇසේ විඤ්ඤාණය නැත්නම්, ඇසේ විඤ්ඤාණයෙන් දත යුතු දේ නැත්නම්, අන්න එතැන තමයි දුක නැති තැන හෝ දුක පැණවීම නොතිබෙන තැන ....(පෙ).... දිව නැත්නම්, රස නැත්නම් ....(පෙ).... මනස නැත්නම්, මනසට අරමුණු වන

දේ නැත්නම්, මනසේ විඤ්ඤාණය නැත්නම්, මනසේ විඤ්ඤාණයෙන් දත යුතු දේ නැත්නම්, අන්න එතැන තමයි දුක නැති තැන හෝ දුක පැණවීම නො තිබෙන තැන.

සාදු! සාදු!! සාදු!!!

සමිද්ධි - දුක්ඛපඤ්හ සූත්‍රය නිමා විය.

1.7.6
සමිද්ධි - ලෝකපඤ්හ සූත්‍රය
සමිද්ධි තෙරුන් ලෝකය ගැන ඇසූ ප්‍රශ්නයට වදාළ දෙසුම

රජගහ නුවර දී ....

"ස්වාමීනී, ලෝකය, ලෝකය යැයි කියනවා. ස්වාමීනී, ලෝකය හෝ ලෝකය යන පැණවීම හෝ ඇති වන්නේ කවර කරුණු මත ද?"

පින්වත් සමිද්ධි, යම් තැනක ඇස තිබේ නම්, රූප තිබේ නම්, ඇසේ විඤ්ඤාණය තිබේ නම්, ඇසේ විඤ්ඤාණයෙන් දත යුතු දේ තිබේ නම්, අන්න එතැන තමයි ලෝකය තිබීම හෝ ලෝක පැණවීම තිබෙන්නේ ....(පෙ).... දිව තිබේ නම්, රස තිබේ නම් ....(පෙ).... මනස තිබේ නම්, මනසට අරමුණු වන දේ තිබේ නම්, මනසේ විඤ්ඤාණය තිබේ නම්, මනසේ විඤ්ඤාණයෙන් දත යුතු දේ තිබේ නම්, අන්න එතැන තමයි ලෝකය තිබීම හෝ ලෝක පැණවීම තිබෙන්නේ.

පින්වත් සමිද්ධි, යම් තැනක ඇස නැත්නම්, රූප නැත්නම්, ඇසේ විඤ්ඤාණය නැත්නම්, ඇසේ විඤ්ඤාණයෙන් දත යුතු දේ නැත්නම්, අන්න එතැන තමයි ලෝකය නැති තැන හෝ ලෝක පැණවීම නොතිබෙන තැන ....(පෙ).... දිව නැත්නම්, රස නැත්නම් ....(පෙ).... මනස නැත්නම්, මනසට අරමුණු වන දේ නැත්නම්, මනසේ විඤ්ඤාණය නැත්නම්, මනසේ විඤ්ඤාණයෙන් දත යුතු දේ නැත්නම්, අන්න එතැන තමයි ලෝකය නැති තැන හෝ ලෝක පැණවීම නො තිබෙන තැන.

සාදු! සාදු!! සාදු!!!

සමිද්ධි - ලෝකපඤ්හ සූත්‍රය නිමා විය.

1.7.7
උපසේන සූත්‍රය
උපසේන තෙරුන් ගැන වදාළ දෙසුම

ඒ දිනවල ආයුෂ්මත් සාරිපුත්තයන් වහන්සේත්, ආයුෂ්මත් උපසේනයන් වහන්සේත් රජගහ නුවර සීතවනයේ සප්පසොණ්ඩික නම් පර්වත බෑවුමේ සෙනසුනක වැඩසිටියේ. ඔය කාලයේ දී ම ආයුෂ්මත් උපසේන තෙරුන්ගේ කයට භයානක විෂ සහිත සර්පයෙක් වැටුණා. (මෙයින් අදහස් කරන්නේ භයානක විෂ සහිත සර්පයෙකුගේ දෂ්ට කිරීමක් විය හැකි ය.)

එතකොට ආයුෂ්මත් උපසේන තෙරුන් භික්ෂූන් ඇමතුවා. "ප්‍රිය ආයුෂ්මතුනි, මා ළඟට එන්න. මේ කය බොල් වී මිටක් වගේ මෙතැන දී ම විසිරිලා යන්න කලින් ඇඳක තබාගෙන බැහැරට අරගෙන යන්න." ඒ විදිහට පැවසූ විට ආයුෂ්මත් සාරිපුත්තයන් වහන්සේ ආයුෂ්මත් උපසේන තෙරුන්ට මෙකරුණ පැවසුවා. "අපි නම් ආයුෂ්මත් උපසේනයන්ගේ ශරීරයෙහි කිසි වෙනසක්වත්, ඉන්ද්‍රියයන්ගේ විපරිණාමයක්වත් දකින්නේ නෑ. නමුත් ආයුෂ්මත් උපසේනයන් මෙහෙම කියනවා. "ප්‍රිය ආයුෂ්මතුනි, මා ළඟට එන්න. මේ කය බොල් වී මිටක් වගේ මෙතැන දී ම විසිරිලා යන්න කලින් ඇඳක තබාගෙන බැහැරට අරගෙන යන්න." කියලා.

ප්‍රිය ආයුෂ්මත් සාරිපුත්ත, යම් කෙනෙකුට මේ විදිහට හැඟීමක් තිබුණා නම්, ඒ කියන්නේ "ඇස මම යි කියලා හෝ ඇස මගේ කියලා හෝ, කන මම යි කියලා හෝ කන මගේ කියලා හෝ, නාසය මම යි කියලා හෝ නාසය මගේ කියලා හෝ, දිව මම යි කියලා හෝ දිව මගේ කියලා හෝ, කය මම යි කියලා හෝ කය මගේ කියලා හෝ, මනස මම යි කියලා හෝ මනස මගේ" කියලා හෝ හැඟීමක් තිබුණා නම් ප්‍රිය ආයුෂ්මත් සාරිපුත්ත, අන්න ඒ කෙනාගේ කයට නම් වෙනසක් ඇතිවෙන්ට පුළුවනි. ඉන්ද්‍රියයන්ගේ විපරිණාමයක් ඇතිවෙන්ට පුළුවනි. නමුත් ප්‍රිය ආයුෂ්මත් සාරිපුත්ත, මා තුළ මෙවැනි අදහසක් නෑ. ඒ කියන්නේ "ඇස මම යි කියලා හෝ ඇස මගේ කියලා හෝ, කන මම යි කියලා හෝ කන මගේ කියලා හෝ, නාසය මම යි කියලා හෝ නාසය මගේ කියලා හෝ, දිව මම යි කියලා හෝ දිව මගේ කියලා හෝ, කය මම යි කියලා හෝ කය මගේ කියලා හෝ, මනස මම යි කියලා හෝ මනස මගේ" කියලා හෝ අදහසක් නෑ. ඉතින් ප්‍රිය ආයුෂ්මත් සාරිපුත්ත, ඒ මට කය පිළිබඳ වෙනසක් හෝ ඉඳුරන්ගේ විපරිණාමයක් හෝ

මොනවාට ඇති වෙන්ට ද?

ඒක එහෙම තමයි. ප්‍රිය ආයුෂ්මත් උපසේනයන් හට බොහෝ කලක් මුළුල්ලේ මම, මගේ ය යන දෝංකාරය ඇති මාන අනුසය මුළුමණින් ම ප්‍රහාණය වෙලා නොවැ තියෙන්නේ. ඒ නිසා තමයි ආයුෂ්මත් උපසේනයන් හට ඔවැනි හැඟීම් ඇති නොවන්නේ. ඒ කියන්නේ "ඇස මම යි කියලා හෝ ඇස මගේ කියලා හෝ ....(පෙ).... දිව මම යි කියලා හෝ දිව මගේ කියලා හෝ, ...(පෙ).... මනස මම යි කියලා හෝ මනස මගේ" කියලා හෝ අදහසක් නැත්තේ.

ඉතින් ඒ භික්ෂූන් ආයුෂ්මත් උපසේන තෙරුන්ගේ කය ඇඳක තබා ගෙන බැහැරට ගෙන ගියා. එතකොට ආයුෂ්මත් උපසේන තෙරුන්ගේ කය එතැන දී ම බොල් වී මිටක් වගේ විසිරිලා ගියා. (පිරිනිවන් පෑවා)

සාදු! සාදු!! සාදු!!!

උපසේන සූත්‍රය නිමා විය.

1.7.8
උපවාණ සූත්‍රය
උපවාණ තෙරුන්ට වදාළ දෙසුම

එතකොට ආයුෂ්මත් උපවාණ තෙරුන් භාග්‍යවතුන් වහන්සේ වැඩසිටි තැනට පැමිණුනා ....(පෙ).... එකත්පස්ව වාඩිවුණ ආයුෂ්මත් උපවාණ තෙරුන් භාග්‍යවතුන් වහන්සේට මෙකරුණ සැල කළා. "ස්වාමීනී, ධර්මය සන්දිට්ඨික යි, ධර්මය සන්දිට්ඨික යි, කියලා කියනවා. ස්වාමීනී, කවර කරුණු මත ද ධර්මය සන්දිට්ඨික (මෙහිදී ම දැක්ක හැකි) වන්නේ. අකාලික (ඕනෑම කාලයකදී දැක්ක හැකි) වන්නේ. ඒහිපස්සික (ඇවිත් විමසා බලන්න යැයි පැවසිය හැකි) වන්නේ. ඕපනයික (තමා තුළට පමුණුවා ගෙන දැක්ක හැකි) වන්නේ. පච්චත්තං වේදිතබ්බෝ විඤ්ඤූහීති (නැණවතුන් විසින් තම තම නැණ පමණින් දත යුතු) වන්නේ?"

පින්වත් උපවාණ, මෙහිලා භික්ෂුව ඇසින් රූපයක් දැකලා රූපයට සංවේදී වෙනවා. රූපය නිසා ඇති වන රාගයටත් සංවේදී වෙනවා. එතකොට තමා තුළ රූප පිළිබඳව රාගය තිබෙන විට මා තුළ රූප කෙරෙහි රාගය

තියෙනවා කියලා දැනගන්නවා. පින්වත් උපවාණ, භික්ෂුව ඇසින් රූපයක් දැකලා රූපයට සංවේදී වෙනවා නම්, රූපය නිසා ඇති වන රාගයටත් සංවේදී වෙනවා නම්, එතකොට තමා තුළ රූප පිළිබඳව රාගය තිබෙන විට මා තුළ රූප කෙරෙහි රාගය තියෙනවා කියලා දැනගන්නවා නම්, පින්වත් උපවාණ, ඔය විදිහටත් ධර්මය සන්දිට්ඨික, අකාලික, ඒහිපස්සික, ඕපනයික, පච්චත්තං වේදිතබ්බෝ විඤ්ඤූහී වෙනවා ....(පෙ)....

නැවත අනිකක් කියනවා නම්, පින්වත් උපවාණ, මෙහිලා භික්ෂුව දිවෙන් රස විඳලා රසයට සංවේදී වෙනවා. රසය නිසා ඇති වන රාගයටත් සංවේදී වෙනවා. එතකොට තමා තුළ රස පිළිබඳව රාගය තිබෙන විට මා තුළ රස කෙරෙහි රාගය තියෙනවා කියලා දැනගන්නවා. පින්වත් උපවාණ, භික්ෂුව දිවෙන් රසයක් විඳලා රසයට සංවේදී වෙනවා නම්, රසය නිසා ඇති වන රාගයටත් සංවේදී වෙනවා නම්, එතකොට තමා තුළ රස පිළිබඳව රාගය තිබෙන විට මා තුළ රස කෙරෙහි රාගය තියෙනවා කියලා දැනගන්නවා නම්, පින්වත් උපවාණ, ඔය විදිහටත් ධර්මය සන්දිට්ඨික, අකාලික, ඒහිපස්සික, ඕපනයික, පච්චත්තං වේදිතබ්බෝ විඤ්ඤූහී වෙනවා ....(පෙ)....

නැවත අනිකක් කියනවා නම්, පින්වත් උපවාණ, මෙහිලා භික්ෂුව මනසින් අරමුණු දැනගෙන ඒ අරමුණුවලට සංවේදී වෙනවා. අරමුණු නිසා ඇති වන රාගයටත් සංවේදී වෙනවා. එතකොට තමා තුළ අරමුණු පිළිබඳව රාගය තිබෙන විට මා තුළ අරමුණු කෙරෙහි රාගය තියෙනවා කියලා දැනගන්නවා. පින්වත් උපවාණ, භික්ෂුව මනසින් අරමුණු දැනගෙන ඒ අරමුණුවලට සංවේදී වෙනවා නම්, අරමුණු නිසා ඇති වන රාගයටත් සංවේදී වෙනවා නම්, එතකොට තමා තුළ අරමුණු පිළිබඳව රාගය තිබෙන විට මා තුළ අරමුණු කෙරෙහි රාගය තියෙනවා කියලා දැනගන්නවා නම්, පින්වත් උපවාණ, ඔය විදිහටත් ධර්මය සන්දිට්ඨික, අකාලික, ඒහිපස්සික, ඕපනයික, පච්චත්තං වේදිතබ්බෝ විඤ්ඤූහී වෙනවා.

පින්වත් උපවාණ, මෙහිලා භික්ෂුව ඇසින් රූපයක් දැකලා රූපයට සංවේදී වෙනවා. නමුත් රූපය නිසා ඇති වෙන රාගයකට සංවේදී වෙන්නේ නෑ. එතකොට තමා තුළ රූප පිළිබඳව රාගය නොමැති විට මා තුළ රූප කෙරෙහි රාගය නැත කියලා දැනගන්නවා. පින්වත් උපවාණ, භික්ෂුව ඇසින් රූපයක් දැකලා රූපයට සංවේදී වෙනවා නම් රූපය නිසා ඇති වෙන රාගයකට සංවේදී වෙන්නේ නැත්නම්, එතකොට තමා තුළ රූප පිළිබඳව රාගය නොමැති විට මා තුළ රූප කෙරෙහි රාගය නැත කියලා දැනගන්නවා නම්, පින්වත් උපවාණ, ඔය විදිහටත් ධර්මය සන්දිට්ඨික, අකාලික, ඒහිපස්සික,

ඕපනයික, පච්චත්තං වේදිතබ්බෝ විඤ්ඤූහී වෙනවා ....(පෙ)....

නැවත අනෙකක් කියනවා නම්, පින්වත් උපවාණ, මෙහිලා භික්ෂුව දිවෙන් රසයක් විඳලා රසයට සංවේදී වෙනවා. නමුත් රසය නිසා ඇති වෙන රාගයට සංවේදී වෙන්නේ නෑ. එතකොට තමා තුළ රස පිළිබඳව රාගය නොමැති විට මා තුළ රස කෙරෙහි රාගය නැත කියලා දැනගන්නවා. පින්වත් උපවාණ, භික්ෂුව දිවෙන් රසයක් විඳලා රසයට සංවේදී වෙනවා නම් රසය නිසා ඇති වෙන රාගයකට සංවේදී වෙන්නේ නැත්නම්, එතකොට තමා තුළ රස පිළිබඳව රාගය නොමැති විට මා තුළ රස කෙරෙහි රාගය නැත කියලා දැනගන්නවා නම්, පින්වත් උපවාණ, ඔය විදිහටත් ධර්මය සන්දිට්ඨික, අකාලික, ඒහිපස්සික, ඕපනයික, පච්චත්තං වේදිතබ්බෝ විඤ්ඤූහී වෙනවා ....(පෙ)....

නැවත අනෙකක් කියනවා නම්, පින්වත් උපවාණ, මෙහිලා භික්ෂුව මනසින් අරමුණු දැන ඒ අරමුණුවලට සංවේදී වෙනවා. නමුත් අරමුණු නිසා ඇති වෙන රාගයකට සංවේදී වෙන්නේ නෑ. එතකොට තමා තුළ අරමුණු පිළිබඳව රාගය නොමැති විට මා තුළ අරමුණු කෙරෙහි රාගය නැත කියලා දැනගන්නවා. පින්වත් උපවාණ, භික්ෂුව මනසින් අරමුණු දැන ඒ අරමුණුවලට සංවේදී වෙනවා නම් අරමුණු නිසා ඇති වෙන රාගයකට සංවේදී වෙන්නේ නැත්නම්, එතකොට තමා තුළ අරමුණු පිළිබඳව රාගය නොමැති විට මා තුළ අරමුණු කෙරෙහි රාගය නැත කියලා දැනගන්නවා නම්, පින්වත් උපවාණ, ඔය විදිහටත් ධර්මය සන්දිට්ඨික, අකාලික, ඒහිපස්සික, ඕපනයික, පච්චත්තං වේදිතබ්බෝ විඤ්ඤූහී වෙනවා.

සාදු! සාදු!! සාදු!!!

උපවාණ සූත්‍රය නිමා විය.

1.7.9
පඨම ඡඵස්සායතන සූත්‍රය
ස්පර්ශ ආයතන හය ගැන වදාළ පළමු දෙසුම

පින්වත් මහණෙනි, යම් කිසි භික්ෂුවක් ස්පර්ශ ආයතන හයේ හටගැනීමත්, නැතිවීමත්, ආශ්වාදයත්, ආදීනවයත්, නිස්සරණයත් ඒ ආකාරයෙන් ම දන්නේ

නැතිනම්, ඒ භික්ෂුව විසින් බඹසර නම් වසලා නෑ. ඔහු මේ ධර්ම විනයෙන් ඈත් වෙලා ම යි ඉන්නේ.

මෙසේ වදාළ විට එක්තරා භික්ෂුවක් භාග්‍යවතුන් වහන්සේට මෙකරුණ පැවසුවා. "අනේ ස්වාමීනී, ඔය ආයතන හය පිළිබඳව (අවබෝධය ගැන) මං සෑහීමකට පත් වෙන්නේ නෑ. අනේ ස්වාමීනී, මං ස්පර්ශ ආයතන හයේ හටගැනීමත්, නැතිවීමත්, ආශ්වාදයත්, ආදීනවයත්, නිස්සරණයත් ඒ ආකාරයෙන් ම දන්නේ නෑ.

පින්වත් භික්ෂුව, මේ ගැන ඔබ කුමක්ද හිතන්නේ? ඇස "මේක මගේ, මේ තමයි මම, මේක මගේ ආත්මය" කියලා ඔබ දකිනවා ද? ස්වාමීනී, එසේ නැත්තේ ම ය. ඉතා හොඳයි පින්වත් භික්ෂුව. ඔය කරුණ පිළිබඳව පින්වත් භික්ෂුව, ඔබට ඇස "මේක මගේ නොවෙයි, මේක මමත් නොවෙයි, මේක මගේ ආත්මයත් නොවෙයි" කියලා ඔය විදිහට ඒ ආකාරයෙන් ම දියුණු කරපු ප්‍රඥාවකින් පැහැදිලි දැක්මක් ඇති වෙනවා නම්, ඒක තමයි මේ දුකෙහි අවසන් වීම ....(පෙ)....

දිව "මේක මගේ, මේ තමයි මම, මේක මගේ ආත්මය" කියලා ඔබ දකිනවා ද? ස්වාමීනී, එසේ නැත්තේම ය. ඉතා හොඳයි පින්වත් භික්ෂුව. ඔය කරුණ පිළිබඳව පින්වත් භික්ෂුව, ඔබට දිව "මේක මගේ නොවෙයි, මේක මමත් නොවෙයි, මේක මගේ ආත්මයත් නොවෙයි" කියලා ඔය විදිහට ඒ ආකාරයෙන් ම දියුණු කරපු ප්‍රඥාවකින් පැහැදිලි දැක්මක් ඇති වෙනවා නම්, ඒක තමයි මේ දුකෙහි අවසන් වීම ....(පෙ)....

මනස "මේක මගේ, මේ තමයි මම, මේක මගේ ආත්මය" කියලා ඔබ දකිනවා ද? ස්වාමීනී, එසේ නැත්තේම ය. ඉතා හොඳයි පින්වත් භික්ෂුව. ඔය කරුණ පිළිබඳව පින්වත් භික්ෂුව, ඔබට මනස "මේක මගේ නොවෙයි, මේක මමත් නොවෙයි, මේක මගේ ආත්මයත් නොවෙයි" කියලා ඔය විදිහට ඒ ආකාරයෙන් ම දියුණු කරපු ප්‍රඥාවකින් පැහැදිලි දැක්මක් ඇති වෙනවා නම්, ඒක තමයි මේ දුකෙහි අවසන් වීම.

සාදු! සාදු!! සාදු!!!

පඨම ඡඵස්සායතන සූත්‍රය නිමා විය.

1.7.10
දුතිය ඡඵස්සායතන සූත්‍රය
ස්පර්ශ ආයතන හය ගැන වදාළ දෙවෙනි දෙසුම

පින්වත් මහණෙනි, යම් කිසි භික්ෂුවක් ස්පර්ශ ආයතන හයේ හටගැනීමත්, නැතිවීමත්, ආශ්වාදයත්, ආදීනවයත්, නිස්සරණයත් ඒ ආකාරයෙන් ම දන්නේ නැතිනම්, ඒ භික්ෂුව විසින් බඹසර නම් වසලා නෑ. ඔහු මේ ධර්ම විනයෙන් ඈත් වෙලා ම යි ඉන්නේ.

මෙසේ වදාළ විට එක්තරා භික්ෂුවක් භාග්‍යවතුන් වහන්සේට මෙකරුණ සැල කළා. "අනේ ස්වාමීනී, ඔය ආයතන හය පිළිබඳව (අවබෝධය ගැන) මං සෑහීමකට පත් වෙන්නේ නෑ. අනේ ස්වාමීනී, මං ස්පර්ශ ආයතන හයේ හටගැනීමත්, නැතිවීමත්, ආශ්වාදයත්, ආදීනවයත්, නිස්සරණයත් ඒ ආකාරයෙන් ම දන්නේ නෑ.

පින්වත් භික්ෂුව, මේ ගැන ඔබ කුමක්ද හිතන්නේ? ඇස "මේක මගේ නොවෙයි, මේක මමත් නොවෙයි, මේක මගේ ආත්මයත් නොවෙයි" කියලාද ඔබ දකින්නේ? එසේය, ස්වාමීනී. ඉතා හොඳයි පින්වත් භික්ෂුව. ඔය කරුණ පිළිබඳව පින්වත් භික්ෂුව, ඔබට ඇස "මේක මගේ නොවෙයි, මේක මමත් නොවෙයි, මේක මගේ ආත්මයත් නොවෙයි" කියලා ඔය විදිහට ඒ ආකාරයෙන් ම දියුණු කරපු ප්‍රඥාවකින් පැහැදිලි දැක්මක් ඇති වෙනවා නම්, ඔය විදිහට ඔබට මේ පළමුවෙනි ස්පර්ශ ආයතනය යළි පුනර්භවයක් ඇති නොවීම පිණිස ප්‍රහාණය වෙලා යනවා ....(පෙ)....

දිව "මේක මගේ නොවෙයි, මේක මමත් නොවෙයි, මේක මගේ ආත්මයත් නොවෙයි" කියලා ද ඔබ දකින්නේ? එසේය, ස්වාමීනී. ඉතා හොඳයි පින්වත් භික්ෂුව. ඔය කරුණ පිළිබඳව පින්වත් භික්ෂුව, ඔබට දිව "මේක මගේ නොවෙයි, මේක මමත් නොවෙයි, මේක මගේ ආත්මයත් නොවෙයි" කියලා ඔය විදිහට ඒ ආකාරයෙන් ම දියුණු කරපු ප්‍රඥාවකින් පැහැදිලි දැක්මක් ඇති වෙනවා නම්, ඔය විදිහට ඔබට මේ හතරවෙනි ස්පර්ශ ආයතනය යළි පුනර්භවයක් ඇති නොවීම පිණිස ප්‍රහාණය වෙලා යනවා ....(පෙ)....

මනස "මේක මගේ නොවෙයි, මේක මමත් නොවෙයි, මේක මගේ ආත්මයත් නොවෙයි" කියලා ද ඔබ දකින්නේ? එසේය, ස්වාමීනී. ඉතා හොඳයි පින්වත් භික්ෂුව. ඔය කරුණ පිළිබඳව පින්වත් භික්ෂුව, ඔබට මනස "මේක

මගේ නොවෙයි, මේක මමත් නොවෙයි, මේක මගේ ආත්මයත් නොවෙයි" කියලා ඔය විදිහට ඒ ආකාරයෙන් ම දියුණු කරපු ප්‍රඥාවකින් පැහැදිලි දැක්මක් ඇති වෙනවා නම්, ඔය විදිහට ඔබට මේ හයවෙනි ස්පර්ශ ආයතනය යළි පුනර්භවයක් ඇති නොවීම පිණිස ප්‍රහාණය වෙලා යනවා.

සාදු! සාදු!! සාදු!!!

දුතිය ඡඵස්සායතන සූත්‍රය නිමා විය.

1.7.11
තතිය ඡඵස්සායතන සූත්‍රය
ස්පර්ශ ආයතන හය ගැන වදාළ තුන්වෙනි දෙසුම

පින්වත් මහණෙනි, යම් කිසි භික්ෂුවක් ස්පර්ශ ආයතන හයේ හටගැනීමත්, නැතිවීමත්, ආශ්වාදයත්, ආදීනවයත්, නිස්සරණයත් ඒ ආකාරයෙන් ම දන්නේ නැතිනම්, ඒ භික්ෂුව විසින් බඹසර නම් වසලා නෑ. ඔහු මේ ධර්ම විනයෙන් ඈත් වෙලා ම යි ඉන්නේ.

මෙසේ වදාළ විට එක්තරා භික්ෂුවක් භාග්‍යවතුන් වහන්සේට මෙකරුණ සැල කළා. "අනේ ස්වාමීනී, ඔය ආයතන හය පිළිබඳව (අවබෝධය ගැන) මං කිසිසේත් සැහීමකට පත් වෙන්නේ නෑ. අනේ ස්වාමීනී, මං ස්පර්ශ ආයතන හයේ හටගැනීමත්, නැතිවීමත්, ආශ්වාදයත්, ආදීනවයත්, නිස්සරණයත් ඒ ආකාරයෙන් ම දන්නේ නෑ.

පින්වත් භික්ෂුව, මේ ගැන ඔබ කුමක්ද සිතන්නේ? ඇස නිත්‍ය යි ද? අනිත්‍ය යි ද? ස්වාමීනී, අනිත්‍යයි. යමක් වනාහී අනිත්‍ය නම්, එය දුකයි ද? සැපයි ද? ස්වාමීනී, දුකයි. යමක් වනාහී අනිත්‍ය නම්, දුක නම්, වෙනස් වන ස්වභාවයෙන් යුතු නම්, එය "මේක මගේ, මේක තමයි මම, මේ තමයි මගේ ආත්මය" වශයෙන් දකින එක සුදුසුද? ස්වාමීනී, එය සුදුසු නැත ....(පෙ)....

දිව නිත්‍ය යි ද? අනිත්‍ය යි ද? ස්වාමීනී, අනිත්‍ය යි ....(පෙ).... මනස නිත්‍ය යි ද? අනිත්‍ය යි ද? ස්වාමීනී, අනිත්‍යයි. යමක් වනාහී අනිත්‍ය නම්, එය දුකයි ද? සැපයි ද? ස්වාමීනී, දුකයි. යමක් වනාහී අනිත්‍ය නම්, දුක නම්, වෙනස් වන ස්වභාවයෙන් යුතු නම්, එය "මේක මගේ, මේක තමයි මම, මේ තමයි මගේ ආත්මය" වශයෙන් දකින එක සුදුසුද? ස්වාමීනී, එය සුදුසු නැත.

පින්වත් මහණෙනි, ශ්‍රැතවත් ආර්ය ශ්‍රාවකයා ඔය අයුරින් දකින විට ඇස ගැනත් සත්‍ය ස්වභාවය අවබෝධ වීම තුළින් ම කලකිරෙනවා. කන ගැනත් සත්‍ය ස්වභාවය අවබෝධ වීම තුළින් ම කලකිරෙනවා. නාසය ගැනත් සත්‍ය ස්වභාවය අවබෝධ වීම තුළින් ම කලකිරෙනවා. දිව ගැනත් සත්‍ය ස්වභාවය අවබෝධ වීම තුළින් ම කලකිරෙනවා. කය ගැනත් සත්‍ය ස්වභාවය අවබෝධ වීම තුළින් ම කලකිරෙනවා. මනස ගැනත් සත්‍ය ස්වභාවය අවබෝධ වීම තුළින් ම කලකිරෙනවා. කලකිරුණු විට ඒ කෙරෙහි තිබුණ ඇල්ම නැතුව යනවා. ඇල්ම නැතිවීම නිසා එයින් නිදහස් වෙනවා. නිදහස් වූ විට නිදහස් වූ බවට අවබෝධ ඥාණය ඇති වෙනවා. "ඉපදීම ක්ෂය වුණා. බඹසර වාසය සම්පූර්ණ කළා. නිවන පිණිස කළ යුතු දෙය කළා. නිවන පිණිස කළ යුතු වෙන දෙයක් නැත්තේම" යැයි අවබෝධයෙන් ම දැනගන්නවා.

සාදු! සාදු!! සාදු!!!

තතිය ඡඵස්සායතන සූත්‍රය නිමා විය.

සත්වෙනි මිගජාල වර්ගය යි.

- **එහි පිළිවෙළ උද්දානය යි.**

මිගජාල සූත්‍ර දෙකකි, සමිද්ධි සූත්‍ර හතරකි, උපසේන සූත්‍රය, උපවාණ සූත්‍රය හා ඡඵස්සායතන සූත්‍ර තුනකි.

8. ගිලාන වර්ගය

1.8.1
ගිලාන සූත්‍රය
ගිලන් භික්ෂුවකට වදාළ දෙසුම

සැවැත් නුවර දී ....

එදා එක්තරා භික්ෂුවක් භාග්‍යවතුන් වහන්සේ වැඩසිටි තැනට පැමිණුනා. පැමිණිලා භාග්‍යවතුන් වහන්සේට ආදරයෙන් වන්දනා කොට එකත්පස්ව වාඩි වුණා. එකත්පස්ව වාඩි වුණ ඒ භික්ෂුව භාග්‍යවතුන් වහන්සේට මෙකරුණ සැල කළා.

ස්වාමීනී, අසවල් විහාරයෙහි එක්තරා භික්ෂුවක් ඉන්නවා. ඔහු නවක කෙනෙක්. ප්‍රසිද්ධ නෑ. ලෙඩ වෙලයි ඉන්නේ. දුකට පත් වෙලා බොහෝ සේ ගිලන්වයි ඉන්නේ. ඉතින් ස්වාමීනී, භාග්‍යවතුන් වහන්ස, ඒ භික්ෂුව සිටින තැනට අනුකම්පාව උපදවාගෙන වැඩමවා වදාරණ සේක් නම් ඉතා හොඳයි.

එතකොට භාග්‍යවතුන් වහන්සේ නවක පැවිද්දෙක් ය යන කරුණ අසා ගිලන් වී සිටින බවත්, අප්‍රසිද්ධ භික්ෂුවක් බවත් යන මෙය දැනගෙන ඒ භික්ෂුව සිටි තැනට වැඩමවා වදාළා. ඒ භික්ෂුව දුරින් ම වඩින්නා වූ භාග්‍යවතුන් වහන්සේව දැක්කා. දැකලා ඇඳෙන් නැගිටින්ට උත්සාහ කළා. එතකොට භාග්‍යවතුන් වහන්සේ ඒ භික්ෂුවට මෙසේ වදාළා. "පින්වත් භික්ෂුව, කමක් නෑ ඔබ ඇඳෙන් නැගිටින්ට මහන්සි වෙන්න එපා. මේ ආසන පණවලා තියෙනවා නොවැ. මං ඒ ආසනයක වාඩි වෙන්නම්." භාග්‍යවතුන් වහන්සේ පණවන ලද අසුනක වැඩ සිටියා. වැඩ සිටි භාග්‍යවතුන් වහන්සේ ඒ භික්ෂුවගෙන් මෙකරුණ විමසා වදාළා.

පින්වත් භික්ෂුව, කොහොමද? ඔබට ඉවසිය හැකිද? කොහොමද පහසුවෙන් යැපිය හැකි ද? කොහොමද දුක් වේදනා අඩු වීමක් තියෙනවා

නේද? වැඩිවීමක් නෑ නේද? අඩුවීමක් ම මිසක් වැඩිවීමක් පෙනෙන්නේ නෑ නේද?

ස්වාමීනී, මට ඉවසන්ට අමාරුයි. පහසුවෙන් යැපෙන්ටත් අමාරුයි. මට බොහෝ දුක් වේදනා වැඩි වෙනවා. අඩුවීමක් නෑ. වැඩිවීමක් මිසක් අඩුවීමක් පෙනෙන්නේ නෑ.

පින්වත් භික්ෂුව, ඔබට කිසියම් කුකුසක් නැද්ද? කිසියම් විපිළිසර බවක් නැද්ද? අනේ ස්වාමීනී, මට බොහෝ කුකුස් තියෙනවා. බොහෝ විපිළිසර තියෙනවා.

පින්වත් භික්ෂුව, ඒ කොහොමද ? තමන්ට සීලයෙන් චෝදනා කරන්නේ නෑ නේද? ස්වාමීනී, මට සීලයෙන් චෝදනා කිරීමක් නෑ.

ඉතින් පින්වත් භික්ෂුව, තමාට සීලයෙන් චෝදනා නොකරන එකේ නැවත මොන කරුණකට ද ඔබ තුළ කුකුස් ඇති වන්නේ? විපිළිසරය මොකක් ද? ස්වාමීනී, මං සීලයෙන් පමණක් විසුද්ධියට පත් වීම අරුත කොට භාග්‍යවතුන් වහන්සේ දහම් දෙසූ බවක් දන්නේ නෑ.

පින්වත් භික්ෂුව, මා විසින් සීලයෙන් පමණක් විසුද්ධියට පත්වීම අරුත කොට දහම් දෙසූ බව ඔබ දන්නේ නැත්නම්, මා විසින් කුමක් අරුත කොට දහම් දෙසූ බවක් දැනගෙන ද ධර්මයෙහි හැසිරෙන්නේ? ස්වාමීනී, රාගය දුරු කිරීම අරුත කොට භාග්‍යවතුන් වහන්සේ විසින් දහම් දෙසන ලද බවයි මා දන්නේ.

සාදු ! සාදු ! පින්වත් භික්ෂුව, රාගය දුරු කිරීම අරුත කොට මා විසින් දහම් දෙසන ලද බව ඔබ දැන සිටීම නම් ඉතා යහපති. පින්වත් භික්ෂුව, මා විසින් දහම් දෙසන ලද්දේ රාගය දුරු කිරීම අරුත කොටගෙන ම යි.

පින්වත් භික්ෂුව, මේ ගැන ඔබ කුමක්ද සිතන්නේ? ඇස නිත්‍ය යි ද? අනිත්‍ය යි ද? ස්වාමීනී, අනිත්‍යයි. යමක් වනාහී අනිත්‍ය නම්, එය දුකයි ද? සැපයි ද? ස්වාමීනී, දුකයි. යමක් වනාහී අනිත්‍ය නම්, දුක නම්, වෙනස් වන ස්වභාවයෙන් යුතු නම්, එය "මේක මගේ, මේක තමයි මම, මේ තමයි මගේ ආත්මය" වශයෙන් දකින එක සුදුසුද? ස්වාමීනී, එය සුදුසු නැත ....(පෙ)....

දිව නිත්‍ය යි ද? අනිත්‍ය යි ද? ස්වාමීනී, අනිත්‍ය යි ....(පෙ).... මනස නිත්‍ය යි ද? අනිත්‍ය යි ද? ස්වාමීනී, අනිත්‍යයි. යමක් වනාහී අනිත්‍ය නම්, එය දුකයි ද? සැපයි ද? ස්වාමීනී, දුකයි. යමක් වනාහී අනිත්‍ය නම්, දුක නම්,

වෙනස් වන ස්වභාවයෙන් යුතු නම්, එය "මේක මගේ, මේක තමයි මම, මේ තමයි මගේ ආත්මය" වශයෙන් දකින එක සුදුසුද? ස්වාමීනී, එය සුදුසු නැත.

පින්වත් භික්ෂුව, ශ්‍රැතවත් ආර්ය ශ්‍රාවකයා ඔය අයුරින් දකින විට ඇස ගැනත් සත්‍ය ස්වභාවය අවබෝධ වීම තුළින් ම කලකිරෙනවා. කන ගැනත් සත්‍ය ස්වභාවය අවබෝධ වීම තුළින් ම කලකිරෙනවා. නාසය ගැනත් සත්‍ය ස්වභාවය අවබෝධ වීම තුළින් ම කලකිරෙනවා. දිව ගැනත් සත්‍ය ස්වභාවය අවබෝධ වීම තුළින් ම කලකිරෙනවා. කය ගැනත් සත්‍ය ස්වභාවය අවබෝධ වීම තුළින් ම කලකිරෙනවා. මනස ගැනත් සත්‍ය ස්වභාවය අවබෝධ වීම තුළින් ම කලකිරෙනවා. කලකිරුණු විට ඒ කෙරෙහි තිබුණ ඇල්ම නැතුව යනවා. ඇල්ම නැතිවීම නිසා එයින් නිදහස් වෙනවා. නිදහස් වූ විට නිදහස් වූ බවට අවබෝධ ඥාණය ඇති වෙනවා. "ඉපදීම ක්ෂය වුණා. බඹසර වාසය සම්පූර්ණ කළා. නිවන පිණිස කළ යුතු දෙය කළා. නිවන පිණිස කළ යුතු වෙන දෙයක් නැත්තේම" යැයි අවබෝධයෙන් ම දැනගන්නවා.

භාග්‍යවතුන් වහන්සේ මෙය වදාළා. සතුටු සිතින් යුතු ඒ භික්ෂුව භාග්‍යවතුන් වහන්සේ වදාළ ධර්මය සතුටින් පිළිගත්තා. මේ දෙසුම වදාරණ කල්හී ඒ භික්ෂුවට "හේතුන්ගෙන් හටගන්නා වූ යම් කිසි දෙයක් ඇත්නම්, ඒ සෑම දෙයක් ම හේතුන් නැති වීමෙන් නිරුද්ධ වෙන ස්වභාවයෙන් යුක්ත" යැයි කියලා කෙලෙස් රහිත වූ අවිද්‍යා මලකඩ රහිත වූ දහම් ඇස පහළ වුණා.

සාදු! සාදු!! සාදු!!!

ගිලාන සූත්‍රය නිමා විය.

1.8.2
දුතිය ගිලාන සූත්‍රය
ගිලන් භික්ෂුවකට වදාළ දෙවෙනි දෙසුම

එදා එක්තරා භික්ෂුවක් භාග්‍යවතුන් වහන්සේ වැඩසිටි තැනට පැමිණුනා ....(පෙ).... එකත්පස්ව වාඩි වුණ ඒ භික්ෂුව භාග්‍යවතුන් වහන්සේට මෙකරුණ සැල කළා. ස්වාමීනී, අසවල් විහාරයෙහි එක්තරා භික්ෂුවක් ඉන්නවා. ඔහු නවක කෙනෙක්. ප්‍රසිද්ධ නෑ. ලෙඩ වෙලයි ඉන්නේ. දුකට පත් වෙලා බොහෝ සේ ගිලන්වයි ඉන්නේ. ඉතින් ස්වාමීනී, භාග්‍යවතුන් වහන්ස, ඒ භික්ෂුව සිටින

තැනට අනුකම්පාව උපදවාගෙන වැඩමවා වදාරණ සේක් නම් ඉතා හොඳයි.

එතකොට භාග්‍යවතුන් වහන්සේ නවක පැවිද්දෙක් ය යන කරුණ අසා, ගිලන් වී සිටින බවත්, අප්‍රසිද්ධ භික්ෂුවක් බවත් යන මෙය දැනගෙන ඒ භික්ෂුව සිටි තැනට වැඩමවා වදාළා. ඒ භික්ෂුව දුරින් ම වඩින්නා වූ භාග්‍යවතුන් වහන්සේව දැක්කා. දැකලා ඇඳෙන් නැගිටින්ට උත්සාහ කළා. එතකොට භාග්‍යවතුන් වහන්සේ ඒ භික්ෂුවට මෙසේ වදාළා. "පින්වත් භික්ෂුව, කමක් නෑ ඔබ ඇඳෙන් නැගිටින්න මහන්සි වෙන්ට එපා. මේ ආසන පණවලා තියෙනවා නොවැ. මං ඒ ආසනයක වාඩි වෙන්නම්" භාග්‍යවතුන් වහන්සේ පණවන ලද අසුනක වැඩසිටියා. වැඩසිටි භාග්‍යවතුන් වහන්සේ ඒ භික්ෂුවගෙන් මෙකරුණ විමසා වදාළා.

පින්වත් භික්ෂුව, කොහොමද? ඔබට ඉවසිය හැකිද? කොහොමද පහසුවෙන් යැපිය හැකි ද? කොහොමද දුක් වේදනා අඩු වීමක් තියෙනවා නේද? වැඩිවීමක් නෑ නේද? අඩුවීමක් ම මිසක් වැඩිවීමක් පෙනෙන්නේ නෑ නේද?

ස්වාමීනී, මට ඉවසන්ට අමාරුයි. පහසුවෙන් යැපෙන්ටත් අමාරුයි. මට බොහෝ දුක් වේදනා වැඩි වෙනවා. අඩුවීමක් නෑ. වැඩිවීමක් මිසක් අඩුවීමක් පෙනෙන්නේ නෑ.

පින්වත් භික්ෂුව, ඔබට කිසියම් කුකුසක් නැද්ද? කිසියම් විපිළිසර බවක් නැද්ද? අනේ ස්වාමීනී, මට බොහෝ කුකුස් තියෙනවා. බොහෝ විපිළිසර තියෙනවා.

පින්වත් භික්ෂුව, ඒ කොහොමද? තමන්ට සීලයෙන් චෝදනා කරන්නේ නෑ නේද? ස්වාමීනී, මට සීලයෙන් චෝදනා කිරීමක් නෑ.

ඉතින් පින්වත් භික්ෂුව, තමාට සීලයෙන් චෝදනා නොකරන එකේ නැවත මොන කරුණකට ද ඔබ තුළ කුකුස් ඇති වන්නේ? විපිළිසරය මොකක් ද? ස්වාමීනී, මං සීලයෙන් පමණක් විසුද්ධියට පත් වීම අරුත කොට භාග්‍යවතුන් වහන්සේ දහම් දෙසූ බවක් දන්නේ නෑ.

පින්වත් භික්ෂුව, මා විසින් සීලයෙන් පමණක් විසුද්ධියට පත්වීම අරුත කොට දහම් දෙසූ බව ඔබ දන්නේ නැත්නම්, මා විසින් කුමක් අරුත කොට දහම් දෙසූ බවක් දැනගෙන ද ධර්මයෙහි හැසිරෙන්නේ? ස්වාමීනී, උපාදාන රහිතව පිරිනිවන් පෑම අරුත කොටගෙන භාග්‍යවතුන් වහන්සේ විසින් දහම් දෙසන ලද බවයි මා දන්නේ.

සාදු ! සාදු ! පින්වත් භික්ෂුව, උපාදාන රහිතව පිරිනිවන් පෑම අරුත කොටගෙන මා විසින් දහම් දෙසන ලද බව ඔබ දැන සිටීම නම් ඉතා යහපති. පින්වත් භික්ෂුව, මා විසින් දහම් දෙසන ලද්දේ උපාදාන රහිතව පිරිනිවන් පෑම අරුත කොටගෙන ම යි.

පින්වත් භික්ෂුව, මේ ගැන ඔබ කුමක්ද සිතන්නේ? ඇස නිත්‍ය යි ද? අනිත්‍ය යි ද? ස්වාමීනී, අනිත්‍යයි. යමක් වනාහී අනිත්‍ය නම්, එය දුකයි ද? සැපයි ද? ස්වාමීනී, දුකයි. යමක් වනාහී අනිත්‍ය නම්, දුක නම්, වෙනස් වන ස්වභාවයෙන් යුතු නම්, එය "මේක මගේ, මේක තමයි මම, මේ තමයි මගේ ආත්මය" වශයෙන් දකින එක සුදුසුද? ස්වාමීනී, එය සුදුසු නැත. රූප නිත්‍ය යි ද? අනිත්‍ය යි ද? ස්වාමීනී, අනිත්‍ය යි ....(පෙ).... ඇසේ විඤ්ඤාණය ....(පෙ).... ඇසේ ස්පර්ශය ....(පෙ).... ඇසේ ස්පර්ශයෙන් උපදින්නා වූ සැපක් වේවා, දුකක් වේවා, දුක් සැප රහිත බවක් වේවා යම් විඳීමක් ඇද්ද එයත් ....(පෙ).... මනසේ ස්පර්ශයෙන් උපදින්නා වූ සැපක් වේවා, දුකක් වේවා, දුක් සැප රහිත බවක් වේවා යම් විඳීමක් ඇද්ද එයත් නිත්‍යයි ද? අනිත්‍ය යි ද? ස්වාමීනී, අනිත්‍යයි. යමක් වනාහී අනිත්‍ය නම්, එය දුකයි ද? සැපයි ද? ස්වාමීනී, දුකයි. යමක් වනාහී අනිත්‍ය නම්, දුක නම්, වෙනස් වන ස්වභාවයෙන් යුතු නම්, එය "මේක මගේ, මේක තමයි මම, මේ තමයි මගේ ආත්මය" වශයෙන් දකින එක සුදුසුද? ස්වාමීනී, එය සුදුසු නැත.

පින්වත් භික්ෂුව, ශ්‍රැතවත් ආර්ය ශ්‍රාවකයා ඔය අයුරින් දකින විට ඇස ගැනත් සත්‍ය ස්වභාවය අවබෝධ වීම තුළින් ම කලකිරෙනවා. රූප ගැනත් සත්‍ය ස්වභාවය අවබෝධ වීම තුළින් ම කලකිරෙනවා. ඇසේ විඤ්ඤාණය ගැනත් සත්‍ය ස්වභාවය අවබෝධ වීම තුළින් ම කලකිරෙනවා. ඇසේ ස්පර්ශය ගැනත් සත්‍ය ස්වභාවය අවබෝධ වීම තුළින් ම කලකිරෙනවා. ඇසේ ස්පර්ශයෙන් උපදින්නා වූ සැපක් වේවා, දුකක් වේවා, දුක් සැප රහිත වේවා යම් විඳීමක් ඇත්නම් ඒ ගැනත් සත්‍ය ස්වභාවය අවබෝධය තුළින් ම කලකිරෙනවා. ....(පෙ).... මනසේ ස්පර්ශයෙන් උපදින්නා වූ සැපක් වේවා, දුකක් වේවා, දුක් සැප රහිත වේවා යම් විඳීමක් ඇත්නම් ඒ ගැනත් සත්‍ය ස්වභාවය අවබෝධ වීම තුළින් ම කලකිරෙනවා. කලකිරුණු විට ඒ කෙරෙහි තිබුණු ඇල්ම නැතුව යනවා. ඇල්ම නැතිවීම නිසා එයින් නිදහස් වෙනවා. නිදහස් වූ විට නිදහස් වූ බවට අවබෝධ ඤාණය ඇති වෙනවා. "ඉපදීම ක්ෂය වුණා. බඹසර වාසය සම්පූර්ණ කළා. නිවන පිණිස කළ යුතු දෙය කළා. නිවන පිණිස කළ යුතු වෙන දෙයක් නැත්තේම" යැයි අවබෝධයෙන් ම දැනගන්නවා.

භාග්‍යවතුන් වහන්සේ මෙය වදාළා. සතුටු සිතින් යුතු ඒ භික්ෂුව

භාග්‍යවතුන් වහන්සේ වදාළ ධර්මය සතුටින් පිළිගත්තා. මේ දෙසුම වදාරණ කල්හී ඒ භික්ෂුවගේ හිත කිසිවකට නොබැඳී ආශ්‍රවයන්ගෙන් නිදහස් වුණා. (අරහත්වයට පත් වුණා)

සාදු! සාදු!! සාදු!!!

දුතිය ගිලාන සූත්‍රය නිමා විය.

1.8.3
අනිච්ච සූත්‍රය
අනිත්‍ය ගැන වදාළ දෙසුම

එදා ආයුෂ්මත් රාධ තෙරුන් භාග්‍යවතුන් වහන්සේ වැඩසිටි තැනට පැමිණුනා ....(පෙ).... එකත්පස්ව වාඩිවුණ ආයුෂ්මත් රාධ තෙරුන් භාග්‍යවතුන් වහන්සේට මෙකරුණ සැල කළා. ස්වාමීනී, භාග්‍යවතුන් වහන්ස, මා හට සංක්ෂේපයෙන් ශ්‍රී සද්ධර්මය වදාරණ සේක් නම් මැනවි. එතකොට මට භාග්‍යවතුන් වහන්සේගෙන් යම් ධර්මයක් අසා දැනගෙන හුදෙකලා වෙලා, පිරිසෙන් වෙන් වෙලා, අප්‍රමාදීව, කෙලෙස් තවන වීරිය ඇතිව, දහමට දිවි පුදා වාසය කරන්නට පුළුවනි.

පින්වත් රාධ, යමක් අනිත්‍ය නම් අන්න ඒ ගැන තිබෙන ඔබේ කැමැත්තයි ප්‍රහාණය කළ යුත්තේ. පින්වත් රාධ, කුමක්ද අනිත්‍ය? පින්වත් රාධ, ඇස අනිත්‍යයි. ඒ ගැන තිබෙන ඔබේ කැමැත්ත යි ප්‍රහාණය කළ යුත්තේ. රූප අනිත්‍යයි. ඒ ගැන තිබෙන ඔබේ කැමැත්ත යි ප්‍රහාණය කළ යුත්තේ. ඇසේ විඤ්ඤාණය අනිත්‍යයි. ඒ ගැන තිබෙන ඔබේ කැමැත්ත යි ප්‍රහාණය කළ යුත්තේ. ඇසේ ස්පර්ශය අනිත්‍යයි. ඒ ගැන තිබෙන ඔබේ කැමැත්ත යි ප්‍රහාණය කළ යුත්තේ. ඇසේ ස්පර්ශයෙන් උපදින්නා වූ සැප වේවා, දුක් වේවා, දුක් සැප රහිත වේවා යම් කිසි විඳීමක් ඇද්ද එයත් අනිත්‍යයි. ඒ ගැන තිබෙන ඔබේ කැමැත්ත යි ප්‍රහාණය කළ යුත්තේ ....(පෙ)....

දිව අනිත්‍යයි. ඒ ගැන තිබෙන ඔබේ කැමැත්ත යි ප්‍රහාණය කළ යුත්තේ. රස අනිත්‍ය යි ....(පෙ).... දිවේ විඤ්ඤාණය අනිත්‍ය යි ....(පෙ).... දිවේ ස්පර්ශය අනිත්‍ය යි ....(පෙ).... දිවේ ස්පර්ශයෙන් උපදින්නා වූ සැප වේවා, දුක් වේවා, දුක් සැප රහිත වේවා යම් කිසි විඳීමක් ඇද්ද එයත් අනිත්‍යයි. ඒ ගැන තිබෙන ඔබේ කැමැත්ත යි ප්‍රහාණය කළ යුත්තේ ....(පෙ)....

මනස අනිත්‍යයි. ඒ ගැන තිබෙන ඔබේ කැමැත්ත යි ප්‍රහාණය කළ යුත්තේ. මනසට අරමුණු වන දේ අනිත්‍ය යි ....(පෙ).... මනසේ විඤ්ඤාණය අනිත්‍ය යි ....(පෙ).... මනසේ ස්පර්ශය අනිත්‍ය යි ....(පෙ).... මනසේ ස්පර්ශයෙන් උපදින්නා වූ සැප වේවා, දුක් වේවා, දුක් සැප රහිත වේවා යම් කිසි විඳීමක් ඇද්ද එයත් අනිත්‍යයි. ඒ ගැන තිබෙන ඔබේ කැමැත්ත යි ප්‍රහාණය කළ යුත්තේ. පින්වත් රාධ, යමක් අනිත්‍ය නම් අන්න ඒ ගැන තිබෙන ඔබේ කැමැත්තයි ප්‍රහාණය කළ යුත්තේ.

සාදු! සාදු!! සාදු!!!

අනිච්ච සූත්‍රය නිමා විය.

1.8.4
දුක්ඛ සූත්‍රය
දුක ගැන වදාළ දෙසුම

පින්වත් රාධ, යමක් දුක නම් අන්න ඒ ගැන තිබෙන ඔබේ කැමැත්ත යි ප්‍රහාණය කළ යුත්තේ. පින්වත් රාධ, කුමක්ද දුක? පින්වත් රාධ, ඇස දුකයි. ඒ ගැන තිබෙන ඔබේ කැමැත්ත යි ප්‍රහාණය කළ යුත්තේ. රූප දුකයි. ඒ ගැන තිබෙන ඔබේ කැමැත්ත යි ප්‍රහාණය කළ යුත්තේ. ඇසේ විඤ්ඤාණය දුකයි. ඒ ගැන තිබෙන ඔබේ කැමැත්ත යි ප්‍රහාණය කළ යුත්තේ. ඇසේ ස්පර්ශය දුකයි. ඒ ගැන තිබෙන ඔබේ කැමැත්ත යි ප්‍රහාණය කළ යුත්තේ. ඇසේ ස්පර්ශයෙන් උපදින්නා වූ සැප වේවා, දුක් වේවා, දුක් සැප රහිත වේවා යම් කිසි විඳීමක් ඇද්ද එයත් දුකයි. ඒ ගැන තිබෙන ඔබේ කැමැත්ත යි ප්‍රහාණය කළ යුත්තේ ....(පෙ).... මනසේ ස්පර්ශයෙන් උපදින්නා වූ සැප වේවා, දුක් වේවා, දුක් සැප රහිත වේවා යම් කිසි විඳීමක් ඇද්ද එයත් දුකයි. ඒ ගැන තිබෙන ඔබේ කැමැත්තයි ප්‍රහාණය කළ යුත්තේ. පින්වත් රාධ, යමක් දුක නම් අන්න ඒ ගැන තිබෙන ඔබේ කැමැත්තයි ප්‍රහාණය කළ යුත්තේ.

සාදු! සාදු!! සාදු!!!

දුක්ඛ සූත්‍රය නිමා විය.

1.8.5
අනත්ත සූත්‍රය
අනාත්මය ගැන වදාළ දෙසුම

එදා ආයුෂ්මත් රාධ තෙරුන් භාග්‍යවතුන් වහන්සේ වැඩසිටි තැනට පැමිණුනා ....(පෙ).... පින්වත් රාධ, යමක් අනාත්ම නම් අන්න ඒ ගැන තිබෙන ඔබේ කැමැත්ත යි ප්‍රහාණය කළ යුත්තේ. පින්වත් රාධ, කුමක්ද අනාත්ම? පින්වත් රාධ, ඇස අනාත්මයි. ඒ ගැන තිබෙන ඔබේ කැමැත්ත යි ප්‍රහාණය කළ යුත්තේ. රූප අනාත්මයි. ඒ ගැන තිබෙන ඔබේ කැමැත්ත යි ප්‍රහාණය කළ යුත්තේ. ඇසේ විඤ්ඤාණය අනාත්මයි. ඒ ගැන තිබෙන ඔබේ කැමැත්ත යි ප්‍රහාණය කළ යුත්තේ. ඇසේ ස්පර්ශය අනාත්මයි. ඒ ගැන තිබෙන ඔබේ කැමැත්ත යි ප්‍රහාණය කළ යුත්තේ. ඇසේ ස්පර්ශයෙන් උපදින්නා වූ සැප වේවා, දුක් වේවා, දුක් සැප රහිත වේවා යම් කිසි විඳීමක් ඇද්ද එයත් අනාත්මයි. ඒ ගැන තිබෙන ඔබේ කැමැත්ත යි ප්‍රහාණය කළ යුත්තේ ....(පෙ)....

දිව අනාත්මයි. ඒ ගැන තිබෙන ඔබේ කැමැත්ත යි ප්‍රහාණය කළ යුත්තේ ....(පෙ).... රස ....(පෙ).... දිවේ විඤ්ඤාණය ....(පෙ).... දිවේ ස්පර්ශය ....(පෙ).... දිවේ ස්පර්ශයෙන් උපදින්නා වූ සැප වේවා, දුක් වේවා, දුක් සැප රහිත වේවා යම් කිසි විඳීමක් ඇද්ද එයත් ....(පෙ).... මනස අනාත්මයි. ඒ ගැන තිබෙන ඔබේ කැමැත්ත යි ප්‍රහාණය කළ යුත්තේ. මනසට අරමුණු වන දේ ....(පෙ).... මනසේ විඤ්ඤාණය ....(පෙ).... මනසේ ස්පර්ශය ....(පෙ).... මනසේ ස්පර්ශයෙන් උපදින්නා වූ සැප වේවා, දුක් වේවා, දුක් සැප රහිත වේවා යම් කිසි විඳීමක් ඇද්ද එයත් අනාත්මයි. ඒ ගැන තිබෙන ඔබේ කැමැත්ත යි ප්‍රහාණය කළ යුත්තේ. පින්වත් රාධ, යමක් අනාත්ම නම් අන්න ඒ ගැන තිබෙන ඔබේ කැමැත්තයි ප්‍රහාණය කළ යුත්තේ.

සාදු! සාදු!! සාදු!!!

අනත්ත සූත්‍රය නිමා විය.

1.8.6
අවිජ්ජා සූත්‍රය
අවිද්‍යාව ගැන වදාළ දෙසුම

එදා එක්තරා භික්ෂුවක් භාග්‍යවතුන් වහන්සේ වැඩසිටි තැනට පැමිණුනා ....(පෙ).... එකත්පස්ව වාඩි වුණ ඒ භික්ෂුව භාග්‍යවතුන් වහන්සේට මෙකරුණ සැල කළා. ස්වාමීනී, යම් දෙයක් ප්‍රහාණය වීමෙන් භික්ෂුව තුළ අවිද්‍යාව ප්‍රහාණය වී යනවා නම්, විද්‍යාව උපදිනවා නම්, එබඳු එක ම ධර්මයක් තියෙනවාද? පින්වත් භික්ෂුව, යම් දෙයක් ප්‍රහාණය වීමෙන් භික්ෂුව තුළ අවිද්‍යාව ප්‍රහාණය වී යනවා නම්, විද්‍යාව උපදිනවා නම්, එබඳු එකම ධර්මයක් තියෙනවා.

ස්වාමීනී, යම් දෙයක් ප්‍රහාණය වීමෙන් භික්ෂුව තුළ අවිද්‍යාව ප්‍රහාණය වී යනවා නම්, විද්‍යාව උපදිනවා නම්, එබඳු එකම ධර්මයක් තියෙනවා නම් ඒ කුමක්ද? පින්වත් භික්ෂුව, යම් දෙයක් ප්‍රහාණය වීමෙන් භික්ෂුව තුළ අවිද්‍යාව ප්‍රහාණය වී යනවා නම්, විද්‍යාව උපදිනවා නම්, ඒ එකම ධර්මය නම් අවිද්‍යාව ම යි.

ස්වාමීනී, කොයි විදිහට දන්නා විට ද, කොයි විදිහට දකිනා විට ද භික්ෂුව තුළ අවිද්‍යාව ප්‍රහාණය වන්නේ? විද්‍යාව උපදින්නේ? පින්වත් භික්ෂුව, ඇස අනිත්‍ය වශයෙන් දන්නා විට, දකිනා විට තමයි භික්ෂුව තුළ අවිද්‍යාව ප්‍රහාණය වන්නේ. විද්‍යාව උපදින්නේ. රූප අනිත්‍ය වශයෙන් දන්නා විට, දකිනා විට තමයි භික්ෂුව තුළ අවිද්‍යාව ප්‍රහාණය වන්නේ. විද්‍යාව උපදින්නේ. ඇසේ විඤ්ඤාණය අනිත්‍ය වශයෙන් දන්නා විට, දකිනා විට තමයි භික්ෂුව තුළ අවිද්‍යාව ප්‍රහාණය වන්නේ. විද්‍යාව උපදින්නේ. ඇසේ ස්පර්ශය අනිත්‍ය වශයෙන් දන්නා විට, දකිනා විට තමයි භික්ෂුව තුළ අවිද්‍යාව ප්‍රහාණය වන්නේ. විද්‍යාව උපදින්නේ. ඇසේ ස්පර්ශයෙන් උපදින්නා වූ සැප වේවා, දුක් වේවා, දුක් සැප රහිත වේවා යම් විඳීමක් ඇද්ද එයත් අනිත්‍ය වශයෙන් දන්නා විට, දකිනා විට තමයි භික්ෂුව තුළ අවිද්‍යාව ප්‍රහාණය වන්නේ. විද්‍යාව උපදින්නේ ....(පෙ)....

දිව අනිත්‍ය වශයෙන් දන්නා විට, දකිනා විට තමයි භික්ෂුව තුළ අවිද්‍යාව ප්‍රහාණය වන්නේ. විද්‍යාව උපදින්නේ. රස ....(පෙ).... දිවේ විඤ්ඤාණය ....(පෙ).... දිවේ ස්පර්ශය ....(පෙ).... දිවේ ස්පර්ශයෙන් උපදින්නා වූ සැප වේවා, දුක් වේවා, දුක් සැප රහිත වේවා යම් විඳීමක් ඇද්ද එයත් අනිත්‍ය වශයෙන්

දන්නා විට, දකිනා විට තමයි භික්ෂුව තුළ අවිද්‍යාව ප්‍රහාණය වන්නේ. විද්‍යාව උපදින්නේ ....(පෙ)....

මනස අනිත්‍ය වශයෙන් දන්නා විට, දකිනා විට තමයි භික්ෂුව තුළ අවිද්‍යාව ප්‍රහාණය වන්නේ. විද්‍යාව උපදින්නේ. මනසට අරමුණු වන දේ ....(පෙ).... මනසේ විඤ්ඤාණය ....(පෙ).... මනසේ ස්පර්ශය ....(පෙ).... මනසේ ස්පර්ශයෙන් උපදින්නා වූ සැප වේවා, දුක් වේවා, දුක් සැප රහිත වේවා යම් විඳීමක් ඇද්ද එයත් අනිත්‍ය වශයෙන් දන්නා විට, දකිනා විට තමයි භික්ෂුව තුළ අවිද්‍යාව ප්‍රහාණය වන්නේ. විද්‍යාව උපදින්නේ. පින්වත් භික්ෂුව, මේ ආකාරයට දන්නා විට, මේ ආකාරයට දකිනා විට තමයි භික්ෂුව තුළ අවිද්‍යාව ප්‍රහාණය වන්නේ. විද්‍යාව උපදින්නේ.

සාදු! සාදු!! සාදු!!!

අවිජ්ජා සූත්‍රය නිමා විය.

1.8.7
දුතිය අවිජ්ජා සූත්‍රය
අවිද්‍යාව ගැන වදාළ දෙවන දෙසුම

එදා එක්තරා භික්ෂුවක් භාග්‍යවතුන් වහන්සේ වැඩසිටි තැනට පැමිණුනා ....(පෙ).... එකත්පස්ව වාඩි වුණ ඒ භික්ෂුව භාග්‍යවතුන් වහන්සේට මෙකරුණ සැල කළා. ස්වාමීනී, යම් දෙයක් ප්‍රහාණය වීමෙන් භික්ෂුව තුළ අවිද්‍යාව ප්‍රහාණය වී යනවා නම්, විද්‍යාව උපදිනවා නම්, එබඳු එක ම ධර්මයක් තියෙනවාද? පින්වත් භික්ෂුව, යම් දෙයක් ප්‍රහාණය වීමෙන් භික්ෂුව තුළ අවිද්‍යාව ප්‍රහාණය වී යනවා නම්, විද්‍යාව උපදිනවා නම්, එබඳු එකම ධර්මයක් තියෙනවා.

ස්වාමීනී, යම් දෙයක් ප්‍රහාණය වීමෙන් භික්ෂුව තුළ අවිද්‍යාව ප්‍රහාණය වී යනවා නම්, විද්‍යාව උපදිනවා නම්, එබඳු එකම ධර්මයක් තියෙනවා නම් ඒ කුමක්ද? පින්වත් භික්ෂුව, යම් දෙයක් ප්‍රහාණය වීමෙන් භික්ෂුව තුළ අවිද්‍යාව ප්‍රහාණය වී යනවා නම්, විද්‍යාව උපදිනවා නම්, ඒ එකම ධර්මය නම් අවිද්‍යාව ම යි.

ස්වාමීනී, කොයි විදිහට දන්නා විට ද, කොයි විදිහට දකිනා විටද භික්ෂුව

තුළ අවිද්‍යාව ප්‍රහාණය වන්නේ? විද්‍යාව උපදින්නේ? පින්වත් භික්ෂුව, මෙහි භික්ෂුවට අසන්ට ලැබෙනවා කිසිම දෙයකට ඇල්ම ඇති කරගන්ට සුදුසු නෑ කියලා. ඉදින් පින්වත් භික්ෂුව, ඔය විදිහට මෙහි භික්ෂුවට අසන්ට ලැබෙනවා නම් කිසිම දෙයකට ඇල්ම ඇති කරගන්ට සුදුසු නෑ කියලා. එතකොට ඔහු සියලු දෙය ම විශේෂ නුවණින් අවබෝධ කරගන්නවා. සියලු දෙය ම විශේෂ නුවණින් අවබෝධ කරගෙන සියලු දෙය ම පිරිසිඳ දකිනවා. සියලු දෙය ම පිරිසිඳ දැකලා සෑම නිමිත්තක් ම වෙනත් ස්වභාවයකින් (සාමාන්‍ය කෙනෙක් දකින නිත්‍ය, සුඛ, ආත්ම වෙනුවට අනිත්‍ය, දුක්ඛ, අනාත්ම වශයෙන්) දකිනවා. ඇස වෙනත් ස්වභාවයකින් දකිනවා. රූප වෙනත් ස්වභාවයකින් දකිනවා. ඇසේ විඤ්ඤාණය වෙනත් ස්වභාවයකින් දකිනවා. ඇසේ ස්පර්ශය වෙනත් ස්වභාවයකින් දකිනවා. ඇසේ ස්පර්ශයෙන් උපදින්නා වූ සැප වේවා, දුක් වේවා, දුක් සැප රහිත වේවා යම් විඳීමක් ඇද්ද එයත් වෙනත් ස්වභාවයකින් දකිනවා. ....(පෙ)....

මනසේ ස්පර්ශයෙන් උපදින්නා වූ සැප වේවා, දුක් වේවා, දුක් සැප රහිත වේවා යම් විඳීමක් ඇද්ද එයත් වෙනත් ස්වභාවයකින් දකිනවා. පින්වත් භික්ෂුව, ඔය විදිහට දන්නා විට, ඔය විදිහට දකිනා විට තමයි අවිද්‍යාව ප්‍රහාණය වන්නේත්, විද්‍යාව උපදින්නේත්.

සාදු! සාදු!! සාදු!!!

දුතිය අවිජ්ජා සූත්‍රය නිමා විය.

1.8.8
සම්බහුල භික්ඛු සූත්‍රය
බොහෝ භික්ෂූන්ට වදාළ දෙසුම

එදා බොහෝ භික්ෂූන් වහන්සේලා භාග්‍යවතුන් වහන්සේ වැඩසිටි තැනට පැමිණුනා ....(පෙ).... එකත්පස්ව වාඩිවුණ ඒ භික්ෂූන් භාග්‍යවතුන් වහන්සේට මෙසේ පැවසුවා. ස්වාමීනී, මෙකරුණෙහිලා අන්‍යාගමික පිරිවැජියන් අපෙන් මේ විදිහට අසනවා. "එම්බා ඇවැත්නි, කවර කරුණක් අරුත කොට ගෙන ද ශ්‍රමණ ගෞතමයන්ගේ සසුනෙහි බඹසර වසන්නේ?" කියලා. ඔය විදිහට ඇසූ විට ස්වාමීනී, අපි ඒ අන්‍යාගමික පිරිවැජියන් හට පිළිතුරු දෙන්නේ මෙහෙමයි. "එම්බා ඇවැත්නි, දුක පිරිසිඳ දැනගැනීම අරුත

කොටගෙන යි භාග්‍යවතුන් වහන්සේගේ සසුනෙහි බඹසර වසන්නේ" කියලා. ඉතින් ස්වාමීනී, ඔය විදිහට අසන විට ඔය විදිහට පිළිතුරු දෙන කල්හී ඇත්තෙන් ම අපි භාග්‍යවතුන් වහන්සේ වදාළ දෙයක් ම පවසන අය වෙනවා ද? භාග්‍යවතුන් වහන්සේට අභූතයෙන් චෝදනා නොකරන අය වෙනවා ද? ධර්මයට අනුකූල දහමක් පවසන අය වෙනවාද? කරුණු සහිතව කවරෙකුට හෝ වාද නංවා ගැරහිය යුතු තැනට පත් නොවෙනවා ද?

පින්වත් මහණෙනි, සැබැවින් ම ඔබ ඔය විදිහට අසන විට ඔය විදිහට පිළිතුරු දෙන කල්හී මා විසින් වදාළ දෙයක් ම පවසන අය වෙනවා. මට අභූතයෙන් චෝදනා නොකරන අය වෙනවා. ධර්මයට අනුකූල දහමක් පවසන අය වෙනවා. කරුණු සහිතව කවරෙකුට හෝ වාද නංවා ගැරහිය යුතු තැනට පත් නොවෙනවා. පින්වත් මහණෙනි, මාගේ සසුනෙහි බඹසර වසන්නේ දුක පිරිසිඳ දැකීම අරුත කොටගෙන ම යි. පින්වත් මහණෙනි, ඒ අන්‍යාගමික පිරිවැජියන් මේ අයුරින් ද අසන්ට පුළුවනි. "එම්බා ඇවැත්නි, යම් දෙයක පිරිසිඳ දැකීම පිණිස ශ්‍රමණ ගෞතමයන්ගේ සසුනෙහි බඹසර වසනවා නම්, ඒ දුක මොකක්ද?" පින්වත් මහණෙනි, ඔය විදිහට ඇසූ විට ඒ අන්‍යාගමික පිරිවැජියන් හට ඔබ පිළිතුරු දිය යුත්තේ මෙහෙමයි.

එම්බා ඇවැත්නි, ඇස යි දුක. එය පිරිසිඳ දැකීම පිණිස යි භාග්‍යවතුන් වහන්සේගේ සසුනෙහි බඹසර වසන්නේ. රූප යි දුක ....(පෙ).... ඇසේ විඤ්ඤාණය යි දුක ....(පෙ).... ඇසේ ස්පර්ශය යි දුක. එය පිරිසිඳ දැකීම පිණිස යි භාග්‍යවතුන් වහන්සේගේ සසුනෙහි බඹසර වසන්නේ. ඇසේ ස්පර්ශයෙන් උපදින්නා වූ සැප වේවා, දුක් වේවා, දුක්සැප රහිත වේවා යම් විඳීමක් ඇද්ද එයත් දුකයි. එය පිරිසිඳ දැකීම පිණිස යි භාග්‍යවතුන් වහන්සේගේ සසුනෙහි බඹසර වසන්නේ. ....(පෙ)....

දිව යි දුක. එය පිරිසිඳ දැකීම පිණිස යි භාග්‍යවතුන් වහන්සේගේ සසුනෙහි බඹසර වසන්නේ. රස යි දුක. එය පිරිසිඳ දැකීම පිණිස යි ....(පෙ).... දිවේ විඤ්ඤාණය යි දුක ....(පෙ).... දිවේ ස්පර්ශය යි දුක ....(පෙ).... දිවේ ස්පර්ශයෙන් උපදින්නා වූ සැප වේවා, දුක් වේවා, දුක්සැප රහිත වේවා යම් විඳීමක් ඇද්ද එයත් දුකයි. එය පිරිසිඳ දැකීම පිණිස යි භාග්‍යවතුන් වහන්සේගේ සසුනෙහි බඹසර වසන්නේ. ....(පෙ)....

මනස යි දුක. එය පිරිසිඳ දැකීම පිණිස යි භාග්‍යවතුන් වහන්සේගේ සසුනෙහි බඹසර වසන්නේ. මනසට අරමුණු වන දේ යි දුක. එය පිරිසිඳ දැකීම පිණිස යි ....(පෙ).... මනෝ විඤ්ඤාණය යි දුක ....(පෙ).... මනසේ ස්පර්ශයයි දුක ....(පෙ).... මනසේ ස්පර්ශයෙන් උපදින්නා වූ සැප වේවා,

දුක් වේවා, දුක්සැප රහිත වේවා යම් විඳීමක් ඇද්ද එයත් දුකයි. එය පිරිසිඳ දැකීම පිණිසයි භාග්‍යවතුන් වහන්සේගේ සසුනෙහි බඹසර වසන්නේ. පින්වත් මහණෙනි, ඔය විදිහට ඇසුවිට ඔබ ඒ අන්‍යාගමික පිරිවැජියන් හට පිළිතුරු දිය යුත්තේ මෙහෙමයි.

සාදු! සාදු!! සාදු!!!

සම්බහුල භික්ඛු සූත්‍රය නිමා විය.

1.8.9
ලෝක සූත්‍රය
ලෝකය ගැන වදාළ දෙසුම

එදා එක්තරා භික්ෂුවක් භාග්‍යවතුන් වහන්සේ වැඩසිටි තැනට පැමිණුනා ....(පෙ).... එකත්පස්ව වාඩිවුණ ඒ භික්ෂුව භාග්‍යවතුන් වහන්සේගෙන් මෙකරුණ විමසුවා. ස්වාමීනී, ලෝකය, ලෝකය කියලා කියනවා. ස්වාමීනී, ලෝකය කියලා කියන්නේ කවර කරුණු මත ද?

පින්වත් භික්ෂුව, "සිඳී බිඳී යයි" යන අරුතෙන් තමයි ලෝකය කියලා කියන්නේ. කුමක්ද සිඳී බිඳී යන්නේ? පින්වත් භික්ෂුව, ඇස යි සිඳී බිඳී යන්නේ. රූප යි සිඳී බිඳී යන්නේ. ඇසේ විඤ්ඤාණය යි සිඳී බිඳී යන්නේ. ඇසේ ස්පර්ශය යි සිඳී බිඳී යන්නේ. ඇසේ ස්පර්ශයෙන් උපදින්නා වූ සැප වේවා, දුක් වේවා, දුක්සැප රහිත වේවා යම් විඳීමක් ඇද්ද එය යි සිඳී බිඳී යන්නේ ....(පෙ).... පින්වත් භික්ෂුව, "සිඳී බිඳී යයි" යන අරුතෙන් තමයි ලෝකය කියලා කියන්නේ.

සාදු! සාදු!! සාදු!!!

ලෝක සූත්‍රය නිමා විය.

1.8.10
එග්ගුන සූත්‍රය
එග්ගුන තෙරුන්ට වදාළ දෙසුම

එදා ආයුෂ්මත් එග්ගුන තෙරුන් භාග්‍යවතුන් වහන්සේ වැඩසිටි තැනට පැමිණුනා ....(පෙ).... එකත්පස්ව වාඩිවුණ ආයුෂ්මත් එග්ගුන තෙරුන් භාග්‍යවතුන් වහන්සේට මෙකරුණ සැල කළා.

ස්වාමීනී, තණ්හාව නැසූ, තණ්හා මාර්ගත් නැසූ, සසර ගමන අවසන් කළ, සියලු දුක් ඉක්මවා ගිය පිරිනිවන් පා වදාළ අතීතයෙහි වැඩසිටි බුදුවරයන් වහන්සේලාව යම් ඇසකින් පණවනවා නම්, පැණවීමට එබඳු ඇසක් තියෙනවාද? ....(පෙ).... පිරිනිවන් පා වදාළ අතීතයෙහි වැඩසිටි බුදුවරයන් වහන්සේලාව යම් දිවකින් පණවනවා නම්, පැණවීමට එබඳු දිවක් තියෙනවාද? ....(පෙ).... ස්වාමීනී, තණ්හාව නැසූ, තණ්හා මාර්ගත් නැසූ, සසර ගමන අවසන් කළ, සියලු දුක් ඉක්මවා ගිය පිරිනිවන් පා වදාළ අතීතයෙහි වැඩසිටි බුදුවරයන් වහන්සේලාව යම් මනසකින් පණවනවා නම්, පැණවීමට එබඳු මනසක් තියෙනවා ද?

පින්වත් එග්ගුන, තණ්හාව නැසූ, තණ්හා මාර්ගත් නැසූ, සසර ගමන අවසන් කළ, සියලු දුක් ඉක්මවා ගිය පිරිනිවන් පා වදාළ අතීතයෙහි වැඩසිටි බුදුවරයන් වහන්සේලාව යම් ඇසකින් පණවනවා නම්, පැණවීමට එබඳු ඇසක් නැත ....(පෙ).... පින්වත් එග්ගුන, පිරිනිවන් පා වදාළ අතීතයෙහි වැඩසිටි බුදුවරයන් වහන්සේලාව යම් දිවකින් පණවනවා නම්, පැණවීමට එබඳු දිවක් නැත ....(පෙ).... පින්වත් එග්ගුන, තණ්හාව නැසූ, තණ්හා මාර්ගත් නැසූ, සසර ගමන අවසන් කළ, සියලු දුක් ඉක්මවා ගිය, පිරිනිවන් පා වදාළ අතීතයෙහි වැඩසිටි බුදුවරයන් වහන්සේලාව යම් මනසකින් පණවනවා නම්, පැණවීමට එබඳු මනසක් නැත.

සාදු! සාදු!! සාදු!!!

එග්ගුන සූත්‍රය නිමා විය.

විශේෂ විස්තරය

එග්ගුන තෙරුන් අසන මෙම ප්‍රශ්නයෙහි ආත්ම දෘෂ්ටිය තිබේ. එනම්, අතීත බුදුවරයන් වහන්සේලා ගැන කරුණු පැවසීමේ දී ඇස, කන, නාසය,

දිව, කය, මන යන ආයතනවලින් බුදු කෙනෙකුව පැණවිය හැකි ආකාරයේ යම් කිසි ආයතනයක් තිබෙනවා ද යන්න යි. සමහරවිට මෙම ප්‍රශ්නය අසන්නට පෙළඹී ඇත්තේ අතීත බුදුවරයන් වහන්සේලා ගැන බුදුරජාණන් වහන්සේ විසින් ප්‍රකාශ කරන විස්මිත තොරතුරු ලබාගන්නා, බුදුවරුන්ට ම පමණක් සුවිශේෂී වූ පුබ්බේනිවාස ඥාණය ගැන ඇති අනවබෝධය නිසා විය හැකිය. අනෙක් ශ්‍රාවකයන් හට පුබ්බේනිවාස ඥාණය ලද හැකි වුව ද එය බුදුවරයෙකුගේ ඥාණය හා කිසිසේත් සම කළ නොහැකියි. එනිසා මේ ප්‍රශ්නයට පිළිතුරු වශයෙන් බුදුරජාණන් වහන්සේ වදාළ ධර්මය තුළ තිබෙන්නේ ඒ අතීත බුදුවරයන් වහන්සේලා විසින් අවබෝධ කරන ලද ආයතන හය අනිත්‍ය භාවයට පත් වී නිරුද්ධ වී ගිය හෙයින් ඒ ආයතන ඔස්සේ බුදුවරයෙක් හෝ එවැන්නක් පැණවිය නොහැකි බවයි.

අට වෙනි ගිලාන වර්ගය යි.

- **එහි පිළිවෙළ උද්දානය යි.**

ගිලාන සූත්‍ර දෙක කියන ලදී. එමෙන්ම රාධ සූත්‍ර තුනකි. අවිජ්ජා සූත්‍ර දෙකක් කියන ලදී. භික්ඛු සූත්‍රය, ලෝක සූත්‍රය, ඵග්ගුන සූත්‍රය යන මෙයින් මේ වර්ගය සමන්විතයි.

9. ඡන්න වර්ගය

1.9.1
පලෝකධම්ම සූත්‍රය
බිඳීයන ස්වභාවය ගැන වදාළ දෙසුම

සැවැත් නුවර දී ......

එදා ආයුෂ්මත් ආනන්ද තෙරුන් භාග්‍යවතුන් වහන්සේ වැඩසිටි තැනට පැමිණුනා ....(පෙ).... එකත්පස්ව වාඩිවුණ ආයුෂ්මත් ආනන්ද තෙරුන් භාග්‍යවතුන් වහන්සේගෙන් මෙකරුණ විමසුවා. ස්වාමීනී, ලෝකය, ලෝකය කියලා කියනවා. ස්වාමීනී, ලෝකය කියලා කියන්නේ කවර කරුණු මත ද?

පින්වත් ආනන්ද, යමක් බිඳී යන ස්වභාවයෙන් යුක්තයි ද, ආර්ය විනයෙහි ලෝකය කියලා කියන්නේ මෙයටයි. පින්වත් ආනන්ද, බිඳී යන ස්වභාවයෙන් යුතු දෙය කුමක්ද? පින්වත් ආනන්ද, ඇස බිඳී යන ස්වභාවයෙන් යුක්තයි. රූප බිඳී යන ස්වභාවයෙන් යුක්තයි. ඇසේ විඤ්ඤාණය බිඳී යන ස්වභාවයෙන් යුක්තයි. ඇසේ ස්පර්ශය බිඳී යන ස්වභාවයෙන් යුක්තයි. ඇසේ ස්පර්ශයෙන් උපදින්නා වූ සැප වේවා, දුක් වේවා, දුක් සැප රහිත වේවා යම් විඳීමක් ඇද්ද එයත් බිඳී යන ස්වභාවයෙන් යුක්තයි. ....(පෙ)....

දිව බිඳී යන ස්වභාවයෙන් යුක්තයි. රස බිඳී යන ස්වභාවයෙන් යුක්තයි. දිවේ විඤ්ඤාණය බිඳී යන ස්වභාවයෙන් යුක්තයි. දිවේ ස්පර්ශය බිඳී යන ස්වභාවයෙන් යුක්තයි. දිවේ ස්පර්ශයෙන් උපදින්නා වූ සැප වේවා, දුක් වේවා, දුක් සැප රහිත වේවා යම් විඳීමක් ඇද්ද එයත් බිඳී යන ස්වභාවයෙන් යුක්තයි. ....(පෙ)....

මනස බිඳී යන ස්වභාවයෙන් යුක්තයි. මනසට අරමුණු වන දේ බිඳී යන ස්වභාවයෙන් යුක්තයි. මනසේ විඤ්ඤාණය බිඳී යන ස්වභාවයෙන් යුක්තයි. මනසේ ස්පර්ශය බිඳී යන ස්වභාවයෙන් යුක්තයි. මනසේ ස්පර්ශයෙන් උපදින්නා වූ සැප වේවා, දුක් වේවා, දුක් සැප රහිත වේවා යම් විඳීමක්

ඇද්ද එයත් බිඳී යන ස්වභාවයෙන් යුක්තයි. පින්වත් ආනන්ද, යමක් බිඳී යන ස්වභාවයෙන් යුක්තයි ද, ආර්ය විනයෙහි ලෝකය කියලා කියන්නේ මෙයට යි.

සාදු! සාදු!! සාදු!!!

පලෝකධම්ම සූත්‍රය නිමා විය.

1.9.2
සුඤ්ඤලෝක සූත්‍රය
හිස් ලෝකය ගැන වදාළ දෙසුම

එකත්පස්ව වාඩිවුණ ආයුෂ්මත් ආනන්ද තෙරුන් භාග්‍යවතුන් වහන්සේගෙන් මෙකරුණ විමසුවා. ස්වාමීනී, 'ලෝකය ශූන්‍යය යි, ලෝකය ශූන්‍යය යි' කියලා කියනවා. ස්වාමීනී, ලෝකය ශූන්‍යය යි කියලා කියන්නේ කවර කරුණු මත ද?

පින්වත් ආනන්ද, යම් කරුණක් නිසා ආත්මයෙනුත්, ආත්මයකට අයත් දෙයිනුත් ශූන්‍ය (හිස්) වෙයි ද, අන්න ඒ නිසයි ලෝකය ශූන්‍යය යි කියලා කියන්නේ.

පින්වත් ආනන්ද, ආත්මයෙනුත්, ආත්මයකට අයත් දෙයිනුත් ශූන්‍ය වූයේ කුමක්ද? පින්වත් ආනන්ද, ඇස ආත්මයෙනුත්, ආත්මයකට අයත් දෙයිනුත් ශූන්‍යයි. රූප ආත්මයෙනුත්, ආත්මයකට අයත් දෙයිනුත් ශූන්‍යයි. ඇසේ විඤ්ඤාණය ආත්මයෙනුත්, ආත්මයකට අයත් දෙයිනුත් ශූන්‍යයි. ඇසේ ස්පර්ශය ආත්මයෙනුත්, ආත්මයකට අයත් දෙයිනුත් ශූන්‍යයි. ඇසේ ස්පර්ශයෙන් උපදින්නා වූ සැප වේවා, දුක් වේවා, දුක් සැප රහිත වේවා යම් විඳීමක් ඇද්ද එයත් ආත්මයෙනුත්, ආත්මයකට අයත් දෙයිනුත් ශූන්‍යයි. ....(පෙ).... මනසේ ස්පර්ශයෙන් උපදින්නා වූ සැප වේවා, දුක් වේවා, දුක් සැප රහිත වේවා යම් විඳීමක් ඇද්ද එයත් ආත්මයෙනුත්, ආත්මයකට අයත් දෙයිනුත් ශූන්‍යයි. පින්වත් ආනන්ද, යම් කරුණක් නිසා ආත්මයෙනුත්, ආත්මයකට අයත් දෙයිනුත් ශූන්‍ය (හිස්) වෙයි ද, අන්න ඒ නිසයි ලෝකය ශූන්‍යය යි කියලා කියන්නේ.

සාදු! සාදු!! සාදු!!!

සුඤ්ඤලෝක සූත්‍රය නිමා විය.

1.9.3
සංඛිත්තධම්ම සූත්‍රය
කෙටියෙන් ධර්මයක් පැවසීම ගැන වදාළ දෙසුම

එකත්පස්ව වාඩිවුණ ආයුෂ්මත් ආනන්ද තෙරුන් භාග්‍යවතුන් වහන්සේගෙන් මෙකරුණ විමසුවා. ස්වාමීනී, භාග්‍යවතුන් වහන්ස, මා හට සංක්ෂේපයෙන් ශ්‍රී සද්ධර්මය වදාරණ සේක් නම් මැනැවි. එතකොට මට භාග්‍යවතුන් වහන්සේ ගෙන් යම් ධර්මයක් අසා දැනගෙන හුදෙකලා වෙලා, පිරිසෙන් වෙන් වෙලා, අප්‍රමාදීව, කෙලෙස් තවන වීරිය ඇතිව, දහමට දිවි පුදා වාසය කරන්ට පුළුවනි.

පින්වත් ආනන්ද, මේ ගැන ඔබ කුමක්ද සිතන්නේ? ඇස නිත්‍යයි ද? අනිත්‍ය යි ද? ස්වාමීනී, අනිත්‍යයි. යමක් වනාහී අනිත්‍ය නම්, එය දුකයි ද? සැපයි ද? ස්වාමීනී, දුකයි. යමක් වනාහී අනිත්‍ය නම්, දුක නම්, වෙනස් වන ස්වභාවයෙන් යුතු නම්, එය "මේක මගේ, මේක තමයි මම, මේ තමයි මගේ ආත්මය" වශයෙන් දකින එක සුදුසුද? ස්වාමීනී, එය සුදුසු නැත. රූප නිත්‍යයි ද? අනිත්‍යයි ද? ස්වාමීනී, අනිත්‍ය යි ....(පෙ).... ඇසේ විඤ්ඤාණය ....(පෙ).... ඇසේ ස්පර්ශය ....(පෙ).... ඇසේ ස්පර්ශයෙන් උපදින්නා වූ සැප වේවා, දුක් වේවා, දුක් සැප රහිත වේවා යම් විඳීමක් ඇද්ද එයත් නිත්‍යයි ද? අනිත්‍ය යි ද? ස්වාමීනී, අනිත්‍යයි. යමක් වනාහී අනිත්‍ය නම්, එය දුකයි ද?සැපයි ද? ස්වාමීනී, දුකයි. යමක් වනාහී අනිත්‍ය නම්, දුක නම්, වෙනස් වන ස්වභාවයෙන් යුතු නම්, එය "මේක මගේ, මේක තමයි මම, මේ තමයි මගේ ආත්මය" වශයෙන් දකින එක සුදුසුද? ස්වාමීනී, එය සුදුසු නැත. කන ....(පෙ)....

දිව නිත්‍යයි ද? අනිත්‍යයි ද? ....(පෙ).... රස ....(පෙ).... දිවේ විඤ්ඤාණය ....(පෙ).... දිවේ ස්පර්ශය ....(පෙ).... මනසේ ස්පර්ශයෙන් උපදින්නා වූ සැප වේවා, දුක් වේවා, දුක් සැප රහිත වේවා යම් විඳීමක් ඇද්ද එයත් නිත්‍යයි ද? අනිත්‍ය යි ද? ස්වාමීනී, අනිත්‍යයි. යමක් වනාහී අනිත්‍ය නම්, එය දුකයි ද? සැපයි ද? ස්වාමීනී, දුකයි. යමක් වනාහී අනිත්‍ය නම්, දුක නම්, වෙනස් වන ස්වභාවයෙන් යුතු නම්, එය "මේක මගේ, මේක තමයි මම, මේ තමයි මගේ ආත්මය" වශයෙන් දකින එක සුදුසුද? ස්වාමීනී, එය සුදුසු නැත.

පින්වත් ආනන්ද, ශ්‍රැතවත් ආර්ය ශ්‍රාවකයා ඔය අයුරින් දකින විට ඇස ගැනත් සත්‍ය ස්වභාවය අවබෝධ වීම තුළින් ම කලකිරෙනවා. රූප ගැනත් සත්‍ය ස්වභාවය අවබෝධ වීම තුළින් ම කලකිරෙනවා. ඇසේ විඤ්ඤාණය

ගැනත් සත්‍ය ස්වභාවය අවබෝධ වීම තුළින් ම කලකිරෙනවා. ඇසේ ස්පර්ශය ගැනත් සත්‍ය ස්වභාවය අවබෝධ වීම තුළින් ම කලකිරෙනවා. ....(පෙ).... මනසේ ස්පර්ශයෙන් උපදින්නා වූ සැපක් වේවා, දුකක් වේවා, දුක් සැප රහිත වේවා යම් විඳීමක් ඇත්නම් ඒ ගැනත් සත්‍ය ස්වභාවය අවබෝධ වීම තුළින් ම කලකිරෙනවා. කලකිරුණු විට ඒ කෙරෙහි තිබුණ ඇල්ම නැතුව යනවා. ඇල්ම නැතිවීම නිසා එයින් නිදහස් වෙනවා. නිදහස් වූ විට නිදහස් වූ බවට අවබෝධ ඤාණය ඇති වෙනවා. "ඉපදීම ක්ෂය වුණා. බඹසර වාසය සම්පූර්ණ කළා. නිවන පිණිස කළ යුතු දෙය කළා. නිවන පිණිස කළ යුතු වෙන දෙයක් නැත්තේම" යැයි අවබෝධයෙන් ම දැනගන්නවා.

සාදු! සාදු!! සාදු!!!

සංඛිත්තධම්ම සූත්‍රය නිමා විය.

1.9.4
ඡන්න සූත්‍රය
ඡන්න තෙරුන්ට වදාළ දෙසුම

ඒ දිනවල භාග්‍යවතුන් වහන්සේ වැඩසිටියේ රජගහ නුවර කලන්දක නිවාප නම් වූ වේළුවනාරාමයේ. ඒ දිනවල ම ආයුෂ්මත් සාරිපුත්තයන් වහන්සේත්, ආයුෂ්මත් මහා චුන්දයන් වහන්සේත්, ආයුෂ්මත් ඡන්න තෙරුන් ද වැඩසිටියේ රජගහ නුවර ගිජ්ඣකූට පර්වතයේ. ඒ කාලයේ ආයුෂ්මත් ඡන්න තෙරුන් රෝගී වෙලා හිටියේ. දුකට පත් වෙලා, බොහෝ සේ ගිලන් වෙලා හිටියේ. එදා ආයුෂ්මත් සාරිපුත්තයන් වහන්සේ සවස් වරුවෙහි භාවනාවෙන් නැගිට ආයුෂ්මත් මහා චුන්දයන් වහන්සේ සිටි තැනට පැමිණුනා. පැමිණිලා ආයුෂ්මත් මහා චුන්දයන් වහන්සේට මෙකරුණ පැවසුවා. "ප්‍රිය ආයුෂ්මත් චුන්දයෙනි, එනු මැනැව. ලෙඩ දුක් විමසීමට ආයුෂ්මත් ඡන්නයන් සිටින තැනට යමු." එසේය ප්‍රිය ආයුෂ්මතුනි, කියලා ආයුෂ්මත් මහා චුන්දයන් වහන්සේ ආයුෂ්මත් සාරිපුත්තයන් වහන්සේට පිළිතුරු දුන්නා.

ඉතින් ආයුෂ්මත් සාරිපුත්තයන් වහන්සේත්, ආයුෂ්මත් මහා චුන්දයන් වහන්සේත් ආයුෂ්මත් ඡන්න තෙරුන් සිටි තැනට පැමිණුනා. පැමිණිලා පණවන ලද ආසනවල වැඩසිටියා. එසේ වැඩහුන් ආයුෂ්මත් සාරිපුත්තයන් වහන්සේ ආයුෂ්මත් ඡන්න තෙරුන්ගෙන් මෙකරුණ විමසුවා.

ප්‍රිය ආයුෂ්මතුනි, කොහොමද? ඔබට ඉවසිය හැකිද? කොහොමද පහසුවෙන් යැපිය හැකිද? කොහොමද දුක් වේදනා අඩුවීමක් තියෙනවා නේද? වැඩිවීමක් නෑ නේද? අඩුවීමක් ම මිස වැඩිවීමක් පෙනෙන්නේ නෑ නේද?

ප්‍රිය ආයුෂ්මත් සාරිපුත්ත, මට ඉවසන්ට අමාරුයි. පහසුවෙන් යැපෙන්ටත් අමාරුයි. මට බොහෝ දුක් වේදනා වැඩි වෙනවා. අඩුවීමක් නෑ. වැඩිවීමක් මිසක් අඩුවීමක් පෙනෙන්නේ නෑ. ප්‍රිය ආයුෂ්මතුනි, ඒක මේ වගේ දෙයක්. ශක්ති සම්පන්න පුරුෂයෙක් තියුණු ආයුධයක් අරගෙන හිසට පහර දෙනවා වගෙයි. ප්‍රිය ආයුෂ්මතුනි, ඔන්න ඔය විදිහට ම ඉතා බලවත්ව වාතය හිස්මුදුන පෙළනවා. (අධික හිසේ කැක්කුමකින් සිටි බව පෙනේ.)

ප්‍රිය ආයුෂ්මතුනි, මට ඉවසන්ට අමාරුයි. පහසුවෙන් යැපෙන්ටත් අමාරුයි ....(පෙ).... අඩුවීමක් පෙනෙන්නේ නෑ. ප්‍රිය ආයුෂ්මතුනි, ඒක මේ වගේ දෙයක්. ශක්ති සම්පන්න පුරුෂයෙක් දැඩි වරපටකින් හිස් වෙළුම්වලින් හිස තද කරනවා වගේ. ප්‍රිය ආයුෂ්මතුනි, ඔන්න ඔය විදිහට ම ඉතා බලවත්ව මගේ හිසේ කැක්කුම තියෙනවා.

ප්‍රිය ආයුෂ්මතුනි, මට ඉවසන්ට අමාරුයි. පහසුවෙන් යැපෙන්ටත් අමාරුයි ....(පෙ).... අඩුවීමක් පෙනෙන්නේ නෑ. ප්‍රිය ආයුෂ්මතුනි, ඒක මේ වගේ දෙයක්. දක්ෂ ගව ඝාතකයෙක් හරි, ඒ ගව ඝාතකයාගේ ගෝලයෙක් හරි, ගෙරිමස් කපන තියුණු කැත්තෙන් කුස කපනවා වගේ. ප්‍රිය ආයුෂ්මතුනි, ඔන්න ඔය විදිහට ම ඉතා බලවත්ව වාතය කුස කීතු කරනවා.

ප්‍රිය ආයුෂ්මතුනි, මට ඉවසන්ට අමාරුයි. පහසුවෙන් යැපෙන්ටත් අමාරුයි ....(පෙ).... අඩුවීමක් පෙනෙන්නේ නෑ. ප්‍රිය ආයුෂ්මතුනි, ඒක මේ වගේ දෙයක්. ශක්ති සම්පන්න පුරුෂයන් දෙදෙනෙක් දුර්වල පුරුෂයෙකුව වෙන වෙන ම අත්වලින් ඇදගෙන ගිනි අඟුරු වලක දාලා තවනවා වගේ, හාත්පසින් තවනවා වගේ. ප්‍රිය ආයුෂ්මතුනි, ඔන්න ඔය විදිහට ම ඉතා බලවත්ව කයේ දැවිල්ලක් තියෙනවා.

ප්‍රිය ආයුෂ්මතුනි, මට ඉවසන්ට අමාරුයි. පහසුවෙන් යැපෙන්ටත් අමාරුයි. මට බොහෝ දුක් වේදනා වැඩි වෙනවා. අඩුවීමක් නෑ. වැඩිවීමක් මිසක් අඩුවීමක් පෙනෙන්නේ නෑ. ප්‍රිය ආයුෂ්මත් සාරිපුත්ත, මං (දිවි නසා ගැනීම පිණිස) ආයුධයක් පාවිච්චි කරනවා. මං ජීවත් වෙන්ට කැමැත්තක් නෑ.

ප්‍රිය ආයුෂ්මත් ඡන්න, (දිවි නසාගැනීම පිණිස) ආයුධයක් පාවිච්චි කරන්ට එපා. ප්‍රිය ආයුෂ්මත් ඡන්න, යැපෙනු මැනැව. අපි ආයුෂ්මත්

ඡන්නයන් පහසුවෙන් යැපීම ගැනයි කැමැති. ඉදින් ආයුෂ්මත් ඡන්නයන් හට අසනීපයට ගැලපෙන දානමාන ආදිය නැත්නම් මං ආයුෂ්මත් ඡන්නයන් උදෙසා අසනීපයට ගැලපෙන දානමාන ආදිය සොයන්නම්. ඉදින් ආයුෂ්මත් ඡන්නයන් හට අසනීපයට ගැලපෙන බේත්හේත් නැත්නම්, මං ආයුෂ්මත් ඡන්නයන් හට අසනීපයට ගැලපෙන බෙහෙතුත් සොයන්නම්. ඉතින් ආයුෂ්මත් ඡන්නයන් හට ගැලපෙන උපස්ථායකයන් නැත්නම්, මං ආයුෂ්මත් ඡන්නයන් හට උපස්ථාන කරන්නම්. ප්‍රිය ආයුෂ්මත් ඡන්න, (දිවි නසාගැනීම පිණිස) ආයුධයක් පාවිච්චි කරන්ට එපා. ප්‍රිය ආයුෂ්මත් ඡන්න, යැපෙනු මැනැව. අපි ආයුෂ්මත් ඡන්නයන් පහසුවෙන් යැපීම ගැන යි කැමැති.

ප්‍රිය ආයුෂ්මත් සාරිපුත්ත, මට අසනීපයට ගැලපෙන දානමාන නැතුවා නොවෙයි. මට අසනීපයට ගැලපෙන දානමාන තියෙනවා. මට අසනීපයට ගැලපෙන බේත්හේත් නැතුවා නොවෙයි. මට අසනීපයට ගැලපෙන බෙහෙතුත් තියෙනවා. මට ගැලපෙන උපස්ථායකයන් නැතුවා නොවෙයි. මට ගැලපෙන උපස්ථායකයන් ඉන්නවා. එහෙම වුණත් ප්‍රිය ආයුෂ්මතුනි, බොහෝ කාලයක් තිස්සේ මං ශාස්තෘන් වහන්සේව ඇසුරු කළේ මනාප සිතින් ම යි. අමනාප සිතින් නම් නොවේ. ප්‍රිය ආයුෂ්මතුනි, ශාස්තෘන් වහන්සේව අමනාප සිතින් නොව මනාප සිතින් ම ඇසුරු කරනවා යන යම් කරුණක් ඇද්ද එය ශ්‍රාවකයෙකුට සුදුසු ම යි. වෙන පැමිණීමක් නොවන පරිදි තමයි ඡන්න භික්ෂුව (දිවි නසාගැනීම පිණිස) ආයුධයක් පාවිච්චි කරන්නේ. ප්‍රිය ආයුෂ්මත් සාරිපුත්ත, ඔය විදිහට මෙකරුණ පිළිගන්නා සේක්වා.

අපි ආයුෂ්මත් ඡන්නයන්ගෙන් යම් කිසි කරුණක් අසන්නම්, හැබැයි ආයුෂ්මත් ඡන්නයන් ප්‍රශ්න විමසීමට අවසර දෙනවා නම් විතරයි.

ප්‍රිය ආයුෂ්මත් සාරිපුත්ත, අසනු මැනව. අසා දැනගන්ට බැරි යැ.

ප්‍රිය ආයුෂ්මත් ඡන්න, ඇස, ඇසේ විඤ්ඤාණය, ඇසේ විඤ්ඤාණයෙන් දත යුතු දේ "මේක මගේ, මේ තමයි මම, මෙය මගේ ආත්මය" යි කියලා දකිනවාද? ප්‍රිය ආයුෂ්මත් ඡන්න, කන ....(පෙ).... ප්‍රිය ආයුෂ්මත් ඡන්න, නාසය ....(පෙ).... ප්‍රිය ආයුෂ්මත් ඡන්න, දිව, දිවේ විඤ්ඤාණය, දිවේ විඤ්ඤාණයෙන් දත යුතු දේ "මේක මගේ, මේ තමයි මම, මෙය මගේ ආත්මයි" යි කියලා දකිනවාද? ප්‍රිය ආයුෂ්මත් ඡන්න, කය ....(පෙ).... ප්‍රිය ආයුෂ්මත් ඡන්න, මනස, මනසේ විඤ්ඤාණය, මනසේ විඤ්ඤාණයෙන් දත යුතු දේ "මේක මගේ, මේ තමයි මම, මෙය මගේ ආත්මය" යි කියලා දකිනවා ද?

ප්‍රිය ආයුෂ්මත් සාරිපුත්ත, ඇස, ඇසේ විඤ්ඤාණය, ඇසේ

විඤ්ඤාණයෙන් දත යුතු දේ "මේක මගේ නොවේ, මේ මම නොවේ, මෙය මගේ ආත්මය නොවේ" යි කියලයි මා දකින්නේ. ප්‍රිය ආයුෂ්මත් සාරිපුත්ත, කන ....(පෙ).... ප්‍රිය ආයුෂ්මත් සාරිපුත්ත, නාසය ....(පෙ).... ප්‍රිය ආයුෂ්මත් සාරිපුත්ත, දිව, දිවේ විඤ්ඤාණය, දිවේ විඤ්ඤාණයෙන් දත යුතු දේ "මේක මගේ නොවේ. මේ මම නොවේ. මෙය මගේ ආත්මය නොවේ" යි කියලයි මා දකින්නේ. ප්‍රිය ආයුෂ්මත් සාරිපුත්ත, කය ....(පෙ).... ප්‍රිය ආයුෂ්මත් සාරිපුත්ත, මනස, මනසේ විඤ්ඤාණය, මනසේ විඤ්ඤාණයෙන් දත යුතු දේ "මේක මගේ නොවේ. මේ මම නොවේ. මෙය මගේ ආත්මය නොවේ" යි කියලයි මා දකින්නේ.

ප්‍රිය ආයුෂ්මත් ඡන්න, ඇස තුළත්, ඇසේ විඤ්ඤාණය තුළත්, ඇසේ විඤ්ඤාණයෙන් දත යුතු දේ තුළත් කවර දෙයක් දැකල ද, විශේෂ නුවණින් කුමක් අවබෝධ කරගෙන ද ඇස, ඇසේ විඤ්ඤාණය, ඇසේ විඤ්ඤාණයෙන් දත යුතු දේ "මේක මගේ නොවේ. මේ මම නොවේ. මෙය මගේ ආත්මය නොවේ" යි කියලා දකින්නේ? ප්‍රිය ආයුෂ්මත් ඡන්න, කන තුළත් ....(පෙ).... ප්‍රිය ආයුෂ්මත් ඡන්න, නාසය තුළත් ....(පෙ).... ප්‍රිය ආයුෂ්මත් ඡන්න, දිව තුළත්, දිවේ විඤ්ඤාණය තුළත්, දිවේ විඤ්ඤාණයෙන් දත යුතු දේ තුළත් කවර දෙයක් දැකල ද, විශේෂ නුවණින් කුමක් අවබෝධ කරගෙන ද දිව, දිවේ විඤ්ඤාණය, දිවේ විඤ්ඤාණයෙන් දත යුතු දේ "මේක මගේ නොවේ, මේ මම නොවේ, මෙය මගේ ආත්මය නොවේ" යි කියලා දකින්නේ? ප්‍රිය ආයුෂ්මත් ඡන්න, කය තුළත් ....(පෙ).... ප්‍රිය ආයුෂ්මත් ඡන්න, මනස තුළත්, මනසේ විඤ්ඤාණය තුළත්, මනසේ විඤ්ඤාණයෙන් දත යුතු දේ තුළත් කවර දෙයක් දැකල ද, විශේෂ නුවණින් කුමක් අවබෝධ කරගෙන ද මනස, මනසේ විඤ්ඤාණය, මනසේ විඤ්ඤාණයෙන් දත යුතු දේ "මේක මගේ නොවේ, මේ මම නොවේ, මෙය මගේ ආත්මය නොවේ" යි කියලා දකින්නේ?

ප්‍රිය ආයුෂ්මත් සාරිපුත්ත, ඇස තුළත්, ඇසේ විඤ්ඤාණය තුළත්, ඇසේ විඤ්ඤාණයෙන් දත යුතු දේ තුළත් නිරුද්ධ වීම දැක්කා. නිරුද්ධ වීම විශේෂ නුවණින් අවබෝධ කරගත්තා. ඒ තුළින් තමයි ඇසත්, ඇසේ විඤ්ඤාණයත්, ඇසේ විඤ්ඤාණයෙන් දත යුතු දේත්, "මේක මගේ නොවේ, මේ මම නොවේ, මෙය මගේ ආත්මය නොවේ" යි කියලා මා දකින්නේ. ප්‍රිය ආයුෂ්මත් සාරිපුත්ත, කන තුළත් ....(පෙ).... ප්‍රිය ආයුෂ්මත් සාරිපුත්ත, නාසය තුළත් ....(පෙ).... ප්‍රිය ආයුෂ්මත් සාරිපුත්ත, දිව තුළත්, දිවේ විඤ්ඤාණය තුළත්, දිවේ විඤ්ඤාණයෙන් දත යුතු දේ තුළත් නිරුද්ධ වීම දැක්කා. නිරුද්ධ වීම විශේෂ නුවණින් අවබෝධ කරගත්තා. ඒ තුළින් තමයි දිවත්, දිවේ විඤ්ඤාණයත්, දිවේ විඤ්ඤාණයෙන් දත යුතු දේත් "මේක මගේ නොවේ,

මේ මම නොවේ, මෙය මගේ ආත්මය නොවේ" යි කියලා මා දකින්නේ. ප්‍රිය ආයුෂ්මත් සාරිපුත්ත, කය තුළත්, ...(පෙ).... ප්‍රිය ආයුෂ්මත් සාරිපුත්ත, මනස තුළත්, මනසේ විඤ්ඤාණය තුළත්, මනසේ විඤ්ඤාණයෙන් දත යුතු දේ තුළත් නිරුද්ධ වීම දැක්කා. නිරුද්ධ වීම විශේෂ නුවණින් අවබෝධ කරගත්තා. ඒ තුළින් තමයි මනසත්, මනසේ විඤ්ඤාණයත්, මනසේ විඤ්ඤාණයෙන් දත යුතු දේත් "මේක මගේ නොවේ, මේ මම නොවේ, මෙය මගේ ආත්මය නොවේ" යි කියලා මා දකින්නේ.

එසේ පැවසූ විට ආයුෂ්මත් මහා චුන්දයන් වහන්සේ, ආයුෂ්මත් ඡන්න තෙරුන්ට මේ විදිහට පැවසුවා. "එහෙමනම් ප්‍රිය ආයුෂ්මත් ඡන්නයෙනි, ඒ භාග්‍යවතුන් වහන්සේගේ මෙම අනුශාසනාව ද නිරතුරුව ම මනාකොට නුවණින් මෙනෙහි කළ යුතුයි. "මමත්වයෙන් ඇසුරු කරන කොට යි සැලීමක් තියෙන්නේ. මමත්වයෙන් ඇසුරක් නැත්නම්, සැලීමක් නෑ. සැලීමක් නැත්නම්, සැහැල්ලුවක් තියෙන්නේ. සැහැල්ලුබව තියෙන විට භව පැවැත්මට නැඹුරු වෙන්නේ නෑ. භව පැවැත්මට නැඹුරු නොවන විට සසරෙහි ඒමක්, යෑමක් නෑ. සසරෙහි ඒමක් යෑමක් නැතිවිට, චුතියක් උපතක් නෑ. චුතියක් උපතක් නැති විට මෙහෙත් නෑ. වෙන තැනකත් නෑ. ඒ දෙක අතරෙත් නෑ. මේක තමයි දුකෙහි අවසන් වීම' කියලා.

ඉතින් ආයුෂ්මත් සාරිපුත්තයන් වහන්සේත්, ආයුෂ්මත් මහා චුන්දයන් වහන්සේත්, ආයුෂ්මත් ඡන්න තෙරුන් හට ඔය අවවාදයෙන් අවවාද කරලා, අසුනෙන් නැගිට ආපසු වැඩියා. එතකොට ඒ ආයුෂ්මතුන් වහන්සේලා වැඩිය නොබෝ වේලාවකින් ආයුෂ්මත් ඡන්න තෙරුන් ආයුධයක් පාවිච්චි කළා. (දිවි නසා ගත්තා)

එකල්හි ආයුෂ්මත් සාරිපුත්තයන් වහන්සේ භාග්‍යවතුන් වහන්සේ වැඩ සිටි තැනට පැමිණුනා. පැමිණිලා භාග්‍යවතුන් වහන්සේට ආදරයෙන් වන්දනා කොට එකත්පස්ව වාඩි වුණා. එකත්පස්ව වාඩිවුණ ආයුෂ්මත් සාරිපුත්තයන් වහන්සේ භාග්‍යවතුන් වහන්සේට මෙකරුණ සැල කළා. 'ස්වාමීනී, ආයුෂ්මත් ඡන්නයන් (දිවි නසා ගැනීමට) ආයුධයක් පාවිච්චි කරලා තියෙනවා. ඔහුගේ ගතිය කුමක්ද? පරලොව උපත කුමක්ද? පින්වත් සාරිපුත්ත, ඡන්න භික්ෂුව විසින් ඔබ ඉදිරියෙහි ම වෙත පැමිණීමක් නොවන විදිහට (අනුපවද්‍ය කොට) කියලා කිව්වා නේද?

ස්වාමීනී, පුබ්බවිර කියලා වජ්ජීන්ගේ ගමක් තියෙනවා. ආයුෂ්මත් ඡන්නයන්ගේ මිතුරු පවුල්, සුහද පවුල්, උපවද්‍ය (එළඹිය යුතු - වෙත පැමිණිය යුතු) පවුල් එහෙ තියෙනවා.

පින්වත් සාරිපුත්ත, ඡන්න භික්ෂුවගේ මිතුරු පවුල්, සුහද පවුල්, උපවද්‍ය (එළඹිය යුතු - වෙත පැමිණිය යුතු) පවුල් එහෙ තියෙනවා තමයි. නමුත් සාරිපුත්ත ඔපමණකින් ම මම උපවද්‍ය සහිතයි කියලා කියන්නේ නෑ. පින්වත් සාරිපුත්ත, යමෙක් මේ කය අතහරිනවාද, වෙනත් කයකට බැඳෙනවාද, අන්න ඒකටයි මම උපවද්‍ය (එළඹිය යුතු - වෙත පැමිණිය යුතු) සහිතයි කියලා කියන්නේ. ඒ දෙය ඡන්න භික්ෂුවට නෑ. ඡන්න භික්ෂුව විසින් ආයුධයක් පාවිච්චි කළේ උපවද්‍ය රහිතව යි. (වෙනත් කයකට නොබැඳෙන පරිදි ය.) පින්වත් සාරිපුත්ත, ඔය කරුණ ඔය විදිහට පිළිගන්න.

සාදු! සාදු!! සාදු!!!

ඡන්න සූත්‍රය නිමා විය.

1.9.5
පුණ්ණ සූත්‍රය
පුණ්ණ තෙරුන්ට වදාළ දෙසුම

එදා ආයුෂ්මත් පුණ්ණ තෙරුන් භාග්‍යවතුන් වහන්සේ වැඩසිටි තැනට පැමිණුනා. ....(පෙ).... එකත්පස්ව වාඩිවුණු ආයුෂ්මත් පුණ්ණ තෙරුන් භාග්‍යවතුන් වහන්සේට මෙකරුණ සැල කළා. ස්වාමීනී, භාග්‍යවතුන් වහන්ස, මා හට සංක්ෂේපයෙන් ශ්‍රී සද්ධර්මය වදාරණ සේක් නම් මැනවි. එතකොට මට භාග්‍යවතුන් වහන්සේගෙන් යම් ධර්මයක් අසා දැනගෙන හුදෙකලා වෙලා, පිරිසෙන් වෙන් වෙලා, අප්‍රමාදීව, කෙලෙස් තවන වීර්යය ඇතිව, දහමට දිවි පුදා වාසය කරන්ට පුළුවනි.

පින්වත් පුණ්ණ, ඇසෙන් දැනගත යුතු වූ සිත් ඇදගන්නා, ලස්සන, මනාප, ප්‍රිය ස්වරූප ඇති, කැමැත්ත ඇති කරවන, බැඳීම් හටගන්නා රූප තියෙනවා. ඉතින් භික්ෂුව එය සතුටින් පිළිගන්නවා. එහි ගුණ කියනවා, එහි බැසගෙන සිටිනවා, එතකොට එය සතුටින් පිළිගනිද්දී, එහි ගුණ කියද්දී, එහි බැසගෙන සිටිද්දී, ඔහුට උපදින්නේ තණ්හාවයි. පින්වත් පුණ්ණ, තණ්හාව හටගැනීමෙනුයි දුක හටගන්නේ කියලයි මා කියන්නේ.

පින්වත් පුණ්ණ, කනෙන් දැනගත යුතු ශබ්ද තියෙනවා ....(පෙ).... නාසයෙන් දැනගත යුතු ගඳ-සුවඳ තියෙනවා ....(පෙ).... දිවෙන් දැනගත යුතු රස තියෙනවා ....(පෙ).... කයෙන් දැනගත යුතු පහස තියෙනවා ....(පෙ)....

පින්වත් පුණ්ණ, මනසින් දැනගත යුතු වූ සිත් ඇදගන්නා, ලස්සන, මනාප, ප්‍රිය ස්වරූප ඇති, කැමැත්ත ඇති කරවන, බැඳීම් හටගන්නා අරමුණු තියෙනවා. ඉතින් භික්ෂුව එය සතුටින් පිළිගන්නවා. එහි ගුණ කියනවා, එහි බැසගෙන සිටිනවා, එතකොට එය සතුටින් පිළිගනිද්දී, එහි ගුණ කියද්දී, එහි බැසගෙන සිටිද්දී, ඔහුට උපදින්නේ තණ්හාවයි. පින්වත් පුණ්ණ, තණ්හාව හටගැනීමෙනුයි දුක හටගන්නේ කියලයි මා කියන්නේ.

පින්වත් පුණ්ණ, ඇසෙන් දැනගත යුතු සිත් ඇදගන්නා ලස්සන මනාප, ප්‍රිය ස්වරූප ඇති, කැමැත්ත ඇති කරවන, බැඳීම් හටගන්නා රූප තියෙනවා. ඉතින් භික්ෂුව එය සතුටින් පිළිගන්නේ නෑ. එහි ගුණ කියන්නේ නෑ, එහි බැසගෙන ඉන්නෙත් නෑ, එතකොට එය සතුටින් නො පිළිගනිද්දී, එහි ගුණ නො කියද්දී, එහි බැසගෙන නො සිටිද්දී, ඔහුගේ තණ්හාව නිරුද්ධ වෙනවා. පින්වත් පුණ්ණ, තණ්හාව නිරුද්ධ වීමෙනුයි දුක නිරුද්ධ වෙන්නේ කියලයි මා කියන්නේ.

පින්වත් පුණ්ණ, කනෙන් දැනගත යුතු ශබ්ද තියෙනවා ....(පෙ).... නාසයෙන් දැනගත යුතු ගඳ සුවඳ තියෙනවා ....(පෙ).... දිවෙන් දැනගත යුතු රස තියෙනවා ....(පෙ).... කයෙන් දැනගත යුතු පහස තියෙනවා ....(පෙ).... පින්වත් පුණ්ණ, මනසින් දැනගත යුතු වූ සිත් ඇදගන්නා, ලස්සන, මනාප, ප්‍රිය ස්වරූප ඇති, කැමැත්ත ඇති කරවන, බැඳීම් හටගන්නා අරමුණු තියෙනවා. ඉතින් භික්ෂුව එය සතුටින් පිළිගන්නේ නෑ. එහි ගුණ කියන්නේ නෑ, එහි බැසගෙන ඉන්නෙත් නෑ, එතකොට එය සතුටින් නො පිළිගනිද්දී, එහි ගුණ නො කියද්දී, එහි බැසගෙන නො සිටිද්දී, ඔහුගේ තණ්හාව නිරුද්ධ වෙනවා. පින්වත් පුණ්ණ, තණ්හාව නිරුද්ධ වීමෙනුයි දුක නිරුද්ධ වෙන්නේ කියලයි මා කියන්නේ.

"පින්වත් පුණ්ණ, මා විසින් මේ අවවාදයෙන් සංක්ෂිප්තව අවවාද කරපු ඔබ කවර ජනපදයක වාසය කරන්ට ද යන්නේ?" "ස්වාමීනී, සුනාපරන්ත නමින් ජනපදයක් තියෙනවා. මම එහෙ තමයි වාසය කරන්නට යන්නේ." "පින්වත් පුණ්ණ, ඔය සුනාපරන්තයේ මිනිස්සු ප්‍රචණ්ඩයි. පින්වත් පුණ්ණ, ඔය සුනාපරන්තයේ මිනිස්සු පරුෂයි. පින්වත් පුණ්ණ, ඔය සුනාපරන්තයේ මිනිස්සු ඔබට ආක්‍රෝශ කරාවි, පරිභව කරාවි, එතකොට පුණ්ණ, ඔබට කුමක් හිතේවිද?" "ස්වාමීනී, ඉදින් සුනාපරන්තයේ මිනිස්සු මට ආක්‍රෝශ කළෝතින්, පරිභව කළෝතින්, ඒ ගැන මම මේ විදිහටයි හිතන්නේ. යම් කරුණකින් මේ උදවිය මට අතින් පයින් පහර නොදෙත් ද, සැබැවින් ම මේ සුනාපරන්තයේ මිනිස්සු නම් හරි යහපත් නොවැ. සැබැවින් ම මේ සුනාපරන්තයේ මිනිස්සු

නම් ඉතාමත් ම යහපත් නොවැ කියලයි. භාග්‍යවතුන් වහන්ස, ඒ ගැන මට හිතෙන්නේ ඔන්න ඔය විදිහටයි. සුගතයන් වහන්ස, ඒ ගැන මට හිතෙන්නේ ඔන්න ඔය විදිහටයි."

"පින්වත් පුණ්ණ, ඉතින් සුනාපරන්තයේ ඔය මිනිස්සු ඔබට අතින් පයින් පහර දේවි. එතකොට පුණ්ණ ඔබට කුමක් හිතේවිද?" "ස්වාමීනී, ඉදින් සුනාපරන්තයේ මිනිස්සු මට අතින් පයින් පහර දුන්නොත් ඒ ගැන මම හිතන්නේ මේ විදිහටයි. යම් කරුණකින් මේ උදවිය මට ගල්වලින් පහර නොදෙත් ද, සැබැවින් ම මේ සුනාපරන්තයේ මිනිස්සු නම් හරි යහපත් නොවැ. සැබැවින්ම මේ සුනාපරන්තයේ මිනිස්සු නම් ඉතාමත් ම යහපත් නොවැ කියලයි. භාග්‍යවතුන් වහන්ස, ඒ ගැන මට හිතෙන්නේ ඔන්න ඔය විදිහටයි. සුගතයන් වහන්ස, ඒ ගැන මට හිතෙන්නේ ඔන්න ඔය විදිහටයි."

"පින්වත් පුණ්ණ, ඉතින් සුනාපරන්තයේ ඔය මිනිස්සු ඔබට ගල්වලින් පහර දේවි. එතකොට පුණ්ණ ඔබට කුමක් හිතේවිද?" "ස්වාමීනී, ඉදින් සුනාපරන්තයේ මිනිස්සු මට ගල්වලින් පහර දුන්නොත් ඒ ගැන මම හිතන්නේ මේ විදිහටයි. යම් කරුණකින් මේ උදවිය මට දඬුමුගුරින් පහර නොදෙත් ද, සැබැවින් ම මේ සුනාපරන්තයේ මිනිස්සු නම් හරි යහපත් නොවැ. සැබැවින් ම මේ සුනාපරන්තයේ මිනිස්සු නම් ඉතාමත් ම යහපත් නොවැ කියලයි. භාග්‍යවතුන් වහන්ස, ඒ ගැන මට හිතෙන්නේ ඔන්න ඔය විදිහටයි. සුගතයන් වහන්ස, ඒ ගැන මට හිතෙන්නේ ඔන්න ඔය විදිහටයි."

"පින්වත් පුණ්ණ, ඉතින් සුනාපරන්තයේ ඔය මිනිස්සු ඔබට දඬුමුගුරින් පහර දේවි. එතකොට පුණ්ණ ඔබට කුමක් හිතේවිද?" "ස්වාමීනී, ඉදින් සුනාපරන්තයේ මිනිස්සු මට දඬුමුගුරින් පහර දුන්නොත් ඒ ගැන මම හිතන්නේ මේ විදිහටයි. යම් කරුණකින් මේ උදවිය මට ආයුධයෙන් පහර නොදෙත් ද, සැබැවින් ම මේ සුනාපරන්තයේ මිනිස්සු නම් හරි යහපත් නොවැ. සැබැවින් ම මේ සුනාපරන්තයේ මිනිස්සු නම් ඉතාමත් ම යහපත් නොවැ කියලයි. භාග්‍යවතුන් වහන්ස, ඒ ගැන මට හිතෙන්නේ ඔන්න ඔය විදිහටයි. සුගතයන් වහන්ස, ඒ ගැන මට හිතෙන්නේ ඔන්න ඔය විදිහටයි."

"පින්වත් පුණ්ණ, ඉතින් සුනාපරන්තයේ ඔය මිනිස්සු ඔබට ආයුධයෙන් පහර දේවි. එතකොට පුණ්ණ ඔබට කුමක් හිතේවිද?" "ස්වාමීනී, ඉදින් සුනාපරන්තයේ මිනිස්සු මට ආයුධයෙන් පහර දුන්නොත් ඒ ගැන මම හිතන්නේ මේ විදිහටයි. යම් කරුණකින් මේ උදවිය මට තියුණු ආයුධයකින් පහර දී මාව මරණයට පත් නො කරවත් ද, සැබැවින් ම මේ සුනාපරන්තයේ මිනිස්සු නම් හරි යහපත් නොවැ. සැබැවින් ම මේ සුනාපරන්තයේ මිනිස්සු

නම් ඉතාමත් ම යහපත් නොවැ කියලයි. භාග්‍යවතුන් වහන්ස, ඒ ගැන මට හිතෙන්නේ ඔන්න ඔය විදිහටයි. සුගතයන් වහන්ස, ඒ ගැන මට හිතෙන්නේ ඔන්න ඔය විදිහටයි."

"පින්වත් පුණ්ණ, ඉතින් සුනාපරන්තයේ ඔය මිනිස්සු ඔබට තියුණු ආයුධයකින් පහර දී මරා දමාවි. එතකොට පුණ්ණ ඔබට කුමක් හිතේවිද?" "ස්වාමීනී, ඉදින් සුනාපරන්තයේ මිනිස්සු මට තියුණු ආයුධයකින් පහර දී මරා දැමුවොත්, ඒ ගැන මම හිතන්නේ මේ විදිහටයි. භාග්‍යවතුන් වහන්සේගේ ශ්‍රාවකයෝ ඉන්නවා, කය ගැනත්, ජීවිතය ගැනත් හෙම්බත් වෙලා, ලැජ්ජා වෙලා, පිළිකුල ඇති වෙලා, (දිවි නසා ගැනීමට) ආයුධ පාවිච්චි කරන්නටත් ක්‍රම සොයනවා. ඉතින් මට මේ ආයුධයක් නොසොයාම ආයුධයක් මා කරා ඇවිදින් තියෙනවා. භාග්‍යවතුන් වහන්ස, ඒ ගැන මට හිතෙන්නේ ඔන්න ඔය විදිහටයි. සුගතයන් වහන්ස, ඒ ගැන මට හිතෙන්නේ ඔන්න ඔය විදිහටයි."

"සාදු! සාදු! පින්වත් පුණ්ණ, ඔබට ඔය දමනයෙන් සංසිඳීමෙන් යුක්ත වීම නිසා පින්වත් පුණ්ණ, සුනාපරන්ත ජනපදයේ වාසය කරන්නට පුළුවන් ම යි. පින්වත් පුණ්ණ, ඔබ යමකට දැන් සුදුසු කාලය දන්නවා."

ඉතින් ආයුෂ්මත් පුණ්ණ තෙරුන් භාග්‍යවතුන් වහන්සේ වදාළ දේශනාව සතුටින් පිළිඅරගෙන, සතුටින් අනුමෝදන් වෙලා, අසුනෙන් නැගිට භාග්‍යවතුන් වහන්සේට ආදරයෙන් වැඳ, පැදකුණු කොට, කුටිය අස්පස් කරලා, පාසිවුරුත් රැගෙන සුනාපරන්ත ජනපදයට චාරිකාවේ පිටත් වුණා. පිළිවෙළින් චාරිකාවේ වඩිමින් සුනාපරන්ත ජනපදය යම් තැනක ද එහි වාසය කළා. දැන් ආයුෂ්මත් පුණ්ණ තෙරුන් ඒ සුනාපරන්ත ජනපදයේ තමයි වාසය කරන්නේ.

ඉතින් ආයුෂ්මත් පුණ්ණ තෙරුන් ඒ අවුරුද්ද ඇතුළත දී ම පන්සියයක් පමණ උපාසකවරුන්ට චතුරාර්ය සත්‍ය ධර්මය අවබෝධ කෙරෙව්වා. ඒ අවුරුද්ද ඇතුළත දී ම පන්සියයක් පමණ උපාසිකාවන්ට චතුරාර්ය සත්‍ය ධර්මය අවබෝධ කෙරෙව්වා. ඒ අවුරුද්ද ඇතුළත දී ම ත්‍රිවිද්‍යාවත් (පෙර විසූ ජීවිත දකිනා නුවණ, සත්වයන්ගේ චුතිය උපත දන්නා නුවණ, ආශ්‍රවයන් ක්ෂය කළ බව දන්නා නුවණ) සාක්ෂාත් කළා. ඒ අවුරුද්ද ඇතුළත දී ම පිරිනිවන් පෑවා.

එතකොට බොහෝ භික්ෂූන් භාග්‍යවතුන් වහන්සේ වැඩසිටි තැනට පැමිණුනා ....(පෙ).... එකත්පස්ව වාඩි වුණ ඒ භික්ෂූන්, භාග්‍යවතුන් වහන්සේ ගෙන් මෙකරුණ විමසුවා. ස්වාමීනී, භාග්‍යවතුන් වහන්සේ විසින් සංක්ෂිප්තව

අවවාදයකින් අවවාද කරපු යම් ඒ පුණ්ණ නම් කුල පුත්‍රයෙක් සිටියා නොවැ. ඔහු කළුරිය කළා. ඔහුගේ ගතිය කුමක්ද? පරලොව ජීවිතය කුමක්ද? පින්වත් මහණෙනි, පුණ්ණ කුල පුත්‍රයා හොඳ නුවණින් යුක්තයි. ධර්මානුකූලව ම ජීවත් වුණා. ධර්මයෙන් ප්‍රශ්න හදාගෙන මාව වෙහෙසට පත් කළේ නෑ. පින්වත් මහණෙනි, පුණ්ණ කුල පුත්‍රයා පිරිනිවන් පෑවා.

සාදු! සාදු!! සාදු!!!

පුණ්ණ සූත්‍රය නිමා විය.

1.9.6
බාහිය සූත්‍රය
බාහිය තෙරුන්ට වදාළ දෙසුම

එදා ආයුෂ්මත් බාහිය තෙරුන් භාග්‍යවතුන් වහන්සේ වැඩසිටි තැනට පැමිණුනා ....(පෙ).... එකත්පස්ව වාඩිවුණු ආයුෂ්මත් බාහිය තෙරුන් භාග්‍යවතුන් වහන්සේට මෙකරුණ සැල කළා. ස්වාමීනී, භාග්‍යවතුන් වහන්ස, මා හට සංක්ෂේපයෙන් ශ්‍රී සද්ධර්මය වදාරණ සේක් නම් මැනවි. එතකොට මට භාග්‍යවතුන් වහන්සේගෙන් යම් ධර්මයක් අසා දැනගෙන හුදෙකලා වෙලා, පිරිසෙන් වෙන් වෙලා, අප්‍රමාදීව, කෙලෙස් තවන වීර්යය ඇතිව, දහමට දිවි පුදා වාසය කරන්න පුළුවනි.

පින්වත් බාහිය, මේ ගැන ඔබ කුමක්ද සිතන්නේ? ඇස නිත්‍යයි ද? අනිත්‍යයි ද? ස්වාමීනී, අනිත්‍යයි. යමක් වනාහි අනිත්‍ය නම්, එය දුකයි ද? සැපයි ද? ස්වාමීනී, දුකයි. යමක් වනාහි අනිත්‍ය නම්, දුක නම්, වෙනස් වන ස්වභාවයෙන් යුතු නම්, එය 'මේක මගේ, මේක තමයි මම, මේ තමයි මගේ ආත්මය' වශයෙන් දකින එක සුදුසුද? ස්වාමීනී, එය සුදුසු නැත.

රූප නිත්‍යයි ද? අනිත්‍යයි ද? ස්වාමීනී, අනිත්‍යයි ....(පෙ).... ඇසේ විඤ්ඤාණය නිත්‍යයි ද? අනිත්‍යයි ද? ස්වාමීනී, අනිත්‍යයි ....(පෙ).... ඇසේ ස්පර්ශය නිත්‍යයි ද? අනිත්‍යයි ද? ස්වාමීනී, අනිත්‍යයි ....(පෙ).... මනසේ ස්පර්ශයෙන් උපදින්නා වූ සැප වේවා, දුක් වේවා, දුක් සැප රහිත වේවා යම් විඳීමක් ඇත්ද එයත් නිත්‍යයි ද? අනිත්‍යයි ද? ස්වාමීනී, අනිත්‍යයි. යමක් වනාහි අනිත්‍ය නම්, එය දුකයි ද? සැපයි ද? ස්වාමීනී, දුකයි. යමක් වනාහි අනිත්‍ය නම්, දුක නම්, වෙනස් වන ස්වභාවයෙන් යුතු නම්, එය 'මේක මගේ, මේක

තමයි මම, මේ තමයි මගේ ආත්මය' වශයෙන් දකින එක සුදුසුද? ස්වාමීනී, එය සුදුසු නැත.

පින්වත් බාහිය, ශ්‍රැතවත් ආර්ය ශ්‍රාවකයා ඔය අයුරින් දකින විට ඇස ගැනත් සත්‍ය ස්වභාවය අවබෝධ වීම තුළින් ම කලකිරෙනවා. රූප ගැනත් සත්‍ය ස්වභාවය අවබෝධ වීම තුළින් ම කලකිරෙනවා. ඇසේ විඤ්ඤාණය ගැනත් සත්‍ය ස්වභාවය අවබෝධ වීම තුළින් ම කලකිරෙනවා. ඇසේ ස්පර්ශය ගැනත් සත්‍ය ස්වභාවය අවබෝධ වීම තුළින් ම කලකිරෙනවා ....(පෙ).... මනසේ ස්පර්ශයෙන් උපදින්නා වූ සැපක් වේවා, දුකක් වේවා, දුක් සැප රහිත වේවා යම් විඳීමක් ඇත්නම් ඒ ගැනත් සත්‍ය ස්වභාවය අවබෝධ වීම තුළින් ම කලකිරෙනවා. කලකිරුණු විට ඒ කෙරෙහි තිබුණ ඇල්ම නැතුව යනවා. ඇල්ම නැතිවීම නිසා එයින් නිදහස් වෙනවා. නිදහස් වූ විට නිදහස් වූ බවට අවබෝධ ඤාණය ඇති වෙනවා. 'ඉපදීම ක්ෂය වුණා, බඹසර වාසය සම්පූර්ණ කළා, නිවන් පිණිස කළ යුතු දේ කළා, නිවන පිණිස කළයුතු වෙනත් දෙයක් නැත්තේම' යැයි අවබෝධයෙන් ම දැනගන්නවා.

එතකොට ආයුෂ්මත් බාහිය තෙරුන් භාග්‍යවතුන් වහන්සේ විසින් වදාරණ ලද ධර්මාවවාදය සතුටින් පිළි අරගත්තා. සතුටින් අනුමෝදන් වුණා. ආසනයෙන් නැගිටලා භාග්‍යවතුන් වහන්සේට ආදරයෙන් වන්දනා කළා. පැදකුණු කරලා පිටත් වෙලා ගියා. ඉතින් ආයුෂ්මත් බාහිය තෙරුන් හුදෙකලා වුණා. පිරිසෙන් වෙන් වුණා. අප්‍රමාදී වුණා. කෙලෙස් තවන වීර්යයෙන් යුතු වුණා. දහමට දිවි පුදා ධර්මයේ හැසිරෙනකොට යම් කුල පුත්‍රයෝ යම් කිසි ලොව්තුරු අපේක්ෂාවකින් මනා කොට ගිහි ජීවිතය අත් හැරලා බුදු සසුනේ පැවිදි වුණා ද, අන්න ඒ උත්තරීතර බඹසර පූර්ණත්වය වන අමා නිවන මේ ජීවිතයේදී ම නොබෝ කලකින්ම විශේෂ ඤාණයකින් යුතුව අවබෝධ කරගෙන පැමිණ වාසය කළා. 'ඉපදීම ක්ෂය වුණා, බඹසර වාසය සම්පූර්ණ කර ගත්තා, නිවන පිණිස කළ යුතු දේ කරගත්තා, නිවන පිණිස කළ යුතු වෙන දෙයක් නැත්තේම'යැයි අවබෝධ වුණා. ආයුෂ්මත් බාහිය තෙරුන් එක්තරා රහතන් වහන්සේ නමක් බවට පත්වුණා.

සාදු! සාදු!! සාදු!!!

බාහිය සූත්‍රය නිමා විය.

1.9.7
ඒජා සූත්‍රය
තණ්හාව ගැන වදාළ දෙසුම

පින්වත් මහණෙනි, තණ්හාව රෝගයක්, තණ්හාව සැරව ගලන ගෙඩියක්, තණ්හාව හුලක්. ඒ නිසා පින්වත් මහණෙනි, තථාගතයන් වහන්සේ තණ්හාවක් නැතුව හුල් රහිතවයි ඉන්නේ. ඒ නිසා පින්වත් මහණෙනි, ඉදින් භික්ෂුවත් තණ්හාවක් නැතුව හුල් රහිතව ඉන්ට කැමති වෙනවා නම්, ඇස මම කියා මමත්වයෙන් හිතන්නේ නෑ. ඇස තුළ මම ඉන්නවා කියා මමත්වයෙන් හිතන්නේ නෑ. ඇසෙන් බාහිරව මම ඉන්නවා කියා මමත්වයෙන් හිතන්නේ නෑ. ඇස මගේ කියා මමත්වයෙන් හිතන්නේ නෑ. රූප මම කියා මමත්වයෙන් හිතන්නේ නෑ. රූප තුළ මම ඉන්නවා කියා මමත්වයෙන් හිතන්නේ නෑ. රූපවලින් බාහිරව මම ඉන්නවා කියා මමත්වයෙන් හිතන්නේ නෑ. රූප මගේ කියා මමත්වයෙන් හිතන්නේ නෑ. ඇසේ විඤ්ඤාණය මම කියා මමත්වයෙන් හිතන්නේ නෑ. ඇසේ විඤ්ඤාණය තුළ මම ඉන්නවා කියා මමත්වයෙන් හිතන්නේ නෑ. ඇසේ විඤ්ඤාණයෙන් බාහිරව මම ඉන්නවා කියා මමත්වයෙන් හිතන්නේ නෑ. ඇසේ විඤ්ඤාණය මගේ කියා මමත්වයෙන් හිතන්නේ නෑ. ඇසේ ස්පර්ශය මම කියා මමත්වයෙන් හිතන්නේ නෑ. ඇසේ ස්පර්ශය තුළ මම ඉන්නවා කියා මමත්වයෙන් හිතන්නේ නෑ. ඇසේ ස්පර්ශයෙන් බාහිරව මම ඉන්නවා කියා මමත්වයෙන් හිතන්නේ නෑ. ඇසේ ස්පර්ශය මගේ කියා මමත්වයෙන් හිතන්නේ නෑ. ඇසේ ස්පර්ශයෙන් උපදින්නා වූ සැප වේවා, දුක් වේවා, දුක් සැප රහිත වේවා යම් විඳීමක් ඇත්නම් එයත් මම කියා මමත්වයෙන් හිතන්නේ නෑ. ඒ තුළ මම ඉන්නවා කියා මමත්වයෙන් හිතන්නේ නෑ. ඒ දෙයින් බාහිරව මම ඉන්නවා කියා මමත්වයෙන් හිතන්නේ නෑ. එය මගේ කියා මමත්වයෙන් හිතන්නේ නෑ.

කන මම කියා මමත්වයෙන් හිතන්නේ නෑ. කන තුළ මම ඉන්නවා කියලා මමත්වයෙන් හිතන්නේ නෑ ....(පෙ).... නාසය මම කියා මමත්වයෙන් හිතන්නේ නෑ නාසය තුළ මම ඉන්නවා කියලා මමත්වයෙන් හිතන්නේ නෑ. ....(පෙ).... දිව මම කියා මමත්වයෙන් හිතන්නේ නෑ. දිව තුළ මම ඉන්නවා කියලා මමත්වයෙන් හිතන්නේ නෑ. දිවෙන් බාහිරව මම ඉන්නවා කියා මමත්වයෙන් හිතන්නේ නෑ. දිව මගේ කියා මමත්වයෙන් හිතන්නේ නෑ. රස මම කියා මමත්වයෙන් හිතන්නේ නෑ ....(පෙ).... දිවේ විඤ්ඤාණය මම කියා මමත්වයෙන් හිතන්නේ නෑ ....(පෙ).... දිවේ ස්පර්ශය මම කියා මමත්වයෙන්

හිතන්නේ නෑ ....(පෙ).... දිවේ ස්පර්ශයෙන් උපදින්නා වූ සැප වේවා, දුක් වේවා, දුක් සැප රහිත වේවා යම් විඳීමක් ඇත්නම් එයත් මම කියා මමත්වයෙන් හිතන්නේ නෑ. ඒ තුළ මම ඉන්නවා කියා මමත්වයෙන් හිතන්නේ නෑ. ඒ දෙයින් බාහිරව මම ඉන්නවා කියා මමත්වයෙන් හිතන්නේ නෑ. එය මගේ කියා මමත්වයෙන් හිතන්නේ නෑ.

කය මම කියා මමත්වයෙන් හිතන්නේ නෑ ....(පෙ).... මනස මම කියා මමත්වයෙන් හිතන්නේ නෑ. මනස තුළ මම ඉන්නවා කියා මමත්වයෙන් හිතන්නේ නෑ. මනසින් බාහිරව මම ඉන්නවා කියා මමත්වයෙන් හිතන්නේ නෑ. මනස මගේ කියා මමත්වයෙන් හිතන්නේ නෑ. අරමුණු මම කියා මමත්වයෙන් හිතන්නේ නෑ ....(පෙ).... මනෝ විඤ්ඤාණය මම කියා මමත්වයෙන් හිතන්නේ නෑ ....(පෙ).... මනසේ ස්පර්ශය මම කියා මමත්වයෙන් හිතන්නේ නෑ ....(පෙ).... මනසේ ස්පර්ශයෙන් උපදින්නා වූ සැප වේවා, දුක් වේවා, දුක් සැප රහිත වේවා යම් විඳීමක් ඇත්නම් එයත් මම කියා මමත්වයෙන් හිතන්නේ නෑ. ඒ තුළ මම ඉන්නවා කියා මමත්වයෙන් හිතන්නේ නෑ. ඒ දෙයින් බාහිරව මම ඉන්නවා කියා මමත්වයෙන් හිතන්නේ නෑ. එය මගේ කියා මමත්වයෙන් හිතන්නේ නෑ. සියල්ල මම කියා මමත්වයෙන් හිතන්නේ නෑ. සියල්ල තුළ මම ඉන්නවා කියා මමත්වයෙන් හිතන්නේ නෑ. සියල්ලෙන් බාහිරව මම ඉන්නවා කියා මමත්වයෙන් හිතන්නේ නෑ. සියල්ල මගේ කියා මමත්වයෙන් හිතන්නේ නෑ.

ඔහු ඔය ආකාරයෙන් මමත්වයෙන් නොසිතන විට, ලෝකයෙහි කිසිවකට බැඳෙන්නේ නෑ. නොබැඳෙන විට තැති ගැනීමක් ඇති වන්නේ නෑ. තැතිගැනීම් රහිත වන විට තමා තුළ ම පිරිනිවී යනවා. 'ඉපදීම ක්ෂය වුණා. බඹසර වාසය සම්පූර්ණ කළා. නිවන පිණිස කළ යුතු දෙය කළා. නිවන පිණිස කළ යුතු වෙන දෙයක් නැතැ'යි අවබෝධයෙන් ම දැනගන්නවා.

සාදු! සාදු!! සාදු!!!

ඒජා සූත්‍රය නිමා විය.

1.9.8
දුතිය ඒජා සූත්‍රය
තණ්හාව ගැන වදාළ දෙවෙනි දෙසුම

පින්වත් මහණෙනි, තණ්හාව රෝගයක්, තණ්හාව සැරව ගලන ගෙඩියක්, තණ්හාව හුලක්. ඒ නිසා පින්වත් මහණෙනි, තථාගතයන් වහන්සේ තණ්හාවක් නැතුව හුල් රහිතව යි ඉන්නේ. ඒ නිසා පින්වත් මහණෙනි, ඉදින් භික්ෂුවත් තණ්හාව නැතුව හුල් රහිතව ඉන්ට කැමති වෙනවා නම්, ඇස මම කියා මමත්වයෙන් හිතන්නේ නෑ. ඇස තුළ මම ඉන්නවා කියා මමත්වයෙන් හිතන්නේ නෑ. ඇසෙන් බාහිරව මම ඉන්නවා කියා මමත්වයෙන් හිතන්නේ නෑ. ඇස මගේ කියා මමත්වයෙන් හිතන්නේ නෑ. රූප මම කියා මමත්වයෙන් හිතන්නේ නෑ ....(පෙ).... ඇසේ විඤ්ඤාණය මම කියා මමත්වයෙන් හිතන්නේ නෑ ....(පෙ).... ඇසේ ස්පර්ශය මම කියා මමත්වයෙන් හිතන්නේ නෑ ....(පෙ).... ඇසේ ස්පර්ශයෙන් උපදින්නා වූ සැප වේවා, දුක් වේවා, දුක් සැප රහිත වේවා යම් විඳීමක් ඇත්නම් එයත් මම කියා මමත්වයෙන් හිතන්නේ නෑ. ඒ තුළ මම ඉන්නවා කියා මමත්වයෙන් හිතන්නේ නෑ. ඒ දෙයින් බාහිරව මම ඉන්නවා කියා මමත්වයෙන් හිතන්නේ නෑ. එය මගේ කියා මමත්වයෙන් හිතන්නේ නෑ. පින්වත් මහණෙනි, යම් දෙයක් මම කියා මමත්වයෙන් හිතනවා නම්, යම් දෙයක් තුළ මම ඉන්නවා කියා මමත්වයෙන් හිතනවා නම්, යම් දෙයකින් බැහැරව මම ඉන්නවා කියා මමත්වයෙන් හිතනවා නම්, යම් දෙයක් මගේ කියා මමත්වයෙන් හිතනවා නම් එයට වෙනස් දෙයක් ම යි වෙන්නේ. වෙනස්වන ස්වභාවයට පත් වෙන්නා වූ භවයට ඇලී සිටින ලෝකයා සතුටින් පිළිගන්නේත් භවය ම යි.

කන මම කියා මමත්වයෙන් හිතන්නේ නෑ ....(පෙ).... නාසය මම කියා මමත්වයෙන් හිතන්නේ නෑ ....(පෙ).... දිව මම කියා මමත්වයෙන් හිතන්නේ නෑ. දිව තුළ මම ඉන්නවා කියලා මමත්වයෙන් හිතන්නේ නෑ. දිවෙන් බාහිරව මම ඉන්නවා කියා මමත්වයෙන් හිතන්නේ නෑ. දිව මගේ කියා මමත්වයෙන් හිතන්නේ නෑ. රස මම කියා මමත්වයෙන් හිතන්නේ නෑ ....(පෙ).... දිවේ විඤ්ඤාණය මම කියා මමත්වයෙන් හිතන්නේ නෑ ....(පෙ).... දිවේ ස්පර්ශය මම කියා මමත්වයෙන් හිතන්නේ නෑ ....(පෙ).... දිවේ ස්පර්ශයෙන් උපදින්නා වූ සැප වේවා, දුක් වේවා, දුක් සැප රහිත වේවා යම් විඳීමක් ඇත්නම් එයත් මම කියා මමත්වයෙන් හිතන්නේ නෑ. ඒ තුළ මම ඉන්නවා කියා මමත්වයෙන් හිතන්නේ නෑ. ඒ දෙයින් බාහිරව මම ඉන්නවා කියා මමත්වයෙන් හිතන්නේ

නෑ. එය මගේ කියා මමත්වයෙන් හිතන්නේ නෑ. පින්වත් මහණෙනි, යම් දෙයක් මම කියා මමත්වයෙන් හිතනවා නම්, යම් දෙයක් තුළ මම ඉන්නවා කියා මමත්වයෙන් හිතනවා නම්, යම් දෙයකින් බැහැරව මම ඉන්නවා කියා මමත්වයෙන් හිතනවා නම්, යම් දෙයක් මගේ කියා මමත්වයෙන් හිතනවා නම් එයට වෙනස් දෙයක් ම යි වෙන්නේ. වෙනස්වන ස්වභාවයට පත් වෙන්නා වූ භවයට ඇලී සිටින ලෝකයා සතුටින් පිළි ගන්නේත් භවය ම යි.

කය මම කියා මමත්වයෙන් හිතන්නේ නෑ ....(පෙ).... මනස මම කියා මමත්වයෙන් හිතන්නේ නෑ. මනස තුළ මම ඉන්නවා කියා මමත්වයෙන් හිතන්නේ නෑ. මනසින් බාහිරව මම ඉන්නවා කියා මමත්වයෙන් හිතන්නේ නෑ. මනස මගේ කියා මමත්වයෙන් හිතන්නේ නෑ. අරමුණු මම කියා මමත්වයෙන් හිතන්නේ නෑ ....(පෙ).... මනෝ විඤ්ඤාණය මම කියා මමත්වයෙන් හිතන්නේ නෑ ....(පෙ).... මනසේ ස්පර්ශය මම කියා මමත්වයෙන් හිතන්නේ නෑ ....(පෙ).... මනසේ ස්පර්ශයෙන් උපදින්නා වූ සැප වේවා, දුක් වේවා, දුක් සැප රහිත වේවා යම් විඳීමක් ඇත්නම් එයත් මම කියා මමත්වයෙන් හිතන්නේ නෑ. ඒ තුළ මම ඉන්නවා කියා මමත්වයෙන් හිතන්නේ නෑ. ඒ දෙයින් බාහිරව මම ඉන්නවා කියා මමත්වයෙන් හිතන්නේ නෑ. එය මගේ කියා මමත්වයෙන් හිතන්නේ නෑ. පින්වත් මහණෙනි, යම් දෙයක් මම කියා මමත්වයෙන් හිතනවා නම්, යම් දෙයක් තුළ මම ඉන්නවා කියා මමත්වයෙන් හිතනවා නම්, යම් දෙයකින් බැහැරව මම ඉන්නවා කියා මමත්වයෙන් හිතනවා නම්, යම් දෙයක් මගේ කියා මමත්වයෙන් හිතනවා නම් එයට වෙනස් දෙයක් ම යි වෙන්නේ. වෙනස්වන ස්වභාවයට පත් වෙන්නා වූ භවයට ඇලී සිටින ලෝකයා සතුටින් පිළිගන්නේත් භවය ම යි.

පින්වත් මහණෙනි, ස්කන්ධ - ධාතු - ආයතන යම්තාක් ඇත්ද, එයත් මම කියා මමත්වයෙන් හිතන්නේ නෑ. ඒ තුළ මම ඉන්නවා කියා මමත්වයෙන් හිතන්නේ නෑ. ඒ දෙයින් බාහිරව මම ඉන්නවා කියා මමත්වයෙන් හිතන්නේ නෑ. එය මගේ කියා මමත්වයෙන් හිතන්නේ නෑ. ඔහු ඔය ආකාරයෙන් මමත්වයෙන් නොසිතන විට ලෝකයෙහි කිසිවකට බැඳෙන්නේ නෑ. නොබැඳෙන විට තැතිගැනීමක් ඇති වෙන්නේ නෑ. තැතිගැනීම් රහිත වන විට තමා තුළ ම පිරිනිවී යනවා. 'ඉපදීම ක්ෂය වුණා. බඹසර වාසය සම්පූර්ණ කළා. නිවන පිණිස කළ යුතු දෙය කළා. නිවන පිණිස කළ යුතු වෙන දෙයක් නැතැ'යි අවබෝධයෙන් ම දැනගන්නවා.

සාදු! සාදු!! සාදු!!!

දුතිය ඒජා සූත්‍රය නිමා විය.

1.9.9
ද්වය සූත්‍රය
දෙකක් මුල් කොට වදාළ දෙසුම

පින්වත් මහණෙනි, මා ඔබට දේශනා කරන්නට යන්නේ දෙකක් ගැනයි. එය සවන් යොමා අසන්න. පින්වත් මහණෙනි, දෙක යනු කුමක්ද? ඇසත් රූපත් ය, කනත් ශබ්දත් ය, නාසයත් ගඳ-සුවඳත් ය, දිවත් රසයත් ය, කයත් පහසත් ය, මනසත් මනසට අරමුණු වන දේත් ය. පින්වත් මහණෙනි, දෙකයි කියන්නේ මෙයට යි.

පින්වත් මහණෙනි, යම් කෙනෙක් මේ විදිහට කිව්වොත්, 'මම මේ දෙක ප්‍රතික්ෂේප කොට වෙන දෙකක් පණවන්නෙමි' කියා, එය සීමා වෙන්නේ ඔහුගේ වචනවලට විතරයි. කරුණු විමසද්දී පිළිතුරු සොයා ගන්ට බැරිව යනවා. ඉස්සරහට ලොකු කරදරයක වැටෙනවා. එයට හේතුව කුමක්ද? පින්වත් මහණෙනි, තමන්ට විෂය නැති දේවල් කතා කරන්න ගියහම ඒක තමයි සිදුවන්නේ.

සාදු! සාදු!! සාදු!!!

ද්වය සූත්‍රය නිමා විය.

1.9.10
දුතිය ද්වය සූත්‍රය
දෙකක් මුල් කොට වදාළ දෙවෙනි දෙසුම

පින්වත් මහණෙනි, දෙකක් හේතු කරගෙනයි විඤ්ඤාණය හටගන්නේ. පින්වත් මහණෙනි, දෙකක් හේතු කරගෙන විඤ්ඤාණය හටගන්නේ කොහොමද? ඇසත් රූපත් නිසා ඇසේ විඤ්ඤාණය උපදිනවා. ඇස අනිත්‍යයි. වෙනස් වෙනවා. වෙනත් ස්වභාවයකට පත්වෙනවා. රූප අනිත්‍යයි. වෙනස් වෙනවා. වෙනත් ස්වභාවයකට පත්වෙනවා. ඔය විදිහට මේ දෙක ම සැලෙනවා. වැනසෙනවා. අනිත්‍යයි. වෙනස් වෙනවා. වෙනත් ස්වභාවයකට පත්වෙනවා. ඇසේ විඤ්ඤාණය අනිත්‍යයි. වෙනස් වෙනවා. වෙනත් ස්වභාවයකට පත් වෙනවා. ඇසේ විඤ්ඤාණය හටගැනීම පිණිස යමක් හේතු වුණා ද, යමක් ප්‍රත්‍ය වුණා ද, ඒ හේතුවත්, ඒ ප්‍රත්‍යයත් අනිත්‍යයි. වෙනස් වෙනවා. වෙනත්

ස්වභාවයකට පත් වෙනවා. පින්වත් මහණෙනි, අනිත්‍ය වූ හේතුන්ගෙන් උපන් ඇසේ විඤ්ඤාණය කොහොම නම් නිත්‍ය වන්ටද?

පින්වත් මහණෙනි, (ඇසත්, රූපත්, ඇසේ විඤ්ඤාණයත් යන) මේ කරුණු තුනේ යම් එකතුවක්, එක්රැස් වීමක්, එකට එක් වීමක් ඇත්ද, පින්වත් මහණෙනි, මෙයට තමයි ඇසේ ස්පර්ශය කියලා කියන්නේ. ඇසේ ස්පර්ශයත් අනිත්‍යයි. වෙනස් වෙනවා. වෙනත් ස්වභාවයකට පත්වෙනවා. ඇසේ ස්පර්ශය හටගැනීම පිණිස යමක් හේතු වුණා ද, යමක් ප්‍රත්‍ය වුණා ද, ඒ හේතුවත්, ඒ ප්‍රත්‍යයත් අනිත්‍යයි. වෙනස් වෙනවා. වෙනත් ස්වභාවයකට පත් වෙනවා. පින්වත් මහණෙනි, අනිත්‍ය වූ හේතුන්ගෙන් උපන් ඇසේ ස්පර්ශය කොහොම නම් නිත්‍ය වන්ටද? පින්වත් මහණෙනි, ස්පර්ශය ඇති වුණාම තමයි විඳින්නේ. ස්පර්ශය ඇති වුණාම තමයි හඳුනාගන්නේ. ස්පර්ශය ඇති වුණාම තමයි චේතනා පහළ කරන්නේ. ඔය විදිහට මේ දේවලුත් සැලෙනවා. වැනසෙනවා. අනිත්‍යයි, වෙනස් වෙනවා, වෙනත් ස්වභාවයකට පත් වෙනවා.

කනත්, ශබ්දත් නිසා කනේ විඤ්ඤාණය උපදිනවා ....(පෙ).... නාසයත්, ගඳ-සුවඳත් නිසා නාසයේ විඤ්ඤාණය උපදිනවා ....(පෙ).... දිවත්, රසත් නිසා දිවේ විඤ්ඤාණය උපදිනවා. දිව අනිත්‍යයි. වෙනස් වෙනවා. වෙනත් ස්වභාවයකට පත්වෙනවා. රස අනිත්‍යයි. වෙනස් වෙනවා. වෙනත් ස්වභාවයකට පත් වෙනවා. ඔය විදිහට මේ දෙක ම සැලෙනවා. වැනසෙනවා. අනිත්‍යයි. වෙනස් වෙනවා. වෙනත් ස්වභාවයකට පත්වෙනවා. දිවේ විඤ්ඤාණය අනිත්‍යයි. වෙනස් වෙනවා. වෙනත් ස්වභාවයකට පත් වෙනවා. දිවේ විඤ්ඤාණය හටගැනීම පිණිස යමක් හේතු වුණාද, යමක් ප්‍රත්‍ය වුණාද, ඒ හේතුවත්, ඒ ප්‍රත්‍යයත් අනිත්‍යයි. වෙනස් වෙනවා. වෙනත් ස්වභාවයකට පත් වෙනවා. පින්වත් මහණෙනි, අනිත්‍ය වූ හේතුන්ගෙන් උපන් දිවේ විඤ්ඤාණය කොහොම නම් නිත්‍ය වන්ටද?

පින්වත් මහණෙනි, මේ කරුණු තුනේ යම් එකතුවක්, එක්රැස් වීමක්, එකට එක්වීමක් ඇත්ද, පින්වත් මහණෙනි, මෙයට තමයි දිවේ ස්පර්ශය කියලා කියන්නේ. දිවේ ස්පර්ශයත් අනිත්‍යයි. වෙනස් වෙනවා. වෙනත් ස්වභාවයකට පත්වෙනවා. දිවේ ස්පර්ශය හටගැනීම පිණිස යමක් හේතු වුණා ද, යමක් ප්‍රත්‍ය වුණාද, ඒ හේතුවත්, ඒ ප්‍රත්‍යයත් අනිත්‍යයි. වෙනස් වෙනවා. වෙනත් ස්වභාවයකට පත් වෙනවා. පින්වත් මහණෙනි, අනිත්‍ය වූ හේතුන්ගෙන් උපන් දිවේ ස්පර්ශය කොහොම නම් නිත්‍ය වන්ටද? පින්වත් මහණෙනි, ස්පර්ශය ඇති වුණාම තමයි විඳින්නේ. ස්පර්ශය ඇති වුණාම තමයි හඳුනා ගන්නේ. ස්පර්ශය ඇති වුණාම තමයි චේතනා පහළ කරන්නේ. ඔය විදිහට

මේ දේවලුත් සැලෙනවා. වැනසෙනවා. අනිත්‍යයි, වෙනස් වෙනවා, වෙනත් ස්වභාවයකට පත් වෙනවා.

කයත්, පහසත් නිසා කයේ විඤ්ඤාණය උපදිනවා ....(පෙ).... මනසත්, මනසට සිතෙන අරමුණුත් නිසා මනසේ විඤ්ඤාණය උපදිනවා. මනස අනිත්‍යයි. වෙනස් වෙනවා. වෙනත් ස්වභාවයකට පත්වෙනවා. මනසට සිතෙන අරමුණු අනිත්‍යයි. වෙනස් වෙනවා. වෙනත් ස්වභාවයකට පත් වෙනවා. ඔය විදිහට මේ දෙක ම සැලෙනවා. වැනසෙනවා. අනිත්‍යයි. වෙනස් වෙනවා. වෙනත් ස්වභාවයකට පත්වෙනවා. මනසේ විඤ්ඤාණය අනිත්‍යයි. වෙනස් වෙනවා. වෙනත් ස්වභාවයකට පත් වෙනවා. මනසේ විඤ්ඤාණය හටගැනීම පිණිස යමක් හේතු වුණා ද, යමක් ප්‍රත්‍ය වුණා ද, ඒ හේතුවත්, ඒ ප්‍රත්‍යයත් අනිත්‍යයි. වෙනස් වෙනවා. වෙනත් ස්වභාවයකට පත් වෙනවා. පින්වත් මහණෙනි, අනිත්‍ය වූ හේතුන්ගෙන් උපන් මනසේ විඤ්ඤාණය කොහොම නම් නිත්‍ය වන්ටද?

පින්වත් මහණෙනි, (මනසත්, මනසට සිතෙන අරමුණුත්, මනසේ විඤ්ඤාණයත් යන) මේ කරුණු තුනේ යම් එකතුවක්, එක්රැස් වීමක්, එකට එක්වීමක් ඇත්ද, පින්වත් මහණෙනි, මෙයට තමයි මනසේ ස්පර්ශය කියලා කියන්නේ. මනසේ ස්පර්ශයත් අනිත්‍යයි. වෙනස් වෙනවා. වෙනත් ස්වභාවයකට පත්වෙනවා. මනසේ ස්පර්ශය හටගැනීම පිණිස යමක් හේතු වුණා ද, යමක් ප්‍රත්‍ය වුණා ද, ඒ හේතුවත්, ඒ ප්‍රත්‍යයත් අනිත්‍යයි. වෙනස් වෙනවා. වෙනත් ස්වභාවයකට පත් වෙනවා. පින්වත් මහණෙනි, අනිත්‍ය වූ හේතුන්ගෙන් උපන් මනසේ ස්පර්ශය කොහොම නම් නිත්‍ය වන්ටද? පින්වත් මහණෙනි, ස්පර්ශය ඇති වුණාම තමයි විඳින්නේ. ස්පර්ශය ඇති වුණාම තමයි හඳුනාගන්නේ. ස්පර්ශය ඇති වුණාම තමයි චේතනා පහළ කරන්නේ. ඔය විදිහට මේ දේවලුත් සැලෙනවා. වැනසෙනවා. අනිත්‍යයි, වෙනස් වෙනවා, වෙනත් ස්වභාවයකට පත් වෙනවා. පින්වත් මහණෙනි, දෙකක් හේතු කරගෙන විඤ්ඤාණය හටගන්නේ ඔය ආකාරයට යි.

සාදු! සාදු!! සාදු!!!

දුතිය ද්වය සූත්‍රය නිමා විය.

නවවෙනි ඡන්න වර්ගය යි.

- එහි පිළිවෙළ උද්දානය යි.

පලෝක සූත්‍රය, සුඤ්ඤලෝක සූත්‍රය, සංඛිත්තධම්ම සූත්‍රය, ඡන්න සූත්‍රය, පුණ්ණ සූත්‍රය, බාහිය සූත්‍රය, ඒජා සූත්‍ර දෙක, ද්වය සූත්‍ර දෙක වශයෙන් මෙම වර්ගය යුක්ත ය.

10. ඡළ වර්ගය

1.10.1
ඡ ඵස්සායතන සූත්‍රය
ස්පර්ශ ආයතන හය ගැන වදාළ දෙසුම

පින්වත් මහණෙනි, මේ ස්පර්ශ ආයතන හය දමනය නො කළොත්, අකුසලයෙන් වළකා නො ගත්තොත්, රැක නො ගත්තොත්, අසංවර වුණොත්, බොහෝ දුක් ම යි ඇති කරදෙන්නේ. මේ ආයතන හය කුමක්ද?

පින්වත් මහණෙනි, ඇස නම් වූ ස්පර්ශ ආයතනය දමනය නො කළොත්, අකුසලයෙන් වළකා නො ගත්තොත්, රැක නො ගත්තොත්, අසංවර වුණොත්, බොහෝ දුක් ම යි ඇති කරදෙන්නේ. පින්වත් මහණෙනි, කන නම් වූ ස්පර්ශ ආයතනය ....(පෙ).... පින්වත් මහණෙනි, නාසය නම් වූ ස්පර්ශ ආයතනය ....(පෙ).... පින්වත් මහණෙනි, දිව නම් වූ ස්පර්ශ ආයතනය දමනය නො කළොත්, අකුසලයෙන් වළකා නො ගත්තොත්, රැක නො ගත්තොත්, අසංවර වුණොත්, බොහෝ දුක් ම යි ඇති කරදෙන්නේ. පින්වත් මහණෙනි, කය නම් වූ ස්පර්ශ ආයතනය ....(පෙ).... පින්වත් මහණෙනි, මනස නම් වූ ස්පර්ශ ආයතනය දමනය නො කළොත්, අකුසලයෙන් වළකා නො ගත්තොත්, රැක නො ගත්තොත්, අසංවර වුණොත්, බොහෝ දුක් ම යි ඇති කරදෙන්නේ. පින්වත් මහණෙනි, මේ ස්පර්ශ ආයතන හය දමනය නො කළොත්, අකුසලයෙන් වළකා නො ගත්තොත්, රැක නො ගත්තොත්, අසංවර වුණොත්, බොහෝ දුක් ම යි ඇති කරදෙන්නේ.

පින්වත් මහණෙනි, මේ ස්පර්ශ ආයතන හය මනාකොට දමනය කළොත්, මනාකොට අකුසලයෙන් වළකා ගත්තොත්, මනාකොට රැක ගත්තොත්, මනාකොට සංවර වුණොත් ඉතාමත් සැපයක් ම යි ඇති කරදෙන්නේ. මේ ආයතන හය කුමක්ද?

පින්වත් මහණෙනි, ඇස නම් වූ ස්පර්ශ ආයතනය මනාකොට දමනය

කළොත්, මනාකොට අකුසලයෙන් වළකා ගත්තොත්, මනාකොට රැක ගත්තොත්, මනාකොට සංවර වුණොත්, ඉතාමත් සැපයක් ම යි ඇති කරදෙන්නේ. පින්වත් මහණෙනි, කන නම් වූ ස්පර්ශ ආයතනය ....(පෙ).... පින්වත් මහණෙනි, නාසය නම් වූ ස්පර්ශ ආයතනය ....(පෙ).... පින්වත් මහණෙනි, දිව නම් වූ ස්පර්ශ ආයතනය මනාකොට දමනය කළොත්, මනාකොට අකුසලයෙන් වළකා ගත්තොත්, මනාකොට රැක ගත්තොත්, මනාකොට සංවර වුණොත්, ඉතාමත් සැපයක් ම යි ඇති කරදෙන්නේ. පින්වත් මහණෙනි, කය නම් වූ ස්පර්ශ ආයතනය ....(පෙ).... පින්වත් මහණෙනි, මනස නම් වූ ස්පර්ශ ආයතනය මනාකොට දමනය කළොත්, මනාකොට අකුසලයෙන් වළකා ගත්තොත්, මනාකොට රැක ගත්තොත්, මනාකොට සංවර වුණොත්, ඉතාමත් සැපයක් ම යි ඇති කරදෙන්නේ. පින්වත් මහණෙනි, මේ ස්පර්ශ ආයතන හය දමනය කළොත්, අකුසලයෙන් වළකා ගත්තොත්, රැක ගත්තොත්, සංවර වුණොත් ඉතාමත් සැපයක් ම යි ඇති කරදෙන්නේ.

භාග්‍යවතුන් වහන්සේ මෙය වදාළා, මෙය වදාළ සුගත වූ ශාස්තෲන් වහන්සේ යළි මෙයත් වදාළා.

(ගාථාවන් ය)

1. පින්වත් මහණෙනි, ස්පර්ශ ආයතන හයක් තියෙනවා. යම්බඳු ඒ ආයතන හය තුළ අසංවර වුණොත් දුකටයි වැටෙන්නේ. යම් කෙනෙක් ඒ ආයතන හයේ සංවරභාවයක් අත් දකිනවා නම්, ශ්‍රද්ධාව දෙවැන්නා කොට වාසය කරන ඔවුන්ගේ සිත් කෙලෙස්වලින් තෙත් වෙන්නේ නෑ.

2. මනෝරම්‍ය වූ රූප දැක්කට පස්සේ, ඒ වගේම මනෝරම්‍ය නොවූ රූප දැක්කට පස්සෙත් ඒ සිත්කලු වූ රූප ගැන ඇතිවන සරාගී කල්පනා දුරු කරන්ට ඕනේ. අනිත් රූප මට අප්‍රියයි කියලා හිත දූෂ්‍ය කරගන්නෙත් නෑ.

3. ප්‍රිය වූත්, අප්‍රිය වූත්, දෙවැදෑරුම් ශබ්ද ඇසුවාට පස්සේ, ප්‍රිය වූ ශබ්දයට මුළා වෙන්නේ නෑ. ඒ වගේම අප්‍රිය වූ ශබ්දය ගැන ඇති ද්වේෂය දුරු කරන්ට ඕනේ. ඒක මට අප්‍රියයි කියලා හිත දූෂ්‍ය කරගන්නෙත් නෑ.

4. මනෝරම්‍ය වූ, මධුර වූ, සුවඳ අඝ්‍රාණය කරලා, ඒ වගේම අප්‍රිය වූ දුර්ගන්ධය ආඝ්‍රාණය කරලා, ඒ අප්‍රිය වූ දුගඳ ගැන ඇති ගැටීම දුරු

කරන්ට ඕනේ. ඒ වගේම මිහිරි සුවඳට ඇදී යන ලෙස ආශාව ඇති කරගන්නෙත් නෑ.

5. රස වින්ද යුතු මිහිරි රසවත් දෙය අනුභව කරලා, ඒ වගේම ඇතැම් අමිහිරි දේවලුත් අනුභව කරලා, මිහිරි රසයෙහි බැසගෙන වළඳන්නේ නෑ. අමිහිරි රසයට විරුද්ධත්වයක් දක්වන්නෙත් නෑ.

6. ස්පර්ශ සුඛයෙන් පහස ලැබුණු විට එයට මත් වෙන්නේ නෑ. ඒ වගේම දුක් සහිත පහසක් ලද විට එයට කම්පා වෙන්නෙත් නෑ. සැප දුක කියන දෙවැදෑරුම් පහස ගැන උපේක්ෂාවෙන් ඉන්නවා. කිසිවෙකු සමඟ දුකට විරුද්ධ වෙන්නෙත් නෑ. සැපයට ඇලෙන්නෙත් නෑ.

7. ඇස් කන් ආදී ආයතනවලින් හඳුනාගන්නා දේවල්වලට කෙලෙස්වලින් බැඳී කල්පනා කර කර සිටීම නිසා මිනිසුන් ඉන්නේ පටු චින්තනය තුළයි. ඔවුන් කෙලෙස්වලින් බැඳී කල්පනා කර කර සිටිමින් ම සංසාරෙට වැටෙනවා. සිතේ හටගන්නා පංච කාම ගුණයන්ට බැඳුනු සෑම විතර්කයක් ම දුරු කරන්න ඕනේ. නෙක්ඛම්මය ඇසුරු කොට ම යි සිත පවත්වන්න ඕනේ.

8. ඔය විදිහට යම් දවසක සය වැදෑරුම් බාහිර අරමුණුවලදී සිත හොඳින් වැඩුවොත්, සැප දුක් පහසින් ඔහුගේ සිත කිසිසේත් කම්පා වෙන්නේ නෑ. පින්වත් මහණෙනි, ඔබ ඒ රාග, ද්වේෂ මැඬලමින් ඉපදෙන මැරෙන සංසාරෙන් එතෙර වෙලා නිවන කරා යන්න.

සාදු! සාදු!! සාදු!!!

ඡ ඵස්සායතන සූත්‍රය නිමා විය.

1.10.2
මාලුංක්‍යපුත්ත සූත්‍රය
මාලුංක්‍යපුත්ත තෙරුන්ට වදාළ දෙසුම

එදා ආයුෂ්මත් මාලුංක්‍යපුත්ත තෙරුන් භාග්‍යවතුන් වහන්සේ වැඩසිටි තැනට පැමිණුනා ....(පෙ).... එකත්පස්ව වාඩිවුණ ආයුෂ්මත් මාලුංක්‍යපුත්ත තෙරුන් භාග්‍යවතුන් වහන්සේට මෙකරුණ සැල කළා. "ස්වාමීනී, භාග්‍යවතුන්

වහන්ස, මා හට සංක්ෂේපයෙන් ශ්‍රී සද්ධර්මය වදාරණ සේක් නම් මැනවි. එතකොට මට භාග්‍යවතුන් වහන්සේගෙන් යම් ධර්මයක් අසා දැනගෙන හුදෙකලා වෙලා, පිරිසෙන් වෙන් වෙලා, අප්‍රමාදීව, කෙලෙස් තවන වීර්යය ඇතිව, දහමට දිවි පුදා වාසය කරන්න පුළුවනි."

"පින්වත් මාලුංක්‍යපුත්ත, දැන් මම මෙහි තරුණ භික්ෂූන් හට මොකක්ද කියන්නේ? හොඳටම වයසට ගිය, වයෝවෘද්ධ වූ, මහළු වූ, පිළිවෙළින් පශ්චිම වයසට ගිය, භික්ෂුවක් වන ඔබ වැනි අයත් කෙටියෙන් අවවාද ඉල්ලනවා නොවැ." "අනේ ස්වාමීනී, මම ඉතින් හොඳටම වයසට ගිය, වයෝවෘද්ධ වූ, මහළු වූ, පිළිවෙළින් පශ්චිම වයසට ගිය, භික්ෂුවක් වුණත්, ස්වාමීනී, භාග්‍යවතුන් වහන්ස මා හට සංක්ෂේපයෙන් ශ්‍රී සද්ධර්මය වදාරණ සේක් නම් මැනවි. සුගතයන් වහන්ස, මා හට සංක්ෂේපයෙන් ශ්‍රී සද්ධර්මය වදාරණ සේක් නම් මැනවි. මටත් භාග්‍යවතුන් වහන්සේ වදාළ ධර්මයේ අරුත දැන ගන්ට ඇත්නම් කොතරම් හොඳද. මමත් භාග්‍යවතුන් වහන්සේ වදාළ ධර්මයට හිමිකරුවෙක් වෙනවා නම් කොතරම් හොඳද."

"පින්වත් මාලුංක්‍යපුත්ත, මේ ගැන ඔබ කුමක්ද හිතන්නේ? ඔබ ඇසින් දැක්ක යුතු වූ යම් රූපයන් දැකලා නැද්ද, කලිනුත් දැක නැද්ද, ඔබ දැනුත් ඒවා දකින්නේ නැතිනම්, දකින්න ඕනේ කියලා ඔබට හිතෙන්නේත් නැත්නම්, ඒ රූප කෙරෙහි ඔබ තුළ කැමැත්තක් හෝ රාගයක් හෝ ප්‍රේමයක් හෝ ඇතිවෙනවාද?" "ස්වාමීනී, එය නොවේ ම යි."

"ඔබ නොඅසපු, කලිනුත් නොඅසපු, කනෙන් දත යුතු යම් ශබ්ද තියෙනවාද, ඔබ දැන් ඒවා අසන්නේත් නැතිනම්, අසන්නට ඕනේ කියලා ඔබට හිතෙන්නෙත් නැත්නම්, ඒ ශබ්ද කෙරෙහි ඔබ තුළ කැමැත්තක් හෝ රාගයක් හෝ ප්‍රේමයක් හෝ තියෙනවාද?" "ස්වාමීනී, එය නොවේ ම යි." "ඔබ ආඝ්‍රාණය නොකරපු, කලිනුත් ආඝ්‍රාණය නොකරපු, නාසයෙන් දත යුතු යම් ගඳ-සුවඳ තියෙනවාද, ඔබ දැන් ඒවා ආඝ්‍රාණය කරන්නේත් නැතිනම්, ආඝ්‍රාණය කරන්න ඕනේ කියලා ඔබට හිතෙන්නෙත් නැත්නම්, ඒ ගඳ-සුවඳ කෙරෙහි ඔබ තුළ කැමැත්තක් හෝ රාගයක් හෝ ප්‍රේමයක් හෝ තියෙනවාද?" "ස්වාමීනී, එය නොවේ ම යි."

"ඔබ රස නොවිඳපු, කලිනුත් රස නොවිඳපු, දිවෙන් දත යුතු යම් රස තියෙනවාද, ඔබ දැන් ඒවා රස විඳින්නේත් නැතිනම්, රස විඳින්නට ඕනේ කියලා ඔබට හිතෙන්නේත් නැත්නම්, ඒ රස කෙරෙහි ඔබ තුළ කැමැත්තක් හෝ රාගයක් හෝ ප්‍රේමයක් හෝ තියෙනවාද?" "ස්වාමීනී, එය නොවේ ම යි." "ඔබ පහස නොවිඳපු, කලිනුත් පහස නොවිඳපු, කයෙන් දත යුතු යම් පහස

තියෙනවාද, ඔබ දැන් ඒවා විඳින්නේත් නැතිනම්, පහස විඳින්නට ඕනේ කියලා ඔබට හිතෙන්නේත් නැත්නම්, ඒ පහස කෙරෙහි ඔබ තුළ කැමැත්තක් හෝ රාගයක් හෝ ප්‍රේමයක් හෝ තියෙනවාද?" "ස්වාමීනී, එය නොවේමයි." "ඔබ නොසිතපු, කලිනුත් නොසිතපු, මනසින් දත යුතු යම් අරමුණු තියෙනවාද, ඔබ දැන් ඒවා සිතන්නේත් නැතිනම්, සිතන්නට ඕනේ කියලා ඔබට හිතෙන්නේත් නැත්නම්, ඒ අරමුණු කෙරෙහි ඔබ තුළ කැමැත්තක් හෝ රාගයක් හෝ ප්‍රේමයක් හෝ තියෙනවාද?" "ස්වාමීනී, එය නොවේ ම යි."

"පින්වත් මාලුංක්‍යපුත්ත, මෙකරුණෙහිලා ඔබට දැකපු, අසපු, ආඝ්‍රාණය කරපු, රස විඳපු, පහස විඳපු, සිතපු දේවල්වලදී දැකපු දෙය (කෙලෙස් ඇති නොවන පරිදි) දැකීම් මාත්‍රයක් ම වන්නේ ය. ඇසූ දෙය (කෙලෙස් ඇති නොවන පරිදි) ඇසීම් මාත්‍රයක් ම වන්නේ ය. ආඝ්‍රාණය කරපු දෙය (කෙලෙස් ඇති නොවන පරිදි) ආඝ්‍රාණ මාත්‍රයක් ම වන්නේ ය. රස වින්ද දෙය (කෙලෙස් ඇති නොවන පරිදි) රස විඳීම් මාත්‍රයක් ම වන්නේ ය. පහස ලැබූ දෙය (කෙලෙස් ඇති නොවන පරිදි) පහස විඳීම් මාත්‍රයක් ම වන්නේ ය. සිතූ දෙය (කෙලෙස් ඇති නොවන පරිදි) සිතීම් මාත්‍රයක් ම වන්නේ ය. පින්වත් මාලුංක්‍යපුත්ත, යම් දවසක ඔබට දැකපු, අසපු, ආඝ්‍රාණය කරපු, රස විඳපු, පහස විඳපු, සිතපු දේවල්වලදී දැකපු දෙය (කෙලෙස් ඇති නොවන පරිදි) දැකීම් මාත්‍රයක් ම වෙනවා නම්, ඇසූ දෙය (කෙලෙස් ඇති නොවන පරිදි) ඇසීම් මාත්‍රයක් ම වෙනවා නම්, ආඝ්‍රාණය කරපු දෙය (කෙලෙස් ඇති නොවන පරිදි) ආඝ්‍රාණ මාත්‍රයක් ම වෙනවා නම්, රස වින්ද දෙය (කෙලෙස් ඇති නොවන පරිදි) රස විඳීම් මාත්‍රයක් ම වෙනවා නම් පහස ලැබූ දෙය (කෙලෙස් ඇති නොවන පරිදි) පහස විඳීම් මාත්‍රයක් ම වෙනවා නම්, සිතූ දෙය (කෙලෙස් ඇති නොවන පරිදි) සිතීම් මාත්‍රයක් ම වෙනවා නම්, පින්වත් මාලුංක්‍යපුත්ත, ඒ තුළින් ඔබ පවතින්නේ නෑ. යම් කලෙක මාලුංක්‍යපුත්ත එයින් ඔබ පවතින්නේ නැත්නම්, පින්වත් මාලුංක්‍යපුත්ත ඔබ එතැන නෑ. යම් කලෙක මාලුංක්‍යපුත්ත ඔබ එතැන නැත්නම්, පින්වත් මාලුංක්‍යපුත්ත ඔබ මෙතැනත් නෑ. වෙන තැනකත් නෑ. ඒ දෙක අතරෙත් නෑ. මෙය තමයි දුකෙහි අවසන් වීම.

ස්වාමීනී, භාග්‍යවතුන් වහන්සේ විසින් සංක්ෂිප්තව වදාරණ ලද මේ ධර්මයෙහි අර්ථය මං මේ විදිහට විස්තර වශයෙන් දන්නවා.

(ගාථාවන් ය)

1. රූපයක් දැකලා සිහි මුළාවෙන් තමන් ආසා කළ ඒ රූපය සිහි කරමින් ඉන්න කෙනා ඇලුණු සිතිනුයි එය විඳින්නේ. සිත ඒ

රූපයෙහි බැසගෙන පවතිනවා. එතකොට ඔහුට රූපයෙන් හටගත්තු නොයෙක් විඳීම් වැඩෙනවා. දැඩි ලෝභයත්, වෙහෙසත් ඔහුගේ සිත පෙළනවා. ඔය විදිහට දුක් රැස් කරනා විට නිවනෙන් දුරු වුණා කියලා කියනවා.

2. ශබ්දයක් අහලා සිහි මුළාවෙන් තමන් ආසා කළ ඒ ශබ්දය සිහි කරමින් ඉන්න කෙනා ඇලුණු සිතිනුයි එය විඳින්නේ. සිත ඒ ශබ්දයෙහි බැසගෙන පවතිනවා. එතකොට ඔහුට ශබ්දයෙන් හටගත්තු නොයෙක් විඳීම් වැඩෙනවා. දැඩි ලෝභයත්, වෙහෙසත් ඔහුගේ සිත පෙළනවා. ඔය විදිහට දුක් රැස් කරනා විට නිවනෙන් දුරු වුණා කියලා කියනවා.

3. ගන්ධයක් ආඝ්‍රාණය කරලා සිහි මුළාවෙන් තමන් ආසා කළ ඒ ගන්ධය සිහි කරමින් ඉන්න කෙනා ඇලුණු සිතිනුයි එය විඳින්නේ. සිත ඒ ගන්ධයෙහි බැසගෙන පවතිනවා. එතකොට ඔහුට ගන්ධයෙන් හටගත්තු නොයෙක් විඳීම් වැඩෙනවා. දැඩි ලෝභයත්, වෙහෙසත් ඔහුගේ සිත පෙළනවා. ඔය විදිහට දුක් රැස් කරනා විට නිවනෙන් දුරු වුණා කියලා කියනවා.

4. රසක් අනුභව කරලා සිහි මුළාවෙන් තමන් ආසා කළ ඒ රසය සිහි කරමින් ඉන්න කෙනා ඇලුණු සිතිනුයි එය විඳින්නේ. සිත ඒ රසයෙහි බැසගෙන පවතිනවා. එතකොට ඔහුට රසයෙන් හටගත්තු නොයෙක් විඳීම් වැඩෙනවා. දැඩි ලෝභයත්, වෙහෙසත් ඔහුගේ සිත පෙළනවා. ඔය විදිහට දුක් රැස් කරනා විට නිවනෙන් දුරු වුණා කියලා කියනවා.

5. පහසක් විඳලා සිහි මුළාවෙන් තමන් ආසා කළ ඒ පහස සිහි කරමින් ඉන්න කෙනා ඇලුණු සිතිනුයි එය විඳින්නේ. සිත ඒ පහසෙහි බැසගෙන පවතිනවා. එතකොට ඔහුට පහසින් හටගත්තු නොයෙක් විඳීම් වැඩෙනවා. දැඩි ලෝභයත්, වෙහෙසත් ඔහුගේ සිත පෙළනවා. ඔය විදිහට දුක් රැස් කරනා විට නිවනෙන් දුරු වුණා කියලා කියනවා.

6. මනසින් අරමුණක් සිතලා සිහි මුළාවෙන් තමන් ආසා කළ ඒ අරමුණ සිහි කරමින් ඉන්න කෙනා ඇලුණු සිතිනුයි එය විඳින්නේ. සිත ඒ අරමුණෙහි බැසගෙන පවතිනවා. එතකොට ඔහුට ඒ අරමුණෙන් හටගත්තු නොයෙක් විඳීම් වැඩෙනවා. දැඩි ලෝභයත්,

වෙහෙසත් ඔහුගේ සිත පෙළනවා. ඔය විදිහට දුක් රැස් කරනා විට නිවනෙන් දුරු වුණා කියලා කියනවා.

7. මනාව සිහිය පිහිටුවාගෙන ඉන්න කෙනා රූපයක් දැක්කාට ඒ රූපවලට ඇලෙන්නේ නෑ. නොඇලුණු සිතිනුයි එය විඳින්නේ. ඒ රූපය තුළ සිත බැසගෙන පවතින්නේ නෑ. යම් අයුරකින් ඔහු රූපය දකිනවාද, විඳීම සේවනය කරනවාද, ඒ තුළින් භව පැවැත්ම ගෙවී යනවා. රැස් වෙන්නේ නෑ. ඔය විදිහටයි ඔහු සිහියෙන් හැසිරෙන්නේ. ඔය අයුරින් දුක් බැහැර කරනා විට නිවන සමීපයේ කියලයි කියන්නේ.

8. මනාව සිහිය පිහිටුවාගෙන ඉන්න කෙනා ශබ්දයක් ඇසුවාට ඒ ශබ්දවලට ඇලෙන්නේ නෑ. නොඇලුණු සිතිනුයි එය විඳින්නේ. ඒ ශබ්දය තුළ සිත බැසගෙන පවතින්නේ නෑ. යම් අයුරකින් ඔහු ශබ්දය අසනවාද, විඳීම සේවනය කරනවාද, ඒ තුළින් භව පැවැත්ම ගෙවී යනවා. රැස් වෙන්නේ නෑ. ඔය විදිහටයි ඔහු සිහියෙන් හැසිරෙන්නේ. ඔය අයුරින් දුක් බැහැර කරනා විට නිවන සමීපයේ කියලයි කියන්නේ.

9. මනාව සිහිය පිහිටුවාගෙන ඉන්න කෙනා ගන්ධයක් ආඝ්‍රාණය කළාට ඒ ගන්ධයට ඇලෙන්නේ නෑ. නොඇලුණු සිතිනුයි එය විඳින්නේ. ඒ ගන්ධය තුළ සිත බැසගෙන පවතින්නේ නෑ. යම් අයුරකින් ඔහු ගන්ධය ආඝ්‍රාණය කරනවාද, විඳීම සේවනය කරනවාද, ඒ තුළින් භව පැවැත්ම ගෙවී යනවා. රැස් වෙන්නේ නෑ. ඔය විදිහටයි ඔහු සිහියෙන් හැසිරෙන්නේ. ඔය අයුරින් දුක් බැහැර කරනා විට නිවන සමීපයේ කියලයි කියන්නේ.

10. මනාව සිහිය පිහිටුවාගෙන ඉන්න කෙනා රසක් අනුභව කළාට ඒ රසයන්ට ඇලෙන්නේ නෑ. නොඇලුණු සිතිනුයි එය විඳින්නේ. ඒ රසය තුළ සිත බැසගෙන පවතින්නේ නෑ. යම් අයුරකින් ඔහු රසය අනුභව කරනවාද, විඳීම සේවනය කරනවාද, ඒ තුළින් භව පැවැත්ම ගෙවී යනවා. රැස් වෙන්නේ නෑ. ඔය විදිහටයි ඔහු සිහියෙන් හැසිරෙන්නේ. ඔය අයුරින් දුක් බැහැර කරනා විට නිවන සමීපයේ කියලයි කියන්නේ.

11. මනාව සිහිය පිහිටුවාගෙන ඉන්න කෙනා පහසක් ලැබුවාට ඒ පහසට ඇලෙන්නේ නෑ. නොඇලුණු සිතිනුයි එය විඳින්නේ. ඒ

පහස තුළ සිත බැසගෙන පවතින්නේ නෑ. යම් අයුරකින් ඔහු පහස ලබනවාද, විඳීම සේවනය කරනවාද, ඒ තුළින් භව පැවැත්ම ගෙවී යනවා. රැස් වෙන්නේ නෑ. ඔය විදිහටයි ඔහු සිහියෙන් හැසිරෙන්නේ. ඔය අයුරින් දුක් බැහැර කරනා විට නිවන සමීපයේ කියලයි කියන්නේ.

12. මනාව සිහිය පිහිටුවාගෙන ඉන්න කෙනා මනසින් අරමුණක් සිතුවාට ඒ අරමුණට ඇලෙන්නේ නෑ. නොඇලුණු සිතිනුයි එය විඳින්නේ. ඒ අරමුණ තුළ සිත බැසගෙන පවතින්නේ නෑ. යම් අයුරකින් ඔහු අරමුණක් සිතනවාද, විඳීම සේවනය කරනවාද, ඒ තුළින් භව පැවැත්ම ගෙවී යනවා. රැස් වෙන්නේ නෑ. ඔය විදිහටයි ඔහු සිහියෙන් හැසිරෙන්නේ. ඔය අයුරින් දුක් බැහැර කරනා විට නිවන සමීපයේ කියලයි කියන්නේ.

ස්වාමීනී, භාග්‍යවතුන් වහන්සේ විසින් සංක්ෂිප්තව වදාරණ ලද මේ ධර්මයෙහි අර්ථය මම මේ විදිහට විස්තර වශයෙන් දන්නවා. සාදු! සාදු! පින්වත් මාලුංක්‍යපුත්ත, මා විසින් සංක්ෂේපයෙන් පවසන ලද ධර්මය පින්වත් මාලුංක්‍යපුත්ත, ඔබ විස්තර වශයෙන් අරුත් තේරුම් ගත් අයුරු ඉතා හොඳයි.

රූපයක් දැකලා සිහි මුළාවෙන් තමන් ආසා කළ ඒ රූපය සිහි කරමින් ඉන්න කෙනා ඇලුණු සිතිනුයි එය විඳින්නේ. සිත ඒ රූපයෙහි බැසගෙන පවතිනවා. එතකොට ඔහුට රූපයෙන් හටගත්තු නොයෙක් විඳීම් වැඩෙනවා. දැඩි ලෝභයත්, වෙහෙසත් ඔහුගේ සිත පෙළනවා. ඔය විදිහට දුක් රැස් කරනා විට නිවනෙන් දුරු වුණා කියලා කියනවා ....(පෙ)....

මනාව සිහිය පිහිටුවාගෙන ඉන්න ඔහු මනසින් අරමුණක් සිතුවාට ඒ අරමුණට ඇලෙන්නේ නෑ. නොඇලුණු සිතිනුයි එය විඳින්නේ. ඒ අරමුණ තුළ සිත බැසගෙන පවතින්නේ නෑ. යම් අයුරකින් ඔහු අරමුණක් සිතනවාද, විඳීම සේවනය කරනවාද, ඒ තුළින් භව පැවැත්ම ගෙවී යනවා. රැස් වෙන්නේ නෑ. ඔය විදිහටයි ඔහු සිහියෙන් හැසිරෙන්නේ. ඔය අයුරින් දුක් බැහැර කරනා විට නිවන සමීපයේ කියලයි කියන්නේ.

පින්වත් මාලුංක්‍යපුත්ත, මා විසින් කෙටියෙන් පවසන ලද ධර්මයෙහි අරුත් විස්තර වශයෙන් තේරුම්ගත යුත්තේ ඒ විදිහට තමයි.

එතකොට ආයුෂ්මත් මාලුංක්‍යපුත්ත තෙරුන් භාග්‍යවතුන් වහන්සේ විසින් වදාරණ ලද ධර්මාවවාදය සතුටින් පිළි අරගත්තා. සතුටින් අනුමෝදන් වුණා. ආසනයෙන් නැගිටලා භාග්‍යවතුන් වහන්සේට ආදරයෙන් වන්දනා

කළා. පැදකුණු කරලා පිටත් වෙලා ගියා. ඉතින් ආයුෂ්මත් මාලුංක්‍යපුත්ත තෙරුන් හුදෙකලා වුණා. පිරිසෙන් වෙන් වුණා. අප්‍රමාදී වුණා. කෙලෙස් තවන වීර්යයෙන් යුතු වුණා. දහමට දිවි පුදා ධර්මයේ හැසිරෙනකොට යම් කුල පුත්‍රයෝ යම් කිසි ලොව්තුරු අපේක්ෂාවකින් මනා කොට ගිහි ජීවිතය අත් හැරලා බුදු සසුනේ පැවිදි වුණා ද, අන්න ඒ උත්තරීතර බඹසර පූර්ණත්වය වන අමා නිවන මේ ජීවිතයේදීම නොබෝ කලකින්ම විශේෂ ඥාණයකින් යුතුව අවබෝධ කරගෙන පැමිණ වාසය කළා. 'ඉපදීම ක්ෂය වුණා, බඹසර වාසය සම්පූර්ණ කළා, නිවන පිණිස කළ යුතු දේ කරගත්තා, නිවන පිණිස කළ යුතු වෙන දෙයක් නැතැ' යි අවබෝධ වුණා. ආයුෂ්මත් මාලුංක්‍යපුත්ත තෙරුන් එක්තරා රහතන් වහන්සේ නමක් බවට පත්වුණා.

සාදු! සාදු!! සාදු!!!

මාලුංක්‍යපුත්ත සූත්‍රය නිමා විය.

1.10.3
පරිහානධම්ම සූත්‍රය
පිරිහී යන දෙය මුල් කොට වදාළ දෙසුම

පින්වත් මහණෙනි, මා ඔබට පිරිහී යන දෙයත්, නො පිරිහී යන දෙයත්, සිතින් මැඩලන ආයතන හය ගැනත් දේශනා කරන්ටයි යන්නේ. එය සවන් යොමා අසන්න. පින්වත් මහණෙනි, පිරිහී යන දෙය ඇති වන්නේ කොහොමද? පින්වත් මහණෙනි, මෙහිලා භික්ෂුවට ඇසෙන් රූපයක් දැකලා කෙලෙසුන්ට බැඳෙන, වේගවත් සිතිවිලි ඇති, පාපී අකුසල් උපදිනවා. භික්ෂුව ඒක ඉවසනවා. බැහැර කරන්නේ නෑ. දුරු කරන්නේ නෑ. අවසන් කරන්නේ නෑ. ආයෙමත් අකුසල් හට නොගන්නා ලෙස අභාවයට පත් කරන්නේ නෑ. පින්වත් මහණෙනි, එතකොට ඒ භික්ෂුව "මං කුසල් දහම්වලින් පිරිහෙනවා. භාග්‍යවතුන් වහන්සේ විසින් වදාරණ ලද්දේ මෙය පිරිහීමක් කියලයි" යනුවෙන් මේ කරුණ දැනගත යුතුයි.

පින්වත් මහණෙනි, නැවත තව කරුණක් කියනවා නම්, මෙහිලා භික්ෂුවට කනෙන් ශබ්දයක් අසලා කෙලෙසුන්ට බැඳෙන, වේගවත් සිතිවිලි ඇති, පාපී අකුසල් උපදිනවා ....(පෙ).... පින්වත් මහණෙනි, නැවත තව කරුණක් කියනවා නම්, මෙහිලා භික්ෂුවට නාසයෙන් ගන්ධයක් ආඝ්‍රාණය

කරලා කෙලෙසුන්ට බැඳෙන, වේගවත් සිතිවිලි ඇති, පාපී අකුසල් උපදිනවා ....(පෙ).... පින්වත් මහණෙනි, නැවත තව කරුණක් කියනවා නම්, මෙහිලා භික්ෂුවට දිවෙන් රසයක් අනුභව කරලා කෙලෙසුන්ට බැඳෙන, වේගවත් සිතිවිලි ඇති, පාපී අකුසල් උපදිනවා ....(පෙ).... පින්වත් මහණෙනි, නැවත තව කරුණක් කියනවා නම්, මෙහිලා භික්ෂුවට කයෙන් පහසක් ලබලා කෙලෙසුන්ට බැඳෙන, වේගවත් සිතිවිලි ඇති, පාපී අකුසල් උපදිනවා ....(පෙ).... පින්වත් මහණෙනි, නැවත තව කරුණක් කියනවා නම්, මෙහිලා භික්ෂුවට මනසින් අරමුණක් සිතලා කෙලෙසුන්ට බැඳෙන, වේගවත් සිතිවිලි ඇති, පාපී අකුසල් උපදිනවා. භික්ෂුව ඒක ඉවසනවා. බැහැර කරන්නේ නෑ. දුරු කරන්නේ නෑ. අවසන් කරන්නේ නෑ. ආයෙමත් අකුසල් හට නො ගන්නා ලෙස අභාවයට පත් කරන්නේ නෑ. පින්වත් මහණෙනි, එතකොට ඒ භික්ෂුව "මං කුසල් දහම්වලින් පිරිහෙනවා. භාග්‍යවතුන් වහන්සේ විසින් වදාරණ ලද්දේ මෙය පිරිහීමක් කියලයි" යනුවෙන් මේ කරුණ දැනගත යුතුයි. පින්වත් මහණෙනි, ඔය විදිහට තමයි පිරිහී යන දෙය ඇති වන්නේ.

පින්වත් මහණෙනි, නොපිරිහී යන දෙය ඇති වෙන්නේ කොහොමද? පින්වත් මහණෙනි, මෙහිලා භික්ෂුවට ඇසෙන් රූපයක් දැකලා කෙලෙසුන්ට බැඳෙන, වේගවත් සිතිවිලි ඇති, පාපී අකුසල් උපදිනවා. භික්ෂුව ඒක ඉවසන්නේ නෑ. බැහැර කරනවා. දුරු කරනවා. අවසන් කරනවා. ආයෙමත් අකුසල් හට නොගන්නා ලෙස අභාවයට පත් කරනවා. පින්වත් මහණෙනි, එතකොට ඒ භික්ෂුව "මං කුසල් දහම්වලින් පිරිහෙන්නේ නෑ. භාග්‍යවතුන් වහන්සේ විසින් වදාරණ ලද්දේ මෙය නොපිරිහීමක් කියලයි" යනුවෙන් මේ කරුණ දැනගත යුතුයි.

පින්වත් මහණෙනි, නැවත තව කරුණක් කියනවා නම්, මෙහිලා භික්ෂුවට කනෙන් ශබ්දයක් අසලා ....(පෙ).... නාසයෙන් ගන්ධයක් ආඝ්‍රාණය කරලා ....(පෙ).... දිවෙන් රසයක් අනුභව කරලා ....(පෙ).... කයෙන් පහසක් ලබලා ....(පෙ).... පින්වත් මහණෙනි, නැවත තව කරුණක් කියනවා නම්, මෙහිලා භික්ෂුවට මනසින් අරමුණක් සිතලා කෙලෙසුන්ට බැඳෙන, වේගවත් සිතිවිලි ඇති, පාපී අකුසල් උපදිනවා. භික්ෂුව ඒක ඉවසන්නේ නෑ. බැහැර කරනවා. දුරු කරනවා. අවසන් කරනවා. ආයෙමත් අකුසල් හට නොගන්නා ලෙස අභාවයට පත් කරනවා. පින්වත් මහණෙනි, එතකොට ඒ භික්ෂුව "මං කුසල් දහම්වලින් පිරිහෙන්නේ නෑ. භාග්‍යවතුන් වහන්සේ විසින් වදාරණ ලද්දේ මෙය නොපිරිහීමක් කියලයි" යනුවෙන් මේ කරුණ දැනගත යුතුයි. පින්වත් මහණෙනි, ඔය විදිහට තමයි නොපිරිහී යන දෙය ඇති වන්නේ.

පින්වත් මහණෙනි, සිතින් මැඩලන ආයතන හය යනු කුමක්ද? පින්වත් මහණෙනි, මෙහිලා භික්ෂුවට ඇසෙන් රූපයක් දැකලා කෙලෙසුන්ට බැඳෙන, වේගවත් සිතිවිලි ඇති, පාපී අකුසල් උපදින්නේ නෑ. එතකොට පින්වත් මහණෙනි, ඒ භික්ෂුව විසින් මෙකරුණ තේරුම් ගත යුත්තේ මා විසින් මේ ආයතනය මර්දනය කොට තිබෙන බවයි. භාග්‍යවතුන් වහන්සේ විසින් වදාරණ ලද්දේ මෙය අභිභායතනයක් (මඩින ලද ආයතනයක්) ලෙසය.

පින්වත් මහණෙනි, නැවත තව කරුණක් කියනවා නම්, මෙහිලා භික්ෂුවට කනෙන් ශබ්දයක් අසලා ....(පෙ).... නාසයෙන් ගන්ධයක් ආඝ්‍රාණය කරලා ....(පෙ).... දිවෙන් රසයක් අනුභව කරලා ....(පෙ).... කයෙන් පහසක් ලබලා ....(පෙ).... පින්වත් මහණෙනි, නැවත තව කරුණක් කියනවා නම්, මෙහිලා භික්ෂුවට මනසින් අරමුණක් සිතලා කෙලෙසුන්ට බැඳෙන, වේගවත් සිතිවිලි ඇති, පාපී අකුසල් උපදින්නේ නෑ. එතකොට පින්වත් මහණෙනි, ඒ භික්ෂුව විසින් මෙකරුණ තේරුම් ගත යුත්තේ මා විසින් මේ ආයතනය මර්දනය කොට තිබෙන බවයි. භාග්‍යවතුන් වහන්සේ විසින් වදාරණ ලද්දේ මෙය අභිභායතනයක් (මඩින ලද ආයතනයක්) ලෙසය. පින්වත් මහණෙනි, අභිභූ ආයතන හය කියලා කියන්නේ මේවාටයි.

සාදු! සාදු!! සාදු!!!

පරිහානධම්ම සූත්‍රය නිමා විය.

1.10.4
පමාදවිහාරී සූත්‍රය
නිවන් මගෙහි ප්‍රමාදීව වාසය කිරීම මුල් කොට වදාළ දෙසුම

පින්වත් මහණෙනි, නිවන් මගෙහි ප්‍රමාදීව වාසය කිරීමත්, නිවන් මගෙහි අප්‍රමාදීව වාසය කිරීමත් ගැන මා ඔබට දේශනා කරන්ටයි යන්නේ. එය සවන් යොමා අසන්න. පින්වත් මහණෙනි, නිවන් මගෙහි ප්‍රමාදීව වාසය කිරීම වෙන්නේ කොහොමද? පින්වත් මහණෙනි, ඇස නම් වූ ඉන්ද්‍රිය අසංවරව වාසය කරන කෙනාගේ සිත ඇසින් දත යුතු රූපවල දී කෙලෙසුන්ගෙන් තෙත් වෙනවා. කෙලෙස්වලින් තෙත් වුණ සිතක් ඇති කෙනාට (සීල, සමාධි, ප්‍රඥා මාර්ගයෙහි යෙදෙන්ට) ප්‍රමුදිත බවක් නෑ. ප්‍රමුදිත බව නැති විට ප්‍රීතියක්

නෑ. ප්‍රීතිය නැති වූ විට සැහැල්ලුවක් නෑ. සැහැල්ලු බව නැති විට දුකසේ වාසය කරන්නේ. දුකින් ඉන්න කෙනෙකුගේ සිත සමාධිමත් වෙන්නේ නෑ. සිතේ සමාහිත බවක් නැති විට (සමථ, විදර්ශනා) ධර්ම පහළ වෙන්නේ නෑ. දහම් පහළ නොවීමෙන් නිවන් මගෙහි ප්‍රමාදීව වාසය කරනවා යන ගණනට වැටෙනවා.

පින්වත් මහණෙනි, කන නම් වූ ඉන්ද්‍රිය අසංවරව වාසය කරන කෙනාගේ ....(පෙ).... පින්වත් මහණෙනි, නාසය නම් වූ ඉන්ද්‍රිය අසංවරව වාසය කරන කෙනාගේ ....(පෙ).... පින්වත් මහණෙනි, දිව නම් වූ ඉන්ද්‍රිය අසංවරව වාසය කරන කෙනාගේ සිත දිවෙන් දත යුතු රසවලදී කෙලෙසුන්ගෙන් තෙත් වෙනවා. කෙලෙස්වලින් තෙත් වුණ සිතක් ඇති කෙනාට (සීල, සමාධි, ප්‍රඥා මාර්ගයෙහි යෙදෙන්ට) ප්‍රමුදිත බවක් නෑ ....(පෙ).... පින්වත් මහණෙනි, කය නම් වූ ඉන්ද්‍රිය අසංවරව වාසය කරන කෙනාගේ ....(පෙ).... පින්වත් මහණෙනි, මනස නම් වූ ඉන්ද්‍රිය අසංවරව වාසය කරන කෙනාගේ සිත මනසින් දත යුතු අරමුණුවලදී කෙලෙසුන්ගෙන් තෙත් වෙනවා. කෙලෙස්වලින් තෙත් වුණ සිතක් ඇති කෙනාට (සීල, සමාධි, ප්‍රඥා මාර්ගයෙහි යෙදෙන්ට) ප්‍රමුදිත බවක් නෑ. ප්‍රමුදිත බව නැති විට ප්‍රීතියක් නෑ. ප්‍රීතිය නැති වූ විට සැහැල්ලුවක් නෑ. සැහැල්ලු බව නැති විට දුක සේ වාසය කරන්නේ. දුකින් ඉන්න කෙනෙකුගේ සිත සමාධිමත් වෙන්නේ නෑ. සිතේ සමාහිත බවක් නැති විට (සමථ, විදර්ශනා) ධර්ම පහළ වෙන්නේ නෑ. දහම් පහළ නො වීමෙන් නිවන් මගෙහි ප්‍රමාදීව වාසය කරනවා යන ගණනට වැටෙනවා. පින්වත් මහණෙනි, ඔය විදිහට තමයි ප්‍රමාදීව වාසය කරන කෙනෙක් වෙන්නේ.

පින්වත් මහණෙනි, නිවන් මගෙහි අප්‍රමාදීව වාසය කිරීම වෙන්නේ කොහොමද? පින්වත් මහණෙනි, ඇස නම් වූ ඉන්ද්‍රිය සංවරව වාසය කරන කෙනාගේ සිත ඇසින් දත යුතු රූපවලදී කෙලෙසුන්ගෙන් තෙත් වෙන්නේ නෑ. කෙලෙස්වලින් තෙත් නොවුණ සිතක් ඇති කෙනාට (සීල, සමාධි, ප්‍රඥා මාර්ගයෙහි යෙදෙන්ට) ප්‍රමුදිත බව උපදිනවා. ප්‍රමුදිත බව ඇති වූ කෙනාට ප්‍රීතිය උපදිනවා. ප්‍රීතිමත් මනසක් ඇති කෙනාගේ කය සංසිඳෙනවා. සංසිඳුන කයින් යුතුව සැප විඳිනවා. සැප ඇති කෙනාගේ සිත සමාධිමත් වෙනවා. සිතේ සමාහිත බවක් ඇති විට (සමථ, විදර්ශනා) ධර්ම පහළ වෙනවා. දහම් පහළ වීමෙන් නිවන් මගෙහි අප්‍රමාදීව වාසය කරනවා යන ගණනට වැටෙනවා.

පින්වත් මහණෙනි, කන නම් වූ ඉන්ද්‍රිය සංවරව වාසය කරන කෙනාගේ ....(පෙ).... පින්වත් මහණෙනි, නාසය නම් වූ ඉන්ද්‍රිය සංවරව වාසය කරන කෙනාගේ ....(පෙ).... පින්වත් මහණෙනි, දිව නම් වූ ඉන්ද්‍රිය සංවරව

වාසය කරන කෙනාගේ ....(පෙ).... පින්වත් මහණෙනි, කය නම් වූ ඉන්ද්‍රිය සංවරව වාසය කරන කෙනාගේ ....(පෙ).... පින්වත් මහණෙනි, මනස නම් වූ ඉන්ද්‍රිය සංවරව වාසය කරන කෙනාගේ සිත මනසින් දත යුතු අරමුණුවලදී කෙලෙසුන්ගෙන් තෙත් වෙන්නේ නෑ. කෙලෙස්වලින් තෙත් නොවුණ සිතක් ඇති කෙනාට (සීල, සමාධි, ප්‍රඥා මාර්ගයෙහි යෙදෙන්ට) ප්‍රමුදිතබව උපදිනවා. ප්‍රමුදිත බව ඇති වූ කෙනාට ප්‍රීතිය උපදිනවා. ප්‍රීතිමත් මනසක් ඇති කෙනාගේ කය සංසිඳෙනවා. සංසිඳුන කයින් යුතුව සැප විඳිනවා. සැප ඇති කෙනාගේ සිත සමාධිමත් වෙනවා. සිතේ සමාහිත බවක් ඇති විට (සමථ, විදර්ශනා) ධර්ම පහළ වෙනවා. දහම් පහළ වීමෙන් නිවන් මගෙහි අප්‍රමාදීව වාසය කරනවා යන ගණනට වැටෙනවා. පින්වත් මහණෙනි, ඔය විදිහට තමයි අප්‍රමාදීව වාසය කරන කෙනෙක් වෙන්නේ.

සාදු! සාදු!! සාදු!!!

පමාදවිහාරී සූත්‍රය නිමා විය.

1.10.5
සංවර සූත්‍රය
සංවර වීම මුල් කොට වදාළ දෙසුම

පින්වත් මහණෙනි, මා ඔබට සංවර කමත්, අසංවර කමත් දේශනා කරන්නටයි යන්නේ. එය සවන් යොමා අසන්න. පින්වත් මහණෙනි, අසංවර වන්නේ කොහොමද? පින්වත් මහණෙනි, ඇසෙන් දත යුතු සිත් ඇදගන්නා, ලස්සන, මනාප, ප්‍රිය ස්වරූප ඇති, කැමැත්ත ඇති කරවන, බැඳීම් හටගන්නා රූප තියෙනවා. ඉතින් භික්ෂුව එය සතුටින් පිළිගන්නවා, එහි ගුණ කියනවා, එහි බැසගෙන ඉන්නවා. පින්වත් මහණෙනි, එතකොට ඒ භික්ෂුව "මං කුසල් දහම්වලින් පිරිහෙනවා. භාග්‍යවතුන් වහන්සේ විසින් වදාරණ ලද්දේ මෙය පිරිහීමක් කියලයි" යනුවෙන් මේ කරුණ දැනගත යුතුයි.

පින්වත් මහණෙනි, කනෙන් දැනගත යුතු වූ ශබ්ද තියෙනවා ....(පෙ).... නාසයෙන් දැනගත යුතු වූ ගන්ධ තියෙනවා ....(පෙ).... දිවෙන් දැනගත යුතු වූ රස තියෙනවා ....(පෙ).... කයෙන් දැනගත යුතු වූ පහස තියෙනවා ....(පෙ).... පින්වත් මහණෙනි, මනසින් දැනගත යුතු වූ සිත් ඇදගන්නා, ලස්සන, මනාප, ප්‍රිය ස්වරූප ඇති, කැමැත්ත ඇති කරවන, බැඳීම් හටගන්නා අරමුණු

තියෙනවා. ඉතින් භික්ෂුව එය සතුටින් පිළිගන්නවා, එහි ගුණ කියනවා, එහි බැසගෙන ඉන්නවා. පින්වත් මහණෙනි, එතකොට ඒ භික්ෂුව "මං කුසල් දහම්වලින් පිරිහෙනවා. භාග්‍යවතුන් වහන්සේ විසින් වදාරණ ලද්දේ මෙය පිරිහීමක් කියලයි" යනුවෙන් මේ කරුණ දැනගත යුතුයි. පින්වත් මහණෙනි, අසංවර වන්නේ ඔය විදිහටයි.

පින්වත් මහණෙනි, සංවර වන්නේ කොහොමද? පින්වත් මහණෙනි, ඇසෙන් දත යුතු සිත් ඇදගන්නා, ලස්සන, මනාප, ප්‍රිය ස්වරූප ඇති, කැමැත්ත ඇති කරවන, බැඳීම් හටගන්නා රූප තියෙනවා. ඉතින් භික්ෂුව එය සතුටින් පිළිගන්නේ නෑ, එහි ගුණ කියන්නේ නෑ, එහි බැසගෙන ඉන්නේ නෑ. පින්වත් මහණෙනි, එතකොට ඒ භික්ෂුව "මං කුසල් දහම්වලින් පිරිහෙන්නේ නෑ. භාග්‍යවතුන් විසින් වදාරණ ලද්දේ මෙය නොපිරිහීමක් කියලයි" යනුවෙන් මේ කරුණ දැනගත යුතුයි.

පින්වත් මහණෙනි, කනෙන් දැනගත යුතු වූ ශබ්ද තියෙනවා ....(පෙ).... නාසයෙන් දැනගත යුතු වූ ගන්ධ තියෙනවා ....(පෙ).... දිවෙන් දැනගත යුතු වූ රස තියෙනවා ....(පෙ).... කයෙන් දැනගත යුතු වූ පහස තියෙනවා ....(පෙ).... පින්වත් මහණෙනි, මනසින් දැනගත යුතු වූ සිත් ඇදගන්නා, ලස්සන, මනාප, ප්‍රිය ස්වරූප ඇති, කැමැත්ත ඇති කරවන, බැඳීම් හටගන්නා අරමුණු තියෙනවා. ඉතින් භික්ෂුව එය සතුටින් පිළිගන්නේ නෑ, එහි ගුණ කියන්නේ නෑ, එහි බැසගෙන ඉන්නේ නෑ. පින්වත් මහණෙනි, එතකොට ඒ භික්ෂුව "මං කුසල් දහම්වලින් පිරිහෙන්නේ නෑ. භාග්‍යවතුන් විසින් වදාරණ ලද්දේ මෙය නොපිරිහීමක් කියලයි" යනුවෙන් මේ කරුණ දැනගත යුතුයි. පින්වත් මහණෙනි, සංවර වන්නේ ඔය විදිහටයි.

සාදු! සාදු!! සාදු!!!

සංවර සූත්‍රය නිමා විය.

1.10.6
සමාධි සූත්‍රය
සමාධිය ගැන වදාළ දෙසුම

පින්වත් මහණෙනි, සමාධිය වඩන්න. පින්වත් මහණෙනි, සමාහිත සිත් ඇති භික්ෂුව තමයි යථාර්ථය දැන ගන්නේ. කුමක යථාර්ථයක් ද දැන

ගන්නේ? ඇස අනිත්‍යය යි යන කරුණ ඒ ආකාරයෙන් ම දැනගන්නවා. රූප අනිත්‍යය යි යන කරුණ ඒ ආකාරයෙන් ම දැනගන්නවා. ඇසේ විඤ්ඤාණය අනිත්‍යය යි යන කරුණ ඒ ආකාරයෙන් ම දැනගන්නවා. ඇසේ ස්පර්ශය අනිත්‍යය යි යන කරුණ ඒ ආකාරයෙන් ම දැනගන්නවා. ඇසේ ස්පර්ශයෙන් උපදින්නා වූ යම් සැපක් වේවා, දුකක් වේවා, දුක් සැප රහිත බවක් වේවා යම් විඳීමක් ඇත්ද, එයත් අනිත්‍යය යි යන කරුණ ඒ ආකාරයෙන් ම දැන ගන්නවා.

කන අනිත්‍යය යි යන කරුණ ....(පෙ).... නාසය අනිත්‍යය යි යන කරුණ ....(පෙ).... දිව අනිත්‍යය යි යන කරුණ ඒ ආකාරයෙන් ම දැන ගන්නවා. රස අනිත්‍යය යි යන කරුණ ඒ ආකාරයෙන් ම දැනගන්නවා. දිවේ විඤ්ඤාණය අනිත්‍යය යි යන කරුණ ඒ ආකාරයෙන් ම දැනගන්නවා. දිවේ ස්පර්ශය අනිත්‍යය යි යන කරුණ ඒ ආකාරයෙන් ම දැනගන්නවා. දිවේ ස්පර්ශයෙන් උපදින්නා වූ යම් සැපක් වේවා, දුකක් වේවා, දුක් සැප රහිත බවක් වේවා යම් විඳීමක් ඇත්ද, එයත් අනිත්‍යය යි යන කරුණ ඒ ආකාරයෙන් ම දැන ගන්නවා.

කය අනිත්‍යය යි යන කරුණ ....(පෙ).... මනස අනිත්‍යය යි යන කරුණ ඒ ආකාරයෙන් ම දැනගන්නවා. මනසට අරමුණු වන දේ අනිත්‍යය යි යන කරුණ ඒ ආකාරයෙන් ම දැනගන්නවා. මනසේ විඤ්ඤාණය අනිත්‍යය යි යන කරුණ ඒ ආකාරයෙන් ම දැනගන්නවා. මනසේ ස්පර්ශය අනිත්‍යය යි යන කරුණ ඒ ආකාරයෙන් ම දැනගන්නවා. මනසේ ස්පර්ශයෙන් උපදින්නා වූ යම් සැපක් වේවා, දුකක් වේවා, දුක් සැප රහිත බවක් වේවා යම් විඳීමක් ඇත්ද, එයත් අනිත්‍යය යි යන කරුණ ඒ ආකාරයෙන් ම දැනගන්නවා. පින්වත් මහණෙනි, සමාධිය වඩන්න. පින්වත් මහණෙනි, සමාහිත සිත් ඇති භික්ෂුව තමයි යථාර්ථය දැනගන්නේ.

සාදු! සාදු!! සාදු!!!

සමාධි සූත්‍රය නිමා විය.

1.10.7
පටිසල්ලාන සූත්‍රය
හුදෙකලා භාවනාවෙහි යෙදීම ගැන වදාළ දෙසුම

පින්වත් මහණෙනි, හුදෙකලාවෙහි භාවනාවෙහි යෙදී සිටින්න. පින්වත් මහණෙනි, හුදෙකලා භාවනාවෙහි යෙදී සිටින භික්ෂුව යථාර්ථය දැනගන්නවා. කුමක යථාර්ථයක්ද දැන ගන්නේ?

ඇස අනිත්‍යය යි යන කරුණ ඒ ආකාරයෙන් ම දැනගන්නවා. රූප අනිත්‍යය යි යන කරුණ ඒ ආකාරයෙන් ම දැනගන්නවා. ඇසේ විඤ්ඤාණය අනිත්‍යය යි යන කරුණ ඒ ආකාරයෙන් ම දැනගන්නවා. ඇසේ ස්පර්ශය අනිත්‍යය යි යන කරුණ ඒ ආකාරයෙන් ම දැනගන්නවා. ඇසේ ස්පර්ශයෙන් උපදින්නා වූ යම් සැපක් වේවා, දුකක් වේවා, දුක් සැප රහිත බවක් වේවා යම් විඳීමක් ඇත්ද, එයත් අනිත්‍යය යි යන කරුණ ඒ ආකාරයෙන් ම දැනගන්නවා. කන ....(පෙ).... නාසය ....(පෙ).... දිව ....(පෙ).... කය ....(පෙ).... මනස ....(පෙ).... මනසේ ස්පර්ශයෙන් උපදින්නා වූ යම් සැපක් වේවා, දුකක් වේවා, දුක් සැප රහිත බවක් වේවා යම් විඳීමක් ඇත්ද, එයත් අනිත්‍යය යි යන කරුණ ඒ ආකාරයෙන් ම දැනගන්නවා. පින්වත් මහණෙනි, හුදෙකලාවේ භාවනාවෙහි යෙදී සිටින්න. පින්වත් මහණෙනි, හුදෙකලාවේ භාවනාවේ යෙදී සිටින භික්ෂුව යථාර්ථය දැනගන්නවා.

සාදු! සාදු!! සාදු!!!

පටිසල්ලාන සූත්‍රය නිමා විය.

1.10.8
න තුම්හාක සූත්‍රය
'ඔබේ නොවේ' යන කරුණ ගැන වදාළ දෙසුම

පින්වත් මහණෙනි, යමක් ඔබේ නොවේ නම්, ඒ දෙය අත්හරින්න. එතකොට ඒක ඔබට ප්‍රහාණය වෙලා ගියහම හිතසුව පිණිස පවතීවි. පින්වත් මහණෙනි, ඔබේ නොවන දෙය කුමක්ද? පින්වත් මහණෙනි, ඇස ඔබේ නොවේ, එය අත්හරින්න. එතකොට ඒක ඔබට ප්‍රහාණය වෙලා ගියහම හිතසුව පිණිස පවතීවි. රූප ඔබේ නොවේ. එය අත්හරින්න. එතකොට ඒක

ඔබට ප්‍රහාණය වෙලා ගියහම හිතසුව පිණිස පවතීවි.

ඇසේ විඤ්ඤාණය ඔබේ නොවේ. එය අත් හරින්න. එතකොට ඒක ඔබට ප්‍රහාණය වෙලා ගියහම හිතසුව පිණිස පවතීවි. ඇසේ ස්පර්ශය ඔබේ නොවේ. ඒක අත්හරින්න. එතකොට ඒක ඔබට ප්‍රහාණය වෙලා ගියහම හිතසුව පිණිස පවතීවි. ඇසේ ස්පර්ශයෙන් උපදින්නා වූ සැප වේවා, දුක වේවා, දුක් සැප රහිත වේවා යම් විඳීමක් ඇත්ද, එයත් ඔබේ නොවේ. එය අත් හරින්න. එතකොට ඒක ඔබට ප්‍රහාණය වෙලා ගියහම හිතසුව පිණිස පවතීවි.

කන ඔබේ නොවේ ....(පෙ).... නාසය ඔබේ නොවේ ....(පෙ).... දිව ඔබේ නොවේ. එය අත් හරින්න. එතකොට ඒක ඔබට ප්‍රහාණය වෙලා ගියහම හිතසුව පිණිස පවතීවි. රස ඔබේ නොවේ. එය අත් හරින්න. එතකොට ඒක ඔබට ප්‍රහාණය වෙලා ගියහම හිතසුව පිණිස පවතීවි. දිවේ විඤ්ඤාණය ඔබේ නොවේ. එය අත් හරින්න. එතකොට ඒක ඔබට ප්‍රහාණය වෙලා ගියහම හිතසුව පිණිස පවතීවි. දිවේ ස්පර්ශය ඔබේ නොවේ. එය අත්හරින්න. එතකොට ඒක ඔබට ප්‍රහාණය වෙලා ගියහම හිතසුව පිණිස පවතීවි. දිවේ ස්පර්ශයෙන් උපදින්නා වූ සැප වේවා, දුක් වේවා, දුක් සැප රහිත වේවා යම් විඳීමක් ඇත්ද, එයත් ඔබේ නොවේ. එය අත් හරින්න. එතකොට ඒක ඔබට ප්‍රහාණය වෙලා ගියහම හිතසුව පිණිස පවතීවි.

කය ඔබේ නොවේ ....(පෙ).... මනස ඔබේ නොවේ. එය අත් හරින්න. එතකොට ඒක ඔබට ප්‍රහාණය වෙලා ගියහම හිතසුව පිණිස පවතීවි. මනසට අරමුණු වන දේ ඔබේ නොවේ. එය අත් හරින්න. එතකොට ඒක ඔබට ප්‍රහාණය වෙලා ගියහම හිතසුව පිණිස පවතීවි. මනසේ විඤ්ඤාණය ඔබේ නොවේ. එය අත් හරින්න. එතකොට ඒක ඔබට ප්‍රහාණය වෙලා ගියහම හිතසුව පිණිස පවතීවි. මනසේ ස්පර්ශය ඔබේ නොවේ. ඒක අත්හරින්න එතකොට ඒක ඔබට ප්‍රහාණය වෙලා ගියහම හිතසුව පිණිස පවතීවි. මනසේ ස්පර්ශයෙන් උපදින්නා වූ සැප වේවා, දුක් වේවා, දුක් සැප රහිත වේවා යම් විඳීමක් ඇත්ද, එයත් ඔබේ නොවේ. එය අත් හරින්න. එතකොට ඒක ඔබට ප්‍රහාණය වෙලා ගියහම හිතසුව පිණිස පවතීවි.

පින්වත් මහණෙනි, එය මෙවැනි දෙයක්. මේ ජේතවනයෙහි යම් තණකොළ, ලී කැබලි, දර අතු, දළුකොළ ආදියක් ඇත්නම්, ජනතාව ඒවා අරගෙන යනවා නම්, පුළුස්සා දමනවා නම්, ඒවාට කැමති දෙයක් කරනවා නම්, එතකොට ඔබට මේ විදිහට ද හිතෙන්නේ? 'අහෝ..! ජනතාව අපව අරගෙන යනවා නොවැ, අපව පුළුස්සා දමනවා නොවැ, ඔවුන් කැමති කැමති දේ අපට කරනවා නොවැ' කියලා ද? ස්වාමීනී, එය නොවේ ම යි. ඒකට

හේතුව කුමක්ද? ස්වාමීනී, අපට ඒවා ගැන 'තමා' කියලා හෝ, තමාට අයත් කියලා හෝ, හැඟීමක් නෑ.

පින්වත් මහණෙනි, ඔය විදිහට ම ඇස ඔබේ නොවේ, එය අත්හරින්න. එතකොට ඒක ඔබට ප්‍රහාණය වෙලා ගියහම හිතසුව පිණිස පවතීවි. රූප ඔබේ නොවේ ....(පෙ).... ඇසේ විඤ්ඤාණය ඔබේ නොවේ. එය අත් හරින්න. ....(පෙ).... ඇසේ ස්පර්ශය ඔබේ නොවේ ....(පෙ).... මනසේ ස්පර්ශයෙන් උපදින්නා වූ යම් සැප වේවා, දුක් වේවා, දුක් සැප රහිත වේවා යම් විඳීමක් ඇත්ද, එයත් ඔබේ නොවේ. එය අත් හරින්න. එතකොට ඒක ඔබට ප්‍රහාණය වෙලා ගියහම හිතසුව පිණිස පවතීවි.

සාදු! සාදු!! සාදු!!!

න තුම්හාක සූත්‍රය නිමා විය.

1.10.9
දුතිය න තුම්හාක සූත්‍රය
'ඔබේ නොවේ' යන කරුණ ගැන වදාළ දෙවෙනි දෙසුම

පින්වත් මහණෙනි, යමක් ඔබේ නොවේ නම්, ඒ දෙය අත්හරින්න. එතකොට ඒක ඔබට ප්‍රහාණය වෙලා ගියහම හිතසුව පිණිස පවතීවි. පින්වත් මහණෙනි, ඔබේ නොවන දෙය කුමක්ද ?

පින්වත් මහණෙනි, ඇස ඔබේ නොවේ, එය අත්හරින්න. එතකොට ඒක ඔබට ප්‍රහාණය වෙලා ගියහම හිතසුව පිණිස පවතීවි. රූප ඔබේ නොවේ. එය අත්හරින්න. එතකොට ඒක ඔබට ප්‍රහාණය වෙලා ගියහම හිතසුව පිණිස පවතීවි. ඇසේ විඤ්ඤාණය ඔබේ නොවේ. එය අත් හරින්න. එතකොට ඒක ඔබට ප්‍රහාණය වෙලා ගියහම හිතසුව පිණිස පවතීවි. ඇසේ ස්පර්ශය ඔබේ නොවේ. එය අත්හරින්න. එතකොට ඒක ඔබට ප්‍රහාණය වෙලා ගියහම හිතසුව පිණිස පවතීවි. ඇසේ ස්පර්ශයෙන් උපදින්නා වූ සැප වේවා, දුක් වේවා, දුක් සැප රහිත වේවා යම් විඳීමක් ඇත්ද, එයත් ඔබේ නොවේ. එය අත් හරින්න. එතකොට ඒක ඔබට ප්‍රහාණය වෙලා ගියහම හිතසුව පිණිස පවතීවි. ....(පෙ).... මනසේ ස්පර්ශයෙන් උපදින්නා වූ සැප වේවා, දුක් වේවා, දුක් සැප රහිත වේවා යම් විඳීමක් ඇත්ද, එයත් ඔබේ නොවේ. එය අත් හරින්න. එතකොට ඒක ඔබට ප්‍රහාණය වෙලා ගියහම හිතසුව පිණිස පවතීවි. පින්වත් මහණෙනි,

යමක් ඔබේ නොවේ නම් ඒ දෙය අත්හරින්න. එතකොට ඒක ඔබට ප්‍රහාණය වෙලා ගියහම හිත සුව පිණිස පවතීවි.

සාදු! සාදු!! සාදු!!!

දුතිය න තුම්හාක සූත්‍රය නිමා විය.

1.10.10
උද්දක සූත්‍රය
උද්දක රාමපුත්ත ගැන වදාළ දෙසුම

පින්වත් මහණෙනි, උද්දක රාමපුත්ත මේ විදියේ වචනයක් කියනවා.

'මං දහමේ පරතෙරට ගිය බව දැනගෙන ඉන්නේ. මං සියල්ල ජයගත් බව දැනගෙන ඉන්නේ. මං උදුරා නොදැමූ, දුකට මුල වන තෘෂ්ණාව උදුරා දැමූ බව දැනගෙන ඉන්නේ' කියලා.

පින්වත් මහණෙනි, උද්දක රාමපුත්ත දහමේ පරතෙරට නො ගොසින් ම යි, මං දහමේ පරතෙරට ගියා කියලා මේ වචනය කියන්නේ. සියල්ල නො දිනා ම යි, මං සියල්ල දිනුවා කියලා මේ වචනය කියන්නේ. දුකේ මුල උදුරා නො දමා ම යි, මං දුකේ මුල ඉදුරුවා කියලා මේ වචනය කියන්නේ.

පින්වත් මහණෙනි, මෙහිලා භික්ෂුවට නම් මැනවින් ම කියනවා නම් ඔය කරුණ කියන්න පුළුවන්.

'මං දහමේ පරතෙරට ගිය බව දැනගෙන ඉන්නේ. මං සියල්ල ජයගත් බව දැනගෙන ඉන්නේ. මං උදුරා නොදැමූ, දුකට මුල වන තෘෂ්ණාව උදුරා දැමූ බව දැනගෙන ඉන්නේ.' කියලා

පින්වත් මහණෙනි, භික්ෂුව කොහොමද දහමේ පරතෙරට යන්නේ? පින්වත් මහණෙනි, භික්ෂුව යම් කලෙක ස්පර්ශ ආයතන හයේ හටගැනීමත්, නැතිවීමත්, ආශ්වාදයත්, ආදීනවයත්, නිස්සරණයත්, ඒ ආකාරයෙන් ම දැනගත්තා නම්, එතකොට තමයි පින්වත් මහණෙනි, භික්ෂුව දහමේ පරතෙරට ගියා වෙන්නේ.

පින්වත් මහණෙනි, භික්ෂුව කොහොමද සියල්ල දිනුවා වෙන්නේ? පින්වත් මහණෙනි, භික්ෂුව යම් කලෙක ස්පර්ශ ආයතන හයේ හටගැනීමත්,

නැතිවීමත්, ආශ්වාදයත්, ආදීනවයත්, නිස්සරණයත්, ඒ ආකාරයෙන් ම දැනගෙන, උපාදාන රහිතව කෙලෙසුන්ගෙන් නිදහස් වුණා නම් එතකොට තමයි පින්වත් මහණෙනි භික්ෂුව සියල්ල දිනුවා වෙන්නේ.

පින්වත් මහණෙනි, භික්ෂුව කොහොමද උදුරා නොදමන ලද දුකෙහි මුල වන තෘෂ්ණාව උදුරා දැමුවා වෙන්නේ? පින්වත් මහණෙනි, සැරව හටගත් ගෙඩිය (ගඩුව) යනු මව්පියන්ගේ ලේ අසූචියෙන් හටගත් බත්මාළු පිණිවලින් වැඩුණු, අනිත්‍ය වූ, ඉලීම් පිරිමැදීම් කරතත් බිඳෙන සුළු, වැනසීයන සුළු, සතර මහා භූතයන්ගෙන් හටගත්, මේ කයට කියන නමකි. සැරව හටගත් ගෙඩියේ මුල යනු පින්වත් මහණෙනි, මේ තණ්හාවට කියන නමකි. පින්වත් මහණෙනි, යම් දවසක භික්ෂුවගේ තණ්හාව ප්‍රහීණ වුණා ද, මුලින් ම ඉදිරී ගියා ද, කරටිය සිඳුණු තල් ගසක් ම වූවා ද, සම්පූර්ණයෙන් අභාවයට පත් වූවා ද, ආයේ කවදාවත් නූපදින ස්වභාවයට පත් වුණාද, පින්වත් මහණෙනි, ඔය විදිහට යි භික්ෂුවගේ උදුරා නොදමන ලද දුක් මුල උදුරා දැමුවා වෙන්නේ.

පින්වත් මහණෙනි, උද්දක රාමපුත්ත මේ විදියේ වචනයක් කියනවා.

'මං දහමේ පරතෙරට ගිය බව දැනගෙන ඉන්නේ. මං සියල්ල ජයගත් බව දැනගෙන ඉන්නේ. මං උදුරා නොදැමූ, දුකට මුල වන තෘෂ්ණාව උදුරා දැමූ බව දැනගෙන ඉන්නේ.' කියලා

පින්වත් මහණෙනි, උද්දක රාමපුත්ත දහමේ පරතෙරට නො ගොසින් ම යි, මං දහමේ පරතෙරට ගියා කියලා මේ වචනය කියන්නේ. සියල්ල නො දිනා ම යි, මං සියල්ල දිනුවා කියලා මේ වචනය කියන්නේ. දුකේ මුල උදුරා නො දමා ම යි, මං දුකේ මුල ඉදුරුවා කියලා මේ වචනය කියන්නේ.

පින්වත් මහණෙනි, මෙහිලා භික්ෂුවට නම් මැනවින් ම කියනවා නම් ඔය කරුණ කියන්න පුළුවන්.

'මං දහමේ පරතෙරට ගිය බව දැනගෙන ඉන්නේ. මං සියල්ල ජයගත් බව දැනගෙන ඉන්නේ. මං උදුරා නොදැමූ, දුකට මුල වන තෘෂ්ණාව උදුරා දැමූ බව දැනගෙන ඉන්නේ.' කියලා.

සාදු! සාදු!! සාදු!!!

උද්දක සූත්‍රය නිමා විය.

දසවෙනි ජළ වර්ගය යි.

- **එහි පිළිවෙළ උද්දානය යි.**

සගය්හ සූත්‍ර දෙක, පරිහාන සූත්‍රය, පමාදවිහාරී සූත්‍රය, සංවර සූත්‍රය, සමාධි සූත්‍රය, පටිසල්ලාන සූත්‍රය, න තුම්හාක සූත්‍ර දෙක, උද්දක සූත්‍රය යන මෙයින් මේ වර්ගය සමන්විත වේ.

දෙවෙනි පණ්ණාසකය යි.

- **එහි වර්ගයන්ගේ පිළිවෙළ උද්දානය යි.**

අවිජ්ජා වර්ගය, මිගජාල වර්ගය, ගිලාන වර්ගය, හතරවෙනි ඡන්න වර්ගය, ඡළ වර්ගය, යන මේවාට අයත් සූත්‍ර පනහකි. මෙය දෙවෙනි පණ්ණාසකය යි.

11. යෝගක්ඛේමි වර්ගය

1.11.1
යෝගක්ඛේමි සූත්‍රය
කෙලෙස් බන්ධනයන්ගෙන් නිදහස් වීම ගැන වදාළ දෙසුම

සැවැත් නුවර දී ......

පින්වත් මහණෙනි, කෙලෙස් බන්ධනයන්ගෙන් නිදහස් වීම නම් වූ දහම් ක්‍රමයක් ඔබට දේශනා කරන්නම්. එය සවන් යොමා අසන්න. පින්වත් මහණෙනි, කෙලෙස් බන්ධනයන්ගෙන් නිදහස් වීම නම් වූ දහම් ක්‍රමය යනු කුමක්ද?

පින්වත් මහණෙනි, ඇසෙන් දැනගත යුතු වූ සිත් ඇදගන්නා, ලස්සන, මනාප, ප්‍රිය ස්වරූප ඇති, කැමැත්ත ඇති කරවන, බැඳීම් හටගන්නා රූප තියෙනවා. තථාගතයන් වහන්සේට ඒවා ප්‍රහීණ වෙලා තියෙන්නේ. මුලින් ම සිඳිලයි තියෙන්නේ. කරටිය සිඳුන තල් ගසක් වෙලයි තියෙන්නේ. යළි නූපදින පරිදි අභාවයට පත්වෙලයි තියෙන්නේ. ඒවායේ ප්‍රහාණය පිණිස වැඩ පිළිවෙළත් දේශනා කළා. එනිසා තථාගතයන් වහන්සේ යෝගක්ඛේමි කියලා කියනවා.

පින්වත් මහණෙනි, කනෙන් දැනගත යුතු වූ ශබ්ද තියෙනවා ....(පෙ).... නාසයෙන් දැනගත යුතු ගඳ-සුවඳ තියෙනවා ....(පෙ).... දිවෙන් දැනගත යුතු රස තියෙනවා. ....(පෙ).... කයින් දැනගත යුතු පහස තියෙනවා. ....(පෙ).... මනසින් දැනගත යුතු වූ සිත් ඇදගන්නා, ලස්සන, මනාප, ප්‍රිය ස්වරූප ඇති, කැමැත්ත ඇති කරවන, බැඳීම් හටගන්නා අරමුණු තියෙනවා. තථාගතයන් වහන්සේට ඒවා ප්‍රහීණ වෙලා තියෙන්නේ. මුලින්ම සිඳිලයි තියෙන්නේ. කරටිය සිඳුන තල් ගසක් වෙලයි තියෙන්නේ. යළි නූපදින පරිදි අභාවයට

පත්වෙලයි තියෙන්නේ. ඒවායේ ප්‍රහාණය පිණිස වැඩපිළිවෙලත් දේශනා කළා. එනිසා තථාගතයන් වහන්සේ යෝගක්ඛේමී කියලා කියනවා. පින්වත් මහණෙනි, කෙලෙස් බන්ධනයන්ගෙන් නිදහස් වීම නම් වූ දහම් ක්‍රමය යනු මෙයයි.

සාදු! සාදු!! සාදු!!!

යෝගක්ඛේම් සූත්‍රය නිමා විය.

1.11.2
උපාදාය සූත්‍රය
'හේතුවෙන්' යන්න ගැන වදාළ දෙසුම

පින්වත් මහණෙනි, කුමක් ඇති කල්හි ද, කුමක් හේතුවෙන් ද තමා තුළ සැප දුක් ඇති වන්නේ?

ස්වාමීනී, අපගේ ධර්මය භාග්‍යවතුන් වහන්සේ මුල් කරගෙනයි පවතින්නේ. භාග්‍යවතුන් වහන්සේ ප්‍රධාන කරගෙනයි පවතින්නේ. භාග්‍යවතුන් වහන්සේ පිළිසරණ කරගෙනයි පවතින්නේ. ස්වාමීනී, භාග්‍යවතුන් වහන්සේට ම ඔය වදාළ කරුණෙහි අරුත් වැටහෙන සේක් නම් ඉතා යහපති. එතකොට භාග්‍යවතුන් වහන්සේගෙන් අසා භික්ෂූන් මතකයේ රඳවා ගනීවී. එසේ වී නම් පින්වත් මහණෙනි, සවන් යොමා අසන්න. හොඳින් නුවණින් මෙනෙහි කරන්න. මා කියා දෙන්නම්. එසේය ස්වාමීනී, කියා ඒ භික්ෂූන් භාග්‍යවතුන් වහන්සේට පිළිතුරු දුන්නා. භාග්‍යවතුන් වහන්සේ මෙම දෙසුම වදාළා.

පින්වත් මහණෙනි, ඇස තිබෙන විට තමයි ඇස හේතුවෙන් තමා තුළ සැප දුක් උපදින්නේ. කන තිබෙන විට තමයි කන හේතුවෙන් තමා තුළ සැප දුක් උපදින්නේ. නාසය තිබෙන විට තමයි නාසය හේතුවෙන් තමා තුළ සැප දුක් උපදින්නේ. දිව තිබෙන විට තමයි දිව හේතුවෙන් තමා තුළ සැප දුක් උපදින්නේ. කය තිබෙන විට තමයි කය හේතුවෙන් තමා තුළ සැප දුක් උපදින්නේ. මනස තිබෙන විට තමයි මනස හේතුවෙන් තමා තුළ සැප දුක් උපදින්නේ.

පින්වත් මහණෙනි, මේ ගැන ඔබ කුමක්ද හිතන්නේ? ඇස නිත්‍යයි ද? අනිත්‍යයි ද? ස්වාමීනී, අනිත්‍යයි. යමක් වනාහි අනිත්‍ය නම්, එය දුකයි

ද? සැපයි ද? ස්වාමීනී, දුකයි. යමක් වනාහි අනිත්‍ය නම්, දුකයි නම්, වෙනස් වන ස්වභාවයෙන් යුතු නම්, එය උපාදාන වශයෙන් නොගෙන සිටි කල්හිත් අධ්‍යාත්මික වශයෙන් සැප, දුක් උපදිනවාද? ස්වාමීනී, එය නොවන්නේ ම ය.

කන නිත්‍යයි ද? අනිත්‍යයි ද? ස්වාමීනී, අනිත්‍යයි ....(පෙ).... නාසය නිත්‍යයි ද? අනිත්‍යයි ද? ස්වාමීනී, අනිත්‍යයි ....(පෙ).... දිව නිත්‍යයි ද? අනිත්‍යයි ද? ස්වාමීනී, අනිත්‍යයි ....(පෙ).... කය නිත්‍යයි ද? අනිත්‍යයි ද? ස්වාමීනී, අනිත්‍යයි ....(පෙ).... මනස නිත්‍යයි ද? අනිත්‍යයි ද? ස්වාමීනී, අනිත්‍යයි. යමක් වනාහි අනිත්‍ය නම්, එය දුකයි ද? සැපයි ද? ස්වාමීනී, දුකයි. යමක් වනාහි අනිත්‍ය නම්, දුකයි නම්, වෙනස් වන ස්වභාවයෙන් යුතු නම්, එය උපාදාන වශයෙන් නොගෙන සිටි කල්හිත් අධ්‍යාත්මික වශයෙන් සැප, දුක් උපදිනවාද? ස්වාමීනී, එය නොවන්නේ ම ය.

පින්වත් මහණෙනි, ශ්‍රැතවත් ආර්ය ශ්‍රාවකයා ඔය අයුරින් දකින විට, ඇස ගැනත් සත්‍ය ස්වභාවය අවබෝධ වීම තුළින් ම කලකිරෙනවා. කන ගැනත් සත්‍ය ස්වභාවය අවබෝධ වීම තුළින් ම කලකිරෙනවා. නාසය ගැනත් සත්‍ය ස්වභාවය අවබෝධ වීම තුළින් ම කලකිරෙනවා. දිව ගැනත් සත්‍ය ස්වභාවය අවබෝධ වීම තුළින් ම කලකිරෙනවා. කය ගැනත් සත්‍ය ස්වභාවය අවබෝධ වීම තුළින් ම කලකිරෙනවා. මනස ගැනත් සත්‍ය ස්වභාවය අවබෝධ වීම තුළින් ම කලකිරෙනවා. කලකිරුණු විට ඒ කෙරෙහි තිබුණ ඇල්ම නැතුව යනවා. ඇල්ම නැතිවීම නිසා එයින් නිදහස් වෙනවා. නිදහස් වූ විට නිදහස් වූ බවට අවබෝධ ඥාණය ඇති වෙනවා. 'ඉපදීම ක්ෂය වුණා' බඹසර වාසය සම්පූර්ණ කළා, නිවන පිණිස කළ යුතු දෙය කළා, නිවන පිණිස කළ යුතු වෙන දෙයක් නැත්තේම' යැයි අවබෝධයෙන් ම දැනගන්නවා.

සාදු! සාදු!! සාදු!!!

උපාදාය සූත්‍රය නිමා විය.

1.11.3
දුක්ඛසමුදය සූත්‍රය
දුකේ හටගැනීම ගැන වදාළ දෙසුම

පින්වත් මහණෙනි, දුකේ හටගැනීමත්, නැතිවීමත් කියා දෙන්නම්. එය සවන් යොමා අසන්න. පින්වත් මහණෙනි, දුකේ හටගැනීම යනු කුමක්ද?

ඇසත් රූපත් නිසයි ඇසේ විඤ්ඤාණය උපදින්නේ. ඔය තුනේ එකතු වීම ස්පර්ශයයි. ස්පර්ශය හේතුවෙන් විඳීම ඇති වෙනවා. විඳීම හේතුවෙන් තණ්හාව ඇති වෙනවා. මෙය තමයි දුකේ හටගැනීම. කනත් නිසා ....(පෙ).... නාසයත් නිසා ....(පෙ).... දිවත් නිසා ....(පෙ).... කයත් නිසා ....(පෙ).... මනසත් මනසට අරමුණු වන දේත් නිසයි මනසේ විඤ්ඤාණය උපදින්නේ. ඔය තුනේ එකතු වීම ස්පර්ශයයි. ස්පර්ශය හේතුවෙන් විඳීම ඇති වෙනවා. විඳීම හේතුවෙන් තණ්හාව ඇති වෙනවා. පින්වත් මහණෙනි, මෙය තමයි දුකේ හටගැනීම.

පින්වත් මහණෙනි, දුකේ නැතිවීම යනු කුමක්ද? ඇසත් රූපත් නිසයි ඇසේ විඤ්ඤාණය උපදින්නේ. ඔය තුනේ එකතු වීම ස්පර්ශයයි. ස්පර්ශය හේතුවෙන් විඳීම ඇති වෙනවා. විඳීම හේතුවෙන් තණ්හාව ඇති වෙනවා. ඒ තණ්හාව ම ඉතිරි නැතුව නොඇල්මෙන් නිරුද්ධ වීමෙන් උපාදාන නිරුද්ධ වෙනවා. උපාදාන නිරුද්ධ වීමෙන් භවය නිරුද්ධ වෙනවා. භවය නිරුද්ධ වීමෙන් ඉපදීම නිරුද්ධ වෙනවා. ඉපදීම නිරුද්ධ වීමෙන් ජරා මරණ, සෝක වැලපීම්, දුක්දොම්නස්, සුසුම් හෙළීම් නිරුද්ධ වෙනවා. ඔය ආකාරයටයි මුළුමහත් දුක්ඛස්කන්ධය ම නිරුද්ධ වෙන්නේ. මෙය තමයි දුකේ නැතිවීම.

කනත් නිසා ....(පෙ).... නාසයත් නිසා ....(පෙ).... දිවත් නිසා ....(පෙ).... කයත් නිසා ....(පෙ).... මනසත් මනසට අරමුණු වන දේත් නිසයි මනසේ විඤ්ඤාණය උපදින්නේ. ඔය තුනේ එකතු වීම ස්පර්ශයයි. ස්පර්ශය හේතුවෙන් විඳීම ඇති වෙනවා. විඳීම හේතුවෙන් තණ්හාව ඇති වෙනවා. ඒ තණ්හාව ම ඉතිරි නැතුව නොඇල්මෙන් නිරුද්ධ වීමෙන් උපාදාන නිරුද්ධ වෙනවා. උපාදාන නිරුද්ධ වීමෙන් භවය නිරුද්ධ වෙනවා. භවය නිරුද්ධ වීමෙන් ඉපදීම නිරුද්ධ වෙනවා. ඉපදීම නිරුද්ධ වීමෙන් ජරා මරණ, සෝක වැලපීම්, දුක්දොම්නස්, සුසුම් හෙළීම් නිරුද්ධ වෙනවා. ඔය ආකාරයටයි මුළුමහත් දුක්ඛස්කන්ධය ම නිරුද්ධ වෙන්නේ. පින්වත් මහණෙනි, මෙය තමයි දුකේ නැතිවීම.

සාදු! සාදු!! සාදු!!!

දුක්ඛසමුදය සූත්‍රය නිමා විය.

1.11.4
ලෝකසමුදය සූත්‍රය
ලෝකය හටගැනීම ගැන වදාළ දෙසුම

පින්වත් මහණෙනි, ලෝකයේ හටගැනීමත්, නැතිවීමත් කියා දෙන්නම්. එය සවන් යොමා අසන්න. පින්වත් මහණෙනි, ලෝකයේ හටගැනීම යනු කුමක්ද? ඇසත් රූපත් නිසයි ඇසේ විඤ්ඤාණය උපදින්නේ. ඔය තුනේ එකතු වීම ස්පර්ශයයි. ස්පර්ශය හේතුවෙන් විඳීම ඇති වෙනවා. විඳීම හේතුවෙන් තණ්හාව ඇති වෙනවා. තණ්හාව හේතුවෙන් ග්‍රහණය වීම (උපාදාන) ඇති වෙනවා. උපාදාන හේතුවෙන් විපාක පිණිස කර්ම සකස් වෙනවා. (භවය) භවය හේතුවෙන් උපදිනවා. ඉපදීම හේතුවෙන් ජරා මරණ සෝක වැලපීම්, දුක්දොම්නස්, සුසුම් හෙළීම් හටගන්නවා. පින්වත් මහණෙනි, මෙය තමයි ලෝකයේ හටගැනීම.

කනත් නිසා ....(පෙ).... නාසයත් නිසා ....(පෙ).... දිවත් නිසා ....(පෙ).... කයත් නිසා ....(පෙ).... මනසත් මනසට අරමුණු වන දේත් නිසයි මනසේ විඤ්ඤාණය උපදින්නේ. ඔය තුනේ එකතු වීම ස්පර්ශයයි. ස්පර්ශය හේතුවෙන් විඳීම ඇති වෙනවා. විඳීම හේතුවෙන් තණ්හාව ඇති වෙනවා. තණ්හාව හේතුවෙන් ග්‍රහණය වීම ඇති වෙනවා. උපාදාන හේතුවෙන් විපාක පිණිස කර්ම සකස් වෙනවා. භවය හේතුවෙන් උපදිනවා. ඉපදීම හේතුවෙන් ජරා මරණ සෝක වැලපීම්, දුක්දොම්නස්, සුසුම් හෙළීම් හටගන්නවා. පින්වත් මහණෙනි, මෙය තමයි ලෝකයේ හටගැනීම.

පින්වත් මහණෙනි, ලෝකයේ නැතිවීම යනු කුමක්ද? ඇසත් රූපත් නිසයි ඇසේ විඤ්ඤාණය උපදින්නේ. ඔය තුනේ එකතු වීම ස්පර්ශයයි. ස්පර්ශය හේතුවෙන් විඳීම ඇති වෙනවා. විඳීම හේතුවෙන් තණ්හාව ඇති වෙනවා. ඒ තණ්හාව ම ඉතිරි නැතුව නොඇල්මෙන් නිරුද්ධ වීමෙන් උපාදාන නිරුද්ධ වෙනවා. උපාදාන නිරුද්ධ වීමෙන් ....(පෙ).... ඔය ආකාරයටයි මුළුමහත් දුක්ඛස්කන්ධය ම නිරුද්ධ වෙන්නේ. මෙය තමයි ලෝකයේ නැතිවීම.

කනත් නිසා ....(පෙ).... නාසයත් නිසා ....(පෙ).... දිවත් නිසා ....(පෙ).... කයත් නිසා ....(පෙ).... මනසත් මනසට අරමුණු වන දේත් නිසයි මනසේ විඤ්ඤාණය උපදින්නේ. ඔය තුනේ එකතු වීම ස්පර්ශයයි. ස්පර්ශය හේතුවෙන් විඳීම ඇති වෙනවා. විඳීම හේතුවෙන් තණ්හාව ඇති වෙනවා. ඒ තණ්හාව ම ඉතිරි නැතුව නොඇල්මෙන් නිරුද්ධ වීමෙන් උපාදාන නිරුද්ධ වෙනවා.

උපාදාන නිරුද්ධ වීමෙන් භවය නිරුද්ධ වෙනවා ....(පෙ).... ඔය ආකාරයටයි මුළුමහත් දුක්ඛස්කන්ධය ම නිරුද්ධ වෙන්නේ. මෙය තමයි ලෝකයේ නැතිවීම.

සාදු! සාදු!! සාදු!!!

දුක්ඛසමුදය සූත්‍රය නිමා විය.

1.11.5
සෙය්‍ය සූත්‍රය
"උසස්" යන්න ගැන වදාළ දෙසුම

පින්වත් මහණෙනි, කුමක් ඇති කල්හි ද, කුමක් හේතුවෙන් ද, කුමකට බැසගෙන ද, "මම උසස් වෙමි යන හැඟීම හෝ ඇති වන්නේ? මම සමාන වෙමි යන හැඟීම හෝ ඇති වන්නේ? මම පහත් වෙමි යන හැඟීම ඇති වන්නේ?

ස්වාමීනී, අපගේ ධර්මය භාග්‍යවතුන් වහන්සේ මුල් කරගෙන යි පවතින්නේ. භාග්‍යවතුන් වහන්සේ ප්‍රධාන කරගෙන යි පවතින්නේ. භාග්‍යවතුන් වහන්සේ පිළිසරණ කරගෙන යි පවතින්නේ. ස්වාමීනී, භාග්‍යවතුන් වහන්සේට ම ඔය වදාළ කරුණෙහි අරුත් වැටහෙන සේක් නම් ඉතා යහපති. එතකොට භාග්‍යවතුන් වහන්සේගෙන් අසා භික්ෂූන් මතකයේ රඳවා ගනීවි.

පින්වත් මහණෙනි, ඇස තිබෙන විටයි, ඇස හේතු කරගෙනයි, ඇසට බැස ගෙනයි, "මම උසස් වෙමි යන හැඟීම හෝ ඇති වන්නේ. මම සමාන වෙමි යන හැඟීම හෝ ඇති වන්නේ. මම පහත් වෙමි"යන හැඟීම හෝ ඇති වන්නේ. කන තිබෙන විටයි ....(පෙ).... නාසය තිබෙන විටයි ....(පෙ).... දිව තිබෙන විටයි ....(පෙ).... කය තිබෙන විටයි ....(පෙ).... මනස තිබෙන විටයි, මනස හේතු කරගෙනයි, මනසට බැස ගෙනයි, 'මම උසස් වෙමි යන හැඟීම හෝ ඇති වන්නේ. මම සමාන වෙමි යන හැඟීම හෝ ඇති වන්නේ. මම පහත් වෙමි යන හැඟීම හෝ ඇති වන්නේ.

පින්වත් මහණෙනි, මේ ගැන ඔබ කුමක්ද සිතන්නේ? ඇස නිත්‍යයි ද? අනිත්‍යයි ද? ස්වාමීනී, අනිත්‍යයි. යමක් වනාහි අනිත්‍ය නම්, එය දුකයි ද? සැපයි ද? ස්වාමීනී, දුකයි. යමක් වනාහි, අනිත්‍ය නම්, දුක නම්, වෙනස් වන ස්වභාවයෙන් යුතු නම්, එයට නොබැඳී 'මම උසස් වෙමි යන හැඟීම හෝ

ඇති වෙනවාද? මම සමාන වෙමි යන හැඟීම හෝ ඇති වෙනවාද? මම පහත් වෙමි' යන හැඟීම හෝ ඇති වෙනවා ද? ස්වාමීනී, එය නොවේ ම ය.

කන නිත්‍යයි ද? අනිත්‍යයි ද? ස්වාමීනී, අනිත්‍යයි ....(පෙ).... නාසය නිත්‍යයි ද? අනිත්‍යයි ද? ස්වාමීනී, අනිත්‍යයි ....(පෙ).... දිව නිත්‍යයි ද? අනිත්‍යයි ද? ස්වාමීනී, අනිත්‍යයි ....(පෙ).... කය නිත්‍යයි ද? අනිත්‍යයි ද? ස්වාමීනී, අනිත්‍යයි ....(පෙ).... මනස නිත්‍යයි ද? අනිත්‍යයි ද? ස්වාමීනී, අනිත්‍යයි. යමක් වනාහි අනිත්‍ය නම්, එය දුකයි ද? සැපයි ද? ස්වාමීනී, දුකයි. යමක් වනාහි, අනිත්‍ය නම්, දුක නම්, වෙනස් වන ස්වභාවයෙන් යුතු නම්, එයට නොබැඳී 'මම උසස් වෙමි යන හැඟීම හෝ ඇති වෙනවාද? මම සමාන වෙමි යන හැඟීම හෝ ඇති වෙනවාද? මම පහත් වෙමි' යන හැඟීම හෝ ඇති වෙනවාද? ස්වාමීනී, එය නොවේ ම ය.

පින්වත් මහණෙනි, ශ්‍රැතවත් ආර්ය ශ්‍රාවකයා ඔය අයුරින් දකින විට ඇස ගැනත් සත්‍ය ස්වභාවය අවබෝධ වීම තුළින් ම කලකිරෙනවා. කන ගැනත් සත්‍ය ස්වභාවය අවබෝධ වීම තුළින් ම කලකිරෙනවා. නාසය ගැනත් සත්‍ය ස්වභාවය අවබෝධ වීම තුළින් ම කලකිරෙනවා. දිව ගැනත් සත්‍ය ස්වභාවය අවබෝධ වීම තුළින් ම කලකිරෙනවා. කය ගැනත් සත්‍ය ස්වභාවය අවබෝධ වීම තුළින් ම කලකිරෙනවා. මනස ගැනත් සත්‍ය ස්වභාවය අවබෝධ වීම තුළින් ම කලකිරෙනවා. කලකිරුණු විට ඒ කෙරෙහි තිබුණ ඇල්ම නැතුව යනවා. ඇල්ම නැතිවීම නිසා එයින් නිදහස් වෙනවා ....(පෙ).... නිවන පිණිස කළ යුතු වෙන දෙයක් නැත්තේම යැයි අවබෝධයෙන් ම දැනගන්නවා.

සාදු! සාදු!! සාදු!!!

සෙය්‍ය සූත්‍රය නිමා විය.

1.11.6
සඤ්ඤෝජන සූත්‍රය
කෙලෙස් බන්ධනය ගැන වදාළ දෙසුම

පින්වත් මහණෙනි, කෙලෙස් බන්ධනය ඇති කරවන දේත්, කෙලෙස් බන්ධනයත් ගැන කියා දෙන්නම්. එය සවන් යොමා අසන්න. පින්වත් මහණෙනි, කෙලෙස් බන්ධනය ඇති කරවන දේ යනු කුමක්ද? කෙලෙස් බන්ධනය යනු කුමක්ද?

පින්වත් මහණෙනි, ඇස යනු කෙලෙස් බන්ධනය ඇති කරවන දෙයක්. ඒ කෙරෙහි යම් ඡන්ද රාගයක් ඇත්නම්, ඒක තමයි එතැන තියෙන කෙලෙස් බන්ධනය. කන ....(පෙ).... නාසය ....(පෙ).... දිව යනු කෙලෙස් බන්ධනය ඇති කරවන දෙයක්. ඒ කෙරෙහි යම් ඡන්ද රාගයක් ඇත්නම්, ඒක තමයි එතැන තියෙන කෙලෙස් බන්ධනය. කය ....(පෙ).... මනස යනු කෙලෙස් බන්ධනය ඇති කරවන දෙයක්. ඒ කෙරෙහි යම් ඡන්ද රාගයක් ඇත්නම්, ඒක තමයි එතැන තියෙන කෙලෙස් බන්ධනය. පින්වත් මහණෙනි, මේවා තමයි කෙලෙස් බන්ධනය ඇති කරවන දේ කියලා කියන්නේ, මෙය තමයි කෙලෙස් බන්ධනය කියලා කියන්නේ.

සාදු! සාදු!! සාදු!!!

සඤ්ඤෝජන සූත්‍රය නිමා විය.

1.11.7
උපාදාන සූත්‍රය
ග්‍රහණය වීම ගැන වදාළ දෙසුම

පින්වත් මහණෙනි, ග්‍රහණය වීම ඇති කරවන දේත්, ග්‍රහණය වීමත් ගැන කියා දෙන්නම්. එය සවන් යොමා අසන්න. පින්වත් මහණෙනි, ග්‍රහණය වීම ඇතිකරවන දේ යනු කුමක්ද? ග්‍රහණය වීම යනු කුමක්ද?

පින්වත් මහණෙනි, ඇස යනු ග්‍රහණය වීම ඇතිකරවන දෙයක්. ඒ කෙරෙහි යම් ඡන්ද රාගයක් ඇත්නම්, ඒක තමයි එතැන තියෙන ග්‍රහණය වීම. කන ....(පෙ).... නාසය ....(පෙ).... දිව යනු ග්‍රහණය වීම ඇතිකරවන දෙයක්. ඒ කෙරෙහි යම් ඡන්ද රාගයක් ඇත්නම්, ඒක තමයි එතැන තියෙන ග්‍රහණය වීම. කය ....(පෙ).... මනස යනු ග්‍රහණය වීම ඇතිකරවන දෙයක්. ඒ කෙරෙහි යම් ඡන්ද රාගයක් ඇත්නම්, ඒක තමයි එතැන තියෙන ග්‍රහණය වීම. පින්වත් මහණෙනි, මේවා තමයි ග්‍රහණය වීම ඇති කරවන දේ කියලා කියන්නේ. මෙය තමයි ග්‍රහණය වීම කියලා කියන්නේ.

සාදු! සාදු!! සාදු!!!

උපාදාන සූත්‍රය නිමා විය.

1.11.8
පරිජානන සූත්‍රය
පිරිසිඳ දැනීම ගැන වදාළ දෙසුම

පින්වත් මහණෙනි, ඇස විශේෂ නුවණින් නොදන්නා විට, පිරිසිඳ නොදන්නා විට, ඇල්ම දුරු නොකළ විට, අත් නොහළ විට දුක් ක්ෂය කිරීම කළ හැකි දෙයක් නම් නොවේ. කන ....(පෙ).... නාසය ....(පෙ).... දිව ....(පෙ).... කය ....(පෙ).... මනස විශේෂ නුවණින් නොදන්නා විට, පිරිසිඳ නොදන්නා විට, ඇල්ම දුරු නොකළ විට, අත් නොහළ විට දුක් ක්ෂය කිරීම කළ හැකි දෙයක් නම් නොවේ. නමුත් පින්වත් මහණෙනි, ඇස විශේෂ නුවණින් දන්නා විට, පිරිසිඳ දන්නා විට, ඇල්ම දුරු කළ විට, අත් හළ විට දුක් ක්ෂය කිරීම කළ හැකි දෙයකි. කන ....(පෙ).... නාසය ....(පෙ).... දිව ....(පෙ).... කය ....(පෙ).... මනස විශේෂ නුවණින් දන්නා විට, පිරිසිඳ දන්නා විට, ඇල්ම දුරු කළ විට, අත් හළ විට දුක් ක්ෂය කිරීම කළ හැකි දෙයකි.

සාදු! සාදු!! සාදු!!!

පරිජානන සූත්‍රය නිමා විය.

1.11.9
දුතිය පරිජානන සූත්‍රය
පිරිසිඳ දැනීම ගැන වදාළ දෙවෙනි දෙසුම

පින්වත් මහණෙනි, රූප විශේෂ නුවණින් නොදන්නා විට, පිරිසිඳ නොදන්නා විට, ඇල්ම දුරු නොකළ විට, අත් නොහළ විට, දුක් ක්ෂය කිරීම කළ හැකි දෙයක් නම් නොවේ. ශබ්ද ....(පෙ).... ගන්ධ ....(පෙ).... රස ....(පෙ).... පහස ....(පෙ).... මනසට අරමුණු වන දේ විශේෂ නුවණින් නොදන්නා විට, පිරිසිඳ නොදන්නා විට, ඇල්ම දුරු නොකළ විට, අත් නොහළ විට, දුක් ක්ෂය කිරීම කළ හැකි දෙයක් නම් නොවේ.

නමුත් පින්වත් මහණෙනි, රූප විශේෂ නුවණින් දන්නා විට, පිරිසිඳ දන්නා විට, ඇල්ම දුරු කළ විට, අත් හළ විට, දුක් ක්ෂය කිරීම කළ හැකි දෙයකි. ශබ්ද ....(පෙ).... ගන්ධ ....(පෙ).... රස ....(පෙ).... පහස ....(පෙ).... මනසට

අරමුණු වන දේ විශේෂ නුවණින් දන්නා විට, පිරිසිඳ දන්නා විට, ඇල්ම දුරු කළ විට, අත් හළ විට, දුක් ක්ෂය කිරීම කළ හැකි දෙයකි.

සාදු! සාදු!! සාදු!!!

දුතිය පරිජානන සූත්‍රය නිමා විය.

1.11.10
උපස්සුති සූත්‍රය
ළඟ සිට සවන් දීම ගැන වදාළ දෙසුම

ඒ දිනවල භාග්‍යවතුන් වහන්සේ නාදික ගමෙහි ගඩොලින් කළ ආවාසයකයි වැඩ හිටියේ. එදා භාග්‍යවතුන් වහන්සේ හුදෙකලාවේ විවේකීව වැඩසිටිමින් මේ දහම් ක්‍රමය පවසා වදාළා.

ඇසත් රූපත් නිසයි ඇසේ විඤ්ඤාණය උපදින්නේ. ඔය තුනේ එකතු වීම ස්පර්ශයයි. ස්පර්ශය හේතුවෙන් විඳීම ඇති වෙනවා. විඳීම හේතුවෙන් තණ්හාව ඇති වෙනවා. තණ්හාව හේතුවෙන් උපාදාන ඇති වෙනවා. ....(පෙ).... ඔය ආකාරයටයි මේ මුළුමහත් දුක්ඛස්කන්ධය ම හටගන්නේ.

කනත් නිසා ....(පෙ).... නාසයත් නිසා ....(පෙ).... දිවත් නිසා ....(පෙ).... කයත් නිසා ....(පෙ).... මනසත් මනසට අරමුණු වන දේත් නිසයි මනසේ විඤ්ඤාණය උපදින්නේ. ඔය තුනේ එකතු වීම ස්පර්ශයයි. ස්පර්ශය හේතුවෙන් විඳීම ඇති වෙනවා. විඳීම හේතුවෙන් තණ්හාව ඇති වෙනවා. තණ්හාව හේතුවෙන් උපාදාන ඇති වෙනවා. ....(පෙ).... ඔය ආකාරයටයි මේ මුළුමහත් දුක්ඛස්කන්ධය ම හටගන්නේ.

ඇසත් රූපත් නිසයි ඇසේ විඤ්ඤාණය උපදින්නේ. ඔය තුනේ එකතු වීම ස්පර්ශයයි. ස්පර්ශය හේතුවෙන් විඳීම ඇති වෙනවා. විඳීම හේතුවෙන් තණ්හාව ඇති වෙනවා. ඒ තණ්හාව ම ඉතිරි නැතුව නොඇල්මෙන් නිරුද්ධ වීමෙන් උපාදාන නිරුද්ධ වෙනවා. උපාදාන නිරුද්ධ වීමෙන් ....(පෙ) ඔය ආකාරයටයි මුළුමහත් දුක්ඛස්කන්ධය ම නිරුද්ධ වෙන්නේ.

කනත් නිසා ....(පෙ).... නාසයත් නිසා ....(පෙ).... දිවත් නිසා ....(පෙ).... කයත් නිසා ....(පෙ).... මනසත් මනසට අරමුණු වන දේත් නිසයි මනසේ විඤ්ඤාණය උපදින්නේ. ඔය තුනේ එකතු වීම ස්පර්ශයයි. ස්පර්ශය හේතුවෙන්

විඳීම ඇති වෙනවා. විඳීම හේතුවෙන් තණ්හාව ඇති වෙනවා. ඒ තණ්හාව ම ඉතිරි නැතුව නොඇල්මෙන් නිරුද්ධ වීමෙන් උපාදාන නිරුද්ධ වෙනවා. උපාදාන නිරුද්ධ වීමෙන් ....(පෙ) ඔය ආකාරයටයි මුළුමහත් දුක්ඛස්කන්ධය ම නිරුද්ධ වෙන්නේ.

ඒ මොහොතේදී එක්තරා භික්ෂුවක් භාග්‍යවතුන් වහන්සේගේ හඬ ඇසෙන සමීපයෙහි සිටියා. භාග්‍යවතුන් වහන්සේගේ හඬ ඇසෙන සමීපයෙහි සිටි ඒ භික්ෂුව දැක වදාළා. දැකලා ඒ භික්ෂුවට මෙසේ වදාළා. "පින්වත් භික්ෂුව, ඔබ මේ දහම් ක්‍රමය අසාගෙන නේද හිටියේ?" "එසේය ස්වාමීනී," "පින්වත් භික්ෂුව, ඔබ මේ දහම් ක්‍රමය ඉගෙන ගන්න. පින්වත් භික්ෂුව, ඔබ මේ දහම් ක්‍රමය කට පාඩම් කරගන්න. පින්වත් භික්ෂුව, ඔබ මේ දහම් ක්‍රමය මතක තබා ගන්න. පින්වත් භික්ෂුව, මේ දහම් ක්‍රමය ඉතාම අර්ථවත්. නිවන් මගට මුල් වෙනවා."

සාදු! සාදු!! සාදු!!!

උපස්සුති සූත්‍රය නිමා විය.

එකොළොස්වෙනි යෝගක්ඛේම් වර්ගය යි.

- එහි පිළිවෙළ උද්දානය යි.

යෝගක්ඛේම් සූත්‍රය, උපාදාය සූත්‍රය, දුක්ඛ සූත්‍රය, ලෝක සූත්‍රය, සෙය්‍යා සූත්‍රය, සඤ්ඤෝජන සූත්‍රය, උපාදාන සූත්‍රය, පරිජානන සූත්‍ර දෙක, උපස්සුති සූත්‍රය, යන මෙයින් මේ වර්ගය සමන්විතයි.

12. ලෝක කාමගුණ වර්ගය

1.12.1
මාරපාස සූත්‍රය
මාර තොණ්ඩුව ගැන වදාළ දෙසුම

පින්වත් මහණෙනි, ඇසෙන් දැනගත යුතු වූ සිත් ඇදගන්නා, ලස්සන, මනාප, ප්‍රිය ස්වරූප ඇති, කැමැත්ත ඇති කරවන, බැඳීම් හටගන්නා, රූප තියෙනවා. භික්ෂුව එය සතුටින් පිළිගන්නවා නම්, එහි ගුණ කියනවා නම්, එහි බැසගෙන සිටිනවා නම්, පින්වත් මහණෙනි, මෙයට තමයි කියන්නේ භික්ෂුව මාරයාගේ වාසස්ථානයට ගියා කියලා. මාරයාගේ වසඟයට ගියා කියලා, මාර තොණ්ඩුව බෙල්ලට හිර වුණා කියලා, ඔහු මාර බන්ධනයෙන් බැඳුන නිසා පවිටු මාරයාට කැමැති දෙයක් කරන්නට පුළුවනි.

පින්වත් මහණෙනි, කනෙන් දත යුතු ශබ්ද තියෙනවා ....(පෙ).... නාසයෙන් දත යුතු ගන්ධ තියෙනවා ....(පෙ).... දිවෙන් දත යුතු රස තියෙනවා ....(පෙ).... කයෙන් දත යුතු පහස තියෙනවා ....(පෙ).... පින්වත් මහණෙනි, මනසෙන් දැනගත යුතු වූ සිත් ඇදගන්නා, ලස්සන, මනාප, ප්‍රිය ස්වරූප ඇති, කැමැත්ත ඇති කරවන, බැඳීම් හටගන්නා අරමුණු තියෙනවා. භික්ෂුව එය සතුටින් පිළිගන්නවා නම්, එහි ගුණ කියනවා නම්, එහි බැසගෙන සිටිනවා නම්, පින්වත් මහණෙනි, මෙයට තමයි කියන්නේ භික්ෂුව මාරයාගේ වාසස්ථානයට ගියා කියලා. මාරයාගේ වසඟයට ගියා කියලා, මාර තොණ්ඩුව බෙල්ලට හිර වුණා කියලා, ඔහු මාර බන්ධනයෙන් බැඳුන නිසා පවිටු මාරයාට කැමැති දෙයක් කරන්නට පුළුවනි.

පින්වත් මහණෙනි, ඇසෙන් දැනගත යුතු වූ සිත් ඇදගන්නා, ලස්සන, මනාප, ප්‍රිය ස්වරූප ඇති, කැමැත්ත ඇති කරවන, බැඳීම් හටගන්නා රූප තියෙනවා. භික්ෂුව එය සතුටින් පිළිගන්නේ නෑ, එහි ගුණ කියන්නේ නෑ, එහි බැසගෙන සිටින්නේ නෑ, පින්වත් මහණෙනි, මෙයට තමයි කියන්නේ භික්ෂුව මාරයාගේ වාසස්ථානයට ගියේ නෑ කියලා. මාරයාගේ වසඟයට ගියේ නෑ

කියලා, මාර තොණ්ඩුව බෙල්ලෙන් ගිලිහුණා කියලා, ඔහු මාර බන්ධනයෙන් නිදහස් වුණ නිසා පවිටු මාරයාට කැමැති දෙයක් කරන්නට පුළුවන් කමක් නෑ.

පින්වත් මහණෙනි, කනෙන් දත යුතු වූ ශබ්ද තියෙනවා ....(පෙ).... නාසයෙන් දත යුතු ගන්ධ තියෙනවා ....(පෙ).... දිවෙන් දත යුතු රස තියෙනවා ....(පෙ).... කයෙන් දත යුතු පහස තියෙනවා ....(පෙ).... පින්වත් මහණෙනි, මනසෙන් දැනගත යුතු වූ සිත් ඇදගන්නා, ලස්සන, මනාප ප්‍රිය ස්වරූප ඇති, කැමැත්ත ඇති කරවන, බැඳීම් හටගන්නා, අරමුණු තියෙනවා. භික්ෂුව එය සතුටින් පිළිගන්නේ නෑ, එහි ගුණ කියන්නේ නෑ, එහි බැසගෙන සිටින්නේ නෑ, පින්වත් මහණෙනි, මෙයට තමයි කියන්නේ භික්ෂුව මාරයාගේ වාසස්ථානයට ගියේ නෑ කියලා. මාරයාගේ වසඟයට ගියේ නෑ කියලා, මාර තොණ්ඩුව බෙල්ලෙන් ගිලිහුණා කියලා, ඔහු මාර බන්ධනයෙන් නිදහස් වුණ නිසා පවිටු මාරයාට කැමැති දෙයක් කරන්නට පුළුවන් කමක් නෑ.

සාදු! සාදු!! සාදු!!!

මාරපාස සූත්‍රය නිමා විය.

1.12.2
දුතිය මාරපාස සූත්‍රය
මාර තොණ්ඩුව ගැන වදාළ දෙවෙනි දෙසුම

පින්වත් මහණෙනි, ඇසෙන් දැනගත යුතු වූ සිත් ඇදගන්නා, ලස්සන, මනාප, ප්‍රිය ස්වරූප ඇති, කැමැත්ත ඇති කරවන, බැඳීම් හටගන්නා රූප තියෙනවා. භික්ෂුව එය සතුටින් පිළිගන්නවා නම්, එහි ගුණ කියනවා නම්, එහි බැසගෙන සිටිනවා නම්, පින්වත් මහණෙනි, මෙයට තමයි කියන්නේ භික්ෂුව ඇසෙන් දත යුතු රූපවලට බැඳුනා කියලා. මාරයාගේ වාසස්ථානයට ගියා කියලා. මාරයාගේ වසඟයට ගියා කියලා. පවිටු මාරයාට කැමැති දෙයක් කරන්නට පුළුවන් කියලා.

පින්වත් මහණෙනි, කනෙන් දත යුතු ශබ්ද තියෙනවා ....(පෙ).... නාසයෙන් දත යුතු ගන්ධ තියෙනවා ....(පෙ).... දිවෙන් දත යුතු රස තියෙනවා ....(පෙ).... කයෙන් දත යුතු පහස තියෙනවා ....(පෙ).... පින්වත් මහණෙනි, මනසෙන් දැනගත යුතු වූ සිත් ඇදගන්නා, ලස්සන, මනාප, ප්‍රිය ස්වරූප ඇති, කැමැත්ත ඇති කරවන, බැඳීම් හටගන්නා අරමුණු තියෙනවා. භික්ෂුව

එය සතුටින් පිළිගන්නවා නම්, එහි ගුණ කියනවා නම්, එහි බැසගෙන සිටිනවා නම්, පින්වත් මහණෙනි, මෙයට තමයි කියන්නේ භික්ෂුව මනසින් දත යුතු අරමුණු වලට බැඳුනා කියලා. මාරයාගේ වාසස්ථානයට ගියා කියලා. මාරයාගේ වසඟයට ගියා කියලා. පවිටු මාරයාට කැමැති දෙයක් කරන්නට පුළුවන් කියලා.

පින්වත් මහණෙනි, ඇසෙන් දැනගත යුතු වූ සිත් ඇදගන්නා, ලස්සන, මනාප, ප්‍රිය ස්වරූප ඇති, කැමැත්ත ඇති කරවන, බැඳීම් හටගන්නා, රූප තියෙනවා. භික්ෂුව එය සතුටින් පිළිගන්නේ නෑ, එහි ගුණ කියන්නේ නෑ, එහි බැසගෙන සිටින්නේ නෑ, පින්වත් මහණෙනි, මෙයට තමයි කියන්නේ භික්ෂුව ඇසෙන් දත යුතු රූප වලින් නිදහස් වුණා කියලා. මාරයාගේ වාසස්ථානයට ගියේ නෑ කියලා, මාරයාගේ වසඟයට ගියේ නෑ කියලා. පවිටු මාරයාට කැමති දෙයක් කරන්නට පුළුවන් කමක් නෑ කියලා.

පින්වත් මහණෙනි, කනෙන් දත යුතු ශබ්ද තියෙනවා ....(පෙ).... නාසයෙන් දත යුතු ගන්ධ තියෙනවා ....(පෙ).... දිවෙන් දත යුතු රස තියෙනවා ....(පෙ).... කයෙන් දත යුතු පහස තියෙනවා ....(පෙ).... පින්වත් මහණෙනි, මනසෙන් දැනගත යුතු වූ සිත් ඇදගන්නා, ලස්සන, මනාප, ප්‍රිය ස්වරූප ඇති, කැමැත්ත ඇති කරවන, බැඳීම් හටගන්නා අරමුණු තියෙනවා. භික්ෂුව එය සතුටින් පිළිගන්නේ නෑ, එහි ගුණ කියන්නේ නෑ, එහි බැසගෙන සිටින්නේ නෑ, පින්වත් මහණෙනි, මෙයට තමයි කියන්නේ භික්ෂුව මනසෙන් දත යුතු අරමුණු වලින් නිදහස් වුණා කියලා. මාරයාගේ වාසස්ථානයට ගියේ නෑ කියලා, මාරයාගේ වසඟයට ගියේ නෑ කියලා, පවිටු මාරයාට කැමති දෙයක් කරන්නට පුළුවන් කමක් නෑ කියලා.

සාදු! සාදු!! සාදු!!!

දුතිය මාරපාස සූත්‍රය නිමා විය.

1.12.3
ලෝකන්තගමන සූත්‍රය
ලෝකයෙහි කෙළවරට ගමන් කිරීම ගැන වදාළ දෙසුම

පින්වත් මහණෙනි, ගමනින් ගිහින් ලෝකයෙහි කෙළවරක් දැන ගන්න පුළුවන් ය කියලා, දැකගන්ට පුළුවන් ය කියලා, පැමිණෙන්ට පුළුවන් ය

කියලා මා කියන්නේ නෑ. නමුත් පින්වත් මහණෙනි, ලෝකයෙහි කෙළවරට පැමිණෙන්නේ නැතුව දුක කෙළවර කිරීමක් ගැනත් මා කියන්නේ නෑ කියලා භාග්‍යවතුන් වහන්සේ මෙය වදාරා අසුනෙන් නැගිට විහාරයට වැඩම කළා.

එතකොට භාග්‍යවතුන් වහන්සේ වැඩම කොට නොබෝ වේලාවකින් ඒ භික්ෂූන්ට මේ අදහස ඇති වුණා. ප්‍රිය ආයුෂ්මතුනි, භාග්‍යවතුන් වහන්සේ අපට "පින්වත් මහණෙනි, ගමනින් ගිහින් ලෝකයෙහි කෙළවරක් දැන ගන්න පුළුවන් ය කියලා, දැකගන්ට පුළුවන් ය කියලා, පැමිණෙන්ට පුළුවන් ය කියලා මා කියන්නේ නෑ. නමුත් පින්වත් මහණෙනි, ලෝකයෙහි කෙළවරට පැමිණෙන්නේ නැතුව දුක කෙළවර කිරීමක් ගැනත් මා කියන්නේ නෑ" කියලා සංක්ෂිප්තව මාතෘකාවක් වශයෙන් වදාරා, විස්තර වශයෙන් අරුත් බෙදා නොදක්වා විහාරයට වැඩම කොට වදාළා. ඉතින් භාග්‍යවතුන් වහන්සේ සංක්ෂිප්තව මාතෘකාවක් වශයෙන් වදාළ විස්තර වශයෙන් අරුත් නොබෙදා වදාළ මේ ධර්මයෙහි අර්ථය විස්තර වශයෙන් බෙදා පෙන්වන්නේ කවුද?

එතකොට ඒ භික්ෂූන්ට මේ අදහස ඇති වුණා. මේ ආයුෂ්මත් ආනන්දයන් වහන්සේ, ශාස්තෘන් වහන්සේ විසිනුත් යහපත් ලෙස වර්ණනා කරපු කෙනෙක්. නුවණැති සබ්‍රහ්මචාරීන් වහන්සේලා විසිනුත් සම්භාවනා කරන ලද කෙනෙක්. ඉතින් ආයුෂ්මත් ආනන්දයන් වහන්සේ නම්, භාග්‍යවතුන් වහන්සේ සංක්ෂිප්ත මාතෘකාවක් වශයෙන් වදාළ, විස්තර වශයෙන් අරුත් නොබෙදා වදාළ මේ ධර්මයෙහි අර්ථය විස්තර වශයෙන් බෙදා පෙන්වන්ට සමර්ථයි. ඒ නිසා අපි ආයුෂ්මත් ආනන්දයන් වහන්සේ වෙත යමු. ගිහින් ආයුෂ්මත් ආනන්දයන් වහන්සේගෙන් මේ අරුත් විමසමු.

එතකොට ඒ භික්ෂූන් ආයුෂ්මත් ආනන්දයන් වහන්සේ වෙත පැමිණුනා. පැමිණිලා ආයුෂ්මත් ආනන්දයන් වහන්සේ සමඟ සතුටු විය යුතු පිළිසඳර කතාබහේ යෙදිලා එකත්පස්ව වාඩිවුණා. එකත්පස්ව වාඩිවුණ ඒ භික්ෂූන් ආයුෂ්මත් ආනන්ද තෙරුන්ට මෙකරුණ පැවසුවා. ප්‍රිය ආයුෂ්මත් ආනන්ද, භාග්‍යවතුන් වහන්සේ අපට "පින්වත් මහණෙනි, ගමනින් ගිහින් ලෝකයෙහි කෙළවරක් දැනගන්න පුළුවන් ය කියලා, දැකගන්ට පුළුවන් ය කියලා, පැමිණෙන්ට පුළුවන් ය කියලා මා කියන්නේ නෑ. නමුත් පින්වත් මහණෙනි, ලෝකයෙහි කෙළවරට පැමිණෙන්නේ නැතුව දුක කෙළවර කිරීමක් ගැනත් මා කියන්නේ නෑ" කියලා සංක්ෂිප්තව මාතෘකාවක් වශයෙන් වදාරා, විස්තර වශයෙන් අරුත් බෙදා නොදක්වා විහාරයට වැඩම කොට වදාළා. එතකොට ආයුෂ්මතුනි, භාග්‍යවතුන් වහන්සේ වැඩම කොට නොබෝ වේලාවකින් ඒ අපට මේ අදහස ඇති වුණා.

ප්‍රිය ආයුෂ්මතුනි, භාග්‍යවතුන් වහන්සේ අපට "පින්වත් මහණෙනි, ගමනින් ගිහින් ලෝකයෙහි කෙළවරක් දැනගන්න පුළුවන් ය කියලා, දැක ගන්න ය පුළුවන් කියලා, පැමිණෙන්ට පුළුවන් ය කියලා මා කියන්නේ නෑ. නමුත් පින්වත් මහණෙනි, ලෝකයෙහි කෙළවරට පැමිණෙන්නේ නැතුව දුක කෙළවර කිරීමක් ගැනත් මා කියන්නේ නෑ" කියලා සංක්ෂිප්තව මාතෘකාවක් වශයෙන් වදාරා, විස්තර වශයෙන් අරුත් බෙදා නොදක්වා විහාරයට වැඩම කොට වදාළා. ඉතින් භාග්‍යවතුන් වහන්සේ සංක්ෂිප්තව මාතෘකාවක් වශයෙන් වදාළ, විස්තර වශයෙන් අරුත් නො බෙදා වදාළ මේ ධර්මයෙහි අර්ථය විස්තර වශයෙන් බෙදා පෙන්වන්නේ කවුද? කියලා. එතකොට ඒ අපට මේ අදහස ඇති වුණා. මේ ආයුෂ්මත් ආනන්දයන් වහන්සේ, ශාස්තෘන් වහන්සේ විසිනුත් යහපත් ලෙස වර්ණනා කරපු කෙනෙක්. නුවණැති සබ්‍රහ්මචාරීන් වහන්සේලා විසිනුත් සම්භාවනා කරන ලද කෙනෙක්. ඉතින් ආයුෂ්මත් ආනන්දයන් වහන්සේ නම්, භාග්‍යවතුන් වහන්සේ සංක්ෂිප්ත මාතෘකාවක් වශයෙන් වදාළ, විස්තර වශයෙන් අරුත් නොබෙදා වදාළ මේ ධර්මයෙහි අර්ථය විස්තර වශයෙන් බෙදා පෙන්වන්ට සමර්ථයි. ඒ නිසා අපි ආයුෂ්මත් ආනන්දයන් වහන්සේ වෙත යමු. ගිහින් ආයුෂ්මත් ආනන්දයන් වහන්සේගෙන් මේ අරුත් විමසමු කියලා. ආයුෂ්මත් ආනන්දයෙනි, එය බෙදා දක්වනු මැනව.

ප්‍රිය ආයුෂ්මතුනි, ඕක මේ වගේ දෙයක්. ඔන්න අරටුවකින් ප්‍රයෝජන ඇති පුරුෂයෙක් හිටියා. ඔහු අරටුවක් සොයමින්, අරටුවක් විමසමින් ඇවිදගෙන යද්දි අරටුව සහිතව තියෙන මහා රුකක් දැක්කා. ඉතින් ඔහු මුල ඉක්මවා, කඳත් ඉක්මවා, කොළ අතුවල අරටුව සෙවිය යුතුය කියා සිතනවා නම්, ඒකත් මේ වගේ දෙයක් තමයි. ප්‍රිය ආයුෂ්මතුන් වහන්සේලා හට ශාස්තෘන් වහන්සේව සම්මුඛ වූ වෙලාවේ ඒ භාග්‍යවතුන් වහන්සේව ඉක්මවා, අපෙන් ඔය අරුත් විමසන්නට සිතුවා නොවැ. ප්‍රිය ආයුෂ්මතුනි, ඒ භාග්‍යවතුන් වහන්සේ ම දත යුතු දෙය දන්නා සේක. දැක්ක යුතු දෙය දක්නා සේක. දහම් ඇස් ඇති සේක. නුවණ තුළ ම සිටින සේක. ධර්මය තුළම සිටින සේක. ශ්‍රේෂ්ඨත්වය තුළ ම සිටින සේක. පිරිසිදු වදන් පවසන සේක. මැනවින් පවසන වදන් ඇති සේක. අරුත් මතු කොට පෙන්වන සේක. අමා නිවන් දෙන සේක. ධර්ම ස්වාමී වන සේක. තථාගත වන සේක. යම් හෙයකින් ඒ භාග්‍යවතුන් වහන්සේගෙන් ම ඔය අර්ථය විමසුවා නම්, එයට කල් තිබුණා. යම් විදියකින් භාග්‍යවතුන් වහන්සේ වදාළ සේක් නම් ඒ විදිහට ම යි දරා ගත යුත්තේ.

ප්‍රිය ආයුෂ්මත් ආනන්ද, ඒකාන්තයෙන් ම ඒ භාග්‍යවතුන් වහන්සේ ම

දත යුතු දෙය දන්නා සේක. දැක්ක යුතු දෙය දක්නා සේක. දහම් ඇස් ඇති සේක. නුවණ තුළ ම සිටි සේක. ධර්මය තුළ ම සිටින සේක. ශ්‍රේෂ්ඨත්වය තුළ ම සිටින සේක. පිරිසිදු වදන් පවසන සේක. මැනවින් පවසන වදන් ඇති සේක. අරුත් මතු කොට පෙන්වන සේක. අමා නිවන් දෙන සේක. ධර්ම ස්වාමී වන සේක. තථාගත වන සේක.

යම් හෙයකින් ඒ භාග්‍යවතුන් වහන්සේගෙන් ම ඔය අර්ථය විමසුවා නම්, එයට කල් තිබුණා. යම් විදියකින් භාග්‍යවතුන් වහන්සේ වදාළ සේක් නම් ඒ විදිහට ම තමයි අප දරා ගත යුත්තේ. එනමුත් ආයුෂ්මත් ආනන්දයන් ශාස්තෲන් වහන්සේ විසිනුත් යහපත් ලෙස වර්ණනා කරපු කෙනෙක්. නුවණැති සබ්‍රහ්මචාරීන් වහන්සේලා විසිනුත් සම්භාවනා කරන ලද කෙනෙක්. ඉතින් ආයුෂ්මත් ආනන්දයන් වහන්සේ නම්, භාග්‍යවතුන් වහන්සේ සංක්ෂිප්තව මාතෘකාවක් වශයෙන් වදාළ, විස්තර වශයෙන් අරුත් නොබෙදා වදාළ මේ ධර්මයෙහි අර්ථ විස්තර වශයෙන් බෙදා පෙන්වන්ට සමර්ථයි. ආයුෂ්මත් ආනන්දයන් බරක් නො කොට මෙහි අරුත් බෙදා පැවසුව මැනව.

එසේ වී නම් ආයුෂ්මතුනි, සවන් යොමා අසන්න. මැනවින් නුවණින් මෙනෙහි කරන්න. මා කියා දෙන්නම්. 'එසේය ආයුෂ්මතුනි' කියලා ඒ භික්ෂූන් ආයුෂ්මත් ආනන්දයන්ට පිළිතුරු දුන්නා. ආයුෂ්මත් ආනන්දයන් වහන්සේ මෙය පැවසුවා. ප්‍රිය ආයුෂ්මතුනි, භාග්‍යවතුන් වහන්සේ ඔබට "පින්වත් මහණෙනි, ගමනින් ගිහින් ලෝකයෙහි කෙළවරක් දැනගන්න පුළුවන් කියලා, දැකගන්ට පුළුවන් කියලා, පැමිණෙන්ට පුළුවන් කියලා මා කියන්නේ නෑ. නමුත් පින්වත් මහණෙනි, ලෝකයෙහි කෙළවරට පැමිණෙන්නේ නැතුව දුක කෙළවර කිරීමක් ගැනත් මා කියන්නේ නෑ" කියලා සංක්ෂිප්තව මාතෘකාවක් වශයෙන් වදාරා, විස්තර වශයෙන් අරුත් බෙදා නොදක්වා විහාරයට වැඩම කොට වදාළේ යමක් ගැනද, භාග්‍යවතුන් වහන්සේ සංක්ෂිප්තව මාතෘකාවක් වශයෙන් වදාරා විස්තර වශයෙන් අරුත් නොබෙදා වදාළ ඒ මේ ධර්මයෙහි අර්ථය විස්තර වශයෙන් බෙදා පෙන්වන්ට මා මේ විදිහට දන්නවා.

ප්‍රිය ආයුෂ්මතුනි, යමක් නිසාවෙන් ලෝකයෙහි ලෝකය ය යන සංඥාව ඇතිවෙයි ද, ලෝකය ය යන මිම්ම ඇතිවෙයි ද, ආර්ය විනයෙහි ලෝකය කියන්නේ මෙයට තමයි. ප්‍රිය ආයුෂ්මතුනි, කුමක් හේතුවෙන් ද ලෝකයෙහි ලෝකය හඳුනාගන්නේ, ලෝකය යන මිම්ම ඇති වෙන්නේ?

ප්‍රිය ආයුෂ්මතුනි, ඇස නිසාවෙනුයි ලෝකයෙහි ලෝකසංඥාව ඇතිවන්නේ. ලෝකය ය යන මිම්ම ඇති වෙන්නේ. කන නිසාවෙනුයි ලෝකයෙහි ලෝකසංඥාව ඇතිවන්නේ. ලෝකය ය යන මිම්ම ඇති වෙන්නේ.

නාසය නිසාවෙනුයි ලෝකයෙහි ලෝකසංඥාව ඇතිවන්නේ. ලෝකය ය යන මිම්ම ඇති වෙන්නේ. දිව නිසාවෙනුයි ලෝකයෙහි ලෝකසංඥාව ඇතිවන්නේ. ලෝකය ය යන මිම්ම ඇති වෙන්නේ. කය නිසාවෙනුයි ලෝකයෙහි ලෝකසංඥාව ඇතිවන්නේ. ලෝකය ය යන මිම්ම ඇති වෙන්නේ. මනස නිසාවෙනුයි ලෝකයෙහි ලෝකසංඥාව ඇතිවන්නේ. ලෝකය ය යන මිම්ම ඇති වෙන්නේ. ප්‍රිය ආයුෂ්මතුනි, යමක් නිසාවෙන් ලෝකයෙහි ලෝකය ය යන සංඥාව ඇතිවෙයි ද, ලෝකය ය යන මිම්ම ඇතිවෙයි ද, ආර්ය විනයෙහි ලෝකය කියන්නේ මෙයට තමයි.

ප්‍රිය ආයුෂ්මතුනි, භාග්‍යවතුන් වහන්සේ ඔබට "පින්වත් මහණෙනි, ගමනින් ගිහින් ලෝකයෙහි කෙළවරක් දැනගන්ට පුළුවන් ය කියලා, දැක ගන්ට පුළුවන් ය කියලා, පැමිණෙන්න පුළුවන් ය කියලා මා කියන්නේ නෑ. නමුත් පින්වත් මහණෙනි, ලෝකයෙහි කෙළවරට පැමිණෙන්නේ නැතුව දුක කෙළවර කිරීමක් ගැනත් මා කියන්නේ නෑ" කියලා සංක්ෂිප්තව මාතෘකාවක් වශයෙන් වදාරා, විස්තර වශයෙන් අරුත් බෙදා නොදක්වා විහාරයට වැඩම කොට වදාළේ යමක් ගැනද, භාග්‍යවතුන් වහන්සේ සංක්ෂිප්තව මාතෘකාවක් වශයෙන් වදාළ විස්තර වශයෙන් අරුත් නොබෙදා වදාළ ඒ මේ ධර්මයෙහි අර්ථය විස්තර වශයෙන් බෙදා පෙන්වන්ට මා මේ විදිහට තමයි දන්නේ. ඉදින් ප්‍රිය ආයුෂ්මතුනි, ඔබලා කැමති නම් භාග්‍යවතුන් වහන්සේ ළඟට ගිහිනුත් ඔය අර්ථය විමසන්න. භාග්‍යවතුන් වහන්සේ යම් අයුරකින් වදාරණ සේක් නම් ඔබ ධාරණය කර ගත යුත්තේ ඒ අයුරින් ම යි.

එසේය ප්‍රිය ආයුෂ්මතුනි, කියලා ඒ භික්ෂූන් ආයුෂ්මත් ආනන්දයන්ට පිළිතුරු දීලා අසුනෙන් නැගිට භාග්‍යවතුන් වහන්සේ වැඩසිටි තැනට පැමිණුනා. පැමිණිලා භාග්‍යවතුන් වහන්සේට ආදරයෙන් වන්දනා කොට එකත්පස්ව වාඩි වුණා. එකත්පස්ව වාඩි වුණ ඒ භික්ෂූන් භාග්‍යවතුන් වහන්සේට මෙකරුණ සැල කළා. ස්වාමීනී, භාග්‍යවතුන් වහන්සේ අපට "පින්වත් මහණෙනි, ගමනින් ගිහින් ලෝකයෙහි කෙළවරක් දැනගන්න පුළුවන් ය කියලා, දැක ගන්ට පුළුවන් ය කියලා, පැමිණෙන්ට පුළුවන් ය කියලා මා කියන්නේ නෑ. නමුත් පින්වත් මහණෙනි, ලෝකයෙහි කෙළවරට පැමිණෙන්නේ නැතුව දුක කෙළවර කිරීමක් ගැනත් මා කියන්නේ නෑ" කියලා සංක්ෂිප්තව මාතෘකාවක් වශයෙන් වදාරා, විස්තර වශයෙන් අරුත් බෙදා නොදක්වා විහාරයට වැඩම කොට වදාළා. එතකොට ස්වාමීනී, භාග්‍යවතුන් වහන්සේ වැඩම කොට නොබෝ වේලාවකින් ඒ අපට මේ අදහස ඇති වුණා.

ප්‍රිය ආයුෂ්මතුනි, භාග්‍යවතුන් වහන්සේ අපට "පින්වත් මහණෙනි,

ගමනින් ගිහින් ලෝකයෙහි කෙළවරක් දැනගන්න පුළුවන් ය කියලා, දැක ගන්ට පුළුවන් ය කියලා, පැමිණෙන්ට පුළුවන් ය කියලා මා කියන්නේ නෑ. නමුත් පින්වත් මහණෙනි, ලෝකයෙහි කෙළවරට පැමිණෙන්නේ නැතුව දුක කෙළවර කිරීමක් ගැනත් මා කියන්නේ නෑ" කියලා සංක්ෂිප්තව මාතෘකාවක් වශයෙන් වදාරා, විස්තර වශයෙන් අරුත් බෙදා නොදක්වා විහාරයට වැඩම කොට වදාළා. ඉතින් භාග්‍යවතුන් වහන්සේ සංක්ෂිප්තව මාතෘකාවක් වශයෙන් වදාළ විස්තර වශයෙන් අරුත් නොබෙදා වදාළ මේ ධර්මයෙහි අර්ථය විස්තර වශයෙන් බෙදා පෙන්වන්නේ කවුද? කියලා.

එතකොට ස්වාමීනී, ඒ අපට මේ අදහස ඇති වුණා. මේ ආයුෂ්මත් ආනන්දයන් වහන්සේ, ශාස්තෲන් වහන්සේ විසිනුත් යහපත් ලෙස වර්ණනා කරපු කෙනෙක්. නුවණැති සබ්‍රහ්මචාරීන් වහන්සේලා විසිනුත් සම්භාවනා කරන ලද කෙනෙක්. ඉතින් ආයුෂ්මත් ආනන්දයන් වහන්සේ නම්, භාග්‍යවතුන් වහන්සේ සංක්ෂිප්ත මාතෘකාවක් වශයෙන් වදාළ, විස්තර වශයෙන් අරුත් නොබෙදා වදාළ මේ ධර්මයෙහි අර්ථය විස්තර වශයෙන් බෙදා පෙන්වන්ට සමර්ථයි. ඒ නිසා අපි ආයුෂ්මත් ආනන්දයන් වහන්සේ වෙත යමු. ගිහින් ආයුෂ්මත් ආනන්දයන් වහන්සේගෙන් මේ අරුත් විමසමු. කියලා.

ඉතින් ස්වාමීනී, අපි ආයුෂ්මත් ආනන්දයන් ළඟට ගියා. ගිහින් ආයුෂ්මත් ආනන්දයන්ගෙන් ඔය කරුණ විමසුවා. එතකොට ස්වාමීනී, ඒ අපට ආයුෂ්මත් ආනන්දයන් විසින් මේ මේ අයුරින්, මේ මේ පදවලින්, මේ මේ වචනවලින් අර්ථය බෙදා දැක්වූවා.

පින්වත් මහණෙනි, ආනන්ද හොඳ නුවණැතියෙක් නොවැ. පින්වත් මහණෙනි, ආනන්ද මහා ප්‍රඥාවන්තයෙක් නොවැ, ඔබ පින්වත් මහණෙනි, ඔය අරුත මගෙන් විමසුවා නම්, මාත් පිළිතුරු දෙන්නේ ඔය ආකාරයට ම යි. ඒ කියන්නේ ආනන්දයන් පිළිතුරු දුන් ආකාරයට ම යි. එම දෙසුමේ අර්ථය ඕක ම යි. ඔය කරුණ මතක තබා ගත යුත්තේත් ඔය විදිහට ම යි.

සාදු! සාදු!! සාදු!!!

ලෝකන්තගමන සූත්‍රය නිමා විය.

1.12.4
කාමගුණ සූත්‍රය
කාමගුණ ගැන වදාළ දෙසුම

පින්වත් මහණෙනි, සම්බුද්ධත්වයට කලින් ම සම්බුද්ධත්වයට පත් නොවී සිටියදී ම (මේ ජීවිතේදී) බෝධිසත්වයෙක් වශයෙන් සිටියදී ම මට මේ අදහස ඇති වුණා. යම් මේ පංච කාම ගුණයන් තියෙනවා නොවැ. ඒවා සිතින් ස්පර්ශ කළාට පස්සේ අතීතයට ගියාට පස්සේ නිරුද්ධ වුණාට පස්සේ, වෙනස් වුණාට පස්සේ, මගේ සිත බහුල වශයෙන් යනවා නම් යන්නේ ඒ කරාමයි. වර්තමාන පංච කාම ගුණවලට හෝ අනාගත පංච කාම ගුණවලට ඇදිලා යන්නේ අල්ප වශයෙන්.

පින්වත් මහණෙනි, එතකොට ඒ මට මෙහෙම සිතුණා. කලින් සිතින් ස්පර්ශ කරපු, අතීතයට ගියපු, නිරුද්ධ වුණු, වෙනස් වුණු, යම් මේ පංච කාම ගුණයක් ඇත්නම්, තමන්ට යහපත උදාකර ගනු කැමති මා කළ යුත්තේ පමා නොවී ඒ ගැන සිහිය උපදවා ගෙන සිතේ ආරක්ෂාව ඇති කර ගැනීමයි කියලා.

එනිසා පින්වත් මහණෙනි, ඔබට වුණත් කලින් සිතින් ස්පර්ශ කරපු, අතීතයට ගියපු, නිරුද්ධ වුණ, වෙනස් වුණ යම් මේ පංච කාම ගුණයන් ඇත්නම්, ඔබගේ සිතත් බහුල වශයෙන් යනවා නම් යන්නේ ඒ කරාම නේද? වර්තමාන පංච කාම ගුණවලට හෝ අනාගත පංච කාම ගුණවලට ඇදිලා යන්නේ අල්ප වශයෙන් නේද? එනිසා පින්වත් මහණෙනි, ඔබටත් කලින් සිතින් ස්පර්ශ කරපු, අතීතයට ගියපු, නිරුද්ධ වුණ, වෙනස් වුණ යම් මේ පංච කාම ගුණයන් ඇත්නම්, තමන්ට යහපත උදාකර ගනු කැමති ඔබ කළ යුත්තේත් පමා නොවී ඒ ගැන සිහිය උපදවා ගෙන සිතේ ආරක්ෂාව ඇති කර ගැනීම ම යි.

ඒ නිසා පින්වත් මහණෙනි, ඒ ආයතනය ගැන දැනගත යුතුයි. ඒ කියන්නේ යම් තැනක ඇසත් නිරුද්ධ වෙනවා නම්, රූප සඤ්ඤා ගැනත් ඇල්ම නැති වෙනවා නම්, අන්න ඒ ආයතනය යි දැනගත යුත්තේ. යම් තැනක කනත් නිරුද්ධ වෙනවා නම් ශබ්ද සඤ්ඤා ගැනත් ඇල්ම නැති වෙනවා නම්, අන්න ඒ ආයතනය යි දැනගත යුත්තේ., යම් තැනක නාසයත් නිරුද්ධ වෙනවා නම්, ගන්ධ සඤ්ඤා ගැනත් ඇල්ම නැති වෙනවා නම්, අන්න ඒ ආයතනය යි දැනගත යුත්තේ. යම් තැනක දිවත් නිරුද්ධ වෙනවා

නම්, රස සඤ්ඤා ගැනත් ඇල්ම නැති වෙනවා නම්, අන්න ඒ ආයතනය යි දැනගත යුත්තේ. යම් තැනක කයත් නිරුද්ධ වෙනවා නම්, පහස සඤ්ඤා ගැනත් ඇල්ම නැති වෙනවා නම්, අන්න ඒ ආයතනය යි දැනගත යුත්තේ. යම් තැනක මනසත් නිරුද්ධ වෙනවා නම්, අරමුණු සඤ්ඤා ගැනත් ඇල්ම නැති වෙනවා නම්, අන්න ඒ ආයතනය යි දැනගත යුත්තේ කියලා. මෙය වදාළ භාග්‍යවතුන් වහන්සේ අසුනෙන් නැගිට විහාරයට පිවිස වදාළා.

එතකොට භාග්‍යවතුන් වහන්සේ වැඩම කොට නොබෝ වේලාවකින් ඒ භික්ෂූන්ට මේ අදහස ඇති වුණා. ප්‍රිය ආයුෂ්මතුනි, භාග්‍යවතුන් වහන්සේ අපට "ඒ නිසා පින්වත් මහණෙනි, ඒ ආයතනය ගැන දැනගත යුතුයි. ඒ කියන්නේ යම් තැනක ඇසත් නිරුද්ධ වෙනවා නම්, රූප සඤ්ඤා ගැනත් ඇල්ම නැති වෙනවා නම්, අන්න ඒ ආයතනය යි දැනගත යුත්තේ ....(පෙ).... යම් තැනක මනසත් නිරුද්ධ වෙනවා නම්, අරමුණු සඤ්ඤා ගැනත් ඇල්ම නැති වෙනවා නම්, අන්න ඒ ආයතනය යි දැනගත යුත්තේ" කියලා සංක්ෂිප්තව මාතෘකාවක් වශයෙන් වදාරා, විස්තර වශයෙන් අරුත් බෙදා නොදක්වා විහාරයට වැඩමකොට වදාළා. ඉතින් භාග්‍යවතුන් වහන්සේ සංක්ෂිප්තව මාතෘකාවක් වශයෙන් වදාළ, විස්තර වශයෙන් අරුත් නොබෙදා වදාළ මේ ධර්මයෙහි අර්ථය විස්තර වශයෙන් බෙදා පෙන්වන්නේ කවුද?

එතකොට ඒ භික්ෂූන්ට මේ අදහස ඇති වුණා. මේ ආයුෂ්මත් ආනන්දයන් වහන්සේ, ශාස්තෘන් වහන්සේ විසිනුත් යහපත් ලෙස වර්ණනා කරපු කෙනෙක්. නුවණැති සබ්‍රහ්මචාරීන් වහන්සේලා විසිනුත් සම්භාවනා කරන ලද කෙනෙක්. ඉතින් ආයුෂ්මත් ආනන්දයන් වහන්සේ නම්, භාග්‍යවතුන් වහන්සේ සංක්ෂිප්ත මාතෘකාවක් වශයෙන් වදාළ, විස්තර වශයෙන් අරුත් නොබෙදා වදාළ මේ ධර්මයෙහි අර්ථය විස්තර වශයෙන් බෙදා පෙන්වන්ට සමර්ථයි. ඒ නිසා අපි ආයුෂ්මත් ආනන්දයන් වහන්සේ වෙත යමු. ගිහින් ආයුෂ්මත් ආනන්දයන් වහන්සේගෙන් මේ අරුත් විමසමු.

එතකොට ඒ භික්ෂූන් ආයුෂ්මත් ආනන්දයන් වහන්සේ වෙත පැමිණුනා. පැමිණිලා ආයුෂ්මත් ආනන්දයන් වහන්සේ සමඟ සතුටු විය යුතු පිළිසඳර කතා බහේ යෙදිලා එකත්පස්ව වාඩිවුණා. එකත්පස්ව වාඩිවුණ ඒ භික්ෂූන් ආයුෂ්මත් ආනන්ද තෙරුන්ට මෙකරුණ පැවසුවා. ප්‍රිය ආයුෂ්මත් ආනන්ද, භාග්‍යවතුන් වහන්සේ අපට "ඒ නිසා පින්වත් මහණෙනි, ඒ ආයතනය ගැන දැනගත යුතුයි. ඒ කියන්නේ යම් තැනක ඇසත් නිරුද්ධ වෙනවා නම්, රූප සඤ්ඤා ගැනත් ඇල්ම නැති වෙනවා නම්, අන්න ඒ ආයතනය යි දැනගත යුත්තේ ....(පෙ).... යම් තැනක මනසත් නිරුද්ධ වෙනවා නම්, අරමුණු සඤ්ඤා

ගැනත් ඇල්ම නැති වෙනවා නම්, අන්න ඒ ආයතනය යි දැනගත යුත්තේ" කියලා සංක්ෂිප්තව මාතෘකාවක් වශයෙන් වදාළා. විස්තර වශයෙන් අරුත් බෙදා නොදක්වා විහාරයට වැඩම කොට වදාළා.

ඉතින් ප්‍රිය ආයුෂ්මතුනි, භාග්‍යවතුන් වහන්සේ වැඩම කොට නොබෝ වේලාවකින් ඒ අපට මේ අදහස ඇති වුණා. ප්‍රිය ආයුෂ්මතුනි, භාග්‍යවතුන් වහන්සේ අපට "ඒ නිසා පින්වත් මහණෙනි, ඒ ආයතනය ගැන දැනගත යුතුයි. ඒ කියන්නේ යම් තැනක ඇසත් නිරුද්ධ වෙනවා නම්, රූප සඤ්ඤා ගැනත් ඇල්ම නැති වෙනවා නම්, අන්න ඒ ආයතනය යි දැනගත යුත්තේ ....(පෙ).... යම් තැනක මනසත් නිරුද්ධ වෙනවා නම්, අරමුණු සඤ්ඤා ගැනත් ඇල්ම නැති වෙනවා නම්, අන්න ඒ ආයතනය යි දැනගත යුත්තේ" කියලා සංක්ෂිප්තව මාතෘකාවක් වශයෙන් වදාරා, විස්තර වශයෙන් අරුත් බෙදා නො දක්වා විහාරයට වැඩම කොට වදාළා. ඉතින් භාග්‍යවතුන් වහන්සේ සංක්ෂිප්තව මාතෘකාවක් වශයෙන් වදාළ, විස්තර වශයෙන් අරුත් නොබෙදා වදාළ මේ ධර්මයෙහි අර්ථය විස්තර වශයෙන් බෙදා පෙන්වන්නේ කවුද?

එතකොට ඒ අපට මේ අදහස ඇති වුණා. මේ ආයුෂ්මත් ආනන්දයන් වහන්සේ, ශාස්තෘන් වහන්සේ විසිනුත් යහපත් ලෙස වර්ණනා කරපු කෙනෙක්. නුවණැති සබ්‍රහ්මචාරීන් වහන්සේලා විසිනුත් සම්භාවනා කරන ලද කෙනෙක්. ඉතින් ආයුෂ්මත් ආනන්දයන් වහන්සේ නම්, භාග්‍යවතුන් වහන්සේ සංක්ෂිප්තව මාතෘකාවක් වශයෙන් වදාළ, විස්තර වශයෙන් අරුත් නො බෙදා වදාළ මේ ධර්මයෙහි අර්ථය විස්තර වශයෙන් බෙදා පෙන්වන්ට සමර්ථයි. ඒ නිසා අපි ආයුෂ්මත් ආනන්දයන් වහන්සේ වෙත යමු. ගිහින් ආයුෂ්මත් ආනන්දයන් වහන්සේගෙන් මේ අරුත් විමසමු කියලා. ආයුෂ්මත් ආනන්දයෙනි, එය බෙදා දක්වනු මැනව.

ප්‍රිය ආයුෂ්මතුනි, ඕක මේ වගේ දෙයක්. ඔන්න අරටුවකින් ප්‍රයෝජන ඇති පුරුෂයෙක් හිටියා. ඔහු අරටුවක් සොයමින්, අරටුවක් විමසමින් ඇවිදගෙන යද්දී අරටුව සහිතව තියෙන මහා රුකක් දැක්කා. ඉතින් ඔහු මුල ඉක්මවා, කඳත් ඉක්මවා, කොළ අතුවල අරටුව සෙවිය යුතුය කියා සිතනවා නම්, ඒකත් මේ වගේ දෙයක් තමයි. ප්‍රිය ආයුෂ්මතුන් වහන්සේලා හට ශාස්තෘන් වහන්සේව සම්මුඛ වූ වෙලාවේ ඒ භාග්‍යවතුන් වහන්සේව ඉක්මවා, අපෙන් ඔය අරුත් විමසන්නට සිතුවා නොවැ. ප්‍රිය ආයුෂ්මතුනි, ඒ භාග්‍යවතුන් වහන්සේ ම දත යුතු දෙය දන්නා සේක. දැක්ක යුතු දෙය දක්නා සේක. දහම් ඇස් ඇති සේක. නුවණ තුළ ම සිටින සේක. ධර්මය තුළ ම සිටින සේක. ශ්‍රේෂ්ඨත්වය තුළම සිටින සේක. පිරිසිදු වදන් පවසන සේක. මැනවින්

පවසන වදන් ඇති සේක. අරුත් මතු කොට පෙන්වන සේක. අමා නිවන් දෙන සේක. ධර්ම ස්වාමී වන සේක. තථාගත වන සේක. යම් හෙයකින් ඒ භාග්‍යවතුන් වහන්සේ ගෙන්ම ඔය අර්ථය විමසුවා නම්, එයට කල් තිබුණා. යම් විදියකින් භාග්‍යවතුන් වහන්සේ වදාළ සේක් නම් ඒ විදිහටමයි දරා ගත යුත්තේ.

ප්‍රිය ආයුෂ්මත් ආනන්ද, ඒකාන්තයෙන් ම ඒ භාග්‍යවතුන් වහන්සේම දත යුතු දෙය දන්නා සේක. දැක්ක යුතු දෙය දක්නා සේක. දහම් ඇස් ඇති සේක. නුවණ තුළ ම සිටින සේක. ධර්මය තුළ ම සිටින සේක. ශ්‍රේෂ්ඨත්වය තුළ ම සිටින සේක. පිරිසිදු වදන් පවසන සේක. මැනවින් පවසන වදන් ඇති සේක. අරුත් මතු කොට පෙන්වන සේක. අමා නිවන් දෙන සේක. ධර්ම ස්වාමී වන සේක. තථාගත වන සේක. යම් හෙයකින් ඒ භාග්‍යවතුන් වහන්සේගෙන් ම ඔය අර්ථය විමසුවා නම්, එයට කල් තිබුණා. යම් විදියකින් භාග්‍යවතුන් වහන්සේ වදාළ සේක් නම් ඒ විදිහටම තමයි දරා ගත යුත්තේ. එනමුත් ආයුෂ්මත් ආනන්දයන් ශාස්තෘන් වහන්සේ විසිනුත් යහපත් ලෙස වර්ණනා කරපු කෙනෙක්. නුවණැති සබ්‍රහ්මචාරීන් වහන්සේලා විසිනුත් සම්භාවනා කරන ලද කෙනෙක්. ඉතින් ආයුෂ්මත් ආනන්දයන් වහන්සේ නම්, භාග්‍යවතුන් වහන්සේ සංක්ෂිප්තව මාතෘකාවක් වශයෙන් වදාළ, විස්තර වශයෙන් අරුත් නො බෙදා වදාළ මේ ධර්මයෙහි අර්ථය විස්තර වශයෙන් බෙදා පෙන්වන්ට සමර්ථයි. ආයුෂ්මත් ආනන්දයන් බරක් නො කොට මෙහි අරුත් බෙදා පැවසුව මැනව.

එසේ වී නම් ආයුෂ්මතුනි, සවන් යොමා අසන්න. මැනවින් නුවණින් මෙනෙහි කරන්න. මා කියා දෙන්නම්. 'එසේය ආයුෂ්මතුනි' කියලා ඒ භික්ෂූන් ආයුෂ්මත් ආනන්දයන්ට පිළිතුරු දුන්නා. ආයුෂ්මත් ආනන්දයන් වහන්සේ මෙය පැවසුවා. ප්‍රිය ආයුෂ්මතුනි, භාග්‍යවතුන් වහන්සේ ඔබට "ඒ නිසා පින්වත් මහණෙනි, ඒ ආයතනය ගැන දැනගත යුතුයි. ඒ කියන්නේ යම් තැනක ඇසත් නිරුද්ධ වෙනවා නම්, රූප සඤ්ඤා ගැනත් ඇල්ම නැති වෙනවා නම්, අන්න ඒ ආයතනය යි දැනගත යුත්තේ ....(පෙ).... යම් තැනක මනසත් නිරුද්ධ වෙනවා නම්, අරමුණු සඤ්ඤා ගැනත් ඇල්ම නැති වෙනවා නම්, අන්න ඒ ආයතනය යි දැනගත යුත්තේ" කියලා යමක් සංක්ෂිප්තව මාතෘකාවක් වශයෙන් වදාරා, විස්තර වශයෙන් අරුත් බෙදා නොදක්වා විහාරයට වැඩම කොට වදාළා. ඉතින් භාග්‍යවතුන් වහන්සේ සංක්ෂිප්තව මාතෘකාවක් වශයෙන් වදාළ විස්තර වශයෙන් අරුත් නොබෙදා වදාළ මේ ධර්මයෙහි අර්ථය විස්තර වශයෙන් බෙදා පෙන්වන්ට මා මේ විදිහට දන්නවා.

ප්‍රිය ආයුෂ්මතුනි, "ඒ නිසා පින්වත් මහණෙනි, ඒ ආයතනය ගැන දැනගත යුතුයි. ඒ කියන්නේ යම් තැනක ඇසත් නිරුද්ධ වෙනවා නම්, රූප සඤ්ඤා ගැනත් ඇල්ම නැති වෙනවා නම්, අන්න ඒ ආයතනය යි දැනගත යුත්තේ ....(පෙ).... යම් තැනක මනසත් නිරුද්ධ වෙනවා නම්, අරමුණු සඤ්ඤා ගැනත් ඇල්ම නැති වෙනවා නම්, අන්න ඒ ආයතනය යි දැනගත යුත්තේ" කියලා භාග්‍යවතුන් වහන්සේ විසින් සළායතන නිරෝධය අරභයා තමයි ඔය ධර්මය වදාළේ.

ප්‍රිය ආයුෂ්මතුනි, භාග්‍යවතුන් වහන්සේ ඔබට "ඒ නිසා පින්වත් මහණෙනි, ඒ ආයතනය ගැන දැනගත යුතුයි. ඒ කියන්නේ යම් තැනක ඇසත් නිරුද්ධ වෙනවා නම්, රූප සඤ්ඤා ගැනත් ඇල්ම නැති වෙනවා නම්, අන්න ඒ ආයතනය යි දැනගත යුත්තේ ....(පෙ).... යම් තැනක මනසත් නිරුද්ධ වෙනවා නම්, අරමුණු සඤ්ඤා ගැනත් ඇල්ම නැති වෙනවා නම්, අන්න ඒ ආයතනය යි දැනගත යුත්තේ" කියලා යමක් සංක්ෂිප්තව මාතෘකාවක් වශයෙන් වදාරා, විස්තර වශයෙන් අරුත් බෙදා නොදක්වා විහාරයට වැඩම කොට වදාළා. ඉතින් භාග්‍යවතුන් වහන්සේ සංක්ෂිප්තව මාතෘකාවක් වශයෙන් වදාළ, විස්තර වශයෙන් අරුත් නොබෙදා වදාළ ඒ මේ ධර්මයෙහි අර්ථය විස්තර වශයෙන් බෙදා පෙන්වන්ට මා මේ විදිහට තමයි දන්නේ. ඉදින් ප්‍රිය ආයුෂ්මතුනි, කැමති නම් භාග්‍යවතුන් වහන්සේ ළඟට ගිහිනුත් ඔය අර්ථය විමසන්න. භාග්‍යවතුන් වහන්සේ යම් අයුරකින් වදාරණ සේක් නම් ඔබ ධාරණය කර ගත යුත්තේ ඒ අයුරින් ම යි.

එසේය ප්‍රිය ආයුෂ්මතුනි, කියලා ඒ භික්ෂූන් ආයුෂ්මත් ආනන්දයන්ට පිළිතුරු දීලා අසුනෙන් නැගිට භාග්‍යවතුන් වහන්සේ වැඩසිටි තැනට පැමිණුනා. භාග්‍යවතුන් වහන්සේට ආදරයෙන් වන්දනා කොට එකත්පස්ව වාඩි වුණා. එකත්පස්ව වාඩි වුණ ඒ භික්ෂූන් භාග්‍යවතුන් වහන්සේට මෙකරුණ සැල කළා.

ස්වාමීනී, භාග්‍යවතුන් වහන්සේ අපට "ඒ නිසා පින්වත් මහණෙනි, ඒ ආයතනය ගැන දැනගත යුතුයි. ඒ කියන්නේ යම් තැනක ඇසත් නිරුද්ධ වෙනවා නම්, රූප සඤ්ඤා ගැනත් ඇල්ම නැති වෙනවා නම්, අන්න ඒ ආයතනය යි දැනගත යුත්තේ ....(පෙ).... යම් තැනක මනසත් නිරුද්ධ වෙනවා නම්, අරමුණු සඤ්ඤා ගැනත් ඇල්ම නැති වෙනවා නම්, අන්න ඒ ආයතනය යි දැනගත යුත්තේ" කියලා යමක් සංක්ෂිප්තව මාතෘකාවක් වශයෙන් වදාරා විස්තර වශයෙන් අරුත් බෙදා නොදක්වා විහාරයට වැඩම කොට වදාළා ද, භාග්‍යවතුන් වහන්සේ වැඩම කොට නොබෝ වේලාවකින් අපට මේ අදහස ඇති වුණා.

ප්‍රිය ආයුෂ්මතුනි, භාග්‍යවතුන් වහන්සේ අපට "ඒ නිසා පින්වත් මහණෙනි, ඒ ආයතනය ගැන දැනගත යුතුයි. ඒ කියන්නේ යම් තැනක ඇසත් නිරුද්ධ වෙනවා නම්, රූප සඤ්ඤා ගැනත් ඇල්ම නැති වෙනවා නම්, අන්න ඒ ආයතනය යි දැනගත යුත්තේ ....(පෙ).... යම් තැනක මනසත් නිරුද්ධ වෙනවා නම්, අරමුණු සඤ්ඤා ගැනත් ඇල්ම නැති වෙනවා නම්, අන්න ඒ ආයතනය යි දැනගත යුත්තේ" කියලා සංක්ෂිප්තව මාතෘකාවක් වශයෙන් වදාරා, විස්තර වශයෙන් අරුත් බෙදා නොදක්වා විහාරයට වැඩම කොට වදාළා. ඉතින් භාග්‍යවතුන් වහන්සේ සංක්ෂිප්තව මාතෘකාවක් වශයෙන් වදාළ, විස්තර වශයෙන් අරුත් නොබෙදා වදාළ මේ ධර්මයෙහි අර්ථය විස්තර වශයෙන් බෙදා පෙන්වන්නේ කවුද? කියලා.

එතකොට ස්වාමීනී, ඒ අපට මේ අදහස ඇති වුණා. මේ ආයුෂ්මත් ආනන්දයන් වහන්සේ, ශාස්තෘන් වහන්සේ විසිනුත් යහපත් ලෙස වර්ණනා කරපු කෙනෙක්. නුවණැති සබ්‍රහ්මචාරීන් වහන්සේලා විසිනුත් සම්භාවනා කරන ලද කෙනෙක්. ඉතින් ආයුෂ්මත් ආනන්දයන් වහන්සේ නම්, භාග්‍යවතුන් වහන්සේ සංක්ෂිප්තව මාතෘකාවක් වශයෙන් වදාළ, විස්තර වශයෙන් අරුත් නොබෙදා වදාළ මේ ධර්මයෙහි අර්ථය විස්තර වශයෙන් බෙදා පෙන්වන්ට සමර්ථයි. ඒ නිසා අපි ආයුෂ්මත් ආනන්දයන් වහන්සේ වෙත යමු. ගිහින් ආයුෂ්මත් ආනන්දයන් වහන්සේගෙන් මේ අරුත විමසමු. කියලා.

ඉතින් ස්වාමීනී, අපි ආයුෂ්මත් ආනන්දයන් ළඟට ගියා. ගිහින් ආයුෂ්මත් ආනන්දයන්ගෙන් ඔය කරුණ විමසුවා. එතකොට ස්වාමීනී, ඒ අපට ආයුෂ්මත් ආනන්දයන් විසින් මේ මේ අයුරින්, මේ මේ පදවලින්, මේ මේ වචනවලින් අර්ථය බෙදා දැක්වූවා.

පින්වත් මහණෙනි, ආනන්ද හොඳ නුවණැතියෙක් නොවැ. පින්වත් මහණෙනි, ආනන්ද මහා ප්‍රඥාවන්තයෙක් නොවැ, ඔබ පින්වත් මහණෙනි, ඔය අරුත මගෙන් විමසුවා නම්, මාත් පිළිතුරු දෙන්නේ ඔය ආකාරයට ම යි. ඒ කියන්නේ ආනන්දයන් පිළිතුරු දුන් ආකාරයට ම යි. එම දෙසුමේ අර්ථය ඕක ම යි. ඔය කරුණ මතක තබා ගත යුත්තේත් ඔය විදිහට ම යි.

සාදු! සාදු!! සාදු!!!

කාමගුණ සූත්‍රය නිමා විය.

1.12.5
සක්කපඤ්හ සූත්‍රය
සක් දෙවිඳුගේ ප්‍රශ්නයකට වදාළ දෙසුම

ඒ දිනවල භාග්‍යවතුන් වහන්සේ වැඩසිටියේ රජගහ නුවර ගිජ්ඣකූට පර්වතයේ. එදා ශක්‍ර දේවේන්ද්‍රයා භාග්‍යවතුන් වහන්සේ වැඩසිටි තැනට පැමිණුනා. පැමිණිලා භාග්‍යවතුන් වහන්සේට ආදරයෙන් වන්දනා කොට එකත්පස්ව සිට ගත්තා. එකත්පස්ව සිටගත් ශක්‍ර දේවේන්ද්‍රයා භාග්‍යවතුන් වහන්සේගෙන් මෙකරුණ විමසුවා. ස්වාමීනී, මෙහි ඇතැම් සත්වයෙක් මේ ජීවිතේදී ම පිරිනිවන් පාන්නේ නැතිනම්, එයට හේතුව මොකක්ද? ප්‍රත්‍යය කුමක්ද? ස්වාමීනී, මෙහි ඇතැම් සත්වයෙක් මේ ජීවිතයේදී ම පිරිනිවන් පානවා නම්, එයට හේතුව මොකක්ද? ප්‍රත්‍යය මොකක්ද?

පින්වත් දේවේන්ද්‍රය, ඇසෙන් දැනගත යුතු වූ සිත් ඇදගන්නා, ලස්සන, මනාප, ප්‍රිය ස්වරූප ඇති, කැමැත්ත ඇති කරවන, බැඳීම් හටගන්නා, රූප තියෙනවා. භික්ෂුව එය සතුටින් පිළිගන්නවා, එහි ගුණ කියනවා, එහි බැසගෙන සිටිනවා. එතකොට එය සතුටින් පිළිගන්නා, එහි ගුණ කියන, එහි බැසගෙන සිටින ඔහුගේ විඤ්ඤාණය ඒ අරමුණ ඇසුරු කරගෙන ම යි තියෙන්නේ. එයට ග්‍රහණය වෙලයි තියෙන්නේ. පින්වත් දේවේන්ද්‍රය, කෙලෙසුන්ට ග්‍රහණය වූ භික්ෂුව පිරිනිවන් පාන්නේ නෑ. පින්වත් දේවේන්ද්‍රය, කනෙන් දැනගත යුතු වූ ශබ්ද ....(පෙ).... නාසයෙන් දැනගත යුතු වූ ගන්ධ ....(පෙ).... දිවෙන් දැනගත යුතු වූ රස ....(පෙ).... කයෙන් දැනගත යුතු වූ පහස ....(පෙ).... පින්වත් දේවේන්ද්‍රය, මනසින් දැනගත යුතු වූ සිත් ඇදගන්නා, ලස්සන, මනාප, ප්‍රිය ස්වරූප ඇති, කැමැත්ත ඇති කරවන, බැඳීම් හටගන්නා අරමුණු තියෙනවා. භික්ෂුව එය සතුටින් පිළිගන්නවා. එහි ගුණ කියනවා. එහි බැසගෙන සිටිනවා. එතකොට එය සතුටින් පිළිගන්නා, එහි ගුණ කියන, එහි බැසගෙන සිටින ඔහුගේ විඤ්ඤාණය ඒ අරමුණ ඇසුරු කරගෙන ම යි තියෙන්නේ. එයට ග්‍රහණය වෙලයි තියෙන්නේ. පින්වත් දේවේන්ද්‍රය, කෙලෙසුන්ට ග්‍රහණය වී සිටින භික්ෂුව පිරිනිවන් පාන්නේ නෑ. පින්වත් දේවේන්ද්‍රය, මෙහි ඇතැම් සත්වයෙක් මේ ජීවිතයේදී ම පිරිනිවන් පාන්නේ නැතිනම් එයට හේතුව මේකයි. ප්‍රත්‍යය මේකයි.

පින්වත් දේවේන්ද්‍රය, ඇසෙන් දැනගත යුතු වූ සිත් ඇදගන්නා, ලස්සන, මනාප, ප්‍රිය ස්වරූප ඇති, කැමැත්ත ඇති කරවන, බැඳීම් හටගන්නා, රූප තියෙනවා. භික්ෂුව එය සතුටින් පිළිගන්නේ නෑ, එහි ගුණ කියන්නේ නෑ.

එහි බැසගෙන ඉන්නේ නෑ. එතකොට එය සතුටින් නොපිළිගන්නා එහි ගුණ නොකියන, එහි නොබැසගෙන සිටින ඔහුගේ විඤ්ඤාණය ඒ අරමුණ ඇසුරු කරගෙන පවතින්නේ නෑ. එයට ග්‍රහණය වෙලා නෑ. පින්වත් දේවේන්ද්‍රය, කෙලෙසුන්ට ග්‍රහණය නොවූ භික්ෂුව පිරිනිවන් පානවා. පින්වත් දේවේන්ද්‍රය, කනෙන් දැනගත යුතු වූ ශබ්ද ....(පෙ).... නාසයෙන් දැනගත යුතු වූ ගන්ධ ....(පෙ).... දිවෙන් දැනගත යුතු වූ රස ....(පෙ).... කයෙන් දැනගත යුතු වූ පහස ....(පෙ).... පින්වත් දේවේන්ද්‍රය, මනසින් දැනගත යුතු වූ සිත් ඇදගන්නා, ලස්සන, මනාප, ප්‍රිය ස්වරූප ඇති, කැමැත්ත ඇති කරවන, බැඳීම් හටගන්නා, අරමුණු තියෙනවා. භික්ෂුව එය සතුටින් පිළිගන්නේ නෑ, එහි ගුණ කියන්නේ නෑ, එහි බැසගෙන සිටින්නේ නෑ, එතකොට එය සතුටින් නොපිළිගන්නා එහි ගුණ නොකියන, එහි නොබැසගෙන සිටින ඔහුගේ විඤ්ඤාණය ඒ අරමුණ ඇසුරු කරගෙන පවතින්නේ නෑ. එයට ග්‍රහණය වෙලා නෑ. පින්වත් දේවේන්ද්‍රය, කෙලෙසුන්ට ග්‍රහණය නොවූ භික්ෂුව පිරිනිවන් පානවා. පින්වත් දේවේන්ද්‍රය, මෙහි ඇතැම් සත්වයෙක්, මේ ජීවිතේදී ම පිරිනිවන් පානවා නම්, එයට හේතුව මේකයි. ප්‍රත්‍යය මේකයි.

සාදු! සාදු!! සාදු!!!

සක්කපඤ්හ සූත්‍රය නිමා විය.

1.12.6
පඤ්චසිඛපඤ්හ සූත්‍රය
පඤ්චසිඛගේ ප්‍රශ්නයකට වදාළ දෙසුම

ඒ දිනවල භාග්‍යවතුන් වහන්සේ වැඩසිටියේ රජගහ නුවර ගිජ්ඣකූට පර්වතයේ. එදා පඤ්චසිඛ ගාන්ධර්ව පුත්‍රයා භාග්‍යවතුන් වහන්සේ වැඩසිටි තැනට පැමිණුනා. පැමිණිලා භාග්‍යවතුන් වහන්සේට ආදරයෙන් වන්දනා කොට එකත්පස්ව සිට ගත්තා. එකත්පස්ව සිට ගත් පඤ්චසිඛ ගාන්ධර්ව පුත්‍රයා, භාග්‍යවතුන් වහන්සේගෙන් මෙකරුණ විමසුවා. ස්වාමීනී, මෙහි ඇතැම් සත්වයෙක් මේ ජීවිතේදී ම පිරිනිවන් පාන්නේ නැතිනම් එයට හේතුව මොකක්ද? ප්‍රත්‍යය මොකක්ද? ස්වාමීනී, මෙහි ඇතැම් සත්වයෙක් මේ ජීවිතේදී ම පිරිනිවන් පානවා නම්, එයට හේතුව මොකක්ද? ප්‍රත්‍යය මොකක්ද?

පින්වත් පඤ්චසිඛ, ඇසෙන් දැනගත යුතු වූ රූප ....(පෙ).... (කලින්

දෙසුම පරිද්දෙන් විස්තර කළ යුතුයි) පින්වත් පඤ්චසිඛ, මනසින් දැනගත යුතු වූ සිත් ඇදගන්නා, ලස්සන, මනාප, ප්‍රිය ස්වරූප ඇති, කැමැත්ත ඇති කරවන, බැඳීම් හටගන්නා, අරමුණු තියෙනවා. භික්ෂුව එය සතුටින් පිළිගන්නවා. එහි ගුණ කියනවා. එහි බැසගෙන සිටිනවා. එතකොට එය සතුටින් පිළිගන්නා, එහි ගුණ කියන, එහි බැසගෙන සිටින ඔහුගේ විඤ්ඤාණය ඒ අරමුණ ඇසුරු කරගෙන ම යි තියෙන්නේ. එයට ග්‍රහණය වෙලයි තියෙන්නේ. පින්වත් පඤ්චසිඛ, කෙලෙසුන්ට ග්‍රහණය වූ භික්ෂුව පිරිනිවන් පාන්නේ නෑ. පින්වත් පඤ්චසිඛ, මෙහි ඇතැම් සත්වයෙක් මේ ජීවිතයේදී ම පිරිනිවන් පාන්නේ නැතිනම් එයට හේතුව මේකයි. ප්‍රත්‍යය මේකයි.

පින්වත් පඤ්චසිඛ, ඇසෙන් දැනගත යුතු වූ රූප ....(පෙ).... පින්වත් පඤ්චසිඛ, මනසින් දැනගත යුතු වූ සිත් ඇදගන්නා, ලස්සන, මනාප, ප්‍රිය ස්වරූප ඇති, කැමැත්ත ඇති කරවන, බැඳීම් හටගන්නා අරමුණු තියෙනවා. භික්ෂුව එය සතුටින් පිළිගන්නේ නෑ, එහි ගුණ කියන්නේ නෑ, එහි බැසගෙන සිටින්නේ නෑ, එතකොට එය සතුටින් නොපිළිගන්නා එහි ගුණ නොකියන, එහි නොබැසගෙන සිටින ඔහුගේ විඤ්ඤාණය ඒ අරමුණ ඇසුරු කරගෙන පවතින්නේ නෑ. එයට ග්‍රහණය වෙලා නෑ. පින්වත් පඤ්චසිඛ, කෙලෙසුන්ට ග්‍රහණය නොවූ භික්ෂුව පිරිනිවන් පානවා. පින්වත් පඤ්චසිඛ, මෙහි ඇතැම් සත්වයෙක්, මේ ජීවිතේදී ම පිරිනිවන් පානවා නම්, එයට හේතුව මේකයි. ප්‍රත්‍යය මේකයි.

සාදු! සාදු!! සාදු!!!

පඤ්චසිඛපඤ්හ සූත්‍රය නිමා විය.

1.12.7
සාරිපුත්තසද්ධිවිහාරික සූත්‍රය
සැරියුත් තෙරුන් ළඟ විසූ භික්ෂුවක් අරහයා වදාළ දෙසුම

ඒ දිනවල ආයුෂ්මත් සාරිපුත්තයන් වහන්සේ වැඩසිටියේ සැවැත් නුවර ජේතවනය නම් වූ අනේපිඬු සිටුතුමාගේ ආරාමයේ. එදා එක්තරා භික්ෂුවක් ආයුෂ්මත් සාරිපුත්තයන් ළඟට පැමිණුනා. පැමිණිලා ආයුෂ්මත් සාරිපුත්තයන් වහන්සේ සමඟ සතුටු විය යුතු පිළිසඳර කතාබහේ යෙදිලා එකත්පස්ව වාඩිවුණා. එකත්පස්ව වාඩිවුණ ඒ භික්ෂුව ආයුෂ්මත් සාරිපුත්තයන් වහන්සේට

මෙකරුණ සැල කළා. ප්‍රිය ආයුෂ්මත් සාරිපුත්ත, සද්ධිවිහාරික (සැරියුත් තෙරුන් වැඩසිටි එක වෙහෙරෙහි සිටි) භික්ෂුවක් ශික්ෂාව ප්‍රතික්ෂේප කරලා ලාමක ගිහි පවට පත් වෙලා තියෙනවා.

ප්‍රිය ආයුෂ්මතුනි, ඕක ඔහොම තමයි. ඇස්, කන් ආදී ඉන්ද්‍රියයන් අකුසලයෙන් නොවැළැක්වූ දොරටු තියෙන කෙනාට, ගන්නා බොජුනෙහි අර්ථය නොදන්න කෙනාට, නිදිවරමින් භාවනා නොකරන කෙනාට ඕක තමයි වෙන්නේ.

ප්‍රිය ආයුෂ්මතුනි, ඇස් කන් ආදී ඉන්ද්‍රියයන් අකුසලයෙන් නො වැළැක්වූ දොරටු තියෙන, ගන්නා බොජුනෙහි අර්ථය නොදන්න, නිදිවරමින් භාවනා නොකරන ඒ භික්ෂුව ජීවිතාන්තය දක්වා පිරිපුන්, පිරිසිදු බඹසර ඒකාන්තයෙන් ම නොසිඳ රකිනවා කියන කරුණ සිදු වෙන දෙයක් නම් නොවෙයි. නමුත් ප්‍රිය ආයුෂ්මතුනි, ඇස් කන් ආදී ඉන්ද්‍රියයන් අකුසලයෙන් වැළැක්වූ දොරටු තියෙන, ගන්නා බොජුනෙහි අර්ථය දන්න, නිදිවරමින් භාවනා කරන ඒ භික්ෂුව ජීවිතාන්තය දක්වා පිරිපුන්, පිරිසිදු බඹසර ඒකාන්තයෙන් ම නොසිඳ රකිනවා කියන කරුණ සිදු වෙන දෙයක් ම යි.

ප්‍රිය ආයුෂ්මතුනි, අකුසලයෙන් වැළැක්වූ දොරටු ඇති ඉන්ද්‍රියයන් තුළ ඉන්නේ කොහොමද? ප්‍රිය ආයුෂ්මතුනි, මෙහිලා භික්ෂුව ඇසින් රූප දැක කෙලෙස් ඇතිවෙන නිමිති ගන්නේ නෑ. කෙලෙස් ඇතිවෙන නිමිත්තක කොටසක්වත් ගන්නේ නෑ. යම් හෙයකින් ඇස නැමැති ඉන්ද්‍රිය අසංවරව වසන කෙනෙකුට දැඩි ලෝභයත් දොම්නසත් පාපී අකුසලත් ඇති වී අර්බුදයක් හට ගන්නවා නම්, එසේ නොවීම පිණිස එහි සංවර පිණිස පිළිපදිනවා. ඇස රැක ගන්නවා. ඇස නැමැති ඉන්ද්‍රියයේ සංවරයට පැමිණෙනවා. කනෙන් ශබ්ද අහලා ....(පෙ).... නාසයෙන් ගන්ධයක් ආඝ්‍රාණය කරලා ....(පෙ).... දිවෙන් රසයක් විඳලා ....(පෙ).... කයෙන් පහසක් ලබලා ....(පෙ).... මනසින් අරමුණක් දැනගෙන කෙලෙස් ඇතිවෙන නිමිති ගන්නේ නෑ. කෙලෙස් ඇතිවෙන නිමිත්තක කොටසක්වත් ගන්නේ නෑ. යම් හෙයකින් මනස නැමැති ඉන්ද්‍රිය අසංවරව වසන කෙනෙකුට දැඩි ලෝභයත් දොම්නසත් පාපී අකුසලත් ඇති වී අර්බුදයක් හටගන්නවා නම්, එසේ නොවීම පිණිස එහි සංවර පිණිස පිළිපදිනවා. මනස රැක ගන්නවා. මනස නැමැති ඉන්ද්‍රියයේ සංවරයට පැමිණෙනවා. ප්‍රිය ආයුෂ්මතුනි, අකුසලයෙන් වැළැක්වූ දොරටු ඇති ඉන්ද්‍රියයන් තුළ ඉන්නේ ඔය විදිහටයි.

ප්‍රිය ආයුෂ්මතුනි, වළඳන බොජුනෙහි අර්ථය දන්නේ කොහොමද? ප්‍රිය ආයුෂ්මතුනි, මෙහිලා භික්ෂුව හොඳට නුවණින් විමසලයි ආහාර ගන්නේ. ඒ

කියන්නේ (මං මෙය වළඳන්නේ) ක්‍රීඩා පිණිස ඇඟ සවිමත් කරගන්න නොවේ, ඇඟ හදාගෙන හිතට ගන්න නොවේ, අඩුතැන් පුරවා ගන්න නොවේ, ඇඟ ලස්සනට හදා ගන්නත් නොවේ, මේ කයේ පැවැත්ම පිණිස විතරයි. යැපීම පිණිස විතරයි. කුසගිනි වෙහෙස නැසීම පිණිස විතරයි, බඹසරට අනුග්‍රහ පිණිස විතරයි, මේ විදිහට මං පැරණි බඩගිනි වේදනාවත් නැති කරනවා. අළුත් බඩගිනි වේදනාවක් උපදවන්නේ නෑ. මගේ ජීවිත යාත්‍රාවත් සිදු වන්නේය. නිවැරදි බවත් පහසු විහරණයත් තියෙනවා කියලා. ප්‍රිය ආයුෂ්මතුනි, වළඳන බොජුනෙහි අරුත් දැනගෙන ඉන්නේ ඔය විදිහටයි.

ප්‍රිය ආයුෂ්මතුනි, නිදිවරමින් භාවනාවේ යෙදෙන්නේ කොහොමද? ප්‍රිය ආයුෂ්මතුනි, මෙහිලා භික්ෂුව දවල් දවසේ සක්මන් භාවනාවෙනුත්, වාඩි වෙලත්, නීවරණයන්ගෙන් සිත පිරිසිදු කරනවා. රෑ පළමු යාමයේදී සක්මන් භාවනාවෙනුත්, වාඩි වෙලත්, නීවරණයන්ගෙන් සිත පිරිසිදු කරනවා. රෑ මධ්‍යම යාමයේදී දකුණු පැත්තට හැරිලා, පයෙන් පය මදක් මෑත් වෙන්න තබා ගෙන සිහියෙන් යුතුව, නුවණින් යුතුව අසවල් වේලාවට නැගිටිනවා යන කරුණ මෙනෙහි කොට සිංහ සෙය්‍යාවෙන් සැතපෙනවා. රෑ අන්තිම යාමයේ පාන්දරින් නැගිටලා සක්මන් භාවනාවෙනුත්, වාඩි වෙලත්, නීවරණයන්ගෙන් සිත පිරිසිදු කරනවා. ප්‍රිය ආයුෂ්මතුනි, නිදිවරමින් භාවනාවේ යෙදෙන්නේ ඔය විදිහටයි.

ඒ නිසා ප්‍රිය ආයුෂ්මතුනි, හික්මිය යුත්තේ මේ විදිහටයි. "අකුසලයෙන් වැළැක්වූ දොරටු ඇති ඉන්ද්‍රියයන් තුළයි අපි ඉන්නේ. බොජුනෙහි අරුත් දැනගෙනයි අපි වළඳන්නේ. නිදිවරමිනුයි අපි භාවනාවේ යෙදෙන්නේ" කියලා. ප්‍රිය ආයුෂ්මතුනි, ඔය විදිහට ම යි හික්මිය යුත්තේ.

සාදු! සාදු!! සාදු!!!

සාරිපුත්තසද්ධිවිහාරික සූත්‍රය නිමා විය.

1.12.8
රාහුලෝවාද සූත්‍රය
රාහුල තෙරුන්ට අවවාද වශයෙන් වදාළ දෙසුම

ඒ දිනවල භාග්‍යවතුන් වහන්සේ වැඩසිටියේ සැවැත් නුවර ජේතවන නම් වූ අනේපිඬු සිටුතුමාගේ ආරාමයේ. එදා හුදෙකලාවේ විවේකයෙන් වැඩසිටි භාග්‍යවතුන් වහන්සේට මේ ආකාරයේ අදහසක් ඇති වුණා.

"පින්වත් රාහුලයන්ගේ අරහත්ඵල විමුක්තිය උදෙසා මේරිය යුතු දහම් මෝරලා තියෙනවා. ඒ නිසා මං රාහුලයන් තව දුරටත් ආශ්‍රවයන් ක්ෂය වී යන පරිදි හික්මවන එකයි හොඳ" කියලා.

ඉතින් භාග්‍යවතුන් වහන්සේ පෙරවරු කාලයෙහි සිවුරු හැඳ පොරවා පාසිවුරු ගෙන සැවැත් නුවරට පිඬු පිණිස වැඩම කළා. සැවැත් නුවර පිඬු පිණිස හැසිර, දන් වළඳා අවසන් කොට ආයුෂ්මත් රාහුලයන් අමතා වදාළා. "පින්වත් රාහුලයෙනි, නිසීදනය (වාඩිවීමට එලන ඇතිරිල්ල) ගන්න. දිවා විහරණය පිණිස අන්ධ වනයට යමු" එසේය ස්වාමීනී, කියලා ආයුෂ්මත් රාහුලයන් වහන්සේ භාග්‍යවතුන් වහන්සේට පිළිතුරු දීලා නිසීදනයත් රැගෙන භාග්‍යවතුන් වහන්සේ පසුපසින් ගමන් කළා.

ඒ වෙලාවේදී නොයෙක් දහස් ගණන් දෙවිවරු "අද භාග්‍යවතුන් වහන්සේ ආයුෂ්මත් රාහුලයන්ව තවදුරටත් ආශ්‍රවයන් ක්ෂය වීම පිණිස හික්මවා වදාරණ සේක" කියලා භාග්‍යවතුන් වහන්සේ අනුව පසුපසින් ගමන් කළා. ඉතින් භාග්‍යවතුන් වහන්සේ අන්ධවනය ඇතුළට ම වැඩම කරලා එක්තරා රුක් සෙවණක පණවන ලද අසුනෙහි වැඩසිටියා. ආයුෂ්මත් රාහුලයන් ද භාග්‍යවතුන් වහන්සේට ආදරයෙන් වන්දනා කොට එකත්පස්ව වාඩි වුණා. එකත්පස්ව වාඩි වුණ ආයුෂ්මත් රාහුලයන්ගෙන් භාග්‍යවතුන් වහන්සේ මෙය අසා වදාළා.

පින්වත් රාහුලයෙනි, මේ ගැන ඔබ කුමක්ද සිතන්නේ? ඇස නිත්‍යයි ද? අනිත්‍යයි ද? ස්වාමීනී, අනිත්‍යයි. යමක් වනාහි අනිත්‍ය නම්, එය දුකයි ද? සැපයි ද? ස්වාමීනී, දුකයි. යමක් වනාහි අනිත්‍ය නම්, දුක නම්, වෙනස් වන ස්වභාවයෙන් යුතු නම්, එය මේක මගේ, මේක තමයි මම, මේ තමයි මගේ ආත්මය වශයෙන් දකින එක සුදුසුද? ස්වාමීනී, එය සුදුසු නැත.

රූප නිත්‍යයි ද? අනිත්‍යයි ද? ස්වාමීනී, අනිත්‍යයි. ....(පෙ).... ඇසේ විඤ්ඤාණය නිත්‍යයි ද? අනිත්‍යයි ද? ස්වාමීනී, අනිත්‍යයි ....(පෙ).... ඇසේ ස්පර්ශය නිත්‍යයි ද? අනිත්‍යයි ද? ස්වාමීනී, අනිත්‍යයි ....(පෙ).... ඇසේ ස්පර්ශයෙන් උපදින්නා වූ, විඳීමට අයත් වූ, හඳුනාගැනීමකට අයත් වූ, සංස්කාරයකට අයත් වූ, විඤ්ඤාණයකට අයත් වූ යම් දෙයක් ඇත්ද, එයත් නිත්‍යයි ද? අනිත්‍යයි ද? ස්වාමීනී, අනිත්‍යයි. යමක් වනාහි අනිත්‍ය නම්, එය දුකයි ද? සැපයි ද? ස්වාමීනී, දුකයි. යමක් වනාහි අනිත්‍ය නම්, දුක නම්, වෙනස් වන ස්වභාවයෙන් යුතු නම්, එය මේක මගේ, මේක තමයි මම, මේ තමයි මගේ ආත්මය වශයෙන් දකින එක සුදුසුද? ස්වාමීනී, එය සුදුසු නැත.

කන ....(පෙ).... නාසය ....(පෙ).... දිව නිත්‍යයි ද? අනිත්‍යයි ද? ස්වාමීනී, අනිත්‍යයි ....(පෙ).... රස ....(පෙ).... දිවේ විඤ්ඤාණය ....(පෙ).... දිවේ ස්පර්ශය .... (පෙ) .... දිවේ ස්පර්ශයෙන් උපදින්නා වූ, විඳීමට අයත් වූ, හඳුනාගැනීමකට අයත් වූ, සංස්කාරයකට අයත් වූ, විඤ්ඤාණයකට අයත් වූ යම් දෙයක් ඇත්ද, එයත් නිත්‍යයි ද? අනිත්‍යයි ද? ස්වාමීනී, අනිත්‍යයි. යමක් වනාහි අනිත්‍ය නම්, එය දුකයි ද? සැපයි ද? ස්වාමීනී, දුකයි. යමක් වනාහි අනිත්‍ය නම්, දුක නම්, වෙනස් වන ස්වභාවයෙන් යුතු නම්, එය මේක මගේ, මේක තමයි මම, මේ තමයි මගේ ආත්මය වශයෙන් දකින එක සුදුසුද? ස්වාමීනී, එය සුදුසු නැත.

කය ....(පෙ).... මනස නිත්‍යයි ද? අනිත්‍යයි ද? ස්වාමීනී, අනිත්‍යයි. යමක් වනාහි අනිත්‍ය නම්, එය දුකයි ද? සැපයි ද? ස්වාමීනී, දුකයි. යමක් වනාහි අනිත්‍ය නම්, දුක නම්, වෙනස් වන ස්වභාවයෙන් යුතු නම්, එය මේක මගේ, මේක තමයි මම, මේ තමයි මගේ ආත්මය වශයෙන් දකින එක සුදුසුද? ස්වාමීනී, එය සුදුසු නැත.

මනසට අරමුණු වන දේ නිත්‍යයි ද? අනිත්‍යයි ද? ස්වාමීනී, අනිත්‍යයි ....(පෙ).... මනසේ විඤ්ඤාණය ....(පෙ).... මනසේ ස්පර්ශය ....(පෙ).... මනසේ ස්පර්ශයෙන් උපදින්නා වූ, විඳීමට අයත් වූ, හඳුනාගැනීමකට අයත් වූ, සංස්කාරයකට අයත් වූ, විඤ්ඤාණයකට අයත් වූ යම් දෙයක් ඇත්ද, එයත් නිත්‍යයි ද? අනිත්‍යයි ද? ස්වාමීනී, අනිත්‍යයි. යමක් වනාහි අනිත්‍ය නම්, එය දුකයි ද? සැපයි ද? ස්වාමීනී, දුකයි. යමක් වනාහි අනිත්‍ය නම්, දුක නම්, වෙනස් වන ස්වභාවයෙන් යුතු නම්, එය මේක මගේ, මේක තමයි මම, මේ තමයි මගේ ආත්මය වශයෙන් දකින එක සුදුසුද? ස්වාමීනී, එය සුදුසු නැත.

පින්වත් රාහුලයෙනි, ශ්‍රැතවත් ආර්ය ශ්‍රාවකයා ඔය අයුරින් දකින විට ඇස ගැනත් සත්‍ය ස්වභාවය අවබෝධ වීම තුළින් ම කලකිරෙනවා. රූප ගැනත් සත්‍ය ස්වභාවය අවබෝධ වීම තුළින් ම කලකිරෙනවා. ඇසේ විඤ්ඤාණය ගැනත් සත්‍ය ස්වභාවය අවබෝධ වීම තුළින් ම කලකිරෙනවා. ඇසේ ස්පර්ශය ගැනත් සත්‍ය ස්වභාවය අවබෝධ වීම තුළින් ම කලකිරෙනවා. ඇසේ ස්පර්ශයෙන් උපදින්නා වූ, විඳීමට අයත් වූ, හඳුනාගැනීමකට අයත් වූ, සංස්කාරයකට අයත් වූ, විඤ්ඤාණයකට අයත් වූ යම් දෙයක් ඇත්ද, ඒ ගැනත් සත්‍ය ස්වභාවය අවබෝධ වීම තුළින් ම කලකිරෙනවා. කන ගැනත් සත්‍ය ස්වභාවය අවබෝධ වීම තුළින් ම කලකිරෙනවා ....(පෙ).... නාසය ගැනත් සත්‍ය ස්වභාවය අවබෝධ වීම තුළින් ම කලකිරෙනවා ....(පෙ).... දිව ගැනත් සත්‍ය ස්වභාවය අවබෝධ වීම තුළින් ම කලකිරෙනවා. රස ගැනත් සත්‍ය ස්වභාවය අවබෝධ වීම තුළින් ම කලකිරෙනවා. දිවේ විඤ්ඤාණය ගැනත්

සත්‍ය ස්වභාවය අවබෝධ වීම තුළින් ම කලකිරෙනවා. දිවේ ස්පර්ශය ගැනත් සත්‍ය ස්වභාවය අවබෝධ වීම තුළින් ම කලකිරෙනවා. දිවේ ස්පර්ශයෙන් උපදින්නා වූ, විඳීමට අයත් වූ හඳුනාගැනීමකට අයත් වූ, සංස්කාරයකට අයත් වූ, විඤ්ඤාණයකට අයත් වූ යම් දෙයක් ඇත්ද, ඒ ගැනත් සත්‍ය ස්වභාවය අවබෝධ වීම තුළින් ම කලකිරෙනවා. කය ගැනත් සත්‍ය ස්වභාවය අවබෝධ වීම තුළින් ම කලකිරෙනවා ....(පෙ) .... මනස ගැනත් සත්‍ය ස්වභාවය අවබෝධ වීම තුළින් ම කලකිරෙනවා. මනසට අරමුණු වන දේ ගැනත් සත්‍ය ස්වභාවය අවබෝධ වීම තුළින් ම කලකිරෙනවා. මනසේ විඤ්ඤාණය ගැනත් සත්‍ය ස්වභාවය අවබෝධ වීම තුළින් ම කලකිරෙනවා. මනසේ ස්පර්ශය ගැනත් සත්‍ය ස්වභාවය අවබෝධ වීම තුළින් ම කලකිරෙනවා. මනසේ ස්පර්ශයෙන් උපදින්නා වූ, විඳීමට අයත් වූ හඳුනාගැනීමකට අයත් වූ, සංස්කාරයකට අයත් වූ, විඤ්ඤාණයකට අයත් වූ යම් දෙයක් ඇත්ද, ඒ ගැනත් සත්‍ය ස්වභාවය අවබෝධ වීම තුළින් ම කලකිරෙනවා. කලකිරුණු විට ඒ කෙරෙහි තිබුණ ඇල්ම නැතුව යනවා. ඇල්ම නැතිවීම නිසා එයින් නිදහස් වෙනවා. නිදහස් වූ විට, නිදහස් වූ බවට අවබෝධ ඤාණය ඇති වෙනවා. 'ඉපදීම ක්ෂය වුණා, බඹසර වාසය සම්පූර්ණ කළා, නිවන පිණිස කළ යුතු දෙය කළා, නිවන පිණිස කළ යුතු වෙන දෙයක් නැත්තේම' යැයි අවබෝධයෙන් ම දැන ගන්නවා.

භාග්‍යවතුන් වහන්සේ මෙය වදාළා. සතුටු සිත් ඇති ආයුෂ්මත් රාහුලයන් භාග්‍යවතුන් වහන්සේ වදාළ දෙසුම සතුටින් පිළිගත්තා. මෙම දෙසුම වදාරණ කල්හි ආයුෂ්මත් රාහුලයන්ගේ සිත උපාදාන රහිතව කෙලෙසුන්ගෙන් නිදහස් වුණා.

නොයෙක් දහස් ගණන් දෙවිවරුන්ට ද 'හේතුන්ගෙන් හටගන්නා වූ යම් දෙයක් ඇත්ද, ඒ සියල්ලම හේතු නැතිවීමෙන් නිරුද්ධ වෙන ස්වභාවයෙන් යුක්තයි.' කියලා කෙලෙස් රහිත වූ අවිද්‍යා මලකඩ රහිත වූ දහම් ඇස පහළ වුණා.

සාදු! සාදු!! සාදු!!!

රාහුලෝවාද සූත්‍රය නිමා විය.

1.12.9
සඤ්ඤෝජන සූත්‍රය
කෙලෙස් බන්ධනය ගැන වදාළ දෙසුම

පින්වත් මහණෙනි, කෙලෙස් බන්ධනය ඇති කරවන දේත්, කෙලෙස් බන්ධනයත් ගැන කියා දෙන්නම්. එය සවන් යොමා අසන්න. කෙලෙස් බන්ධන ඇති කරවන දේ යනු කුමක්ද? කෙලෙස් බන්ධනය යනු කුමක්ද?

පින්වත් මහණෙනි, ඇසෙන් දැනගත යුතු වූ සිත් ඇදගන්නා, ලස්සන, මනාප, ප්‍රිය ස්වරූප ඇති, කැමැත්ත ඇති කරවන, බැඳීම් හටගන්නා රූප තියෙනවා. පින්වත් මහණෙනි, මෙයට කියන්නේ කෙලෙස් බන්ධන ඇති කරවන දෙයක් කියලයි. ඒ කෙරෙහි යම් ඡන්ද රාගයක් ඇත්නම්, ඒක තමයි එතැන තියෙන කෙලෙස් බන්ධනය. පින්වත් මහණෙනි, කනෙන් දැනගත යුතු ශබ්ද තියෙනවා ....(පෙ).... නාසයෙන් දැනගත යුතු ගන්ධ ....(පෙ).... දිවෙන් දැනගත යුතු රස ....(පෙ).... කයෙන් දැනගත යුතු පහස ....(පෙ).... පින්වත් මහණෙනි, මනසින් දැනගත යුතු වූ සිත් ඇදගන්නා, ලස්සන, මනාප, ප්‍රිය ස්වරූප ඇති, කැමැත්ත ඇති කරවන, බැඳීම් හටගන්නා අරමුණු තියෙනවා. පින්වත් මහණෙනි, මෙයට කියන්නේ කෙලෙස් බන්ධන ඇති කරවන දෙයක් කියලයි. ඒ කෙරෙහි යම් ඡන්ද රාගයක් ඇත්නම්, ඒක තමයි එතැන තියෙන කෙලෙස් බන්ධනය.

සාදු! සාදු!! සාදු!!!

සඤ්ඤෝජන සූත්‍රය නිමා විය.

1.12.10
උපාදාන සූත්‍රය
ග්‍රහණය වීම ගැන වදාළ දෙසුම

පින්වත් මහණෙනි, ග්‍රහණය වීම ඇති කරවන දේත්, ග්‍රහණය වීමත් ගැන කියා දෙන්නම්. එය සවන් යොමා අසන්න. පින්වත් මහණෙනි, ග්‍රහණය වීම ඇති කරවන දේ යනු කුමක්ද? ග්‍රහණය වීම යනු කුමක්ද?

පින්වත් මහණෙනි, ඇසෙන් දැනගත යුතු වූ සිත් ඇදගන්නා, ලස්සන, මනාප, ප්‍රිය ස්වරූප ඇති, කැමැත්ත ඇති කරවන, බැඳීම් හට ගන්නා රූප තියෙනවා. පින්වත් මහණෙනි, මෙයට කියන්නේ ග්‍රහණය වීම ඇති කරවන දෙයක් කියලා. ඒ කෙරෙහි යම් ඡන්ද රාගයක් ඇත්නම්, ඒක තමයි එතැන තියෙන ග්‍රහණය වීම. පින්වත් මහණෙනි, කනෙන් දැනගත යුතු ශබ්ද තියෙනවා ....(පෙ).... නාසයෙන් දැනගත යුතු ගන්ධ තියෙනවා ....(පෙ).... දිවෙන් දැනගත යුතු රස ....(පෙ).... කයෙන් දැනගත යුතු පහස ....(පෙ).... මනසින් දැනගත යුතු වූ සිත් ඇදගන්නා, ලස්සන, මනාප, ප්‍රිය ස්වරූප ඇති, කැමැත්ත ඇති කරවන, බැඳීම් හට ගන්නා අරමුණු තියෙනවා. පින්වත් මහණෙනි, මෙයට කියන්නේ ග්‍රහණය වීම ඇති කරවන දෙයක් කියලා. ඒ කෙරෙහි යම් ඡන්ද රාගයක් ඇත්නම්, ඒක තමයි එතැන තියෙන ග්‍රහණය වීම.

සාදු! සාදු!! සාදු!!!

උපාදාන සූත්‍රය නිමා විය.

දොළොස්වෙනි ලෝකකාමගුණ වර්ගය යි.

- **එහි පිළිවෙළ උද්දානය යි.**

මාරපාස සූත්‍ර දෙකකි, ලෝකන්තගමන සූත්‍රය, කාමගුණ සූත්‍රය, සක්කපඤ්හ සූත්‍රය, පඤ්චසිඛපඤ්හ සූත්‍රය, සාරිපුත්තසද්ධිවිහාරික සූත්‍රය, රාහුලෝවාද සූත්‍රය, සඤ්ඤෝජන සූත්‍රය, උපාදාන සූත්‍රය යන මෙයින් මේ වර්ගය කියනු ලැබේ.

13. ගහපති වර්ගය

1.13.1
වේසාලි සූත්‍රය
විශාලා මහනුවර දී වදාළ දෙසුම

ඒ දිනවල භාග්‍යවතුන් වහන්සේ වැඩසිටියේ විශාලා මහනුවර මහාවනයේ කූටාගාර ශාලාවේ. එදා විසල්පුරවාසී උග්ග ගෘහපතිතුමා භාග්‍යවතුන් වහන්සේ වැඩසිටි තැනට පැමිණුනා ....(පෙ).... එකත්පස්ව වාඩිවුණ විසල්පුර උග්ග ගෘහපතිතුමා භාග්‍යවතුන් වහන්සේට මෙකරුණ පැවසුවා. "ස්වාමීනී, මෙහි ඇතැම් සත්වයෙක් මේ ජීවිතේදී ම පිරිනිවන් පාන්නේ නැතිනම්, එයට හේතුව මොකක්ද? ප්‍රත්‍යය මොකක්ද? ස්වාමීනී, මෙහි ඇතැම් සත්වයෙක් මේ ජීවිතයේදී ම පිරිනිවන් පානවා නම්, එයට හේතුව මොකක්ද? ප්‍රත්‍යය මොකක්ද?"

පින්වත් ගෘහපතිය, ඇසෙන් දැනගත යුතු වූ සිත් ඇදගන්නා, ලස්සන, මනාප, ප්‍රිය ස්වරූප ඇති, කැමැත්ත ඇති කරවන, බැඳීම් හටගන්නා, රූප තියෙනවා. භික්ෂුව එය සතුටින් පිළිගන්නවා. එහි ගුණ කියනවා. එහි බැසගෙන සිටිනවා. එතකොට එය සතුටින් පිළිගන්නා, එහි ගුණ කියන, එහි බැසගෙන සිටින ඔහුගේ විඤ්ඤාණය ඒ අරමුණ ඇසුරු කරගෙන ම යි තියෙන්නේ. එයට ග්‍රහණය වෙලයි තියෙන්නේ. පින්වත් ගෘහපතිය, කෙලෙසුන්ට ග්‍රහණය වූ භික්ෂුව පිරිනිවන් පාන්නේ නෑ.

පින්වත් ගෘහපතිය, කනෙන් දැනගත යුතු වූ ශබ්ද ....(පෙ).... නාසයෙන් දැනගත යුතු වූ ගන්ධ ....(පෙ).... දිවෙන් දැනගත යුතු වූ රස ....(පෙ).... කයෙන් දැනගත යුතු වූ පහස ....(පෙ).... පින්වත් ගෘහපතිය, මනසින් දැනගත යුතු වූ සිත් ඇදගන්නා, ලස්සන, මනාප, ප්‍රිය ස්වරූප ඇති, කැමැත්ත ඇති කරවන, බැඳීම් හටගන්නා, අරමුණු තියෙනවා. භික්ෂුව එය සතුටින් පිළිගන්නවා. එහි ගුණ කියනවා. එහි බැසගෙන සිටිනවා. එතකොට එය සතුටින්

පිළිගන්නා, එහි ගුණ කියන, එහි බැසගෙන සිටින ඔහුගේ විඤ්ඤාණය ඒ අරමුණ ඇසුරු කරගෙන ම යි තියෙන්නේ. එයට ග්‍රහණය වෙලයි තියෙන්නේ. පින්වත් ගෘහපතිය, කෙලෙසුන්ට ග්‍රහණය වූ භික්ෂුව පිරිනිවන් පාන්නේ නෑ. පින්වත් ගෘහපතිය, මෙහි ඇතැම් සත්වයෙක් මේ ජීවිතයේදී ම පිරිනිවන් පාන්නේ නැතිනම් එයට හේතුව මේකයි. ප්‍රත්‍යය මේකයි.

පින්වත් ගෘහපතිය, ඇසෙන් දැනගත යුතු වූ සිත් ඇදගන්නා, ලස්සන, මනාප, ප්‍රිය ස්වරූප ඇති, කැමැත්ත ඇති කරවන, බැඳීම් හටගන්නා, රූප තියෙනවා. භික්ෂුව එය සතුටින් පිළිගන්නේ නෑ, එහි ගුණ කියන්නේ නෑ, එහි බැසගෙන ඉන්නේ නෑ, එතකොට එය සතුටින් නො පිළිගන්නා එහි ගුණ නො කියන, එහි නො බැසගෙන සිටින ඔහුගේ විඤ්ඤාණය ඒ අරමුණ ඇසුරු කරගෙන පවතින්නේ නෑ. එයට ග්‍රහණය වෙලා නෑ. පින්වත් ගෘහපතිය, කෙලෙසුන්ට ග්‍රහණය නොවූ භික්ෂුව පිරිනිවන් පානවා.

පින්වත් ගෘහපතිය, කනෙන් දැනගත යුතු වූ ශබ්ද ....(පෙ).... නාසයෙන් දැනගත යුතු වූ ගන්ධ ....(පෙ).... දිවෙන් දැනගත යුතු වූ රස ....(පෙ).... කයෙන් දැනගත යුතු වූ පහස ....(පෙ).... පින්වත් ගෘහපතිය, මනසින් දැනගත යුතු වූ සිත් ඇදගන්නා, ලස්සන, මනාප, ප්‍රිය ස්වරූප ඇති, කැමැත්ත ඇති කරවන, බැඳීම් හටගන්නා, අරමුණු තියෙනවා. භික්ෂුව එය සතුටින් පිළිගන්නේ නෑ, එහි ගුණ කියන්නේ නෑ, එහි බැසගෙන ඉන්නේ නෑ, එතකොට එය සතුටින් නො පිළිගන්නා එහි ගුණ නො කියන, එහි නො බැසගෙන සිටින ඔහුගේ විඤ්ඤාණය ඒ අරමුණ ඇසුරු කරගෙන පවතින්නේ නෑ. එයට ග්‍රහණය වෙලා නෑ. පින්වත් ගෘහපතිය, කෙලෙසුන්ට ග්‍රහණය නොවූ භික්ෂුව පිරිනිවන් පානවා. පින්වත් ගෘහපතිය, මෙහි ඇතැම් සත්වයෙක්, මේ ජීවිතේදී ම පිරිනිවන් පානවා නම්, එයට හේතුව මේකයි. ප්‍රත්‍යය මේකයි.

සාදු! සාදු!! සාදු!!!

වේසාලි සූත්‍රය නිමා විය.

1.13.2
වජ්ජි සූත්‍රය
වජ්ජි ජනපදයේ දී වදාළ දෙසුම

ඒ දිනවල භාග්‍යවතුන් වහන්සේ වැඩසිටියේ වජ්ජි ජනපදයේ හත්ථි

ගමේ. එදා හත්ථිගම්වැසි උග්ග ගෘහපතිතුමා, භාග්‍යවතුන් වහන්සේ වැඩසිටි තැනට පැමිණුනා ....(පෙ).... එකත්පස්ව වාඩිවුණ හත්ථිගම්වැසි උග්ග ගෘහපතිතුමා භාග්‍යවතුන් වහන්සේට මෙකරුණ පැවසුවා. "ස්වාමීනී, මෙහි ඇතැම් සත්වයෙක් මේ ජීවිතේදී ම පිරිනිවන් පාන්නේ නැතිනම්, එයට හේතුව මොකක්ද? ප්‍රත්‍යය මොකක්ද? ස්වාමීනී, මෙහි ඇතැම් සත්වයෙක් මේ ජීවිතයේදී ම පිරිනිවන් පානවා නම්, එයට හේතුව මොකක්ද? ප්‍රත්‍යය මොකක්ද?" (පෙර සූත්‍රය පරිද්දෙන් ඒ අයුරින් විස්තර කළ යුතුය) ....(පෙ).... පින්වත් ගෘහපතිය, මෙහි ඇතැම් සත්වයෙක් මේ ජීවිතයේදී ම පිරිනිවන් පානවා නම්, එයට හේතුව මේකයි, ප්‍රත්‍යය මේකයි.

සාදු! සාදු!! සාදු!!!

වජ්ජි සූත්‍රය නිමා විය.

1.13.3
නාලන්දා සූත්‍රය
නාලන්දාවේ දී වදාළ දෙසුම

ඒ දිනවල භාග්‍යවතුන් වහන්සේ වැඩසිටියේ නාලන්දාවේ පාවාරික අඹ වනයේ. එදා උපාලි ගෘහපතිතුමා, භාග්‍යවතුන් වහන්සේ වැඩසිටි තැනට පැමිණුනා ....(පෙ).... එකත්පස්ව වාඩිවුණ උපාලි ගෘහපතිතුමා භාග්‍යවතුන් වහන්සේට මෙකරුණ පැවසුවා. "ස්වාමීනී, මෙහි ඇතැම් සත්වයෙක් මේ ජීවිතේදී ම පිරිනිවන් පාන්නේ නැතිනම්, එයට හේතුව මොකක්ද? ප්‍රත්‍යය මොකක්ද? ස්වාමීනී, මෙහි ඇතැම් සත්වයෙක් මේ ජීවිතයේදීම පිරිනිවන් පානවා නම්, එයට හේතුව මොකක්ද? ප්‍රත්‍යය මොකක්ද?" (පෙර සූත්‍රය පරිද්දෙන් ඒ අයුරින් විස්තර කළ යුතුය) ....(පෙ).... පින්වත් ගෘහපතිය, මෙහි ඇතැම් සත්වයෙක් මේ ජීවිතයේදී ම පිරිනිවන් පානවා නම්, එයට හේතුව මේකයි, ප්‍රත්‍යය මේකයි.

සාදු! සාදු!! සාදු!!!

නාලන්දා සූත්‍රය නිමා විය.

1.13.4
භාරද්වාජ සූත්‍රය
භාරද්වාජ තෙරුන් වදාළ දෙසුම

ඒ දිනවල ආයුෂ්මත් පිණ්ඩෝල භාරද්වාජ තෙරුන් වැඩසිටියේ කොසඹෑ නුවර ඝෝෂිතාරාමයේ. එදා උදේන රජු ආයුෂ්මත් පිණ්ඩෝල භාරද්වාජ තෙරුන් වැඩසිටි තැනට පැමිණුනා. පැමිණිලා ආයුෂ්මත් පිණ්ඩෝල භාරද්වාජ තෙරුන් සමඟ සතුටුවිය යුතු පිළිසඳර කතාබහේ යෙදිලා එකත්පස්ව වාඩි වුණා. එකත්පස්ව වාඩිවුණ උදේන රජු ආයුෂ්මත් පිණ්ඩෝල භාරද්වාජ තෙරුන්ගෙන් මෙකරුණ විමසුවා.

"භවත් භාරද්වාජයෙනි, යම් මේ තරුණ භික්ෂූන් ඉන්නවා. කළු කෙස් තියෙන්නේ. භද්‍ර යොවුන් වියෙහි ඉන්නේ. ජීවිතයේ පළමු වයසේ ඉන්නේ. පස්කම් සැප අනුභව කරලා නෑ. ඉතින් මේ තරුණ භික්ෂූන් ජීවිතාන්තය තෙක් පිරිපුන් පිරිසිදු බඹසර දිගු කලක් නොසිඳ පවත්වනවා නම් ඒකට හේතුව මොකක්ද? ප්‍රත්‍යය මොකක්ද?"

"පින්වත් මහාරාජ, දතයුතු සියල්ල දන්නා, දක්නා ඒ භාග්‍යවත් අරහත් සම්මා සම්බුදු රජාණන් වහන්සේ විසින් මේ විදිහට වදාරළයි තියෙන්නේ. "එන්න පින්වත් මහණෙනි, ඔබ මව් සමාන කාන්තාවන් ගැන මාතෘ චිත්තය පිහිටුවා ගන්න. සහෝදරිය සමාන කාන්තාවන් ගැන සොයුරී සිත පිහිටුවා ගන්න. දියණිය සමාන වූවන් ගැන දියණිය යන සිත පිහිටුවා ගන්න" කියලා. පින්වත් මහාරාජ, යම් මේ තරුණ භික්ෂූන් ඉන්නවා. කළු කෙස් තියෙනවා තමයි. භද්‍ර යොවුන් වියෙහි ඉන්නවා තමයි. ජීවිතයේ පළමු වයසේ ඉන්නවා තමයි. පස්කම් සැප අනුභව කරලා නෑ තමයි. නමුත් මේ තරුණ භික්ෂූන් ජීවිතාන්තය තෙක් පිරිපුන් පිරිසිදු බඹසර දිගු කලක් නොසිඳ පවත්වනවා නම් ඒකට හේතුව මේකයි. ප්‍රත්‍යය මේකයි."

"භවත් භාරද්වාජයෙනි, මේ සිත කියන්නේ ලෝලී දෙයක්. ඇතැම් අවස්ථාවලදී මව් සමාන ස්ත්‍රීන් කෙරෙහි පවා ලෝභසිත් උපදිනවා. සොහොයුරිය සමාන ස්ත්‍රීන් කෙරෙහි පවා ලෝභසිත් උපදිනවා. දියණිය සමාන ස්ත්‍රීන් කෙරෙහි පවා ලෝභසිත් උපදිනවා. භවත් භාරද්වාජයෙනි, මේ කළු කෙස් ඇති තරුණ භික්ෂූන් ....(පෙ).... බඹසර දිගු කලක් නොසිඳ පවත්වනවා නම් එයට වෙනත් හේතුවක් තියෙනවාද? වෙනත් ප්‍රත්‍යයක් තියෙනවාද?"

"පින්වත් මහාරාජ, දතයුතු සියල්ල දන්නා, දක්නා ඒ භාග්‍යවත් අරහත් සම්මා සම්බුදු රජාණන් වහන්සේ විසින් මේ විදිහට වදාරළයි තියෙන්නේ. "එන්න පින්වත් මහණෙනි, ඔබ පා තලයෙන් උඩ සිට කෙස් මතුයෙන් පහළට, සම සීමා කොට නානාප්‍රකාර වූ අසූචිවලින් යුතු මේ කය ගැන ම නුවණින් විමසන්න. මේ කයෙහි කෙස්, ලොම්, නිය, දත්, සම්, මස්, නහර, ඇට, ඇට මිඳුලු, වකුගඩුව, හදවත, අක්මාව, දළඹුව, බඩදිව, පෙණහැල්ල, අතුණු, අතුණු බහන්, නොපැසුණු ආහාර, අසූචි, පිත, සෙම, සැරව, ලේ, දහඩිය, මේද තෙල, කඳුළු, වුරුණු තෙල, කෙළ, සොටු, සඳමිඳුළු, මූත්‍රා තියෙනවා කියලා." පින්වත් මහාරාජ, යම් මේ තරුණ භික්ෂූන් ඉන්නවා. කළු කෙස් තියෙනවා තමයි ....(පෙ).... බඹසර දිගු කලක් නොසිඳ පවත්වනවා නම් ඒකට හේතුව මේකයි. ප්‍රත්‍යය මේකයි."

"භවත් භාරද්වාජයෙනි, යම් ඒ වඩන ලද කාය භාවනා ඇති භික්ෂූන් ඉන්නවා. ඒ භික්ෂූන් සිල් වඩලා තියෙනවා. සිත වඩලා තියෙනවා. ප්‍රඥාව වඩලා තියෙනවා. ඒ භික්ෂූන්ට නම් ඕක දුෂ්කර දෙයක් නොවෙයි. නමුත් භවත් භාරද්වාජයෙනි, යම් ඒ භික්ෂූන් ඉන්නවා, කාය භාවනා වඩලා නෑ, සිල් වඩලා නෑ, සිත වඩලා නෑ, ප්‍රඥාව වඩලා නෑ, ඔවුන්ට එය දුෂ්කරයි. භවත් භාරද්වාජයෙනි, ඇතැම් විට අසුභ වශයෙන් මෙනෙහි කරන්නෙමු කියලා සුභ වශයෙන් මෙනෙහි කිරීමටත් වැටෙනවා. භවත් භාරද්වාජයෙනි, මේ කළු කෙස් ඇති තරුණ භික්ෂූන් ....(පෙ).... බඹසර දිගු කලක් නොසිඳ පවත්වනවා නම් එයට වෙනත් හේතුවක් තියෙනවාද? වෙනත් ප්‍රත්‍යයක් තියෙනවාද?"

"පින්වත් මහාරාජ, දතයුතු සියල්ල දන්නා, දක්නා ඒ භාග්‍යවත් අරහත් සම්මා සම්බුදු රජාණන් වහන්සේ විසින් මේ විදිහට වදාරළයි තියෙන්නේ. "එන්න පින්වත් මහණෙනි, ඔබ අකුසලයෙන් වැළැක්වූ දොරටු ඇති ඉන්ද්‍රියයන් තුළ වාසය කරන්න. ඇසින් රූප බලලා කෙලෙස් ඇතිවෙන නිමිති ගන්න අය වෙන්න එපා. කෙලෙස් ඇතිවෙන නිමිත්තක කොටසක්වත් ගන්න අය වෙන්ට එපා. යම් හෙයකින් ඇස නැමැති ඉන්ද්‍රිය අසංවරව වසන කෙනෙකුට දැඩි ලෝභයත් දොම්නසත් පාපී අකුසලත් ඇති වී අර්බුදයක් හට ගන්නවා නම්, එහි සංවරය පිණිස පිළිපදින්න. ඇස රැක ගන්න. ඇස නැමැති ඉන්ද්‍රියයේ සංවරයට පැමිණෙන්න. කනෙන් ශබ්දයක් අහලා ....(පෙ).... නාසයෙන් ගන්ධයක් ආඝ්‍රාණය කරලා, ...(පෙ).... දිවෙන් රසයක් විඳලා ....(පෙ).... කයෙන් පහසක් ලබලා ....(පෙ).... මනසින් අරමුණක් දැනගෙන කෙලෙස් ඇතිවෙන නිමිති ගන්න අය වෙන්ට එපා. කෙලෙස් ඇතිවෙන නිමිත්තක කොටසක්වත් ගන්න අය වෙන්ට එපා. යම් හෙයකින් මනස නැමැති ඉන්ද්‍රිය අසංවරව වසන

කෙනෙකුට දැඩි ලෝභයත් දොම්නසත් පාපී අකුසලත් ඇති වී අර්බුදයක් හටගන්නවා නම්, එහි සංවරය පිණිස පිළිපදින්න. මනස රැකගන්න. මනස නැමැති ඉන්ද්‍රියයේ සංවරයට පැමිණෙන්න" කියලා. පින්වත් මහාරාජ, යම් මේ තරුණ භික්ෂූන් ඉන්නවා. කළු කෙස් තියෙනවා තමයි ....(පෙ).... බඹසර දිගු කලක් නොසිඳ පවත්වනවා නම් ඒකට හේතුව මේකයි. ප්‍රත්‍යය මේකයි.

භවත් භාරද්වාජයෙනි, ආශ්චර්යයයි. භවත් භාරද්වාජයෙනි, පුදුම සහගතයි. භවත් භාරද්වාජයෙනි, දතයුතු සියල්ල දන්නා, දක්නා ඒ භාග්‍යවත් අරහත් සම්මා සම්බුදු රජාණන් වහන්සේ විසින් මොනතරම් සුභාෂිතයක් ද මේ වදාරළා තියෙන්නේ. භවත් භාරද්වාජයෙනි, මේ කළු කෙහෙ ඇති, සොඳුරු යොවුන් වියේ සිටින, ජීවිතයෙහි පළමු වයසේ සිටින කම්සැප අනුභව නොකළ යම් මේ තරුණ භික්ෂූන් ජීවිතාන්තය දක්වා පිරිපුන් පිරිසිදු බඹසර දිගු කලක් මුළුල්ලෙහි නොසිඳ රකිනවා කියන කරුණට මේක ම යි හේතුව. මේක ම යි ප්‍රත්‍යය.

භවත් භාරද්වාජයෙනි, මං වුණත් යම් වෙලාවක නො රක්නා ලද කයින්, නො රක්නා ලද වචනයෙන්, නොරක්නා ලද සිතින්, සිහියත් නො පිහිටුවාගෙන, ඉඳුරනුත් අසංවර කරගෙන ඇතුළු නුවරට පිවිසෙනවා නම්, ඒ වෙලාවෙහි දී බලවත් ලෝභ සිත් මාව පෙළනවා. නමුත් භවත් භාරද්වාජයෙනි, යම් වෙලාවකදී මං රක්නා ලද කයින්, රක්නා ලද වචනයෙන්, රක්නා ලද සිතින්, සිහියත් පිහිටුවා ගෙන, ඉඳුරනුත් සංවර කරගෙන ඇතුළු නුවරට පිවිසෙනවා නම්, ඒ වෙලාවේදී ලෝභ සිත් මාව පෙළන්නේ නෑ.

භවත් භාරද්වාජ ඉතා සුන්දරයි, භවත් භාරද්වාජ ඉතා සුන්දරයි. යටට හරවා තිබූ දෙයක් උඩු අතට හැරෙව්වා වගෙයි. වහලා තිබුණු දෙයක් ඇරලා පෙන්නුවා වගෙයි. මං මුළා වූවන්ට නියම මග පෙන්වා දෙනවා වගේ. ඇස් ඇති උදවියට රූප දකින්න අඳුරෙහි තෙල් පහනක් දල්වාගෙන දරා සිටිනවා වගෙයි. ඔය විදිහට භවත් භාරද්වාජයන් වහන්සේ නොයෙක් අයුරින් ශ්‍රී සද්ධර්මය වදාළා. භවත් භාරද්වාජයෙනි, මේ මමත් භාග්‍යවතුන් වහන්සේව සරණ යනවා. ශ්‍රී සද්ධර්මයත්, ආර්ය මහා සංඝ රත්නයත් සරණ යනවා. භවත් භාරද්වාජ, මං ගැන අද පටන් දිවි තිබෙන තුරාවට ම තෙරුවන් සරණ ගිය උපාසකයෙක් ලෙස සලකන සේක්වා...!

සාදු! සාදු!! සාදු!!!

භාරද්වාජ සූත්‍රය නිමා විය.

1.13.5
සෝණ සූත්‍රය
සෝණ ගෘහපති පුත්‍රයා අරභයා වදාළ දෙසුම

ඒ දිනවල භාග්‍යවතුන් වහන්සේ වැඩසිටියේ රජගහනුවර කලන්දකනිවාප නම් වූ වේළුවනාරාමයේ. එදා සෝණ ගෘහපති පුත්‍රයා භාග්‍යවතුන් වහන්සේ වැඩසිටි තැනට පැමිණුනා ....(පෙ).... එකත්පස්ව වාඩිවුණ සෝණ ගෘහපති පුත්‍රයා භාග්‍යවතුන් වහන්සේට මෙකරුණ පැවසුවා. "ස්වාමීනී, මෙහි ඇතැම් සත්වයෙක් මේ ජීවිතේදී ම පිරිනිවන් පාන්නේ නැතිනම්, එයට හේතුව මොකක්ද? ප්‍රත්‍යය මොකක්ද? ස්වාමීනී, මෙහි ඇතැම් සත්වයෙක් මේ ජීවිතයේදී ම පිරිනිවන් පානවා නම්, එයට හේතුව මොකක්ද? ප්‍රත්‍යය මොකක්ද?"

පින්වත් සෝණ, ඇසෙන් දැනගත යුතු වූ සිත් ඇදගන්නා, ලස්සන, මනාප, ප්‍රිය ස්වරූප ඇති, කැමැත්ත ඇති කරවන, බැඳීම් හටගන්නා, රූප තියෙනවා. භික්ෂුව එය සතුටින් පිළිගන්නවා. එහි ගුණ කියනවා. එහි බැසගෙන සිටිනවා. එතකොට එය සතුටින් පිළිගන්නා, එහි ගුණ කියන, එහි බැසගෙන සිටින ඔහුගේ විඤ්ඤාණය ඒ අරමුණ ඇසුරු කරගෙන ම යි තියෙන්නේ. එයට ග්‍රහණය වෙලයි තියෙන්නෙ. පින්වත් සෝණ, කෙලෙසුන්ට ග්‍රහණය වූ භික්ෂුව පිරිනිවන් පාන්නේ නෑ.

පින්වත් සෝණ, කනෙන් දැනගත යුතු වූ ශබ්ද ....(පෙ).... නාසයෙන් දැනගත යුතු වූ ගන්ධ ....(පෙ).... දිවෙන් දැනගත යුතු වූ රස ....(පෙ).... කයෙන් දැනගත යුතු වූ පහස ....(පෙ).... පින්වත් සෝණ, මනසින් දැනගත යුතු වූ සිත් ඇදගන්නා, ලස්සන, මනාප, ප්‍රිය ස්වරූප ඇති, කැමැත්ත ඇති කරවන, බැඳීම් හටගන්නා, අරමුණු තියෙනවා. භික්ෂුව එය සතුටින් පිළි ගන්නවා. එහි ගුණ කියනවා. එහි බැසගෙන සිටිනවා. එතකොට එය සතුටින් පිළිගන්නා, එහි ගුණ කියන, එහි බැසගෙන සිටින ඔහුගේ විඤ්ඤාණය ඒ අරමුණ ඇසුරු කරගෙන ම යි තියෙන්නේ. එයට ග්‍රහණය වෙලයි තියෙන්නේ. පින්වත් සෝණ, කෙලෙසුන්ට ග්‍රහණය වූ භික්ෂුව පිරිනිවන් පාන්නේ නෑ. පින්වත් සෝණ, මෙහි ඇතැම් සත්වයෙක් මේ ජීවිතයේදී ම පිරිනිවන් පාන්නේ නැතිනම් එයට හේතුව මේකයි. ප්‍රත්‍යය මේකයි.

පින්වත් සෝණ, ඇසෙන් දැනගත යුතු වූ සිත් ඇදගන්නා, ලස්සන, මනාප, ප්‍රිය ස්වරූප ඇති, කැමැත්ත ඇති කරවන, බැඳීම් හටගන්නා, රූප

තියෙනවා. භික්ෂුව එය සතුටින් පිළිගන්නේ නෑ, එහි ගුණ කියන්නේ නෑ, එහි බැසගෙන සිටින්නේ නෑ, එතකොට එය සතුටින් නො පිළිගන්නා එහි ගුණ නො කියන, එහි නො බැසගෙන සිටින ඔහුගේ විඤ්ඤාණය ඒ අරමුණ ඇසුරු කරගෙන පවතින්නේ නෑ. එයට ග්‍රහණය වෙලා නෑ. පින්වත් සෝණ, කෙලෙසුන්ට ග්‍රහණය නො වූ භික්ෂුව පිරිනිවන් පානවා.

පින්වත් සෝණ, කනෙන් දැනගත යුතු වූ ශබ්ද ....(පෙ).... නාසයෙන් දැනගත යුතු වූ ගන්ධ ....(පෙ).... දිවෙන් දැනගත යුතු වූ රස ....(පෙ).... කයෙන් දැනගත යුතු වූ පහස ....(පෙ).... පින්වත් සෝණ, මනසින් දැනගත යුතු වූ සිත් ඇදගන්නා, ලස්සන, මනාප, ප්‍රිය ස්වරූප ඇති, කැමැත්ත ඇති කරවන, බැඳීම් හටගන්නා, අරමුණු තියෙනවා. භික්ෂුව එය සතුටින් පිළිගන්නේ නෑ, එහි ගුණ කියන්නේ නෑ, එහි බැසගෙන සිටින්නේ නෑ, එතකොට එය සතුටින් නො පිළිගන්නා එහි ගුණ නො කියන, එහි නො බැසගෙන සිටින ඔහුගේ විඤ්ඤාණය ඒ අරමුණ ඇසුරු කරගෙන පවතින්නේ නෑ. එයට ග්‍රහණය වෙලා නෑ. පින්වත් සෝණ, කෙලෙසුන්ට ග්‍රහණය නො වූ භික්ෂුව පිරිනිවන් පානවා. පින්වත් සෝණ, මෙහි ඇතැම් සත්වයෙක්, මේ ජීවිතේදී ම පිරිනිවන් පානවා නම්, එයට හේතුව මේකයි. ප්‍රත්‍යය මේකයි.

සාදු! සාදු!! සාදු!!!

සෝණ සූත්‍රය නිමා විය.

1.13.6
ඝෝසිත සූත්‍රය
සෝෂිත ගෘහපතියා අරභයා වදාළ දෙසුම

ඒ දිනවල ආයුෂ්මත් ආනන්දයන් වහන්සේ වැඩසිටියේ කොසඹෑ නුවර ඝෝෂිතාරාමයේ. එදා ඝෝෂිත ගෘහපතිතුමා ආයුෂ්මත් ආනන්දයන් වහන්සේ වැඩසිටි තැනට පැමිණුනා ....(පෙ).... එකත්පස්ව වාඩිවුණ ඝෝෂිත ගෘහපතිතුමා ආයුෂ්මත් ආනන්දයන් වහන්සේගෙන් මෙකරුණ විමසා සිටියා. ස්වාමීනී, ආනන්දයන් වහන්ස, "ධාතුවල විවිධත්වය, ධාතුවල විවිධත්වය" කියලා කියනවා. ස්වාමීනී, භාග්‍යවතුන් වහන්සේ විසින් ධාතුවල විවිධත්වය කියලා වදාරණ ලද්දේ කවර පදනමක් මතද?

පින්වත් ගෘහපතිය, ඇස නම් වූ ධාතු ස්වභාවයක් විද්‍යමානව තියෙනවා.

ඒ වගේම සිත් ගන්නා රූපත්, ඇසේ විඤ්ඤාණයත් තියෙනවා. සැප විඳීම ඇති කරවන ස්පර්ශය හේතුවෙන් සැප විඳීම ඇති වෙනවා.

පින්වත් ගෘහපතිය, ඇස නම් වූ ධාතු ස්වභාවයක් විද්‍යමානව තියෙනවා. ඒ වගේම අමනාප රූපත්, ඇසේ විඤ්ඤාණයත් තියෙනවා. දුක් විඳීම ඇති කරවන ස්පර්ශය හේතුවෙන් දුක් විඳීම ඇති වෙනවා.

පින්වත් ගෘහපතිය ඇස නම් වූ ධාතු ස්වභාවයක් විද්‍යමානව තියෙනවා. ඒ වගේම උපේක්ෂාව ඇති වන රූපත්, ඇසේ විඤ්ඤාණයත් තියෙනවා. දුක් සැප රහිත විඳීම ඇති කරවන ස්පර්ශය හේතුවෙන් දුක් සැප රහිත විඳීම ඇති වෙනවා.

පින්වත් ගෘහපතිය, කන නම් වූ ධාතු ස්වභාවයක් විද්‍යමානව තියෙනවා ....(පෙ).... පින්වත් ගෘහපතිය, නාසය නම් වූ ධාතු ස්වභාවයක් විද්‍යමානව තියෙනවා ....(පෙ).... පින්වත් ගෘහපතිය, දිව නම් වූ ධාතු ස්වභාවයක් විද්‍යමානව තියෙනවා. ඒ වගේම සිත් ගන්නා රසත්, දිවේ විඤ්ඤාණයත් තියෙනවා. සැප විඳීම ඇති කරවන ස්පර්ශය හේතුවෙන් සැප විඳීම ඇති වෙනවා.

පින්වත් ගෘහපතිය, දිව නම් වූ ධාතු ස්වභාවයක් විද්‍යමානව තියෙනවා. ඒ වගේම අමනාප රසත්, දිවේ විඤ්ඤාණයත් තියෙනවා. දුක් විඳීම ඇති කරවන ස්පර්ශය හේතුවෙන් දුක් විඳීම ඇති වෙනවා.

පින්වත් ගෘහපතිය, දිව නම් වූ ධාතු ස්වභාවයක් විද්‍යමානව තියෙනවා. ඒ වගේම උපේක්ෂාව ඇති වන රසත්, දිවේ විඤ්ඤාණයත් තියෙනවා. දුක් සැප රහිත විඳීම ඇති කරවන ස්පර්ශය හේතුවෙන් දුක් සැප රහිත විඳීම ඇති වෙනවා.

පින්වත් ගෘහපතිය, කය නම් වූ ධාතු ස්වභාවයක් විද්‍යමානව තියෙනවා ....(පෙ).... පින්වත් ගෘහපතිය, මනස නම් වූ ධාතු ස්වභාවයක් විද්‍යමානව තියෙනවා. ඒ වගේම සිත් ගන්නා අරමුණුත්, මනසේ විඤ්ඤාණයත් තියෙනවා. සැප විඳීම ඇති කරවන ස්පර්ශය හේතුවෙන් සැප විඳීම ඇති වෙනවා.

පින්වත් ගෘහපතිය, මනස නම් වූ ධාතු ස්වභාවයක් විද්‍යමානව තියෙනවා. ඒ වගේම අමනාප අරමුණුත්, මනසේ විඤ්ඤාණයත් තියෙනවා. දුක් විඳීම ඇති කරවන ස්පර්ශය හේතුවෙන් දුක් විඳීම ඇති වෙනවා.

පින්වත් ගෘහපතිය, මනස නම් වූ ධාතු ස්වභාවයක් විද්‍යමානව තියෙනවා. ඒ වගේම උපේක්ෂාව ඇති වන අරමුණුත්, මනසේ විඤ්ඤාණයත්

තියෙනවා. දුක් සැප රහිත විඳීම ඇති කරවන ස්පර්ශය හේතුවෙන් දුක් සැප රහිත විඳීම ඇති වෙනවා. පින්වත් ගෘහපතිය, ධාතු විවිධත්වය භාග්‍යවතුන් වහන්සේ විසින් ඔපමණකිනුයි වදාරණ ලද්දේ.

සාදු! සාදු!! සාදු!!!

ඝෝසිත සූත්‍රය නිමා විය.

1.13.7
හාලිද්දකානි සූත්‍රය
හාලිද්දකානි ගෘහපතිතුමා හට වදාළ දෙසුම

ඒ දිනවල ආයුෂ්මත් මහාකච්චානයන් වැඩසිටියේ 'අවන්ති' ජනපදයේ 'කුරරඝර පවත්ත' නම් පර්වතයේ. එදා හාලිද්දකානි ගෘහපතිතුමා ආයුෂ්මත් මහාකච්චානයන් වහන්සේ වැඩසිටි තැනට පැමිණුනා ....(පෙ).... එකත්පස්ව වාඩිවුණ හාලිද්දකානි ගෘහපතිතුමා ආයුෂ්මත් මහාකච්චානයන් වහන්සේ ගෙන් මෙකරුණ විමසුවා. "ස්වාමීනී, ධාතු විවිධත්වය හේතුවෙනුයි ස්පර්ශයේ විවිධත්වය ඇති වන්නේ. ස්පර්ශයේ විවිධත්වය හේතුවෙනුයි විඳීම්වල විවිධත්වය ඇති වන්නේ" යන මෙකරුණ භාග්‍යවතුන් වහන්සේ විසින් වදාරණ ලද දෙයක්. ස්වාමීනී, ධාතු විවිධත්වය හේතුවෙන් ස්පර්ශයේ විවිධත්වය ඇති වන්නේ, ස්පර්ශයේ විවිධත්වය හේතුවෙන් විඳීම්වල විවිධත්වය ඇති වන්නේ කොහොමද?

පින්වත් ගෘහපතිය, මෙහිලා භික්ෂුව, ඇසින් රූපයක් දැක මේ විදිහට 'මේක මනාපයි නොවැ' කියලා දැනගන්නවා. ඇසේ විඤ්ඤාණයත් සැප විඳීම ඇති කරවන ස්පර්ශයත් හේතුවෙනුයි සැප විඳීම උපදින්නේ. ඒ වගේම ඇසින් රූපයක් දැකලා මේ විදිහට 'මේක අමනාපයි නොවැ' කියලා දැනගන්නවා. ඇසේ විඤ්ඤාණයත් දුක් විඳීම ඇති කරවන ස්පර්ශයත් හේතුවෙනුයි දුක් විඳීම උපදින්නේ. ඒ වගේම ඇසින් රූපයක් දැකලා මේ විදිහට 'මේක උපේක්ෂාවක් නොවැ' කියලා දැනගන්නවා. ඇසේ විඤ්ඤාණයත් දුක් සැප රහිත විඳීම ඇති කරවන ස්පර්ශයත් හේතුවෙනුයි දුක් සැප රහිත විඳීම උපදින්නේ.

නැවත අනිකක් කියනවා නම් පින්වත් ගෘහපතිය, භික්ෂුව කනින් ශබ්දයක් අසා ....(පෙ).... නාසයෙන් ගන්ධයක් ආඝ්‍රාණය කරලා ....(පෙ).... දිවෙන් රසයක් විඳලා ....(පෙ).... කයෙන් පහසක් ලබලා ....(පෙ).... මනසින්

අරමුණක් දැනගෙන මේ විදිහට 'මේක මනාපයි නොවැ' කියලා දැනගන්නවා. මනසේ විඤ්ඤාණයත් සැප විඳීම ඇති කරවන ස්පර්ශයත් හේතුවෙනුයි සැප විඳීම උපදින්නේ. ඒ වගේම මනසින් අරමුණක් දැනගෙන මේ විදිහට 'මේක අමනාපයි නොවැ' කියලා දැනගන්නවා. මනසේ විඤ්ඤාණයත් දුක් විඳීම ඇති කරවන ස්පර්ශයත් හේතුවෙනුයි දුක් විඳීම උපදින්නේ. ඒ වගේම මනසින් අරමුණක් දැනගෙන මේ විදිහට 'මේක උපේක්ෂාවක් නොවැ' කියලා දැනගන්නවා. මනසේ විඤ්ඤාණයත් දුක් සැප රහිත විඳීම ඇති කරවන ස්පර්ශයත් හේතුවෙනුයි දුක් සැප රහිත විඳීම උපදින්නේ. පින්වත් ගෘහපතිය, ධාතු විවිධත්වය හේතුවෙන් ස්පර්ශයේ විවිධත්වය ඇති වන්නේ, ස්පර්ශයේ විවිධත්වය හේතුවෙන් විඳීම්වල විවිධත්වය ඇති වන්නේ ඔය ආකාරයටයි.

සාදු! සාදු!! සාදු!!!

හාලිද්දකානි සූත්‍රය නිමා විය.

1.13.8
නකුලපිතු සූත්‍රය
නකුලපිතු ගෘහපතිතුමා හට වදාළ දෙසුම

ඒ දිනවල භාග්‍යවතුන් වහන්සේ වැඩසිටියේ 'භග්ග' ජනපදයේ 'සුංසුමාරගිරි' නුවර භේසකලාවනය නම් වූ මිගදායේ. එදා නකුලපිතු ගෘහපතිතුමා, භාග්‍යවතුන් වහන්සේ වැඩසිටි තැනට පැමිණුනා ....(පෙ).... එකත්පස්ව වාඩිවුණ නකුලපිතු ගෘහපතිතුමා භාග්‍යවතුන් වහන්සේට මෙකරුණ පැවසුවා. "ස්වාමීනී, මෙහි ඇතැම් සත්වයෙක් මේ ජීවිතේදී ම පිරිනිවන් පාන්නේ නැතිනම්, එයට හේතුව මොකක්ද? ප්‍රත්‍යය මොකක්ද? ස්වාමීනී, මෙහි ඇතැම් සත්වයෙක් මේ ජීවිතයේදීම පිරිනිවන් පානවා නම්, එයට හේතුව මොකක්ද? ප්‍රත්‍යය මොකක්ද?"

පින්වත් ගෘහපතිය, ඇසෙන් දැනගත යුතු වූ සිත් ඇදගන්නා, ලස්සන, මනාප, ප්‍රිය ස්වරූප ඇති, කැමැත්ත ඇති කරවන, බැඳීම් හටගන්නා, රූප තියෙනවා. භික්ෂුව එය සතුටින් පිළිගන්නවා,. එහි ගුණ කියනවා. එහි බැසගෙන සිටිනවා. එතකොට එය සතුටින් පිළිගන්නා, එහි ගුණ කියන, එහි බැසගෙන සිටින ඔහුගේ විඤ්ඤාණය ඒ අරමුණ ඇසුරු කරගෙන ම යි තියෙන්නේ. එයට ග්‍රහණය වෙලයි තියෙන්නේ. පින්වත් ගෘහපතිය, කෙලෙසුන්ට ග්‍රහණය

වූ භික්ෂුව පිරිනිවන් පාන්නේ නෑ.

පින්වත් ගෘහපතිය, කනෙන් දැනගත යුතු වූ ශබ්ද ....(පෙ).... නාසයෙන් දැනගත යුතු වූ ගන්ධ ....(පෙ).... දිවෙන් දැනගත යුතු වූ රස ....(පෙ).... කයෙන් දැනගත යුතු වූ පහස ....(පෙ).... පින්වත් ගෘහපතිය, මනසින් දැනගත යුතු වූ සිත් ඇදගන්නා, ලස්සන, මනාප, ප්‍රිය ස්වරූප ඇති, කැමැත්ත ඇති කරවන, බැඳීම් හටගන්නා, අරමුණු තියෙනවා. භික්ෂුව එය සතුටින් පිළිගන්නවා. එහි ගුණ කියනවා. එහි බැසගෙන සිටිනවා. එතකොට එය සතුටින් පිළිගන්නා, එහි ගුණ කියන, එහි බැසගෙන සිටින ඔහුගේ විඤ්ඤාණය ඒ අරමුණ ඇසුරු කරගෙන ම යි තියෙන්නේ. එයට ග්‍රහණය වෙලයි තියෙන්නේ. පින්වත් ගෘහපතිය, කෙලෙසුන්ට ග්‍රහණය වූ භික්ෂුව පිරිනිවන් පාන්නේ නෑ. පින්වත් ගෘහපතිය, මෙහි ඇතැම් සත්වයෙක් මේ ජීවිතයේදී ම පිරිනිවන් පාන්නේ නැතිනම් එයට හේතුව මේකයි. ප්‍රත්‍යය මේකයි.

පින්වත් ගෘහපතිය, ඇසෙන් දැනගත යුතු වූ සිත් ඇදගන්නා, ලස්සන, මනාප, ප්‍රිය ස්වරූප ඇති, කැමැත්ත ඇති කරවන, බැඳීම් හටගන්නා, රූප තියෙනවා. භික්ෂුව එය සතුටින් පිළිගන්නේ නෑ, එහි ගුණ කියන්නේ නෑ, එහි බැසගෙන ඉන්නේ නෑ, එතකොට එය සතුටින් නොපිළිගන්නා එහි ගුණ නොකියන, එහි නොබැසගෙන සිටින ඔහුගේ විඤ්ඤාණය ඒ අරමුණ ඇසුරු කරගෙන පවතින්නේ නෑ. එයට ග්‍රහණය වෙලා නෑ. පින්වත් ගෘහපතිය, කෙලෙසුන්ට ග්‍රහණය නොවූ භික්ෂුව පිරිනිවන් පානවා.

පින්වත් ගෘහපතිය, කනෙන් දැනගත යුතු වූ ශබ්ද ....(පෙ).... නාසයෙන් දැනගත යුතු වූ ගන්ධ ....(පෙ).... දිවෙන් දැනගත යුතු වූ රස ....(පෙ).... කයෙන් දැනගත යුතු වූ පහස ....(පෙ).... පින්වත් ගෘහපතිය, මනසින් දැනගත යුතු වූ සිත් ඇදගන්නා, ලස්සන, මනාප, ප්‍රිය ස්වරූප ඇති, කැමැත්ත ඇති කරවන, බැඳීම් හටගන්නා, අරමුණු තියෙනවා. භික්ෂුව එය සතුටින් පිළිගන්නේ නෑ, එහි ගුණ කියන්නේ නෑ, එහි බැසගෙන ඉන්නේ නෑ, එතකොට එය සතුටින් නො පිළිගන්නා එහි ගුණ නො කියන, එහි නො බැසගෙන සිටින ඔහුගේ විඤ්ඤාණය ඒ අරමුණ ඇසුරු කරගෙන පවතින්නේ නෑ. එයට ග්‍රහණය වෙලා නෑ. පින්වත් ගෘහපතිය, කෙලෙසුන්ට ග්‍රහණය නොවූ භික්ෂුව පිරිනිවන් පානවා. පින්වත් ගෘහපතිය, මෙහි ඇතැම් සත්වයෙක්, මේ ජීවිතේදී ම පිරිනිවන් පානවා නම්, එයට හේතුව මේකයි. ප්‍රත්‍යය මේකයි.

සාදු! සාදු!! සාදු!!!

නකුලපිතු සූත්‍රය නිමා විය.

1.13.9
ලෝහිච්ච සූත්‍රය
ලෝහිච්ච බ්‍රාහ්මණයාට වදාළ දෙසුම

ඒ දිනවල ආයුෂ්මත් මහාකච්චානයන් වහන්සේ වැඩසිටියේ අවන්ති ජනපදයේ මක්කරකට නුවර වනගත කුටියකයි. එදා ලෝහිච්ච බ්‍රාහ්මණයාගේ දර ගෙනයන අන්තේවාසික තරුණයන් (නේවාසික ශිෂ්‍යයන්) බොහෝ දෙනෙක් ආයුෂ්මත් කච්චානයන් වහන්සේ වැඩසිටි කුටිය ළඟට පැමිණුනා. පැමිණිලා කුටිය වටේ කැරකි කැරකි එහෙ මෙහෙ ඇවිදනවා. වට පිට ඇවිදිනවා. යම් යම් සෙල්ලම් කරමින් "මෙවුන් මුඩුවෝ, නින්දිත ශ්‍රමණයෝ, නරුමයෝ, පව්ටෝ, මහා බ්‍රහ්ම රාජයාගේ යටි පල්ලෙන් උපන්නෝ. ගම්වැසියන්ගෙන් සත්කාර, ගෞරව, සම්මාන, වැඳුම් පිදුම් ලබාගෙන ඉන්නවා" කියලා උස් හඬින් ශබ්ද කළා. මහත් ශබ්ද කළා.

එතකොට ආයුෂ්මත් මහාකච්චානයන් වහන්සේ කුටියෙන් එළියට වැඩලා ඒ තරුණයන්ට මෙහෙම වදාළා. "එම්බා තරුණයෙනි, ශබ්ද කරන්ට එපා, මං ඔබට ධර්මයක් කියලා දෙන්නම්" එසේ වදාළ විට ඒ තරුණයන් නිශ්ශබ්ද වුණා. එකල්හි ආයුෂ්මත් මහා කච්චානයන් වහන්සේ ඒ තරුණයන්ට ගාථාවලින් වදාළා.

(ගාථාවන් ය)

1. යම් කෙනෙක් පුරාණ අවධිය සිහි කරනවා නම්, ඒ ඈත අතීතයේ හිටපු බ්‍රාහ්මණවරු සීලයෙන් ම යි උතුම් වුණේ. ඔවුන් ඉඳුරන් පවින් වැළැක්වූවා. හොඳින් රැකගත්තා. ඔවුන් තමන්ගේ ක්‍රෝධය පාලනය කරලයි හිටියේ.

2. යම් කෙනෙක් පුරාණ අවධිය සිහි කරනවා නම්, ඒ බ්‍රාහ්මණවරු ධර්මයටත්, ධ්‍යානවලටත් ඇලිලයි හිටියේ. ඒකට මේ උදවිය, අපි මන්තර ජප කරනවාය කිය කියා ඒ ගුණවලින් ඉවත් වුණා. කුලගොත්වලින් මත් වෙලා, ක්‍රෝධයට යටවෙලා නොයෙක් දඬු මුගුරු අරගෙන තැති ගන්නා, තැති නොගන්නා සත්වයන් කෙරෙහි වැරදි විදිහට පිළිපදිමින් විෂම ලෙස හැසිරෙනවා.

3. ඉඳුරන් පවෙන් නො වළක්වන කෙනාගේ ගුණ දහම් හිස් වෙලා යනවා. මනුෂ්‍යයෙකුට හීනෙකින් ලැබිච්ච වස්තුවක් වගේ (දැන්

ඉන්න උදවිය) උපවාස කිරීම, කුසතණ ඇතිරූ බිමක සැතපීම, හිමිදිරියේ වතුරේ බැහැලා නෑම, තුන් වේදය, ගොරෝසු අඳුන් දිවි සම, ජටා බැඳීම, දත් නොමැද සිටීම, මන්තර ජප කිරීම, සීලව්‍රත තපස් රැකීම, කුහක බව, ඇදවෙච්ච හැරමිටි තිබීම, ශුද්ධ වතුරෙන් මූණ සේදීම කියන මේවා බ්‍රාහ්මණයන් විසින් මොන මොනවා හරි ලාභයක් උපදවා ගන්නමයි වර්ණනා කරලා හදාගෙන තියෙන්නේ.

4. ඒ පුරාණ බ්‍රාහ්මණවරුන්ගේ සිත හොඳින් සමාහිත වෙලා තිබුණා. පහන් වෙලා නො කැළඹී තිබුණා. සෑම සත්වයෙක් ගැන ම මෙත් සිත තිබුණා. ඒකයි ශ්‍රේෂ්ඨත්වයට පත් වීමේ මාර්ගය.

එතකොට ඒ තරුණයන් කිපුණා. නොසතුටු වුණා. ලෝහිච්ච බ්‍රාහ්මණයා හිටි තැනට ගියා. ගිහින් ලෝහිච්ච බ්‍රාහ්මණයාට මෙහෙම කිව්වා. "ඒයි භවත, දන්නවාද? මහාකච්චාන ශ්‍රමණයා බ්‍රාහ්මණයන්ගේ මන්ත්‍රවලට එකදිගට නින්දා කරනවා. දොස් නගනවා."

එහෙම කිව්වහම ලෝහිච්ච බ්‍රාහ්මණයා කිපුණා. නොසතුටු වුණා. එතකොට ලෝහිච්ච බ්‍රාහ්මණයාට මෙහෙම හිතුණා. "මං වගේ කෙනෙක් මේ තරුණයන්ගෙන් යමක් අහලා මහාකච්චාන ශ්‍රමණයා හට ආක්‍රෝෂ කරනවා නම්, පරිභව කරනවා නම්, ඒක මට ගැළපෙන දෙයක් නොවෙයි. මං එතැනට ගිහිල්ලම අහන එක තමයි හොඳ."

ඉතින් ලෝහිච්ච බ්‍රාහ්මණයා ඒ තරුණයන් සමඟ ආයුෂ්මත් මහාකච්චානයන් වහන්සේ වැඩසිටි තැනට ගියා. ගිහින් ආයුෂ්මත් මහාකච්චානයන් වහන්සේ සමඟ සතුටු විය යුතු පිළිසඳර කතා බහේ යෙදිලා එකත්පස්ව වාඩිවුණා. එකත්පස්ව වාඩිවුණ ලෝහිච්ච බ්‍රාහ්මණයා ආයුෂ්මත් මහාකච්චානයන් වහන්සේගෙන් මෙය ඇසුවා.

"භවත් කච්චානයෙනි, මෙහෙට අපගේ අන්තේවාසික වූ දර ගෙනියන තරුණයන් බොහෝ දෙනෙක් ආවද?" "පින්වත් බ්‍රාහ්මණය, ඔබේ අන්තේවාසික වූ දර ගෙනියන බොහෝ තරුණයන් මෙහෙට ආවා තමයි." "ඒ තරුණයන් සමඟ භවත් කච්චානයන් ගේ යම් කිසි කතාබහක් ඇති වුණාද?" "පින්වත් බ්‍රාහ්මණය, ඒ තරුණයන් සමඟ මගේ යම් කිසි කතාබහකුත් ඇති වුණා තමයි." "ඒ තරුණයන් සමඟ භවත් කච්චානයන්ගේ කතාබහ ඇති වුණේ මොන ආකාරයෙන්ද?" "පින්වත් බ්‍රාහ්මණය, ඒ තරුණයන් සමඟ මගේ කතාබහ ඇති වුණේ මෙන්න මේ විදිහට.

යම් කෙනෙක් පුරාණ අවධිය සිහි කරනවා නම්, ඒ ඈත අතීතයේ හිටපු බ්‍රාහ්මණවරු සීලයෙන්මයි උතුම් වුණේ ....(පෙ).... සෑම සත්වයෙක් ගැන ම මෙත් සිත තිබුණා. ඒකයි ශ්‍රේෂ්ඨත්වයට පත් වීමේ මාර්ගය.

පින්වත් බ්‍රාහ්මණය, ඔය විදිහටයි ඒ තරුණයන් සමඟ මගේ කතාබහ ඇති වුණේ."

"භවත් කච්චානයන් පවින් නොවැළකු ඉඳුරන් තියෙනවා කියලා කියනවා නොවැ. භවත් කච්චානයෙනි, පවින් නොවැළකු ඉඳුරන් ඇති වන්නේ කොපමණකින්ද?"

"පින්වත් බ්‍රාහ්මණය, මෙහි ඇතැම් කෙනෙක් ඇසින් රූපයක් දැකලා ප්‍රිය ස්වභාව ඇති රූපයට ගිජු වෙනවා. අප්‍රිය ස්වභාව ඇති රූපයට කිපෙනවා. කය පිළිබඳව සිහිය නොපිහිටුවා ගෙන ඉන්නවා. පටු සිතින් ඉන්නවා. යම් තැනක ඒ උපන් පාපී අකුසල් ඉතිරි නැතුව නිරුද්ධ වෙන්නේ නැත්නම්, ඒ නිසා ඒ චිත්ත විමුක්තියත්, ප්‍රඥා විමුක්තියත් ගැන ඒ ආකාරයෙන් ම අවබෝධයක් නෑ.

කනෙන් ශබ්දයක් අහලා ....(පෙ).... නාසයෙන් ගන්ධයක් ආඝ්‍රාණය කරලා ....(පෙ).... දිවෙන් රසයක් විඳලා ....(පෙ).... කයෙන් පහසක් ලබලා ....(පෙ).... මනසින් අරමුණක් සිතලා ප්‍රිය ස්වභාව ඇති අරමුණට ගිජු වෙනවා. අප්‍රිය ස්වභාව ඇති අරමුණට කිපෙනවා. කය පිළිබඳව සිහිය නොපිහිටුවා ගෙන ඉන්නවා. පටු සිතින් ඉන්නවා. යම් තැනක ඒ උපන් පාපී අකුසල් ඉතිරි නැතුව නිරුද්ධ වෙන්නේ නැත්නම්, ඒ නිසා ඒ චිත්ත විමුක්තියත්, ප්‍රඥා විමුක්තියත් ගැන ඒ ආකාරයෙන් ම අවබෝධයක් නෑ. පින්වත් බ්‍රාහ්මණය, ඔය ආකාරයටයි පවින් නොවැළකු ඉඳුරන් ඇති කෙනෙක් වෙන්නේ."

"භවත් කච්චානයෙනි, ආශ්චර්යයි. භවත් කච්චානයෙනි, පුදුම සහගතයි. භවත් කච්චානයන් විසින් පවින් නොවැළකු ඉඳුරන් ඇති කෙනා වශයෙන් පවසන ලද්දේ පවින් නොවැළකු ඉඳුරන් ඇති කෙනෙක් ගැන ම යි. භවත් කච්චානයන් පවින් වැළකු ඉඳුරන් ඇති කෙනා ගැනත් කියනවා නොවැ. භවත් කච්චානයෙනි, පවින් වැළකු ඉඳුරන් ඇති කෙනෙක් වන්නේ කවර කරුණු මතද?"

"පින්වත් බ්‍රාහ්මණය, මෙහි භික්ෂුව, ඇසින් රූපයක් දැකලා ප්‍රිය ස්වභාව ඇති රූපයට ගිජු වෙන්නේ නෑ. අප්‍රිය ස්වභාව ඇති රූපයට කිපෙන්නේ නෑ. කය පිළිබඳව සිහිය පිහිටුවා ගෙන ඉන්නවා. ප්‍රමාණ රහිත සිතින් ඉන්නවා. යම් තැනක ඒ උපන් පාපී අකුසල් ඉතිරි නැතුව නිරුද්ධ වෙනවා නම්, ඒ නිසා

ඒ චිත්ත විමුක්තියත්, ප්‍රඥා විමුක්තියත් ගැන ඒ ආකාරයෙන් ම අවබෝධයෙන් දන්නවා. කනෙන් ශබ්දයක් අහලා ....(පෙ).... නාසයෙන් ගන්ධයක් ආඝ්‍රාණය කරලා ....(පෙ).... දිවෙන් රසයක් විඳලා ....(පෙ).... කයෙන් පහසක් ලබලා ....(පෙ).... මනසින් අරමුණක් සිතලා ප්‍රිය ස්වභාව ඇති අරමුණට ගිජු වෙන්නේ නෑ. අප්‍රිය ස්වභාව ඇති අරමුණට කිපෙන්නේ නෑ. කය පිළිබඳව සිහිය පිහිටුවා ගෙන ඉන්නවා. ප්‍රමාණ රහිත සිතින් ඉන්නවා. යම් තැනක ඒ උපන් පාපී අකුසල් ඉතිරි නැතුව නිරුද්ධ වෙනවා නම්, ඒ නිසා ඒ චිත්ත විමුක්තියත්, ප්‍රඥා විමුක්තියත් ගැන ඒ ආකාරයෙන් ම අවබෝධයෙන් දන්නවා. පින්වත් බ්‍රාහ්මණය, ඔය ආකාරයටයි පවින් වැළකූ ඉඳුරන් ඇති කෙනෙක් වෙන්නේ.”

“භවත් කච්චානයෙනි, ආශ්චර්යයි. භවත් කච්චානයෙනි, පුදුම සහගතයි. භවත් කච්චානයන් විසින් පවින් වැළකූ ඉඳුරන් ඇති කෙනා වශයෙන් පවසන ලද්දේ පවින් වැළකූ ඉඳුරන් ඇති කෙනෙක් ගැන ම යි. භවත් කච්චානයෙනි ඉතා සුන්දරයි, භවත් කච්චානයෙනි ඉතා සුන්දරයි. භවත් කච්චානයෙනි, යටට හරවා තිබූ දෙයක් උඩු අතට හැරෙව්වා වගෙයි. වහලා තිබුණු දෙයක් ඇරලා පෙන්නුවා වගෙයි. මං මුළා වූවන්ට නියම මග පෙන්වා දෙනවා වගේ. ඇස් ඇති උදවියට රූප දකින්න අඳුරෙහි තෙල් පහනක් දල්වාගෙන දරා සිටිනවා වගෙයි. ඔය විදිහට භවත් කච්චානයන් වහන්සේ නොයෙක් අයුරින් ශ්‍රී සද්ධර්මය වදාළා. භවත් කච්චානයෙනි, මේ මමත් භාග්‍යවතුන් වහන්සේව සරණ යනවා. ශ්‍රී සද්ධර්මයත්, ආර්ය මහා සංඝ රත්නයත් සරණ යනවා. භවත් භාරද්වාජ, මං ගැන අද පටන් දිවි තිබෙන තුරාවට ම තෙරුවන් සරණ ගිය උපාසකයෙක් ලෙස සලකන සේක්වා...!

භවත් කච්චානයන් වහන්සේ මක්කරකට නගරයේ උපාසක පවුල් වෙත යම් අයුරකින් වඩින සේක් නම්, ඒ අයුරින්ම ලෝහිච්ච නිවසට ද වඩින සේක්වා. එහිදී යම් තරුණයන් වේවා, තරුණියන් වේවා, භවත් කච්චානයන් වහන්සේට ආදරයෙන් වන්දනා කරාවි. උපස්ථාන කරාවි. ආසනයක් හෝ පැන් හෝ පූජා කරාවි. එය ඔවුන්ට බොහෝ කලක් හිත සුව පිණිස පවතීවි.”

සාදු! සාදු!! සාදු!!!

ලෝහිච්ච සූත්‍රය නිමා විය.

1.13.10
වේරහච්චානි සූත්‍රය
වේරහච්චානි ගෘහපතිනියට වදාළ දෙසුම

ඒ දිනවල ආයුෂ්මත් උදායි තෙරුන් වැඩසිටියේ කාමණ්ඩා නුවර තෝදෙය්‍ය බ්‍රාහ්මණයාගේ අඹ වනයේ. එදා වේරහච්චානිගෝත්‍ර ඇති බැමිණියගේ අන්තේවාසික තරුණයෙක් ආයුෂ්මත් උදායි තෙරුන් වැඩසිටි තැනට ගියා. ගිහින් ආයුෂ්මත් උදායි තෙරුන් සමඟ සතුටු විය යුතු පිළිසඳර කතාබහේ යෙදිලා එකත්පස්ව වාඩිවුණා. එකත්පස්ව වාඩිවුණ ඒ තරුණයාව ආයුෂ්මත් උදායි තෙරුන් දහම් කතාවෙන් කරුණු දැක්වූවා. සමාදන් කෙරෙව්වා. උනන්දු කෙරෙව්වා. සතුටු කෙරෙව්වා.

එතකොට ආයුෂ්මත් උදායි තෙරුන් විසින් දහම් කතාවෙන් කරුණු දක්වපු, සමාදන් කරවපු, උනන්දු කරවපු, සතුටු කරවපු ඒ තරුණයා අසුනෙන් නැගිට වේරහච්චානිගෝත්‍ර බැමිණිය ළඟට ගියා. ගිහින් වේරහච්චානිගෝත්‍ර බැමිණියට මෙහෙම කිව්වා. "ඒයි භවතිය, දන්නවාද? උදායි ශ්‍රමණයන් වහන්සේ දහම් දෙසනවා. මුල කල්‍යාණ වූ, මැද කල්‍යාණ වූ, අග කල්‍යාණ වූ අරුත් සහිත වූ, පැහැදිලි වචන සහිත වූ, මුළුමණින් ම පිරිපුන්, පිරිසිදු බඹසර ප්‍රකාශ කරනවා නොවැ."

"එසේ වී නම් එම්බා තරුණය, ඔබ මගේ වචනයෙන් උදායි ශ්‍රමණයන් හට හෙට දානයට ආරාධනා කරන්න." 'එසේය භවති' කියලා ඒ තරුණයා වේරහච්චානිගෝත්‍ර බැමිණියට පිළිතුරු දීලා ආයුෂ්මත් උදායි තෙරුන් ළඟට ගියා. ගිහින් ආයුෂ්මත් උදායි තෙරුන්ට මෙකරුණ පැවසුවා. "භවත් උදායි තෙරණුවෝ අපගේ ආචාර්ය බිරිඳ වූ වේරහච්චානි ගෝත්‍ර බ්‍රාහ්මණතුමියගේ හෙට දානය ඉවසන සේක්වා." ආයුෂ්මත් උදායි තෙරුන් නිශ්ශබ්ද වීමෙන් එය පිළිගත්තා.

එතකොට ආයුෂ්මත් උදායි තෙරුන් ඒ රාත්‍රිය ඇවෑමෙන් පෙරවරුවෙහි සිවුරු හැඳ පෙරව, පාසිවුරු ගෙන වේරහච්චානි ගෝත්‍ර බැමිණියගේ නිවසට පැමිණියා. පැමිණිලා පනවන ලද අසුනෙහි වැඩසිටියා. එහි දී වේරහච්චානි ගෝත්‍ර බැමිණිය ආයුෂ්මත් උදායි තෙරුන්ව ප්‍රණීත වූ කෑ යුතු, බිදිය යුතු දෙයින් සියතින් ම සන්තර්පණය කළා. මැනවින් සත්කාර කළා. ඉක්බිති වේරහච්චානිගෝත්‍ර බැමිණිය ආයුෂ්මත් උදායි තෙරුන් වළඳා අවසන් කොට පාත්‍රයෙන් ඉවත් කළ අත් ඇති බව දැන සෙරෙප්පු දෙකක් දාගෙන, උස

පුටුවක වාඩි වෙලා, හිසත් වසා පොරවාගෙන ආයුෂ්මත් උදායි තෙරුන්ට මෙහෙම කිව්වා. 'ශ්‍රමණය, බණ කියන්න' කියලා. 'සොහොයුරිය, එයට සුදුසු කල් පැමිණේවි' කියලා අසුනෙන් නැගිට ආපසු වැඩම කළා.

දෙවන වතාවේත් ඒ තරුණයා ආයුෂ්මත් උදායි තෙරුන් වැඩසිටි තැනට ගියා. ගිහින් ආයුෂ්මත් උදායි තෙරුන් සමග සතුටු විය යුතු පිළිසඳර කතාබහේ යෙදිලා එකත්පස්ව වාඩිවුණා. එකත්පස්ව වාඩිවුණ ඒ තරුණයාව ආයුෂ්මත් උදායි තෙරුන් දහම් කතාවෙන් කරුණු දැක්වූවා. සමාදන් කෙරව්වා. උනන්දු කෙරෙව්වා. සතුටු කෙරෙව්වා.

දෙවන වතාවේත් ආයුෂ්මත් උදායි තෙරුන් විසින් දහම් කතාවෙන් කරුණු දක්වපු, සමාදන් කරවපු, උනන්දු කරවපු, සතුටු කරවපු ඒ තරුණයා අසුනෙන් නැගිට වේරහච්චානිගෝත්‍ර බැමිණිය ළඟට ගියා. ගිහින් වේරහච්චානි ගෝත්‍ර බැමිණියට මෙහෙම කිව්වා. "ඒයි භවතිය, දන්නවාද? උදායි ශ්‍රමණයන් වහන්සේ දහම් දෙසනවා. මුල කල්‍යාණ වූ, මැද කල්‍යාණ වූ, අග කල්‍යාණ වූ අරුත් සහිත වූ, පැහැදිලි වචන සහිත වූ, මුළුමණින් ම පිරිපුන්, පිරිසිදු බඹසර ප්‍රකාශ කරනවා නොවැ."

"එම්බා තරුණය, ඔබ උදායි ශ්‍රමණයන් පිළිබඳව ඔය විදිහට වර්ණනා කරනවා. ඒ වුණාට ඒ උදායි ශ්‍රමණයන් වහන්සේට "ශ්‍රමණය, බණ කියන්න" කියලා කිව්වහම "සොහොයුරිය, එයට සුදුසු කල් පැමිණේවි" කියලා අසුනෙන් නැගිට ආපසු විහාරයට වැඩිය නොවැ."

"භවතී, ඒක එහෙම තමයි. ඔබ ඉතින් සෙරෙප්පුත් දාගෙන, උස පුටුවකත් වාඩි වී, හිසත් වසා පොරවා ගෙනනෙ මෙහෙම කිව්වේ. "ශ්‍රමණය බණ කියන්න" කියලා. ධර්මය ගුරු කොට සිටින ඒ ස්වාමීන් වහන්සේලා ධර්ම ගෞරවයෙන් යුක්තයි."

"එසේ වී නම් එම්බා තරුණය, ඔබ මගේ වචනයෙන් උදායි ශ්‍රමණයන් හට හෙට දානයට ආරාධනා කරන්න." 'එසේය භවතී' කියලා ඒ තරුණයා වේරහච්චානිගෝත්‍ර බැමිණියට පිළිතුරු දීලා ආයුෂ්මත් උදායි තෙරුන් ළඟට ගියා. ගිහින් ආයුෂ්මත් උදායි තෙරුන්ට මෙකරුණ පැවසුවා. "භවත් උදායි තෙරණුවෝ අපගේ ආචාර්ය බිරිඳ වූ වේරහච්චානිගෝත්‍ර බ්‍රාහ්මණතුමියගේ හෙට දානය ඉවසන සේක්වා." ආයුෂ්මත් උදායි තෙරුන් නිශ්ශබ්ද වීමෙන් එය පිළිගත්තා.

එතකොට ආයුෂ්මත් උදායි තෙරුන් ඒ රාත්‍රිය ඇවෑමෙන් පෙරවරුවෙහි සිවුරු හැඳ පෙරව, පාසිවුරු ගෙන වේරහච්චානි ගෝත්‍ර බැමිණියගේ නිවසට

පැමිණියා. පැමිණිලා පනවන ලද අසුනෙහි වැඩසිටියා. එහි දී වේරහච්චානි ගෝත්‍ර බැමිණිය ආයුෂ්මත් උදායි තෙරුන්ව ප්‍රණීත වූ කෑ යුතු, බිදිය යුතු දෙයින් සියතින් ම සන්තර්පණය කළා. මැනවින් සත්කාර කළා. ඉක්බිති වේරහච්චානි ගෝත්‍ර බැමිණිය ආයුෂ්මත් උදායි තෙරුන් වළඳා අවසන් කොට පාත්‍රයෙන් ඉවත් කළ අත් ඇති බව දැන සෙරෙප්පු දෙක ඉවත් කරලා, මිටි පුටුවක වාඩි වෙලා, හිසත් විවර කරගෙන ආයුෂ්මත් උදායි තෙරුන්ට මෙහෙම කිව්වා.

"ස්වාමීනී, රහතන් වහන්සේලා සැප දුක් පණවන්නේ කුමක් තිබෙන විටද? රහතන් වහන්සේලා සැප දුක් නොපණවන්නේ කුමක් නොතිබෙන විටද?" "පින්වත් සොහොයුරිය, රහතන් වහන්සේලා සැප දුක් පණවන්නේ ඇස තිබෙන විටයි. ඇස නො තිබෙන කල්හි රහතන් වහන්සේලා සැප දුක් පණවන්නේ නෑ ....(පෙ).... දිව නො තිබෙන කල්හි රහතන් වහන්සේලා සැප දුක් පණවන්නේ නෑ ....(පෙ).... කය ....(පෙ).... මනස තිබෙන විට රහතන් වහන්සේලා සැප දුක් පණවනවා. මනස නැති කල්හි රහතන් වහන්සේලා සැප දුක් පණවන්නේ නෑ."

මෙසේ වදාළ විට වේරහච්චානි ගෝත්‍ර බැමිණිය ආයුෂ්මත් උදායි තෙරුන්ට මෙහෙම කිව්වා. ස්වාමීනී, ඉතා සුන්දරයි, ස්වාමීනී, ඉතා සුන්දරයි. ස්වාමීනී, යටට හරවා තිබූ දෙයක් උඩු අතට හැරෙව්වා වගෙයි. වහලා තිබුණු දෙයක් ඇරලා පෙන්නුවා වගෙයි. මං මුළා වූවන්ට නියම මග පෙන්වා දෙනවා වගේ. ඇස් ඇති උදවියට රූප දකින්න අඳුරෙහි තෙල් පහනක් දල්වාගෙන දරා සිටිනවා වගෙයි. ඔය විදිහට ආර්ය වූ උදායි තෙරුන් වහන්සේ නොයෙක් අයුරින් ශ්‍රී සද්ධර්මය වදාළා. ආර්ය වූ උදායි තෙරුන් වහන්ස, මේ මමත් භාග්‍යවතුන් වහන්සේව සරණ යනවා. ශ්‍රී සද්ධර්මයත්, ආර්ය මහා සංඝ රත්නයත් සරණ යනවා. ආර්ය වූ උදායි තෙරුන් වහන්ස, මං ගැන අද පටන් දිවි තිබෙන තුරාවට ම තෙරුවන් සරණ ගිය උපාසිකාවක් ලෙස සළකන සේක්වා...!

සාදු! සාදු!! සාදු!!!

වේරහච්චානි සූත්‍රය නිමා විය.

දහතුන් වෙනි ගහපති වර්ගය යි.

- එහි පිළිවෙළ උද්දානය යි.

වේසාලි සූත්‍රය, වජ්ජි සූත්‍රය, නාලන්දා සූත්‍රය, භාරද්වාජ සූත්‍රය, සෝණ සූත්‍රය, සෝසිත සූත්‍රය, හාලිද්දකානි සූත්‍රය, නකුලපිතු සූත්‍රය, ලෝහිච්ච සූත්‍රය, වේරහච්චානි සූත්‍රය යන දෙසුම්වලින් මෙම වර්ගය සමන්විතයි.

14. දේවදහ වර්ගය

1.14.1
දේවදහ සූත්‍රය
දෙව්දහ නුවර දී වදාළ දෙසුම

ඒ දිනවල භාග්‍යවතුන් වහන්සේ වැඩසිටියේ ශාක්‍ය ජනපදයට අයත් දෙව්දහ නුවර නම් වූ ශාක්‍යයන්ගේ නියම් ගමේ. එදා භාග්‍යවතුන් වහන්සේ භික්ෂූන් අමතා වදාළා, "පින්වත් මහණෙනි, මා සෑම භික්ෂූන් වහන්සේ නමක් විසින් ම ස්පර්ශ ආයතන හය තුළ පමා නොවී කටයුතු කළ යුතුයි කියලා කියන්නේ නෑ. ඒ වගේම පින්වත් මහණෙනි, මා සෑම භික්ෂූන් වහන්සේ නමක් විසින් ම ස්පර්ශ ආයතන හය තුළ පමා නොවී කටයුතු නොකළ යුතුයි කියලා කියන්නෙත් නෑ."

පින්වත් මහණෙනි, අරහත් වූ, ආශ්‍රවයන් ක්ෂය කළ, බඹසර වාසය නිම කළ, නිවන පිණිස කළ යුතු දෙය කරන ලද, කෙලෙස් බර බැහැර කළ, පිළිවෙළින් පත් මගඵල නිවන් ලද, භව බන්ධනයන් ක්ෂය කළ, මනා අවබෝධයෙන් ම කෙලෙසුන්ගෙන් නිදහස් වූ යම් ඒ භික්ෂූන් ඉන්නවා. පින්වත් මහණෙනි, අන්න ඒ භික්ෂූන් වහන්සේලා විසින් නම් ස්පර්ශ ආයතන හය තුළ පමා නොවී කටයුතු කළ යුතුයි කියලා මා කියන්නේ නෑ. ඒකට හේතුව මොකක්ද? ඔවුන් විසින් අප්‍රමාදීව කරගෙනයි තියෙන්නේ. ඔවුන් ප්‍රමාද වෙනවා කියන එක සිදුවෙන දෙයක් නොවේ.

පින්වත් මහණෙනි, යම් ඒ භික්ෂූන් ඉන්නවා. ඔවුන් තාම හික්මෙනවා. අරහත්වයට පත්වෙලා නෑ. අනුත්තර වූ නිවන පතමිනුයි වාසය කරන්නේ. පින්වත් මහණෙනි, අන්න ඒ භික්ෂූන් වහන්සේලා විසින් නම් ස්පර්ශ ආයතන හය තුළ පමා නොවී කටයුතු කළ යුතුයි කියලයි මා කියන්නේ. ඒකට හේතුව මොකක්ද? පින්වත් මහණෙනි, ඇසින් දත යුතු මනාප වූත්, අමනාප වූත් රූප තියෙනවා. ඒ රූප විසින් ස්පර්ශ කර කර ඔහුගේ සිත යට කොට

දමන්නේ නෑ. සිතින් යට නොවී ඉන්න නිසා වීරිය පටන් ගත් ගමන් ම යි තියෙන්නේ. හැකිළෙන්නේ නෑ. සිහිය පිහිටලයි තියෙන්නේ. මුළා වෙන්නේ නෑ. කය සැහැල්ලු වෙලයි තියෙන්නේ. දැඩි වෙලා නෑ. සිත සමාහිත වෙලා, ඒකාග්‍රවෙලයි තියෙන්නේ. පින්වත් මහණෙනි, මං අප්‍රමාදී වීමෙන් ලබන මේ ඵලය දකිමිනුයි ඒ භික්ෂූන් විසින් ස්පර්ශ ආයතන හය තුළ අප්‍රමාදීව කටයුතු කළ යුතුයි කියලා කියන්නේ.

පින්වත් මහණෙනි, කනින් දත යුතු මනාප වූත්, අමනාප වූත් ශබ්ද තියෙනවා ....(පෙ).... නාසයෙන් දත යුතු මනාප වූත්, අමනාප වූත් ගන්ධ තියෙනවා ....(පෙ).... දිවෙන් දත යුතු මනාප වූත්, අමනාප වූත් රස තියෙනවා ....(පෙ).... කයෙන් දත යුතු මනාප වූත්, අමනාප වූත් පහස තියෙනවා ....(පෙ).... පින්වත් මහණෙනි, මනසින් දත යුතු මනාප වූත්, අමනාප වූ ත් අරමුණු තියෙනවා. ඒ අරමුණු විසින් ස්පර්ශ කර කර ඔහුගේ සිත යට කොට දමන්නේ නෑ. සිතින් යට නොවී ඉන්න නිසා වීරිය පටන් ගත් ගමන් ම යි තියෙන්නේ. හැකිළෙන්නේ නෑ. සිහිය පිහිටලයි තියෙන්නේ. මුළා වෙන්නේ නෑ. කය සැහැල්ලු වෙලයි තියෙන්නේ. දැඩි වෙලා නෑ. සිත සමාහිත වෙලා, ඒකාග්‍රවෙලයි තියෙන්නේ. පින්වත් මහණෙනි, මං අප්‍රමාදී වීමෙන් ලබන මේ ඵලය දකිමිනුයි ඒ භික්ෂූන් විසින් ස්පර්ශ ආයතන හය තුළ අප්‍රමාදීව කටයුතු කළ යුතුයි කියලා කියන්නේ.

සාදු! සාදු!! සාදු!!!

දේවදහ සූත්‍රය නිමා විය.

1.14.2
ඛණ සූත්‍රය
ක්ෂණය ගැන වදාළ දෙසුම

පින්වත් මහණෙනි, ඔබට ලාභයක් ම යි. පින්වත් මහණෙනි, ඔබට ඉතා හොඳ ලාභයක් ම යි. ඔබට උතුම් නිවන් මගෙහි හැසිරෙන්ට ක්ෂණයක් (අති දුර්ලභ අවස්ථාවක්) ලැබිලා තියෙනවා. පින්වත් මහණෙනි, මං දැක්කා ස්පර්ශ ආයතන හය (ඡ ඵස්සායතනික) නමින් නිරයක්. ඒ නිරයේ ඇසින් යම් රූපයක් දකිනවා නම්, අයහපත් රූපයක් ම යි දකින්නේ. යහපත් රූපයක් නම් නොවේ. අකමැති රූපයක් ම යි දකින්නේ. කැමති රූපයක් නම් නොවේ.

අමනාප රූපයක් ම යි දකින්නේ. මනාප රූපයක් නම් නොවේ. කනින් යම් ශබ්දයක් අසනවා නම් ....(පෙ).... නාසයෙන් යම් ගන්ධයක් දැනගන්නවා නම් ....(පෙ).... දිවෙන් යම් රසයක් විඳිනවා නම් ....(පෙ).... කයෙන් යම් පහසක් විඳිනවා නම් ....(පෙ).... මනසින් යම් අරමුණක් දැන ගන්නවා නම්, අයහපත් අරමුණක් ම යි දැන ගන්නේ. යහපත් අරමුණක් නම් නොවේ. අකමැති අරමුණක් ම යි දැන ගන්නේ. කැමති අරමුණක් නම් නොවේ. අමනාප අරමුණක් ම යි දැන ගන්නේ. මනාප අරමුණක් නම් නොවේ.

පින්වත් මහණෙනි, ඔබට ලාභයක් ම යි. පින්වත් මහණෙනි, ඔබට ඉතා හොඳ ලාභයක් ම යි. ඔබට උතුම් නිවන් මගෙහි හැසිරෙන්ට ක්ෂණයක් (නියම වෙලාවක්) ලැබිලා තියෙනවා. පින්වත් මහණෙනි, මං දැක්කා ස්පර්ශ ආයතන හය (ඡ ඵස්සායතනික) නමින් සුගතියක්. ඒ සුගතියේ ඇසින් යම් රූපයක් දකිනවා නම්, යහපත් රූපයක් ම යි දකින්නේ. අයහපත් රූපයක් නම් නොවේ. කැමැති රූපයක් ම යි දකින්නේ. අකැමති රූපයක් නම් නොවේ. මනාප රූපයක් ම යි දකින්නේ. අමනාප රූපයක් නම් නොවේ.

කනින් යම් ශබ්දයක් අසනවා නම් ....(පෙ).... නාසයෙන් යම් ගන්ධයක් දැනගන්නවා නම් ....(පෙ).... දිවෙන් යම් රසයක් විඳිනවා නම් ....(පෙ).... කයෙන් යම් පහසක් විඳිනවා නම් ....(පෙ).... මනසින් යම් අරමුණක් දැන ගන්නවා නම්, යහපත් අරමුණක් ම යි දැන ගන්නේ. අයහපත් අරමුණක් නම් නොවේ. කැමැති අරමුණක් ම යි දැන ගන්නේ. අකැමති අරමුණක් නම් නොවේ. මනාප අරමුණක් ම යි දැන ගන්නේ. අමනාප අරමුණක් නම් නොවේ. පින්වත් මහණෙනි, ඔබට ලාභයක් ම යි. පින්වත් මහණෙනි, ඔබට ඉතා හොඳ ලාභයක් ම යි. ඔබට උතුම් නිවන් මගෙහි හැසිරෙන්ට ක්ෂණයක් (අති දුර්ලභ අවස්ථාවක්) ලැබිලා තියෙනවා.

සාදු! සාදු!! සාදු!!!

ඛණ සූත්‍රය නිමා විය.

1.14.3
සගය්හ සූත්‍රය
මැනැවින් ගැනීම ගැන වදාළ දෙසුම

පින්වත් මහණෙනි, දෙවිමිනිසුන් ඉන්නේ රූපය තුළයි. රූපයට ඇලිලා, රූපයෙන් සතුටු වෙමිනුයි. පින්වත් මහණෙනි, රූප වෙනස් වීම කරණ කොටගෙන ඒ කෙරෙහි ඇති ඇල්ම දුරු කර ගැනීමටත්, නිරුද්ධ කර ගැනීමටත් සිදුවීමෙන්, දෙවිමිනිසුන් දුකසේ වාසය කරනවා. ශබ්දය තුළයි ....(පෙ).... ගන්ධ තුළයි ....(පෙ).... රස තුළයි ....(පෙ).... පහස තුළයි ....(පෙ).... පින්වත් මහණෙනි, දෙවිමිනිසුන් ඉන්නේ මනසට අරමුණු වන දේ තුළයි. මනසට අරමුණු වන දේට ඇලිලා, මනසට අරමුණු වන දෙයින් සතුටු වෙමිනුයි. පින්වත් මහණෙනි, මනසට අරමුණු වන දේ වෙනස් වීම කරණ කොටගෙන ඒ කෙරෙහි ඇති ඇල්ම දුරු කර ගැනීමටත්, නිරුද්ධ කර ගැනීමටත් සිදු වීමෙන්, දෙවිමිනිසුන් දුක සේ වාසය කරනවා.

පින්වත් මහණෙනි, තථාගත වූ අරහත් සම්මා සම්බුදු රජාණන් වහන්සේ රූපයන්ගේ හටගැනීමත්, නැතිවීමත්, ආශ්වාදයත්, ආදීනවයත්, නිස්සරණයත්, ඒ ආකාරයෙන් ම අවබෝධ කළ නිසා රූපය තුළ ඉන්නේ නෑ. රූපයට ඇලිලා ඉන්නේ නෑ, රූපයෙන් සතුටු වෙන්නේ නෑ. රූප වෙනස් වීමෙන් ඒ කෙරෙහි ඇති ඇල්ම දුරු වීමෙන්, නිරුද්ධ වීමෙන්, පින්වත් මහණෙනි, තථාගතයන් වහන්සේ සතුටින් වාසය කරනවා. ශබ්දයන්ගේ ....(පෙ).... ගන්ධයන්ගේ ....(පෙ).... රසයන්ගේ ....(පෙ).... පහසේ ....(පෙ).... මනසට අරමුණු වන දේ ගැන හටගැනීමත්, නැතිවීමත්, ආශ්වාදයත්, ආදීනවයත්, නිස්සරණයත්, ඒ ආකාරයෙන් ම අවබෝධ කළ නිසා මනසට අරමුණු වන දේ තුළ ඉන්නේ නෑ. මනසට අරමුණු වන දෙයට ඇලිලා ඉන්නේ නෑ, මනසට අරමුණු වන දෙයින් සතුටු වෙන්නේ නෑ. මනසට අරමුණු වන දේ වෙනස් වීමෙන් ඒ කෙරෙහි ඇති ඇල්ම දුරුවීමෙන්, නිරුද්ධ වීමෙන්, පින්වත් මහණෙනි, තථාගතයන් වහන්සේ සතුටින් වාසය කරනවා. භාග්‍යවතුන් වහන්සේ මෙය වදාළා. මෙය වදාළ සුගත වූ ශාස්තෲන් වහන්සේ යළි මෙය වදාළා.

(ගාථාවන් ය)

1. රූප, ශබ්ද, රස, ගන්ධ, පහස, මනසට අරමුණු වන දේ යන මේ
 තුළ තමයි යහපත්, ලස්සන, ප්‍රිය මනාප හැම දෙය ම තියෙනවා
 කියලා කියන්නේ.

2. දෙවියන් සහිත ලෝක සත්වයා විසින් ඔය දේවල් තමයි සැප වශයෙන් සම්මත කරගෙන ඉන්නේ. යම් තැනක ඔය දේවල් නිරුද්ධ වෙනවා නම්, ඔවුන් සම්මත කරගෙන ඉන්නේ ඒක දුකක් හැටියටයි.

3. සක්කාය නම් වූ පංචඋපාදානස්කන්ධය නැතිවීමයි ආර්යයන් වහන්සේලා විසින් සැප හැටියට දකින්නේ. නමුත් මෙය සියලු ලෝසතුන් විසින් දකින්නේ විරුද්ධ දෙයක් හැටියටයි.

4. අනෙක් උදවිය සැප හැටියට යමක් කියනවා නම්, ආර්යයන් වහන්සේලා ඒ ගැන කියන්නේ දුක හැටියටයි. අනෙක් උදවිය දුක හැටියට යමක් කියනවා නම්, ආර්යයන් වහන්සේලා ඒ ගැන කියන්නේ සැප හැටියටයි.

5. අවබෝධ කරන්ට දුෂ්කර වූ ධර්මය දකින්න. අවිද්‍යාව තුළ ඉන්න උදවිය ඒ ගැන මුළා වෙලයි ඉන්නේ. අවිද්‍යාවෙන් වැසී ගිය යථාර්ථය නොදකින උදවියට තියෙන්නේ අඳුරු කළුවරක් විතරයි.

6. යථාර්ථය දකින සත්පුරුෂයන්ට නම් ආලෝකයක් විවෘත වුණා වගෙයි. ධර්මය තේරුම් ගන්ට අදක්ෂ, සත්තු වගේ ඉන්න උදවිය චතුරාර්ය සත්‍ය ධර්මය ළඟ තිබුණත් අවබෝධ කරගන්නේ නෑ.

7. භව රාගයෙන් පෙළි පෙළී ඉන්න, භව සැඩ පහරට ම අනුව ඇදීයන, මාරයාගේ තොණ්ඩුව තුළ ඉන්න, උදවිය විසින් නම් මේ ධර්මය අවබෝධ කරන එක ලේසි දෙයක් නොවෙයි.

8. යම් අමා නිවනක් දියුණු කළ ප්‍රඥාවෙන් දැක ආශ්‍රව රහිත වෙලා පිරිනිවන් පානවා නම්, ඒ අමා නිවන ගැන අවබෝධ කරන්ට සුදුසු වන්නේ ආර්යයන් වහන්සේලා හැර වෙන කවරෙක්ද?

සාදු! සාදු!! සාදු!!!

සගය්හ සූත්‍රය නිමා විය.

1.14.4
ගය්හ සූත්‍රය
ගැනීම ගැන වදාළ දෙසුම

පින්වත් මහණෙනි, දෙවිමිනිසුන් ඉන්නේ රූපය තුළයි. රූපයට ඇලිලා, රූපයෙන් සතුටු වෙමිනුයි. පින්වත් මහණෙනි, රූප වෙනස් වීම කරණ කොටගෙන ඒ කෙරෙහි ඇති ඇල්ම දුරු කර ගැනීමටත්, නිරුද්ධ කර ගැනීමටත් සිදු වීමෙන්, දෙවිමිනිසුන් දුක සේ වාසය කරනවා. ශබ්ද තුළයි ....(පෙ).... ගන්ධ තුළයි ....(පෙ).... රස තුළයි ....(පෙ).... පහස තුළයි ....(පෙ).... පින්වත් මහණෙනි, දෙවිමිනිසුන් ඉන්නේ මනසට අරමුණු වන දේ තුළයි. මනසට අරමුණු වන දේට ඇලිලා, මනසට අරමුණු වන දෙයින් සතුටු වෙමිනුයි. පින්වත් මහණෙනි, මනසට අරමුණු වන දේ වෙනස් වීම කරණ කොටගෙන ඒ කෙරෙහි ඇති ඇල්ම දුරු කර ගැනීමටත්, නිරුද්ධ කර ගැනීමටත් සිදු වීමෙන්, දෙවිමිනිසුන් දුක සේ වාසය කරනවා.

පින්වත් මහණෙනි, තථාගත වූ අරහත් සම්මා සම්බුදු රජාණන් වහන්සේ රූපයන්ගේ හටගැනීමත්, නැතිවීමත්, ආශ්වාදයත්, ආදීනවයත්, නිස්සරණයත්, ඒ ආකාරයෙන් ම අවබෝධ කළ නිසා රූපය තුළ ඉන්නේ නෑ. රූපයට ඇලිලා ඉන්නේ නෑ, රූපයෙන් සතුටු වෙන්නේ නෑ. රූප වෙනස් වීමෙන් ඒ කෙරෙහි ඇති ඇල්ම දුරුවීමෙන්, නිරුද්ධ වීමෙන්, පින්වත් මහණෙනි, තථාගතයන් වහන්සේ සතුටින් වාසය කරනවා. ශබ්දයන්ගේ ....(පෙ).... ගන්ධයන්ගේ ....(පෙ).... රසයන්ගේ ....(පෙ).... පහසේ ....(පෙ).... මනසට අරමුණු වන දේ ගැන හටගැනීමත්, නැතිවීමත්, ආශ්වාදයත්, ආදීනවයත්, නිස්සරණයත්, ඒ ආකාරයෙන් ම අවබෝධ කළ නිසා මනසට අරමුණු වන දේ තුළ ඉන්නේ නෑ. මනසට අරමුණු වන දෙයට ඇලිලා ඉන්නේ නෑ, මනසට අරමුණු වන දෙයින් සතුටු වෙන්නේ නෑ. මනසට අරමුණු වන දේ වෙනස් වීමෙන් ඒ කෙරෙහි ඇති ඇල්ම දුරුවීමෙන්, නිරුද්ධ වීමෙන්, පින්වත් මහණෙනි, තථාගතයන් වහන්සේ සතුටින් වාසය කරනවා.

සාදු! සාදු!! සාදු!!!

ගය්හ සූත්‍රය නිමා විය.

1.14.5
පලාස සූත්‍රය
දළුකොළ ගැන වදාළ දෙසුම

පින්වත් මහණෙනි, යමක් ඔබේ නොවේ නම්, ඒ දෙය අත්හරින්න. එතකොට ඒක ඔබට ප්‍රහාණය වෙලා ගියහම හිතසුව පිණිස පවතීවී. පින්වත් මහණෙනි, ඔබේ නොවන දෙය කුමක්ද? පින්වත් මහණෙනි, ඇස ඔබේ නොවේ. එය අත්හරින්න. එතකොට ඒක ඔබට ප්‍රහාණය වෙලා ගියහම හිත සුව පිණිස පවතීවී. කන ඔබේ නොවේ ....(පෙ).... නාසය ඔබේ නොවේ ....(පෙ).... දිව ඔබේ නොවේ එය අත්හරින්න. එතකොට ඒක ඔබට ප්‍රහාණය වෙලා ගියහම හිතසුව පිණිස පවතීවී. ....(පෙ).... කය ඔබේ නොවේ ....(පෙ).... මනස ඔබේ නොවේ. එය අත්හරින්න. එතකොට ඒක ඔබට ප්‍රහාණය වෙලා ගියහම හිතසුව පිණිස පවතීවී.

පින්වත් මහණෙනි, එය මෙවැනි දෙයක්. මේ ජේතවනයෙහි යම් තණකොළ, ලී කැබලි, දර අතු, දළුකොළ ආදියක් ඇත්නම්, ජනතාව ඒවා අරගෙන යනවා නම්, පුළුස්සා දමනවා නම්, ඒවාට කැමති දෙයක් කරනවා නම්, එතකොට ඔබට මේ විදිහට ද හිතෙන්නේ? "අහෝ! ජනතාව අපව අරගෙන යනවා නොවැ. අපව පුළුස්සා දමනවා නොවැ. ඔවුන් කැමති කැමති දේ අපට කරනවා නොවැ" කියලා ද? ස්වාමීනී, එය නොවේ ම යි. ඒකට හේතුව කුමක්ද? ස්වාමීනී, අපට ඒවා ගැන "තමා" කියලා හෝ "තමාට අයත්" කියලා හෝ හැඟීමක් නෑ. පින්වත් මහණෙනි, ඔය අයුරින් ම ඇස ඔබේ නොවේ. එය අත්හරින්න. එතකොට ඒක ඔබට ප්‍රහාණය වෙලා ගියහම හිත සුව පිණිස පවතීවී. කන ....(පෙ).... නාසය ....(පෙ).... දිව ....(පෙ).... කය ....(පෙ).... මනස ඔබේ නොවේ. එය අත්හරින්න. එතකොට ඒක ඔබට ප්‍රහාණය වෙලා ගියහම හිතසුව පිණිස පවතීවී.

සාදු! සාදු!! සාදු!!!

පලාස සූත්‍රය නිමා විය.

1.14.6
දුතිය පලාස සූත්‍රය
දළුකොළ ගැන වදාළ දෙවෙනි දෙසුම

පින්වත් මහණෙනි, යමක් ඔබේ නොවේ නම්, ඒ දෙය අත්හරින්න. එතකොට ඒක ඔබට ප්‍රහාණය වෙලා ගියහම හිතසුව පිණිස පවතීවී. පින්වත් මහණෙනි, ඔබේ නොවන දෙය කුමක්ද? පින්වත් මහණෙනි, රූප ඔබේ නොවේ. එය අත්හරින්න. එතකොට ඒක ඔබට ප්‍රහාණය වෙලා ගියහම හිත සුව පිණිස පවතීවී. ශබ්ද ....(පෙ).... ගන්ධ ....(පෙ).... රස ....(පෙ).... පහස ....(පෙ).... මනසට අරමුණු වන දේ ඔබේ නොවේ. එය අත්හරින්න. එතකොට ඒක ඔබට ප්‍රහාණය වෙලා ගියහම හිතසුව පිණිස පවතීවී.

පින්වත් මහණෙනි, එය මෙවැනි දෙයක්. මේ ජේතවනයෙහි යම් තණකොළ, ලී කැබලි, දර අතු, දළුකොළ ආදියක් ඇත්නම්, ජනතාව ඒවා අරගෙන යනවා නම්, පුළුස්සා දමනවා නම්, ඒවාට කැමති දෙයක් කරනවා නම්, එතකොට ඔබට මේ විදිහටද හිතෙන්නේ? "අහෝ! ජනතාව අපව අරගෙන යනවා නොවැ. අපව පුළුස්සා දමනවා නොවැ. ඔවුන් කැමති කැමති දේ අපට කරනවා නොවැ" කියලා ද? ස්වාමීනී, එය නොවේ ම යි. ඒකට හේතුව කුමක්ද? ස්වාමීනී, අපට ඒවා ගැන "තමා" කියලා හෝ "තමාට අයත්" කියලා හෝ හැඟීමක් නෑ. පින්වත් මහණෙනි, ඔය අයුරින් ම රූප ඔබේ නොවේ. එය අත්හරින්න. එතකොට ඒක ඔබට ප්‍රහාණය වෙලා ගියහම හිත සුව පිණිස පවතීවී. ශබ්ද ....(පෙ).... ගන්ධ ....(පෙ).... රස ....(පෙ).... පහස ....(පෙ).... මනසට අරමුණු වන දේ ඔබේ නොවේ එය අත්හරින්න. එතකොට ඒක ඔබට ප්‍රහාණය වෙලා ගියහම හිතසුව පිණිස පවතීවී.

සාදු! සාදු!! සාදු!!!

දුතිය පලාස සූත්‍රය නිමා විය.

1.14.7
අජ්ඣත්ත අනිච්ච සූත්‍රය
තමා තුළ ඇති අනිත්‍ය බව ගැන වදාළ දෙසුම

පින්වත් මහණෙනි, ඇස අනිත්‍යයි. ඇසේ ඉපදීමට හේතු වූ යමක් ඇත්ද, ප්‍රත්‍යය වූ යමක් ඇත්ද එයත් අනිත්‍යයි. ඉතින් පින්වත් මහණෙනි, අනිත්‍ය දෙයින් හටගත් ඇස කෙසේ නම් නිත්‍ය වන්ට ද? කන ....(පෙ).... නාසය ....(පෙ).... දිව අනිත්‍යයි. දිවේ ඉපදීමට හේතු වූ යමක් ඇත්ද, ප්‍රත්‍යය වූ යමක් ඇත්ද එයත් අනිත්‍යයි. ඉතින් පින්වත් මහණෙනි, අනිත්‍ය දෙයින් හටගත් දිව කෙසේ නම් නිත්‍ය වන්ටද? කය ....(පෙ).... මනස අනිත්‍යයි. මනසේ ඉපදීමට හේතු වූ යමක් ඇත්ද, ප්‍රත්‍යය වූ යමක් ඇත්ද එයත් අනිත්‍යයි. ඉතින් පින්වත් මහණෙනි, අනිත්‍ය දෙයින් හටගත් මනස කෙසේ නම් නිත්‍ය වන්ටද?

පින්වත් මහණෙනි, ශ්‍රැතවත් ආර්ය ශ්‍රාවකයා ඔය අයුරින් දකින විට ඇස ගැනත් සත්‍ය ස්වභාවය අවබෝධ වීම තුළින් ම කලකිරෙනවා. කන ගැනත් ....(පෙ).... නාසය ගැනත් ....(පෙ).... දිව ගැනත් ....(පෙ).... කය කෙරෙහිත් ....(පෙ).... මනස ගැනත් සත්‍ය ස්වභාවය අවබෝධ වීම තුළින් ම කලකිරෙනවා. කලකිරුණු විට ඒ කෙරෙහි තිබුණ ඇල්ම නැතුව යනවා. ඇල්ම නැතිවීම නිසා එයින් නිදහස් වෙනවා. නිදහස් වූ විට නිදහස් වූ බවට අවබෝධඤාණය ඇති වෙනවා. "ඉපදීම ක්ෂය වුණා, බඹසර වාසය සම්පූර්ණ කළා, නිවන පිණිස කළ යුතු දෙය කළා, නිවන පිණිස කළ යුතු වෙන දෙයක් නැත්තේම" යැයි අවබෝධයෙන් ම දැනගන්නවා.

සාදු! සාදු!! සාදු!!!

අජ්ඣත්තානිච්ච සූත්‍රය නිමා විය.

1.14.8
අජ්ඣත්ත දුක්ඛ සූත්‍රය
තමා තුළ ඇති දුක ගැන වදාළ දෙසුම

පින්වත් මහණෙනි, ඇස දුකයි. ඇසේ ඉපදීමට හේතු වූ යමක් ඇත්ද, ප්‍රත්‍යය වූ යමක් ඇත්ද එයත් දුකයි. ඉතින් පින්වත් මහණෙනි, දුක් දෙයින්

හටගත් ඇස කෙසේ නම් සැප වන්ටද? කන ....(පෙ).... නාසය ....(පෙ).... දිව දුකයි. දිවේ ඉපදීමට හේතු වූ යමක් ඇත්ද, ප්‍රත්‍යය වූ යමක් ඇත්ද එයත් දුකයි. ඉතින් පින්වත් මහණෙනි, දුක් දෙයින් හටගත් දිව කෙසේ නම් සැප වන්ටද? කය ....(පෙ).... මනස දුකයි. මනසේ ඉපදීමට හේතු වූ යමක් ඇත්ද, ප්‍රත්‍යය වූ යමක් ඇත්ද එයත් දුකයි. ඉතින් පින්වත් මහණෙනි, දුක් දෙයින් හටගත් මනස කෙසේ නම් සැප වන්ටද?

පින්වත් මහණෙනි, ශ්‍රැතවත් ආර්ය ශ්‍රාවකයා ඔය අයුරින් දකින විට ....(පෙ).... නිවන පිණිස කළ යුතු වෙන දෙයක් නැත්තේම" යැයි අවබෝධයෙන් ම දැනගන්නවා.

සාදු! සාදු!! සාදු!!!

අජ්ඣත්ත දුක්ඛ සූත්‍රය නිමා විය.

1.14.9
අජ්ඣත්තානත්ත සූත්‍රය
තමා තුළ ඇති අනාත්මය ගැන වදාළ දෙසුම

පින්වත් මහණෙනි, ඇස අනාත්මයි. ඇසේ ඉපදීමට හේතු වූ යමක් ඇත්ද, ප්‍රත්‍යය වූ යමක් ඇත්ද එයත් අනාත්මයි. ඉතින් පින්වත් මහණෙනි, අනාත්ම දෙයින් හටගත් ඇස කෙසේ නම් ආත්ම වන්ටද? කන ....(පෙ).... නාසය ....(පෙ).... දිව අනාත්මයි. දිවේ ඉපදීමට හේතු වූ යමක් ඇත්ද, ප්‍රත්‍යය වූ යමක් ඇත්ද එයත් අනාත්මයි. ඉතින් පින්වත් මහණෙනි, අනාත්ම දෙයින් හටගත් දිව කෙසේ නම් ආත්ම වන්ටද? කය ....(පෙ).... මනස අනාත්මයි. මනසේ ඉපදීමට හේතු වූ යමක් ඇත්ද, ප්‍රත්‍යය වූ යමක් ඇත්ද එයත් අනාත්මයි. ඉතින් පින්වත් මහණෙනි, අනාත්ම දෙයින් හටගත් මනස කෙසේ නම් ආත්ම වන්ටද?

පින්වත් මහණෙනි, ශ්‍රැතවත් ආර්ය ශ්‍රාවකයා ඔය අයුරින් දකින විට ....(පෙ).... නිවන පිණිස කළ යුතු වෙන දෙයක් නැත්තේම" යැයි අවබෝධයෙන් ම දැනගන්නවා.

සාදු! සාදු!! සාදු!!!

අජ්ඣත්තානත්ත සූත්‍රය නිමා විය.

1.14.10
බාහිර අනිච්ච සූත්‍රය
බාහිර දේ තුළ ඇති අනිත්‍ය ගැන වදාළ දෙසුම

පින්වත් මහණෙනි, රූප අනිත්‍යයි. රූපවල ඉපදීමට හේතු වූ යමක් ඇත්ද, ප්‍රත්‍යය වූ යමක් ඇත්ද එයත් අනිත්‍යයි. ඉතින් පින්වත් මහණෙනි, අනිත්‍ය දෙයින් හටගත් රූප කෙසේ නම් නිත්‍ය වන්ටද? ශබ්ද ....(පෙ).... ගන්ධ ....(පෙ).... රස ....(පෙ).... පහස ....(පෙ).... මනසට අරමුණු වන දේ අනිත්‍යයි. මනසට අරමුණු වන දේ ඉපදීමට හේතු වූ යමක් ඇත්ද, ප්‍රත්‍යය වූ යමක් ඇත්ද එයත් අනිත්‍යයි. ඉතින් පින්වත් මහණෙනි, අනිත්‍ය දෙයින් හටගත් මනසට අරමුණු වන දේ කෙසේ නම් නිත්‍ය වන්ටද?

පින්වත් මහණෙනි, ශ්‍රැතවත් ආර්ය ශ්‍රාවකයා ඔය අයුරින් දකින විට රූප ගැනත් සත්‍ය ස්වභාවය අවබෝධ වීම තුළින් ම කලකිරෙනවා. ශබ්ද ගැනත් සත්‍ය ස්වභාවය අවබෝධ වීම තුළින් ම කලකිරෙනවා. ගන්ධ ගැනත් සත්‍ය ස්වභාවය අවබෝධ වීම තුළින් ම කලකිරෙනවා. රස ගැනත් සත්‍ය ස්වභාවය අවබෝධ වීම තුළින් ම කලකිරෙනවා. පහස කෙරෙහිත් සත්‍ය ස්වභාවය අවබෝධ වීම තුළින් ම කලකිරෙනවා. මනසට අරමුණු වන දේ ගැනත් සත්‍ය ස්වභාවය අවබෝධ වීම තුළින් ම කලකිරෙනවා. කලකිරුණු විට ඒ කෙරෙහි තිබුණ ඇල්ම නැතුව යනවා ....(පෙ).... නිවන පිණිස කළ යුතු වෙන දෙයක් නැත්තේම" යැයි අවබෝධයෙන් ම දැනගන්නවා.

සාදු! සාදු!! සාදු!!!

බාහිරානිච්ච සූත්‍රය නිමා විය.

1.14.11
බාහිර දුක්ඛ සූත්‍රය
බාහිර දේ තුළ ඇති දුක ගැන වදාළ දෙසුම

පින්වත් මහණෙනි, රූප දුකයි. රූපවල ඉපදීමට හේතු වූ යමක් ඇත්ද, ප්‍රත්‍යය වූ යමක් ඇත්ද එයත් දුකයි. ඉතින් පින්වත් මහණෙනි, දුක් දෙයින් හටගත් රූප කෙසේ නම් සැප වන්ටද? ශබ්ද ....(පෙ).... ගන්ධ ....(පෙ).... රස ....(පෙ).... පහස ....(පෙ).... මනසට අරමුණු වන දේ දුකයි. මනසට අරමුණු වන

දේ ඉපදීමට හේතු වූ යමක් ඇත්ද, ප්‍රත්‍යය වූ යමක් ඇත්ද එයත් දුකයි. ඉතින් පින්වත් මහණෙනි, දුක් දෙයින් හටගත් මනසට අරමුණු වන දේ කෙසේ නම් සැප වන්ටද?

පින්වත් මහණෙනි, ශ්‍රැතවත් ආර්ය ශ්‍රාවකයා ඔය අයුරින් දකින විට ....(පෙ).... නිවන පිණිස කළ යුතු වෙන දෙයක් නැත්තේම" යැයි අවබෝධයෙන් ම දැනගන්නවා.

සාදු! සාදු!! සාදු!!!

බාහිර දුක්ඛ සූත්‍රය නිමා විය.

1.14.12
බාහිර අනත්ත සූත්‍රය
බාහිර දේ තුළ ඇති අනාත්මය ගැන වදාළ දෙසුම

පින්වත් මහණෙනි, රූප අනාත්මයි. රූපවල ඉපදීමට හේතු වූ යමක් ඇත්ද, ප්‍රත්‍යය වූ යමක් ඇත්ද එයත් අනාත්මයි. ඉතින් පින්වත් මහණෙනි, අනාත්ම දෙයින් හටගත් රූප කෙසේ නම් ආත්ම වන්ටද? ශබ්ද ....(පෙ).... ගන්ධ ....(පෙ).... රස ....(පෙ).... පහස ....(පෙ).... මනසට අරමුණු වන දේ අනාත්මයි. මනසට අරමුණු වන දේ ඉපදීමට හේතු වූ යමක් ඇත්ද, ප්‍රත්‍යය වූ යමක් ඇත්ද එයත් අනාත්මයි. ඉතින් පින්වත් මහණෙනි, අනාත්ම දෙයින් හටගත් මනසට අරමුණු වන දේ කෙසේ නම් ආත්ම වන්ටද?

පින්වත් මහණෙනි, ශ්‍රැතවත් ආර්ය ශ්‍රාවකයා ඔය අයුරින් දකින විට ....(පෙ).... නිවන පිණිස කළ යුතු වෙන දෙයක් නැත්තේම" යැයි අවබෝධයෙන් ම දැනගන්නවා.

සාදු! සාදු!! සාදු!!!

බාහිර අනත්ත සූත්‍රය නිමා විය.

දාහතරවෙනි දේවදහ වර්ගය යි.

- එහි පිළිවෙළ උද්දානය යි.

දේවදහ සූත්‍රය, ඛන සූත්‍රය, සගය්හ සූත්‍රය, ගය්හ සූත්‍රය, පලාස සූත්‍ර දෙක, අජ්ඣත්තබාහිර නමින් සූත්‍ර හයයි වශයෙන් සූත්‍ර දොළොසකි.

15. නව පුරාණ වර්ගය

1.15.1
කම්ම සූත්‍රය
කර්මය ගැන වදාළ දෙසුම

පින්වත් මහණෙනි, අළුත් හා පැරණි කර්ම ගැනත්, කර්ම නිරුද්ධ වීම ගැනත්, කර්ම නිරුද්ධ වීම පිණිස පවතින ප්‍රතිපදාව ගැනත් දේශනා කරන්නම්. එය සවන් යොමා අසන්න. මනාකොට මෙනෙහි කරන්න. මා කියා දෙන්නම්.

පින්වත් මහණෙනි, පැරණි කර්මය යනු මොකක්ද? පින්වත් මහණෙනි, ඇස යනු පැරණි කර්මයක්. හේතුන්ගෙන් සකස් වුණ, චේතනාවකින් සකස් වුණ, විඳීමකින් දැනගත යුතු දෙයක්. කන යනු පැරණි කර්මයක්. හේතුන්ගෙන් සකස් වුණ, චේතනාවකින් සකස් වුණ, විඳීමකින් දැනගත යුතු දෙයක්. නාසය යනු පැරණි කර්මයක්. හේතුන්ගෙන් සකස් වුණ, චේතනාවකින් සකස් වුණ, විඳීමකින් දැනගත යුතු දෙයක්. දිව යනු පැරණි කර්මයක්. හේතුන්ගෙන් සකස් වුණ, චේතනාවකින් සකස් වුණ, විඳීමකින් දැනගත යුතු දෙයක්. කය යනු පැරණි කර්මයක්. හේතුන්ගෙන් සකස් වුණ, චේතනාවකින් සකස් වුණ, විඳීමකින් දැනගත යුතු දෙයක්. මනස යනු පැරණි කර්මයක්. හේතුන්ගෙන් සකස් වුණ, චේතනාවකින් සකස් වුණ, විඳීමකින් දැනගත යුතු දෙයක්. පින්වත් මහණෙනි, පැරණි කර්මය කියලා කියන්නේ මෙයටයි.

පින්වත් මහණෙනි, අළුත් කර්මය යනු කුමක්ද? පින්වත් මහණෙනි, දැන් කයින්, වචනයෙන්, මනසින් යම් කර්මයක් කරනවා නම්, පින්වත් මහණෙනි, අළුත් කර්මය කියලා කියන්නේ මේකටයි.

පින්වත් මහණෙනි, කර්මය නිරුද්ධ වීම යනු කුමක්ද? පින්වත් මහණෙනි, යම් කෙනෙක් කාය කර්මයන්ගේ, වචී කර්මයන්ගේ, මනෝ කර්මයන්ගේ නිරුද්ධ වීමෙන් විමුක්තිය ස්පර්ශ කරනවා නම්, පින්වත් මහණෙනි, මේකට

තමයි කර්ම නිරුද්ධ වීම කියලා කියන්නේ.

පින්වත් මහණෙනි, කර්ම නිරුද්ධ වීම පිණිස පවතින ප්‍රතිපදාව යනු කුමක්ද? ඒ මේ ආර්ය අෂ්ටාංගික මාර්ගය ම යි. ඒ කියන්නේ සම්මා දිට්ඨි, සම්මා සංකල්ප, සම්මා වාචා, සම්මා කම්මන්ත, සම්මා ආජීව, සම්මා වායාම, සම්මා සති, සම්මා සමාධි යන මෙයයි. පින්වත් මහණෙනි, කර්ම නිරුද්ධ වීම පිණිස පවතින ප්‍රතිපදාව කියලා කියන්නේ මේකටයි.

මේ විදිහට පින්වත් මහණෙනි, මා විසින් ඔබට පැරණි කර්මය ගැන දේශනා කරලා තියෙනවා. අළුත් කර්මය දේශනා කරලා තියෙනවා. කර්ම නිරුද්ධ වීම දේශනා කරලා තියෙනවා. කර්ම නිරුද්ධ වීම පිණිස පවතින ප්‍රතිපදාව දේශනා කරලා තියෙනවා. පින්වත් මහණෙනි, ශ්‍රාවකයන්ට හිතවත් වූ, අනුකම්පාවෙන් යුතු වූ, යම් ශාස්තෲන් වහන්සේ නමක් විසින් අනුකම්පාව උපදවාගෙන ඔබට යමක් කළ යුතු නම්, මා විසින් එය ඔබට කරලයි තියෙන්නේ. පින්වත් මහණෙනි, ඔය තියෙන්නේ රුක් සෙවණ, ඔය තියෙන්නේ නිදහස් කුටි, පින්වත් මහණෙනි, ධ්‍යාන වඩන්න. ප්‍රමාද වෙන්ට එපා. පස්සේ පසුතැවිල්ලට පත්වෙන්න එපා. මේක තමයි ඔබට අපගෙන් කෙරෙන අනුශාසනාව.

සාදු! සාදු!! සාදු!!!

කම්ම සූත්‍රය නිමා විය.

1.15.2
සප්පාය සූත්‍රය
උපකාරී වන දේ ගැන වදාළ දෙසුම

පින්වත් මහණෙනි, ඒ අමා නිවන පිණිස උපකාරී වන ප්‍රතිපදාව මා ඔබට දේශනා කරන්ටයි යන්නේ. එය සවන් යොමා අසන්න. මනාකොට නුවණින් මෙනෙහි කරන්න. මා කියා දෙන්නම්. පින්වත් මහණෙනි, ඒ අමා නිවන පිණිස උපකාරී වන ප්‍රතිපදාව යනු කුමක්ද?

පින්වත් මහණෙනි, මෙහිලා භික්ෂුව ඇස අනිත්‍ය වශයෙනුයි දකින්නේ. රූප අනිත්‍ය වශයෙනුයි දකින්නේ. ඇසේ විඤ්ඤාණය අනිත්‍ය වශයෙනුයි දකින්නේ. ඇසේ ස්පර්ශය අනිත්‍ය වශයෙනුයි දකින්නේ. ඇසේ ස්පර්ශයෙන්

උපදින්නා වූ සැප වේවා, දුක් වේවා, දුක් සැප රහිත වේවා යම් විඳීමක් ඇද්ද එයත් අනිත්‍ය වශයෙනුයි දකින්නේ.

කන ....(පෙ).... නාසය ....(පෙ).... දිව අනිත්‍ය වශයෙනුයි දකින්නේ. රස අනිත්‍ය වශයෙනුයි දකින්නේ. දිවේ විඤ්ඤාණය අනිත්‍ය වශයෙනුයි දකින්නේ. දිවේ ස්පර්ශය අනිත්‍ය වශයෙනුයි දකින්නේ. දිවේ ස්පර්ශයෙන් උපදින්නා වූ සැප වේවා, දුක් වේවා, දුක් සැප රහිත වේවා යම් විඳීමක් ඇද්ද එයත් අනිත්‍ය වශයෙනුයි දකින්නේ.

කය ....(පෙ).... මනස අනිත්‍ය වශයෙනුයි දකින්නේ. මනසට අරමුණු වන දේ අනිත්‍ය වශයෙනුයි දකින්නේ. මනසේ විඤ්ඤාණය අනිත්‍ය වශයෙනුයි දකින්නේ. මනසේ ස්පර්ශය අනිත්‍ය වශයෙනුයි දකින්නේ. මනසේ ස්පර්ශයෙන් උපදින්නා වූ සැප වේවා, දුක් වේවා, දුක් සැප රහිත වේවා යම් විඳීමක් ඇද්ද එයත් අනිත්‍ය වශයෙනුයි දකින්නේ. පින්වත් මහණෙනි, ඒ අමා නිවන පිණිස උපකාරී වන ප්‍රතිපදාව යනු මෙයයි.

සාදු! සාදු!! සාදු!!!

සප්පාය සූත්‍රය නිමා විය.

1.15.3
දුතිය සප්පාය සූත්‍රය
උපකාරී වන දේ ගැන වදාළ දෙවෙනි දෙසුම

පින්වත් මහණෙනි, ඒ අමා නිවන පිණිස උපකාරී වන ප්‍රතිපදාව මා ඔබට දේශනා කරන්ටයි යන්නේ. එය සවන් යොමා අසන්න. මනාකොට නුවණින් මෙනෙහි කරන්න. මා කියා දෙන්නම්. පින්වත් මහණෙනි, ඒ අමා නිවන පිණිස උපකාරී වන ප්‍රතිපදාව යනු කුමක්ද?

පින්වත් මහණෙනි, මෙහිලා භික්ෂුව ඇස දුක් වශයෙනුයි දකින්නේ. රූප දුක් වශයෙනුයි දකින්නේ. ඇසේ විඤ්ඤාණය දුක් වශයෙනුයි දකින්නේ. ඇසේ ස්පර්ශය දුක් වශයෙනුයි දකින්නේ. ඇසේ ස්පර්ශයෙන් උපදින්නා වූ සැප වේවා, දුක් වේවා, දුක් සැප රහිත වේවා යම් විඳීමක් ඇද්ද එයත් දුක් වශයෙනුයි දකින්නේ.

කන ....(පෙ).... නාසය ....(පෙ).... දිව දුක් වශයෙනුයි දකින්නේ. රස

දුක් වශයෙනුයි දකින්නේ. දිවේ විඤ්ඤාණය දුක් වශයෙනුයි දකින්නේ. දිවේ ස්පර්ශය දුක් වශයෙනුයි දකින්නේ. දිවේ ස්පර්ශයෙන් උපදින්නා වූ සැප වේවා, දුක් වේවා, දුක් සැප රහිත වේවා යම් විඳීමක් ඇද්ද එයත් දුක් වශයෙනුයි දකින්නේ.

කය ....(පෙ).... මනස දුක් වශයෙනුයි දකින්නේ. මනසට අරමුණු වන දේ දුක් වශයෙනුයි දකින්නේ. මනසේ විඤ්ඤාණය දුක් වශයෙනුයි දකින්නේ. මනසේ ස්පර්ශය දුක් වශයෙනුයි දකින්නේ. මනසේ ස්පර්ශයෙන් උපදින්නා වූ සැප වේවා, දුක් වේවා, දුක් සැප රහිත වේවා යම් විඳීමක් ඇද්ද එයත් දුක් වශයෙනුයි දකින්නේ. පින්වත් මහණෙනි, ඒ අමා නිවන පිණිස උපකාරී වන ප්‍රතිපදාව යනු මෙයයි.

සාදු! සාදු!! සාදු!!!

දුතිය සප්පාය සූත්‍රය නිමා විය.

1.15.4
තතිය සප්පාය සූත්‍රය
උපකාරී වන දේ ගැන වදාළ තුන්වෙනි දෙසුම

පින්වත් මහණෙනි, ඒ අමා නිවන පිණිස උපකාරී වන ප්‍රතිපදාව මා ඔබට දේශනා කරන්ටයි යන්නේ. එය සවන් යොමා අසන්න. මනාකොට නුවණින් මෙනෙහි කරන්න. මා කියා දෙන්නම්. පින්වත් මහණෙනි, ඒ අමා නිවන පිණිස උපකාරී වන ප්‍රතිපදාව යනු කුමක්ද?

පින්වත් මහණෙනි, මෙහිලා භික්ෂුව ඇස අනාත්ම වශයෙනුයි දකින්නේ. රූප අනාත්ම වශයෙනුයි දකින්නේ. ඇසේ විඤ්ඤාණය අනාත්ම වශයෙනුයි දකින්නේ. ඇසේ ස්පර්ශය අනාත්ම වශයෙනුයි දකින්නේ. ඇසේ ස්පර්ශයෙන් උපදින්නා වූ සැප වේවා, දුක් වේවා, දුක් සැප රහිත වේවා යම් විඳීමක් ඇද්ද එයත් අනාත්ම වශයෙනුයි දකින්නේ.

කන ....(පෙ).... නාසය ....(පෙ).... දිව අනාත්ම වශයෙනුයි දකින්නේ. රස අනාත්ම වශයෙනුයි දකින්නේ. දිවේ විඤ්ඤාණය අනාත්ම වශයෙනුයි දකින්නේ. දිවේ ස්පර්ශය අනාත්ම වශයෙනුයි දකින්නේ. දිවේ ස්පර්ශයෙන් උපදින්නා වූ සැප වේවා, දුක් වේවා, දුක් සැප රහිත වේවා යම් විඳීමක් ඇද්ද

එයත් අනාත්ම වශයෙනුයි දකින්නේ.

කය ....(පෙ).... මනස අනාත්ම වශයෙනුයි දකින්නේ. මනසට අරමුණු වන දේ අනාත්ම වශයෙනුයි දකින්නේ. මනසේ විඤ්ඤාණය අනාත්ම වශයෙනුයි දකින්නේ. මනසේ ස්පර්ශය අනාත්ම වශයෙනුයි දකින්නේ. මනසේ ස්පර්ශයෙන් උපදින්නා වූ සැප වේවා, දුක් වේවා, දුක් සැප රහිත වේවා යම් විඳීමක් ඇද්ද එයත් අනාත්ම වශයෙනුයි දකින්නේ. පින්වත් මහණෙනි, ඒ අමා නිවන පිණිස උපකාරී වන ප්‍රතිපදාව යනු මෙයයි.

සාදු! සාදු!! සාදු!!!

තතිය සප්පාය සූත්‍රය නිමා විය.

1.15.5
චතුත්ථ සප්පාය සූත්‍රය
උපකාරී වන දේ ගැන වදාළ හතරවෙනි දෙසුම

පින්වත් මහණෙනි, ඒ අමා නිවන පිණිස උපකාරී වන ප්‍රතිපදාව මා ඔබට දේශනා කරන්නටයි යන්නේ. එය සවන් යොමා අසන්න. මනාකොට නුවණින් මෙනෙහි කරන්න. මා කියා දෙන්නම්. පින්වත් මහණෙනි, ඒ අමා නිවන පිණිස උපකාරී වන ප්‍රතිපදාව යනු කුමක්ද?

පින්වත් මහණෙනි, මේ ගැන ඔබ කුමක්ද සිතන්නේ? ඇස නිත්‍යයි ද? අනිත්‍යයි ද? ස්වාමීනී, අනිත්‍යයි. යමක් වනාහි අනිත්‍ය නම්, එය දුකයි ද? සැපයි ද? ස්වාමීනී, දුකයි. යමක් වනාහි අනිත්‍ය නම්, දුක නම්, වෙනස් වන ස්වභාවයෙන් යුතු නම්, එය මේක මගේ, මේක තමයි මම, මේ තමයි මගේ ආත්මය වශයෙන් දකින එක සුදුසුද? ස්වාමීනී, එය සුදුසු නැත.

රූප නිත්‍යයි ද? අනිත්‍යයි ද? ස්වාමීනී, අනිත්‍යයි ....(පෙ).... ඇසේ විඤ්ඤාණය නිත්‍යයි ද? අනිත්‍යයි ද? ස්වාමීනී, අනිත්‍යයි ....(පෙ).... ඇසේ ස්පර්ශය නිත්‍යයි ද? අනිත්‍යයි ද? ස්වාමීනී, අනිත්‍යයි ....(පෙ).... ඇසේ ස්පර්ශයෙන් උපදින්නා වූ සැප වේවා, දුක් වේවා, දුක් සැප රහිත වේවා යම් විඳීමක් ඇත්ද එය නිත්‍යයි ද? අනිත්‍යයි ද? ස්වාමීනී, අනිත්‍යයි. යමක් වනාහි අනිත්‍ය නම්, එය දුකයි ද? සැපයි ද? ස්වාමීනී, දුකයි. යමක් වනාහි අනිත්‍ය නම්, දුක නම්, වෙනස් වන ස්වභාවයෙන් යුතු නම්, එය මේක මගේ, මේක

තමයි මම, මේ තමයි මගේ ආත්මය වශයෙන් දකින එක සුදුසුද? ස්වාමීනී, එය සුදුසු නැත.

කන ....(පෙ).... නාසය ....(පෙ) දිව ....(පෙ).... කය ....(පෙ).... මනස නිත්‍ය ද? අනිත්‍යයි ද? ස්වාමීනී, අනිත්‍යයි ....(පෙ).... මනසට අරමුණු වන දේ ....(පෙ).... මනසේ විඤ්ඤාණය ....(පෙ).... මනසේ ස්පර්ශය ....(පෙ).... මනසේ ස්පර්ශයෙන් උපදින්නා වූ සැප වේවා, දුක් වේවා, දුක් සැප රහිත වේවා යම් විඳීමක් ඇත්ද එය නිත්‍යයි ද? අනිත්‍යයි ද? ස්වාමීනී, අනිත්‍යයි. යමක් වනාහි අනිත්‍ය නම්, එය දුකයි ද? සැපයි ද? ස්වාමීනී, දුකයි. යමක් වනාහි අනිත්‍ය නම්, දුක නම්, වෙනස් වන ස්වභාවයෙන් යුතු නම්, එය මේක මගේ, මේක තමයි මම, මේ තමයි මගේ ආත්මය වශයෙන් දකින එක සුදුසුද? ස්වාමීනී, එය සුදුසු නැත.

පින්වත් මහණෙනි, ශ්‍රැතවත් ආර්ය ශ්‍රාවකයා ඔය අයුරින් දකින විට ඇස ගැනත් සත්‍ය ස්වභාවය අවබෝධ වීම තුළින් ම කලකිරෙනවා. රූප ගැනත් සත්‍ය ස්වභාවය අවබෝධ වීම තුළින් ම කලකිරෙනවා. ඇසේ විඤ්ඤාණය ගැනත් සත්‍ය ස්වභාවය අවබෝධ වීම තුළින් ම කලකිරෙනවා. ඇසේ ස්පර්ශය ගැනත් සත්‍ය ස්වභාවය අවබෝධ වීම තුළින් ම කලකිරෙනවා. ඇසේ ස්පර්ශයෙන් උපදින්නා වූ සැපක් වේවා, දුකක් වේවා, දුක් සැප රහිත වේවා යම් විඳීමක් ඇත්නම් ඒ ගැනත් සත්‍ය ස්වභාවය අවබෝධ වීම තුළින් ම කලකිරෙනවා ....(පෙ).... මනසේ ස්පර්ශයෙන් උපදින්නා වූ සැපක් වේවා, දුකක් වේවා, දුක් සැප රහිත වේවා යම් විඳීමක් ඇත්නම් ඒ ගැනත් සත්‍ය ස්වභාවය අවබෝධ වීම තුළින් ම කලකිරෙනවා. කලකිරුණ විට ඒ කෙරෙහි තිබුණ ඇල්ම නැතුව යනවා ....(පෙ).... නිවන පිණිස කළ යුතු වෙන දෙයක් නැත්තේම" යැයි අවබෝධයෙන් ම දැනගන්නවා. පින්වත් මහණෙනි, ඒ අමා නිවන පිණිස උපකාරී වන ප්‍රතිපදාව යනු මෙයයි.

සාදු! සාදු!! සාදු!!!

චතුත්ථ සප්පාය සූත්‍රය නිමා විය.

1.15.6
අන්තේවාසික සූත්‍රය
ගෝලයා ගැන වදාළ දෙසුම

පින්වත් මහණෙනි, මේ බඹසර වසන්නේ (කෙලෙස් නැමැති) ගෝලයන් නැතුවයි, (කෙලෙස් නැමැති) ගුරුවරුන් ද නැතුවයි, පින්වත් මහණෙනි, (කෙලෙස් නැමැති) ගෝලයන් ඇතිව, (කෙලෙස් නැමැති) ගුරුවරුන් ඇතිව ඉන්නා භික්ෂුව දුකිනුයි, අපහසුවෙනුයි වාසය කරන්නේ. පින්වත් මහණෙනි, (කෙලෙස් නැමැති) ගෝලයන් නැතුව, (කෙලෙස් නැමැති) ගුරුවරුන් නැතුව ඉන්නා භික්ෂුව සැපෙනුයි, පහසුවෙනුයි වාසය කරන්නේ.

පින්වත් මහණෙනි, (කෙලෙස් නැමැති) ගෝලයන් ඇතිව, (කෙලෙස් නැමැති) ගුරුවරුන් ඇතිව ඉන්නා භික්ෂුව දුකින්, අපහසුවෙන් වාසය කරන්නේ කොහොමද? පින්වත් මහණෙනි, මෙහිලා භික්ෂුවහට ඇසෙන් රූපයක් දැකලා, කෙලෙසුන්ට බැඳෙන, වේගවත් සිතිවිලි ඇති, පාපී අකුසල් දහම් උපදිනවා. ඒවා තමයි ඔහු තුළ පදිංචි වෙලා තියෙන්නේ. ලාමක අකුසල ධර්මයන් ඔහු තුළ පදිංචි වෙලා තියෙනවා යන කාරණය තමයි (කෙලෙස් නැමැති) ගෝලයන් ඇතිව ඉන්නවා කියන්නේ. ඒ අකුසල් තමයි ඔහුව හසුරවන්නේ. පාපී අකුසල ධර්මයන් ඔහුව පාලනය කරනවා යන අර්ථයෙනුයි (කෙලෙස් නැමැති) ගුරුවරුන් ඇතිව ඉන්නවා කියලා කියන්නේ.

පින්වත් මහණෙනි, නැවත අනෙකක් කියමි. භික්ෂුවට කනෙන් ශබ්දයක් අහලා ....(පෙ).... පින්වත් මහණෙනි, නැවත අනෙකක් කියමි. භික්ෂුවට නාසයෙන් ගඳ-සුවඳක් දැනගෙන ....(පෙ).... පින්වත් මහණෙනි, නැවත අනෙකක් කියමි. භික්ෂුවට දිවෙන් රසයක් විඳලා ....(පෙ).... පින්වත් මහණෙනි, නැවත අනෙකක් කියමි. භික්ෂුවට කයෙන් පහසක් ලබලා ....(පෙ)....

පින්වත් මහණෙනි, නැවත අනෙකක් කියමි. මෙහිලා භික්ෂුවට මනසින් අරමුණක් සිතලා, කෙලෙසුන්ට බැඳෙන, වේගවත් සිතිවිලි ඇති, පාපී අකුසල් දහම් උපදිනවා. ඒවා තමයි ඔහු තුළ පදිංචි වෙලා තියෙන්නේ. ලාමක අකුසල ධර්මයන් ඔහු තුළ පදිංචි වෙලා තියෙනවා යන කාරණය තමයි (කෙලෙස් නැමැති) ගෝලයන් ඇතිව ඉන්නවා කියන්නේ. ඒ අකුසල් තමයි ඔහුව හසුරවන්නේ. පාපී අකුසල ධර්මයන් ඔහුව පාලනය කරනවා යන අර්ථයෙනුයි (කෙලෙස් නැමැති) ගුරුවරුන් ඇතිව ඉන්නවා කියලා කියන්නේ. පින්වත් මහණෙනි, (කෙලෙස් නැමැති) ගෝලයන් ඇතුව, (කෙලෙස් නැමැති)

ගුරුවරුන් ඇතුව ඉන්නා භික්ෂුව දුකින් අපහසුවෙන් වාසය කරන්නේ ඔන්න ඔය ආකාරයටයි.

පින්වත් මහණෙනි, (කෙලෙස් නැමැති) ගෝලයන් නැතුව, (කෙලෙස් නැමැති) ගුරුවරුන් නැතුව ඉන්නා භික්ෂුව සැපෙනුයි, පහසුවෙනුයි වාසය කරන්නේ කොහොමද? පින්වත් මහණෙනි, මෙහිලා භික්ෂුව හට ඇසෙන් රූපයක් දැකලා, කෙලෙසුන්ට බැඳෙන, වේගවත් සිතිවිලි ඇති, පාපී අකුසල් දහම් උපදින්නේ නෑ. ඒවා ඔහු තුළ පදිංචි වෙලා නෑ. ලාමක අකුසල ධර්මයන් ඔහු තුළ පදිංචි වෙලා නැත යන කාරණයෙන් තමයි (කෙලෙස් නැමැති) ගෝලයන් නැතුව ඉන්නවා කියලා කියන්නේ. ඒ අකුසල් ඔහුව හසුරවන්නේ නෑ . පාපී අකුසල ධර්මයන් ඔහුව පාලනය කරන්නේ නැත යන අර්ථයෙනුයි (කෙලෙස් නැමැති) ගුරුවරුන් නැතුව ඉන්නවා කියලා කියන්නේ.

පින්වත් මහණෙනි, නැවත අනෙකක් කියමි. භික්ෂුවට කනෙන් ශබ්දයක් අහලා ....(පෙ).... නාසයෙන් ගඳ-සුවඳක් දැනගෙන ....(පෙ).... දිවෙන් රසයක් විඳලා ....(පෙ).... කයෙන් පහසක් ලබලා ....(පෙ).... පින්වත් මහණෙනි, නැවත අනෙකක් කියමි. මෙහිලා භික්ෂුවට මනසින් අරමුණක් සිතලා, කෙලෙසුන්ට බැඳෙන, වේගවත් සිතිවිලි ඇති, පාපී අකුසල් දහම් උපදින්නේ නෑ. ඒවා ඔහු තුළ පදිංචි වෙලා නෑ. ලාමක අකුසල ධර්මයන් ඔහු තුළ පදිංචි වෙලා නැත යන කාරණයෙන් තමයි (කෙලෙස් නැමැති) ගෝලයන් නැතුව ඉන්නවා කියලා කියන්නේ. ඒ අකුසල් ඔහුව හසුරවන්නේ නෑ. පාපී අකුසල ධර්මයන් ඔහුව පාලනය කරන්නේ නැත යන අර්ථයෙනුයි (කෙලෙස් නැමැති) ගුරුවරුන් නැතුව ඉන්නවා කියලා කියන්නේ.

පින්වත් මහණෙනි, මේ අකාරයට තමයි (කෙලෙස් නැමැති) ගෝලයන් නැතුව, (කෙලෙස් නැමැති) ගුරුවරුන් නැතුව ඉන්නා භික්ෂුව සැපෙන්, පහසුවෙන් වාසය කරන්නේ. පින්වත් මහණෙනි, මේ බඹසර වසන්නේ (කෙලෙස් නැමැති) ගෝලයන් නැතුවයි, (කෙලෙස් නැමැති) ගුරුවරුන්ද නැතුවයි, පින්වත් මහණෙනි, (කෙලෙස් නැමැති) ගෝලයන් ඇතිව, (කෙලෙස් නැමැති) ගුරුවරුන් ඇතිව ඉන්නා භික්ෂුව දුකිනුයි, අපහසුවෙනුයි වාසය කරන්නේ. පින්වත් මහණෙනි, (කෙලෙස් නැමැති) ගෝලයන් නැතුව, (කෙලෙස් නැමැති) ගුරුවරුන් නැතුව ඉන්නා භික්ෂුව සැපෙනුයි, පහසුවෙනුයි වාසය කරන්නේ.

සාදු! සාදු!! සාදු!!!

අන්තේවාසික සූත්‍රය නිමා විය.

1.15.7
කිමත්ථිය සූත්‍රය
'කුමක් පිණිස ද?' යන්න ගැන වදාළ දෙසුම

ඉදින් පින්වත් මහණෙනි, අන්‍යාගමික පිරිවැජියන් ඔබෙන් මේ විදිහට විමසන්න පුළුවන්. "එම්බා ආයුෂ්මතුනි, කුමක් පිණිසද ශ්‍රමණ ගෞතමයන්ගේ ශාසනයෙහි බඹසර වසන්නේ?" කියලා. ඔය විදිහට ඇසූ විට පින්වත් මහණෙනි, ඒ අන්‍යාගමික පිරිවැජියන්ට ඔබ පිළිතුරු දිය යුත්තේ මෙහෙමයි. "එම්බා ආයුෂ්මතුනි, භාග්‍යවතුන් වහන්සේගේ සසුනෙහි බඹසර වසන්නේ දුක පිරිසිඳ දැකීම පිණිසයි." කියලා. එතකොට පින්වත් මහණෙනි, යම් හෙයකින් අන්‍යාගමික පිරිවැජියන් ඔබගෙන් මේ විදිහට අහන්න පුළුවන්. "එම්බා ආයුෂ්මතුනි, ශ්‍රමණ ගෞතමයන්ගේ සසුනෙහි බඹසර වසන්නේ යමක් පිරිසිඳ දැකීමට නම්, ඒ දුක මොකක්ද?" කියලා. පින්වත් මහණෙනි, ඔය විදිහට ඇසූ විට ඒ අන්‍යාගමික පිරිවැජියන්ට ඔබ පිළිතුරු දිය යුත්තේ මෙහෙමයි.

එම්බා ආයුෂ්මතුනි, ඇස යනු දුකයි. එය පිරිසිඳ දැකීම පිණිස තමයි භාග්‍යවතුන් වහන්සේගේ සසුනෙහි බඹසර වසන්නේ. රූප යනු දුකයි. එය පිරිසිඳ දැකීම පිණිස තමයි භාග්‍යවතුන් වහන්සේගේ සසුනෙහි බඹසර වසන්නේ. ඇසේ විඤ්ඤාණය යනු දුකයි. එය පිරිසිඳ දැකීම පිණිස තමයි භාග්‍යවතුන් වහන්සේගේ සසුනෙහි බඹසර වසන්නේ. ඇසේ ස්පර්ශය යනු දුකයි. එය පිරිසිඳ දැකීම පිණිස තමයි භාග්‍යවතුන් වහන්සේගේ සසුනෙහි බඹසර වසන්නේ. ඇසේ ස්පර්ශයෙන් උපදින්නා වූ සැප වේවා, දුක් වේවා, දුක් සැප රහිත වේවා යම් විඳීමක් ඇත්ද, එයත් දුකයි. එය පිරිසිඳ දැකීම පිණිස තමයි භාග්‍යවතුන් වහන්සේගේ සසුනෙහි බඹසර වසන්නේ.

කන යනු දුකයි ....(පෙ).... නාසය යනු දුකයි ....(පෙ).... දිව යනු දුකයි ....(පෙ).... කය යනු දුකයි ....(පෙ).... මනස යනු දුකයි. එය පිරිසිඳ දැකීම පිණිස තමයි භාග්‍යවතුන් වහන්සේගේ සසුනෙහි බඹසර වසන්නේ ....(පෙ).... මනසේ ස්පර්ශයෙන් උපදින්නා වූ සැප වේවා, දුක් වේවා, දුක් සැප රහිත වේවා යම් විඳීමක් ඇත්ද, එයත් දුකයි. එය පිරිසිඳ දැකීම පිණිස තමයි භාග්‍යවතුන් වහන්සේගේ සසුනෙහි බඹසර වසන්නේ. එම්බා ආයුෂ්මතුනි, භාග්‍යවතුන් වහන්සේගේ සසුනෙහි බඹසර වසන්නේ යමක් පිරිසිඳ දැකීමට නම් ඒ දුක යනු මෙයයි. පින්වත් මහණෙනි, ඔය විදිහට ඇසූ විට ඒ අන්‍යාගමික පිරිවැජියන්ට ඔබ පිළිතුරු දිය යුත්තේ මේ විදිහට තමයි.

සාදු! සාදු!! සාදු!!!

කිමත්ථිය සූත්‍රය නිමා විය.

1.15.8
අත්ථිනුඛෝපරියාය සූත්‍රය
'එවැනි ක්‍රමයක් තිබෙනවා ද?' යන්න ගැන වදාළ දෙසුම

සැවැත් නුවර දී ......

පින්වත් මහණෙනි, යම් දහම් ක්‍රමයක් තුළට පැමිණුන භික්ෂුව ඇදහීමකින් තොරව, රුචියෙන් තොරව, ඇසීමකින් තොරව, කරුණු සැලකීමකින් තොරව, මතවාදයට බැස ගැනීමකින් තොරව, "ඉපදීම ක්ෂය වුණා, බඹසර වාසය සම්පූර්ණ කළා. නිවන පිණිස කළ යුත්ත කළා, නිවන පිණිස කළ යුතු වෙන දෙයක් නැතැයි අවබෝධයෙන් ම දන්නවා" කියා අරහත්වය පවසයි නම්, එබඳු ක්‍රමයක් තියෙනවාද?

ස්වාමීනී, අපගේ ධර්මය භාග්‍යවතුන් වහන්සේ මුල් කරගෙනයි පවතින්නේ. භාග්‍යවතුන් වහන්සේ ප්‍රධාන කරගෙනයි පවතින්නේ. භාග්‍යවතුන් වහන්සේ පිළිසරණ කරගෙනයි පවතින්නේ. ස්වාමීනී, භාග්‍යවතුන් වහන්සේට ම ඔය වදාළ කරුණෙහි අරුත් වැටහෙන සේක් නම් ඉතා යහපති. එතකොට භාග්‍යවතුන් වහන්සේගෙන් අසා භික්ෂූන් මතකයේ රඳවා ගනීවි. එසේ වී නම් පින්වත් මහණෙනි, සවන් යොමා අසන්න. මනාකොට නුවණින් මෙනෙහි කරන්න. මා කියා දෙන්නම්. එසේය ස්වාමීනී, කියා ඒ භික්ෂූන් භාග්‍යවතුන් වහන්සේට පිළිතුරු දුන්නා. භාග්‍යවතුන් වහන්සේ මෙම දෙසුම වදාළා.

පින්වත් මහණෙනි, යම් දහම් ක්‍රමයක් තුළට පැමිණුන භික්ෂුව ඇදහීමකින් තොරව ....(පෙ).... මතවාදයට බැස ගැනීමකින් තොරව, "ඉපදීම ක්ෂය වුණා, බඹසර වාසය සම්පූර්ණ කළා. නිවන පිණිස කළ යුත්ත කළා, නිවන පිණිස කළ යුතු වෙන දෙයක් නැතැයි අවබෝධයෙන් ම දන්නවා" කියා අරහත්වය පවසයි නම්, එබඳු ක්‍රමයක් තියෙනවා. පින්වත් මහණෙනි, යම් දහම් ක්‍රමයක් තුළට පැමිණුන භික්ෂුව ඇදහීමකින් තොරව ....(පෙ).... මතවාදයට බැස ගැනීමකින් තොරව, "ඉපදීම ක්ෂය වුණා, බඹසර වාසය සම්පූර්ණ කළා. නිවන පිණිස කළ යුත්ත කළා, නිවන පිණිස කළ යුතු වෙන දෙයක් නැතැයි අවබෝධයෙන් ම දන්නවා" කියා අරහත්වය පවසයිද ඒ ක්‍රමය කුමක්ද?

පින්වත් මහණෙනි, මෙහිලා භික්ෂුව ඇසින් රූපයක් දැක්කට පස්සේ ඒ ගැන තමා තුළ රාග, ද්වේෂ, මෝහ තියෙනවා නම්, මා තුළ රාග, ද්වේෂ, මෝහ තියෙනවා කියලා දැනගන්නවා. තමා තුළ රාග, ද්වේෂ, මෝහ නැත්නම්,

තමා තුළ රාග, ද්වේෂ, මෝහ නැති වගත් දැනගන්නවා. පින්වත් මහණෙනි, මෙහිලා භික්ෂුව ඇසින් රූපයක් දැක්කට පස්සේ ඒ ගැන තමා තුළ රාග, ද්වේෂ, මෝහ තියෙනවා නම්, මා තුළ රාග, ද්වේෂ, මෝහ තියෙනවා කියලා දැන ගැනීමත්, තමා තුළ රාග, ද්වේෂ, මෝහ නැත්නම්, මා තුළ රාග, ද්වේෂ, මෝහ නැති වගත් දැන ගැනීමත් යන යම් කරුණක් ඇද්ද, පින්වත් මහණෙනි, ඔය දේවල් දැනගත යුත්තේ ඇදහීමකින්ද? දැනගත යුත්තේ රුචියකින්ද? දැනගත යුත්තේ ඇසීමෙන් ද? දැනගත යුත්තේ කරුණු සැලකීමෙන් ද? දැනගත යුත්තේ මතවාදයට බැස ගැනීමෙන් ද? ස්වාමීනී, එය නොවේ ම ය. පින්වත් මහණෙනි, ඔය දේවල් දැනගත යුත්තේ ප්‍රඥාවෙන් දැකලා නො වෙයි ද? එසේය ස්වාමීනී.

පින්වත් මහණෙනි, යම් දහම් ක්‍රමයක් තුළට පැමිණුන භික්ෂුව ඇදහීමකින් තොරව ....(පෙ).... මතවාදයට බැස ගැනීමකින් තොරව, "ඉපදීම ක්ෂය වුණා, බඹසර වාසය සම්පූර්ණ කළා. නිවන පිණිස කළ යුත්ත කළා, නිවන පිණිස කළ යුතු වෙන දෙයක් නැතැයි අවබෝධයෙන් ම දන්නවා" කියා අරහත්වය පවසයි නම්, ඒ ක්‍රමය නම් මෙයයි.

පින්වත් මහණෙනි, නැවත අනෙකක් පවසමි. භික්ෂුව කනෙන් ශබ්දයක් අහලා ....(පෙ).... නාසයෙන් ගන්ධයක් දැනගෙන ....(පෙ).... දිවෙන් රසයක් විඳලා ....(පෙ).... කයෙන් පහසක් ලබලා ....(පෙ).... පින්වත් මහණෙනි, නැවත අනෙකක් පවසමි. මෙහිලා භික්ෂුව මනසින් අරමුණක් සිතුවට පස්සේ ඒ ගැන තමා තුළ රාග, ද්වේෂ, මෝහ තියෙනවා නම් මා තුළ රාග, ද්වේෂ, මෝහ තියෙනවා කියලා දැනගන්නවා. තමා තුළ රාග, ද්වේෂ, මෝහ නැත්නම්, තමා තුළ රාග, ද්වේෂ, මෝහ නැති වගත් දැනගන්නවා. පින්වත් මහණෙනි, භික්ෂුව මනසින් අරමුණක් සිතුවට පස්සේ ඒ ගැන තමා තුළ රාග, ද්වේෂ, මෝහ තියෙනවා නම්, මා තුළ රාග, ද්වේෂ, මෝහ තියෙනවා කියලා දැන ගැනීමත්, තමා තුළ රාග, ද්වේෂ, මෝහ නැත්නම්, මා තුළ රාග, ද්වේෂ, මෝහ නැති වගත් දැන ගැනීමත් යන යම් කරුණක් ඇද්ද, පින්වත් මහණෙනි, ඔය දේවල් දැනගත යුත්තේ ඇදහීමකින් ද? ....(පෙ).... දැනගත යුත්තේ මතවාදයට බැස ගැනීමෙන් ද? ස්වාමීනී, එය නොවේ ම ය. පින්වත් මහණෙනි, ඔය දේවල් දැනගත යුත්තේ ප්‍රඥාවෙන් දැකලා නො වෙයි ද? එසේය ස්වාමීනී.

පින්වත් මහණෙනි, යම් දහම් ක්‍රමයක් තුළට පැමිණුන භික්ෂුව ඇදහීමකින් තොරව, රුචියෙන් තොරව, ඇසීමකින් තොරව, කරුණු සැලකීමකින් තොරව, මතවාදයට බැස ගැනීමකින් තොරව, "ඉපදීම ක්ෂය වුණා, බඹසර වාසය සම්පූර්ණ කළා. නිවන පිණිස කළ යුත්ත කළා, නිවන පිණිස කළ යුතු වෙන

දෙයක් නැතැයි අවබෝධයෙන් ම දන්නවා" කියා අරහත්වය පවසයි නම්, ඒ ක්‍රමය නම් මෙයයි.

සාදු! සාදු!! සාදු!!!

අත්ථිනුබෝපරියාය සූත්‍රය නිමා විය.

1.15.9
ඉන්ද්‍රිය සම්පන්න සූත්‍රය
ඉන්ද්‍රිය සම්පන්න භික්ෂුව ගැන වදාළ දෙසුම

සැවැත් නුවර දී ......

එදා එක්තරා භික්ෂුවක් භාග්‍යවතුන් වහන්සේ වැඩසිටි තැනට පැමිණුනා ....(පෙ).... එකත්පස්ව වාඩිවුණ ඒ භික්ෂුව භාග්‍යවතුන් වහන්සේගෙන් මෙකරුණ විමසුවා. "ස්වාමීනී, 'ඉන්ද්‍රිය සම්පන්න කෙනා, ඉන්ද්‍රිය සම්පන්න කෙනා' කියලා කියනවා. ස්වාමීනී, ඉන්ද්‍රිය සම්පන්න කෙනෙක් වෙන්නේ කවර කරුණු මත ද?"

පින්වත් භික්ෂුව, ඉදින් ඇස නැමැති ඉන්ද්‍රිය ගැන භික්ෂුවක් ඇතිවීම, නැතිවීම දකිමින් වාසය කරනවා නම්, ඇස නැමැති ඉන්ද්‍රිය ගැන සත්‍ය ස්වභාවයත් අවබෝධ වීම තුළින් ම කලකිරෙනවා ....(පෙ).... කන නැමැති ඉන්ද්‍රිය ගැන ....(පෙ).... නාසය නැමැති ඉන්ද්‍රිය ගැන ....(පෙ).... දිව නැමැති ඉන්ද්‍රිය ගැන ....(පෙ).... කය නැමැති ඉන්ද්‍රිය ගැන ....(පෙ).... මනස නැමැති ඉන්ද්‍රිය ගැන භික්ෂුවක් ඇතිවීම, නැතිවීම දකිමින් වාසය කරනවා නම්, මනස නැමැති ඉන්ද්‍රිය ගැන සත්‍ය ස්වභාවයත් අවබෝධ වීම තුළින් ම කලකිරෙනවා. කලකිරුණු විට ඒ කෙරෙහි තිබුණ ඇල්ම නැතුව යනවා. ඇල්ම නැතිවීම නිසා එයින් නිදහස් වෙනවා. නිදහස් වූ විට නිදහස් වූ බවට අවබෝධ ඥාණය ඇති වෙනවා. "ඉපදීම ක්ෂය වුණා, බඹසර වාසය සම්පූර්ණ කළා, නිවන පිණිස කළ යුතු දෙය කළා, නිවන පිණිස කළ යුතු වෙන දෙයක් නැත්තේම" යැයි අවබෝධයෙන් ම දැනගන්නවා. පින්වත් මහණෙනි, ඔපමණකිනුයි භික්ෂුව ඉන්ද්‍රිය සම්පන්න කෙනෙක් වෙන්නේ.

සාදු! සාදු!! සාදු!!!

ඉන්ද්‍රිය සම්පන්න සූත්‍රය නිමා විය.

1.15.10
ධම්මකථික සූත්‍රය
ධම්මකථික භික්ෂුව ගැන වදාළ දෙසුම

සැවැත් නුවර දී ......

එදා එක්තරා භික්ෂුවක් භාග්‍යවතුන් වහන්සේ වැඩසිටි තැනට පැමිණුනා ....(පෙ).... එකත්පස්ව වාඩිවුණ ඒ භික්ෂුව භාග්‍යවතුන් වහන්සේගෙන් මෙකරුණ විමසුවා. "ස්වාමීනී, 'ධර්ම කථිකයා, ධර්ම කථිකයා' කියලා කියනවා. ස්වාමීනී, ධර්ම කථිකයෙක් වෙන්නේ කවර කරුණු මතද?"

පින්වත් භික්ෂුව, ඉදින් ඇස ගැන අවබෝධයෙන් ම කලකිරීම පිණිස, ඇල්ම දුරු වීම පිණිස, ඇල්ම නිරුද්ධ වීම පිණිස, දහම් දෙසනවා නම්, 'ධර්ම කථික භික්ෂුව' යැයි කීමට සුදුසුයි. පින්වත් භික්ෂුව, ඉදින් ඇස ගැන අවබෝධයෙන් ම කලකිරීම පිණිස, ඇල්ම දුරු වීම පිණිස, ඇල්ම නිරුද්ධ වීම පිණිස, ධර්මයේ හැසිරෙනවා නම්, 'ධර්මානුධර්ම ප්‍රතිපදාවෙන් යුතු භික්ෂුව' කියලා කීමට සුදුසුයි. පින්වත් භික්ෂුව, ඉදින් ඇස ගැන අවබෝධයෙන් ම කලකිරිලා, ඇල්ම දුරු කරලා, ඇල්ම නිරුද්ධ කරලා, උපාදාන රහිතව කෙලෙසුන්ගෙන් නිදහස් වුණා නම්, 'මේ ජීවිතය තුළ දී ම අමා මහ නිවනට පත්වුණ භික්ෂුව' කියලා කීමට සුදුසුයි.

කන ගැන ....(පෙ).... නාසය ගැන ....(පෙ).... දිව ගැන ....(පෙ).... කය ගැන ....(පෙ).... පින්වත් භික්ෂුව, ඉදින් මනස ගැන අවබෝධයෙන් ම කලකිරීම පිණිස, ඇල්ම දුරු වීම පිණිස, ඇල්ම නිරුද්ධ වීම පිණිස, දහම් දෙසනවා නම්, 'ධර්ම කථික භික්ෂුව' යැයි කීමට සුදුසුයි. පින්වත් භික්ෂුව, ඉදින් මනස ගැන අවබෝධයෙන් ම කලකිරීම පිණිස, ඇල්ම දුරු වීම පිණිස, ඇල්ම නිරුද්ධ වීම පිණිස, ධර්මයේ හැසිරෙනවා නම්, 'ධර්මානුධර්ම ප්‍රතිපදාවෙන් යුතු භික්ෂුව' කියලා කීමට සුදුසුයි. පින්වත් භික්ෂුව, ඉදින් මනස ගැන අවබෝධයෙන් ම කලකිරිලා, ඇල්ම දුරු කරලා, ඇල්ම නිරුද්ධ කරලා, උපාදාන රහිතව කෙලෙසුන්ගෙන් නිදහස් වුණා නම්, 'මේ ජීවිතය තුළ දීම අමා මහ නිවනට පත්වුණ භික්ෂුව' කියලා කීමට සුදුසුයි.

සාදු! සාදු!! සාදු!!!

ධම්මකථික සූත්‍රය නිමා විය.

පහළොස්වෙනි නව පුරාණ වර්ගය යි.

- **එහි පිළිවෙළ උද්දානය යි.**

කම්ම සූත්‍රය, සප්පාය සූත්‍ර හතරයි, අන්තේවාසික සූත්‍රය, කිමත්ථිය සූත්‍රය, අත්ථිනුඛෝපරියාය සූත්‍රය, ඉන්ද්‍රිය සම්පන්න සූත්‍රය, ධම්මකථික සූත්‍රය වශයෙන් මෙම වර්ගය සමන්විත වෙයි.

තුන්වෙනි පණ්ණාසකය යි.

- **එහි වර්ගයන් ගේ පිළිවෙළ උද්දානය යි.**

යෝගක්ඛේම් වර්ගයද, ලෝක වර්ගයද, ගහපති වර්ගයද, දේවදහ වර්ගයද, නවපුරාණ වර්ගයද, යන මෙයින් සූත්‍ර පණස් දෙකක් කියවෙයි. එය තුන්වෙනි පණ්ණාසකයයි.

16. නන්දික්ඛය වර්ගය

1.16.1
අජ්ඣත්තනන්දික්ඛයඅනිච්ච සූත්‍රය
තමා තුළ ඇති තණ්හාව ක්ෂය වීම පිණිස අනිත්‍ය දැකීම ගැන වදාළ දෙසුම

සැවැත් නුවර දී ......

පින්වත් මහණෙනි, භික්ෂුව අනිත්‍ය වශයෙන් දකින්නේ අනිත්‍ය වූ ඇසක් ම යි. ඔහුගේ සම්මා දිට්ඨිය වන්නේ එය ම යි. නියම දැක්ම ඇති විට සත්‍ය ස්වභාවය අවබෝධ වීම තුළින් කලකිරෙනවා. තණ්හාව ක්ෂය වීමෙන් රාගය ක්ෂය වෙනවා. රාගය ක්ෂය වීමෙන් තණ්හාව ක්ෂය වෙනවා. නන්දිරාගය ක්ෂය වීමෙනුයි සිත මැනවින් ම නිදහස් වුණා කියලා කියන්නේ. පින්වත් මහණෙනි, භික්ෂුව අනිත්‍ය වශයෙන් දකින්නේ අනිත්‍ය වූ කනක් ම යි. ....(පෙ).... අනිත්‍ය වූ නාසයක් ම යි ....(පෙ).... අනිත්‍ය වූ දිවක් ම යි ....(පෙ).... අනිත්‍ය වූ කයක් ම යි ....(පෙ).... පින්වත් මහණෙනි, භික්ෂුව අනිත්‍ය වශයෙන් දකින්නේ අනිත්‍ය වූ මනසක් ම යි. ඔහුගේ සම්මා දිට්ඨිය වන්නේ එය ම යි. නියම දැක්ම ඇති විට සත්‍ය ස්වභාවය අවබෝධ වීම තුළින් කලකිරෙනවා. තණ්හාව ක්ෂය වීමෙන් රාගය ක්ෂය වෙනවා. රාගය ක්ෂය වීමෙන් තණ්හාව ක්ෂය වෙනවා. නන්දිරාගය ක්ෂය වීමෙනුයි සිත මැනවින් ම නිදහස් වුණා කියලා කියන්නේ.

සාදු! සාදු!! සාදු!!!

අජ්ඣත්තනන්දික්ඛයඅනිච්ච සූත්‍රය නිමා විය.

1.16.2
බහිද්ධානන්දික්ඛයඅනිච්ච සූත්‍රය
බාහිර දේ කෙරෙහි ඇති තණ්හාව ක්ෂය වීම පිණිස අනිත්‍ය දැකීම ගැන වදාළ දෙසුම

පින්වත් මහණෙනි, භික්ෂුව අනිත්‍ය වශයෙන් දකින්නේ අනිත්‍ය වූ රූප ම යි. ඔහුගේ සම්මා දිට්ඨිය වන්නේ එය ම යි. නියම දැක්ම ඇති විට සත්‍ය ස්වභාවය අවබෝධ වීම තුළින් කලකිරෙනවා. තණ්හාව ක්ෂය වීමෙන් රාගය ක්ෂය වෙනවා. රාගය ක්ෂය වීමෙන් තණ්හාව ක්ෂය වෙනවා. නන්දිරාගය ක්ෂය වීමෙනුයි සිත මැනවින් ම නිදහස් වුණා කියලා කියන්නේ. පින්වත් මහණෙනි, භික්ෂුව අනිත්‍ය වූ ශබ්ද. ....(පෙ).... ගන්ධ ....(පෙ).... රස ....(පෙ).... පහස ....(පෙ).... අනිත්‍ය වශයෙන් දකින්නේ මනසට අරමුණු වන අනිත්‍ය වූ දෙයක් ම යි. ඔහුගේ සම්මා දිට්ඨිය වන්නේ එය ම යි. නියම දැක්ම ඇති විට සත්‍ය ස්වභාවය අවබෝධ වීම තුළින් කලකිරෙනවා. තණ්හාව ක්ෂය වීමෙන් රාගය ක්ෂය වෙනවා. රාගය ක්ෂය වීමෙන් තණ්හාව ක්ෂය වෙනවා. නන්දිරාගය ක්ෂය වීමෙනුයි සිත මැනවින් ම නිදහස් වුණා කියලා කියන්නේ.

සාදු! සාදු!! සාදු!!!

බහිද්ධානන්දික්ඛයඅනිච්ච සූත්‍රය නිමා විය.

1.16.3
අජ්ඣත්තනන්දික්ඛයයෝනිසෝ සූත්‍රය
තමා තුළ ඇති තණ්හාව ක්ෂය වීම පිණිස නුවණින් දැකීම ගැන වදාළ දෙසුම

පින්වත් මහණෙනි, ඇස ගැන නුවණින් මෙනෙහි කරන්න. ඇසේ අනිත්‍යතාවය ඒ ආකාරයෙන් ම නුවණින් දකින්න. පින්වත් මහණෙනි, භික්ෂුව, ඇස ගැන නුවණින් මෙනෙහි කරන විට, ඇසේ අනිත්‍යතාවය ඒ ආකාරයෙන් ම නුවණින් දකින විට ඇස කෙරෙහි කලකිරෙනවා. තණ්හාව ක්ෂය වීමෙන් රාගය ක්ෂය වෙනවා. රාගය ක්ෂය වීමෙන් තණ්හාව ක්ෂය වෙනවා. නන්දිරාගය ක්ෂය වීමෙනුයි සිත මැනවින් ම නිදහස් වුණා කියලා කියන්නේ.

පින්වත් මහණෙනි, කන ගැන නුවණින් මෙනෙහි කරන්න ....(පෙ).... පින්වත් මහණෙනි, නාසය ගැන නුවණින් මෙනෙහි කරන්න ....(පෙ).... පින්වත් මහණෙනි, දිව ගැන නුවණින් මෙනෙහි කරන්න. දිවේ අනිත්‍යතාවය ඒ ආකාරයෙන්ම නුවණින් දකින්න. පින්වත් මහණෙනි, දිව ගැන නුවණින් මෙනෙහි කරන විට, දිවේ අනිත්‍යතාවය ඒ ආකාරයෙන්ම නුවණින් දකින විට දිව කෙරෙහි කලකිරෙනවා ....(පෙ).... සිත මැනවින් ම නිදහස් වුණා කියලා කියන්නේ.

පින්වත් මහණෙනි, කය ගැන නුවණින් මෙනෙහි කරන්න ....(පෙ).... පින්වත් මහණෙනි, මනස ගැන නුවණින් මෙනෙහි කරන්න. මනසේ අනිත්‍යතාවය ඒ ආකාරයෙන් ම නුවණින් දකින්න. පින්වත් මහණෙනි, මනස ගැන නුවණින් මෙනෙහි කරන විට, මනසේ අනිත්‍යතාවය ඒ ආකාරයෙන්ම නුවණින් දකින විට මනස කෙරෙහි කලකිරෙනවා. තණ්හාව ක්ෂය වීමෙන් රාගය ක්ෂය වෙනවා. රාගය ක්ෂය වීමෙන් තණ්හාව ක්ෂය වෙනවා. නන්දිරාගය ක්ෂය වීමෙනුයි සිත මැනවින් ම නිදහස් වුණා කියලා කියන්නේ.

සාදු! සාදු!! සාදු!!!

අජ්ඣත්තනන්දික්ඛයයෝනිසෝ සූත්‍රය නිමා විය.

1.16.4
බහිද්ධානන්දික්ඛයයෝනිසෝ සූත්‍රය
බාහිර දේ කෙරෙහි ඇති තණ්හාව ක්ෂය වීම පිණිස නුවණින් දැකීම ගැන වදාළ දෙසුම

පින්වත් මහණෙනි, රූප ගැන නුවණින් මෙනෙහි කරන්න. රූපවල අනිත්‍යතාවය ඒ ආකාරයෙන් ම නුවණින් දකින්න. පින්වත් මහණෙනි, රූප ගැන නුවණින් මෙනෙහි කරන විට, රූපවල අනිත්‍යතාවය ඒ ආකාරයෙන් ම නුවණින් දකින විට රූප කෙරෙහි කලකිරෙනවා. තණ්හාව ක්ෂය වීමෙන් රාගය ක්ෂය වෙනවා. රාගය ක්ෂය වීමෙන් තණ්හාව ක්ෂය වෙනවා. නන්දිරාගය ක්ෂය වීමෙනුයි සිත මැනවින් ම නිදහස් වුණා කියලා කියන්නේ.

පින්වත් මහණෙනි, ශබ්ද ....(පෙ).... පින්වත් මහණෙනි, ගන්ධ ....(පෙ).... පින්වත් මහණෙනි, රස ....(පෙ).... පින්වත් මහණෙනි, පින්වත්

මහණෙනි, පහස ....(පෙ).... පින්වත් මහණෙනි, මනසට අරමුණු වන දේ ගැන නුවණින් මෙනෙහි කරන්න. මනසට අරමුණු වන දේවල්වල අනිත්‍යතාවය ඒ ආකාරයෙන් ම නුවණින් දකින්න. පින්වත් මහණෙනි, මනසට අරමුණු වන දේ ගැන නුවණින් මෙනෙහි කරන විට, මනසට අරමුණු වන දේවල්වල අනිත්‍යතාවය ඒ ආකාරයෙන් ම නුවණින් දකින විට මනසට අරමුණු වන දේ කෙරෙහි කලකිරෙනවා. තණ්හාව ක්ෂය වීමෙන් රාගය ක්ෂය වෙනවා. රාගය ක්ෂය වීමෙන් තණ්හාව ක්ෂය වෙනවා. නන්දිරාගය ක්ෂය වීමෙනුයි සිත මැනවින් ම නිදහස් වුණා කියලා කියන්නේ.

සාදු! සාදු!! සාදු!!!

බහිද්ධානන්දික්ඛයයෝනිසෝ සූත්‍රය නිමා විය.

1.16.5
සමාධි සූත්‍රය
සමාධිය ගැන වදාළ දෙසුම

ඒ දිනවල භාග්‍යවතුන් වහන්සේ වැඩසිටියේ රජගහ නුවර ජීවක අඹ වනයේ. එදා භාග්‍යවතුන් වහන්සේ "පින්වත් මහණෙනි" යි කියා භික්ෂූන් අමතා වදාළා. ඒ භික්ෂූන් වහන්සේලා පින්වතුන් වහන්ස, කියා භාග්‍යවතුන් වහන්සේට පිළිතුරු දුන්නා. භාග්‍යවතුන් වහන්සේ මෙය වදාළා. "පින්වත් මහණෙනි, සමාධිය වඩන්න. පින්වත් මහණෙනි, සමාධිමත් සිත් ඇති භික්ෂුවට යථාර්ථය වැටහෙනවා. කුමන යථාර්ථයක් ද වැටහෙන්නේ?"

ඇස අනිත්‍යයි යන යථාර්ථය වැටහෙනවා. රූප අනිත්‍යයි යන යථාර්ථය වැටහෙනවා. ඇසේ විඤ්ඤාණය අනිත්‍යයි යන යථාර්ථය වැටහෙනවා. ඇසේ ස්පර්ශය අනිත්‍යයි යන යථාර්ථය වැටහෙනවා. ඇසේ ස්පර්ශයෙන් උපදින්නා වූ සැප වේවා, දුක් වේවා, දුක් සැප රහිත වේවා යම් විඳීමක් ඇත්ද, එයත් අනිත්‍යයි යන යථාර්ථය වැටහෙනවා. කන ....(පෙ).... නාසය ....(පෙ).... දිව ....(පෙ).... කය ....(පෙ).... මනස අනිත්‍යයි යන යථාර්ථය වැටහෙනවා. මනසට අරමුණු වන දේ අනිත්‍යයි යන යථාර්ථය වැටහෙනවා. මනසේ විඤ්ඤාණය අනිත්‍යයි යන යථාර්ථය වැටහෙනවා. මනසේ ස්පර්ශය අනිත්‍යයි යන යථාර්ථය වැටහෙනවා. මනසේ ස්පර්ශයෙන් උපදින්නා වූ සැප වේවා, දුක් වේවා, දුක් සැප රහිත වේවා යම් විඳීමක් ඇත්ද, එයත් අනිත්‍යයි

යන යථාර්ථය වැටහෙනවා. පින්වත් මහණෙනි, සමාධිය වඩන්න. පින්වත් මහණෙනි, සමාධිමත් සිත් ඇති භික්ෂුවට යථාර්ථය වැටහෙනවා.

සාදු! සාදු!! සාදු!!!

සමාධි සූත්‍රය නිමා විය.

1.16.6
පටිසල්ලාන සූත්‍රය
භාවනාවෙන් වාසය කිරීම ගැන වදාළ දෙසුම

ඒ දිනවල භාග්‍යවතුන් වහන්සේ වැඩසිටියේ රජගහ නුවර ජීවක අඹ වනයේ. එදා භාග්‍යවතුන් වහන්සේ "පින්වත් මහණෙනි" යි කියා භික්ෂූන් අමතා වදාළා ....(පෙ).... "පින්වත් මහණෙනි, භාවනාවෙහි යෙදී වාසය කරන්න. පින්වත් මහණෙනි, භාවනාවෙහි යෙදී වාසය කරන භික්ෂුවට යථාර්ථය වැටහෙනවා. කුමන යථාර්ථයක් ද වැටහෙන්නේ?"

ඇස අනිත්‍යයි යන යථාර්ථය වැටහෙනවා. රූප අනිත්‍යයි යන යථාර්ථය වැටහෙනවා. ඇසේ විඤ්ඤාණය අනිත්‍යයි යන යථාර්ථය වැටහෙනවා. ඇසේ ස්පර්ශය අනිත්‍යයි යන යථාර්ථය වැටහෙනවා. ඇසේ ස්පර්ශයෙන් උපදින්නා වූ සැප වේවා, දුක් වේවා, දුක් සැප රහිත වේවා යම් විඳීමක් ඇත්ද, එයත් අනිත්‍යයි යන යථාර්ථය වැටහෙනවා. කන ....(පෙ).... නාසය ....(පෙ).... දිව ....(පෙ).... කය ....(පෙ).... මනස අනිත්‍යයි යන යථාර්ථය වැටහෙනවා. මනසට අරමුණු වන දේ අනිත්‍යයි යන යථාර්ථය වැටහෙනවා. මනසේ විඤ්ඤාණය අනිත්‍යයි යන යථාර්ථය වැටහෙනවා. මනසේ ස්පර්ශය අනිත්‍යයි යන යථාර්ථය වැටහෙනවා. මනසේ ස්පර්ශයෙන් උපදින්නා වූ සැප වේවා, දුක් වේවා, දුක් සැප රහිත වේවා යම් විඳීමක් ඇත්ද, එයත් අනිත්‍යයි යන යථාර්ථය වැටහෙනවා. පින්වත් මහණෙනි, භාවනාවෙහි යෙදී වාසය කරන්න. පින්වත් මහණෙනි, භාවනාවෙහි යෙදී වාසය කරන භික්ෂුවට යථාර්ථය වැටහෙනවා.

සාදු! සාදු!! සාදු!!!

පටිසල්ලාන සූත්‍රය නිමා විය.

1.16.7
කොට්ඨිත අනිච්ච සූත්‍රය
කොට්ඨිත තෙරුන්ට අනිත්‍ය ගැන වදාළ දෙසුම

එදා ආයුෂ්මත් කොට්ඨිත තෙරුන් භාග්‍යවතුන් වහන්සේ වැඩසිටි තැනට පැමිණුනා. පැමිණිලා භාග්‍යවතුන් වහන්සේට ආදරයෙන් වන්දනා කොට එකත්පස්ව වාඩිවුණා. එකත්පස්ව වාඩිවුණු ආයුෂ්මත් කොට්ඨිත තෙරුන් භාග්‍යවතුන් වහන්සේට මෙකරුණ සැල කළා. ස්වාමීනී, භාග්‍යවතුන් වහන්ස, මා හට සංක්ෂේපයෙන් ශ්‍රී සද්ධර්මය වදාරණ සේක් නම් මැනවි. එතකොට මට භාග්‍යවතුන් වහන්සේගෙන් යම් ධර්මයක් අසා දැනගෙන හුදෙකලා වෙලා, පිරිසෙන් වෙන් වෙලා, අප්‍රමාදීව, කෙලෙස් තවන වීර්යය ඇතිව, දහමට දිවි පුදා වාසය කරන්න පුළුවනි.

"පින්වත් කොට්ඨිත, යමක් අනිත්‍ය නම්, ඒ කෙරෙහි ඇති ඔබේ ආශාව අත්හළ යුතුයි. පින්වත් කොට්ඨිත, අනිත්‍ය දෙය යනු කුමක්ද? පින්වත් කොට්ඨිත ඇස අනිත්‍යයි, ඒ කෙරෙහි ඇති ඔබේ ආශාව අත්හළ යුතුයි. රූප අනිත්‍යයි. ඒ කෙරෙහි ඇති ඔබේ ආශාව අත්හළ යුතුයි. ඇසේ විඤ්ඤාණය අනිත්‍යයි, ඒ කෙරෙහි ඇති ඔබේ ආශාව අත්හළ යුතුයි. ඇසේ ස්පර්ශය අනිත්‍යයි, ඒ කෙරෙහි ඇති ඔබේ ආශාව අත්හළ යුතුයි. ඇසේ ස්පර්ශයෙන් උපදින්නා වූ සැප වේවා, දුක් වේවා, දුක් සැප රහිත වේවා යම් විඳීමක් ඇත්ද, එයත් අනිත්‍යයි. ඒ කෙරෙහි ඇති ඔබේ ආශාව අත්හළ යුතුයි.

කන ....(පෙ).... නාසය ....(පෙ).... දිව අනිත්‍යයි. ඒ කෙරෙහි ඇති ඔබේ ආශාව අත්හළ යුතුයි. රස අනිත්‍යයි, ඒ කෙරෙහි ඇති ඔබේ ආශාව අත්හළ යුතුයි. දිවේ විඤ්ඤාණය ....(පෙ).... දිවේ ස්පර්ශය ....(පෙ).... දිවේ ස්පර්ශයෙන් උපදින්නා වූ සැප වේවා, දුක් වේවා, දුක් සැප රහිත වේවා යම් විඳීමක් ඇත්ද, එයත් අනිත්‍යයි. ඒ කෙරෙහි ඇති ඔබේ ආශාව අත්හළ යුතුයි.

කය ....(පෙ).... මනස අනිත්‍යයි. ඒ කෙරෙහි ඇති ඔබේ ආශාව අත්හළ යුතුයි. මනසට අරමුණු වන දේ අනිත්‍යයි ....(පෙ).... මනෝ විඤ්ඤාණය අනිත්‍යයි ....(පෙ).... මනසේ ස්පර්ශය අනිත්‍යයි ....(පෙ).... මනසේ ස්පර්ශයෙන් උපදින්නා වූ සැප වේවා, දුක් වේවා, දුක් සැප රහිත වේවා යම් විඳීමක් ඇත්ද, එයත් අනිත්‍යයි. ඒ කෙරෙහි ඇති ඔබේ ආශාව අත්හළ යුතුයි. පින්වත් කොට්ඨිත, යමක් අනිත්‍ය නම්, ඒ කෙරෙහි ඇති ඔබේ ආශාව අත්හළ යුතුයි.

සාදු! සාදු!! සාදු!!!

කොට්ඨිත අනිච්ච සූත්‍රය නිමා විය.

1.16.8
කොට්ඨිත දුක්ඛ සූත්‍රය
කොට්ඨිත තෙරුන්ට දුක ගැන වදාළ දෙසුම

සැවැත් නුවර දී ......

එකත්පස්ව වාඩිවුණු ආයුෂ්මත් කොට්ඨිත තෙරුන් භාග්‍යවතුන් වහන්සේට මෙකරුණ සැල කළා. ස්වාමීනී, භාග්‍යවතුන් වහන්ස, මා හට සංක්ෂේපයෙන් ශ්‍රී සද්ධර්මය වදාරණ සේක් නම් මැනවි. එතකොට මට භාග්‍යවතුන් වහන්සේගෙන් යම් ධර්මයක් අසා ....(පෙ).... වාසය කරන්න පුළුවන්. "පින්වත් කොට්ඨිත, යමක් දුක නම්, ඒ කෙරෙහි ඇති ඔබේ ආශාව අත්හළ යුතුයි. පින්වත් කොට්ඨිත, දුක් දෙය යනු කුමක්ද? පින්වත් කොට්ඨිත ඇස දුකයි. ඒ කෙරෙහි ඇති ඔබේ ආශාව අත්හළ යුතුයි. රූප දුකයි. ඒ කෙරෙහි ඇති ඔබේ ආශාව අත්හළ යුතුයි. ඇසේ විඤ්ඤාණය දුකයි, ඒ කෙරෙහි ඇති ඔබේ ආශාව අත්හළ යුතුයි. ඇසේ ස්පර්ශය දුකයි, ඒ කෙරෙහි ඇති ඔබේ ආශාව අත්හළ යුතුයි. ඇසේ ස්පර්ශයෙන් උපදින්නා වූ සැප වේවා, දුක් වේවා, දුක් සැප රහිත වේවා යම් විඳීමක් ඇත්ද, එයත් දුකයි. ඒ කෙරෙහි ඇති ඔබේ ආශාව අත්හළ යුතුයි."

කන දුකයි ....(පෙ).... නාසය දුකයි ....(පෙ).... දිව දුකයි ....(පෙ).... කය දුකයි ....(පෙ).... මනස දුකයි. ඒ කෙරෙහි ඇති ඔබේ ආශාව අත්හළ යුතුයි. මනසට අරමුණු වන දේ දුකයි ....(පෙ).... මනෝ විඤ්ඤාණය දුකයි ....(පෙ).... මනසේ ස්පර්ශය දුකයි ....(පෙ).... මනසේ ස්පර්ශයෙන් උපදින්නා වූ සැප වේවා, දුක් වේවා, දුක් සැප රහිත වේවා යම් විඳීමක් ඇත්ද, එයත් දුකයි. ඒ කෙරෙහි ඇති ඔබේ ආශාව අත්හළ යුතුයි. පින්වත් කොට්ඨිත යමක් දුක නම්, ඒ කෙරෙහි ඇති ඔබේ ආශාව අත්හළ යුතුයි.

සාදු! සාදු!! සාදු!!!

කොට්ඨිත දුක්ඛ සූත්‍රය නිමා විය.

1.16.9
කොට්ඨිත අනත්ත සූත්‍රය
කොට්ඨිත තෙරුන්ට අනාත්මය ගැන වදාළ දෙසුම

සැවැත් නුවර දී ......

එකත්පස්ව වාඩිවුණු ආයුෂ්මත් කොට්ඨිත තෙරුන් භාග්‍යවතුන් වහන්සේට මෙකරුණ සැල කළා. ස්වාමීනී, භාග්‍යවතුන් වහන්ස, මා හට සංක්ෂේපයෙන් ශ්‍රී සද්ධර්මය වදාරණ සේක් නම් මැනවි. එතකොට මට භාග්‍යවතුන් වහන්සේගෙන් යම් ධර්මයක් අසා ....(පෙ).... වාසය කරන්න පුළුවන්. "පින්වත් කොට්ඨිත, යමක් අනාත්ම නම්, ඒ කෙරෙහි ඇති ඔබේ ආශාව අත්හළ යුතුයි. පින්වත් කොට්ඨිත, අනාත්ම දෙය යනු කුමක්ද? පින්වත් කොට්ඨිත ඇස අනාත්මයි. ඒ කෙරෙහි ඇති ඔබේ ආශාව අත්හළ යුතුයි. රූප අනාත්මයි. ඒ කෙරෙහි ඇති ඔබේ ආශාව අත්හළ යුතුයි. ඇසේ විඤ්ඤාණය අනාත්මයි, ඒ කෙරෙහි ඇති ඔබේ ආශාව අත්හළ යුතුයි. ඇසේ ස්පර්ශය අනාත්මයි, ඒ කෙරෙහි ඇති ඔබේ ආශාව අත්හළ යුතුයි. ඇසේ ස්පර්ශයෙන් උපදින්නා වූ සැප වේවා, දුක් වේවා, දුක් සැප රහිත වේවා යම් විඳීමක් ඇත්ද, එයත් අනාත්මයි. ඒ කෙරෙහි ඇති ඔබේ ආශාව අත්හළ යුතුයි."

කන ....(පෙ).... නාසය ....(පෙ).... දිව ....(පෙ).... කය ....(පෙ).... මනස අනාත්මයි. ඒ කෙරෙහි ඇති ඔබේ ආශාව අත්හළ යුතුයි. මනසට අරමුණු වන දේ අනාත්මයි ....(පෙ).... මනෝ විඤ්ඤාණය අනාත්මයි ....(පෙ).... මනසේ ස්පර්ශය අනාත්මයි ....(පෙ).... මනසේ ස්පර්ශයෙන් උපදින්නා වූ සැප වේවා, දුක් වේවා, දුක් සැප රහිත වේවා යම් විඳීමක් ඇත්ද, එයත් අනාත්මයි. ඒ කෙරෙහි ඇති ඔබේ ආශාව අත්හළ යුතුයි. පින්වත් කොට්ඨිත යමක් අනාත්ම නම්, ඒ කෙරෙහි ඇති ඔබේ ආශාව අත්හළ යුතුයි.

සාදු! සාදු!! සාදු!!!

කොට්ඨිත අනත්ත සූත්‍රය නිමා විය.

1.16.10
මිච්ඡාදිට්ඨිප්පහාන සූත්‍රය
මිථ්‍යා දෘෂ්ටිය ප්‍රහාණය වීම ගැන වදාළ දෙසුම

එදා එක්තරා භික්ෂුවක් භාග්‍යවතුන් වහන්සේ වැඩසිටි තැනට පැමිණුනා. පැමිණිලා ....(පෙ).... එකත්පස්ව වාඩිවුණා. එකත්පස්ව වාඩිවුණ ඒ භික්ෂුව භාග්‍යවතුන් වහන්සේට මෙකරුණ සැල කළා. "ස්වාමීනී, කොයි විදිහට දන්නා විට ද, කොයි විදිහට දකිනා විට ද මිත්‍යා දෘෂ්ටිය ප්‍රහාණය වෙන්නේ?"

පින්වත් භික්ෂුව, ඇස අනිත්‍ය වශයෙන් දන්නා විට, දකිනා විට මිත්‍යා දෘෂ්ටිය ප්‍රහාණය වෙනවා. රූප අනිත්‍ය වශයෙන් දන්නා විට, දකිනා විට මිත්‍යා දෘෂ්ටිය ප්‍රහාණය වෙනවා. ඇසේ විඤ්ඤාණය අනිත්‍ය වශයෙන් දන්නා විට, දකිනා විට මිත්‍යා දෘෂ්ටිය ප්‍රහාණය වෙනවා. ඇසේ ස්පර්ශය අනිත්‍ය වශයෙන් දන්නා විට, දකිනා විට මිත්‍යා දෘෂ්ටිය ප්‍රහාණය වෙනවා. ඇසේ ස්පර්ශයෙන් උපදින්නා වූ සැප වේවා, දුක් වේවා, දුක් සැප රහිත වේවා යම් කිසි විඳීමක් ඇත්ද, එයත් අනිත්‍ය වශයෙන් දන්නා විට, දකිනා විට මිත්‍යා දෘෂ්ටිය ප්‍රහාණය වෙනවා.

කන අනිත්‍ය වශයෙන් ....(පෙ).... නාසය ....(පෙ).... දිව ....(පෙ).... කය ....(පෙ).... මනස අනිත්‍ය වශයෙන් දන්නා විට, දකිනා විට මිත්‍යා දෘෂ්ටිය ප්‍රහාණය වෙනවා. මනසට අරමුණු වන දේ අනිත්‍ය වශයෙන් ....(පෙ).... මනසේ විඤ්ඤාණය අනිත්‍ය වශයෙන් ....(පෙ).... මනසේ ස්පර්ශය අනිත්‍ය වශයෙන් ....(පෙ).... මනසේ ස්පර්ශයෙන් උපදින්නා වූ සැප වේවා, දුක් වේවා, දුක් සැප රහිත වේවා යම් කිසි විඳීමක් ඇත්ද, එයත් අනිත්‍ය වශයෙන් දන්නා විට, දකිනා විට මිත්‍යා දෘෂ්ටිය ප්‍රහාණය වෙනවා. පින්වත් භික්ෂුව, ඔය විදිහට දන්නා විට තමයි, ඔය විදිහට දකිනා විට තමයි මිත්‍යා දෘෂ්ටිය ප්‍රහාණය වෙන්නේ.

සාදු! සාදු!! සාදු!!!

මිච්ඡාදිට්ඨිප්පහාන සූත්‍රය නිමා විය.

1.16.11
සක්කායදිට්ඨිප්පහාන සූත්‍රය
සක්කාය දෘෂ්ටිය ප්‍රහාණය වීම ගැන වදාළ දෙසුම

සැවැත් නුවර දී ......

එකත්පස්ව වාඩිවුණ ඒ භික්ෂුව භාග්‍යවතුන් වහන්සේට මෙකරුණ සැල කළා. "ස්වාමීනී, කොයි විදිහට දන්නා විට ද, කොයි විදිහට දකිනා විට ද සක්කාය දෘෂ්ටිය ප්‍රහාණය වෙන්නේ?"

පින්වත් භික්ෂුව, ඇස දුක් වශයෙන් දන්නා විට, දකිනා විට සක්කාය දෘෂ්ටිය ප්‍රහාණය වෙනවා. රූප දුක් වශයෙන් දන්නා විට, දකිනා විට සක්කාය දෘෂ්ටිය ප්‍රහාණය වෙනවා. ඇසේ විඤ්ඤාණය දුක් වශයෙන් දන්නා විට, දකිනා විට සක්කාය දෘෂ්ටිය ප්‍රහාණය වෙනවා. ඇසේ ස්පර්ශය දුක් වශයෙන් දන්නා විට, දකිනා විට සක්කාය දෘෂ්ටිය ප්‍රහාණය වෙනවා. ඇසේ ස්පර්ශයෙන් උපදින්නා වූ සැප වේවා, දුක් වේවා, දුක් සැප රහිත වේවා යම් කිසි විඳීමක් ඇත්ද, එයත් දුක් වශයෙන් දන්නා විට, දකිනා විට සක්කාය දෘෂ්ටිය ප්‍රහාණය වෙනවා.

කන ....(පෙ).... නාසය ....(පෙ).... දිව ....(පෙ).... කය ....(පෙ).... මනස දුක් වශයෙන් දන්නා විට, දකිනා විට සක්කාය දෘෂ්ටිය ප්‍රහාණය වෙනවා. මනසට අරමුණු වන දේ දුක් වශයෙන් දන්නා විට, දකිනා විට සක්කාය දෘෂ්ටිය ප්‍රහාණය වෙනවා. මනසේ විඤ්ඤාණය දුක් වශයෙන් දන්නා විට, දකිනා විට සක්කාය දෘෂ්ටිය ප්‍රහාණය වෙනවා. මනසේ ස්පර්ශය දුක් වශයෙන් දන්නා විට, දකිනා විට සක්කාය දෘෂ්ටිය ප්‍රහාණය වෙනවා. මනසේ ස්පර්ශයෙන් උපදින්නා වූ සැප වේවා, දුක් වේවා, දුක් සැප රහිත වේවා යම් කිසි විඳීමක් ඇත්ද, එයත් දුක් වශයෙන් දන්නා විට, දකිනා විට සක්කාය දෘෂ්ටිය ප්‍රහාණය වෙනවා. පින්වත් භික්ෂුව, ඔය විදිහට දන්නා විට තමයි, ඔය විදිහට දක්නා විට තමයි සක්කාය දෘෂ්ටිය ප්‍රහාණය වෙන්නේ.

සාදු! සාදු!! සාදු!!!

සක්කායදිට්ඨිප්පහාන සූත්‍රය නිමා විය.

1.16.12
අත්තානුදිට්ඨිප්පහාන සූත්‍රය
ආත්ම දෘෂ්ටිය ප්‍රහාණය වීම ගැන වදාළ දෙසුම

සැවැත් නුවර දී ......

එකත්පස්ව වාඩිවුණ ඒ භික්ෂුව භාග්‍යවතුන් වහන්සේට මෙකරුණ සැල කළා. "ස්වාමීනී, කොයි විදිහට දන්නා විට ද, කොයි විදිහට දක්නා විට ද ආත්ම දෘෂ්ටිය ප්‍රහාණය වෙන්නේ?"

පින්වත් භික්ෂුව, ඇස අනාත්ම වශයෙන් දන්නා විට, දකිනා විට ආත්ම දෘෂ්ටිය ප්‍රහාණය වෙනවා. රූප අනාත්ම වශයෙන් දන්නා විට, දකිනා විට ආත්ම දෘෂ්ටිය ප්‍රහාණය වෙනවා. ඇසේ විඤ්ඤාණය අනාත්ම වශයෙන් දන්නා විට, දකිනා විට ආත්ම දෘෂ්ටිය ප්‍රහාණය වෙනවා. ඇසේ ස්පර්ශය අනාත්ම වශයෙන් දන්නා විට, දකිනා විට ආත්ම දෘෂ්ටිය ප්‍රහාණය වෙනවා. ඇසේ ස්පර්ශයෙන් උපදින්නා වූ සැප වේවා, දුක් වේවා, දුක් සැප රහිත වේවා යම් කිසි විඳීමක් ඇත්ද, එයත් අනාත්ම වශයෙන් දන්නා විට, දකිනා විට ආත්ම දෘෂ්ටිය ප්‍රහාණය වෙනවා.

කන ....(පෙ).... නාසය ....(පෙ).... දිව ....(පෙ).... කය ....(පෙ).... මනස අනාත්ම වශයෙන් දන්නා විට, දකිනා විට ආත්ම දෘෂ්ටිය ප්‍රහාණය වෙනවා. මනසට අරමුණු වන දේ අනාත්ම වශයෙන් ....(පෙ).... මනසේ විඤ්ඤාණය අනාත්ම වශයෙන් ....(පෙ).... මනසේ ස්පර්ශය අනාත්ම වශයෙන් ....(පෙ).... මනසේ ස්පර්ශයෙන් උපදින්නා වූ සැප වේවා, දුක් වේවා, දුක් සැප රහිත වේවා යම් කිසි විඳීමක් ඇත්ද, එයත් අනාත්ම වශයෙන් දන්නා විට, දකිනා විට ආත්ම දෘෂ්ටිය ප්‍රහාණය වෙනවා. පින්වත් භික්ෂුව, ඔය විදිහට දන්නා විට තමයි, ඔය විදිහට දක්නා විට තමයි ආත්ම දෘෂ්ටිය ප්‍රහාණය වෙන්නේ.

සාදු! සාදු!! සාදු!!!

අත්තානුදිට්ඨිප්පහාන සූත්‍රය නිමා විය.

දහසයවෙනි නන්දික්ඛය වර්ගය යි.

- **එහි පිළිවෙළ උද්දානය යි.**

නන්දික්ඛය සූත්‍ර හතරක්, ජීවක අම්බවනයේදී වදාළ සූත්‍ර දෙකක්, කොට්ඨිත නමින් සූත්‍ර තුනක්, මිච්ඡාදිට්ඨිප්පහාන සූත්‍රය, සක්කායදිට්ඨිප්පහාන සූත්‍රය, අත්තානුදිට්ඨිප්පහාන සූත්‍රය වශයෙන් සූත්‍ර දොළොසකින් මෙම වර්ගය සමන්විත වේ.

17. සට්ඨි පෙය්‍යාලය

1.17.1
අනිච්චඡන්ද සූත්‍රය
අනිත්‍ය දේ කෙරෙහි ඇති ඡන්දය දුරු කිරීම ගැන වදාළ දෙසුම

සැවැත් නුවර දී ......

පින්වත් මහණෙනි, අනිත්‍ය වූ යමක් ඇත්ද, ඒ කෙරෙහි ඔබගේ ඇති කැමැත්තයි ප්‍රහාණය කළ යුත්තේ. පින්වත් මහණෙනි, අනිත්‍ය දේ යනු කුමක්ද? පින්වත් මහණෙනි, ඇස අනිත්‍යයි. ඒ කෙරෙහි ඔබගේ ඇති කැමැත්තයි ප්‍රහාණය කළ යුත්තේ. කන අනිත්‍යයි ....(පෙ).... නාසය අනිත්‍යයි ....(පෙ).... දිව අනිත්‍යයි ....(පෙ).... කය අනිත්‍යයි ....(පෙ).... මනස අනිත්‍යයි. ඒ කෙරෙහි ඔබගේ ඇති කැමැත්තයි ප්‍රහාණය කළ යුත්තේ. පින්වත් මහණෙනි, අනිත්‍ය වූ යමක් ඇත්ද, ඒ කෙරෙහි ඔබගේ ඇති කැමැත්තයි ප්‍රහාණය කළ යුත්තේ.

සාදු! සාදු!! සාදු!!!

අනිච්චඡන්ද සූත්‍රය නිමා විය.

1.17.2
අනිච්චරාග සූත්‍රය
අනිත්‍ය දේ කෙරෙහි ඇති රාගය දුරු කිරීම ගැන වදාළ දෙසුම

පින්වත් මහණෙනි, අනිත්‍ය වූ යමක් ඇත්ද, ඒ කෙරෙහි ඔබගේ ඇති රාගයයි ප්‍රහාණය කළ යුත්තේ. පින්වත් මහණෙනි, අනිත්‍ය දේ යනු කුමක්ද? පින්වත් මහණෙනි, ඇස අනිත්‍යයි. ඒ කෙරෙහි ඔබගේ ඇති රාගයයි ප්‍රහාණය කළ යුත්තේ. කන අනිත්‍යයි ....(පෙ).... නාසය අනිත්‍යයි ....(පෙ).... දිව අනිත්‍යයි ....(පෙ).... කය අනිත්‍යයි ....(පෙ).... මනස අනිත්‍යයි. ඒ කෙරෙහි ඔබගේ ඇති රාගයයි ප්‍රහාණය කළ යුත්තේ. පින්වත් මහණෙනි, අනිත්‍ය වූ යමක් ඇද්ද, ඒ කෙරෙහි ඔබගේ ඇති රාගයයි ප්‍රහාණය කළ යුත්තේ.

සාදු! සාදු!! සාදු!!!

අනිච්චරාග සූත්‍රය නිමා විය.

1.17.3
අනිච්චඡන්දරාග සූත්‍රය
අනිත්‍ය දේ කෙරෙහි ඇති ඡන්දරාගය දුරු කිරීම ගැන වදාළ දෙසුම

පින්වත් මහණෙනි, අනිත්‍ය වූ යමක් ඇත්ද, ඒ කෙරෙහි ඔබගේ ඇති ඡන්දරාගයයි ප්‍රහාණය කළ යුත්තේ. පින්වත් මහණෙනි, අනිත්‍ය දේ යනු කුමක්ද? පින්වත් මහණෙනි, ඇස අනිත්‍යයි. ඒ කෙරෙහි ඔබගේ ඇති ඡන්දරාග යයි ප්‍රහාණය කළ යුත්තේ. කන අනිත්‍යයි ....(පෙ).... නාසය අනිත්‍යයි ....(පෙ).... දිව අනිත්‍යයි ....(පෙ).... කය අනිත්‍යයි ....(පෙ).... මනස අනිත්‍යයි. ඒ කෙරෙහි ඔබගේ ඇති ඡන්දරාගයයි ප්‍රහාණය කළ යුත්තේ. පින්වත් මහණෙනි, අනිත්‍ය වූ යමක් ඇත්ද, ඒ කෙරෙහි ඔබගේ ඇති ඡන්දරාගයයි ප්‍රහාණය කළ යුත්තේ.

සාදු! සාදු!! සාදු!!!

අනිච්චඡන්දරාග සූත්‍රය නිමා විය.

1.17.4 - 6
දුක්ඛඡන්ද, දුක්ඛරාග, දුක්ඛඡන්දරාග සූත්‍ර
දුක් දේ කෙරෙහි ඇති ඡන්දයත්, රාගයත්, ඡන්දරාගයත් දුරු කිරීම ගැන වදාළ දෙසුම්

පින්වත් මහණෙනි, දුක් වූ යමක් ඇත්ද, ඒ කෙරෙහි ඔබගේ ඇති ඡන්දයත්, රාගයත්, ඡන්දරාගයත් තමයි ප්‍රහාණය කළ යුත්තේ. පින්වත් මහණෙනි, දුක් දේ යනු කුමක්ද? පින්වත් මහණෙනි, ඇස දුකයි. ඒ කෙරෙහි ඔබගේ ඇති ඡන්දයත්, රාගයත්, ඡන්දරාගයත් තමයි ප්‍රහාණය කළ යුත්තේ. කන දුකයි ....(පෙ).... නාසය දුකයි ....(පෙ).... දිව දුකයි ....(පෙ).... කය දුකයි ....(පෙ).... මනස දුකයි. ඒ කෙරෙහි ඔබගේ ඇති ඡන්දයත්, රාගයත්, ඡන්දරාගයත් තමයි ප්‍රහාණය කළ යුත්තේ. පින්වත් මහණෙනි, දුක් වූ යමක් ඇත්ද, ඒ කෙරෙහි ඔබගේ ඇති ඡන්දයත්, රාගයත්, ඡන්දරාගයත් තමයි ප්‍රහාණය කළ යුත්තේ.

සාදු! සාදු!! සාදු!!!

1.17.7 - 9
අනත්තඡන්ද, අනත්තරාග, අනත්තඡන්දරාග සූත්‍ර
අනාත්ම දේ කෙරෙහි ඇති ඡන්දයත්, රාගයත්, ඡන්දරාගයත් දුරු කිරීම ගැන වදාළ දෙසුම්

පින්වත් මහණෙනි, අනාත්ම වූ යමක් ඇත්ද, ඒ කෙරෙහි ඔබගේ ඇති ඡන්දයත්, රාගයත්, ඡන්දරාගයත් තමයි ප්‍රහාණය කළ යුත්තේ. පින්වත් මහණෙනි, අනාත්ම දේ යනු කුමක්ද? පින්වත් මහණෙනි, ඇස අනාත්මයි. ඒ කෙරෙහි ඔබගේ ඇති ඡන්දයත්, රාගයත්, ඡන්දරාගයත් තමයි ප්‍රහාණය කළ යුත්තේ. කන ....(පෙ).... නාසය ....(පෙ).... දිව ....(පෙ).... කය ....(පෙ).... මනස අනාත්මයි. ඒ කෙරෙහි ඔබගේ ඇති ඡන්දයත්, රාගයත්, ඡන්දරාගයත් තමයි ප්‍රහාණය කළ යුත්තේ. පින්වත් මහණෙනි, අනාත්ම වූ යමක් ඇත්ද, ඒ කෙරෙහි ඔබගේ ඇති ඡන්දයත්, රාගයත්, ඡන්දරාගයත් තමයි ප්‍රහාණය කළ යුත්තේ.

සාදු! සාදු!! සාදු!!!

1.17.10 - 12
බාහිරානිච්චඡන්ද, බාහිරානිච්චරාග, බාහිරානිච්චඡන්දරාග සූත්‍ර

බාහිර අනිත්‍ය දේ කෙරෙහි ඇති ඡන්දයත්, රාගයත්, ඡන්දරාගයත් දුරු කිරීම ගැන වදාළ දෙසුම්

පින්වත් මහණෙනි, අනිත්‍ය වූ යමක් ඇත්ද, ඒ කෙරෙහි ඔබගේ ඇති ඡන්දයත්, රාගයත්, ඡන්දරාගයත් තමයි ප්‍රහාණය කළ යුත්තේ. පින්වත් මහණෙනි, අනිත්‍ය දේ යනු කුමක්ද? පින්වත් මහණෙනි, රූප අනිත්‍යයි. ඒ කෙරෙහි ඔබගේ ඇති ඡන්දයත්, රාගයත්, ඡන්දරාගයත් තමයි ප්‍රහාණය කළ යුත්තේ. ශබ්ද ....(පෙ).... ගන්ධ ....(පෙ).... රස ....(පෙ).... පහස ....(පෙ).... මනසට අරමුණු වන දේ අනිත්‍යයි, ඒ කෙරෙහි ඔබගේ ඇති ඡන්දයත්, රාගයත්, ඡන්දරාගයත් තමයි ප්‍රහාණය කළ යුත්තේ. පින්වත් මහණෙනි, අනිත්‍ය වූ යමක් ඇත්ද, ඒ කෙරෙහි ඔබගේ ඇති ඡන්දයත්, රාගයත්, ඡන්දරාගයත් තමයි ප්‍රහාණය කළ යුත්තේ.

සාදු! සාදු!! සාදු!!!

1.17.13 - 15
බාහිර දුක්ඛඡන්ද, බාහිර දුක්ඛරාග, බාහිර දුක්ඛඡන්දරාග සූත්‍ර

බාහිර දුක් දේ කෙරෙහි ඇති ඡන්දයත්, රාගයත්, ඡන්ද රාගයත් දුරු කිරීම ගැන වදාළ දෙසුම්

පින්වත් මහණෙනි, දුක් වූ යමක් ඇත්ද, ඒ කෙරෙහි ඔබගේ ඇති ඡන්දයත්, රාගයත්, ඡන්දරාගයත් තමයි ප්‍රහාණය කළ යුත්තේ. පින්වත් මහණෙනි, දුක් දේ යනු කුමක්ද? පින්වත් මහණෙනි, රූප දුකයි. ඒ කෙරෙහි ඔබගේ ඇති ඡන්දයත්, රාගයත්, ඡන්දරාගයත් තමයි ප්‍රහාණය කළ යුත්තේ. ශබ්ද ....(පෙ).... ගන්ධ ....(පෙ).... රස ....(පෙ).... පහස ....(පෙ).... මනසට අරමුණු වන දේ දුකයි. ඒ කෙරෙහි ඔබගේ ඇති ඡන්දයත්, රාගයත්, ඡන්දරාගයත් තමයි ප්‍රහාණය කළ යුත්තේ. පින්වත් මහණෙනි, දුක් වූ යමක් ඇත්ද, ඒ

කෙරෙහි ඔබගේ ඇති ඡන්දයත්, රාගයත්, ඡන්දරාගයත් තමයි ප්‍රහාණය කළ යුත්තේ.

සාදු! සාදු!! සාදු!!!

1.17.16 - 18
බාහිරානත්තඡන්ද, බාහිරානත්තරාග, බාහිරානත්තඡන්දරාග සූත්‍ර
බාහිර අනාත්ම දේ කෙරෙහි ඇති ඡන්දයත්, රාගයත්, ඡන්ද රාගයත් දුරු කිරීම ගැන වදාළ දෙසුම්

පින්වත් මහණෙනි, අනාත්ම වූ යමක් ඇත්ද, ඒ කෙරෙහි ඔබගේ ඇති ඡන්දයත්, රාගයත්, ඡන්දරාගයත් තමයි ප්‍රහාණය කළ යුත්තේ. පින්වත් මහණෙනි, අනාත්ම දේ යනු කුමක්ද? පින්වත් මහණෙනි, රූප අනාත්මයි. ඒ කෙරෙහි ඔබගේ ඇති ඡන්දයත්, රාගයත්, ඡන්දරාගයත් තමයි ප්‍රහාණය කළ යුත්තේ. ශබ්ද ....(පෙ).... ගන්ධ ....(පෙ).... රස ....(පෙ).... පහස ....(පෙ).... මනසට අරමුණු වන දේ අනාත්මයි. ඒ කෙරෙහි ඔබගේ ඇති ඡන්දයත්, රාගයත්, ඡන්දරාගයත් තමයි ප්‍රහාණය කළ යුත්තේ. පින්වත් මහණෙනි, අනාත්ම වූ යමක් ඇත්ද, ඒ කෙරෙහි ඔබගේ ඇති ඡන්දයත්, රාගයත්, ඡන්දරාගයත් තමයි ප්‍රහාණය කළ යුත්තේ.

සාදු! සාදු!! සාදු!!!

1.17.19
අතීතානිච්ච සූත්‍රය
අතීතයට ගිය අනිත්‍ය දේ ගැන වදාළ දෙසුම

පින්වත් මහණෙනි, අතීතයට ගිය ඇස අනිත්‍යයි. අතීතයට ගිය කන අනිත්‍යයි. අතීතයට ගිය නාසය අනිත්‍යයි. අතීතයට ගිය දිව අනිත්‍යයි. අතීතයට ගිය කය අනිත්‍යයි. අතීතයට ගිය මනස අනිත්‍යයි. පින්වත් මහණෙනි, ශ්‍රැතවත් ආර්ය ශ්‍රාවකයා ඔය අයුරින් දකින විට, ඇස ගැනත්

සංයුත්ත නිකාය - 4 (සළායතන සංයුත්තය) (1.17 සට්ඨී පෙය්‍යාලය) 239

සත්‍ය ස්වභාවය අවබෝධ වීම තුළින් ම කලකිරෙනවා. කන ගැනත් සත්‍ය ස්වභාවය අවබෝධ වීම තුළින් ම කලකිරෙනවා. නාසය ගැනත් සත්‍ය ස්වභාවය අවබෝධ වීම තුළින් ම කලකිරෙනවා. දිව ගැනත් සත්‍ය ස්වභාවය අවබෝධ වීම තුළින් ම කලකිරෙනවා. කය ගැනත් සත්‍ය ස්වභාවය අවබෝධ වීම තුළින් ම කලකිරෙනවා. මනස ගැනත් සත්‍ය ස්වභාවය අවබෝධ වීම තුළින් ම කලකිරෙනවා. කලකිරුණ විට ඒ කෙරෙහි තිබුණ ඇල්ම නැතුව යනවා. ඇල්ම නැතිවීම නිසා එයින් නිදහස් වෙනවා. නිදහස් වූ විට නිදහස් වූ බවට අවබෝධ ඤාණය ඇති වෙනවා. 'ඉපදීම ක්ෂය වුණා, බඹසර වාසය සම්පූර්ණ කළා, නිවන පිණිස කළ යුතු දෙය කළා, නිවන පිණිස කළ යුතු වෙන දෙයක් නැත්තේම යැයි 'අවබෝධයෙන් ම දැනගන්නවා.

සාදු! සාදු!! සාදු!!!

අතීතානිච්ච සූත්‍රය නිමා විය.

1.17.20
අනාගතානිච්ච සූත්‍රය
අනාගතයේ පහළ වන අනිත්‍ය දේ ගැන වදාළ දෙසුම

පින්වත් මහණෙනි, අනාගතයේ පහළ වෙන ඇස අනිත්‍යයි. කන ....(පෙ).... නාසය ....(පෙ).... අනාගතයේ පහළ වන දිව අනිත්‍යයි ....(පෙ).... කය ....(පෙ).... අනාගතයේ පහළ වන මනස අනිත්‍යයි. පින්වත් මහණෙනි, ශ්‍රැතවත් ආර්ය ශ්‍රාවකයා ඔය අයුරින් දකින විට, ඇස ගැනත් සත්‍ය ස්වභාවය අවබෝධ වීම තුළින් ම කලකිරෙනවා ....(පෙ).... නිවන පිණිස කළ යුතු වෙන දෙයක් නැත්තේම යැයි අවබෝධයෙන් ම දැනගන්නවා.

සාදු! සාදු!! සාදු!!!

අනාගතානිච්ච සූත්‍රය නිමා විය.

1.17.21
පච්චුප්පන්නානිච්ච සූත්‍රය
වර්තමානයේ හටගෙන තිබෙන අනිත්‍ය දේ ගැන වදාළ දෙසුම

පින්වත් මහණෙනි, වර්තමානයේ හටගෙන තිබෙන ඇස අනිත්‍යයි. කන ....(පෙ).... නාසය ....(පෙ).... වර්තමානයේ හටගෙන තිබෙන දිව අනිත්‍යයි කය ....(පෙ).... වර්තමානයේ හටගෙන තිබෙන මනස අනිත්‍යයි. පින්වත් මහණෙනි, ශ්‍රැතවත් ආර්ය ශ්‍රාවකයා ඔය අයුරින් දකින විට, ඇස ගැනත් සත්‍ය ස්වභාවය අවබෝධ වීම තුළින් ම කලකිරෙනවා ....(පෙ).... නිවන පිණිස කළ යුතු වෙන දෙයක් නැත්තේම යැයි අවබෝධයෙන් ම දැනගන්නවා.

සාදු! සාදු!! සාදු!!!

පච්චුප්පන්නානිච්ච සූත්‍රය නිමා විය.

1.17.22 - 24
අතීත දුක්ඛ, අනාගත දුක්ඛ, පච්චුප්පන්න දුක්ඛ සූත්‍ර
අතීත වූ ත්, අනාගත වූ ත්, වර්තමාන වූ ත් දුක් දේ ගැන වදාළ දෙසුම්

පින්වත් මහණෙනි, අතීත වූ ත්, අනාගත වූ ත්, වර්තමාන වූ ත් ඇස දුකයි. කන ....(පෙ).... නාසය ....(පෙ).... අතීත වූ ත්, අනාගත වූ ත්, වර්තමාන වූ ත් දිව දුකයි. කය ....(පෙ).... අතීත වූ ත්, අනාගත වූ ත්, වර්තමාන වූ ත් මනස දුකයි. පින්වත් මහණෙනි, ශ්‍රැතවත් ආර්ය ශ්‍රාවකයා ඔය අයුරින් දකින විට, ඇස ගැනත් සත්‍ය ස්වභාවය අවබෝධ වීම තුළින් ම කලකිරෙනවා ....(පෙ).... නිවන පිණිස කළ යුතු වෙන දෙයක් නැත්තේම යැයි අවබෝධයෙන් ම දැන ගන්නවා.

සාදු! සාදු!! සාදු!!!

1.17.25 - 27
අතීතානත්ත, අනාගතානත්ත, පච්චුප්පන්නානත්ත සූත්‍ර
අතීත වූ ත්, අනාගත වූ ත්, වර්තමාන වූ ත් අනාත්ම දේ ගැන වදාළ දෙසුම්

පින්වත් මහණෙනි, අතීත වූ ත්, අනාගත වූ ත්, වර්තමාන වූ ත් ඇස අනාත්මයි. කන ....(පෙ).... නාසය ....(පෙ).... අතීත වූ ත්, අනාගත වූ ත්, වර්තමාන වූ ත් දිව අනාත්මයි. කය ....(පෙ).... අතීත වූ ත්, අනාගත වූ ත්, වර්තමාන වූ ත් මනස අනාත්මයි. පින්වත් මහණෙනි, ශ්‍රැතවත් ආර්ය ශ්‍රාවකයා ඔය අයුරින් දකින විට, ඇස ගැනත් සත්‍ය ස්වභාවය අවබෝධ වීම තුළින් ම කලකිරෙනවා ....(පෙ).... නිවන පිණිස කළ යුතු වෙන දෙයක් නැත්තේ ම යැයි' අවබෝධයෙන් ම දැනගන්නවා.

සාදු! සාදු!! සාදු!!!

1.17.28 - 30
බාහිර අතීතානිච්ච, බාහිර අනාගතානිච්ච, බාහිර පච්චුප්පන්නානිච්ච සූත්‍ර
අතීත වූ ත්, අනාගත වූ ත්, වර්තමාන වූ ත් බාහිර අනිත්‍ය දේ ගැන වදාළ දෙසුම්

පින්වත් මහණෙනි, අතීත වූ ත්, අනාගත වූ ත්, වර්තමාන වූ ත් රූප අනිත්‍යයි. ශබ්ද ....(පෙ).... ගන්ධ ....(පෙ).... රස ....(පෙ).... පහස ....(පෙ).... අතීත වූ ත්, අනාගත වූ ත්, වර්තමාන වූ ත් මනසට අරමුණු වන දේ අනිත්‍යයි. පින්වත් මහණෙනි, ශ්‍රැතවත් ආර්ය ශ්‍රාවකයා ඔය අයුරින් දකින විට, රූප ගැනත් සත්‍ය ස්වභාවය අවබෝධ වීම තුළින් ම කලකිරෙනවා. ශබ්ද ගැනත් සත්‍ය ස්වභාවය අවබෝධ වීම තුළින් ම කලකිරෙනවා. ගන්ධ ගැනත් සත්‍ය ස්වභාවය අවබෝධ වීම තුළින් ම කලකිරෙනවා. රස ගැනත් සත්‍ය ස්වභාවය අවබෝධ වීම තුළින් ම කලකිරෙනවා. පහස ගැනත් සත්‍ය ස්වභාවය අවබෝධ වීම තුළින් ම කලකිරෙනවා. මනසට අරමුණු වන දේ ගැනත් සත්‍ය ස්වභාවය අවබෝධ වීම තුළින් ම කලකිරෙනවා. කලකිරුණ විට ඒ කෙරෙහි තිබුණ ඇල්ම නැතුව යනවා. ඇල්ම නැතිවීම නිසා එයින් නිදහස් වෙනවා. නිදහස්

වූ විට නිදහස් වූ බවට අවබෝධ ඤාණය ඇති වෙනවා. 'ඉපදීම ක්ෂය වුණා, බඹසර වාසය සම්පූර්ණ කළා, නිවන පිණිස කළ යුතු දෙය කළා, නිවන පිණිස කළ යුතු වෙන දෙයක් නැත්තේම යැයි අවබෝධයෙන් ම දැන ගන්නවා.

සාදු! සාදු!! සාදු!!!

1.17.31 - 33

බාහිරාතීත දුක්ඛ, බාහිරානාගත දුක්ඛ, බාහිර පච්චුප්පන්නදුක්ඛ සූත්‍ර

අතීත වූ ත්, අනාගත වූ ත්, වර්තමාන වූ ත් බාහිර දුක් දේ ගැන වදාළ දෙසුම්

පින්වත් මහණෙනි, අතීත වූ ත්, අනාගත වූ ත්, වර්තමාන වූ ත් රූප දුකයි. ශබ්ද ....(පෙ).... ගන්ධ ....(පෙ).... රස ....(පෙ).... පහස ....(පෙ).... අතීත වූ ත්, අනාගත වූ ත්, වර්තමාන වූ ත් මනසට අරමුණු වන දේ දුකයි. පින්වත් මහණෙනි, ශ්‍රැතවත් ආර්ය ශ්‍රාවකයා ඔය අයුරින් දකින විට, රූප ගැනත් සත්‍ය ස්වභාවය අවබෝධ වීම තුළින් ම කලකිරෙනවා ....(පෙ).... නිවන පිණිස කළ යුතු වෙන දෙයක් නැත්තේම යැයි අවබෝධයෙන් ම දැනගන්නවා.

සාදු! සාදු!! සාදු!!!

1.17.34 - 36

බාහිර අතීතානත්ත, බාහිර අනාගතානත්ත, බාහිර පච්චුප්පන්නානත්ත සූත්‍ර

අතීත වූ ත්, අනාගත වූ ත්, වර්තමාන වූ ත් බාහිර අනාත්ම දේ ගැන වදාළ දෙසුම්

පින්වත් මහණෙනි, අතීත වූ ත්, අනාගත වූ ත්, වර්තමාන වූ ත් රූප අනාත්මයි. ශබ්ද ....(පෙ).... ගන්ධ ....(පෙ).... රස ....(පෙ).... පහස ....(පෙ).... අතීත වූත්, අනාගත වූත්, වර්තමාන වූත් මනසට අරමුණු වන දේ අනාත්මයි.

පින්වත් මහණෙනි, ශ්‍රැතවත් ආර්ය ශ්‍රාවකයා ඔය අයුරින් දකින විට, රූප ගැනත් සත්‍ය ස්වභාවය අවබෝධ වීම තුළින්ම කළකිරෙනවා. ....(පෙ).... නිවන පිණිස කළ යුතු වෙන දෙයක් නැත්තේම යැයි අවබෝධයෙන් ම දැනගන්නවා.

සාදු! සාදු!! සාදු!!!

1.17.37
අතීතයදනිච්ච සූත්‍රය
"අතීතයට ගිය යමක් ඇත්ද එය අනිත්‍යයි" යනුවෙන් වදාළ දෙසුම

සැවැත් නුවර දී ......

පින්වත් මහණෙනි, අතීතයට ගිය ඇස අනිත්‍යයි. යමක් අනිත්‍ය නම් එය දුකයි. යමක් දුක නම් එය අනාත්මයි. යමක් අනාත්ම නම් එය 'මේක මගේ නොවේ, මේක මම නොවේ, මේ මගේ ආත්මය නොවේ' කියා ඔය අයුරින් දියුණු කළ ප්‍රඥාවෙන් යථාර්ථය දැක්ක යුතුයි. කන අනිත්‍යයි ....(පෙ).... නාසය අනිත්‍යයි ....(පෙ).... දිව අනිත්‍යයි ....(පෙ).... කය අනිත්‍යයි ....(පෙ).... අතීතයට ගිය මනස අනිත්‍යයි. යමක් අනිත්‍ය නම් එය දුකයි. යමක් දුක නම් එය අනාත්මයි. යමක් අනාත්ම නම් එය 'මේක මගේ නොවේ, මේක මම නොවේ, මේ මගේ ආත්මය නොවේ' කියා ඔය අයුරින් දියුණු කළ ප්‍රඥාවෙන් යථාර්ථය දැක්ක යුතුයි. පින්වත් මහණෙනි, ශ්‍රැතවත් ආර්ය ශ්‍රාවකයා ඔය අයුරින් දකින විට ඇස ගැනත් සත්‍ය ස්වභාවය අවබෝධ වීම තුළින් ම කලකිරෙනවා ....(පෙ).... නිවන පිණිස කළ යුතු වෙන දෙයක් නැත්තේම' යැයි අවබෝධයෙන්ම දැනගන්නවා.

සාදු! සාදු!! සාදු!!!

අතීතයදනිච්ච සූත්‍රය නිමා විය.

1.17.38
අනාගතයදනිච්ච සූත්‍රය
"අනාගතයේ හටගන්නා යමක් ඇත්ද එය අනිත්‍යයි" යනුවෙන් වදාළ දෙසුම

පින්වත් මහණෙනි, අනාගතයේ හට ගන්නා ඇස අනිත්‍යයි. යමක් අනිත්‍ය නම් එය දුකයි. යමක් දුක නම් එය අනාත්මයි. යමක් අනාත්ම නම් එය 'මේක මගේ නොවේ, මේක මම නොවේ, මේ මගේ ආත්මය නොවේ' කියා ඔය අයුරින් දියුණු කළ ප්‍රඥාවෙන් යථාර්ථය දැක්ක යුතුයි. කන අනිත්‍යයි ....(පෙ).... නාසය අනිත්‍යයි ....(පෙ).... දිව අනිත්‍යයි ....(පෙ).... කය අනිත්‍යයි ....(පෙ).... අනාගතයේ හට ගන්නා මනස අනිත්‍යයි. යමක් අනිත්‍ය නම් එය දුකයි. යමක් දුක නම් එය අනාත්මයි. යමක් අනාත්ම නම් එය 'මේක මගේ නොවේ, මේක මම නොවේ, මේ මගේ ආත්මය නොවේ' කියා ඔය අයුරින් දියුණු කළ ප්‍රඥාවෙන් යථාර්ථය දැක්ක යුතුයි. පින්වත් මහණෙනි, ශ්‍රැතවත් ආර්ය ශ්‍රාවකයා ඔය අයුරින් දකින විට ඇස ගැනත් සත්‍ය ස්වභාවය අවබෝධ වීම තුළින් ම කලකිරෙනවා ....(පෙ).... නිවන පිණිස කළ යුතු වෙන දෙයක් නැත්තේම' යැයි අවබෝධයෙන්ම දැනගන්නවා.

සාදු! සාදු!! සාදු!!!

අනාගතයදනිච්ච සූත්‍රය නිමා විය.

1.17.39
පච්චුප්පන්නයදනිච්ච සූත්‍රය
"වර්තමානයේ හටගෙන තිබෙන යමක් ඇත්ද එය අනිත්‍යයි" යනුවෙන් වදාළ දෙසුම

පින්වත් මහණෙනි, වර්තමානයේ හට ගෙන තිබෙන ඇස අනිත්‍යයි. යමක් අනිත්‍ය නම් එය දුකයි. යමක් දුක නම් එය අනාත්මයි. යමක් අනාත්ම නම් එය 'මේක මගේ නොවේ, මේක මම නොවේ, මේ මගේ ආත්මය නොවේ' කියා ඔය අයුරින් දියුණු කළ ප්‍රඥාවෙන් යථාර්ථය දැක්ක යුතුයි. කන අනිත්‍යයි ....(පෙ).... නාසය අනිත්‍යයි ....(පෙ).... දිව අනිත්‍යයි ....(පෙ).... කය අනිත්‍යයි

....(පෙ).... වර්තමානයේ හට ගෙන තිබෙන මනස අනිත්‍යයි. යමක් අනිත්‍ය නම් එය දුකයි. යමක් දුක නම් එය අනාත්මයි. යමක් අනාත්ම නම් එය 'මේක මගේ නොවේ, මේක මම නොවේ, මේ මගේ ආත්මය නොවේ' කියා ඔය අයුරින් දියුණු කළ ප්‍රඥාවෙන් යථාර්ථය දැක්ක යුතුයි. පින්වත් මහණෙනි, ශ්‍රැතවත් ආර්ය ශ්‍රාවකයා ඔය අයුරින් දකින විට ඇස ගැනත් සත්‍ය ස්වභාවය අවබෝධ වීම තුළින් ම කලකිරෙනවා ....(පෙ).... නිවන පිණිස කළ යුතු වෙන දෙයක් නැත්තේම' යැයි අවබෝධයෙන් ම දැනගන්නවා.

සාදු! සාදු!! සාදු!!!

පච්චුප්පන්නයදනිච්ච සූත්‍රය නිමා විය.

1.17.40 - 42
අතීත යං දුක්ඛ, අනාගත යං දුක්ඛ, පච්චුප්පන්න යං දුක්ඛ සූත්‍ර
අතීත වූ ත්, අනාගත වූ ත්, වර්තමාන වූ ත් යමක් ඇද්ද, එය දුක් බව වදාළ දෙසුම්

පින්වත් මහණෙනි, අතීත වූ ත්, අනාගත වූ ත්, වර්තමාන වූ ත් ඇස දුකයි. යමක් දුක නම් එය අනාත්මයි. යමක් අනාත්ම නම් එය 'මේක මගේ නොවේ, මේක මම නොවේ, මේ මගේ ආත්මය නොවේ' කියා ඔය අයුරින් දියුණු කළ ප්‍රඥාවෙන් යථාර්ථය දැක්ක යුතුයි. කන ....(පෙ).... නාසය ....(පෙ).... දිව ....(පෙ).... කය ....(පෙ).... අතීත වූ ත්, අනාගත වූ ත්, වර්තමාන වූ ත්, මනස දුකයි. යමක් දුක නම් එය අනාත්මයි. යමක් අනාත්ම නම් එය 'මේක මගේ නොවේ, මේක මම නොවේ, මේ මගේ ආත්මය නොවේ' කියා ඔය අයුරින් දියුණු කළ ප්‍රඥාවෙන් යථාර්ථය දැක්ක යුතුයි. පින්වත් මහණෙනි, ශ්‍රැතවත් ආර්ය ශ්‍රාවකයා ඔය අයුරින් දකින විට ඇස ගැනත් සත්‍ය ස්වභාවය අවබෝධ වීම තුළින් ම කලකිරෙනවා ....(පෙ).... නිවන පිණිස කළ යුතු වෙන දෙයක් නැත්තේම' යැයි අවබෝධයෙන් ම දැනගන්නවා.

සාදු! සාදු!! සාදු!!!

1.17.43 - 45
අතීත යදනත්ත, අනාගත යදනත්ත, පච්චුප්පන්න යදනත්ත සූත්‍ර
අතීත වූ ත්, අනාගත වූ ත්, වර්තමාන වූ ත් යමක් ඇද්ද, එය අනාත්ම බව වදාළ දෙසුම්

පින්වත් මහණෙනි, අතීත වූ ත්, අනාගත වූ ත්, වර්තමාන වූ ත් ඇස අනාත්මයි. යමක් අනාත්ම නම් එය 'මේක මගේ නොවේ, මේක මම නොවේ, මේ මගේ ආත්මය නොවේ' කියා ඔය අයුරින් දියුණු කළ ප්‍රඥාවෙන් යථාර්ථය දැක්ක යුතුයි. කන ....(පෙ).... නාසය ....(පෙ).... දිව ....(පෙ).... කය ....(පෙ).... අතීත වූ ත්, අනාගත වූ ත්, වර්තමාන වූ ත් මනස අනාත්මයි. යමක් අනාත්ම නම් එය 'මේක මගේ නොවේ, මේක මම නොවේ, මේ මගේ ආත්මය නොවේ' කියා ඔය අයුරින් දියුණු කළ ප්‍රඥාවෙන් යථාර්ථය දැක්ක යුතුයි. පින්වත් මහණෙනි, ශ්‍රැතවත් ආර්ය ශ්‍රාවකයා ඔය අයුරින් දකින විට ඇස ගැනත් සත්‍ය ස්වභාවය අවබෝධ වීම තුළින් ම කලකිරෙනවා ....(පෙ).... නිවන පිණිස කළ යුතු වෙන දෙයක් නැත්තේම' යැයි අවබෝධයෙන් ම දැනගන්නවා.

සාදු! සාදු!! සාදු!!!

1.17.46 - 48
බාහිරාතීත යදනිච්ච, බාහිරානාගත යදනිච්ච, බාහිර පච්චුප්පන්න යදනිච්ච සූත්‍ර
අතීත වූ ත්, අනාගත වූ ත්, වර්තමාන වූ ත් බාහිර යමක් ඇද්ද, එය අනිත්‍ය බව වදාළ දෙසුම්

පින්වත් මහණෙනි, අතීත වූ ත්, අනාගත වූ ත්, වර්තමාන වූ ත් රූප අනිත්‍යයි. යමක් අනිත්‍ය නම් එය දුකයි. යමක් දුක නම් එය අනාත්මයි. යමක් අනාත්ම නම් එය 'මේක මගේ නොවේ, මේක මම නොවේ, මේ මගේ ආත්මය නොවේ' කියා ඔය අයුරින් දියුණු කළ ප්‍රඥාවෙන් යථාර්ථය දැක්ක යුතුයි. ශබ්ද ....(පෙ).... ගන්ධ ....(පෙ).... රස ....(පෙ).... පහස ....(පෙ).... අතීත වූ ත්, අනාගත වූ ත්, වර්තමාන වූ ත්, මනසට අරමුණු වන දේ අනිත්‍යයි. යමක්

අනිත්‍ය නම් එය දුකයි. යමක් දුක නම් එය අනාත්මයි. යමක් අනාත්ම නම් එය 'මේක මගේ නොවේ, මේක මම නොවේ, මේ මගේ ආත්මය නොවේ' කියා ඔය අයුරින් දියුණු කළ ප්‍රඥාවෙන් යථාර්ථය දැක්ක යුතුයි. පින්වත් මහණෙනි, ශ්‍රැතවත් ආර්ය ශ්‍රාවකයා ඔය අයුරින් දකින විට රූප ගැනත් සත්‍ය ස්වභාවය අවබෝධ වීම තුළින් ම කලකිරෙනවා ....(පෙ).... නිවන පිණිස කළ යුතු වෙන දෙයක් නැත්තේම' යැයි අවබෝධයෙන් ම දැනගන්නවා.

සාදු! සාදු!! සාදු!!!

1.17.49 - 51

බාහිරාතීත යං දුක්ඛ, බාහිරානාගත යං දුක්ඛ, බාහිරපච්චුප්පන්න යං දුක්ඛ සූත්‍ර

අතීත වූ ත්, අනාගත වූ ත්, වර්තමාන වූ ත් බාහිර යමක් ඇද්ද, එය දුක් බව වදාළ දෙසුම්

පින්වත් මහණෙනි, අතීත වූ ත්, අනාගත වූ ත්, වර්තමාන වූ ත් රූප දුකයි. යමක් දුක නම් එය අනාත්මයි. යමක් අනාත්ම නම් එය 'මේක මගේ නොවේ, මේක මම නොවේ, මේ මගේ ආත්මය නොවේ' කියා ඔය අයුරින් දියුණු කළ ප්‍රඥාවෙන් යථාර්ථය දැක්ක යුතුයි. ශබ්ද ....(පෙ).... ගන්ධ ....(පෙ).... රස ....(පෙ).... පහස ....(පෙ).... අතීත වූ ත්, අනාගත වූ ත්, වර්තමාන වූ ත්, මනසට අරමුණු වන දේ දුකයි. යමක් දුක නම් එය අනාත්මයි. යමක් අනාත්ම නම් එය 'මේක මගේ නොවේ, මේක මම නොවේ, මේ මගේ ආත්මය නොවේ' කියා ඔය අයුරින් දියුණු කළ ප්‍රඥාවෙන් යථාර්ථය දැක්ක යුතුයි. පින්වත් මහණෙනි, ශ්‍රැතවත් ආර්ය ශ්‍රාවකයා ඔය අයුරින් දකින විට රූප ගැනත් සත්‍ය ස්වභාවය අවබෝධ වීම තුළින් ම කලකිරෙනවා ....(පෙ).... නිවන පිණිස කළ යුතු වෙන දෙයක් නැත්තේම' යැයි අවබෝධයෙන් ම දැනගන්නවා.

සාදු! සාදු!! සාදු!!!

1.17.52 - 54
බාහිරාතීත යදනත්ත, බාහිරානාගත යදනත්ත, බාහිර පච්චුප්පන්න යදනත්ත සූත‍්‍ර

අතීත වූ ත්, අනාගත වූ ත්, වර්තමාන වූ ත් බාහිර යමක් ඇද්ද, එය අනාත්ම බව වදාළ දෙසුම්

පින්වත් මහණෙනි, අතීත වූ ත්, අනාගත වූ ත්, වර්තමාන වූ ත් රූප අනාත්මයි. යමක් අනාත්ම නම් එය 'මේක මගේ නොවේ, මේක මම නොවේ, මේ මගේ ආත්මය නොවේ' කියා ඔය අයුරින් දියුණු කළ ප්‍රඥාවෙන් යථාර්ථය දැක්ක යුතුයි. ශබ්ද ....(පෙ).... ගන්ධ ....(පෙ).... රස ....(පෙ).... පහස ....(පෙ).... අතීත වූ ත්, අනාගත වූ ත්, වර්තමාන වූ ත්, මනසට අරමුණු වන දේ අනාත්මයි. යමක් අනාත්ම නම් එය 'මේක මගේ නොවේ, මේක මම නොවේ, මේ මගේ ආත්මය නොවේ' කියා ඔය අයුරින් දියුණු කළ ප්‍රඥාවෙන් යථාර්ථය දැක්ක යුතුයි. පින්වත් මහණෙනි, ශ්‍රැතවත් ආර්ය ශ්‍රාවකයා ඔය අයුරින් දකින විට රූප ගැනත් සත්‍ය ස්වභාවය අවබෝධ වීම තුළින් ම කලකිරෙනවා ....(පෙ).... නිවන පිණිස කළ යුතු වෙන දෙයක් නැත්තේම' යැයි අවබෝධයෙන් ම දැනගන්නවා.

සාදු! සාදු!! සාදු!!!

1.17.55
අජ්ඣත්තායතන අනිච්ච සූත‍්‍රය

තමා තුළ ඇති ආයතනවල අනිත්‍ය බව ගැන වදාළ දෙසුම

පින්වත් මහණෙනි, ඇස අනිත්‍යයි. කන ....(පෙ).... නාසය ....(පෙ).... දිව ....(පෙ).... කය ....(පෙ).... මනස අනිත්‍යයි. පින්වත් මහණෙනි, ශ්‍රැතවත් ආර්ය ශ්‍රාවකයා ඔය අයුරින් දකින විට ඇස ගැනත් සත්‍ය ස්වභාවය අවබෝධ වීම තුළින් ම කලකිරෙනවා ....(පෙ).... නිවන පිණිස කළ යුතු වෙන දෙයක් නැත්තේම' යැයි අවබෝධයෙන් ම දැනගන්නවා.

සාදු! සාදු!! සාදු!!!

අජ්ඣත්තායතන අනිච්ච සූත‍්‍රය නිමා විය.

1.17.56
අජ්ඣත්තායතන දුක්ඛ සූත්‍රය
තමා තුළ ඇති ආයතනවල දුක් බව ගැන වදාළ දෙසුම

පින්වත් මහණෙනි, ඇස දුකයි. කන ....(පෙ).... නාසය ....(පෙ).... දිව ....(පෙ).... කය ....(පෙ).... මනස දුකයි. පින්වත් මහණෙනි, ශ්‍රැතවත් ආර්ය ශ්‍රාවකයා ඔය අයුරින් දකින විට ඇස ගැනත් සත්‍ය ස්වභාවය අවබෝධ වීම තුළින් ම කලකිරෙනවා ....(පෙ).... නිවන පිණිස කළ යුතු වෙන දෙයක් නැත්තේම' යැයි අවබෝධයෙන් ම දැනගන්නවා.

සාදු! සාදු!! සාදු!!!

අජ්ඣත්තායතන දුක්ඛ සූත්‍රය නිමා විය.

1.17.57
අජ්ඣත්තායතන අනත්ත සූත්‍රය
තමා තුළ ඇති ආයතනවල අනාත්ම බව
ගැන වදාළ දෙසුම

පින්වත් මහණෙනි, ඇස අනාත්මයි. කන ....(පෙ).... නාසය ....(පෙ).... දිව ....(පෙ).... කය ....(පෙ).... මනස අනාත්මයි. පින්වත් මහණෙනි, ශ්‍රැතවත් ආර්ය ශ්‍රාවකයා ඔය අයුරින් දකින විට ඇස ගැනත් සත්‍ය ස්වභාවය අවබෝධ වීම තුළින් ම කලකිරෙනවා ....(පෙ).... නිවන පිණිස කළ යුතු වෙන දෙයක් නැත්තේම' යැයි අවබෝධයෙන් ම දැනගන්නවා.

සාදු! සාදු!! සාදු!!!

අජ්ඣත්තායතන අනත්ත සූත්‍රය නිමා විය.

1.17.58
බාහිරායතන අනිච්ච සූත්‍රය
බාහිර ආයතනවල ඇති අනිත්‍ය බව ගැන වදාළ දෙසුම

පින්වත් මහණෙනි, රූප අනිත්‍යයි. ශබ්ද ....(පෙ).... ගන්ධ ....(පෙ).... රස ....(පෙ).... පහස ....(පෙ).... මනසට අරමුණු වන දේ අනිත්‍යයි. පින්වත් මහණෙනි, ශ්‍රැතවත් ආර්ය ශ්‍රාවකයා ඔය අයුරින් දකින විට රූප ගැනත් සත්‍ය ස්වභාවය අවබෝධ වීම තුළින් ම කලකිරෙනවා ....(පෙ).... නිවන පිණිස කළ යුතු වෙන දෙයක් නැත්තේම' යැයි අවබෝධයෙන් ම දැනගන්නවා.

සාදු! සාදු!! සාදු!!!

බාහිරායතන අනිච්ච සූත්‍රය නිමා විය.

1.17.59
බාහිරායතන දුක්ඛ සූත්‍රය
බාහිර ආයතනවල දුක් බව ගැන වදාළ දෙසුම

පින්වත් මහණෙනි, රූප දුකයි. ශබ්ද ....(පෙ).... ගන්ධ ....(පෙ).... රස ....(පෙ).... පහස ....(පෙ).... මනසට අරමුණු වන දේ දුකයි. පින්වත් මහණෙනි, ශ්‍රැතවත් ආර්ය ශ්‍රාවකයා ඔය අයුරින් දකින විට රූප ගැනත් සත්‍ය ස්වභාවය අවබෝධ වීම තුළින් ම කලකිරෙනවා ....(පෙ).... නිවන පිණිස කළ යුතු වෙන දෙයක් නැත්තේම' යැයි අවබෝධයෙන් ම දැනගන්නවා.

සාදු! සාදු!! සාදු!!!

බාහිරායතන දුක්ඛ සූත්‍රය නිමා විය.

1.17.60
බාහිරායතන අනත්ත සූත්‍රය
බාහිර ආයතනවල අනාත්ම බව ගැන වදාළ දෙසුම

පින්වත් මහණෙනි, රූප අනාත්මයි. ශබ්ද ....(පෙ).... ගන්ධ ....(පෙ).... රස ....(පෙ).... පහස ....(පෙ).... මනසට අරමුණු වන දේ අනාත්මයි. පින්වත් මහණෙනි, ශ්‍රැතවත් ආර්ය ශ්‍රාවකයා ඔය අයුරින් දකින විට රූප ගැනත් සත්‍ය ස්වභාවය අවබෝධ වීම තුළින් ම කලකිරෙනවා ....(පෙ).... නිවන පිණිස කළ යුතු වෙන දෙයක් නැත්තේම' යැයි අවබෝධයෙන් ම දැනගන්නවා.

සාදු! සාදු!! සාදු!!!

සට්ඨි පෙය්‍යාලය සමාප්තයි.

- **එහි පිළිවෙළ උද්දානය යි.**

ඡන්ද නමින් සූත්‍ර දහ අටකි, අතීත නමින් ද නවය බැගින් සූත්‍ර දෙකකි, යදනිච්ච නමින් සූත්‍ර දහ අටකි, අජ්ඣත්ත බාහිර තුන බැගින් දෙකකි. මෙසේ පෙය්‍යාල වශයෙන් සැටක් වන පරිදි තිබෙන්නේ ආදිච්චබන්ධු වූ බුදුරජාණන් වහන්සේ වදාළ සූත්‍ර දේශනාවන්ය.

18. සමුද්ද වර්ගය

1.18.1
සමුද්ද සූත්‍රය
මහා සයුර ගැන වදාළ දෙසුම

පින්වත් මහණෙනි, අශ්‍රැතවත් පෘතග්ජනයා 'මහා සයුර, මහා සයුර' කියලා කියනවා. නමුත් පින්වත් මහණෙනි, ආර්ය විනයෙහි මහා සයුර කියලා කියන්නේ ඒකට නොවෙයි. ඒක පින්වත් මහණෙනි, මහා වතුර ගොඩක් විතරයි. මහා ජල කඳක් විතරයි, පින්වත් මහණෙනි, ඇස යනු මනුෂ්‍යයාගේ මහා සයුරයි. එහි තියෙන්නේ (ඇසට පෙනෙන) රූපවලින් හැදුනු රළ වේගයක්. ඉතින් යමෙක් ඒ රූපමය රළ වේගයට නොඇලුණු, නොගැටුණු, මුළා නොවුණු සිතින් මුහුණ දෙනවා නම්, පින්වත් මහණෙනි, දියසුළි සහිත, ආවාට සහිත, චණ්ඩ මසුන් සහිත, රකුසන් සහිත, මහා සයුර තරණය කරලා පරතෙරට ගිහින් ගොඩබිම ඉන්න බ්‍රාහ්මණයා කියලයි මොහුට කියන්නේ.

කන යනු ....(පෙ).... නාසය යනු ....(පෙ).... පින්වත් මහණෙනි, දිව යනු මනුෂ්‍යයාගේ මහා සයුරයි. එහි තියෙන්නේ (දිවට දැනෙන) රසවලින් හැදුනු රළ වේගයක්. ඉතින් යමෙක් ඒ රසමය රළ වේගයට නොඇලුණු, නොගැටුණු, මුළා නොවුණු සිතින් මුහුණ දෙනවා නම්, පින්වත් මහණෙනි, දියසුළි සහිත, ආවාට සහිත, චණ්ඩ මසුන් සහිත, රකුසන් සහිත, මහා සයුර තරණය කරලා පරතෙරට ගිහින් ගොඩබිම ඉන්න බ්‍රාහ්මණයා කියලයි මොහුට කියන්නේ. කය යනු ....(පෙ).... පින්වත් මහණෙනි, මනස යනු මනුෂ්‍යයාගේ මහා සයුරයි. එහි තියෙන්නේ (මනසට සිතෙන) අරමුණුවලින් හැදුනු රළ වේගයක්. ඉතින් යමෙක් ඒ අරමුණුමය රළ වේගයට නොඇලුණු, නොගැටුණු, මුළා නොවුණු සිතින් මුහුණ දෙනවා නම්, පින්වත් මහණෙනි, දියසුළි සහිත, ආවාට සහිත, චණ්ඩ මසුන් සහිත, රකුසන් සහිත, මහා සයුර තරණය කරලා පරතෙරට ගිහින් ගොඩබිම ඉන්න බ්‍රාහ්මණයා කියලයි මොහුට කියන්නේ.

(ගාථාවකි)

යම් කෙනෙක් චණ්ඩ මත්ස්‍යයින් සහිත, රකුසන් සහිත, දියසුළි සහිත එතෙර වෙන්නට දුෂ්කර වූ මේ ආයතන හය නමැති මහා සයුර තරණය කරනවා නම්, ඒ තැනැත්තාට යි ඉහළ ම අවබෝධය ලබපු, බඹසර වාසය සම්පූර්ණ කරපු, ලෝකයෙහි කෙලවරට ගිය, ලෝකයෙන් එතෙර වුණ කෙනා කියලා කියන්නේ.

සාදු! සාදු!! සාදු!!!

සමුද්ද සූත්‍රය නිමා විය.

1.18.2
දුතිය සමුද්ද සූත්‍රය
මහා සයුර ගැන වදාළ දෙවෙනි දෙසුම

පින්වත් මහණෙනි, අශ්‍රැතවත් පෘතග්ජනයා 'මහා සයුර, මහා සයුර' කියලා කියනවා. නමුත් පින්වත් මහණෙනි, ආර්ය විනයෙහි 'මහා සයුර' කියලා කියන්නේ ඒකට නොවෙයි. ඒක පින්වත් මහණෙනි, මහා වතුර ගොඩක් විතරයි. මහා ජල කඳක් විතරයි, පින්වත් මහණෙනි, ඇසෙන් දැනගත යුතු වූ සිත් ඇදගන්නා, ලස්සන, මනාප, ප්‍රිය ස්වරූප ඇති, කැමැත්ත ඇති කරවන, බැඳීම් හටගන්නා රූප තියෙනවා. ආර්ය විනයෙහි 'මහා සයුර' කියන්නේ මෙයටයි.

ඕක තුළ තමයි දෙවියන් සහිත, මරුන් සහිත, බඹුන් සහිත, ශ්‍රමණ බ්‍රාහ්මණයන් සහිත ලෝකයා, දෙවි මිනිස් ප්‍රජාව බොහෝ සෙයින්ම ඇමිණිලා ඉන්නේ. අවුල් ජාලාවක් කරගෙන ඉන්නේ. අවුල්වලින් කුඩු හදාගෙන ඉන්නේ. මුඤ්ජ තණ, බබුස් තණ වගේ වෙලා තියෙන්නේ. අන්තිමේදී විනිපාත නම් වූ දුගතිය නම් වූ අපා හයෙන් යුතු සංසාරය ඉක්මවා ගන්ට බැරිව ඉන්නවා.

පින්වත් මහණෙනි, කනෙන් දැනගත යුතු වූ ශබ්ද තියෙනවා ....(පෙ).... පින්වත් මහණෙනි, නාසයෙන් දැනගත යුතු වූ ගන්ධ තියෙනවා ....(පෙ).... පින්වත් මහණෙනි, දිවෙන් දැනගත යුතු වූ රස තියෙනවා ....(පෙ).... පින්වත් මහණෙනි, කයෙන් දැනගත යුතු වූ පහස තියෙනවා ....(පෙ).... පින්වත් මහණෙනි, මනසින් දැනගත යුතු වූ සිත් ඇදගන්නා, ලස්සන, මනාප, ප්‍රිය

ස්වරූප ඇති, කැමැත්ත ඇති කරවන, බැඳීම් හටගන්නා අරමුණු තියෙනවා. ආර්ය විනයෙහි 'මහා සයුර' කියන්නේ මෙයටයි. ඕක තුළ තමයි දෙවියන් සහිත, මරුන් සහිත, බඹුන් සහිත, ශ්‍රමණ බ්‍රාහ්මණයන් සහිත ලෝකයා, දෙව් මිනිස් ප්‍රජාව බොහෝ සෙයින්ම ඇමිණිලා ඉන්නේ. අවුල් ජාලාවක් කරගෙන ඉන්නේ. අවුල්වලින් කුඩු හදාගෙන ඉන්නේ. මුඤ්ජ තණ, බබුස් තණ වගේ වෙලා තියෙන්නේ. අන්තිමේදී විනිපාත නම් වූ දුගතිය නම් වූ අපා භයෙන් යුතු සංසාරය ඉක්මවා ගන්ට බැරිව ඉන්නවා.

(ගාථාවන් ය)

> යමෙකු විසින් රාගයත්, ද්වේෂයත්, අවිද්‍යාවත්, දුරු කළා නම්, ඔහු තමයි චණ්ඩ මත්ස්‍යයින් ඉන්න, රකුසන් ඉන්න, සුළි තියෙන තරණය කරන්නට දුෂ්කර වූ මේ සයුර තරණය කළේ.
>
> කෙලෙස් සංගයන් ඉක්මවා ගිය, මාරයාව අත්හළ, කෙලෙස් සහිත කර්ම රහිත, ඒ රහත් භික්ෂුව යළි ඉපදීමක් නොවනු පිණිසමයි දුක දුරු කළේ. අමා නිවන සාක්ෂාත් කළ ඒ රහත් භික්ෂුව මැනීමකට ඇතුළත් වෙන්නේ නෑ. (ඒ රහත් භික්ෂුව) මරණයෙහි රජු වන මාරයාව මුළා කළා කියලයි මා කියන්නේ.

සාදු! සාදු!! සාදු!!!

දුතිය සමුද්ද සූත්‍රය නිමා විය.

1.18.3
බාළිසිකෝපම සූත්‍රය
මාළු බිලී බාන කෙනා උපමා කොට වදාළ දෙසුම

පින්වත් මහණෙනි, ඒක මේ වගේ දෙයක්. මාළු බිලී බාන කෙනෙක්, ගොදුර අමුණපු බිලී කොක්ක ගැඹුරු වතුර වළකට දානවා. එතකොට ගොදුරකට ඇස් යොමාගෙන ඉන්න මාළුවෙක් ඒක ගිලිනවා. පින්වත් මහණෙනි, ඔය විදිහට මාළු බිලී බාන්නාගේ බිලී කොක්ක ගිලපු මාළුවා දුකට වැටිලා, විපතට වැටිලා, මාළු බිලී බාන්නාට කැමති දෙයක් කළ හැකි වෙනවා. පින්වත් මහණෙනි, ඔන්න ඔය විදිහටම ලෝකයෙහි සත්වයන් හට දුක් පිණිස, ප්‍රාණීන් හට පීඩා පිණිස, බිලී කොකු හයක් තියෙනවා. ඒ හය මොනවාද?

පින්වත් මහණෙනි, ඇසෙන් දැනගත යුතු වූ සිත් ඇදගන්නා, ලස්සන, මනාප, ප්‍රිය ස්වරූප ඇති, කැමැත්ත ඇති කරවන, බැඳීම් හටගන්නා, රූප තියෙනවා. භික්ෂුව එය සතුටින් පිළිගන්නවා නම්, එහි ගුණ කියනවා නම්, එහි බැසගෙන සිටිනවා නම් පින්වත් මහණෙනි, මේකට තමයි කියන්නේ මාරයාගේ බිලී කොක්ක ගිලපු භික්ෂුව දුකට වැටිලා, විපතට වැටිලා, පවිටු මාරයාට කැමති දෙයක් කළ හැකි වෙනවා කියලා. පින්වත් මහණෙනි, කනෙන් දැනගත යුතු වූ ශබ්ද ....(පෙ).... පින්වත් මහණෙනි, නාසයෙන් දැනගත යුතු වූ ගන්ධ ....(පෙ).... පින්වත් මහණෙනි, දිවෙන් දැනගත යුතු වූ රස ....(පෙ).... පින්වත් මහණෙනි, කයෙන් දැනගත යුතු වූ පහස ....(පෙ).... පින්වත් මහණෙනි, මනසින් දැනගත යුතු වූ සිත් ඇදගන්නා, ලස්සන, මනාප, ප්‍රිය ස්වරූප ඇති, කැමැත්ත ඇති කරවන, බැඳීම් හටගන්නා, අරමුණු තියෙනවා. භික්ෂුව එය සතුටින් පිළිගන්නවා නම්, එහි ගුණ කියනවා නම්, එහි බැසගෙන සිටිනවා නම් පින්වත් මහණෙනි, මේකට තමයි කියන්නේ මාරයාගේ බිලී කොක්ක ගිලපු භික්ෂුව දුකට වැටිලා ඉන්නවා කියලා. විපතට වැටිලා, පවිටු මාරයාට කැමති දෙයක් කළ හැකි වෙනවා.

පින්වත් මහණෙනි, ඇසෙන් දැනගත යුතු වූ සිත් ඇදගන්නා, ලස්සන, මනාප, ප්‍රිය ස්වරූප ඇති, කැමැත්ත ඇති කරවන, බැඳීම් හටගන්නා, රූප තියෙනවා. භික්ෂුව එය සතුටින් පිළිගන්නේ නෑ, එහි ගුණ කියන්නේ නෑ, එහි බැසගෙන ඉන්නේ නෑ, පින්වත් මහණෙනි, මේකට තමයි කියන්නේ මාරයාගේ බිලී කොක්ක නොගිලපු භික්ෂුව ඒ බිලී කොක්ක කඩා බිඳ දැම්මා කියලා. දුකට වැටුනේ නෑ කියලා. විපතට වැටුනේ නෑ කියලා, පවිටු මාරයාට කැමති දෙයක් කරන්ට බෑ කියලා. පින්වත් මහණෙනි, කනෙන් දැනගත යුතු වූ ශබ්ද ....(පෙ).... පින්වත් මහණෙනි, නාසයෙන් දැනගත යුතු වූ ගන්ධ ....(පෙ).... පින්වත් මහණෙනි, දිවෙන් දැනගත යුතු වූ රස ....(පෙ).... පින්වත් මහණෙනි, කයෙන් දැනගත යුතු වූ පහස ....(පෙ).... පින්වත් මහණෙනි, මනසින් දැනගත යුතු වූ සිත් ඇදගන්නා, ලස්සන, මනාප, ප්‍රිය ස්වරූප ඇති, කැමැත්ත ඇති කරවන, බැඳීම් හටගන්නා, අරමුණු තියෙනවා. භික්ෂුව එය සතුටින් පිළිගන්නේ නෑ, එහි ගුණ කියන්නේ නෑ, එහි බැසගෙන ඉන්නේ නෑ, පින්වත් මහණෙනි, මේකට තමයි කියන්නේ මාරයාගේ බිලී කොක්ක නොගිලපු භික්ෂුව ඒ බිලී කොක්ක කඩා බිඳ දැම්මා කියලා. දුකට වැටුනේ නෑ කියලා. විපතට වැටුනේ නෑ කියලා, පවිටු මාරයාට කැමති දෙයක් කරන්ට බෑ කියලා.

සාදු! සාදු!! සාදු!!!

බාලිසිකෝපම සූත්‍රය නිමා විය.

1.18.4
ඛීරරුක්ඛෝපම සූත්‍රය
කිරි ගස උපමා කොට වදාළ දෙසුම

පින්වත් මහණෙනි, යම් කිසි භික්ෂුවක් තුළ වේවා, භික්ෂුණියක් තුළ වේවා, ඇසෙන් දත යුතු රූප ගැන යම් රාගයක් ඇද්ද, එය තියෙනවා නම්, යම් ද්වේෂයක් ඇද්ද, එය තියෙනවා නම්, යම් මෝහයක් ඇද්ද, එය තියෙනවා නම්, යම් රාගයක් ඇද්ද, එය පහ වෙලා නැත්නම්, යම් ද්වේෂයක් ඇද්ද, එය පහ වෙලා නැත්නම්, යම් මෝහයක් ඇද්ද, එය පහ වෙලා නැත්නම්, ඉදින් ඇසින් දැක්ක යුතු යාන්තමකට වූ රූපයක් නමුත් ඔහුගේ ඇස් ඉදිරියට ආවොත් ඔහුගේ සිත ඒකට යට වෙනවා ම යි. බොහෝ රූපවලට යට වීම ගැන කවර කථා ද? ඒකට හේතුව මොකක්ද? පින්වත් මහණෙනි, යම් රාගයක් ඇද්ද, එය තියෙනවා. යම් ද්වේෂයක් ඇද්ද, එය තියෙනවා. යම් මෝහයක් ඇද්ද, එය තියෙනවා. යම් රාගයක් ඇද්ද, එය පහ වෙලා නෑ. යම් ද්වේෂයක් ඇද්ද, එය පහ වෙලා නෑ. යම් මෝහයක් ඇද්ද, එය පහ වෙලා නෑ ....(පෙ)....

පින්වත් මහණෙනි, යම් කිසි භික්ෂුවක් තුළ වේවා, භික්ෂුණියක් තුළ වේවා, මනසින් දත යුතු අරමුණු ගැන යම් රාගයක් ඇද්ද, එය තියෙනවා නම්, යම් ද්වේෂයක් ඇද්ද, එය තියෙනවා නම්, යම් මෝහයක් ඇද්ද, එය තියෙනවා නම්, යම් රාගයක් ඇද්ද, එය පහ වෙලා නැත්නම්, යම් ද්වේෂයක් ඇද්ද, එය පහ වෙලා නැත්නම්, යම් මෝහයක් ඇද්ද, එය පහ වෙලා නැත්නම්, ඉදින් මනසින් දත යුතු යාන්තමකට වූ අරමුණක් නමුත් ඔහුගේ මනස ඉදිරියට ආවොත් ඔහුගේ සිත ඒකට යටවෙනවා ම යි. බොහෝ අරමුණුවලට යට වීම ගැන කවර කථා ද? ඒකට හේතුව මොකක්ද? පින්වත් මහණෙනි, යම් රාගයක් ඇද්ද, එය තියෙනවා. යම් ද්වේෂයක් ඇද්ද, එය තියෙනවා. යම් මෝහයක් ඇද්ද, එය තියෙනවා. යම් රාගයක් ඇද්ද, එය පහ වෙලා නෑ. යම් ද්වේෂයක් ඇද්ද, එය පහ වෙලා නෑ. යම් මෝහයක් ඇද්ද, එය පහ වෙලා නෑ

පින්වත් මහණෙනි, ඒක මේ වගේ දෙයක්. කිරි රුකක් තියෙනවා. ඒක ඇහැටු හෝ, නුග හෝ, පුලිල හෝ, දිඹුල් හෝ වෙන්ට පුළුවනි. ඒක ඉතා ලපටි හෝ වැඩුනු ලස්සන ගසක් හෝ වෙන්නට පුළුවනි. පුරුෂයෙක් තියුණු කෙටේරියකින් මේ ගසේ කවර හෝ තැනකට කෙටුවොත්, කිරි වැක්කෙරෙනවා නේද? එසේය ස්වාමීනී, ඒකට හේතුව මොකක්ද? ස්වාමීනී, ඒ ගසෙහි යම් කිරක් ඇත්නම් ඒ කිරි තියෙන නිසා. අන්න ඒ වගේ ම යි පින්වත් මහණෙනි, යම් කිසි භික්ෂුවක් තුළ වේවා, භික්ෂුණියක් තුළ වේවා,

ඇසෙන් දත යුතු රූප ගැන යම් රාගයක් ඇද්ද, එය තියෙනවා නම්, යම් ද්වේෂයක් ඇද්ද, එය තියෙනවා නම්, යම් මෝහයක් ඇද්ද, එය තියෙනවා නම්, යම් රාගයක් ඇද්ද, එය පහ වෙලා නැත්නම්, යම් ද්වේෂයක් ඇද්ද, එය පහ වෙලා නැත්නම්, යම් මෝහයක් ඇද්ද, එය පහ වෙලා නැත්නම්, ඉදින් ඇසින් දැක්ක යුතු යාන්තමකට වූ රූපයක් නමුත් ඔහුගේ ඇස් ඉදිරියට ආවොත් ඔහුගේ සිත ඒකට යට වෙනවා ම යි. බොහෝ රූපවලට යට වීම ගැන කවර කථා ද? ඒකට හේතුව මොකක්ද? පින්වත් මහණෙනි, යම් රාගයක් ඇද්ද, එය තියෙනවා. යම් ද්වේෂයක් ඇද්ද, එය තියෙනවා. යම් මෝහයක් ඇද්ද, එය තියෙනවා. යම් රාගයක් ඇද්ද, එය පහ වෙලා නෑ. යම් ද්වේෂයක් ඇද්ද, එය පහ වෙලා නෑ. යම් මෝහයක් ඇද්ද, එය පහ වෙලා නෑ ....(පෙ)....

පින්වත් මහණෙනි, යම් කිසි භික්ෂුවක් තුළ වේවා, භික්ෂුණියක් තුළ වේවා, දිවෙන් දත යුතු රස ගැන යම් රාගයක් ඇද්ද, එය තියෙනවා නම් ....(පෙ).... පින්වත් මහණෙනි, යම් කිසි භික්ෂුවක් තුළ වේවා, භික්ෂුණියක් තුළ වේවා, මනසින් දත යුතු අරමුණු ගැන යම් රාගයක් ඇද්ද, එය තියෙනවා නම්, යම් ද්වේෂයක් ඇද්ද, එය තියෙනවා නම්, යම් මෝහයක් ඇද්ද, එය තියෙනවා නම්, යම් රාගයක් ඇද්ද, එය පහ වෙලා නැත්නම්, යම් ද්වේෂයක් ඇද්ද, එය පහ වෙලා නැත්නම්, යම් මෝහයක් ඇද්ද, එය පහ වෙලා නැත්නම්, ඉදින් මනසින් දත යුතු යාන්තමකට වූ අරමුණක් නමුත් ඔහුගේ මනස ඉදිරියට ආවොත් ඔහුගේ සිත ඒකට යටවෙනවා ම යි. බොහෝ අරමුණුවල යට වීම ගැන කවර කථා ද? ඒකට හේතුව මොකක්ද? පින්වත් මහණෙනි, යම් රාගයක් ඇද්ද, එය තියෙනවා. යම් ද්වේෂයක් ඇද්ද, එය තියෙනවා. යම් මෝහයක් ඇද්ද, එය තියෙනවා. යම් රාගයක් ඇද්ද, එය පහ වෙලා නෑ. යම් ද්වේෂයක් ඇද්ද, එය පහ වෙලා නෑ. යම් මෝහයක් ඇද්ද, එය පහ වෙලා නෑ.

පින්වත් මහණෙනි, යම් කිසි භික්ෂුවක් තුළ වේවා, භික්ෂුණියක් තුළ වේවා, ඇසෙන් දත යුතු රූප ගැන යම් රාගයක් ඇද්ද, එය නැතිනම්, යම් ද්වේෂයක් ඇද්ද, එය නැතිනම්, යම් මෝහයක් ඇද්ද, එය නැතිනම්, යම් රාගයක් ඇද්ද, එය පහ වෙලා නම්, යම් ද්වේෂයක් ඇද්ද, එය පහ වෙලා නම්, යම් මෝහයක් ඇද්ද, එය පහ වෙලා නම්, ඉදින් ඇසින් දැක්ක යුතු බොහෝ වූ රූප නමුත් ඔහුගේ ඇස් ඉදිරියට ආවොත් ඔහුගේ සිත ඒකට යට වෙන්නේ නෑ. යාන්තමකට වූ රූපයකට යට නොවීම ගැන කවර කථා ද? ඒකට හේතුව මොකක්ද? පින්වත් මහණෙනි, යම් රාගයක් ඇද්ද, එය නෑ. යම් ද්වේෂයක් ඇද්ද, එය නෑ. යම් මෝහයක් ඇද්ද, එය නෑ. යම් රාගයක් ඇද්ද, එය පහ වෙලා. යම් ද්වේෂයක් ඇද්ද, එය පහ වෙලා. යම් මෝහයක් ඇද්ද, එය පහ වෙලා ....(පෙ)....

පින්වත් මහණෙනි, යම් කිසි භික්ෂුවක් තුළ වේවා, භික්ෂුණියක් තුළ වේවා, දිවෙන් දත යුතු රස ගැන ....(පෙ).... පින්වත් මහණෙනි, යම් කිසි භික්ෂුවක් තුළ වේවා, භික්ෂුණියක් තුළ වේවා, මනසින් දත යුතු අරමුණු ගැන යම් රාගයක් ඇද්ද, එය නැතිනම්, යම් ද්වේෂයක් ඇද්ද, එය නැතිනම්, යම් මෝහයක් ඇද්ද, එය නැතිනම්, යම් රාගයක් ඇද්ද, එය පහ වෙලා නම්, යම් ද්වේෂයක් ඇද්ද, එය පහ වෙලා නම්, යම් මෝහයක් ඇද්ද, එය පහ වෙලා නම්, ඉදින් මනසින් දත යුතු බොහෝ වූ අරමුණු නමුත් ඔහුගේ මනස ඉදිරියට ආවොත් ඔහුගේ සිත ඒකට යට වෙන්නේ නෑ. යාන්තමකට වූ අරමුණකට යට නොවීම ගැන කවර කථා ද? ඒකට හේතුව මොකක්ද? පින්වත් මහණෙනි, යම් රාගයක් ඇද්ද, එය නෑ. යම් ද්වේෂයක් ඇද්ද, එය නෑ. යම් මෝහයක් ඇද්ද, එය නෑ. යම් රාගයක් ඇද්ද, එය පහ වෙලා. යම් ද්වේෂයක් ඇද්ද, එය පහ වෙලා. යම් මෝහයක් ඇද්ද, එය පහ වෙලා.

පින්වත් මහණෙනි, ඒක මේ වගේ දෙයක්. කිරි රුකක් තියෙනවා. ඒක ඇහැටු හෝ, නුග හෝ, පුලිල හෝ, දිඹුල් හෝ වෙන්ට පුළුවනි. ඒක වේලිලා නම්, කොළ හැලිලා බොහෝ වර්ෂ ගණනක් පරණ වෙලා නම්, පුරුෂයෙක් තියුණු කෙටේරියකින් මේ ගසේ කවර තැනකට කෙටුවත්, කිරි වැක්කෙරෙනවාද? ස්වාමීනී, එය නොවේ ම ය. ඒකට හේතුව මොකක්ද? ස්වාමීනී, ඒ ගසෙහි යම් කිරක් තිබුණා නම් දැන් ඒ කිරි නැති නිසා. අන්න ඒ වගේ ම යි පින්වත් මහණෙනි, යම් කිසි භික්ෂුවක් තුළ වේවා, භික්ෂුණියක් තුළ වේවා, ඇසෙන් දත යුතු රූප ගැන යම් රාගයක් ඇද්ද, එය නැතිනම්, යම් ද්වේෂයක් ඇද්ද, එය නැතිනම්, යම් මෝහයක් ඇද්ද, එය නැතිනම්, යම් රාගයක් ඇද්ද, එය පහ වෙලා නම්, යම් ද්වේෂයක් ඇද්ද, එය පහ වෙලා නම්, යම් මෝහයක් ඇද්ද, එය පහ වෙලා නම්, ඉදින් ඇසින් දැක්ක යුතු බොහෝ වූ රූප නමුත් ඔහුගේ ඇස් ඉදිරියට ආවොත් ඔහුගේ සිත ඒකට යට වෙන්නේ නෑ. යාන්තමකට වූ රූපයකට යට නොවීම ගැන කවර කථා ද? ඒකට හේතුව මොකක්ද? පින්වත් මහණෙනි, යම් රාගයක් ඇද්ද, එය නෑ. යම් ද්වේෂයක් ඇද්ද, එය නෑ. යම් මෝහයක් ඇද්ද, එය නෑ. යම් රාගයක් ඇද්ද, එය පහ වෙලා. යම් ද්වේෂයක් ඇද්ද, එය පහ වෙලා. යම් මෝහයක් ඇද්ද, එය පහ වෙලා ....(පෙ)....

පින්වත් මහණෙනි, යම් කිසි භික්ෂුවක් තුළ වේවා, භික්ෂුණියක් තුළ වේවා, දිවෙන් දත යුතු රස ගැන ....(පෙ).... පින්වත් මහණෙනි, යම් කිසි භික්ෂුවක් තුළ වේවා, භික්ෂුණියක් තුළ වේවා, මනසින් දත යුතු අරමුණු ගැන යම් රාගයක් ඇද්ද, එය නැතිනම්, යම් ද්වේෂයක් ඇද්ද, එය නැතිනම්, යම් මෝහයක් ඇද්ද, එය නැතිනම්, යම් රාගයක් ඇද්ද, එය පහ වෙලා නම්, යම්

ද්වේෂයක් ඇද්ද, එය පහ වෙලා නම්, යම් මෝහයක් ඇද්ද, එය පහ වෙලා නම්, ඉදින් මනසින් දත යුතු බොහෝ වූ අරමුණු නමුත් ඔහුගේ මනස ඉදිරියට ආවොත් ඔහුගේ සිත ඒකට යට වෙන්නේ නෑ. යාන්තමකට වූ අරමුණකට යට නොවීම ගැන කවර කථා ද? ඒකට හේතුව මොකක්ද? පින්වත් මහණෙනි, යම් රාගයක් ඇද්ද, එය නෑ. යම් ද්වේෂයක් ඇද්ද, එය නෑ. යම් මෝහයක් ඇද්ද, එය නෑ. යම් රාගයක් ඇද්ද, එය පහ වෙලා. යම් ද්වේෂයක් ඇද්ද, එය පහ වෙලා. යම් මෝහයක් ඇද්ද, එය පහ වෙලා.

සාදු! සාදු!! සාදු!!!

ඛීරරුක්ඛෝපම සූත්‍රය නිමා විය.

1.18.5
කොට්ඨිත සූත්‍රය
කොට්ඨිත තෙරුන්ට වදාළ දෙසුම

ඒ දිනවල ආයුෂ්මත් සාරිපුත්තයන් වහන්සේත්, ආයුෂ්මත් මහා කොට්ඨිතයන් වහන්සේත් වැඩසිටියේ බරණැස් නුවර ඉසිපතන නම් වූ මුවන්ගේ අභය භූමියේ. එදා ආයුෂ්මත් මහා කොට්ඨිතයන් වහන්සේ සවස් කාලයේ භාවනාවෙන් නැගිටලා, ආයුෂ්මත් සාරිපුත්තයන් වහන්සේ වැඩසිටි තැනට පැමිණුණා. පැමිණිලා ආයුෂ්මත් සාරිපුත්තයන් වහන්සේ සමඟ සතුටු විය යුතු පිළිසඳර කතාබහේ යෙදිලා එකත්පස්ව වාඩිවුණා. එකත්පස්ව වාඩිවුණ ආයුෂ්මත් මහා කොට්ඨිතයන් වහන්සේ ආයුෂ්මත් සාරිපුත්තයන් වහන්සේගෙන් මෙකරුණ විමසුවා.

"කිම ප්‍රිය ආයුෂ්මත් සාරිපුත්තයෙනි, ඇස තියෙන්නේ රූපවලට බැඳිලා ද? රූප තියෙන්නේ ඇසට බැඳිලා ද? ඒ වගේම කන තියෙන්නේ ශබ්දවලට බැඳිලා ද? ශබ්ද තියෙන්නේ කනට බැඳිලා ද? ඒ වගේම නාසය තියෙන්නේ ගඳ-සුවඳට බැඳිලා ද? ගඳ-සුවඳ තියෙන්නේ නාසයට බැඳිලා ද? ඒ වගේම දිව තියෙන්නේ රසයට බැඳිලා ද? රස තියෙන්නේ දිවට බැඳිලා ද? ඒ වගේම කය තියෙන්නේ පහසට බැඳිලා ද? පහස තියෙන්නේ කයට බැඳිලාද? ඒ වගේම මනස තියෙන්නේ මනසට සිතෙන අරමුණුවලට බැඳිලා ද? මනසට සිතෙන අරමුණු තියෙන්නේ මනසට බැඳිලා ද?"

"ප්‍රිය ආයුෂ්මත් කොට්ඨිත, ඇස රූපවලට බැඳිලා නැහැ. රූප ඇසට බැඳිලත් නැහැ. ඔය දෙක නිසා එතැන යම් ඡන්ද රාගයක් උපදිනවා නම් ඒක තමයි එතැන තියෙන බන්ධනය ....(පෙ).... දිව රසයට බැඳිලා නැහැ. රස දිවට බැඳිලත් නැහැ. ඔය දෙක නිසා එතැන යම් ඡන්ද රාගයක් උපදිනවා නම් ඒක තමයි එතැන තියෙන බන්ධනය ....(පෙ).... මනස, මනසට සිතෙන අරමුණුවලට බැඳිලා නෑ. මනසට සිතෙන අරමුණු, මනසට බැඳිලත් නෑ. ඔය දෙක නිසා එතැන යම් ඡන්ද රාගයක් උපදිනවා නම් ඒක තමයි එතැන ඇති බන්ධනය.

ප්‍රිය ආයුෂ්මතුනි, ඒක මේ වගේ දෙයක්. කළු ගොනෙකුයි, සුදු ගොනෙකුයි තනි කඹයකින් හරි, යොතකින් හරි ඇඳලා තියෙන විට, කෙනෙක් මේ විදිහට කියන්න පුළුවන්. 'ඔය කළු ගොනා සුදු ගොනාට බැඳිලයි ඉන්නේ. එහෙම නැත්නම්, සුදු ගොනා කළු ගොනාට බැඳිලයි ඉන්නේ' කියලා. එතකොට ඔහු ඒ කියන්නේ හරි දෙයක් ද?" "ප්‍රිය ආයුෂ්මතුනි, ඒක හරි දෙයක් නොවේ. ප්‍රිය ආයුෂ්මතුනි, කළු ගොනා සුදු ගොනාගේ බන්ධනය නොවේ. සුදු ගොනා කළු ගොනාගේ බන්ධනය නොවේ. නමුත් ඔවුන් දෙදෙනා යම් කඹයකින් හරි, යොතකින් හරි ඇඳලා තියෙනවා නම්, ඒක තමයි එතැන ඇති බන්ධනය."

"ප්‍රිය ආයුෂ්මතුනි, ඔන්න ඔය විදියමයි. ඇස රූපවලට බැඳිලා නැහැ. රූප ඇසට බැඳිලත් නැහැ. ඔය දෙක නිසා එතැන යම් ඡන්ද රාගයක් උපදිනවා නම් ඒක තමයි එතැන ඇති බන්ධනය ....(පෙ).... දිව රසයට බැඳිලා නැහැ ....(පෙ).... මනස, මනසට සිතෙන අරමුණුවලට බැඳිලා නෑ. මනසට සිතෙන අරමුණු, මනසට බැඳිලත් නෑ. ඔය දෙක නිසා එතැන යම් ඡන්ද රාගයක් උපදිනවා නම් ඒක තමයි එතැන ඇති බන්ධනය.

ප්‍රිය ආයුෂ්මතුනි, ඇස රූපවලට බැඳිලා ගියා නම්, රූපත් ඇසට බැඳිලා ගියා නම්, මනාකොට දුක් ගෙවීමක් පිණිස මේ බ්‍රහ්මචරිය වාසය (නිවන් මග) නම් දැකගන්ට ලැබෙන්නේ නෑ. ප්‍රිය ආයුෂ්මතුනි, යම් කරුණක් නිසා, ඇස රූපවලට බැඳිලා ගියේ නැද්ද, රූපත් ඇසට බැඳිලා ගියේ නැද්ද, නමුත් ඔය දෙක නිසා එතැන යම් ඡන්ද රාගයක් උපදිනවා නම්, ඒක එතැන තියෙන බන්ධනය බවට පත්වුණාද, අන්න ඒ නිසයි මනාකොට දුක් ගෙවීමක් පිණිස මේ බ්‍රහ්මචරිය වාසය දැකගන්ට ලැබෙන්නේ ....(පෙ)....

ප්‍රිය ආයුෂ්මතුනි, දිව රසට බැඳිලා ගියා නම්, රසත් දිවට බැඳිලා ගියා නම්, මනාකොට දුක් ගෙවීමක් පිණිස මේ බ්‍රහ්මචරිය වාසය (නිවන් මග) නම් දැකගන්ට ලැබෙන්නේ නෑ. ප්‍රිය ආයුෂ්මතුනි, යම් කරුණක් නිසා, දිව රසට බැඳිලා ගියේ නැද්ද, රසත් දිවට බැඳිලා ගියේ නැද්ද, නමුත් ඔය දෙක නිසා

එතැන යම් ඡන්ද රාගයක් උපදිනවා නම්, ඒක එතැන තියෙන බන්ධනය බවට පත්වුණාද, අන්න ඒ නිසයි මනාකොට දුක් ගෙවීමක් පිණිස මේ බ්‍රහ්මචරිය වාසය දැකගන්ට ලැබෙන්නේ ....(පෙ)....

ප්‍රිය ආයුෂ්මතුනි, මනස, මනසට සිතෙන අරමුණුවලට බැඳිලා ගියා නම්, මනසට සිතෙන අරමුණුත්, මනසට බැඳිලා ගියා නම්, මනාකොට දුක් ගෙවීමක් පිණිස මේ බ්‍රහ්මචරිය වාසය (නිවන් මග) නම් දැකගන්ට ලැබෙන්නේ නෑ. ප්‍රිය ආයුෂ්මතුනි, යම් කරුණක් නිසා, මනස, මනසට සිතෙන අරමුණුවලට බැඳිලා ගියේ නැද්ද, මනසට සිතෙන අරමුණුත්, මනසට බැඳිලා ගියේ නැද්ද, නමුත් ඔය දෙක නිසා එතැන යම් ඡන්ද රාගයක් උපදිනවා නම්, ඒක එතැන තියෙන බන්ධනය බවට පත්වුණාද, අන්න ඒ නිසයි මනාකොට දුක් ගෙවීමක් පිණිස මේ බ්‍රහ්මචරිය වාසය දැක ගන්ට ලැබෙන්නේ.

ප්‍රිය ආයුෂ්මතුනි, ඔය කාරණය මේ දහම් ක්‍රමය තුළිනුත් දැන සිටිය යුතුයි. යම් අයුරකින් ඇස රූපයන්ට බැඳිලා ගියේ නැති බවත්, රූපත් ඇසට බැඳිලා ගියේ නැති බවත්, ඔය දෙක නිසා එතැනත් යම් ඡන්ද රාගයක් ඉපදුනා නම්, ඒකම එතැන බන්ධනය වූ බවත් ය ....(පෙ).... දිව රසයන්ට බැඳිලා ගියේ නැති බවත් ....(පෙ).... මනස අරමුණු වලට බැඳිලා ගියේ නැති බවත්, අරමුණුත් මනසට බැඳිලා ගියේ නැතිබවත්, ඔය දෙක නිසා එතැන යම් ඡන්ද රාගයක් ඉපදුනා නම්, ඒකම එතැන බන්ධනය වූ බවත් ය.

ප්‍රිය ආයුෂ්මතුනි, භාග්‍යවතුන් වහන්සේට ඇස තියෙනවා ම යි. භාග්‍යවතුන් වහන්සේ ඇසින් රූප දකිනා සේක් ම යි. නමුත් භාග්‍යවතුන් වහන්සේට ඡන්දරාගය නැත්තේ ය. භාග්‍යවතුන් වහන්සේ කෙලෙසුන්ගෙන් මනාකොට මිදුණු සිත් ඇති සේක ....(පෙ).... ප්‍රිය ආයුෂ්මතුනි, භාග්‍යවතුන් වහන්සේට දිව තියෙනවා ම යි. භාග්‍යවතුන් වහන්සේ දිවෙන් රස විඳිනා සේක් ම යි. නමුත් භාග්‍යවතුන් වහන්සේට ඡන්දරාගය නැත්තේ ය. භාග්‍යවතුන් වහන්සේ කෙලෙසුන්ගෙන් මනාකොට මිදුණු සිත් ඇති සේක ....(පෙ).... ප්‍රිය ආයුෂ්මතුනි, භාග්‍යවතුන් වහන්සේට මනස තියෙනවා ම යි. භාග්‍යවතුන් වහන්සේ මනසින් අරමුණු සිතනා සේක් ම යි. නමුත් භාග්‍යවතුන් වහන්සේට ඡන්දරාගය නැත්තේ ය. භාග්‍යවතුන් වහන්සේ කෙලෙසුන්ගෙන් මනාකොට මිදුණු සිත් ඇති සේක.

ප්‍රිය ආයුෂ්මතුනි, මේ කාරණය ඔය දහම් ක්‍රමය තුළිනුත් දැන සිටිය යුතුයි. යම් අයුරකින් ඇස රූපයන්ට බැඳිලා ගියේ නැති බවත්, රූපත් ඇසට බැඳිලා ගියේ නැති බවත්, ඔය දෙක නිසා එතැන යම් ඡන්ද රාගයක් ඉපදුනා නම්, ඒකම එතැන බන්ධනය වූ බවත්ය ....(පෙ).... දිව රසයන්ට බැඳිලා ගියේ

නැති බවත් ....(පෙ).... මනස අරමුණු වලට බැඳිලා ගියේ නැති බවත්, අරමුණුත් මනසට බැඳිලා ගියේ නැතිබවත්, ඔය දෙක නිසා එතැන යම් ඡන්ද රාගයක් ඉපදුනා නම්, ඒකම එතැන බන්ධනය වූ බවත්ය."

සාදු! සාදු!! සාදු!!!

කොට්ඨිත සූත්‍රය නිමා විය.

1.18.6
කාමභූ සූත්‍රය
කාමභූ තෙරුන්ට වදාළ දෙසුම

ඒ දිනවල ආයුෂ්මත් ආනන්දයන් වහන්සේත්, ආයුෂ්මත් කාමභූ තෙරුන් වහන්සේත් වැඩසිටියේ කොසඹෑ නුවර ඝෝෂිතාරාමයේ. එදා ආයුෂ්මත් කාමභූ තෙරුන් වහන්සේ සවස් කාලයේ භාවනාවෙන් නැගිටලා, ආයුෂ්මත් ආනන්දයන් වහන්සේ වැඩසිටි තැනට පැමිණුනා. පැමිණිලා ආයුෂ්මත් ආනන්දයන් වහන්සේ සමඟ සතුටු විය යුතු පිළිසඳර කතා බහේ යෙදිලා එකත්පස්ව වාඩිවුණා. එකත්පස්ව වාඩිවුණු ආයුෂ්මත් කාමභූ තෙරුන් වහන්සේ ආයුෂ්මත් ආනන්දයන් වහන්සේගෙන් මෙකරුණ විමසුවා.

"කිම ප්‍රිය ආයුෂ්මත් ආනන්දයෙනි, ඇස තියෙන්නේ රූපවලට බැඳිලා ද? රූප තියෙන්නේ ඇසට බැඳිලා ද? ....(පෙ).... ඒ වගේම දිව තියෙන්නේ රසයට බැඳිලා ද? රස තියෙන්නේ දිවට බැඳිලා ද? ....(පෙ).... ඒ වගේම මනස තියෙන්නේ මනසට සිතෙන අරමුණුවලට බැඳිලා ද? මනසට සිතෙන අරමුණු තියෙන්නේ මනසට බැඳිලා ද?"

"ප්‍රිය ආයුෂ්මත් කාමභූ, ඇස රූපවලට බැඳිලා නැහැ. රූප ඇසට බැඳිලත් නැහැ. ඔය දෙක නිසා එතැන යම් ඡන්ද රාගයක් උපදිනවා නම් ඒක තමයි එතැන තියෙන බන්ධනය ....(පෙ).... දිව රසයට බැඳිලා නැහැ. රස දිවට බැඳිලත් නැහැ. ....(පෙ).... මනස, මනසට සිතෙන අරමුණුවලට බැඳිල නෑ. මනසට සිතෙන අරමුණු, මනසට බැඳිලත් නෑ. ඔය දෙක නිසා එතැන යම් ඡන්ද රාගයක් උපදිනවා නම් ඒක තමයි එතැන තියෙන බන්ධනය.

ප්‍රිය ආයුෂ්මතුනි, ඒක මේ වගේ දෙයක්. කළු ගොනෙකුයි, සුදු ගොනෙකුයි තනි කඹයකින් හරි, යොතකින් හරි ඇඳලා තියෙන විට, කෙනෙක් මේ විදිහට

කියන්න පුළුවන්. 'ඔය කළු ගොනා සුදු ගොනාට බැඳිලයි ඉන්නේ. එහෙම නැත්නම්, සුදු ගොනා කළු ගොනාට බැඳිලයි ඉන්නේ' කියලා. එතකොට ඔහු ඒ කියන්නේ හරි දෙයක්ද?" "ප්‍රිය ආයුෂ්මතුනි, ඒක හරි දෙයක් නොවේ. ප්‍රිය ආයුෂ්මතුනි, කළු ගොනා සුදු ගොනාගේ බන්ධනය නොවේ. සුදු ගොනා කළු ගොනාගේ බන්ධනය නොවේ. නමුත් ඔවුන් දෙදෙනා යම් කඹයකින් හරි, යොතකින් හරි ඇඳලා තියෙනවා නම්, ඒක තමයි එතැන ඇති බන්ධනය."

"ප්‍රිය ආයුෂ්මතුනි, ඔන්න ඔය විදියමයි. ඇස රූපවලට බැඳිලා නැහැ. රූප ඇසට බැඳිලත් නැහැ. ඔය දෙක නිසා එතැන යම් ඡන්ද රාගයක් උපදිනවා නම් ඒක තමයි එතැන තියෙන බන්ධනය ....(පෙ).... දිව රසයට බැඳිලා නැහැ. ....(පෙ).... මනස, මනසට සිතෙන අරමුණුවලට බැඳිල නෑ. මනසට සිතෙන අරමුණු, මනසට බැඳිලත් නෑ. ඔය දෙක නිසා එතැන යම් ඡන්ද රාගයක් උපදිනවා නම් ඒක තමයි එතැන තියෙන බන්ධනය."

සාදු! සාදු!! සාදු!!!

කාමභූ සූත්‍රය නිමා විය.

1.18.7
උදායී සූත්‍රය
උදායි තෙරුන්ට වදාළ දෙසුම

ඒ දිනවල ආයුෂ්මත් ආනන්දයන් වහන්සේත්, ආයුෂ්මත් උදායි තෙරුන් වහන්සේත් වැඩසිටියේ කොසඹෑ නුවර ඝෝෂිතාරාමයේ. එදා ආයුෂ්මත් උදායි තෙරුන් වහන්සේ සවස් කාලයේ භාවනාවෙන් නැගිටලා, ආයුෂ්මත් ආනන්දයන් වහන්සේ වැඩසිටි තැනට පැමිණුනා. පැමිණිලා ආයුෂ්මත් ආනන්දයන් වහන්සේ සමඟ සතුටු විය යුතු පිළිසඳර කතා බහේ යෙදිලා එකත්පස්ව වාඩිවුණා. එකත්පස්ව වාඩිවුණු ආයුෂ්මත් උදායි තෙරුන් වහන්සේ ආයුෂ්මත් ආනන්දයන් වහන්සේගෙන් මෙකරුණ විමසුවා.

"ප්‍රිය ආයුෂ්මත් ආනන්දයෙනි, යම් සේ භාග්‍යවතුන් වහන්සේ විසින් 'මේ අයුරිනුත් මේ කය අනාත්මයි' කියලා නොයෙක් ක්‍රමවලින් මේ කය ගැන වදාරලා තියෙනවා. තොරතුරු හෙළි කරලා තියෙනවා. කරුණු ප්‍රකාශ කරලා තියෙනවා. අන්න ඒ විදිහට 'මේ අයුරිනුත් මේ විඤ්ඤාණය අනාත්මයි' කියලා මේ විඤ්ඤාණය ගැනත් කියන්ට පුළුවන් ද? දේශනා කරන්ට පුළුවන්

ද? පණවන්ට පුළුවන් ද? පිහිටුවන්ට පුළුවන් ද? හෙළිදරව් කරන්ට පුළුවන් ද? බෙදා දක්වන්ට පුළුවන්ද? මතු කොට පෙන්වන්ට පුළුවන්ද?"

"ප්‍රිය ආයුෂ්මත් උදායි, භාග්‍යවතුන් වහන්සේ විසින් 'මේ අයුරිනුත් මේ කය අනාත්මයි' කියලා නොයෙක් ක්‍රම වලින් මේ කය ගැන වදාරලා තියෙන්නේ, තොරතුරු හෙළි කරලා තියෙන්නේ, කරුණු ප්‍රකාශ කරලා තියෙන්නේ යම් විදිහකට ද, අන්න ඒ විදිහට 'මේ අයුරිනුත් මේ විඤ්ඤාණය අනාත්මයි' කියලා මේ විඤ්ඤාණය ගැනත් කියන්ට පුළුවන්. දේශනා කරන්ට පුළුවන්. පණවන්ට පුළුවන්. පිහිටුවන්ට පුළුවන්. හෙළිදරව් කරන්ට පුළුවන්. බෙදා දක්වන්ට පුළුවන්. මතු කොට පෙන්වන්ට පුළුවන්.

ප්‍රිය ආයුෂ්මතුනි, ඇසත් රූපයත් නිසයි නේද ඇසේ විඤ්ඤාණය උපදින්නේ?" "එසේය ප්‍රිය ආයුෂ්මතුනි." "ප්‍රිය ආයුෂ්මතුනි, ඇසේ විඤ්ඤාණය ඉපදීමට යම් හේතුවක් ඇත්ද, යම් ප්‍රත්‍යයක් ඇත්ද, ඒ හේතුවත්, ඒ ප්‍රත්‍යයත් සෑම අයුරකින් සියල්ල ම, සෑම තැනක ම සියල්ල ම ඉතිරි නැතුව නිරුද්ධ වෙනවා නම්, එතකොට ඇසේ විඤ්ඤාණය කියලා දෙයක් දැක ගන්ට ලැබෙනවාද?" "ප්‍රිය ආයුෂ්මතුනි, එය නොවේ ම යි." "ප්‍රිය ආයුෂ්මතුනි, ඔය ක්‍රමයෙනුත් භාග්‍යවතුන් වහන්සේ විසින් 'මෙසේත් මේ විඤ්ඤාණය අනාත්මයි' කියලා වදාරලා තියෙනවා. හෙළිදරව් කරලා තියෙනවා. කරුණු ප්‍රකාශ කරලා තියෙනවා ....(පෙ)....

ප්‍රිය ආයුෂ්මතුනි, දිවත් රසත් නිසයි නේද දිවේ විඤ්ඤාණය උපදින්නේ?" "එසේය ප්‍රිය ආයුෂ්මතුනි." "ප්‍රිය ආයුෂ්මතුනි, දිවේ විඤ්ඤාණය ඉපදීමට යම් හේතුවක් ඇත්ද, යම් ප්‍රත්‍යයක් ඇත්ද, ඒ හේතුවත්, ඒ ප්‍රත්‍යයත් සෑම අයුරකින් සියල්ල ම, සෑම තැනක ම සියල්ල ම ඉතිරි නැතුව නිරුද්ධ වෙනවා නම්, එතකොට දිවේ විඤ්ඤාණය කියලා දෙයක් දැකගන්ට ලැබෙනවාද?" "ප්‍රිය ආයුෂ්මතුනි, එය නොවේ ම යි." "ප්‍රිය ආයුෂ්මතුනි, ඔය ක්‍රමයෙනුත් භාග්‍යවතුන් වහන්සේ විසින් 'මෙසේත් මේ විඤ්ඤාණය අනාත්මයි' කියලා වදාරලා තියෙනවා. හෙළිදරව් කරලා තියෙනවා. කරුණු ප්‍රකාශ කරලා තියෙනවා ....(පෙ)....

ප්‍රිය ආයුෂ්මතුනි, මනසත් අරමුණුත් නිසයි නේද මනසේ විඤ්ඤාණය උපදින්නේ?" "එසේය ප්‍රිය ආයුෂ්මතුනි." "ප්‍රිය ආයුෂ්මතුනි, මනසේ විඤ්ඤාණය ඉපදීමට යම් හේතුවක් ඇත්ද, යම් ප්‍රත්‍යයක් ඇත්ද, ඒ හේතුවත්, ඒ ප්‍රත්‍යයත් සෑම අයුරකින් සියල්ල ම, සෑම තැනක ම සියල්ල ම ඉතිරි නැතුව නිරුද්ධ වෙනවා නම්, එතකොට මනසේ විඤ්ඤාණය කියලා දෙයක් දැකගන්ට ලැබෙනවාද?" "ප්‍රිය ආයුෂ්මතුනි, එය නොවේ ම යි." "ප්‍රිය

ආයුෂ්මතුනි, ඔය ක්‍රමයෙනුත් භාග්‍යවතුන් වහන්සේ විසින් 'මෙසේත් මේ විඤ්ඤාණය අනාත්මයි' කියලා වදාරලා තියෙනවා. හෙළිදරව් කරලා තියෙනවා. කරුණු ප්‍රකාශ කරලා තියෙනවා ....(පෙ)....

ප්‍රිය ආයුෂ්මතුනි, ඒක මේ වගේ දෙයක්. අරටුවකින් ප්‍රයෝජනය ඇති පුරුෂයෙක් ඉන්නවා. ඔහු අරටුවක් සොයමින්, අරටුවක් ගැන විමසමින්, ඇවිදගෙන යද්දි තියුණු කෙටේරියක් අරගෙන වනයට පිවිසෙනවා. ඔහු එතැන දී හොඳට කෙළින් තියෙන, නො පීදුන, මහත කෙහෙල් කඳක් දකිනවා. ඉතින් ඔහු ඒකේ මුලින් කපනවා. මුලින් කපලා අගත් කපනවා. අගින් කපලා පත්වැටි ගලවනවා. ඔහු එතැනදී එලයවත් ලබාගන්නේ නෑ. අරටුවක් කොහෙන් ලැබෙන්ටද?

ප්‍රිය ආයුෂ්මතුනි, ඔය විදිහමයි. භික්ෂුව ස්පර්ශ ආයතන හය තුළ ආත්මය කියලා දෙයක්වත්, ආත්මයට අයිතියි කියලා දෙයක්වත් දකින්නේ නෑ. ඒ අයුරින් ඔහු නොදකින විට, ලෝකයෙහි කිසිවකට බැඳෙන්නේ නෑ. නොබැඳී සිටින විට තැති ගන්නේ නෑ. තැති නොගන්නා විට තමා තුළ ම පිරිනිවී යනවා. 'ඉපදීම ක්ෂය වුණා, බඹසර වාසය සම්පූර්ණ කළා. නිවන පිණිස කළ යුත්ත කළා. නිවන පිණිස කළ යුතු වෙන දෙයක් නැතැ'යි අවබෝධයෙන් ම දැන ගන්නවා."

සාදු! සාදු!! සාදු!!!

උදායී සූත්‍රය නිමා විය.

1.18.8
ආදිත්තපරියාය සූත්‍රය
ගිනි ඇවිලගත් ක්‍රමය ගැන වදාළ දෙසුම

පින්වත් මහණෙනි, ඔබට ගිනි ඇවිලගත් ක්‍රමය නම් වූ දහම් ක්‍රමයක් දේශනා කරන්ටයි යන්නේ. එය සවන් යොමා අසන්න. පින්වත් මහණෙනි, ගිනි ඇවිල ගත් ක්‍රමය නම් වූ දහම් ක්‍රමය යනු කුමක්ද?

පින්වත් මහණෙනි, ගිනි ඇවිල ගත්, මුළුමණින් ම ගින්නෙන් දිළිසෙන, ගිනිදැල් විහිදෙන, ගිනියම් වූ යකඩ ආයුධයකින් ඇස නැමැති ඉන්ද්‍රිය අතුල්ලන එක වඩා වටිනවා. නමුත් ඇසින් දත යුතු රූප ගැන නිමිති සටහනක්වත් ගන්න

එක හොඳ නෑ. පින්වත් මහණෙනි, රූප නිමිත්තෙහි ආශ්වාදයට ගිජු වූ හෝ රූප නිමිත්තෙහි කොටසක ආශ්වාදයට ගිජු වූ හෝ, විඤ්ඤාණයක් තිබෙන විට, ඉදින් ඒ වෙලාවේ දී කළුරිය කළොත්, තිරිසන් යෝනියේ හරි නිරය හරි කියන මේ ගති දෙකෙන් එක්තරා ගතියක උපදිනවා යන කරුණ විය හැකි දෙයක්. පින්වත් මහණෙනි, මං මේ ආදීනවය දැකලයි ඔහොම කියන්නේ.

පින්වත් මහණෙනි, ගිනි ඇවිල ගත්, මුළුමණින් ම ගින්නෙන් දිළිසෙන, ගිනිදැල් විහිදෙන, ගිනියම් වූ තියුණු යකඩ හුලකින් කන නැමැති ඉන්ද්‍රිය අතුල්ලන එක වඩා වටිනවා. නමුත් කනින් දත යුතු ශබ්ද ගැන නිමිති සටහනක්වත් ගන්න එක හොඳ නෑ. පින්වත් මහණෙනි, ශබ්ද නිමිත්තෙහි ආශ්වාදයට ගිජු වූ හෝ ශබ්ද නිමිත්තෙහි කොටසක ආශ්වාදයට ගිජු වූ හෝ, විඤ්ඤාණයක් තිබෙන විට, ඉදින් ඒ වෙලාවේ දී කළුරිය කළොත්, තිරිසන් යෝනියේ හරි නිරය හරි කියන මේ ගති දෙකෙන් එක්තරා ගතියක උපදිනවා යන කරුණ විය හැකි දෙයක්. පින්වත් මහණෙනි, මං මේ ආදීනවය දැකලයි ඔහොම කියන්නේ.

පින්වත් මහණෙනි, ගිනි ඇවිල ගත්, මුළුමණින් ම ගින්නෙන් දිළිසෙන, ගිනිදැල් විහිදෙන, ගිනියම් වූ තියුණු නියනකින් නාසය නැමැති ඉන්ද්‍රිය අතුල්ලන එක වඩා වටිනවා. නමුත් නාසයෙන් දත යුතු ගන්ධ ගැන නිමිති සටහනක්වත් ගන්න එක හොඳ නෑ. පින්වත් මහණෙනි, ගන්ධ නිමිත්තෙහි ආශ්වාදයට ගිජු වූ හෝ ගන්ධ නිමිත්තෙහි කොටසක ආශ්වාදයට ගිජු වූ හෝ, විඤ්ඤාණයක් තිබෙන විට, ඉදින් ඒ වෙලාවේ දී කළුරිය කළොත්, තිරිසන් යෝනියේ හරි නිරය හරි කියන මේ ගති දෙකෙන් එක්තරා ගතියක උපදිනවා යන කරුණ විය හැකි දෙයක්. පින්වත් මහණෙනි, මං මේ ආදීනවය දැකලයි ඔහොම කියන්නේ.

පින්වත් මහණෙනි, ගිනි ඇවිල ගත්, මුළුමණින් ම ගින්නෙන් දිළිසෙන, ගිනිදැල් විහිදෙන, ගිනියම් වූ තියුණු දැලිපිහියකින් දිව නැමැති ඉන්ද්‍රිය අතුල්ලන එක වඩා වටිනවා. නමුත් දිවෙන් දත යුතු රස ගැන නිමිති සටහනක්වත් ගන්න එක හොඳ නෑ. පින්වත් මහණෙනි, රස නිමිත්තෙහි ආශ්වාදයට ගිජු වූ හෝ රස නිමිත්තෙහි කොටසක ආශ්වාදයට ගිජු වූ හෝ, විඤ්ඤාණයක් තිබෙන විට, ඉදින් ඒ වෙලාවේ දී කළුරිය කළොත්, තිරිසන් යෝනියේ හරි නිරය හරි කියන මේ ගති දෙකෙන් එක්තරා ගතියක උපදිනවා යන කරුණ විය හැකි දෙයක්. පින්වත් මහණෙනි, මං මේ ආදීනවය දැකලයි ඔහොම කියන්නේ.

පින්වත් මහණෙනි, ගිනි ඇවිල ගත්, මුළුමණින් ම ගින්නෙන් දිළිසෙන,

ගිනිදැල් විහිදෙන, ගිනියම් වූ තියුණු සැතකින් කය නැමැති ඉන්ද්‍රිය අතුල්ලන එක වඩා වටිනවා. නමුත් කයෙන් දත යුතු පහස ගැන නිමිති සටහනක්වත් ගන්න එක හොඳ නෑ. පින්වත් මහණෙනි, පහස නිමිත්තෙහි ආශ්වාදයට ගිජු වූ හෝ පහස නිමිත්තෙහි කොටසක ආශ්වාදයට ගිජු වූ හෝ, විඤ්ඤාණයක් තිබෙන විට, ඉදින් ඒ වෙලාවේ කළුරිය කළොත්, තිරිසන් යෝනියේ හරි නිරය හරි කියන මේ ගති දෙකෙන් එක්තරා ගතියක උපදිනවා යන කරුණ විය හැකි දෙයක්. පින්වත් මහණෙනි, මං මේ ආදීනවය දැකලයි ඔහොම කියන්නේ.

පින්වත් මහණෙනි, නිදාගන්න එක වටිනවා. පින්වත් මහණෙනි, නිදා ගැනීම ගැන මං කියන්නේ ජීවිතවල වඳබව කියලයි. මං කියන්නේ ජීවිතවල ඵල රහිත බව කියලයි. ජීවිතවල මුළාව කියලයි. නමුත් යම් ආකාරයක විතර්කයන්ගේ වසඟයට ගිහින් සංඝ භේදය කරනවා නම්, එබඳු වූ විතර්ක නම් විතර්ක නොකළ යුතුයි. පින්වත් මහණෙනි, මේ (සංඝභේදයෙහි ඇති භයානකකම) ආදීනවය දැකලයි මං මෙහෙම කියන්නේ.

පින්වත් මහණෙනි, එහිලා ආර්ය ශ්‍රාවකයා නුවණින් හිතන්නේ මෙහෙමයි. ගිනි ඇවිලගත්, මුළුමණින් ම ගින්නෙන් දිළිසෙන, ගිනිදැල් විහිදෙන, ගිනියම් වූ යකඩ ආයුධයකින් ඇස නැමැති ඉන්ද්‍රිය අතුල්ලන එක පැත්තක තිබුණාවේ. ඒකාන්තයෙන් ම මං මෙය මේ විදිහටයි සිහි කරන්නේ. "ඇස අනිත්‍යයි. රූප අනිත්‍යයි. ඇසේ විඤ්ඤාණය අනිත්‍යයි. ඇසේ ස්පර්ශය අනිත්‍යයි. ඇසේ ස්පර්ශයෙන් උපදින්නා වූ සැප වේවා, දුක් වේවා, දුක් සැප රහිත වේවා යම් විඳීමක් ඇත්නම් එයත් අනිත්‍යයි" කියලයි.

ගිනි ඇවිලගත්, මුළුමණින් ම ගින්නෙන් දිළිසෙන, ගිනිදැල් විහිදෙන, ගිනියම් වූ තියුණු යකඩ හුලකින් කන නැමැති ඉන්ද්‍රිය අතුල්ලන එක පැත්තක තිබුණාවේ. ඒකාන්තයෙන් ම මං මෙය මේ විදිහටයි සිහි කරන්නේ. "කන අනිත්‍යයි. ශබ්ද අනිත්‍යයි. කනේ විඤ්ඤාණය අනිත්‍යයි. කනේ ස්පර්ශය අනිත්‍යයි. කනේ ස්පර්ශයෙන් උපදින්නා වූ සැප වේවා, දුක් වේවා, දුක් සැප රහිත වේවා යම් විඳීමක් ඇත්නම් එයත් අනිත්‍යයි" කියලයි.

ගිනි ඇවිලගත්, මුළුමණින් ම ගින්නෙන් දිළිසෙන, ගිනිදැල් විහිදෙන, ගිනියම් වූ තියුණු නියනකින් නාසය නැමැති ඉන්ද්‍රිය අතුල්ලන එක පැත්තක තිබුණාවේ. ඒකාන්තයෙන් ම මං මෙය මේ විදිහටයි සිහි කරන්නේ. "නාසය අනිත්‍යයි. ගන්ධ අනිත්‍යයි. නාසයේ විඤ්ඤාණය අනිත්‍යයි. නාසයේ ස්පර්ශය අනිත්‍යයි. නාසයේ ස්පර්ශයෙන් උපදින්නා වූ සැප වේවා, දුක් වේවා, දුක් සැප රහිත වේවා යම් විඳීමක් ඇත්නම් එයත් අනිත්‍යයි" කියලයි.

ගිනි ඇවිලගත්, මුළුමණින් ම ගින්නෙන් දිළිසෙන, ගිනිදැල් විහිදෙන, ගිනියම් වූ තියුණු දැලි පිහියකින් දිව නැමැති ඉන්ද්‍රිය අතුල්ලන එක පැත්තක තිබුණාවේ. ඒකාන්තයෙන් ම මං මෙය මේ විදිහටයි සිහි කරන්නේ. "දිව අනිත්‍යයි. රස අනිත්‍යයි. දිවේ විඤ්ඤාණය අනිත්‍යයි. දිවේ ස්පර්ශය අනිත්‍යයි. දිවේ ස්පර්ශයෙන් උපදින්නා වූ සැප වේවා, දුක් වේවා, දුක් සැප රහිත වේවා යම් විඳීමක් ඇත්නම් එයත් අනිත්‍යයි" කියලයි.

ගිනි ඇවිලගත්, මුළුමණින් ම ගින්නෙන් දිළිසෙන, ගිනිදැල් විහිදෙන, ගිනියම් වූ තියුණු සැතකින් කය නැමැති ඉන්ද්‍රිය අතුල්ලන එක පැත්තක තිබුණාවේ. ඒකාන්තයෙන් ම මං මෙය මේ විදිහටයි සිහි කරන්නේ. "කය අනිත්‍යයි. පහස අනිත්‍යයි. කයේ විඤ්ඤාණය අනිත්‍යයි. කයේ ස්පර්ශය අනිත්‍යයි. කයේ ස්පර්ශයෙන් උපදින්නා වූ සැප වේවා, දුක් වේවා, දුක් සැප රහිත වේවා යම් විඳීමක් ඇත්නම් එයත් අනිත්‍යයි" කියලයි.

නින්දට වැටීම පසෙක තිබේවා. ඒකාන්තයෙන් ම මං මේ විදිහටයි සිහි කරන්නේ. "මනස අනිත්‍යයි. මනසට අරමුණු වන දේ අනිත්‍යයි. මනසේ විඤ්ඤාණය අනිත්‍යයි. මනසේ ස්පර්ශය අනිත්‍යයි. මනසේ ස්පර්ශයෙන් උපදින්නා වූ සැප වේවා, දුක් වේවා, දුක් සැප රහිත වේවා යම් විඳීමක් ඇත්නම් එයත් අනිත්‍යයි" කියලයි.

පින්වත් මහණෙනි, ශ්‍රැතවත් ආර්ය ශ්‍රාවකයා ඔය අයුරින් දකින විට ඇස ගැනත් සත්‍ය ස්වභාවය අවබෝධ වීම තුළින් ම කලකිරෙනවා. රූප ගැනත් සත්‍ය ස්වභාවය අවබෝධ වීම තුළින් ම කලකිරෙනවා. ඇසේ විඤ්ඤාණය ගැනත් සත්‍ය ස්වභාවය අවබෝධ වීම තුළින් ම කලකිරෙනවා. ඇසේ ස්පර්ශය ගැනත් සත්‍ය ස්වභාවය අවබෝධ වීම තුළින් ම කලකිරෙනවා. ඇසේ ස්පර්ශයෙන් උපදින්නා වූ සැප වේවා, දුක් වේවා, දුක් සැප රහිත වේවා යම් විඳීමක් ඇත්නම් ඒ ගැනත් සත්‍ය ස්වභාවය අවබෝධ වීම තුළින් ම කලකිරෙනවා ....(පෙ).... මනසේ ස්පර්ශයෙන් උපදින්නා වූ සැපක් වේවා, දුකක් වේවා, දුක් සැප රහිත වේවා යම් විඳීමක් ඇත්නම් ඒ ගැනත් සත්‍ය ස්වභාවය අවබෝධ වීම තුළින් ම කලකිරෙනවා. කලකිරුණු විට ඒ කෙරෙහි තිබුණ ඇල්ම නැතුව යනවා. ඇල්ම නැතිවීම නිසා එයින් නිදහස් වෙනවා. නිදහස් වූ විට නිදහස් වූ බවට අවබෝධ ඥාණය ඇති වෙනවා. "ඉපදීම ක්ෂය වුණා, බඹසර වාසය සම්පූර්ණ කළා, නිවන පිණිස කළ යුතු දෙය කළා, නිවන පිණිස කළ යුතු වෙන දෙයක් නැත්තේම" යැයි අවබෝධයෙන් ම දැනගන්නවා. පින්වත් මහණෙනි, මේකට තමයි ගිනි ඇවිල ගත් ක්‍රමය නම් වූ දහම් ක්‍රමය කියලා කියන්නේ.

සාදු! සාදු!! සාදු!!!

ආදිත්තපරියාය සූත්‍රය නිමා විය.

1.18.9
හත්ථපාදූපම සූත්‍රය
අත් පා උපමා කොට වදාළ දෙසුම

පින්වත් මහණෙනි, අත් තියෙන කෙනාගේ තමයි අරගැනීම, බිම තැබීම පෙනෙන්නේ. පා තියෙන කෙනාගේ තමයි ඉදිරියට යෑම, ආපසු ඒම පෙනෙන්නේ. පුරුක් සන්ධි තියෙන කෙනාගේ තමයි හකුළන එක, දිග හරින එක පෙනෙන්නේ. කුසක් තියෙන කෙනාගේ තමයි බඩගිනි පිපාස පෙනෙන්නේ. පින්වත් මහණෙනි, ඔය විදිහමයි. ඇස තියෙන කෙනාගේ තමයි ඇසේ ස්පර්ශයෙන් තමා තුළ සැප දුක උපදින්නේ. කන තියෙන කෙනාගේ තමයි කනේ ස්පර්ශයෙන් තමා තුළ සැප දුක උපදින්නේ. නාසය තියෙන කෙනාගේ තමයි නාසයේ ස්පර්ශයෙන් තමා තුළ සැප දුක උපදින්නේ. දිව තියෙන කෙනාගේ තමයි දිවේ ස්පර්ශයෙන් තමා තුළ සැප දුක උපදින්නේ. කය තියෙන කෙනාගේ තමයි කයේ ස්පර්ශයෙන් තමා තුළ සැප දුක උපදින්නේ. මනස තියෙන කෙනාගේ තමයි මනසේ ස්පර්ශයෙන් තමා තුළ සැප දුක උපදින්නේ.

පින්වත් මහණෙනි, අත් නැති විට අරගැනීම, බිම තැබීම පෙනෙන්නට නෑ. පා නැති විට ඉදිරියට යෑම, ආපසු ඒම පෙනෙන්නට නෑ. පුරුක් සන්ධි නැති විට හකුළන එක, දිග හරින එක පෙනෙන්ට නෑ. කුසක් නැති විට බඩගිනි පිපාස පෙනෙන්ට නෑ. පින්වත් මහණෙනි, ඔය විදිහමයි. ඇසක් නැති විට ඇසේ ස්පර්ශයෙන් තමා තුළ සැප දුක උපදින්නේ නෑ. කනක් නැති විට කනේ ස්පර්ශයෙන් තමා තුළ සැප දුක උපදින්නේ නෑ. නාසයක් නැති විට නාසයේ ස්පර්ශයෙන් තමා තුළ සැප දුක උපදින්නේ නෑ. දිවක් නැති විට දිවේ ස්පර්ශයෙන් තමා තුළ සැප දුක උපදින්නේ නෑ. කයක් නැති විට කයේ ස්පර්ශයෙන් තමා තුළ සැප දුක උපදින්නේ නෑ. මනසක් නැති විට මනසේ ස්පර්ශයෙන් තමා තුළ සැප දුක උපදින්නේ නෑ.

සාදු! සාදු!! සාදු!!!

හත්ථපාදූපම සූත්‍රය නිමා විය.

1.18.10
දුතිය හත්ථපාදූපම සූත්‍රය
අත් පා උපමා කොට වදාළ දෙවෙනි දෙසුම

පින්වත් මහණෙනි, අත් තියෙන කොට තමයි අරගැනීම, බිම තැබීම පෙනෙන්නේ. පා තියෙන කොට තමයි ඉදිරියට යෑම, ආපසු ඒම පෙනෙන්නේ. පුරුක් සන්ධි තියෙන කොට තමයි හකුළන එක, දිග හරින එක පෙනෙන්නේ. කුසක් තියෙනකොට තමයි බඩගිනි පිපාස පෙනෙන්නේ. පින්වත් මහණෙනි, ඔය විදිහමයි. ඇස තියෙනකොට තමයි ඇසේ ස්පර්ශයෙන් තමා තුළ සැප දුක උපදින්නේ. කන තියෙනකොට තමයි ....(පෙ).... නාසය තියෙනකොට තමයි ....(පෙ).... දිව තියෙන කොට තමයි ....(පෙ).... කය තියෙනකොට තමයි ....(පෙ).... මනස තියෙනකොට තමයි මනසේ ස්පර්ශයෙන් තමා තුළ සැප දුක උපදින්නේ.

පින්වත් මහණෙනි, අත් නැති විට අරගැනීම, බිම තැබීම පෙනෙන්නට නෑ. පා නැති විට ඉදිරියට යෑමක්, ආපසු ඒමක් පෙනෙන්නට නෑ. පුරුක් සන්ධි නැති විට හකුලන එක දිග හරින එක පෙනෙන්නට නෑ. කුසක් නැති විට බඩගිනි පිපාස පෙනෙන්නට නෑ. පින්වත් මහණෙනි, ඔය විදියමයි. ඇස නැති විට ඇසේ ස්පර්ශයෙන් තමා තුළ සැප දුක උපදින්නේ නෑ. කන නැති විට ....(පෙ).... නාසය නැති විට ....(පෙ).... දිව නැති විට ....(පෙ).... කය නැති විට ....(පෙ).... මනස නැති විට මනසේ ස්පර්ශයෙන් තමා තුළ සැප දුක උපදින්නේ නෑ.

සාදු! සාදු!! සාදු!!!

දුතිය හත්ථපාදූපම සූත්‍රය නිමා විය.

දහඅටවෙනි සමුද්ද වර්ගය යි.

- **එහි පිළිවෙළ උද්දානය යි.**

සමුද්ද සූත්‍ර දෙක, බාළිසිකෝපම සූත්‍රය, ඛීරරුක්ඛෝපම සූත්‍රය, කොට්ඨිත සූත්‍රය, කාමභූ සූත්‍රය, උදායි සූත්‍රය, ආදිත්තපරියාය සූත්‍රය අටවැන්නයි. හත්ථපාදූපම සූත්‍ර දෙකෙන් ද යුතුව මේ වර්ගය කියනු ලැබේ.

19. ආසිවිස වර්ගය

1.19.1
ආසිවිසෝපම සූත්‍රය
විෂ ඝෝර සර්පයන් උපමා කොට වදාළ දෙසුම

මා හට අසන්ට ලැබුණේ මේ විදිහටයි. ඒ දිනවල භාග්‍යවතුන් වහන්සේ වැඩසිටියේ සැවැත් නුවර ජේතවන නම් වූ අනේපිඬු සිටුතුමාගේ ආරාමයේ. එදා භාග්‍යවතුන් වහන්සේ "පින්වත් මහණෙනි" කියා භික්ෂූන් අමතා වදාළා. "පින්වතුන් වහන්ස" කියා ඒ භික්ෂූන් භාග්‍යවතුන් වහන්සේට පිළිතුරු දුන්නා. භාග්‍යවතුන් වහන්සේ මෙම දෙසුම වදාළා.

පින්වත් මහණෙනි, ඒක මේ වගේ දෙයක්. භයානක විෂ තියෙන, (වහා කිපෙන) බලවත් තෙද ඇති, ඝෝරවිෂ ඇති සර්පයින් හතර දෙනෙක් ඉන්නවා. එතකොට ජීවත් වෙන්න කැමති, නොමැරෙනු කැමති, සැප කැමති, දුක් පිළිකුල් කරන පුරුෂයෙක් එනවා. ඔහුට මේ විදිහට කියනවා. "එම්බා පුරුෂය, මේ ඉන්නේ භයානක විෂ තියෙන, (වහා කිපෙන) බලවත් තෙද ඇති, ඝෝරවිෂ ඇති සර්පයන් හතර දෙනෙක්. මොවුන්ව කලින් කලට නැගිට්ටවන්ට ඕනෑ. කලින් කලට නාවන්ට ඕනෑ. කලින් කලට ආහාර පාන කවන්ට ඕනෑ. කලින් කලට නිදි කරවන්ට ඕනෑ. එම්බා පුරුෂය, හැබැයි යම් විටෙක භයානක විෂ තියෙන (වහා කිපෙන) බලවත් තෙද ඇති, ඝෝර විෂ ඇති මේ සර්පයන් හතර දෙනාගෙන් කවුරු කවුරුහරි කිපිලා දෂ්ට කළොත්, ඒ හේතුවෙන් එම්බා පුරුෂය, ඔබ එක්කෝ මරණයට පත් වේවි. එක්කෝ මාරාන්තික දුක් වේදනා විඳවාවි. එම්බා පුරුෂය, ඔබ විසින් කළ යුතු යමක් ඇත්නම් දැන් එය කරන එකයි තියෙන්නේ" කියලා.

එතකොට පින්වත් මහණෙනි, අර පුරුෂයා භයානක විෂ තියෙන, (වහා කිපෙන) බලවත් තෙද ඇති, ඝෝරවිෂ ඇති සර්පයන් හතරදෙනාට භය වුණා. යම් තැනක් ඇත්නම් එතැනට පලා ගියා. එතකොට ඔහුට මෙහෙම කියනවා.

"එම්බා පුරුෂය, ඔබට සතුරු වූ මේ වධකයන් පස් දෙනා යම් තැනකදී ඔබව දකිනවා. 'එතැන දී ම ජීවිතය විනාශ කරලා දානවා' කියලා ඔබේ පිටුපසින් පන්න පන්නා එනවා. එම්බා පුරුෂය, ඔබ විසින් කළ යුතු යමක් ඇත්නම් දැන් එය කරන එකයි තියෙන්නේ" කියලා. එතකොට පින්වත් මහණෙනි, අර පුරුෂයා භයානක විෂ තියෙන, (වහා කිපෙන) බලවත් තෙද ඇති, ඝෝර විෂ ඇති සර්පයින් සතර දෙනාට භය වුණා. සතුරු වූ වධකයන් පස් දෙනාටත් භය වුණා. යම් තැනක් ඇත්නම් එතැනට පලා ගියා.

එතකොට ඔහුට මෙහෙම කියනවා. "එම්බා පුරුෂය, කඩුවක් අමෝරා ගත්තු, ඇතුළත හැසිරෙන හයවෙනි වධකයෙක් යම් තැනක දී ඔබව දකිනවා. 'එතැන දී ම හිස කඳින් වෙන් කරනවා' කියලා ඔබේ පිටුපසින් පන්න, පන්නා එනවා. එම්බා පුරුෂය, ඔබ විසින් කළ යුතු යමක් ඇත්නම් දැන් එය කරන එකයි තියෙන්නේ" කියලා. එතකොට පින්වත් මහණෙනි, අර පුරුෂයා භයානක විෂ තියෙන (වහා කිපෙන) බලවත් තෙද ඇති, ඝෝර විෂ ඇති සර්පයන් සතර දෙනාට භය වුණා. සතුරු වූ වධකයන් පස්දෙනාටත් භය වුණා. කඩුවක් අමෝරාගත්තු, ඇතුළත හැසිරෙන හයවෙනි වධකයාටත් භය වුණා. යම් තැනක් ඇත්නම් එතැනට පලා ගියා.

(පලා යද්දි) ඔහු හිස් ගමක් දැක්කා. ඕනෑම ගෙයකට පිවිසුණොත් පිවිසෙන්නේ කිසිවක් නැති ගෙයකට ම යි. පිවිසෙන්නේ තුච්ඡ ගෙයකට ම යි. පිවිසෙන්නේ හිස් ගෙයකට ම යි. (කෑම බීම තිබේදැයි බලන්නට) ඕනෑම භාජනයක් ඇල්ලුවොතින් අල්ලන්නේ කිසිවක් නැති භාජනයක් ම යි. අල්ලන්නේ තුච්ඡ භාජනයක් ම යි. අල්ලන්නේ හිස් භාජනයක් ම යි. එතකොට ඔහුට මෙහෙම කියනවා. "එම්බා පුරුෂය, මේ හිස් ගම දැන් ගම් පහරන හොරු ඇවිදින් විනාශ කරන්නටයි යන්නේ. එම්බා පුරුෂය, ඔබ විසින් කළ යුතු යමක් ඇත්නම් දැන් කරන එකයි තියෙන්නේ" කියලා.

ඉතින් පින්වත් මහණෙනි, ඒ පුරුෂයා භයානක විෂ තියෙන, (වහා කිපෙන) බලවත් තෙද ඇති, ඝෝර විෂ ඇති සර්පයන් හතරදෙනාට භය වුණා. සතුරු වූ වධකයන් පස්දෙනාටත් භය වුණා. කඩුවක් අමෝරාගත්තු, ඇතුළත හැසිරෙන හයවෙනි වධකයාටත් භය වුණා. ගම්පහරන සොරුන්ටත් භය වුණා. යම් තැනක් ඇත්නම් එතැනට පලා ගියා. එතකොට ඔහුට මහා ජලාශයක් දැකගන්ට ලැබුණා. මෙතෙර සැක සහිතයි. භය සහිතයි. එතෙර නම් බියෙන් නිදහස්. භය රහිතයි. නමුත් මෙතරින් එතෙරට යෑම පිණිස එතෙර මෙතෙර කරවන නැවක්වත්, පාලමක්වත් නෑ.

ඉතින් පින්වත් මහණෙනි, ඒ පුරුෂයාට මෙහෙම හිතෙනවා. 'මේක මහා ජලාශයක්. මෙතෙරත් සැක සහිතයි. භය සහිතයි. එතෙර නම් භයෙන් නිදහස්. භය රහිතයි. එනමුදු මෙතරින් එතෙරට යෑම පිණිස, එතෙර මෙතෙර කරවන නැවක්වත්, පාලමක්වත් නෑ. එහෙම නම් මං තණ, දර, කොළ අතු ආදිය එකතු කරලා පහුරක් බැඳලා ඒ පහුර උපකාරයෙන් අත්වලිනුත්, පාවලිනුත්, වෑයම් කරමින් සුවසේ එතෙර වන එක තමයි හොඳ' කියලා. ඉතින් පින්වත් මහණෙනි, ඒ පුරුෂයා තණ, දර, කොළ අතු, ආදිය එකතු කරලා පහුරක් බැඳලා ඒ පහුර උපකාරයෙන් අත්වලිනුත්, පාවලිනුත්, වෑයම් කරමින් සුවසේ එතෙර වුණා. ඔහුට තමයි ජලාශය තරණය කළ, එතෙරට ගිය, ගොඩබිම ඉන්න බ්‍රාහ්මණයා කියලා කියන්නේ.

පින්වත් මහණෙනි, මා විසින් මේ උපමාව කළේ අර්ථය පැහැදිළි කර දීම පිණිසයි. මෙහි අර්ථය මේකයි. භයානක විෂ තියෙන, (වහා කිපෙන) බලවත් තෙද ඇති, ඝෝර විෂ ඇති සර්පයින් හතරදෙනා කියලා කිව්වේ පින්වත් මහණෙනි, පඨවි ධාතුව, ආපෝ ධාතුව, තේජෝ ධාතුව, වායෝ ධාතුව යන මේ සතර මහා භූතයන්ට කියන නමක්.

පින්වත් මහණෙනි, වධකයන් පස්දෙනා කියලා කිව්වේ මේ පංච උපාදාන ස්කන්ධයන්ට කියන නමක්. ඒ කියන්නේ, රූප උපාදානස්කන්ධය, වේදනා උපාදානස්කන්ධය, සඤ්ඤා උපාදානස්කන්ධය, සංස්කාර උපාදානස්කන්ධය, විඤ්ඤාණ උපාදානස්කන්ධය යන පහයි. පින්වත් මහණෙනි, කඩුවක් ඔසවා ගෙන ඇතුළත හැසිරෙන වධකයා කියලා කිව්වේ මේ නන්දිරාගයට (ආශ්වාදයෙන් ඇලීමට) කියන නමක්. පින්වත් මහණෙනි, හිස් ගමක් කියලා කිව්වේ (ඇස, කන, නාසය දිව, කය, මනස යන) ආධ්‍යාත්මික ආයතනවලට කියන නමක්.

පින්වත් මහණෙනි, ව්‍යක්ත වූ ප්‍රඥාසම්පන්න වූ නුවණැති කෙනා ඉදින් ඇස තුළිනුත් විමසා බලනවා නම්, කිසිවක් නැති දෙයක් හැටියට ම යි වැටහෙන්නේ. තුච්ඡ වූ දෙයක් හැටියට ම යි වැටහෙන්නේ. හිස් වූ දෙයක් හැටියට ම යි වැටහෙන්නේ. පින්වත් මහණෙනි, ඉදින් කන තුළිනුත්, ...(පෙ).... පින්වත් මහණෙනි, ඉදින් නාසය තුළිනුත්, ...(පෙ).... පින්වත් මහණෙනි, ඉදින් දිව තුළිනුත්, ...(පෙ).... පින්වත් මහණෙනි, ඉදින් කය තුළිනුත්, ...(පෙ).... පින්වත් මහණෙනි, ව්‍යක්ත වූ ප්‍රඥාසම්පන්න වූ නුවණැති කෙනා ඉදින් මනස තුළිනුත් විමසා බලනවා නම්, කිසිවක් නැති දෙයක් හැටියට ම යි වැටහෙන්නේ. තුච්ඡ වූ දෙයක් හැටියට ම යි වැටහෙන්නේ. හිස් වූ දෙයක් හැටියට ම යි වැටහෙන්නේ.

පින්වත් මහණෙනි, ගම්පහරන හොරුන් හයදෙනා කියලා කිව්වේ (රූප, ශබ්ද, ගන්ධ, රස, ස්පර්ශ, අරමුණු යන) බාහිර ආයතනවලට කියන නමක්. පින්වත් මහණෙනි, ඇස මනාප අමනාප රූපවලින් පීඩාවට පත් වෙනවා. කන මනාප අමනාප ශබ්දවලින් පීඩාවට පත් වෙනවා. නාසය මනාප අමනාප ගන්ධවලින් පීඩාවට පත් වෙනවා. දිව මනාප අමනාප රසවලින් පීඩාවට පත් වෙනවා. කය මනාප අමනාප පහසවලින් පීඩාවට පත් වෙනවා. මනස මනාප අමනාප අරමුණුවලින් පීඩාවට පත් වෙනවා.

පින්වත් මහණෙනි, මහා ජලාශය කියලා කිව්වේ මේ සැඩපහරවල් (ඕඝයන්) හතරට කියන නමක්. ඒ කියන්නේ කාමඕඝය, භවඕඝය, දිට්ඨිඕඝය, අවිජ්ජාඕඝය යන හතරයි. පින්වත් මහණෙනි, සැක සහිත වූ, භය සහිත වූ, මෙතෙර කියලා කිව්වේ මේ පංච උපාදානස්කන්ධයට කියන නමක්. පින්වත් මහණෙනි, භයෙන් නිදහස් වූ, භය රහිත වූ එතෙර කියලා කිව්වේ ඒ අමා නිවනට කියන නමක්. පින්වත් මහණෙනි, පහුර කියලා කිව්වේ ඒ මේ ආර්ය අෂ්ටාංගික මාර්ගයට කියන නමක්. ඒ කියන්නේ, සම්මා දිට්ඨි, සම්මා සංකල්ප, සම්මා වාචා, සම්මා කම්මන්ත, සම්මාආජීව, සම්මා වායාම, සම්මා සති, සම්මා සමාධි යන අටයි. පින්වත් මහණෙනි, අත්වලින් පාවලින්, වීර්යය ගන්නවා කියලා කිව්වේ හැම මොහොතේ ම පවත්වන වීර්යයට කියන නමක්. පින්වත් මහණෙනි, ජලාශය තරණය කරලා, එතෙරට ගිහින් ගොඩ බිමේ ඉන්න බ්‍රාහ්මණයා කියලා කිව්වේ, මෙය රහතන් වහන්සේට කියන නමක්.

සාදු! සාදු!! සාදු!!!

ආසිවිසෝපම සූත්‍රය නිමා විය.

1.19.2
රථූපම සූත්‍රය
රථ උපමා කොට වදාළ දෙසුම

පින්වත් මහණෙනි, කරුණු තුනකින් සමන්විත භික්ෂුව මේ ජීවිතයේ දී ම සැප සොම්නස් බහුලව වාසය කරනවා. ඒ වගේම ආශ්‍රවයන් ක්ෂය වීම පිණිස ඔහුට කරුණු සම්පූර්ණ වෙලා තියෙනවා. ඒ කරුණු තුන මොනවාද? ඉඳුරන් තුළ කෙලෙසුන්ගෙන් වළක්වාගත් දොරටු ඇති බවත්, දන් වැළඳීමේ අර්ථය දන්නා බවත්, නිදිවරමින් භාවනාවෙන් කල් ගෙවීමත් යන කරුණුය.

පින්වත් මහණෙනි, භික්ෂුව අකුසලයෙන් වැළැක්වූ දොරටු ඇති ඉන්ද්‍රියයන් තුළ ඉන්නේ කොහොමද? පින්වත් මහණෙනි, මෙහිලා භික්ෂුව ඇසින් රූප දැක කෙලෙස් ඇතිවන නිමිති ගන්නේ නෑ. කෙලෙස් ඇතිවන නිමිත්තක කොටසක්වත් ගන්නේ නෑ. යම් හෙයකින් ඇස නැමැති ඉන්ද්‍රිය අසංවරව වසන කෙනෙකුට දැඩි ලෝභයත්, දොම්නසත්, පාපී අකුසලත් ඇති වී අර්බුදයක් හට ගන්නවා නම්, එසේ නොවීම පිණිස එහි සංවරය පිණිස පිළිපදිනවා. ඇස රැක ගන්නවා. ඇස නැමැති ඉන්ද්‍රියයේ සංවරයට පැමිණෙනවා.

කනෙන් ශබ්දයක් අහලා ....(පෙ).... නාසයෙන් ගන්ධයක් ආඝ්‍රාණය කරලා ....(පෙ).... දිවෙන් රසයක් රස විඳලා....(පෙ).... කයෙන් පහසක් ලබලා ....(පෙ).... මනසින් අරමුණක් දැනගෙන කෙලෙස් ඇතිවන නිමිති ගන්නේ නෑ. කෙලෙස් ඇතිවන නිමිත්තක කොටසක්වත් ගන්නේ නෑ. යම් හෙයකින් මනස නැමැති ඉන්ද්‍රිය අසංවරව වසන කෙනෙකුට දැඩි ලෝභයත්, දොම්නසත්, පාපී අකුසලත් ඇති වී අර්බුදයක් හට ගන්නවා නම්, එසේ නොවීම පිණිස එහි සංවරය පිණිස පිළිපදිනවා. මනස රැක ගන්නවා. මනස නැමැති ඉන්ද්‍රියයේ සංවරයට පැමිණෙනවා.

පින්වත් මහණෙනි, ඒක මේ වගේ දෙයක්. සුන්දර බිමක, හතරමං හන්දියක, ආජානීය අශ්වයින් යොදවපු හරහට යෙදූ කෙවිට් ඇති රථයක් තියෙනවා. අශ්වයින් දමනය කිරීමෙහි සමර්ථ වූ දක්ෂ රථාචාර්යවරයෙක් ඔය රථයට නැගලා, වම් අතින් රැහැන්පට අරගෙන, දකුණු අතින් කෙවිටත් අරගෙන තමන් කැමති දිශාවට, තමන් කැමති පාරකින් යන්නට අශ්වයන්ව හසුරවනවා. ආපසු එන්නටත් හසුරුවනවා. පින්වත් මහණෙනි, ඔය වගේ ම යි භික්ෂුවත් මේ ඉන්ද්‍රියයන් හය ආරක්ෂා කර ගැනීම පිණිස හික්මෙනවා. සංවර වීම පිණිස හික්මෙනවා. දමනය වීම පිණිස හික්මෙනවා. සංසිඳවීම පිණිස හික්මෙනවා. පින්වත් මහණෙනි, භික්ෂුව අකුසලයෙන් වැළැක්වූ දොරටු ඇති ඉන්ද්‍රියයන් තුළ ඉන්නේ ඔය විදිහටයි.

පින්වත් මහණෙනි, භික්ෂුව වළඳන බොජුනෙහි අර්ථය දන්නේ කොහොමද? පින්වත් මහණෙනි, මෙහිලා භික්ෂුව හොඳට නුවණින් විමසලයි ආහාර ගන්නේ. ඒ කියන්නේ (මං මෙය වළඳන්නේ) ක්‍රීඩා පිණිස ඇඟ සවිමත් කරගන්ට නොවේ. ඇඟ හදාගෙන හිතට ගන්න නෙවේ. අඩුතැන් පුරවා ගන්ට නොවේ. ඇඟ ලස්සනට හදාගන්ටත් නොවේ. මේ කයේ පැවැත්ම පිණිස විතරයි. යැපීම පිණිස විතරයි. කුසගිනි වෙහෙස නැසීම පිණිස විතරයි. බඹසරට අනුග්‍රහ පිණිස විතරයි. මේ විදිහට මං පැරණි බඩගිනි වේදනාවත්

නැති කරනවා. අළුත් බඩගිනි වේදනාවක් උපදවන්නේ නෑ. මගේ ජීවිත යාත්‍රාවත් සිදු වන්නේය. නිවැරදි බවත් පහසු විහරණයත් තියෙනවා කියලා.

පින්වත් මහණෙනි, ඒක මේ වගේ දෙයක්. පුරුෂයෙක් තුවාලයකට සාත්තු කරනවා. ඒ සාත්තු කරන්නේ මස් ලියලන්න විතරයි. ඒක මේ වගේ දෙයක්. බර ඇදගෙන යෑම පිණිස පමණයි කරත්ත රෝදයේ කඩ ඇණයට තෙල් දාන්නේ. පින්වත් මහණෙනි, ඔය විදියමයි, භික්ෂුව හොඳට නුවණින් විමසලා ආහාර ගන්නේ. ඒ කියන්නේ (මං මෙය වළඳන්නේ) ක්‍රීඩා පිණිස ඇඟ සවිමත් කරගන්ට නොවේ. ඇඟ හදාගෙන හිතට ගන්න නෙවේ. අඩුතැන් පුරවා ගන්ට නොවේ. ඇඟ ලස්සනට හදාගන්ටත් නොවේ. මේ කයේ පැවැත්ම පිණිස විතරයි. යැපීම පිණිස විතරයි. කුසගිනි වෙහෙස නැසීම පිණිස විතරයි. බඹසරට අනුග්‍රහ පිණිස විතරයි. මේ විදිහට මං පැරණි බඩගිනි වේදනාවත් නැති කරනවා. අළුත් බඩගිනි වේදනාවක් උපදවන්නේ නෑ. මගේ ජීවිත යාත්‍රාවත් සිදු වන්නේය. නිවැරදි බවත් පහසු විහරණයත් තියෙනවා කියලා. පින්වත් මහණෙනි, වළඳන බොජුනෙහි අරුත් දැනගෙන ඉන්නේ ඔය විදිහටයි.

පින්වත් මහණෙනි, භික්ෂුව නිදිවරමින් භාවනාවෙන් ඉන්නේ කොහොමද? පින්වත් මහණෙනි, මෙහිලා භික්ෂුව දවල් දවසේ සක්මන් භාවනාවෙනුත්, වාඩිවෙලාත් නීවරණයන්ගෙන් සිත පිරිසිදු කර ගන්නවා. රෑ පළමු යාමයේදී සක්මන් භාවනාවෙනුත්, වාඩිවෙලාත් නීවරණයන්ගෙන් සිත පිරිසිදු කර ගන්නවා. රෑ මධ්‍යම යාමයේ දී දකුණු පැත්තට හැරිලා, පයෙන් පය මදක් මෑත් වෙන්න තබාගෙන සිහියෙන් යුතුව නුවණින් යුතුව අසවල් වේලාවට නැගිටිනවා යන කරුණ මෙනෙහි කොට සිංහ සෙයාාවෙන් සැතපෙනවා. රෑ අන්තිම යාමයෙහි පාන්දරින් නැගිටලා සක්මන් භාවනාවෙනුත්, වාඩි වෙලාත් නීවරණයන්ගෙන් සිත පිරිසිදු කරනවා. පින්වත් මහණෙනි, නිදිවරමින් භාවනාවේ යෙදෙන්නේ ඔය විදිහටයි.

පින්වත් මහණෙනි, මේ කරුණු තුනෙන් සමන්විත වුණ භික්ෂුව මේ ජීවිතේදීම සැප සොම්නස් බහුලව වාසය කරනවා. ඒ වගේම ආශ්‍රවයන් ක්ෂය වීම පිණිස ඔහුට කරුණු සම්පූර්ණ වෙලා තියෙනවා.

සාදු! සාදු!! සාදු!!!

රථූපම සූත්‍රය නිමා විය.

1.19.3
කුම්මෝපම සූත්‍රය
ඉදිබුවා උපමා කොට වදාළ දෙසුම

පින්වත් මහණෙනි, මෙය ඉස්සර සිදු වූ දෙයකි. ඉදිබුවෙක් සවස් කාලයේ ගොදුරු සොයමින් ගං ඉවුරක අසබඩ සිටියා. පින්වත් මහණෙනි, එතකොට සිවලෙකුත් සවස් වේලෙහි ගොදුරු සොයමින් ඒ ගං ඉවුරු අසබඩ ඇවිද්දා. පින්වත් මහණෙනි, ඉදිබුවා ගොදුරු සොයාගෙන ඇවිදින සිවලාව දුර තියාම දැක්කා. දැකලා හිස පස්වෙනි කොට තිබෙන තමන්ගේ අවයවයන් ඉබි කටුව තුළට හකුළුවාගෙන උත්සාහ රහිත වෙලා, නිශ්ශබ්දව වගක් නැතුව හිටියා. පින්වත් මහණෙනි, සිවලාත් දුර තියාම ඉදිබුවා දැකලා, ඉදිබුවා සිටි තැනට පැමිණුනා. පැමිණිලා 'මේ ඉදිබුවා යම් වෙලාවක හිස පස්වෙනි කොට ඇති අවයවයන්ගෙන් කොයි යම් ම අවයවයක් එළියට දාපුදෙන්කෝ, ඒ වෙලාවේම ඒක ඩැහැගෙන කඩාගෙන කන්නම්' කියලා ඉදිබුවාට ළං වෙලා හිටියා. පින්වත් මහණෙනි, යම් කාලයක් ඉදිබුවා හිස පස්වෙනිකොට ඇති අවයවයන්ගෙන් කොයියම් ම අවයවයක්වත් එළියට නොදා හිටියා නම්, ඒ තාක්කල් සිවලා ඉදිබුවාගෙන් අවස්ථාවක් නො ලද නිසා කලකිරිලා ඉවත් වුණා.

පින්වත් මහණෙනි, ඔය විදියමයි. ඔබ ළඟටත් පවිටු මාරයා ඇවිදින් නිරතුරුව ම සමීපයෙන් ඉන්නවා. "හොඳයි කෝ, මේ උදවියගේ ඇසින් අවස්ථාවක් ලැබේවිනේ. එහෙම නැත්නම්, කනෙන්වත් අවස්ථාවක් ලැබේවිනේ. එක්කෝ නාසයෙන් හරි අවස්ථාවක් ලැබේවිනේ. එක්කෝ දිවෙන් හරි අවස්ථාවක් ලැබේවිනේ. එහෙම නැත්නම් කයෙන් හරි අවස්ථාවක් ලැබේවිනේ, එක්කෝ මනසින්වත් අවස්ථාවක් ලැබේවිනේ" කියලා.

ඒ නිසා පින්වත් මහණෙනි, ඉඳුරන් කෙලෙසුන්ගෙන් වළක්වා ගත් දොරටුවලින් යුක්තව ඉන්න. ඇසින් රූප දැක කෙලෙස් ඇතිවෙන නිමිති නොගෙන ඉන්න. කෙලෙස් ඇතිවෙන නිමිත්තක කොටසක්වත් නොගෙන ඉන්න. යම් හෙයකින් ඇස නැමැති ඉන්ද්‍රිය අසංවරව වසන කෙනෙකුට දැඩි ලෝභයත්, දොම්නසත් පාපී අකුසලත් අති වී අර්බුදයක් හට ගන්නවා නම්, එසේ නොවීම පිණිස එහි සංවරය පිණිස පිළිපදින්න. ඇස රැක ගන්න. ඇස නැමැති ඉන්ද්‍රියයේ සංවරයට පැමිණෙන්න. කනෙන් ශබ්ද අහලා ....(පෙ).... නාසයෙන් ගන්ධයක් ආඝ්‍රාණය කරලා ....(පෙ).... දිවෙන් රසයක් රස විඳලා ....(පෙ).... කයෙන් පහසක් ලබලා ....(පෙ).... මනසින් අරමුණක් දැනගෙන කෙලෙස් ඇතිවෙන නිමිති නොගෙන ඉන්න. කෙලෙස් ඇතිවෙන නිමිත්තක

කොටසක්වත් නොගෙන ඉන්න. යම් හෙයකින් මනස නැමැති ඉන්ද්‍රිය අසංවරව වසන කෙනෙකුට දැඩි ලෝභයත්, දොම්නසත් පාපී අකුසලත් ඇති වී අර්බුදයක් හට ගන්නවා නම්, එසේ නොවීම පිණිස එහි සංවරය පිණිස පිළිපදින්න. මනස රැක ගන්න. මනස නැමැති ඉන්ද්‍රියයේ සංවරයට පැමිණෙන්න. පින්වත් මහණෙනි, යම්තාක් කල් ඔබ ඉඳුරන් කෙලෙසුන් ගෙන් වළක්වාගත් දොරටුවලින් යුක්තව ඉන්නවා නම්, එතකොට ඒ තාක්කල් ම පවිටු මාරයා හට අවස්ථාවක් නොලැබීමෙන් ඔබ කෙරෙහි කලකිරිලා බැහැරට යනවා. ඉදිබුවා කෙරෙහි කලකිරී බැහැරට ගිය සිවලා වගේ.

(ගාථාවකි)

තම කටුව තුළට අවයවයන් හකුළුවා ගන්නා ඉදිබුවෙක් වගේ, භික්ෂුව ලාමක මනෝ විතර්කයන් බැහැරකොට සිත තැන්පත් කර ගන්නවා. ඒ කිසිවක් හා ඇසුරක් පවත්වන්නේ නෑ. කිසිවෙකුට පීඩාවක් කරන්නේ නෑ. කාටවත් උපවාද නො කොට පිරිනිවන් පානවා.

සාදු! සාදු!! සාදු!!!

කුම්මෝපම සූත්‍රය නිමා විය.

1.19.4
දාරුක්ඛන්ධෝපම සූත්‍රය
දර කඳ උපමා කොට වදාළ දෙසුම

ඒ දිනවල භාග්‍යවතුන් වහන්සේ වැඩසිටියේ අයෝධ්‍යාවේ ගංගා නම් නදී තීරයේ. එදා භාග්‍යවතුන් වහන්සේ ගඟෙහි සැඩපහරට ගසා ගෙන යන විශාල දර කඳක් දැක වදාළා. දැකලා භික්ෂූන් අමතා වදාළා. "පින්වත් මහණෙනි, ඔබට පේනවාද ගඟ දියෙහි සැඩපහරින් අර මහා දර කඳක් ගසාගෙන යනවා" "එසේය ස්වාමීනී"

පින්වත් මහණෙනි, ඉතින් ඔය දර කඳ මෙතෙරට ගොඩ ගැසුවේ නැතිනම්, එතෙරට ගොඩ ගැසුවේ නැතිනම්, ගඟ මැද යටට බැස්සේත් නැතිනම්, ගඟ මැද ඇති පස් කඳුවල හිර වුණේත් නැතිනම්, මිනිසුන්ගේ ගැනීමක් වුණේත් නැතිනම්, අමනුෂ්‍යයන්ගේ ගැනීමක් වුණේත් නැතිනම්,

දිය සුළියකට අසු වුණෙත් නැතිනම්, ඇතුළ කුණුවෙලා ගඟේම දිරා ගියේත් නැතිනම්, පින්වත් මහණෙනි, එහෙම වුණොත් ඒ දරකඳ මහා සයුරට ම යි නැමෙන්නේ. මහා සයුරට ම යි නැඹුරු වෙන්නේ. මහා සයුරට ම යි බර වෙන්නේ. ඒකට හේතුව මොකක්ද? පින්වත් මහණෙනි, ගංගා නම් නදියෙහි සැඩ පහර මුහුදට නැමිලා තියෙන්නේ. මුහුදටයි නැඹුරු වෙලා තියෙන්නේ. මුහුදටයි බර වෙලා තියෙන්නේ.

පින්වත් මහණෙනි, ඔය විදිහට ම යි. ඉදින් ඔබ වුණත් මෙතෙරට ගොඩ ගැසුවේ නැතිනම්, එතෙරට ගොඩගසන්නේත් නැතිනම්, මැද්දෙහි කිඳා බහින්නේත් නැතිනම්, ගොඩබිමක ගිහින් වදින්නේත් නැතිනම්, මිනිසුන්ගේ ග්‍රහණයට හසුවෙන්නේත් නැතිනම්, නො මිනිසුන්ගේ ග්‍රහණයට හසුවෙන්නේත් නැතිනම්, දිය සුළියකට හසුවෙන්නේත් නැතිනම්, ඇතුළත කුණුවෙලා විනාශ වෙන්නේත් නැතිනම්, පින්වත් මහණෙනි, ඔය විදිහට ඔබ නිවනට නැමුණු අය බවට පත් වෙනවා. නිවනට ම නැඹුරු වෙනවා. නිවනට ම බර වෙනවා. එයට හේතුව මොකක්ද? පින්වත් මහණෙනි, (චතුරාර්ය සත්‍ය පිළිබඳව අවබෝධ ඥාණය වන) සම්මා දිට්ඨිය තියෙන්නේ නිවනට නැමිලයි. නිවනට නැඹුරු වෙලයි. නිවනට බර වෙලයි.

මෙසේ වදාළ විට එක්තරා භික්ෂුවක් භාග්‍යවතුන් වහන්සේ ගෙන් මෙකරුණ විමසුවා. "ස්වාමීනී, භාග්‍යවතුන් වහන්ස, එතෙර කියන්නේ මොකක්ද? මෙතෙර කියන්නේ මොකක්ද? මැද කිඳා බහිනවා කියන්නේ මොකක්ද? කඳු ගැටයක හැප්පෙනවා කියන්නේ මොකක්ද? මිනිසුන් ගන්නවා කියන්නේ මොකක්ද? නොමිනිසුන් ගන්නවා කියන්නේ මොකක්ද? සුළියට අහුවෙනවා කියන්නේ මොකක්ද? ඇතුළත කුණු වෙනවා කියන්නේ මොකක්ද?"

"පින්වත් භික්ෂුව, මෙතෙර කියලා කිව්වේ මේ සය වැදෑරුම් ආධ්‍යාත්මික ආයතන හයට කියන නමක්. පින්වත් භික්ෂුව, එතෙර කියලා කිව්වේ මේ සය වැදෑරුම් බාහිර ආයතන හයට කියන නමක්. පින්වත් භික්ෂුව, මැද කිමිදෙනවා කියලා කිව්වේ මේ නන්දිරාගයට කියන නමක්. පින්වත් භික්ෂුව කඳු ගැටයේ හිරවෙනවා කියලා කිව්වේ මේ අස්මිමානයට කියන නමක්. පින්වත් භික්ෂුව, මිනිසුන්ගේ ග්‍රහණයට හසුවෙනවා කියන්නේ මොකක්ද? පින්වත් භික්ෂුව, මෙහිලා භික්ෂුව ගිහියන් එක්ක සමීපව එකතු වෙලා ඉන්නවා. ඔවුන් සමඟ සතුටු වෙනවා. ඔවුන් සමඟ ශෝක වෙනවා. සතුටු වන ගිහියන් අතර මෙයාත් සතුටු වෙනවා. දුක් වෙන ගිහියන් අතර මෙයාත් දුක් වෙනවා. එම ගිහියන්ගේ යම් යම් කළ යුතු දේවල් ඇති වුණු කල්හි, මෙයාගේ මහණකම පසෙක ලා ඒ කටයුතුවලට පනිනවා. පින්වත් භික්ෂුව, මිනිසුන්ගේ ග්‍රහණය කියලා කියන්නේ

මේකටයි. පින්වත් භික්ෂුව, නොමිනිසුන්ගේ ග්‍රහණය කියලා කියන්නේ මොකක්ද? පින්වත් භික්ෂුව, මෙහිලා ඇතැම් භික්ෂුවක්, 'මං මේ සීලයෙන් හෝ ව්‍රතයෙන් හෝ තපසින් හෝ බඹසරින් හෝ එක්කෝ දෙවියෙක් වෙනවා. එක්කෝ වෙනත් දෙවියෙක් වෙනවා' කියලා එක්තරා දෙව්ලොවක් පතාගෙන බඹසර හැසිරෙනවා. පින්වත් භික්ෂුව, මේකට කියන්නේ නොමිනිසුන්ගේ ග්‍රහණය කියලයි.

පින්වත් භික්ෂුව, සුළියට අහුවෙනවා කියලා කිව්වේ, මේ පංච කාම ගුණයන්ට කියන නමක්. පින්වත් භික්ෂුව, ඇතුළත කුණු වෙනවා කියන්නේ, මොකක්ද? පින්වත් භික්ෂුව, මෙහිලා ඇතැම් කෙනෙක් දුස්සීල වෙනවා. පව්ටු ගතිගුණවලින් යුතු වෙනවා. අපවිත්‍ර වූ සැක සහිත වූ හැසිරීම්වලින් යුතු වෙනවා. රහසේ කරන අයහපත් දෙයින් යුතු වෙනවා. අශ්‍රමණයෙක්ව සිටියදී ම සිල්වත් ශ්‍රමණයෙක් විදිහට පෙනී සිටිනවා. අබ්‍රහ්මචාරීව සිටියදී ම, බ්‍රහ්මචාරී කෙනෙක් විදිහට පෙනී සිටිනවා. ඇතුළ කුණු වෙනවා. කෙලෙස් වෑහෙනවා. කෙලෙස් කහටින් සිටිනවා. පින්වත් භික්ෂුව, ඇතුළත කුණු වෙනවා කියන්නේ මේකටයි."

ඒ වෙලාවේදී නන්ද නම් ගොපළු තරුණයෙක් භාග්‍යවතුන් වහන්සේට නොදුරින් (මෙම අසිරිමත් දෙසුමට සවන් දෙමින්) හිටගෙන හිටියා. එතකොට නන්ද ගොපල්ලා භාග්‍යවතුන් වහන්සේට මේ විදිහට කියා හිටියා. "ස්වාමීනී, මම නම් මෙතෙරට එන්නෙත් නෑ. එතෙරට යන්නෙත් නෑ. මැද කිමිදෙන්නෙත් නෑ. කඳු ගැටයක හිරවෙන්නෙත් නෑ. මිනිසුන්ගේ ග්‍රහණයට හසු වෙන්නෙත් නෑ. නොමිනිසුන්ගේ ග්‍රහණයට හසු වෙන්නෙත් නෑ. දිය සුළියට හසු වෙන්නෙත් නෑ ඇතුළත කුණුවුණ කෙනෙක් වෙන්නෙත් නෑ. ස්වාමීනී, මාත් භාග්‍යවතුන් වහන්සේගේ සමීපයෙහි පැවිදි බව ලබනවා නම්, උපසම්පදාවත් ලබනවා නම්, ඉතා යහපත්."

"පින්වත් නන්ද, එහෙම නම් ඔබ ගවයන් අයිතිකාරයන්ට ගිහිල්ලා දෙන්න." "ස්වාමීනී, වසු පැටවුන්ට ගිජු වූ ඔය දෙන්නු පට්ටියට යාවි." "පින්වත් නන්ද, ඔබ ම ගවයන් අයිතිකාරයන්ට ගිහිල්ලා දෙන්න." එතකොට නන්ද ගොපල්ලා අයිතිකාරයින්ට ගවයන්ව භාර දුන්නා. භාග්‍යවතුන් වහන්සේ වැඩසිටි තැනට පැමිණුනා. පැමිණිලා භාග්‍යවතුන් වහන්සේට මෙකරුණ සැල කළා. "ස්වාමීනී, අයිතිකාරයන්ට ගවයන් භාර දුන්නා. ස්වාමීනී, මාත් භාග්‍යවතුන් වහන්සේගේ සමීපයෙහි පැවිදි බව ලබනවා නම්, උපසම්පදාවත් ලබනවා නම් ඉතා යහපති."

ඉතින් නන්ද ගොපල්ලා භාග්‍යවතුන් වහන්සේ සමීපයෙහි පැවිද්ද ලබා

ගත්තා. උපසම්පදාවත් ලබා ගත්තා. උපසම්පදාව ලබාගත් නොබෝ කලකින් ම ආයුෂ්මත් නන්දයන් හුදෙකලා වුණා. පිරිසෙන් වෙන් වුණා. අප්‍රමාදී වුණා. කෙලෙස් තවන වීරියෙන් යුතු වුණා. දහමට දිවි පුදා ධර්මයේ හැසිරෙන කොට නොබෝ කලකින් ම යම් කුල පුත්‍රයෝ යම් කිසි ලොව්තුරු අපේක්ෂාවකින් ගිහි ජීවිතය අත්හැරලා බුදු සසුනේ පැවිදි වුණා ද, අන්න ඒ උත්තරීතර බඹසර පූර්ණත්වය වන අමා මහ නිවන මේ ජීවිතයෙහිම විශේෂ ඥාණයකින් යුතුව අවබෝධ කරගෙන පැමිණ වාසය කළා. 'ඉපදීම ක්ෂය වුණා, බඹසර වාසය සම්පූර්ණ කරගත්තා. නිවන පිණිස කළ යුතු දේ කර ගත්තා. නිවන පිණිස කළ යුතු වෙන දෙයක් නැතැ'යි අවබෝධ වුණා. ආයුෂ්මත් නන්ද තෙරුන් එක්තරා රහතන් වහන්සේ නමක් බවට පත්වුණා.

සාදු! සාදු!! සාදු!!!

දාරුක්ඛන්ධෝපම සූත්‍රය නිමා විය.

1.19.5
දුතිය දාරුක්ඛන්ධෝපම සූත්‍රය
දර කඳ උපමා කොට වදාළ දෙවෙනි දෙසුම

මා හට අසන්නට ලැබුණේ මේ විදිහටයි. ඒ දිනවල භාග්‍යවතුන් වහන්සේ වැඩසිටියේ කිම්බිලාවේ ගංගා නම් නදී තීරයේ. එදා භාග්‍යවතුන් වහන්සේ ගඟෙහි සැඩපහරට ගසාගෙන යන විශාල දර කඳක් දැක වදාළා. දැකලා භික්ෂූන් අමතා වදාළා. "පින්වත් මහණෙනි, අර ඔබට පේනවාද ගඟ දියෙහි සැඩ පහරින් මහා දර කඳක් ගසාගෙන යනවා?" එසේය ස්වාමීනී, ...(පෙ).... (විස්තර කළ යුතුයි)

මෙසේ වදාළ විට ආයුෂ්මත් කිම්බිල තෙරුන් භාග්‍යවතුන් වහන්සේ ගෙන් මෙකරුණ විමසුවා. ස්වාමීනී, භාග්‍යවතුන් වහන්ස, එතෙර කියන්නේ මොකක්ද? ....(පෙ).... (විස්තර කළ යුතුයි) පින්වත් කිම්බිල, ඇතුළත කුණු වෙනවා කියන්නේ මොකක්ද? පින්වත් කිම්බිල, මෙහිලා භික්ෂුව යම්බඳු ආපත්තියකින් නැගී සිටීමක් පෙනේ නම්, එබඳු වූ එක්තරා කිලිටි සහිත වූ ආපත්තියකට පත්වෙලා ඉන්නවා. පින්වත් කිම්බිල, මේක තමයි ඇතුළත කුණු වීම කියලා කියන්නේ.

සාදු! සාදු!! සාදු!!!

දුතිය දාරුක්ඛන්ධෝපම සූත්‍රය නිමා විය.

1.19.6
අවස්සුත පරියාය සූත්‍රය
කෙලෙස් වැගිරීමේ ක්‍රමය ගැන වදාළ දෙසුම

ඒ දිනවල භාග්‍යවතුන් වහන්සේ වැඩසිටියේ ශාක්‍ය ජනපදයේ කිඹුල්වත් නුවර නිග්‍රෝධාරාමයේ. ඒ කාලයේ ම කපිලවස්තු වැසි ශාක්‍යවරුන් විසින් අලුත් සන්ථාගාරයක් (ගිමන් හලක්) අලුතින් කරවලා තිබුණා. එහි ශ්‍රමණයෙකු විසින්වත්, බ්‍රාහ්මණයෙකු විසින්වත්, කිසි මිනිසෙකු විසින්වත් පාවිච්චි කොට තිබුණේ නෑ. ඉතින් කපිලවස්තු වැසි ශාක්‍යවරුන් භාග්‍යවතුන් වහන්සේ වැඩසිටි තැනට පැමිණුනා. පැමිණිලා භාග්‍යවතුන් වහන්සේට ආදරයෙන් වන්දනා කොට එකත්පස්ව වාඩිවුණා. එකත්පස වාඩිවුණ කපිලවස්තු වැසි ශාක්‍යවරු, භාග්‍යවතුන් වහන්සේ වෙත මෙකරුණ සැල කළා.

"ස්වාමීනී, මෙහි කපිලවස්තු වැසි ශාක්‍යවරුන් විසින් අලුතින් ම කරවපු, අලුත් සන්ථාගාරයක් තියෙනවා. ශ්‍රමණයෙකු විසින්වත්, බ්‍රාහ්මණයෙකු විසින්වත්, වෙන මිනිසෙකුවත් පාවිච්චි කොට නෑ. එනිසා ස්වාමීනී, භාග්‍යවතුන් වහන්ස, ඒ සන්ථාගාරය පළමුකොට පරිහරණය කරන සේක්වා. භාග්‍යවතුන් වහන්සේ විසින් මුලින් ම පරිභෝග කළාට පස්සේ කපිලවස්තුපුර ශාක්‍යවරුන් පරිභෝග කරාවි. එය කපිලවස්තුවැසි ශාක්‍යවරුන් හට බොහෝ කාලයක් හිතසුව පිණිස පවතීවි" කියලා. භාග්‍යවතුන් වහන්සේ නිශ්ශබ්දව වැඩසිටීමෙන් එම ඇරයුම ඉවසා වදාළා.

එතකොට කපිලවස්තු වැසි ශාක්‍යවරුන් භාග්‍යවතුන් වහන්සේගේ ඒ ඇරයුම පිළිගැනීම දැන, අසුනෙන් නැගිට භාග්‍යවතුන් වහන්සේට ආදරයෙන් වැඳ, ප්‍රදක්ෂිණා කරලා අළුත් සන්ථාගාරය තියෙන තැනට ගියා. ගිහින් සියලු ඇතිරිලි සන්ථාගාරයේ අතුරලා, අසුන් පණවලා, දිය බඳුන් තබලා, තෙල් පහන් දල්වලා, භාග්‍යවතුන් වහන්සේ වැඩසිටි තැනට පැමිණුනා. පැමිණිලා භාග්‍යවතුන් වහන්සේට මෙකරුණ සැල කළා. "ස්වාමීනී, සන්ථාගාරයේ ඔක්කෝම ඇතිරිලි අතුරලා තියෙන්නේ. අසුන් පණවලා තියෙන්නේ. දිය බඳුනක් තියලා තියෙන්නේ. තෙල් පහන් දල්වලා තියෙන්නේ. භාග්‍යවතුන් වහන්සේ දැන් සුදුසු දෙයකට කල් දන්නා සේක්වා."

එතකොට භාග්‍යවතුන් වහන්සේ සිවුරු හැඳ පොරොවා, පා සිවුරු ගෙන, භික්ෂු සංඝයා සමඟ අළුත් සන්ථාගාරය ඇති තැනට වැඩම කළා. වැඩම කොට, සිරි පා සෝදා ගෙන, සන්ථාගාරයට පිවිසිලා, එහි මැද තියෙන

ස්ථම්භයට පිටදී, නැගෙනහිර දෙසට මුහුණලා වැඩසිටියා. භික්ෂු සංඝයා ද පා සෝදා ගෙන, සන්ථාගාරයට පිවිසිලා, එහි පිටුපස බිත්තියට පිටුපා නැගෙනහිර දෙසට මුහුණලා, භාග්‍යවතුන් වහන්සේව ම පෙරටු කොට වැඩසිටියා. කපිලවස්තු වැසි ශාක්‍යවරුන්ද, පා සෝදා ගෙන, සන්ථාගාරයට පිවිස, නැගෙනහිර බිත්තියට පිටුපා, බටහිර පැත්තට මුහුණලා භාග්‍යවතුන් වහන්සේව ම පෙරටුකොට වාඩිවුණා.

ඉක්බිති භාග්‍යවතුන් වහන්සේ රාත්‍රී බොහෝ වේලාවක් කපිලවස්තු වැසි ශාක්‍යවරුන්ව දහම් කතාවෙන් සතුටු කෙරෙව්වා. සමාදන් කෙරෙව්වා. උත්සාහවත් කෙරෙව්වා. "පින්වත් ගෞතමවරුනි, දැන් සෑහෙන්න රෑ ඉක්මුණා නොවැ, යමකට සුදුසු නම් දැන් එයට කාලය බව දැනගන්න." කියලා ඔවුන්ව පිටත්කොට වදාළා. 'එසේය ස්වාමීනී' කියලා කපිලවස්තු වැසි ශාක්‍යවරුන් භාග්‍යවතුන් වහන්සේට පිළිතුරු දීලා, සිටි අසුනෙන් නැගිටලා, භාග්‍යවතුන් වහන්සේට ආදරයෙන් වන්දනා කරලා, පැදකුණු කරලා පිටත් වුණා.

ඊට පස්සේ භාග්‍යවතුන් වහන්සේ කපිලවස්තු වැසි ශාක්‍යවරුන් පිටත් වී නොබෝ වේලාවකින් ආයුෂ්මත් මහාමොග්ගල්ලානයන් වහන්සේ අමතා වදාළා. "පින්වත් මොග්ගල්ලාන, භික්ෂු සංඝයා පහ වූ ථීනමිද්ධ ඇතුවයි ඉන්නේ. පින්වත් මොග්ගල්ලාන, මේ භික්ෂු සංඝයා හට පැවසීම පිණිස ඔබට දහම් කතාව වැටහේවා. මගේ පිටේ මඳ ගිලන් බවක් දැනෙනවා. ඒ නිසා මං එය සංසිඳවා ගන්නම්." 'එසේය ස්වාමීනී' කියලා ආයුෂ්මත් මහා මොග්ගල්ලාන තෙරුන් භාග්‍යවතුන් වහන්සේට පිළිතුරු දුන්නා. එතකොට භාග්‍යවතුන් වහන්සේ දෙපට සිවුර හතරට නවලා, අසුනක් පණවලා, පයෙන් පය මඳක් මෑත් කොට තබලා, මනා සිහි නුවණින් යුතුව, නැගී සිටීමේ හැඟීම මෙනෙහි කොට දකුණු ඇලයෙන් සිංහ සෙය්‍යාවෙන් සැතපී වදාළා.

එතකොට ආයුෂ්මත් මහා මොග්ගල්ලාන තෙරුන් "ප්‍රිය ආයුෂ්මත් මහණෙනි" කියා භික්ෂූන් අමතා වදාළා. 'එසේය ප්‍රිය ආයුෂ්මතුනි' කියලා ඒ භික්ෂූන් ආයුෂ්මත් මහා මොග්ගල්ලාන තෙරුන්ට පිළිතුරු දුන්නා. ආයුෂ්මත් මහා මොග්ගල්ලාන තෙරුන් මෙම දෙසුම වදාළා.

ප්‍රිය ආයුෂ්මතුනි, කෙලෙස් වැගිරීමේ ක්‍රමයත්, කෙලෙස් නොවැගිරීමේ ක්‍රමයත්, මා ඔබට දේශනා කරන්ටයි යන්නේ. එය සවන් යොමා අසන්න. ප්‍රිය ආයුෂ්මතුනි, කෙලෙස් වැගිරෙන කෙනෙක් වෙන්නේ කොහොමද? ප්‍රිය ආයුෂ්මතුනි, මෙහිලා භික්ෂුව ඇසින් රූපයක් දැකලා ප්‍රිය ස්වභාව ඇති රූපයට ගිජු වෙනවා. අප්‍රිය ස්වභාව ඇති රූපයට කිපෙනවා. කය පිළිබඳ සිහිය නොපිහිටුවාගෙන ඉන්නවා. පටු සිතින් ඉන්නවා. යම් තැනක ඒ උපන්

පාපී අකුසල් දහම් ඉතිරි නැතුව නිරුද්ධ වෙනවා නම් එම චිත්ත විමුක්තියත්, ප්‍රඥා විමුක්තියත් ගැන ඒ ආකාරයෙන් ම අවබෝධයක් නෑ.

කනෙන් ශබ්දයක් අහලා ....(පෙ).... නාසයෙන් ගන්ධයක් ආඝ්‍රාණය කරලා ....(පෙ).... දිවෙන් රසයක් විඳලා ....(පෙ).... කයෙන් පහසක් ලබලා ....(පෙ).... මනසින් අරමුණක් දැනගෙන ප්‍රිය ස්වභාව ඇති අරමුණට ගිජු වෙනවා. අප්‍රිය ස්වභාව ඇති අරමුණට කිපෙනවා. කය පිළිබඳ සිහිය නොපිහිටුවාගෙන ඉන්නවා. පටු සිතින් ඉන්නවා. යම් තැනක ඒ උපන් පාපී අකුසල් දහම් ඉතිරි නැතුව නිරුද්ධ වෙනවා නම් එම චිත්ත විමුක්තියත්, ප්‍රඥා විමුක්තියත් ගැන ඒ ආකාරයෙන් ම අවබෝධයක් නෑ. ප්‍රිය ආයුෂ්මතුනි, මෙයට කියන්නේ භික්ෂුවට ඇසෙන් දත යුතු රූප කෙරෙහි කෙලෙස් වැහෙනවා කියලයි. කනින් දත යුතු ශබ්ද කෙරෙහි කෙලෙස් වැහෙනවා කියලයි. නාසයෙන් දත යුතු ගන්ධ කෙරෙහි කෙලෙස් වැහෙනවා කියලයි. දිවෙන් දත යුතු රස කෙරෙහි කෙලෙස් වැහෙනවා කියලයි. කයෙන් දත යුතු පහස කෙරෙහි කෙලෙස් වැහෙනවා කියලයි. මනසින් දත යුතු අරමුණු කෙරෙහි කෙලෙස් වැහෙනවා කියලයි.

ප්‍රිය ආයුෂ්මතුනි, ඔය විදිහට වාසය කරන විට ඇස කරණ කොට ගෙනත් භික්ෂුව ළඟට මාරයා ළං වෙනවා. මාරයා අවස්ථාවක් ලබනවා ම යි. මාරයා අරමුණක් ලබනවා ම යි. කන කරණ කොට ගෙනත් භික්ෂුව ළඟට ....(පෙ).... නාසය කරණ කොට ගෙනත් භික්ෂුව ළඟට ....(පෙ).... දිව කරණ කොට ගෙනත් භික්ෂුව ළඟට ....(පෙ).... කය කරණ කොට ගෙනත් භික්ෂුව ළඟට ....(පෙ).... මනස කරණ කොට ගෙනත් භික්ෂුව ළඟට මාරයා ළං වෙනවා. මාරයා අවස්ථාවක් ලබනවා ම යි. මාරයා අරමුණක් ලබනවා ම යි.

ප්‍රිය ආයුෂ්මතුනි, ඒක මේ වගේ දෙයක්. බටවලින් කරපු ගෙයක් හරි, තණවලින් කරපු ගෙයක් හරි තියෙනවා. හොඳටම වේලිලා. තෙත හිඳිලා. සැහෙන්න පරණයි. ඉදින් නැගෙනහිර දිශාවෙනුත් පුරුෂයෙක් ඇවිලගත් තණ හුලක් රැගෙන ආවොත්, ගින්නට ඉඩක් ලැබෙනවා ම යි. ගින්නට අරමුණක් ලැබෙනවා ම යි. ඉදින් බටහිර දිශාවෙනුත් පුරුෂයෙක් ඇවිලගත් තණ හුලක් රැගෙන ආවොත් ....(පෙ).... ඉදින් උතුරු දිශාවෙනුත් ....(පෙ).... ඉදින් දකුණු දිශාවෙනුත් ....(පෙ).... ඉදින් යට දිශාවෙනුත් ....(පෙ).... ඉදින් උඩ දිශාවෙනුත් ....(පෙ).... ඉදින් පුරුෂයෙක් ඇවිලගත් තණ හුලක් රැගෙන කොයියම් ම දිශාවකින් ආවොත්, ගින්නට ඉඩක් ලැබෙනවා ම යි. ගින්නට අරමුණක් ලැබෙනවා ම යි.

ප්‍රිය ආයුෂ්මතුනි, එලෙසින් ම භික්ෂුව ඔය විදිහට වාසය කරන විට ඇස

කරණ කොට ගෙනත් භික්ෂුව ළඟට මාරයා ළං වෙනවා. මාරයා අවස්ථාවක් ලබනවා ම යි. මාරයා අරමුණක් ලබනවා ම යි. කන කරණ කොට ගෙනත් භික්ෂුව ළඟට ....(පෙ).... නාසය කරණ කොට ගෙනත් භික්ෂුව ළඟට ....(පෙ).... දිව කරණ කොට ගෙනත් භික්ෂුව ළඟට ....(පෙ).... කය කරණ කොට ගෙනත් භික්ෂුව ළඟට ....(පෙ).... මනස කරණ කොට ගෙනත් භික්ෂුව ළඟට මාරයා ළං වෙනවා. මාරයා අවස්ථාවක් ලබනවා ම යි. මාරයා අරමුණක් ලබනවා ම යි. ප්‍රිය ආයුෂ්මතුනි, ඔය විදිහට වාසය කරද්දි රූප විසින් ඒ භික්ෂුව යට කරලා දානවා. ඒ භික්ෂුව විසින් රූප යට කළේ නෑ. ශබ්ද විසින් ඒ භික්ෂුව යට කරලා දානවා. ඒ භික්ෂුව විසින් ශබ්ද යට කළේ නෑ. ගන්ධ විසින් ඒ භික්ෂුව යට කරලා දානවා. ඒ භික්ෂුව විසින් ගන්ධ යට කළේ නෑ. රස විසින් ඒ භික්ෂුව යට කරලා දානවා. ඒ භික්ෂුව විසින් රස යට කළේ නෑ. පහස විසින් ඒ භික්ෂුව යට කරලා දානවා. ඒ භික්ෂුව විසින් පහස යට කළේ නෑ. මනසට අරමුණු වන දේ විසින් ඒ භික්ෂුව යට කරලා දානවා. ඒ භික්ෂුව විසින් මනසට අරමුණු වන දේ යට කළේ නෑ.

ප්‍රිය ආයුෂ්මතුනි, මොහුට තමයි රූප විසින් මඩනා ලද, ශබ්ද විසින් මඩනා ලද, ගන්ධ විසින් මඩනා ලද, රස විසින් මඩනා ලද, පහස විසින් මඩනා ලද, මනසට අරමුණු වන දේ විසින් මඩනා ලද භික්ෂුව කියලා කියන්නේ. ඒ බාහිර අරමුණු විසින් භික්ෂුවව යටපත් කළා. භික්ෂුව විසින් ඒවා යටපත් කළේ නෑ. කෙලෙස් සහිත වූ, පුනර්භවය ඇති කරන්නා වූ, පීඩා සහිත වූ, දුක් විපාක ඇත්තාවූ, මත්තෙහි ජාති ජරාමරණ උපදවන්නා වූ පාපී අකුසල් දහම් විසින් ඒ භික්ෂුව යට කළා කියලයි කියන්නේ. ප්‍රිය ආයුෂ්මතුනි, ඔය විදිහටයි කෙලෙස් වැගිරෙන කෙනෙක් වෙන්නේ.

ප්‍රිය ආයුෂ්මතුනි, කෙලෙස් නොවැගිරෙන කෙනෙක් වෙන්නේ කොහොමද? ප්‍රිය ආයුෂ්මතුනි, මෙහිලා භික්ෂුව ඇසින් රූපයක් දැකලා ප්‍රිය ස්වභාව ඇති රූපයට ගිජු වෙන්නේ නෑ. අප්‍රිය ස්වභාව ඇති රූපයට කිපෙන්නේ නෑ. කය පිළිබඳ සිහිය පිහිටුවාගෙන ඉන්නවා. ප්‍රමාණ රහිත සිතින් ඉන්නවා. යම් තැනක ඒ උපන් පාපී අකුසල් දහම් ඉතිරි නැතුව නිරුද්ධ වෙනවා නම් ඒ චිත්ත විමුක්තියත්, ප්‍රඥා විමුක්තියත් ගැන ඒ ආකාරයෙන් ම අවබෝධක් තියෙනවා.

කනෙන් ශබ්දයක් අහලා ....(පෙ).... නාසයෙන් ගන්ධයක් ආඝ්‍රාණය කරලා ....(පෙ).... දිවෙන් රසයක් විඳලා ....(පෙ).... කයෙන් පහසක් ලබලා ....(පෙ).... මනසින් අරමුණක් දැනගෙන ප්‍රිය ස්වභාව ඇති අරමුණට ගිජු වෙන්නේ නෑ. අප්‍රිය ස්වභාව ඇති අරමුණට කිපෙන්නේ නෑ. කය පිළිබඳ

සිහිය පිහිටුවාගෙන ඉන්නවා. ප්‍රමාණ රහිත සිතින් ඉන්නවා. යම් තැනක ඒ උපන් පාපී අකුසල් දහම් ඉතිරි නැතුව නිරුද්ධ වෙනවා නම් ඒ චිත්ත විමුක්තියත්, ප්‍රඥා විමුක්තියත් ගැන ඒ ආකාරයෙන් ම අවබෝධක් තියෙනවා. ප්‍රිය ආයුෂ්මතුනි, මෙයට කියන්නේ භික්ෂුවට ඇසෙන් දත යුතු රූප කෙරෙහි කෙලෙස් වෑහෙන්නේ නෑ කියලයි. ....(පෙ).... දිවෙන් දත යුතු රස කෙරෙහි කෙලෙස් වෑහෙන්නේ නෑ කියලයි ....(පෙ).... මනසින් දත යුතු අරමුණු කෙරෙහි කෙලෙස් වෑහෙන්නේ නෑ කියලයි.

ප්‍රිය ආයුෂ්මතුනි, ඔය විදිහට වාසය කරන විට ඇස කරණ කොට ගෙනත් භික්ෂුව ළඟට මාරයා ළං වෙන්නේ නෑ. මාරයා අවස්ථාවක් ලබන්නේ නෑ ම යි. මාරයා අරමුණක් ලබන්නේ නෑ ම යි. කන කරණ කොට ගෙනත් භික්ෂුව ළඟට ....(පෙ).... නාසය කරණ කොට ගෙනත් භික්ෂුව ළඟට ....(පෙ).... දිව කරණ කොට ගෙනත් භික්ෂුව ළඟට ....(පෙ).... කය කරණ කොට ගෙනත් භික්ෂුව ළඟට ....(පෙ).... මනස කරණ කොට ගෙනත් භික්ෂුව ළඟට මාරයා ළං වෙන්නේ නෑ. මාරයා අවස්ථාවක් ලබන්නේ නෑ ම යි. මාරයා අරමුණක් ලබන්නේ නෑ ම යි.

ප්‍රිය ආයුෂ්මතුනි, ඒක මේ වගේ දෙයක්. හොඳට මැටි ගහපු, තෙත මැටියෙන් ආලේප කරපු කූටාගාරයක් හෝ කූටාගාර ශාලාවක් හෝ තියෙනවා. ඉදින් නැගෙනහිර දිශාවෙනුත් පුරුෂයෙක් ඇවිලගත් තණ හුලක් රැගෙන ආවොත්, ගින්නට ඉඩක් ලැබෙන්නේ නෑ ම යි. ගින්නට අරමුණක් ලැබෙන්නේ නෑ ම යි. ඉදින් බටහිර දිශාවෙනුත් පුරුෂයෙක් ඇවිලගත් තණ හුලක් රැගෙන ආවොත් ....(පෙ).... ඉදින් උතුරු දිශාවෙනුත් ....(පෙ).... ඉදින් දකුණු දිශාවෙනුත් ....(පෙ).... ඉදින් යට දිශාවෙනුත් ....(පෙ).... ඉදින් උඩ දිශාවෙනුත් ....(පෙ).... ඉදින් පුරුෂයෙක් ඇවිලගත් තණ හුලක් රැගෙන කොයියම්ම දිශාවකින් ආවොත්, ගින්නට ඉඩක් ලැබෙන්නේ නෑ ම යි. ගින්නට අරමුණක් ලැබෙන්නේ නෑ ම යි.

ප්‍රිය ආයුෂ්මතුනි, එලෙසින් ම භික්ෂුව ඔය විදිහට වාසය කරන විට ඇස කරණ කොට ගෙනත් භික්ෂුව ළඟට මාරයා ළං වෙන්නේ නෑ. මාරයා අවස්ථාවක් ලබන්නේ නෑ ම යි. මාරයා අරමුණක් ලබන්නේ නෑ ම යි ....(පෙ).... මනස කරණ කොට ගෙනත් භික්ෂුව ළඟට මාරයා ළං වෙන්නේ නෑ. මාරයා අවස්ථාවක් ලබන්නේ නෑ ම යි. මාරයා අරමුණක් ලබන්නේ නෑ ම යි. ප්‍රිය ආයුෂ්මතුනි, ඔය විදිහට වාසය කරද්දි භික්ෂුව විසින් ඒ රූප යට කරලා දානවා. ඒ රූප විසින් භික්ෂුව යට කළේ නෑ. භික්ෂුව විසින් ඒ ශබ්ද යට කරලා දානවා. ඒ ශබ්ද විසින් භික්ෂුව යට කළේ නෑ. භික්ෂුව විසින් ඒ ගන්ධ

යට කරලා දානවා. ඒ ගන්ධ විසින් භික්ෂුව යට කළේ නෑ. භික්ෂුව විසින් ඒ රස යට කරලා දානවා. ඒ රස විසින් භික්ෂුව යට කළේ නෑ. භික්ෂුව විසින් ඒ පහස යට කරලා දානවා. ඒ පහස විසින් භික්ෂුව යට කළේ නෑ. භික්ෂුව විසින් ඒ මනසට අරමුණු වන දේ යට කරලා දානවා. ඒ මනසට අරමුණු වන දේ විසින් භික්ෂුව යට කළේ නෑ.

ප්‍රිය ආයුෂ්මතුනි, මොහුට තමයි රූප මඩනා ලද, ශබ්ද මඩනා ලද, ගන්ධ මඩනා ලද, රස මඩනා ලද, පහස මඩනා ලද, මනසට අරමුණු වන දේ මඩනා ලද භික්ෂුව කියලා කියන්නේ. භික්ෂුව විසින් ඒ බාහිර අරමුණු යටපත් කළා. ඒ බාහිර අරමුණු විසින් ඒ භික්ෂුවව යටපත් කළේ නෑ. ඒ භික්ෂුව විසින් කෙලෙස් සහිත වූ, පුනර්භවය ඇති කරන්නා වූ, පීඩා සහිත වූ, දුක් විපාක ඇත්තාවූ, මත්තෙහි ජාති ජරාමරණ උපදවන්නා වූ පාපී අකුසල් දහම් යට කළා කියලයි කියන්නේ. ප්‍රිය ආයුෂ්මතුනි, ඔය විදිහටයි කෙලෙස් නො වැගිරෙන කෙනෙක් වෙන්නේ.

එතකොට භාග්‍යවතුන් වහන්සේ නැගිට ආයුෂ්මත් මහා මොග්ගල්ලාන තෙරුන් අමතා වදාළා. සාදු! සාදු!! පින්වත් මොග්ගල්ලාන, පින්වත් මොග්ගල්ලානයෙනි, ඔබ භික්ෂූන් හට කෙලෙස් වැගිරීමේ ක්‍රමය ගැනත්, කෙලෙස් නොවැගිරීමේ ක්‍රමය ගැනත් වදාළ අයුරු අගෙයි. මෙය ආයුෂ්මත් මහා මොග්ගල්ලාන තෙරුන් වදාළා. ශාස්තෲන් වහන්සේ එය අනුමත කොට වදාළා. ඒ භික්ෂූන් වහන්සේලාත් ආයුෂ්මත් මහා මොග්ගල්ලාන තෙරුන් වදාළ දෙසුම සතුටින් පිළිගත්තා.

සාදු! සාදු!! සාදු!!!

අවස්සුතපරියාය සූත්‍රය නිමා විය.

1.19.7
දුක්ඛධම්ම සූත්‍රය
දුක් සහිත දේවල් ගැන වදාළ දෙසුම

පින්වත් මහණෙනි, යම් කලෙක භික්ෂුව දුක් සහිත සියලුම දේවල්වල හටගැනීමත්, නැතිවීමත් ඒ ආකාරයෙන් ම අවබෝධ කරනවා නම්, ඒ වගේම යම් අයුරකින් කාමයන් දකින විට ඔහු තුළ කාමයන් පිළිබඳව යම් කාමච්ඡන්දයක් ඇත්ද, කාම ඇල්මක් ඇත්ද, කාම මුසපත්වීමක් ඇත්ද, කාම

දැවිල්ලක් ඇත්ද, එය චිත්තාභ්‍යන්තරයේ පවත්වන්නේ නැතිනම්, ඒ විදිහටයි ඔහු විසින් කාමයන් දැකලා තියෙන්නේ. යම් අයුරකින් හැසිරෙද්දීත්, සිටිද්දීත්, විෂම ලෝභයත්, දොම්නසත් යන පාපී අකුසල් දහම් වැගිරෙන්නේ නැත්නම්, ඔහු විසින් ඒ විදිහට හැසිරීමත් වාසය කිරීමත් අවබෝධ කරගෙනයි ඉන්නේ.

පින්වත් මහණෙනි, භික්ෂුව දුක් සහිත සෑම දෙයක් ගැන ම හටගැනීමත්, නැතිවී යාමත් ඒ ආකාරයෙන් ම අවබෝධ කරන්නේ කොහොමද? රූපය යනු මෙයයි. රූපයේ හටගැනීම මෙයයි. රූපයේ නැතිවීම මෙයයි. විඳීම යනු මෙයයි. විඳීමේ හටගැනීම මෙයයි. විඳීමේ නැතිවීම මෙයයි. සඤ්ඤාව යනු මෙයයි ....(පෙ).... සඤ්ඤාව නැතිවීම මෙයයි. සංස්කාර යනු මෙයයි. සංස්කාරවල හටගැනීම මෙයයි. සංස්කාරවල නැතිවීම මෙයයි. විඤ්ඤාණය යනු මෙයයි. විඤ්ඤාණයේ හටගැනීම මෙයයි. විඤ්ඤාණයේ නැතිවීම මෙයයි. පින්වත් මහණෙනි, ඔන්න ඔය විදිහටයි භික්ෂුව දුක් සහිත සෑම දෙයක් ම ගැනම හටගැනීමත්, නැතිවී යාමත් ඒ ආකාරයෙන් ම අවබෝධ කරන්නේ.

පින්වත් මහණෙනි, යම් අයුරකින් කාමයන් දකින විට ඔහු තුළ කාමයන් පිළිබඳව යම් කාමච්ඡන්දයක් ඇත්ද, කාම ඇල්මක් ඇත්ද, කාම මුසපත්වීමක් ඇත්ද, කාම දැවිල්ලක් ඇත්ද, එය චිත්තාභ්‍යන්තරයේ පවත්වන්නේ නැතිනම්, ඒ විදිහට භික්ෂුව විසින් කාමයන් දැකලා තියෙන්නේ කොහොමද? පින්වත් මහණෙනි, එය මෙවැනි දෙයක්. මිනිහෙකුගේ උසට වැඩියෙන් ගැඹුර ඇති, ගිනි දළු නැති, දුම් නැති, ගිණි අඟුරු පිරුණු වළක් තියෙනවා. ඔතැනට ජීවත් වෙනු කැමති, නොමැරෙනු කැමති, සැප කැමති, දුක් පිළිකුල් කරන පුරුෂයෙක් එනවා. එතකොට බලවත් පුරුෂයන් දෙදෙනෙක් ඔහුව වෙන් වෙන්ව අත්වලින් අල්ලාගෙන, ගිනි අඟුරු වළ කරා ඇදගෙන යනවා. එතකොට ඔහු එක එක විදිහට කයින් දඟලනවා. ඒකට හේතුව මොකක්ද? පින්වත් මහණෙනි, ඒ පුරුෂයාට දැනුමක් තියෙනවා "මං මේ ගිනි අඟුරු වළට වැටුණෝතින් නම්, ඒ හේතුවෙන් ම මැරිලා යාවි. එක්කෝ මාරාන්තික දුකකට පත්වේවි" කියලා. පින්වත් මහණෙනි, යම් අයුරකින් කාමයන් දකින විට ඔහු තුළ කාමයන් පිළිබඳ යම් කාමච්ඡන්දයක් ඇත්ද, කාම ඇල්මක් ඇත්ද, කාම මුසපත්වීමක් ඇත්ද, කාම දැවිල්ලක් ඇත්ද, එය චිත්තාභ්‍යන්තරයේ පවත්වන්නේ නැතිනම්, භික්ෂුව විසින් කාමය දැකලා තියෙන්නෙත් ඔන්න ඔය විදිහට ගිනි අඟුරු වළක් උපමා කරගෙනයි.

පින්වත් මහණෙනි, යම් අයුරකින් හැසිරෙද්දීත්, සිටිද්දීත්, විෂම ලෝභයත්, දොම්නසත් යන පාපී අකුසල් දහම් වැගිරෙන්නේ නැතිනම්, භික්ෂුව විසින් ඒ විදිහට හැසිරීමත් වාසය කිරීමත් අවබෝධ කරගෙන ඉන්නේ කොයි

ආකාරයෙන්ද? පින්වත් මහණෙනි, එය මෙවැනි දෙයක්. පුරුෂයෙක් කටු අකුල් පිරුණු වනාන්තරයකට ඇතුළු වෙනවා. එතකොට ඔහු ඉදිරියේ තියෙන්නෙත් කටු පඳුරු. පසුපසින් තියෙන්නෙත් කටු පඳුරු. උතුරින් තියෙන්නෙත් කටු පඳුරු. දකුණින් තියෙන්නෙත් කටු පඳුරු. යටින් තියෙන්නෙත් කටු පඳුරු. ඔහුට උඩින් තියෙන්නෙත් කටු පඳුරු. එතකොට 'මේ කටුපඳුරුවලින් මට කරදරයක් වෙන්න එපා...' කියලා ඔහු හොඳ සිහියෙන් ම යි ඉස්සරහට යන්නේත්, ඔහු හොඳ සිහියෙන් ම යි ආපස්සට එන්නේත්, පින්වත් මහණෙනි, මේ අයුරින් ලෝකයෙහි ප්‍රිය ස්වරූප ඇති, මිහිරි ස්වරූප ඇති යමක් ඇත්නම්, ආර්ය විනයෙහි මෙයට කියන්නේ කටු කියලයි. එතකොට ඔය කටුව මේ විදිහට දැනගෙනයි සංවර වීමත්, අසංවර වීමත් තේරුම්ගත යුත්තේ.

පින්වත් මහණෙනි, අසංවර වෙන්නේ කොයි විදිහටද? පින්වත් මහණෙනි, මෙහිලා භික්ෂුව ඇසින් රූපයක් දැකලා ප්‍රිය ස්වභාව ඇති රූපයට ගිජු වෙනවා. අප්‍රිය ස්වභාව ඇති රූපයට කිපෙනවා. කය පිළිබඳ සිහිය නොපිහිටුවාගෙන ඉන්නවා. පටු සිතින් ඉන්නවා. යම් තැනක ඒ උපන් පාපී අකුසල් දහම් ඉතිරි නැතුව නිරුද්ධ වෙනවා නම් එම චිත්ත විමුක්තියත්, ප්‍රඥා විමුක්තියත් ගැන ඒ ආකාරයෙන් ම අවබෝධයක් නෑ. කනෙන් ශබ්දයක් අහලා ....(පෙ).... නාසයෙන් ගන්ධයක් ආඝ්‍රාණය කොට ....(පෙ).... දිවෙන් රසයක් විඳලා ....(පෙ).... කයෙන් පහසක් ලබලා ....(පෙ).... මනසින් අරමුණු සිතලා ප්‍රිය ස්වභාව ඇති අරමුණට ගිජු වෙනවා. අප්‍රිය ස්වභාව ඇති අරමුණට කිපෙනවා. කය පිළිබඳ සිහිය නොපිහිටුවාගෙන ඉන්නවා. පටු සිතින් ඉන්නවා. යම් තැනක ඒ උපන් පාපී අකුසල් දහම් ඉතිරි නැතුව නිරුද්ධ වෙනවා නම් එම චිත්ත විමුක්තියත්, ප්‍රඥා විමුක්තියත් ගැන ඒ ආකාරයෙන් ම අවබෝධයක් නෑ. පින්වත් මහණෙනි, ඔන්න ඔය ආකාරයටයි අසංවර වෙන්නේ.

පින්වත් මහණෙනි, සංවර වෙන්නේ කොයි විදිහටද? පින්වත් මහණෙනි, මෙහිලා භික්ෂුව ඇසින් රූපයක් දැකලා ප්‍රිය ස්වභාව ඇති රූපයට ගිජු වෙන්නේ නෑ. අප්‍රිය ස්වභාව ඇති රූපයට කිපෙන්නේ නෑ. කය පිළිබඳ සිහිය පිහිටුවාගෙන ඉන්නවා. ප්‍රමාණ රහිත සිතින් ඉන්නවා. යම් තැනක ඒ උපන් පාපී අකුසල් දහම් ඉතිරි නැතුව නිරුද්ධ වෙනවා නම් ඒ චිත්ත විමුක්තියත්, ප්‍රඥා විමුක්තියත් ගැන ඒ ආකාරයෙන් ම අවබෝධයක් තියෙනවා. කනෙන් ශබ්දයක් අසා ....(පෙ).... නාසයෙන් ගන්ධයක් ආඝ්‍රාණය කොට ....(පෙ).... දිවෙන් රසයක් විඳලා ....(පෙ).... කයෙන් පහසක් ලබලා ....(පෙ).... මනසින් අරමුණු සිතලා ප්‍රිය ස්වභාව ඇති අරමුණට ගිජු වෙන්නේ නෑ. අප්‍රිය ස්වභාව ඇති අරමුණට කිපෙන්නෙත් නෑ. කය පිළිබඳ සිහිය පිහිටුවාගෙන ඉන්නවා. ප්‍රමාණ රහිත සිතින් ඉන්නවා. යම් තැනක ඒ උපන් පාපී අකුසල් දහම් ඉතිරි

නැතුව නිරුද්ධ වෙනවා නම් ඒ චිත්ත විමුක්තියත්, ප්‍රඥා විමුක්තියත් ගැන ඒ ආකාරයෙන් ම අවබෝධයක් තියෙනවා. පින්වත් මහණෙනි, ඔන්න ඔය ආකාරයටයි සංවර වෙන්නේ.

පින්වත් මහණෙනි, ඔය විදිහට හැසිරෙන, ඔය විදිහට ම ඉන්න ඒ භික්ෂුවට පවා ඉදින් යම් යම් අවස්ථාවලදී සිහි මුළාවීමෙන් වේගවත් සිතිවිලි ඇති, බැඳීම් ඇති කරවන පාපී අකුසල් දහම් හටගන්න පුළුවනි. පින්වත් මහණෙනි, එතකොට සිහිය ඉපදීම සිදුවන්නේ හෙමිහිටයි. නමුත් එතකොට ම (සිහිය උපන් සැණින්) ඒ අකුසලය වහාම දුරු කරනවා. අභාවයට පත් කරනවා. ආයෙමත් නූපදින විදිහට කටයුතු කරනවා.

පින්වත් මහණෙනි, ඒක මේ වගේ දෙයක්. පුරුෂයෙක් දහවල පුරා රත්වුණු යකඩ කටාරමකට වතුර බින්දු දෙක තුනක් වක්කරනවා. පින්වත් මහණෙනි, ඒ වතුර බින්දු වැටෙන්නේ හෙමිහිටයි. නමුත් ඒ වතුර බින්දු වැටුණු සැණින් ම ඒවා නැතිවෙලා යනවා. ඔන්න ඔය විදිහට ම පින්වත් මහණෙනි, මේ අයුරින් හැසිරෙන මේ අයුරින් වාසය කරන ඒ භික්ෂුවට පවා ඉදින් යම් යම් අවස්ථාවලදී සිහි මුළාවීමෙන් වේගවත් සිතිවිලි ඇති, බැඳීම් ඇති කරවන, පාපී අකුසල් දහම් හටගන්න පුළුවනි. පින්වත් මහණෙනි, එතකොට සිහිය ඉපදීම සිදුවන්නේ හෙමිහිටයි. නමුත් එතකොට ම (සිහිය උපන් සැණින්) ඒ අකුසලය වහාම දුරු කරනවා. අභාවයට පත් කරනවා. ආයෙමත් නූපදින විදිහට කටයුතු කරනවා. පින්වත් මහණෙනි, යම් අයුරකින් හැසිරෙද්දීත්, සිටිද්දීත්, විෂම ලෝභයත්, දොම්නසත් යන පාපී අකුසල් දහම් වැගිරෙන්නේ නැතිනම්, ඒ විදිහට හැසිරීමත් වාසය කිරීමත් භික්ෂුව හට අවබෝධ වෙලා තියෙන්නේ ඔන්න ඔය ආකාරයටයි.

පින්වත් මහණෙනි, ඔය අයුරින් හැසිරෙන, ඔය අයුරින් වාසය කරන, ඒ භික්ෂුවට රජවරු වේවා, රාජමහාමාත්‍යවරු වේවා, මිතුරන් වේවා, යහළුවන් වේවා, ඥාතීන් වේවා, සහලේ ඥාතීන් වේවා, ඇවිදින් බොහෝ සැපසම්පත් දෙන්න හදනවා නම්, "එම්බා පුරුෂය, ඔය කහවත ඇත්තෙන් ම නුඹට වදයක් නේද? හිසත් මුඩු කරගෙන, කබලක් අතට ගෙන අසවල් දෙයකට නම් පිඬුසිඟා යනවද? මෙහෙ එන්න. ලාමක ගිහි බවට ඇවිත් භෝග සම්පත් අනුභව කරන්න. පිනුත් කරගන්න" කියලා. පින්වත් මහණෙනි, සැබවින් ම ඒ භික්ෂුව ඔය අයුරින් හැසිරෙමින් ඔය අයුරින් වසමින් පැවිදි බවේ හික්මීම ප්‍රතික්ෂේප කරලා ලාමක ගිහි බවට වැටෙනවා යන කරුණ සිදු වන දෙයක් නම් නොවේ.

පින්වත් මහණෙනි, ඒක මේ වගේ දෙයක්. ගංගා නම් නදිය තියෙන්නේ

පෙරදිගට නැමිලයි. පෙරදිගට නැඹුරු වෙලයි. පෙරදිගට බර වෙලයි. එතකොට උදලු කැති අරගෙන මහා ජනකාය එනවා. "අපි මේ ගංගා නම් නදිය බටහිරට නැඹුරු කරමු. බටහිරට යොමු කරමු. බටහිරට බර කරමු" කියලා. පින්වත් මහණෙනි, ඒ ගැන ඔබ කුමක්ද හිතන්නේ? ඔය මහා ජනකායට ගංගා නදිය බටහිරට යොමු කරලා, බටහිරට නැඹුරු කරලා, බටහිරට බර කරලා දමන්න පුළුවන්ද? ස්වාමීනී, එය නොවේ ම ය. ඒකට හේතුව කුමක්ද? ස්වාමීනී, ගංගා නදිය තියෙන්නේ පෙරදිගට නැමිලයි. පෙරදිගට නැඹුරු වෙලයි. පෙරදිගට බර වෙලයි. එය බටහිරට නවනවා කියන එක, එය බටහිරට නැඹුරු කරනවා කියන එක, බටහිරට බර කරනවා කියන එක, ලේසි දෙයක් නම් නොවේ. ඔය මහා ජනකාය ක්ලාන්තයට පත් වීමත්, දුකට පත් වීමත් විතරයි ඕකෙන් සිදු වන්නේ.

පින්වත් මහණෙනි, මේකත් ඒ වගේ තමයි. ඔය අයුරින් හැසිරෙන, ඔය අයුරින් වාසය කරන, ඒ භික්ෂුවට රජවරු වේවා, රාජමහාමාත්‍යවරු වේවා, මිතුරන් වේවා, යහළුවන් වේවා, ඥාතීන් වේවා, සහලේ ඥාතීන් වේවා, ඇවිදින් බොහෝ සැපසම්පත් දෙන්න හදනවා නම්, "එම්බා පුරුෂය, ඔය කහවත ඇත්තෙන්ම නුඹට වදයක් නේද? හිසත් මුඩු කරගෙන, කබලක් අතට ගෙන අසවල් දෙයකට නම් පිඬුසිඟා යනවද? මෙහෙ එන්න. ලාමක ගිහි බවට ඇවිත් භෝග සම්පත් අනුභව කරන්න. පිනුත් කරගන්න" කියලා. පින්වත් මහණෙනි, සැබවින් ම ඒ භික්ෂුව ඔය අයුරින් හැසිරෙමින් ඔය අයුරින් වසමින් පැවිදි බවේ හික්මීම ප්‍රතික්ෂේප කරලා ලාමක ගිහි බවට වැටෙනවා යන කරුණ සිදු වන දෙයක් නම් නොවේ. ඒකට හේතුව කුමක්ද? පින්වත් මහණෙනි, යම් හෙයකින් බොහෝ කාලයක් තිස්සේ ඒ හිත විවේකයට යොමු කරලයි තියෙන්නේ. විවේකයට නැඹුරු කරලයි තියෙන්නේ. විවේකයට බර කරලයි තියෙන්නේ. ඒ නිසා ලාමක ගිහි බවට පත්වෙනවාය යන්න සිදු වන දෙයක් නම් නොවේ.

සාදු! සාදු!! සාදු!!!

දුක්ඛධම්ම සූත්‍රය නිමා විය.

1.19.8
කිංසුකෝපම සූත්‍රය
කැල ගස උපමා කොට වදාළ දෙසුම

එතකොට එක්තරා භික්ෂුවක් තවත් එක්තරා භික්ෂුවක් සමීපයට පැමිණුනා. පැමිණිලා ඒ භික්ෂුවට මෙහෙම කිව්වා. "ප්‍රිය ආයුෂ්මතුනි, භික්ෂුවගේ දැක්ම (අවබෝධය) වඩාත් පිරිසිදු වන්නේ කවර පදනමක් මතද?" කියලා. "ප්‍රිය ආයුෂ්මතුනි, යම් දවසක භික්ෂුව (ඇස් කන් ආදී) ස්පර්ශායතන හය පිළිබඳව හටගැනීමත්, නැතිවීමත්, ඒ ආකාරයෙන් ම දැනගත්තොත්, එපමණකින් ම ප්‍රිය ආයුෂ්මතුනි, භික්ෂුවගේ දැක්ම ඉතා පිරිසිදු වෙනවා."

එතකොට, ඒ භික්ෂුව අර භික්ෂුවගේ ප්‍රශ්න විසඳීම ගැන නොසතුටු වුණා. තවත් භික්ෂුවක් ළඟට පැමිණියා. පැමිණිලා ඒ භික්ෂුවට මෙහෙම කිව්වා. "ප්‍රිය ආයුෂ්මතුනි, භික්ෂුවගේ දැක්ම (අවබෝධය) වඩාත් පිරිසිදු වන්නේ කවර පදනමක් මතද?" කියලා. "ප්‍රිය ආයුෂ්මතුනි, යම් දවසක භික්ෂුව (රූප වේදනා ආදී) පංච උපාදානස්කන්ධයන්ගේ හටගැනීමත්, නැතිවීමත්, ඒ ආකාරයෙන් ම දැනගත්තොත්, එපමණකින්ම ප්‍රිය ආයුෂ්මතුනි, භික්ෂුවගේ දැක්ම ඉතා පිරිසිදු වෙනවා."

එතකොට, ඒ භික්ෂුව අනිත් භික්ෂුවගේ ප්‍රශ්න විසඳීම ගැනත් නොසතුටු වුණා. තවත් භික්ෂුවක් ළඟට පැමිණියා. පැමිණිලා ඒ භික්ෂුවට මෙහෙම කිව්වා. "ප්‍රිය ආයුෂ්මතුනි, භික්ෂුවගේ දැක්ම (අවබෝධය) වඩාත් පිරිසිදු වන්නේ කවර පදනමක් මතද?" කියලා. "ප්‍රිය ආයුෂ්මතුනි, යම් දවසක භික්ෂුව සතර මහා භූතයන්ගේ හටගැනීමත්, නැතිවීමත්, ඒ ආකාරයෙන් ම දැනගත්තොත්, එපමණකින්ම ප්‍රිය ආයුෂ්මතුනි, භික්ෂුවගේ දැක්ම ඉතා පිරිසිදු වෙනවා."

එතකොට, ඒ භික්ෂුව ඊළඟ භික්ෂුවගේ ප්‍රශ්න විසඳීම ගැනත් නොසතුටු වුණා. තවත් භික්ෂුවක් ළඟට පැමිණියා. පැමිණිලා ඒ භික්ෂුවට මෙහෙම කිව්වා. "ප්‍රිය ආයුෂ්මතුනි, භික්ෂුවගේ දැක්ම (අවබෝධය) වඩාත් පිරිසිදු වන්නේ කවර පදනමක් මතද?" කියලා. "ප්‍රිය ආයුෂ්මතුනි, යම් දවසක භික්ෂුව හේතූන්ගෙන් හටගන්නා ස්වභාව ඇති යම් දෙයක් ඇත්නම්, ඒ සෑම දෙයක් ම හේතු නිරුද්ධ වීමෙන් නිරුද්ධ වී යන ස්වභාවයෙන් යුක්තයි කියලා ඒ ආකාරයෙන් ම දැනගත්තොත්, එපමණකින් ම ප්‍රිය ආයුෂ්මතුනි, භික්ෂුවගේ දැක්ම ඉතා පිරිසිදු වෙනවා."

එතකොට, ඒ භික්ෂුව ඊළඟ භික්ෂුවගේ ප්‍රශ්න විසඳීම ගැනත් නොසතුටු වුණා. භාග්‍යවතුන් වහන්සේ ළඟට පැමිණුනා. පැමිණිලා භාග්‍යවතුන් වහන්සේට ආදරයෙන් වන්දනා කොට එකත්පස්ව වාඩි වුණා. එකත්පස්ව වාඩිවුණ ඒ භික්ෂුව භාග්‍යවතුන් වහන්සේට මෙකරුණ සැල කළා. ස්වාමීනී, මෙහි මං එක්තරා භික්ෂුවක් ළඟට ගියා. ගිහින් ඒ භික්ෂුවට මෙහෙම කිව්වා. "ප්‍රිය ආයුෂ්මතුනි, භික්ෂුවගේ දැක්ම (අවබෝධය) වඩාත් පිරිසිදු වන්නේ කවර පදනමක් මතද?" කියලා. ස්වාමීනී, ඔහොම කී විට ඒ භික්ෂුව මට මෙහෙම කිව්වා. "ප්‍රිය ආයුෂ්මතුනි, යම් දවසක භික්ෂුව (ඇස් කන් ආදී) ස්පර්ශායතන හය පිළිබඳව හටගැනීමත්, නැතිවීමත්, ඒ ආකාරයෙන් ම දැනගත්තොත්, එපමණකින් ම ප්‍රිය ආයුෂ්මතුනි, භික්ෂුවගේ දැක්ම ඉතා පිරිසිදු වෙනවා." කියලා.

ස්වාමීනී, එතකොට මං ඒ භික්ෂුවගේ ප්‍රශ්න විසඳීම ගැන සතුටු වුණේ නෑ. මං වෙන භික්ෂුවක් ළඟට ගියා. ගිහින් ඒ භික්ෂුවට මෙහෙම කිව්වා. "ප්‍රිය ආයුෂ්මතුනි, භික්ෂුවගේ දැක්ම (අවබෝධය) වඩාත් පිරිසිදු වන්නේ කවර පදනමක් මතද?" කියලා. ස්වාමීනී, ඔහොම කී විට ඒ භික්ෂුව මට මෙහෙම කිව්වා. "ප්‍රිය ආයුෂ්මතුනි, යම් දවසක භික්ෂුව (රූප වේදනා ආදී) පංච උපාදානස්කන්ධයන්ගේ හටගැනීමත්, නැතිවීමත්, ඒ ආකාරයෙන් ම දැනගත්තොත් ....(පෙ).... සතර මහා භූතයන්ගේ හටගැනීමත්, නැතිවීමත්, ඒ ආකාරයෙන් ම දැනගත්තොත් ....(පෙ).... හේතූන්ගෙන් හටගන්නා ස්වභාව ඇති යම් දෙයක් ඇත්නම්, ඒ සෑම දෙයක් ම හේතු නිරුද්ධ වීමෙන් නිරුද්ධ වී යන ස්වභාවයෙන් යුක්තයි කියලා ඒ ආකාරයෙන් ම දැනගත්තොත් එපමණකින් ම ප්‍රිය ආයුෂ්මතුනි, භික්ෂුවගේ දැක්ම ඉතා පිරිසිදු වෙනවා." කියලා.

ඉතින් ස්වාමීනී, මම ඒ භික්ෂුවගේ ප්‍රශ්න විසඳීම ගැනවත් සතුටක් නෑ. ඒ නිසයි භාග්‍යවතුන් වහන්සේ වැඩසිටි තැනට පැමිණුණේ. ස්වාමීනී, භික්ෂුවගේ දැක්ම (අවබෝධය) වඩාත් පිරිසිදු වන්නේ කවර පදනමක් මතද?

පින්වත් භික්ෂුව ඒක මේ වගේ දෙයක්. පුරුෂයෙක් විසින් කෑල ගසක් කලින් නොදැක තිබුණා. එතකොට ඒ පුරුෂයා කෑල ගසක් දැකපු වෙනත් පුරුෂයෙක් ළඟට ගියා. ගිහින් අර පුරුෂයාගෙන් මෙහෙම ඇහුවා. "එම්බා පුරුෂය, කෑල ගස කොයි වගේද?" කියලා. ඔහු මෙහෙම උත්තර දුන්නා. "එම්බා පුරුෂය, කෑල ගස කළු පාටයි. ඒක හරියට පිච්චුනු කනුවක් වගේ" පින්වත් භික්ෂුව, ඒ පුරුෂයා යම් අයුරකින් කෑල ගස දැක්කා ද, එසමයෙහි එබඳුම වූ කෑල ගස තියෙනවා.

ඉතින් පින්වත් භික්ෂුව, ඒ (කෑල ගස නොදුටු) පුරුෂයා අර පුරුෂයාගේ ප්‍රශ්න විසඳීම ගැන සතුටු වුණේ නෑ. කෑල ගහක් දැකපු වෙනත් පුරුෂයෙක් ළඟට ගියා. ගිහින් අර පුරුෂයාගෙන් මෙහෙම ඇහුවා "එම්බා පුරුෂය, කෑල ගස කොයි වගේද?" කියලා. ඔහු මෙහෙම උත්තර දුන්නා. "එම්බා පුරුෂය, කෑල ගහ රතු පාටයි. ඒක හරියට මස් වැදැල්ලක් වගේ" පින්වත් භික්ෂුව, ඒ පුරුෂයා යම් අයුරකින් කෑල ගස දැක්කා ද, එසමයෙහි එබඳුම වූ කෑල ගස තියෙනවා.

ඉතින් පින්වත් භික්ෂුව, ඒ (කෑල ගස නොදුටු) පුරුෂයා අර පුරුෂයාගේ ප්‍රශ්න විසඳීම ගැන සතුටු වුණේ නෑ. කෑල ගහක් දැකපු වෙනත් පුරුෂයෙක් ළඟට ගියා. ගිහින් අර පුරුෂයාගෙන් මෙහෙම ඇහුවා "එම්බා පුරුෂය, කෑල ගස කොයි වගේද?" කියලා. ඔහු මෙහෙම උත්තර දුන්නා. "එම්බා පුරුෂය, කෑල ගස කරල් පැලිලා පොතු ගැලවිලා තියෙන්නේ. ඒක හරියට මහරි ගහක් වගේ" පින්වත් භික්ෂුව, ඒ පුරුෂයා යම් අයුරකින් කෑල ගස දැක්කා ද, එසමයෙහි එබඳුම වූ කෑල ගස තියෙනවා.

ඉතින් පින්වත් භික්ෂුව, ඒ (කෑල ගස නොදුටු) පුරුෂයා අර පුරුෂයාගේ ප්‍රශ්න විසඳීම ගැන සතුටු වුණේ නෑ. කෑල ගහක් දැකපු වෙනත් පුරුෂයෙක් ළඟට ගියා. ගිහින් අර පුරුෂයාගෙන් මෙහෙම ඇහුවා "එම්බා පුරුෂය, කෑල ගස කොයි වගේද?" කියලා. ඔහු මෙහෙම උත්තර දුන්නා. "එම්බා පුරුෂය, ඝන පත්‍ර ඇති කෑල ගහ හොඳට සෙවණ තියෙනවා. ඒක හරියට නුග ගහක් වගේ" පින්වත් භික්ෂුව, ඒ පුරුෂයා යම් අයුරකින් කෑල ගහ දැක්කා ද, එසමයෙහි එබඳුම වූ කෑල ගස තියෙනවා. පින්වත් භික්ෂුව, යම් යම් ආකාරයකින් ඒ සත්පුරුෂයන්ගේ දැක්ම (අවබෝධය) ඉතා පිරිසිදුව තිබුණා ද, ඒ ඒ සත්පුරුෂයන් විසින් ඒ ඒ ආකාරයට ම යි ප්‍රකාශ කරලා තියෙන්නේ.

පින්වත් භික්ෂුව, ඒක මේ වගේ දෙයක්. ඈත ප්‍රදේශයක රජකුගේ නගරයක් තියෙනවා. ඒක දැඩි පවුරු පදනම් ඇති, ප්‍රාකාර තොරණ ඇති, දොරටු හයක් ඇති නගරයක්. ඔය නගරයේ ඉතාමත් දක්ෂ, නුවණැති, ප්‍රඥාවන්ත දොරටු පාලකයෙක් ඉන්නවා. ඔහු නාඳුනන අය ඇතුළු කරගන්නේ නෑ. හඳුනන අය විතරයි ඇතුල් කරන්නේ. දවසක් වේගයෙන් ගමන් කරන දූතයන් දෙදෙනෙක් නැගෙනහිර දෙසින් ඇවිදින් ඒ දොරටුපල්ලාට මෙහෙම කියනවා. "එම්බා පුරුෂය, මේ නගරයේ නගරහිමියා ඉන්නේ කොහේද?" එතකොට ඔහු මෙහෙම කියනවා. "ස්වාමීනී, මැද හතරමංහන්දියේ තමයි ඒ නගර හිමියා ඉන්නේ." කියලා.

එතකොට ඒ වේග ගමන් ඇති දූතයන් දෙදෙනා නගර ස්වාමියා හට

සැබෑ ආකාර වූ වචන පිළිගන්වලා යළිත් ආ මගට ම පැමිණුනා. බටහිර දෙසිනුත් වේග ගමන් ඇති දූතයන් දෙදෙනෙක් ඇවිදින් ....(පෙ).... උතුරු දෙසිනුත් වේග ගමන් ඇති දූතයන් දෙදෙනෙක් ඇවිදින් ....(පෙ).... දකුණු දෙසිනුත් වේග ගමන් ඇති දූතයන් දෙදෙනෙක් ඇවිදින් ඒ දොරටුපල්ලාට මෙහෙම කියනවා. "එම්බා පුරුෂය, මේ නගරයේ නගරහිමියා ඉන්නේ කොහේද?" එතකොට ඔහු මෙහෙම කියනවා. "ස්වාමීනී, මැද හතරමංහන්දියේ තමයි ඒ නගර හිමියා ඉන්නේ." කියලා. එතකොට ඒ වේග ගමන් ඇති දූතයන් දෙදෙනා නගර ස්වාමියා හට සැබෑ ආකාර වූ වචන පිළිගන්වලා යළිත් ආ මගට ම පැමිණුනා.

පින්වත් භික්ෂුව, මා විසින් ඔය උපමාව කළේ අර්ථය තේරුම් කරලා දෙන්ටයි. ඕකේ අර්ථය මේකයි. පින්වත් භික්ෂුව, නගරය කියලා කිව්වේ මව්පියන්ගෙන් හටගත්, බත් ව්‍යංජනවලින් වැඩුණු, අනිත්‍ය වූ, ඉලීම් පිරිමැදීම්වලින් නඩත්තු කරන, බිඳී යන වැනසී යන ස්වභාවයෙන් යුතු, සතර මහා භූතයන්ගෙන් හටගත්, මේ කයට කියන නමක්. පින්වත් භික්ෂුව, දොරටු හයක් තියෙනවා කියලා කිව්වේ, ආධ්‍යාත්මික ආයතන හයට කියන නමක්. පින්වත් භික්ෂුව, දොරටුපාලයා කියලා කිව්වේ සිහියට කියන නමක්. පින්වත් භික්ෂුව, වේගවත් ගමන් ඇති දූතයන් දෙදෙනා කියලා කිව්වේ සමථ-විදර්ශනා යන මෙයට කියන නමක්. පින්වත් භික්ෂුව, නගර හිමියා කියලා කිව්වේ මේ විඤ්ඤාණයට කියන නමක්. පින්වත් මහණෙනි, මැද හතරමං හන්දිය කියලා කිව්වේ මේ සතර මහා භූතයන්ට කියන නමක්. ඒ කියන්නේ පඨවි ධාතුව, ආපෝ ධාතුව, තේජෝ ධාතුව, වායෝ ධාතුව යන හතරයි. පින්වත් භික්ෂුව, සැබෑ ආකාර වූ වචනය කියලා කිව්වේ ඒ අමා නිවනට කියන නමක්. පින්වත් භික්ෂුව, පැමිණි මාර්ගය කියලා කිව්වේ මේ ආර්ය අෂ්ටාංගික මාර්ගයට කියන නමක්. ඒ කියන්නේ සම්මා දිට්ඨි ....(පෙ).... සම්මා සමාධි යන මෙයයි.

සාදු! සාදු!! සාදු!!!

කිංසුකෝපම සූත්‍රය නිමා විය.

1.19.9
වීණෝපම සූත්‍රය
වීණාව උපමා කොට වදාළ දෙසුම

පින්වත් මහණෙනි, යම් කිසි භික්ෂුවකට වේවා, භික්ෂුණියකට වේවා, ඇසින් දත යුතු රූප කෙරෙහි කැමැත්තක් හෝ රාගයක් හෝ ද්වේෂයක් හෝ මුළාවීමක් හෝ ගැටීමක් හෝ සිතෙහි උපදිනවා නම්, එයින් සිත වළක්වන්ට ඕනේ. ඔය මග නම් බිය සහිත ම යි. අතිශයින්ම බිය සහිතයි. කටු සහිතයි. අවුල් සහිතයි. නො මගක් ම යි. නපුරු මගක් ම යි. දුක් පැවතුම් සහිත ම යි. ඔය මග සේවනය කරන්නේ අසත්පුරුෂයන් විසිනුයි. ඔය මාර්ගය සත්පුරුෂයන් විසින් සේවනය කරන එකක් නොවේ. මෙය ඔබට සුදුසු දෙයක් නොවේ කියලයි ඇසින් දත යුතු රූපයන් කෙරෙහි ඇතිවෙන කෙලෙස්වලින් සිත වළක්වාලිය යුත්තේ.

පින්වත් මහණෙනි, යම් කිසි භික්ෂුවකට වේවා, භික්ෂුණියකට වේවා, කනෙන් දත යුතු ශබ්ද කෙරෙහි ....(පෙ).... නාසයෙන් දත යුතු ගන්ධ කෙරෙහි ....(පෙ).... දිවෙන් දත යුතු රස කෙරෙහි ....(පෙ).... කයෙන් දත යුතු පහස කෙරෙහි ....(පෙ).... මනසින් දත යුතු අරමුණු කෙරෙහි කැමැත්තක් හෝ රාගයක් හෝ ද්වේෂයක් හෝ මුළාවීමක් හෝ ගැටීමක් හෝ සිතෙහි උපදිනවා නම්, එයින් සිත වළක්වන්න ඕනේ. ඔය මග නම් බිය සහිත ම යි. අතිශයින්ම බිය සහිතයි. කටු සහිතයි. අවුල් සහිතයි. නොමගක් ම යි. නපුරු මගක් ම යි. දුක් පැවතුම් සහිත ම යි. ඔය මග සේවනය කරන්නේ අසත්පුරුෂයන් විසිනුයි. ඔය මාර්ගය සත්පුරුෂයන් විසින් සේවනය කරන එකක් නොවේ. මෙය ඔබට සුදුසු දෙයක් නොවේ කියලයි මනසින් දත යුතු අරමුණු කෙරෙහි ඇතිවෙන කෙලෙස්වලින් සිත වළක්වාලිය යුත්තේ.

පින්වත් මහණෙනි, ඒක මේ වගේ දෙයක්. සරුසාර ගොයමක් තියෙනවා. ගොයම රකින්නාත් සැලකිල්ලක් නෑ. ගොයමට ආස ගොනෙක් ඒ ගොයමට බැහැලා ඇති තාක් මත් වෙනකල් කනවා. පින්වත් මහණෙනි, අශ්‍රැතවත් පෘතග්ජනයාත් ඔය වගේමයි. ස්පර්ශ ආයතන හය තුළ සංවරයක් නෑ. පංච කාම ගුණයන් තුළ ඇතිතාක් මත්වෙනකල් යෙදෙනවා. නමුත් පින්වත් මහණෙනි, මේ වගේ දේකුත් තියෙනවා. සරුසාර ගොයමක් තියෙනවා. ගොයම රකින්නා ඉතා කල්පනාකාරීව ඉන්නවා. ගොයමට ආස ගොනෙක් ඔය ගොයමට බහිනවා. එතකොට ගොයම රකින්නා අර ගොනාගේ නාස් ලණුවෙන් දැඩිකොට අල්ලා ගන්නවා. නාස් ලණුවෙන් දැඩිකොට අල්ලාගෙන

අං දෙකේ පටලවලා දැඩිකොට පෙළනවා. අං දෙක අතරේ දැඩි කොට පෙළලා පොල්ලකින් රිදෙන්න තලනවා. රිදෙන්න පහර දීලා අත්හරිනවා.

දෙවෙනි වතාවේත් පින්වත් මහණෙනි, ...(පෙ).... තුන්වෙනි වතාවේත් පින්වත් මහණෙනි, ගොයමට ආස ගොනා ඔය ගොයමට බහිනවා. එතකොට ගොයම රකින්නා අර ගොනාගේ නාස් ලණුවෙන් දැඩි කොට අල්ලා ගන්නවා. නාස් ලණුවෙන් දැඩිකොට අල්ලාගෙන අං දෙකේ පටලවලා දැඩිකොට පෙළනවා. අං දෙක අතරේ දැඩිකොට පෙළලා පොල්ලකින් රිදෙන්න තලනවා. රිදෙන්න පහර දීලා අත්හරිනවා. පින්වත් මහණෙනි, ඔය විදිහට ඒ ගොයමට ආස ගොනා ගමකට ගියත්, වනයට ගියත්, වැඩිපුර කරන්නේ හිටගෙන ඉන්න එක. එහෙම නැත්නම්, වැඩිපුර කරන්නේ වාඩිවෙලා ඉන්න එක. කලින් වැදිච්ච පොලු පහරවල් ගැන හිතලා ආයෙමත් ඒ ගොයමට බහින්නේ නෑ. පින්වත් මහණෙනි, අන්න ඒ වගේම යම් දවසක භික්ෂුවගේ සිතත් ස්පර්ශ ආයතන හය කෙරෙහි තර්ජනය කරලා තිබුණොත්, දැඩි විදිහට තර්ජනය කරල තිබුණොත් සිත තමන් තුළ නවතිනවා. හිඳිනවා. එකඟ වෙනවා. සමාධිමත් වෙනවා.

පින්වත් මහණෙනි, ඒක මේ වගේ දෙයක්. රජෙකු විසින් හෝ රාජමහාමාත්‍යයෙකු විසින් හෝ වීණාවක හඬක් කිසිදා අසා නැතිනම්, එතකොට ඔහුට වීණා හඬක් අසන්නට ලැබෙනවා. ඔහු මෙහෙම කියනවා. "එම්බා පින්වත්නි, ඔය හඬ මොකක්ද? සිත් ඇදගන්නවා. හරි කමණීයයි නොවැ. මත්වෙලා යනවා නොවැ. මුසපත් වෙනවා නොවැ. ඒකට ම බැඳෙනවා නොවැ." කියලා. එතකොට ඔහුට මෙහෙම කියනවා. "හිමියනි, යමකින් ඔය හඬ එනවා නම්, ඔතරම් සිත් ඇදගන්නා වූ, කමණීය වූ, මත්කරවන්නා වූ, මුසපත් කරවන්නා වූ බැඳීම ඇති කරවන්නා වූ ඒ හඬ නැගෙන දෙයක් වෙයි නම්, මෙය තමයි වීණාව කියන්නේ."

එතකොට ඔහු මෙහෙම කියනවා "භවත, යන්න, මට වීණාවක් අරගෙන එන්න" කියලා. ඔහුට ඒ වීණාව අරගෙන එනවා. ඇවිදින් මෙහෙම කියනවා. "හිමියනි, යමකින් ඔය හඬ එනවා නම්, ඔතරම් සිත් ඇදගන්නා වූ, කමණීය වූ, මත්කරවන්නා වූ, මුසපත් කරවන්නා වූ, බැඳීම් ඇතිකරවන්නා වූ ඒ හඬ නැගෙන දෙයක් වෙයි නම්, මේ තියෙන්නේ ඒ වීණාව තමයි" එතකොට ඔහු මෙහෙම කියනවා. "භවත, ඔය වීණාවෙන් මට වැඩක් නෑ. මට අරගෙන එන්න ඕනේ ඒ හඬයි." එතකොට ඔහුට මෙහෙම කියනවා. "හිමියනි, මේ වීණාව නම් වූ දෙය නොයෙක් උපකරණවලින් යුක්තයි. බොහෝ උපකරණවලින් යුක්තයි. ඒ බොහෝ උපකරණවලින් ගන්නා උත්සාහයෙනුයි හඬ පිටවෙන්නේ. ඒ

කියන්නේ වීණා දෙනත් හේතු වෙනවා. සමත් හේතු වෙනවා. දණ්ඩත් හේතු වෙනවා. උපවීණාවත් හේතු වෙනවා. තතුත් හේතු වෙනවා. තත් තද කරන උපකරණයත් හේතු වෙනවා. පුරුෂයාගේ ඊට සුදුසු උත්සහයත් හේතු වෙනවා. හිමියනි, ඔය විදිහට මේ වීණාව කියන්නේ නොයෙක් උපකරණවලින් යුතු එකක්. බොහෝ උපකරණ ඇති එකක්. ඒ නොයෙක් උපකරණවලින් ගන්නා උත්සාහයෙනුයි හඬ පිටවෙන්නේ."

ඔහු ඒ වීණාව කෑලි දහයකට හෝ සීයකට හෝ පලනවා. කෑලි දහයකට හෝ සීයකට හෝ පලලා කැබලි කැබලි කරනවා. කැබලි කැබලි කරලා ගිනි තියෙනවා. ගිනි තියලා අළු බවට පත් කරනවා. අළු බවට පත් කරලා මහා හුළඟට පිඹ හරිනවා. එක්කෝ නදියේ සැඩ පහරේ පා කොට හරිනවා.

ඔහු මෙහෙම කියනවා. "භවත්නි, ඔය වීණාව කියන්නේ ලාමක දෙයක්. වීණාව වගේ යම් දෙයක් තිබුණත් ලාමකයි. ඕකට තමයි මේ ජනයා ප්‍රමාද වෙලා, ඇලිලා කාලය නාස්ති කරන්නේ." පින්වත් මහණෙනි, භික්ෂුවත් ඔය විදිහට ම රූපයේ වැඩපිළිවෙළවල් යම්තාක් ඇද්ද, ඒ තාක් රූපය විමසා බලනවා. වේදනාවේ වැඩපිළිවෙළවල් යම්තාක් ඇද්ද, ඒ තාක් වේදනාව විමසා බලනවා. සඤ්ඤාවේ වැඩපිළිවෙළවල් යම්තාක් ඇද්ද, ඒ තාක් සඤ්ඤාව විමසා බලනවා. සංස්කාරවල වැඩපිළිවෙළවල් යම්තාක් ඇද්ද, ඒ තාක් සංස්කාර විමසා බලනවා. විඤ්ඤාණයේ වැඩපිළිවෙළවල් යම්තාක් ඇද්ද, ඒ තාක් විඤ්ඤාණය විමසා බලනවා. රූපයේ වැඩපිළිවෙළවල් යම්තාක් ඇද්ද, ඒ තාක් රූපය විමසා බලන්නාවූ ඔහුට ....(පෙ).... වේදනාව ....(පෙ).... සඤ්ඤාව ....(පෙ).... සංස්කාර ....(පෙ).... විඤ්ඤාණයේ වැඩපිළිවෙළවල් යම්තාක් ඇද්ද, ඒ තාක් විඤ්ඤාණය විමසා බලන්නා වූ ඔහුට "මමය, මාගේය, මම වෙමි" යන යම් දෙයක් තියෙනවා නම් ඒක ඔහුට ඇති වෙන්නේ නෑ.

සාදු! සාදු!! සාදු!!!

වීණෝපම සූත්‍රය නිමා විය.

1.19.10
ඡප්පාණක සූත්‍රය
ප්‍රාණීන් සය දෙනා මුල් කොට වදාළ දෙසුම

පින්වත් මහණෙනි, ඒක මේ වගේ දෙයක්. ඇඟපුරා තුවාල හට ගත්, පැස වූ තුවාල ඇති පුරුෂයෙක් කටු වනයකට ඇතුළු වෙනවා. එතකොට කුස කටු ඔහුගේ පාද හිල් කරනවා. කටු සහිත කොළ ඔහුගේ සිරුර සූරනවා. එතකොට පින්වත් මහණෙනි, ඔය විදියට ඒ පුරුෂයා බොහෝ සෙයින් ම ඒ හේතුවෙන් දුකට දොම්නසට පත් වෙනවා. පින්වත් මහණෙනි, ඔය විදියේම ඇතැම් භික්ෂුවක් ගමට ගිය විට, ආරණ්‍යයකට ගිය විට, නුගුණ කියන අය ලැබෙනවා. "ඒ මේ ආයුෂ්මතුන් මේ විදිහටයි වැඩ කරන්නේ. මේ විදිහයි ගති පැවතුම්, අපිරිසිදුයි. ගමට කටුවක්" කියලා ඒ පුද්ගලයා කටුවක් බව දැන සංවර වීමත්, අසංවර වීමත්, තේරුම් ගත යුතුයි.

පින්වත් මහණෙනි, අසංවර වෙන්නේ කොයි විදිහටද? පින්වත් මහණෙනි, මෙහිලා භික්ෂුවක් ඇසින් රූපයක් දැකලා ප්‍රිය ස්වභාව ඇති රූපයට ගිජු වෙනවා. අප්‍රිය ස්වභාව ඇති රූපයට කිපෙනවා. කය පිළිබඳ සිහිය නොපිහිටුවාගෙන ඉන්නවා. පටු සිතින් ඉන්නවා. යම් තැනක ඒ උපන් පාපී අකුසල් ඉතිරි නැතුව නිරුද්ධ වෙනවා නම් ඒ චිත්ත විමුක්තියත්, ප්‍රඥා විමුක්තියත් ගැන ඒ ආකාරයෙන් ම අවබෝධයක් නෑ.

කනෙන් ශබ්දයක් අසා ....(පෙ).... නාසයෙන් ගන්ධයක් ආඝ්‍රාණය කරලා ....(පෙ).... දිවෙන් රස විඳලා ....(පෙ).... කයෙන් පහස ලබලා ....(පෙ).... මනසින් අරමුණක් සිතලා ප්‍රිය ස්වභාව ඇති අරමුණට ගිජු වෙනවා. අප්‍රිය ස්වභාව ඇති අරමුණට කිපෙනවා. කය පිළිබඳ සිහිය නොපිහිටුවාගෙන ඉන්නවා. පටු සිතින් ඉන්නවා. යම් තැනක ඒ උපන් පාපී අකුසල් ඉතිරි නැතුව නිරුද්ධ වෙනවා නම් ඒ චිත්ත විමුක්තියත්, ප්‍රඥා විමුක්තියත් ගැන ඒ ආකාරයෙන් ම අවබෝධයක් නෑ.

පින්වත් මහණෙනි, ඒක මේ වගේ දෙයක්. පුරුෂයෙක් වෙනස් වෙනස් තැන් ඇසුරු කරන, වෙනස් වෙනස් ගොදුරු ගන්නා ප්‍රාණීන් හය දෙනෙක් අරගෙන සවිමත් රැහැනකින් බඳිනවා. නයෙක් අරගෙන සවිමත් රැහැනකින් බඳිනවා. කිඹුලෙකුත් අරගෙන සවිමත් රැහැනකින් බඳිනවා. පක්ෂියෙක් අරගෙන සවිමත් රැහැනකින් බඳිනවා. බල්ලෙකුත් අරගෙන සවිමත් රැහැනකින් බඳිනවා. සිවලෙකුත් අරගෙන සවිමත් රැහැනකින් බඳිනවා. වඳුරෙකුත් අරගෙන

සවිමත් රැහැනකින් බඳිනවා. සවිමත් රැහැනින් බැඳලා, ඒ රැහැන් පොටවල් එකතු කොට ගැටයක් ගහලා අත් හරිනවා. එතකොට පින්වත් මහණෙනි, වෙනස් වෙනස් තැන් ඇසුරු කරන, වෙනස් වෙනස් ගොදුරු ගන්නා ප්‍රාණීන් හයදෙනා තම තමන්ගේ ගොදුරු බිම්වලට, වෙසෙන තැන්වලට වෙන වෙනම අදිනවා.

නයා අදින්නේ තුඹසට යන්ට ඕනේ කියලයි. කිඹුලා අදින්නේ වතුරට යන්ට ඕනේ කියලයි. පක්ෂියා අදින්නේ අහසට ඉගිලෙන්න ඕනේ කියලයි. බල්ලා අදින්නේ ගමට යන්න ඕනේ කියලා. සිවලා අදින්නේ සොහොනට යන්ට ඕනේ කියලයි. වඳුරා අදින්නේ වනයට යන්ට ඕනේ කියලයි. පින්වත් මහණෙනි, ඔය සත්තු හයදෙනා යම් වෙලාවක වෙහෙසට පත්වෙනවාද, ක්ලාන්තයට පත්වෙනවාද, එතකොට ඔවුන් අතරින් ඉතා බලවත් වන්නේ යම් ප්‍රාණියෙක් ද ඔහු අනුව තමයි අනික් සතුන් ඉන්නේ. ඒ සතාගේ පස්සෙන් යන්ට වෙනවා. ඒ සතාගේ වසඟයට යනවා.

පින්වත් මහණෙනි, ඔන්න ඔය විදිහටමයි. යම් කිසි භික්ෂුවක් විසින් කායානුපස්සනා භාවනාව වඩලා නැත්නම්, බහුල වශයෙන් ප්‍රගුණ කරලා නැත්නම්, ප්‍රිය මනාප රූපවලට ඇස විසින් ඔහුව අදිනවා. අමනාප රූපවලට පිළිකුල ඇති වෙනවා. ප්‍රිය මනාප ශබ්දවලට කන විසින් ඔහුව අදිනවා. අමනාප ශබ්දවලට පිළිකුල ඇති වෙනවා. ප්‍රිය මනාප සුවඳට නාසය විසින් ඔහුව අදිනවා. අමනාප ගඳට පිළිකුල ඇති වෙනවා. ප්‍රිය මනාප රසයට දිව විසින් ඔහුව අදිනවා. අමනාප රසයට පිළිකුල ඇති වෙනවා. ප්‍රිය මනාප පහසට කය විසින් ඔහුව අදිනවා. අමනාප පහසට පිළිකුල ඇති වෙනවා. ප්‍රිය මනාප අරමුණුවලට මනස විසින් ඔහුව අදිනවා. අමනාප අරමුණුවලට පිළිකුල ඇති වෙනවා. පින්වත් මහණෙනි, ඔන්න ඔය ආකාරයටයි අසංවර වෙන්නේ.

පින්වත් මහණෙනි, සංවර වෙන්නේ කොයි විදිහටද? පින්වත් මහණෙනි, මෙහිලා භික්ෂුව ඇසින් රූපයක් දැකලා ප්‍රිය ස්වභාව ඇති රූපයට ගිජු වෙන්නේ නෑ. අප්‍රිය ස්වභාව ඇති රූපයට කිපෙන්නේ නෑ. කය පිළිබඳ සිහිය පිහිටුවාගෙන ඉන්නවා. ප්‍රමාණ රහිත සිතින් ඉන්නවා. යම් තැනක ඒ උපන් පාපී අකුසල් ඉතිරි නැතුව නිරුද්ධ වෙනවා නම් ඒ නිසා ඒ චිත්ත විමුක්තියත්, ප්‍රඥා විමුක්තියත් ගැන ඒ ආකාරයෙන් ම අවබෝධ කරනවා.

කනෙන් ශබ්දයක් අසා ....(පෙ).... නාසයෙන් ගන්ධයක් ආඝ්‍රාණය කොට ....(පෙ).... දිවෙන් රස විඳලා ....(පෙ).... කයෙන් පහසක් ලබලා ....(පෙ).... මනසින් අරමුණක් සිතලා ප්‍රිය ස්වභාව ඇති අරමුණට ගිජු වෙන්නේ නෑ.

අප්‍රිය ස්වභාව ඇති අරමුණට කිපෙන්නේ නෑ. කය පිළිබඳ සිහිය පිහිටුවාගෙන ඉන්නවා. ප්‍රමාණ රහිත සිතින් ඉන්නවා. යම් තැනක ඒ උපන් පාපී අකුසල් ඉතිරි නැතුව නිරුද්ධ වෙනවා නම් ඒ චිත්ත විමුක්තියත්, ප්‍රඥා විමුක්තියත් ගැන ඒ ආකාරයෙන් ම අවබෝධ කරනවා.

පින්වත් මහණෙනි, මේ වගේ දේකුත් තියෙනවා. පුරුෂයෙක් වෙනස් වෙනස් තැන් ඇසුරු කරන, වෙනස් වෙනස් ගොදුරු ගන්නා ප්‍රාණීන් හය දෙනෙක් අරගෙන සවිමත් රැහැනකින් බඳිනවා. නයෙක් අරගෙන සවිමත් රැහැනකින් බඳිනවා. කිඹුලෙකුත් අරගෙන ....(පෙ).... පක්ෂියෙකුත් අරගෙන ....(පෙ).... බල්ලෙකුත් අරගෙන ....(පෙ).... සිවලෙකුත් අරගෙන ....(පෙ).... වඳුරෙකුත් අරගෙන සවිමත් රැහැනකින් බඳිනවා. සවිමත් රැහැනින් බැඳලා, සවිමත් හුලක හරි, කනුවක හරි හොඳට ගැටගහනවා.

එතකොට පින්වත් මහණෙනි, නොයෙක් නොයෙක් වාසස්ථාන ඇති, වෙනස් වෙනස් ගොදුරු ඇති, ඒ ප්‍රාණීන් හයදෙනා තම තමන්ගේ ගොදුරු බිමට, වාසස්ථානයට අදින්න පටන්ගන්නවා. නයා අදින්නේ තුඹසට යන්ට ඕනේ කියලයි. කිඹුලා අදින්නේ වතුරට යන්ට ඕනේ කියලයි. පක්ෂියා අදින්නේ අහසට ඉගිලෙන්න ඕනේ කියලයි. බල්ලා අදින්නේ ගමට යන්න ඕනේ කියලා. සිවලා අදින්නේ සොහොනට යන්ට ඕනේ කියලයි. වඳුරා අදින්නේ වනයට යන්ට ඕනේ කියලයි. පින්වත් මහණෙනි, ඔය සත්තු හය දෙනා යම් වෙලාවක වෙහෙසට පත්වෙනවාද, ක්ලාන්තයට පත්වෙනවාද, එතකොට ඔවුන් අර හුල ගාව හරි, කනුව ගාව හරි නවතිනවා. ලගිනවා. හාන්සි වෙනවා වසඟයට යනවා.

පින්වත් මහණෙනි, ඔන්න ඔය විදිහටයි. යම් කිසි භික්ෂුවක් විසින් කායානුපස්සනා භාවනාව වඩලා තියෙනවා නම්, බහුල වශයෙන් ප්‍රගුණ කරලා තියෙනවා නම්, ප්‍රිය මනාප රූපවලට ඇස විසින් ඔහුව අදින්නේ නෑ. අමනාප රූපවලට පිළිකුල ඇති වෙන්නේ නෑ. ප්‍රිය මනාප ශබ්දවලට කන විසින් ඔහුව අදින්නේ නෑ. ....(පෙ).... නාසය විසින් ඔහුව අදින්නේ නෑ ....(පෙ).... දිව විසින් ඔහුව අදින්නේ නෑ. ...(පෙ).... කය විසින් ඔහුව අදින්නේ නෑ ....(පෙ).... ප්‍රිය මනාප අරමුණුවලට මනස විසින් ඔහුව අදින්නේ නෑ. අමනාප අරමුණුවලට පිළිකුල ඇති වෙන්නේ නෑ. පින්වත් මහණෙනි, ඔන්න ඔය විදිහටයි සංවර වෙන්නේ.

පින්වත් මහණෙනි, ශක්තිමත් හුළ හෝ කනුව කියලා කියන්නේ මේ කායගතාසති භාවනාවට කියන නමක්. පින්වත් මහණෙනි, එම නිසා ඔබ හික්මිය යුත්තේ මේ විදිහටයි. "අප විසින් කායගතාසති භාවනාව ම යි

වඩන්න ඕන. බහුල වශයෙන් ප්‍රගුණ කරන්න ඕන. යානාවක් මෙන් ප්‍රගුණ කරන්න ඕන. නිවසක් මෙන් ප්‍රගුණ කරන්න ඕන. ඉතා හොඳින් පිහිටුවා ගන්න ඕන. වඩාත් ප්‍රගුණ කරන්ට ඕනේ. ඉතා උත්සාහවත්ව දියුණු කරගන්ට ඕන" කියලා. පින්වත් මහණෙනි, ඔය විදිහටයි ඔබ හික්මිය යුත්තේ.

සාදු! සාදු!! සාදු!!!

ඡප්පාණක සූත්‍රය නිමා විය.

1.19.11
යවකලාපී සූත්‍රය
තිරිඟු කරල් මිටිය ගැන වදාළ දෙසුම

පින්වත් මහණෙනි, ඒක මේ වගේ දෙයක්. හතරමං හන්දියක තිරිඟුකරල් මිටියක් දාලා තියෙනවා. ඉතින් පුරුෂයන් හය දෙනෙක් ලොකු පොලු අරගත් අතින් යුතුව ඔතැනට යනවා. ඔවුන් ඒ තිරිඟු මිටිය අර පොලු හයෙන් තලනවා. පින්වත් මහණෙනි, ඔය විදිහට ඒ තිරිඟු මිටිය අර පොලු හය නිසා ඇති පදමට තැලෙනවා. එතකොට තවත් ලොකු පොල්ලක් අතින් ගත් පුරුෂයෙක් හත්වෙනියා හැටියට එතැනට එනවා. ඔහු ඒ තිරිඟු මිටිය හත්වෙනි පොල්ලෙනුත් තලනවා. පින්වත් මහණෙනි, ඔය විදිහට ඒ තිරිඟු මිටිය හත්වෙනි පොල්ලෙනුත් තැලීම නිසා බරපතල විදිහට තැලිලා යනවා.

පින්වත් මහණෙනි, ඔන්න ඔය වගේ ම යි. අශ්‍රැතවත් පෘතග්ජනයා කැමති අකමැති රූප කරණ කොටගෙන ඇස තුළින් පීඩා විඳිනවා. කැමති අකමැති ශබ්ද කරණ කොටගෙන කන තුළින් පීඩා විඳිනවා. කැමති අකමැති ගන්ධ කරණ කොටගෙන නාසය තුළින් පීඩා විඳිනවා. කැමති අකමැති රස කරණ කොටගෙන දිව තුළින් පීඩා විඳිනවා. කැමති අකමැති පහස කරණ කොටගෙන කය තුළින් පීඩා විඳිනවා. කැමති අකමැති අරමුණු කරණ කොටගෙන මනස තුළින් පීඩා විඳිනවා.

පින්වත් මහණෙනි, ඉදින් ඒ අශ්‍රැතවත් පෘතග්ජනයා කල්පනා කරන්නේ ආයෙ ආයේමත් උපතක් කරා යන්ටම නම්, පින්වත් මහණෙනි, මෙසේ ඒ හිස් පුද්ගලයා බලවත් විදිහට තැලිලා යනවා. පින්වත් මහණෙනි, ඒක හරියට අර තිරිඟු මිටිය හත්වෙනි පොල්ලෙනුත් තැලෙනවා වගෙයි.

පින්වත් මහණෙනි, මෙය කලින් සිදු වූ දෙයක්. දෙවියනුත් අසුරයනුත් යුද්ධයකට සූදානම් වුණා. එතකොට පින්වත් මහණෙනි, වේපචිත්ති අසුරේන්ද්‍රයා අසුරයින් ඇමතුවා. "නිදුකාණෙනි, දෙවියන් හා අසුරයන් අතර යුද්ධයක් සිදු වෙන්ටයි යන්නේ. ඉදින් අසුරයෝ දිනනවා නම්, දෙවියෝ පරදිනවා නම්, එතකොට ශක්‍ර දේවේන්ද්‍රයාව ගෙල පස්වෙනි කොට ඇති බන්ධනයෙන් (අත් දෙක, පා දෙක, බෙල්ල යන පස් තැන) බැඳලා අසුර පුරයෙහි මා ළඟට අරගෙන වරෙල්ලා." කියලා. පින්වත් මහණෙනි, සක් දෙවිඳුත් තව්තිසා වැසි දෙවියන් ඇමතුවා. "නිදුකාණෙනි, දෙවියන් හා අසුරයන් අතර යුද්ධයක් සිදු වෙන්ටයි යන්නේ. ඉදින් දෙවියෝ දිනනවා නම්, අසුරයෝ පරදිනවා නම් එතකොට වේපචිත්ති අසුරිඳුව ගෙල පස්වෙනි කොට ඇති බන්ධනයෙන් (අත් දෙක, පා දෙක, බෙල්ල යන පස් තැන) බැඳලා සුධර්මා දිව්‍ය සභාවෙහි මා ළඟට රගෙන එනු මැනව." කියලා. පින්වත් මහණෙනි, ඒ යුද්ධයේ දී දෙවියන් දින්නා. අසුරයන් පැරදුනා. එතකොට පින්වත් මහණෙනි, තව්තිසා වැසි දෙවිවරු වේපචිත්ති අසුරිඳුව ගෙල පස්වෙනි කොට බන්ධනයෙන් බැඳලා සුධර්මා දිව්‍ය සභාවෙහි සක් දෙවිඳුන්ගේ සමීපයට අරගෙන ආවා. එතකොට පින්වත් මහණෙනි, වේපචිත්ති අසුරිඳු ගෙල පස්වෙනි කොට බන්ධනයෙන් බැඳලයි ඉන්නේ. පින්වත් මහණෙනි යම් විටෙක වේපචිත්ති අසුරිඳුට මෙහෙම හිතෙනවා. "දෙවියෝ වනාහී ධාර්මිකයි. අසුරයෝ අධාර්මිකයි. මං දැන් මෙහිදීම දිව්‍ය පුරයට යනවා" කියලා. එතකොට ගෙල පස්වෙනි කොට බැඳුණු බන්ධනයෙන් නිදහස් වූ තමන්ව (වේපචිත්ති) දකින්නට ලැබෙනවා. දිව්‍යමය වූ පංච කාම ගුණයෙන් පිණා ගිහින්, ඉඳුරන් පිණවමින් ඉන්නවා.

පින්වත් මහණෙනි, යම් විටෙක වේපචිත්ති අසුරිඳුට මෙහෙම හිතෙනවා. "අසුරයෝ වනාහි ධාර්මිකයි, දෙවියෝ අධාර්මිකයි. මං දැන් එහිදී අසුර පුරයට යනවා" කියලා. එතකොට ගෙල පස්වෙනි කොට ඇති බන්ධනයෙන් බැඳී ගිය තමන්වයි පෙනෙන්නේ. දිව්‍ය පංච කාම ගුණයන් පිරිහී යනවා. පින්වත් මහණෙනි, වේපචිත්ති සිරවූ බන්ධනය ඔය ආකාරයට ඉතා සියුම් එකක්. මාර බන්ධනය යනු ඔයිටත් වඩා ඉතාමත්ම සියුම් එකක්. පින්වත් මහණෙනි, 'මම, මාගේ, යන හැඟීම පවත්වන විට මාරයාට බැඳී යනවා. 'මම, මාගේ යන හැඟීම නැති කල්හි පවිටු මාරයාගෙන් නිදහස් වෙනවා.

පින්වත් මහණෙනි, 'වෙමි' යන මෙය මමත්වයෙන් ඇති වූ හැඟීමක්. 'මේ මම වෙමි' යන මෙය මමත්වයෙන් ඇති වූ හැඟීමක්. 'අනාගතයේ වන්නෙමි' යන මෙය මමත්වයෙන් ඇති වූ හැඟීමක්. 'අනාගතයේ නො වන්නෙමි' යන මෙය මමත්වයෙන් ඇති වූ හැඟීමක්. 'රූපී වන්නෙමි' යන මෙය මමත්වයෙන් ඇති වූ හැඟීමක්. 'රූප රහිත වන්නෙමි' යන මෙය මමත්වයෙන්

ඇති වූ හැඟීමක්. 'සඤ්ඤා සහිත වන්නෙමි' යන මෙය මමත්වයෙන් ඇති වූ හැඟීමක්. 'සඤ්ඤා රහිත වන්නෙමි' යන මෙය මමත්වයෙන් ඇති වූ හැඟීමක්. 'සඤ්ඤාව ඇත්තෙත් නැති සඤ්ඤාව නැත්තෙත් නැතිවෙමි' යන මෙය මමත්වයෙන් ඇති වූ හැඟීමක්. පින්වත් මහණෙනි, මමත්වයෙන් ඇති වන හැඟීම රෝගයකි. මමත්වයෙන් ඇති වන හැඟීම කැක්කුම් දෙන ගෙඩියකි. මමත්වයෙන් ඇති වන හැඟීම හුලකි. එනිසා පින්වත් මහණෙනි, 'මම, මාගේ' යනාදී හැඟීමෙන් තොර වූ සිතින් වාසය කරන්නෙමි යි කියා, පින්වත් මහණෙනි, ඔබ හික්මිය යුත්තේ ඔය විදිහටයි.

පින්වත් මහණෙනි, 'වෙමි' යන මෙය මමත්වයෙන් ඇති වූ කම්පනයක්. 'මේ මම වෙමි' යන මෙය මමත්වයෙන් ඇති වූ කම්පනයක්. 'අනාගතයේ වන්නෙමි' යන මෙය මමත්වයෙන් ඇති වූ කම්පනයක්. 'අනාගතයේ නො වන්නෙමි' යන මෙය මමත්වයෙන් ඇති වූ කම්පනයක්. 'රූපී වන්නෙමි' යන මෙය මමත්වයෙන් ඇති වූ කම්පනයක්. 'රූප රහිත වන්නෙමි' යන මෙය මමත්වයෙන් ඇති වූ කම්පනයක්. 'සඤ්ඤා සහිත වන්නෙමි' යන මෙය මමත්වයෙන් ඇති වූ කම්පනයක්. 'සඤ්ඤා රහිත වන්නෙමි' යන මෙය මමත්වයෙන් ඇති වූ කම්පනයක්. 'සඤ්ඤාව ඇත්තෙත් නැති සඤ්ඤාව නැත්තෙත් නැතිවෙමි' යන මෙය මමත්වයෙන් ඇති වූ කම්පනයක්. පින්වත් මහණෙනි, මමත්වයෙන් ඇති වන කම්පනය රෝගයකි. මමත්වයෙන් ඇති වන කම්පනය කැක්කුම් දෙන ගෙඩියකි. මමත්වයෙන් ඇති වන කම්පනය හුලකි. එනිසා පින්වත් මහණෙනි, 'මම, මාගේ' යනාදී කම්පනයෙන් තොර වූ සිතින් වාසය කරන්නෙමි යි කියා, පින්වත් මහණෙනි, ඔබ හික්මිය යුත්තේ ඔය විදිහටයි.

පින්වත් මහණෙනි, 'වෙමි' යන මෙය මමත්වයෙන් ඇති වූ චංචල වීමක්. 'මේ මම වෙමි' යන මෙය මමත්වයෙන් ඇති වූ චංචල වීමක්. 'අනාගතයේ වන්නෙමි' යන මෙය මමත්වයෙන් ඇති වූ චංචල වීමක්. 'අනාගතයේ නො වන්නෙමි' යන මෙය මමත්වයෙන් ඇති වූ චංචල වීමක්. 'රූපී වන්නෙමි' යන මෙය මමත්වයෙන් ඇති වූ චංචල වීමක්. 'රූප රහිත වන්නෙමි' යන මෙය මමත්වයෙන් ඇති වූ චංචල වීමක්. 'සඤ්ඤා සහිත වන්නෙමි' යන මෙය මමත්වයෙන් ඇති වූ චංචල වීමක්. 'සඤ්ඤා රහිත වන්නෙමි' යන මෙය මමත්වයෙන් ඇති වූ චංචල වීමක්. 'සඤ්ඤාව ඇත්තෙත් නැති සඤ්ඤාව නැත්තෙත් නැතිවෙමි' යන මෙය මමත්වයෙන් ඇති වූ චංචල වීමක්. පින්වත් මහණෙනි, මමත්වයෙන් ඇති වන චංචල වීම රෝගයකි. මමත්වයෙන් ඇති වන චංචල වීම කැක්කුම් දෙන ගෙඩියකි. මමත්වයෙන් ඇති වන චංචල වීම හුලකි. එනිසා පින්වත් මහණෙනි, 'මම, මාගේ' යනාදී චංචලවීමෙන් තොර වූ සිතින් වාසය කරන්නෙමි යි කියා, පින්වත් මහණෙනි, ඔබ හික්මිය යුත්තේ ඔය විදිහටයි.

පින්වත් මහණෙනි, 'වෙමි' යන මෙය මමත්වයෙන් ඇති වූ නොමග ගිය කල්පනාවක්. 'මේ මම වෙමි' යන මෙය මමත්වයෙන් ඇති වූ නොමග ගිය කල්පනාවක්. 'අනාගතයේ වන්නෙමි' යන මෙය මමත්වයෙන් ඇති වූ නොමග ගිය කල්පනාවක්. 'අනාගතයේ නො වන්නෙමි' යන මෙය මමත්වයෙන් ඇති වූ නොමග ගිය කල්පනාවක්. 'රූපී වන්නෙමි' යන මෙය මමත්වයෙන් ඇති වූ නොමග ගිය කල්පනාවක්. 'රූප රහිත වන්නෙමි' යන මෙය මමත්වයෙන් ඇති වූ නොමග ගිය කල්පනාවක්. 'සඤ්ඤා සහිත වන්නෙමි' යන මෙය මමත්වයෙන් ඇති වූ නොමග ගිය කල්පනාවක්. 'සඤ්ඤා රහිත වන්නෙමි' යන මෙය මමත්වයෙන් ඇති වූ නොමග ගිය කල්පනාවක්. 'සඤ්ඤාව ඇත්තෙත් නැති සඤ්ඤාව නැත්තෙත් නැතිවෙමි' යන මෙය මමත්වයෙන් ඇති වූ නොමග ගිය කල්පනාවක්. පින්වත් මහණෙනි, මමත්වයෙන් ඇති වන නොමග ගිය කල්පනාව රෝගයකි. මමත්වයෙන් ඇති වන නොමග ගිය කල්පනාව කැක්කුම් දෙන ගෙඩියකි. මමත්වයෙන් ඇති වන නොමග ගිය කල්පනාව හුලකි. එනිසා පින්වත් මහණෙනි, 'මම, මාගේ' යනාදී නොමග ගිය කල්පනාවෙන් තොර වූ සිතින් වාසය කරන්නෙමි යි කියා, පින්වත් මහණෙනි, ඔබ හික්මිය යුත්තේ ඔය විදිහටයි.

පින්වත් මහණෙනි, 'වෙමි' යන මෙය මමත්වයෙන් ඇති වූ මාන්නයට පත්වීමක්. 'මේ මම වෙමි' යන මෙය මමත්වයෙන් ඇති වූ මාන්නයට පත්වීමක්. 'අනාගතයේ වන්නෙමි' යන මෙය මමත්වයෙන් ඇති වූ මාන්නයට පත්වීමක්. 'අනාගතයේ නො වන්නෙමි' යන මෙය මමත්වයෙන් ඇති වූ මාන්නයට පත්වීමක්. 'රූපී වන්නෙමි' යන මෙය මමත්වයෙන් ඇති වූ මාන්නයට පත්වීමක්. 'රූප රහිත වන්නෙමි' යන මෙය මමත්වයෙන් ඇති වූ මාන්නයට පත්වීමක්. 'සඤ්ඤා සහිත වන්නෙමි' යන මෙය මමත්වයෙන් ඇති වූ මාන්නයට පත්වීමක්. 'සඤ්ඤා රහිත වන්නෙමි' යන මෙය මමත්වයෙන් ඇති වූ මාන්නයට පත්වීමක්. 'සඤ්ඤාව ඇත්තෙත් නැති සඤ්ඤාව නැත්තෙත් නැතිවෙමි' යන මෙය මමත්වයෙන් ඇති වූ මාන්නයට පත්වීමක්. පින්වත් මහණෙනි, මමත්වයෙන් ඇති වන මාන්නයට පත්වීම රෝගයකි. මමත්වයෙන් ඇති වන මාන්නයට පත්වීම කැක්කුම් දෙන ගෙඩියකි. මමත්වයෙන් ඇති වන මාන්නයට පත්වීම හුලකි. එනිසා පින්වත් මහණෙනි, 'මම, මාගේ' යනාදී මාන්නයට පත්වීමෙන් තොර වූ සිතින් වාසය කරන්නෙමි යි කියා, පින්වත් මහණෙනි, ඔබ හික්මිය යුත්තේ ඔය විදිහටයි.

සාදු! සාදු!! සාදු!!!

යවකලාපී සූත්‍රය නිමා විය.

දහ නවවෙනි ආසිවිස වර්ගය යි.

- **එහි පිළිවෙළ උද්දානය යි.**

ආසිවිසෝපම සූත්‍රය, රථූපම සූත්‍රය, කුම්මෝපම සූත්‍රය, දාරුක්ඛන්ධෝපම සූත්‍ර දෙක, අවස්සුත පරියාය සූත්‍රය, දුක්ඛධම්ම සූත්‍රය, කිංසුකෝපම සූත්‍රය, වීණෝපම සූත්‍රය, ඡප්පාණක සූත්‍රය, යවකලාපී සූත්‍රය යන මෙයින් මේ වර්ගය සමන්විතයි.

හතරවෙනි පණ්ණාසකය යි.

- **එහි වර්ගයන් ගේ පිළිවෙළ උද්දානය යි.**

නන්දික්ඛය වර්ගය, සට්ඨිනය වර්ගය, සමුද්ද වර්ගය, ආසිවිස වර්ගය වශයෙන් හතරවෙනි පණ්ණාසකයෙහි මේවා ඒ නිපාතයන් තුළට ඇතුළත් යැයි පවසන ලදී.

සළායතන සංයුත්තය නිමා විය.

2. වේදනා සංයුත්තය

1. සගාථා වර්ගය

2.1.1
සමාධි සූත්‍රය
සමාධිය ගැන වදාළ දෙසුම

පින්වත් මහණෙනි, මේ වේදනා තුනකි. මොනවද ඒ තුන? සැප විඳීම, දුක් විඳීම හා දුක් සැප රහිත විඳීමයි. පින්වත් මහණෙනි, මේවා තමයි වේදනා තුන.

(ගාථාවන් ය)

1. සමාහිත සිත් ඇති, මනා නුවණ ඇති, සිහි ඇති බුද්ධ ශ්‍රාවකයා වේදනාවත් අවබෝධ කරනවා. වේදනාවන්ගේ හටගැනීමත් අවබෝධ කරනවා.

2. යම් තැනක මේ විඳීම් නිරුද්ධ වෙනවා නම් එයත්, වේදනාවන් ක්ෂය වීමට හේතු වන මාර්ගයත් අවබෝධ කරගන්නවා. වේදනාවන්ගේ ක්ෂය වීමෙන් භික්ෂුව තෘෂ්ණා රහිතව පිරිනිවන් පානවා.

සාදු! සාදු!! සාදු!!!

සමාධි සූත්‍රය නිමා විය.

2.1.2
සුබ සූත්‍රය
සැප ගැන වදාළ දෙසුම

පින්වත් මහණෙනි, මේ වේදනා තුනකි. මොනවද ඒ තුන? සැප විඳීම, දුක් විඳීම හා දුක් සැප රහිත විඳීමයි. පින්වත් මහණෙනි, මේවා තමයි වේදනා තුන.

(ගාථාවන් ය)

1. සැපක් වෙන්ට පුළුවනි. එක්කෝ දුකක් වෙන්ට පුළුවනි. දුක් සැප රහිත විඳීමක් වෙන්ට පුළුවනි. තමන් තුළ ඇති විඳීමක් වුණත්, බාහිර යම් විඳීමක් වුණත්, විඳින්නා වූ යම් කිසිවක් ඇත්නම්,

2. ඒක දුකක්. නැසී යන ස්වභාවයට අයත් දෙයක්. බිඳෙන සුළු දෙයක් කියලා අවබෝධ කරගෙන ස්පර්ශය වෙද්දී වෙද්දී වේදනාවන්ගේ නැසී යෑම දකිනවා නම්, එතකොට ඔය අයුරින් ඒ විඳීම් ගැන සිත ඇලෙන්නේ නෑ.

සාදු! සාදු!! සාදු!!!

සුබ සූත්‍රය නිමා විය.

2.1.3
පහාන සූත්‍රය
ප්‍රහාණය ගැන වදාළ දෙසුම

පින්වත් මහණෙනි, මේ වේදනා තුනකි. මොනවද ඒ තුන? සැප විඳීම, දුක් විඳීම හා දුක් සැප රහිත විඳීමයි. පින්වත් මහණෙනි, සැප විඳීම කෙරෙහි ඇති රාග අනුසයයි (සිත අභ්‍යන්තරයේ පවත්නා රාගය) දුරු කළ යුත්තේ. ඒ වගේම දුක් විඳීම කෙරෙහි ඇති පටිඝ අනුසයයි (සිත අභ්‍යන්තරයේ පවත්නා ගැටීම) දුරු කළ යුත්තේ. දුක් සැප රහිත විඳීම කෙරෙහි ඇති අවිද්‍යා අනුසයයි (සිත අභ්‍යන්තරයේ පවත්නා මුළාව) දුරු කළ යුත්තේ.

පින්වත් මහණෙනි, යම් කලෙක භික්ෂුව තුළ සැප විඳීම කෙරෙහි ඇති රාගානුසය ප්‍රහීණ වෙලා ගියොත්, දුක් විඳීම කෙරෙහි ඇති පටිඝානුසය ප්‍රහීණ වෙලා ගියොත්, දුක් සැප රහිත විඳීම කෙරෙහි ඇති අවිජ්ජානුසය ප්‍රහීණ වෙලා ගියොත්, පින්වත් මහණෙනි, මේ භික්ෂුවට තමයි රාගානුසය ප්‍රහීණ කළ කෙනා කියලා කියන්නේ. තණ්හාව සිඳ දැමූ කෙනා කියලා කියන්නේ. බන්ධනයන් ඉක්මවා ගිය කෙනා කියලා කියන්නේ. මානයන් මනාකොට අවබෝධ කරලා හැම දුක් අවසන් කළා කියලා කියන්නේ.

(ගාථාවන් ය)

1. සැප විඳීම විඳින කෙනාට ඒ විඳීම ගැන අවබෝධයක් නැත්තම්, එයින් නිදහස් වීමක් නොදන්නා නිසා, ඒ රාගානුසය ඇති වෙනවා.

2. දුක් විඳීම විඳින කෙනාට ඒ විඳීම ගැන අවබෝධයක් නැත්තම්, එයින් නිදහස් වීමක් නොදන්නා නිසා, ඒ පටිඝානුසය ඇති වෙනවා.

3. මහා ප්‍රඥා ඇති බුදුරජාණන් වහන්සේ විසින් දුක් සැප රහිත විඳීම ශාන්ත හැටියට දේශනා කරල තියෙනවා. එය වුණත් සතුටින් පිළිගන්න කෙනාට දුකින් නම් මිදෙන්ට ලැබෙන්නේ නෑ.

4. යම් කලෙක භික්ෂුව කෙලෙස් තවන වීරිය ඇතිව, මනා සිහි නුවණ අත් නො හැර ඉන්නවා නම්, ඒ තුළින් ඒ නුවණැති භික්ෂුව සෑම විඳීමක් ම පිරිසිඳ දැන ගන්නවා.

5. ඒ භික්ෂුව විඳීම පිරිසිඳ දැනගෙන මේ ජීවිතයේදී ම ආශ්‍රව රහිත වෙනවා. දහම තුළ පිහිටි අවබෝධයෙහි මුදුන් පත් ඒ භික්ෂුව කය බිඳී මරණින් මතු පැණවීමකට එන්නේ නෑ.

සාදු! සාදු!! සාදු!!!

පහාන සූත්‍රය නිමා විය.

2.1.4
පාතාල සූත්‍රය
පාතාලය ගැන වදාළ දෙසුම

පින්වත් මහණෙනි, අශ්‍රැතවත් පෘතග්ජනයා මේ විදියේ වචනයක් කියනවා. මහා සමුද්‍රයේ පාතාලයක් තියෙනවා කියලා. නමුත් පින්වත් මහණෙනි, අශ්‍රැතවත් පෘතග්ජනයා සැබවින් ම නැත්තා වූත්, අවිද්‍යමාන වූත්, තැනක් ගැනයි මහා සමුද්‍රයේ පාතාලයක් ඇත කියලා කියන්නේ. පින්වත් මහණෙනි, පාතාලය කියලා කියන්නේ ශාරීරික දුක් වේදනාවන්ට කියන නමක්. පින්වත් මහණෙනි, අශ්‍රැතවත් පෘතග්ජනයා ශාරීරික දුක් වේදනාවන්ගෙන් පහස ලැබූ විට සෝක කරනවා. ක්ලාන්ත වෙනවා. වැලපෙනවා. පපුවෙහි අත් ගසා ගන්නවා. සිහි කල්පනා නැති කර ගන්නවා. පින්වත් මහණෙනි, මේකට තමයි කියන්නේ අශ්‍රැතවත් පෘතග්ජනයා මේ පාතාලයේ පිහිටන්නේ නෑ. පිහිටා සිටීමට ඇති පිළිවෙළ අවබෝධ කරන්නෙත් නෑ. නමුත් පින්වත් මහණෙනි, ශ්‍රැතවත් ආර්ය ශ්‍රාවකයා ශාරීරික දුක් වේදනාවන්ගෙන් පහස ලැබූ විට සෝක කරන්නේ නෑ. ක්ලාන්ත වෙන්නේ නෑ. වැළපෙන්නේ නෑ. පපුවෙහි අත් ගසා හඬන්නේ නෑ. සිහි කල්පනාව නැති වෙන්නේ නෑ. පින්වත් මහණෙනි, මේ ශ්‍රැතවත් ආර්ය ශ්‍රාවකයාට කියන්නේ පාතාලයෙහි පිහිටියා කියලයි. ඒ පිහිටීම අවබෝධ කළා කියලයි. (අශ්‍රැතවත් පෘතග්ජනයා ශාරීරික දුක් වේදනා නැමැති පාතාලයෙහි නොපිහිටා සිටිනවා යන්නෙහි අර්ථය මෙයයි. ඔහුට එය දරා සිටීමේ හැකියාවක් නෑ. ඒ වේදනාව ඉවසන්ට දැනුමක් නෑ. ඒ වේදනාව අභියස ඔහු සැලෙනවා. කම්පා වෙනවා. පාතාලයෙහි පිහිටා සිටිනවා යනු සිහි නුවණින් යුතුව එයට මුහුණ දීමයි. කම්පා නොවීමයි. එය අනිත්‍ය බව අවබෝධ කිරීමයි.)

(ගාථාවන් ය)

1. යමෙක් යම් වේදනාවකින් පහස ලද විට ඒ උපන් දුක් වේදනා නොඉවසයි නම්, මාරාන්තික වූ ශාරීරික වේදනා අභියස කම්පා වෙයි නම්,

2. ඔහු දුර්වලයි. ආත්ම ශක්තිය හීනයි. ඔහු හඬනවා. වැලපෙනවා. ඔහු පාතාලයේ පිහිටා ඉන්නේ නෑ. ඒ වගේ ම පාතාලයෙහි නොපිහිටා සිටීම ගැන අවබෝධයක් නෑ.

3. යමෙක් යම් වේදනාවකින් පහස ලද විට ඒ උපන් දුක් වේදනා ඉවසයි නම්, මාරාන්තික වූ ශාරීරික වේදනා අභියස කම්පා නොවෙයි නම්, ඒකාන්තයෙන් ම ඔහු පාතාලයේ පිහිටා සිටින කෙනෙක්. ඒ වගේම අවබෝධයෙන් යුක්තව එහි පිහිටා සිටින කෙනෙක්.

සාදු! සාදු!! සාදු!!!

පාතාල සූත්‍රය නිමා විය.

2.1.5
දට්ඨබ්බ සූත්‍රය
'දැක්ක යුතුය' යනුවෙන් වදාළ දෙසුම

පින්වත් මහණෙනි, මේ වේදනා තුනකි. මොනවද ඒ තුන? සැප විඳීම, දුක් විඳීම හා දුක් සැප රහිත විඳීමයි. පින්වත් මහණෙනි, සැප වේදනාව දුක් වශයෙන් දැක්ක යුතුයි. දුක් වේදනාව හුලක් වශයෙන් දැක්ක යුතුයි. දුක සැප රහිත වේදනාව අනිත්‍ය වශයෙන් දැක්ක යුතුයි.

පින්වත් මහණෙනි, යම් කලෙක භික්ෂුව විසින් සැප වේදනාව දුක් වශයෙන් දැක ගත්තා නම්, දුක් වේදනාව හුල් වශයෙන් දැක ගත්තා නම්, දුක් සැප රහිත වේදනාව අනිත්‍ය වශයෙන් දැක ගත්තා නම්, පින්වත් මහණෙනි, මේ භික්ෂුවට තමයි වේදනාවන් පිළිබඳ මනාකොට දැකපු කෙනා කියලා කියන්නේ. තණ්හාව සිඳ දැමූ කෙනා කියලා කියන්නේ. බන්ධනයන් ඉක්මවා ගිය කෙනා කියලා කියන්නේ. මානයන් මනාකොට අවබෝධ කරලා හැම දුක් අවසන් කළා කියලා කියන්නේ.

(ගාථාවන් ය)

1. යම් කෙනෙක් සැප වේදනාව දුක් වශයෙන් දැක්කා නම්, දුක් වේදනාව හුල් වශයෙන් දැක්කා නම්, දුක් සැප රහිත විඳීම අනිත්‍ය වශයෙන් දැක්කා නම්,

2. ඒකාන්තයෙන් ම ඒ භික්ෂුව නියම දේ දැකලා තියෙනවා. වේදනාවන් පිරිසිඳ දකිනවා. ඒ භික්ෂුව විඳීම පිරිසිඳ දැන ගෙන මේ

ජීවිතයේදීම ආශ්‍රව රහිත වෙනවා. දහම තුළ පිහිටි අවබෝධයෙහි මුදුන් පත් ඒ භික්ෂුව කය බිඳී මරණින් මතු පැණවීමකට එන්නේ නෑ.

සාදු! සාදු!! සාදු!!!

දට්ඨබ්බ සූත්‍රය නිමා විය.

2.1.6
සල්ල සූත්‍රය
හුල ගැන වදාළ දෙසුම

පින්වත් මහණෙනි, අශ්‍රැතවත් පෘතග්ජනයා සැප විඳීමත් විඳිනවා. දුක් විඳීමත් විඳිනවා. දුක් සැප රහිත විඳීමත් විඳිනවා. පින්වත් මහණෙනි, ශ්‍රැතවත් ආර්ය ශ්‍රාවකයා සැප විඳීමත් විඳිනවා. දුක් විඳීමත් විඳිනවා. දුක් සැප රහිත විඳීමත් විඳිනවා. පින්වත් මහණෙනි, මේ කාරණයේදී අශ්‍රැතවත් පෘතග්ජනයාගේත් ශ්‍රැතවත් ආර්ය ශ්‍රාවකයාගේත් විශේෂත්වය මොකක්ද? අදහස මොකක්ද? වෙනස්කම මොකක්ද?

ස්වාමීනී, අපගේ ශ්‍රී සද්ධර්මය වනාහී භාග්‍යවතුන් වහන්සේ ම මුල් කොට ඇති සේක. භාග්‍යවතුන් වහන්සේ ප්‍රධාන කොට ඇති සේක. භාග්‍යවතුන් වහන්සේ ම පිළිසරණ කොට ඇති සේක. ස්වාමීනී, සැබවින් ම ඔය වදාළ කරුණෙහි අර්ථය භාග්‍යවතුන් වහන්සේට ම වැටහෙන සේක් නම් ඉතා මැනැවි. භික්ෂූන් වහන්සේලා මතකයේ රඳවා ගන්නේ භාග්‍යවතුන් වහන්සේගෙන් අසාගෙනයි. එසේ වී නම් පින්වත් මහණෙනි, මනාකොට අසන්න. නුවණින් තේරුම් ගන්න. පවසන්නෙමි. එසේය ස්වාමීනී, කියලා ඒ භික්ෂූන් වහන්සේලා භාග්‍යවතුන් වහන්සේට පිළිතුරු දුන්නා. භාග්‍යවතුන් වහන්සේ මෙය වදාළා.

පින්වත් මහණෙනි, අශ්‍රැතවත් පෘතග්ජනයා දුක් වේදනාවෙන් පහස ලැබූ විට සෝක කරනවා. ක්ලාන්ත වෙනවා. වැලපෙනවා. පපුවෙහි අත් ගසා ගන්නවා. සිහි කල්පනා නැති කර ගන්නවා. ඔහු කායිකවත්, මානසිකවත් වේදනා දෙකක් විඳිනවා. පින්වත් මහණෙනි, ඒක මේ වගේ දෙයක්. පුරුෂයෙකුට හුලකින් විදිනවා. ඒ සමීපයට ම දෙවෙනි හුලකිනුත් විදිනවා. එතකොට පින්වත් මහණෙනි, ඒ පුරුෂයා හුල් දෙකකින් ම යි වේදනා විඳින්නේ.

පින්වත් මහණෙනි, අශ්‍රැතවත් පෘතග්ජනයාත් ඔය වගේමයි. දුක් වේදනාවෙන් පහස ලැබූ විට සෝක කරනවා. ක්ලාන්ත වෙනවා. වැලපෙනවා. පපුවෙහි අත් ගසා ගන්නවා. සිහි කල්පනා නැති කර ගන්නවා. ඔහු කායිකවත්, මානසිකවත් වේදනා දෙකක් විඳිනවා. ඔහු දුක් වේදනාවෙන් පහස ලැබූ විට ක්‍රෝධ සහිත වෙනවා. ඒ දුක් වේදනාවෙන් ඇති වූ ක්‍රෝධ ඇති ඔහු තුළ දුක් වේදනාවෙන් හට ගන්නා යම් පටිසානුසයක් ඇත් නම්, එය සිත ඇතුළේ ඇති වෙනවා. ඔහු ඒ දුක් වේදනාවෙන් පහස ලබලා කාම සැපයයි සතුටින් පිළිග න්නේ. එයට හේතුව කුමක්ද? පින්වත් මහණෙනි, අශ්‍රැතවත් පෘතග්ජනයා කම් සැප විඳීමෙන් බැහැරව දුක් වේදනාවෙන් නිදහස් වීමක් ගැන දන්නේ නෑ. කාම සැපය සතුටින් පිළිගනිද්දී සැප වේදනාවෙහි යම් රාගානුසයක් ඇත්නම්, එය ඔහුගේ සිත ඇතුළේ ඇති වෙනවා. ඔහු ඒ වේදනාවන්ගේ හටගැනීමවත්, නැතිවීමවත්, ආශ්වාදයවත්, ආදීනවයවත්, නිස්සරණයවත් ඒ ආකාරයෙන් ම අවබෝධ කරන්නේ නෑ.

ඒ වේදනාවන්ගේ හටගැනීමවත්, නැතිවීමවත්, ආශ්වාදයවත්, ආදීනවයවත්, නිස්සරණයවත් ඒ ආකාරයෙන් ම අවබෝධ නොකරන නිසා ඔහු තුළ දුක් සැප රහිත විඳීමෙන් යම් අවිද්‍යා අනුසයක් ඇති වෙනවා නම්, එයත් ඇති වෙනවා. එතකොට ඔහු සැප වේදනාවක් විඳිනවා නම් එය හා එකතු වෙලා ම යි විඳින්නේ. දුක් වේදනාවක් විඳිනවා නම් එය හා එකතු වෙලා ම යි විඳින්නේ. දුක් සැප රහිත වේදනාවක් විඳිනවා නම්, එය හා එකතු වෙලා ම යි විඳින්නේ. පින්වත් මහණෙනි, මේ අශ්‍රැතවත් පෘතග්ජනයාට කියන්නේ ඉපදීමත් සමඟ, ජරා මරණත් සමඟ, සෝක වැලපීම්, දුක් දොම්නස් සුසුම් හෙළීම් සමඟ එක්වෙලා ඉන්නවා කියලයි. දුකත් සමඟ එක්වෙලා ඉන්නවා කියලයි.

පින්වත් මහණෙනි, ශ්‍රැතවත් ආර්ය ශ්‍රාවකයා දුක් වේදනාවෙන් පහස ලැබූ විට සෝක කරන්නේ නෑ. ක්ලාන්ත වෙන්නේ නෑ. වැලපෙන්නේ නෑ. පපුවෙහි අත් ගසා ගන්නේ නෑ. සිහි කල්පනා නැති කරගන්නේ නෑ. ඔහු එක කායික වේදනාවකුයි විඳින්නේ. මානසිකව විඳින්නේ නෑ.

පින්වත් මහණෙනි, ඒක මේ වගේ දෙයක්. පුරුෂයෙකුට හුලකින් විඳිනවා. ඒ සමීපයට ම දෙවෙනි හුලකිනුත් විඳින්නේ නෑ. එතකොට පින්වත් මහණෙනි, ඒ පුරුෂයා එක හුලකිනුයි වේදනා විඳින්නේ. පින්වත් මහණෙනි, ශ්‍රැතවත් ආර්ය ශ්‍රාවකයාත් ඔය වගේමයි. දුක් වේදනාවෙන් පහස ලැබූ විට සෝක කරන්නේ නෑ. ක්ලාන්ත වෙන්නේ නෑ. වැලපෙන්නේ නෑ. පපුවෙහි අත් ගසා ගන්නේ නෑ. සිහි කල්පනා නැති කරගන්නේ නෑ. ඔහු එක කායික

වේදනාවකුයි විඳින්නේ. මානසිකව විඳින්නේ නෑ. ඔහු දුක් වේදනාවෙන් පහස ලැබූ විට ක්‍රෝධ සහිත වෙන්නේ නෑ. ඒ දුක් වේදනාවෙන් වූ ක්‍රෝධ නැති ඔහු තුළ දුක් වේදනාවෙන් හටගන්නා යම් පටිඝානුසයක් ඇත් නම්, එය සිත ඇතුළේ ඇති වෙන්නේ නෑ. ඔහු ඒ දුක් වේදනාවෙන් පහස ලබලා කාම සැපය පිළිගන්නේ නෑ. එයට හේතුව කුමක්ද? පින්වත් මහණෙනි, ශ්‍රැතවත් ආර්ය ශ්‍රාවකයා කම් සැප විඳීමෙන් බැහැරව දුක් වේදනාවෙන් නිදහස් වීමක් ගැන දන්නවා.

කාම සැපය නො පිළිගනිද්දී සැප වේදනාවෙහි යම් රාගානුසයක් ඇත්නම්, එය ඔහුගේ සිත ඇතුළේ ඇති වෙන්නේ නෑ. ඔහු වේදනාවන්ගේ හටගැනීමත්, නැතිවීමත්, ආශ්වාදයත්, ආදීනවයත්, නිස්සරණයත් ඒ ආකාරයෙන්ම අවබෝධ කරනවා.

ඒ වේදනාවන්ගේ හටගැනීමත්, නැතිවීමත්, ආශ්වාදයත්, ආදීනවයත්, නිස්සරණයත් ඒ ආකාරයෙන් ම අවබෝධ කිරීම නිසා ඔහු තුළ දුක් සැප රහිත විඳීමෙන් යම් අවිද්‍යා අනුසයක් ඇති වෙනවා නම්, එයත් ඇති වෙන්නේ නෑ. එතකොට ඔහු සැප වේදනාවක් විඳිනවා නම් එය හා එකතු නොවී ම යි විඳින්නේ. දුක් වේදනාවක් විඳිනවා නම් එය හා එකතු නොවී ම යි විඳින්නේ. දුක් සැප රහිත වේදනාවක් විඳිනවා නම්, එය හා එකතු නොවී ම යි විඳින්නේ. පින්වත් මහණෙනි, මේ ශ්‍රැතවත් ආර්ය ශ්‍රාවකයාට කියන්නේ ඉපදීමත් සමඟ, ජරා මරණත් සමඟ, සෝක වැලපීම්, දුක් දොම්නස්, සුසුම් හෙළීම් සමඟ එක් නොවී ඉන්නවා කියලයි. දුකත් සමඟ එක් නොවී ඉන්නවා කියලයි. පින්වත් මහණෙනි, මේ කාරණයේදී අශ්‍රැතවත් පෘතග්ජනයාගේත් ශ්‍රැතවත් ආර්ය ශ්‍රාවකයාගේත් විශේෂත්වය මෙයයි. අදහස මෙයයි. වෙනස්කම මෙයයි.

(ගාථාවන් ය)

1. දහම් දැනුමෙන් බහුශ්‍රැත වූ ප්‍රඥාවන්ත කෙනා, සැපක් වේවා දුකක් වේවා, ඒ වේදනාව හා එක්වෙලා විඳින්නේ නෑ. දක්ෂ වූ නුවණැත්තාගේත් පෘතග්ජනයාගේත් අතර ඇති මෙය මහා වෙනසකි.

2. මෙලොවත් පරලොවත් මනාකොට දකිද්දී යහපත් දෙය දහම් දැනුමෙන් බහුශ්‍රැත වූ අරහත් භික්ෂුවගේ සිත යට කරන්නේ නෑ. අයහපත් දෙයට ගැටීමක් ඇති වෙන්නෙත් නෑ.

3. ඔහු තුළ ඇලීමවත්, ගැටීමවත් නෑ. ඒවා නසලයි තියෙන්නේ. අභාවයට පත් වෙලයි තියෙන්නේ. ඒ නිසාම ඒවා නෑ. කෙලෙස්

රහිත සෝක රහිත නිවන් පදය දැනගෙන භවයෙන් එතෙරට පැමිණි බවත් ඔහු මනාව දැනගන්නවා.

සාදු! සාදු!! සාදු!!!

සල්ල සූත්‍රය නිමා විය.

2.1.7
ගේලඤ්ඤ සූත්‍රය
ගිලන්හලේ දී වදාළ දෙසුම

ඒ දිනවල භාග්‍යවතුන් වහන්සේ වැඩසිටියේ විශාලා මහනුවර මහාවනයේ කූටාගාර ශාලාවේ. එදා භාග්‍යවතුන් වහන්සේ සවස් වරුවේ භාවනාවෙන් නැගිට ගිලන්හල වෙත වැඩම කළා. වැඩම කරලා පණවන ලද අසුනෙහි වැඩසිටියා. වැඩසිටි භාග්‍යවතුන් වහන්සේ භික්ෂූන් අමතා වදාළා. "පින්වත් මහණෙනි, සිහියෙන් යුතුව, නුවණින් යුතුව පිරිනිවන් පැමටයි කල් බලා සිටිය යුත්තේ. ඔබට අපගේ අනුශාසනාව වන්නේ මෙයයි."

පින්වත් මහණෙනි, භික්ෂුව සිහි ඇතිව ඉන්නේ කොහොමද? පින්වත් මහණෙනි, මෙහිලා භික්ෂුව කෙලෙස් තවන වීරියෙන් යුතුව, මනා නුවණින් යුතුව, සිහියෙන් යුතුව, ලෝකයෙහි විෂම ලෝභයත් දොම්නසත් දුරු කොට කය පිළිබඳව කායානුපස්සනා භාවනාවෙන් වාසය කරනවා. වේදනාවන් පිළිබඳව වේදනානුපස්සනා භාවනාවෙන් ....(පෙ).... සිත පිළිබඳව චිත්තානුපස්සනා භාවනාවෙන් ....(පෙ).... කෙලෙස් තවන වීරියෙන් යුතුව, මනා නුවණින් යුතුව, සිහියෙන් යුතුව, ලෝකයෙහි විෂම ලෝභයත් දොම්නසත් දුරු කොට ධර්මයන් පිළිබඳව ධම්මානුපස්සනා භාවනාවෙන් වාසය කරනවා. පින්වත් මහණෙනි, භික්ෂුව සිහියෙන් ඉන්නේ ඔය විදිහටයි.

පින්වත් මහණෙනි, භික්ෂුව මනා නුවණ ඇතුව ඉන්නේ කොහොමද? පින්වත් මහණෙනි, මෙහිලා භික්ෂුව ඉදිරියට ගමන් කරද්දී, ආපසු එද්දී ඉතාමත් කල්පනාකාරීව ඉන්නවා. ඉදිරිය බලද්දී, වට පිට බලද්දී ඉතාමත් කල්පනාකාරීව ඉන්නවා. අතපය දිගහරිද්දී, හකුලද්දී ඉතාමත් කල්පනාකාරීව ඉන්නවා. දෙපොට සිවුර, පාත්‍ර, චීවර දරද්දී ඉතාමත් කල්පනාකාරීව ඉන්නවා. වළඳද්දී, පානය කරද්දී, සපා වළඳද්දී, රස විඳිද්දී ඉතාමත් කල්පනාකාරීව

ඉන්නවා. වැසිකිළි, කැසිකිළි කරද්දී ඉතාමත් කල්පනාකාරීව ඉන්නවා. ගමන් කරද්දී, හිටගෙන සිටිද්දී, වාඩි වී සිටිද්දී, සැතපෙද්දී, නිදිවරද්දී, කථාබස් කරද්දී, නිහඬව සිටිද්දී ඉතාමත් කල්පනාකාරීව ඉන්නවා. පින්වත් මහණෙනි, ඔය විදියටයි භික්ෂුව මනා නුවණ ඇතුව ඉන්නේ. "පින්වත් මහණෙනි, සිහියෙන් යුතුව, නුවණින් යුතුව පිරිනිවන් පෑමටයි කල්බලා සිටිය යුත්තේ. ඔබට අපගේ අනුශාසනාව වන්නේ මෙයයි."

පින්වත් මහණෙනි, ඉදින් ඔය විදියට සිහිය ඇතුව, නුවණ ඇතුව, අප්‍රමාදීව, කෙලෙස් තවන වීරියෙන් යුතුව, දහමට දිවි පුදා වාසය කරන්නා වූ භික්ෂුවට සැප වේදනාවක් උපදිනවා. ඔහු මේ විදිහට යි දැන ගන්නේ. මා තුළ මෙන්න සැප විඳීමක් උපන්නා. එය වනාහී හේතූන් සහිතව ම යි උපන්නේ. හේතූන් රහිතව නොවේ. කුමක් හේතු කරගෙනද? මේ කය ම හේතු කරගෙනයි. මේ කය වනාහී අනිත්‍යයි. හේතුඵල දහමින් හට ගත් දෙයක්. පටිච්චසමුප්පාදයෙන් හට ගත් දෙයක්. අනිත්‍ය වූ, සංඛත වූ, පටිච්චසමුප්පන්න වූ කයක් නිසා උපන්නා වූ සැප වේදනාව කොහොම නම් නිත්‍ය වන්ටද?

ඒ භික්ෂුව කය පිළිබඳවත්, සැප විඳීම පිළිබඳවත්, අනිත්‍ය වශයෙන් බලමිනුයි වාසය කරන්නේ. නැතිවීම බලමිනුයි වාසය කරන්නේ. ඇල්ම දුරු වීම බලමිනුයි වාසය කරන්නේ. ඇල්ම නිරුද්ධ වීම බලමිනුයි වාසය කරන්නේ. ඇල්ම බැහැර වීම බලමිනුයි වාසය කරන්නේ. කය ගැනත්, සැප වේදනාව ගැනත් අනිත්‍ය වශයෙන් බලමින් වාසය කරද්දී, නැතිවීම බලමින් වාසය කරද්දී, ඇල්ම දුරු වීම බලමින් වාසය කරද්දී, ඇල්ම නිරුද්ධ වීම බලමින් වාසය කරද්දී, ඇල්ම බැහැර වීම බලමින් වාසය කරද්දී, ඔහු තුළ කය කෙරෙහිත්, සැප වේදනාව කෙරෙහිත් යම් රාගානුසයක් තිබුණා නම්, එය ප්‍රහාණය වෙලා යනවා.

පින්වත් මහණෙනි, ඉදින් ඔය විදියට සිහිය ඇතුව, නුවණ ඇතුව, අප්‍රමාදීව, කෙලෙස් තවන වීරියෙන් යුතුව, දහමට දිවි පුදා වාසය කරන්නා වූ භික්ෂුවට දුක් වේදනාවක් උපදිනවා. ඔහු මේ විදිහට යි දැන ගන්නේ. මා තුළ මෙන්න දුක් විඳීමක් උපන්නා. එය වනාහී හේතූන් සහිතව ම යි උපන්නේ. හේතූන් රහිතව නොවේ. කුමක් හේතු කරගෙනද? මේ කය ම හේතු කරගෙනයි. මේ කය වනාහී අනිත්‍යයි. හේතුඵල දහමින් හට ගත් දෙයක්. පටිච්චසමුප්පාදයෙන් හට ගත් දෙයක්. අනිත්‍ය වූ, සංඛත වූ, පටිච්චසමුප්පන්න වූ කයක් නිසා උපන්නා වූ දුක් වේදනාව කොහොම නම් නිත්‍ය වන්ටද?

ඒ භික්ෂුව කය පිළිබඳවත්, දුක් විඳීම පිළිබඳවත්, අනිත්‍ය වශයෙන්

බලමිනුයි වාසය කරන්නේ. නැතිවීම බලමිනුයි වාසය කරන්නේ. ඇල්ම දුරු වීම බලමිනුයි වාසය කරන්නේ. ඇල්ම නිරුද්ධ වීම බලමිනුයි වාසය කරන්නේ. ඇල්ම බැහැර වීම බලමිනුයි වාසය කරන්නේ. කය ගැනත්, දුක් වේදනාව ගැනත් අනිත්‍ය වශයෙන් බලමින් වාසය කරද්දී, නැතිවීම බලමින් වාසය කරද්දී, ඇල්ම දුරු වීම බලමින් වාසය කරද්දී, ඇල්ම නිරුද්ධ වීම බලමින් වාසය කරද්දී, ඇල්ම බැහැර වීම බලමින් වාසය කරද්දී, ඔහු තුළ කය කෙරෙහිත්, දුක් වේදනාව කෙරෙහිත් යම් පටිඝානුසයක් තිබුණා නම්, එය ප්‍රහාණය වෙලා යනවා.

පින්වත් මහණෙනි, ඉදින් ඔය විදියට සිහිය ඇතුව, නුවණ ඇතුව, අප්‍රමාදීව, කෙලෙස් තවන වීරියෙන් යුතුව, දහමට දිවි පුදා වාසය කරන්නා වූ භික්ෂුවට දුක් සැප රහිත වේදනාවක් උපදිනවා. ඔහු මේ විදිහට යි දැන ගන්නේ. මා තුළ මෙන්න දුක් සැප රහිත විඳීමක් උපන්නා. එය වනාහී හේතූන් සහිතව ම යි උපන්නේ. හේතූන් රහිතව නොවේ. කුමක් හේතු කරගෙනද? මේ කය ම හේතු කරගෙනයි. මේ කය වනාහී අනිත්‍යයි. හේතුඵල දහමින් හට ගත් දෙයක්. පටිච්චසමුප්පාදයෙන් හට ගත් දෙයක්. අනිත්‍ය වූ, සංඛත වූ, පටිච්චසමුප්පන්න වූ කයක් නිසා උපන්නා වූ දුක් සැප රහිත වේදනාව කොහොම නම් නිත්‍ය වන්ටද?

ඒ භික්ෂුව කය පිළිබඳවත්, දුක් සැප රහිත විඳීම පිළිබඳවත්, අනිත්‍ය වශයෙන් බලමිනුයි වාසය කරන්නේ. නැතිවීම බලමිනුයි වාසය කරන්නේ. ඇල්ම දුරු වීම බලමිනුයි වාසය කරන්නේ. ඇල්ම නිරුද්ධ වීම බලමිනුයි වාසය කරන්නේ. ඇල්ම බැහැර වීම බලමිනුයි වාසය කරන්නේ. කය ගැනත්, දුක් සැප රහිත වේදනාව ගැනත් අනිත්‍ය වශයෙන් බලමින් වාසය කරද්දී, නැතිවීම බලමින් වාසය කරද්දී, ඇල්ම දුරු වීම බලමින් වාසය කරද්දී, ඇල්ම නිරුද්ධ වීම බලමින් වාසය කරද්දී, ඇල්ම බැහැර වීම බලමින් වාසය කරද්දී, ඔහු තුළ කය කෙරෙහිත්, දුක් සැප රහිත වේදනාව කෙරෙහිත් යම් අවිජ්ජානුසයක් තිබුණා නම්, එය ප්‍රහාණය වෙලා යනවා.

ඔහු සැප වේදනාවක් විඳිනවා නම් එය අනිත්‍යයි කියලා දැන ගන්නවා. එහි බැසගෙන නැති බවත් දැන ගන්නවා. සිතින් නොපිළිගන්නා බවත් දැන ගන්නවා. ඔහු දුක් වේදනාවක් විඳිනවා නම් එය අනිත්‍යයි කියලා දැන ගන්නවා. එහි බැසගෙන නැති බවත් දැන ගන්නවා. සිතින් නොපිළිගන්නා බවත් දැන ගන්නවා. ඔහු දුක් සැප රහිත වේදනාවක් විඳිනවා නම් එය අනිත්‍යයි කියලා දැන ගන්නවා. එහි බැසගෙන නැති බවත් දැන ගන්නවා. සිතින් නොපිළිගන්නා බවත් දැන ගන්නවා.

ඔහු සැප වේදනාවක් විඳිනවා නම් එය හා එක් නොවී ම යි විඳින්නේ. ඔහු දුක් වේදනාවක් විඳිනවා නම් එය හා එක් නොවී ම යි විඳින්නේ. ඔහු දුක් සැප රහිත වේදනාවක් විඳිනවා නම් එය හා එක් නොවී ම යි විඳින්නේ. ඔහු කය පවතිනා තුරු වේදනාවක් විඳිනවා නම්, කය පවතිනා තුරු පවතින වේදනාවකුයි මං විඳින්නේ කියලා දැන ගන්නවා. ඔහු ජීවිතය පවතිනා තුරු වේදනාවක් විඳිනවා නම්, ජීවිතය පවතිනා තුරු පවතින වේදනාවකුයි මං විඳින්නේ කියලා දැන ගන්නවා. කය බිඳීමෙන්, ජීවිතය අවසන් වීමෙන් මෙහිදීම සෑම වේදනාවක් ම නොපිළිගන්නා ලදුව, සිහිල් වෙලා යන්නේය යන කරුණ දැන ගන්නවා.

පින්වත් මහණෙනි, එය මෙවැනි දෙයක්. තෙලුත් නිසා, වැටියත් නිසා තමයි තෙල් පහන දැල්වෙන්නේ. ඒ තෙලුත් වැටියත් ඉවර වීමෙන් ආහාර රහිත වීම නිසා නිවිල යනවා. පින්වත් මහණෙනි, ඔය විදියමයි. භික්ෂුව කය පවතිනා තුරු වේදනාවක් විඳිනවා නම්, කය පවතිනා තුරු පවතින වේදනාවකුයි මං විඳින්නේ කියලා දැන ගන්නවා. ඔහු ජීවිතය පවතිනා තුරු වේදනාවක් විඳිනවා නම්, ජීවිතය පවතිනා තුරු පවතින වේදනාවකුයි මං විඳින්නේ කියලා දැන ගන්නවා. කය බිඳීමෙන්, ජීවිතය අවසන් වීමෙන් මෙහිදීම සෑම වේදනාවක් ම නොපිළිගන්නා ලදුව, සිහිල් වෙලා යන්නේය යන කරුණ දැන ගන්නවා.

සාදු! සාදු!! සාදු!!!

ගේලඤ්ඤ සූත්‍රය නිමා විය.

2.1.8
දුතිය ගේලඤ්ඤ සූත්‍රය
ගිලන්හලේ දී වදාළ දෙවෙනි දෙසුම

ඒ දිනවල භාග්‍යවතුන් වහන්සේ වැඩසිටියේ විශාලා මහනුවර මහාවනයේ කූටාගාර ශාලාවේ. එදා භාග්‍යවතුන් වහන්සේ සවස් වරුවේ භාවනාවෙන් නැගිට ගිලන්හල වෙත වැඩම කළා. වැඩම කරලා පණවන ලද අසුනෙහි වැඩසිටියා. වැඩසිටි භාග්‍යවතුන් වහන්සේ භික්ෂූන් අමතා වදාළා. "පින්වත් මහණෙනි, සිහියෙන් යුතුව, නුවණින් යුතුව පිරිනිවන් පෑමටයි කල් බලා සිටිය යුත්තේ. ඔබට අපගේ අනුශාසනාව වන්නේ මෙයයි."

පින්වත් මහණෙනි, භික්ෂුව සිහි ඇතිව ඉන්නේ කොහොමද? පින්වත් මහණෙනි, මෙහිලා භික්ෂුව කෙලෙස් තවන වීරියෙන් යුතුව, මනා නුවණින් යුතුව, සිහියෙන් යුතුව, ලෝකයෙහි විෂම ලෝභයත් දොම්නසත් දුරු කොට කය පිළිබඳව කායානුපස්සනා භාවනාවෙන් වාසය කරනවා. වේදනාවන් පිළිබඳව වේදනානුපස්සනා භාවනාවෙන් ....(පෙ).... සිත පිළිබඳව චිත්තානුපස්සනා භාවනාවෙන් ....(පෙ).... කෙලෙස් තවන වීරියෙන් යුතුව, මනා නුවණින් යුතුව, සිහියෙන් යුතුව, ලෝකයෙහි විෂම ලෝභයත් දොම්නසත් දුරු කොට ධර්මයන් පිළිබඳව ධම්මානුපස්සනා භාවනාවෙන් වාසය කරනවා. පින්වත් මහණෙනි, භික්ෂුව සිහියෙන් ඉන්නේ ඔය විදිහටයි.

පින්වත් මහණෙනි, භික්ෂුව මනා නුවණ ඇතුව ඉන්නේ කොහොමද? පින්වත් මහණෙනි, මෙහිලා භික්ෂුව ඉදිරියට ගමන් කරද්දී, ආපසු එද්දී ඉතාමත් කල්පනාකාරීව ඉන්නවා. ඉදිරිය බලද්දී, වට පිට බලද්දී ඉතාමත් කල්පනාකාරීව ඉන්නවා. අතපය දිගහරිද්දී, හකුලද්දී ඉතාමත් කල්පනාකාරීව ඉන්නවා. දෙපොට සිවුර, පාත්‍ර, චීවර දරද්දී ඉතාමත් කල්පනාකාරීව ඉන්නවා. වළඳද්දී, පානය කරද්දී, සපා වළඳද්දී, රස විඳිද්දී ඉතාමත් කල්පනාකාරීව ඉන්නවා. වැසිකිළි, කැසිකිළි කරද්දී ඉතාමත් කල්පනාකාරීව ඉන්නවා. ගමන් කරද්දී, හිටගෙන සිටිද්දී, වාඩි වී සිටිද්දී, සැතපෙද්දී, නිදිවරද්දී, කථාබස් කරද්දී, නිහඬව සිටිද්දී ඉතාමත් කල්පනාකාරීව ඉන්නවා. පින්වත් මහණෙනි, ඔය විදියටයි භික්ෂුව මනා නුවණ ඇතුව ඉන්නේ. "පින්වත් මහණෙනි, සිහියෙන් යුතුව, නුවණින් යුතුව පිරිනිවන් පෑමටයි කල්බලා සිටිය යුත්තේ. ඔබට අපගේ අනුශාසනාව වන්නේ මෙයයි."

පින්වත් මහණෙනි, ඉදින් ඔය විදියට සිහිය ඇතුව, නුවණ ඇතුව, අප්‍රමාදීව, කෙලෙස් තවන වීරියෙන් යුතුව, දහමට දිවි පුදා වාසය කරන්නා වූ භික්ෂුවට සැප වේදනාවක් උපදිනවා. ඔහු මේ විදිහට යි දැන ගන්නේ. මා තුළ මෙන්න සැප විඳීමක් උපන්නා. එය වනාහී හේතූන් සහිතව ම යි උපන්නේ. හේතූන් රහිතව නොවේ. කුමක් හේතු කරගෙනද? මේ ස්පර්ශය ම හේතු කරගෙනයි. මේ ස්පර්ශය වනාහී අනිත්‍යයි. හේතුඵල දහමින් හට ගත් දෙයක්. පටිච්චසමුප්පාදයෙන් හට ගත් දෙයක්. අනිත්‍ය වූ, සංඛත වූ, පටිච්චසමුප්පන්න වූ ස්පර්ශයක් නිසා උපන්නා වූ සැප වේදනාව කොහොම නම් නිත්‍ය වන්ටද?

ඒ භික්ෂුව ස්පර්ශය පිළිබඳවත්, සැප විඳීම පිළිබඳවත්, අනිත්‍ය වශයෙන් බලමින්නුයි වාසය කරන්නේ. නැතිවීම බලමින්නුයි වාසය කරන්නේ. ඇල්ම දුරු වීම බලමින්නුයි වාසය කරන්නේ. ඇල්ම නිරුද්ධ වීම බලමින්නුයි වාසය

කරන්නේ. ඇල්ම බැහැර වීම බලමිනුයි වාසය කරන්නේ. ස්පර්ශය ගැනත්, සැප වේදනාව ගැනත් අනිත්‍ය වශයෙන් බලමින් වාසය කරද්දී, නැතිවීම බලමින් වාසය කරද්දී, ඇල්ම දුරු වීම බලමින් වාසය කරද්දී, ඇල්ම නිරුද්ධ වීම බලමින් වාසය කරද්දී, ඇල්ම බැහැර වීම බලමින් වාසය කරද්දී, ඔහු තුළ ස්පර්ශය කෙරෙහිත්, සැප වේදනාව කෙරෙහිත් යම් රාගානුසයක් තිබුණා නම්, එය ප්‍රහාණය වෙලා යනවා.

පින්වත් මහණෙනි, ඉදින් ඔය විදියට සිහිය ඇතිව, නුවණ ඇතිව, අප්‍රමාදීව, කෙලෙස් තවන වීරියෙන් යුතුව, දහමට දිවි පුදා වාසය කරන්නා වූ භික්ෂුවට දුක් වේදනාවක් උපදිනවා. ඔහු මේ විදිහට යි දැන ගන්නේ. මා තුළ මෙන්න දුක් විඳීමක් උපන්නා. එය වනාහී හේතූන් සහිතව ම යි උපන්නේ. හේතූන් රහිතව නොවේ. කුමක් හේතු කරගෙනද? මේ ස්පර්ශය ම හේතු කරගෙනයි. මේ ස්පර්ශය වනාහී අනිත්‍යයි. හේතුඵල දහමින් හට ගත් දෙයක්. පටිච්චසමුප්පාදයෙන් හට ගත් දෙයක්. අනිත්‍ය වූ, සංඛත වූ, පටිච්චසමුප්පන්න වූ ස්පර්ශයක් නිසා උපන්නා වූ දුක් වේදනාව කොහොම නම් නිත්‍ය වන්ටද?

ඒ භික්ෂුව ස්පර්ශය පිළිබඳවත්, දුක් විඳීම පිළිබඳවත්, අනිත්‍ය වශයෙන් බලමිනුයි වාසය කරන්නේ. නැතිවීම බලමිනුයි වාසය කරන්නේ. ඇල්ම දුරු වීම බලමිනුයි වාසය කරන්නේ. ඇල්ම නිරුද්ධ වීම බලමිනුයි වාසය කරන්නේ. ඇල්ම බැහැර වීම බලමිනුයි වාසය කරන්නේ. ස්පර්ශය ගැනත්, දුක් වේදනාව ගැනත් අනිත්‍ය වශයෙන් බලමින් වාසය කරද්දී, නැතිවීම බලමින් වාසය කරද්දී, ඇල්ම දුරු වීම බලමින් වාසය කරද්දී, ඇල්ම නිරුද්ධ වීම බලමින් වාසය කරද්දී, ඇල්ම බැහැර වීම බලමින් වාසය කරද්දී, ඔහු තුළ ස්පර්ශය කෙරෙහිත්, දුක් වේදනාව කෙරෙහිත් යම් පටිඝානුසයක් තිබුණා නම්, එය ප්‍රහාණය වෙලා යනවා.

පින්වත් මහණෙනි, ඉදින් ඔය විදියට සිහිය ඇතිව, නුවණ ඇතිව, අප්‍රමාදීව, කෙලෙස් තවන වීරියෙන් යුතුව, දහමට දිවි පුදා වාසය කරන්නා වූ භික්ෂුවට දුක් සැප රහිත වේදනාවක් උපදිනවා. ඔහු මේ විදිහට යි දැන ගන්නේ. මා තුළ මෙන්න දුක් සැප රහිත විඳීමක් උපන්නා. එය වනාහී හේතූන් සහිතව ම යි උපන්නේ. හේතූන් රහිතව නොවේ. කුමක් හේතු කරගෙනද? මේ ස්පර්ශය ම හේතු කරගෙනයි. මේ ස්පර්ශය වනාහී අනිත්‍යයි. හේතුඵල දහමින් හට ගත් දෙයක්. පටිච්චසමුප්පාදයෙන් හට ගත් දෙයක්. අනිත්‍ය වූ, සංඛත වූ, පටිච්චසමුප්පන්න වූ, ස්පර්ශයක් නිසා උපන්නා වූ දුක් සැප රහිත වේදනාව කොහොම නම් නිත්‍ය වන්ටද?

ඒ භික්ෂුව ස්පර්ශය පිළිබඳවත්, දුක් සැප රහිත විඳීම පිළිබඳවත්, අනිත්‍ය වශයෙන් බලමිනුයි වාසය කරන්නේ. නැතිවීම බලමිනුයි වාසය කරන්නේ. ඇල්ම දුරු වීම බලමිනුයි වාසය කරන්නේ. ඇල්ම නිරුද්ධ වීම බලමිනුයි වාසය කරන්නේ. ඇල්ම බැහැර වීම බලමිනුයි වාසය කරන්නේ. ස්පර්ශය ගැනත්, දුක් සැප රහිත වේදනාව ගැනත් අනිත්‍ය වශයෙන් බලමින් වාසය කරද්දී, නැතිවීම බලමින් වාසය කරද්දී, ඇල්ම දුරු වීම බලමින් වාසය කරද්දී, ඇල්ම නිරුද්ධ වීම බලමින් වාසය කරද්දී, ඇල්ම බැහැර වීම බලමින් වාසය කරද්දී, ඔහු තුළ ස්පර්ශය කෙරෙහිත්, දුක් සැප රහිත වේදනාව කෙරෙහිත් යම් අවිජ්ජානුසයක් තිබුණා නම්, එය ප්‍රහාණය වෙලා යනවා.

ඔහු සැප වේදනාවක් විඳිනවා නම් එය අනිත්‍යයි කියලා දැන ගන්නවා. එහි බැසගෙන නැති බවත් දැන ගන්නවා. සිතින් නොපිළිගන්නා බවත් දැන ගන්නවා. ඔහු දුක් වේදනාවක් විඳිනවා නම් ....(පෙ).... ඔහු දුක් සැප රහිත වේදනාවක් විඳිනවා නම් එය අනිත්‍යයි කියලා දැන ගන්නවා. එහි බැසගෙන නැති බවත් දැන ගන්නවා. සිතින් නොපිළිගන්නා බවත් දැන ගන්නවා. ඔහු සැප වේදනාවක් විඳිනවා නම් එය හා එක් නොවී ම යි විඳින්නේ. ඔහු දුක් වේදනාවක් විඳිනවා නම් ....(පෙ).... ඔහු දුක් සැප රහිත වේදනාවක් විඳිනවා නම් එය හා එක් නොවී ම යි විඳින්නේ. ඔහු කය පවතිනා තුරු වේදනාවක් විඳිනවා නම්, කය පවතිනා තුරු පවතින වේදනාවකුයි මං විඳින්නේ කියලා දැන ගන්නවා. ඔහු ජීවිතය පවතිනා තුරු වේදනාවක් විඳිනවා නම්, ජීවිතය පවතිනා තුරු පවතින වේදනාවකුයි මං විඳින්නේ කියලා දැන ගන්නවා. කය බිඳීමෙන්, ජීවිතය අවසන් වීමෙන් මෙහිදීම සෑම වේදනාවක් ම නොපිළිග න්නා ලදුව, සිහිල් වෙලා යන්නේය යන කරුණ දැන ගන්නවා.

පින්වත් මහණෙනි, එය මෙවැනි දෙයක්. තෙලුත් නිසා, වැටියත් නිසා තමයි තෙල් පහන දැල්වෙන්නේ. ඒ තෙලුත් වැටියත් ඉවර වීමෙන් ආහාර රහිත වීම නිසා නිවිල යනවා. පින්වත් මහණෙනි, ඔය විදියමයි. භික්ෂුව කය පවතිනා තුරු වේදනාවක් විඳිනවා නම්, කය පවතිනා තුරු පවතින වේදනාවකුයි මං විඳින්නේ කියලා දැන ගන්නවා. ඔහු ජීවිතය පවතිනා තුරු වේදනාවක් විඳිනවා නම්, ජීවිතය පවතිනා තුරු පවතින වේදනාවකුයි මං විඳින්නේ කියලා දැන ගන්නවා. කය බිඳීමෙන්, ජීවිතය අවසන් වීමෙන් මෙහිදීම සෑම වේදනාවක් ම නොපිළිගන්නා ලදුව, සිහිල් වෙලා යන්නේය යන කරුණ දැන ගන්නවා.

සාදු! සාදු!! සාදු!!!

දුතිය ගේලඤ්ඤ සූත්‍රය නිමා විය.

2.1.9
අනිච්ච සූත්‍රය
අනිත්‍ය ගැන වදාළ දෙසුම

පින්වත් මහණෙනි, මේ වේදනා තුන අනිත්‍යයි. සංඛතයි. පටිච්චසමුප්පාදයෙන් හැදුණු දෙයක්. ක්‍ෂය වෙන ස්වභාවයෙන් යුක්තයි. නැසෙන ස්වභාවයෙන් යුක්තයි. ඇල්ම දුරු කළ යුතු ස්වභාවයෙන් යුක්තයි. ඇල්ම නිරුද්ධ කළ යුතු ස්වභාවයෙන් යුක්තයි. ඒ වේදනා තුන කුමක්ද? සැප වේදනාව, දුක් වේදනාව හා දුක් සැප රහිත වේදනාවයි. පින්වත් මහණෙනි, අනිත්‍ය වන්නේත්, සංඛත වන්නේත්, පටිච්චසමුප්පාදයෙන් හැදුණු දෙයක් වන්නේත්, ක්‍ෂය වෙන ස්වභාවයෙන් යුක්ත වන්නේත්, නැසෙන ස්වභාවයෙන් යුක්ත වන්නේත්, ඇල්ම දුරු කළ යුතු ස්වභාවයෙන් යුක්ත වන්නේත්, ඇල්ම නිරුද්ධ කළ යුතු ස්වභාවයෙන් යුක්ත වන්නේත්, මේ වේදනා තුන තමයි.

සාදු! සාදු!! සාදු!!!

අනිච්ච සූත්‍රය නිමා විය.

2.1.10
ඵස්සමූලක සූත්‍රය
ස්පර්ශය මුල් වූ දෙය ගැන වදාළ දෙසුම

පින්වත් මහණෙනි, මේ වේදනා තුන හට ගන්නේ ස්පර්ශයෙනුයි. මුල් වී තිබෙන්නේත් ස්පර්ශයයි. මූලික කාරණයත් ස්පර්ශයයි. හේතු වී තිබෙන්නේත් ස්පර්ශයයි. කවර වේදනා තුනක් ද යත්, සැප විඳීම, දුක් විඳීම හා දුක් සැප රහිත විඳීමයි. පින්වත් මහණෙනි, සැප වේදනාව ඇති කරවන ස්පර්ශය හේතුවෙනුයි සැප විඳීම උපදින්නේ. සැප වේදනාව ඇති කරවන ස්පර්ශය හේතුවෙන් උපන්නා වූ යම් විඳිය යුතු සැප වේදනාවක් ඇත්නම් ඒ සැප වේදනාව ඇති කරවන ස්පර්ශයේ ම නිරුද්ධ වීමෙන් එය නිරුද්ධ වෙනවා. එය සංසිඳෙනවා.

පින්වත් මහණෙනි, දුක් වේදනාව ඇති කරවන ස්පර්ශය හේතුවෙනුයි දුක් විඳීම උපදින්නේ. දුක් වේදනාව ඇති කරවන ස්පර්ශය හේතුවෙන් උපන්නා

වූ යම් විඳිය යුතු දුක් වේදනාවක් ඇත්නම් ඒ දුක් වේදනාව ඇති කරවන ස්පර්ශයේ ම නිරුද්ධ වීමෙන් එය නිරුද්ධ වෙනවා. එය සංසිඳෙනවා. පින්වත් මහණෙනි, දුක් සැප රහිත වේදනාව ඇති කරවන ස්පර්ශය හේතුවෙනුයි දුක් සැප රහිත විඳීම උපන්නේ. දුක් සැප රහිත වේදනාව ඇති කරවන ස්පර්ශය හේතුවෙන් උපන්නා වූ යම් විඳිය යුතු දුක් සැප රහිත වේදනාවක් ඇත්නම් ඒ දුක් සැප රහිත වේදනාව ඇති කරවන ස්පර්ශයේ ම නිරුද්ධ වීමෙන් එය නිරුද්ධ වෙනවා. එය සංසිඳෙනවා.

පින්වත් මහණෙනි, ඒක මේ වගේ දෙයක්. දඬු දෙකක් එකට ගැටීමෙන්, එකතු වීමෙන් උණුසුම උපදිනවා. ගින්දර හට ගන්නවා. ඒ දඬු දෙක ම වෙන් වීමෙන්, ඈත් වීමෙන් ඒ තුළින් හට ගත් යම් උණුසුමක් තිබුණා නම්, එය නිරුද්ධ වෙනවා. එය සංසිඳෙනවා. පින්වත් මහණෙනි, ඔය විදියටමයි මේ වේදනා තුන ම ස්පර්ශයෙනුයි හට ගන්නේ. ස්පර්ශයයි මුල් වන්නේ. මූලික කාරණය වන්නේත් ස්පර්ශයයි. හේතු වන්නේත් ස්පර්ශයයි. ඒ ඒ දෙයින් හට ගත් ස්පර්ශය නිසා ඒ ඒ ස්පර්ශයෙන් වේදනාවන් උපදිනවා. ඒ ඒ දෙයින් හට ගත් ස්පර්ශයේ නිරුද්ධ වීමෙන් ඒ ඒ ස්පර්ශයෙන් උපන් වේදනාවන් නිරුද්ධ වෙනවා.

සාදු! සාදු!! සාදු!!!

ඵස්සමූලක සූත්‍රය නිමා විය.

පළමුවෙනි සගාථා වර්ගය යි.

- **එහි පිළිවෙළ උද්දානය යි.**

සමාධි සූත්‍රය, සුඛ සූත්‍රය, පහාන සූත්‍රය, පාතාල සූත්‍රය, දට්ඨබ්බ සූත්‍රය, සල්ල සූත්‍රය, ගේලඤ්ඤ සූත්‍ර දෙක, අනිච්ච සූත්‍රය, ඵස්සමූලක සූත්‍රය යන මෙයින් මේ වර්ගය සමන්විතයි.

2. රහෝගත වර්ගය

2.2.1
රහෝගත සූත්‍රය
අප්‍රකට තැනක බවුන් වැඩූ භික්ෂුවට වදාළ දෙසුම

එදා එක්තරා භික්ෂුවක් භාග්‍යවතුන් වහන්සේ වැඩසිටි තැනට පැමිණුනා ....(පෙ).... එකත්පස්ව වාඩිවුණ ඒ භික්ෂුව භාග්‍යවතුන් වහන්සේට මෙය සැළ කළා. ස්වාමීනී, මෙහි මං අප්‍රකට තැනක, හුදකලාවේ භාවනාවේ යෙදී සිටියදී මෙවැනි අදහසක් ඇති වුණා. භාග්‍යවතුන් වහන්සේ විසින් වදාරණ ලද්දේ වේදනා තුනක් ගැනයි. සැප විඳීම, දුක් විඳීම හා දුක් සැප රහිත විඳීමයි. මේ වේදනා තුන තමයි භාග්‍යවතුන් වහන්සේ විසින් වදාරණ ලද්දේ. විඳින්නා වූ යම් කිසි දෙයක් ඇත්නම්, එය දුකක් කියලත් භාග්‍යවතුන් වහන්සේ විසින් වදාරණ ලද මේ කරුණ තියෙනවා. භාග්‍යවතුන් වහන්සේ විසින් විඳින්නා වූ යම් කිසි දෙයක් ඇත්නම්, එය දුකක් වශයෙන් වදාළේ කුමක් ගැනද?

සාදු! සාදු! පින්වත් භික්ෂුව, පින්වත් භික්ෂුව, මා විසින් ප්‍රකාශ කොට තිබෙන්නේ මේ වේදනා තුන තමයි. සැප විඳීම, දුක් විඳීම හා දුක් සැප රහිත විඳීමයි. මේ වේදනා තුන තමයි මා විසින් පවසන ලද්දේ. පින්වත් භික්ෂුව, විඳින්නා වූ යම්කිසි දෙයක් ඇත්නම්, එය දුකකි යි කියා මා විසින් පවසන ලද මේ කරුණ තියෙනවා. පින්වත් භික්ෂුව, විඳින්නා වූ යම්කිසි දෙයක් ඇත්නම්, එය දුකකි යි යන ඔය කාරණාව මා පැවසුවේ සංස්කාරයන්ගේ ම අනිත්‍ය ගැන පෙන්වා දීමටයි. පින්වත් භික්ෂුව, විඳින්නා වූ යම්කිසි දෙයක් ඇත්නම්, එය දුකකි යි යන ඔය කාරණාව මා පැවසුවේ සංස්කාරයන්ගේ ම ක්ෂය වී යන ස්වභාවය ගැන පෙන්වා දීමටයි. පින්වත් භික්ෂුව, විඳින්නා වූ යම්කිසි දෙයක් ඇත්නම් එය දුකකි යි යන ඔය කාරණාව මා පැවසුවේ සංස්කාරයන්ගේ ම වැනසී යන ස්වභාවය ගැන පෙන්වා දීමටයි. පින්වත් භික්ෂුව, විඳින්නා වූ යම්කිසි දෙයක් ඇත්නම්, එය දුකකි යි යන ඔය කාරණාව මා පැවසුවේ සංස්කාරයන්ගේ ම නොඇලිය යුතු ස්වභාවය ගැන පෙන්වා

දීමටයි. පින්වත් භික්ෂුව, විඳින්නා වූ යම් කිසි දෙයක් ඇත්නම්, එය දුකකි යි යන ඔය කාරණාව මා පැවසුවේ සංස්කාරයන්ගේ ම ඇල්ම නිරුද්ධ කළ යුතු ස්වභාවය ගැන පෙන්වා දීමටයි. පින්වත් භික්ෂුව, විඳින්නා වූ යම්කිසි දෙයක් ඇත්නම්, එය දුකකි යි යන ඔය කාරණාව මා පැවසුවේ සංස්කාරයන්ගේ ම වෙනස් වන ස්වභාවය ගැන පෙන්වා දීමටයි.

එනමුදු පින්වත් භික්ෂුව, මා විසින් සංස්කාරයන්ගේ පිළිවෙළින් වන නිරෝධයක් ගැනත් පවසලා තියෙනවා. පළමු වෙනි ධ්‍යානයට සමවැදී සිටින කෙනාට වචනය නිරුද්ධ වෙලා තියෙන්නේ. දෙවෙනි ධ්‍යානයට සමවැදී සිටින කෙනාට විතක්ක විචාර නිරුද්ධ වෙලා තියෙන්නේ. තුන් වෙනි ධ්‍යානයට සමවැදී සිටින කෙනාට ප්‍රීතිය නිරුද්ධ වෙලා තියෙන්නේ. හතර වෙනි ධ්‍යානයට සමවැදී සිටින කෙනාට ආශ්වාස ප්‍රශ්වාස නිරුද්ධ වෙලා තියෙන්නේ. ආකාසානඤ්චායතනයට සමවැදී සිටින කෙනාට රූප සඤ්ඤා නිරුද්ධ වෙලා තියෙන්නේ. විඤ්ඤාණඤ්චායතනයට සමවැදී සිටින කෙනාට ආකාසානඤ්චායතන සඤ්ඤා නිරුද්ධ වෙලා තියෙන්නේ. ආකිඤ්චඤ්ඤායතනයට සමවැදී සිටින කෙනාට විඤ්ඤාණඤ්චායතන සඤ්ඤා නිරුද්ධ වෙලා තියෙන්නේ. නේවසඤ්ඤානාසඤ්ඤාතනයට සමවැදී සිටින කෙනාට ආකිඤ්චඤ්ඤායතන සඤ්ඤා නිරුද්ධ වෙලා තියෙන්නේ. සඤ්ඤාවේදයිත නිරෝධයට සමවැදී සිටින කෙනාට සඤ්ඤාත්, වේදනාත් නිරුද්ධ වෙලා තියෙන්නේ. ආශ්‍රවයන් ක්ෂය කළ භික්ෂුවට රාගය නිරුද්ධ වෙලා තියෙන්නේ. ද්වේෂය නිරුද්ධ වෙලා තියෙන්නේ. මෝහය නිරුද්ධ වෙලා තියෙන්නේ.

එනමුදු පින්වත් භික්ෂුව, මා විසින් සංස්කාරයන්ගේ පිළිවෙළින් වන සංසිඳීමක් ගැනත් පවසලා තියෙනවා. පළමු වෙනි ධ්‍යානයට සමවැදී සිටින කෙනාට වචනය සංසිඳිලා තියෙන්නේ. දෙවෙනි ධ්‍යානයට සමවැදී සිටින කෙනාට විතක්ක විචාර සංසිඳිලා තියෙන්නේ. තුන් වෙනි ධ්‍යානයට සමවැදී සිටින කෙනාට ප්‍රීතිය සංසිඳිලා තියෙන්නේ. හතර වෙනි ධ්‍යානයට සමවැදී සිටින කෙනාට ආශ්වාස ප්‍රශ්වාස සංසිඳිලා තියෙන්නේ. ආකාසානඤ්චායතනයට සමවැදී සිටින කෙනාට රූප සඤ්ඤා සංසිඳිලා තියෙන්නේ. විඤ්ඤාණඤ්චායතනයට සමවැදී සිටින කෙනාට ආකාසානඤ්චායතන සඤ්ඤා සංසිඳිලා තියෙන්නේ. ආකිඤ්චඤ්ඤායතනයට සමවැදී සිටින කෙනාට විඤ්ඤාණඤ්චායතන සඤ්ඤා සංසිඳිලා තියෙන්නේ. නේවසඤ්ඤානාසඤ්ඤාතනයට සමවැදී සිටින කෙනාට ආකිඤ්චඤ්ඤායතන සඤ්ඤා සංසිඳිලා තියෙන්නේ. සඤ්ඤාවේදයිත නිරෝධයට සමවැදී සිටින කෙනාට සඤ්ඤාත්, වේදනාත් සංසිඳිලා තියෙන්නේ. ආශ්‍රවයන් ක්ෂය කළ

භික්ෂුවට රාගය සංසිඳිලා තියෙන්නේ. ද්වේෂය සංසිඳිලා තියෙන්නේ. මෝහය සංසිඳිලා තියෙන්නේ.

පින්වත් භික්ෂුව, මේ සංසිඳීම් හයක් තියෙනවා. පළමු වෙනි ධ්‍යානයට සමවැදී සිටින කෙනාට වචනය සංසිඳිලා තියෙන්නේ. දෙවෙනි ධ්‍යානයට සමවැදී සිටින කෙනාට විතක්ක විචාර සංසිඳිලා තියෙන්නේ. තුන් වෙනි ධ්‍යානයට සමවැදී සිටින කෙනාට ප්‍රීතිය සංසිඳිලා තියෙන්නේ. හතර වෙනි ධ්‍යානයට සමවැදී සිටින කෙනාට ආශ්වාස ප්‍රශ්වාස සංසිඳිලා තියෙන්නේ. සඤ්ඤාවේදයිත නිරෝධයට සමවැදී සිටින කෙනාට සඤ්ඤාත්, වේදනාත් සංසිඳිලා තියෙන්නේ. ආශ්‍රවයන් ක්‍ෂය කළ භික්ෂුවට රාගය සංසිඳිලා තියෙන්නේ. ද්වේෂය සංසිඳිලා තියෙන්නේ. මෝහය සංසිඳිලා තියෙන්නේ.

සාදු! සාදු!! සාදු!!!

රහෝගත සූත්‍රය නිමා විය.

2.2.2
ආකාස සූත්‍රය
අහස ගැන වදාළ දෙසුම

පින්වත් මහණෙනි, ඒක මේ වගේ දෙයක්. අහසේ නන්වැදෑරුම් සුළං හමනවා. පෙරදිගිනුත් සුළං හමනවා. බටහිරිනුත් සුළං හමනවා. උතුරු දිශාවෙනුත් සුළං හමනවා. දකුණු දිශාවෙනුත් සුළං හමනවා. දූවිලි සහිතවත් සුළං හමනවා. දූවිලි රහිතවත් සුළං හමනවා. සීතල සුළඟත් හමනවා. උණුසුම් සුළඟත් හමනවා. මද සුළඟත් හමනවා. අධික ලෙසත් සුළං හමනවා. පින්වත් මහණෙනි, ඔය වගේමයි මේ කයේ විවිධාකාර වේදනාවල් උපදිනවා. සැප වේදනාත් උපදිනවා. දුක් වේදනාත් උපදිනවා. දුක් සැප රහිත වේදනාත් උපදිනවා.

(ගාථාවන් ය)

1. අහසේ නන්වැදෑරුම් බොහෝ සුළං හමන්නේ යම් අයුරකින් ද,
ඒ කියන්නේ පෙරදිගිනුත්, බටහිරිනුත්, උතුරිනුත්, දකුණෙනුත්,
දූවිලි සහිතවත්, දූවිලි රහිතවත්, සීතටත් ඇතැම් විට උණුසුමටත්,
බොහෝ කොටත් මද වශයෙනුත් බොහෝ සුළං හමනවා.

2. ඔය අයුරින් ම මේ කයෙහිත් වේදනාවන් උපදිනවා. සැප වේදනාත්, දුක් වේදනාත්, යම් උපේක්ෂා වේදනාවක් ඇද්ද එයත් උපදිනවා.

3. යම් කලෙක භික්ෂුව කෙලෙස් තවන වීරිය ඇතිව, මනා සිහි නුවණ අත් නො හැර ඉන්නවා නම්, ඒ තුළින් ඒ නුවණැති භික්ෂුව සෑම විඳීමක් ම පිරිසිඳ දැන ගන්නවා.

4. ඒ භික්ෂුව විඳීම පිරිසිඳ දැනගෙන මේ ජීවිතයේ දී ම ආශ්‍රව රහිත වෙනවා. දහම තුළ පිහිටි අවබෝධයෙහි මුදුන්පත් ඒ භික්ෂුව කය බිඳී මරණින් මතු පැණවීමකට එන්නේ නෑ.

සාදු! සාදු!! සාදු!!!

ආකාස සූත්‍රය නිමා විය.

2.2.3
දුතිය ආකාස සූත්‍රය
අහස ගැන වදාළ දෙවෙනි දෙසුම

පින්වත් මහණෙනි, ඒක මේ වගේ දෙයක්. අහසේ නන්වැදෑරුම් සුළං හමනවා. පෙරදිගිනුත් සුළං හමනවා. ....(පෙ).... අධික ලෙසත් සුළං හමනවා. පින්වත් මහණෙනි, ඔය වගේමයි මේ කයේ විවිධාකාර වේදනාවල් උපදිනවා. සැප වේදනාත් උපදිනවා. දුක් වේදනාත් උපදිනවා. දුක් සැප රහිත වේදනාත් උපදිනවා.

සාදු! සාදු!! සාදු!!!

දුතිය ආකාස සූත්‍රය නිමා විය.

2.2.4
අගාර සූත්‍රය
නිවස ගැන වදාළ දෙසුම

පින්වත් මහණෙනි, ඒක මේ වගේ දෙයක්. ආගන්තුක නිවසක් තියෙනවා.

එහි පෙරදිගිනුත් ඇවිදින් වාසය කරනවා. බටහිරිනුත් ඇවිදින් වාසය කරනවා. උතුරු දිශාවෙනුත් ඇවිදින් වාසය කරනවා. දකුණු දිශාවෙනුත් ඇවිදින් වාසය කරනවා. ක්ෂත්‍රියවරුත් ඇවිදින් වාසය කරනවා. බමුණොත් ඇවිදින් වාසය කරනවා. වෙළඳ කුලයේ අයත් ඇවිදින් වාසය කරනවා. හීන කුලයේ අයත් ඇවිදින් වාසය කරනවා.

පින්වත් මහණෙනි, ඔය වගේමයි මේ කයේ විවිධාකාර වේදනාවල් උපදිනවා. සැප වේදනාත් උපදිනවා. දුක් වේදනාත් උපදිනවා. දුක් සැප රහිත වේදනාත් උපදිනවා. ආමිස සහිත සැප වේදනාත් උපදිනවා. නිරාමිස සැප වේදනාත් උපදිනවා. ආමිස සහිත දුක් වේදනාත් උපදිනවා. නිරාමිස දුක් වේදනාත් උපදිනවා. ආමිස සහිත දුක් සැප රහිත වේදනාත් උපදිනවා. නිරාමිස දුක් සැප රහිත වේදනාත් උපදිනවා.

සාදු! සාදු!! සාදු!!!

අගාර සූත්‍රය නිමා විය.

2.2.5
සන්තක සූත්‍රය
අයත් දේ ගැන වදාළ දෙසුම

එදා ආයුෂ්මත් ආනන්දයන් භාග්‍යවතුන් වහන්සේ වැඩසිටි තැනට පැමිණුනා. ....(පෙ).... එකත්පස්ව වාඩිවුණ ආයුෂ්මත් ආනන්දයන් භාග්‍යවතුන් වහන්සේගෙන් මෙකරුණ විමසුවා. ස්වාමීනී, වේදනාව යනු කුමක්ද? වේදනාවේ හටගැනීම යනු කුමක්ද? වේදනාව නිරුද්ධ වීම යනු කුමක්ද? වේදනාව නිරුද්ධ වීම පිණිස පවතින ප්‍රතිපදාව යනු කුමක්ද? වේදනාවේ ආශ්වාදය කුමක්ද? වේදනාවේ ආදීනවය කුමක්ද? වේදනාවේ නිස්සරණය කුමක්ද?

පින්වත් ආනන්ද, මේ වේදනා තුනක් තියෙනවා. සැප වේදනාව, දුක් වේදනාව හා දුක් සැප රහිත වේදනාවයි. පින්වත් ආනන්ද, වේදනාව කියන්නේ මෙයටයි. ස්පර්ශය හට ගැනීමෙනුයි වේදනාව හට ගන්නේ. ස්පර්ශය නිරුද්ධ වීමෙන් වේදනාව නිරුද්ධ වෙනවා. ඒ මේ ආර්ය අෂ්ටාංගික මාර්ගය යනු වේදනාව නිරුද්ධ වීම පිණිස පවතින ප්‍රතිපදාවයි. ඒ කියන්නේ: සම්මා දිට්ඨි ....(පෙ).... සම්මා සමාධි. වේදනාව නිසා යම් සැපයක්, සොම්නසක් උපදිනවා නම්, මේක තමයි වේදනාවේ ආශ්වාදය. යම් වේදනාවක් අනිත්‍යයි ද, දුකයි ද,

සංයුත්ත නිකාය - 4 (වේදනා සංයුත්තය) (2.2 රහෝගත වර්ගය) 329

වෙනස්වන ස්වභාවයෙන් යුක්තයි ද, මේක වේදනාවේ ආදීනවයයි. වේදනාව කෙරෙහි ඇති ඡන්දරාගයේ යම් දුරු වීමක් ඇද්ද, ඡන්දරාගයේ ප්‍රහාණයක් ඇද්ද මේක වේදනාවේ නිස්සරණයයි.

එනමුදු පින්වත් ආනන්ද, මා විසින් සංස්කාරයන්ගේ පිළිවෙළින් වන නිරෝධයක් ගැනත් පවසලා තියෙනවා. පළමු වෙනි ධ්‍යානයට සමවැදී සිටින කෙනාට වචනය නිරුද්ධ වෙලා තියෙන්නේ. ....(පෙ).... සඤ්ඤාවේදයිත නිරෝධයට සමවැදී සිටින කෙනාට සඤ්ඤාත්, වේදනාත් නිරුද්ධ වෙලා තියෙන්නේ. ආශ්‍රවයන් ක්ෂය කළ භික්ෂුවට රාගය නිරුද්ධ වෙලා තියෙන්නේ. ද්වේෂය නිරුද්ධ වෙලා තියෙන්නේ. මෝහය නිරුද්ධ වෙලා තියෙන්නේ. එනමුදු පින්වත් ආනන්ද, මා විසින් සංස්කාරයන්ගේ පිළිවෙළින් වන සංසිඳීමක් ගැනත් පවසලා තියෙනවා. පළමුවෙනි ධ්‍යානයට සමවැදී සිටින කෙනාට වචනය සංසිඳිලා තියෙන්නේ. ....(පෙ).... සඤ්ඤාවේදයිත නිරෝධයට සමවැදී සිටින කෙනාට සඤ්ඤාත්, වේදනාත් සංසිඳිලා තියෙන්නේ. ආශ්‍රවයන් ක්ෂය කළ භික්ෂුවට රාගය සංසිඳිලා තියෙන්නේ. ද්වේෂය සංසිඳිලා තියෙන්නේ. මෝහය සංසිඳිලා තියෙන්නේ.

එනමුදු පින්වත් ආනන්ද, මා විසින් සංස්කාරයන්ගේ පිළිවෙළින් වන සංසිඳිලා යාමක් ගැනත් පවසලා තියෙනවා. පළමුවෙනි ධ්‍යානයට සමවැදී සිටින කෙනාට වචනය සංසිඳිලා තියෙන්නේ. දෙවෙනි ධ්‍යානයට සමවැදී සිටින කෙනාට විතක්ක විචාර සංසිඳිලා තියෙන්නේ. තුන්වෙනි ධ්‍යානයට සමවැදී සිටින කෙනාට ප්‍රීතිය සංසිඳිලා තියෙන්නේ. හතරවෙනි ධ්‍යානයට සමවැදී සිටින කෙනාට ආශ්වාස ප්‍රශ්වාස සංසිඳිලා තියෙන්නේ. ආකාසානඤ්චායතනයට සමවැදී සිටින කෙනාට රූප සඤ්ඤා සංසිඳිලා තියෙන්නේ. විඤ්ඤාණඤ්චායතනයට සමවැදී සිටින කෙනාට ආකාසානඤ්චායතන සඤ්ඤා සංසිඳිලා තියෙන්නේ. ආකිඤ්චඤ්ඤායතනයට සමවැදී සිටින කෙනාට විඤ්ඤාණඤ්චායතන සඤ්ඤා සංසිඳිලා තියෙන්නේ. නේවසඤ්ඤානාසඤ්ඤායතනයට සමවැදී සිටින කෙනාට ආකිඤ්චඤ්ඤායතන සඤ්ඤා සංසිඳිලා තියෙන්නේ. සඤ්ඤාවේදයිත නිරෝධයට සමවැදී සිටින කෙනාට සඤ්ඤාත්, වේදනාත් සංසිඳිලා තියෙන්නේ. ආශ්‍රවයන් ක්ෂය කළ භික්ෂුවට රාගය සංසිඳිලා තියෙන්නේ. ද්වේෂය සංසිඳිලා තියෙන්නේ. මෝහය සංසිඳිලා තියෙන්නේ.

සාදු! සාදු!! සාදු!!!

සන්තක සූත්‍රය නිමා විය.

2.2.6
දුතිය සන්තක සූත්‍රය
අයත් දේ ගැන වදාළ දෙවෙනි දෙසුම

එදා ආයුෂ්මත් ආනන්දයන් භාග්‍යවතුන් වහන්සේ වැඩසිටි තැනට පැමිණුනා. ....(පෙ).... එකත්පස්ව වාඩිවුණ ආයුෂ්මත් ආනන්දයන්ගෙන් භාග්‍යවතුන් වහන්සේ මෙකරුණ විමසුවා. පින්වත් ආනන්ද, වේදනාව යනු කුමක්ද? වේදනාවේ හටගැනීම යනු කුමක්ද? වේදනාව නිරුද්ධ වීම යනු කුමක්ද? වේදනාව නිරුද්ධ වීම පිණිස පවතින ප්‍රතිපදාව යනු කුමක්ද? වේදනාවේ ආශ්වාදය කුමක්ද? වේදනාවේ ආදීනවය කුමක්ද? වේදනාවේ නිස්සරණය කුමක්ද?

ස්වාමීනී, අපගේ ශ්‍රී සද්ධර්මය වනාහී භාග්‍යවතුන් වහන්සේ ම මුල් කොට ඇති සේක. භාග්‍යවතුන් වහන්සේ ප්‍රධාන කොට ඇති සේක. භාග්‍යවතුන් වහන්සේ ම පිළිසරණ කොට ඇති සේක. ස්වාමීනී, සැබැවින් ම ඔය වදාළ කරුණෙහි අර්ථය භාග්‍යවතුන් වහන්සේට වැටහෙන සේක් නම් ඉතාම මැනැවි. භික්ෂූන් වහන්සේලා මතකයේ රඳවා ගන්නේ භාග්‍යවතුන් වහන්සේගෙන් අසාගෙනයි. එසේ වී නම් පින්වත් ආනන්ද, මනාකොට අසන්න. නුවණින් තේරුම් ගන්න. පවසන්නෙමි. එසේය ස්වාමීනී, කියලා ආයුෂ්මත් ආනන්දයන් භාග්‍යවතුන් වහන්සේට පිළිතුරු දුන්නා. භාග්‍යවතුන් වහන්සේ මෙය වදාළා.

පින්වත් ආනන්ද, මේ වේදනා තුනක් තියෙනවා. සැප වේදනාව, දුක් වේදනාව හා දුක් සැප රහිත වේදනාවයි. පින්වත් ආනන්ද, වේදනාව කියන්නේ මෙයටයි. ස්පර්ශය හට ගැනීමෙනුයි වේදනාව හට ගන්නේ. ස්පර්ශය නිරුද්ධ වීමෙන් වේදනාව නිරුද්ධ වෙනවා. ඒ මේ ආර්ය අෂ්ටාංගික මාර්ගය යනු වේදනාව නිරුද්ධ වීම පිණිස පවතින ප්‍රතිපදාවයි. ඒ කියන්නේ: සම්මා දිට්ඨි ....(පෙ).... සම්මා සමාධි. වේදනාව නිසා යම් සැපයක්, සොම්නසක් උපදිනවා නම්, මේක තමයි වේදනාවේ ආශ්වාදය. යම් වේදනාවක් අනිත්‍යයි ද, දුකයි ද, වෙනස්වන ස්වභාවයෙන් යුක්තයි ද, මේක වේදනාවේ ආදීනවයයි. වේදනාව කෙරෙහි ඇති ඡන්දරාගයේ යම් දුරු වීමක් ඇද්ද, ඡන්දරාගයේ ප්‍රහාණයක් ඇද්ද, මේක වේදනාවේ නිස්සරණයයි.

එනමුදු පින්වත් ආනන්ද, මා විසින් සංස්කාරයන්ගේ පිළිවෙළින් වන නිරෝධයක් ගැනත් පවසලා තියෙනවා. පළමුවෙනි ධ්‍යානයට සමවැදී සිටින

කෙනාට වචනය නිරුද්ධ වෙලා තියෙන්නේ. ....(පෙ).... සඤ්ඤාවේදයිත නිරෝධයට සමවැදී සිටින කෙනාට සඤ්ඤාත්, වේදනාත් නිරුද්ධ වෙලා තියෙන්නේ. ආශ්‍රවයන් ක්ෂය කළ භික්ෂුවට රාගය නිරුද්ධ වෙලා තියෙන්නේ. ද්වේෂය නිරුද්ධ වෙලා තියෙන්නේ. මෝහය නිරුද්ධ වෙලා තියෙන්නේ.

එනමුදු පින්වත් ආනන්ද, මා විසින් සංස්කාරයන්ගේ පිළිවෙළින් වන සංසිඳීමක් ගැනත් පවසලා තියෙනවා. පළමු වෙනි ධ්‍යානයට සමවැදී සිටින කෙනාට වචනය සංසිඳිලා තියෙන්නේ. ....(පෙ).... සඤ්ඤාවේදයිත නිරෝධයට සමවැදී සිටින කෙනාට සඤ්ඤාත්, වේදනාත් සංසිඳිලා තියෙන්නේ. ආශ්‍රවයන් ක්ෂය කළ භික්ෂුවට රාගය සංසිඳිලා තියෙන්නේ. ද්වේෂය සංසිඳිලා තියෙන්නේ. මෝහය සංසිඳිලා තියෙන්නේ.

එනමුදු පින්වත් ආනන්ද, මා විසින් සංස්කාරයන්ගේ පිළිවෙළින් වන සංසිඳිලා යාමක් ගැනත් පවසලා තියෙනවා. පළමුවෙනි ධ්‍යානයට සමවැදී සිටින කෙනාට වචනය සංසිඳිලා තියෙන්නේ. ....(පෙ).... සඤ්ඤාවේදයිත නිරෝධයට සමවැදී සිටින කෙනාට සඤ්ඤාත්, වේදනාත් සංසිඳිලා තියෙන්නේ. ආශ්‍රවයන් ක්ෂය කළ භික්ෂුවට රාගය සංසිඳිලා තියෙන්නේ. ද්වේෂය සංසිඳිලා තියෙන්නේ. මෝහය සංසිඳිලා තියෙන්නේ.

සාදු! සාදු!! සාදු!!!

දුතිය සන්තක සූත්‍රය නිමා විය.

2.2.7
අට්ඨක සූත්‍රය
වේදනාව පිළිබඳ අට කරුණකින් වදාළ දෙසුම

එදා බොහෝ භික්ෂූන් වහන්සේලා භාග්‍යවතුන් වහන්සේ වැඩසිටි තැනට පැමිණුනා. ....(පෙ).... එකත්පස්ව වාඩිවුණ ඒ භික්ෂූන් වහන්සේලා භාග්‍යවතුන් වහන්සේගෙන් මෙකරුණ විමසුවා. ස්වාමීනී, වේදනාව යනු කුමක්ද? වේදනාවේ හටගැනීම යනු කුමක්ද? වේදනාව නිරුද්ධ වීම යනු කුමක්ද? වේදනාව නිරුද්ධ වීම පිණිස පවතින ප්‍රතිපදාව යනු කුමක්ද? වේදනාවේ ආශ්වාදය කුමක්ද? වේදනාවේ ආදීනවය කුමක්ද? වේදනාවේ නිස්සරණය කුමක්ද?

පින්වත් මහණෙනි, මේ වේදනා තුනක් තියෙනවා. සැප වේදනාව, දුක් වේදනාව හා දුක් සැප රහිත වේදනාවයි. පින්වත් මහණෙනි, වේදනාව කියන්නේ මෙයටයි. ස්පර්ශය හටගැනීමෙනුයි වේදනාව හටගන්නේ. ස්පර්ශය නිරුද්ධ වීමෙන් වේදනාව නිරුද්ධ වෙනවා. ඒ මේ ආර්ය අෂ්ටාංගික මාර්ගය යනු වේදනාව නිරුද්ධ වීම පිණිස පවතින ප්‍රතිපදාවයි. ඒ කියන්නේ: සම්මා දිට්ඨි ....(පෙ).... සම්මා සමාධි. වේදනාව නිසා යම් සැපයක්, සොම්නසක් උපදිනවා නම්, මේක තමයි වේදනාවේ ආශ්වාදය. යම් වේදනාවක් අනිත්‍යයි ද, දුකයි ද, වෙනස්වන ස්වභාවයෙන් යුක්තයි ද, මේක වේදනාවේ ආදීනවයයි. වේදනාව කෙරෙහි ඇති ඡන්දරාගයේ යම් දුරු වීමක් ඇද්ද, ඡන්දරාගයේ ප්‍රහාණයක් ඇද්ද මේක වේදනාවේ නිස්සරණයයි.

එනමුදු පින්වත් මහණෙනි, මා විසින් සංස්කාරයන්ගේ පිළිවෙළින් වන නිරෝධයක් ගැනත් පවසලා තියෙනවා. පළමුවෙනි ධ්‍යානයට සමවැදී සිටින කෙනාට වචනය නිරුද්ධ වෙලා තියෙන්නේ. ...(පෙ).... සඤ්ඤාවේදයිත නිරෝධයට සමවැදී සිටින කෙනාට සඤ්ඤාත්, වේදනාත් නිරුද්ධ වෙලා තියෙන්නේ. ආශ්‍රවයන් ක්ෂය කළ භික්ෂුවට රාගය නිරුද්ධ වෙලා තියෙන්නේ. ද්වේෂය නිරුද්ධ වෙලා තියෙන්නේ. මෝහය නිරුද්ධ වෙලා තියෙන්නේ.

එනමුදු පින්වත් මහණෙනි, මා විසින් සංස්කාරයන්ගේ පිළිවෙළින් වන සංසිඳීමක් ගැනත් පවසලා තියෙනවා. පළමුවෙනි ධ්‍යානයට සමවැදී සිටින කෙනාට වචනය සංසිඳිලා තියෙන්නේ. ....(පෙ).... සඤ්ඤාවේදයිත නිරෝධයට සමවැදී සිටින කෙනාට සඤ්ඤාත්, වේදනාත් සංසිඳිලා තියෙන්නේ. ආශ්‍රවයන් ක්ෂය කළ භික්ෂුවට රාගය සංසිඳිලා තියෙන්නේ. ද්වේෂය සංසිඳිලා තියෙන්නේ. මෝහය සංසිඳිලා තියෙන්නේ.

පින්වත් මහණෙනි, මේ සංසිඳීම් හයක් තියෙනවා. පළමුවෙනි ධ්‍යානයට සමවැදී සිටින කෙනාට වචනය සංසිඳිලා තියෙන්නේ. දෙවෙනි ධ්‍යානයට සමවැදී සිටින කෙනාට විතක්ක විචාර සංසිඳිලා තියෙන්නේ. තුන්වෙනි ධ්‍යානයට සමවැදී සිටින කෙනාට ප්‍රීතිය සංසිඳිලා තියෙන්නේ. හතරවෙනි ධ්‍යානයට සමවැදී සිටින කෙනාට ආශ්වාස ප්‍රශ්වාස සංසිඳිලා තියෙන්නේ. සඤ්ඤාවේදයිත නිරෝධයට සමවැදී සිටින කෙනාට සඤ්ඤාත්, වේදනාත් සංසිඳිලා තියෙන්නේ. ආශ්‍රවයන් ක්ෂය කළ භික්ෂුවට රාගය සංසිඳිලා තියෙන්නේ. ද්වේෂය සංසිඳිලා තියෙන්නේ. මෝහය සංසිඳිලා තියෙන්නේ.

සාදු! සාදු!! සාදු!!!

අට්ඨක සූත්‍රය නිමා විය.

2.2.8
දුතිය අට්ඨක සූත්‍රය
වේදනාව පිළිබඳ අට කරුණකින් වදාළ දෙවෙනි දෙසුම

එදා බොහෝ භික්ෂූන් වහන්සේලා භාග්‍යවතුන් වහන්සේ වැඩසිටි තැනට පැමිණුනා. ....(පෙ).... එකත්පස්ව වාඩිවුණ ඒ භික්ෂූන් වහන්සේලා ගෙන් භාග්‍යවතුන් වහන්සේ මෙකරුණ විමසුවා. පින්වත් මහණෙනි, වේදනාව යනු කුමක්ද? වේදනාවේ හටගැනීම යනු කුමක්ද? වේදනාව නිරුද්ධ වීම යනු කුමක්ද? වේදනාව නිරුද්ධ වීම පිණිස පවතින ප්‍රතිපදාව යනු කුමක්ද? වේදනාවේ ආශ්වාදය කුමක්ද? වේදනාවේ ආදීනවය කුමක්ද? වේදනාවේ නිස්සරණය කුමක්ද?

ස්වාමීනී, අපගේ ශ්‍රී සද්ධර්මය වනාහී භාග්‍යවතුන් වහන්සේ ම මුල් කොට ඇති සේක. ....(පෙ).... පින්වත් මහණෙනි, මේ වේදනා තුනක් තියෙනවා. සැප වේදනාව, දුක් වේදනාව හා දුක් සැප රහිත වේදනාවයි. පින්වත් මහණෙනි, වේදනාව කියන්නේ මෙයටයි. ස්පර්ශය හටගැනීමෙනුයි වේදනාව හටගන්නේ. ....(පෙ)....

(පෙර සූත්‍රයේ පරිදි ම විස්තර කළ යුතුයි)

සාදු! සාදු!! සාදු!!!

දුතිය අට්ඨක සූත්‍රය නිමා විය.

2.2.9
පඤ්චකංග සූත්‍රය
පඤ්චකංග මුල්කොට වදාළ දෙසුම

එදා පඤ්චකංග වඩුවා ආයුෂ්මත් උදායි තෙරුන් වැඩසිටි තැනට පැමිණුනා. පැමිණිලා ආයුෂ්මත් උදායි තෙරුන්ට ආදරයෙන් වන්දනා කොට එකත්පස්ව වාඩිවුණා. එකත්පස්ව වාඩිවුණු පඤ්චකංග වඩුවා ආයුෂ්මත් උදායි තෙරුන්ට මෙහෙම කිව්වා. ස්වාමීනී, උදායි තෙරුනි, භාග්‍යවතුන් වහන්සේ විසින් වේදනා කීයක් වදාරළා තියෙනවාද?

පින්වත් ගෘහපතිය, භාග්‍යවතුන් වහන්සේ විසින් වේදනා තුනක් වදාරළා තියෙනවා. සැප වේදනාව, දුක් වේදනාව හා දුක් සැප රහිත වේදනාවයි. පින්වත් ගෘහපතිය, භාග්‍යවතුන් වහන්සේ විසින් ඔය වේදනා තුන ගැන තමයි වදාරළා තියෙන්නේ.

එසේ කී විට පඤ්චකංග වඩුවා ආයුෂ්මත් උදායි තෙරුන්ට මෙය පැවසුවා. ස්වාමීනී, උදායි තෙරුනි, භාග්‍යවතුන් වහන්සේ විසින් වේදනා තුනක් ගැන නොවෙයි වදාරළා තියෙන්නේ. ස්වාමීනී, භාග්‍යවතුන් වහන්සේ විසින් වදාරළා තියෙන්නේ සැප වේදනාව, දුක් වේදනාව යන වේදනා දෙකක් ගැනයි. ස්වාමීනී, යම් මේ දුක් සැප රහිත වේදනාවක් ඇද්ද, මෙය ශාන්ත වූත්, ප්‍රණීත වූත්, සැපයෙහිලා තමයි භාග්‍යවතුන් වහන්සේ විසින් වදාරළා තියෙන්නේ.

දෙවෙනි වතාවටත් ආයුෂ්මත් උදායි තෙරුන් පඤ්චකංග වඩුවාට මෙහෙම කිව්වා. පින්වත් ගෘහපතිය, භාග්‍යවතුන් වහන්සේ වේදනා දෙකක් වදාරළා නෑ. භාග්‍යවතුන් වහන්සේ විසින් වේදනා තුනකුයි වදාරළා තියෙන්නේ. සැප වේදනාව, දුක් වේදනාව හා දුක් සැප රහිත වේදනාවයි. පින්වත් ගෘහපතිය, භාග්‍යවතුන් වහන්සේ විසින් ඔය වේදනා තුන ගැන තමයි වදාරළා තියෙන්නේ.

දෙවෙනි වතාවටත් පඤ්චකංග වඩුවා ආයුෂ්මත් උදායි තෙරුන්ට මෙය පැවසුවා. ස්වාමීනී, උදායි තෙරුනි, භාග්‍යවතුන් වහන්සේ විසින් වේදනා තුනක් ගැන නොවෙයි වදාරළා තියෙන්නේ. ස්වාමීනී, භාග්‍යවතුන් වහන්සේ විසින් වදාරළා තියෙන්නේ සැප වේදනාව, දුක් වේදනාව යන වේදනා දෙකක් ගැනයි. ස්වාමීනී, යම් මේ දුක් සැප රහිත වේදනාවක් ඇද්ද, මෙය ශාන්ත වූ ත්, ප්‍රණීත වූ ත්, සැපයෙහිලා තමයි භාග්‍යවතුන් වහන්සේ විසින් වදාරළා තියෙන්නේ.

තුන්වෙනි වතාවටත් ආයුෂ්මත් උදායි තෙරුන් පඤ්චකංග වඩුවාට මෙහෙම කිව්වා. පින්වත් ගෘහපතිය, භාග්‍යවතුන් වහන්සේ වේදනා දෙකක් වදාරළා නෑ. භාග්‍යවතුන් වහන්සේ විසින් වේදනා තුනකුයි වදාරළා තියෙන්නේ. සැප වේදනාව, දුක් වේදනාව හා දුක් සැප රහිත වේදනාවයි. පින්වත් ගෘහපතිය, භාග්‍යවතුන් වහන්සේ විසින් ඔය වේදනා තුන ගැන තමයි වදාරළා තියෙන්නේ.

තුන්වෙනි වතාවටත් පඤ්චකංග වඩුවා ආයුෂ්මත් උදායි තෙරුන්ට මෙය පැවසුවා. ස්වාමීනී, උදායි තෙරුනි, භාග්‍යවතුන් වහන්සේ විසින් වේදනා

තුනක් ගැන නොවෙයි වදාරළා තියෙන්නේ. ස්වාමීනී, භාග්‍යවතුන් වහන්සේ විසින් වදාරළා තියෙන්නේ සැප වේදනාව, දුක් වේදනාව යන වේදනා දෙකක් ගැනයි. ස්වාමීනී, යම් මේ දුක් සැප රහිත වේදනාවක් ඇද්ද, මෙය ශාන්ත වූ ත්, ප්‍රණීත වූ ත්, සැපයෙහිලා තමයි භාග්‍යවතුන් වහන්සේ විසින් වදාරළා තියෙන්නේ. ආයුෂ්මත් උදායි තෙරුන්ට පඤ්චකංග වඩුවාව මේ කාරණයෙහි දැනුවත් කරවන්නට නො හැකි වුණා. පඤ්චකංග වඩුවාටත් ආයුෂ්මත් උදායි තෙරුන්ව තම කරුණෙහි දැනුවත් කරවන්නට නො හැකි වුණා.

එතකොට ආයුෂ්මත් ආනන්ද තෙරුන් ආයුෂ්මත් උදායි හා පඤ්චකංග වඩුවා අතර ඇති වුණු මේ කථා සල්ලාපය අසාගෙන හිටියා. ඉන්පසු ආයුෂ්මත් ආනන්ද තෙරුන් භාග්‍යවතුන් වහන්සේ වැඩසිටි තැනට පැමිණුනා. ....(පෙ).... එකත්පස්ව වාඩිවුණ ආයුෂ්මත් ආනන්දයන් ආයුෂ්මත් උදායි තෙරුන් හා පඤ්චකංග වඩුවා අතර යම්තාක් කථා සල්ලාපයක් වුණා ද, ඒ සෑම දෙයක් ම භාග්‍යවතුන් වහන්සේට සැළ කළා.

පින්වත් ආනන්ද, පඤ්චකංග වඩුවා උදායි භික්ෂුවගේ ඇත්තා වූ ම දහම් ක්‍රමය යි නොපිළිගත්තේ. ඒ වගේම පින්වත් ආනන්ද, උදායි භික්ෂුවත් පඤ්චකංග වඩුවාගේ ඇත්තා වූ ම දහම් ක්‍රමය යි නොපිළිගත්තේ. පින්වත් ආනන්ද, මා විසින් දහම් ක්‍රම වශයෙන් වේදනා දෙකක් ගැනත් පවසා තිබෙනවා. මා විසින් දහම් ක්‍රම වශයෙන් වේදනා තුනක් ගැනත් පවසා තිබෙනවා. මා විසින් දහම් ක්‍රම වශයෙන් වේදනා පහක් ගැනත් පවසා තිබෙනවා. මා විසින් දහම් ක්‍රම වශයෙන් වේදනා හයක් ගැනත් පවසා තිබෙනවා. මා විසින් දහම් ක්‍රම වශයෙන් වේදනා දහඅටක් ගැනත් පවසා තිබෙනවා. මා විසින් දහම් ක්‍රම වශයෙන් වේදනා තිස්හයක් ගැනත් පවසා තිබෙනවා. මා විසින් දහම් ක්‍රම වශයෙන් වේදනා එකසිය අටක් ගැනත් පවසා තිබෙනවා.

පින්වත් ආනන්ද, ඔය විදියට නොයෙක් ක්‍රම වශයෙනුයි මා විසින් ධර්මය දෙසන ලද්දේ. පින්වත් ආනන්ද, ඔය ආකාරයට නොයෙක් ක්‍රම වශයෙන් මා විසින් දේශනා කරන ලද ධර්මය පිළිබඳව යමෙක් එකිනෙකාගේ සුභාෂිතය, මැනැවින් පැවසූ දෙය එකිනෙකා තේරුම් නොගන්නවා නම්, වටහා නොගන්නවා නම්, අනුමෝදන් නොවනවා නම් ඔවුන් විසින් කැමති විය යුත්තේ මෙයයි. රණ්ඩු කර ගැනීමත්, කෝළාහල කර ගැනීමත්, වාද විවාද කර ගැනීමත්, එකිනෙකාට මුඛය නැමැති ආයුධයෙන් විදගැනීමත් ඇතිව වාසය කිරීම විතරයි.

පින්වත් ආනන්ද, ඔය විදියට නොයෙක් ක්‍රම වශයෙනුයි මා විසින් ධර්මය දෙසන ලද්දේ. පින්වත් ආනන්ද, ඔය ආකාරයට නොයෙක් ක්‍රම

වශයෙන් මා විසින් දේශනා කරන ලද ධර්මය පිළිබඳව යමෙක් එකිනෙකාගේ සුභාෂිතය, මැනැවින් පැවසූ දෙය එකිනෙකා තේරුම් ගන්නවා නම්, වටහා ගන්නවා නම්, අනුමෝදන් වෙනවා නම් ඔවුන් විසින් කැමති විය යුත්තේ මෙයයි. සමඟියෙන් සිටීමත්, සතුටුව සිටීමත්, වාද නොකර සිටීමත්, කිරි හා දිය එක් වූ පරිද්දෙන් එකිනෙකා ප්‍රිය ඇසින් බලමින් වාසය කිරීමත් තමයි.

පින්වත් ආනන්ද, කාමගුණ පහක් තියෙනවා. කවර පහක් ද යත්? ඇසින් දතයුතු යහපත්, ලස්සන, මනාප, ප්‍රිය ස්වභාව ඇති, කැමැත්ත ඇති වෙන, කෙලෙස් ඇති වෙන රූප තියෙනවා. කනින් දතයුතු ශබ්ද තියෙනවා. ....(පෙ).... නාසයෙන් දතයුතු ගඳ-සුවඳ තියෙනවා. ....(පෙ).... දිවෙන් දතයුතු රස තියෙනවා. ....(පෙ).... කයෙන් දතයුතු යහපත්, ලස්සන, මනාප, ප්‍රිය ස්වභාව ඇති, කැමැත්ත ඇති වෙන, කෙලෙස් ඇති වෙන පහස තියෙනවා. පින්වත් ආනන්ද, මේ තමයි පඤ්ච කාමගුණ. පින්වත් ආනන්ද, මේ පඤ්ච කාමගුණයන් හේතුවෙන් යම් සැපයක් සොම්නසක් උපදිනවා නම්, මෙයයි කාම සුඛය කියන්නේ. පින්වත් ආනන්ද, යම් කෙනෙක් මෙහෙම කියන්න පුළුවනි. මේක තමයි සුඛ සොම්නස විඳින්නා වූ පරම ශාන්ත සැපය කියලා. ඔවුන්ගේ වචනය මං පිළිගන්නේ නෑ. ඒකට හේතුව කුමක්ද? පින්වත් ආනන්දය, ඔය කාම සුඛයට වඩා ඉතා සුන්දර වූ, ඉතා ප්‍රණීත වූ වෙනත් සැපයක් තියෙනවා.

පින්වත් ආනන්ද, ඔය කාම සුඛයට වඩා ඉතා සුන්දර වූ, ඉතා ප්‍රණීත වූ වෙනත් සැපය කුමක්ද? පින්වත් ආනන්ද, මෙහිලා භික්ෂුව කාමයන්ගෙන් වෙන්ව, අකුසල්වලින් වෙන්ව, විතර්ක සහිත වූ, විචාර සහිත වූ, විවේකයෙන් හටගත් ප්‍රීති සුඛය ඇති පළමෙනි ධ්‍යානය උපදවාගෙන වාසය කරනවා. පින්වත් ආනන්ද, මේක තමයි ඔය කාම සුඛයට වඩා ඉතා සුන්දර වූ, ඉතා ප්‍රණීත වූ, වෙනත් සැපය.

පින්වත් ආනන්ද, යම් කෙනෙක් මෙහෙම කියන්නට පුළුවනි. "පරම ශාන්ත සුඛය වූ මේ සොම්නස තමයි විඳින්ට තියෙන්නේ" කියලා. ඔවුන්ගේ ඒ වචනය මං පිළිගන්නේ නෑ. ඒකට හේතුව කුමක්ද? පින්වත් ආනන්ද, ඔය සුඛයට වඩා ඉතා සුන්දර වූත්, ඉතා ප්‍රණීත වූත් වෙනත් සැපයක් තියෙනවා. පින්වත් ආනන්ද, ඔය සුඛයට වඩා ඉතා සුන්දර වූත්, ඉතා ප්‍රණීත වූත් වෙනත් සැපය කුමක්ද? පින්වත් ආනන්ද, මෙහිලා භික්ෂුව විතක්ක විචාරයන් සංසිඳවාගෙන, තමා තුළ පැහැදීම ඇති කරගෙන, සිතේ එකඟභාවය ඇති කරගෙන, විතර්ක රහිත වූ, විචාර රහිත වූ, සමාධියෙන් හටගත් ප්‍රීති සුඛය ඇති දෙවෙනි ධ්‍යානය උපදවාගෙන වාසය කරනවා. පින්වත් ආනන්දය,

මේක තමයි ඔය සුඛයට වඩා ඉතා සුන්දර වූත්, ඉතා ප්‍රණීත වූත් වෙනත් සැපය.

පින්වත් ආනන්ද, යම් කෙනෙක් මෙහෙම කියන්නට පුළුවනි. "පරම ශාන්ත සුඛය වූ මේ සොම්නස තමයි විඳින්ට තියෙන්නේ" කියලා. ඔවුන්ගේ ඒ වචනය මං පිළිගන්නේ නෑ. ඒකට හේතුව කුමක්ද? පින්වත් ආනන්ද, ඔය සුඛයට වඩා ඉතා සුන්දර වූත්, ඉතා ප්‍රණීත වූත් වෙනත් සැපයක් තියෙනවා. පින්වත් ආනන්ද, ඔය සුඛයට වඩා ඉතා සුන්දර වූත්, ඉතා ප්‍රණීත වූත් වෙනත් සැපය කුමක්ද? පින්වත් ආනන්ද, මෙහිලා භික්ෂුව ප්‍රීතියටත් නොඇලී, උපේක්ෂාවෙන් ඉන්නවා. සිහිය ඇතිව, නුවණ ඇතිව, කයෙන් සැපයකුත් විඳිනවා. ආර්යයන් වහන්සේලා උපේක්ෂාවෙන් යුතුව සිහිය ඇතිව, සැපසේ වාසය කිරීම කියා යමකට කියනවා නම්, ඒ තුන්වෙනි ධ්‍යානයටත් පැමිණ වාසය කරනවා. පින්වත් ආනන්දය, මේක තමයි ඔය සුඛයට වඩා ඉතා සුන්දර වූත්, ඉතා ප්‍රණීත වූත් වෙනත් සැපය.

පින්වත් ආනන්ද, යම් කෙනෙක් මෙහෙම කියන්නට පුළුවනි. "පරම ශාන්ත සුඛය වූ මේ සොම්නස තමයි විඳින්ට තියෙන්නේ" කියලා. ඔවුන්ගේ ඒ වචනය මං පිළිගන්නේ නෑ. ඒකට හේතුව කුමක්ද? පින්වත් ආනන්ද, ඔය සුඛයට වඩා ඉතා සුන්දර වූත්, ඉතා ප්‍රණීත වූත් වෙනත් සැපයක් තියෙනවා. පින්වත් ආනන්ද, ඔය සුඛයට වඩා ඉතා සුන්දර වූත්, ඉතා ප්‍රණීත වූත් වෙනත් සැපය කුමක්ද? පින්වත් ආනන්ද, මෙහිලා භික්ෂුව සැපය ද ප්‍රහාණය කිරීමෙන්, දුක ද ප්‍රහාණය කිරීමෙන්, කලින්ම සොම්නස් දොම්නස් දෙක දුරු කිරීමෙන්, දුක් සැප රහිත වූ, උපේක්ෂාවෙන් යුතු පිරිසිදු සිහියෙන් යුතු හතරවෙනි ධ්‍යානයටත් පැමිණ වාසය කරනවා. පින්වත් ආනන්දය, මේක තමයි ඔය සුඛයට වඩා ඉතා සුන්දර වූත්, ඉතා ප්‍රණීත වූත් වෙනත් සැපය.

පින්වත් ආනන්ද, යම් කෙනෙක් මෙහෙම කියන්නට පුළුවනි. "පරම ශාන්ත සුඛය වූ මේ සොම්නස තමයි විඳින්ට තියෙන්නේ" කියලා. ඔවුන්ගේ ඒ වචනය මං පිළිගන්නේ නෑ. ඒකට හේතුව කුමක්ද? පින්වත් ආනන්ද, ඔය සුඛයට වඩා ඉතා සුන්දර වූත්, ඉතා ප්‍රණීත වූත් වෙනත් සැපයක් තියෙනවා. පින්වත් ආනන්ද, ඔය සුඛයට වඩා ඉතා සුන්දර වූ ත්, ඉතා ප්‍රණීත වූ ත් වෙනත් සැපය කුමක්ද? පින්වත් ආනන්ද, මෙහිලා භික්ෂුව සියලු රූප සඤ්ඤාවන් ඉක්මවා යෑමෙන්, ගොරෝසු සඤ්ඤාවන්ගේ දුරු වීමෙන්, නොයෙක් සඤ්ඤාවන් මෙනෙහි නොකිරීමෙන්, අනන්ත වූ ආකාසය කියා මෙනෙහි කිරීමෙන් ආකාසානඤ්චායතනයට පැමිණ වාසය කරනවා. පින්වත් ආනන්දය, මේක තමයි ඔය සුඛයට වඩා ....(පෙ)....

පින්වත් ආනන්ද, යම් කෙනෙක් මෙහෙම කියන්නට පුළුවනි. "පරම ශාන්ත සුඛය වූ මේ සොම්නස තමයි විඳින්ට තියෙන්නේ" කියලා. ඔවුන්ගේ ඒ වචනය මං පිළිගන්නේ නෑ. ඒකට හේතුව කුමක්ද? පින්වත් ආනන්ද, ඔය සුඛයට වඩා ....(පෙ).... පින්වත් ආනන්ද, ඔය සුඛයට වඩා වෙනත් සැපය කුමක්ද? ....(පෙ).... පින්වත් ආනන්ද, මෙහිලා භික්ෂුව සියලු අයුරින් ආකාසානඤ්චායතනය ඉක්මවා යෑමෙන්, අනන්ත වූ විඤ්ඤාණය කියා මෙනෙහි කිරීමෙන් විඤ්ඤාණඤ්චායතනයට පැමිණ වාසය කරනවා. පින්වත් ආනන්දය, මේක තමයි ඔය සුඛයට වඩා ....(පෙ)....

පින්වත් ආනන්ද, යම් කෙනෙක් මෙහෙම කියන්නට පුළුවනි. "පරම ශාන්ත සුඛය වූ මේ සොම්නස තමයි විඳින්ට තියෙන්නේ" කියලා. ඔවුන්ගේ ඒ වචනය මං පිළිගන්නේ නෑ. ඒකට හේතුව කුමක්ද? පින්වත් ආනන්ද, ඔය සුඛයට වඩා ....(පෙ).... පින්වත් ආනන්ද, ඔය සුඛයට වඩා වෙනත් සැපය කුමක්ද? ....(පෙ).... පින්වත් ආනන්ද, මෙහිලා භික්ෂුව සියලු අයුරින් විඤ්ඤාණඤ්චායතනය ඉක්මවා යෑමෙන්, 'කිසිවක් නැත' කියා මෙනෙහි කිරීමෙන් ආකිඤ්චඤ්ඤායතනයට පැමිණ වාසය කරනවා. පින්වත් ආනන්දය, මේක තමයි ඔය සුඛයට වඩා ....(පෙ)....

පින්වත් ආනන්ද, යම් කෙනෙක් මෙහෙම කියන්නට පුළුවනි. "පරම ශාන්ත සුඛය වූ මේ සොම්නස තමයි විඳින්ට තියෙන්නේ" කියලා. ඔවුන්ගේ ඒ වචනය මං පිළිගන්නේ නෑ. ඒකට හේතුව කුමක්ද? පින්වත් ආනන්ද, ඔය සුඛයට වඩා ඉතා සුන්දර වූත්, ඉතා ප්‍රණීත වූත් වෙනත් සැපයක් තියෙනවා. පින්වත් ආනන්ද, ඔය සුඛයට වඩා ඉතා සුන්දර වූත්, ඉතා ප්‍රණීත වූත් වෙනත් සැපය කුමක්ද? පින්වත් ආනන්ද, මෙහිලා භික්ෂුව සියලු අයුරින් ආකිඤ්චඤ්ඤායතනය ඉක්මවා යෑමෙන්, නේවසඤ්ඤානාසඤ්ඤායතනයට පැමිණ වාසය කරනවා. පින්වත් ආනන්දය, මේක තමයි ඔය සුඛයට වඩා ඉතා සුන්දර වූත්, ඉතා ප්‍රණීත වූත් වෙනත් සැපය.

පින්වත් ආනන්ද, යම් කෙනෙක් මෙහෙම කියන්නට පුළුවනි. "පරම ශාන්ත සුඛය වූ මේ සොම්නස තමයි විඳින්ට තියෙන්නේ" කියලා. ඔවුන්ගේ ඒ වචනය මං පිළිගන්නේ නෑ. ඒකට හේතුව කුමක්ද? පින්වත් ආනන්ද, ඔය සුඛයට වඩා ඉතා සුන්දර වූත්, ඉතා ප්‍රණීත වූත් වෙනත් සැපයක් තියෙනවා. පින්වත් ආනන්ද, ඔය සුඛයට වඩා ඉතා සුන්දර වූත්, ඉතා ප්‍රණීත වූත් වෙනත් සැපය කුමක්ද? පින්වත් ආනන්ද, මෙහිලා භික්ෂුව සියලු අයුරින් නේවසඤ්ඤානාසඤ්ඤායතනය ඉක්මවා යෑමෙන්, සඤ්ඤාවේදයිත නිරෝධයට පැමිණ වාසය කරනවා. පින්වත් ආනන්දය, මේක තමයි ඔය

සුඛයට වඩා ඉතා සුන්දර වූත්, ඉතා ප්‍රණීත වූත් වෙනත් සැපය.

පින්වත් ආනන්ද, අන්‍යාගමික පිරිවැජියන් මේ ආකාරයට කියනවා යන කරුණත්, සිදුවිය හැකි දෙයක්. ඒ කියන්නේ "ශ්‍රමණ ගෞතමයන් සඤ්ඤාවේදයිත නිරෝධයක් ගැන පවසනවා. එය සැපයෙහිලා පණවනවා. මොකක්ද ඒක? කොහොමද ඒක ඇතිකරගන්නේ?" කියලා. පින්වත් ආනන්ද, ඔවැනි දේ කියන අන්‍යාගමික පිරිවැජියන්ට පිළිතුරු දිය යුත්තේ මෙහෙමයි. "එම්බා ආයුෂ්මතුනි, භාග්‍යවතුන් වහන්සේ සුඛ වූ වේදනාව පමණක් ම සැපයෙහිලා පණවන්නේ නෑ. එම්බා ආයුෂ්මතුනි, යම් යම් තැනක සුවයක් ලැබෙයි ද, යම් යම් වූ සුවයක් ඇද්ද, ඒ ඒ සුවය තථාගතයන් වහන්සේ සැපයෙහිලා පණවන සේක" කියලා.

සාදු! සාදු!! සාදු!!!

පඤ්චකංග සූත්‍රය නිමා විය.

2.2.10
භික්ඛු සූත්‍රය
භික්ෂූන්ට වදාළ දෙසුම

පින්වත් මහණෙනි, මා විසින් දහම් ක්‍රම වශයෙන් වේදනා දෙකක් ගැනත් පවසා තිබෙනවා. මා විසින් දහම් ක්‍රම වශයෙන් වේදනා තුනක් ගැනත් පවසා තිබෙනවා. මා විසින් දහම් ක්‍රම වශයෙන් වේදනා පහක් ගැනත් පවසා තිබෙනවා. මා විසින් දහම් ක්‍රම වශයෙන් වේදනා හයක් ගැනත් පවසා තිබෙනවා. මා විසින් දහම් ක්‍රම වශයෙන් වේදනා දහඅටක් ගැනත් පවසා තිබෙනවා. මා විසින් දහම් ක්‍රම වශයෙන් වේදනා තිස්හයක් ගැනත් පවසා තිබෙනවා. මා විසින් දහම් ක්‍රම වශයෙන් වේදනා එකසිය අටක් ගැනත් පවසා තිබෙනවා.

පින්වත් මහණෙනි, ඔය විදියට නොයෙක් ක්‍රම වශයෙනුයි මා විසින් ධර්මය දෙසන ලද්දේ. පින්වත් මහණෙනි, ඔය ආකාරයට නොයෙක් ක්‍රම වශයෙන් මා විසින් දේශනා කරන ලද ධර්මය පිළිබඳව යමෙක් එකිනෙකාගේ සුභාෂිතය, මැනැවින් පැවසූ දෙය එකිනෙකා තේරුම් නොගන්නවා නම්, වටහා නොගන්නවා නම්, අනුමෝදන් නොවනවා නම් ඔවුන් විසින් කැමති විය යුත්තේ මෙයයි. රණ්ඩු කර ගැනීමත්, කෝළාහල කර ගැනීමත්, වාද විවාද

කර ගැනීමත්, එකිනෙකාට මුඛය නැමැති ආයුධයෙන් විදගැනීමත් ඇතිව වාසය කිරීම විතරයි.

පින්වත් මහණෙනි, ඔය විදියට නොයෙක් ක්‍රම වශයෙනුයි මා විසින් ධර්මය දෙසන ලද්දේ. පින්වත් මහණෙනි, ඔය ආකාරයට නොයෙක් ක්‍රම වශයෙන් මා විසින් දේශනා කරන ලද ධර්මය පිළිබඳව යමෙක් එකිනෙකාගේ සුභාෂිතය, මැනැවින් පැවසූ දෙය එකිනෙකා තේරුම් ගන්නවා නම්, වටහා ගන්නවා නම්, අනුමෝදන් වෙනවා නම් ඔවුන් විසින් කැමති විය යුත්තේ මෙයයි. සමගියෙන් සිටීමත්, සතුටුව සිටීමත්, වාද නොකර සිටීමත්, කිරි හා දිය එක් වූ පරිද්දෙන් එකිනෙකා ප්‍රිය ඇසින් බලමින් වාසය කිරීමත් තමයි.

පින්වත් මහණෙනි, කාමගුණ පහක් තියෙනවා. කවර පහක් ද යත්? ඇසින් දතයුතු යහපත්, ලස්සන, මනාප, ප්‍රිය ස්වභාව ඇති, කැමැත්ත ඇති වෙන, කෙලෙස් ඇති වෙන රූප තියෙනවා. කනින් දතයුතු ශබ්ද තියෙනවා. ....(පෙ).... නාසයෙන් දතයුතු ගඳ-සුවඳ තියෙනවා. ....(පෙ).... දිවෙන් දතයුතු රස තියෙනවා. ....(පෙ).... කයෙන් දතයුතු යහපත්, ලස්සන, මනාප, ප්‍රිය ස්වභාව ඇති, කැමැත්ත ඇති වෙන, කෙලෙස් ඇති වෙන පහස තියෙනවා. පින්වත් මහණෙනි, මේ තමයි පඤ්ච කාමගුණ.

පින්වත් මහණෙනි, මේ පඤ්ච කාමගුණයන් හේතුවෙන් යම් සැපයක් සොම්නසක් උපදිනවා නම්, මෙයයි කාම සුඛය කියන්නේ. පින්වත් මහණෙනි, යම් කෙනෙක් මෙහෙම කියන්න පුළුවනි. මේක තමයි සුඛ සොම්නස විඳින්නා වූ පරම ශාන්ත සැපය කියලා. ඔවුන්ගේ වචනය මං පිළිගන්නේ නෑ. ඒකට හේතුව කුමක්ද? පින්වත් මහණෙනි, ඔය කාම සුඛයට වඩා ඉතා සුන්දර වූත්, ඉතා ප්‍රණීත වූත් වෙනත් සැප තියෙනවා. පින්වත් මහණෙනි, ඔය කාම සුඛයට වඩා ඉතා සුන්දර වූ ත්, ඉතා ප්‍රණීත වූ ත් වෙනත් සැපය කුමක්ද? පින්වත් මහණෙනි, මෙහිලා භික්ෂුව කාමයන්ගෙන් වෙන්ව, අකුසල්වලින් වෙන්ව, විතර්ක සහිත වූ, විචාර සහිත වූ, විවේකයෙන් හටගත් ප්‍රීති සුඛය ඇති පළවෙනි ධ්‍යානය උපදවාගෙන වාසය කරනවා. පින්වත් මහණෙනි, මේක තමයි ඔය කාම සුඛයට වඩා ඉතා සුන්දර වූ ත්, ඉතා ප්‍රණීත වූ ත් වෙනත් සැපය.

පින්වත් මහණෙනි, යම් කෙනෙක් මෙහෙම කියන්නට පුළුවනි. "පරම ශාන්ත සුඛය වූ මේ සොම්නස තමයි විඳින්ට තියෙන්නේ" කියලා. ඔවුන්ගේ ඒ වචනය මං පිළිගන්නේ නෑ. ඒකට හේතුව කුමක්ද? පින්වත් මහණෙනි, ඔය සුඛයට වඩා ඉතා සුන්දර වූත්, ඉතා ප්‍රණීත වූත් වෙනත් සැපයක් තියෙනවා.

පින්වත් මහණෙනි, ඔය සුඛයට වඩා ඉතා සුන්දර වූ ත්, ඉතා ප්‍රණීත වූ ත් වෙනත් සැපය කුමක්ද? පින්වත් මහණෙනි, මෙහිලා භික්ෂුව ....(පෙ).... සියලු අයුරින් නේවසඤ්ඤානාසඤ්ඤායතනය ඉක්මවා යෑමෙන්, සඤ්ඤාවේදයිත නිරෝධයට පැමිණ වාසය කරනවා. පින්වත් මහණෙනි, මේක තමයි ඔය සුඛයට වඩා ඉතා සුන්දර වූ ත්, ඉතා ප්‍රණීත වූ ත් වෙනත් සැපය.

පින්වත් මහණෙනි, අන්‍යාගමික පිරිවැජියන් මේ ආකාරයට කියනවා යන කරුණත්, සිදුවිය හැකි දෙයක්. ඒ කියන්නේ "ශ්‍රමණ ගෞතමයන් සඤ්ඤාවේදයිත නිරෝධයක් ගැන පවසනවා. එය සැපයෙහිලා පණවනවා. මොකක්ද ඒක? කොහොමද ඒක ඇතිකරගන්නේ?" කියලා. පින්වත් මහණෙනි, ඔවැනි දේ කියන අන්‍යාගමික පිරිවැජියන්ට පිළිතුරු දිය යුත්තේ මෙහෙමයි. "එම්බා ආයුෂ්මතුනි, භාග්‍යවතුන් වහන්සේ සුඛ වූ වේදනාව පමණක් ම සැපයෙහිලා පණවන්නේ නෑ. එම්බා ආයුෂ්මතුනි, යම් යම් තැනක සුවයක් ලැබෙයි ද, යම් යම් වූ සුවයක් ඇද්ද, ඒ ඒ සුවය තථාගතයන් වහන්සේ සැපයෙහිලා පණවන සේක" කියලා.

සාදු! සාදු!! සාදු!!!

භික්ඛු සූත්‍රය නිමා විය.

දෙවෙනි රහෝගත වර්ගය යි.

- එහි පිළිවෙළ උද්දානයයි.

රහෝගත සූත්‍රය, ආකාස සූත්‍ර දෙක, අගාර සූත්‍රය, සන්තක සූත්‍ර දෙක, අට්ඨක සූත්‍ර දෙක, පඤ්චකංග සූත්‍රය, භික්ඛු සූත්‍රය යන මෙයින් මේ වර්ගය සමන්විතයි.

3. අට්ඨසතපරියාය වර්ගය

2.3.1
මෝළියසීවක සූත්‍රය
මෝළියසීවක පිරිවැජියාට වදාළ දෙසුම

ඒ දිනවල භාග්‍යවතුන් වහන්සේ වැඩසිටියේ රජගහ නුවර කලන්දකනිවාප නම් වූ වේළුවනාරාමයේ. එදා මෝළියසීවක පිරිවැජියා භාග්‍යවතුන් වහන්සේ වැඩසිටි තැනට පැමිණුනා. පැමිණිලා භාග්‍යවතුන් වහන්සේ සමඟ සතුටු වුණා. සතුටු විය යුතු වූ පිළිසඳර කතාබහේ යෙදුනා. එකත්පස්ව වාඩි වුණා. එකත්පස්ව වාඩි වුණ මෝළියසීවක පිරිවැජියා භාග්‍යවතුන් වහන්සේට මෙකරුණ පැවසුවා. භවත් ගෞතමයන් වහන්ස, මෙවැනි වාද ඇති, මෙවැනි ආකල්ප දරණ ඇතැම් ශ්‍රමණබ්‍රාහ්මණයන් ඉන්නවා. "මේ පුරුෂ පුද්ගලයා යම් කිසි සැපක් වේවා, දුකක් වේවා, දුක් සැප රහිත විඳීමක් වේවා විඳිනවා නම්, ඒ සෑම විඳීමක් ම තමන් පෙර කරපු කර්මයන්ගේ විපාක හේතුවෙන්" කියලා. භවත් ගෞතමයන් වහන්සේ මේ ගැන පවසන්නේ කුමක්ද?

පින්වත් සීවකය, මෙහි පිත නිසා හටගන්නා වූ ඇතැම් වේදනාවන් ද උපදිනවා. පින්වත් සීවකය, යම් අයුරකින් මෙහි පිත නිසා හටගන්නා වූ ඇතැම් වේදනාවන් උපදිනවා ද, එසේ පිත නිසා වේදනා උපදින බව තමන් දැනගත යුතුයි. පින්වත් සීවකය, ලෝකයා අතරත් (පිත නිසා වේදනා හටගන්නා බව) මේ කරුණ සත්‍යයි කියා සම්මතයි. ඒ කියන්නේ මෙහි පිත නිසා හටගන්නා ඇතැම් වේදනා උපදින බවයි. නමුත් සීවකය, ඔය පිළිබඳව ඇතැම් ශ්‍රමණ බ්‍රාහ්මණයන් මේ වගේ දෙයක් නම් කියන්නේ, මේ වගේ ආකල්පයක් නම් දරන්නේ "මේ පුරුෂ පුද්ගලයා යම් කිසි සැපක් වේවා, දුකක් වේවා, දුක් සැප රහිත විඳීමක් වේවා විඳිනවා නම්, ඒ සෑම විඳීමක් ම තමන් පෙර කරපු කර්මයන්ගේ විපාක හේතුවෙන්" කියලා. තමන් විසින් දන්නා වූ යම් කරුණක් ඇද්ද, ඒකටත් එහා දුවනවා. ලෝකයෙහි සත්‍ය යැයි සම්මත යමක් ඇද්ද ඒකටත් එහා දුවනවා. ඒ නිසා ඕවා ඔය ශ්‍රමණ බ්‍රාහ්මණයින්ගේ බොරු කතා කියලයි මා කියන්නේ.

පින්වත් සීවකය, මෙහි සෙම නිසා හටගන්නා වූ ....(පෙ).... පින්වත් සීවකය, මෙහි වාතය නිසා හටගන්නා වූ ....(පෙ).... පින්වත් සීවකය, මෙහි සන්නිපාතය නිසා හටගන්නා වූ ....(පෙ).... පින්වත් සීවකය, මෙහි ඍතු විපර්යාසය නිසා හටගන්නා වූ ....(පෙ).... පින්වත් සීවකය, මෙහි විෂම පරිහරණය නිසා හටගන්නා වූ ....(පෙ).... පින්වත් සීවකය, මෙහි උපක්‍රම නිසා හටගන්නා වූ ....(පෙ).... පින්වත් සීවකය, මෙහි කර්ම විපාක නිසා හටගන්නා වූ ඇතැම් වේදනාවන් ද උපදිනවා. පින්වත් සීවකය, යම් අයුරකින් මෙහි කර්ම විපාක නිසා හටගන්නා වූ ඇතැම් වේදනාවන් උපදිනවා ද, තමන් ඒ බව දැනගත යුතුයි. පින්වත් සීවකය, ලෝකයා අතරත් (කර්ම විපාක නිසා වේදනා හටගන්නා බව) මේ කරුණ සත්‍යයි කියා සම්මතයි. ඒ කියන්නේ මෙහි කර්ම විපාක නිසා හටගන්නා ඇතැම් වේදනා උපදින බවයි. නමුත් සීවකය, ඔය පිළිබඳව ඇතැම් ශ්‍රමණ බ්‍රාහ්මණයන් මේ වගේ දෙයක් නම් කියන්නේ, මේ වගේ ආකල්පයක් නම් දරන්නේ "මේ පුරුෂ පුද්ගලයා යම් කිසි සැපක් වේවා, දුකක් වේවා, දුක් සැප රහිත විඳීමක් වේවා විඳිනවා නම්, ඒ සෑම විඳීමක් ම තමන් පෙර කරපු කර්මයන්ගේ විපාක හේතුවෙන්" කියලා. තමන් විසින් දන්නා වූ යම් කරුණක් ඇද්ද, ඒකටත් එහා දුවනවා. ලෝකයෙහි සත්‍ය යැයි සම්මත යමක් ඇද්ද ඒකටත් එහා දුවනවා. ඒ නිසා ඕවා ඔය ශ්‍රමණ බ්‍රාහ්මණයින්ගේ බොරු කතා කියලයි මා කියන්නේ.

මෙසේ වදාළ විට මෝළියසීවක පිරිවැජියා භාග්‍යවතුන් වහන්සේට මෙය පැවසුවා. "භවත් ගෞතමයන් වහන්ස, ඉතා සුන්දරයි ....(පෙ).... භවත් ගෞතමයන් වහන්සේ, අද පටන් මා දිවිහිමියෙන් සරණ ගිය උපාසකයෙක් වශයෙන් පිළිගන්නා සේක්වා."

(ගාථාවකි)

> පිත නිසාත් වේදනා ඇති වෙනවා. සෙම නිසාත් වේදනා ඇති වෙනවා. වාතය නිසාත් වේදනා ඇති වෙනවා. සන්නිපාතය නිසාත් වේදනා ඇති වෙනවා. ඍතු විපර්යාස නිසාත් වේදනා ඇති වෙනවා. විෂම පැවැත්ම නිසාත් වේදනා ඇති වෙනවා. උපක්‍රම නිසාත් වේදනා ඇති වෙනවා. අට වැනි දේ වශයෙන් කර්ම විපාක නිසාත් වේදනා ඇති වෙනවා.

සාදු! සාදු!! සාදු!!!

මෝළියසීවක සූත්‍රය නිමා විය.

2.3.2
අට්ඨසතපරියාය සූත්‍රය
එකසිය අට වැදෑරුම් දහම් ක්‍රමයක් ගැන වදාළ දෙසුම

පින්වත් මහණෙනි, එකසිය අට වැදෑරුම් ක්‍රමයකින් යුතු දහම් ක්‍රමයක් මා ඔබට දේශනා කරන්ටයි යන්නේ. එය සවන් යොමා අසන්න. පින්වත් මහණෙනි, එකසිය අට වැදෑරුම් ක්‍රමයකින් යුතු දහම් ක්‍රමය කුමක්ද? පින්වත් මහණෙනි, මා විසින් දහම් ක්‍රම වශයෙන් වේදනා දෙකක් ගැනත් පවසා තිබෙනවා. මා විසින් දහම් ක්‍රම වශයෙන් වේදනා තුනක් ගැනත් පවසා තිබෙනවා. මා විසින් දහම් ක්‍රම වශයෙන් වේදනා පහක් ගැනත් පවසා තිබෙනවා. මා විසින් දහම් ක්‍රම වශයෙන් වේදනා හයක් ගැනත් පවසා තිබෙනවා. මා විසින් දහම් ක්‍රම වශයෙන් වේදනා දහඅටක් ගැනත් පවසා තිබෙනවා. මා විසින් දහම් ක්‍රම වශයෙන් වේදනා තිස් හයක් ගැනත් පවසා තිබෙනවා. මා විසින් දහම් ක්‍රම වශයෙන් වේදනා එකසිය අටක් ගැනත් පවසා තිබෙනවා.

පින්වත් මහණෙනි, වේදනා දෙක කුමක්ද? කායික වේදනාවත්, චෛතසික වේදනාවත් ය. පින්වත් මහණෙනි, වේදනා දෙක කියන්නේ මෙයටයි. පින්වත් මහණෙනි, වේදනා තුන කුමක්ද? සැප වේදනාවත්, දුක් වේදනාවත් දුක් සැප රහිත වේදනාවත් ය. පින්වත් මහණෙනි, වේදනා තුන කියන්නේ මෙයටයි. පින්වත් මහණෙනි, වේදනා පහ කුමක්ද? සුඛ ඉන්ද්‍රිය, දුක් ඉන්ද්‍රිය, සොම්නස් ඉන්ද්‍රිය, දොම්නස් ඉන්ද්‍රිය, උපේක්ෂා ඉන්ද්‍රිය යන මෙයයි. පින්වත් මහණෙනි, වේදනා පහ කියන්නේ මෙයටයි. පින්වත් මහණෙනි, වේදනා හය කුමක්ද? ඇසේ ස්පර්ශයෙන් හටගන්නා වේදනාව, කනේ ....(පෙ).... නාසයේ ....(පෙ).... දිවේ ....(පෙ).... කයේ ....(පෙ).... මනසේ ස්පර්ශයෙන් හටගන්නා වේදනාව. පින්වත් මහණෙනි, වේදනා හය කියන්නේ මෙයටයි.

පින්වත් මහණෙනි, වේදනා දහඅට කුමක්ද? සොම්නස සමඟ හැසිරෙන සය වැදෑරුම් වේදනාව ය. දොම්නස සමඟ හැසිරෙන සය වැදෑරුම් වේදනාව ය. උපේක්ෂාව සමඟ හැසිරෙන සය වැදෑරුම් වේදනාව ය. පින්වත් මහණෙනි, වේදනා දහඅට කියන්නේ මෙයටයි. පින්වත් මහණෙනි, වේදනා තිස්හය කුමක්ද? පඤ්චකාම ගුණය ඇසුරු කළ සොම්නස් වේදනා සයකි. නෙක්ඛම්මය ඇසුරු කළ සොම්නස් වේදනා සයකි. පඤ්චකාම ගුණය ඇසුරු කළ දොම්නස් වේදනා සයකි. නෙක්ඛම්මය ඇසුරු කළ දොම්නස් වේදනා සයකි. පඤ්චකාම ගුණය ඇසුරු කළ උපේක්ෂා වේදනා සයකි. නෙක්ඛම්මය ඇසුරු කළ උපේක්ෂා වේදනා සයකි. පින්වත් මහණෙනි, වේදනා තිස්හය

කියන්නේ මෙයටයි. පින්වත් මහණෙනි, වේදනා එකසිය අට කුමක්ද? අතීත වූ වේදනා තිස්හයයි. අනාගත වූ වේදනා තිස්හයයි. වර්තමාන වූ වේදනා තිස්හයයි. පින්වත් මහණෙනි, වේදනා එකසිය අට කියන්නේ මෙයටයි. පින්වත් මහණෙනි, එකසිය අට වැදැරුම් ක්‍රමයකින් යුතු දහම් ක්‍රමය යනු මෙයයි.

සාදු! සාදු!! සාදු!!!

අට්ඨසතපරියාය සූත්‍රය නිමා විය.

2.3.3
භික්ඛු සූත්‍රය
භික්ෂුවකට වදාළ දෙසුම

එදා එක්තරා භික්ෂුවක් භාග්‍යවතුන් වහන්සේ වැඩසිටි තැනට පැමිණුනා. ....(පෙ).... එකත්පස්ව වාඩිවුණ ඒ භික්ෂුව භාග්‍යවතුන් වහන්සේ ගෙන් මෙකරුණ විමසුවා. ස්වාමීනී, වේදනාව යනු කුමක්ද? වේදනාවේ හටගැනීම යනු කුමක්ද? වේදනාව හටගැනීම පිණිස පවතින ප්‍රතිපදාව යනු කුමක්ද? වේදනාව නිරුද්ධ වීම යනු කුමක්ද? වේදනාව නිරුද්ධ වීම පිණිස පවතින ප්‍රතිපදාව යනු කුමක්ද? වේදනාවේ ආශ්වාදය කුමක්ද? වේදනාවේ ආදීනවය කුමක්ද? වේදනාවේ නිස්සරණය කුමක්ද?

පින්වත් භික්ෂුව, මේ වේදනා තුනක් තියෙනවා. සැප වේදනාව, දුක් වේදනාව හා දුක් සැප රහිත වේදනාව. පින්වත් භික්ෂුව, වේදනාව කියන්නේ මෙයටයි. ස්පර්ශය හටගැනීමෙනුයි වේදනාව හටගන්නේ. වේදනාව හටගැනීම පිණිස පවතින වැඩපිළිවෙළ වනාහී තණ්හාව යි. ස්පර්ශය නිරුද්ධ වීමෙන් වේදනාව නිරුද්ධ වෙනවා. ඒ මේ ආර්ය අෂ්ටාංගික මාර්ගය යනු වේදනාව නිරුද්ධ වීම පිණිස පවතින ප්‍රතිපදාව යි. ඒ කියන්නේ: සම්මා දිට්ඨි ....(පෙ).... සම්මා සමාධි. වේදනාව නිසා යම් සැපයක්, සොම්නසක් උපදිනවා නම්, මේක තමයි වේදනාවේ ආශ්වාදය. යම් වේදනාවක් අනිත්‍යයි ද, දුකයි ද, වෙනස් වන ස්වභාවයෙන් යුක්තයි ද, මේක වේදනාවේ ආදීනවය යි. වේදනාව කෙරෙහි ඇති ඡන්දරාගයේ යම් දුරුවීමක් ඇද්ද, ඡන්දරාගයේ ප්‍රහාණයක් ඇද්ද මේක වේදනාවේ නිස්සරණය යි.

සාදු! සාදු!! සාදු!!!

භික්ඛු සූත්‍රය නිමා විය.

2.3.4
පුබ්බේ සූත්‍රය
'සම්බුද්ධත්වයට පෙර' යන්න ගැන වදාළ දෙසුම

පින්වත් මහණෙනි, සම්බුද්ධත්වයට පෙර ම, සම්බුදු නොවී සිටියදී ම, බෝධිසත්වයන් වශයෙන් (බෝධි මූලයේදී) සිටියදී ම මට මේ අදහස ඇති වුණා. වේදනාව යනු කුමක්ද? වේදනාවේ හටගැනීම යනු කුමක්ද? වේදනාව හටගැනීම පිණිස පවතින ප්‍රතිපදාව යනු කුමක්ද? වේදනාව නිරුද්ධ වීම යනු කුමක්ද? වේදනාව නිරුද්ධ වීම පිණිස පවතින වැඩපිළිවෙළ යනු කුමක්ද? වේදනාවේ ආශ්වාදය කුමක්ද? වේදනාවේ ආදීනවය කුමක්ද? වේදනාවේ නිස්සරණය කුමක්ද? කියලා.

එතකොට මට පින්වත් මහණෙනි, මේ අදහස ඇති වුණා. මේ වේදනා තුනක් තියෙනවා. සැප වේදනාව, දුක් වේදනාව හා දුක් සැප රහිත වේදනාවයි. වේදනාව කියන්නේ මෙයටයි. ස්පර්ශය හටගැනීමෙනුයි වේදනාව හටගන්නේ. වේදනාව හටගැනීම පිණිස පවතින වැඩපිළිවෙළ වනාහී තණ්හාව යි ....(පෙ).... වේදනාව කෙරෙහි ඇති ඡන්දරාගයේ යම් දුරුවීමක් ඇද්ද, ඡන්දරාගයේ ප්‍රහාණයක් ඇද්ද මේක වේදනාවේ නිස්සරණය යි.

සාදු! සාදු!! සාදු!!!

පුබ්බේ සූත්‍රය නිමා විය.

2.3.5
ඤාණ සූත්‍රය
ඤාණය ගැන වදාළ දෙසුම

පින්වත් මහණෙනි, මේවා තමයි වේදනාවන් කියලා මා හට පෙර නොඇසූ විරූ ධර්මයන්හි දහම් ඇස පහළ වුණා. ඤාණය පහළ වුණා. ප්‍රඥාව පහළ වුණා. විද්‍යාව පහළ වුණා. ආලෝකය පහළ වුණා. මෙය තමයි වේදනාවේ හටගැනීම කියලා මා හට පෙර නොඇසූ විරූ ධර්මයන්හි දහම් ඇස පහළ වුණා ....(පෙ).... ආලෝකය පහළ වුණා. මෙය තමයි වේදනාවන් හටගන්නා වූ

වැඩපිළිවෙළ කියලා මා හට පෙර නොඇසූ විරූ ධර්මයන්හි දහම් ඇස පහළ වුණා ....(පෙ).... ආලෝකය පහළ වුණා. මෙය තමයි වේදනාවන් නිරුද්ධ වීම කියලා මා හට පෙර නොඇසූ විරූ ධර්මයන්හි දහම් ඇස පහළ වුණා ....(පෙ).... ආලෝකය පහළ වුණා. මෙය තමයි වේදනාවන් නිරුද්ධ වීම පිණිස පවතින වැඩපිළිවෙළ කියලා මා හට පෙර නොඇසූ විරූ ධර්මයන්හි දහම් ඇස පහළ වුණා ....(පෙ).... ආලෝකය පහළ වුණා. මෙය තමයි වේදනාවේ ආශ්වාදය කියලා මා හට පෙර නොඇසූ විරූ ධර්මයන්හි දහම් ඇස පහළ වුණා ....(පෙ).... ආලෝකය පහළ වුණා. මෙය තමයි වේදනාවේ ආදීනවය කියලා මා හට පෙර නොඇසූ විරූ ධර්මයන්හි දහම් ඇස පහළ වුණා ....(පෙ).... ආලෝකය පහළ වුණා. මෙය තමයි වේදනාවේ නිස්සරණය කියලා මා හට පෙර නොඇසූ විරූ ධර්මයන්හි දහම් ඇස පහළ වුණා. ඤාණය පහළ වුණා. ප්‍රඥාව පහළ වුණා. විද්‍යාව පහළ වුණා. ආලෝකය පහළ වුණා.

සාදු! සාදු!! සාදු!!!

ඤාණ සූත්‍රය නිමා විය.

2.3.6
සම්බහුලභික්ඛු සූත්‍රය
බොහෝ භික්ෂූන්ට වදාළ දෙසුම

එදා බොහෝ භික්ෂූන් වහන්සේලා භාග්‍යවතුන් වහන්සේ වැඩසිටි තැනට පැමිණුනා. ....(පෙ).... එකත්පස්ව වාඩිවුණ ඒ භික්ෂූන් භාග්‍යවතුන් වහන්සේගෙන් මෙකරුණ විමසුවා. ස්වාමීනී, වේදනාව යනු කුමක්ද? වේදනාවේ හටගැනීම යනු කුමක්ද? වේදනාව හටගැනීම පිණිස පවතින වැඩපිළිවෙළ යනු කුමක්ද? වේදනාවේ නිරුද්ධ වීම යනු කුමක්ද? වේදනාව නිරුද්ධ වීම පිණිස පවතින ප්‍රතිපදාව යනු කුමක්ද? වේදනාවේ ආශ්වාදය කුමක්ද? වේදනාවේ ආදීනවය කුමක්ද? වේදනාවේ නිස්සරණය කුමක්ද?

පින්වත් මහණෙනි, මේ වේදනා තුනක් තියෙනවා. සැප වේදනාව, දුක් වේදනාව හා දුක් සැප රහිත වේදනාව යි. පින්වත් මහණෙනි, වේදනාව කියන්නේ මෙයටයි. ස්පර්ශය හටගැනීමෙනුයි වේදනාව හටගන්නේ. වේදනාව හටගැනීම පිණිස පවතින වැඩපිළිවෙළ වනාහී තණ්හාවයි. ස්පර්ශය නිරුද්ධ වීමෙන් වේදනාව නිරුද්ධ වෙනවා. ....(පෙ).... වේදනාව කෙරෙහි

ඇති ඡන්දරාගයේ යම් දුරුවීමක් ඇද්ද, ඡන්දරාගයේ ප්‍රහාණයක් ඇද්ද මේක වේදනාවේ නිස්සරණය යි.

සාදු! සාදු!! සාදු!!!

සම්බහුලභික්ඛු සූත්‍රය නිමා විය.

2.3.7
සමණබ්‍රාහ්මණ සූත්‍රය
ශ්‍රමණ බ්‍රාහ්මණයින් ගැන වදාළ දෙසුම

පින්වත් මහණෙනි, මේ වේදනා තුනක් තියෙනවා. කවර වේදනා තුනක්ද? සැප වේදනාව, දුක් වේදනාව හා දුක් සැප රහිත වේදනාව යි. පින්වත් මහණෙනි, යම් කිසි ශ්‍රමණයන් වේවා, බ්‍රාහ්මණයන් වේවා මේ වේදනාවන් තුනේ හටගැනීමත්, නැතිවීමත්, ආශ්වාදයත්, ආදීනවයත්, නිස්සරණයත් ගැන ඒ වූ ආකාරයෙන් ම අවබෝධ කරලා නැත්තම් ....(පෙ).... අවබෝධ කරලා නම් ....(පෙ).... ස්වකීය විශිෂ්ට ඤාණයෙන් සාක්ෂාත් කොට එයට පැමිණ වාසය කරනවා.

සාදු! සාදු!! සාදු!!!

සමණබ්‍රාහ්මණ සූත්‍රය නිමා විය.

2.3.8
දුතිය සමණබ්‍රාහ්මණ සූත්‍රය
ශ්‍රමණ බ්‍රාහ්මණයින් ගැන වදාළ දෙවෙනි දෙසුම

පින්වත් මහණෙනි, මේ වේදනා තුනක් තියෙනවා. කවර වේදනා තුනක් ද? සැප වේදනාව, දුක් වේදනාව හා දුක් සැප රහිත වේදනාව යි. පින්වත් මහණෙනි, යම් කිසි ශ්‍රමණයන් වේවා, බ්‍රාහ්මණයන් වේවා මේ වේදනාවන් තුනේ හටගැනීමත්, නැතිවීමත්, ආශ්වාදයත්, ආදීනවයත්, නිස්සරණයත් ගැන ඒ වූ ආකාරයෙන් ම අවබෝධ කරලා නැත්තම් ....(පෙ).... අවබෝධ කරලා නම් ....(පෙ).... ස්වකීය විශිෂ්ට ඤාණයෙන් සාක්ෂාත් කොට එයට පැමිණ

වාසය කරනවා.

සාදු! සාදු!! සාදු!!!

දුතිය සමණබ්‍රාහ්මණ සූත්‍රය නිමා විය.

2.3.9
තතිය සමණබ්‍රාහ්මණ සූත්‍රය
ශ්‍රමණ බ්‍රාහ්මණයින් ගැන වදාළ තුන්වෙනි දෙසුම

පින්වත් මහණෙනි, යම් කිසි ශ්‍රමණයන් වේවා, බ්‍රාහ්මණයන් වේවා වේදනාව අවබෝධ කරලා නැත්නම්, වේදනාවේ හටගැනීම අවබෝධ කරලා නැත්නම්, වේදනාව නිරුද්ධ වීම අවබෝධ කරලා නැත්නම්, වේදනාව නිරුද්ධ වීම පිණිස පවතින ප්‍රතිපදාව අවබෝධ කරලා නැත්නම්, ...(පෙ).... අවබෝධ කරලා නම් ....(පෙ).... ස්වකීය විශිෂ්ට ඥාණයෙන් සාක්ෂාත් කොට එයට පැමිණ වාසය කරනවා.

සාදු! සාදු!! සාදු!!!

තතිය සමණබ්‍රාහ්මණ සූත්‍රය නිමා විය.

2.3.10
සුද්ධිකවේදනා සූත්‍රය
පිරිසිදු ලෙස වේදනාව ගැන වදාළ දෙසුම

පින්වත් මහණෙනි, මේ වේදනා තුනක් තියෙනවා. කවර වේදනා තුනක් ද? සැප වේදනාව, දුක් වේදනාව හා දුක් සැප රහිත වේදනාව යි. පින්වත් මහණෙනි, වේදනා තුන යනු මෙයයි.

සාදු! සාදු!! සාදු!!!

සුද්ධිකවේදනා සූත්‍රය නිමා විය.

2.3.11
නිරාමිස සූත්‍රය
නිරාමිස වේදනාව ගැන වදාළ දෙසුම

පින්වත් මහණෙනි, පඤ්ච කාමගුණ සහිත ප්‍රීතියක් තියෙනවා. නිරාමිස ප්‍රීතියක් තියෙනවා. නිරාමිස ප්‍රීතියටත් වඩා අතිශයින්ම නිරාමිස වූ ප්‍රීතියක් තියෙනවා. පඤ්ච කාමගුණ සහිත සැපයක් තියෙනවා. නිරාමිස සැපයක් තියෙනවා. නිරාමිස සැපයටත් වඩා අතිශයින්ම නිරාමිස වූ සැපයක් තියෙනවා. පඤ්ච කාමගුණ සහිත උපේක්ෂාවක් තියෙනවා. නිරාමිස උපේක්ෂාවක් තියෙනවා. නිරාමිස උපේක්ෂාවටත් වඩා අතිශයින්ම නිරාමිස වූ උපේක්ෂාවක් තියෙනවා. පඤ්ච කාමගුණ සහිත විමෝක්ෂයක් තියෙනවා. නිරාමිස විමෝක්ෂයක් තියෙනවා. නිරාමිස විමෝක්ෂයටත් වඩා අතිශයින්ම නිරාමිස වූ විමෝක්ෂයක් තියෙනවා.

පින්වත් මහණෙනි, සාමිස ප්‍රීතිය යනු කුමක්ද? පින්වත් මහණෙනි, කාමගුණ පහක් තියෙනවා. කවර පහක්ද යත්? ඇසින් දතයුතු යහපත්, ලස්සන, මනාප, ප්‍රිය ස්වභාව ඇති, කැමැත්ත ඇති වෙන, කෙලෙස් ඇති වෙන රූප තියෙනවා. ....(පෙ).... කයෙන් දතයුතු යහපත්, ලස්සන, මනාප, ප්‍රිය ස්වභාව ඇති, කැමැත්ත ඇති වෙන, කෙලෙස් ඇති වෙන පහස තියෙනවා. පින්වත් මහණෙනි, මේ තමයි පඤ්ච කාමගුණ. පින්වත් මහණෙනි, මේ පඤ්ච කාමගුණයන් හේතුවෙන් යම් ප්‍රීතියක් උපදිනවා නම්, පින්වත් මහණෙනි, සාමිස ප්‍රීතිය කියන්නේ මෙයටයි.

පින්වත් මහණෙනි, නිරාමිස ප්‍රීතිය යනු කුමක්ද? පින්වත් මහණෙනි, මෙහිලා භික්ෂුව කාමයන්ගෙන් වෙන්ව, අකුසල්වලින් වෙන්ව, විතර්ක සහිත වූ, විචාර සහිත වූ, විවේකයෙන් හටගත් ප්‍රීති සුඛය ඇති පළමුවෙනි ධ්‍යානය උපදවාගෙන වාසය කරනවා. විතක්ක විචාරයන් සංසිඳවාගෙන, තමා තුළ පැහැදීම ඇති කරගෙන, සිතේ එකඟභාවය ඇති කරගෙන, විතර්ක රහිත වූ විචාර රහිත වූ, සමාධියෙන් හටගත් ප්‍රීති සුඛය ඇති දෙවෙනි ධ්‍යානය උපදවා ගෙන වාසය කරනවා. පින්වත් මහණෙනි, නිරාමිස ප්‍රීතිය කියන්නේ මෙයටයි.

පින්වත් මහණෙනි, නිරාමිස ප්‍රීතියටත් වඩා අතිශයින්ම නිරාමිස ප්‍රීතිය කියන්නේ කුමක්ද? පින්වත් මහණෙනි, ආශ්‍රවයන් ක්ෂය කළ අරහත් භික්ෂුවට රාගයෙන් මිදුණු සිත ගැන ප්‍රත්‍යවේක්ෂා කරද්දී, ද්වේෂයෙන් මිදුණු සිත ගැන ප්‍රත්‍යවේක්ෂා කරද්දී, මෝහයෙන් මිදුණු සිත ගැන ප්‍රත්‍යවේක්ෂා කරද්දී යම් ප්‍රීතියක් උපදිනවා නම්, පින්වත් මහණෙනි, නිරාමිස ප්‍රීතියටත් වඩා අතිශයින්ම

නිරාමිස ප්‍රීතිය කියන්නේ මෙයටයි.

පින්වත් මහණෙනි, සාමිස සැපය යනු කුමක්ද? පින්වත් මහණෙනි, කාමගුණ පහක් තියෙනවා. කවර පහක්ද යත්? ඇසින් දතයුතු යහපත්, ලස්සන, මනාප, ප්‍රිය ස්වභාව ඇති, කැමැත්ත ඇති වෙන, කෙලෙස් ඇති වෙන රූප තියෙනවා. ....(පෙ).... කයෙන් දතයුතු යහපත්, ලස්සන, මනාප, ප්‍රිය ස්වභාව ඇති, කැමැත්ත ඇති වෙන, කෙලෙස් ඇති වෙන පහස තියෙනවා. පින්වත් මහණෙනි, මේ තමයි පඤ්ච කාමගුණ. පින්වත් මහණෙනි, මේ පඤ්ච කාමගුණයන් හේතුවෙන් යම් සැපක් සොම්නසක් උපදිනවා නම්, පින්වත් මහණෙනි, සාමිස සැපය කියන්නේ මෙයටයි.

පින්වත් මහණෙනි, නිරාමිස සැපය යනු කුමක්ද? පින්වත් මහණෙනි, මෙහිලා භික්ෂුව කාමයන්ගෙන් වෙන්ව, අකුසල්වලින් වෙන්ව, විතර්ක සහිත වූ, විචාර සහිත වූ, විවේකයෙන් හටගත් ප්‍රීති සුඛය ඇති පළමුවෙනි ධ්‍යානය උපදවාගෙන වාසය කරනවා. විතක්ක විචාරයන් සංසිඳවාගෙන, තමා තුළ පැහැදීම ඇති කරගෙන, සිතේ එකඟභාවය ඇති කරගෙන, විතර්ක රහිත වූ, විචාර රහිත වූ, සමාධියෙන් හටගත් ප්‍රීති සුඛය ඇති දෙවෙනි ධ්‍යානය උපදවාගෙන වාසය කරනවා. ප්‍රීතියටත් නොඇලී, උපේක්ෂාවෙන් ඉන්නවා. සිහිය ඇතිව, නුවණ ඇතිව, කයෙන් සැපයකුත් විඳිනවා. ආර්යයන් වහන්සේලා උපේක්ෂාවෙන් යුතුව, සිහි ඇතිව, සැපසේ වාසය කිරීම කියා යමකට කියනවා නම්, ඒ තුන්වෙනි ධ්‍යානයටත් පැමිණ වාසය කරනවා. පින්වත් මහණෙනි, නිරාමිස සැපය කියන්නේ මෙයටයි.

පින්වත් මහණෙනි, නිරාමිස සැපයටත් වඩා අතිශයින්ම නිරාමිස සැපය කියන්නේ කුමක්ද? පින්වත් මහණෙනි, ආශ්‍රවයන් ක්ෂය කළ අරහත් භික්ෂුවට රාගයෙන් මිදුණු සිත ගැන ප්‍රත්‍යවේක්ෂා කරද්දී, ද්වේෂයෙන් මිදුණු සිත ගැන ප්‍රත්‍යවේක්ෂා කරද්දී, මෝහයෙන් මිදුණු සිත ගැන ප්‍රත්‍යවේක්ෂා කරද්දී යම් සැපයක් සොම්නසක් උපදිනවා නම්, පින්වත් මහණෙනි, නිරාමිස සැපයටත් වඩා අතිශයින්ම නිරාමිස සැපය කියන්නේ මෙයටයි.

පින්වත් මහණෙනි, සාමිස උපේක්ෂාව යනු කුමක්ද? පින්වත් මහණෙනි, කාමගුණ පහක් තියෙනවා. කවර පහක්ද යත්? ඇසින් දතයුතු යහපත්, ලස්සන, මනාප, ප්‍රිය ස්වභාව ඇති, කැමැත්ත ඇති වෙන, කෙලෙස් ඇති වෙන රූප තියෙනවා. ....(පෙ).... කයෙන් දතයුතු යහපත්, ලස්සන, මනාප, ප්‍රිය ස්වභාව ඇති, කැමැත්ත ඇති වෙන, කෙලෙස් ඇති වෙන පහස තියෙනවා. පින්වත් මහණෙනි, මේ තමයි පඤ්ච කාමගුණ. පින්වත් මහණෙනි, මේ පඤ්ච කාමගුණයන් හේතුවෙන් යම් උපේක්ෂාවක් උපදිනවා නම්, පින්වත් මහණෙනි,

සාමිස උපේක්ෂාව කියන්නේ මෙයටයි.

පින්වත් මහණෙනි, නිරාමිස උපේක්ෂාව යනු කුමක්ද? පින්වත් මහණෙනි, මෙහිලා භික්ෂුව සැපය ද ප්‍රහාණය කිරීමෙන්, දුක ද ප්‍රහාණය කිරීමෙන්, කලින්ම සොම්නස් දොම්නස් දෙක දුරු කිරීමෙන්, දුක් සැප රහිත වූ උපේක්ෂාවෙන් යුතු පිරිසිදු සිහියෙන් යුතු හතරවෙනි ධ්‍යානයටත් පැමිණ වාසය කරනවා. පින්වත් මහණෙනි, නිරාමිස උපේක්ෂාව කියන්නේ මෙයටයි.

පින්වත් මහණෙනි, නිරාමිස උපේක්ෂාවටත් වඩා අතිශයින්ම නිරාමිස උපේක්ෂාව කියන්නේ කුමක්ද? පින්වත් මහණෙනි, ආශ්‍රවයන් ක්ෂය කළ අරහත් භික්ෂුවට රාගයෙන් මිදුණු සිත ගැන ප්‍රත්‍යවේක්ෂා කරද්දී, ද්වේෂයෙන් මිදුණු සිත ගැන ප්‍රත්‍යවේක්ෂා කරද්දී, මෝහයෙන් මිදුණු සිත ගැන ප්‍රත්‍යවේක්ෂා කරද්දී යම් උපේක්ෂාවක් උපදිනවා නම්, පින්වත් මහණෙනි, නිරාමිස උපේක්ෂාවටත් වඩා අතිශයින්ම නිරාමිස උපේක්ෂාව කියන්නේ මෙයටයි.

පින්වත් මහණෙනි, සාමිස විමෝක්ෂය යනු කුමක්ද? රූපය හා සම්බන්ධ වූ විමෝක්ෂය සාමිස විමෝක්ෂයයි. පින්වත් මහණෙනි, නිරාමිස විමෝක්ෂය යනු කුමක්ද? අරූපය හා සම්බන්ධ වූ විමෝක්ෂය නිරාමිස විමෝක්ෂයයි. පින්වත් මහණෙනි, නිරාමිස විමෝක්ෂයටත් වඩා අතිශයින්ම නිරාමිස විමෝක්ෂය යනු කුමක්ද? පින්වත් මහණෙනි, ආශ්‍රවයන් ක්ෂය කළ අරහත් භික්ෂුවට රාගයෙන් මිදුණු සිත ගැන ප්‍රත්‍යවේක්ෂා කරද්දී, ද්වේෂයෙන් මිදුණු සිත ගැන ප්‍රත්‍යවේක්ෂා කරද්දී, මෝහයෙන් මිදුණු සිත ගැන ප්‍රත්‍යවේක්ෂා කරද්දී යම් විමෝක්ෂයක් උපදිනවා නම්, පින්වත් මහණෙනි, නිරාමිස විමෝක්ෂයටත් වඩා අතිශයින්ම නිරාමිස විමෝක්ෂය කියන්නේ මෙයටයි.

සාදු! සාදු!! සාදු!!!

නිරාමිස සූත්‍රය නිමා විය.

තුන්වෙනි අට්ඨසතපරියාය වර්ගය යි.

- **එහි පිළිවෙළ උද්දානය යි.**

සීවක සූත්‍රය, අට්ඨසත සූත්‍රය, භික්ඛු සූත්‍රය, පුබ්බේ සූත්‍රය, ඤාණ සූත්‍රය, සම්බහුලභික්ඛු සූත්‍රය, සමණබ්‍රාහ්මණ සූත්‍ර තුන, සුද්ධික සූත්‍රය, නිරාමිස සූත්‍රය වශයෙන් මෙම වර්ගය සමන්විත වෙයි.

වේදනා සංයුත්තය නිමා විය.

3. මාතුගාම සංයුත්තය

1. මාතුගාම වර්ගය

3.1.1
මාතුගාම සූත්‍රය
ස්ත්‍රිය ගැන වදාළ දෙසුම

පින්වත් මහණෙනි, අංග පහකින් සමන්විත වූ ස්ත්‍රිය පුරුෂයාට ඒකාන්තයෙන් ම අමනාපය ඇති කරවනවා. කවර පහකින්ද යත්? ඈ රූපවත් නෑ. භෝග සම්පත් නෑ. සිල්වත් නෑ. අලසයි. පුරුෂයා නිසා දරුවන් ලබන්නේ නෑ. පින්වත් මහණෙනි, මේ කරුණු පහෙන් සමන්විත වූ ස්ත්‍රිය ඒකාන්තයෙන් ම පුරුෂයාට අමනාපය ඇති කරවනවා.

පින්වත් මහණෙනි, අංග පහකින් සමන්විත වූ ස්ත්‍රිය පුරුෂයාට ඒකාන්තයෙන් ම මනාපය ඇති කරවනවා. කවර පහකින්ද යත්? ඈ රූපවත්. භෝග සම්පත් තියෙනවා. සිල්වත්ව ඉන්නවා. දක්ෂයි, අලස නෑ. පුරුෂයා නිසා දරුවන් ලබනවා. පින්වත් මහණෙනි, මේ කරුණු පහෙන් සමන්විත වූ ස්ත්‍රිය ඒකාන්තයෙන් ම පුරුෂයාට මනාපය ඇති කරවනවා.

සාදු! සාදු!! සාදු!!!

මාතුගාම සූත්‍රය නිමා විය.

3.1.2
පුරිස සූත්‍රය
පුරුෂයා ගැන වදාළ දෙසුම

පින්වත් මහණෙනි, අංග පහකින් සමන්විත වූ පුරුෂයා ඒකාන්තයෙන් ම ස්ත්‍රියට අමනාපය ඇති කරවනවා. කවර පහකින්ද යත්? ඔහු රූපවත් නෑ. භෝග සම්පත් නෑ. සිල්වත් නෑ. අලසයි. ඔහු නිසා දරුවන් ලබන්නේ නෑ. පින්වත් මහණෙනි, මේ කරුණු පහෙන් සමන්විත වූ පුරුෂයා ඒකාන්තයෙන් ම ස්ත්‍රියට අමනාපය ඇති කරවනවා.

පින්වත් මහණෙනි, අංග පහකින් සමන්විත වූ පුරුෂයා ඒකාන්තයෙන් ම ස්ත්‍රියට මනාපය ඇති කරවනවා. කවර පහකින්ද යත්? ඔහු රූපවත්. භෝග සම්පත් තියෙනවා. සිල්වත්ව ඉන්නවා. දක්ෂයි, අලස නෑ. ඔහු නිසා දරුවන් ලබනවා. පින්වත් මහණෙනි, මේ කරුණු පහෙන් සමන්විත වූ පුරුෂයා ඒකාන්තයෙන් ම ස්ත්‍රියට මනාපය ඇති කරවනවා.

සාදු! සාදු!! සාදු!!!

පුරිස සූත්‍රය නිමා විය.

3.1.3
ආවේණිකදුක්ඛ සූත්‍රය
ස්ත්‍රියට ආවේණික වූ දුක ගැන වදාළ දෙසුම

පින්වත් මහණෙනි, පුරුෂයන්ට අයත් නැති යම් දුකක් ස්ත්‍රිය විඳවනවා නම්, ස්ත්‍රියට පමණක් ආවේණික වූ දුක් පහක් තියෙනවා. කවර දුක් පහක් ද යත්?

පින්වත් මහණෙනි, මෙහිලා ස්ත්‍රිය තරුණ කාලයේදී ම ස්වාමියාගේ ගෙදරට යනවා. නෑදෑයින්ගෙන් වෙන් වෙනවා. පින්වත් මහණෙනි, පුරුෂයන්ට අයත් නැති යම් දුකක් ස්ත්‍රිය විඳවනවා නම්, ස්ත්‍රියට පමණක් ආවේණික වූ පළමු දුක මෙය යි.

පින්වත් මහණෙනි, නැවත අනෙකක් කියමි. ස්ත්‍රිය ඔසප් වෙයි. පින්වත් මහණෙනි, පුරුෂයන්ට අයත් නැති යම් දුකක් ස්ත්‍රිය විඳවනවා නම්, ස්ත්‍රියට පමණක් ආවේණික වූ දෙවෙනි දුක මෙයයි.

පින්වත් මහණෙනි, නැවත අනෙකක් කියමි. ස්ත්‍රිය ගැබ් ගන්නවා. පින්වත් මහණෙනි, පුරුෂයන්ට අයත් නැති යම් දුකක් ස්ත්‍රිය විඳවනවා නම්, ස්ත්‍රියට පමණක් ආවේණික වූ තුන්වෙනි දුක මෙයයි.

පින්වත් මහණෙනි, නැවත අනෙකක් කියමි. ස්ත්‍රිය දරුවන් වදනවා. පින්වත් මහණෙනි, පුරුෂයන්ට අයත් නැති යම් දුකක් ස්ත්‍රිය විඳවනවා නම්, ස්ත්‍රියට පමණක් ආවේණික වූ සිව්වෙනි දුක මෙයයි.

පින්වත් මහණෙනි, නැවත අනෙකක් කියමි. ස්ත්‍රිය පුරුෂයාගේ උපස්ථානයට එළඹෙනවා. පින්වත් මහණෙනි, පුරුෂයන්ට අයත් නැති යම් දුකක් ස්ත්‍රිය විඳවනවා නම්, ස්ත්‍රියට පමණක් ආවේණික වූ පස්වෙනි දුක මෙයයි.

පින්වත් මහණෙනි, පුරුෂයන්ට අයත් නැති යම් දුකක් ස්ත්‍රිය විඳවනවා නම්, ස්ත්‍රියට පමණක් ආවේණික වූ දුක් පහ මෙයයි.

සාදු! සාදු!! සාදු!!!

ආවේණිකදුක්ඛ සූත්‍රය නිමා විය.

3.1.4
තීහිධම්මේහි සූත්‍රය
කරුණු තුනකින් යුතු ස්ත්‍රිය ගැන වදාළ දෙසුම

පින්වත් මහණෙනි, කරුණු තුනකින් සමන්විත වූ ස්ත්‍රිය බොහෝ සෙයින් ම කය බිඳී මරණින් මතු අපාය නම් වූ, දුගතිය නම් වූ, විනිපාතය නම් වූ නිරයේ උපදිනවා. කවර කරුණු තුනකින්ද යත්? පින්වත් මහණෙනි, මෙහිලා ස්ත්‍රිය උදේ වරුවේ මසුරුමලයෙන් (තමා සතු දෙයක් තව කෙනෙක් පරිභෝග කොට සැප විඳිනවාට ඇති අකමැත්ත මසුරුකමයි. එයින් වැසී ගිය සිතක් ඇති විට මසුරුමල (මලකඩ) නම් වේ) යට වූ සිතින් යුතුව ගෙදර වසයි. දහවල් කාලයෙහි ඊර්ෂ්‍යාවෙන් යට වූ සිතින් යුතුව ගෙදර වසයි. රාත්‍රී කාලයෙහි කාමරාගයෙන් යට වූ සිතින් යුතුව ගෙදර වසයි. පින්වත් මහණෙනි,

මේ කරුණු තුනෙන් සමන්විත වූ ස්ත්‍රිය බොහෝ සෙයින් ම කය බිඳී මරණින් අපාය නම් වූ, දුගතිය නම් වූ, විනිපාතය නම් වූ නිරයේ උපදිනවා.

සාදු! සාදු!! සාදු!!!

තීහිධම්මේහි සූත්‍රය නිමා විය.

3.1.5
අනුරුද්ධ සූත්‍රය
අනුරුද්ධ තෙරුන්ට වදාළ දෙසුම

එදා ආයුෂ්මත් අනුරුද්ධ තෙරුන් භාග්‍යවතුන් වහන්සේ වැඩසිටි තැනට පැමිණුනා. ....(පෙ).... එකත්පස්ව වාඩිවුණ ආයුෂ්මත් අනුරුද්ධ තෙරුන් භාග්‍යවතුන් වහන්සේට මෙකරුණ සැළකළා.

ස්වාමීනී, මෙහි මං මිනිස් ඇස ඉක්මවා ගිය පිරිසිදු දිවැසින් ස්ත්‍රියක් දැක්කා. ඈ කය බිඳී මරණින් මතු අපාය නම් වූ, දුගතිය නම් වූ, විනිපාත නම් වූ නිරයේ උපන්නා. ස්වාමීනී, කොතෙක් කරුණු වලින් සමන්විත වූ ස්ත්‍රියද කය බිඳී මරණින් මතු අපාය නම් වූ, දුගතිය නම් වූ, විනිපාතය නම් වූ නිරයේ උපදින්නේ?

පින්වත් අනුරුද්ධ, කරුණු පහකින් සමන්විත වූ ස්ත්‍රිය කය බිඳී මරණින් මතු අපාය නම් වූ, දුගතිය නම් වූ, විනිපාතය නම් වූ නිරයේ උපදිනවා. කවර කරුණු පහකින්ද යත්? ශ්‍රද්ධාවකින් තොරව ඉන්නවා. පවට ලැජ්ජාවක් නැතුව ඉන්නවා. විපාකයට භයක් නැතුව ඉන්නවා. ක්‍රෝධ කරනවා. ප්‍රඥාවකින් තොරව ඉන්නවා. පින්වත් අනුරුද්ධ, මේ කරුණු පහෙන් සමන්විත වූ ස්ත්‍රිය කය බිඳී මරණින් මතු අපාය නම් වූ, දුගතිය නම් වූ, විනිපාතය නම් වූ නිරයේ උපදිනවා.

සාදු! සාදු!! සාදු!!!

අනුරුද්ධ සූත්‍රය නිමා විය.

3.1.6
කෝධන සූත්‍රය
ක්‍රෝධ කරන ස්ත්‍රිය ගැන වදාළ දෙසුම

පින්වත් මහණෙනි, කරුණු පහකින් සමන්විත වූ ස්ත්‍රිය කය බිඳී මරණින් මතු අපාය නම් වූ, දුගතිය නම් වූ, විනිපාතය නම් වූ නිරයේ උපදිනවා. කවර කරුණු පහකින්ද යත්? ශ්‍රද්ධාවකින් තොරව ඉන්නවා. පවට ලැජ්ජාවක් නැතුව ඉන්නවා. විපාකයට භයක් නැතුව ඉන්නවා. ක්‍රෝධ කරනවා. ප්‍රඥාවකින් තොරව ඉන්නවා. පින්වත් මහණෙනි, මේ කරුණු පහෙන් සමන්විත වූ ස්ත්‍රිය කය බිඳී මරණින් මතු අපාය නම් වූ, දුගතිය නම් වූ, විනිපාතය නම් වූ නිරයේ උපදිනවා.

සාදු! සාදු!! සාදු!!!

කෝධන සූත්‍රය නිමා විය.

3.1.7
උපනාහී සූත්‍රය
වෛර බඳින ස්ත්‍රිය ගැන වදාළ දෙසුම

පින්වත් මහණෙනි, කරුණු පහකින් සමන්විත වූ ස්ත්‍රිය කය බිඳී මරණින් මතු අපාය නම් වූ, දුගතිය නම් වූ, විනිපාතය නම් වූ නිරයේ උපදිනවා. කවර කරුණු පහකින්ද යත්? ශ්‍රද්ධාවකින් තොරව ඉන්නවා. පවට ලැජ්ජාවක් නැතුව ඉන්නවා. විපාකයට භයක් නැතුව ඉන්නවා. වෛර බඳිනවා. ප්‍රඥාවකින් තොරව ඉන්නවා. පින්වත් මහණෙනි, මේ කරුණු පහෙන් සමන්විත වූ ස්ත්‍රිය කය බිඳී මරණින් මතු අපාය නම් වූ, දුගතිය නම් වූ, විනිපාතය නම් වූ නිරයේ උපදිනවා.

සාදු! සාදු!! සාදු!!!

උපනාහී සූත්‍රය නිමා විය.

3.1.8
ඉස්සුකී සූත්‍රය
ඊර්ෂ්‍යාකාර ස්ත්‍රිය ගැන වදාළ දෙසුම

පින්වත් මහණෙනි, කරුණු පහකින් සමන්විත වූ ස්ත්‍රිය කය බිඳී මරණින් මතු අපාය නම් වූ, දුගතිය නම් වූ, විනිපාතය නම් වූ නිරයේ උපදිනවා. කවර කරුණු පහකින්ද යත්? ශ්‍රද්ධාවකින් තොරව ඉන්නවා. පවට ලැජ්ජාවක් නැතුව ඉන්නවා. විපාකයට භයක් නැතුව ඉන්නවා. ඊර්ෂ්‍යාවෙන් පසු වෙනවා. ප්‍රඥාවකින් තොරව ඉන්නවා. පින්වත් මහණෙනි, මේ කරුණු පහෙන් සමන්විත වූ ස්ත්‍රිය කය බිඳී මරණින් මතු අපාය නම් වූ, දුගතිය නම් වූ, විනිපාතය නම් වූ නිරයේ උපදිනවා.

සාදු! සාදු!! සාදු!!!

ඉස්සුකී සූත්‍රය නිමා විය.

3.1.9
මච්ඡරී සූත්‍රය
මසුරුකමින් සිටින ස්ත්‍රිය ගැන වදාළ දෙසුම

පින්වත් මහණෙනි, කරුණු පහකින් සමන්විත වූ ස්ත්‍රිය කය බිඳී මරණින් මතු අපාය නම් වූ, දුගතිය නම් වූ, විනිපාතය නම් වූ නිරයේ උපදිනවා. කවර කරුණු පහකින්ද යත්? ශ්‍රද්ධාවකින් තොරව ඉන්නවා. පවට ලැජ්ජාවක් නැතුව ඉන්නවා. විපාකයට භයක් නැතුව ඉන්නවා. මසුරුකමින් ඉන්නවා. ප්‍රඥාවකින් තොරව ඉන්නවා. පින්වත් මහණෙනි, මේ කරුණු පහෙන් සමන්විත වූ ස්ත්‍රිය කය බිඳී මරණින් මතු අපාය නම් වූ, දුගතිය නම් වූ, විනිපාතය නම් වූ නිරයේ උපදිනවා.

සාදු! සාදු!! සාදු!!!

මච්ඡරී සූත්‍රය නිමා විය.

3.1.10
අතිචාරී සූත්‍රය
සැමියා ඉක්මවා හොර සැමියන් කරා යන ස්ත්‍රිය ගැන වදාළ දෙසුම

පින්වත් මහණෙනි, කරුණු පහකින් සමන්විත වූ ස්ත්‍රිය කය බිඳී මරණින් මතු අපාය නම් වූ, දුගතිය නම් වූ, විනිපාතය නම් වූ නිරයේ උපදිනවා. කවර කරුණු පහකින්ද යත්? ශ්‍රද්ධාවකින් තොරව ඉන්නවා. පවට ලැජ්ජාවක් නැතුව ඉන්නවා. විපාකයට භයක් නැතුව ඉන්නවා. සැමියා ඉක්මවා හොර සැමියන් කරා යනවා. ප්‍රඥාවකින් තොරව ඉන්නවා. පින්වත් මහණෙනි, මේ කරුණු පහෙන් සමන්විත වූ ස්ත්‍රිය කය බිඳී මරණින් මතු අපාය නම් වූ, දුගතිය නම් වූ, විනිපාතය නම් වූ නිරයේ උපදිනවා.

සාදු! සාදු!! සාදු!!!

අතිචාරී සූත්‍රය නිමා විය.

3.1.11
දුස්සීල සූත්‍රය
දුස්සීල ස්ත්‍රිය ගැන වදාළ දෙසුම

පින්වත් මහණෙනි, කරුණු පහකින් සමන්විත වූ ස්ත්‍රිය කය බිඳී මරණින් මතු අපාය නම් වූ, දුගතිය නම් වූ, විනිපාතය නම් වූ නිරයේ උපදිනවා. කවර කරුණු පහකින්ද යත්? ශ්‍රද්ධාවකින් තොරව ඉන්නවා. පවට ලැජ්ජාවක් නැතුව ඉන්නවා. විපාකයට භයක් නැතුව ඉන්නවා. දුස්සීලව වාසය කරනවා. ප්‍රඥාවකින් තොරව ඉන්නවා. පින්වත් මහණෙනි, මේ කරුණු පහෙන් සමන්විත වූ ස්ත්‍රිය කය බිඳී මරණින් මතු අපාය නම් වූ, දුගතිය නම් වූ, විනිපාතය නම් වූ නිරයේ උපදිනවා.

සාදු! සාදු!! සාදු!!!

දුස්සීල සූත්‍රය නිමා විය.

3.1.12
අප්පස්සුත සූත්‍රය
දහම් දැනුමෙන් තොර ස්ත්‍රිය ගැන වදාළ දෙසුම

පින්වත් මහණෙනි, කරුණු පහකින් සමන්විත වූ ස්ත්‍රිය කය බිඳී මරණින් මතු අපාය නම් වූ, දුගතිය නම් වූ, විනිපාතය නම් වූ නිරයේ උපදිනවා. කවර කරුණු පහකින්ද යත්? ශ්‍රද්ධාවකින් තොරව ඉන්නවා. පවට ලැජ්ජාවක් නැතුව ඉන්නවා. විපාකයට භයක් නැතුව ඉන්නවා. දහම් දැනුමෙන් තොරව ඉන්නවා. ප්‍රඥාවකින් තොරව ඉන්නවා. පින්වත් මහණෙනි, මේ කරුණු පහෙන් සමන්විත වූ ස්ත්‍රිය කය බිඳී මරණින් මතු අපාය නම් වූ, දුගතිය නම් වූ, විනිපාතය නම් වූ නිරයේ උපදිනවා.

සාදු! සාදු!! සාදු!!!

අප්පස්සුත සූත්‍රය නිමා විය.

3.1.13
කුසීත සූත්‍රය
කම්මැලි ස්ත්‍රිය ගැන වදාළ දෙසුම

පින්වත් මහණෙනි, කරුණු පහකින් සමන්විත වූ ස්ත්‍රිය කය බිඳී මරණින් මතු අපාය නම් වූ, දුගතිය නම් වූ, විනිපාතය නම් වූ නිරයේ උපදිනවා. කවර කරුණු පහකින්ද යත්? ශ්‍රද්ධාවකින් තොරව ඉන්නවා. පවට ලැජ්ජාවක් නැතුව ඉන්නවා. විපාකයට භයක් නැතුව ඉන්නවා. කම්මැලිකමින් ඉන්නවා. ප්‍රඥාවකින් තොරව ඉන්නවා. පින්වත් මහණෙනි, මේ කරුණු පහෙන් සමන්විත වූ ස්ත්‍රිය කය බිඳී මරණින් මතු අපාය නම් වූ, දුගතිය නම් වූ, විනිපාතය නම් වූ නිරයේ උපදිනවා.

සාදු! සාදු!! සාදු!!!

කුසීත සූත්‍රය නිමා විය.

3.1.14
මුට්ඨස්සති සූත්‍රය
සිහි මුළා වී සිටින ස්ත්‍රිය ගැන වදාළ දෙසුම

පින්වත් මහණෙනි, කරුණු පහකින් සමන්විත වූ ස්ත්‍රිය කය බිඳී මරණින් මතු අපාය නම් වූ, දුගතිය නම් වූ, විනිපාතය නම් වූ නිරයේ උපදිනවා. කවර කරුණු පහකින්ද යත්? ශ්‍රද්ධාවකින් තොරව ඉන්නවා. පවට ලැජ්ජාවක් නැතුව ඉන්නවා. විපාකයට භයක් නැතුව ඉන්නවා. සිහි මුළාවෙන් ඉන්නවා. ප්‍රඥාවකින් තොරව ඉන්නවා. පින්වත් මහණෙනි, මේ කරුණු පහෙන් සමන්විත වූ ස්ත්‍රිය කය බිඳී මරණින් මතු අපාය නම් වූ, දුගතිය නම් වූ, විනිපාතය නම් වූ නිරයේ උපදිනවා.

සාදු! සාදු!! සාදු!!!

මුට්ඨස්සති සූත්‍රය නිමා විය.

3.1.15
පඤ්චවේර සූත්‍රය
වෛරය ඇති කරවන කරුණු පහෙන් යුතු ස්ත්‍රිය ගැන වදාළ දෙසුම

පින්වත් මහණෙනි, කරුණු පහකින් සමන්විත වූ ස්ත්‍රිය කය බිඳී මරණින් මතු අපාය නම් වූ, දුගතිය නම් වූ, විනිපාතය නම් වූ නිරයේ උපදිනවා. කවර කරුණු පහකින්ද යත්? සතුන් මැරීමෙන් යුක්ත වෙනවා. සොරකම් කරන්නියක් වෙනවා. වැරදිකාම සේවනයේ හැසිරෙන්නියක් වෙනවා. බොරු කියන්නියක් වෙනවා. මත්පැන් මත්ද්‍රව්‍ය පානය කරන්නියක් වෙනවා. පින්වත් මහණෙනි, මේ කරුණු පහෙන් සමන්විත වූ ස්ත්‍රිය කය බිඳී මරණින් මතු අපාය නම් වූ, දුගතිය නම් වූ, විනිපාතය නම් වූ නිරයේ උපදිනවා.

සාදු! සාදු!! සාදු!!!

පඤ්චවේර සූත්‍රය නිමා විය.

පළමුවෙනි මාතුගාම වර්ගය යි.

- **එහි පිළිවෙළ උද්දානය යි.**

මාතුගාම සූත්‍රය, පුරිස සූත්‍රය, ආවේණික සූත්‍රය, තීහිධම්මේහි සූත්‍රය, කෝධන සූත්‍රය, උපනාහී සූත්‍රය, ඉස්සුකී සූත්‍රය, මච්ඡරී සූත්‍රය, අතිචාරී සූත්‍රය, අනුරුද්ධ සූත්‍රය, දුස්සීල සූත්‍රය, අප්පස්සුත සූත්‍රය, කුසීත සූත්‍රය, මුට්ඨස්සති සූත්‍රය, පඤ්චවේර සූත්‍රය යන දෙසුම් පසළොසින් මෙම වර්ගය සමන්විත වෙයි.

2. අනුරුද්ධ වර්ගය

3.2.1
අනුරුද්ධ සූත්‍රය
අනුරුද්ධ තෙරුන්ට වදාළ දෙසුම

එදා ආයුෂ්මත් අනුරුද්ධ තෙරුන් භාග්‍යවතුන් වහන්සේ වැඩසිටි තැනට පැමිණුනා. .....(පෙ).... එකත්පස්ව වාඩිවුණ ආයුෂ්මත් අනුරුද්ධ තෙරුන් භාග්‍යවතුන් වහන්සේට මෙකරුණ සැළකළා.

ස්වාමීනී, මෙහි මං මිනිස් ඇස ඉක්මවා ගිය පිරිසිදු දිවැසින් ස්ත්‍රියක් දැක්කා. ඈ කය බිඳී මරණින් මතු සුගතිය නම් වූ, ස්වර්ග ලෝකයේ උපන්නා. ස්වාමීනී, කොතෙක් කරුණු වලින් සමන්විත වූ ස්ත්‍රිය ද කය බිඳී මරණින් මතු සුගතිය නම් වූ, ස්වර්ග ලෝකයේ උපදින්නේ?

පින්වත් අනුරුද්ධ, කරුණු පහකින් සමන්විත වූ ස්ත්‍රිය කය බිඳී මරණින් මතු සුගතිය නම් වූ, ස්වර්ග ලෝකයේ උපදිනවා. කවර කරුණු පහකින් ද යත්? ශ්‍රද්ධාවකින් යුතුව ඉන්නවා. පවට ලැජ්ජාවක් ඇතිව ඉන්නවා. විපාකයට භයක් ඇතුව ඉන්නවා. ක්‍රෝධ කරන්නේ නෑ. ප්‍රඥාවකින් යුතුව ඉන්නවා. පින්වත් අනුරුද්ධ, මේ කරුණු පහෙන් සමන්විත වූ ස්ත්‍රිය කය බිඳී මරණින් මතු සුගතිය නම් වූ, ස්වර්ග ලෝකයේ උපදිනවා.

සාදු ! සාදු !! සාදු !!!

අනුරුද්ධ සූත්‍රය නිමා විය.

3.2.2
අක්කෝධන සූත්‍රය
ක්‍රෝධ නොකරන ස්ත්‍රිය ගැන වදාළ දෙසුම

පින්වත් මහණෙනි, කරුණු පහකින් සමන්විත වූ ස්ත්‍රිය කය බිඳී මරණින් මතු සුගතිය නම් වූ, ස්වර්ග ලෝකයේ උපදිනවා. කවර කරුණු පහකින් ද යත්? ශ්‍රද්ධාවකින් යුතුව ඉන්නවා. පවට ලැජ්ජාවක් ඇතිව ඉන්නවා. විපාකයට භයක් ඇතුව ඉන්නවා. ක්‍රෝධ කරන්නේ නෑ. ප්‍රඥාවකින් යුතුව ඉන්නවා. පින්වත් මහණෙනි, මේ කරුණු පහෙන් සමන්විත වූ ස්ත්‍රිය කය බිඳී මරණින් මතු සුගතිය නම් වූ, ස්වර්ග ලෝකයේ උපදිනවා.

සාදු ! සාදු !! සාදු !!!

අක්කෝධන සූත්‍රය නිමා විය.

3.2.3
අනුපනාහී සූත්‍රය
බද්ධ වෛර නැති ස්ත්‍රිය ගැන වදාළ දෙසුම

පින්වත් මහණෙනි, කරුණු පහකින් සමන්විත වූ ස්ත්‍රිය කය බිඳී මරණින් මතු සුගතිය නම් වූ, ස්වර්ග ලෝකයේ උපදිනවා. කවර කරුණු පහකින් ද යත්? ශ්‍රද්ධාවකින් යුතුව ඉන්නවා. පවට ලැජ්ජාවක් ඇතිව ඉන්නවා. විපාකයට භයක් ඇතුව ඉන්නවා. වෛර බඳින්නේ නෑ. ප්‍රඥාවකින් යුතුව ඉන්නවා. පින්වත් මහණෙනි, මේ කරුණු පහෙන් සමන්විත වූ ස්ත්‍රිය කය බිඳී මරණින් මතු සුගතිය නම් වූ, ස්වර්ග ලෝකයේ උපදිනවා.

සාදු ! සාදු !! සාදු !!!

අනුපනාහී සූත්‍රය නිමා විය.

3.2.4
අනිස්සුකී සූත්‍රය
ඊර්ෂ්‍යා නොකරන ස්ත්‍රිය ගැන වදාළ දෙසුම

පින්වත් මහණෙනි, කරුණු පහකින් සමන්විත වූ ස්ත්‍රිය කය බිඳී මරණින් මතු සුගතිය නම් වූ, ස්වර්ග ලෝකයේ උපදිනවා. කවර කරුණු පහකින් ද යත්? ශ්‍රද්ධාවකින් යුතුව ඉන්නවා. පවට ලැජ්ජාවක් ඇතිව ඉන්නවා. විපාකයට භයක් ඇතුව ඉන්නවා. ඊර්ෂ්‍යා කරන්නේ නෑ. ප්‍රඥාවකින් යුතුව ඉන්නවා. පින්වත් මහණෙනි, මේ කරුණු පහෙන් සමන්විත වූ ස්ත්‍රිය කය බිඳී මරණින් මතු සුගතිය නම් වූ, ස්වර්ග ලෝකයේ උපදිනවා.

සාදු ! සාදු !! සාදු !!!

අනිස්සුකී සූත්‍රය නිමා විය.

3.2.5
අමච්ඡරී සූත්‍රය
මසුරුකමින් නොසිටින ස්ත්‍රිය ගැන වදාළ දෙසුම

පින්වත් මහණෙනි, කරුණු පහකින් සමන්විත වූ ස්ත්‍රිය කය බිඳී මරණින් මතු සුගතිය නම් වූ, ස්වර්ග ලෝකයේ උපදිනවා. කවර කරුණු පහකින් ද යත්? ශ්‍රද්ධාවකින් යුතුව ඉන්නවා. පවට ලැජ්ජාවක් ඇතිව ඉන්නවා. විපාකයට භයක් ඇතුව ඉන්නවා. මසුරුකමින් ඉන්නේ නෑ. ප්‍රඥාවකින් යුතුව ඉන්නවා. පින්වත් මහණෙනි, මේ කරුණු පහෙන් සමන්විත වූ ස්ත්‍රිය කය බිඳී මරණින් මතු සුගතිය නම් වූ, ස්වර්ග ලෝකයේ උපදිනවා.

සාදු ! සාදු !! සාදු !!!

අමච්ඡරී සූත්‍රය නිමා විය.

3.2.6
අනතිචාරී සූත්‍රය
සැමියා ඉක්මවා හොර සැමියන් කරා නොයන ස්ත්‍රිය ගැන වදාළ දෙසුම

පින්වත් මහණෙනි, කරුණු පහකින් සමන්විත වූ ස්ත්‍රිය කය බිඳී මරණින් මතු සුගතිය නම් වූ, ස්වර්ග ලෝකයේ උපදිනවා. කවර කරුණු පහකින් ද යත්? ශ්‍රද්ධාවකින් යුතුව ඉන්නවා. පවට ලැජ්ජාවක් ඇතිව ඉන්නවා. විපාකයට භයක් ඇතුව ඉන්නවා. සැමියා ඉක්මවා හොර සැමියන් කරා යන්නේ නෑ. ප්‍රඥාවකින් යුතුව ඉන්නවා. පින්වත් මහණෙනි, මේ කරුණු පහෙන් සමන්විත වූ ස්ත්‍රිය කය බිඳී මරණින් මතු සුගතිය නම් වූ, ස්වර්ග ලෝකයේ උපදිනවා.

සාදු ! සාදු !! සාදු !!!

අනතිචාරී සූත්‍රය නිමා විය.

3.2.7
සීලවන්ත සූත්‍රය
සිල්වත් ස්ත්‍රිය ගැන වදාළ දෙසුම

පින්වත් මහණෙනි, කරුණු පහකින් සමන්විත වූ ස්ත්‍රිය කය බිඳී මරණින් මතු සුගතිය නම් වූ, ස්වර්ග ලෝකයේ උපදිනවා. කවර කරුණු පහකින් ද යත්? ශ්‍රද්ධාවකින් යුතුව ඉන්නවා. පවට ලැජ්ජාවක් ඇතිව ඉන්නවා. විපාකයට භයක් ඇතුව ඉන්නවා. සිල්වත්ව වාසය කරනවා. ප්‍රඥාවකින් යුතුව ඉන්නවා. පින්වත් මහණෙනි, මේ කරුණු පහෙන් සමන්විත වූ ස්ත්‍රිය කය බිඳී මරණින් මතු සුගතිය නම් වූ, ස්වර්ග ලෝකයේ උපදිනවා.

සාදු ! සාදු !! සාදු !!!

සීලවන්ත සූත්‍රය නිමා විය.

3.2.8
බහුස්සුත සූත්‍රය
දහම් දැනුමෙන් යුතු ස්ත්‍රිය ගැන වදාළ දෙසුම

පින්වත් මහණෙනි, කරුණු පහකින් සමන්විත වූ ස්ත්‍රිය කය බිඳී මරණින් මතු සුගතිය නම් වූ, ස්වර්ග ලෝකයේ උපදිනවා. කවර කරුණු පහකින් ද යත්? ශ්‍රද්ධාවකින් යුතුව ඉන්නවා. පවට ලැජ්ජාවක් ඇතිව ඉන්නවා. විපාකයට භයක් ඇතුව ඉන්නවා. දහම් දැනුමෙන් යුතුව ඉන්නවා. ප්‍රඥාවකින් යුතුව ඉන්නවා. පින්වත් මහණෙනි, මේ කරුණු පහෙන් සමන්විත වූ ස්ත්‍රිය කය බිඳී මරණින් මතු සුගතිය නම් වූ, ස්වර්ග ලෝකයේ උපදිනවා.

සාදු ! සාදු !! සාදු !!!

බහුස්සුත සූත්‍රය නිමා විය.

3.2.9
ආරද්ධවිරිය සූත්‍රය
පටන්ගත් වීරිය ඇති ස්ත්‍රිය ගැන වදාළ දෙසුම

පින්වත් මහණෙනි, කරුණු පහකින් සමන්විත වූ ස්ත්‍රිය කය බිඳී මරණින් මතු සුගතිය නම් වූ, ස්වර්ග ලෝකයේ උපදිනවා. කවර කරුණු පහකින් ද යත්? ශ්‍රද්ධාවකින් යුතුව ඉන්නවා. පවට ලැජ්ජාවක් ඇතිව ඉන්නවා. විපාකයට භයක් ඇතුව ඉන්නවා. පටන්ගත් වීරියෙන් යුතුව ඉන්නවා. ප්‍රඥාවකින් යුතුව ඉන්නවා. පින්වත් මහණෙනි, මේ කරුණු පහෙන් සමන්විත වූ ස්ත්‍රිය කය බිඳී මරණින් මතු සුගතිය නම් වූ, ස්වර්ග ලෝකයේ උපදිනවා.

සාදු ! සාදු !! සාදු !!!

ආරද්ධවිරිය සූත්‍රය නිමා විය.

3.2.10
උපට්ඨිතසති සූත්‍රය
සිහිය පිහිටුවාගෙන සිටින ස්ත්‍රිය ගැන වදාළ දෙසුම

පින්වත් මහණෙනි, කරුණු පහකින් සමන්විත වූ ස්ත්‍රිය කය බිඳී මරණින් මතු සුගතිය නම් වූ, ස්වර්ග ලෝකයේ උපදිනවා. කවර කරුණු පහකින් ද යත්? ශ්‍රද්ධාවකින් යුතුව ඉන්නවා. පවට ලැජ්ජාවක් ඇතිව ඉන්නවා. විපාකයට භයක් ඇතුව ඉන්නවා. සිහිය පිහිටුවාගෙන ඉන්නවා. ප්‍රඥාවකින් යුතුව ඉන්නවා. පින්වත් මහණෙනි, මේ කරුණු පහෙන් සමන්විත වූ ස්ත්‍රිය කය බිඳී මරණින් මතු සුගතිය නම් වූ, ස්වර්ග ලෝකයේ උපදිනවා.

සාදු ! සාදු !! සාදු !!!

උපට්ඨිතසති සූත්‍රය නිමා විය.

3.2.11
පඤ්චසීල සූත්‍රය
පන්සිල් රකින ස්ත්‍රිය ගැන වදාළ දෙසුම

පින්වත් මහණෙනි, කරුණු පහකින් සමන්විත වූ ස්ත්‍රිය කය බිඳී මරණින් මතු සුගතිය නම් වූ, ස්වර්ග ලෝකයේ උපදිනවා. කවර කරුණු පහකින් ද යත්? සතුන් මැරීමෙන් වෙන් වී සිටිනවා. සොරකම් කිරීමෙන් වෙන් වී සිටිනවා. වැරදිකාම සේවනයේ යෙදීමෙන් වෙන් වී සිටිනවා. බොරු කීමෙන් වෙන් වී සිටිනවා. මත්පැන් මත්ද්‍රව්‍ය පානය කිරීමෙන් වෙන් වී සිටිනවා. පින්වත් මහණෙනි, මේ කරුණු පහෙන් සමන්විත වූ ස්ත්‍රිය කය බිඳී මරණින් මතු සුගතිය නම් වූ, ස්වර්ග ලෝකයේ උපදිනවා.

සාදු ! සාදු !! සාදු !!!

පඤ්චසීල සූත්‍රය නිමා විය.

දෙවන අනුරුද්ධ වර්ගය යි

- එහි පිළිවෙළ උද්දානය යි.

අනුරුද්ධ සූත්‍රය, අක්කෝධන සූත්‍රය, අනුපනාහී සූත්‍රය, අනිස්සුකී සූත්‍රය, අමච්ඡරී සූත්‍රය, අනතිචාරී සූත්‍රය, සීලවන්ත සූත්‍රය, බහුස්සුත සූත්‍රය, ආරද්ධවිරිය සූත්‍රය, උපට්ඨිතසති සූත්‍රය, පඤ්චසීල සූත්‍රය යන යහපත් කොටසෙහි සූත්‍ර එකොළහක් පවසන ලදී.

3. බල වර්ගය

3.3.1
සුද්ධ සූත්‍රය
පිරිසිදු ස්ත්‍රිය ගැන වදාළ දෙසුම

පින්වත් මහණෙනි, මේවා තමයි ස්ත්‍රියට ඇති බල පහ. කවර පහක් ද යත්? රූප බලය. භෝග සම්පත් බලය. නෑදෑ බලය. පුත්‍ර බලය. සීල බලය. පින්වත් මහණෙනි, ස්ත්‍රියට ඇති බල පහ මේවාය.

සාදු ! සාදු !! සාදු !!!

සුද්ධ සූත්‍රය නිමා විය.

3.3.2
විසාරද සූත්‍රය
විශාරද ස්ත්‍රිය ගැන වදාළ දෙසුම

පින්වත් මහණෙනි, මේවා තමයි ස්ත්‍රියට ඇති බල පහ. කවර පහක් ද යත්? රූප බලය. භෝග සම්පත් බලය. නෑදෑ බලය. පුත්‍ර බලය. සීල බලය. පින්වත් මහණෙනි, ස්ත්‍රියට ඇති බල පහ මේවාය. පින්වත් මහණෙනි, මේ බල පහෙන් සමන්විත ස්ත්‍රිය විශාරද තැනැත්තියක් වශයෙන් ගෙදර වාසය කරනවා.

සාදු ! සාදු !! සාදු !!!

විසාරද සූත්‍රය නිමා විය.

3.3.3
පසය්හ සූත්‍රය
සැමියාව පාලනය කරන ස්ත්‍රිය ගැන වදාළ දෙසුම

පින්වත් මහණෙනි, මේවා තමයි ස්ත්‍රියට ඇති බල පහ. කවර පහක් ද යත්? රූප බලය. භෝග සම්පත් බලය. නෑදෑ බලය. පුත්‍ර බලය. සීල බලය. පින්වත් මහණෙනි, ස්ත්‍රියට ඇති බල පහ මේවාය. පින්වත් මහණෙනි, මේ බල පහෙන් සමන්විත ස්ත්‍රිය තම සැමියාව පාලනය කරන තැනැත්තියක් වශයෙන් ගෙදර වාසය කරනවා.

සාදු ! සාදු !! සාදු !!!

පසය්හ සූත්‍රය නිමා විය.

3.3.4
අභිභුය්හ සූත්‍රය
සැමියාව මැඬගෙන සිටින ස්ත්‍රිය ගැන වදාළ දෙසුම

පින්වත් මහණෙනි, මේවා තමයි ස්ත්‍රියට ඇති බල පහ. කවර පහක් ද යත්? රූප බලය. භෝග සම්පත් බලය. නෑදෑ බලය. පුත්‍ර බලය. සීල බලය. පින්වත් මහණෙනි, ස්ත්‍රියට ඇති බල පහ මේවාය. පින්වත් මහණෙනි, මේ බල පහෙන් සමන්විත ස්ත්‍රිය තම සැමියාව මැඬගෙන වාසය කරනවා.

පින්වත් මහණෙනි, මේ එක බලයකින් සමන්විත වූ පුරුෂයා ස්ත්‍රියව යටත් කොට ගෙන සිටිනවා. කවර එකකින් ද යත්? ඉසුරු බලයෙන් ය. පින්වත් මහණෙනි, ඉසුරු බලයෙන් යටපත් කරන ලද ස්ත්‍රිය රූප බලයෙන් රැකෙන්නේ නෑ. භෝග බලයෙන් රැකෙන්නේ නෑ. ඤාති බලයෙන් රැකෙන්නේ නෑ. පුත්‍ර බලයෙන් රැකෙන්නේ නෑ. සීල බලයෙන් රැකෙන්නේ නෑ.

සාදු ! සාදු !! සාදු !!!

අභිභුය්හ සූත්‍රය නිමා විය.

3.3.5
අංග සූත්‍රය
කොටස ගැන වදාළ දෙසුම

පින්වත් මහණෙනි, මේවා තමයි ස්ත්‍රියට ඇති බල පහ. කවර පහක් ද යත්? රූප බලය. භෝග සම්පත් බලය. නෑදෑ බලය. පුත්‍ර බලය. සීල බලය. පින්වත් මහණෙනි, රූප බලයෙන් යුතු ස්ත්‍රිය භෝග සම්පත් බලයෙන් තොර නම්, මෙසේ ඇය ඒ කොටසින් අපරිපූර්ණයි. පින්වත් මහණෙනි, යම් කලෙක ස්ත්‍රිය රූප බලයෙනුත් ඒ වගේම භෝග බලයෙනුත් සමන්විත වෙනවා. එතකොට ඈ ඒ කොටසින් සම්පූර්ණ වෙනවා. පින්වත් මහණෙනි, ස්ත්‍රිය රූප බලයෙනුත්, භෝග බලයෙනුත් සමන්විත නමුත් ඥාති බලයෙන් යුක්ත නෑ. මෙසේ ඈ ඒ කොටසින් අපරිපූර්ණ වෙනවා. පින්වත් මහණෙනි, යම් කලෙක ස්ත්‍රිය රූප බලයෙනුත්, භෝග බලයෙනුත් ඒ වගේම ඥාති බලයෙනුත් සමන්විත වෙනවා. එතකොට ඈ ඒ කොටසින් සම්පූර්ණ වෙනවා.

පින්වත් මහණෙනි, ස්ත්‍රිය රූප බලයෙනුත්, භෝග බලයෙනුත් ඥාති බලයෙනුත් සමන්විත නමුත් පුත්‍ර බලයෙන් යුක්ත නෑ. මෙසේ ඈ ඒ කොටසින් අපරිපූර්ණ වෙනවා. පින්වත් මහණෙනි, යම් කලෙක ස්ත්‍රිය රූප බලයෙනුත්, භෝග බලයෙනුත්, ඥාති බලයෙනුත් ඒ වගේම පුත්‍ර බලයෙනුත් සමන්විත වෙනවා. එතකොට ඈ ඒ කොටසින් සම්පූර්ණ වෙනවා. පින්වත් මහණෙනි, ස්ත්‍රිය රූප බලයෙනුත්, භෝග බලයෙනුත්, ඥාති බලයෙනුත්, පුත්‍ර බලයෙනුත් සමන්විත නමුත් සීල බලයෙන් යුක්ත නෑ. මෙසේ ඈ ඒ කොටසින් අපරිපූර්ණ වෙනවා. පින්වත් මහණෙනි, යම් කලෙක ස්ත්‍රිය රූප බලයෙනුත්, භෝග බලයෙනුත්, ඥාති බලයෙනුත්, පුත්‍ර බලයෙනුත් ඒ වගේම සීල බලයෙනුත් සමන්විත වෙනවා. එතකොට ඈ ඒ කොටසින් සම්පූර්ණ වෙනවා. පින්වත් මහණෙනි, ස්ත්‍රියට ඇති බල පහ මේවාය.

සාදු ! සාදු !! සාදු !!!

අංග සූත්‍රය නිමා විය.

3.3.6
නාසිතබ්බ සූත්‍රය
නැසිය යුතු ස්ත්‍රිය ගැන වදාළ දෙසුම

පින්වත් මහණෙනි, මේවා තමයි ස්ත්‍රියට ඇති බල පහ. කවර පහක් ද යත්? රූප බලය. භෝග සම්පත් බලය. නෑදෑ බලය. පුත්‍ර බලය. සීල බලය. පින්වත් මහණෙනි, රූප බලයෙන් යුතු ස්ත්‍රිය සීල බලයෙන් තොර නම්, ඇය වනසනවා ම යි. පතිකුලයෙහි ඈ වසවන්නේ නෑ. පින්වත් මහණෙනි, රූප බලයෙන් යුතු, භෝග බලයෙන් යුතු නමුත් ස්ත්‍රිය සීල බලයෙන් තොර නම්, ඇය වනසනවා ම යි. පතිකුලයෙහි ඈ වසවන්නේ නෑ. පින්වත් මහණෙනි, රූප බලයෙන් යුතු, භෝග බලයෙන් යුතු, ඥාති බලයෙන් යුතු නමුත් ස්ත්‍රිය සීල බලයෙන් තොර නම්, ඇය වනසනවා ම යි. පතිකුලයෙහි ඈ වසවන්නේ නෑ. පින්වත් මහණෙනි, රූප බලයෙන් යුතු, භෝග බලයෙන් යුතු, ඥාති බලයෙන් යුතු, පුත්‍ර බලයෙන් යුතු නමුත් ස්ත්‍රිය සීල බලයෙන් තොර නම්, ඇය වනසනවා ම යි. පතිකුලයෙහි ඈ වසවන්නේ නෑ.

පින්වත් මහණෙනි, යම් කලෙක ස්ත්‍රිය රූප බලයෙනුත්, භෝග බලයෙනුත්, ඥාති බලයෙනුත්, පුත්‍ර බලයෙනුත්, සීල බලයෙනුත්, සමන්විත වෙනවා නම්, ඇය පතිකුලයෙහි වසවනවා ම යි. ඇය නසන්නේ නෑ. පින්වත් මහණෙනි, සීල බලයෙන් යුතු ස්ත්‍රිය රූප බලයෙන් තොර නමුත් ඇය පතිකුලයෙහි වසවනවා ම යි. ඇය නසන්නේ නෑ. පින්වත් මහණෙනි, සීල බලයෙන් යුතු ස්ත්‍රිය භෝග බලයෙන් තොර නමුත් ඇය පතිකුලයෙහි වසවනවා ම යි. ඇය නසන්නේ නෑ. පින්වත් මහණෙනි, සීල බලයෙන් යුතු ස්ත්‍රිය ඥාති බලයෙන් තොර නමුත් ඇය පතිකුලයෙහි වසවනවා ම යි. ඇය නසන්නේ නෑ. පින්වත් මහණෙනි, සීල බලයෙන් යුතු ස්ත්‍රිය පුත්‍ර බලයෙන් තොර නමුත් ඇය පතිකුලයෙහි වසවනවා ම යි. ඇය නසන්නේ නෑ. පින්වත් මහණෙනි, ස්ත්‍රියට ඇති බල පහ මේවාය.

සාදු ! සාදු !! සාදු !!!

නාසිතබ්බ සූත්‍රය නිමා විය.

3.3.7
හේතු සූත්‍රය
හේතු ගැන වදාළ දෙසුම

පින්වත් මහණෙනි, මේවා තමයි ස්ත්‍රියට ඇති බල පහ. කවර පහක් ද යත්? රූප බලය. භෝග සම්පත් බලය. නෑදෑ බලය. පුත්‍ර බලය. සීල බලය. පින්වත් මහණෙනි, ස්ත්‍රිය රූප බලය නිසාවත්, භෝග බලය නිසාවත්, ඥාති බලය නිසාවත්, පුත්‍ර බලය නිසාවත් කය බිඳී මරණින් මතු සුගතිය නම් වූ, ස්වර්ග ලෝකයෙහි උපදින්නේ නෑ. පින්වත් මහණෙනි, ස්ත්‍රිය සීල බලය නිසා ම යි කය බිඳී මරණින් මතු සුගතිය නම් වූ, ස්වර්ග ලෝකයෙහි උපදින්නේ. පින්වත් මහණෙනි, ස්ත්‍රියට ඇති බල පහ මේවාය.

සාදු ! සාදු !! සාදු !!!

හේතු සූත්‍රය නිමා විය.

3.3.8
ඨාන සූත්‍රය
තැන් ගැන වදාළ දෙසුම

පින්වත් මහණෙනි, පින් කරගත්තු නැති ස්ත්‍රියක විසින් ලබන්ට දුර්ලභ වූ මේ කරුණු පහක් තියෙනවා. කවර පහක් ද යත්? පින්වත් මහණෙනි, "මං සුදුසු පවුලක උපතක් ලබන්නෙමි" යන කරුණ පින් කරගත්තු නැති ස්ත්‍රියක විසින් ලබන්නට දුර්ලභ වූ පළමු වැන්නයි. පින්වත් මහණෙනි, "මං සුදුසු පවුලක ඉපදිලා, ඊට සුදුසු පතිකුලයකට යන්නෙමි" යන කරුණ පින් කරගත්තු නැති ස්ත්‍රියක විසින් ලබන්නට දුර්ලභ වූ දෙවැන්නයි. පින්වත් මහණෙනි, "මං සුදුසු පවුලක ඉපදිලා, ඊට සුදුසු පතිකුලයකට ගිහින් සමාන බිරිඳන් නැති ගෙදරක, වාසය කරන්නෙමි" යන කරුණ පින් කරගත්තු නැති ස්ත්‍රියක විසින් ලබන්නට දුර්ලභ වූ තුන් වැන්නයි. පින්වත් මහණෙනි, "මං සුදුසු පවුලක ඉපදිලා, ඊට සුදුසු පතිකුලයකට ගිහින් සමාන බිරිඳන් නැති ගෙදරක, වාසය කරමින් දරුවන් ඇති තැනැත්තියක් වන්නෙමි" යන කරුණ පින් කරගත්තු නැති ස්ත්‍රියක විසින් ලබන්නට දුර්ලභ වූ සිව් වැන්නයි. පින්වත් මහණෙනි, "මං සුදුසු පවුලක ඉපදිලා, ඊට සුදුසු පතිකුලයකට ගිහින්, සමාන

බිරිඳන් නැති ගෙදරක, වාසය කරමින් දරුවන් ඇති තැනැත්තියක්ව සිටිමින් සැමියාව ද කීකරු කරගෙන වසන්නෙමි" යන කරුණ පින් කරගත්තු නැති ස්ත්‍රියක විසින් ලබන්නට දුර්ලභ වූ පස් වැන්නයි. පින්වත් මහණෙනි, මේවා තමයි පින් කරගත්තු නැති ස්ත්‍රියක විසින් ලබන්නට දුර්ලභ වූ මේ කරුණු පහ.

පින්වත් මහණෙනි, පින් කරගත්තු ස්ත්‍රියක විසින් පහසුවෙන් ලබන මේ කරුණු පහක් තියෙනවා. කවර පහක් ද යත්? පින්වත් මහණෙනි, "මං සුදුසු පවුලක උපතක් ලබන්නෙමි" යන කරුණ පින් කරගත්තු ස්ත්‍රියක විසින් පහසුවෙන් ලබන පළමු වැන්නයි. පින්වත් මහණෙනි, "මං සුදුසු පවුලක ඉපදිලා, ඊට සුදුසු පතිකුලයකට යන්නෙමි" යන කරුණ පින් කරගත්තු ස්ත්‍රියක විසින් පහසුවෙන් ලබන දෙවැන්නයි. පින්වත් මහණෙනි, "මං සුදුසු පවුලක ඉපදිලා, ඊට සුදුසු පතිකුලයකට ගිහින් සමාන බිරිඳන් නැති ගෙදරක, වාසය කරන්නෙමි" යන කරුණ පින් කරගත්තු ස්ත්‍රියක විසින් පහසුවෙන් ලබන තුන් වැන්නයි. පින්වත් මහණෙනි, "මං සුදුසු පවුලක ඉපදිලා, ඊට සුදුසු පතිකුලයකට ගිහින්, සමාන බිරිඳන් නැති ගෙදරක වාසය කරමින්, දරුවන් ඇති තැනැත්තියක් වන්නෙමි" යන කරුණ පින් කරගත්තු ස්ත්‍රියක විසින් පහසුවෙන් ලබන සිව් වැන්නයි. පින්වත් මහණෙනි, "මං සුදුසු පවුලක ඉපදිලා, ඊට සුදුසු පතිකුලයකට ගිහින්, සමාන බිරිඳන් නැති ගෙදරක වාසය කරමින්, දරුවන් ඇති තැනැත්තියක්ව සිටිමින්, සැමියාව ද කීකරු කරගෙන වසන්නෙමි" යන කරුණ පින් කරගත්තු ස්ත්‍රියක විසින් පහසුවෙන් ලබන පස් වැන්නයි. පින්වත් මහණෙනි, මේවා තමයි පින් කරගත්තු ස්ත්‍රිය විසින් පහසුවෙන් ලබන කරුණු පහ.

සාදු ! සාදු !! සාදු !!!

ඨාන සූත්‍රය නිමා විය.

3.3.9
විසාරදවාස සූත්‍රය
විශාරදව වාසය කිරීම ගැන වදාළ දෙසුම

පින්වත් මහණෙනි, කරුණු පහකින් සමන්විත වූ ස්ත්‍රිය විශාරදව ගෙදර වාසය කරයි. කවර කරුණු පහකින් ද යත්? ඇය සතුන් මැරීමෙන්

වැළකී සිටිනවා. සොරකමින් වැළකී සිටිනවා. වැරදිකාම සේවනයෙන් වැළකී සිටිනවා. බොරු කීමෙන් වැළකී සිටිනවා. මත්පැන් මත්ද්‍රව්‍ය භාවිතයෙන් වැළකී සිටිනවා. පින්වත් මහණෙනි, මේ කරුණු පහෙන් සමන්විත වූ ස්ත්‍රිය විශාරදව ගෙදර වාසය කරනවා.

සාදු ! සාදු !! සාදු !!!

විසාරදවාස සූත්‍රය නිමා විය.

3.3.10
වඩ්ඪි සූත්‍රය
දියුණු වීම ගැන වදාළ දෙසුම

පින්වත් මහණෙනි, දියුණු වන කරුණු පහකින් දියුණු වන්නා වූ ආර්ය ශ්‍රාවිකාව ආර්ය ගුණයෙනුත් දියුණු වෙනවා. කයෙන් හරවත් දේ ම ගන්නා තැනැත්තියක් වෙනවා. උතුම් දේ ම ගන්නා තැනැත්තියක් වෙනවා. කවර කරුණු පහකින් ද යත්? ශ්‍රද්ධාවෙන් දියුණු වෙනවා. සීලයෙන් දියුණු වෙනවා. දහම් දැනුමෙන් දියුණු වෙනවා. ත්‍යාගයෙන් දියුණු වෙනවා. ප්‍රඥාවෙන් දියුණු වෙනවා. පින්වත් මහණෙනි, මේ දියුණු වන කරුණු පහෙන් දියුණු වන්නා වූ ආර්ය ශ්‍රාවිකාව ආර්ය ගුණයෙනුත් දියුණු වෙනවා. කයෙන් හරවත් දේ ම ගන්නා තැනැත්තියක් වෙනවා. උතුම් දේ ම ගන්නා තැනැත්තියක් වෙනවා.

(ගාථාවකි)

ශ්‍රද්ධාවෙනුත්, සීලයෙනුත්, ප්‍රඥාවෙනුත්, ත්‍යාගයෙනුත්, ශ්‍රැතයෙනුත් යම් ස්ත්‍රියක් මෙලොව දියුණු වෙනවා නම්, එබඳු සිල්වත් උපාසිකාව මේ ලෝකයේ දී තමාගෙන් ගතයුතු හරවත් දෑ ගන්නවා.

සාදු ! සාදු !! සාදු !!!

වඩ්ඪි සූත්‍රය නිමා විය.

තුන්වෙනි බල වර්ගය යි.

- **එහි පිළිවෙළ උද්දානය යි.**

සුද්ධ සූත්‍රය, විශාරද සූත්‍රය, පසය්හ සූත්‍රය, අභිභුය්‍ය සූත්‍රය, අංග සූත්‍රය, නාසිතබ්බ සූත්‍රය, හේතු සූත්‍රය, ඨාන සූත්‍රය, විශාරද සූත්‍රය, වඩ්ඪී සූත්‍රය යන මේ සූත්‍ර දහයෙන් මෙම වර්ගය සමන්විතයි.

මාතුගාම සංයුත්තය නිමා විය.

4. ජම්බුඛාදක සංයුත්තය

4.1.1
නිබ්බාන සූත්‍රය
නිවන ගැන වදාළ දෙසුම

ඒ දිනවල ආයුෂ්මත් සාරිපුත්තයන් වහන්සේ වැඩසිටියේ මගධ ජනපදයේ නාල නම් ගමේ. එදා ජම්බුඛාදක පිරිවැජියා ආයුෂ්මත් සාරිපුත්තයන් වහන්සේ වැඩසිටි තැනට ආවා. ඇවිදින් ආයුෂ්මත් සාරිපුත්තයන් වහන්සේ සමඟ සතුටු වුණා. සතුටු විය යුතු පිළිසඳර කථාබහේ යෙදිලා එකත්පස්ව වාඩිවුණා. එකත්පස්ව වාඩිවුණ ජම්බුඛාදක පිරිවැජියා ආයුෂ්මත් සාරිපුත්තයන් වහන්සේගෙන් මෙකරුණ විමසුවා. "ප්‍රිය ආයුෂ්මත් සාරිපුත්තයෙනි, නිවන, නිවන කියලා කියනවා. ප්‍රිය ආයුෂ්මතුනි, නිවන කියලා කියන්නේ කුමක්ද?"

"ආයුෂ්මත, යම් රාගය ක්‍ෂය වීමක්, ද්වේෂය ක්‍ෂය වීමක්, මෝහය ක්‍ෂය වීමක් ඇද්ද නිවන කියන්නේ මෙයටයි." "ප්‍රිය ආයුෂ්මතුනි, ඔය නිවන සාක්‍ෂාත් කිරීම පිණිස වැඩපිළිවෙලක් තියෙනවාද? මාර්ගයක් තියෙනවාද?" "ආයුෂ්මත, මේ නිවන සාක්‍ෂාත් කිරීම පිණිස වැඩපිළිවෙළක් තියෙනවා. මාර්ග යකුත් තියෙනවා." "ප්‍රිය ආයුෂ්මතුනි, ඔය නිවන සාක්‍ෂාත් කිරීම පිණිස පවතින වැඩපිළිවෙළ කුමක්ද? මාර්ගය කුමක්ද?" "ආයුෂ්මත, මේ නිවන සාක්‍ෂාත් කිරීම පිණිස පවතින්නේ ඒ මේ ආර්ය අෂ්ටාංගික මාර්ගය ම යි. ඒ කියන්නේ; සම්මා දිට්ඨි, සම්මා සංකල්ප, සම්මා වාචා, සම්මා කම්මන්ත, සම්මා ආජීව, සම්මා වායාම, සම්මා සති, සම්මා සමාධි යන මෙයයි. ආයුෂ්මත, මේ නිවන සාක්‍ෂාත් කිරීම පිණිස තිබෙන්නේ ඔය මාර්ගය තමයි. ඔය ප්‍රතිපදාව තමයි." "ප්‍රිය ආයුෂ්මතුනි, මේ නිවන සාක්‍ෂාත් කිරීම පිණිස පවතින්නේ සොඳුරු මඟක් ම යි. සොඳුරු ප්‍රතිපදාවක් ම යි. ප්‍රිය ආයුෂ්මත් සාරිපුත්තයෙනි, අප්‍රමාදී වීමට ම යි සුදුසු."

සාදු ! සාදු !! සාදු !!!

නිබ්බාන සූත්‍රය නිමා විය.

4.1.2
අරහත්ත සූත්‍රය
අරහත්වය ගැන වදාළ දෙසුම

"ප්‍රිය ආයුෂ්මත් සාරිපුත්තයෙනි, අරහත්වය, අරහත්වය කියලා කියනවා. ප්‍රිය ආයුෂ්මතුනි, අරහත්වය කියලා කියන්නේ කුමක්ද?" "ආයුෂ්මත, යම් රාගය ක්ෂය වීමක්, ද්වේෂය ක්ෂය වීමක්, මෝහය ක්ෂය වීමක් ඇද්ද අරහත්වය කියන්නේ මෙයටයි." "ප්‍රිය ආයුෂ්මතුනි, ඔය අරහත්වය සාක්ෂාත් කිරීම පිණිස වැඩපිළිවෙළක් තියෙනවාද? මාර්ගයක් තියෙනවාද?" "ආයුෂ්මත, මේ අරහත්වය සාක්ෂාත් කිරීම පිණිස වැඩපිළිවෙළක් තියෙනවා. මාර්ගයකුත් තියෙනවා." "ප්‍රිය ආයුෂ්මතුනි, ඔය අරහත්වය සාක්ෂාත් කිරීම පිණිස පවතින වැඩපිළිවෙළ කුමක්ද? මාර්ගය කුමක්ද?" "ආයුෂ්මත, මේ අරහත්වය සාක්ෂාත් කිරීම පිණිස පවතින්නේ ඒ මේ ආර්ය ආෂ්ටාංගික මාර්ගය ම යි. ඒ කියන්නේ; සම්මා දිට්ඨි ....(පෙ).... සම්මා සමාධි යන මෙයයි. ආයුෂ්මත, මේ අරහත්වය සාක්ෂාත් කිරීම පිණිස තිබෙන්නේ ඔය මාර්ගය තමයි. ඔය ප්‍රතිපදාව තමයි." "ප්‍රිය ආයුෂ්මතුනි, මේ අරහත්වය සාක්ෂාත් කිරීම පිණිස පවතින්නේ සොඳුරු මඟක් ම යි. සොඳුරු ප්‍රතිපදාවක් ම යි. ප්‍රිය ආයුෂ්මත් සාරිපුත්තයෙනි, අප්‍රමාදී වීමට ම යි සුදුසු."

සාදු ! සාදු !! සාදු !!!

අරහත්ත සූත්‍රය නිමා විය.

4.1.3
ධම්මවාදී සූත්‍රය
ධර්මවාදීන් ගැන වදාළ දෙසුම

"ප්‍රිය ආයුෂ්මත් සාරිපුත්තයෙනි, ලෝකයෙහි ධර්මවාදී අය කවුද? ලෝකයෙහි සුපටිපන්න අය කවුද? ලෝකයෙහි සුගත යන අය කවුද?" "ආයුෂ්මත, යම් කෙනෙක් රාගය ප්‍රහාණය වීම පිණිස ධර්මය දේශනා කරනවා නම්, ද්වේෂය ප්‍රහාණය වීම පිණිස ධර්මය දේශනා කරනවා නම්, මෝහය ප්‍රහාණය වීම පිණිස ධර්මය දේශනා කරනවා නම්, ඔවුන් තමයි ලෝකයෙහි ධර්මවාදීන් වන්නේ. ආයුෂ්මත, යම් කෙනෙක් රාගය ප්‍රහාණය වීම පිණිස

ප්‍රතිපදාවෙහි හැසිරෙනවා නම්, ද්වේෂය ප්‍රහාණය වීම පිණිස ප්‍රතිපදාවෙහි හැසිරෙනවා නම්, මෝහය ප්‍රහාණය වීම පිණිස ප්‍රතිපදාවෙහි හැසිරෙනවා නම්, ඔවුන් තමයි සුපටිපන්න වන්නේ. ආයුෂ්මත, යම් කෙනෙකුගේ රාගය ප්‍රහාණය වුණා නම්, මුලින් ම ඉදිරිලා ගියා නම්, මුදුන් කරටිය සිඳුණු තල් ගසක් මෙන් වුණා නම්, අභාවයට පත් වුණා නම්, යළි කිසිදා නොහටගන්නා ස්වභාවයෙන් යුක්ත වුණා නම්, ද්වේෂය ප්‍රහාණය වුණා නම්, මුලින්ම ඉදිරිලා ගියා නම්, මුදුන් කරටිය සිඳුණු තල් ගසක් මෙන් වුණා නම්, අභාවයට පත් වුණා නම්, යළි කිසිදා නොහටගන්නා ස්වභාවයෙන් යුක්ත වුණා නම්, මෝහය ප්‍රහාණය වුණා නම්, මුලින් ම ඉදිරිලා ගියා නම්, මුදුන් කරටිය සිඳුණු තල් ගසක් මෙන් වුණා නම්, අභාවයට පත් වුණා නම්, යළි කිසිදා නොහටගන්නා ස්වභාවයෙන් යුක්ත වුණා නම්, ඔවුන් තමයි ලෝකයෙහි සුගත වන්නේ."

"ප්‍රිය ආයුෂ්මතුනි, මේ රාගයේත්, ද්වේෂයේත්, මෝහයේත් ප්‍රහාණය පිණිස වැඩපිළිවෙළක් තියෙනවාද? මාර්ගයක් තියෙනවාද?" "ආයුෂ්මත, මේ රාගයේත්, ද්වේෂයේත්, මෝහයේත් ප්‍රහාණය පිණිස වැඩපිළිවෙළක් තියෙනවා. මාර්ගයකුත් තියෙනවා." "ප්‍රිය ආයුෂ්මතුනි, මේ රාගයේත්, ද්වේෂයේත්, මෝහයේත් ප්‍රහාණය පිණිස තියෙන වැඩපිළිවෙළ කුමක්ද? මාර්ගය කුමක්ද?" "ආයුෂ්මත, මේ රාගයේත්, ද්වේෂයේත්, මෝහයේත් ප්‍රහාණය පිණිස තියෙන්නේ ඒ මේ ආර්ය ආෂ්ටාංගික මාර්ගය ම යි. ඒ කියන්නේ; සම්මා දිට්ඨි ....(පෙ).... සම්මා සමාධි යන මෙයයි. ආයුෂ්මත, මේ රාග, ද්වේෂ, මෝහ ප්‍රහාණය පිණිස පවතින මාර්ගය ඕක තමයි. වැඩපිළිවෙළත් ඕක තමයි." "ප්‍රිය ආයුෂ්මතුනි, මේ රාග, ද්වේෂ, මෝහ ප්‍රහාණය පිණිස පවතින්නා වූ මාර්ගය නම් ඉතා සුන්දරයි. ප්‍රතිපදාව නම් ඉතා සුන්දරයි. ප්‍රිය ආයුෂ්මත් සාරිපුත්තයෙනි, මේ ගැන අප්‍රමාදී වීම ම යි වටින්නේ."

සාදු ! සාදු !! සාදු !!!

ධම්මවාදී සූත්‍රය නිමා විය.

4.1.4
කිමත්ථිය සූත්‍රය
"කුමක් පිණිසද" යන්න ගැන වදාළ දෙසුම

"ප්‍රිය ආයුෂ්මත් සාරිපුත්තයෙනි, ශ්‍රමණ ගෞතමයන් වහන්සේගේ සසුනෙහි බඹසර වසන්නේ කුමක් පිණිසද?" "ආයුෂ්මත, භාග්‍යවතුන් වහන්සේගේ සසුනේ බඹසර වසන්නේ දුක පිරිසිඳ දැකීම පිණිසයි." "ප්‍රිය ආයුෂ්මතුනි, ඔය දුක පිරිසිඳ දැකීම පිණිස මාර්ගයක් තියෙනවාද? වැඩපිළිවෙළක් තියෙනවාද?" "ආයුෂ්මත, මේ දුක පිරිසිඳ දැකීම පිණිස මාර්ග යක් තියෙනවා. වැඩපිළිවෙළක් තියෙනවා." "ප්‍රිය ආයුෂ්මතුනි, ඔය දුක පිරිසිඳ දැකීම පිණිස තියෙන මාර්ගය කුමක්ද? වැඩපිළිවෙළ කුමක්ද?" "ආයුෂ්මත, මේ දුක පිරිසිඳ දැකීම පිණිස තියෙන්නේ ඒ මේ ආර්ය ආෂ්ටාංගික මාර්ගය ම යි. ඒ කියන්නේ; සම්මා දිට්ඨි ....(පෙ).... සම්මා සමාධි. ආයුෂ්මත, මේ දුක පිරිසිඳ දැකීම පිණිස පවතින මාර්ගය ඕක තමයි. වැඩපිළිවෙළත් ඕක තමයි." "ප්‍රිය ආයුෂ්මතුනි, මේ දුක පිරිසිඳ දැකීම පිණිස පවතින්නා වූ මාර්ගය නම් ඉතා සුන්දරයි. ප්‍රතිපදාව නම් ඉතා සුන්දරයි. ප්‍රිය ආයුෂ්මත් සාරිපුත්තයෙනි, මේ ගැන අප්‍රමාදී වීම ම යි වටින්නේ."

සාදු ! සාදු !! සාදු !!!

කිමත්ථිය සූත්‍රය නිමා විය.

4.1.5
අස්සාස සූත්‍රය
අස්වැසිල්ලට පත් වීම ගැන වදාළ දෙසුම

"ප්‍රිය ආයුෂ්මත් සාරිපුත්තයෙනි, අස්වැසිල්ලට පත්වුණා, අස්වැසිල්ලට පත් වුණා කියලා කියනවා. ප්‍රිය ආයුෂ්මත් සාරිපුත්තයෙනි, අස්වැසිල්ලට පත් වන්නේ කුමන කරුණු මතද?" "ආයුෂ්මත, යම් දවසක භික්ෂුව ස්පර්ශ ආයතන හයේ හටගැනීමත්, නැසී යාමත්, ආශ්වාදයත්, ආදීනවයත්, නිස්සරණයත් ඒ වූ ආකාරයෙන් ම දන්නවා නම්, ආයුෂ්මත, මෙපමණකින් ම අස්වැසිල්ලට පත් වුණා වෙනවා." "ප්‍රිය ආයුෂ්මතුනි, අස්වැසිල්ලට පත් වීම සාක්ෂාත් කිරීම පිණිස මාර්ගයක් තියෙනවාද? වැඩපිළිවෙළක් තියෙනවාද?"

"ආයුෂ්මත, අස්වැසිල්ලට පත් වීම සාක්ෂාත් කිරීම පිණිස මාර්ගයක් තියෙනවා. වැඩපිළිවෙළක් තියෙනවා." "ප්‍රිය ආයුෂ්මතුනි, අස්වැසිල්ලට පත් වීම සාක්ෂාත් කිරීම පිණිස පවතින මාර්ගය කුමක්ද? වැඩපිළිවෙළ කුමක්ද?" "ආයුෂ්මත, මේ අස්වැසිල්ලට පත් වීම සාක්ෂාත් කිරීම පිණිස තියෙන්නේ ඒ මේ ආර්ය අෂ්ටාංගික මාර්ගය ම යි. ඒ කියන්නේ; සම්මා දිට්ඨි ....(පෙ).... සම්මා සමාධි. ආයුෂ්මත, මේ අස්වැසිල්ලට පත් වීම සාක්ෂාත් කිරීම පිණිස පවතින මාර්ගය ඕක තමයි. වැඩපිළිවෙළත් ඕක තමයි." "ප්‍රිය ආයුෂ්මතුනි, මේ අස්වැසිල්ලට පත් වීම සාක්ෂාත් කිරීම පිණිස පවතින්නා වූ මාර්ගය නම් ඉතා සුන්දරයි. ප්‍රතිපදාව නම් ඉතා සුන්දරයි. ප්‍රිය ආයුෂ්මත් සාරිපුත්තයෙනි, මේ ගැන අප්‍රමාදී වීම ම යි වටින්නේ."

සාදු ! සාදු !! සාදු !!!

අස්සාස සූත්‍රය නිමා විය.

4.1.6
පරමස්සාස සූත්‍රය
ඉහළ ම අස්වැසිල්ල ගැන වදාළ දෙසුම

"ප්‍රිය ආයුෂ්මත් සාරිපුත්තයෙනි, ඉහළ ම අස්වැසිල්ලට පත්වුණා, ඉහළ ම අස්වැසිල්ලට පත් වුණා කියලා කියනවා. ප්‍රිය ආයුෂ්මත් සාරිපුත්තයෙනි, ඉහළ ම අස්වැසිල්ලට පත් වන්නේ කුමන කරුණු මතද?" "ආයුෂ්මත, යම් දවසක භික්ෂුව ස්පර්ශ ආයතන හයේ හටගැනීමත්, නැසී යාමත්, ආශ්වාදයත්, ආදීනවයත්, නිස්සරණයත් ඒ වූ ආකාරයෙන් ම අවබෝධ කරලා උපාදාන රහිතව කෙලෙසුන්ගෙන් නිදහස් වුණා නම්, ආයුෂ්මත, මෙපමණකින් ම ඉහළ ම අස්වැසිල්ලට පත් වුණා වෙනවා." "ප්‍රිය ආයුෂ්මතුනි, ඉහළ ම අස්වැසිල්ලට පත් වීම සාක්ෂාත් කිරීම පිණිස මාර්ගයක් තියෙනවාද? වැඩපිළිවෙළක් තියෙනවාද?" "ආයුෂ්මත, ඉහළ ම අස්වැසිල්ලට පත් වීම සාක්ෂාත් කිරීම පිණිස මාර්ගයක් තියෙනවා. වැඩපිළිවෙළක් තියෙනවා." "ප්‍රිය ආයුෂ්මතුනි, ඉහළ ම අස්වැසිල්ලට පත් වීම සාක්ෂාත් කිරීම පිණිස තියෙන මාර්ගය කුමක්ද? වැඩපිළිවෙළ කුමක්ද?" "ආයුෂ්මත, මේ ඉහළ ම අස්වැසිල්ලට පත් වීම සාක්ෂාත් කිරීම පිණිස තියෙන්නේ ඒ මේ ආර්ය අෂ්ටාංගික මාර්ගය ම යි. ඒ කියන්නේ; සම්මා දිට්ඨි ....(පෙ).... සම්මා සමාධි. ආයුෂ්මත, මේ ඉහළ ම අස්වැසිල්ලට පත් වීම සාක්ෂාත් කිරීම පිණිස පවතින මාර්ගය ඕක තමයි.

වැඩපිළිවෙළත් ඕක තමයි." "ප්‍රිය ආයුෂ්මතුනි, මේ ඉහළ ම අස්වැසිල්ලට පත් වීම සාක්ෂාත් කිරීම පිණිස පවතින්නා වූ මාර්ගය නම් ඉතා සුන්දරයි. ප්‍රතිපදාව නම් ඉතා සුන්දරයි. ප්‍රිය ආයුෂ්මත් සාරිපුත්තයෙනි, මේ ගැන අප්‍රමාදී වීම ම යි වටින්නේ."

සාදු ! සාදු !! සාදු !!!

පරමස්සාස සූත්‍රය නිමා විය.

4.1.7
වේදනා සූත්‍රය
වේදනාව ගැන වදාළ දෙසුම

"ප්‍රිය ආයුෂ්මත් සාරිපුත්තයෙනි, වේදනාව, වේදනාව කියලා කියනවා. ප්‍රිය ආයුෂ්මතුනි, වේදනාව කියන්නේ මොනවාද?" "ආයුෂ්මත, මේ වේදනා තුනක් තියෙනවා. සැප වේදනාව, දුක් වේදනාව හා දුක් සැප රහිත වේදනාව යි. ආයුෂ්මත, මේ තමයි වේදනා තුන." "ප්‍රිය ආයුෂ්මතුනි, ඔය වේදනාවන්ගේ පිරිසිඳ දැනීම පිණිස මාර්ගයක් තියෙනවාද? ප්‍රතිපදාවක් තියෙනවාද?" "ආයුෂ්මත, මේ වේදනාවන්ගේ පිරිසිඳ දැනීම පිණිස මාර්ගයක් තියෙනවා. ප්‍රතිපදාවක් තියෙනවා." "ප්‍රිය ආයුෂ්මතුනි, ඔය වේදනාවන්ගේ පිරිසිඳ දැනීම පිණිස තියෙන මාර්ගය කුමක්ද? ප්‍රතිපදාව කුමක්ද?" "ආයුෂ්මත, ඔය වේදනාවන්ගේ පිරිසිඳ දැනීම පිණිස තියෙන්නේ ඒ මේ ආර්ය අෂ්ටාංගික මාර්ගය ම යි. ඒ කියන්නේ; සම්මා දිට්ඨි ....(පෙ).... සම්මා සමාධි. ආයුෂ්මත, මේ වේදනාවන්ගේ පිරිසිඳ දැනීම පිණිස පවතින මාර්ගය ඕක තමයි. වැඩපිළිවෙළත් ඕක තමයි." "ප්‍රිය ආයුෂ්මත් සාරිපුත්තයෙනි, මේ වේදනාවන්ගේ පිරිසිඳ දැනීම පිණිස පවතින්නා වූ මාර්ගය නම් ඉතා සුන්දරයි. ප්‍රතිපදාව නම් ඉතා සුන්දරයි. ප්‍රිය ආයුෂ්මත් සාරිපුත්තයෙනි, මේ ගැන අප්‍රමාදී වීම ම යි වටින්නේ."

සාදු ! සාදු !! සාදු !!!

වේදනා සූත්‍රය නිමා විය.

4.1.8
ආසව සූත්‍රය
ආශ්‍රව ගැන වදාළ දෙසුම

"ප්‍රිය ආයුෂ්මත් සාරිපුත්තයෙනි, ආශ්‍රව, ආශ්‍රව කියලා කියනවා. ප්‍රිය ආයුෂ්මතුනි, ආශ්‍රව කියන්නේ මොනවාද?" "ආයුෂ්මත, මේ ආශ්‍රව තුනක් තියෙනවා. කාම ආශ්‍රව, භව ආශ්‍රව හා අවිජ්ජා ආශ්‍රව යි. ආයුෂ්මත, මේ තමයි ආශ්‍රව තුන." "ප්‍රිය ආයුෂ්මතුනි, ඔය ආශ්‍රවයන්ගේ ප්‍රහාණය කිරීම පිණිස මාර්ගයක් තියෙනවාද? ප්‍රතිපදාවක් තියෙනවාද?" "ආයුෂ්මත, මේ ආශ්‍රවයන්ගේ ප්‍රහාණය කිරීම පිණිස මාර්ගයක් තියෙනවා. ප්‍රතිපදාවක් තියෙනවා." "ප්‍රිය ආයුෂ්මතුනි, ඔය ආශ්‍රවයන්ගේ ප්‍රහාණය කිරීම පිණිස තියෙන මාර්ගය කුමක්ද? ප්‍රතිපදාව කුමක්ද?" "ආයුෂ්මත, ඔය ආශ්‍රවයන්ගේ ප්‍රහාණය කිරීම පිණිස තියෙන්නේ ඒ මේ ආර්ය අෂ්ටාංගික මාර්ගය ම යි. ඒ කියන්නේ; සම්මා දිට්ඨි …..(පෙ)…. සම්මා සමාධි. ආයුෂ්මත, මේ ආශ්‍රවයන්ගේ ප්‍රහාණය කිරීම පිණිස පවතින මාර්ගය ඕක තමයි. වැඩපිළිවෙළත් ඕක තමයි." "ප්‍රිය ආයුෂ්මතුනි, මේ ආශ්‍රවයන්ගේ ප්‍රහාණය කිරීම පිණිස පවතින්නා වූ මාර්ගය නම් ඉතා සුන්දරයි. ප්‍රතිපදාව නම් ඉතා සුන්දරයි. ප්‍රිය ආයුෂ්මත් සාරිපුත්තයෙනි, මේ ගැන අප්‍රමාදී වීම ම යි වටින්නේ."

සාදු ! සාදු !! සාදු !!!

ආසව සූත්‍රය නිමා විය.

4.1.9
අවිජ්ජා සූත්‍රය
අවිද්‍යාව ගැන වදාළ දෙසුම

"ප්‍රිය ආයුෂ්මත් සාරිපුත්තයෙනි, අවිද්‍යාව, අවිද්‍යාව කියලා කියනවා. ප්‍රිය ආයුෂ්මතුනි, අවිද්‍යාව කියන්නේ මොකක්ද?" "ආයුෂ්මත, දුක පිළිබඳව යම් අවබෝධ නොවීමක් ඇද්ද, දුකේ හටගැනීම පිළිබඳව යම් අවබෝධ නොවීමක් ඇද්ද, දුක නිරුද්ධ වීම පිළිබඳව යම් අවබෝධ නොවීමක් ඇද්ද, දුක නිරුද්ධ වීම පිණිස පවතින ප්‍රතිපදාව පිළිබඳව යම් අවබෝධ නොවීමක් ඇද්ද ආයුෂ්මත, අවිද්‍යාව කියන්නේ මෙයටයි."

"ප්‍රිය ආයුෂ්මතුනි, ඔය අවිද්‍යාව ප්‍රහාණය කිරීම පිණිස මාර්ගයක් තියෙනවාද? ප්‍රතිපදාවක් තියෙනවාද?" "ආයුෂ්මත, මේ අවිද්‍යාව ප්‍රහාණය කිරීම පිණිස මාර්ගයක් තියෙනවා. ප්‍රතිපදාවක් තියෙනවා." "ප්‍රිය ආයුෂ්මතුනි, ඔය අවිද්‍යාව ප්‍රහාණය කිරීම පිණිස තියෙන මාර්ගය කුමක්ද? ප්‍රතිපදාව කුමක්ද?" "ආයුෂ්මත, ඔය අවිද්‍යාව ප්‍රහාණය කිරීම පිණිස තියෙන්නේ ඒ මේ ආර්ය අෂ්ටාංගික මාර්ගය ම යි. ඒ කියන්නේ; සම්මා දිට්ඨි ....(පෙ).... සම්මා සමාධි. ආයුෂ්මත, මේ අවිද්‍යාව ප්‍රහාණය කිරීම පිණිස පවතින මාර්ගය ඕක තමයි. වැඩපිළිවෙළත් ඕක තමයි."

"ප්‍රිය ආයුෂ්මතුනි, මේ අවිද්‍යාව ප්‍රහාණය කිරීම පිණිස පවතින්නා වූ මාර්ගය නම් ඉතා සුන්දරයි. ප්‍රතිපදාව නම් ඉතා සුන්දරයි. ප්‍රිය ආයුෂ්මත් සාරිපුත්තයෙනි, මේ ගැන අප්‍රමාදී වීම ම යි වටින්නේ."

සාදු ! සාදු !! සාදු !!!

අවිජ්ජා සූත්‍රය නිමා විය.

4.1.10
තණ්හා සූත්‍රය
තණ්හාව ගැන වදාළ දෙසුම

"ප්‍රිය ආයුෂ්මත් සාරිපුත්තයෙනි, තණ්හාව, තණ්හාව කියලා කියනවා. ප්‍රිය ආයුෂ්මතුනි, තණ්හාව කියන්නේ මොනවාද?" "ආයුෂ්මත, මේ තණ්හා තුනක් තියෙනවා. කාම තණ්හාව, භව තණ්හාව හා විභව තණ්හාවයි. ආයුෂ්මත, මේ තමයි තණ්හා තුන." "ප්‍රිය ආයුෂ්මතුනි, ඔය තණ්හාව ප්‍රහාණය කිරීම පිණිස මාර්ගයක් තියෙනවාද? ප්‍රතිපදාවක් තියෙනවාද?" "ආයුෂ්මත, මේ තණ්හාව ප්‍රහාණය කිරීම පිණිස මාර්ගයක් තියෙනවා. ප්‍රතිපදාවක් තියෙනවා."

"ප්‍රිය ආයුෂ්මතුනි, ඔය තණ්හාව ප්‍රහාණය කිරීම පිණිස තියෙන මාර්ගය කුමක්ද? ප්‍රතිපදාව කුමක්ද?" "ආයුෂ්මත, ඔය තණ්හාව ප්‍රහාණය කිරීම පිණිස තියෙන්නේ ඒ මේ ආර්ය අෂ්ටාංගික මාර්ගය ම යි. ඒ කියන්නේ; සම්මා දිට්ඨි ....(පෙ).... සම්මා සමාධි. ආයුෂ්මත, මේ තණ්හාව ප්‍රහාණය කිරීම පිණිස පවතින මාර්ගය ඕක තමයි. වැඩපිළිවෙළත් ඕක තමයි."

"ප්‍රිය ආයුෂ්මතුනි, මේ තණ්හාව ප්‍රහාණය කිරීම පිණිස පවතින්නා

වූ මාර්ගය නම් ඉතා සුන්දරයි. ප්‍රතිපදාව නම් ඉතා සුන්දරයි. ප්‍රිය ආයුෂ්මත් සාරිපුත්තයෙනි, මේ ගැන අප්‍රමාදී වීම ම යි වටින්නේ."

සාදු ! සාදු !! සාදු !!!

තණ්හා සූත්‍රය නිමා විය.

4.1.11
ඕඝ සූත්‍රය
කෙලෙස් සැඩපහර ගැන වදාළ දෙසුම

"ප්‍රිය ආයුෂ්මත් සාරිපුත්තයෙනි, කෙලෙස් සැඩපහර, කෙලෙස් සැඩපහර කියලා කියනවා. ප්‍රිය ආයුෂ්මතුනි, කෙලෙස් සැඩපහර කියන්නේ මොනවාද?" "ආයුෂ්මත, මේ කෙලෙස් සැඩපහරවල් හතරක් තියෙනවා. කාමය නම් වූ කෙලෙස් සැඩපහර, භවය නම් වූ කෙලෙස් සැඩපහර, දෘෂ්ටි නම් වූ කෙලෙස් සැඩපහර හා අවිද්‍යාව නම් වූ කෙලෙස් සැඩපහරයි. ආයුෂ්මත, මේ තමයි කෙලෙස් සැඩපහරවල් හතර." "ප්‍රිය ආයුෂ්මතුනි, ඔය කෙලෙස් සැඩපහරවල් ප්‍රහාණය කිරීම පිණිස මාර්ගයක් තියෙනවාද? ප්‍රතිපදාවක් තියෙනවාද?" "ආයුෂ්මත, මේ කෙලෙස් සැඩපහරවල් ප්‍රහාණය කිරීම පිණිස මාර්ගයක් තියෙනවා. ප්‍රතිපදාවක් තියෙනවා." "ප්‍රිය ආයුෂ්මතුනි, ඔය කෙලෙස් සැඩපහරවල් ප්‍රහාණය කිරීම පිණිස තියෙන මාර්ගය කුමක්ද? ප්‍රතිපදාව කුමක්ද?" "ආයුෂ්මත, ඔය කෙලෙස් සැඩපහරවල් ප්‍රහාණය කිරීම පිණිස තියෙන්නේ ඒ මේ ආර්ය අෂ්ටාංගික මාර්ගය ම යි. ඒ කියන්නේ; සම්මා දිට්ඨි ....(පෙ).... සම්මා සමාධි. ආයුෂ්මත, මේ කෙලෙස් සැඩපහරවල් ප්‍රහාණය කිරීම පිණිස පවතින මාර්ගය ඕක තමයි. ප්‍රතිපදාවත් ඕක තමයි." "ප්‍රිය ආයුෂ්මතුනි, මේ කෙලෙස් සැඩපහරවල් ප්‍රහාණය කිරීම පිණිස පවතින්නා වූ මාර්ගය නම් ඉතා සුන්දරයි. ප්‍රතිපදාව නම් ඉතා සුන්දරයි. ප්‍රිය ආයුෂ්මත් සාරිපුත්තයෙනි, මේ ගැන අප්‍රමාදී වීම ම යි වටින්නේ."

සාදු ! සාදු !! සාදු !!!

ඕඝ සූත්‍රය නිමා විය.

4.1.12
උපාදාන සූත්‍රය
බැඳීයාම ගැන වදාළ දෙසුම

"ප්‍රිය ආයුෂ්මත් සාරිපුත්තයෙනි, බැඳීයාම, බැඳීයාම කියලා කියනවා. ප්‍රිය ආයුෂ්මතුනි, බැඳීයාම කියන්නේ මොනවාද?" "ආයුෂ්මත, මේ බැඳීයාම් හතරක් තියෙනවා. කාමයට බැඳීයාම, දෘෂ්ටි වලට බැඳීයාම, සීලව්‍රතයන්ට බැඳීයාම හා 'මාගේ ය, මම ය, මාගේ ආත්මය ය' යන ආදී ආත්මවාදයට බැඳීයාම යි. ආයුෂ්මත, මේ තමයි බැඳීයාම් හතර." "ප්‍රිය ආයුෂ්මතුනි, ඔය බැඳීයාම් ප්‍රහාණය කිරීම පිණිස මාර්ගයක් තියෙනවාද? ප්‍රතිපදාවක් තියෙනවාද?" "ආයුෂ්මත, මේ බැඳීයාම් ප්‍රහාණය කිරීම පිණිස මාර්ගයක් තියෙනවා. ප්‍රතිපදාවක් තියෙනවා." "ප්‍රිය ආයුෂ්මතුනි, ඔය බැඳීයාම් ප්‍රහාණය කිරීම පිණිස තියෙන මාර්ගය කුමක්ද? ප්‍රතිපදාව කුමක්ද?" "ආයුෂ්මත, ඔය බැඳීයාම් ප්‍රහාණය කිරීම පිණිස තියෙන්නේ ඒ මේ ආර්ය අෂ්ටාංගික මාර්ගය ම යි. ඒ කියන්නේ; සම්මා දිට්ඨි ....(පෙ).... සම්මා සමාධි. ආයුෂ්මත, මේ බැඳීයාම් ප්‍රහාණය කිරීම පිණිස පවතින මාර්ගය ඕක තමයි. වැඩපිළිවෙළත් ඕක තමයි." "ප්‍රිය ආයුෂ්මතුනි, මේ බැඳීයාම් ප්‍රහාණය කිරීම පිණිස පවතින්නා වූ මාර්ගය නම් ඉතා සුන්දරයි. ප්‍රතිපදාව නම් ඉතා සුන්දරයි. ප්‍රිය ආයුෂ්මත් සාරිපුත්තයෙනි, මේ ගැන අප්‍රමාදී වීම ම යි වටින්නේ."

සාදු ! සාදු !! සාදු !!!

උපාදාන සූත්‍රය නිමා විය.

4.1.13
භව සූත්‍රය
විපාක විඳීමට කර්ම සකස් වීම ගැන වදාළ දෙසුම

"ප්‍රිය ආයුෂ්මත් සාරිපුත්තයෙනි, විපාක විඳීම පිණිස කර්ම සකස් වීම (භවය), විපාක විඳීම පිණිස කර්ම සකස් වීම (භවය) කියලා කියනවා. ප්‍රිය ආයුෂ්මතුනි, විපාක විඳීම පිණිස කර්ම සකස් වීම කියලා කියන්නේ මොකක්ද?" "ආයුෂ්මත, විපාක විඳීම පිණිස කර්ම සකස් වීම් තුනක් තියෙනවා. කාම ලෝකයෙහි විපාක විඳීම පිණිස කර්ම සකස් වීම (කාම භවය), රූප ලෝකයෙහි විපාක විඳීම පිණිස කර්ම සකස් වීම (රූප භවය) හා අරූප

ලෝකයෙහි විපාක විඳීම පිණිස කර්ම සකස් වීම (අරූප භවය) යි. ආයුෂ්මත, මේ තමයි විපාක විඳීම පිණිස කර්ම සකස් වීම් තුන." "ප්‍රිය ආයුෂ්මතුනි, ඔය විපාක විඳීම පිණිස කර්ම සකස් වීම්වල පිරිසිඳ දැනීම පිණිස මාර්ගයක් තියෙනවාද? ප්‍රතිපදාවක් තියෙනවාද?" "ආයුෂ්මත, මේ විපාක විඳීම පිණිස කර්ම සකස් වීම්වල පිරිසිඳ දැනීම පිණිස මාර්ගයක් තියෙනවා. ප්‍රතිපදාවක් තියෙනවා." "ප්‍රිය ආයුෂ්මතුනි, ඔය විපාක විඳීම පිණිස කර්ම සකස් වීම්වල පිරිසිඳ දැනීම පිණිස තියෙන මාර්ගය කුමක්ද? ප්‍රතිපදාව කුමක්ද?" "ආයුෂ්මත, ඔය විපාක විඳීම පිණිස කර්ම සකස් වීම්වල පිරිසිඳ දැනීම පිණිස තියෙන්නේ ඒ මේ ආර්ය අෂ්ටාංගික මාර්ගය ම යි. ඒ කියන්නේ; සම්මා දිට්ඨි ....(පෙ).... සම්මා සමාධි. ආයුෂ්මත, මේ විපාක විඳීම පිණිස කර්ම සකස් වීම්වල පිරිසිඳ දැනීම පිණිස පවතින මාර්ගය ඕක තමයි. වැඩපිළිවෙළත් ඕක තමයි." "ප්‍රිය ආයුෂ්මතුනි, මේ විපාක විඳීම පිණිස කර්ම සකස් වීම්වල පිරිසිඳ දැනීම පිණිස පවතින්නා වූ මාර්ගය නම් ඉතා සුන්දරයි. ප්‍රතිපදාව නම් ඉතා සුන්දරයි. ප්‍රිය ආයුෂ්මත් සාරිපුත්තයෙනි, මේ ගැන අප්‍රමාදී වීම ම යි වටින්නේ."

සාදු ! සාදු !! සාදු !!!

භව සූත්‍රය නිමා විය.

4.1.14
දුක්ඛ සූත්‍රය
දුක ගැන වදාළ දෙසුම

"ප්‍රිය ආයුෂ්මත් සාරිපුත්තයෙනි, දුක, දුක කියලා කියනවා. ප්‍රිය ආයුෂ්මතුනි, දුක කියන්නේ මොකක්ද?" "ආයුෂ්මත, දුක්ඛිතභාවයන් තුනක් තියෙනවා. දුක නම් වූ දුක්ඛිතභාවය, සංස්කාරයන්ගේ දුක්ඛිතභාවය හා විපරිණාම නම් වූ දුක්ඛිතභාවය යි. ආයුෂ්මත, මේ තමයි දුක්ඛිතභාවයන් තුන." "ප්‍රිය ආයුෂ්මතුනි, ඔය දුක්ඛිතභාවයන්ගේ පිරිසිඳ දැනීම පිණිස මාර්ගයක් තියෙනවාද? ප්‍රතිපදාවක් තියෙනවාද?" "ආයුෂ්මත, මේ දුක්ඛිතභාවයන්ගේ පිරිසිඳ දැනීම පිණිස මාර්ගයක් තියෙනවා. ප්‍රතිපදාවක් තියෙනවා." "ප්‍රිය ආයුෂ්මතුනි, ඔය දුක්ඛිතභාවයන්ගේ පිරිසිඳ දැනීම පිණිස තියෙන මාර්ගය කුමක්ද? ප්‍රතිපදාව කුමක්ද?" "ආයුෂ්මත, ඔය දුක්ඛිතභාවයන්ගේ පිරිසිඳ දැනීම පිණිස තියෙන්නේ ඒ මේ ආර්ය අෂ්ටාංගික මාර්ගය ම යි. ඒ කියන්නේ; සම්මා දිට්ඨි ....(පෙ).... සම්මා සමාධි. ආයුෂ්මත, මේ දුක්ඛිතභාවයන්ගේ පිරිසිඳ දැනීම

පිණිස පවතින මාර්ගය ඕක තමයි. ප්‍රතිපදාවත් ඕක තමයි." "ප්‍රිය ආයුෂ්මතුනි, මේ දුක්ඛිතභාවයන්ගේ පිරිසිඳ දැනීම පිණිස පවතින්නා වූ මාර්ගය නම් ඉතා සුන්දරයි. ප්‍රතිපදාව නම් ඉතා සුන්දරයි. ප්‍රිය ආයුෂ්මත් සාරිපුත්තයෙනි, මේ ගැන අප්‍රමාදී වීම ම යි වටින්නේ."

සාදු ! සාදු !! සාදු !!!

දුක්ඛ සූත්‍රය නිමා විය.

4.1.15
සක්කාය සූත්‍රය
සක්කාය ගැන වදාළ දෙසුම

"ප්‍රිය ආයුෂ්මත් සාරිපුත්තයෙනි, සක්කාය, සක්කාය කියලා කියනවා. සක්කාය කියන්නේ මොකක්ද?" "ආයුෂ්මත, මේ උපාදානස්කන්ධයන් පහට තමයි භාග්‍යවතුන් වහන්සේ සක්කාය කියා වදාළේ. ඒ කියන්නේ රූප උපාදානස්කන්ධය, වේදනා උපාදානස්කන්ධය, සඤ්ඤා උපාදානස්කන්ධය, සංස්කාර උපාදානස්කන්ධය හා විඤ්ඤාණ උපාදානස්කන්ධය යි. ආයුෂ්මත, මේ උපාදානස්කන්ධයන් පහ තමයි භාග්‍යවතුන් වහන්සේ සක්කාය කියා වදාළේ." "ප්‍රිය ආයුෂ්මතුනි, ඔය සක්කාය පිරිසිඳ දැනීම පිණිස මාර්ගයක් තියෙනවාද? ප්‍රතිපදාවක් තියෙනවාද?" "ආයුෂ්මත, මේ සක්කාය පිරිසිඳ දැනීම පිණිස මාර්ගයක් තියෙනවා. ප්‍රතිපදාවක් තියෙනවා." "ප්‍රිය ආයුෂ්මතුනි, ඔය සක්කාය පිරිසිඳ දැනීම පිණිස තියෙන මාර්ගය කුමක්ද? ප්‍රතිපදාව කුමක්ද?" "ආයුෂ්මත, ඔය සක්කාය පිරිසිඳ දැනීම පිණිස තියෙන්නේ ඒ මේ ආර්ය අෂ්ටාංගික මාර්ගය ම යි. ඒ කියන්නේ; සම්මා දිට්ඨි ....(පෙ).... සම්මා සමාධි. ආයුෂ්මත, මේ සක්කාය පිරිසිඳ දැනීම පිණිස පවතින මාර්ගය ඕක තමයි. ප්‍රතිපදාවත් ඕක තමයි." "ප්‍රිය ආයුෂ්මතුනි, මේ සක්කාය පිරිසිඳ දැනීම පිණිස පවතින්නා වූ මාර්ගය නම් ඉතා සුන්දරයි. ප්‍රතිපදාව නම් ඉතා සුන්දරයි. ප්‍රිය ආයුෂ්මත් සාරිපුත්තයෙනි, මේ ගැන අප්‍රමාදී වීම ම යි වටින්නේ."

සාදු ! සාදු !! සාදු !!!

සක්කාය සූත්‍රය නිමා විය.

4.1.16
දුක්කර සූත්‍රය
දුෂ්කර දේ ගැන වදාළ දෙසුම

"ප්‍රිය ආයුෂ්මත් සාරිපුත්තයෙනි, මේ ශාසනයෙහි දුෂ්කර දේ මොකක්ද?" "ආයුෂ්මත, මේ ශාසනයෙහි පැවිද්ද යනු දුෂ්කර දෙයක්." "ප්‍රිය ආයුෂ්මතුනි, පැවිදි වූ කෙනෙකුට ඇති දුෂ්කර දේ මොකක්ද?" "ආයුෂ්මත, පැවිදි වූ කෙනෙකුට ඇති දුෂ්කර දේ නම්, ශාසන බ්‍රහ්මචරියාවට ඇලී සිටීමයි." "ප්‍රිය ආයුෂ්මතුනි, ශාසන බ්‍රහ්මචරියාවෙහි ඇලී සිටින කෙනෙකුට ඇති දුෂ්කර දේ මොකක්ද?" "ආයුෂ්මත, ශාසන බ්‍රහ්මචරියාවෙහි ඇලී සිටින කෙනෙකුට ඇති දුෂ්කර දේ නම්, ධම්මානුධම්ම පටිපදාවයි." "ප්‍රිය ආයුෂ්මතුනි, ධම්මානුධම්ම පටිපදාවෙහි යෙදෙන භික්ෂුව කොපමණ කලකින් අරහත්වයට පත්වේවිද?" "ආයුෂ්මත, එච්චර කලක් යන්නේ නෑ."

සාදු ! සාදු !! සාදු !!!

දුක්කර සූත්‍රය නිමා විය.

ජම්බුඛාදක සංයුත්තය සමාප්තයි.

- එහි පිළිවෙළ උද්දානය යි.

නිබ්බාන සූත්‍රය, අරහත්ත සූත්‍රය, ධම්මවාදී සූත්‍රය, කිමත්ථිය සූත්‍රය, අස්සාස සූත්‍රය, පරමස්සාස සූත්‍රය, වේදනා සූත්‍රය, ආසව සූත්‍රය, අවිජ්ජා සූත්‍රය, තණ්හා සූත්‍රය, ඕඝ සූත්‍රය, උපාදාන සූත්‍රය, භව සූත්‍රය, දුක්ඛ සූත්‍රය, සක්කාය සූත්‍රය, දුක්කර සූත්‍රය වශයෙන් මෙම වර්ගයෙහි සූත්‍ර දහසයකි.

5. සාමණ්ඩකානි සංයුත්තය

5.1.1
නිබ්බාන සූත්‍රය
නිවන ගැන වදාළ දෙසුම

ඒ දිනවල ආයුෂ්මත් සාරිපුත්තයන් වහන්සේ වැඩසිටියේ වජ්ජි ජනපදයේ ගංගා නම් නදී තෙර උක්කචේල නගරය සමීපයේ. එදා සාමණ්ඩකානි පිරිවැජියා ආයුෂ්මත් සාරිපුත්තයන් වහන්සේ වැඩසිටි තැනට ආවා. ඇවිදින් ආයුෂ්මත් සාරිපුත්තයන් වහන්සේ සමඟ සතුටු වුණා. සතුටු විය යුතු පිළිසඳර කථාබහේ යෙදිලා එකත්පස්ව වාඩිවුණා. එකත්පස්ව වාඩිවුණ සාමණ්ඩකානි පිරිවැජියා ආයුෂ්මත් සාරිපුත්තයන් වහන්සේගෙන් මෙකරුණ විමසුවා. "ප්‍රිය ආයුෂ්මත් සාරිපුත්තයෙනි, නිවන, නිවන කියලා කියනවා. ප්‍රිය ආයුෂ්මතුනි, නිවන කියලා කියන්නේ කුමක්ද?" "ආයුෂ්මත, යම් රාගය ක්‍ෂය වීමක්, ද්වේෂය ක්‍ෂය වීමක්, මෝහය ක්‍ෂය වීමක් ඇද්ද නිවන කියන්නේ මෙයට යි.

"ප්‍රිය ආයුෂ්මතුනි, ඔය නිවන සාක්‍ෂාත් කිරීම පිණිස වැඩපිළිවෙළක් තියෙනවාද? මාර්ගයක් තියෙනවාද?" "ආයුෂ්මත, මේ නිවන සාක්‍ෂාත් කිරීම පිණිස වැඩපිළිවෙළක් තියෙනවා. මාර්ගයකුත් තියෙනවා." "ප්‍රිය ආයුෂ්මතුනි, ඔය නිවන සාක්‍ෂාත් කිරීම පිණිස පවතින වැඩපිළිවෙළ කුමක්ද? මාර්ගය කුමක්ද?" "ආයුෂ්මත, මේ නිවන සාක්‍ෂාත් කිරීම පිණිස පවතින්නේ ඒ මේ ආර්ය අෂ්ටාංගික මාර්ගය ම යි. ඒ කියන්නේ; සම්මා දිට්ඨි ....(පෙ).... සම්මා සමාධි යන මෙය යි. ආයුෂ්මත, මේ නිවන සාක්‍ෂාත් කිරීම පිණිස තිබෙන්නේ ඔය මාර්ගය තමයි. ඔය ප්‍රතිපදාව තමයි." "ප්‍රිය ආයුෂ්මතුනි, මේ නිවන සාක්‍ෂාත් කිරීම පිණිස පවතින්නේ සොඳුරු මඟක් ම යි. සොඳුරු ප්‍රතිපදාවක් ම යි. ප්‍රිය ආයුෂ්මත් සාරිපුත්තයෙනි, අප්‍රමාදී වීමට ම යි සුදුසු." ....(පෙ)....

(ජම්බුඛාදක වර්ගයේ මෙන් විස්තර කළ යුතුය)

සාදු ! සාදු !! සාදු !!!

නිබ්බාන සූත්‍රය නිමා විය.

5.1.16
දුක්කර සූත්‍රය
දුෂ්කර දේ ගැන වදාළ දෙසුම

"ප්‍රිය ආයුෂ්මත් සාරිපුත්තයෙනි, මේ ශාසනයෙහි දුෂ්කර දේ මොකක්ද?" "ආයුෂ්මත, මේ ශාසනයෙහි පැවිද්ද යනු දුෂ්කර දෙයක්." "ප්‍රිය ආයුෂ්මතුනි, පැවිදි වූ කෙනෙකුට ඇති දුෂ්කර දේ මොකක්ද?" "ආයුෂ්මත, පැවිදි වූ කෙනෙකුට ඇති දුෂ්කර දේ නම්, ශාසන බ්‍රහ්මචරියාවට ඇලී සිටීමයි." "ප්‍රිය ආයුෂ්මතුනි, ශාසන බ්‍රහ්මචරියාවෙහි ඇලී සිටින කෙනෙකුට ඇති දුෂ්කර දේ මොකක්ද?" "ආයුෂ්මත, ශාසන බ්‍රහ්මචරියාවෙහි ඇලී සිටින කෙනෙකුට ඇති දුෂ්කර දේ නම්, ධම්මානුධම්ම පටිපදාව යි." "ප්‍රිය ආයුෂ්මතුනි, ධම්මානුධම්ම පටිපදාවෙහි යෙදෙන භික්ෂුව කොපමණ කලකින් අරහත්වයට පත්වේවිද?" "ආයුෂ්මත, එච්චර කලක් යන්නේ නෑ."

සාදු ! සාදු !! සාදු !!!

දුක්කර සූත්‍රය නිමා විය.

සාමණ්ඩකානි සංයුත්තය නිමා විය.

- මෙහි පිළිවෙළ උද්දානය ද කලින් වර්ගයේ පරිදි ම ය.

6. මොග්ගල්ලාන සංයුත්තය

6.1.1
සවිතක්ක සූත්‍රය
විතර්ක සහිත සමාධිය ගැන වදාළ දෙසුම

ඒ දිනවල ආයුෂ්මත් මහා මොග්ගල්ලානයන් වහන්සේ වැඩසිටියේ සැවැත් නුවර ජේතවන නම් වූ අනේපිඬු සිටුතුමාගේ ආරාමයේ. එදා ආයුෂ්මත් මහා මොග්ගල්ලානයන් "ප්‍රිය ආයුෂ්මත් මහණෙනි," කියා භික්ෂූන් අමතා වදාළා. ඒ භික්ෂූන් ද "ප්‍රිය ආයුෂ්මතුන් වහන්සැ"යි කියා ආයුෂ්මත් මහා මොග්ගල්ලානයන්ට පිළිතුරු දුන්නා. ආයුෂ්මත් මහා මොග්ගල්ලානයන් වහන්සේ මෙය වදාළා. ප්‍රිය ආයුෂ්මතුනි, මෙහි මං අප්‍රකට තැනක හුදෙකලාවේ භාවනාවෙන් සිටිද්දී මෙවැනි කල්පනාවක් ඇති වුණා. පළවෙනි ධ්‍යානය, පළවෙනි ධ්‍යානය කියලා කියනවා. පළවෙනි ධ්‍යානය යනු කුමක්ද? එතකොට ප්‍රිය ආයුෂ්මතුනි, මට මේ අදහස ඇති වුණා. මෙහිලා භික්ෂුව කාමයන්ගෙන් වෙන්ව, අකුසල් වලින් වෙන්ව, විතර්ක සහිත වූ, විචාර සහිත වූ, විවේකයෙන් හටගත් ප්‍රීති සුඛය ඇති පළමුවෙනි ධ්‍යානය උපදවාගෙන වාසය කරනවා. මේකට තමයි ප්‍රථම ධ්‍යානය කියන්නේ කියලා. ප්‍රිය ආයුෂ්මතුනි, ඒ මමත් කාමයන්ගෙන් වෙන්ව, අකුසල් වලින් වෙන්ව, විතර්ක සහිත වූ, විචාර සහිත වූ, විවේකයෙන් හටගත් ප්‍රීති සුඛය ඇති පළමුවෙනි ධ්‍යානය උපදවාගෙන වාසය කරනවා. නමුත් ප්‍රිය ආයුෂ්මතුනි, මට මේ විහරණයෙන් වාසය කරද්දී කාම සහගත සඤ්ඤා මනසිකාරයන් ඇති වෙනවා.

එතකොට ප්‍රිය ආයුෂ්මතුනි, භාග්‍යවතුන් වහන්සේ ඍද්ධි බලයෙන් මා වෙත වැඩම කරලා මෙකරුණ වදාළා. "පින්වත් මොග්ගල්ලාන, පින්වත් මොග්ගල්ලාන, පින්වත් බ්‍රාහ්මණය, පළවෙනි ධ්‍යානය ප්‍රමාද කරගන්ට එපා. පළවෙනි ධ්‍යානය තුළ සිත පිහිටුවා ගන්න. පළවෙනි ධ්‍යානය තුළ සිත එකඟ කරන්න. පළවෙනි ධ්‍යානය තුළ සිත තැන්පත් කරන්න" කියලා. ඉතින්

ප්‍රිය ආයුෂ්මතුනි, මං පස්සෙ කාලෙක කාමයන්ගෙන් වෙන්ව, අකුසල් වලින් වෙන්ව, විතර්ක සහිත වූ, විචාර සහිත වූ, විවේකයෙන් හටගත් ප්‍රීති සුඛය ඇති පළමුවෙනි ධ්‍යානය උපදවාගෙන වාසය කළා. ප්‍රිය ආයුෂ්මතුනි, යම් කෙනෙක් සඳහා මනාකොට කියද්දී "ශාස්තෘන් වහන්සේගෙන් අනුග්‍රහය ලැබූ ශ්‍රාවකයා මහා අභිඤ්ඤා සහිත බවට පත්වුණා" කියලා කියනවා නම් "ශාස්තෘන් වහන්සේගෙන් අනුග්‍රහය ලැබූ ශ්‍රාවකයා මහා අභිඤ්ඤා සහිත බවට පත්වුණා" කියලා මනාකොට කියන්නේ මා ගැනයි.

සාදු ! සාදු !! සාදු !!!

සවිතක්ක සූත්‍රය නිමා විය.

6.1.2
අවිතක්ක සූත්‍රය
විතර්ක රහිත සමාධිය ගැන වදාළ දෙසුම

දෙවෙනි ධ්‍යානය, දෙවෙනි ධ්‍යානය කියලා කියනවා. දෙවෙනි ධ්‍යානය යනු කුමක්ද? එතකොට ප්‍රිය ආයුෂ්මතුනි, මට මේ අදහස ඇති වුණා. මෙහිලා භික්ෂුව විතක්ක විචාරයන් සංසිඳුවාගෙන, තමා තුළ පැහැදීම ඇති කරගෙන, සිතේ එකඟභාවය ඇති කරගෙන, විතක්ක රහිත වූ විචාර රහිත වූ, සමාධියෙන් හටගත් ප්‍රීති සුඛය ඇති දෙවෙනි ධ්‍යානය උපදවාගෙන වාසය කරනවා. මේකට තමයි දෙවෙනි ධ්‍යානය කියන්නේ. ප්‍රිය ආයුෂ්මතුනි, ඒ මමත් විතක්ක විචාරයන් සංසිඳුවාගෙන, තමා තුළ පැහැදීම ඇති කරගෙන, සිතේ එකඟභාවය ඇති කරගෙන, විතක්ක රහිත වූ විචාර රහිත වූ, සමාධියෙන් හටගත් ප්‍රීති සුඛය ඇති දෙවෙනි ධ්‍යානය උපදවාගෙන වාසය කරනවා. නමුත් ප්‍රිය ආයුෂ්මතුනි, මට මේ විහරණයෙන් වාසය කරද්දී විතර්ක සහගත සඤ්ඤා මනසිකාරයන් ඇති වෙනවා.

එතකොට ප්‍රිය ආයුෂ්මතුනි, භාග්‍යවතුන් වහන්සේ ඍද්ධි බලයෙන් මා වෙත වැඩම කරලා මෙකරුණ වදාළා. "පින්වත් මොග්ගල්ලාන, පින්වත් මොග්ගල්ලාන, පින්වත් බ්‍රාහ්මණය, දෙවෙනි ධ්‍යානය ප්‍රමාද කරගන්ට එපා. දෙවෙනි ධ්‍යානය තුළ සිත පිහිටුවා ගන්න. දෙවෙනි ධ්‍යානය තුළ සිත එකඟ කරන්න. දෙවෙනි ධ්‍යානය තුළ සිත තැන්පත් කරන්න" කියලා. ඉතින් ප්‍රිය ආයුෂ්මතුනි, මං පස්සෙ කාලෙක විතක්ක විචාරයන් සංසිඳුවාගෙන, තමා තුළ

පැහැදීම ඇති කරගෙන, සිතේ එකඟභාවය ඇති කරගෙන, විතක්ක රහිත වූ විචාර රහිත වූ, සමාධියෙන් හටගත් ප්‍රීති සුඛය ඇති දෙවෙනි ධ්‍යානය උපදවාගෙන වාසය කළා. ප්‍රිය ආයුෂ්මතුනි, යම් කෙනෙක් සඳහා මනාකොට කියද්දී "ශාස්තෘන් වහන්සේගෙන් අනුග්‍රහය ලැබූ ශ්‍රාවකයා මහා අභිඤ්ඤා සහිත බවට පත්වුණා" කියලා කියනවා නම් "ශාස්තෘන් වහන්සේගෙන් අනුග්‍රහය ලැබූ ශ්‍රාවකයා මහා අභිඤ්ඤා සහිත බවට පත්වුණා" කියලා මනාකොට කියන්නේ මා ගැනයි.

සාදු ! සාදු !! සාදු !!!

අවිතක්ක සූත්‍රය නිමා විය.

6.1.3
සුඛ සූත්‍රය
සැප සහගත සමාධිය ගැන වදාළ දෙසුම

තුන්වෙනි ධ්‍යානය, තුන්වෙනි ධ්‍යානය කියලා කියනවා. තුන්වෙනි ධ්‍යානය යනු කුමක්ද? එතකොට ප්‍රිය ආයුෂ්මතුනි, මට මේ අදහස ඇති වුණා. මෙහිලා භික්ෂුව ප්‍රීතියටත් නොඇලී, උපේක්ෂාවෙන් ඉන්නවා. සිහිය ඇතිව, නුවණ ඇතිව, කයෙන් සැපයකුත් විඳිනවා. ආර්යයන් වහන්සේලා උපේක්ෂාවෙන් යුතුව සිහි ඇතිව, සැපසේ වාසය කිරීම කියා යමකට කියනවා නම්, ඒ තුන්වෙනි ධ්‍යානයටත් පැමිණ වාසය කරනවා. මේකට තමයි තුන්වෙනි ධ්‍යානය කියන්නේ. ප්‍රිය ආයුෂ්මතුනි, ඒ මමත් ප්‍රීතියටත් නොඇලී, උපේක්ෂාවෙන් ඉන්නවා. සිහිය ඇතිව, නුවණ ඇතිව, කයෙන් සැපයකුත් විඳිනවා. ආර්යයන් වහන්සේලා උපේක්ෂාවෙන් යුතුව සිහි ඇතිව, සැපසේ වාසය කිරීම කියා යමකට කියනවා නම්, ඒ තුන්වෙනි ධ්‍යානයටත් පැමිණ වාසය කරනවා. නමුත් ප්‍රිය ආයුෂ්මතුනි, මට මේ විහරණයෙන් වාසය කරද්දී ප්‍රීති සහගත සඤ්ඤා මනසිකාරයන් ඇති වෙනවා.

එතකොට ප්‍රිය ආයුෂ්මතුනි, භාග්‍යවතුන් වහන්සේ ඍද්ධි බලයෙන් මා වෙත වැඩම කරලා මෙකරුණ වදාළා. "පින්වත් මොග්ගල්ලාන, පින්වත් මොග්ගල්ලාන, පින්වත් බ්‍රාහ්මණය, තුන්වෙනි ධ්‍යානය ප්‍රමාද කරගන්ට එපා. තුන්වෙනි ධ්‍යානය තුළ සිත පිහිටුවා ගන්න. තුන්වෙනි ධ්‍යානය තුළ සිත එකඟ කරන්න. තුන්වෙනි ධ්‍යානය තුළ සිත තැන්පත් කරන්න" කියලා. ඉතින් ප්‍රිය ආයුෂ්මතුනි, මං පස්සෙ කාලෙක ප්‍රීතියටත් නොඇලී,

උපේක්ෂාවෙන් හිටියා. සිහිය ඇතිව, නුවණ ඇතිව, කයෙන් සැපයකුත් වින්දා. ආර්යයන් වහන්සේලා උපේක්ෂාවෙන් යුතුව සිහි ඇතිව, සැපසේ වාසය කිරීම කියා යමකට කියනවා නම්, ඒ තුන්වෙනි ධ්‍යානයටත් පැමිණ වාසය කළා. ප්‍රිය ආයුෂ්මතුනි, යම් කෙනෙක් සඳහා මනාකොට කියද්දී "ශාස්තෘන් වහන්සේගෙන් අනුග්‍රහය ලැබූ ශ්‍රාවකයා මහා අභිඤ්ඤා සහිත බවට පත්වුණා" කියලා කියනවා නම් "ශාස්තෘන් වහන්සේගෙන් අනුග්‍රහය ලැබූ ශ්‍රාවකයා මහා අභිඤ්ඤා සහිත බවට පත්වුණා" කියලා මනාකොට කියන්නේ මා ගැනයි.

සාදු ! සාදු !! සාදු !!!

සුඛ සූත්‍රය නිමා විය.

6.1.4
උපේඛා සූත්‍රය
උපේක්ෂා සහගත සමාධිය ගැන වදාළ දෙසුම

සිව්වෙනි ධ්‍යානය, සිව්වෙනි ධ්‍යානය කියලා කියනවා. සිව්වෙනි ධ්‍යානය යනු කුමක්ද? එතකොට ප්‍රිය ආයුෂ්මතුනි, මට මේ අදහස ඇති වුණා. මෙහිලා භික්ෂුව සැපය ද ප්‍රහාණය කිරීමෙන්, දුක ද ප්‍රහාණය කිරීමෙන්, කලින් ම සොම්නස් දොම්නස් දෙක දුරු කිරීමෙන්, දුක් සැප රහිත වූ උපේක්ෂාවෙන් යුතු, පිරිසිදු සිහියෙන් යුතු හතරවෙනි ධ්‍යානයටත් පැමිණ වාසය කරනවා. මේකට තමයි සිව්වෙනි ධ්‍යානය කියන්නේ. ප්‍රිය ආයුෂ්මතුනි, ඒ මමත් සැපය ද ප්‍රහාණය කිරීමෙන්, දුක ද ප්‍රහාණය කිරීමෙන්, කලින් ම සොම්නස් දොම්නස් දෙක දුරු කිරීමෙන්, දුක් සැප රහිත වූ උපේක්ෂාවෙන් යුතු පිරිසිදු සිහියෙන් යුතු හතරවෙනි ධ්‍යානයටත් පැමිණ වාසය කරනවා. නමුත් ප්‍රිය ආයුෂ්මතුනි, මට මේ විහරණයෙන් වාසය කරද්දී උපේක්ෂා සහගත සඤ්ඤා මනසිකාරයන් ඇති වෙනවා.

එතකොට ප්‍රිය ආයුෂ්මතුනි, භාග්‍යවතුන් වහන්සේ ඍද්ධි බලයෙන් මා වෙත වැඩම කරලා මෙකරුණ වදාළා. "පින්වත් මොග්ගල්ලාන, පින්වත් මොග්ගල්ලාන, පින්වත් බ්‍රාහ්මණය, සිව්වෙනි ධ්‍යානය ප්‍රමාද කරගන්ට එපා. සිව්වෙනි ධ්‍යානය තුළ සිත පිහිටුවා ගන්න. සිව්වෙනි ධ්‍යානය තුළ සිත එකඟ කරන්න. සිව්වෙනි ධ්‍යානය තුළ සිත තැන්පත් කරන්න" කියලා. ඉතින් ප්‍රිය ආයුෂ්මතුනි, මං පස්සෙ කාලෙක සැපය ද ප්‍රහාණය කිරීමෙන්, දුක ද ප්‍රහාණය කිරීමෙන්, කලින් ම සොම්නස් දොම්නස් දෙක දුරු කිරීමෙන් දුක්

සැප රහිත වූ උපේක්ෂාවෙන් යුතු පිරිසිදු සිහියෙන් යුතු හතරවෙනි ධ්‍යානයටත් පැමිණ වාසය කළා. ප්‍රිය ආයුෂ්මතුනි, යම් කෙනෙක් සඳහා මනාකොට කියද්දී "ශාස්තෘන් වහන්සේගෙන් අනුග්‍රහය ලැබූ ශ්‍රාවකයා මහා අභිඤ්ඤා සහිත බවට පත්වුණා" කියලා කියනවා නම් "ශාස්තෘන් වහන්සේගෙන් අනුග්‍රහය ලැබූ ශ්‍රාවකයා මහා අභිඤ්ඤා සහිත බවට පත්වුණා" කියලා මනාකොට කියන්නේ මා ගැනයි.

සාදු ! සාදු !! සාදු !!!

උපේඛා සූත්‍රය නිමා විය.

6.1.5
ආකාසානඤ්චායතන සූත්‍රය
ආකාසානඤ්චායතනය ගැන වදාළ දෙසුම

ආකාසානඤ්චායතනය, ආකාසානඤ්චායතනය කියලා කියනවා. ආකාසානඤ්චායතනය යනු කුමක්ද? එතකොට ප්‍රිය ආයුෂ්මතුනි, මට මේ අදහස ඇති වුණා. මෙහිලා භික්ෂුව සියලු අයුරින් රූප සඤ්ඤාවන් ඉක්මවා යෑමෙන්, ගොරෝසු සඤ්ඤාවන්ගේ දුරු වීමෙන්, නොයෙක් සඤ්ඤාවන් මෙනෙහි නොකිරීමෙන් අනන්ත වූ ආකාසය මෙනෙහි කිරීමෙන් ආකාසානඤ්චායතනයට පැමිණ වාසය කරනවා. මේකට තමයි ආකාසානඤ්චායතනය කියන්නේ. ප්‍රිය ආයුෂ්මතුනි, ඒ මමත් සියලු අයුරින් රූප සඤ්ඤාවන් ඉක්මවා යෑමෙන්, ගොරෝසු සඤ්ඤාවන්ගේ දුරු වීමෙන්, නොයෙක් සඤ්ඤාවන් මෙනෙහි නොකිරීමෙන් අනන්ත වූ ආකාසය මෙනෙහි කිරීමෙන් ආකාසානඤ්චායතනයට පැමිණ වාසය කරනවා. නමුත් ප්‍රිය ආයුෂ්මතුනි, මට මේ විහරණයෙන් වාසය කරද්දී රූප සහගත සඤ්ඤා මනසිකාරයන් ඇති වෙනවා.

එතකොට ප්‍රිය ආයුෂ්මතුනි, භාග්‍යවතුන් වහන්සේ ඍද්ධි බලයෙන් මා වෙත වැඩම කරලා මෙකරුණ වදාළා. "පින්වත් මොග්ගල්ලාන, පින්වත් මොග්ගල්ලාන, පින්වත් බ්‍රාහ්මණය, ආකාසානඤ්චායතනය ප්‍රමාද කරගන්ට එපා. ආකාසානඤ්චායතනය තුළ සිත පිහිටුවා ගන්න. ආකාසානඤ්චායතනය තුළ සිත එකඟ කරන්න. ආකාසානඤ්චායතනය තුළ සිත තැන්පත් කරන්න" කියලා. ඉතින් ප්‍රිය ආයුෂ්මතුනි, මං පස්සෙ කාලෙක සියලු අයුරින් රූප සඤ්ඤාවන් ඉක්මවා යෑමෙන්, ගොරෝසු සඤ්ඤාවන්ගේ දුරු වීමෙන්,

නොයෙක් සඤ්ඤාවන් මෙනෙහි නොකිරීමෙන් අනන්ත වූ ආකාසය මෙනෙහි කිරීමෙන් ආකාසානඤ්චායතනයට පැමිණ වාසය කළා. යම් කෙනෙක් සඳහා මනාකොට කියද්දී ....(පෙ).... මහා අභිඤ්ඤා සහිත බවට පත්වුණා" කියලා මනාකොට කියන්නේ මා ගැනයි.

සාදු ! සාදු !! සාදු !!!

ආකාසානඤ්චායතන සූත්‍රය නිමා විය.

6.1.6
විඤ්ඤාණඤ්චායතන සූත්‍රය
විඤ්ඤාණඤ්චායතනය ගැන වදාළ දෙසුම

විඤ්ඤාණඤ්චායතනය, විඤ්ඤාණඤ්චායතනය කියලා කියනවා. විඤ්ඤාණඤ්චායතනය යනු කුමක්ද? එතකොට ප්‍රිය ආයුෂ්මතුනි, මට මේ අදහස ඇති වුණා. මෙහිලා භික්ෂුව සියලු අයුරින් ආකාසානඤ්චායතනය ඉක්මවා යෑමෙන්, අනන්ත වූ විඤ්ඤාණය මෙනෙහි කිරීමෙන් විඤ්ඤාණඤ්චායතනයට පැමිණ වාසය කරනවා. මේකට තමයි විඤ්ඤාණඤ්චායතනය කියන්නේ. ප්‍රිය ආයුෂ්මතුනි, ඒ මමත් සියලු අයුරින් ආකාසානඤ්චායතනය ඉක්මවා යෑමෙන්, අනන්ත වූ විඤ්ඤාණය මෙනෙහි කිරීමෙන් විඤ්ඤාණඤ්චායතනයට පැමිණ වාසය කරනවා. නමුත් ප්‍රිය ආයුෂ්මතුනි, මට මේ විහරණයෙන් වාසය කරද්දී ආකාසානඤ්චායතන සහගත සඤ්ඤා මනසිකාරයන් ඇති වෙනවා.

එතකොට ප්‍රිය ආයුෂ්මතුනි, භාග්‍යවතුන් වහන්සේ ඍද්ධි බලයෙන් මා වෙත වැඩම කරලා මෙකරුණ වදාළා. "පින්වත් මොග්ගල්ලාන, පින්වත් මොග්ගල්ලාන, පින්වත් බ්‍රාහ්මණය, විඤ්ඤාණඤ්චායතනය ප්‍රමාද කරගන්ට එපා. විඤ්ඤාණඤ්චායතනය තුළ සිත පිහිටුවා ගන්න. විඤ්ඤාණඤ්චායතනය තුළ සිත එකඟ කරන්න. විඤ්ඤාණඤ්චායතනය තුළ සිත තැන්පත් කරන්න" කියලා. ඉතින් ප්‍රිය ආයුෂ්මතුනි, මං පස්සෙ කාලෙක සියලු අයුරින් ආකාසානඤ්චායතනය ඉක්මවා යෑමෙන්, අනන්ත වූ විඤ්ඤාණය මෙනෙහි කිරීමෙන් විඤ්ඤාණඤ්චායතනයට පැමිණ වාසය කළා. ප්‍රිය ආයුෂ්මතුනි, යම් කෙනෙක් සඳහා මනාකොට කියද්දී ....(පෙ).... මහා අභිඤ්ඤා සහිත බවට පත්වුණා" කියලා මනාකොට කියන්නේ මා ගැනයි.

සාදු ! සාදු !! සාදු !!!

විඤ්ඤාණඤ්චායතන සූත්‍රය නිමා විය.

6.1.7
ආකිඤ්චඤ්ඤායතන සූත්‍රය
ආකිඤ්චඤ්ඤායතනය ගැන වදාළ දෙසුම

ආකිඤ්චඤ්ඤායතනය, ආකිඤ්චඤ්ඤායතනය කියලා කියනවා. ආකිඤ්චඤ්ඤායතනය යනු කුමක්ද? එතකොට ප්‍රිය ආයුෂ්මතුනි, මට මේ අදහස ඇති වුණා. මෙහිලා භික්ෂුව සියලු අයුරින් විඤ්ඤාණඤ්චායතනය ඉක්මවා යෑමෙන්, කිසිවක් නැත කියා මෙනෙහි කිරීමෙන් ආකිඤ්චඤ්ඤායතනයට පැමිණ වාසය කරනවා. මේකට තමයි ආකිඤ්චඤ්ඤායතනය කියන්නේ. ප්‍රිය ආයුෂ්මතුනි, ඒ මමත් සියලු අයුරින් විඤ්ඤාණඤ්චායතනය ඉක්මවා යෑමෙන්, කිසිවක් නැත කියා මෙනෙහි කිරීමෙන් ආකිඤ්චඤ්ඤායතනයට පැමිණ වාසය කරනවා. නමුත් ප්‍රිය ආයුෂ්මතුනි, මට මේ විහරණයෙන් වාසය කරද්දී විඤ්ඤාණඤ්චායතන සහගත සඤ්ඤා මනසිකාරයන් ඇති වෙනවා.

එතකොට ප්‍රිය ආයුෂ්මතුනි, භාග්‍යවතුන් වහන්සේ ඍද්ධි බලයෙන් මා වෙත වැඩම කරලා මෙකරුණ වදාළා. "පින්වත් මොග්ගල්ලාන, පින්වත් මොග්ගල්ලාන, පින්වත් බ්‍රාහ්මණය, ආකිඤ්චඤ්ඤායතනය ප්‍රමාද කරගන්ට එපා. ආකිඤ්චඤ්ඤායතනය තුළ සිත පිහිටුවා ගන්න. ආකිඤ්චඤ්ඤායතනය තුළ සිත එකඟ කරන්න. ආකිඤ්චඤ්ඤායතනය තුළ සිත තැන්පත් කරන්න" කියලා. ඉතින් ප්‍රිය ආයුෂ්මතුනි, මං පස්සෙ කාලෙක සියලු අයුරින් විඤ්ඤාණඤ්චායතනය ඉක්මවා යෑමෙන්, කිසිවක් නැත කියා මෙනෙහි කිරීමෙන් ආකිඤ්චඤ්ඤායතනයට පැමිණ වාසය කළා. යම් කෙනෙක් සඳහා මනාකොට කියද්දී ....(පෙ).... මහා අභිඤ්ඤා සහිත බවට පත්වුණා" කියලා මනාකොට කියන්නේ මා ගැනයි.

සාදු ! සාදු !! සාදු !!!

ආකිඤ්චඤ්ඤායතන සූත්‍රය නිමා විය.

6.1.8
නේවසඤ්ඤානාසඤ්ඤායතන සූත්‍රය
නේවසඤ්ඤානාසඤ්ඤායතනය ගැන වදාළ දෙසුම

නේවසඤ්ඤානාසඤ්ඤායතනය, නේවසඤ්ඤානාසඤ්ඤායතනය කියලා කියනවා. නේවසඤ්ඤානාසඤ්ඤායතනය යනු කුමක්ද? එතකොට ප්‍රිය ආයුෂ්මතුනි, මට මේ අදහස ඇති වුණා. මෙහිලා භික්ෂුව සියලු අයුරින් ආකිඤ්චඤ්ඤායතනය ඉක්මවා යෑමෙන්, නේවසඤ්ඤානාසඤ්ඤායතනයට පැමිණ වාසය කරනවා. මේකට තමයි නේවසඤ්ඤානාසඤ්ඤායතනය කියලා කියන්නේ. ප්‍රිය ආයුෂ්මතුනි, ඒ මමත් සියලු අයුරින් ආකිඤ්චඤ්ඤායතනය ඉක්මවා යෑමෙන්, නේවසඤ්ඤානාසඤ්ඤායතනයට පැමිණ වාසය කරනවා. නමුත් ප්‍රිය ආයුෂ්මතුනි, මට මේ විහරණයෙන් වාසය කරද්දී ආකිඤ්චඤ්ඤායතන සහගත සඤ්ඤා මනසිකාරයන් ඇති වෙනවා.

එතකොට ප්‍රිය ආයුෂ්මතුනි, භාග්‍යවතුන් වහන්සේ ඍද්ධි බලයෙන් මා වෙත වැඩම කරලා මෙකරුණ වදාළා. "පින්වත් මොග්ගල්ලාන, පින්වත් මොග්ගල්ලාන, පින්වත් බ්‍රාහ්මණය, නේවසඤ්ඤානාසඤ්ඤායතනය ප්‍රමාද කරගන්ට එපා. නේවසඤ්ඤානාසඤ්ඤායතනය තුළ සිත පිහිටුවා ගන්න. නේවසඤ්ඤානාසඤ්ඤායතනය තුළ සිත එකඟ කරන්න. නේවසඤ්ඤානාසඤ්ඤායතනය තුළ සිත තැන්පත් කරන්න" කියලා. ඉතින් ප්‍රිය ආයුෂ්මතුනි, මං පස්සෙ කාලෙක සියලු අයුරින් ආකිඤ්චඤ්ඤායතනය ඉක්මවා යෑමෙන්, නේවසඤ්ඤානාසඤ්ඤායතනයට පැමිණ වාසය කළා. ප්‍රිය ආයුෂ්මතුනි, යම් කෙනෙක් සඳහා මනාකොට කියද්දී ....(පෙ).... මහා අභිඤ්ඤා සහිත බවට පත්වුණා" කියලා මනාකොට කියන්නේ මා ගැනයි.

සාදු ! සාදු !! සාදු !!!

නේවසඤ්ඤානාසඤ්ඤායතන සූත්‍රය නිමා විය.

6.1.9
අනිමිත්ත සූත්‍රය
අනිමිත්ත සමාධිය ගැන වදාළ දෙසුම

අනිමිත්ත චිත්ත සමාධිය, අනිමිත්ත චිත්ත සමාධිය කියලා කියනවා. අනිමිත්ත චිත්ත සමාධිය යනු කුමක්ද? එතකොට ප්‍රිය ආයුෂ්මතුනි, මට මේ අදහස ඇති වුණා. මෙහිලා භික්ෂුව සියලු නිමිති මෙනෙහි නොකිරීමෙන්, අනිමිත්ත චිත්ත සමාධියට පැමිණ වාසය කරනවා. මේකට තමයි අනිමිත්ත සමාධිය කියලා කියන්නේ. ප්‍රිය ආයුෂ්මතුනි, ඒ මමත් සියලු නිමිති මෙනෙහි නොකිරීමෙන්, අනිමිත්ත චිත්ත සමාධියට පැමිණ වාසය කරනවා. නමුත් ප්‍රිය ආයුෂ්මතුනි, මට මේ විහරණයෙන් වාසය කරද්දී නිමිති ඇසුරු කළ විඤ්ඤාණය ඇති වෙනවා.

එතකොට ප්‍රිය ආයුෂ්මතුනි, භාග්‍යවතුන් වහන්සේ ඍද්ධි බලයෙන් මා වෙත වැඩම කරලා මෙකරුණ වදාළා. "පින්වත් මොග්ගල්ලාන, පින්වත් මොග්ගල්ලාන, පින්වත් බ්‍රාහ්මණය, අනිමිත්ත චිත්ත සමාධිය ප්‍රමාද කරගන්ට එපා. අනිමිත්ත චිත්ත සමාධිය තුළ සිත පිහිටුවා ගන්න. අනිමිත්ත චිත්ත සමාධිය තුළ සිත එකඟ කරන්න. අනිමිත්ත චිත්ත සමාධිය තුළ සිත තැන්පත් කරන්න" කියලා. ඉතින් ප්‍රිය ආයුෂ්මතුනි, මං පස්සෙ කාලෙක සියලු නිමිති මෙනෙහි නොකිරීමෙන්, අනිමිත්ත චිත්ත සමාධියට පැමිණ වාසය කළා. ප්‍රිය ආයුෂ්මතුනි, යම් කෙනෙක් සඳහා මනාකොට කියද්දී "ශාස්තෘන් වහන්සේගෙන් අනුග්‍රහය ලැබූ ශ්‍රාවකයා මහා අභිඤ්ඤා සහිත බවට පත්වුණා" කියලා කියනවා නම් "ශාස්තෘන් වහන්සේගෙන් අනුග්‍රහය ලැබූ ශ්‍රාවකයා මහා අභිඤ්ඤා සහිත බවට පත්වුණා" කියලා මනාකොට කියන්නේ මා ගැනයි.

සාදු ! සාදු !! සාදු !!!

අනිමිත්ත සූත්‍රය නිමා විය.

6.1.10
සක්ක සූත්‍රය
සක් දෙවිඳුට වදාළ දෙසුම

ඒ දිනවල ආයුෂ්මත් මහාමොග්ගල්ලානයන් වහන්සේ වැඩසිටියේ සැවැත් නුවර ජේතවන නම් වූ අනේපිඬු සිටුතුමාගේ ආරාමයේ. එදා ආයුෂ්මත් මහා මොග්ගල්ලානයන් බලවත් පුරුෂයෙක් හැකිලූ අතක් දිගහරිනවා වැනි වේගයකින්, දිගුකළ අතක් හකුළුවනවා වැනි වේගයකින්, ජේතවනයෙන් අතුරුදහන් වුණා. තව්තිසා දෙවියන් අතර පහළ වුණා. එතකොට සක් දෙවිඳු පන්සියයක් දෙවියන් සමඟ ආයුෂ්මත් මහා මොග්ගල්ලානයන් වහන්සේ වැඩසිටි තැනට පැමිණුනා. පැමිණිලා ආයුෂ්මත් මහාමොග්ගල්ලානයන් වහන්සේට ආදරයෙන් වන්දනා කොට එකත්පස්ව සිටගත්තා. එකත්පස්ව සිටගත් සක් දෙවිඳු හට ආයුෂ්මත් මහාමොග්ගල්ලානයන් වහන්සේ මෙකරුණ වදාළා.

පින්වත් දෙවිඳුනි, බුදුරජාණන් වහන්සේ සරණ යෑම ඉතා යහපත් දෙයක්. පින්වත් දෙවිඳුනි, බුදුරජාණන් වහන්සේ සරණ යෑම නිසා මෙහි ඇතැම් සත්වයන් කය බිඳී මරණින් මතු සුගතිය නම් වූ දෙව්ලොව උපදිනවා. පින්වත් දෙවිඳුනි, ශ්‍රී සද්ධර්මය සරණ යෑම ඉතා යහපත් දෙයක්. පින්වත් දෙවිඳුනි, ශ්‍රී සද්ධර්මය සරණ යෑම නිසා මෙහි ඇතැම් සත්වයන් කය බිඳී මරණින් මතු සුගතිය නම් වූ දෙව්ලොව උපදිනවා. පින්වත් දෙවිඳුනි, ආර්ය සංඝ රත්නය සරණ යෑම ඉතා යහපත් දෙයක්. පින්වත් දෙවිඳුනි, ආර්ය සංඝ රත්නය සරණ යෑම නිසා මෙහි ඇතැම් සත්වයන් කය බිඳී මරණින් මතු සුගතිය නම් වූ දෙව්ලොව උපදිනවා.

පින්වත් මොග්ගල්ලාන නිදුකාණෙනි, බුදුරජාණන් වහන්සේ සරණ යෑම ඉතා යහපත් දෙයක් ම යි. පින්වත් මොග්ගල්ලාන නිදුකාණෙනි, බුදුරජාණන් වහන්සේ සරණ යෑම නිසා මෙහි ඇතැම් සත්වයන් කය බිඳී මරණින් මතු සුගතිය නම් වූ දෙව්ලොව උපදිනවා ම යි. පින්වත් මොග්ගල්ලාන නිදුකාණෙනි, ශ්‍රී සද්ධර්මය සරණ යෑම ඉතා යහපත් දෙයක් ම යි. පින්වත් මොග්ගල්ලාන නිදුකාණෙනි, ශ්‍රී සද්ධර්මය සරණ යෑම නිසා මෙහි ඇතැම් සත්වයන් කය බිඳී මරණින් මතු සුගතිය නම් වූ දෙව්ලොව උපදිනවා ම යි. පින්වත් මොග්ගල්ලාන නිදුකාණෙනි, ආර්ය සංඝ රත්නය සරණ යෑම ඉතා යහපත් දෙයක් ම යි. පින්වත් මොග්ගල්ලාන නිදුකාණෙනි, ආර්ය සංඝ

රත්නය සරණ යෑම නිසා මෙහි ඇතැම් සත්වයන් කය බිඳී මරණින් මතු සුගතිය නම් වූ දෙව්ලොව උපදිනවා ම යි.

සාදු ! සාදු !! සාදු !!!

සක්ක සූත්‍රය නිමා විය.

6.1.11
දුතිය සක්ක සූත්‍රය
සක් දෙවිඳුට වදාළ දෙවෙනි දෙසුම

එතකොට සක් දෙවිඳු හයසියයක් දෙවියන් සමඟ ....(පෙ).... එතකොට සක් දෙවිඳු හත්සියයක් දෙවියන් සමඟ ....(පෙ).... එතකොට සක් දෙවිඳු අටසියයක් දෙවියන් සමඟ ....(පෙ).... එතකොට සක් දෙවිඳු අසූදාහක් දෙවියන් සමඟ ආයුෂ්මත් මහාමොග්ගල්ලානයන් වහන්සේ වැඩසිටි තැනට පැමිණුනා. පැමිණිලා ආයුෂ්මත් මහාමොග්ගල්ලානයන් වහන්සේට ආදරයෙන් වන්දනා කොට එකත්පස්ව සිටගත්තා. එකත්පස්ව සිටගත් සක් දෙවිඳු හට ආයුෂ්මත් මහාමොග්ගල්ලානයන් වහන්සේ මෙකරුණ වදාළා. පින්වත් දෙවිඳුනි, බුදුරජාණන් වහන්සේ සරණ යෑම ඉතා යහපත් දෙයක්. පින්වත් දෙවිඳුනි, බුදුරජාණන් වහන්සේ සරණ යෑම නිසා මෙහි ඇතැම් සත්වයන් කය බිඳී මරණින් මතු සුගතිය නම් වූ දෙව්ලොව උපදිනවා. පින්වත් දෙවිඳුනි, ශ්‍රී සද්ධර්මය සරණ යෑම ඉතා යහපත් දෙයක් ....(පෙ).... පින්වත් දෙවිඳුනි, ආර්ය සංඝ රත්නය සරණ යෑම ඉතා යහපත් දෙයක්. පින්වත් දෙවිඳුනි, ආර්ය සංඝ රත්නය සරණ යෑම නිසා මෙහි ඇතැම් සත්වයන් කය බිඳී මරණින් මතු සුගතිය නම් වූ දෙව්ලොව උපදිනවා.

පින්වත් මොග්ගල්ලාන නිදුකාණෙනි, බුදුරජාණන් වහන්සේ සරණ යෑම ඉතා යහපත් දෙයක් ම යි. පින්වත් මොග්ගල්ලාන නිදුකාණෙනි, බුදුරජාණන් වහන්සේ සරණ යෑම නිසා මෙහි ඇතැම් සත්වයන් කය බිඳී මරණින් මතු සුගතිය නම් වූ දෙව්ලොව උපදිනවා ම යි. පින්වත් මොග්ගල්ලාන නිදුකාණෙනි, ශ්‍රී සද්ධර්මය සරණ යෑම ඉතා යහපත් දෙයක් ම යි ....(පෙ).... පින්වත් මොග්ගල්ලාන නිදුකාණෙනි, ආර්ය සංඝ රත්නය සරණ යෑම ඉතා යහපත් දෙයක් ම යි. පින්වත් මොග්ගල්ලාන නිදුකාණෙනි, ආර්ය සංඝ රත්නය සරණ යෑම නිසා මෙහි ඇතැම් සත්වයන් කය බිඳී මරණින් මතු සුගතිය නම්

වූ දෙව්ලොව උපදිනවා ම යි.

සාදු ! සාදු !! සාදු !!!

දුතිය සක්ක සූත්‍රය නිමා විය.

6.1.12
තතිය සක්ක සූත්‍රය
සක් දෙවිඳුට වදාළ තුන්වෙනි දෙසුම

එතකොට සක් දෙවිඳු පන්සියයක් දෙවියන් සමඟ ආයුෂ්මත් මහා මොග්ගල්ලානයන් වහන්සේ වැඩසිටි තැනට පැමිණුනා. පැමිණිලා ආයුෂ්මත් මහා මොග්ගල්ලානයන් වහන්සේට ආදරයෙන් වන්දනා කොට එකත්පස්ව සිටගත්තා. එකත්පස්ව සිටගත් සක් දෙවිඳු හට ආයුෂ්මත් මහා මොග්ගල්ලානයන් වහන්සේ මෙකරුණ වදාළා. "පින්වත් දෙවිඳුනි, බුදුරජාණන් වහන්සේ කෙරෙහි නොසෙල්වෙන ප්‍රසාදයකින් යුතු වීම ඉතා යහපත් දෙයක්. මේ අයුරින් ඒ භාග්‍යවතුන් වහන්සේ අරහං වන සේක. සම්මා සම්බුද්ධ වන සේක. විජ්ජාචරණ සම්පන්න වන සේක. සුගත වන සේක. ලෝකවිදූ වන සේක. අනුත්තරෝ පුරිසදම්ම සාරථී වන සේක. සත්ථා දේවමනුස්සානං වන සේක. බුද්ධ වන සේක. භගවා වන සේක කියලා. පින්වත් දෙවිඳුනි, ඔය අයුරින් බුදුරජාණන් වහන්සේ කෙරෙහි නොසෙල්වෙන ප්‍රසාදයකින් යුතු වීම නිසා මෙහි ඇතැම් සත්වයන් කය බිඳී මරණින් මතු සුගතිය නම් වූ දෙව්ලොව උපදිනවා.

පින්වත් දෙවිඳුනි, ශ්‍රී සද්ධර්මය කෙරෙහි නොසෙල්වෙන ප්‍රසාදයකින් යුතු වීම ඉතා යහපත් දෙයක්. මේ අයුරින් ඒ භාග්‍යවතුන් වහන්සේ විසින් වදාරණ ලද ශ්‍රී සද්ධර්මය ස්වාක්ඛාත වන සේක. සන්දිට්ඨික වන සේක. අකාලික වන සේක. ඒහිපස්සික වන සේක. ඕපනයික වන සේක. පච්චත්තං වේදිතබ්බෝ විඤ්ඤූහි වන සේක කියලා. පින්වත් දෙවිඳුනි, ඔය අයුරින් ශ්‍රී සද්ධර්මය කෙරෙහි නොසෙල්වෙන ප්‍රසාදයකින් යුතු වීම නිසා මෙහි ඇතැම් සත්වයන් කය බිඳී මරණින් මතු සුගතිය නම් වූ දෙව්ලොව උපදිනවා.

පින්වත් දෙවිඳුනි, ආර්ය ශ්‍රාවක සංඝ රත්නය කෙරෙහි නොසෙල්වෙන ප්‍රසාදයකින් යුතු වීම ඉතා යහපත් දෙයක්. මේ අයුරින් ඒ භාග්‍යවතුන් වහන්සේගේ ශ්‍රාවක සංඝ රත්නය සුපටිපන්න වන සේක. භාග්‍යවතුන්

වහන්සේගේ ශ්‍රාවක සංඝ රත්නය උජුපටිපන්න වන සේක. භාග්‍යවතුන් වහන්සේගේ ශ්‍රාවක සංඝ රත්නය ඤායපටිපන්න වන සේක. භාග්‍යවතුන් වහන්සේගේ ශ්‍රාවක සංඝ රත්නය සාමීචිපටිපන්න වන සේක. භාග්‍යවතුන් වහන්සේගේ ශ්‍රාවක සංඝ රත්නය පුරුෂ යුගල වශයෙන් සතරක් ද, පුරුෂ පුද්ගල වශයෙන් අට දෙනෙක් ද වන සේක. භාග්‍යවතුන් වහන්සේගේ ශ්‍රාවක සංඝ රත්නය ආහුනෙය්‍ය වන සේක. පාහුනෙය්‍ය වන සේක. දක්ඛිණෙය්‍ය වන සේක. අඤ්ජලිකරණීය වන සේක. ලොවට උතුම් පින්කෙත වන සේක කියලා. පින්වත් දෙවිඳුනි, ඔය අයුරින් ආර්ය ශ්‍රාවක සංඝ රත්නය කෙරෙහි නොසෙල්වෙන ප්‍රසාදයකින් යුතු වීම නිසා මෙහි ඇතැම් සත්වයන් කය බිඳී මරණින් මතු සුගතිය නම් වූ දෙව්ලොව උපදිනවා.

පින්වත් දෙවිඳුනි, ආර්ය කාන්ත සීලයෙන් සමන්විත වීමත් ඉතා හොඳ දෙයක්. ඒ කියන්නේ; නොකැඩුණු, සිදුරු නැති, කැළැල් නැති, පැල්ලම් නැති, දෘෂ්ටි වලින් නිදහස් වූ, නුවණැත්තන් විසින් පසසන, දෘෂ්ටි වලට නොබැඳුනු, සමාධියට උපකාර වන්නා වූ සීලයෙන් යුතු වීම යි. පින්වත් දෙවිඳුනි, ආර්ය කාන්ත සීලයෙන් යුතු වීම නිසා මෙහි ඇතැම් සත්වයන් කය බිඳී මරණින් මතු සුගතිය නම් වූ දෙව්ලොව උපදිනවා."

"පින්වත් මොග්ගල්ලාන නිදුකාණෙනි, බුදුරජාණන් වහන්සේ කෙරෙහි නොසෙල්වෙන ප්‍රසාදයකින් යුතු වීම ඉතා යහපත් දෙයක් ම යි. මේ අයුරින් ඒ භාග්‍යවතුන් වහන්සේ අරහං වන සේක ....(පෙ).... සත්ථා දේවමනුස්සානං වන සේක. බුද්ධ වන සේක. භගවා වන සේක කියලා. පින්වත් මොග්ගල්ලාන නිදුකාණෙනි, ඔය අයුරින් බුදුරජාණන් වහන්සේ කෙරෙහි නොසෙල්වෙන ප්‍රසාදයකින් යුතු වීම නිසා මෙහි ඇතැම් සත්වයන් කය බිඳී මරණින් මතු සුගතිය නම් වූ දෙව්ලොව උපදිනවා ම යි.

පින්වත් මොග්ගල්ලාන නිදුකාණෙනි, ශ්‍රී සද්ධර්මය කෙරෙහි නොසෙල්වෙන ප්‍රසාදයකින් යුතු වීම ඉතා යහපත් දෙයක් ම යි. මේ අයුරින් ඒ භාග්‍යවතුන් වහන්සේ විසින් වදාරණ ලද ශ්‍රී සද්ධර්මය ස්වාක්ඛාත වන සේක ....(පෙ).... පච්චත්තං වේදිතබ්බෝ විඤ්ඤූහි වන සේක කියලා. පින්වත් මොග්ගල්ලාන නිදුකාණෙනි, ඔය අයුරින් ශ්‍රී සද්ධර්මය කෙරෙහි නොසෙල්වෙන ප්‍රසාදයකින් යුතු වීම නිසා මෙහි ඇතැම් සත්වයන් කය බිඳී මරණින් මතු සුගතිය නම් වූ දෙව්ලොව උපදිනවා ම යි.

පින්වත් මොග්ගල්ලාන නිදුකාණෙනි, ආර්ය ශ්‍රාවක සංඝ රත්නය කෙරෙහි නොසෙල්වෙන ප්‍රසාදයකින් යුතු වීම ඉතා යහපත් දෙයක් ම යි. මේ අයුරින් ඒ භාග්‍යවතුන් වහන්සේගේ ශ්‍රාවක සංඝ රත්නය සුපටිපන්න

වන සේක ....(පෙ).... ලොවට උතුම් පින්කෙත වන සේක කියලා. පින්වත් මොග්ගල්ලාන නිදුකාණෙනි, ඔය අයුරින් ආර්ය ශ්‍රාවක සංඝ රත්නය කෙරෙහි නොසෙල්වෙන ප්‍රසාදයකින් යුතු වීම නිසා මෙහි ඇතැම් සත්වයන් කය බිඳී මරණින් මතු සුගතිය නම් වූ දෙව්ලොව උපදිනවා ම යි.

පින්වත් මොග්ගල්ලාන නිදුකාණෙනි, ආර්ය කාන්ත සීලයෙන් සමන්විත වීමත් ඉතා හොඳ දෙයක් ම යි. ඒ කියන්නේ; නොකැඩුණු, ...(පෙ).... සමාධියට උපකාර වන්නා වූ සීලයෙන් යුතු වීම යි. පින්වත් මොග්ගල්ලාන නිදුකාණෙනි, ආර්ය කාන්ත සීලයෙන් යුතු වීම නිසා මෙහි ඇතැම් සත්වයන් කය බිඳී මරණින් මතු සුගතිය නම් වූ දෙව්ලොව උපදිනවා ම යි.

සාදු ! සාදු !! සාදු !!!

තතිය සක්ක සූත්‍රය නිමා විය.

6.1.13
චතුත්ථ සක්ක සූත්‍රය
සක් දෙවිඳුට වදාළ හතරවෙනි දෙසුම

එතකොට සක් දෙවිඳු හයසියයක් දෙවියන් සමඟ ....(පෙ).... එතකොට සක් දෙවිඳු හත්සියයක් දෙවියන් සමඟ ....(පෙ).... එතකොට සක් දෙවිඳු අටසියයක් දෙවියන් සමඟ ....(පෙ).... එතකොට සක් දෙවිඳු අසූදාහක් දෙවියන් සමඟ ආයුෂ්මත් මහාමොග්ගල්ලානයන් වහන්සේ වැඩසිටි තැනට පැමිණුනා. පැමිණිලා ආයුෂ්මත් මහාමොග්ගල්ලානයන් වහන්සේට ආදරයෙන් වන්දනා කොට එකත්පස්ව සිටගත්තා. එකත්පස්ව සිටගත් සක් දෙවිඳු හට ආයුෂ්මත් මහා මොග්ගල්ලානයන් වහන්සේ මෙකරුණ වදාළා.

පින්වත් දෙවිඳුනි, බුදුරජාණන් වහන්සේ කෙරෙහි නොසෙල්වෙන ප්‍රසාදයකින් යුතු වීම ඉතා යහපත් දෙයක්. මේ අයුරින් ඒ භාග්‍යවතුන් වහන්සේ අරහං වන සේක ....(පෙ).... සත්ථා දේවමනුස්සානං වන සේක. බුද්ධ වන සේක. භගවා වන සේක කියලා. පින්වත් දෙවිඳුනි, ඔය අයුරින් බුදුරජාණන් වහන්සේ කෙරෙහි නොසෙල්වෙන ප්‍රසාදයකින් යුතු වීම නිසා මෙහි ඇතැම් සත්වයන් කය බිඳී මරණින් මතු සුගතිය නම් වූ දෙව්ලොව උපදිනවා. පින්වත් දෙවිඳුනි, ශ්‍රී සද්ධර්මය කෙරෙහි නොසෙල්වෙන ප්‍රසාදයකින් යුතු වීම ඉතා යහපත් දෙයක්. මේ අයුරින් ඒ භාග්‍යවතුන් වහන්සේ විසින් වදාරණ ලද ශ්‍රී

සද්ධර්මය ස්වාක්ඛාත වන සේක ....(පෙ).... පච්චත්තං වේදිතබ්බෝ විඤ්ඤූහි වන සේක කියලා. පින්වත් දෙවිඳුනි, ඔය අයුරින් ශ්‍රී සද්ධර්මය කෙරෙහි නොසෙල්වෙන ප්‍රසාදයකින් යුතු වීම නිසා මෙහි ඇතැම් සත්වයන් කය බිඳී මරණින් මතු සුගතිය නම් වූ දෙව්ලොව උපදිනවා. පින්වත් දෙවිඳුනි, ආර්ය ශ්‍රාවක සංඝ රත්නය කෙරෙහි නොසෙල්වෙන ප්‍රසාදයකින් යුතු වීම ඉතා යහපත් දෙයක්. මේ අයුරින් ඒ භාග්‍යවතුන් වහන්සේගේ ශ්‍රාවක සංඝ රත්නය සුපටිපන්න වන සේක ....(පෙ).... ලොවට උතුම් පින්කෙත වන සේක කියලා. පින්වත් දෙවිඳුනි, ඔය අයුරින් ආර්ය ශ්‍රාවක සංඝ රත්නය කෙරෙහි නොසෙල්වෙන ප්‍රසාදයකින් යුතු වීම නිසා මෙහි ඇතැම් සත්වයන් කය බිඳී මරණින් මතු සුගතිය නම් වූ දෙව්ලොව උපදිනවා. පින්වත් දෙවිඳුනි, ආර්ය කාන්ත සීලයෙන් සමන්විත වීමත් ඉතා හොඳ දෙයක්. ඒ කියන්නේ; නොකැඩුණු, ...(පෙ).... සමාධියට උපකාර වන්නා වූ සීලයෙන් යුතු වීම යි. පින්වත් දෙවිඳුනි, ආර්ය කාන්ත සීලයෙන් යුතු වීම නිසා මෙහි ඇතැම් සත්වයන් කය බිඳී මරණින් මතු සුගතිය නම් වූ දෙව්ලොව උපදිනවා.

පින්වත් මොග්ගල්ලාන නිදුකාණෙනි, බුදුරජාණන් වහන්සේ කෙරෙහි නොසෙල්වෙන ප්‍රසාදයකින් යුතු වීම ඉතා යහපත් දෙයක් ම යි. මේ අයුරින් ඒ භාග්‍යවතුන් වහන්සේ අරහං වන සේක ....(පෙ).... සත්ථා දේවමනුස්සානං වන සේක. බුද්ධ වන සේක. භගවා වන සේක කියලා. පින්වත් මොග්ගල්ලාන නිදුකාණෙනි, ඔය අයුරින් බුදුරජාණන් වහන්සේ කෙරෙහි නොසෙල්වෙන ප්‍රසාදයකින් යුතු වීම නිසා මෙහි ඇතැම් සත්වයන් කය බිඳී මරණින් මතු සුගතිය නම් වූ දෙව්ලොව උපදිනවා ම යි. පින්වත් මොග්ගල්ලාන නිදුකාණෙනි, ශ්‍රී සද්ධර්මය කෙරෙහි නොසෙල්වෙන ප්‍රසාදයකින් යුතු වීම ඉතා යහපත් දෙයක් ම යි. මේ අයුරින් ඒ භාග්‍යවතුන් වහන්සේ විසින් වදාරණ ලද ශ්‍රී සද්ධර්මය ස්වාක්ඛාත වන සේක ....(පෙ).... පච්චත්තං වේදිතබ්බෝ විඤ්ඤූහි වන සේක කියලා. පින්වත් මොග්ගල්ලාන නිදුකාණෙනි, ඔය අයුරින් ශ්‍රී සද්ධර්මය කෙරෙහි නොසෙල්වෙන ප්‍රසාදයකින් යුතු වීම නිසා මෙහි ඇතැම් සත්වයන් කය බිඳී මරණින් මතු සුගතිය නම් වූ දෙව්ලොව උපදිනවා ම යි. පින්වත් මොග්ගල්ලාන නිදුකාණෙනි, ආර්ය ශ්‍රාවක සංඝ රත්නය කෙරෙහි නොසෙල්වෙන ප්‍රසාදයකින් යුතු වීම ඉතා යහපත් දෙයක් ම යි. මේ අයුරින් ඒ භාග්‍යවතුන් වහන්සේගේ ශ්‍රාවක සංඝ රත්නය සුපටිපන්න වන සේක ....(පෙ).... ලොවට උතුම් පින්කෙත වන සේක කියලා. පින්වත් මොග්ගල්ලාන නිදුකාණෙනි, ඔය අයුරින් ආර්ය ශ්‍රාවක සංඝ රත්නය කෙරෙහි නොසෙල්වෙන ප්‍රසාදයකින් යුතු වීම නිසා මෙහි ඇතැම් සත්වයන් කය බිඳී මරණින් මතු සුගතිය නම් වූ දෙව්ලොව උපදිනවා ම යි. පින්වත් මොග්ගල්ලාන

නිදුකාණෙනි, ආර්ය කාන්ත සීලයෙන් සමන්විත වීමත් ඉතා හොඳ දෙයක් ම යි. ඒ කියන්නේ; නොකැඩුණු, ...(පෙ).... සමාධියට උපකාර වන්නා වූ සීලයෙන් යුතු වීම යි. පින්වත් මොග්ගල්ලාන නිදුකාණෙනි, ආර්ය කාන්ත සීලයෙන් යුතු වීම නිසා මෙහි ඇතැම් සත්වයන් කය බිඳී මරණින් මතු සුගතිය නම් වූ දෙව්ලොව උපදිනවා ම යි.

සාදු ! සාදු !! සාදු !!!

චතුත්ථ සක්ක සූත්‍රය නිමා විය.

6.1.14
පඤ්චම සක්ක සූත්‍රය
සක් දෙව්ඳුට වදාළ පස්වෙනි දෙසුම

එතකොට සක් දෙව්ඳු පන්සියයක් දෙවියන් සමඟ ආයුෂ්මත් මහා මොග්ගල්ලානයන් වහන්සේ වැඩසිටි තැනට පැමිණුනා. ....(පෙ).... එකත්පස්ව සිටගත් සක් දෙව්ඳු හට ආයුෂ්මත් මහා මොග්ගල්ලානයන් වහන්සේ මෙකරුණ වදාළා. පින්වත් දෙව්ඳුනි, බුදුරජාණන් වහන්සේ සරණ යෑම ඉතා යහපත් දෙයක්. පින්වත් දෙව්ඳුනි, බුදුරජාණන් වහන්සේ සරණ යෑම නිසා මෙහි ඇතැම් සත්වයන් කය බිඳී මරණින් මතු සුගතිය නම් වූ දෙව්ලොව උපදිනවා. පින්වත් දෙව්ඳුනි, ඒ අය අනෙක් දෙව්වරුන්ව කරුණු දහයකින් අබිබවා යනවා. දිව්‍ය ආයුෂයෙන්, දිව්‍ය වර්ණයෙන්, දිව්‍ය සැපයෙන්, දිව්‍ය කීර්තියෙන්, දිව්‍ය අධිපතිභාවයෙන්, දිව්‍ය රූපයෙන්, දිව්‍ය ශබ්දයෙන්, දිව්‍ය ගන්ධයෙන්, දිව්‍ය රසයෙන්, දිව්‍ය ස්පර්ශයෙන් කියන මේ දහයෙනුයි.

පින්වත් දෙව්ඳුනි, ශ්‍රී සද්ධර්මය සරණ යෑම ඉතා යහපත් දෙයක්. පින්වත් දෙව්ඳුනි, ශ්‍රී සද්ධර්මය සරණ යෑම නිසා මෙහි ඇතැම් සත්වයන් කය බිඳී මරණින් මතු සුගතිය නම් වූ දෙව්ලොව උපදිනවා. පින්වත් දෙව්ඳුනි, ඒ අය අනෙක් දෙව්වරුන්ව කරුණු දහයකින් අබිබවා යනවා. දිව්‍ය ආයුෂයෙන්, දිව්‍ය වර්ණයෙන්, දිව්‍ය සැපයෙන්, දිව්‍ය කීර්තියෙන්, දිව්‍ය අධිපතිභාවයෙන්, දිව්‍ය රූපයෙන්, දිව්‍ය ශබ්දයෙන්, දිව්‍ය ගන්ධයෙන්, දිව්‍ය රසයෙන්, දිව්‍ය ස්පර්ශයෙන් කියන මේ දහයෙනුයි.

පින්වත් දෙව්ඳුනි, ආර්ය සංඝ රත්නය සරණ යෑම ඉතා යහපත් දෙයක්. පින්වත් දෙව්ඳුනි, ආර්ය සංඝ රත්නය සරණ යෑම නිසා මෙහි ඇතැම්

සත්වයන් කය බිඳී මරණින් මතු සුගතිය නම් වූ දෙව්ලොව උපදිනවා. පින්වත් දෙවිඳුනි, ඒ අය අනෙක් දෙවිවරුන්ව කරුණු දහයකින් අබිබවා යනවා. දිව්‍ය ආයුෂයෙන්, දිව්‍ය වර්ණයෙන්, දිව්‍ය සැපයෙන්, දිව්‍ය කීර්තියෙන්, දිව්‍ය අධිපතිභාවයෙන්, දිව්‍ය රූපයෙන්, දිව්‍ය ශබ්දයෙන්, දිව්‍ය ගන්ධයෙන්, දිව්‍ය රසයෙන්, දිව්‍ය ස්පර්ශයෙන් කියන මේ දහයෙනුයි.

පින්වත් මොග්ගල්ලාන නිදුකාණෙනි, බුදුරජාණන් වහන්සේ සරණ යෑම ඉතා යහපත් දෙයක් ම යි. පින්වත් මොග්ගල්ලාන නිදුකාණෙනි, බුදුරජාණන් වහන්සේ සරණ යෑම නිසා මෙහි ඇතැම් සත්වයන් කය බිඳී මරණින් මතු සුගතිය නම් වූ දෙව්ලොව උපදිනවා ම යි. පින්වත් මොග්ගල්ලාන නිදුකාණෙනි, ඒ අය අනෙක් දෙවිවරුන්ව කරුණු දහයකින් අබිබවා යනවා. දිව්‍ය ආයුෂයෙන්, ...(පෙ).... දිව්‍ය ස්පර්ශයෙන් කියන මේ දහයෙනුයි. පින්වත් මොග්ගල්ලාන නිදුකාණෙනි, ශ්‍රී සද්ධර්මය සරණ යෑම ඉතා යහපත් දෙයක් ම යි. පින්වත් මොග්ගල්ලාන නිදුකාණෙනි, ශ්‍රී සද්ධර්මය සරණ යෑම නිසා මෙහි ඇතැම් සත්වයන් කය බිඳී මරණින් මතු සුගතිය නම් වූ දෙව්ලොව උපදිනවා ම යි. පින්වත් මොග්ගල්ලාන නිදුකාණෙනි, ඒ අය අනෙක් දෙවිවරුන්ව කරුණු දහයකින් අබිබවා යනවා. දිව්‍ය ආයුෂයෙන්, ...(පෙ).... දිව්‍ය ස්පර්ශයෙන් කියන මේ දහයෙනුයි. පින්වත් මොග්ගල්ලාන නිදුකාණෙනි, ආර්ය සංඝ රත්නය සරණ යෑම ඉතා යහපත් දෙයක් ම යි. පින්වත් මොග්ගල්ලාන නිදුකාණෙනි, ආර්ය සංඝ රත්නය සරණ යෑම නිසා මෙහි ඇතැම් සත්වයන් කය බිඳී මරණින් මතු සුගතිය නම් වූ දෙව්ලොව උපදිනවා ම යි. පින්වත් මොග්ගල්ලාන නිදුකාණෙනි, ඒ අය අනෙක් දෙවිවරුන්ව කරුණු දහයකින් අබිබවා යනවා. දිව්‍ය ආයුෂයෙන්, ...(පෙ).... දිව්‍ය ස්පර්ශයෙන් කියන මේ දහයෙනුයි.

සාදු ! සාදු !! සාදු !!!

පඤ්චම සක්ක සූත්‍රය නිමා විය.

6.1.15
ඡට්ඨ සක්ක සූත්‍රය
සක් දෙවිඳුට වදාළ සයවෙනි දෙසුම

එතකොට සක් දෙවිඳු හයසියයක් දෙවියන් සමඟ ....(පෙ).... එතකොට

සක් දෙවිඳු හත්සියයක් දෙවියන් සමඟ ....(පෙ).... එතකොට සක් දෙවිඳු අටසියයක් දෙවියන් සමඟ ....(පෙ).... එතකොට සක් දෙවිඳු අසූදාහක් දෙවියන් සමඟ ආයුෂ්මත් මහා මොග්ගල්ලානයන් වහන්සේ වැඩසිටි තැනට පැමිණුනා. පැමිණිලා ආයුෂ්මත් මහා මොග්ගල්ලානයන් වහන්සේට ආදරයෙන් වන්දනා කොට එකත්පස්ව සිටගත්තා. එකත්පස්ව සිටගත් සක් දෙවිඳු හට ආයුෂ්මත් මහා මොග්ගල්ලානයන් වහන්සේ මෙකරුණ වදාළා.

පින්වත් දෙවිඳුනි, බුදුරජාණන් වහන්සේ සරණ යෑම ඉතා යහපත් දෙයක්. පින්වත් දෙවිඳුනි, බුදුරජාණන් වහන්සේ සරණ යෑම නිසා මෙහි ඇතැම් සත්වයන් කය බිඳී මරණින් මතු සුගතිය නම් වූ දෙව්ලොව උපදිනවා. පින්වත් දෙවිඳුනි, ඒ අය අනෙක් දෙව්වරුන්ව කරුණු දහයකින් අබිබවා යනවා. දිව්‍ය ආයුෂයෙන්, ...(පෙ).... දිව්‍ය ස්පර්ශයෙන් කියන මේ දහයෙනුයි. පින්වත් දෙවිඳුනි, ශ්‍රී සද්ධර්මය සරණ යෑම ඉතා යහපත් දෙයක් ....(පෙ).... පින්වත් දෙවිඳුනි, ආර්ය සංඝ රත්නය සරණ යෑම ඉතා යහපත් දෙයක්. පින්වත් දෙවිඳුනි, ආර්ය සංඝ රත්නය සරණ යෑම නිසා මෙහි ඇතැම් සත්වයන් කය බිඳී මරණින් මතු සුගතිය නම් වූ දෙව්ලොව උපදිනවා. පින්වත් දෙවිඳුනි, ඒ අය අනෙක් දෙව්වරුන්ව කරුණු දහයකින් අබිබවා යනවා. දිව්‍ය ආයුෂයෙන්, දිව්‍ය වර්ණයෙන්, දිව්‍ය සැපයෙන්, දිව්‍ය කීර්තියෙන්, දිව්‍ය අධිපතිභාවයෙන්, දිව්‍ය රූපයෙන්, දිව්‍ය ශබ්දයෙන්, දිව්‍ය ගන්ධයෙන්, දිව්‍ය රසයෙන්, දිව්‍ය ස්පර්ශයෙන් කියන මේ දහයෙනුයි.

පින්වත් මොග්ගල්ලාන නිදුකාණෙනි, බුදුරජාණන් වහන්සේ සරණ යෑම ඉතා යහපත් දෙයක් ම යි ....(පෙ).... පින්වත් මොග්ගල්ලාන නිදුකාණෙනි, ශ්‍රී සද්ධර්මය සරණ යෑම ඉතා යහපත් දෙයක් ම යි ....(පෙ).... පින්වත් මොග්ගල්ලාන නිදුකාණෙනි, ආර්ය සංඝ රත්නය සරණ යෑම ඉතා යහපත් දෙයක් ම යි. පින්වත් මොග්ගල්ලාන නිදුකාණෙනි, ආර්ය සංඝ රත්නය සරණ යෑම නිසා මෙහි ඇතැම් සත්වයන් කය බිඳී මරණින් මතු සුගතිය නම් වූ දෙව්ලොව උපදිනවා ම යි. පින්වත් මොග්ගල්ලාන නිදුකාණෙනි, ඒ අය අනෙක් දෙව්වරුන්ව කරුණු දහයකින් අබිබවා යනවා. දිව්‍ය ආයුෂයෙන්, දිව්‍ය වර්ණයෙන්, දිව්‍ය සැපයෙන්, දිව්‍ය කීර්තියෙන්, දිව්‍ය අධිපතිභාවයෙන්, දිව්‍ය රූපයෙන්, දිව්‍ය ශබ්දයෙන්, දිව්‍ය ගන්ධයෙන්, දිව්‍ය රසයෙන්, දිව්‍ය ස්පර්ශයෙන් කියන මේ දහයෙනුයි.

සාදු ! සාදු !! සාදු !!!

ඡට්ඨ සක්ක සූත්‍රය නිමා විය.

6.1.16
සත්තම සක්ක සූත්‍රය
සක් දෙවිඳුට වදාළ සත්වෙනි දෙසුම

එතකොට සක් දෙවිඳු පන්සියයක් දෙවියන් සමඟ ආයුෂ්මත් මහා මොග්ගල්ලානයන් වහන්සේ වැඩසිටි තැනට පැමිණුනා. පැමිණිලා ආයුෂ්මත් මහාමොග්ගල්ලානයන් වහන්සේට ආදරයෙන් වන්දනා කොට එකත්පස්ව සිටගත්තා. එකත්පස්ව සිටගත් සක් දෙවිඳු හට ආයුෂ්මත් මහා මොග්ගල්ලානයන් වහන්සේ මෙකරුණ වදාළා.

පින්වත් දෙවිඳුනි, බුදුරජාණන් වහන්සේ කෙරෙහි නොසෙල්වෙන ප්‍රසාදයකින් යුතු වීම ඉතා යහපත් දෙයක්. මේ අයුරින් ඒ භාග්‍යවතුන් වහන්සේ ....(පෙ).... සත්ථා දේවමනුස්සානං වන සේක. බුද්ධ වන සේක. භගවා වන සේක කියලා. පින්වත් දෙවිඳුනි, ඔය අයුරින් බුදුරජාණන් වහන්සේ කෙරෙහි නොසෙල්වෙන ප්‍රසාදයකින් යුතු වීම නිසා මෙහි ඇතැම් සත්වයන් කය බිඳී මරණින් මතු සුගතිය නම් වූ දෙව්ලොව උපදිනවා. පින්වත් දෙවිඳුනි, ඒ අය අනෙක් දෙවිවරුන්ව කරුණු දහයකින් අබිබවා යනවා. දිව්‍ය ආයුෂයෙන්, ...(පෙ).... දිව්‍ය ස්පර්ශයෙන් කියන මේ දහයෙනුයි. පින්වත් දෙවිඳුනි, ශ්‍රී සද්ධර්මය කෙරෙහි නොසෙල්වෙන ප්‍රසාදයකින් යුතු වීම ඉතා යහපත් දෙයක් ....(පෙ).... පින්වත් දෙවිඳුනි, ආර්ය ශ්‍රාවක සංඝ රත්නය කෙරෙහි නොසෙල්වෙන ප්‍රසාදයකින් යුතු වීම ඉතා යහපත් දෙයක් ....(පෙ)....

පින්වත් දෙවිඳුනි, ආර්යකාන්ත සීලයෙන් සමන්විත වීමත් ඉතා හොඳ දෙයක්. ඒ කියන්නේ; නොකැඩුණු, ...(පෙ).... සමාධියට උපකාර වන්නා වූ සීලයෙන් යුතු වීම යි. පින්වත් දෙවිඳුනි, ආර්යකාන්ත සීලයෙන් යුතු වීම නිසා මෙහි ඇතැම් සත්වයන් කය බිඳී මරණින් මතු සුගතිය නම් වූ දෙව්ලොව උපදිනවා. පින්වත් දෙවිඳුනි, ඒ අය අනෙක් දෙවිවරුන්ව කරුණු දහයකින් අබිබවා යනවා. දිව්‍ය ආයුෂයෙන්, දිව්‍ය වර්ණයෙන්, දිව්‍ය සැපයෙන්, දිව්‍ය කීර්තියෙන්, දිව්‍ය අධිපතිභාවයෙන්, දිව්‍ය රූපයෙන්, දිව්‍ය ශබ්දයෙන්, දිව්‍ය ගන්ධයෙන්, දිව්‍ය රසයෙන්, දිව්‍ය ස්පර්ශයෙන් කියන මේ දහයෙනුයි.

පින්වත් මොග්ගල්ලාන නිදුකාණෙනි, බුදුරජාණන් වහන්සේ කෙරෙහි නොසෙල්වෙන ප්‍රසාදයකින් යුතු වීම ඉතා යහපත් දෙයක් ම යි. මේ අයුරින් ඒ භාග්‍යවතුන් වහන්සේ ....(පෙ).... සත්ථා දේවමනුස්සානං වන සේක. බුද්ධ වන සේක. භගවා වන සේක කියලා. පින්වත් මොග්ගල්ලාන නිදුකාණෙනි, ඔය අයුරින් බුදුරජාණන් වහන්සේ කෙරෙහි නොසෙල්වෙන ප්‍රසාදයකින්

යුතු වීම නිසා මෙහි ඇතැම් සත්වයන් කය බිඳී මරණින් මතු සුගතිය නම් වූ දෙව්ලොව උපදිනවා ම යි. පින්වත් මොග්ගල්ලාන නිදුකාණෙනි, ඒ අය අනෙක් දෙවිවරුන්ව කරුණු දහයකින් අබිබවා යනවා. දිව්‍ය ආයුෂයෙන්, ...(පෙ).... දිව්‍ය ස්පර්ශයෙන් කියන මේ දහයෙනුයි.

පින්වත් මොග්ගල්ලාන නිදුකාණෙනි, ශ්‍රී සද්ධර්මය කෙරෙහි නොසෙල්වෙන ප්‍රසාදයකින් යුතු වීම ඉතා යහපත් දෙයක් ම යි. මේ අයුරින් ඒ භාග්‍යවතුන් වහන්සේ විසින් වදාරණ ලද ශ්‍රී සද්ධර්මය ස්වාක්ඛාත වන සේක ....(පෙ).... පච්චත්තං වේදිතබ්බෝ විඤ්ඤූහි වන සේක කියලා. පින්වත් මොග්ගල්ලාන නිදුකාණෙනි, ඔය අයුරින් ශ්‍රී සද්ධර්මය කෙරෙහි නොසෙල්වෙන ප්‍රසාදයකින් යුතු වීම නිසා මෙහි ඇතැම් සත්වයන් කය බිඳී මරණින් මතු සුගතිය නම් වූ දෙව්ලොව උපදිනවා ම යි. පින්වත් මොග්ගල්ලාන නිදුකාණෙනි, ඒ අය අනෙක් දෙවිවරුන්ව කරුණු දහයකින් අබිබවා යනවා. දිව්‍ය ආයුෂයෙන්, ...(පෙ).... දිව්‍ය ස්පර්ශයෙන් කියන මේ දහයෙනුයි.

පින්වත් මොග්ගල්ලාන නිදුකාණෙනි, ආර්ය ශ්‍රාවක සංඝ රත්නය කෙරෙහි නොසෙල්වෙන ප්‍රසාදයකින් යුතු වීම ඉතා යහපත් දෙයක් ම යි. මේ අයුරින් ඒ භාග්‍යවතුන් වහන්සේගේ ශ්‍රාවක සංඝ රත්නය සුපටිපන්න වන සේක ....(පෙ).... ලොවට උතුම් පින්කෙත වන සේක කියලා. පින්වත් මොග්ගල්ලාන නිදුකාණෙනි, ඔය අයුරින් ආර්ය ශ්‍රාවක සංඝ රත්නය කෙරෙහි නොසෙල්වෙන ප්‍රසාදයකින් යුතු වීම නිසා මෙහි ඇතැම් සත්වයන් කය බිඳී මරණින් මතු සුගතිය නම් වූ දෙව්ලොව උපදිනවා ම යි. පින්වත් මොග්ගල්ලාන නිදුකාණෙනි, ඒ අය අනෙක් දෙවිවරුන්ව කරුණු දහයකින් අබිබවා යනවා. දිව්‍ය ආයුෂයෙන්, ...(පෙ).... දිව්‍ය ස්පර්ශයෙන් කියන මේ දහයෙනුයි.

පින්වත් මොග්ගල්ලාන නිදුකාණෙනි, ආර්ය කාන්ත සීලයෙන් සමන්විත වීමත් ඉතා හොඳ දෙයක් ම යි. ඒ කියන්නේ; නොකැඩුණු, ...(පෙ).... සමාධියට උපකාර වන්නා වූ සීලයෙන් යුතු වීම යි. පින්වත් මොග්ගල්ලාන නිදුකාණෙනි, ආර්යකාන්ත සීලයෙන් යුතු වීම නිසා මෙහි ඇතැම් සත්වයන් කය බිඳී මරණින් මතු සුගතිය නම් වූ දෙව්ලොව උපදිනවා ම යි. පින්වත් මොග්ගල්ලාන නිදුකාණෙනි, ඒ අය අනෙක් දෙවිවරුන්ව කරුණු දහයකින් අබිබවා යනවා. දිව්‍ය ආයුෂයෙන්, දිව්‍ය වර්ණයෙන්, දිව්‍ය සැපයෙන්, දිව්‍ය කීර්තියෙන්, දිව්‍ය අධිපතිභාවයෙන්, දිව්‍ය රූපයෙන්, දිව්‍ය ශබ්දයෙන්, දිව්‍ය ගන්ධයෙන්, දිව්‍ය රසයෙන්, දිව්‍ය ස්පර්ශයෙන් කියන මේ දහයෙනුයි.

සාදු ! සාදු !! සාදු !!!

සත්තම සක්ක සූත්‍රය නිමා විය.

6.1.17
අට්ඨම සක්ක සූත්‍රය
සක් දෙවිඳුට වදාළ අටවෙනි දෙසුම

එතකොට සක් දෙවිඳු හයසියයක් දෙවියන් සමඟ ....(පෙ).... එතකොට සක් දෙවිඳු හත්සියයක් දෙවියන් සමඟ ....(පෙ).... එතකොට සක් දෙවිඳු අටසියයක් දෙවියන් සමඟ ....(පෙ).... එතකොට සක් දෙවිඳු අසූදාහක් දෙවියන් සමඟ ආයුෂ්මත් මහා මොග්ගල්ලානයන් වහන්සේ වැඩසිටි තැනට පැමිණුනා. පැමිණිලා ආයුෂ්මත් මහා මොග්ගල්ලානයන් වහන්සේට ආදරයෙන් වන්දනා කොට එකත්පස්ව සිටගත්තා. එකත්පස්ව සිටගත් සක් දෙවිඳු හට ආයුෂ්මත් මහා මොග්ගල්ලානයන් වහන්සේ මෙකරුණ වදාළා.

පින්වත් දෙවිඳුනි, බුදුරජාණන් වහන්සේ කෙරෙහි නොසෙල්වෙන ප්‍රසාදයකින් යුතු වීම ඉතා යහපත් දෙයක්. මේ අයුරින් ඒ භාග්‍යවතුන් වහන්සේ අරහං වන සේක. සම්මා සම්බුද්ධ වන සේක. විජ්ජාචරණ සම්පන්න වන සේක. සුගත වන සේක. ලෝකවිදූ වන සේක. අනුත්තරෝ පුරිසදම්ම සාරථී වන සේක. සත්ථා දේවමනුස්සානං වන සේක. බුද්ධ වන සේක. භගවා වන සේක කියලා. පින්වත් දෙවිඳුනි, ඔය අයුරින් බුදුරජාණන් වහන්සේ කෙරෙහි නොසෙල්වෙන ප්‍රසාදයකින් යුතු වීම නිසා මෙහි ඇතැම් සත්වයන් කය බිඳී මරණින් මතු සුගතිය නම් වූ දෙව්ලොව උපදිනවා. පින්වත් දෙවිඳුනි, ඒ අය අනෙක් දෙවිවරුන්ව කරුණු දහයකින් අබිබවා යනවා. දිව්‍ය ආයුෂයෙන්, දිව්‍ය වර්ණයෙන්, දිව්‍ය සැපයෙන්, දිව්‍ය කීර්තියෙන්, දිව්‍ය අධිපතිභාවයෙන්, දිව්‍ය රූපයෙන්, දිව්‍ය ශබ්දයෙන්, දිව්‍ය ගන්ධයෙන්, දිව්‍ය රසයෙන්, දිව්‍ය ස්පර්ශයෙන් කියන මේ දහයෙනුයි.

පින්වත් දෙවිඳුනි, ශ්‍රී සද්ධර්මය කෙරෙහි නොසෙල්වෙන ප්‍රසාදයකින් යුතු වීම ඉතා යහපත් දෙයක්. මේ අයුරින් ඒ භාග්‍යවතුන් වහන්සේ විසින් වදාරණ ලද ශ්‍රී සද්ධර්මය ස්වාක්ඛාත වන සේක. සන්දිට්ඨික වන සේක. අකාලික වන සේක. ඒහිපස්සික වන සේක. ඕපනයික වන සේක. පච්චත්තං වේදිතබ්බෝ විඤ්ඤූහි වන සේක කියලා. පින්වත් දෙවිඳුනි, ඔය අයුරින් ශ්‍රී සද්ධර්මය කෙරෙහි නොසෙල්වෙන ප්‍රසාදයකින් යුතු වීම නිසා මෙහි ඇතැම් සත්වයන් කය බිඳී මරණින් මතු සුගතිය නම් වූ දෙව්ලොව උපදිනවා. පින්වත් දෙවිඳුනි, ඒ අය අනෙක් දෙවිවරුන්ව කරුණු දහයකින් අබිබවා යනවා. දිව්‍ය ආයුෂයෙන් ....(පෙ).... දිව්‍ය ස්පර්ශයෙන් කියන මේ දහයෙනුයි.

පින්වත් දෙවිඳුනි, ආර්ය ශ්‍රාවක සංඝ රත්නය කෙරෙහි නොසෙල්වෙන ප්‍රසාදයකින් යුතු වීම ඉතා යහපත් දෙයක්. මේ අයුරින් ඒ භාග්‍යවතුන් වහන්සේගේ ශ්‍රාවක සංඝ රත්නය සුපටිපන්න වන සේක. භාග්‍යවතුන් වහන්සේගේ ශ්‍රාවක සංඝ රත්නය උජුපටිපන්න වන සේක. භාග්‍යවතුන් වහන්සේගේ ශ්‍රාවක සංඝ රත්නය ඤායපටිපන්න වන සේක. භාග්‍යවතුන් වහන්සේගේ ශ්‍රාවක සංඝ රත්නය සාමීචිපටිපන්න වන සේක. භාග්‍යවතුන් වහන්සේගේ ශ්‍රාවක සංඝ රත්නය පුරුෂ යුගල වශයෙන් සතරක් ද, පුරුෂ පුද්ගල වශයෙන් අට දෙනෙක් ද වන සේක. භාග්‍යවතුන් වහන්සේගේ ශ්‍රාවක සංඝ රත්නය ආහුනෙය්‍ය වන සේක. පාහුනෙය්‍ය වන සේක. දක්ඛිණෙය්‍ය වන සේක. අඤ්ජලිකරණීය වන සේක. ලොවට උතුම් පින්කෙත වන සේක කියලා. පින්වත් දෙවිඳුනි, ඔය අයුරින් ආර්ය ශ්‍රාවක සංඝ රත්නය කෙරෙහි නොසෙල්වෙන ප්‍රසාදයකින් යුතු වීම නිසා මෙහි ඇතැම් සත්වයන් කය බිඳී මරණින් මතු සුගතිය නම් වූ දෙව්ලොව උපදිනවා. පින්වත් දෙවිඳුනි, ඒ අය අනෙක් දෙවිවරුන්ව කරුණු දහයකින් අබිබවා යනවා. දිව්‍ය ආයුෂයෙන් ....(පෙ).... දිව්‍ය ස්පර්ශයෙන් කියන මේ දහයෙනුයි.

පින්වත් දෙවිඳුනි, ආර්ය කාන්ත සීලයෙන් සමන්විත වීමත් ඉතා හොඳ දෙයක්. ඒ කියන්නේ; නොකැඩුණු, සිදුරු නැති, කැළැල් නැති, පැල්ලම් නැති, දෘෂ්ටි වලින් නිදහස් වූ, නුවණැත්තන් විසින් පසසන, දෘෂ්ටි වලට නොබැඳුනු, සමාධියට උපකාර වන්නා වූ සීලයෙන් යුතු වීම යි. පින්වත් දෙවිඳුනි, ආර්යකාන්ත සීලයෙන් යුතු වීම නිසා මෙහි ඇතැම් සත්වයන් කය බිඳී මරණින් මතු සුගතිය නම් වූ දෙව්ලොව උපදිනවා. පින්වත් දෙවිඳුනි, ඒ අය අනෙක් දෙවිවරුන්ව කරුණු දහයකින් අබිබවා යනවා. දිව්‍ය ආයුෂයෙන්, දිව්‍ය වර්ණයෙන්, දිව්‍ය සැපයෙන්, දිව්‍ය කීර්තියෙන්, දිව්‍ය අධිපතිභාවයෙන්, දිව්‍ය රූපයෙන්, දිව්‍ය ශබ්දයෙන්, දිව්‍ය ගන්ධයෙන්, දිව්‍ය රසයෙන්, දිව්‍ය ස්පර්ශයෙන් කියන මේ දහයෙනුයි.

පින්වත් මොග්ගල්ලාන නිදුකාණෙනි, බුදුරජාණන් වහන්සේ කෙරෙහි නොසෙල්වෙන ප්‍රසාදයකින් යුතු වීම ඉතා යහපත් දෙයක් ම යි. මේ අයුරින් ඒ භාග්‍යවතුන් වහන්සේ අරහං වන සේක ....(පෙ).... සත්ථා දේවමනුස්සානං වන සේක. බුද්ධ වන සේක. භගවා වන සේක කියලා. පින්වත් මොග්ගල්ලාන නිදුකාණෙනි, ඔය අයුරින් බුදුරජාණන් වහන්සේ කෙරෙහි නොසෙල්වෙන ප්‍රසාදයකින් යුතු වීම නිසා මෙහි ඇතැම් සත්වයන් කය බිඳී මරණින් මතු සුගතිය නම් වූ දෙව්ලොව උපදිනවා ම යි. පින්වත් මොග්ගල්ලාන නිදුකාණෙනි, ඒ අය අනෙක් දෙවිවරුන්ව කරුණු දහයකින් අබිබවා යනවා. දිව්‍ය ආයුෂයෙන් ....(පෙ).... දිව්‍ය ස්පර්ශයෙන් කියන මේ දහයෙනුයි.

පින්වත් මොග්ගල්ලාන නිදුකාණෙනි, ශ්‍රී සද්ධර්මය කෙරෙහි නොසෙල්වෙන ප්‍රසාදයකින් යුතු වීම ඉතා යහපත් දෙයක් ම යි. මේ අයුරින් ඒ භාග්‍යවතුන් වහන්සේ විසින් වදාරණ ලද ශ්‍රී සද්ධර්මය ස්වාක්ඛාත වන සේක ....(පෙ).... පච්චත්තං වේදිතබ්බෝ විඤ්ඤූහි වන සේක කියලා. පින්වත් මොග්ගල්ලාන නිදුකාණෙනි, ඔය අයුරින් ශ්‍රී සද්ධර්මය කෙරෙහි නොසෙල්වෙන ප්‍රසාදයකින් යුතු වීම නිසා මෙහි ඇතැම් සත්වයන් කය බිඳී මරණින් මතු සුගතිය නම් වූ දෙව්ලොව උපදිනවා ම යි. පින්වත් මොග්ගල්ලාන නිදුකාණෙනි, ඒ අය අනෙක් දෙවිවරුන්ව කරුණු දහයකින් අබිබවා යනවා. දිව්‍ය ආයුෂයෙන් ....(පෙ).... දිව්‍ය ස්පර්ශයෙන් කියන මේ දහයෙනුයි.

පින්වත් මොග්ගල්ලාන නිදුකාණෙනි, ආර්ය ශ්‍රාවක සංඝ රත්නය කෙරෙහි නොසෙල්වෙන ප්‍රසාදයකින් යුතු වීම ඉතා යහපත් දෙයක් ම යි. මේ අයුරින් ඒ භාග්‍යවතුන් වහන්සේගේ ශ්‍රාවක සංඝ රත්නය සුපටිපන්න වන සේක ....(පෙ).... ලොවට උතුම් පින්කෙත වන සේක කියලා. පින්වත් මොග්ගල්ලාන නිදුකාණෙනි, ඔය අයුරින් ආර්ය ශ්‍රාවක සංඝ රත්නය කෙරෙහි නොසෙල්වෙන ප්‍රසාදයකින් යුතු වීම නිසා මෙහි ඇතැම් සත්වයන් කය බිඳී මරණින් මතු සුගතිය නම් වූ දෙව්ලොව උපදිනවා ම යි. පින්වත් මොග්ගල්ලාන නිදුකාණෙනි, ඒ අය අනෙක් දෙවිවරුන්ව කරුණු දහයකින් අබිබවා යනවා. දිව්‍ය ආයුෂයෙන් ....(පෙ).... දිව්‍ය ස්පර්ශයෙන් කියන මේ දහයෙනුයි.

පින්වත් මොග්ගල්ලාන නිදුකාණෙනි, ආර්ය කාන්ත සීලයෙන් සමන්විත වීමත් ඉතා හොඳ දෙයක් ම යි. ඒ කියන්නේ; නොකැඩුණු, ...(පෙ).... සමාධියට උපකාර වන්නා වූ සීලයෙන් යුතු වීම යි. පින්වත් මොග්ගල්ලාන නිදුකාණෙනි, ආර්යකාන්ත සීලයෙන් යුතු වීම නිසා මෙහි ඇතැම් සත්වයන් කය බිඳී මරණින් මතු සුගතිය නම් වූ දෙව්ලොව උපදිනවා ම යි. පින්වත් මොග්ගල්ලාන නිදුකාණෙනි, ඒ අය අනෙක් දෙවිවරුන්ව කරුණු දහයකින් අබිබවා යනවා. දිව්‍ය ආයුෂයෙන්, දිව්‍ය වර්ණයෙන්, දිව්‍ය සැපයෙන්, දිව්‍ය කීර්තියෙන්, දිව්‍ය අධිපතිභාවයෙන්, දිව්‍ය රූපයෙන්, දිව්‍ය ශබ්දයෙන්, දිව්‍ය ගන්ධයෙන්, දිව්‍ය රසයෙන්, දිව්‍ය ස්පර්ශයෙන් කියන මේ දහයෙනුයි.

සාදු ! සාදු !! සාදු !!!

අට්ඨම සක්ක සූත්‍රය නිමා විය.

6.1.18-25
නන්දන සූත්‍ර
නන්දන දෙව්පුතුට වදාළ දෙසුම්

එතකොට නන්දන දිව්‍ය පුත්‍රයා ....(පෙ).... දිව්‍ය ස්පර්ශයෙන් කියන මේ දහයෙනුයි.

6.1.26-33
සුයාම සූත්‍ර
සුයාම දෙව්පුතුට වදාළ දෙසුම්

එතකොට සුයාම දිව්‍ය පුත්‍රයා ....(පෙ).... දිව්‍ය ස්පර්ශයෙන් කියන මේ දහයෙනුයි.

6.1.34-41
සන්තුසිත සූත්‍ර
සන්තුසිත දෙව්පුතුට වදාළ දෙසුම්

එතකොට සන්තුසිත දිව්‍ය පුත්‍රයා ....(පෙ).... දිව්‍ය ස්පර්ශයෙන් කියන මේ දහයෙනුයි.

6.1.42-49
සුනිම්මිත සූත්‍ර
සුනිම්මිත දෙව්පුතුට වදාළ දෙසුම්

එතකොට සුනිම්මිත දිව්‍ය පුත්‍රයා ....(පෙ).... දිව්‍ය ස්පර්ශයෙන් කියන මේ දහයෙනුයි.

6.1.50-57
වසවත්ති සූත්‍ර
වසවත්ති දෙව්පුතුට වදාළ දෙසුම්

එතකොට වසවත්ති දිව්‍ය පුත්‍රයා ....(පෙ).... දිව්‍ය ස්පර්ශයෙන් කියන මේ දහයෙනුයි.

(සක්ක සූත්‍ර වල යම් අයුරකින් ඇද්ද, මේ සූත්‍රයනුත් ඒ අයුරින් ම විස්තර කළ යුතුයි)

පළමුවෙනි මොග්ගල්ලාන වර්ගය යි.

- එහි පිළිවෙල උද්දානය යි.

සවිතක්ක සූත්‍රය, අවිතක්ක සූත්‍රය, සුඛ සූත්‍රය, උපේක්ඛා සූත්‍රය, ආකාසානඤ්චායතන සූත්‍රය, විඤ්ඤාණඤ්චායතන සූත්‍රය, ආකිඤ්චඤ්ඤායතන සූත්‍රය, නේවසඤ්ඤානාසඤ්ඤායතන සූත්‍රය, අනිමිත්ත සූත්‍රය වශයෙන් සූත්‍ර නවයක් ද, සක්ක, නන්දන, සුයාම, සන්තුසිත, සුනිම්මිත, වසවත්ති වශයෙන් අට අට බැගින් සූත්‍රත් යුතුව මෙම වර්ගයෙහි මුළු සූත්‍ර ගණන පනස් හතකි.

මොග්ගල්ලාන සංයුත්තය නිමා විය.

7. චිත්ත සංයුත්තය

1. චිත්ත වර්ගය

7.1.1
සංයෝජන සූත්‍රය
කෙලෙස් බන්ධන ගැන වදාළ දෙසුම

ඒ දිනවල බොහෝ ස්ථවිර භික්ෂූන් වහන්සේලා වැඩසිටියේ මච්ඡිකාසණ්ඩයේ අම්බාටක වනයේ. ඒ දිනවල පිණ්ඩපාතෙන් වැළකුණු සවස් කාලයෙහි රැස්වීම් ශාලාවෙහි වැඩසිටින ස්ථවිර භික්ෂූන් වහන්සේලා අතර මේ කථාව ඇතිවුණා. "ප්‍රිය ආයුෂ්මත්නි, කෙලෙස් බන්ධන කියලත්, කෙලෙස් බන්ධන ඇති කරවන දේ කියලත් කියන මේ කාරණා අර්ථ වශයෙනුත් වෙනස් ද? වචන ප්‍රකාශ කිරීම් වශයෙනුත් වෙනස් ද? එහෙම නැත්නම් එකම අර්ථයක් ද? වචන ප්‍රකාශ කිරීම් වල විතරක් ඇති වෙනස්කමක් ද?" කියලා.

එතකොට එහි ඇතැම් ස්ථවිර භික්ෂූන් විසින් පිළිතුරු දුන්නේ මේ විදිහටයි. "ප්‍රිය ආයුෂ්මත්නි, කෙලෙස් බන්ධන කියලත්, කෙලෙස් බන්ධන ඇති කරවන දේ කියලත් කියන මේ කාරණය අර්ථ වශයෙනුත් වෙනස්. ප්‍රකාශ කිරීම්වලත් වෙනස්කමක් තියෙනවා" කියලා. එතකොට ඇතැම් ස්ථවිර භික්ෂූන් විසින් පිළිතුරු දුන්නේ මේ විදිහටයි. "ප්‍රිය ආයුෂ්මත්නි, කෙලෙස් බන්ධන කියලත්, කෙලෙස් බන්ධන ඇති කරවන දේ කියලත් කියන මේ කාරණය අර්ථ වශයෙන් එකයි. ප්‍රකාශ කිරීම්වල විතරයි වෙනස තියෙන්නේ" කියලා.

ඒ වෙලාව වන විට චිත්ත ගෘහපතිතුමා කිසියම් කටයුත්තකට මිගපථක කියන ගමට පැමිණිලා හිටියා. සවස්වරුවෙහි පිණ්ඩපාතයෙන් වැළකුණු රැස්වීම් ශාලාවට රැස්ව සිටින්නා වූ බොහෝ ස්ථවිර භික්ෂූන් වහන්සේලා අතර

ඇතිවුණ මේ කථාව චිත්ත ගෘහපතිතුමාට අසන්ට ලැබුණා. "ප්‍රිය ආයුෂ්මත්නි, කෙලෙස් බන්ධන කියලත්, කෙලෙස් බන්ධන ඇති කරවන දේ කියලත් කියන මේ කාරණා අර්ථ වශයෙනුත් වෙනස්ද? වචන ප්‍රකාශ කිරීම් වශයෙනුත් වෙනස්ද? එහෙම නැත්නම් එකම අර්ථයක්ද? වචන ප්‍රකාශ කිරීම් වල විතරක් ඇති වෙනස්කමක්ද?" කියලා. එතකොට එහි ඇතැම් ස්ථවිර භික්ෂූන් විසින් පිළිතුරු දුන්නේ මේ විදිහටයි කියලා. "ප්‍රිය ආයුෂ්මත්නි, කෙලෙස් බන්ධන කියලත්, කෙලෙස් බන්ධන ඇති කරවන දේ කියලත් කියන මේ කාරණය අර්ථ වශයෙනුත් වෙනස්. ප්‍රකාශ කිරීම්වලත් වෙනස්කමක් තියෙනවා." එතකොට ඇතැම් ස්ථවිර භික්ෂූන් විසින් පිළිතුරු දුන්නේ මේ විදිහටයි කියලා. "ප්‍රිය ආයුෂ්මත්නි, කෙලෙස් බන්ධන කියලත්, කෙලෙස් බන්ධන ඇති කරවන දේ කියලත් කියන මේ කාරණය අර්ථ වශයෙන් එකයි. ප්‍රකාශ කිරීම්වල විතරයි වෙනස තියෙන්නේ" එතකොට චිත්ත ගෘහපතිතුමා ස්ථවිර භික්ෂූන් වැඩසිටි තැනට පැමිණුනා. පැමිණිලා ස්ථවිර භික්ෂූන්ට වන්දනා කොට එකත්පස්ව වාඩිවුණා. එකත්පස්ව වාඩිවුණ චිත්ත ගෘහපතිතුමා ස්ථවිර භික්ෂූන්ට මෙකරුණ සැළකළා.

ස්වාමීනී, මට මෙකරුණ අසන්ට ලැබුණා. ඒ කියන්නේ සවස් වරුවෙහි පිණ්ඩපාතයෙන් වැළකුණු රැස්වීම් ශාලාවට රැස්ව සිටින්නා වූ බොහෝ ස්ථවිර භික්ෂූන් වහන්සේලා අතර මේ කථාව ඇතිවුණා. "ප්‍රිය ආයුෂ්මත්නි, කෙලෙස් බන්ධන කියලත්, කෙලෙස් බන්ධන ඇති කරවන දේ කියලත් කියන මේ කාරණා අර්ථ වශයෙනුත් වෙනස්ද? වචන ප්‍රකාශ කිරීම් වශයෙනුත් වෙනස්ද? එහෙම නැත්නම් එකම අර්ථයක්ද? වචන ප්‍රකාශ කිරීම් වල විතරක් ඇති වෙනස්කමක් ද?" කියලා. එතකොට එහි ඇතැම් ස්ථවිර භික්ෂූන් විසින් පිළිතුරු දුන්නේ මේ විදිහටයි කියලා. "ප්‍රිය ආයුෂ්මත්නි, කෙලෙස් බන්ධන කියලත්, කෙලෙස් බන්ධන ඇති කරවන දේ කියලත් කියන මේ කාරණය අර්ථ වශයෙනුත් වෙනස්. ප්‍රකාශ කිරීම්වලත් වෙනස්කමක් තියෙනවා" එතකොට ඇතැම් ස්ථවිර භික්ෂූන් විසින් පිළිතුරු දුන්නේ මේ විදිහටයි කියලා. "ප්‍රිය ආයුෂ්මත්නි, කෙලෙස් බන්ධන කියලත්, කෙලෙස් බන්ධන ඇති කරවන දේ කියලත් කියන මේ කාරණය අර්ථ වශයෙන් එකයි. ප්‍රකාශ කිරීම්වල විතරයි වෙනස තියෙන්නේ" කියලා. "එසේය ගෘහපතිය"

"ස්වාමීනී, කෙලෙස් බන්ධන කියලත්, කෙලෙස් බන්ධන ඇති කරවන දේ කියලත් කියන කාරණය අර්ථ වශයෙනුත් වෙනස්. ප්‍රකාශ කිරීම්වලත් වෙනස්කමක් තියෙනවා. එහෙමනම් ස්වාමීනී, ඔය කාරණාව ගැන මං ඔබ වහන්සේලාට උපමාවක් කියන්නම්. මෙහි ඇතැම් නුවණැති පුරුෂයින් උපමාවකින් වුණත් දේශනාවෙහි ඇති අරුත දැන ගන්නවා. ස්වාමීනී, ඒක

මේ වගේ දෙයක්. කළු ගොනෙකුයි සුදු ගොනෙකුයි තනි කඹයකින් හරි, යොතකින් හරි ඈඳලා තියෙන විට, කෙනෙක් මේ විදියට කියන්න පුළුවනි. ඔය කළු ගොනා තමයි සුදු ගොනාගේ බන්ධනය. එහෙම නැත්නම්, සුදු ගොනා තමයි කළු ගොනාගේ බන්ධනය කියලා. එතකොට ඔහු ඒ කියන්නේ හරි දෙයක්ද?" "පින්වත් ගෘහපතිය, ඒක හරි දෙයක් නොවේ.

පින්වත් ගෘහපතිය, කළු ගොනා සුදු ගොනාට බැඳිල නැහැ. සුදු ගොනා කළු ගොනාට බැඳිලත් නැහැ. නමුත් ඔවුන් දෙන්නා යම් කඹයකින් හරි, යොතකින් හරි එකට ඈඳලා තියෙනවා නම්, ඒක තමයි එතන ඇති බන්ධනය." "ස්වාමීනි, ඔන්න ඔය විදිහම යි. ඇස රූප වලට බැඳිල නැහැ. රූප ඇසට බැඳිලත් නැහැ. ඔය දෙක නිසා එතන යම් ඡන්දරාගයක් උපදිනවා නම්, ඒක තමයි එතන ඇති බන්ධනය.

කන ශබ්ද වලට බැඳිල නැහැ. ශබ්ද කනට බැඳිලත් නැහැ. ඔය දෙක නිසා එතන යම් ඡන්දරාගයක් උපදිනවා නම්, ඒක තමයි එතන ඇති බන්ධනය.

නාසය ගඳ-සුවඳට බැඳිල නැහැ. ගඳ-සුවඳ නාසයට බැඳිලත් නැහැ. ඔය දෙක නිසා එතන යම් ඡන්දරාගයක් උපදිනවා නම්, ඒක තමයි එතන ඇති බන්ධනය.

දිව රසයට බැඳිල නැහැ. රසය දිවට බැඳිලත් නැහැ. ඔය දෙක නිසා එතන යම් ඡන්දරාගයක් උපදිනවා නම්, ඒක තමයි එතන ඇති බන්ධනය.

කය පහසට බැඳිල නැහැ. පහස කයට බැඳිලත් නැහැ. ඔය දෙක නිසා එතන යම් ඡන්දරාගයක් උපදිනවා නම්, ඒක තමයි එතන ඇති බන්ධනය.

මනස, මනසට අරමුණුවන දේවල් වලට බැඳිල නැහැ. මනසට අරමුණුවන දේවල්, මනසට බැඳිලත් නැහැ. ඔය දෙක නිසා එතන යම් ඡන්දරාගයක් උපදිනවා නම්, ඒක තමයි එතන ඇති බන්ධනය." "පින්වත් ගෘහපතිය, ඔබට ලාභයක් ම යි. පින්වත් ගෘහපතිය, ඔබට සොඳුරු ලාභයක් ම යි. ගම්භීර වූ බුද්ධ වචනය පිළිබඳව ඒ ඔබට ප්‍රඥා ඇස තියෙනවා.''

සාදු ! සාදු !! සාදු !!!

සංයෝජන සූත්‍රය නිමා විය.

7.1.2
ඉසිදත්ත සූත්‍රය
ඉසිදත්ත තෙරුන් වදාළ දෙසුම

ඒ දිනවල බොහෝ ස්ථවිර භික්ෂූන් වහන්සේලා වැඩසිටියේ මච්ඡිකාසණ්ඩයේ අම්බාටක වනයේ. එදා චිත්ත ගෘහපතිතුමා, ස්ථවිර භික්ෂූන් වහන්සේලා වැඩසිටි තැනට පැමිණුනා. පැමිණිලා ස්ථවිර භික්ෂූන් වහන්සේලාට ආදරයෙන් වන්දනා කොට එකත්පස්ව වාඩිවුණා. එකත්පස්ව වාඩිවුණු චිත්ත ගෘහපතිතුමා ස්ථවිර භික්ෂූන් හට මෙකරුණ පැවසුවා. "ස්වාමීනි, තෙරුන්වහන්සේලා හෙට දවසේ මාගේ දානය ඉවසා වදාරණ සේක්වා" කියලා. ස්ථවිර භික්ෂූන් වහන්සේලා නිශ්ශබ්දව එම ඇරයුම පිළිගත්තා. එවිට චිත්ත ගෘහපතිතුමා ස්ථවිර භික්ෂූන් වහන්සේලා නිශ්ශබ්දව ඒ ඇරයුම පිළිගත් බව දැන අසුනෙන් නැගිට ස්ථවිර භික්ෂූන්ට වන්දනා කොට, ප්‍රදක්ෂිණා කොට පිටත්වුණා.

ඉතින් ස්ථවිර භික්ෂූන් වහන්සේලා ඒ රෑ ඇවෑමෙන් පෙරවරුවෙහි සිවුරු හැඳපොරවාගෙන පාසිවුරු ගෙන චිත්ත ගෘහපතිතුමාගේ නිවස වෙත වැඩම කළා. වැඩම කොට පණවන ලද අසුන්හි වැඩසිටියා. එතකොට චිත්ත ගෘහපතිතුමා ස්ථවිර භික්ෂූන් වහන්සේලා වෙත පැමිණුනා. පැමිණිලා ස්ථවිර භික්ෂූන් වහන්සේලාට වන්දනා කොට එකත්පස්ව වාඩිවුණා. එකත්පස්ව වාඩිවුණු චිත්ත ගෘහපතිතුමා ආයුෂ්මත් ස්ථවිර භික්ෂු නමකට මෙකරුණ පැවසුවා.

"ස්වාමීනී, ස්ථවිරයන් වහන්ස, ධාතු නානත්වය, ධාතු නානත්වය කියලා කියනවා. ස්වාමීනි, භාග්‍යවතුන් වහන්සේ විසින් ධාතු නානත්වයක් වදාරණ ලද්දේ කවර කරුණු මතද?" මෙසේ ඇසූ විට ආයුෂ්මත් ස්ථවිරයන් වහන්සේ නිශ්ශබ්ද වුණා. දෙවනුවත් චිත්ත ගෘහපතිතුමා ආයුෂ්මත් ස්ථවිර භික්ෂු නමට මෙකරුණ පැවසුවා. "ස්වාමීනී, ස්ථවිරයන් වහන්ස, ධාතු නානත්වය, ධාතු නානත්වය කියලා කියනවා. ස්වාමීනි, භාග්‍යවතුන් වහන්සේ විසින් ධාතු නානත්වයක් වදාරණ ලද්දේ කවර කරුණු මතද?" දෙවනුවත් ආයුෂ්මත් ස්ථවිරයන් වහන්සේ නිශ්ශබ්ද වුණා. තෙවනුවත් චිත්ත ගෘහපතිතුමා ආයුෂ්මත් ස්ථවිර භික්ෂු නමට මෙකරුණ පැවසුවා. "ස්වාමීනී, ස්ථවිරයන් වහන්ස, ධාතු නානත්වය, ධාතු නානත්වය කියලා කියනවා. ස්වාමීනි, භාග්‍යවතුන් වහන්සේ විසින් ධාතු නානත්වයක් වදාරණ ලද්දේ කවර කරුණු මතද?" තෙවනුවත් ආයුෂ්මත් ස්ථවිරයන් වහන්සේ නිශ්ශබ්ද වුණා.

ඒ වෙලාවේදී ආයුෂ්මත් ඉසිදත්ත තෙරුන් සිටියේ ඒ භික්ෂු සංඝයා අතර සියල්ලට නවක භික්ෂුව වශයෙනුයි. ඉතින් ආයුෂ්මත් ඉසිදත්ත තෙරුන් ආයුෂ්මත් ස්ථවිරයන් වහන්සේට මෙය පැවසුවා. "ස්වාමීනී, ස්ථවිරයන් වහන්ස, චිත්ත ගෘහපතිතුමාගේ මේ ප්‍රශ්නය මං විසඳන්ටද?" "ප්‍රිය ආයුෂ්මත් ඉසිදත්ත, චිත්ත ගෘහපතිතුමාගේ ඔය ප්‍රශ්නය ඔබ විසඳන්ට."

"පින්වත් ගෘහපතිය, 'ස්වාමීනී, ස්ථවිරයන් වහන්ස, ධාතු නානත්වය, ධාතු නානත්වය කියලා කියනවා. ස්වාමීනි, භාග්‍යවතුන් වහන්සේ විසින් ධාතු නානත්වයක් වදාරණ ලද්දේ කවර කරුණු මතද?' කියලා ඔබ ඔය විදිහට ඇසුවා නේද?" "එසේය ස්වාමීනි" "පින්වත් ගෘහපතිය, ධාතු නානත්වය ගැන භාග්‍යවතුන් වහන්සේ විසින් වදාරණ ලද්දේ මෙයයි. ඇස නම් වූ ධාතු ස්වභාවය, රූප නම් වූ ධාතු ස්වභාවය, ඇසේ විඤ්ඤාණය නම් වූ ධාතු ස්වභාවය, කන නම් වූ ධාතු ස්වභාවය, ශබ්ද නම් වූ ධාතු ස්වභාවය, කනේ විඤ්ඤාණය නම් වූ ධාතු ස්වභාවය, නාසය නම් වූ ධාතු ස්වභාවය, ගඳ සුවඳ නම් වූ ධාතු ස්වභාවය, නාසයේ විඤ්ඤාණය නම් වූ ධාතු ස්වභාවය, දිව නම් වූ ධාතු ස්වභාවය, රස නම් වූ ධාතු ස්වභාවය, දිවේ විඤ්ඤාණය නම් වූ ධාතු ස්වභාවය, කය නම් වූ ධාතු ස්වභාවය, පහස නම් වූ ධාතු ස්වභාවය, කයේ විඤ්ඤාණය නම් වූ ධාතු ස්වභාවය, මනස නම් වූ ධාතු ස්වභාවය, මනසට අරමුණු වන දේ නම් වූ ධාතු ස්වභාවය, මනසේ විඤ්ඤාණය නම් වූ ධාතු ස්වභාවය යන මෙයයි. පින්වත් ගෘහපතිය, භාග්‍යවතුන් වහන්සේ විසින් මෙපමණකින් තමයි ධාතු නානත්වය වදාරණ ලද්දේ."

එතකොට චිත්ත ගෘහපතිතුමා ආයුෂ්මත් ඉසිදත්තයන් වහන්සේගේ භාෂිතය සතුටින් පිළිගත්තා. අනුමෝදන් වුණා. ස්ථවිර භික්ෂූන් ප්‍රණීත වූ වළඳන අනුභව කළ යුතු දැයින් සියතින් ම පිළිගැන්වූවා. මැනවින් පිළිගැන්වූවා. ඉන්පසු දන් වළඳා පාත්‍රයෙන් ඉවත් කළ අත් ඇති ස්ථවිර භික්ෂූන් වහන්සේලා අසුනෙන් නැගිට වැඩම කළා. එතකොට ආයුෂ්මත් ස්ථවිරයන් වහන්සේ ආයුෂ්මත් ඉසිදත්ත තෙරුන්ට මෙහෙම කිව්වා. "ප්‍රිය ආයුෂ්මත් ඉසිදත්තයෙනි, ඒ ප්‍රශ්නය ඔබට වැටහුණු අයුරු නම් ඉතා යහපත්. මට ඔය ප්‍රශ්නය වැටහුණේ නෑ නොවැ. එහෙම නම් ප්‍රිය ආයුෂ්මත් ඉසිදත්ත, යම් කලෙක නැවත ඔය ආකාර වූ ප්‍රශ්නයක් ආවොත් එහිලා ඔබට ම කරුණු වැටහුණා නම් හොඳයි."

සාදු ! සාදු !! සාදු !!!

ඉසිදත්ත සූත්‍රය නිමා විය.

7.1.3
දුතිය ඉසිදත්ත සූත්‍රය
ඉසිදත්ත තෙරුන් වදාළ දෙවෙනි දෙසුම

ඒ දිනවල බොහෝ ස්ථවිර භික්ෂූන් වහන්සේලා වැඩසිටියේ මච්ඡිකාසණ්ඩයේ අම්බාටක වනයේ. එදා චිත්ත ගෘහපතිතුමා, ස්ථවිර භික්ෂූන් වහන්සේලා වැඩසිටි තැනට පැමිණුනා. පැමිණිලා ස්ථවිර භික්ෂූන් වහන්සේලාට ආදරයෙන් වන්දනා කොට එකත්පස්ව වාඩිවුණා. එකත්පස්ව වාඩිවුණු චිත්ත ගෘහපතිතුමා ස්ථවිර භික්ෂූන් හට මෙකරුණ පැවසුවා. "ස්වාමීනි, තෙරුන්වහන්සේලා හෙට දවසේ මාගේ දානය ඉවසා වදාරණ සේක්වා" කියලා. ස්ථවිර භික්ෂූන් වහන්සේලා නිශ්ශබ්දව එම ඇරයුම පිළිගත්තා. එවිට චිත්ත ගෘහපතිතුමා ස්ථවිර භික්ෂූන් වහන්සේලා නිශ්ශබ්දව ඒ ඇරයුම පිළිගත් බව දැන අසුනෙන් නැගිට ස්ථවිර භික්ෂූන්ට වන්දනා කොට, ප්‍රදක්ෂිණා කොට පිටත්වුණා.

ඉතින් ස්ථවිර භික්ෂූන් වහන්සේලා ඒ රෑ ඇවෑමෙන් පෙරවරුවෙහි සිවුරු හැඳපොරවාගෙන පාසිවුරු ගෙන චිත්ත ගෘහපතිතුමාගේ නිවස වෙත වැඩම කළා. වැඩම කොට පණවන ලද අසුන්හි වැඩසිටියා. එතකොට චිත්ත ගෘහපතිතුමා ස්ථවිර භික්ෂූන් වහන්සේලා වෙත පැමිණුනා. පැමිණිලා ස්ථවිර භික්ෂූන් වහන්සේලාට වන්දනා කොට එකත්පස්ව වාඩිවුණා. එකත්පස්ව වාඩිවුණු චිත්ත ගෘහපතිතුමා ආයුෂ්මත් ස්ථවිර භික්ෂු නමකට මෙකරුණ පැවසුවා.

"ස්වාමිනී, ස්ථවිරයන් වහන්ස, ලෝකයෙහි අනේකප්‍රකාර වූ යම් දෘෂ්ටීන් උපදිනවා. ඒ කියන්නේ ලෝකය සදාකාලිකයි කියනවා. ලෝකය අශාශ්වතයි කියනවා. ලෝකය අන්තවත්ය කියනවා. ලෝකය අනන්තවත්ය කියනවා. එයයි ජීවය එයයි ශරීරයත් කියලා කියනවා. ජීවය අනෙකක්ය ශරීරය අනෙකක්ය කියලා කියනවා. තථාගතයන් වහන්සේ මරණින් මතු ඇත කියලා කියනවා. තථාගතයන් වහන්සේ මරණින් මතු නැත කියලා කියනවා. තථාගතයන් වහන්සේ මරණින් මතු ඇත නැත කියලා කියනවා. තථාගතයන් වහන්සේ මරණින් මතු ඇත්තේත් නැත නැත්තේත් නැත කියලා කියනවා. ඔය වගේ යම් මේ හැට දෙකක් දෘෂ්ටීන් ගැන බ්‍රහ්මජාල සූත්‍රයෙහි වදාරළ තියෙනවා නොවැ. ඉතින් ස්වාමීනි, ඔය දෘෂ්ටි ඇති වෙන්නේ කුමක් ඇති කල්හිද? ඔය දෘෂ්ටි ඇති නොවන්නේ කුමක් නැති කල්හිද?"

මෙසේ ඇසූ විට ආයුෂ්මත් ස්ථවිරයන් වහන්සේ නිශ්ශබ්ද වුණා. දෙවනුවත් චිත්ත ගෘහපතිතුමා ....(පෙ).... තෙවනුවත් චිත්ත ගෘහපතිතුමා ආයුෂ්මත් ස්ථවිර භික්ෂු නමට මෙකරුණ පැවසුවා. "ස්වාමීනී, ස්ථවිරයන් වහන්ස, ලෝකයෙහි අනේකප්‍රකාර වූ යම් දෘෂ්ටීන් උපදිනවා. ඒ කියන්නේ ලෝකය සදාකාලිකයි කියනවා. ලෝකය අශාශ්වතයි කියනවා. ලෝකය අන්තවත්ය කියනවා. ලෝකය අනන්තවත්ය කියනවා. එයයි ජීවය එයයි ශරීරයත් කියලා කියනවා. ජීවය අනෙකක්ය ශරීරය අනෙකක්ය කියලා කියනවා. තථාගතයන් වහන්සේ මරණින් මතු ඇත කියලා කියනවා. තථාගතයන් වහන්සේ මරණින් මතු නැත කියලා කියනවා. තථාගතයන් වහන්සේ මරණින් මතු ඇත නැත කියලා කියනවා. තථාගතයන් වහන්සේ මරණින් මතු ඇත්තේත් නැත නැත්තේත් නැත කියලා කියනවා. ඔය වගේ යම් මේ හැට දෙකක් දෘෂ්ටීන් ගැන බ්‍රහ්මජාල සූත්‍රයෙහි වදාරළ තියෙනවා නොවැ. ඉතින් ස්වාමීනි, ඔය දෘෂ්ටි ඇති වෙන්නේ කුමක් ඇති කල්හිද? ඔය දෘෂ්ටි ඇති නොවන්නේ කුමක් නැති කල්හිද?" තෙවනුවත් ආයුෂ්මත් ස්ථවිරයන් වහන්සේ නිශ්ශබ්ද වුණා.

ඒ වෙලාවේදී ආයුෂ්මත් ඉසිදත්ත තෙරුන් සිටියේ ඒ භික්ෂු සංඝයා අතර සියල්ලට නවක භික්ෂුව වශයෙනුයි. ඉතින් ආයුෂ්මත් ඉසිදත්ත තෙරුන් ආයුෂ්මත් ස්ථවිරයන් වහන්සේට මෙය පැවසුවා. "ස්වාමීනී, ස්ථවිරයන් වහන්ස, චිත්ත ගෘහපතිතුමාගේ මේ ප්‍රශ්නය මං විසඳන්ටද?" "ප්‍රිය ආයුෂ්මත් ඉසිදත්ත, චිත්ත ගෘහපතිතුමාගේ ඔය ප්‍රශ්නය ඔබ විසඳන්ට."

"පින්වත් ගෘහපතිය, ඔබ මේ අයුරින් නොවැ අහන්නේ? 'ස්වාමීනී, ස්ථවිරයන් වහන්ස, ලෝකයෙහි අනේකප්‍රකාර වූ යම් දෘෂ්ටීන් උපදිනවා. ඒ කියන්නේ ලෝකය සදාකාලිකයි කියනවා ....(පෙ).... ඉතින් ස්වාමීනි, ඔය දෘෂ්ටි ඇති වෙන්නේ කුමක් ඇති කල්හිද? ඔය දෘෂ්ටි ඇති නොවන්නේ කුමක් නැති කල්හිද?' කියලා." "එසේය ස්වාමීනි." "පින්වත් ගෘහපතිය, ලෝකයෙහි අනේකප්‍රකාර වූ යම් දෘෂ්ටීන් උපදිනවා. ඒ කියන්නේ ලෝකය සදාකාලිකයි කියනවා. ලෝකය අශාශ්වතයි කියනවා. ලෝකය අන්තවත්ය කියනවා. ලෝකය අනන්තවත්ය කියනවා. එයයි ජීවය එයයි ශරීරයත් කියලා කියනවා. ජීවය අනෙකක්ය ශරීරය අනෙකක්ය කියලා කියනවා. තථාගතයන් වහන්සේ මරණින් මතු ඇත කියලා කියනවා. තථාගතයන් වහන්සේ මරණින් මතු නැත කියලා කියනවා. තථාගතයන් වහන්සේ මරණින් මතු ඇත නැත කියලා කියනවා. තථාගතයන් වහන්සේ මරණින් මතු ඇත්තේත් නැත නැත්තේත් නැත කියලා කියනවා. ඔය වගේ යම් මේ හැට දෙකක් දෘෂ්ටීන් ගැන බ්‍රහ්මජාල සූත්‍රයෙහි වදාරළ තියෙනවා නොවැ. පින්වත් ගෘහපතිය, ඔය දෘෂ්ටි ඇති

වෙන්නේ සක්කාය දිට්ඨිය තියෙන කොටයි. ඔය දෘෂ්ටි ඇති නොවන්නේ සක්කාය දිට්ඨිය නැති විටයි."

"ස්වාමීනි, සක්කාය දිට්ඨිය ඇති වන්නේ කොහොමද?" "පින්වත් ගෘහපතිය, මේ ලෝකයේ අශ්‍රැතවත් පෘථග්ජනයෙක් ඉන්නවා. ඔහු ආර්යයන් වහන්සේලා නොදකින කෙනෙක්. ආර්ය ධර්මය තේරුම් ගන්ට අදක්ෂ කෙනක්. ආර්ය ධර්මයෙහි නොහික්මුන කෙනෙක්. ඒ වගේම ඔහු සත්පුරුෂයන් වහන්සේලා නොදකින කෙනෙක්. සත්පුරුෂ ධර්මය තේරුම් ගන්ට අදක්ෂ කෙනෙක්. සත්පුරුෂ ධර්මයෙහි නොහික්මුන කෙනෙක්. ඒ නිසා ඔහු (සතර මහා ධාතූන්ගෙන් හටගන්නා වූ) රූපය ආත්මයක් (තමාගේ වසඟයෙහි පැවැත්විය හැකි දෙයක්) වශයෙන් මුළාවෙන් දකිනවා. එක්කෝ ඔහු මුළාවෙන් දකින්නේ ආත්මය රූපයෙන් හැදිච්ච එකක් කියලයි. එහෙම නැත්නම් ඔහු මුළාවෙන් දකින්නේ ආත්මයක් තුළ තමයි රූපය තියෙන්නේ කියලා. එහෙමත් නැත්නම් ඔහු මුළාවෙන් දකින්නේ ආත්මය තියෙන්නේ රූපය තුළයි කියලා. වේදනාව ආත්මය වශයෙන් දකිනවා ....(පෙ).... සඤ්ඤාව ....(පෙ).... සංස්කාර ....(පෙ).... විඤ්ඤාණය ආත්මයක් (තමාගේ වසඟයෙහි පැවැත්විය හැකි දෙයක්) වශයෙන් මුළාවෙන් දකිනවා. එක්කෝ ඔහු මුළාවෙන් දකින්නේ ආත්මය විඤ්ඤාණයෙන් හැදිච්ච එකක් කියලයි. එහෙම නැත්නම් ඔහු මුළාවෙන් දකින්නේ ආත්මයක් තුළ තමයි විඤ්ඤාණය තියෙන්නේ කියලා. එහෙමත් නැත්නම් ඔහු මුළාවෙන් දකින්නේ ආත්මය තියෙන්නේ විඤ්ඤාණය තුළයි කියලා. පින්වත් ගෘහපතිය, සක්කාය දිට්ඨිය ඇති වන්නේ ඔය විදිහටයි."

"ස්වාමීනි, සක්කාය දිට්ඨිය ඇති නොවන්නේ කොහොමද?" "පින්වත් ගෘහපතිය, මේ ලෝකයෙහි ශ්‍රැතවත් ආර්ය ශ්‍රාවකයෙක් ඉන්නවා. ඔහු ආර්යයන් වහන්සේලා දකින කෙනෙක්. ආර්ය ධර්මය තේරුම් ගන්ට දක්ෂ කෙනක්. ආර්ය ධර්මයෙහි හික්මුන කෙනෙක්. ඒ වගේම ඔහු සත්පුරුෂයන් වහන්සේලා දකින කෙනෙක්. සත්පුරුෂ ධර්මය තේරුම් ගන්ට දක්ෂ කෙනෙක්. සත්පුරුෂ ධර්මයෙහි හික්මුන කෙනෙක්. ඒ නිසා ඔහු (සතර මහා ධාතූන්ගෙන් හටගන්නා වූ) රූපය ආත්මයක් (තමාගේ වසඟයෙහි පැවැත්විය හැකි දෙයක්) වශයෙන් මුළාවෙන් දකින්නේ නෑ. ඒ වගේම ආත්මය රූපයෙන් හැදිච්ච එකක් කියලත් මුළාවෙන් දකින්නේ නෑ. ඒ වගේම ආත්මයක් තුළ තමයි රූපය තියෙන්නේ කියලත් මුළාවෙන් දකින්නේ නෑ. ඒ වගේම ඔහු ආත්මය තියෙන්නේ රූපය තුළයි කියලත් මුළාවෙන් දකින්නේ නෑ. වේදනාව ....(පෙ).... දකින්නේ නෑ. සඤ්ඤාව ....(පෙ).... දකින්නේ නෑ. සංස්කාර ....(පෙ).... දකින්නේ නෑ. ඒ වගේම ඔහු (නාම රූපයෙන් හටගන්නා වූ) විඤ්ඤාණය ආත්මයක් (තමාගේ

වසඟයෙහි පැවැත්විය හැකි දෙයක්) වශයෙන් මුළාවෙන් දකින්නේ නෑ. ඒ වගේම ආත්මය විඤ්ඤාණයෙන් හැදිච්ච එකක් කියලත් මුළාවෙන් දකින්නේ නෑ. ඒ වගේම ආත්මයක් තුළ තමයි විඤ්ඤාණය තියෙන්නේ කියලත් මුළාවෙන් දකින්නේ නෑ. ඒ වගේම ඔහු ආත්මය තියෙන්නේ විඤ්ඤාණය තුළයි කියලත් මුළාවෙන් දකින්නේ නෑ. පින්වත් ගෘහපතිය, සක්කාය දිට්ඨිය ඇති නොවන්නේ ඔය විදිහටයි."

"ස්වාමීනි, ආර්ය වූ ඉසිදත්තයන් වහන්සේ කොහේ ඉඳලද වැඩියේ?" "පින්වත් ගෘහපතිය, මං එන්නේ අවන්ති ජනපදයේ ඉඳලයි." "ස්වාමීනි, අවන්තියෙහි, ඉසිදත්ත කියලා අපි දැකපු නැති යහළු වූ අපගේ පැවිදි කුල පුත්‍රයෙක් ඉන්නවා. ආයුෂ්මතුන් වහන්සේ එයාව දැකලා තියෙනවාද?" "එසේය ගෘහපතිය." "ස්වාමීනි, දැන් ඒ ආයුෂ්මතුන් වහන්සේ වාසය කරන්නේ කොහේද?" මෙසේ කී විට ආයුෂ්මත් ඉසිදත්තයන් වහන්සේ නිශ්ශබ්ද වුණා. "ස්වාමීනි, ආර්යන් වහන්සේ අපගේ ඉසිදත්තයන් වහන්සේද?" "එසේය ගෘහපතිය." "ස්වාමීනි, ආර්ය වූ ඉසිදත්තයන් වහන්සේ මච්ඡිකා සණ්ඩයෙහි සිත් අලවා වසන සේක්වා. අම්බාටක වනය රමණීයයි. මං ආර්ය වූ ඉසිදත්තයන් වහන්සේට සිවුරු, පිණ්ඩපාත, සේනාසන, ගිලන්පස බෙහෙත් පිරිකර සපයා දෙන්ට උත්සාහවත් වෙන්නම්." "පින්වත් ගෘහපතිය, කල්‍යාණ වූ වචන කියයි."

එතකොට චිත්ත ගෘහපතිතුමා ආයුෂ්මත් ඉසිදත්තයන් වහන්සේගේ භාෂිතය සතුටින් පිළිගත්තා. අනුමෝදන් වුණා. ස්ථවිර භික්ෂූන් ප්‍රණීත වූ වළඳන අනුභව කළ යුතු දැයින් සියතින්ම පිළිගැන්වූවා. මැනවින් පිළිගැන්වූවා. ඉන්පසු දන් වළඳා පාත්‍රයෙන් ඉවත් කළ අත් ඇති ස්ථවිර භික්ෂූන් වහන්සේලා අසුනෙන් නැගිට වැඩම කළා.

එතකොට ආයුෂ්මත් ස්ථවිරයන් වහන්සේ ආයුෂ්මත් ඉසිදත්ත තෙරුන්ට මෙහෙම කිව්වා. "ප්‍රිය ආයුෂ්මත් ඉසිදත්තයෙනි, ඒ ප්‍රශ්නය ඔබට වැටහුණු අයුරු නම් ඉතා යහපත්. මට ඔය ප්‍රශ්නය වැටහුණේ නෑ නොවැ. එහෙම නම් ප්‍රිය ආයුෂ්මත් ඉසිදත්ත, යම් කලෙක නැවත ඔය ආකාර වූ ප්‍රශ්නයක් ආවොත් එහිලා ඔබටම කරුණු වැටහුණා නම් හොඳයි." ඉතින් ආයුෂ්මත් ඉසිදත්තයන් වහන්සේ සේනාසනය අස්පස් කොට තබා, පාසිවුරුත් අරගෙන මච්ඡිකාසණ්ඩයෙන් පිටත් වෙලා වැඩියා. මච්ඡිකාසණ්ඩයෙන් යම් අයුරකින් වැඩියා ද, එසේ වැඩියා ම යි. ආයෙමත් පෙරලා වැඩම කළේ නෑ.

සාදු ! සාදු !! සාදු !!!

දුතිය ඉසිදත්ත සූත්‍රය නිමා විය.

7.1.4
මහක සූත්‍රය
මහක තෙරුන්ගේ ඍද්ධිබලය ගැන විස්තර වන දෙසුම

ඒ දිනවල බොහෝ ස්ථවිර භික්ෂූන් වහන්සේලා වැඩසිටියේ මච්ඡිකාසණ්ඩයේ අම්බාටක වනයේ. එදා චිත්ත ගෘහපතිතුමා, ස්ථවිර භික්ෂූන් වහන්සේලා වැඩසිටි තැනට පැමිණුනා. පැමිණිලා ස්ථවිර භික්ෂූන් වහන්සේලාට ආදරයෙන් වන්දනා කොට එකත්පස්ව වාඩිවුණා. එකත්පස්ව වාඩිවුණු චිත්ත ගෘහපතිතුමා ස්ථවිර භික්ෂූන් හට මෙකරුණ පැවසුවා. "ස්වාමීනි, තෙරුන්වහන්සේලා හෙට දවසේ මාගේ දානය ඉවසා වදාරණ සේක්වා" කියලා. ස්ථවිර භික්ෂූන් වහන්සේලා නිශ්ශබ්දව එම ඇරයුම පිළිගත්තා. එවිට චිත්ත ගෘහපතිතුමා ස්ථවිර භික්ෂූන් වහන්සේලා නිශ්ශබ්දව ඒ ඇරයුම පිළිගත් බව දැන අසුනෙන් නැගිට ස්ථවිර භික්ෂූන්ට වන්දනා කොට, ප්‍රදක්ෂිණා කොට පිටත්වුණා.

ඉතින් ස්ථවිර භික්ෂූන් වහන්සේලා ඒ රෑ ඇවෑමෙන් පෙරවරුවෙහි සිවුරු හැඳපොරවාගෙන පාසිවුරු ගෙන චිත්ත ගෘහපතිතුමාගේ ගවපට්ටිය තිබෙන තැනට වැඩම කළා. වැඩම කොට පණවන ලද අසුන්හි වැඩසිටියා. එතකොට චිත්ත ගෘහපතිතුමා ස්ථවිර භික්ෂූන් වහන්සේලා ප්‍රණීත වූ ගිතෙල් මුසු කිරිබතින් සියතින්ම පිළිගැන්වූවා. මැනැවින් පිළිගැන්වූවා. ඉන්පසු දන් වළඳා පාත්‍රයෙන් ඉවත් කළ අත් ඇති ස්ථවිර භික්ෂූන් වහන්සේලා අසුනෙන් නැගිට වැඩම කළා. චිත්ත ගෘහපතිතුමා ද ඉතුරු දන්පැන් අස් කරන්න යැයි පවසා ස්ථවිර භික්ෂූන් වහන්සේලාගේ පසුපසින් ගමන් කළා.

ඒ කාලය කැකෑරෙන අව්රස්නය ඇති කාලයයි. ඒ ස්ථවිර භික්ෂූන් වහන්සේලාත් මිහිරි බොජුන් වැළඳූ කලෙක පරිද්දෙන් (කුඩ දැරීමත්, පාවහන් දැරීමත් නැති ඒ යුගයේ පායන කාලයක පොළොවද රත් වී ඇති හෙයින්) අපහසුතාවයකින් යුතු කයින් යුතුව වැඩම කළා. එකල්හී ඒ භික්ෂු සංඝයා අතර සියල්ලන්ටම නවක වූ භික්ෂුවක් වශයෙනුයි ආයුෂ්මත් මහක තෙරුන් හිටියේ. එතකොට ආයුෂ්මත් මහක තෙරුන් ආයුෂ්මත් ස්ථවිරයන් වහන්සේට මෙහෙම කිව්වා. "ස්වාමීනි, ස්ථවිරයන් වහන්ස, සීතල සුළඟත් හමනවා නම්, වැහිවළාකුළුත් පාවෙනවා නම්, වැහිපොදත් එක දෙක වැටෙනවා නම් හොඳයි නේද?" "ප්‍රිය ආයුෂ්මත් මහක, සීතල සුළඟත් හමනවා නම්, වැහිවළාකුළුත් පාවෙනවා නම්, වැහිපොදත් එක දෙක වැටෙනවා නම් හොඳයි නේන්නම්." එවිට ආයුෂ්මත් මහක තෙරුන් යම් සේ සීතල සුළඟත් හමායයිද, වළාකුළුත්

පාවෙනවාද, වැහිපොදත් එක දෙක වැටෙනවා ද එබඳු වූ ඍද්ධි ප්‍රාතිහාර්යයක් කළා.

එතකොට චිත්ත ගෘහපතිතුමාට, මෙහෙම හිතුනා. මේ භික්ෂු සංඝයා අතර සියල්ලන්ටම නවක වූ යම් භික්ෂුවක් වෙත් නම්, මේසා මහත් ඍද්ධි ආනුභාවය උන්වහන්සේගෙයි කියලා. ඉතින් ආයුෂ්මත් මහක තෙරුන් ආරාමයට පැමිණිලා, ආයුෂ්මත් ස්ථවිරයන් වහන්සේට මෙහෙම කිව්වා. "ස්වාමීනි, ස්ථවිරයන් වහන්ස, මෙපමණකින් ඇති නේද?" "ප්‍රිය ආයුෂ්මත් මහකය, එපමණකින්ම වුණත් කළා නොවැ. ප්‍රිය ආයුෂ්මත් මහකය, එපමණකින්ම වුණත් පිදුවා නොවැ." ඉක්බිති ස්ථවිර භික්ෂූන් වහන්සේලා තම තමන්ගේ වෙහෙරට වැඩියා. ආයුෂ්මත් මහක තෙරුන්ද තම විහාරයට වැඩියා.

එතකොට චිත්ත ගෘහපතිතුමා, ආයුෂ්මත් මහක තෙරුන් වැඩසිටි තැනට පැමිණුනා. පැමිණිලා ආයුෂ්මත් මහක තෙරුන්ට ආදරයෙන් වන්දනා කොට එකත්පස්ව වාඩිවුණා. එකත්පස්ව වාඩිවුණ චිත්ත ගෘහපතිතුමා ආයුෂ්මත් මහක තෙරුන්ට මෙහෙම කිව්වා. "ස්වාමීනි, ආර්ය වූ මහක තෙරුන් වහන්සේ මට උතුරු මිනිස් දහමක් වූ ඍද්ධි ප්‍රාතිහාර්යයක් දක්වන සේක් නම්, ඉතා මැනැවි" කියලා. "එසේ වී නම් පින්වත් ගෘහපතිය, ආලින්දයෙහි උතුරුසළුව බිම එළලා තණකොළ මිටියක් විසුරුවන්න." "එසේය ස්වාමීනී'' කියලා චිත්ත ගෘහපතිතුමා, ආයුෂ්මත් මහක තෙරුන්ට පිළිතුරු දී ආලින්දයෙහි උතුරුසළුව අතුරලා තණකොළ මිටියක් විසිරෙව්වා.

එතකොට ආයුෂ්මත් මහක තෙරුන් කුටියට වැඩලා යතුරු අගුල දමලා යම් සේ යතුරු සිදුරින් අගුල අතරින් ගිනිදළු නිකුත් වෙලා තණකොළ දැවිලා යනවාද, උතුරුසළුව නොදැවී තිබෙනවාද, එබඳු වූ ඍද්ධි ප්‍රාතිහාර්යයක් කළා. එතකොට චිත්ත ගෘහපතිතුමා උතුරුසළුව ගසලා, අරගෙන පුදුමයටත්, ලොමුඩහ ගැනීමටත් පත් වෙලා එකත්පස්ව හිට ගත්තා. ඉතින් ආයුෂ්මත් මහක තෙරුන් කුටියෙන් නික්මිලා චිත්ත ගෘහපතියාට මෙහෙම කිව්වා. "පින්වත් ගෘහපතිය, මෙපමණකින් ඇති නේද?" "ස්වාමීනී, මහකයන් වහන්ස, එපමණකින් ම වුණත් කළා නොවැ. ස්වාමීනී, මහකයන් වහන්ස, එපමණකින් ම වුණත් පිදුවා නොවැ. ස්වාමීනි, ආර්ය වූ මහකයන් වහන්සේ මච්ඡිකාසණ්ඩයෙහි සිත් අලවා වසන සේක්වා. අම්බාටක වනය රමණීයයි. මං ආර්ය වූ මහකයන් වහන්සේට සිවුරු, පිණ්ඩපාත, සේනාසන, ගිලන්පස බෙහෙත් පිරිකර සපයා දෙන්ට උත්සාහවත් වෙන්නම්." පින්වත් ගෘහපතිය, කල්‍යාණ වූ වචන කියයි. ඉතින් ආයුෂ්මත් මහකයන් වහන්සේ සේනාසනය

අස්පස් කොට තබා, පාසිවුරුත් අරගෙන මච්ඡිකාසණ්ඩයෙන් පිටත් වෙලා වැඩියා. මච්ඡිකාසණ්ඩයෙන් යම් අයුරකින් වැඩියා ද, එසේ වැඩියා ම යි. ආයෙමත් පෙරලා වැඩම කළේ නෑ.

සාදු ! සාදු !! සාදු !!!

මහක සූත්‍රය නිමා විය.

7.1.5
කාමභූ සූත්‍රය
කාමභූ තෙරුන් නැගූ ප්‍රශ්න පිළිබඳ දෙසුම

ඒ දිනවල ආයුෂ්මත් කාමභූ තෙරුන් වහන්සේ වැඩසිටියේ මච්ඡිකාසණ්ඩයේ අම්බාටක වනයේ. එදා චිත්ත ගෘහපතිතුමා, ආයුෂ්මත් කාමභූ තෙරුන් වහන්සේ වැඩසිටි තැනට පැමිණුනා. පැමිණිලා ආයුෂ්මත් කාමභූ තෙරුන් වහන්සේට ආදරයෙන් වන්දනා කොට එකත්පස්ව වාඩිවුණා. එකත්පස්ව වාඩිවුණ චිත්ත ගෘහපතිතුමා හට ආයුෂ්මත් කාමභූ තෙරුන් වහන්සේ මෙකරුණ පැවසුවා. "ගෘහපතිය, භාග්‍යවතුන් වහන්සේ මෙය වදාරලා තියෙනවා.

> 'රථයක් තියෙනවා. දොස් රහිතයි. සුදු වැස්මකින් යුක්තයි. එක් දැවියකින් යුක්තයි. දුක් නැති සිඳුණු සැඩපහර ඇති බැඳුම් රහිතව එන ඒ රථය දෙස බලන්න.'

පින්වත් ගෘහපතිය, සංක්ෂේපයෙන් වදාරණ ලද මේ දේශනාවෙහි අර්ථය විස්තර වශයෙන් දැන ගත යුත්තේ කොහොමද?" "ස්වාමීනී, කිම ඔය දෙසුම භාග්‍යවතුන් වහන්සේ විසින් වදාරණ ලද දෙයක්ද?" "එසේය ගෘහපතිතුමනි." "එසේ වී නම් ස්වාමීනී, මං අර්ථය නුවණින් විමසා බලනකල් මොහොතක් ඉවසනු මැනව." ඉතින් චිත්ත ගෘහපතිතුමා මොහොතක් නිශ්ශබ්දව ඉඳලා ආයුෂ්මත් කාමභූ තෙරුන්ට මෙහෙම කිව්වා.

"ස්වාමීනී, නේලංග (දොස් රහිත) කියලා කිව්වේ මේ සීලයට කියන නමක්. ස්වාමීනී, සේතපච්ඡාදෝ (සුදු වැස්මක්) කියලා කිව්වේ විමුක්තියට කියන නමක්. ස්වාමීනී, ඒකාර (එක් දැවියක්) කියලා කිව්වේ සිහියට කියන නමක්. ස්වාමීනී, වත්තති (තියෙනවා) කියලා කිව්වේ ඉදිරිය බලා යෑමත් ආපසු

හැරී ඒමත් යන මෙයට කියන නමක්. ස්වාමීනී, රථ (රථය) කියලා කිව්වේ මව්පියන්ගෙන් හටගත්, බත් වැංජන වලින් වැඩෙන, අනිත්‍ය වූ, ඉලීම් පිරිමැදීම් කරමින් නඩත්තු වෙන, බිඳෙන සුළු, වැනසෙන සුළු, සතර මහා භූතයන්ගෙන් හටගත් මේ කයට කියන නමක්. ස්වාමීනී, රාගය යනු (නීඝ) දුකකි. ද්වේෂය යනු (නීඝ) දුකකි. මෝහය යනු (නීඝ) දුකකි. ඒවා ක්ෂීණාශ්‍රව වූ රහත් භික්ෂුවට ප්‍රහීණ වෙලයි තියෙන්නේ. මුලින්ම ඉදිරිලයි තියෙන්නේ. මුදුන සිඳුනු තල් ගසක් මෙන් වෙලයි තියෙන්නේ. අභාවයට පත්වෙලයි තියෙන්නේ. නැවත නූපදිනා ස්වභාවයෙන් යුක්තවයි තියෙන්නේ. ඒ නිසයි අරහත් භික්ෂුවට අනීඝ (දුක් නෑ) කියලා කියන්නේ. ස්වාමීනී, ආයන්ත (පැමිණෙන කෙනා) කියලා කියන්නේ රහතන් වහන්සේට කියන නමක්. ස්වාමීනී, සෝත (සැඩපහර) කියලා කියන්නේ මේ තණ්හාවට කියන නමක්. එය ක්ෂීණාශ්‍රව වූ රහත් භික්ෂුවට ප්‍රහීණ වෙලයි තියෙන්නේ. මුලින්ම ඉදිරිලයි තියෙන්නේ. මුදුන සිඳුන තල්ගසක් මෙන් වෙලයි තියෙන්නේ. අභාවයට පත්වෙලයි තියෙන්නේ. නැවත නූපදිනා ස්වභාවයෙන් යුක්තවයි තියෙන්නේ. ඒ නිසා රහතන් වහන්සේටයි ඡින්නසෝත (සැඩපහර සිඳින ලද කෙනා) කියලා කියන්නේ. ස්වාමීනී, රාගය යනු බන්ධනයකි. ද්වේෂය යනු බන්ධනයකි. මෝහය යනු බන්ධනයකි. ඒවා ක්ෂීණාශ්‍රව වූ රහත් භික්ෂුවට ප්‍රහීණ වෙලයි තියෙන්නේ. මුලින්ම ඉදිරිලයි තියෙන්නේ. මුදුන සිඳුන තල්ගසක් මෙන් වෙලයි තියෙන්නේ. අභාවයට පත්වෙලයි තියෙන්නේ. නැවත නූපදිනා ස්වභාවයෙන් යුක්තවයි තියෙන්නේ. ඒ නිසා අරහත් භික්ෂුවට අබන්ධන (බැඳුම් නෑ) කියලා කියනවා. ස්වාමීනී, මෙසේ භාග්‍යවතුන් වහන්සේ ඒ යම් දෙයක් වදාරණ ලද්දේ ද,

> 'රථයක් තියෙනවා. දොස් රහිතයි. සුදු වැස්මකින් යුක්තයි. එක් දැව්යකින් යුක්තයි. දුක් නැති සිඳුණු සැඩපහර ඇති බැඳුම් රහිතව එන ඒ රථය දෙස බලන්න.'

ස්වාමීනී, භාග්‍යවතුන් වහන්සේ විසින් සංක්ෂේපයෙන් වදාරණ ලද මෙම දේශනාවෙහි අර්ථය ඔය ආකාරයෙනුයි විස්තර වශයෙන් මට තේරුණේ." "පින්වත් ගෘහපතිය, ඔබට ලාභයක් ම යි. පින්වත් ගෘහපතිය, ඔබට සොඳුරු ලාභයක් ම යි. ගම්භීර වූ බුද්ධ වචනය පිළිබඳව ඒ ඔබට ප්‍රඥා ඇස තියෙනවා."

සාදු ! සාදු !! සාදු !!!

කාමභූ සූත්‍රය නිමා විය.

7.1.6
දුතිය කාමභූ සූත්‍රය
කාමභූ තෙරුන් වදාළ දෙවන දෙසුම

ඒ දිනවල ආයුෂ්මත් කාමභූ තෙරුන් වහන්සේ වැඩසිටියේ මච්ඡිකාසණ්ඩයේ අම්බාටක වනයේ. එදා චිත්ත ගෘහපතිතුමා, ආයුෂ්මත් කාමභූ තෙරුන් වහන්සේ වැඩසිටි තැනට ....(පෙ).... එකත්පස්ව වාඩිවුණ චිත්ත ගෘහපතිතුමා ආයුෂ්මත් කාමභූ තෙරුන් වහන්සේ හට මෙකරුණ පැවසුවා. " ස්වාමීනි, සංස්කාර කීයක් තියෙනවාද?" "පින්වත් ගෘහපතිය, සංස්කාර තුනක් තියෙනවා. කාය සංස්කාර, වචී සංස්කාර හා චිත්ත සංස්කාරයි." "ස්වාමීනී, ඉතා හොඳයි" කියලා චිත්ත ගෘහපතිතුමා ආයුෂ්මත් කාමභූ තෙරුන්ගේ භාෂිතය සතුටින් පිළිගෙන අනුමෝදන්ව ආයුෂ්මත් කාමභූ තෙරුන්ගෙන් ආයෙමත් ප්‍රශ්නයක් ඇසුවා. "ස්වාමීනි, කාය සංස්කාර යනු කුමක්ද? වචී සංස්කාර යනු කුමක්ද? චිත්ත සංස්කාර යනු කුමක්ද?" "පින්වත් ගෘහපතිය, ආශ්වාස ප්‍රශ්වාස යනු කාය සංස්කාරය යි. විතක්ක විචාර යනු වචී සංස්කාරය යි. සඤ්ඤාව ද වේදනාව ද යනු චිත්ත සංස්කාරය යි." "ස්වාමීනී, ඉතා හොඳයි" කියලා චිත්ත ගෘහපතිතුමා ....(පෙ).... ආයෙමත් ප්‍රශ්නයක් ඇසුවා.

"ස්වාමීනී, ආශ්වාස ප්‍රශ්වාස කාය සංස්කාර වන්නේ කුමක් නිසාද? විතක්ක විචාර වචී සංස්කාර වන්නේ කුමක් නිසාද? සඤ්ඤාව ද චේතනාව ද චිත්ත සංස්කාර වන්නේ කුමක් නිසාද?" "පින්වත් ගෘහපතිය, ආශ්වාස ප්‍රශ්වාස වනාහී කායිකයි. මේවා කය හා බැඳිල තියෙන්නේ. ඒ නිසයි ආශ්වාස ප්‍රශ්වාස කාය සංස්කාර වන්නේ. පින්වත් ගෘහපතිය, පළමු කොට විතර්ක කරලා විචාර කරලයි පස්සේ වචනය නිකුත් කරන්නේ. ඒ නිසයි විතක්ක විචාර වචී සංස්කාර වන්නේ. සඤ්ඤාවත් වේදනාවත් සිතටයි අයත් වන්නේ. මේවා සිත හා බැඳිලයි තියෙන්නේ. ඒ නිසයි සඤ්ඤාවත් වේදනාවත් චිත්ත සංස්කාර වන්නේ." "ස්වාමීනී, ඉතා හොඳයි" කියලා චිත්ත ගෘහපතිතුමා ....(පෙ).... ආයෙමත් ප්‍රශ්නයක් ඇසුවා.

"ස්වාමීනී, සඤ්ඤාවේදයිත නිරෝධසමාපත්තිය ඇති වෙන්නේ කොහොමද?" "පින්වත් ගෘහපතිය, සඤ්ඤාවේදයිත නිරෝධසමාපත්තියට සමවදින්නා වූ භික්ෂුවට මේ අදහස ඇති වන්නේ නෑ. ඒ කියන්නේ, 'මං සඤ්ඤාවේදයිත නිරෝධසමාපත්තියට සමවදින්න ඕන' කියලා හෝ 'මං සඤ්ඤාවේදයිත නිරෝධසමාපත්තියට සමවදිමි' කියලා හෝ 'මං සඤ්ඤාවේදයිත නිරෝධසමාපත්තියට සමවැදුනා' කියලා යන කරුණයි.

නමුත් ඒ භික්ෂුවට යම් සිතක් ඒ සඳහා යොමු කරනවා ද, ඒ අයුරින් ඔහුගේ සිත කලින් ම වඩලයි තියෙන්නේ." "ස්වාමීනී, ඉතා හොඳයි" කියලා චිත්ත ගෘහපතිතුමා ....(පෙ).... ආයෙමත් ප්‍රශ්නයක් ඇසුවා.

"ස්වාමීනී, සඤ්ඤාවේදයිත නිරෝධසමාපත්තියට සමවදින්නා වූ භික්ෂුවගේ කුමන දේවල් ද ඉස්සෙල්ලා ම නිරුද්ධ වෙන්නේ. ඒ කියන්නේ, කාය සංස්කාර ද? නැත්නම් වචී සංස්කාර ද? එහෙමත් නැත්නම් චිත්ත සංස්කාර ද?" "පින්වත් ගෘහපතිය, සඤ්ඤාවේදයිත නිරෝධසමාපත්තියට සමවදින්නා වූ භික්ෂුවගේ වචී සංස්කාරයි පළමුවෙන්ම නිරුද්ධ වෙන්නේ. ඊට පස්සේ කාය සංස්කාරත්, ඊට පස්සේ චිත්ත සංස්කාරත් නිරුද්ධ වෙනවා." "ස්වාමීනී, ඉතා හොඳයි" කියලා චිත්ත ගෘහපතිතුමා ....(පෙ).... ආයෙමත් ප්‍රශ්නයක් ඇසුවා.

"ස්වාමීනී, යම් කෙනෙක් මැරුණා ද, කළුරිය කළා ද, යම් මේ භික්ෂුවක් සඤ්ඤාවේදයිත නිරෝධසමාපත්තියට සමවැදිල ඉන්නව ද, මේ අයගේ ඇති වෙනස්කම මොකක්ද?" "පින්වත් ගෘහපතිය, යම් කෙනෙක් මැරුණා නම්, කළුරිය කළා නම්, ඔහුගේ කාය සංස්කාර නිරුද්ධයි, සංසිඳිලා. වචී සංස්කාර නිරුද්ධයි, සංසිඳිලා. චිත්ත සංස්කාර නිරුද්ධයි, සංසිඳිලා. ආයුෂත් ඉවර වෙලා. උණුසුම සංසිඳිලා. ඉන්ද්‍රියයන් විනාශ වෙලා. නමුත් පින්වත් ගෘහපතිය, යම් මේ භික්ෂුවක් සඤ්ඤාවේදයිත නිරෝධසමාපත්තියට සමවැදිලා ඉන්නවා ද, ඔහුගේත් කාය සංස්කාර නිරුද්ධයි, සංසිඳිලා. වචී සංස්කාර නිරුද්ධයි, සංසිඳිලා. චිත්ත සංස්කාර නිරුද්ධයි, සංසිඳිලා. ආයුෂ ඉවර වෙලා නෑ. උණුසුම සංසිඳිලා නෑ. ඉන්ද්‍රියයන් ඉතා ප්‍රසන්නයි. පින්වත් ගෘහපතිය, යම් කෙනෙක් මැරුණා ද, කළුරිය කළා ද, යම් මේ භික්ෂුවක් සඤ්ඤාවේදයිත නිරෝධසමාපත්තියට සමවැදිල ඉන්නව ද, මේ අයගේ ඇති වෙනස්කම මේකයි." "ස්වාමීනී, ඉතා හොඳයි" කියලා චිත්ත ගෘහපතිතුමා ....(පෙ).... ආයෙමත් ප්‍රශ්නයක් ඇසුවා.

"ස්වාමීනී, සඤ්ඤාවේදයිත නිරෝධසමාපත්තියෙන් නැගිටින්නේ කොහොමද?" "පින්වත් ගෘහපතිය, සඤ්ඤාවේදයිත නිරෝධසමාපත්තියෙන් නැගිටින්නා වූ භික්ෂුවට මෙහෙම හිතෙන්නේ නෑ. ඒ කියන්නේ, 'මං සඤ්ඤාවේදයිත නිරෝධසමාපත්තියෙන් නැගිටින්න ඕන' කියලා හෝ 'මං සඤ්ඤාවේදයිත නිරෝධසමාපත්තියෙන් නැගිටිමි' කියලා හෝ 'මං සඤ්ඤාවේදයිත නිරෝධසමාපත්තියෙන් නැගිට්ටා' කියලා යන කරුණයි. නමුත් ඒ භික්ෂුවට යම් සිතක් ඒ සඳහා යොමු කරනවා ද ඒ අයුරින් ඔහුගේ සිත කලින් ම වඩලයි තියෙන්නේ." "ස්වාමීනී, ඉතා හොඳයි" කියලා චිත්ත

ගෘහපතිතුමා ....(පෙ).... ආයෙමත් ප්‍රශ්නයක් ඇසුවා.

"ස්වාමීනී, සඤ්ඤාවේදයිත නිරෝධසමාපත්තියෙන් නැගිටින්නා වූ භික්ෂුවට මොන වගේ දේවල් ද ඉස්සෙල්ලා ම උපදින්නේ? ඒ කියන්නේ, කාය සංස්කාර ද? නැත්නම් වචී සංස්කාර ද? එහෙමත් නැත්නම් චිත්ත සංස්කාර ද?" "පින්වත් ගෘහපතිය, සඤ්ඤාවේදයිත නිරෝධසමාපත්තියෙන් නැගිටින්නා වූ භික්ෂුවගේ චිත්ත සංස්කාරයි ඉස්සෙල්ලා ම උපදින්නේ. ඊට පස්සේ කාය සංස්කාර, ඊට පස්සේ වචී සංස්කාර." "ස්වාමීනී, ඉතා හොඳයි" කියලා චිත්ත ගෘහපතිතුමා ....(පෙ).... ආයෙමත් ප්‍රශ්නයක් ඇසුවා.

"ස්වාමීනී, සඤ්ඤාවේදයිත නිරෝධසමාපත්තියෙන් නැගී සිටි භික්ෂුවට ස්පර්ශ වන්නේ කවර ස්පර්ශයන් ද?" "පින්වත් ගෘහපතිය, සඤ්ඤාවේදයිත නිරෝධසමාපත්තියෙන් නැගී සිටි භික්ෂුවට ස්පර්ශ තුනක් ස්පර්ශ වෙනවා. ඒ කියන්නේ, සුඤ්ඤත (අනාත්ම ලක්ෂණය වැටහීම මුල් කොට විමුක්තියේ) ස්පර්ශය, අනිමිත්ත (අනිත්‍ය ලක්ෂණය වැටහීම මුල් කොට විමුක්තියේ) ස්පර්ශය හා අප්පණිහිත (දුක්ඛ ලක්ෂණය වැටහීම මුල් කොට විමුක්තියේ) ස්පර්ශය යි." "ස්වාමීනී, ඉතා හොඳයි" කියලා චිත්ත ගෘහපතිතුමා ....(පෙ).... ආයෙමත් ප්‍රශ්නයක් ඇසුවා.

"ස්වාමීනී, සඤ්ඤාවේදයිත නිරෝධසමාපත්තියෙන් නැගී සිටි භික්ෂුවගේ සිත නැමිලා තියෙන්නේ කුමකටද? නැඹුරු වෙලා තියෙන්නේ කුමකටද? බර වෙලා තියෙන්නේ කුමකටද?" "පින්වත් ගෘහපතිය, සඤ්ඤාවේදයිත නිරෝධසමාපත්තියෙන් නැගී සිටි භික්ෂුවගේ සිත නැමිලා තියෙන්නේ විවේකයට යි. නැඹුරු වෙලා තියෙන්නේ විවේකයට යි. බර වෙලා තියෙන්නේ විවේකයට යි." "ස්වාමීනී, ඉතා හොඳයි" කියලා චිත්ත ගෘහපතිතුමා ආයුෂ්මත් කාමභූ තෙරුන්ගේ භාෂිතය සතුටින් පිළිගෙන අනුමෝදන්ව ආයුෂ්මත් කාමභූ තෙරුන්ගෙන් ආයෙමත් ප්‍රශ්නයක් ඇසුවා.

"ස්වාමීනී, සඤ්ඤාවේදයිත නිරෝධසමාපත්තියට බොහෝ සෙයින් උපකාරී වන්නේ කවර දේවල් ද?" "පින්වත් ගෘහපතිය, ඒකාන්තයෙන් ම ඔබ යමක් ඉස්සෙල්ලා ම ඇසිය යුතු නම්, එය තමයි අන්තිමටම ඇසුවේ. එනමුත් මං එයට පිළිතුරු දෙන්නම්. පින්වත් ගෘහපතිය, සඤ්ඤාවේදයිත නිරෝධසමාපත්තියට බොහෝ සෙයින් උපකාරී වන්නේ සමථ භාවනාවත්, විදර්ශනා භාවනාවත්ය."

සාදු ! සාදු !! සාදු !!!

දුතිය කාමභූ සූත්‍රය නිමා විය.

7.1.7
ගෝදත්ත සූත්‍රය
ගෝදත්ත තෙරුන් නැගූ ප්‍රශ්න පිළිබඳ දෙසුම

ඒ දිනවල ආයුෂ්මත් ගෝදත්ත තෙරුන් වහන්සේ වැඩසිටියේ මච්ඡිකාසණ්ඩයේ අම්බාටක වනයේ. එදා චිත්ත ගෘහපතිතුමා, ආයුෂ්මත් ගෝදත්ත තෙරුන් වහන්සේ වැඩසිටි තැනට පැමිණුනා. පැමිණිලා ආයුෂ්මත් ගෝදත්ත තෙරුන් වහන්සේට ආදරයෙන් වන්දනා කොට එකත්පස්ව වාඩිවුණා. එකත්පස්ව වාඩිවුණ චිත්ත ගෘහපතිතුමා හට ආයුෂ්මත් ගෝදත්ත තෙරුන් වහන්සේ මෙකරුණ පැවසුවා.

"පින්වත් ගෘහපතිය, යම් මේ අප්‍රමාණ චේතෝ විමුක්තියක් ඇද්ද, යම් ආකිඤ්චඤ්ඤා චේතෝ විමුක්තියක් ඇද්ද, යම් සුඤ්ඤත චේතෝ විමුක්තියක් ඇද්ද, යම් අනිමිත්ත චේතෝ විමුක්තියක් ඇද්ද, මේ ධර්මයන් අර්ථ වශයෙනුත් වෙනස්ද? වචන ප්‍රකාශ කිරීම් වලිනුත් වෙනස්ද? එහෙම නැත්නම්, එකම අර්ථයක් තිබියදී වචන ප්‍රකාශ කිරීම් වලින් විතරක් වෙනස් වෙනවාද?"

"ස්වාමීනී, යම් ක්‍රමයකට පැමිණිලා මේ ධර්මයන් අර්ථ වශයෙනුත් වෙනස් වෙලා, වචන ප්‍රකාශ කිරීම් වලිනුත් වෙනස් වෙනවා නම්, එබඳු ක්‍රමයක් තියෙනවා. ඒ වගේම ස්වාමීනී, යම් ක්‍රමයකට පැමිණිලා මේ ධර්මයන් අර්ථ වශයෙන් එකක්ව තිබියදී ප්‍රකාශ කිරීම් වලින් විතරක් වෙනස් වෙනවා නම්, එබඳු ක්‍රමයකුත් තියෙනවා.

ස්වාමීනී, යම් ක්‍රමයකට පැමිණිලා මේ ධර්මයන් අර්ථ වශයෙනුත් වෙනස් වෙලා, වචන ප්‍රකාශ කිරීම් වලිනුත් වෙනස් වෙනවා නම්, ඒ ක්‍රමය කුමක්ද?

ස්වාමීනී, මෙහිලා භික්ෂුව මෛත්‍රී සහගත සිතින් එක දිශාවක් පතුරුවා වාසය කරනවා. ඒ වගේම දෙවෙනි දිශාවටත්, ඒ වගේම තුන්වෙනි දිශාවටත්, ඒ වගේම හතරවෙනි දිශාවටත්, ඒ වගේම උඩටත්, යටටත්, හරහටත්, සෑම තැනකටම සෑම කෙනෙකුගෙන්ම යුතු සියලු ලෝකයටත්, විපුල වූ, අතිමහත් ලෙස, ප්‍රමාණ රහිත ලෙස, වෛරයෙන් තොරව, තරහෙන් තොරව මෛත්‍රී සහගත සිතින් පතුරුවා වාසය කරනවා. කරුණා සහගත සිතින් ....(පෙ).... මුදිතා සහගත සිතින් ....(පෙ).... උපේක්ෂා සහගත සිතින් එක දිශාවක් පතුරුවා වාසය කරනවා. ඒ වගේම දෙවෙනි දිශාවටත්, ඒ වගේම තුන්වෙනි දිශාවටත්, ඒ වගේම හතරවෙනි දිශාවටත්, ඒ වගේම උඩටත්, යටටත්, හරහටත්, සෑම

තැනකටම සෑම කෙනෙකුගෙන්ම යුතු සියලු ලෝකයටත්, විපුල වූ, අතිමහත් ලෙස, ප්‍රමාණ රහිත ලෙස, වෛරයෙන් තොරව, තරහෙන් තොරව උපේක්ෂා සහගත සිතින් පතුරුවා වාසය කරනවා. ස්වාමීනී, අප්‍රමාණ චේතෝ විමුක්තිය කියන්නේ මෙයටයි.

ස්වාමීනී, ආකිඤ්චඤ්ඤා චේතෝ විමුක්තිය කියන්නේ මොකක්ද? ස්වාමීනී, මෙහිලා භික්ෂුව සියලු අයුරින් විඤ්ඤාණඤ්චායතනය ඉක්මවා යෑමෙන්, කිසිවක් නැත කියා මෙනෙහි කිරීමෙන් ආකිඤ්චඤ්ඤායතනයට පැමිණ වාසය කරනවා. ස්වාමීනී, මේකට තමයි ආකිඤ්චඤ්ඤා චේතෝ විමුක්තිය කියන්නේ.

ස්වාමීනී, සුඤ්ඤත චේතෝ විමුක්තිය කියන්නේ මොකක්ද? ස්වාමීනී, මෙහිලා භික්ෂුව අරණ්‍යකට ගියත්, රුක් සෙවණකට ගියත්. පාළු කුටියකට ගියත් මේ මේ විදියට නුවණින් විමසනවා. 'මෙය (පඤ්ච උපාදානස්කන්ධ ජීවිතය) වනාහී ආත්මයකින් වේවා, ආත්මයකට අයත් දෙයකින් වේවා, හිස් වූවක්' කියලා. ස්වාමීනී, මේකට තමයි සුඤ්ඤත චේතෝ විමුක්තිය කියන්නේ.

ස්වාමීනී, අනිමිත්ත චේතෝ විමුක්තිය කියන්නේ මොකක්ද? ස්වාමීනී, මෙහිලා භික්ෂුව සියලු නිමිති මෙනෙහි නොකිරීමෙන්, අනිමිත්ත චේතෝ සමාධියට පැමිණ වාසය කරනවා. ස්වාමීනී, මෙයටයි අනිමිත්ත චේතෝ විමුක්තිය කියන්නේ. ස්වාමීනී, යම් ක්‍රමයකට පැමිණිලා මේ ධර්මයන් අර්ථ වශයෙනුත් වෙනස් වෙලා, වචන ප්‍රකාශ කිරීම් වලිනුත් වෙනස් වෙනවා නම්, ඒ ක්‍රමය මෙයයි.

ස්වාමීනී, යම් ක්‍රමයකට පැමිණිලා මේ ධර්මයන් අර්ථ වශයෙන් එකක් වෙලා, වචන ප්‍රකාශ කිරීම් වලින් විතරක් වෙනස් වෙනවා නම්, ඒ ක්‍රමය කුමක්ද?

ස්වාමීනී, රාගය යනු මිම්මකට හසුවන දෙයක්. ද්වේෂය යනු මිම්මකට හසුවෙන දෙයක්. මෝහය යනු මිම්මකට හසුවන දෙයක්. ඒවා ක්ෂීණාශ්‍රව වූ රහත් භික්ෂුවට ප්‍රහීණ වෙලයි තියෙන්නේ. මුලින්ම ඉදිරිලයි තියෙන්නේ. මුදුන සිඳුනු තල් ගසක් මෙන් වෙලයි තියෙන්නේ. අභාවයට පත්වෙලයි තියෙන්නේ. නැවත නූපදිනා ස්වභාවයෙන් යුක්තවයි තියෙන්නේ. ස්වාමීනී, අප්‍රමාණ චේතෝ විමුක්ති යම්තාක් ඇද්ද, ඒවාට අග්‍රවන්නේ මේ අරහත්ඵල චේතෝ විමුක්තියයි. ඒ අරහත්ඵල චේතෝ විමුක්තිය වනාහී රාගයෙන් හිස් වූවකි. ද්වේෂයෙන් හිස් වූවකි. මෝහයෙන් හිස් වූවකි.

ස්වාමීනී, රාගය යනු කිඤ්චනය (මහා කරදරය) කි. ද්වේෂය යනු

කිඤ්චනය (මහා කරදරය) කි. මෝහය යනු කිඤ්චනය (මහා කරදරය) කි. ඒවා ක්ෂීණාශ්‍රව වූ රහත් භික්ෂුවට ප්‍රහීණ වෙලයි තියෙන්නේ. මුලින්ම ඉදිරිලයි තියෙන්නේ. මුදුන සිඳුනු තල් ගසක් මෙන් වෙලයි තියෙන්නේ. අභාවයට පත්වෙලයි තියෙන්නේ. නැවත නූපදිනා ස්වභාවයෙන් යුක්තවයි තියෙන්නේ. ස්වාමීනී, ආකිඤ්චඤ්ඤා චේතෝ විමුක්ති යම්තාක් ඇද්ද, ඒවාට අග්‍රවන්නේ මේ අරහත්ඵල චේතෝ විමුක්තියයි. ඒ අරහත්ඵල චේතෝ විමුක්තිය වනාහී රාගයෙන් හිස් වූවකි. ද්වේෂයෙන් හිස් වූවකි. මෝහයෙන් හිස් වූවකි.

ස්වාමීනී, රාගය වනාහී කෙලෙසුන්ට නිමිති ඇති කරන්නකි. ද්වේෂය වනාහී කෙලෙසුන්ට නිමිති ඇති කරන්නකි. මෝහය වනාහී කෙලෙසුන්ට නිමිති ඇති කරන්නකි. ඒවා ක්ෂීණාශ්‍රව වූ රහත් භික්ෂුවට ප්‍රහීණ වෙලයි තියෙන්නේ. මුලින්ම ඉදිරිලයි තියෙන්නේ. මුදුන සිඳුනු තල් ගසක් මෙන් වෙලයි තියෙන්නේ. අභාවයට පත්වෙලයි තියෙන්නේ. නැවත නූපදිනා ස්වභාවයෙන් යුක්තවයි තියෙන්නේ. ස්වාමීනී, අනිමිත්ත චේතෝ විමුක්ති යම්තාක් ඇද්ද, ඒවාට අග්‍රවන්නේ මේ අරහත්ඵල චේතෝ විමුක්තිය යි. ඒ අරහත්ඵල චේතෝ විමුක්තිය වනාහී රාගයෙන් හිස් වූවකි. ද්වේෂයෙන් හිස් වූවකි. මෝහයෙන් හිස් වූවකි. ස්වාමීනී, යම් ක්‍රමයකට පැමිණිලා මේ ධර්මයන් අර්ථ වශයෙන් එකක් වෙලා, වචන ප්‍රකාශ කිරීම් වලින් විතරක් වෙනස් වෙනවා නම්, ඒ ක්‍රමය නම් මෙයයි."

"පින්වත් ගෘහපතිය, ඔබට ලාභයක් ම යි. පින්වත් ගෘහපතිය, ඔබට සොඳුරු ලාභයක් ම යි. ගම්භීර වූ බුද්ධ වචනය පිළිබඳව ඒ ඔබට ප්‍රඥා ඇස තියෙනවා."

සාදු ! සාදු !! සාදු !!!

ගෝදත්ත සූත්‍රය නිමා විය.

7.1.8
නිගණ්ඨ සූත්‍රය
නිගණ්ඨනාතපුත්ත සමඟ ඇති වූ සාකච්ඡාවක් ගැන දෙසුම

ඒ දිනවල නිගණ්ඨනාතපුත්ත මහත් වූ නිගණ්ඨ පිරිසක් සමඟ මච්ඡිකාසණ්ඩයට පැමිණිලා හිටියා. එතකොට චිත්ත ගෘහපතිතුමාට

නිගණ්ඨනාතපුත්ත මහත් වූ නිගණ්ඨ පිරිසක් සමඟ මච්ඡිකාසණ්ඩයට පැමිණ සිටින බවට අසන්ට ලැබුණා. ඉතින් චිත්ත ගෘහපතිතුමා බොහෝ උපාසක පිරිසක් සමඟ නිගණ්ඨනාතපුත්ත සිටි තැනට පැමිණුනා. පැමිණ නිගණ්ඨනාතපුත්ත සමඟ සතුටු වුණා. සතුටු විය යුතු පිළිසඳර කථාබහේ යෙදිලා එකත්පස්ව වාඩිවුණා. එකත්පස්ව වාඩි වුණ චිත්ත ගෘහපතිතුමා ගෙන් නිගණ්ඨනාතපුත්ත මෙකරුණ පැවසුවා. "එම්බා ගෘහපතිය, විතර්ක රහිත, විචාර රහිත සමාධියක් තියෙනවා. විතර්ක විචාරයන්ගේ නිරුද්ධ වීමක් තියෙනවා යන ශ්‍රමණ ගෞතමයන්ගේ ප්‍රකාශය ඔබ අදහනවාද?"

"ස්වාමීනි, විතර්ක රහිත, විචාර රහිත සමාධියක් තියෙනවා. විතර්ක විචාරයන්ගේ නිරුද්ධ වීමක් තියෙනවා යන ප්‍රකාශය පිළිබඳව මම භාග්‍යවතුන් වහන්සේ කෙරෙහි හුදු ඇදහීමකට යන්නේ නෑ." එසේ කී විට නිගණ්ඨනාතපුත්ත ස්වකීය පිරිස දෙස හිස ඔසවා බලා මෙහෙම කිව්වා. "භවත්හු, මෙය දකිත්වා. මේ චිත්ත ගෘහපතිතුමා කොයිතරම් ඍජු ද! මේ චිත්ත ගෘහපතිතුමා කොයිතරම් නො කපටි ද! මේ චිත්ත ගෘහපතිතුමා කොයිතරම් රැවටිලි රහිත ද! යමෙක් විතර්ක විචාර නිරුද්ධ කළ යුතුයි කියා සිතනවා නම්, ඔහු දැලින් සුළං බැඳිය යුතු යැයි සිතනවා වගේ. යමෙක් විතර්ක විචාර නිරුද්ධ කළ යුතුයි කියා සිතනවා නම්, ඔහු තමන්ගේ අත මිට මොලවා ගංගානදී සැඩපහර වැළැක්විය යුතු යැයි සිතනවා වගේ නොවැ."

"ස්වාමීනි, මේ ගැන ඔබ කුමක්ද හිතන්නේ? වඩාත්ම ප්‍රණීත මොකක්ද? ඤාණය ද, ඇදහීම ද?" "එම්බා ගෘහපතිය, ඇදහීමට වඩා ඤාණය ම නොවැ ප්‍රණීත වන්නේ."

"ස්වාමීනි, මං කැමති තාක්කල් කාමයන්ගෙන් වෙන්ව අකුසල් දහමින් වෙන්ව විතර්ක සහිත වූ විචාර සහිත වූ විවේකයෙන් හටගත් ප්‍රීති සුඛය ඇති පළමුවෙනි ධ්‍යානය උපදවාගෙන එයට පැමිණ වාසය කරන කෙනෙක්. ස්වාමීනි, මං කැමති තාක්කල් විතර්ක විචාරයන්ගේ සංසිඳීමෙන් ....(පෙ).... දෙවෙනි ධ්‍යානයට පැමිණ වාසය කරන කෙනෙක්. ස්වාමීනි, මං කැමති තාක්කල් ප්‍රීතියට නොඇලීමෙන් ....(පෙ).... තුන්වෙනි ධ්‍යානයට පැමිණ වාසය කරන කෙනෙක්. ස්වාමීනි, මං කැමති තාක්කල් සැපයද ප්‍රහාණය කිරීමෙන්, දුකද ප්‍රහාණය කිරීමෙන්, කලින්ම සොම්නස් දොම්නස් ඉක්මවා යෑමෙන් දුක් සැප රහිත වූ උපේක්ෂාවෙන් යුතු පාරිශුද්ධ සිහි ඇති හතරවෙනි ධ්‍යානයට පැමිණ වාසය කරන කෙනෙක්. ස්වාමීනි, ඔය ආකාරයෙන් මං මෙය දන්නා විට, ඔය ආකාරයෙන් දකිනා විට 'අවිතක්ක අවිචාර සමාධියක් ඇත. විතර්ක විචාරයන්ගේ නිරුද්ධ වීමක් ඇත' යන කරුණට වෙන කවර

නම් ශ්‍රමණයෙකුගේ හෝ බ්‍රාහ්මණයෙකුගේ හෝ ඇදහීමකට යන්ටද?"

එසේ කී විට නිගණ්ඨනාතපුත්ත තම පිරිස දෙස හිස ඔසවා බලා මෙහෙම කිව්වා. "භවත්හු මෙය දකිත්වා. මේ චිත්ත ගෘහපතියා මොන තරම් වංක කෙනෙක් ද! මේ චිත්ත ගෘහපතියා මොන තරම් කපටි කෙනෙක් ද! මේ චිත්ත ගෘහපතියා මොන තරම් රැවටිලි කාරයෙක් ද!"

"ස්වාමීනි, මේ දැන්ම ඔබ විසින් කියන ලද කරුණක් අපි මෙහෙම දන්නවා. 'භවත්හු, මෙය දකිත්වා. මේ චිත්ත ගෘහපතිතුමා කොයිතරම් ඍජු ද! මේ චිත්ත ගෘහපතිතුමා කොයිතරම් නො කපටි ද! මේ චිත්ත ගෘහපතිතුමා කොයිතරම් රැවටිලි රහිත ද!' කියලා. නමුත් මේ දැන් ස්වාමීනි, ඔබ විසින් කියන ලද මේ කරුණ ද අපි මෙහෙම දන්නවා. 'භවත්හු, මෙය දකිත්වා. මේ චිත්ත ගෘහපතියා මොනතරම් වංක කෙනෙක් ද! මේ චිත්ත ගෘහපතියා මොන තරම් කපටි කෙනෙක් ද! මේ චිත්ත ගෘහපතියා මොන තරම් රැවටිලි කාරයෙක් ද!' කියලා. ඉදින් ස්වාමීනි, ඔබ විසින් කලින් කියන ලද කරුණ සත්‍ය නම්, ඔබ විසින් පසුව කියූ කරුණ මිත්‍යාවක්. ඔබ විසින් පසුව කියන ලද කරුණ සත්‍ය නම්, ඔබ විසින් කලින් කියූ කරුණ මිත්‍යාවක්.

ස්වාමීනි, මෙන්න කරුණු සහිත වූ ප්‍රශ්න දහයක් එනවා. යම් කලෙක ඒවායේ අර්ථය දැන ගන්නවා නම්, එදාට නිගණ්ඨපිරිසත් එක්කම මං ළඟටයි එන්නේ. ඒ තමයි "එක ප්‍රශ්නයකි. මාතෘකා ද එකකි. විසඳුම් ද එකකි. ප්‍රශ්න දෙකකි. මාතෘකා ද දෙකකි. විසඳුම් ද දෙකකි. ප්‍රශ්න තුනකි. මාතෘකා ද තුනකි. විසඳුම් ද තුනකි. ප්‍රශ්න හතරකි. මාතෘකා ද හතරකි. විසඳුම් ද හතරකි. ප්‍රශ්න පහකි. මාතෘකා ද පහකි. විසඳුම් ද පහකි. ප්‍රශ්න හයකි. මාතෘකා ද හයකි. විසඳුම් ද හයකි. ප්‍රශ්න හතකි. මාතෘකා ද හතකි. විසඳුම් ද හතකි. ප්‍රශ්න අටකි. මාතෘකා ද අටකි. විසඳුම් ද අටකි. ප්‍රශ්න නවයකි. මාතෘකා ද නවයකි. විසඳුම් ද නවයකි. ප්‍රශ්න දහයකි. මාතෘකා ද දහයකි. විසඳුම් ද දහයකි" කියලා චිත්ත ගෘහපතිතුමා නිගණ්ඨනාතපුත්තගෙන් කරුණු සහිත වූ මේ ප්‍රශ්න දහය අහලා අසුනෙන් නැගිට පිටත් වුණා.

සාදු ! සාදු !! සාදු !!!

නිගණ්ඨ සූත්‍රය නිමා විය.

7.1.9
අචේල සූත්‍රය
අචේලකස්සප සමඟ ඇති වූ සාකච්ඡාව ගැන දෙසුම

ඒ දිනවල චිත්ත ගෘහපතිතුමාගේ පැරණි ගිහි යාළුවෙකු වූ අචේල කස්සප නම් වූ නිරුවත් තවුසා මච්ඡිකාසණ්ඩයට පැමිණිලා හිටියා. එතකොට චිත්ත ගෘහපතිතුමාට අපගේ පැරණි ගිහි යහළුවෙකු වූ අචේල කස්සප නම් වූ නිරුවත් තවුසා මච්ඡිකාසණ්ඩයට පැමිණිලා සිටින බව අසන්ට ලැබුණා. ඉතින් චිත්ත ගෘහපතිතුමා අචේල කස්සප නම් වූ නිරුවත් තවුසා සිටි තැනට පැමිණුනා. පැමිණිලා අචේල කස්සප නම් වූ නිරුවත් තවුසා සමඟ සතුටු වුණා. සතුටු විය යුතු පිළිසඳර කථාබහේ යෙදිලා එකත්පස්ව වාඩිවුණා. එකත්පස්ව වාඩිවුණු චිත්ත ගෘහපතිතුමා අචේල කස්සප නම් වූ නිරුවත් තවුසාගෙන් මෙකරුණ විමසුවා. "ස්වාමීනි, කස්සපයෙනි, පැවිදිවෙලා සෑහෙන කාලයක් ගත වෙනවාද?" "ගෘහපතිතුමනි, මගේ පැවිදි ජීවිතයට අවුරුදු තිහක් විතර වෙනවා." "ඉතින් ස්වාමීනි, ඔය තිස් අවුරුද්දක් පමණ කාලය තුළදී උත්තරීතර මනුෂ්‍ය ධර්මයක් වන උතුම් ඤාණ දර්ශන විශේෂයක් සාක්‍ෂාත් කරගෙන පහසුවෙන් වාසය කිරීමක් තියෙනවාද?" "අනේ ගෘහපතිතුමනි, මේ තිස් අවුරුද්දක් පමණ කාලය තුළ මේ හෙළුවත්, හිස මුඩු බවත්, වැලිපිස දැමට ගන්නා මොණරපිල් කළඹත් හැර උත්තරීතර මනුෂ්‍ය ධර්මයක් වන උතුම් ඤාණදර්ශන විශේෂයක් සාක්‍ෂාත් කරගෙන පහසුවෙන් වාසය කිරීමක් නම් මට ලැබුණේ නෑ."

මෙසේ පැවසූ විට චිත්ත ගෘහපතිතුමා අචේල කස්සප නිරුවත් තවුසා හට මෙහෙම කිව්වා. "යම් හෙයකින් ඔබ තිස් අවුරුද්දක් පමණ කාලයක් මුළුල්ලේ හෙළුවැල්ලත්, හිස මුඩු බවත්, වැලි පිසදාන මොණරපිල් කළඹත් හැර උත්තරීතර මනුෂ්‍ය ධර්මයක් වන කිසිදු උතුම් ඤාණදර්ශන විශේෂයක් සාක්‍ෂාත් කරගෙන පහසුවෙන් වාසය කිරීම නොලැබුණා නම්, අහෝ පින්වත, (මා සරණ ගිය) ධර්මය මැනවින් දේශනා කොට වදාළ බව නම් ඒකාන්තයෙන් ම ආශ්චර්යයක්. ඒකාන්තයෙන් ම පුදුම සහගතයි."

"ගෘහපතිතුමනි, ඔබ උපාසකභාවයට පත්වෙලා සෑහෙන්න කල් ගත වෙනවාද?" "ස්වාමීනි, මටත් උපාසක බවට පත්වෙලා තිස් අවුරුද්දක් පමණ කල් ගෙවුනා." "ඉතින් ගෘහපතිතුමනි, ඔය තිස් අවුරුද්දක් පමණ කාලය තුළ දී උත්තරීතර මනුෂ්‍ය ධර්මයක් වන කිසියම් උතුම් ඤාණ දර්ශන විශේෂයක් සාක්‍ෂාත් කරගෙන පහසුවෙන් වාසය කිරීමක් තියෙනවාද?" "ස්වාමීනි, මොකද

නැත්තේ? ස්වාමීනි, මම නම් කැමති තාක්කල් කාමයන්ගෙන් වෙන්ව අකුසල් දහමින් වෙන්ව විතර්ක සහිත වූ විචාර සහිත වූ විවේකයෙන් හටගත් ප්‍රීති සුඛය ඇති පළමුවෙනි ධ්‍යානය උපදවාගෙන එයට පැමිණ වාසය කරන කෙනෙක්. ස්වාමීනි, මං කැමති තාක්කල් විතර්ක විචාරයන්ගේ සංසිඳීමෙන් ....(පෙ).... දෙවෙනි ධ්‍යානයට පැමිණ වාසය කරන කෙනෙක්. ස්වාමීනි, මං කැමති තාක්කල් ප්‍රීතියට නොඇලීමෙන් ....(පෙ).... තුන්වෙනි ධ්‍යානයට පැමිණ වාසය කරන කෙනෙක්. ස්වාමීනි, මං කැමති තාක්කල් සැපය ද ප්‍රහාණය කිරීමෙන්, දුක ද ප්‍රහාණය කිරීමෙන්, කලින්ම සොම්නස් දොම්නස් ඉක්මවා යෑමෙන් දුක් සැප රහිත වූ උපේක්ෂාවෙන් යුතු පාරිශුද්ධ සිහි ඇති හතරවෙනි ධ්‍යානයට පැමිණ වාසය කරන කෙනෙක්. ස්වාමීනි, ඉදින් යම් හෙයකින් භාග්‍යවතුන් වහන්සේට කලින් මං කළුරිය කළොත් භාග්‍යවතුන් වහන්සේ මං පිළිබඳව 'චිත්ත ගෘහපතිතුමා යම් කෙලෙස් බන්ධනයකින් බැඳී මේ ලෝකයට ආපසු එනවා නම්, එබඳු සංයෝජනයක් ඔහු තුළ නැතැ' යි කියන මේ විදිහේ ප්‍රකාශයක් වදාරණ සේක්ය කියන කරුණ ආශ්චර්යයක් නම් නොවේ.

එසේ කී විට අචේල කස්සප නිරුවත් තවුසා චිත්ත ගෘහපතියාට මෙහෙම කිව්වා. "අහෝ පින්වත, ධර්මයෙහි මැනැවින් දේශනා කොට වදාළ බව නම් ඒකාන්තයෙන්ම ආශ්චර්ය ම යි. ඒකාන්තයෙන්ම පුදුමයක් ම යි. යම් ධර්ම විනයක සුදුවත් හඳින ගිහි ශ්‍රාවකයන් ඔය ආකාරයෙන් උත්තරීතර මනුෂ්‍ය ධර්මයක් වන කිසියම් උතුම් ඤාණ දර්ශන විශේෂයක් සාක්ෂාත් කරගෙන පහසුවෙන් වාසය කරනවා නම්, ගෘහපතිතුමනි, මේ ධර්ම විනය තුළ මාත් පැවිදි බව ලබා ගන්නම්. උපසම්පදාව ලබා ගන්නම්."

එතකොට චිත්ත ගෘහපතිතුමා අචේල කස්සප නිරුවත් තවුසාත් රැගෙන ස්ථවිර භික්ෂූන් වහන්සේලා වැඩසිටි තැනට පැමිණුනා. පැමිණිලා ස්ථවිර භික්ෂූන්ට මෙකරුණ සැළ කළා. "ස්වාමීනි, මේ අපගේ පැරණි ගිහි යහළුවෙකු වන අචේල කස්සපයි. ස්ථවිරයන් වහන්සේලා මොහුව පැවිදි කරන සේක්වා. උපසම්පදා කරන සේක්වා. මං මොහුට සිවුරු, පිණ්ඩපාත, සේනාසන, ගිලන්පස බෙහෙත් පිරිකර ලබා දෙන්නට උත්සාහ කරන්නම්."

අචේල කස්සප නිරුවත් තවුසා මේ ධර්මය විනය තුළ (බුදු සසුනෙහි) පැවිදි බව ලැබුවා. උපසම්පදාව ලැබුවා. උපසම්පදාව ලබා ගත් නොබෝ කලකින් ම ආයුෂ්මත් කස්සපයන් වහන්සේ හුදෙකලා වුණා. පිරිසෙන් වෙන් වුණා. අප්‍රමාදී වුණා. කෙලෙස් තවන වීරියෙන් යුතු වුණා. දහමට දිවි පුදා ධර්මයේ හැසිරෙන කොට නොබෝ කලකින් ම යම් කුලපුත්‍රයෝ යම් කිසි ලොව්තුරු අපේක්ෂාවකින් ගිහි ජීවිතය අත්හැරලා මනාකොට බුදු සසුනෙහි

පැවිදි වුණා ද, අන්න ඒ උත්තරීතර බඹසර පූර්ණත්වය වන අමා නිවන මේ ජීවිතයෙහි දී ම විශේෂ ඥාණයකින් යුතුව අවබෝධ කරගෙන පැමිණ වාසය කළා. 'ඉපදීම ක්‍ෂය වුණා. බඹසර වාසය සම්පූර්ණ කරගත්තා. නිවන පිණිස කළ යුතු දේ කර ගත්තා. නිවන පිණිස කළ යුතු වෙන දෙයක් නැතැ'යි අවබෝධ වුණා. ආයුෂ්මත් කස්සපයන් වහන්සේ එක්තරා රහතන් වහන්සේ නමක් බවට පත් වුණා.

සාදු ! සාදු !! සාදු !!!

අචේල සූත්‍රය නිමා විය.

7.1.10
ගිලාන සූත්‍රය
ගිලන් වූ චිත්ත ගෘහපති පිළිබඳ දෙසුම

ඒ දිනවල චිත්ත ගෘහපතිතුමා අසනීප වෙලා, දුකට පැමිණිලා, බලවත්ව ගිලන් වෙලා හිටියා. එතකොට බොහෝ ආරාමවාසී දෙවිවරු, වන දේවතාවරු, රුක්දේවතාවරු, ඖෂධ, තණ, සුවිසල් රුක් වලට අරක්ගත් දෙවිවරු රැස් වෙවී, චිත්ත ගෘහපතිතුමාට මෙහෙම කිව්වා. "පින්වත් ගෘහපතිතුමනි, අනාගතයෙහි සක්විති රජෙකු වන්නට සිත පිහිටුවාගත මැනැව" කියලා. එතකොට චිත්ත ගෘහපතිතුමා ඒ ආරාමවාසී දෙවිවරුන්ට, වන දේවතාවරුන්ට, රුක්දේවතාවරුන්ට, ඖෂධ, තණ, සුවිසල් රුක් වලට අරක්ගත් දෙවිවරුන්ට මෙහෙම කිව්වා. "ඒකත් අනිත්‍යයි. ඒකත් අස්ථිරයි. ඒවත් අතහැරලා යා යුතුයි නොවැ" කියලා. එසේ කී විට චිත්ත ගෘහපතියාගේ යහළු මිතුරන්, නෑදෑයින්, ලේ ඥාතීන් චිත්ත ගෘහපතිතුමාට මෙහෙම කිව්වා. "ආර්ය පුත්‍රයෙනි, සිහිය පිහිටුවාගත මැනැව. නිකරුණේ නොදොඩනු මැනැව" කියලා.

"මං ඔබලාට කුමක් කියලද ඔබලා මට 'ආර්ය පුත්‍රයෙනි, සිහිය පිහිටුවාගත මැනැව. නිකරුණේ නොදොඩනු මැනැව' කියලා කියන්නේ?" "ආර්ය පුත්‍රයෙනි, ඔබ මෙහෙම කිව්වා නොවැ. 'ඒකත් අනිත්‍යයි. ඒකත් අස්ථිරයි. ඒවත් අතහැරලා යා යුතුයි නොවැ' කියලා." "ඒක ඇත්ත. ආරාමවාසී දෙවිවරු, වන දේවතාවරු, රුක්දේවතාවරු, ඖෂධ, තණ, සුවිසල් රුක්වලට අරක්ගත් දෙවිවරු රැස්වෙවී මට මෙහෙම කිව්වා. 'පින්වත් ගෘහපතිතුමනි, අනාගතයෙහි සක්විති රජෙකු වන්නට සිත පිහිටුවාගත මැනැව' කියලා.

මං ඔවුන්ටයි මෙහෙම කියන්නේ. 'ඒකත් අනිත්‍යයි. ඒකත් අස්ථිරයි. ඒවත් අතහැරලා යා යුතුයි නොවැ' කියලා." "ආර්ය පුත්‍රයෙනි, ඒ ආරාමවාසී දෙවිවරු, වන දේවතාවරු, රුක්දේවතාවරු, ඖෂධ, තණ, සුවිසල් රුක්වලට අරක්ගත් දෙවිවරු රැස්වෙවී 'පින්වත් ගෘහපතිතුමනි, අනාගතයෙහි සක්විති රජෙකු වන්නට සිත පිහිටුවාගත මැනැව' කියලා ඔය විදිහට කිව්වේ කවර ප්‍රයෝජනයක් දැකල ද?"

"ඒ ආරාමවාසී දෙවිවරුන්ට, වන දේවතාවරුන්ට, රුක්දේවතාවරුන්ට, ඖෂධ, තණ, සුවිසල් රුක් වලට අරක්ගත් දෙවිවරුන්ට මේ විදිහට හිතෙනවා. 'මේ චිත්ත ගෘහපතිතුමා සිල්වත්, කල්‍යාණ ධර්මයන්ගෙන් යුක්තයි. ඉදින් අනාගතයෙහි සක්විති රජ කෙනෙක් වෙමියි චේතනාව පිහිටුවා ගන්නේ නම්, සිල්වත් කෙනෙකුගේ ඒ චිත්ත ප්‍රාර්ථනය පිරිසිදු සීලයක් තියෙන නිසා සමෘද්ධිමත් වෙනවා. ධාර්මික වූ දහම් රජු, ධාර්මිකව පුද පූජාවල් පවත්වනවා.' ඒ කරුණ දකිමින් තමයි ඒ ආරාමවාසී දෙවිවරු, වන දේවතාවරු, රුක්දේවතාවරු, ඖෂධ, තණ, සුවිසල් රුක් වලට අරක්ගත් දෙවිවරු රැස්වෙවී මට මෙහෙම කිව්වේ. 'පින්වත් ගෘහපතිතුමනි, අනාගතයෙහි සක්විති රජෙකු වන්නට සිත පිහිටුවාගත මැනැව' කියලා. ඔවුන්ට තමයි මං ඒ විදිහට කිව්වේ. 'ඒකත් අනිත්‍යයි. ඒකත් අස්ථිරයි. ඒවත් අතහැරලා යා යුතුයි නොවැ' කියලා."

"එසේ වී නම් ආර්ය පුත්‍රය, අපටත් අවවාද කළ මැනැව." "එහෙනම් ඔබලා මේ අයුරින් හික්මිය යුතුයි. මේ මේ අයුරින් ඒ භාග්‍යවතුන් වහන්සේ අරහං වන සේක, සම්මා සම්බුද්ධ වන සේක, විජ්ජාචරණ සම්පන්න වන සේක, සුගත වන සේක, ලෝකවිදූ වන සේක, අනුත්තරෝ පුරිසදම්ම සාරථී වන සේක, සත්ථා දේවමනුස්සානං වන සේක, බුද්ධ වන සේක, භගවා වන සේක කියලා බුදුරජාණන් වහන්සේ කෙරෙහි නොසෙල්වෙන ලෙස පැහැදීම ඇති අය වෙනවා. මේ අයුරින් ඒ භාග්‍යවතුන් වහන්සේ විසින් වදාරණ ලද ශ්‍රී සද්ධර්මය ස්වාක්ඛාත වන සේක, සන්දිට්ඨික වන සේක, අකාලික වන සේක, ඒහිපස්සික වන සේක, ඕපනයික වන සේක, පච්චත්තං වේදිතබ්බෝ විඤ්ඤූහි වන සේක කියලා ශ්‍රී සද්ධර්මය කෙරෙහි නොසෙල්වෙන ලෙස පැහැදීම ඇති අය වෙනවා. මේ අයුරින් ඒ භාග්‍යවතුන් වහන්සේගේ ශ්‍රාවක සංඝ රත්නය සුපටිපන්න වන සේක, භාග්‍යවතුන් වහන්සේගේ ශ්‍රාවක සංඝ රත්නය උජුපටිපන්න වන සේක, භාග්‍යවතුන් වහන්සේගේ ශ්‍රාවක සංඝ රත්නය ඤායපටිපන්න වන සේක, භාග්‍යවතුන් වහන්සේගේ ශ්‍රාවක සංඝ රත්නය සාමීචිපටිපන්න වන සේක, භාග්‍යවතුන් වහන්සේගේ ශ්‍රාවක සංඝ රත්නය පුරුෂ යුගල වශයෙන් සතරක් ද, පුරුෂ පුද්ගල වශයෙන් අට දෙනෙක්

ද වන සේක, භාග්‍යවතුන් වහන්සේගේ ශ්‍රාවක සංඝ රත්නය ආහුනෙය්‍ය වන සේක, පාහුනෙය්‍ය වන සේක, දක්ඛිණෙය්‍ය වන සේක, අංජලිකරණීය වන සේක, ලොවට උතුම් පින්කෙත වන සේක කියලා ආර්ය ශ්‍රාවක සංඝ රත්නය කෙරෙහි නොසෙල්වෙන ලෙස පැහැදීම ඇති අය වෙනවා. ඒ වගේම මේ පවුල්වල දාන විෂයෙහි දිය යුතු යමක් ඇත්නම්, ඒ සියල්ල සිල්වත් වූ කල්‍යාණ ධර්ම ඇති උතුමන් හා තෝරා බේරා නො බෙදා දීම වන්නේය කියා ඔය අයුරින්ය ඔබලා හික්මිය යුත්තේ."

ඉතින් චිත්ත ගෘහපතිතුමා යහළු මිතුරන්ව නෑදෑ ලේ ඤාතීන්ව බුදුරජාණන් වහන්සේ කෙරෙහිත්, ශ්‍රී සද්ධර්මය කෙරෙහිත්, ආර්ය සංඝයා කෙරෙහිත් ප්‍රසාදයෙහි පිහිටුවලා, ත්‍යාගයෙහිත් සමාදන් කරවලා කළුරිය කළා.

සාදු ! සාදු !! සාදු !!!

ගිලාන සූත්‍රය නිමා විය.

පළමුවෙනි චිත්ත වර්ගය යි.

- **එහි පිළිවෙළ උද්දානය යි.**

සංයෝජන සූත්‍රය, ඉසිදත්ත සූත්‍ර දෙක, මහක සූත්‍රය, කාමභූ සූත්‍ර දෙක, ගෝදත්ත සූත්‍රය, නිගණ්ඨ සූත්‍රය, අචේල සූත්‍රය, ගිලාන සූත්‍රය යන දෙසුම් වලින් මෙම සංයුක්තය සමන්විත වෙයි.

චිත්ත සංයුත්තය නිමා විය.

8. ගාමණී සංයුත්තය

1. ගාමණී වර්ගය

8.1.1
චණ්ඩගාමණී සූත්‍රය
චණ්ඩ ගාමණීට වදාළ දෙසුම

ඒ දිනවල භාග්‍යවතුන් වහන්සේ වැඩසිටියේ සැවැත් නුවර ජේතවන නම් වූ අනේපිඬු සිටුතුමාගේ ආරාමයේ. එදා චණ්ඩගාමණී භාග්‍යවතුන් වහන්සේ වැඩසිටි තැනට පැමිණුනා. පැමිණිලා භාග්‍යවතුන් වහන්සේට ආදරයෙන් වන්දනා කොට එකත්පස්ව වාඩිවුණා. එකත්පස්ව වාඩිවුණු චණ්ඩ ගාමණී භාග්‍යවතුන් වහන්සේට මෙකරුණ පැවසුවා. ස්වාමීනි, මෙහි ඇතැම් කෙනෙක් චණ්ඩ යැයි ගණන් ගැනීමකට යයි නම්, එයට හේතුව කුමක්ද? එයට ප්‍රත්‍යය කුමක්ද? ස්වාමීනි, මෙහි ඇතැම් කෙනෙක් මොළොක් යැයි ගණන් ගැනීමකට යයි නම්, එයට හේතුව කුමක්ද? එයට ප්‍රත්‍යය කුමක්ද?

පින්වත් ගාමණී, මෙහි ඇතැම් කෙනෙකුගේ රාගය ප්‍රහාණය වෙලා නෑ, රාගය අප්‍රහීණ නිසා අනෙක් උදවිය (ඔහුව) කෝප කරවනවා. අනුන් විසින් කෝප කරවද්දී (ඔහු) කෝපය පහළ කරනවා. එතකොට ඔහු චණ්ඩ කියන ගණයට අයත් වෙනවා. ද්වේෂය ප්‍රහාණය වෙලා නෑ, ද්වේෂය අප්‍රහීණ නිසා අනෙක් උදවිය (ඔහුව) කෝප කරවනවා. අනුන් විසින් කෝප කරවද්දී (ඔහු) කෝපය පහළ කරනවා. එතකොට ඔහු චණ්ඩ කියන ගණයට අයත් වෙනවා. මෝහය ප්‍රහාණය වෙලා නෑ, මෝහය අප්‍රහීණ නිසා අනෙක් උදවිය (ඔහුව) කෝප කරවනවා. අනුන් විසින් කෝප කරවද්දී (ඔහු) කෝපය පහළ කරනවා. එතකොට ඔහු චණ්ඩ කියන ගණයට අයත් වෙනවා. පින්වත් ගාමණී, මෙහි ඇතැම් කෙනෙක් චණ්ඩ යැයි ගණන් ගැනීමකට යයි නම්, එයට හේතුව මේකයි. එයට ප්‍රත්‍යයත් මේකයි.

පින්වත් ගාමණී, මෙහි ඇතැම් කෙනෙකුගේ රාගය ප්‍රහාණය වෙලා තියෙන්නේ. රාගය ප්‍රහීණ නිසා අනෙක් උදවිය (ඔහුව) කෝප කරවන්නේ නෑ. අනුන් විසින් කෝප කරවන්නට හැදුවත් (ඔහු) කෝපය පහළ කරන්නේ නෑ. එතකොට ඔහු මොළොක් කියන ගණයට අයත් වෙනවා. ද්වේෂය ප්‍රහාණය වෙලා තියෙන්නේ. ද්වේෂය ප්‍රහීණ නිසා අනෙක් උදවිය (ඔහුව) කෝප කරවන්නේ නෑ. අනුන් විසින් කෝප කරවන්නට හැදුවත් (ඔහු) කෝපය පහළ කරන්නේ නෑ. එතකොට ඔහු මොළොක් කියන ගණයට අයත් වෙනවා. මෝහය ප්‍රහාණය වෙලා තියෙන්නේ. මෝහය ප්‍රහීණ නිසා අනෙක් උදවිය (ඔහුව) කෝප කරවන්නේ නෑ. අනුන් විසින් කෝප කරවන්නට හැදුවත් (ඔහු) කෝපය පහළ කරන්නේ නෑ. එතකොට ඔහු මොළොක් කියන ගණයට අයත් වෙනවා. පින්වත් ගාමණී, මෙහි ඇතැම් කෙනෙක් මොළොක් යැයි ගණන් ගැනීමකට යයි නම්, එයට හේතුව මේකයි. එයට ප්‍රත්‍යයත් මේකයි.

මෙසේ වදාළ විට චණ්ඩ ගාමණී භාග්‍යවතුන් වහන්සේට මෙය පැවසුවා. ස්වාමීනි, ඉතා සුන්දරයි. ස්වාමීනි, ඉතා සුන්දරයි. ස්වාමීනි, යටට හරවා තිබූ දෙයක් උඩු අතට හැරෙව්වා වගෙයි. වහලා තිබුණු දෙයක් ඇරලා පෙන්නුවා වගෙයි. මං මුළා වූවන්ට නියම මඟ පෙන්වා දෙනවා වගෙයි. ඇස් ඇති උදවියට රූප දකින්න අඳුරෙහි තෙල් පහනක් දල්වාගෙන දරා සිටිනවා වගෙයි. ඔය විදිහට භාග්‍යවතුන් වහන්සේ විසින් නොයෙක් අයුරින් ශ්‍රී සද්ධර්මය වදාළා. ස්වාමීනි, මේ මමත් භාග්‍යවතුන් වහන්සේව සරණ යනවා. ශ්‍රී සද්ධර්මයත්, භික්ෂු සංඝයාත් සරණ යනවා. ස්වාමීනි, මං ගැන අද පටන් දිවි තිබෙන තුරාවට තෙරුවන් සරණ ගිය උපාසකයෙක් ලෙස සළකන සේක්වා!

සාදු ! සාදු !! සාදු !!!

චණ්ඩගාමණී සූත්‍රය නිමා විය.

8.1.2
තාලපුට සූත්‍රය
තාලපුට නටගාමණීට වදාළ දෙසුම

ඒ දිනවල භාග්‍යවතුන් වහන්සේ වැඩසිටියේ රජගහ නුවර කලන්දකනිවාප නම් වූ වේළුවනාරාමයේ. එදා තාලපුට නම් (වේදිකා වල

නෘත්‍ය දක්වන) නටගාමණී භාග්‍යවතුන් වහන්සේ වැඩසිටි තැනට පැමිණුනා. පැමිණිලා භාග්‍යවතුන් වහන්සේට ආදරයෙන් වන්දනා කොට එකත්පස්ව වාඩිවුණා. එකත්පස්ව වාඩිවුණු තාලපුට නටගාමණී භාග්‍යවතුන් වහන්සේට මෙකරුණ පැවසුවා. "ස්වාමීනි, ඉස්සර හිටපු නෘත්‍ය දක්වන ආචාර්ය ප්‍රාචාර්යවරු කියන්නා වූ කරුණක් මං මේ විදිහටයි අහල තියෙන්නේ. 'යම් ඒ නළුවෙක් රංග ශාලාව මැද, නැටුම් ශාලාව මැද, ඇත්තෙනුත් බොරුවෙනුත් ජනයාව හිනස්සවයි ද, සතුටු කරවයි ද, අන්න ඒ තැනැත්තා කය බිඳී මරණින් මතු පහාස නම් වූ දෙවියන් අතරට පැමිණෙනවා' කියලා. භාග්‍යවතුන් වහන්සේ ඔය කාරණය ගැන කුමක් වදාරණ සේක්ද?"

"පින්වත් ගාමණී, වැඩක් නෑ. ඔය කාරණය තිබුණාවේ. ඕක ගැන මගෙන් අහන්ට එපා." දෙවෙනි වතාවේදීත් තාලපුට නටගාමණී භාග්‍යවතුන් වහන්සේට මෙකරුණ පැවසුවා. "ස්වාමීනි, ඉස්සර හිටපු නෘත්‍ය දක්වන ආචාර්ය ප්‍රාචාර්යවරු කියන්නා වූ කරුණක් මං මේ විදිහටයි අහල තියෙන්නේ. 'යම් ඒ නළුවෙක් රංග ශාලාව මැද, නැටුම් ශාලාව මැද, ඇත්තෙනුත් බොරුවෙනුත් ජනයාව හිනස්සවයි ද, සතුටු කරවයි ද, අන්න ඒ තැනැත්තා කය බිඳී මරණින් මතු පහාස නම් වූ දෙවියන් අතරට පැමිණෙනවා' කියලා. භාග්‍යවතුන් වහන්සේ ඔය කාරණය ගැන කුමක් වදාරණ සේක්ද?" කියලා. "පින්වත් ගාමණී, වැඩක් නෑ. ඔය කාරණය තිබුණාවේ. ඕක ගැන මගෙන් අහන්ට එපා." තෙවෙනි වතාවේදීත් තාලපුට නටගාමණී භාග්‍යවතුන් වහන්සේට මෙකරුණ පැවසුවා. "ස්වාමීනි, ඉස්සර හිටපු නෘත්‍ය දක්වන ආචාර්ය ප්‍රාචාර්යවරු කියන්නා වූ කරුණක් මං මේ විදිහටයි අහල තියෙන්නේ. 'යම් ඒ නළුවෙක් රංග ශාලාව මැද, නැටුම් ශාලාව මැද, ඇත්තෙනුත් බොරුවෙනුත් ජනයාව හිනස්සවයි ද, සතුටු කරවයි ද, අන්න ඒ තැනැත්තා කය බිඳී මරණින් මතු පහාස නම් වූ දෙවියන් අතරට පැමිණෙනවා' කියලා. භාග්‍යවතුන් වහන්සේ ඔය කාරණය ගැන කුමක් වදාරණ සේක්ද?" කියලා.

'පින්වත් ගාමණී, වැඩක් නෑ. ඔය කාරණය තිබුණා වේ. ඕක ගැන මගෙන් අහන්ට එපා' යන කරුණ ඒකාන්තයෙන්ම පින්වත් ගාමණී, මම ලබන්නේ නෑ. එනමුදු එයට මං පිළිතුරු දෙන්නම්. පින්වත් ගාමණී, (රංගන බලන්ට එන්නට) පෙර සිටම සත්වයන් පහ නොවූ රාග ඇතිවයි ඉන්නේ. බැඳුනු රාග බන්ධන ඇතිවයි ඉන්නේ. යම් දෙයකින් රාගය ඇති කරවනවා නම්, ඔවුන් තුළ බලවත්ව රාගය ඇති වීම පිණිස ඔවුන් ඉදිරියේ නළුවෙක් රංගන මැද, නැටුම් මැද රඟපෑමෙන් (සරාගී කරුණු) මතු කරල පෙන්වනවා. පින්වත් ගාමණී, (රංගන බලන්ට එන්නට) පෙර සිටම සත්වයන් පහ නොවූ ද්වේෂ ඇතිවයි ඉන්නේ. බැඳුනු ද්වේෂ බන්ධන ඇතිවයි ඉන්නේ. යම් දෙයකින්

ද්වේෂය ඇති කරවනවා නම්, ඔවුන් තුළ බලවත්ව ද්වේෂය ඇති වීම පිණිස ඔවුන් ඉදිරියේ නළුවෙක් රංගන මැද, නැටුම් මැද රඟපෑමෙන් (ද්වේෂ සහගත කරුණු) මතු කරල පෙන්වනවා. පින්වත් ගාමණි, (රංගන බලන්ට එන්නට) පෙර සිටම සත්වයන් පහ නොවූ මෝහ ඇතිවයි ඉන්නේ. බැඳුනු මෝහ බන්ධන ඇතිවයි ඉන්නේ. යම් දෙයකින් මෝහය ඇති කරවනවා නම්, ඔවුන් තුළ බලවත්ව මෝහය ඇති වීම පිණිස ඔවුන් ඉදිරියේ නළුවෙක් රංගන මැද, නැටුම් මැද රඟපෑමෙන් (මුළාවෙන කරුණු) මතු කරල පෙන්වනවා. ඉතින් ඔහු තමනුත් මත් වෙලා, ප්‍රමාද වෙලා, අනෙක් උදවියවත් මත් කරලා, ප්‍රමාදයට පත් කරලා කය බිඳී මරණින් මත්තේ පහාස නම් නිරයක් ඇත්නම්, එහි තමයි උපදින්නේ.

ඉදින් ඔහුට 'යම් ඒ නළුවෙක් රංග ශාලාව මැද, නැටුම් ශාලාව මැද, ඇත්තෙනුත් බොරුවෙනුත් ජනයාව හිනස්සවයි ද, සතුටු කරවයි ද, අන්න ඒ තැනැත්තා කය බිඳී මරණින් මතු පහාස නම් වූ දෙවියන් අතරට පැමිණෙනවා' කියලා මෙවැනි ආකාරයේ දෘෂ්ටියක් ඇති වුණොත්, ඒක ඔහුගේ මිත්‍යා දෘෂ්ටිය යි. පින්වත් ගාමණි, මිත්‍යා දෘෂ්ටියෙන් යුතු පුරුෂ පුද්ගලයා හට නිරය හෝ තිරිසන් යෝනිය යන ගති දෙක අතරින් එක්තරා උපතක් විතරයි තියෙන්නේ කියලයි මා කියන්නේ.

එසේ වදාළ විට තාලපුට නටගාමණි හැඬුවා. කඳුළු හෙළුවා. "පින්වත් ගාමණි වැඩක් නෑ. ඔය කාරණය තිබුණා වේ. ඕක ගැන මගෙන් අහන්ට එපා' යන මේ කරුණ පින්වත් ගාමණි මං නොලැබුවා නොවැ."

"ස්වාමීනි, භාග්‍යවතුන් වහන්සේ මා හට යම් කරුණක් වදාළ සේක් නම්, මේ ගැන මං හඬන්නේ නෑ. නමුත් ස්වාමීනි, ඉස්සර හිටපු ආචාර්ය ප්‍රාචාර්ය නළුවන් විසින් බොහෝ කලක් තිස්සේ මාව රවට්ටල තියෙන්නේ. වංචා කරල තියෙන්නේ. වරද්දවල තියෙන්නේ. 'යම් ඒ නළුවෙක් රංග ශාලාව මැද, නැටුම් ශාලාව මැද, ඇත්තෙනුත් බොරුවෙනුත් ජනයාව හිනස්සවයි ද, සතුටු කරවයි ද, අන්න ඒ තැනැත්තා කය බිඳී මරණින් මතු පහාස නම් වූ දෙවියන් අතරට පැමිණෙනවා' කියලා.

ස්වාමීනි, ඉතා සුන්දරයි. ස්වාමීනි, ඉතා සුන්දරයි. ස්වාමීනි, යටට හරවා තිබූ දෙයක් උඩු අතට හැරෙව්වා වගෙයි. වහලා තිබුණු දෙයක් ඇරලා පෙන්නුවා වගෙයි. මං මුළා වූවන්ට නියම මඟ පෙන්වා දෙනවා වගෙයි. ඇස් ඇති උදවියට රූප දකින්න අඳුරෙහි තෙල් පහනක් දල්වාගෙන දරා සිටිනවා වගෙයි. ඔය විදිහට භාග්‍යවතුන් වහන්සේ විසින් නොයෙක් අයුරින් ශ්‍රී සද්ධර්මය වදාළා. ස්වාමීනි, මේ මමත් භාග්‍යවතුන් වහන්සේව සරණ

යනවා. ශ්‍රී සද්ධර්මයත්, භික්ෂු සංඝයාත් සරණ යනවා. ස්වාමීනි, භාග්‍යවතුන් වහන්සේ සමීපයෙහි මාත් පැවිදි බව ලබාගන්නම්. උපසම්පදාව ලබාගන්නම්." තාලපුට නටගාමණී භාග්‍යවතුන් වහන්සේගේ සමීපයෙහි පැවිදි බව ලැබුවා. උපසම්පදාව ලැබුවා. උපසම්පදාව ලබා ගත් නොබෝ කලකින්ම ආයුෂ්මත් තාලපුටයන් වහන්සේ හුදෙකලා වුණා. පිරිසෙන් වෙන් වුණා. අප්‍රමාදී වුණා. කෙලෙස් තවන වීරියෙන් යුතු වුණා. දහමට දිවි පුදා ධර්මයේ හැසිරෙන කොට ....(පෙ).... ආයුෂ්මත් තාලපුට තෙරුන් වහන්සේ එක්තරා රහතන් වහන්සේ නමක් බවට පත් වුණා.

සාදු ! සාදු !! සාදු !!!

තාලපුට සූත්‍රය නිමා විය.

8.1.3
යෝධාජීව සූත්‍රය
යෝධාජීව (යුධ සෙබළ) ගාමණීට වදාළ දෙසුම

එදා යුධ සෙබළ ගාමණී භාග්‍යවතුන් වහන්සේ වැඩසිටි තැනට පැමිණුනා ....(පෙ).... එකත්පස්ව වාඩිවුණු යුධ සෙබළ ගාමණී භාග්‍යවතුන් වහන්සේට මෙකරුණ පැවසුවා. "ස්වාමීනි, ඉස්සර හිටපු ආචාර්ය ප්‍රාචාර්ය වූ යුධ සෙබළුන් විසින් කියන්නා වූ කරුණක් මා හට අසන්ට ලැබුණා. 'යම් මේ යුධ සෙබළෙක් යුද්ධයකදී උත්සාහයෙන් යුද්ධ කරයි නම්, ඉතින් උත්සාහ කරන්නා වූ, වෑයම් කරන්නා වූ ඔහුව සතුරන් විසින් නසනවා නම්, මරල දානවා නම්, ඒ කෙනා කය බිඳී මරණින් මතු සරඤ්ජිත නම් වූ දෙවියන්ගේ ලෝකයෙහි උපදිනවා' කියලා. මේ කරුණ ගැන භාග්‍යවතුන් වහන්සේ කුමක් වදාරණ සේක්ද?"

"පින්වත් ගාමණී, වැඩක් නෑ. ඔය කාරණය තිබුණාවේ. ඕක ගැන මගෙන් අහන්ට එපා." දෙවෙනි වතාවේදීත් ....(පෙ).... තුන්වෙනි වතාවේදීත් යුධ සෙබළ ගාමණී භාග්‍යවතුන් වහන්සේට මෙය පැවසුවා. "ස්වාමීනි, ඉස්සර හිටපු ආචාර්ය ප්‍රාචාර්ය වූ යුධ සෙබළුන් විසින් කියන්නා වූ කරුණක් මා හට අසන්ට ලැබුණා. 'යම් මේ යුධ සෙබළෙක් යුද්ධයකදී උත්සාහයෙන් යුද්ධ කරයි නම්, ඉතින් උත්සාහ කරන්නා වූ, වෑයම් කරන්නා වූ ඔහුව සතුරන් විසින් නසනවා නම්, මරල දානවා නම්, ඒ කෙනා කය බිඳී මරණින් මතු සරඤ්ජිත නම් වූ දෙවියන්ගේ ලෝකයෙහි උපදිනවා' කියලා. මේ කරුණ

ගැන භාග්‍යවතුන් වහන්සේ කුමක් වදාරණ සේක්ද?"

"පින්වත් ගාමණී, වැඩක් නෑ. ඔය කාරණය තිබුණාවේ. ඕක ගැන මගෙන් අහන්ට එපා' යන කරුණ ඒකාන්තයෙන් ම පින්වත් ගාමණී, මම ලබන්නේ නෑ. එනමුදු එයට මං පිළිතුරු දෙන්නම්. පින්වත් ගාමණී, යම් ඒ යුධ සෙබළෙක් යුද්ධයකදී උත්සාහ කරනවා නම්, වෑයම් කරනවා නම්, එහිදී ඔහුගේ සිත කලින් ම පහත් තත්වයට වැටිලයි තියෙන්නේ. නපුරට වැටිලයි තියෙන්නේ. වරදවා පිහිටුවලයි තියෙන්නෙ. 'මේ සත්වයෝ නැසෙත්වා හෝ යටතට බැඳෙත්වා හෝ විනාශ වෙත්වා හෝ වැනසෙත්වා හෝ නොවෙත්වා' ආදී වශයෙන් මේ විදියට උත්සාහ කරන වෑයම් කරන ඔහුව සතුරන් විසින් නසනවා. මරල දානවා. ඒ යුධ සෙබළා කය බිඳී මරණින් මතු උපදින්නේ සරඤ්ජිත කියන නිරයේ. ඉදින් ඔහු මේ විදිහේ දෘෂ්ටියක් ඇතිව නම් ඉන්නේ. 'යම් මේ යුධ සෙබළෙක් යුද්ධයකදී උත්සාහයෙන් යුද්ධ කරයි නම්, ඉතින් උත්සාහ කරන්නා වූ, වෑයම් කරන්නා වූ ඔහුව සතුරන් විසින් නසනවා නම්, මරල දානවා නම්, ඒ කෙනා කය බිඳී මරණින් මතු සරඤ්ජිත නම් වූ දෙවියන්ගේ ලෝකයෙහි උපදිනවා' කියලා. ඒක ඔහුගේ මිත්‍යා දෘෂ්ටිය යි. පින්වත් ගාමණී, මිත්‍යා දෘෂ්ටියෙන් යුතු පුරුෂ පුද්ගලයා හට නිරය හෝ තිරිසන් යෝනිය යන ගති දෙක අතරින් එක්තරා උපතක් විතරයි තියෙන්නේ කියලයි මා කියන්නේ."

එසේ වදාළ විට යුධ සෙබළ ගාමණී හැඬුවා. කඳුළු හෙළුවා. "පින්වත් ගාමණී වැඩක් නෑ. ඔය කාරණය තිබුණා වේ. ඕක ගැන මගෙන් අහන්ට එපා" යන මේ කරුණ පින්වත් ගාමණී මං නොලැබුවා නොවැ.

"ස්වාමීනි, භාග්‍යවතුන් වහන්සේ මා හට යම් කරුණක් වදාළ සේක් නම්, මේ ගැන මං හඬන්නේ නෑ. නමුත් ස්වාමීනි, ඉස්සර හිටපු ආචාර්ය ප්‍රාචාර්ය යුධ සෙබළුන් විසින් බොහෝ කලක් තිස්සේ මාව රවට්ටල තියෙන්නේ. වංචා කරල තියෙන්නේ. වරද්දවල තියෙන්නේ. 'යම් මේ යුධ සෙබළෙක් යුද්ධයකදී උත්සාහයෙන් යුද්ධ කරයි නම්, ඉතින් උත්සාහ කරන්නා වූ, වෑයම් කරන්නා වූ ඔහුව සතුරන් විසින් නසනවා නම්, මරල දානවා නම්, ඒ කෙනා කය බිඳී මරණින් මතු සරඤ්ජිත නම් වූ දෙවියන්ගේ ලෝකයෙහි උපදිනවා' කියලා.

ස්වාමීනි, ඉතා සුන්දරයි. ස්වාමීනි, ඉතා සුන්දරයි. ....(පෙ).... අද පටන් දිවි හිමියෙන් සරණ ගිය (උපාසකයෙකු වශයෙන්) මා පිළිගන්නා සේක්වා."

සාදු ! සාදු !! සාදු !!!

යෝධාජීව සූත්‍රය නිමා විය.

8.1.4
හත්ථාරෝහ සූත්‍රය
හත්ථාරෝහ ගාමණීට වදාළ දෙසුම

එදා හත්ථාරෝහ ගාමණී භාග්‍යවතුන් වහන්සේ වැඩසිටි තැනට පැමිණුනා ....(පෙ).... අද පටන් දිවි හිමියෙන් සරණ ගිය (උපාසකයෙකු වශයෙන්) මා පිළිගන්නා සේක්වා.

සාදු ! සාදු !! සාදු !!!

හත්ථාරෝහ සූත්‍රය නිමා විය.

8.1.5
අස්සාරෝහ සූත්‍රය
අස්සාරෝහ (යුද්ධයේදී අශ්වයන් මෙහෙයවන) ගාමණීට වදාළ දෙසුම

එදා අශ්වාරෝහ ගාමණී භාග්‍යවතුන් වහන්සේ වැඩසිටි තැනට පැමිණුනා. පැමිණිලා භාග්‍යවතුන් වහන්සේට ආදරයෙන් වන්දනා කරලා එකත්පස්ව වාඩිවුනා. එකත්පස්ව වාඩිවුණු අශ්වාරෝහ ගාමණී භාග්‍යවතුන් වහන්සේට මෙකරුණ සැළකළා. "ස්වාමීනි, ඉස්සර හිටපු ආචාර්ය ප්‍රාචාර්ය වූ අශ්වාරෝහකයන් විසින් කියන්නා වූ කරුණක් මා හට අසන්ට ලැබුණා. 'යම් මේ අශ්වාරෝහයෙක් යුද්ධයකදී උත්සාහයෙන් යුද්ධ කරයි නම්, ඉතින් උත්සාහ කරන්නා වූ, වෑයම් කරන්නා වූ ඔහුව සතුරන් විසින් නසනවා නම්, මරල දානවා නම්, ඒ කෙනා කය බිඳී මරණින් මතු සරඤ්ජිත නම් වූ දෙවියන්ගේ ලෝකයෙහි උපදිනවා' කියලා. මේ කරුණ ගැන භාග්‍යවතුන් වහන්සේ කුමක් වදාරණ සේක්ද?"

"පින්වත් ගාමණී, වැඩක් නෑ. ඔය කාරණය තිබුණාවේ. ඕක ගැන මගෙන් අහන්ට එපා." දෙවෙනි වතාවේදීත් ....(පෙ).... තුන්වෙනි වතාවේදීත් අශ්වාරෝහ ගාමණී භාග්‍යවතුන් වහන්සේට මෙය පැවසුවා. "ස්වාමීනි, ඉස්සර හිටපු ආචාර්ය ප්‍රාචාර්ය වූ අශ්වාරෝහකයන් විසින් කියන්නා වූ කරුණක් මා හට අසන්ට ලැබුණා. 'යම් මේ අශ්වාරෝහයෙක් යුද්ධයකදී උත්සාහයෙන්

යුද්ධ කරයි නම්, ඉතින් උත්සාහ කරන්නා වූ, වෑයම් කරන්නා වූ ඔහුව සතුරන් විසින් නසනවා නම්, මරල දානවා නම්, ඒ කෙනා කය බිඳී මරණින් මතු සරඤ්ජිත නම් වූ දෙවියන්ගේ ලෝකයෙහි උපදිනවා' කියලා. මේ කරුණ ගැන භාග්‍යවතුන් වහන්සේ කුමක් වදාරණ සේක්ද?"

"පින්වත් ගාමණී, වැඩක් නෑ. ඔය කාරණය තිබුණාවේ. ඕක ගැන මගෙන් අහන්ට එපා' යන කරුණ ඒකාන්තයෙන්ම පින්වත් ගාමණී, මම ලබන්නේ නෑ. එනමුදු එයට මං පිළිතුරු දෙන්නම්. පින්වත් ගාමණී, යම් ඒ අශ්වාරෝහකයෙක් යුද්ධයකදී උත්සාහ කරනවා නම්, වෑයම් කරනවා නම්, එහිදී ඔහුගේ සිත කලින්ම පහත් තත්වයට වැටිලයි තියෙන්නේ. නපුරට වැටිලයි තියෙන්නේ. වරදවා පිහිටුවලයි තියෙන්නේ. 'මේ සත්වයෝ නැසෙත්වා හෝ යටතට බැඳෙත්වා හෝ විනාශ වෙත්වා හෝ වැනසෙත්වා හෝ නොවෙත්වා' ආදී වශයෙන් මේ විදියට උත්සාහ කරන වෑයම් කරන ඔහුව සතුරන් විසින් නසනවා. මරල දානවා. ඒ අශ්වාරෝහකයා කය බිඳී මරණින් මතු උපදින්නේ සරඤ්ජිත කියන නිරයේ. ඉදින් ඔහු මේ විදිහේ දෘෂ්ටියක් ඇතිව නම් ඉන්නේ. 'යම් මේ අශ්වාරෝහකයෙක් යුද්ධයකදී උත්සාහයෙන් යුද්ධ කරයි නම්, ඉතින් උත්සාහ කරන්නා වූ, වෑයම් කරන්නා වූ ඔහුව සතුරන් විසින් නසනවා නම්, මරල දානවා නම්, ඒ කෙනා කය බිඳී මරණින් මතු සරඤ්ජිත නම් වූ දෙවියන්ගේ ලෝකයෙහි උපදිනවා' කියලා. ඒක ඔහුගේ මිත්‍යා දෘෂ්ටියයි. පින්වත් ගාමණී, මිත්‍යා දෘෂ්ටියෙන් යුතු පුරුෂ පුද්ගලයා හට නිරය හෝ තිරිසන් යෝනිය යන ගති දෙක අතරින් එක්තරා උපතක් විතරයි තියෙන්නේ කියලයි මා කියන්නේ."

එසේ වදාළ විට අශ්වාරෝහ ගාමණී හැඬුවා. කඳුළු හෙළුවා. "පින්වත් ගාමණී වැඩක් නෑ. ඔය කාරණය තිබුණාවේ. ඕක ගැන මගෙන් අහන්ට එපා'' යන මේ කරුණ පින්වත් ගාමණී, මං නොලැබුවා නොවැ.

"ස්වාමීනි, භාග්‍යවතුන් වහන්සේ මා හට යම් කරුණක් වදාළ සේක් නම්, මේ ගැන මං හඬන්නේ නෑ. නමුත් ස්වාමීනි, ඉස්සර හිටපු ආචාර්ය ප්‍රාචාර්ය අශ්වාරෝහකයන් විසින් බොහෝ කලක් තිස්සේ මාව රවට්ටල තියෙන්නේ. වංචා කරල තියෙන්නේ. වරද්දවල තියෙන්නේ. 'යම් මේ අශ්වාරෝහකයෙක් යුද්ධයකදී උත්සාහයෙන් යුද්ධ කරයි නම්, ඉතින් උත්සාහ කරන්නා වූ, වෑයම් කරන්නා වූ ඔහුව සතුරන් විසින් නසනවා නම්, මරල දානවා නම්, ඒ කෙනා කය බිඳී මරණින් මතු සරඤ්ජිත නම් වූ දෙවියන්ගේ ලෝකයෙහි උපදිනවා' කියලා.

ස්වාමීනි, ඉතා සුන්දරයි. ස්වාමීනි, ඉතා සුන්දරයි. ....(පෙ).... අද පටන් දිවි හිමියෙන් සරණ ගිය (උපාසකයෙකු වශයෙන් මා පිළිගන්නා සේක්වා.)

සාදු ! සාදු !! සාදු !!!

අස්සාරෝහ සූත්‍රය නිමා විය.

8.1.6
අසිබන්ධක සූත්‍රය
අසිබන්ධකපුත්ත ගාමණීට වදාළ දෙසුම

ඒ දිනවල භාග්‍යවතුන් වහන්සේ වැඩසිටියේ නාලන්දාවෙහි පාවාරික අඹ වනයෙහි. එදා අසිබන්ධකපුත්ත (කඩු බඳින) ගාමණී භාග්‍යවතුන් වහන්සේ වැඩසිටි තැනට පැමිණුනා. පැමිණිලා භාග්‍යවතුන් වහන්සේට ආදරයෙන් වන්දනා කොට එකත්පස්ව වාඩිවුණා. එකත්පස්ව වාඩිවුණු අසිබන්ධකපුත්ත ගාමණී භාග්‍යවතුන් වහන්සේට මෙකරුණ සැළ කළා. ස්වාමීනී, බටහිර ප්‍රදේශවාසී බ්‍රාහ්මණයන් ඉන්නවා. ඔවුන් සෙම්බුත් අතැතිව, දිය සෙවල මල් දරාගෙන, දියට බසිමින් පව් හෝදන, ගිනි පුදන අයයි. ඔවුන් මැරුණු උදවිය උඩට පිටත් කරනවා. සුගතිය හඳුන්වල දෙනවා. ස්වර්ගයට යවනවා. ඉතින් ස්වාමීනී, අරහත් වූ සම්මා සම්බුද්ධ වූ භාග්‍යවතුන් වහන්සේටත් යම් සේ සියලු ලෝකයා කය බිඳී මරණින් මතු සුගතිය නම් වූ දෙව්ලොව උපදිනවා නම්, ඒ ලෙසින් කරන්නට දක්‍ෂ වෙන සේක් නේද?

පින්වත් ගාමණී, එසේ වේ නම්, ඔය කාරණය ගැන ඔබෙන්ම විමසන්නම්. ඔබට යම් අයුරකින් වැටහෙනවා නම් ඒ විදිහට විසඳන්න. පින්වත් ගාමණී, මේ ගැන ඔබ කුමක්ද හිතන්නේ? මෙහි පුරුෂයෙක් ඉන්නවා. (ඔහු) සතුන් මරනවා. සොරකම් කරනවා. කාමයෙහි වරදවා හැසිරෙනවා. බොරු කියනවා. කේලාම් කියනවා. එරුෂ වචන කියනවා. හිස් වචන කියනවා. විෂම ලෝභයෙන් ඉන්නවා. කෝප සිතින් ඉන්නවා. මිත්‍යා දෘෂ්ටිකව ඉන්නවා. ඉතින් මහා ජනකාය එකතු වෙලා "මේ පුරුෂයා කය බිඳී මරණින් මතු සුගතිය නම් වූ දෙව්ලොව උපදීවා" කියලා ඔහු වටා එක්රැස් වෙලා ආයාචනා කරනවා. ස්තුති කරනවා. ඇඳිලිබැඳ වැඳගෙන ඔහු වටා පැදකුණු කරනවා. පින්වත් ගාමණී, මේ ගැන ඔබ කුමක්ද හිතන්නේ? මහා ජනයාගේ ආයාචනා හේතුවෙන් හෝ ස්තුති හේතුවෙන් හෝ ඔහු වටා ඇඳිලිබැඳ වැඳ පැදකුණු

කිරීමේ හේතුවෙන් හෝ ඒ පුරුෂයා කය බිඳී මරණින් මතු සුගතිය නම් වූ දෙව්ලොව උපදීවිද? ස්වාමීනී, මෙය නොවේමය.

පින්වත් ගාමණී, ඒක මේ වගේ දෙයක්. පුරුෂයෙක් මහත් වූ විශාල ගලක් අරගෙන ගැඹුරු ජලාශයකට අතහැරියොත්, එතකොට මහා ජනයා රැස්වෙලා "එම්බා මහා ගල, උඩට මතු වුව මැනැව. එම්බා මහා ගල, ජලයෙහි පාවුව මැනව. එම්බා මහා ගල, ගොඩට පැමිණෙනු මැනව." කියලා ආයාචනා කරනවා නම්, ස්තුති කරනවා නම්, ඇඳිලිබැඳ වඳිමින් පැදකුණු කරනවා නම්, පින්වත් ගාමණී, ඒ ගැන ඔබ කුමක්ද හිතන්නේ? මහා ජනයාගේ ආයාචනා හේතුවෙන් හෝ ස්තුති හේතුවෙන් හෝ එය වටා ඇඳිලිබැඳ වැඳ පැදකුණු කිරීමේ හේතුවෙන් හෝ අර විශාල ගල උඩට මතු වේවිද? වතුරේ පාවේවිද? ගොඩට පැමිණේවිද? ස්වාමීනී, එය නොවේමයි.

පින්වත් ගාමණී, අන්න ඒ වගේ තමයි. යම් මේ පුරුෂයෙක් සතුන් මරනවා නම්, සොරකම් කරනවා නම්, කාමයෙහි වරදවා හැසිරෙනවා නම්, බොරු කියනවා නම්, කේලාම් කියනවා නම්, ඵරුෂ වචන කියනවා නම්, හිස් වචන කියනවා නම්, විෂම ලෝභයෙන් යුතු නම්, කෝප සිතින් යුතු නම්, මිත්‍යා දෘෂ්ටික නම් මහා ජනකාය ඔහු වටා එක්රැස් වෙලා "මේ පුරුෂයා කය බිඳී මරණින් මතු සුගතිය නම් වූ දෙව්ලොව උපදීවා" කියලා හුදෙක් ආයාචනා කළද, ස්තුති කළද, ඇඳිලිබැඳ වැඳ පැදකුණු කළද එහෙත් ඒ පුරුෂයා කය බිඳී මරණින් මතු අපාය නම් වූ දුගතිය නම් වූ විනිපාත නම් වූ නිරයේ තමයි උපදින්නේ.

පින්වත් ගාමණී, මේ ගැන ඔබ කුමක්ද හිතන්නේ? මෙහි පුරුෂයෙක් ඉන්නවා. (ඔහු) සතුන් මරන්නේ නෑ. සොරකම් කරන්නේ නෑ. කාමයෙහි වරදවා හැසිරෙන්නේ නෑ. බොරු කියන්නේ නෑ. කේලාම් කියන්නේ නෑ. ඵරුෂ වචන කියන්නේ නෑ. හිස් වචන කියන්නේ නෑ. විෂම ලෝභයෙන් ඉන්නේ නෑ. කෝප සිතින් ඉන්නේ නෑ. සම්මා දිට්ඨියෙන් යුක්තයි. ඉතින් මහා ජනකාය එකතු වෙලා "මේ පුරුෂයා කය බිඳී මරණින් මතු අපාය නම් වූ, දුගතිය නම් වූ, විනිපාත නම් වූ නිරයේ උපදීවා" කියලා ඔහු වටා එක්රැස් වෙලා ආයාචනා කරනවා. ස්තුති කරනවා. ඇඳිලිබැඳ වැඳගෙන ඔහු වටා පැදකුණු කරනවා. පින්වත් ගාමණී, මේ ගැන ඔබ කුමක්ද හිතන්නේ? මහා ජනයාගේ ආයාචනා හේතුවෙන් හෝ ස්තුති හේතුවෙන් හෝ ඔහු වටා ඇඳිලිබැඳ වැඳ පැදකුණු කිරීමේ හේතුවෙන් හෝ ඒ පුරුෂයා කය බිඳී මරණින් මතු අපාය නම් වූ, දුගතිය නම් වූ, විනිපාත නම් වූ නිරයේ උපදීවිද? ස්වාමීනී, මෙය නොවේ ම ය.

පින්වත් ගාමණී, ඒක මේ වගේ දෙයක්. පුරුෂයෙක් ගිතෙල් කලයක් හෝ තල තෙල් කලයක් හෝ ගෙන ගැඹුරු ජලාශයකට ගිල්වලා බින්දොත්, එහි යම් වලං කටු කැබලි ඇත්නම්, ඒවා යටට බහිනවා. එහි යම් ගිතෙලක් හෝ තල තෙලක් ඇත්නම් ඒක උඩට ඉල්පෙනවා ම යි. එතකොට මහාජනයා මේ වටා එක්ව "එම්බා ගිතෙල, තලතෙල, යටට ගිලෙනු මැනව. එම්බා ගිතෙල, තලතෙල, කිඳා බැස්ස මැනැව. එම්බා ගිතෙල, තලතෙල, යටට යනු මැනව." කියලා ආයාචනා කරනවා නම්, ස්තුති කරනවා නම්, ඇඳිලිබැඳ වඳිමින් පැදකුණු කරනවා නම්, පින්වත් ගාමණී, ඒ ගැන ඔබ කුමක්ද හිතන්නේ? මහාජනයාගේ ආයාචනා හේතුවෙන් හෝ ස්තුති හේතුවෙන් හෝ එය වටා ඇඳිලිබැඳ වැඳ පැදකුණු කිරීමේ හේතුවෙන් හෝ අර ගිතෙල හෝ තල තෙල හෝ යටට ගිලේවිද? කිඳාබසීවිද? අඩියට යාවිද? ස්වාමීනී, එය නොවේ ම යි.

පින්වත් ගාමණී, අන්න ඒ වගේ තමයි. යම් මේ පුරුෂයෙක් සතුන් මැරීමෙන් වැළකී ඉන්නවා නම්, සොරකමින් වැළකී ඉන්නවා නම්, කාමයෙහි වරදවා හැසිරීමෙන් වැළකී ඉන්නවා නම්, බොරු කීමෙන් වැළකී ඉන්නවා නම්, කේලාම් කීමෙන් වැළකී ඉන්නවා නම්, එරුෂ වචන කීමෙන් වැළකී ඉන්නවා නම්, හිස් වචන කීමෙන් වැළකී ඉන්නවා නම්, විෂම ලෝභයෙන් යුතු නොවේ නම්, කෝප සිතින් යුතු නෝවේ නම්, සම්‍යක් දෘෂ්ටික වේ නම් මහා ජනකාය ඔහු වටා එක්රැස් වෙලා "මේ පුරුෂයා කය බිඳී මරණින් මතු අපාය නම් වූ, දුගතිය නම් වූ, විනිපාත නම් වූ නිරයේ උපදීවා" කියලා හුදෙක් ආයාචනා කළද, ස්තුති කළද, ඇඳිලිබැඳ වැඳ පැදකුණු කළද එහෙත් ඒ පුරුෂයා කය බිඳී මරණින් මතු සුගතිය නම් වූ දෙව්ලොව තමයි උපදින්නේ.

මෙසේ වදාළ විට අසිබන්ධකපුත්ත ගාමණී භාග්‍යවතුන් වහන්සේට මෙසේ සැළ කළා. ස්වාමීනී, ඉතා සුන්දරයි. ස්වාමීනි, ඉතා සුන්දරයි. ....(පෙ).... අද පටන් දිවිහිමියෙන් සරණ ගිය (උපාසකයෙකු වශයෙන් මා පිළිගන්නා සේක්වා.)

සාදු ! සාදු !! සාදු !!!

අසිබන්ධක සූත්‍රය නිමා විය.

8.1.7
ඛෙත්තූපම සූත්‍රය
කුඹුරක් උපමා කොට වදාළ දෙසුම

ඒ දිනවල භාග්‍යවතුන් වහන්සේ වැඩසිටියේ නාලන්දාවෙහි පාවාරික අඹ වනයෙහි. එදා අසිබන්ධකපුත්ත (කඩු බඳින) ගාමණී භාග්‍යවතුන් වහන්සේ වැඩසිටි තැනට පැමිණුනා. පැමිණිලා භාග්‍යවතුන් වහන්සේට ආදරයෙන් වන්දනා කොට එකත්පස්ව වාඩිවුණා. එකත්පස්ව වාඩිවුණු අසිබන්ධකපුත්ත ගාමණී භාග්‍යවතුන් වහන්සේට මෙකරුණ සැළ කළා. ස්වාමීනී, භාග්‍යවතුන් වහන්සේ සියලු සත්ව වර්ගයා කෙරෙහි ම හිතානුකම්පීව වැඩවසන සේක් නොවේද? එසේය පින්වත් ගාමණී, තථාගතයන් වහන්සේ සියලු සත්ව වර්ගයා කෙරෙහි ම හිතානුකම්පීව වැඩවසන සේක්මය. එසේ වේ නම් ස්වාමීනි, භාග්‍යවතුන් වහන්සේ කුමක් හෙයින් ඇතැම් උදවියට සකස් කොට දහම් දෙසන සේක්ද? ඇතැම් උදවියට එලෙසින් සකස් කොට දහම් නොදෙසන සේක්ද? පින්වත් ගාමණී, එසේ වේ නම්, ඔය කාරණය ගැන ඔබෙන් ම විමසන්නම්. ඔබට යම් අයුරකින් වැටහෙනවා නම් ඒ විදිහට විසඳන්න.

පින්වත් ගාමණී, මේ ගැන ඔබ කුමක්ද හිතන්නේ? ගෘහපති ගොවියෙකුට කුඹුරු තුනක් තියෙනවා. එක කුඹුරක් ඉතාමත් සාරවත්. එක කුඹුරක් තරමක් සාරවත්. එක කුඹුරක් නිසරු, තද කරමැටි ඇති, මුඩු බිමක්. පින්වත් ගාමණී, මේ ගැන ඔබ කුමක්ද හිතන්නේ? අර ගෘහපති ගොවියා බීජ වපුරන්ට කැමැත්තෙන් කොතැනද පළමුවෙන් ම බීජ වපුරන්නේ? අර සාරවත් කුඹුරේද? එහෙම නැත්නම් තරමක් සාරවත් කුඹුරේද? එහෙමත් නැත්නම් නිසරු, තද කරමැට්ට තිබෙන මුඩු බිමේද? ස්වාමීනී, ඒ ගෘහපති ගොවියා බීජ වපුරන්ට කැමැත්තෙන් අර යම් සාරවත් කෙතක් ඇද්ද එහි තමයි වපුරන්නේ. එහි වැපුරුවාට පස්සෙයි අර යම් තරමකට සරු කෙතක් ඇද්ද ඒකෙ වපුරන්නේ. ඒකෙත් වැපුරුවාට පස්සේ අර යම් නිසරු, තද කරමැට්ට ඇති මුඩු බිමක් ඇද්ද ඒකෙ වපුරන්නත් පුළුවනි. නොවපුරන්නත් පුළුවන්. ඒ කවර කරුණක් නිසාද? අඩු ගණනේ හරකුන්ගේ කෑම පිණිසවත් පවතීවි කියලයි.

පින්වත් ගාමණී, මෙයත් ඒ වගේ තමයි. යම් ඒ සාරවත් කෙතක් ඇද්ද, මා හට භික්ෂු භික්ෂුණීන් ඒ වගේ තමයි. මං ඔවුන්ට ධර්ම දේශනා කරනවා. මුල කල්‍යාණ වූත්, මැද කල්‍යාණ වූත්, අවසානය කල්‍යාණ වූත්, අර්ථ සහිත වූත්, පැහැදිලි වචන ප්‍රකාශ කිරීමෙන් යුතු වූත්, මුළුමණින් ම පිරිපුන් වූත්, පිරිසිදු වූත් බඹසර ප්‍රකාශ කරනවා. ඒ කවර කරුණක් නිසාද යත්, පින්වත්

ගාමණී, මේ ශ්‍රාවකයින් සිටින්නේ මා දිවයින කොට ගෙනයි. මා පිහිට කොට ගෙනයි. මා රැකවරණය කොට ගෙනයි. මා සරණ කොට ගෙනයි.

පින්වත් ගාමණී, යම් ඒ තරමක් සරු කෙතක් ඇද්ද, මා හට (ගිහි ශ්‍රාවක) උපාසක උපාසිකාවනුත් ඒ වගේ තමයි. මං ඔවුන්ටත් ධර්ම දේශනා කරනවා. මුල කල්‍යාණ වූත්, මැද කල්‍යාණ වූත්, අවසානය කල්‍යාණ වූත්, අර්ථ සහිත වූත්, පැහැදිලි වචන ප්‍රකාශ කිරීමෙන් යුතු වූත්, මුළුමණින් ම පිරිපුන් වූත්, පිරිසිදු වූත් බඹසර ප්‍රකාශ කරනවා. ඒ කවර කරුණක් නිසා ද යත්, පින්වත් ගාමණී, මේ ශ්‍රාවකයින් සිටින්නේත් මා දිවයින කොට ගෙනයි. මා පිහිට කොට ගෙනයි. මා රැකවරණය කොට ගෙනයි. මා සරණ කොට ගෙනයි.

පින්වත් ගාමණී, යම් ඒ නිසරු වූ, තද කරමැටිටෙන් යුතු මුඩු බිමක් ඇද්ද, මා හට අන්‍යාගමික ශ්‍රමණ බ්‍රාහ්මණයන්, පිරිවැජියනුත් ඒ වගේ තමයි. මං ඔවුන්ටත් ධර්ම දේශනා කරනවා. මුල කල්‍යාණ වූත්, මැද කල්‍යාණ වූත්, අවසානය කල්‍යාණ වූත්, අර්ථ සහිත වූත්, පැහැදිලි වචන ප්‍රකාශ කිරීමෙන් යුතු වූත්, මුළුමණින් ම පිරිපුන් වූත්, පිරිසිදු වූත් බඹසර ප්‍රකාශ කරනවා. ඒ කවර කරුණක් නිසාද යත්, එක දහම් පදයක හෝ අර්ථය තේරුම් ගන්නවා නම්, ඉතා යහපති. එය ඔවුන් හට බොහෝ කලක් මුළුල්ලෙහි හිතසුව පිණිස පවතිනවා කියලයි.

පින්වත් ගාමණී, ඒක මේ වගේ දෙයක්. පුරුෂයෙකුට ලොකු වතුර භාජන තුනක් තියෙනවා. එක වතුර භාජනයක් සිදුරු වෙලා නෑ. වතුර කාන්දුවීමක් නෑ. වතුර සිඳී යාමක් නෑ. තවත් වතුර භාජනයක් තියෙනවා. ඒක සිදුරු වෙලා නෑ නමුත් කාන්දු වෙනවා. වතුර සිඳෙනවා. තවත් වතුර භාජනයක් තියෙනවා. ඒක සිදුරු වෙලා. කාන්දු වෙනවා. වතුර සිඳෙනවා. පින්වත් ගාමණී, මේ ගැන ඔබ කුමක්ද හිතන්නේ? ඒ පුද්ගලයා වතුර දමන්ට කැමතිව පළමුව වතුර දමන්නේ කොයි එකටද? සිදුරු නැති, කාන්දු නැති, නොසිඳෙන යම් දිය බඳුනක් ඇද්ද ඒකද? සිදුරු නැති, කාන්දු ඇති, සිඳෙන යම් දිය බඳුනක් ඇද්ද ඒකද? සිදුරු ඇති, කාන්දු ඇති, සිඳෙන යම් දිය බඳුනක් ඇද්ද ඒකද?

ස්වාමීනී, ඒ පුරුෂයා වතුර දමන්ට කැමති වෙද්දී යම් ඒ දිය බඳුනක් සිදුරු නැද්ද, කාන්දු නැද්ද, දිය සිඳී යාම් නැද්ද ඒ බඳුනේ වතුර දානවා. එහි වතුර පුරවලයි යම් ඒ දිය බඳුනක් සිදුරු නැද්ද, කාන්දු ඇද්ද, දිය සිඳී යාම් ඇද්ද ඒ බඳුනේ වතුර දමන්නේ. ඒ බඳුනෙත් වතුර පුරවලයි යම් ඒ දිය බඳුනක් සිදුරු ඇද්ද, කාන්දු ඇද්ද, දිය සිඳී යාම් ඇද්ද ඒ බඳුනේ වතුර දමන්නේ. ඒ

කවර කරුණක් නිසාද යත්? අඩු ගණනේ බඩු සේදීමකටවත් පවතීවි කියාය.

පින්වත් ගාමණී, මෙයත් ඒ වගේම තමයි. යම් ඒ දිය බඳුනක් සිදුරු නැද්ද, කාන්දු වීමක් නැද්ද, දිය සිඳීමක් නැද්ද, මා හට භික්ෂු භික්ෂුණීන් ඒ වගේ තමයි. මං ඔවුන්ට ධර්ම දේශනා කරනවා. මුල කල්‍යාණ වූ ත්, මැද කල්‍යාණ වූ ත්, අවසානය කල්‍යාණ වූ ත්, අර්ථ සහිත වූ ත්, පැහැදිලි වචන ප්‍රකාශ කිරීමෙන් යුතු වූ ත්, මුළුමණින් ම පිරිපුන් වූ ත්, පිරිසිදු වූ ත් බඹසර ප්‍රකාශ කරනවා. ඒ කවර කරුණක් නිසා ද යත්? පින්වත් ගාමණී, මේ ශ්‍රාවකයින් සිටින්නේ මා දිවයින කොටගෙන යි. මා පිහිට කොටගෙන යි. මා රැකවරණය කොටගෙන යි. මා සරණ කොටගෙන යි.

පින්වත් ගාමණී, යම් ඒ දිය බඳුනක් සිදුරු නැද්ද, කාන්දු වීමක් ඇද්ද, දිය සිඳීමක් ඇද්ද, මා හට (ගිහි ශ්‍රාවක) උපාසක උපාසිකාවනුත් ඒ වගේ තමයි. මං ඔවුන්ටත් ධර්ම දේශනා කරනවා. මුල කල්‍යාණ වූත්, මැද කල්‍යාණ වූත්, අවසානය කල්‍යාණ වූත්, අර්ථ සහිත වූත්, පැහැදිලි වචන ප්‍රකාශ කිරීමෙන් යුතු වූත්, මුළුමණින් ම පිරිපුන් වූත්, පිරිසිදු වූත් බඹසර ප්‍රකාශ කරනවා. ඒ කවර කරුණක් නිසාද යත්? පින්වත් ගාමණී, මේ ශ්‍රාවකයින් සිටින්නේත් මා දිවයින කොටගෙන යි. මා පිහිට කොටගෙන යි. මා රැකවරණය කොටගෙන යි. මා සරණ කොටගෙන යි.

පින්වත් ගාමණී, යම් ඒ දිය බඳුනක් සිදුරු ඇද්ද, කාන්දු වීමක් ඇද්ද, දිය සිඳීමක් ඇද්ද මා හට අන්‍යාගමික ශ්‍රමණ බ්‍රාහ්මණයන්, පිරිවැජියනුත් ඒ වගේ තමයි. මං ඔවුන්ටත් ධර්ම දේශනා කරනවා. මුල කල්‍යාණ වූත්, මැද කල්‍යාණ වූත්, අවසානය කල්‍යාණ වූත්, අර්ථ සහිත වූත්, පැහැදිලි වචන ප්‍රකාශ කිරීමෙන් යුතු වූත්, මුළුමණින් ම පිරිපුන් වූත්, පිරිසිදු වූත් බඹසර ප්‍රකාශ කරනවා. ඒ කවර කරුණක් නිසාද යත්? එක දහම් පදයක හෝ අර්ථය තේරුම් ගන්නවා නම්, ඉතා යහපති. එය ඔවුන් හට බොහෝ කලක් මුළුල්ලෙහි හිතසුව පිණිස පවතිනවා කියලයි.

මෙසේ වදාළ විට අසිබන්ධකපුත්ත ගාමණී භාග්‍යවතුන් වහන්සේට මෙසේ සැළ කළා. ස්වාමීනී, ඉතා සුන්දරයි. ස්වාමීනී, ඉතා සුන්දරයි ....(පෙ).... අද පටන් දිවිහිමියෙන් සරණ ගිය (උපාසකයෙකු වශයෙන් මා පිළිගන්නා සේක්වා.)

සාදු ! සාදු !! සාදු !!!

ඛෙත්තූපම සූත්‍රය නිමා විය.

8.1.8
සංඛධම සූත්‍රය
සක් පිඹින්නා උපමා කොට වදාළ දෙසුම

ඒ දිනවල භාග්‍යවතුන් වහන්සේ වැඩසිටියේ නාලන්දාවෙහි පාවාරික අඹ වනයෙහි. එදා නිගණ්ඨ ශ්‍රාවක වූ අසිබන්ධකපුත්ත (කඩු බඳින) ගාමණී භාග්‍යවතුන් වහන්සේ වැඩසිටි තැනට පැමිණුනා ....(පෙ).... එකත්පස්ව වාඩිවුණු අසිබන්ධකපුත්ත ගාමණීගෙන් භාග්‍යවතුන් වහන්සේ මෙකරුණ විමසුවා. පින්වත් ගාමණී, නිගණ්ඨනාතපුත්ත ශ්‍රාවකයින්ට දහම් දෙසන්නේ කොහොමද?

ස්වාමීනී, නිගණ්ඨනාතපුත්ත ශ්‍රාවකයින්ට දහම් දෙසන්නේ මේ විදිහටයි. යම් කිසි කෙනෙක් සතුන් මරනවා නම්, ඒ සියලු දෙනා ම අපායට ම යි යන්නේ. නිරයට ම යි යන්නේ. යම් කිසි කෙනෙක් සොරකම් කරනවා නම්, ඒ සියලු දෙනා ම අපායට ම යි යන්නේ. නිරයට ම යි යන්නේ. යම් කිසි කෙනෙක් කාමයෙහි වරදවා හැසිරෙනවා නම්, ඒ සියලු දෙනා ම අපායට ම යි යන්නේ. නිරයට ම යි යන්නේ. යම් කිසි කෙනෙක් බොරු කියනවා නම්, ඒ සියලු දෙනාම අපායට ම යි යන්නේ. නිරයට ම යි යන්නේ. බහුල වශයෙන් කරන්නේ යමක්ද, බහුල වශයෙන් කරන්නේ යමක්ද, ඒ අනුව වාසය කරනවා නම්, ඒ ඒ දෙයින් තමයි ඔහු අපාගත වෙන්නේ කියලා. ස්වාමීනී, නිගණ්ඨනාතපුත්ත ශ්‍රාවකයින්ට දහම් දෙසන්නේ මේ විදිහටයි.

පින්වත් ගාමණී, බහුල වශයෙන් යමක් කරනවා නම්, බහුල වශයෙන් යමක් කරනවා නම්, ඒ අනුව ඉන්නවා නම්, ඒ ඒ දෙයින් අපාගත වෙනවා යන කරුණ ඔය විදිහ නම්, නිගණ්ඨනාතපුත්තගේ වචනය පරිදි කිසි කෙනෙක් අපායට යන්නෙත් නෑ. නිරයට යන්නෙත් නෑ. පින්වත් ගාමණී, මේ ගැන ඔබ කුමක්ද හිතන්නේ? යම් මේ පුරුෂයෙක් සතුන් මරනවා නම්, රෑ කාලය හෝ දවල් කාලය හෝ කල් නොකල් සළකද්දී ඒ තැනැත්තා යම් කාලයක සතුන් මරයි නම්, යම් කාලයක සතුන් නොමරයි නම්, වැඩි කාලයක් ගත කරන්නේ කොයි විදිහටද?

ස්වාමීනී, යම් ඒ පුරුෂයෙක් සතුන් මරනවා නම්, රෑක වේවා, දහවලක වේවා කල් නොකල් සළකද්දී ඔහු සතුන් මරන යම් කාලයක් ඇත්නම් ඒ කාලය ස්වල්පයයි. නමුත් ඔහු යම් කාලයක් සතුන් නොමරයි නම් ඒ කාලය තමයි ඉතා වැඩි. පින්වත් ගාමණී, එතකොට ඔහොම නම් තියෙන්නේ යමක්

බහුල වශයෙන් කරමින් යමක් බහුල වශයෙන් කරමින් වාසය කරන විට ඒ ඒ දෙයින් අපායට පමුණුවනවාය යන නිගණ්ඨනාතපුත්ත ගේ වචනයට අනුව කවුරුවත් අපායෙ යන්නෙත් නෑ. නිරයෙ යන්නෙත් නෑ.

පින්වත් ගාමණී, මේ ගැන ඔබ කුමක්ද හිතන්නේ? යම් මේ පුරුෂයෙක් සොරකම් කරනවා නම්, රෑ කාලය හෝ දවල් කාලය හෝ කල් නොකල් සළකද්දී ඒ තැනැත්තා යම් කාලයක සොරකම් කරයි නම්, යම් කාලයක සොරකම් නොකරයි නම්, වැඩි කාලයක් ගත කරන්නේ කොයි විදිහටද? ස්වාමීනී, යම් ඒ පුරුෂයෙක් සොරකම් කරනවා නම්, රෑක වේවා, දහවලක වේවා කල් නොකල් සළකද්දී ඔහු සොරකම් කරන යම් කාලයක් ඇත්නම් ඒ කාලය ස්වල්පයයි. නමුත් ඔහු යම් කාලයක් සොරකම් නොකරයි නම් ඒ කාලය තමයි ඉතා වැඩි. පින්වත් ගාමණී, එතකොට ඔහොම නම් තියෙන්නේ යමක් බහුල වශයෙන් කරමින් යමක් බහුල වශයෙන් කරමින් වාසය කරන විට ඒ ඒ දෙයින් අපායට පමුණුවනවාය යන නිගණ්ඨනාතපුත්තගේ වචනයට අනුව කවුරුවත් අපායෙ යන්නෙත් නෑ. නිරයෙ යන්නෙත් නෑ.

පින්වත් ගාමණී, මේ ගැන ඔබ කුමක්ද හිතන්නේ? යම් මේ පුරුෂයෙක් කාමයෙහි වරදවා හැසිරෙනවා නම්, රෑ කාලය හෝ දවල් කාලය හෝ කල් නොකල් සළකද්දී ඒ තැනැත්තා යම් කාලයක කාමයෙහි වරදවා හැසිරෙයි නම්, යම් කාලයක කාමයෙහි වරදවා නොහැසිරෙයි නම්, වැඩි කාලයක් ගත කරන්නේ කොයි විදිහටද? ස්වාමීනී, යම් ඒ පුරුෂයෙක් කාමයෙහි වරදවා හැසිරෙනවා නම්, රෑක වේවා, දහවලක වේවා කල් නොකල් සළකද්දී ඔහු කාමයෙහි වරදවා හැසිරෙන යම් කාලයක් ඇත්නම් ඒ කාලය ස්වල්පයයි. නමුත් ඔහු යම් කාලයක් කාමයෙහි වරදවා නොහැසිරෙයි නම් ඒ කාලය තමයි ඉතා වැඩි. පින්වත් ගාමණී, එතකොට ඔහොම නම් තියෙන්නේ යමක් බහුල වශයෙන් කරමින් යමක් බහුල වශයෙන් කරමින් වාසය කරන විට ඒ ඒ දෙයින් අපායට පමුණුවනවාය යන නිගණ්ඨනාතපුත්තගේ වචනයට අනුව කවුරුවත් අපායෙ යන්නෙත් නෑ. නිරයෙ යන්නෙත් නෑ.

පින්වත් ගාමණී, මේ ගැන ඔබ කුමක්ද හිතන්නේ? යම් මේ පුරුෂයෙක් බොරු කියනවා නම්, රෑ කාලය හෝ දවල් කාලය හෝ කල් නොකල් සළකද්දී ඒ තැනැත්තා යම් කාලයක බොරු කියයි නම්, යම් කාලයක බොරු නොකියයි නම්, වැඩි කාලයක් ගත කරන්නේ කොයි විදිහටද? ස්වාමීනී, යම් ඒ පුරුෂයෙක් බොරු කියනවා නම්, රෑක වේවා, දහවලක වේවා කල් නොකල් සළකද්දී ඔහු බොරු කියන යම් කාලයක් ඇත්නම් ඒ කාලය ස්වල්පයයි. නමුත් ඔහු යම් කාලයක් බොරු නොකියයි නම් ඒ කාලය තමයි ඉතා වැඩි. පින්වත් ගාමණී,

එතකොට ඔහොම නම් තියෙන්නේ යමක් බහුල වශයෙන් කරමින් යමක් බහුල වශයෙන් කරමින් වාසය කරන විට ඒ ඒ දෙයින් අපායට පමුණුවනවාය යන නිගණ්ඨනාතපුත්තගේ වචනයට අනුව කවුරුවත් අපායෙ යන්නෙත් නෑ. නිරයෙ යන්නෙත් නෑ.

පින්වත් ගාමණී, මෙහි ඇතැම් ශාස්තෘවරයෙක් මෙවැනි දේ කියන කෙනෙක් නම්, මෙවැනි දෘෂ්ටියක් දරණ කෙනෙක් නම්, ඒ කියන්නේ යම් කෙනෙක් සතුන් මරණවා නම්, ඒ සියල්ලෝ ම අපායේ උපදිනවා. නිරයේ උපදිනවා. යම් කෙනෙක් සොරකම් කරනවා නම්, ඒ සියල්ලෝ ම අපායේ උපදිනවා. නිරයේ උපදිනවා. යම් කෙනෙක් කාමයෙහි වරදවා හැසිරෙනවා නම්, ඒ සියල්ලෝ ම අපායේ උපදිනවා. නිරයේ උපදිනවා. යම් කෙනෙක් බොරු කියනවා නම්, ඒ සියල්ලෝ ම අපායේ උපදිනවා. නිරයේ උපදිනවා කියලා. පින්වත් ගාමණී, ඉතින් ශ්‍රාවකයෙක් ඒ ශාස්තෘවරයා කෙරෙහි අතිශයින් ම පැහැදිලා ඉන්නවා නම්, ඔහුට මෙහෙමයි හිතෙන්නේ. "මගේ ශාස්තෘවරයා මෙවැනි දේ කියන කෙනෙක්. මෙවැනි දෘෂ්ටියක් දරණ කෙනෙක්. ඒ කියන්නේ 'යම් කෙනෙක් සතුන් මරණවා නම්, ඒ සියල්ලෝ ම අපායේ උපදිනවා. නිරයේ උපදිනවා' කියලා. ඉතින් මා විසින් සතුන් මරලා තියෙනවා. එහෙම නම් මමත් අපායේ උපදීවි. නිරයේ උපදීවි" කියලා දෘෂ්ටියක් ඇති කර ගන්නවා. පින්වත් ගාමණී, ඔහු ඒ වචනය අත්හැරියෙ නැත්නම්, ඒ සිත අත්හැරියෙ නැත්නම්, ඒ දෘෂ්ටිය බැහැර කළේ නැත්නම්, ඔසවාගෙන එන ලද බරක් බිම තබන්නේ යම්සේ ද එලෙසින්ම නිරයේ උපදිනවා.

"මගේ ශාස්තෘවරයා මෙවැනි දේ කියන කෙනෙක්. මෙවැනි දෘෂ්ටියක් දරණ කෙනෙක්. ඒ කියන්නේ 'යම් කෙනෙක් සොරකම් කරනවා නම්, ඒ සියල්ලෝ ම අපායේ උපදිනවා. නිරයේ උපදිනවා' කියලා. ඉතින් මා විසින් සොරකම් කරල තියෙනවා. එහෙම නම් මමත් අපායේ උපදීවි. නිරයේ උපදීවි" කියලා දෘෂ්ටියක් ඇති කර ගන්නවා. පින්වත් ගාමණී, ඔහු ඒ වචනය අත්හැරියෙ නැත්නම්, ඒ සිත අත්හැරියෙ නැත්නම්, ඒ දෘෂ්ටිය බැහැර කළේ නැත්නම්, ඔසවාගෙන එන ලද බරක් බිම තබන්නේ යම් සේද එලෙසින්ම නිරයේ උපදිනවා.

"මගේ ශාස්තෘවරයා මෙවැනි දේ කියන කෙනෙක්. මෙවැනි දෘෂ්ටියක් දරණ කෙනෙක්. ඒ කියන්නේ 'යම් කෙනෙක් කාමයෙහි වරදවා හැසිරෙනවා නම්, ඒ සියල්ලෝම අපායේ උපදිනවා. නිරයේ උපදිනවා' කියලා. ඉතින් මා විසින් කාමයෙහි වරදවා හැසිරිලා තියෙනවා. එහෙම නම් මමත් අපායේ උපදීවි. නිරයේ උපදීවි" කියලා දෘෂ්ටියක් ඇති කර ගන්නවා. පින්වත් ගාමණී,

ඔහු ඒ වචනය අත්හැරියෙ නැත්නම්, ඒ සිත අත්හැරියෙ නැත්නම්, ඒ දෘෂ්ටිය බැහැර කළේ නැත්නම්, ඔසවාගෙන එන ලද බරක් බිම තබන්නේ යම්සේ ද එලෙසින්ම නිරයේ උපදිනවා.

"මගේ ශාස්තෘවරයා මෙවැනි දේ කියන කෙනෙක්. මෙවැනි දෘෂ්ටියක් දරණ කෙනෙක්. ඒ කියන්නේ 'යම් කෙනෙක් බොරු කියනවා නම්, ඒ සියල්ලෝ ම අපායේ උපදිනවා. නිරයේ උපදිනවා' කියලා. ඉතින් මා විසින් බොරු කියලා තියෙනවා. එහෙම නම් මමත් අපායේ උපදීවි. නිරයේ උපදීවි" කියලා දෘෂ්ටියක් ඇති කර ගන්නවා. පින්වත් ගාමණී, ඔහු ඒ වචනය අත්හැරියෙ නැත්නම්, ඒ සිත අත්හැරියෙ නැත්නම්, ඒ දෘෂ්ටිය බැහැර කළේ නැත්නම්, ඔසවාගෙන එන ලද බරක් බිම තබන්නේ යම්සේ ද එලෙසින්ම නිරයේ උපදිනවා.

පින්වත් ගාමණී, මෙහිලා ලෝකයෙහි අරහත් වූ, සම්මා සම්බුද්ධ වූ, විජ්ජාචරණ සම්පන්න වූ, සුගත වූ, ලෝකවිදූ වූ, අනුත්තර පුරිසදම්මසාරථී වූ, සත්ථා දේවමනුස්සානං වූ, බුද්ධ වූ, භගවත් වූ තථාගතයන් වහන්සේ ලෝකයෙහි පහළ වෙනවා. උන්වහන්සේ නොයෙක් ආකාරයෙන් සතුන් මැරීම ගැන ගරහනවා. බලවත්ව ගරහනවා. සතුන් මැරීමෙන් වළකින්න කියලා කියනවා. නොයෙක් ආකාරයෙන් සොරකම් කිරීම ගැන ගරහනවා. බලවත්ව ගරහනවා. සොරකම් කිරීමෙන් වළකින්න කියලා කියනවා. නොයෙක් ආකාරයෙන් කාමයෙහි වරදවා හැසිරීම ගැන ගරහනවා. බලවත්ව ගරහනවා. කාමය වරදවා හැසිරීමෙන් වළකින්න කියලා කියනවා. නොයෙක් ආකාරයෙන් බොරු කීම ගැන ගරහනවා. බලවත්ව ගරහනවා. බොරු කීමෙන් වළකින්න කියලා කියනවා.

එතකොට පින්වත් ගාමණී, ශ්‍රාවකයෙක් ඒ ශාස්තෘවරයා කෙරෙහි අතිශයින්ම පැහැදීමෙන් යුතු වෙනවා. එතකොට ඔහු මෙසේ නුවණින් කල්පනා කරනවා. භාග්‍යවතුන් වහන්සේ නොයෙක් ආකාරයෙන් සතුන් මැරීම ගැන ගරහන සේක. බලවත්ව ගරහන සේක. සතුන් මැරීමෙන් වළකින්න යැයි වදාරණ සේක. මා විසිනුත් සතුන් මැරීම යම්තාක් ඇත්නම් ඒතාක් කෙරිල තියෙනවා. මා විසින් යම්තාක් සතුන් මරා ඇද්ද එය යහපත් දෙයක් නොවේ. හොඳ දෙයක් නොවේ. ඉදින් මම ඒ හේතුව නිසා චිත්ත පීඩාවකින් සිටියා කියලා මා විසින් ඒ පාප කර්මය නොකළා වෙන්නේ නෑ. මේ විදිහට ඔහු නුවණින් විමසලා ඒ සතුන් මැරීම අත්හරිනවා. ඉදිරියටත් සතුන් මැරීමෙන් වැළකී සිටිනවා. මේ ආකාරයෙන් ඒ පාප කර්මය ප්‍රහාණය වෙලා යනවා. මේ ආකාරයෙන් ඒ පාප කර්මය ඉක්මවා යනවා.

භාග්‍යවතුන් වහන්සේ නොයෙක් ආකාරයෙන් සොරකම් කිරීම ගැන ගරහන සේක. බලවත්ව ගරහන සේක. සොරකම් කිරීමෙන් වළකින්න යැයි වදාරණ සේක. මා විසිනුත් සොරකම් කිරීම යම්තාක් ඇත්නම් ඒතාක් කෙරිල තියෙනවා. මා විසින් යම්තාක් සොරකම් කර ඇද්ද එය යහපත් දෙයක් නොවේ. හොඳ දෙයක් නොවේ. ඉදින් මම ඒ හේතුව නිසා චිත්ත පීඩාවකින් සිටියා කියලා මා විසින් ඒ පාප කර්මය නොකළා වෙන්නේ නෑ. මේ විදිහට ඔහු නුවණින් විමසලා ඒ සොරකම් කිරීම අත්හරිනවා. ඉදිරියටත් සොරකම් කිරීමෙන් වැළකී සිටිනවා. මේ ආකාරයෙන් ඒ පාප කර්මය ප්‍රහාණය වෙලා යනවා. මේ ආකාරයෙන් ඒ පාප කර්මය ඉක්මවා යනවා.

භාග්‍යවතුන් වහන්සේ නොයෙක් ආකාරයෙන් කාමයෙහි වරදවා හැසිරීම ගැන ගරහන සේක. බලවත්ව ගරහන සේක. කාමයෙහි වරදවා හැසිරීමෙන් වළකින්න යැයි වදාරණ සේක. මා විසිනුත් කාමයෙහි වරදවා හැසිරීම යම්තාක් ඇත්නම් ඒතාක් කෙරිල තියෙනවා. මා විසින් යම්තාක් කාමයෙහි වරදවා හැසිර ඇද්ද එය යහපත් දෙයක් නොවේ. හොඳ දෙයක් නොවේ. ඉදින් මම ඒ හේතුව නිසා චිත්ත පීඩාවකින් සිටියා කියලා මා විසින් ඒ පාප කර්මය නොකළා වෙන්නේ නෑ. මේ විදිහට ඔහු නුවණින් විමසලා ඒ කාමයෙහි වරදවා හැසිරීම අත්හරිනවා. ඉදිරියටත් කාමයෙහි වරදවා හැසිරීමෙන් වැළකී සිටිනවා. මේ ආකාරයෙන් ඒ පාප කර්මය ප්‍රහාණය වෙලා යනවා. මේ ආකාරයෙන් ඒ පාප කර්මය ඉක්මවා යනවා.

භාග්‍යවතුන් වහන්සේ නොයෙක් ආකාරයෙන් බොරු කීම ගැන ගරහන සේක. බලවත්ව ගරහන සේක. බොරු කීමෙන් වළකින්න යැයි වදාරණ සේක. මා විසිනුත් බොරු කීම යම්තාක් ඇත්නම් ඒතාක් කෙරිල තියෙනවා. මා විසින් යම්තාක් බොරු කියා ඇද්ද එය යහපත් දෙයක් නොවේ. හොඳ දෙයක් නොවේ. ඉදින් මම ඒ හේතුව නිසා චිත්ත පීඩාවකින් සිටියා කියලා මා විසින් ඒ පාප කර්මය නොකළා වෙන්නේ නෑ. මේ විදිහට ඔහු නුවණින් විමසලා ඒ බොරු කීම අත්හරිනවා. ඉදිරියටත් බොරු කීමෙන් වැළකී සිටිනවා. මේ ආකාරයෙන් ඒ පාප කර්මය ප්‍රහාණය වෙලා යනවා. මේ ආකාරයෙන් ඒ පාප කර්මය ඉක්මවා යනවා.

ඔහු සතුන් මැරීම අත්හැරලා, සතුන් මැරීමෙන් වැළකී ඉන්නවා. සොරකම් කිරීම අත්හැරලා, සොරකම් කිරීමෙන් වැළකී ඉන්නවා. කාමයෙහි වරදවා හැසිරීම අත්හැරලා, කාමයෙහි වරදවා හැසිරීමෙන් වැළකී ඉන්නවා. බොරු කීම අත්හැරලා, බොරු කීමෙන් වැළකී ඉන්නවා. කේලාම් කීම අත්හැරලා, කේලාම් කීමෙන් වැළකී ඉන්නවා. එරුෂ වචන කීම අත්හැරලා, එරුෂ වචන කීමෙන් වැළකී ඉන්නවා. හිස් වචන කීම අත්හැරලා, හිස් වචන

කීමෙන් වැළකී ඉන්නවා. විෂම ලෝභය අත්හැරලා, විෂම ලෝභයෙන් වැළකී ඉන්නවා. කෝප සිත් පහළ කිරීම අත්හැරලා, කෝප සිත් පහළ කිරීමෙන් තොර සිතින් ඉන්නවා. මිසදිටුව අත්හැරලා, සම්මා දිට්ඨියෙන් යුතුව ඉන්නවා.

පින්වත් ගාමණී, ඒ ආර්ය ශ්‍රාවකයා මෙසේ විෂම ලෝභයෙන් තොරව, කෝප සිතින් තොරව, සිහි මුළා නොවී, මනා නුවණින් යුතුව, මනා සිහියෙන් යුතුව, මෛත්‍රී සහගත සිතින් යුතුව එක් දිශාවක් පතුරුවා වාසය කරනවා. ඒ වගේම දෙවෙනි දිශාවත්, ඒ වගේම තුන්වෙනි දිශාවත්, ඒ වගේම හතරවෙනි දිශාවත්, ඒ වගේම උඩ, යට හා හරහටත් සෑම තැනක ම, සෑම සත්වයන් කෙරෙහි ම සකල ලෝකයට විපුල වූ, මහත් බවට පත් වූ, ප්‍රමාණ රහිත වූ, වෛර නැති, දුක් නැති මෛත්‍රී සහගත සිතින් පතුරුවා වාසය කරනවා. පින්වත් ගාමණී, බලවත් සක් පිඹින්නෙක් ඉතා පහසුවෙන් ම හතර දිශාවට සක් පිඹින්නේ යම් ආකාරයකින් ද ඒ අයුරින් ම පින්වත් ගාමණී, මෙලෙසින් වඩන ලද, මෙලෙසින් බහුල වශයෙන් කරන ලද, මෛත්‍රී චේතෝ විමුක්තිය නිසා යම් අකුසල කර්මයක් ඇත්නම් එය ඉතිරි නැතුව නැති වෙලා යනවා. එය එහි පිහිටන්නේ නැතුව යනවා.

පින්වත් ගාමණී, ඒ ආර්ය ශ්‍රාවකයා මෙසේ විෂම ලෝභයෙන් තොරව, කෝප සිතින් තොරව, සිහි මුළා නොවී, මනා නුවණින් යුතුව, මනා සිහියෙන් යුතුව, කරුණා සහගත සිතින් යුතුව ....(පෙ).... මුදිතා සහගත සිතින් යුතුව ....(පෙ).... උපේක්ෂා සහගත සිතින් යුතුව එක් දිශාවක් පතුරුවා වාසය කරනවා. ඒ වගේම දෙවෙනි දිශාවත්, ඒ වගේම තුන්වෙනි දිශාවත්, ඒ වගේම හතරවෙනි දිශාවත්, ඒ වගේම උඩ, යට හා හරහටත් සෑම තැනක ම, සෑම සත්වයන් කෙරෙහි ම සකල ලෝකයට විපුල වූ, මහත් බවට පත් වූ, ප්‍රමාණ රහිත වූ, වෛර නැති, දුක් නැති උපේක්ෂා සහගත සිතින් පතුරුවා වාසය කරනවා. පින්වත් ගාමණී, බලවත් සක් පිඹින්නෙක් ඉතා පහසුවෙන් ම හතර දිශාවට සක් පිඹින්නේ යම් ආකාරයකින් ද ඒ අයුරින් ම පින්වත් ගාමණී, මෙලෙසින් වඩන ලද, මෙලෙසින් බහුල වශයෙන් කරන ලද, උපේක්ෂා චේතෝ විමුක්තිය නිසා යම් අකුසල කර්මයක් ඇත්නම් එය ඉතිරි නැතුව නැති වෙලා යනවා. එය එහි පිහිටන්නේ නැතුව යනවා. මෙසේ වදාළ විට අසිබන්ධකපුත්ත ගාමණී භාග්‍යවතුන් වහන්සේට මෙසේ සැළ කළා. ස්වාමීනී, ඉතා සුන්දරයි. ස්වාමීනී, ඉතා සුන්දරයි ....(පෙ).... අද පටන් දිවිහිමියෙන් සරණ ගිය (උපාසකයෙකු වශයෙන් මා පිළිගන්නා සේක්වා.)

සාදු ! සාදු !! සාදු !!!

සංඛධම සූත්‍රය නිමා විය.

8.1.9
කුල සූත්‍රය
දායක පවුල් ගැන වදාළ දෙසුම

ඒ දිනවල භාග්‍යවතුන් වහන්සේ මහත් භික්ෂු සංඝයා සමඟ කොසොල් ජනපදයෙහි චාරිකාවෙහි වඩිනා අතරතුරදී නාලන්දාව වෙත වැඩම කළා. භාග්‍යවතුන් වහන්සේ ඒ නාලන්දාවේ පාවාරික අඹ වනයේ තමයි වැඩසිටියේ. ඒ කාලයේ නාලන්දාව දුර්භික්ෂයකට මුහුණ දීල තිබුණා. ජීවත් වීමත් සැක සහිත වුණා. කුඹුරු අස්වනු බොල් වීමෙන් සුදු ඇට පැදුනා. සලාක වලින් යැපෙන තත්වයට පත් වුණා. ඒ දවස්වල ම නිගණ්ඨනාතපුත්ත මහත් වූ නිගණ්ඨ පිරිසත් සමඟ නාලන්දාවේ ම යි වාසය කළේ. එදා නිගණ්ඨ ශ්‍රාවක අසිබන්ධකපුත්ත ගාමණී නිගණ්ඨනාතපුත්ත වෙත පැමිණුනා. පැමිණිලා නිගණ්ඨනාතපුත්තට ආදරයෙන් වන්දනා කොට එකත්පස්ව වාඩි වුණා. එකත්පස්ව වාඩි වුණ අසිබන්ධකපුත්ත ගාමණීට නිගණ්ඨනාතපුත්ත මෙකරුණ පැවසුවා.

"එම්බා ගාමණී, මෙහෙ එන්න. ඔබ ශ්‍රමණ ගෞතමයන් හට වාදයකින් අභියෝග කරන්න. එතකොට මේ විදිහට ඔබ ගැන කල්‍යාණ වූ කීර්ති ඝෝෂාවක් පැතිර යාවි. 'මේ සා මහත් ඉර්ධි ඇති, මේ සා මහත් ආනුභාව ඇති ශ්‍රමණ ගෞතමයන් හට අසිබන්ධකපුත්ත ගාමණී විසින් වාදයකින් අභියෝග කළා' කියලා." "ස්වාමීනි, මේ සා මහත් ඉර්ධි ඇති, මේ සා මහත් ආනුභාව ඇති ශ්‍රමණ ගෞතමයන් හට මං වාදයකින් අභියෝග කරන්නේ කොහොමද?" "එම්බා ගාමණී, මෙහෙ එන්න. ඔබ ශ්‍රමණ ගෞතමයන් සිටින තැනට යන්න. ගිහින් ශ්‍රමණ ගෞතමයන්ගෙන් මෙහෙම අහන්න. 'ස්වාමීනී, භාග්‍යවතුන් වහන්සේ නොයෙක් ආකාරයෙන් දායක පවුල් වලට දයාවන්ත වීම වර්ණනා කරනවා නේද? රැකවරණය වර්ණනා කරනවා නේද? අනුකම්පා කිරීම වර්ණනා කරනවා නේද?'

ඉදින් එම්බා ගාමණී, ඔය විදිහට ඇසූ විට ශ්‍රමණ ගෞතමයන් මේ විදිහට ඔබට උත්තර දේවි. 'ගාමණී, එසේය. තථාගතයන් වහන්සේ නොයෙක් ආකාරයෙන් දායක පවුල්වලට දයාවන්ත වීම වර්ණනා කරනවා තමයි. රැකවරණය වර්ණනා කරනවා තමයි. අනුකම්පා කිරීම වර්ණනා කරනවා තමයි.' එතකොට ඔබ මේ විදිහට කියන්න. 'එහෙමනම් ස්වාමීනී, දුර්භික්ෂයක් ඇති කල්හි, ජීවත් වීමටත් සැක ඇති කල්හි, වී ඇට සුදු වී ගිය කාලෙක, කූපන් වලින් යැපෙන කාලෙක භාග්‍යවතුන් වහන්සේ මහත් භික්ෂු සංඝයා සමඟ අසවල් කරුණකට නම් චාරිකාවේ වඩිනවාද? භාග්‍යවතුන් වහන්සේ

දායක පවුල් විනාශ වීම පිණිසයි කටයුතු කරන්නේ. භාග්‍යවතුන් වහන්සේ දායක පවුල් පිරිහීම පිණිසයි කටයුතු කරන්නේ. භාග්‍යවතුන් වහන්සේ දායක පවුල් පෙළීම පිණිසයි කටයුතු කරන්නේ' කියලා. එම්බා ගාමණී, ඔබ මේ දෙකෙළවරක් ඇති (උභතෝකෝටික) ප්‍රශ්නය ඇසූ විට ශ්‍රමණ ගෞතමයන්ට වමාරන්ටත් බැරුව යනවා. ගිලගන්ටත් බැරුව යනවා."

'එසේය ස්වාමීනී,' කියලා අසිබන්ධකපුත්ත ගාමණී, නිගණ්ඨනාතපුත්ත හට පිළිතුරු දීල අසුනෙන් නැගිට නිගණ්ඨනාතපුත්තට වන්දනා කොට, පැදකුණු කොට භාග්‍යවතුන් වහන්සේ වැඩසිටි තැනට පැමිණුනා. පැමිණිලා භාග්‍යවතුන් වහන්සේට ආදරයෙන් වැඳ එකත්පස්ව වාඩිවුණා. එකත්පස්ව වාඩිවුණු අසිබන්ධකපුත්ත ගාමණී භාග්‍යවතුන් වහන්සේට මෙය පැවසුවා. "ස්වාමීනී, භාග්‍යවතුන් වහන්සේ නොයෙක් ආකාරයෙන් දායක පවුල් වලට දයාවන්ත වීම වර්ණනා කරනවා නේද? රැකවරණය වර්ණනා කරනවා නේද? අනුකම්පා කිරීම වර්ණනා කරනවා නේද?" කියලා. "ගාමණී, එසේය. තථාගතයන් වහන්සේ නොයෙක් ආකාරයෙන් දායක පවුල් වලට දයාවන්ත වීම වර්ණනා කරනවා තමයි. රැකවරණය වර්ණනා කරනවා තමයි. අනුකම්පා කිරීම වර්ණනා කරනවා තමයි." "එහෙමනම් ස්වාමීනී, දුර්භික්ෂයක් ඇති කල්හි, ජීවත් වීමටත් සැක ඇති කල්හි, වී ඇට සුදු වී ගිය කාලෙක, කූපන් වලින් යැපෙන කාලෙක භාග්‍යවතුන් වහන්සේ මහත් භික්ෂු සංඝයා සමඟ අසවල් කරුණකට නම් චාරිකාවේ වඩිනවාද? භාග්‍යවතුන් වහන්සේ දායක පවුල් විනාශ වීම පිණිසයි කටයුතු කරන්නේ. භාග්‍යවතුන් වහන්සේ දායක පවුල් පිරිහීම පිණිසයි කටයුතු කරන්නේ. භාග්‍යවතුන් වහන්සේ දායක පවුල් පෙළීම පිණිසයි කටයුතු කරන්නේ."

"පින්වත් ගාමණී, මා (දැන්) යමක් සිහි කරනවා නම්, ඒ මෙයින් අනූ එක් කල්පයයි. (මේ සා දිගු කාලයක් තුළ පවා) පිසින ලද ආහාර ටිකක් දන් දුන් පමණින්, කිසි දායක පවුලක් පෙර වැනසී ගිය බවක් නම් මා දකින්නේ නෑ. ඒ වගේම යම් මේ පවුල් ආඪ්‍යව, මහාධන ඇතිව, මහා භෝග ඇතිව, බොහෝ රන්රිදී ඇතිව, බොහෝ සැප උපකරණ ඇතිව, බොහෝ ධනධාන්‍ය ඇතිව ඉන්නවා නම්, ඒ සියලු සැප සම්පත් ම දානයෙනුයි හටගෙන තියෙන්නේ. සත්‍ය වචනයෙනුයි හටගෙන තියෙන්නේ. සීල සංයමයෙනුයි හටගෙන තියෙන්නේ.

පින්වත් ගාමණී, පවුල් වල විනාශය පිණිස හේතු අටක් තියෙනවා. ප්‍රත්‍ය අටක් තියෙනවා. රජුගෙනුත් පවුල් විනාශ වෙලා යනවා. සොරුන්ගෙනුත් පවුල් විනාශ වෙලා යනවා. ගින්නෙනුත් පවුල් විනාශ වෙලා

යනවා. ජලයෙනුත් පවුල් විනාශ වෙලා යනවා. තැන්පත් ධනය නොලැබී යනවා. වැරදි ලෙස යොදන ලද සේවකයනුත් කටයුතු අත්හරිනවා. යම් කෙනෙක් ඒ භෝග සම්පත් විසුරුවනවා නම්, පිඹ හරිනවා නම්, වනසනවා නම් එබඳු කුල අඟුරක් (වධක දරුවෙක්) පවුල්වල උපදිනවා. අට වැන්න මේ අනිත්‍ය බව ම යි. පින්වත් ගාමණී, පවුල් වල විනාශය පිණිස පවතින්නේ ඔය හේතු අටයි, ප්‍රත්‍ය අටයි. පින්වත් ගාමණී, ඔය හේතු අටත්, ප්‍රත්‍ය අටත් පැහැදිලිව දකින්න ලැබෙද්දීත්, යම් කිසි කෙනෙක් මට මෙහෙම කියනවා නම්, 'භාග්‍යවතුන් වහන්සේ දායක පවුල් විනාශ වීම පිණිසයි කටයුතු කරන්නේ. භාග්‍යවතුන් වහන්සේ දායක පවුල් පිරිහීම පිණිසයි කටයුතු කරන්නේ. භාග්‍යවතුන් වහන්සේ දායක පවුල් පෙළීම පිණිසයි කටයුතු කරන්නේ' කියලා පින්වත් ගාමණී, ඔහු ඒ වචනය අත්නො හැර හිටියොත්, ඒ සිත අත්නො හැර සිටියොත්, ඒ දෘෂ්ටිය අත්නො හැර සිටියොත් ඔසවාගෙන ආ බරක් බිම තබන පරිද්දෙන් නිරයේ තමයි උපදින්නේ.

මෙසේ වදාළ විට අසිබන්ධකපුත්ත ගාමණී භාග්‍යවතුන් වහන්සේට මෙසේ සැළ කළා. ස්වාමීනී, ඉතා සුන්දරයි. ස්වාමීනී, ඉතා සුන්දරයි ....(පෙ).... අද පටන් දිවිහිමියෙන් සරණ ගිය උපාසකයෙකු වශයෙන් මා පිළිගන්නා සේක්වා.

සාදු ! සාදු !! සාදු !!!

කුල සූත්‍රය නිමා විය.

8.1.10
මණිචූළක සූත්‍රය
මණිචූළක ගාමණීට වදාළ දෙසුම

ඒ දිනවල භාග්‍යවතුන් වහන්සේ වැඩසිටියේ රජගහ නුවර කලන්දක නිවාප නම් වූ වේළුවනාරාමයේ. ඒ කාලයේ රජුගේ අතුළු නුවර රජ පිරිස තුළ රැස්වීමට සහභාගී වූවන් අතර මේ කතාබහ ඇතිවුණා. ශාක්‍යපුත්‍ර ශ්‍රමණයන් වහන්සේලාට රන්, රිදී, මිලමුදල් කැපයි. ශාක්‍යපුත්‍ර ශ්‍රමණයන් වහන්සේලා රන්, රිදී, මිල මුදල් ඉවසනවා. ශාක්‍යපුත්‍ර ශ්‍රමණයන් වහන්සේලා රන්, රිදී, මිලමුදල් පිළිගන්නවා කියලා.

ඒ වෙලාවේ මණිචූලක ගාමණී, ඒ පිරිස අතර වාඩිවෙලා හිටියා.

එතකොට මණිචූලක ගාමණී ඒ පිරිසට මෙහෙම කිව්වා. "ආර්යවරුනි, ඔහොම කියන්ට එපා. ශාක්‍යපුත්‍ර ශ්‍රමණයන් වහන්සේලාට රන්, රිදී, මිලමුදල් කැප නෑ. ශාක්‍යපුත්‍ර ශ්‍රමණයන් වහන්සේලා රන්, රිදී, මිලමුදල් ඉවසන්නේ නෑ. ශාක්‍යපුත්‍ර ශ්‍රමණයන් වහන්සේලා රන්, රිදී, මිලමුදල් පිළිගන්නෙත් නෑ. ශාක්‍යපුත්‍ර ශ්‍රමණයන් වහන්සේලා රන් රුවන් බැහැර කරලයි ඉන්නේ. රන්, රිදී, මිලමුදල් වලින් ඉවත් වෙලයි ඉන්නේ" කියලා. මණිචූලක ගාමණීට ඒ පිරිස දැනුවත් කරන්නට පුළුවන් වුණා. ඊට පස්සේ මණිචූලක ගාමණී භාග්‍යවතුන් වහන්සේ වැඩසිටි තැනට පැමිණුනා. පැමිණිලා භාග්‍යවතුන් වහන්සේට ආදරයෙන් වන්දනා කොට එකත්පස්ව වාඩිවුණා. එකත්පස්ව වාඩිවුණ මණිචූලක ගාමණී භාග්‍යවතුන් වහන්සේට මෙය පැවසුවා.

"ස්වාමීනී, මෙහි රජුගේ ඇතුළු නුවර රජ පිරිස තුළ රැස්වීමට සහභාගී වූවන් අතර මේ කතාබහ ඇතිවුණා. ශාක්‍යපුත්‍ර ශ්‍රමණයන් වහන්සේලාට රන්, රිදී, මිලමුදල් කැපයි. ශාක්‍යපුත්‍ර ශ්‍රමණයන් වහන්සේලා රන්, රිදී, මිල මුදල් ඉවසනවා. ශාක්‍යපුත්‍ර ශ්‍රමණයන් වහන්සේලා රන්, රිදී, මිලමුදල් පිළි ගන්නවා කියලා. මෙසේ පැවසූ විට ස්වාමීනි, මං ඒ පිරිසට මෙහෙම කිව්වා. "ආර්යවරුනි, ඔහොම කියන්ට එපා. ශාක්‍යපුත්‍ර ශ්‍රමණයන් වහන්සේලාට රන්, රිදී, මිලමුදල් කැප නෑ. ශාක්‍යපුත්‍ර ශ්‍රමණයන් වහන්සේලා රන්, රිදී, මිලමුදල් ඉවසන්නේ නෑ. ශාක්‍යපුත්‍ර ශ්‍රමණයන් වහන්සේලා රන්, රිදී, මිලමුදල් පිළිගන්නෙත් නෑ. ශාක්‍යපුත්‍ර ශ්‍රමණයන් වහන්සේලා රන් රුවන් බැහැර කරලයි ඉන්නේ. රන්, රිදී, මිලමුදල් වලින් ඉවත් වෙලයි ඉන්නේ" කියලා. ස්වාමීනි, මට ඒ පිරිස දැනුවත් කරන්නට පුළුවන් වුණා. ස්වාමීනි, ඔය විදිහට පවසන විට ඇත්තෙන් ම මං භාග්‍යවතුන් වහන්සේ වදාළ දෙයක් ම කියන කෙනෙක් වෙනවාද? භාග්‍යවතුන් වහන්සේට අභූතයෙන් චෝදනා නොකරන කෙනෙක් වෙනවාද? ධර්මයට අනුකූල වූ දෙයක් කියන කෙනෙක් වෙනවාද? කරුණු සහිත වාද නංවා ගැරහිය යුතු තත්වයට පත් නොවන කෙනෙක් වෙනවාද?"

"පින්වත් ගාමණී, ඔය විදිහට ඔබ පවසන විට ඒකාන්තයෙන් ම මා පවසන ලද්දක් ම යි කියන්නේ. මට අභූතයෙන් චෝදනා කරන්නේ නෑ. ධර්මයට අනුකූල වූ දෙයක් ම යි කියන්නේ. කරුණු සහිත වාද නංවා ගැරහිය යුතු තත්වයට පත් වෙන්නේ නෑ. පින්වත් ගාමණී, ශාක්‍යපුත්‍ර ශ්‍රමණයන් වහන්සේලාට රන්, රිදී, මිලමුදල් කැප නෑ ම යි. ශාක්‍යපුත්‍ර ශ්‍රමණයන් වහන්සේලා රන්, රිදී, මිලමුදල් ඉවසන්නේ නෑ ම යි. ශාක්‍යපුත්‍ර ශ්‍රමණයන් වහන්සේලා රන්, රිදී, මිලමුදල් පිළිගන්නෙත් නෑ ම යි. ශාක්‍යපුත්‍ර ශ්‍රමණයන් වහන්සේලා රන් රුවන් බැහැර කරලයි ඉන්නේ. රන්, රිදී, මිලමුදල් වලින් ඉවත් වෙලයි ඉන්නේ.

පින්වත් ගාමණී, යම් කෙනෙකුට රන්, රිදී, මිලමුදල් කැප නම්, ඔහුට පඤ්චකාම ගුණයන් ද කැපයි. යම් කෙනෙකුට පඤ්චකාම ගුණයන් කැප නම් ගාමණී, ස්ථිර වශයෙන් ම මතක තබා ගන්න, ඒක අශ්‍රමණ ධර්මයක් ම යි කියලා. අශාක්‍යපුත්‍රීය ධර්මයක් ම යි කියලා. එනමුත් පින්වත් ගාමණී, මා පවසන්නේ මෙහෙමයි. තණ වලින් ප්‍රයෝජන ඇති පැවිද්දා විසින් තණ සෙවිය යුතුයි. දර වලින් ප්‍රයෝජන ඇති පැවිද්දා විසින් දර සෙවිය යුතුයි. ගැලෙන් ප්‍රයෝජන ඇති පැවිද්දා විසින් ගැලක් සෙවිය යුතුයි. පුරුෂයෙකුගෙන් උපකාරයක් අවශ්‍ය පැවිද්දා විසින් පුරුෂයෙක් සෙවිය යුතුයි. එහෙත් පින්වත් ගාමණී, කවර වූ ක්‍රමයකින්වත් රන්, රිදී, මිලමුදල් ඉවසිය යුතුයි කියලා හෝ සෙවිය යුතුයි කියලා හෝ මං කියන්නේ නෑ."

සාදු ! සාදු !! සාදු !!!

මණිචූළක සූත්‍රය නිමා විය.

8.1.11
භද්‍රක සූත්‍රය
භද්‍රක ගාමණීට වදාළ දෙසුම

ඒ දිනවල භාග්‍යවතුන් වහන්සේ වැඩසිටියේ මල්ල ජනපදයේ උරුවේලකප්ප නම් මල්ලයන්ගේ නියම් ගමේ. එදා භද්‍රක ගාමණී භාග්‍යවතුන් වහන්සේ වැඩසිටි තැනට පැමිණුනා. පැමිණිලා භාග්‍යවතුන් වහන්සේට ආදරයෙන් වන්දනා කරලා එකත්පස්ව වාඩිවුණා. එකත්පස්ව වාඩිවුණ භද්‍රක ගාමණී භාග්‍යවතුන් වහන්සේගෙන් මෙකරුණ විමසා සිටියා. "ස්වාමීනි, භාග්‍යවතුන් වහන්සේ මා හට දුකෙහි හටගැනීමත්, නැතිවීමත් දේශනා කරන්නේ නම් ඉතා අගනේය."

"පින්වත් ගාමණී, මං ඔබට අතීත කාලය අරභයා දුකේ හටගැනීමත්, නැති වීමත් දේශනා කරන්ට ගියොත්, "අතීත කාලෙ මෙහෙමයි වුණේ" කියලා ඔබට එහිලා සැක ඇති වෙන්ට ඉඩ තියෙනවා. විමතියක් ඇති වෙන්ට ඉඩ තියෙනවා. පින්වත් ගාමණී, ඒ වගේම මං ඔබට අනාගත කාලය අරභයා දුකේ හටගැනීමත්, නැති වීමත් දේශනා කරන්ට ගියොත්, 'අනාගත කාලෙ මෙහෙමයි වන්නේ' කියලා ඔබට ඒ ගැන වුණත් සැක ඇති වෙන්ට ඉඩ තියෙනවා. විමතියක් ඇති වෙන්ට ඉඩ තියෙනවා. එනිසා පින්වත් ගාමණී, මං

මෙතැන ම හිඳගෙන, මෙතැන ම වාඩි වී සිටින ඔබට දුකේ හටගැනීමත්, දුකේ නැති වීමත් ගැන දේශනා කරන්නම්. එය සවන් යොමා අසන්න. මනාකොට නුවණින් මෙනෙහි කරන්න. මා කියා දෙන්නම්." 'එසේය ස්වාමීනි,' කියලා භද්‍රක ගාමණී භාග්‍යවතුන් වහන්සේට පිළිතුරු දුන්නා. භාග්‍යවතුන් වහන්සේ මෙම දෙසුම වදාළා.

"පින්වත් ගාමණී මේ ගැන ඔබ කුමක්ද සිතන්නේ? යම් කෙනෙකු මරණයට පත් වුණොත්, බන්ධනයකට අහු වුණොත්, පිරිහී ගියොත්, නින්දාවකට වැටුණොත්, ඒ ගැන ඔබ තුළ සෝක, වැලපීම්, දුක් දොම්නස්, සුසුම් හෙළීම් උපදිනවා නම්, ඔබට එබඳු වූ මිනිසුන් උරුවේලකප්ප ගමෙහි ඉන්නවාද?" "ස්වාමීනි, යම් කෙනෙකු මරණයට පත් වුණොත්, බන්ධනයකට අහු වුණොත්, පිරිහී ගියොත්, නින්දාවකට වැටුණොත්, ඒ ගැන මා තුළ සෝක, වැලපීම්, දුක් දොම්නස්, සුසුම් හෙළීම් උපදිනවා නම්, මට එබඳු වූ මිනිසුන් උරුවේලකප්ප ගමෙහි ඉන්නවා."

"ඒ වගේම පින්වත් ගාමණී, යම් කෙනෙකු මරණයට පත් වුණොත්, බන්ධනයකට අහු වුණොත්, පිරිහී ගියොත්, නින්දාවකට වැටුණොත්, ඒ ගැන ඔබ තුළ සෝක, වැලපීම්, දුක් දොම්නස්, සුසුම් හෙළීම් උපදින්නේ නැත්නම්, ඔබට එබඳු වූ මිනිසුන් උරුවේලකප්ප ගමෙහි ඉන්නවාද?" "ස්වාමීනි, යම් කෙනෙකු මරණයට පත් වුණොත්, බන්ධනයකට අහු වුණොත්, පිරිහී ගියොත්, නින්දාවකට වැටුණොත්, ඒ ගැන මා තුළ සෝක, වැලපීම්, දුක් දොම්නස්, සුසුම් හෙළීම් උපදින්නේ නැත්නම්, මට එබඳු වූ මිනිසුන් ද උරුවේලකප්ප ගමෙහි ඉන්නවා."

"පින්වත් ගාමණී, උරුවේලකප්ප ගමේ ඇතැම් මිනිසුන්ගේ මරණයක් වුණොත්, බන්ධන ගත වීමක් වුණොත්, පිරිහීමක්, නින්දාවකට වැටීමක් වුණොත්, ඒ ගැන ඔබ තුළ සෝක, වැලපීම්, දුක් දොම්නස්, සුසුම් හෙළීම් උපදිනවා නම්, ඒකට හේතුව මොකක්ද? ප්‍රත්‍යය මොකක්ද? පින්වත් ගාමණී, උරුවේලකප්ප ගමේ ඇතැම් මිනිසුන්ගේ මරණයක් වුණොත්, බන්ධන ගත වීමක් වුණොත්, පිරිහීමක්, නින්දාවකට වැටීමක් වුණොත්, ඒ ගැන ඔබ තුළ සෝක, වැලපීම්, දුක් දොම්නස්, සුසුම් හෙළීම් උපදින්නේ නැත්නම්, ඒකට හේතුව මොකක්ද? ප්‍රත්‍යය මොකක්ද?" "ස්වාමීනි, උරුවේලකප්ප ගමේ යම් මිනිසුන්ගේ මරණයක් වුණොත්, බන්ධන ගත වීමක් වුණොත්, පිරිහීමක්, නින්දාවකට වැටීමක් වුණොත්, ඒ ගැන මා තුළ සෝක, වැලපීම්, දුක් දොම්නස්, සුසුම් හෙළීම් උපදිනවා නම්, ඒ උදවිය කෙරෙහි මා තුළ ඡන්දරාගය තියෙනවා. ස්වාමීනි, උරුවේලකප්ප ගමේ යම් මිනිසුන්ගේ මරණයක් වුණොත්, බන්ධන

ගත වීමක් වුණොත්, පිරිහීමක්, නින්දාවකට වැටීමක් වුණොත්, ඒ ගැන මා තුළ සෝක, වැලපීම්, දුක් දොම්නස්, සුසුම් හෙළීම් උපදින්නේ නැත්නම්, ඒ උදවිය කෙරෙහි මා තුළ ඡන්දරාගය නෑ."

"පින්වත් ගාමණී, ඔබ දැක ගත්, අවබෝධ කරගත්, අකාලික වූ, පැමිණියා වූ, බැස ගත්තා වූ මේ ධර්මය තුළින් අතීතයට හා අනාගතයටත් දහම් න්‍යාය අනුව ගලපා ගන්න. අතීත කාලයෙහි යම් කිසි දුකක් උපන්න විට ඉපදුනා නම්, ඒ සෑම දුකකට ම කැමැත්ත මුල් වුණා. කැමත්තයි මූලික කාරණය වුණේ. දුකේ මුල වනාහි ආශාව ම යි. අනාගත කාලයෙහි යම් කිසි දුකක් උපදින විට උපදිනවා නම්, ඒ සෑම දුකකට ම කැමැත්ත මුල් වෙනවා. කැමැත්තයි මූලික කාරණය වෙන්නේ. දුකේ මුල වනාහි ආශාව ම යි."

"ස්වාමීනි, ආශ්චර්යයි. ස්වාමීනි, පුදුම සහගතයි. ස්වාමීනි, භාග්‍යවතුන් වහන්සේ විසින් "අතීත කාලයෙහි යම් කිසි දුකක් උපන්න විට ඉපදුනා නම්, ඒ සෑම දුකකට ම කැමැත්ත මුල් වුණා. කැමැත්තයි මූලික කාරණය වුණේ. දුකේ මුල වනාහි ආශාව ම යි. අනාගත කාලයෙහි යම් කිසි දුකක් උපදින විට උපදිනවා නම් ඒ සෑම දුකකට ම කැමැත්ත මුල් වෙනවා. කැමැත්තයි මූලික කාරණය වන්නේ. දුකේ මුල වනාහි ආශාව ම යි." කියලා මේ වදාරණ ලද්දේ කොයිතරම් සුභාෂිතයක්ද!

ස්වාමීනි, මට චිරවාසී කියල පොඩි පුත්‍රයෙක් ඉන්නවා. පිටස්තර ගෙදරකයි ඉන්නේ. ස්වාමීනි, ඒ මං පාන්දරින්ම නැගිටලා පුරුෂයෙකුව පිටත් කරල යවනවා "එම්බා මිනිස, යන්න. චිරවාසී කුමාරයා ගැන තොරතුරු දැන ගන්න" කියලා. ඉතින් ස්වාමීනි, ඒ පුරුෂයා යම්තාක් වේලාවක් නැවිත් සිටිනවා නම්, ඒ මට "චිරවාසී කුමාරයාට කිසි පීඩාවක් වෙන්ට එපා" කියලා හිතේ වෙනස්කමක් ඇති වෙනවා ම යි. පින්වත් ගාමණී, මේ ගැන ඔබ මොකක්ද හිතන්නේ? චිරවාසී කුමාරයා ගේ මරණය වුණොත්, බන්ධන ගතවීමක් වුණොත්, පිරිහීමක්, නින්දාවකට වැටීමක් වුණොත්, ඒ ගැන ඔබ තුළ සෝක, වැලපීම්, දුක් දොම්නස්, සුසුම් හෙළීම් උපදිනවාද? ස්වාමීනි, චිරවාසී කුමාරයාගේ මරණය වුණොත්, බන්ධන ගතවීමක් වුණොත්, පිරිහීමක්, නින්දාවකට වැටීමක් වුණොත්, ඒ ගැන මගේ ජීවිතයට වුණත් කරදරයක් වෙන්ට ඉඩ තියෙනවා. එහෙම එකේ මට සෝක, වැලපීම්, දුක් දොම්නස්, සුසුම් හෙළීම් නූපදීවිද. පින්වත් ගාමණී, මේ ක්‍රමයෙනුත් "යම් කිසි දුකක් උපදින විට උපදිනවා නම්, ඒ සෑම දුකක් ම ආශාව මුල් කොට තියෙන්නේ. ආශාව මූලික කාරණය වෙලයි තියෙන්නේ. ආශාව ම යි දුකට මුල" කියන ඔය කාරණය ම යි අවබෝධ කරගත යුත්තේ.

පින්වත් ගාමණී, මේ ගැන ඔබ කුමක්ද හිතන්නේ? ඔබ යම් දවසක චිරවාසීගේ මව් ගැන දැකල තිබුණේ නැත්නම්, අසල තිබුණොත් නැත්නම්, ඔබට චිරවාසීගේ මව් කෙරෙහි කැමැත්තක් හෝ රාගයක් හෝ ප්‍රේමයක් හෝ ඇති වුණාද? ස්වාමීනි, එය නොවේ ම යි. පින්වත් ගාමණී, චිරවාසී ගේ මව කෙරෙහි කැමැත්තක් හෝ රාගයක් හෝ ප්‍රේමයක් හෝ ඔබ තුළ ඇති වුණේ එක්කෝ දැකීමකට ඇවිල්ලා, එක්කෝ ඇසීමකට ඇවිල්ලා නේද? එසේය ස්වාමීනි. පින්වත් ගාමණී, මේ ගැන ඔබ කුමක්ද හිතන්නේ? චිරවාසී ගේ මවගේ මරණය වුණොත්, බන්ධන ගතවීමක් වුණොත්, පිරිහීමක්, නින්දාවකට වැටීමක් වුණොත්, ඒ ගැන ඔබ තුළ සෝක, වැලපීම්, දුක් දොම්නස්, සුසුම් හෙළීම් උපදිනවාද? ස්වාමීනි, චිරවාසීගේ මවගේ මරණය වුණොත්, බන්ධන ගතවීමක් වුණොත්, පිරිහීමක්, නින්දාවකට වැටීමක් වුණොත්, ඒ ගැන මගේ ජීවිතයට වුණත් කරදරයක් වෙන්ට ඉඩ තියෙනවා. එහෙම එකේ මට සෝක, වැලපීම්, දුක් දොම්නස්, සුසුම් හෙළීම් නූපදීවිද. පින්වත් ගාමණී, මේ ක්‍රමයෙනුත් "යම් කිසි දුකක් උපදින විට උපදිනවා නම්, ඒ සෑම දුකක් ම ආශාව මුල් කොට තියෙන්නේ. ආශාව මූලික කාරණය වෙලයි තියෙන්නේ. ආශාව ම යි දුකට මුල" කියන ඔය කාරණය ම යි අවබෝධ කරගත යුත්තේ.

සාදු ! සාදු !! සාදු !!!

භද්‍රක සූත්‍රය නිමා විය.

8.1.12
රාසිය සූත්‍රය
රාසිය ගාමණීට වදාළ දෙසුම

එදා රාසිය ගාමණී භාග්‍යවතුන් වහන්සේ වැඩසිටි තැනට පැමිණුනා. පැමිණිලා භාග්‍යවතුන් වහන්සේට ආදරයෙන් වන්දනා කරලා එකත්පස්ව වාඩිවුණා. එකත්පස්ව වාඩිවුණ රාසිය ගාමණී භාග්‍යවතුන් වහන්සේගෙන් මෙකරුණ විමසා සිටියා. ස්වාමීනි, මට මේ කාරණය අසන්ට ලැබුණා. ශ්‍රමණ ගෞතමයන් වහන්සේ සෑම තපසකට ම ගරහනවා. කටුක ජීවිත ගෙවන සියලු තාපසවරුන්ට එක් අංශයකින් බලා උපවාද කරනවා. අපහාස කරනවා කියලා. ස්වාමීනි, යම් කෙනෙක් මෙහෙම කිව්වා නම්, 'ශ්‍රමණ ගෞතමයන් වහන්සේ සෑම තපසකට ම ගරහනවා. කටුක ජීවිත ගෙවන සියලු තාපසවරුන්ට එක් අංශයකින් බලා උපවාද කරනවා අපහාස කරනවා' කියලා. ස්වාමීනි, ඒ උදවිය

භාග්‍යවතුන් වහන්සේ වදාළ දෙයක් ම ද කියන්නේ? භාග්‍යවතුන් වහන්සේට අභූතයෙන් චෝදනා කිරීමක් නැද්ද? ධර්මයට අනුකූල දෙයක් ම ද කියන්නේ? කරුණු සහිතව වාද නංවා ගැරහීමට පත් කරවන දෙයක් නැද්ද?

පින්වත් ගාමණී, යම් කෙනෙක් මේ විදිහට කිව්වා නම්, ශ්‍රමණ ගෞතමයන් වහන්සේ සෑම තපසකට ම ගරහනවා. කටුක ජීවිත ගෙවන සියලු තාපසවරුන්ට එක් අංශයකින් බලා උපවාද කරනවා. අපහාස කරනවා කියලා. ඒ උදවිය මං පැවසූ දෙයක් නොවෙයි කියන්නේ. මට අසත්‍යයෙන්, අභූතයෙන් චෝදනා කරනවා. පින්වත් ගාමණී, පැවිද්දා විසින් මේ අන්ත දෙක සේවනය නොකළ යුතුයි. යම් මේ කාමයන්හි, කාමසුඛයෙහි ඇලී ගැලී වාසය කිරීමක් ඇද්ද මෙය හීන වූ දෙයක්. ලාමක දෙයක්. පෘථග්ජනයන්ට අයත් දෙයක්. අනාර්ය දෙයක්. අනර්ථ සහිත දෙයක්. යම් මේ තමාව පීඩාවට පත් කරගන්නා තපස් ක්‍රමයක් ඇද්ද මෙය දුක් සහිත දෙයක්. අනාර්ය දෙයක්. අනර්ථ සහිත දෙයක්. පින්වත් ගාමණී, මේ අන්ත දෙකට නොපැමිණ තථාගතයන් වහන්සේ විසින් අවබෝධ කරන ලද්දේ මධ්‍යම ප්‍රතිපදාව යි. ඒ මධ්‍යම ප්‍රතිපදාව දහම් ඇස ලබා දෙනවා. නුවණ ලබා දෙනවා. කෙලෙස් සංසිඳවනවා. විශේෂ ඥාණය ඇති කර දෙනවා. සත්‍යාවබෝධය ඇති කර දෙනවා. නිවන පිණිස පවතිනවා. පින්වත් ගාමණී, තථාගතයන් වහන්සේ විසින් අවබෝධ කරපු, දහම් ඇස ලබා දෙන, නුවණ ලබා දෙන, කෙලෙස් සංසිඳවන, විශේෂ ඥාණය ඇති කර දෙන, සත්‍යාවබෝධය ඇති කර දෙන, නිවන පිණිස පවතින ඒ මධ්‍යම ප්‍රතිපදාව නම් කුමක්ද? ඒ මේ ආර්ය අෂ්ටාංගික මාර්ගය ම යි. ඒ කියන්නේ: සම්මා දිට්ඨි ....(පෙ).... සම්මා සමාධි. පින්වත් ගාමණී, තථාගතයන් වහන්සේ විසින් අවබෝධ කරන ලද මේ මධ්‍යම ප්‍රතිපදාව තමයි දහම් ඇස ලබා දෙන්නේ. නුවණ ලබා දෙන්නේ. කෙලෙස් සංසිඳවන්නේ. විශේෂ ඥාණය ඇති කර දෙන්නේ. සත්‍යාවබෝධය ඇති කර දෙන්නේ. නිවන පිණිස පවතින්නේ.

පින්වත් ගාමණී, ලෝකයෙහි සිටින්නා වූ කම්සැප අනුභව කරන තුන් දෙනෙක්ව දකින්ට ලැබෙනවා. කවර තුන් දෙනෙක් ද යත්? පින්වත් ගාමණී, මෙහිලා කම්සැප අනුභව කරන ඇතැම් කෙනෙක් අධාර්මිකවත්, සාහසික ලෙසත් භෝග සම්පත් සොයනවා. අධාර්මිකවත්, සාහසික ලෙසත් භෝග සම්පත් සොයලා තමාව සැපවත් කරන්නෙත් නෑ. පිනවන්නෙත් නෑ. අනුන්ට බෙදන්නෙත් නෑ. පින් කරන්නෙත් නෑ. පින්වත් ගාමණී, මෙහිලා කම්සැප අනුභව කරන ඇතැම් කෙනෙක් අධාර්මිකවත්, සාහසික ලෙසත් භෝග සම්පත් සොයනවා. අධාර්මිකවත් සාහසික ලෙසත් භෝග සම්පත් සොයලා තමාව සැපවත් කරනවා. පිනවනවා. නමුත් අනුන්ට බෙදන්නේ

නෑ. පින් කරන්නේ නෑ. පින්වත් ගාමණී, මෙහිලා කම්සැප අනුභව කරන ඇතැම් කෙනෙක් අධාර්මිකවත්, සාහසික ලෙසත් භෝග සම්පත් සොයනවා. අධාර්මිකවත්, සාහසිකවත්, භෝග සම්පත් සොයලා තමාව සැපවත් කරනවා. පිනවනවා. අනුන්ටත් බෙදනවා. පිනුත් කරනවා.

පින්වත් ගාමණී, මෙහිලා කම්සැප අනුභව කරන ඇතැම් කෙනෙක් ධාර්මිකවත්, අධාර්මිකවත්, සාහසිකවත්, අසාහසිකවත් භෝග සම්පත් සොයනවා. ධාර්මිකවත්, අධාර්මිකවත්, සාහසිකවත්, අසාහසිකවත් භෝග සම්පත් සොයලා තමාව සැපවත් කරන්නෙත් නෑ. පිනවන්නෙත් නෑ. අනුන්ට බෙදන්නෙත් නෑ. පින් කරන්නෙත් නෑ. පින්වත් ගාමණී, මෙහිලා කම්සැප අනුභව කරන තව කෙනෙක් ධාර්මිකවත්, අධාර්මිකවත්, සාහසිකවත්, අසාහසිකවත් භෝග සම්පත් සොයනවා. ධාර්මිකවත් අධාර්මිකවත් සාහසිකවත් අසාහසිකවත් භෝග සම්පත් සොයලා තමාව සැපවත් කරනවා. පිනවනවා. නමුත් අනුන්ට බෙදන්නේ නෑ. පින් කරන්නේ නෑ. පින්වත් ගාමණී, මෙහිලා කම්සැප අනුභව කරන තවත් කෙනෙක් ධාර්මිකවත්, අධාර්මිකවත්, සාහසිකවත්, අසාහසිකවත් භෝග සම්පත් සොයනවා. ධාර්මිකවත්, අධාර්මිකවත්, සාහසිකවත්, අසාහසිකවත්, භෝග සම්පත් සොයලා තමාව සැපවත් කරනවා. පිනවනවා. අනුන්ටත් බෙදනවා. පිනුත් කරනවා.

පින්වත් ගාමණී, මෙහිලා කම්සැප අනුභව කරන ඇතැම් කෙනෙක් ධාර්මිකවත්, අසාහසික ලෙසත් භෝග සම්පත් සොයනවා. ධාර්මිකවත්, අසාහසික ලෙසත් භෝග සම්පත් සොයලා තමාව සැපවත් කරන්නෙත් නෑ. පිනවන්නෙත් නෑ. අනුන්ට බෙදන්නෙත් නෑ. පින් කරන්නෙත් නෑ. පින්වත් ගාමණී, මෙහි කම්සැප අනුභව කරන තව කෙනෙක් ධාර්මිකවත්, අසාහසික ලෙසත් භෝග සම්පත් සොයනවා. ධාර්මිකවත්, අසාහසික ලෙසත් භෝග සම්පත් සොයලා තමාව සැපවත් කරනවා. පිනවනවා. නමුත් අනුන්ට බෙදන්නේ නෑ. පින් කරන්නේ නෑ. පින්වත් ගාමණී, මෙහි කම්සැප අනුභව කරන තවත් කෙනෙක් ධාර්මිකවත්, අසාහසික ලෙසත් භෝග සම්පත් සොයනවා. ධාර්මිකවත්, අසාහසික ලෙසත් භෝග සම්පත් සොයලා තමාව සැපවත් කරනවා. පිනවනවා. අනුන්ටත් බෙදනවා. පිනුත් කරනවා. ඒ වගේම භෝග සම්පත් වලට ඇලිලා මුසපත් වෙලා, ගැලිලා, ආදීනව නොදැක, එයින් නිදහස් වීම දකිනා නුවණ නැතුව තමයි පරිභෝජනය කරන්නේ. පින්වත් ගාමණී, මෙහි කම්සැප අනුභව කරන තවත් කෙනෙක් ධාර්මිකවත්, අසාහසික ලෙසත් භෝග සම්පත් සොයනවා. ධාර්මිකවත්, අසාහසික ලෙසත් භෝග සම්පත් සොයලා තමාව සැපවත් කරනවා. පිනවනවා. අනුන්ටත් බෙදනවා. පිනුත් කරනවා. ඒ වගේම ඒ භෝග සම්පත් වලට ඇලිලා නෑ. මුසපත් වෙලා

නෑ. ගැලිල නෑ. ආදීනව දකිනවා. නිදහස් වීමේ නුවණ ඇතිව තමයි ඒවා පරිභෝජනය කරන්නේ.

පින්වත් ගාමණී, එහිලා යම් මේ කම්සැප අනුභව කරන කෙනෙක් අධාර්මිකවත්, සාහසික ලෙසත් භෝග සම්පත් සොයනවා නම්, අධාර්මිකවත්, සාහසික ලෙසත් භෝග සම්පත් සොයලා තමාව සැපවත් කරන්නෙත් නැතිනම්, පිනවන්නෙත් නැතිනම්, අනුන්ට බෙදන්නෙත් නැතිනම්, පින් කරන්නෙත් නැතිනම් පින්වත් ගාමණී, මේ කාමභෝගී පුද්ගලයා කරුණු තුනකින් ගැරහිය යුතු වෙනවා. කවර කරුණු තුනකින් ගැරහිය යුතු ද යත්? අධාර්මිකවත්, සාහසිකවත් තමයි ඔහු භෝග සම්පත් උපයන්නේ. මේ පළමුවෙනි කරුණින් ගැරහිය යුතුයි. ඊළඟට තමාව සුවපත් කරන්නේ නෑ. පිනවන්නේ නෑ. මේ ගැරහිය යුතු දෙවන කරුණයි. ඊළඟට අනුන්ට බෙදන්නේ නෑ. පින් කරන්නේ නෑ. මේ ගැරහිය යුතු තුන්වන කරුණයි. පින්වත් ගාමණී, මේ කාමභෝගී තැනැත්තා මේ කරුණු තුනෙන් ගැරහිය යුතු වෙනවා.

පින්වත් ගාමණී, එහිලා යම් මේ කම්සැප අනුභව කරන කෙනෙක් අධාර්මිකවත්, සාහසික ලෙසත් භෝග සම්පත් සොයනවා නම්, අධාර්මිකවත්, සාහසික ලෙසත් භෝග සම්පත් සොයලා තමාව සැපවත් කරනවා නම්, පිනවනවා නම්, නමුත් අනුන්ට බෙදන්නෙත් නැතිනම්, පින් කරන්නෙත් නැතිනම් පින්වත් ගාමණී, මේ කාමභෝගී පුද්ගලයා කරුණු දෙකකින් ගැරහිය යුතු වෙනවා. එක් කරුණකින් පැසසිය යුතු වෙනවා. කවර කරුණු දෙකකින්ද ගැරහිය යුත්තේ? අධාර්මිකවත්, සාහසිකවත් තමයි ඔහු භෝග සම්පත් උපයන්නේ. මේ පළමුවෙනි කරුණින් ගැරහිය යුතුයි. ඊළඟට අනුන්ට බෙදන්නේ නෑ. පින් කරන්නේ නෑ. මේ ගැරහිය යුතු දෙවන කරුණයි. පැසසිය යුතු එක කරුණ කුමක්ද? තමාව සුවපත් කරනවා. පිනවනවා. මේ පැසසිය යුතු එක කරුණයි. පින්වත් ගාමණී, මේ කාමභෝගී තැනැත්තා මේ කරුණු දෙකෙන් ගැරහිය යුතු වෙනවා. මේ එක කරුණෙන් පැසසිය යුතු වෙනවා.

පින්වත් ගාමණී, එහිලා යම් මේ කම්සැප අනුභව කරන කෙනෙක් අධාර්මිකවත්, සාහසික ලෙසත් භෝග සම්පත් සොයනවා නම්, අධාර්මිකවත්, සාහසික ලෙසත් භෝග සම්පත් සොයලා තමාව සැපවත් කරනවා නම්, පිනවනවා නම්, ඒ වගේම අනුන්ට බෙදනවා නම්, පින් කරනවා නම් පින්වත් ගාමණී, මේ කාමභෝගී පුද්ගලයා එක් කරුණකින් ගැරහිය යුතු වෙනවා. දෙකරුණකින් පැසසිය යුතු වෙනවා. කවර එක් කරුණකින්ද ගැරහිය යුත්තේ? අධාර්මිකවත්, සාහසිකවත් තමයි ඔහු භෝග සම්පත් උපයන්නේ. මේ එක් කරුණකින් තමයි ගැරහිය යුත්තේ. පැසසිය යුතු කරුණු දෙක

කුමක්ද? තමාව සුවපත් කරනවා. පිනවනවා. මේ පැසසිය යුතු පළමුවෙනි කරුණයි. ඊළඟට අනුන්ට බෙදනවා. පින් කරනවා. මේ පැසසිය යුතු දෙවෙනි කරුණයි. පින්වත් ගාමණී, මේ කාමභෝගී තැනැත්තා මේ එක කරුණෙන් ගැරහිය යුතු වෙනවා. මේ කරුණු දෙකෙන් පැසසිය යුතු වෙනවා.

පින්වත් ගාමණී, එහිලා යම් මේ කම්සැප අනුභව කරන කෙනෙක් ධාර්මිකවත්, අධාර්මිකවත්, සාහසිකවත්, අසාහසිකවත් භෝග සම්පත් සොයනවා. ධාර්මිකවත්, අධාර්මිකවත්, සාහසිකවත්, අසාහසිකවත් භෝග සම්පත් සොයලා තමාව සැපවත් කරන්නෙත් නෑ. පිනවන්නෙත් නෑ. අනුන්ට බෙදන්නෙත් නෑ. පින් කරන්නෙත් නෑ. පින්වත් ගාමණී, මේ කාමභෝගී පුද්ගලයා එක් කරුණකින් පැසසිය යුතුයි. කරුණු තුනකින් ගැරහිය යුතුයි. කවර එක් කරුණකින් ද පැසසිය යුත්තේ? ධාර්මිකවත්, අසාහසිකවත් භෝග ඉපයීම ගැනයි. ඔය එක් කරුණෙන් තමයි පැසසිය යුත්තේ. ගැරහිය යුතු කරුණු තුන කුමක්ද? අධාර්මිකවත්, සාහසිකවත් භෝග සම්පත් උපයනවා. මේ ගැරහිය යුතු පළමු කරුණයි. තමා සුවපත් කරන්නෙත් නෑ. පිනවන්නෙත් නෑ. මේ ගැරහිය යුතු දෙවෙනි කරුණයි. අනුන්ට බෙදන්නෙත් නෑ. පින් කරන්නෙත් නෑ. මේ ගැරහිය යුතු තුන්වෙනි කරුණයි. පින්වත් ගාමණී, මේ කාමභෝගී පුද්ගලයා මේ එක් කරුණින් පැසසිය යුතුයි. මේ කරුණු තුනෙන් ගැරහිය යුතුයි.

පින්වත් ගාමණී, එහිලා යම් මේ කම්සැප අනුභව කරන කෙනෙක් ධාර්මිකවත් අධාර්මිකවත්, සාහසිකවත් අසාහසිකවත් භෝග සම්පත් සොයනවා. ධාර්මිකවත් අධාර්මිකවත්, සාහසිකවත් අසාහසිකවත් භෝග සම්පත් සොයලා තමාව සැපවත් කරනවා. පිනවනවා. අනුන්ට බෙදන්නෙත් නෑ. පින් කරන්නෙත් නෑ. පින්වත් ගාමණී, මේ කාමභෝගී පුද්ගලයා දෙකරුණකින් පැසසිය යුතුයි. දෙකරුණකින් ගැරහිය යුතුයි. කවර දෙකරුණකින්ද පැසසිය යුත්තේ? ධාර්මිකවත්, අසාහසිකවත් භෝග ඉපයීම ගැනයි. ඔය පළමු කරුණෙන් තමයි පැසසිය යුත්තේ. තමාව සුවපත් කරනවා. පිනවනවා. මේ දෙවෙනි කරුණෙන් තමයි පැසසිය යුත්තේ. ගැරහිය යුතු කරුණු දෙක කුමක්ද? අධාර්මිකවත්, සාහසිකවත් භෝග සම්පත් උපයනවා. මේ ගැරහිය යුතු පළමු කරුණයි. අනුන්ට බෙදන්නෙත් නෑ. පින් කරන්නෙත් නෑ. මේ ගැරහිය යුතු දෙවෙනි කරුණයි. පින්වත් ගාමණී, මේ කාමභෝගී පුද්ගලයා මේ දෙකරුණෙන් පැසසිය යුතුයි. මේ දෙකරුණෙන් ගැරහිය යුතුයි.

පින්වත් ගාමණී, එහිලා යම් මේ කම්සැප අනුභව කරන කෙනෙක් ධාර්මිකවත් අධාර්මිකවත්, සාහසිකවත් අසාහසිකවත් භෝග සම්පත්

සොයනවා. ධාර්මිකවත් අධාර්මිකවත්, සාහසිකවත් අසාහසිකවත් භෝග සම්පත් සොයලා තමාව සැපවත් කරනවා. පිනවනවා. අනුන්ටත් බෙදනවා. පිනුත් කරනවා. පින්වත් ගාමණී, මේ කාමභෝගී පුද්ගලයා තුන් කරුණකින් පැසසිය යුතුයි. එක් කරුණකින් ගැරහිය යුතුයි. කවර තුන් කරුණකින්ද පැසසිය යුත්තේ? ධාර්මිකවත්, අසාහසිකවත් භෝග ඉපයීම ගැනයි. ඔය පළමු කරුණෙන් තමයි පැසසිය යුත්තේ. තමාව සුවපත් කරනවා. පිනවනවා. මේ දෙවෙනි කරුණෙන් තමයි පැසසිය යුත්තේ. අනුන්ට බෙදනවා. පිනුත් කරනවා. මේ පැසසිය යුතු තුන්වෙනි කරුණයි. ගැරහිය යුතු එක් කරුණ කුමක්ද? අධාර්මිකවත්, සාහසිකවත් භෝග සම්පත් උපයනවා. මේ ගැරහිය යුතු එක් කරුණයි. පින්වත් ගාමණී, මේ කාමභෝගී පුද්ගලයා මේ තුන් කරුණෙන් පැසසිය යුතුයි. මේ එක් කරුණෙන් ගැරහිය යුතුයි.

පින්වත් ගාමණී, එහිලා යම් මේ කම්සැප අනුභව කරන කෙනෙක් ධාර්මිකවත්, අසාහසික ලෙසත් භෝග සම්පත් සොයනවා. ධාර්මිකවත්, අසාහසික ලෙසත් භෝග සම්පත් සොයලා තමාව සැපවත් කරන්නෙත් නෑ. පිනවන්නෙත් නෑ. අනුන්ට බෙදන්නෙත් නෑ. පින් කරන්නෙත් නෑ. පින්වත් ගාමණී, මේ කාමභෝගී පුද්ගලයා එක් කරුණකිනුයි පැසසුම් ලබන්නේ. දෙකරුණකින් ගැරහිය යුතු වෙනවා. කවර එක් කරුණකින් ද පැසසිය යුත්තේ? ධාර්මිකවත්, අසාහසිකවත් භෝග සම්පත් ඉපයීම ගැනයි. මේ එක් කරුණෙන් තමයි පැසසිය යුත්තේ. ගැරහිය යුතු කරුණු දෙක කුමක්ද? තමාව සැපවත් කරන්නේ නෑ. පිනවන්නේ නෑ. මේ ගැරහිය යුතු පළමු කරුණයි. අනුන්ට බෙදන්නෙත් නෑ. පින් කරන්නෙත් නෑ. මේ ගැරහිය යුතු දෙවන කරුණයි. පින්වත් ගාමණී, මේ කාමභෝගී පුද්ගලයා මේ එක් කරුණෙන් පැසසිය යුතුයි. මේ කරුණු දෙකෙන් ගැරහිය යුතුයි.

පින්වත් ගාමණී, එහිලා යම් මේ කම්සැප අනුභව කරන කෙනෙක් ධාර්මිකවත්, අසාහසික ලෙසත් භෝග සම්පත් සොයනවා. ධාර්මිකවත්, අසාහසික ලෙසත් භෝග සම්පත් සොයලා තමාව සැපවත් කරනවා. පිනවනවා. අනුන්ට බෙදන්නෙත් නෑ. පින් කරන්නෙත් නෑ. පින්වත් ගාමණී, මේ කාමභෝගී පුද්ගලයා දෙකරුණකිනුයි පැසසුම් ලබන්නේ. එක් කරුණකින් ගැරහිය යුතු වෙනවා. කවර දෙකරුණකින්ද පැසසිය යුත්තේ? ධාර්මිකවත්, අසාහසිකවත් භෝග සම්පත් ඉපයීම ගැනයි. මේ පළමු කරුණෙන් තමයි පැසසිය යුත්තේ. තමාව සැපවත් කරනවා. පිනවනවා. මේ පැසසිය යුතු දෙවන කරුණයි. ගැරහිය යුතු එක් කරුණ කුමක්ද? අනුන්ට බෙදන්නෙත් නෑ. පින් කරන්නෙත් නෑ. මේ ගැරහිය යුතු එක් කරුණයි. පින්වත් ගාමණී, මේ කාමභෝගී පුද්ගලයා මේ දෙකරුණින් පැසසිය යුතුයි. මේ එක් කරුණෙන්

ගැරහිය යුතුයි.

පින්වත් ගාමණී, එහිලා යම් මේ කම්සැප අනුභව කරන කෙනෙක් ධාර්මිකවත්, අසාහසික ලෙසත් භෝග සම්පත් සොයනවා. ධාර්මිකවත්, අසාහසික ලෙසත් භෝග සම්පත් සොයලා තමාව සැපවත් කරනවා. පිනවනවා. අනුන්ටත් බෙදනවා. පිනුත් කරනවා. ඒ වගේම ඒ භෝග සම්පත් වලට ඇලිලා මුසපත් වෙලා, ගැලිලා, ආදීනව නොදැක, එයින් නිදහස් වීම දකිනා නුවණ නැතුව තමයි පරිභෝජනය කරන්නේ. පින්වත් ගාමණී, මේ කාමභෝගී පුද්ගලයා තුන් කරුණකින් පැසසිය යුතුයි. එක් කරුණකින් ගැරහිය යුතුයි. කවර තුන් කරුණකින්ද පැසසිය යුත්තේ? ධාර්මිකවත්, අසාහසික ලෙසත් භෝග සම්පත් ඉපයීම ගැනයි. මේ පළමු කරුණෙන් තමයි පැසසිය යුත්තේ. තමාව සැපවත් කරනවා පිනවනවා. මේ පැසසිය යුතු දෙවන කරුණයි. අනුන්ටත් බෙදනවා. පිනුත් කරනවා. මේ පැසසිය යුතු තුන්වන කරුණයි. ගැරහිය යුතු එක් කරුණ කුමක්ද? නමුත් ඔහු ඒ භෝග සම්පත් වලට ඇලිලා මුසපත් වෙලා, ගැලිලා, ආදීනව නොදැක, එයින් නිදහස් වීම දකිනා නුවණ නැතුව තමයි පරිභෝජනය කරන්නේ. මේ එක් කරුණෙන් ගැරහිය යුතුයි. පින්වත් ගාමණී, මේ කාමභෝගී පුද්ගලයා මේ කරුණු තුනෙන් පැසසිය යුතුයි. මේ එක් කරුණෙන් ගැරහිය යුතුයි.

පින්වත් ගාමණී, එහිලා යම් මේ කම්සැප අනුභව කරන කෙනෙක් ධාර්මිකවත්, අසාහසික ලෙසත් භෝග සම්පත් සොයනවා. ධාර්මිකවත්, අසාහසික ලෙසත් භෝග සම්පත් සොයලා තමාව සැපවත් කරනවා. පිනවනවා. අනුන්ටත් බෙදනවා. පිනුත් කරනවා. ඒ වගේම ඒ භෝග සම්පත් වලට ඇලිලා නෑ. මුසපත් වෙලා නෑ. ගැලිලා නෑ. ආදීනව දකිනවා. එයින් නිදහස් වීම දකිනා නුවණ ඇතිව තමයි පරිභෝජනය කරන්නේ. පින්වත් මහණෙනි, මේ කාමභෝගී පුද්ගලයා සතර කරුණකින් පැසසිය යුතුයි. කවර සතර කරුණකින්ද පැසසිය යුත්තේ? ධාර්මිකවත්, අසාහසිකවත් භෝග සම්පත් ඉපයීම ගැනයි. මේ පළමු කරුණෙන් තමයි පැසසිය යුත්තේ. තමාව සැපවත් කරනවා පිනවනවා. මේ පැසසිය යුතු දෙවන කරුණයි. අනුන්ටත් බෙදනවා. පිනුත් කරනවා. මේ පැසසිය යුතු තුන්වන කරුණයි. ඒ වගේම ඒ භෝග සම්පත් වලට ඇලිලා නෑ. මුසපත් වෙලා නෑ. ගැලිලා නෑ. ආදීනව දකිනවා. එයින් නිදහස් වීම දකිනා නුවණ ඇතිව තමයි පරිභෝජනය කරන්නේ. මේ පැසසිය යුතු සතරවන කරුණයි. පින්වත් ගාමණී, මේ කාමභෝගී පුද්ගලයා මේ සතර කරුණෙන් පැසසිය යුතුයි.

පින්වත් ගාමණී, ලෝකයේ සිටිනා කටුක ජීවිත ගෙවන තවුසන් තුන්

දෙනෙක් දකින්ට ලැබෙනවා. කවර තුන් දෙනෙක්ද යත්? පින්වත් ගාමණී, මෙහිලා කටුක දිවියක් ගෙවන ඇතැම් තාපසයෙක් ඉන්නවා. "කුසල් දහම් අවබෝධ කරගන්ට ඇත්නම් කොයිතරම් හොඳද. මිනිස් දහමට වඩා උතුම් වූ ආර්ය ඤාණ දර්ශන විශේෂයක් සාක්ෂාත් කරන්ට ඇත්නම් කොයිතරම් හොඳද" කියලා ශ්‍රද්ධාවෙන් ගිහිගෙය අතහැරලා සසුනෙහි පැවිදි වෙනවා. ඔහු තමාව පීඩාවට පත් කරගන්නවා. හාත්පසින් තවා ගන්නවා. කුසල් දහමක අවබෝධයකුත් නෑ. මිනිස් දහමට වඩා උතුම් වූ ආර්ය ඤාණ දර්ශන විශේෂයක් සාක්ෂාත් කිරීමකුත් නෑ.

පින්වත් ගාමණී, මෙහිලා කටුක දිවියක් ගෙවන ඇතැම් තාපසයෙක් ඉන්නවා. "කුසල් දහම් අවබෝධ කරගන්ට ඇත්නම් කොයිතරම් හොඳද. මිනිස් දහමට වඩා උතුම් වූ ආර්ය ඤාණ දර්ශන විශේෂයක් සාක්ෂාත් කරන්ට ඇත්නම් කොයිතරම් හොඳද" කියලා ශ්‍රද්ධාවෙන් ගිහිගෙය අතහැරලා සසුනෙහි පැවිදි වෙනවා. ඔහු තමාව පීඩාවට පත් කරගන්නවා. හාත්පසින් තවා ගන්නවා. කුසල් දහමක අවබෝධයකුත් ගන්නවා. නමුත් මිනිස් දහමට වඩා උතුම් වූ ආර්ය ඤාණ දර්ශන විශේෂයක් සාක්ෂාත් කිරීමක් නෑ.

පින්වත් ගාමණී, මෙහිලා කටුක දිවියක් ගෙවන ඇතැම් තාපසයෙක් ඉන්නවා. "කුසල් දහම් අවබෝධ කරගන්ට ඇත්නම් කොයිතරම් හොඳද. මිනිස් දහමට වඩා උතුම් වූ ආර්ය ඤාණ දර්ශන විශේෂයක් සාක්ෂාත් කරන්ට ඇත්නම් කොයිතරම් හොඳද" කියලා ශ්‍රද්ධාවෙන් ගිහිගෙය අතහැරලා සසුනෙහි පැවිදි වෙනවා. ඔහු තමාව පීඩාවට පත් කරගන්නවා. හාත්පසින් තවා ගන්නවා. කුසල් දහමක අවබෝධයකුත් ගන්නවා. මිනිස් දහමට වඩා උතුම් වූ ආර්ය ඤාණ දර්ශන විශේෂයකුත් සාක්ෂාත් කරනවා.

පින්වත් ගාමණී, එහිලා යම් මේ කටුක ජීවිත ඇති තාපසයෙක් තමාව පීඩාවට පත් කරගන්නවා නම්, හාත්පසින් තවා ගන්නවා නම්, කුසල් දහමක අවබෝධයකුත් නැතිනම්, මිනිස් දහමට වඩා උතුම් වූ ආර්ය ඤාණ දර්ශන විශේෂයක් සාක්ෂාත් කිරීමකුත් නැතිනම් පින්වත් ගාමණී, මේ කටුක දිවි ගෙවන තාපසයා කරුණු තුනකින් ගැරහිය යුතුයි. කවර කරුණු තුනකින් ද ගැරහිය යුත්තේ? තමාව පීඩාවට පත් කරගන්නවා. හාත්පසින් තවා ගන්නවා. මේ පළමු කරුණෙන් ගැරහිය යුතුයි. කුසල් දහමක අවබෝධයකුත් නෑ. මේ දෙවෙනි කරුණෙන් ගැරහිය යුතුයි. මිනිස් දහමට වඩා උතුම් වූ ආර්ය ඤාණ දර්ශන විශේෂයක් සාක්ෂාත් කිරීමකුත් නෑ. මේ තුන්වෙනි කරුණෙන් ගැරහිය යුතුයි. පින්වත් ගාමණී, මේ කටුක දිවි ගෙවන තවුසා මේ කරුණු තුනෙන් ගැරහිය යුතුයි.

පින්වත් ගාමණී, එහිලා යම් මේ කටුක ජීවිත ඇති තාපසයෙක් තමාව පීඩාවට පත් කරගන්නවා නම්, හාත්පසින් තවා ගන්නවා නම්, කුසල් දහමක අවබෝධයකුත් තියෙනවා නම්, මිනිස් දහමට වඩා උතුම් වූ ආර්ය ඤාණ දර්ශන විශේෂයක් සාක්ෂාත් කිරීමකුත් නැතිනම්, පින්වත් ගාමණී, මේ කටුක දිවි ගෙවන තාපසයා කරුණු දෙකකින් ගැරහිය යුතුයි. එක් කරුණකින් පැසසිය යුතුයි. කවර කරුණු දෙකකින් ද ගැරහිය යුත්තේ? තමාව පීඩාවට පත් කරගන්නවා. හාත්පසින් තවා ගන්නවා. මේ පළමු කරුණෙන් ගැරහිය යුතුයි. මිනිස් දහමට වඩා උතුම් වූ ආර්ය ඤාණ දර්ශන විශේෂයක් සාක්ෂාත් කිරීමකුත් නෑ. මේ දෙවෙනි කරුණෙන් ගැරහිය යුතුයි. පැසසිය යුතු එක් කරුණ කුමක්ද? කුසල් දහමක අවබෝධයක් තියෙනවා. මේ එක් කරුණෙන් පැසසිය යුතුයි. පින්වත් ගාමණී, මේ කටුක දිවි ගෙවන තවුසා මේ කරුණු දෙකෙන් ගැරහිය යුතුයි. මේ එක් කරුණෙන් පැසසිය යුතුයි.

පින්වත් ගාමණී, එහිලා යම් මේ කටුක ජීවිත ඇති තාපසයෙක් තමාව පීඩාවට පත් කරගන්නවා නම්, හාත්පසින් තවා ගන්නවා නම්, කුසල් දහමක අවබෝධයකුත් තියෙනවා නම්, මිනිස් දහමට වඩා උතුම් වූ ආර්ය ඤාණ දර්ශන විශේෂයක් සාක්ෂාත් කිරීමකුත් තියෙනවා නම්, පින්වත් ගාමණී, මේ කටුක දිවි ගෙවන තාපසයා එක් කරුණකින් ගැරහිය යුතුයි. දෙකරුණකින් පැසසිය යුතුයි. කවර එක් කරුණකින් ද ගැරහිය යුත්තේ? තමාව පීඩාවට පත් කරගන්නවා. හාත්පසින් තවා ගන්නවා. මේ එක් කරුණෙන් ගැරහිය යුතුයි. පැසසිය යුතු දෙකරුණ කුමක්ද? කුසල් දහමක අවබෝධයකුත් තියෙනවා. මේ පළමු කරුණෙන් පැසසිය යුතුයි. මිනිස් දහමට වඩා උතුම් වූ ආර්ය ඤාණ දර්ශන විශේෂයක් සාක්ෂාත් කිරීමක් තියෙනවා. මේ දෙවෙනි කරුණෙන් පැසසිය යුතුයි. පින්වත් ගාමණී, මේ කටුක දිවි ගෙවන තවුසා මේ එක් කරුණෙන් ගැරහිය යුතුයි. මේ දෙකරුණෙන් පැසසිය යුතුයි.

පින්වත් ගාමණී, මෙහිදී ම දැක්ක යුතු අකාලික වූ, ඒහිපස්සික වූ, තමා තුළට පමුණුවා ගත යුතු වූ, නුවණැත්තන් විසින් තම තම නැණ පමණින් අවබෝධ කළ යුතු වූ මේ කෙලෙස් දිරවීම් තුනක් තියෙනවා. ඒ තුන මොනවාද?

රාගයෙන් ඇලුනු පුද්ගලයෙක් රාගය නිසා ඇති වෙන ප්‍රශ්න වලින් තමාවත් පෙළීමට සිතනවා. අනුන්වත් පෙළීමට සිතනවා. දෙපස ම පෙළීමට සිතනවා. රාගය ප්‍රහීණ වෙලා ගියොත් තමාව පෙළන්ට සිතන්නෙත් නෑ. අනුන්ව පෙළන්ට සිතන්නෙත් නෑ. දෙපසම පෙළන්න සිතන්නෙත් නෑ. මෙහිදීම දැක්ක යුතු අකාලික වූ, ඒහිපස්සික වූ, තමා තුළට පමුණුවා ගත යුතු වූ, නුවණැත්තන් විසින් තම තම නැණ පමණින් අවබෝධ කළ යුතු මෙය

කෙලෙස් දිරවීමකි. ද්වේෂයෙන් දූෂ්ය වූ පුද්ගලයෙක් ද්වේෂය නිසා ඇති වෙන ප්‍රශ්න වලින් තමාවත් පෙළීමට සිතනවා. අනුන්වත් පෙළීමට සිතනවා. දෙපස ම පෙළීමට සිතනවා. ද්වේෂය ප්‍රහීණ වෙලා ගියොත් තමාව පෙළන්ට සිතන්නෙත් නෑ. අනුන්ව පෙළන්ට සිතන්නෙත් නෑ. දෙපස ම පෙළන්න සිතන්නෙත් නෑ. මෙහිදීම දැක්ක යුතු අකාලික වූ, ඒහිපස්සික වූ, තමා තුලට පමුණුවා ගත යුතු වූ, නුවණැත්තන් විසින් තම තම නැණ පමණින් අවබෝධ කළ යුතු මෙය කෙලෙස් දිරවීමකි. මෝහයෙන් මුළා වූ පුද්ගලයෙක් මෝහය නිසා ඇති වෙන ප්‍රශ්න වලින් තමාවත් පෙළීමට සිතනවා. අනුන්වත් පෙළීමට සිතනවා. දෙපසම පෙළීමට සිතනවා. මෝහය ප්‍රහීණ වෙලා ගියොත් තමාව පෙළන්ට සිතන්නෙත් නෑ. අනුන්ව පෙළන්ට සිතන්නෙත් නෑ. දෙපසම පෙළන්න සිතන්නෙත් නෑ. මෙහිදීම දැක්ක යුතු, අකාලික වූ, ඒහිපස්සික වූ, තමා තුලට පමුණුවා ගත යුතු වූ, නුවණැත්තන් විසින් තම තම නැණ පමණින් අවබෝධ කළ යුතු මෙය කෙලෙස් දිරවීමකි. පින්වත් ගාමණී, මේ වනාහී මෙහිදීම දැක්ක යුතු, අකාලික වූ, ඒහිපස්සික වූ, තමා තුළට පමුණුවා ගත යුතු වූ, නුවණැත්තන් විසින් තම තම නැණ පමණින් අවබෝධ කළ යුතු වූ කෙලෙස් දිරවීම් තුනයි.

මෙසේ වදාළ විට රාසිය ගාමණී භාග්‍යවතුන් වහන්සේට මෙසේ සැළ කළා. ස්වාමීනි, ඉතා සුන්දරයි. ස්වාමීනි, ඉතා සුන්දරයි ....(පෙ).... අද පටන් දිවි හිමියෙන් සරණ ගිය උපාසකයෙකු වශයෙන් මා පිළිගන්නා සේක්වා.

සාදු ! සාදු !! සාදු !!!

රාසිය සූත්‍රය නිමා විය.

8.1.13
පාටලිය සූත්‍රය
පාටලිය ගාමණීට වදාළ දෙසුම

ඒ දිනවල භාග්‍යවතුන් වහන්සේ වැඩසිටියේ කෝලිය ජනපදයේ උත්තරක නම් කෝලිය වංශිකයන් ගේ නියම්ගමේ. එදා පාටලිය ගාමණී භාග්‍යවතුන් වහන්සේ වැඩසිටි තැනට පැමිණුනා. පැමිණිලා භාග්‍යවතුන් වහන්සේට ආදරයෙන් වන්දනා කරලා එකත්පස්ව වාඩිවුණා. එකත්පස්ව වාඩිවුණ පාටලිය ගාමණී භාග්‍යවතුන් වහන්සේගෙන් මෙකරුණ විමසා සිටියා.

ස්වාමීනි, මට මේ කරුණ අසන්ට ලැබුණා. "ශ්‍රමණ ගෞතමයන් වහන්සේ මායා දන්නවා" කියලා. ස්වාමීනී, යම් කෙනෙක් "ශ්‍රමණ ගෞතමයන් වහන්සේ මායා දන්නවා" කියලා මෙහෙම කිව්වාද ස්වාමීනී, ඒ උදවිය භාග්‍යවතුන් වහන්සේ වදාළ දෙයක් ම ද කියන්නේ? භාග්‍යවතුන් වහන්සේට අභූතයෙන් චෝදනා කිරීමක් නැද්ද? ධර්මයට අනුකූල දෙයක් ම ද කියන්නේ? කරුණු සහිතව වාද නංවා ගැරහීමට පත් කරවන දෙයක් නැද්ද? ස්වාමීනි, අපි භාග්‍යවතුන් වහන්සේට අභූතයෙන් චෝදනා කරන්න කැමති නෑ.

පින්වත් ගාමණී, යම් ඒ කෙනෙක් "ශ්‍රමණ ගෞතමයන් වහන්සේ මායා දන්නවා" කියලා මෙහෙම කිව්වා නම්, ඒ උදවිය කියලා තියෙන්නේ මා කිවූ දෙයක් ම යි. අභූතයෙන් මට චෝදනා කරලත් නෑ. ධර්මයට අනුකූල දෙයක් ම යි කියලා තියෙන්නේ. කරුණු සහිතව වාද නංවා ගැරහිය යුතු දෙයකට පැමිණෙන්නෙත් නෑ. පින්වත්නි, එහෙම නම් අපි "ශ්‍රමණ ගෞතමයන් වහන්සේ මායා දන්නවා" කියන ඒ ශ්‍රමණ බ්‍රාහ්මණයන්ගේ සත්‍ය වූ ම කථාව අදහන්නේ නෑ. නමුත් පින්වත්නි, ශ්‍රමණ ගෞතමයන් වහන්සේ මායා ඇති කෙනෙක් ම යි. පින්වත් ගාමණී, යමෙක් මෙහෙම කියනවා නම්, "මං මායා දන්නවා" කියලා. ඔහු "මං මායා ඇති කෙනෙක්" කියලා මෙහෙම කිව්වා වෙනවාද? භාග්‍යවතුන් වහන්ස, ඒක ඒ විදිහ නෙන්නම්. සුගතයන් වහන්ස, ඒක ඒ විදිහ නෙන්නම්. එසේ වී නම් පින්වත් ගාමණී, මෙකරුණ ගැන ඔබගෙන් ම විමසන්නම් ඔබට යම් අයුරකින් වැටහේ නම් ඒ විදිහට උත්තර දෙන්න.

පින්වත් ගාමණී, මේ ගැන ඔබ කුමක්ද හිතන්නේ? පින්වත් ගාමණී, ඔබ කෝලිය රජුන් ගේ ලම්බචූළක භටයන් ගැන දන්නවාද? ස්වාමීනි, මං කෝලිය රජුන්ගේ ලම්බචූළක භටයන් ගැන දන්නවා. පින්වත් ගාමණී, මේ ගැන ඔබ කුමක්ද හිතන්නේ? ඔය කෝලියයන් ගේ ලම්බචූළක භටයන් ඉන්නේ කුමක් සඳහාද? ස්වාමීනි, කෝලියයන් හට යම් සොරුන් ඉන්නවා නම් ඔවුන්ව වළක්වන්නටත් කෝලියයන්ගේ යම් පණිවිඩපණත් ඇත්නම් ඒවා රැගෙන යාමටත් ය. ස්වාමීනි, කෝලියයන් ගේ ලම්බචූළක භටයන් ඉන්නේ ඔන්න ඔය කාරණය පිණිසයි. පින්වත් ගාමණී, මේ ගැන ඔබ කුමක්ද හිතන්නේ? කෝලියයන්ගේ ලම්බචූළක භටයන් ගැන ඔබ දන්නේ ඔවුන් සිල්වත් කියලද? දුස්සීලයි කියලද? ස්වාමීනි, කෝලියයන්ගේ ලම්බචූළක භටයන් ගැන මා දන්නේ ඔවුන් දුස්සීල, පව්ටු දහම් ඇති අය බවයි. ලෝකයෙහි දුස්සීල වූ පව්ටු දහම් ඇති යමෙක් ඇත්නම්, කෝලියයන්ගේ ලම්බචූළක භටයිනුත් ඉන්නේ ඔවුන් අතර තමයි.

එතකොට පින්වත් ගාමණී, යම් කෙනෙක් මෙහෙම කිව්වොත් "පාටලිය ගාමණී කෝලියයන්ගේ දුස්සීල වූ, පව්ටු දහම් ඇති ලම්බචූළක භටයන්ව දන්නවා. එනිසා පාටලිය ගාමණීත් දුස්සීලයි. පව්ටු දහමින් යුක්තයි" කියලා. ඒ කෙනා හරි දේ කිව්ව වෙනවාද? ස්වාමීනි, එය නොවේමය. ස්වාමීනි, කෝලියයන්ගේ ලම්භචූළක භටයන් වෙන පිරිසක් නොවැ. මං වෙන කෙනෙක් නොවැ. කෝලියයන්ගේ ලම්භචූළක භටයන් වෙන ස්වභාවයකින් යුක්තයි. මං වෙන ස්වභාවයකින් යුක්තයි. එතකොට පින්වත් ගාමණී, "පාටලිය ගාමණී කෝලියයන්ගේ දුස්සීල වූ, පව්ටු දහම් ඇති ලම්භචූළක භටයන්ව දන්නවා. නමුත් පාටලිය ගාමණී දුස්සීල කෙනෙක් නොවේ. පව්ටු දහම් ඇති කෙනෙක් නොවේ" යන කරුණ ඔබට ලබන්ට පුළුවන් නම්, "තථාගතයන් වහන්සේ මායා දන්නවා. නමුත් තථාගතයන් වහන්සේ මායා ඇති කෙනෙක් නොවේ" යන කරුණ තථාගතයන් වහන්සේ නොලබන්නේ මක් නිසාද?

පින්වත් ගාමණී, මං මායා ගැනත් දන්නවා. මායාවේ ඇති විපාක ගැනත් දන්නවා. යම් අයුරකින් මායා ඇති කෙනෙක් ජීවත් වෙනවා නම්, කය බිඳී මරණින් මතු අපාය, දුගතිය, විනිපාත නම් වූ නිරයෙහි උපදිනවා නම් ඒකත් දන්නවා. පින්වත් ගාමණී, මං සතුන් මැරීම යනු කුමක්ද කියලත් දන්නවා. සතුන් මැරීමේ විපාකත් දන්නවා. යම් අයුරකින් සතුන් මරණ කෙනෙක් ජීවත් වෙනවා නම් කය බිඳී මරණින් මතු අපාය, දුගතිය, විනිපාත නම් වූ නිරයෙහි උපදිනවා නම් ඒකත් දන්නවා. පින්වත් ගාමණී, මං සොරකම් කිරීම යනු කුමක්ද කියලත් දන්නවා. සොරකම් කිරීමේ විපාකත් දන්නවා. යම් අයුරකින් සොරකම් කරන කෙනෙක් ජීවත් වෙනවා නම් කය බිඳී මරණින් මතු අපාය, දුගතිය, විනිපාත නම් වූ නිරයෙහි උපදිනවා නම් ඒකත් දන්නවා. පින්වත් ගාමණී, මං කාමයෙහි වරදවා හැසිරීම යනු කුමක්ද කියලත් දන්නවා. කාමයෙහි වරදවා හැසිරීමේ විපාකත් දන්නවා. යම් අයුරකින් කාමයෙහි වරදවා හැසිරෙන කෙනෙක් ජීවත් වෙනවා නම්, කය බිඳී මරණින් මතු අපාය, දුගතිය, විනිපාත නම් වූ නිරයෙහි උපදිනවා නම් ඒකත් දන්නවා. පින්වත් ගාමණී, මං බොරු කීම යනු කුමක්ද කියලත් දන්නවා. බොරු කීමේ විපාකත් දන්නවා. යම් අයුරකින් බොරු කියන කෙනෙක් ජීවත් වෙනවා නම්, කය බිඳී මරණින් මතු අපාය, දුගතිය, විනිපාත නම් වූ නිරයෙහි උපදිනවා නම් ඒකත් දන්නවා. පින්වත් ගාමණී, මං කේළාම් කීම යනු කුමක්ද කියලත් දන්නවා. කේළාම් කීමේ විපාකත් දන්නවා. යම් අයුරකින් කේළාම් කියන කෙනෙක් ජීවත් වෙනවා නම්, කය බිඳී මරණින් මතු අපාය, දුගතිය, විනිපාත නම් වූ නිරයෙහි උපදිනවා නම් ඒකත් දන්නවා. පින්වත් ගාමණී, මං ඵරුෂ වචන කීම යනු කුමක්ද කියලත් දන්නවා. ඵරුෂ වචන කීමේ විපාකත් දන්නවා. යම්

අයුරකින් පරුෂ වචන කියන කෙනෙක් ජීවත් වෙනවා නම්, කය බිඳී මරණින් මතු අපාය, දුගතිය, විනිපාත නම් වූ නිරයෙහි උපදිනවා නම් ඒකත් දන්නවා. පින්වත් ගාමණී, මං හිස් වචන කීම යනු කුමක්ද කියලත් දන්නවා. හිස් වචන කීමේ විපාකත් දන්නවා. යම් අයුරකින් හිස් වචන කියන කෙනෙක් ජීවත් වෙනවා නම්, කය බිඳී මරණින් මතු අපාය, දුගතිය, විනිපාත නම් වූ නිරයෙහි උපදිනවා නම් ඒකත් දන්නවා.

පින්වත් ගාමණී, මං විෂම ලෝභය යනු කුමක්ද කියලත් දන්නවා. විෂම ලෝභයේ විපාකත් දන්නවා. යම් අයුරකින් විෂම ලෝභය ඇති කෙනෙක් ජීවත් වෙනවා නම්, කය බිඳී මරණින් මතු අපාය, දුගතිය, විනිපාත නම් වූ නිරයෙහි උපදිනවා නම් ඒකත් දන්නවා. පින්වත් ගාමණී, මං කෝප වී ද්වේෂ සහිත වීම යනු කුමක්ද කියලත් දන්නවා. කෝප වී ද්වේෂ සහිත වීමේ විපාකත් දන්නවා. යම් අයුරකින් කෝප වී ද්වේෂයෙන් යුතු කෙනෙක් ජීවත් වෙනවා නම්, කය බිඳී මරණින් මතු අපාය, දුගතිය, විනිපාත නම් වූ නිරයෙහි උපදිනවා නම් ඒකත් දන්නවා. පින්වත් ගාමණී, මං මිත්‍යා දෘෂ්ටිය යනු කුමක්ද කියලත් දන්නවා. මිත්‍යා දෘෂ්ටියේ විපාකත් දන්නවා. යම් අයුරකින් මිත්‍යා දෘෂ්ටික කෙනෙක් ජීවත් වෙනවා නම්, කය බිඳී මරණින් මතු අපාය, දුගතිය, විනිපාත නම් වූ නිරයෙහි උපදිනවා නම් ඒකත් දන්නවා.

පින්වත් ගාමණී, ඇතැම් ශ්‍රමණ බ්‍රාහ්මණයන් ඉන්නවා. ඔවුන් මෙහෙමයි කියන්නේ. මෙහෙම දෘෂ්ටියකයි ඉන්නේ. යම් කිසි කෙනෙක් සතුන් මරණවා නම්, ඒ සියලු දෙනා මෙලොවදී ම දුක් දොම්නස් විඳිනවා කියල. යම් කිසි කෙනෙක් සොරකම් කරනවා නම්, ඒ සියලු දෙනා මෙලොවදී ම දුක් දොම්නස් විඳිනවා කියල. යම් කිසි කෙනෙක් කාමයෙහි වරදවා හැසිරෙනවා නම්, ඒ සියලු දෙනා මෙලොවදී ම දුක් දොම්නස් විඳිනවා කියල. යම් කිසි කෙනෙක් බොරු කියනවා නම්, ඒ සියලු දෙනා මෙලොවදී ම දුක් දොම්නස් විඳිනවා කියල.

නමුත් පින්වත් ගාමණී, මෙහි ඇතැම් කෙනෙක්ව දකින්ට ලැබෙනවා මල් මාලා දාල, කන කර ආභරණ පැළඳගෙන, හොඳට වතුර නාල, සුවඳ විලවුන් දාල, කොණ්ඩා මෝස්තර දාල, රජෙක් වගේ ස්ත්‍රී කාමයන් සහිතව ඉඳුරන් පිනවනවා. ඔහු ගැන මෙහෙම අහනවා. "භවත්නි, මේ පුරුෂයා කුමක් කරලද මල් මාලා දාල, කන කර ආභරණ පැළඳගෙන, හොඳට වතුර නාල, සුවඳ විලවුන් දාල, කොණ්ඩා මෝස්තර දාල. රජෙක් වගේ ස්ත්‍රී කාමයන් සහිතව ඉඳුරන් පිනවන්නේ?" එතකොට ඔහුට මෙහෙම කියනවා. "භවත්නි, මේ පුරුෂයා රජ්ජුරුවන්ගේ සතුරෙක්ව යටත් කරල මරල දැම්මා. ඔහුට රජතුමා

සතුටු වෙලා තෑගිබෝග දුන්නා. ඒ නිසයි මේ පුරුෂයා මල් මාලා දාල, කන කර ආභරණ පැළඳගෙන, හොඳට වතුර නාල, සුවඳ විලවුන් දාල, කොණ්ඩා මෝස්තර දාල. රජෙක් වගේ ස්ත්‍රී කාමයන් සහිතව ඉඳුරන් පිනවන්නේ."

පින්වත් ගාමණී, මෙහි ඇතැම් කෙනෙකුව දකින්ට ලැබෙනවා. ඔහුව දැඩි රැහැන් පටින් අත් පිටුපසට කරල දැඩි ලෙස බැඳලා, හිස මුඩු කරලා, රළු හඬ නඟන බෙරයෙන් යුතුව පාරක් පාරක් ගානේ, හතරමං හංදියක් ගානේ අරගෙන ගිහින් දකුණු දොරෙන් නික්මිලා නගරයෙන් දකුණු දිශාවේ හිස ගසනු ලබනවා. එතකොට ඔහු ගැන මෙහෙම අහනවා. "භවත්නි, මේ පුරුෂයා මොකක්ද කළේ? දැඩි රැහැන් පටින් අත් පිටුපසට කරල දැඩි ලෙස බැඳලා, හිස මුඩු කරලා, රළු හඬ නඟන බෙරයෙන් යුතුව පාරක් පාරක් ගානේ, හතරමං හංදියක් ගානේ අරගෙන ගිහින් දකුණු දොරෙන් නික්මිලා නගරයෙන් දකුණු දිශාවේ හිස ගසනු ලබන්නේ?" එතකොට ඔහුට මෙහෙම කියනවා. "භවත්නි, මේ පුරුෂයා රජතුමාගේ සතුරෙක්. ස්ත්‍රියකව හරි පුරුෂයෙකුව හරි මරල දාල. ඒ නිසයි රජතුමා මෙයාව අල්ලගෙන ඔය විදිහට වධවේදනා දෙන්නේ." පින්වත් ගාමණී, ඒ ගැන ඔබ මොකක්ද හිතන්නේ? මෙබඳු වූ දේවල් ගැන ඔබ අහල හෝ දැකල හෝ තියෙනවාද? ස්වාමීනි, අපට දකින්ට ලැබිල තියෙනවා. අසන්ට ලැබිලත් තියෙනවා. ඉදිරියෙදිත් අසාවි.

පින්වත් ගාමණී, එහිලා යම් ශ්‍රමණ බ්‍රාහ්මණයෙක් මෙහෙම කියනවා නම්, මෙහෙම දෘෂ්ටියකින් ඉන්නවා නම්, "යම් කිසිවෙක් ප්‍රාණඝාතයේ යෙදෙනවා නම්, ඒ සියලු දෙනාම මේ ජීවිතයේදී ම දුක් දොම්නස් විඳිනවා." කියලා. ඔවුන් කියලා තියෙන්නේ ඇත්තක් ද? බොරුවක් ද? ස්වාමීනි, බොරුවක් ම යි. යම් ඒ කෙනෙක් වනාහී හිස් බොරු දොඩවනවා නම්, ඔවුන් සිල්වත් ද? දුස්සීලයි ද? ස්වාමීනි, දුස්සීලයි. යම් ඒ කෙනෙක් වනාහී දුස්සීල නම්, පවිටු දහමින් යුතු නම්, ඔවුන් වැරදියට ද පිළිපදින්නේ? හරියට ද පිළිපදින්නේ? ස්වාමීනි, ඔවුන් වැරදියටයි පිළිපදින්නේ. යම් ඒ කෙනෙක් වනාහී වැරදියට පිළිපදිනවා නම් ඔවුන් මිථ්‍යා දෘෂ්ටිකයි ද? සම්‍යක් දෘෂ්ටිකයි ද? ස්වාමීනි, මිථ්‍යා දෘෂ්ටිකයි. යම් ඒ කෙනෙක් වනාහී මිථ්‍යා දෘෂ්ටිකයි නම් ඔවුන්ට පහදින්ට වටිනවා ද? ස්වාමීනි, එය නොවේ ම ය.

ඒ වගේම පින්වත් ගාමණී, මෙහි ඇතැම් කෙනෙක්ව දකින්ට ලැබෙනවා. මල් මාලා දාල, කන කර ආභරණ පැළඳගෙන ....(පෙ).... රජෙක් වගේ ස්ත්‍රී කාමයන් සහිතව ඉඳුරන් පිනවනවා. ඔහු ගැන මෙහෙම අහනවා. "භවත්නි, මේ පුරුෂයා කුමක් කරලද මල් මාලා දාල, කන කර ආභරණ පැළඳගෙන ....(පෙ).... රජෙක් වගේ ස්ත්‍රී කාමයන් සහිතව ඉඳුරන් පිනවන්නේ?" එතකොට

ඔහුට මෙහෙම කියනවා. "භවත්නි, මේ පුරුෂයා රජ්ජුරුවන්ගේ සතුරෙක්ව යටත් කරලා, මැණික් බලෙන් පැහැර ගත්තා. ඔහුට රජතුමා සතුටු වෙලා තෑගිබෝග දුන්නා. ඒ නිසයි මේ පුරුෂයා මල් මාලා දාල, කන කර ආභරණ පැළඳගෙන ....(පෙ).... රජෙක් වගේ ස්ත්‍රී කාමයන් සහිතව ඉඳුරන් පිනවන්නේ."

ඒ වගේම පින්වත් ගාමණී, මෙහි ඇතැම් කෙනෙක්ව දකින්ට ලැබෙනවා. ඔහුව දැඩි රැහැන් පටින් ....(පෙ).... නගරයෙන් දකුණු දිශාවේ හිස ගසනු ලබනවා. එතකොට ඔහු ගැන මෙහෙම අහනවා. "භවත්නි, මේ පුරුෂයා මොකක්ද කළේ? දැඩි රැහැන් පටින් ....(පෙ).... නගරයෙන් දකුණු දිශාවේ හිස ගසනු ලබන්නේ?" එතකොට ඔහුට මෙහෙම කියනවා. "භවත්නි, මේ පුරුෂයා ගමකින් හරි, අරණකින් හරි නොදුන් දෙයක් සොර සිතින් අරගත්තා. ඒ නිසයි රජතුමා මෙයාව අල්ලගෙන ඔය විදිහට වධවේදනා දෙන්නේ." පින්වත් ගාමණී, ඒ ගැන ඔබ කුමක්ද හිතන්නේ? මෙබඳු වූ දේවල් ගැන ඔබ අහල හෝ දැකල හෝ තියෙනවාද? ස්වාමීනි, අපට දකින්ට ලැබිල තියෙනවා. අසන්ට ලැබිලත් තියෙනවා. ඉදිරියේදීත් අසාවි. පින්වත් ගමණී, එහිලා යම් ශ්‍රමණ බ්‍රාහ්මණයෙක් මෙහෙම කියනවා නම්, මෙහෙම දෘෂ්ටියකින් ඉන්නවා නම්, "යම් කිසිවෙක් සොරකමේ යෙදෙනවා නම්, ඒ සියලු දෙනා ම මේ ජීවිතයේදී ම දුක් දොම්නස් විඳිනවා" කියල. ඔවුන් කියලා තියෙන්නේ ඇත්තක්ද? බොරුවක්ද? ....(පෙ).... ඔවුන්ට පහදින්ට වටිනවාද? ස්වාමීනි, එය නොවේමය.

ඒ වගේම පින්වත් ගාමණී, මෙහි ඇතැම් කෙනෙක්ව දකින්ට ලැබෙනවා. මල් මාලා දාල, කන කර ආභරණ පැළඳගෙන ....(පෙ).... රජෙක් වගේ ස්ත්‍රී කාමයන් සහිතව ඉඳුරන් පිනවනවා. ඔහු ගැන මෙහෙම කියනවා. "භවත්නි, මේ පුරුෂයා කුමක් කරලද මල් මාලා දාල, කන කර ආභරණ පැළඳගෙන ....(පෙ).... රජෙක් වගේ ස්ත්‍රී කාමයන් සහිතව ඉඳුරන් පිනවන්නේ?" එතකොට ඔහුට මෙහෙම කියනවා. "භවත්නි, මේ පුරුෂයා රජ්ජුරුවන් ගේ සතුරෙකුගේ බිරින්දෑවරුන් දූෂණය කළා. ඔහුට රජතුමා සතුටු වෙලා තෑගිබෝග දුන්නා. ඒ නිසයි මේ පුරුෂයා මල් මාලා දාල, කන කර ආභරණ පැළඳගෙන ....(පෙ).... රජෙක් වගේ ස්ත්‍රී කාමයන් සහිතව ඉඳුරන් පිනවන්නේ.

ඒ වගේම පින්වත් ගාමණී, මෙහි ඇතැම් කෙනෙක්ව දකින්ට ලැබෙනවා. ඔහුව දැඩි රැහැන් පටින් ....(පෙ).... නගරයෙන් දකුණු දිශාවේ හිස ගසනු ලබනවා. එතකොට ඔහු ගැන මෙහෙම අහනවා. "භවත්නි, මේ පුරුෂයා මොකක්ද කළේ? දැඩි රැහැන් පටින් ....(පෙ).... නගරයෙන් දකුණු දිශාවේ හිස ගසනු ලබන්නේ?" එතකොට ඔහුට මෙහෙම කියනවා. "භවත්නි මේ

පුරුෂයා කුල ස්ත්‍රීන් කෙරෙහි, කුල කුමරියන් කෙරෙහි වරදවා පිළිපැදලා. ඒ නිසයි රජතුමා මෙයාව අල්ලගෙන ඔය විදිහට වධවේදනා දෙන්නේ." පින්වත් ගාමණී, ඒ ගැන ඔබ කුමක්ද හිතන්නේ? මෙබඳු වූ දේවල් ගැන ඔබ අහල හෝ දැකල හෝ තියෙනවාද? ස්වාමීනි, අපට දකින්ට ලැබිල තියෙනවා. අසන්ට ලැබිලත් තියෙනවා. ඉදිරියේදීත් අසාවි. පින්වත් ගාමණී, එහිලා යම් ශ්‍රමණ බ්‍රාහ්මණයෙක් මෙහෙම කියනවා නම්, මෙහෙම දෘෂ්ටියකින් ඉන්නවා නම්, "යම් කිසිවෙක් කාමයෙහි වරදවා හැසිරෙනවා නම්, ඒ සියලු දෙනා ම මේ ජීවිතයේදී ම දුක් දොම්නස් විඳිනවා" කියල. ඔවුන් කියලා තියෙන්නේ ඇත්තක්ද? බොරුවක්ද? ....(පෙ).... ඔවුන්ට පහදින්ට වටිනවාද? ස්වාමීනි, එය නොවේමය.

ඒ වගේ ම පින්වත් ගාමණී, මෙහි ඇතැම් කෙනෙක්ව දකින්ට ලැබෙනවා. මල් මාලා දාල, කන කර ආභරණ පැළඳගෙන, හොඳට වතුර නාල, සුවඳ විලවුන් දාල, කොණ්ඩා මෝස්තර දාල, රජෙක් වගේ ස්ත්‍රී කාමයන් සහිතව ඉඳුරන් පිනවනවා. ඔහු ගැන මෙහෙම අහනවා. "භවත්නි, මේ පුරුෂයා කුමක් කරලද මල් මාලා දාල, කන කර ආභරණ පැළඳගෙන, හොඳට වතුර නාල, සුවඳ විලවුන් දාල, කොණ්ඩා මෝස්තර දාල, රජෙක් වගේ ස්ත්‍රී කාමයන් සහිතව ඉඳුරන් පිනවන්නේ?" එතකොට ඔහුට මෙහෙම කියනවා. "භවත්නි, මේ පුරුෂයා රජ්ජුරුවන්ට බොරු කියලා හිනැස්සුවා. ඔහුට රජතුමා සතුටු වෙලා තෑගිභෝග දුන්නා. ඒ නිසයි මේ පුරුෂයා මල් මාලා දාල, කන කර ආභරණ පැළඳගෙන, හොඳට වතුර නාල, සුවඳ විලවුන් දාල, කොණ්ඩා මෝස්තර දාල, රජෙක් වගේ ස්ත්‍රී කාමයන් සහිතව ඉඳුරන් පිනවන්නේ.

පින්වත් ගාමණී, මෙහි ඇතැම් කෙනෙකුව දකින්ට ලැබෙනවා. ඔහුව දැඩි රැහැන් පටින් අත් පිටුපසට කරල දැඩි ලෙස බැඳලා, හිස මුඩු කරලා, රළු හඬ නඟන බෙරයෙන් යුතුව පාරක් පාරක් ගානේ, හතරමං හංදියක් ගානේ අරගෙන ගිහින් දකුණු දොරෙන් නික්මිලා නගරයෙන් දකුණු දිශාවේ හිස ගසනු ලබනවා. එතකොට ඔහු ගැන මෙහෙම අහනවා. "භවත්නි, මේ පුරුෂයා මොකක්ද කළේ? දැඩි රැහැන් පටින් අත් පිටුපසට කරල දැඩි ලෙස බැඳලා, හිස මුඩු කරලා, රළු හඬ නඟන බෙරයෙන් යුතුව පාරක් පාරක් ගානේ, හතරමං හංදියක් ගානේ අරගෙන ගිහින් දකුණු දොරෙන් නික්මිලා නගරයෙන් දකුණු දිශාවේ හිස ගසනු ලබන්නේ?" එතකොට ඔහුට මෙහෙම කියනවා. "භවත්නි, මේ පුරුෂයා ගෘහපතියෙකුට හරි ගෘහපති පුත්‍රයෙකුට හරි බොරුවෙන් ධන හානි කරලා. ඒ නිසයි රජතුමා මෙයාව අල්ලගෙන ඔය විදිහට වධවේදනා දෙන්නේ." පින්වත් ගාමණී, ඒ ගැන ඔබ මොකක්ද හිතන්නේ? මෙබඳු වූ දේවල් ගැන ඔබ අහල හෝ දැකල හෝ තියෙනවාද? ස්වාමීනි, අපට දකින්ට

ලැබිල තියෙනවා. අසන්ට ලැබිලත් තියෙනවා. ඉදිරියේදිත් අසාවි.

පින්වත් ගාමණී, එහිලා යම් ශ්‍රමණ බ්‍රාහ්මණයෙක් මෙහෙම කියනවා නම්, මෙහෙම දෘෂ්ටියකින් ඉන්නවා නම්, "යම් කිසිවෙක් බොරු කියනවා නම්, ඒ සියලු දෙනා ම මේ ජීවිතයේදී ම දුක් දොම්නස් විඳිනවා." කියලා. ඔවුන් කියලා තියෙන්නේ ඇත්තක්ද? බොරුවක්ද? ස්වාමීනි, බොරුවක් ම යි. යම් ඒ කෙනෙක් වනාහී හිස් බොරු දොඩවනවා නම්, ඔවුන් සිල්වත්ද? දුස්සීලයිද? ස්වාමීනි, දුස්සීලයි. යම් ඒ කෙනෙක් වනාහී දුස්සීල නම්, පවිටු දහමින් යුතු නම්, ඔවුන් වැරදියට ද පිළිපදින්නේ? හරියට ද පිළිපදින්නේ? ස්වාමීනි, ඔවුන් වැරදියටයි පිළිපදින්නේ. යම් ඒ කෙනෙක් වනාහී වැරදියට පිළිපදිනවා නම් ඔවුන් මිත්‍යා දෘෂ්ටිකයිද? සම්‍යක් දෘෂ්ටිකයිද? ස්වාමීනි, මිත්‍යා දෘෂ්ටිකයි. යම් ඒ කෙනෙක් වනාහී මිත්‍යා දෘෂ්ටිකයි නම් ඔවුන්ට පහදින්ට වටිනවාද? ස්වාමීනි, එය නොවේ ම ය.

ස්වාමීනි, ආශ්චර්යයි. ස්වාමීනි, පුදුම සහගතයි. ස්වාමීනි, මට ආවාස ගෙයක් තියෙනවා. ඒ ගෙදර ඇඳනුත් තියෙනවා. ආසනත් තියෙනවා. මහා දිය සැලියකුත් තියෙනවා. තෙල්පහනුත් තියෙනවා. ඒ ගෙදරට යම් ශ්‍රමණයෙක් වේවා, බ්‍රාහ්මණයෙක් වේවා නවතින්ට එනවා නම්, මං ශක්ති පමණින්, බල පමණින් ඔහුත් සමඟ බෙදාහදා ගන්නවා. ස්වාමීනි, කලින් වෙච්ච දෙයක් කියන්නම්. නොයෙක් මත දරන්නා වූ, නොයෙක් අදහස් ඇත්තා වූ, නොයෙක් රුචි ඇත්තා වූ ශාස්තෘවරු හතර දෙනෙක් ඒ ආවාස ගෙදර නවතින්ට ආවා. එක ශාස්තෘවරයෙක් මේ විදිහට කියන, මේ විදිහේ මතයක් ගත්තු කෙනෙක්. "දානයෙහි විපාක නැත. පූජාවෙහි විපාක නැත. සේවාවන්හි විපාක නැත. හොඳ නරක කර්මයන්ගේ එල විපාක නැත. මෙලොව කියා දෙයක් නැත. පරලොව කියා දෙයක් නැත. මව් කියා කෙනෙක් නැත. පියා කියා කෙනෙක් නැත. ඕපපාතික සතුන් නැත. යම් කෙනෙක් මෙලොවත් පරලොවත් තමන් ගේ ම විශිෂ්ට නුවණින් අවබෝධ කොට පවසයිද යහපත් ගමනක් ගිය, යහපතෙහි පිළිපන් එබඳු ශ්‍රමණ බ්‍රාහ්මණයන් ලෝකයෙහි නැත" කියලා.

එක ශාස්තෘවරයෙක් මේ විදිහට කියන, මේ විදිහේ මතයක් ගත්තු කෙනෙක්. "දානයෙහි විපාක ඇත. පූජාවෙහි විපාක ඇත. සේවාවන්හි විපාක ඇත. හොඳ නරක කර්මයන්ගේ එල විපාක ඇත. මෙලොව කියා දෙයක් ඇත. පරලොව කියා දෙයක් ඇත. මව් කියා කෙනෙක් ඇත. පියා කියා කෙනෙක් ඇත. ඕපපාතික සතුන් ඇත. යම් කෙනෙක් මෙලොවත් පරලොවත් තමන් ගේ ම විශිෂ්ට නුවණින් අවබෝධ කොට පවසයිද යහපත් ගමනක් ගිය, යහපතෙහි පිළිපන් එබඳු ශ්‍රමණ බ්‍රාහ්මණයන් ලෝකයෙහි ඇත" කියලා.

එක ශාස්තෘවරයෙක් මේ විදිහට කියන, මේ විදිහේ මතයක් ගත්තු කෙනෙක්. "කරන කෙනාට, අනුන් ලවා කරවන කෙනාට, අනුන්ගේ අත් පා සිඳින කෙනාට, අනුන්ගේ අත් පා සිඳවන කෙනාට, අනුන්ව පෙළන කෙනාටත්, පෙළවන කෙනාටත්, අනුන්ව සෝකයට පත් කරන කෙනාටත්, අනුන්ව වෙහෙසන කෙනාටත්, අනුන්ව කම්පා කරන කෙනාටත්, කම්පා කරවන කෙනාටත්, සතුන් මරණ කෙනාටත්, නොදුන් දෙය සොරකම් කරන කෙනාටත්, ගෙවල් බිඳින කෙනාටත්, මං පහරන කෙනාටත්, එක ගෙයක් වට කොට කොල්ලකන කෙනාටත්, මඟ රැක සිට කොල්ලකන කෙනාටත්, පර ස්ත්‍රීන් කරා යන කෙනාටත්, බොරු කියන කෙනාටත්, ඒවා කරවන කෙනාටත්, එයින් පවක් නොකෙරෙයි. ඉතා තියුණු මුවහත් ඇති ආයුධයක් ගෙන මේ පොළොවෙහි සියලු සතුන් එකම මස් ගොඩක් බවට, එකම මස් පිණ්ඩයක් බවට පත් කෙරුවත්, ඒ හේතුවෙන් සිදුවෙන පවක් නෑ. පාපයෙහි නැවත පැමිණීමක් නෑ. ඉදින් වනසමින්, ඝාතනය කරමින්, සිඳමින්, සිඳවමින්, පෙළමින්, පෙළවමින් දකුණු ගං තෙර දක්වා ගියත්, ඒ හේතුවෙන් සිදුවෙන පවක් නෑ. පාපයෙහි නැවත පැමිණීමක් නෑ. ඉදින් දන් දෙමින්, දෙවමින්, යාග කරමින්, යාග කරවමින්, උතුරු ගං තෙර දක්වා ගියත්, ඒ හේතුවෙන් සිදුවෙන පිනක් නෑ. පිනෙහි නැවත පැමිණීමක් නෑ. දානයෙන්, ඉන්ද්‍රිය දමනයෙන්, සීල සංවරයෙන්, සත්‍ය වචනයෙන් පිනක් ලැබෙන්නේ නෑ. පිනක ආපසු පැමිණීමක් නෑ."

එක ශාස්තෘවරයෙක් මේ විදිහට කියන, මේ විදිහේ මතයක් ගත්තු කෙනෙක්. "කරන කෙනාට, අනුන් ලවා කරවන කෙනාට, අනුන්ගේ අත් පා සිඳින කෙනොට, අනුන්ගේ අත් පා සිඳවන කෙනොට, අනුන්ව පෙළන කෙනාටත්, පෙළවන කෙනාටත්, අනුන්ව සෝකයට පත් කරන කෙනාටත්, අනුන්ව වෙහෙසන කෙනාටත්, අනුන්ව කම්පා කරන කෙනාටත්, කම්පා කරවන කෙනාටත්, සතුන් මරණ කෙනාටත්, නොදුන් දෙය සොරකම් කරන කෙනාටත්, ගෙවල් බිඳින කෙනාටත්, මං පහරන කෙනාටත්, එක ගෙයක් වට කොට කොල්ලකන කෙනාටත්, මඟ රැක සිට කොල්ලකන කෙනාටත්, පර ස්ත්‍රීන් කරා යන කෙනාටත්, බොරු කියන කෙනාටත්, ඒවා කරවන කෙනාටත්, එයින් පවක් කෙරෙයි. ඉතා තියුණු මුවහත් ඇති ආයුධයක් ගෙන මේ පොළොවෙහි සියලු සතුන් එකම මස් ගොඩක් බවට, එකම මස් පිණ්ඩයක් බවට පත් කෙරුවත්, ඒ හේතුවෙන් පවක් සිදුවෙනවා. පාපයෙහි නැවත පැමිණීමක් තියෙනවා. ඉදින් වනසමින්, ඝාතනය කරමින්, සිඳිමින්, සිඳවමින්, පෙළමින්, පෙළවමින් දකුණු ගං තෙර දක්වා ගියත්, ඒ හේතුවෙන් පවක් සිදුවෙනවා. පාපයෙහි නැවත පැමිණීමක් තියෙනවා. ඉදින් දන් දෙමින්,

දෙවමින්, යාග කරමින්, යාග කරවමින්, උතුරු ගං තෙර දක්වා ගියත්, ඒ හේතුවෙන් පිනක් සිදුවෙනවා. පිනෙහි නැවත පැමිණීමක් තියෙනවා. දානයෙන්, ඉන්ද්‍රිය දමනයෙන්, සීල සංවරයෙන්, සත්‍ය වචනයෙන් පිනක් ලැබෙනවා. පිනක ආපසු පැමිණීමක් තියෙනවා" කියලා.

ස්වාමීනි, මේ භවත් ශ්‍රමණ බ්‍රාහ්මණයන්ගෙන් කවුරු නම් ඇත්ත කියනවාද? කවුරු නම් බොරු කියනවාදැ? යි කියලා ඒ මට බොහෝ ම සැක ඇති වුණා. විචිකිච්ඡා ඇති වුණා.

පින්වත් ගාමණී, සැක කරන්ට සුදුසු ම යි. විචිකිච්ඡා කරන්ට සුදුසු ම යි. සැක ඇති විය යුතු තැන ම යි ඔබට විචිකිච්ඡාව උපන්නේ. ස්වාමීනි, යම් අයුරකින් මේ සැක දුරු වෙනවා නම් ඒ අයුරින් භාග්‍යවතුන් වහන්සේ මට ධර්ම දේශනා කරන්න දක්ෂ වන සේක් ය කියලා මං මේ විදිහට භාග්‍යවතුන් වහන්සේ කෙරෙහි පැහැදිලයි ඉන්නේ.

පින්වත් ගාමණී, ධම්ම සමාධිය තියෙනවා. ඔබ අන්න ඒ ගැන චිත්ත සමාධියක් ඇති කර ගන්නවා නම්, ඔය විදිහට යි ඔබ මේ සැක සංකා අත්හරින්නේ. පින්වත් ගාමණී, ධම්ම සමාධිය යනු කුමක්ද? පින්වත් ගාමණී, මෙහිලා ආර්ය ශ්‍රාවකයා සතුන් මැරීම අත්හැරලා, සතුන් මැරීමෙන් වැළකී ඉන්නවා. දඬුමුගුරු අත්හරිනවා. අවිආයුධ අත්හරිනවා. සතුන් මැරීමෙහි ලැජ්ජා වෙනවා. දයාවන්ත කෙනෙක් වෙනවා. සියලු ප්‍රාණීන් කෙරෙහි හිතානුකම්පීව වාසය කරනවා. සොරකම අත්හරිනවා. සොරකමින් වැළකුණු කෙනෙක් වෙනවා. කාමයෙහි වරදවා හැසිරීම අත්හරිනවා. කාමයෙහි වරදවා හැසිරීමෙන් වැළකුණු කෙනෙක් වෙනවා. බොරු කීම අත්හරිනවා. බොරු කීමෙන් වැළකුණු කෙනෙක් වෙනවා. කේළාම් කීම අත්හරිනවා. කේළාම් කීමෙන් වැළකුණු කෙනෙක් වෙනවා. ඵරුෂ වචන කීම අත්හරිනවා. ඵරුෂ වචන කීමෙන් වැළකුණු කෙනෙක් වෙනවා. හිස් වචන කීම අත්හරිනවා. හිස් වචන කීමෙන් වැළකුණු කෙනෙක් වෙනවා. විෂම ලෝභය අත්හරිනවා. විෂම ලෝභයෙන් වැළකුණු කෙනෙක් වෙනවා. කෝප වී ද්වේෂය ඇතිවීම අත්හරිනවා. කෝප වී ද්වේෂය ඇති වීමෙන් වැළකුණු කෙනෙක් වෙනවා. මිත්‍යා දෘෂ්ටිය අත්හරිනවා. සම්මා දිට්ඨියෙන් යුතු කෙනෙක් වෙනවා.

පින්වත් ගාමණී, ඒ මේ ආර්ය ශ්‍රාවකයා මේ අයුරින් විෂම ලෝභය දුරු කොට, ව්‍යාපාදය දුරු කොට, සිහිමුළා නොවී, මනා නුවණින් යුතුව, මනා සිහියෙන් යුතුව, මෛත්‍රී සහගත සිතින් එක් දිශාවක් පතුරුවා වාසය කරනවා. ඒ වගේම දෙවෙනි දිශාවත්, ඒ වගේම තුන්වෙනි දිශාවත්, ඒ වගේම හතරවෙනි දිශාවත්, ඒ වගේම උඩ, යට, හරහට, සෑම තැනකට ම, සෑම සත්වයෙක්

කෙරෙහි ම මේ සකල ලෝකයට ම මෛත්‍රී සහගත සිතින් යුතුව, විපුල වූ මහත් බවට පැමිණි, ප්‍රමාණ රහිත වූ, වෛර නැති, තරහ නැති මෙත් සිත පතුරුවා වාසය කරනවා. ඔහු මේ විදිහට නුවණින් සළකා බලනවා. යම් මේ ශාස්තෲවරයෙක් "දානයෙහි විපාක නැත. පූජාවෙහි විපාක නැත. සේවාවන්හි විපාක නැත. හොඳ නරක කර්මයන්ගේ එල විපාක නැත. මෙලොව කියා දෙයක් නැත. පරලොව කියා දෙයක් නැත. මව් කියා කෙනෙක් නැත. පියා කියා කෙනෙක් නැත. ඕපපාතික සතුන් නැත. යම් කෙනෙක් මෙලොවත් පරලොවත් තමන් ගේම විශිෂ්ට නුවණින් අවබෝධ කොට පවසයි ද, යහපත් ගමනක් ගිය, යහපතෙහි පිළිපන් එබඳු ශ්‍රමණ බ්‍රාහ්මණයන් ලෝකයෙහි නැත" කියලා මෙවැනි දේ කියනවාද, මෙවැනි මතයක් දරනවාද, ඉදින් ඒ භවත් ශාස්තෲවරයාගේ වචනය ඇත්තක් වුණත්, යම් බඳු මං තැති ගන්නා වූ හෝ තැති නොගන්නා වූ හෝ කිසි සත්වයෙක් පෙළන්නේ නැත්නම්, එය මාගේ නිරපරාද බවට හේතු වේ. ඒ වගේම මං කයෙන් සංවර වෙනවා නම්, වචනයෙන් සංවර වෙනවා නම්, මනසින් සංවර වෙනවා නම්, ඒ හේතුවෙන් කය බිඳී මරණින් මතු සුගති සංඛ්‍යාත දෙව්ලොව උපදිනවා යන කරුණක් ඇද්ද, මට මෙහිලා දෙකම ජය ගන්ට පුළුවනි. එතකොට ඔහුට ප්‍රමෝදය ඇති වෙනවා. ප්‍රමෝදය තියෙන කෙනාට ප්‍රීතිය ඇති වෙනවා. ප්‍රීති සිතක් ඇති කෙනාගේ කය සංසිඳෙනවා. කය සංසිඳුන කෙනා සැප විඳිනවා. සැප ඇති කෙනාගේ සිත සමාධිමත් වෙනවා. පින්වත් ගාමණී, මේක තමයි ඒ ධම්මසමාධිය. ඉදින් ඔබ එහිලා චිත්ත සමාධිය ඇති කර ගන්නවා නම්, එතකොට ඔබ මේ සැකය අත්හරිනවා.

පින්වත් ගාමණී, ඒ මේ ආර්ය ශ්‍රාවකයා මේ අයුරින් විෂම ලෝභය දුරු කොට, ව්‍යාපාදය දුරු කොට, සිහිමුළා නොවී, මනා නුවණින් යුතුව, මනා සිහියෙන් යුතුව, මෛත්‍රී සහගත සිතින් එක් දිශාවක් පතුරුවා වාසය කරනවා. ඒ වගේම දෙවෙනි දිශාවත්, ඒ වගේම තුන්වෙනි දිශාවත්, ඒ වගේම හතරවෙනි දිශාවත්, ඒ වගේම උඩ, යට, හරහට, සෑම තැනකටම, සෑම සත්වයෙක් කෙරෙහි ම මේ සකල ලෝකයට ම මෛත්‍රී සහගත සිතින් යුතුව, විපුල වූ මහත් බවට පැමිණි, ප්‍රමාණ රහිත වූ, වෛර නැති, තරහ නැති මෙත් සිත පතුරුවා වාසය කරනවා. ඔහු මේ විදිහට නුවණින් සළකා බලනවා. යම් මේ ශාස්තෲවරයෙක් " දානයෙහි විපාක ඇත. පූජාවෙහි විපාක ඇත. සේවාවන්හි විපාක ඇත. හොඳ නරක කර්මයන්ගේ එල විපාක ඇත. මෙලොව කියා දෙයක් ඇත. පරලොව කියා දෙයක් ඇත. මව් කියා කෙනෙක් ඇත. පියා කියා කෙනෙක් ඇත. ඕපපාතික සතුන් ඇත. යම් කෙනෙක් මෙලොවත් පරලොවත් තමන්ගේ ම විශිෂ්ට නුවණින් අවබෝධ කොට පවසයිද, යහපත් ගමනක් ගිය, යහපතෙහි

පිළිපන් එබඳු ශ්‍රමණ බ්‍රාහ්මණයන් ලෝකයෙහි ඇත" කියලා මෙවැනි දේ කියනවාද, මෙවැනි මතයක් දරනවාද, ඉදින් ඒ භවත් ශාස්තෘවරයාගේ වචනය ඇත්තක් වුණත්, යම් බඳු මං තැති ගන්නා වූ හෝ තැති නොගන්නා වූ හෝ කිසි සත්වයෙක් පෙළන්නේ නැත්නම්, එය මාගේ නිරපරාද බවට හේතු වේ. ඒ වගේම මං කයෙන් සංවර වෙනවා නම්, වචනයෙන් සංවර වෙනවා නම්, මනසින් සංවර වෙනවා නම්, ඒ හේතුවෙන් කය බිඳී මරණින් මතු සුගති සංඛ්‍යාත දෙව්ලොව උපදිනවා යන කරුණක් ඇද්ද, මට මෙහිලා දෙක ම ජය ගන්ට පුළුවනි. එතකොට ඔහුට ප්‍රමෝදය ඇති වෙනවා. ප්‍රමෝදය තියෙන කෙනාට ප්‍රීතිය ඇති වෙනවා. ප්‍රීති සිතක් ඇති කෙනාගේ කය සංසිඳෙනවා. කය සංසිඳුන කෙනා සැප විඳිනවා. සැප ඇති කෙනාගේ සිත සමාධිමත් වෙනවා. පින්වත් ගාමණී, මේක තමයි ඒ ධම්මසමාධිය. ඉදින් ඔබ එහිලා චිත්ත සමාධිය ඇති කර ගන්නවා නම්, එතකොට ඔබ මේ සැකය අත්හරිනවා.

පින්වත් ගාමණී, ඒ මේ ආර්ය ශ්‍රාවකයා මේ අයුරින් විෂම ලෝභය දුරු කොට, ව්‍යාපාදය දුරු කොට, සිහිමුළා නොවී, මනා නුවණින් යුතුව, මනා සිහියෙන් යුතුව, මෛත්‍රී සහගත සිතින් එක් දිශාවක් පතුරුවා වාසය කරනවා. ඒ වගේම දෙවෙනි දිශාවත්, ඒ වගේම තුන්වෙනි දිශාවත්, ඒ වගේම හතරවෙනි දිශාවත්, ඒ වගේම උඩ, යට, හරහට, සෑම තැනකට ම, සෑම සත්වයෙක් කෙරෙහි ම මේ සකල ලෝකයට ම මෛත්‍රී සහගත සිතින් යුතුව, විපුල වූ, මහත් බවට පැමිණි, ප්‍රමාණ රහිත වූ, වෛර නැති, තරහ නැති මෙත් සිත පතුරුවා වාසය කරනවා. ඔහු මේ විදිහට නුවණින් සළකා බලනවා. යම් මේ ශාස්තෘවරයෙක් "කරන කෙනාට, අනුන් ලවා කරවන කෙනාට, අනුන්ගේ අත් පා සිඳින කෙනාට, අනුන්ගේ අත් පා සිඳවන කෙනාට, අනුන්ව පෙළන කෙනාටත්, පෙළවන කෙනාටත්, අනුන්ව සෝකයට පත් කරන කෙනාටත්, අනුන්ව වෙහෙසන කෙනාටත්, අනුන්ව කම්පා කරන කෙනාටත්, කම්පා කරවන කෙනාටත්, සතුන් මරණ කෙනාටත්, නොදුන් දෙය සොරකම් කරන කෙනාටත්, ගෙවල් බිඳින කෙනාටත්, මං පහරන කෙනාටත්, එක ගෙයක් වට කොට කොල්ලකන කෙනාටත්, මඟ රැක සිට කොල්ලකන කෙනාටත්, පර ස්ත්‍රීන් කරා යන කෙනාටත්, බොරු කියන කෙනාටත්, ඒවා කරවන කෙනාටත්, එයින් පවක් නො කෙරෙයි. ඉතා තියුණු මුවහත් ඇති ආයුධයක් ගෙන මේ පොළොවෙහි සියලු සතුන් එකම මස් ගොඩක් බවට, එකම මස් පිණ්ඩයක් බවට පත් කෙරුවත්, ඒ හේතුවෙන් සිදුවෙන පවක් නෑ. පාපයෙහි නැවත පැමිණීමක් නෑ. ඉදින් වනසමින්, ඝාතනය කරමින්, සිඳිමින්, සිඳවමින්, පෙළමින්, පෙළවමින් දකුණු ගං තෙර දක්වා ගියත්, ඒ හේතුවෙන් සිදුවෙන පවක් නෑ. පාපයෙහි නැවත පැමිණීමක් නෑ. ඉදින් දන් දෙමින්, දෙවමින්, යාග

කරමින්, යාග කරවමින්, උතුරු ගං තෙර දක්වා ගියත්, ඒ හේතුවෙන් සිදුවෙන පිනක් නෑ. පිනෙහි නැවත පැමිණීමක් නෑ. දානයෙන්, ඉන්ද්‍රිය දමනයෙන්, සීල සංවරයෙන්, සත්‍ය වචනයෙන් පිනක් ලැබෙන්නේ නෑ. පිනක ආපසු පැමිණීමක් නෑ" කියලා මෙවැනි දේ කියනවාද, මෙවැනි මතයක් දරනවාද, ඉදින් ඒ භවත් ශාස්තෘවරයාගේ වචනය ඇත්තක් වුණත්, යම් බඳු මං තැති ගන්නා වූ හෝ තැති නොගන්නා වූ හෝ කිසි සත්වයෙක් පෙළන්නේ නැත්නම්, එය මාගේ නිරපරාද බවට හේතු වේ. ඒ වගේම මං කයෙන් සංවර වෙනවා නම්, වචනයෙන් සංවර වෙනවා නම්, මනසින් සංවර වෙනවා නම්, ඒ හේතුවෙන් කය බිඳී මරණින් මතු සුගති සංඛ්‍යාත දෙව්ලොව උපදිනවා යන කරුණක් ඇද්ද, මට මෙහිලා දෙකම ජය ගන්ට පුළුවනි. එතකොට ඔහුට ප්‍රමෝදය ඇති වෙනවා. ප්‍රමෝදය තියෙන කෙනාට ප්‍රීතිය ඇති වෙනවා. ප්‍රීති සිතක් ඇති කෙනාගේ කය සංසිඳෙනවා. කය සංසිඳුන කෙනා සැප විඳිනවා. සැප ඇති කෙනාගේ සිත සමාධිමත් වෙනවා. පින්වත් ගාමණී, මේක තමයි ඒ ධම්මසමාධිය. ඉදින් ඔබ එහිලා චිත්ත සමාධිය ඇති කර ගන්නවා නම්, එතකොට ඔබ මේ සැකය අත්හරිනවා.

පින්වත් ගාමණී, ඒ මේ ආර්ය ශ්‍රාවකයා මේ අයුරින් විෂම ලෝභය දුරු කොට, ව්‍යාපාදය දුරු කොට, සිහිමුළා නොවී, මනා නුවණින් යුතුව, මනා සිහියෙන් යුතුව, මෛත්‍රී සහගත සිතින් එක් දිශාවක් පතුරුවා වාසය කරනවා. ඒ වගේම දෙවෙනි දිශාවත්, ඒ වගේම තුන්වෙනි දිශාවත්, ඒ වගේම හතරවෙනි දිශාවත්, ඒ වගේම උඩ, යට, හරහට, සෑම තැනකට ම, සෑම සත්වයෙක් කෙරෙහි ම මේ සකල ලෝකයට ම මෛත්‍රී සහගත සිතින් යුතුව, විපුල වූ, මහත් බවට පැමිණි, ප්‍රමාණ රහිත වූ, වෛර නැති, තරහ නැති මෙත් සිත පතුරුවා වාසය කරනවා. ඔහු මේ විදිහට නුවණින් සළකා බලනවා. යම් මේ ශාස්තෘවරයෙක් "කරන කෙනාට, අනුන් ලවා කරවන කෙනාට, අනුන්ගේ අත් පා සිඳින කෙනාට, අනුන්ගේ අත් පා සිඳවන කෙනාට, අනුන්ව පෙළන කෙනාටත්, පෙළවන කෙනාටත්, අනුන්ව සෝකයට පත් කරන කෙනාටත්, අනුන්ව වෙහෙසන කෙනාටත්, අනුන්ව කම්පා කරන කෙනාටත්, කම්පා කරවන කෙනාටත්, සතුන් මරණ කෙනාටත්, නොදුන් දෙය සොරකම් කරන කෙනාටත්, ගෙවල් බිඳින කෙනාටත්, මං පහරන කෙනාටත්, එක ගෙයක් වට කොට කොල්ලකන කෙනාටත්, මඟ රැක සිට කොල්ලකන කෙනාටත්, පර ස්ත්‍රීන් කරා යන කෙනාටත්, බොරු කියන කෙනාටත්, ඒවා කරවන කෙනාටත්, එයින් පවක් කෙරෙයි. ඉතා තියුණු මුවහත් ඇති ආයුධයක් ගෙන මේ පොළොවෙහි සියලු සතුන් එකම මස් ගොඩක් බවට, එකම මස් පිණ්ඩයක් බවට පත් කෙරුවත්, ඒ හේතුවෙන් පවක් සිදුවෙනවා.

පාපයෙහි නැවත පැමිණීමක් තියෙනවා. ඉදින් වනසමින්, සාතනය කරමින්, සිඳිමින්, සිඳවමින්, පෙළමින්, පෙළවමින් දකුණු ගං තෙර දක්වා ගියත්, ඒ හේතුවෙන් පවක් සිදුවෙනවා. පාපයෙහි නැවත පැමිණීමක් තියෙනවා. ඉදින් දන් දෙමින්, දෙවමින්, යාග කරමින්, යාග කරවමින්, උතුරු ගං තෙර දක්වා ගියත්, ඒ හේතුවෙන් පිනක් සිදුවෙනවා. පිනෙහි නැවත පැමිණීමක් තියෙනවා. දානයෙන්, ඉන්ද්‍රිය දමනයෙන්, සීල සංවරයෙන්, සත්‍ය වචනයෙන් පිනක් ලැබෙනවා. පිනක ආපසු පැමිණීමක් තියෙනවා" කියලා මෙවැනි දේ කියනවාද, මෙවැනි මතයක් දරනවාද, ඉදින් ඒ භවත් ශාස්තෘවරයාගේ වචනය ඇත්තක් වුණත්, යම් බඳු මං තැති ගන්නා වූ හෝ තැති නොගන්නා වූ හෝ කිසි සත්වයෙක් පෙළන්නේ නැත්නම්, එය මාගේ නිරපරාද බවට හේතු වේ. ඒ වගේම මං කයෙන් සංවර වෙනවා නම්, වචනයෙන් සංවර වෙනවා නම්, මනසින් සංවර වෙනවා නම්, ඒ හේතුවෙන් කය බිඳී මරණින් මතු සුගති සංඛ්‍යාත දෙව්ලොව උපදිනවා යන කරුණක් ඇද්ද, මට මෙහිලා දෙකම ජය ගන්ට පුළුවනි. එතකොට ඔහුට ප්‍රමෝදය ඇති වෙනවා. ප්‍රමෝදය තියෙන කෙනාට ප්‍රීතිය ඇති වෙනවා. ප්‍රීති සිතක් ඇති කෙනාගේ කය සංසිඳෙනවා. කය සංසිඳුන කෙනා සැප විඳිනවා. සැප ඇති කෙනාගේ සිත සමාධිමත් වෙනවා. පින්වත් ගාමණී, මේක තමයි ඒ ධම්මසමාධිය. ඉදින් ඔබ එහිලා චිත්ත සමාධිය ඇති කර ගන්නවා නම්, එතකොට ඔබ මේ සැකය අත්හරිනවා.

පින්වත් ගාමණී, ඒ මේ ආර්ය ශ්‍රාවකයා මේ අයුරින් විෂම ලෝභය දුරු කොට, ව්‍යාපාදය දුරු කොට, සිහිමුළා නොවී, මනා නුවණින් යුතුව, මනා සිහියෙන් යුතුව, කරුණා සහගත සිතින් එක් දිශාවක් පතුරුවා වාසය කරනවා ....(පෙ).... මුදිතා සහගත සිතින් එක් දිශාවක් පතුරුවා වාසය කරනවා ....(පෙ)....

පින්වත් ගාමණී, ඒ මේ ආර්ය ශ්‍රාවකයා මේ අයුරින් විෂම ලෝභය දුරු කොට, ව්‍යාපාදය දුරු කොට, සිහිමුළා නොවී, මනා නුවණින් යුතුව, මනා සිහියෙන් යුතුව, උපේක්ෂා සහගත සිතින් එක් දිශාවක් පතුරුවා වාසය කරනවා. ඒ වගේම දෙවෙනි දිශාවත්, ඒ වගේම තුන්වෙනි දිශාවත්, ඒ වගේම හතරවෙනි දිශාවත්, ඒ වගේම උඩ, යට, හරහට, සෑම තැනකට ම, සෑම සත්වයෙක් කෙරෙහි ම මේ සකල ලෝකයට ම උපේක්ෂා සහගත සිතින් යුතුව, විපුල වූ මහත් බවට පැමිණි, ප්‍රමාණ රහිත වූ, වෛර නැති, තරහ නැති උපේක්ෂා සිත පතුරුවා වාසය කරනවා. ඔහු මේ විදිහට නුවණින් සළකා බලනවා. යම් මේ ශාස්තෘවරයෙක් "දානයෙහි විපාක නැත. පූජාවෙහි විපාක නැත. සේවාවන්හි විපාක නැත. හොඳ නරක කර්මයන්ගේ ඵල විපාක නැත. මෙලොව කියා දෙයක් නැත. පරලොව කියා දෙයක් නැත. මව් කියා

කෙනෙක් නැත. පියා කියා කෙනෙක් නැත. ඕපපාතික සතුන් නැත. යම් කෙනෙක් මෙලොවත් පරලොවත් තමන්ගේ ම විශිෂ්ඨ නුවණින් අවබෝධ කොට පවසයිද, යහපත් ගමනක් ගිය, යහපතෙහි පිළිපන් එබඳු ශ්‍රමණ බ්‍රාහ්මණයන් ලෝකයෙහි නැත" කියලා මෙවැනි දේ කියනවාද, මෙවැනි මතයක් දරනවාද, ඉදින් ඒ භවත් ශාස්තෘවරයාගේ වචනය ඇත්තක් වුණත්, යම් බඳු මං තැති ගන්නා වූ හෝ තැති නොගන්නා වූ හෝ කිසි සත්වයෙක් පෙළන්නේ නැත්නම්, එය මාගේ නිරපරාද බවට හේතුවේ. ඒ වගේම මං කයෙන් සංවර වෙනවා නම්, වචනයෙන් සංවර වෙනවා නම්, මනසින් සංවර වෙනවා නම්, ඒ හේතුවෙන් කය බිඳී මරණින් මතු සුගති සංඛ්‍යාත දෙව්ලොව උපදිනවා යන කරුණක් ඇද්ද, මට මෙහිලා දෙකම ජය ගන්ට පුළුවනි. එතකොට ඔහුට ප්‍රමෝදය ඇති වෙනවා. ප්‍රමෝදය තියෙන කෙනාට ප්‍රීතිය ඇති වෙනවා. ප්‍රීති සිතක් ඇති කෙනාගේ කය සංසිඳෙනවා. කය සංසිඳුන කෙනා සැප විඳිනවා. සැප ඇති කෙනාගේ සිත සමාධිමත් වෙනවා. පින්වත් ගාමණී, මේක තමයි ඒ ධම්මසමාධිය. ඉදින් ඔබ එහිලා චිත්ත සමාධිය ඇති කර ගන්නවා නම්, එතකොට ඔබ මේ සැකය අත්හරිනවා.

පින්වත් ගාමණී, ඒ මේ ආර්ය ශ්‍රාවකයා මේ අයුරින් විෂම ලෝභය දුරු කොට, ව්‍යාපාදය දුරු කොට, සිහිමුළා නොවී, මනා නුවණින් යුතුව, මනා සිහියෙන් යුතුව, උපේක්ෂා සහගත සිතින් එක් දිශාවක් පතුරුවා වාසය කරනවා. ඒ වගේම දෙවෙනි දිශාවත්, ඒ වගේම තුන්වෙනි දිශාවත්, ඒ වගේම හතරවෙනි දිශාවත්, ඒ වගේම උඩ, යට, හරහට, සෑම තැනකට ම, සෑම සත්වයෙක් කෙරෙහි ම මේ සකල ලෝකයට ම උපේක්ෂා සහගත සිතින් යුතුව, විපුල වූ, මහත් බවට පැමිණි, ප්‍රමාණ රහිත වූ, වෛර නැති, තරහ නැති උපේක්ෂා සිත පතුරුවා වාසය කරනවා. ඔහු මේ විදිහට නුවණින් සළකා බලනවා. යම් මේ ශාස්තෘවරයෙක් "දානයෙහි විපාක ඇත. පූජාවෙහි විපාක ඇත. සේවාවන්හි විපාක ඇත. හොඳ නරක කර්මයන්ගේ ඵල විපාක ඇත. මෙලොව කියා දෙයක් ඇත. පරලොව කියා දෙයක් ඇත. මව් කියා කෙනෙක් ඇත. පියා කියා කෙනෙක් ඇත. ඕපපාතික සතුන් ඇත. යම් කෙනෙක් මෙලොවත් පරලොවත් තමන්ගේ ම විශිෂ්ඨ නුවණින් අවබෝධ කොට පවසයි ද, යහපත් ගමනක් ගිය, යහපතෙහි පිළිපන් එබඳු ශ්‍රමණ බ්‍රාහ්මණයන් ලෝකයෙහි ඇත" කියලා මෙවැනි දේ කියනවාද, මෙවැනි මතයක් දරනවාද, ඉදින් ඒ භවත් ශාස්තෘවරයාගේ වචනය ඇත්තක් වුණත්, යම් බඳු මං තැති ගන්නා වූ හෝ තැති නොගන්නා වූ හෝ කිසි සත්වයෙක් පෙළන්නේ නැත්නම්, එය මාගේ නිරපරාද බවට හේතු වේ. ඒ වගේම මං කයෙන් සංවර වෙනවා නම්, වචනයෙන් සංවර වෙනවා නම්, මනසින් සංවර වෙනවා නම්,

ඒ හේතුවෙන් කය බිඳී මරණින් මතු සුගති සංඛ්‍යාත දෙව්ලොව උපදිනවා යන කරුණක් ඇද්ද, මට මෙහිලා දෙකම ජය ගන්ට පුළුවනි. එතකොට ඔහුට ප්‍රමෝදය ඇති වෙනවා. ප්‍රමෝදය තියෙන කෙනාට ප්‍රීතිය ඇති වෙනවා. ප්‍රීති සිතක් ඇති කෙනාගේ කය සංසිඳෙනවා. කය සංසිඳුන කෙනා සැප විඳිනවා. සැප ඇති කෙනාගේ සිත සමාධිමත් වෙනවා. පින්වත් ගාමණී, මේක තමයි ඒ ධම්මසමාධිය. ඉදින් ඔබ එහිලා චිත්ත සමාධිය ඇති කර ගන්නවා නම්, එතකොට ඔබ මේ සැකය අත්හරිනවා.

පින්වත් ගාමණී, ඒ මේ ආර්ය ශ්‍රාවකයා මේ අයුරින් විෂම ලෝභය දුරු කොට, ව්‍යාපාදය දුරු කොට, සිහිමුළා නොවී, මනා නුවණින් යුතුව, මනා සිහියෙන් යුතුව, උපේක්ෂා සහගත සිතින් එක් දිශාවක් පතුරුවා වාසය කරනවා. ඒ වගේම දෙවෙනි දිශාවත්, ඒ වගේම තුන්වෙනි දිශාවත්, ඒ වගේම හතරවෙනි දිශාවත්, ඒ වගේම උඩ, යට, හරහට, සෑම තැනකට ම, සෑම සත්වයෙක් කෙරෙහි ම මේ සකල ලෝකයට ම උපේක්ෂා සහගත සිතින් යුතුව, විපුල වූ මහත් බවට පැමිණි, ප්‍රමාණ රහිත වූ, වෛර නැති, තරහ නැති උපේක්ෂා සිත පතුරුවා වාසය කරනවා. ඔහු මේ විදිහට නුවණින් සළකා බලනවා. යම් මේ ශාස්තෘවරයෙක් "කරන කෙනාට, අනුන් ලවා කරවන කෙනාට, අනුන්ගේ අත් පා සිඳින කෙනාට, අනුන්ගේ අත් පා සිඳවන කෙනාට, අනුන්ව පෙළන කෙනාටත්, පෙළවන කෙනාටත්, අනුන්ව සෝකයට පත් කරන කෙනාටත්, අනුන්ව වෙහෙසන කෙනාටත්, අනුන්ව කම්පා කරන කෙනාටත්, කම්පා කරවන කෙනාටත්, සතුන් මරණ කෙනාටත්, නොදුන් දෙය සොරකම් කරන කෙනාටත්, ගෙවල් බිඳින කෙනාටත්, මං පහරන කෙනාටත්, එක ගෙයක් වට කොට කොල්ලකන කෙනාටත්, මඟරැක සිට කොල්ලකන කෙනාටත්, පර ස්ත්‍රීන් කරා යන කෙනාටත්, බොරු කියන කෙනාටත්, ඒවා කරවන කෙනාටත්, එයින් පවක් නො කෙරෙයි. ඉතා තියුණු මුවහත් ඇති ආයුධයක් ගෙන මේ පොළොවෙහි සියලු සතුන් එකම මස් ගොඩක් බවට, එකම මස් පිණ්ඩයක් බවට පත් කෙරුවත්, ඒ හේතුවෙන් සිදුවෙන පවක් නෑ. පාපයෙහි නැවත පැමිණීමක් නෑ. ඉදින් වනසමින්, ඝාතනය කරමින්, සිඳිමින්, සිඳවමින්, පෙළමින්, පෙළවමින් දකුණු ගං තෙර දක්වා ගියත්, ඒ හේතුවෙන් සිදුවෙන පවක් නෑ. පාපයෙහි නැවත පැමිණීමක් නෑ. ඉදින් දන් දෙමින්, දෙවමින්, යාග කරමින්, යාග කරවමින්, උතුරු ගං තෙර දක්වා ගියත්, ඒ හේතුවෙන් සිදුවෙන පිනක් නෑ. පිනෙහි පැමිණීමක් නෑ. දානයෙන්, ඉන්ද්‍රිය දමනයෙන්, සීල සංවරයෙන්, සත්‍ය වචනයෙන් පිනක් ලැබෙන්නේ නෑ. පිනක ආපසු පැමිණීමක් නෑ" කියලා මෙවැනි දේ කියනවාද, මෙවැනි මතයක් දරනවාද, ඉදින් ඒ භවත් ශාස්තෘවරයාගේ වචනය ඇත්තක් වුණත්,

යම් බඳු මං තැති ගන්නා වූ හෝ තැති නොගන්නා වූ හෝ කිසි සත්වයෙක් පෙළන්නේ නැත්නම්, එය මාගේ නිරපරාද බවට හේතු වේ. ඒ වගේම මං කයෙන් සංවර වෙනවා නම්, වචනයෙන් සංවර වෙනවා නම්, මනසින් සංවර වෙනවා නම්, ඒ හේතුවෙන් කය බිඳී මරණින් මතු සුගති සංඛ්‍යාත දෙව්ලොව උපදිනවා යන කරුණක් ඇද්ද, මට මෙහිලා දෙකම ජය ගන්ට පුළුවනි. එතකොට ඔහුට ප්‍රමෝදය ඇති වෙනවා. ප්‍රමෝදය තියෙන කෙනාට ප්‍රීතිය ඇති වෙනවා. ප්‍රීති සිතක් ඇති කෙනාගේ කය සංසිඳෙනවා. කය සංසිඳුන කෙනා සැප විඳිනවා. සැප ඇති කෙනාගේ සිත සමාධිමත් වෙනවා. පින්වත් ගාමණී, මේක තමයි ඒ ධම්මසමාධිය. ඉදින් ඔබ එහිලා චිත්ත සමාධිය ඇති කර ගන්නවා නම්, එතකොට ඔබ මේ සැකය අත්හරිනවා.

පින්වත් ගාමණී, ඒ මේ ආර්ය ශ්‍රාවකයා මේ අයුරින් විෂම ලෝභය දුරු කොට, ව්‍යාපාදය දුරු කොට, සිහිමුළා නොවී, මනා නුවණින් යුතුව, මනා සිහියෙන් යුතුව, උපේක්‍ෂා සහගත සිතින් එක් දිශාවක් පතුරුවා වාසය කරනවා. ඒ වගේම දෙවෙනි දිශාවත්, ඒ වගේම තුන්වෙනි දිශාවත්, ඒ වගේම හතරවෙනි දිශාවත්, ඒ වගේම උඩ, යට, හරහට, සැම තැනකට ම, සැම සත්වයෙක් කෙරෙහි ම මේ සකල ලෝකයට ම උපේක්‍ෂා සහගත සිතින් යුතුව, විපුල වූ, මහත් බවට පැමිණි, ප්‍රමාණ රහිත වූ, වෛර නැති, තරහ නැති උපේක්ෂා සිත පතුරුවා වාසය කරනවා. ඔහු මේ විදිහට නුවණින් සළකා බලනවා. යම් මේ ශාස්තෲවරයෙක් "කරන කෙනාට, අනුන් ලවා කරවන කෙනාට, අනුන්ගේ අත් පා සිඳින කෙනාට, අනුන්ගේ අත් පා සිඳවන කෙනාට, අනුන්ව පෙළන කෙනාටත්, පෙළවන කෙනාටත්, අනුන්ව සෝකයට පත් කරන කෙනාටත්, අනුන්ව වෙහෙසන කෙනාටත්, අනුන්ව කම්පා කරන කෙනාටත්, කම්පා කරවන කෙනාටත්, සතුන් මරණ කෙනාටත්, නොදුන් දෙය සොරකම් කරන කෙනාටත්, ගෙවල් බිඳින කෙනාටත්, මං පහරන කෙනාටත්, එක ගෙයක් වට කොට කොල්ලකන කෙනාටත්, මඟ රැක සිට කොල්ලකන කෙනාටත්, පර ස්ත්‍රීන් කරා යන කෙනාටත්, බොරු කියන කෙනාටත්, ඒවා කරවන කෙනාටත්, එයින් පවක් කෙරෙයි. ඉතා තියුණු මුවහත් ඇති ආයුධයක් ගෙන මේ පොළොවෙහි සියලු සතුන් එකම මස් ගොඩක් බවට, එකම මස් පිණ්ඩයක් බවට පත් කෙරුවත්, ඒ හේතුවෙන් පවක් සිදුවෙනවා. පාපයෙහි නැවත පැමිණීමක් තියෙනවා. ඉදින් වනසමින්, ඝාතනය කරමින්, සිඳිමින්, සිඳවමින්, පෙළමින්, පෙළවමින් දකුණු ගං තෙර දක්වා ගියත්, ඒ හේතුවෙන් පවක් සිදුවෙනවා. පාපයෙහි නැවත පැමිණීමක් තියෙනවා. ඉදින් දන් දෙමින්, දෙවමින්, යාග කරමින්, යාග කරවමින්, උතුරු ගං තෙර දක්වා ගියත්, ඒ හේතුවෙන් පිනක් සිදුවෙනවා. පිනෙහි නැවත පැමිණීමක්

තියෙනවා. දානයෙන්, ඉන්ද්‍රිය දමනයෙන්, සීල සංවරයෙන්, සත්‍ය වචනයෙන් පිනක් ලැබෙනවා. පිනක ආපසු පැමිණීමක් තියෙනවා" කියලා මෙවැනි දේ කියනවාද, මෙවැනි මතයක් දරනවාද, ඉදින් ඒ භවත් ශාස්තෘවරයාගේ වචනය ඇත්තක් වුණත්, යම් බඳු මං තැති ගන්නා වූ හෝ තැති නොගන්නා වූ හෝ කිසි සත්වයෙක් පෙළන්නේ නැත්නම්, එය මාගේ නිරපරාද බවට හේතු වේ. ඒ වගේම මං කයෙන් සංවර වෙනවා නම්, වචනයෙන් සංවර වෙනවා නම්, මනසින් සංවර වෙනවා නම්, ඒ හේතුවෙන් කය බිඳී මරණින් මතු සුගති සංඛ්‍යාත දෙව්ලොව උපදිනවා යන කරුණක් ඇද්ද, මට මෙහිලා දෙක ම ජය ගන්ට පුළුවනි. එතකොට ඔහුට ප්‍රමෝදය ඇති වෙනවා. ප්‍රමෝදය තියෙන කෙනාට ප්‍රීතිය ඇති වෙනවා. ප්‍රීති සිතක් ඇති කෙනාගේ කය සංසිඳෙනවා. කය සංසිඳුන කෙනා සැප විඳිනවා. සැප ඇති කෙනාගේ සිත සමාධිමත් වෙනවා. පින්වත් ගාමණී, මේක තමයි ඒ ධම්මසමාධිය. ඉදින් ඔබ එහිලා චිත්ත සමාධිය ඇති කර ගන්නවා නම්, එතකොට ඔබ මේ සැකය අත්හරිනවා.

මෙසේ වදාළ විට පාටලිය ගාමණී භාග්‍යවතුන් වහන්සේට මෙසේ සැළ කළා. ස්වාමීනි, ඉතා සුන්දරයි, ස්වාමීනි, ඉතා සුන්දරයි ....(පෙ).... අද පටන් දිවිහිමියෙන් සරණ ගිය (උපාසකයෙකු වශයෙන් මා පිළිගන්නා සේක්වා.)

සාදු ! සාදු !! සාදු !!!

පාටලිය සූත්‍රය නිමා විය.

පළමුවෙනි ගාමණී වර්ගය යි.

- එහි පිළිවෙළ උද්දානය යි.

චණ්ඩ සූත්‍රය, තාලපුට සූත්‍රය, යෝධාජීව සූත්‍රය, හත්ථාරෝහ සූත්‍රය, අස්සාරෝහ සූත්‍රය, අසිබන්ධක සූත්‍රය, ඛෙත්තූපම සූත්‍රය, සංඛධම සූත්‍රය, කුල සූත්‍රය, මණිචූළක සූත්‍රය, භද්‍රක සූත්‍රය, රාසිය සූත්‍රය, පාටලිය සූත්‍රය, යන සූත්‍ර දහතුනෙන් මෙම වර්ගය සමන්විත ය.

ගාමණී සංයුත්තය නිමා විය.

9. අසංඛත සංයුත්තය

1. අසංඛත වර්ගය

9.1.1
කායගතාසති සූත්‍රය
කායගතාසතිය ගැන වදාළ දෙසුම

පින්වත් මහණෙනි, ඔබට අසංඛතයත් (නිවනත්), අසංඛතය කරා යන්නා වූ මාර්ගයත් දේශනා කරන්නම්. එය සවන් යොමා අසන්න. පින්වත් මහණෙනි, අසංඛතය යනු කුමක්ද? පින්වත් මහණෙනි, යම් රාගය ක්‍ෂය වීමක් ඇද්ද, ද්වේෂය ක්‍ෂය වීමක් ඇද්ද, මෝහය ක්‍ෂය වීමක් ඇද්ද, පින්වත් මහණෙනි, මෙයට තමයි අසංඛතය කියලා කියන්නේ. පින්වත් මහණෙනි, අසංඛතය කරා පමුණුවන මාර්ගය මොකක්ද? කායගතාසතිය යි. පින්වත් මහණෙනි, අසංඛත ගාමී මාර්ගය කියන්නේ මෙය යි.

පින්වත් මහණෙනි, මෙසේ මා විසින් ඔබට අසංඛතයත් දේශනා කළා. අසංඛතගාමී මාර්ගයත් දේශනා කළා. පින්වත් මහණෙනි, ශ්‍රාවකයන්ට හිතෛෂී වූ, අනුකම්පා කරන්නා වූ ශාස්තෘන් වහන්සේ නමක් විසින් යමක් කළයුතු නම්, අනුකම්පා උපදවාගෙන ඔබට මා විසින් එය කරලයි තියෙන්නේ. පින්වත් මහණෙනි, ඔය තියෙන්නේ රුක් සෙවණ, ඔය තියෙන්නේ පාළු කුටි. පින්වත් මහණෙනි, ධ්‍යාන වඩන්න. ප්‍රමාද වෙන්න එපා. පස්සේ පසුතැවෙන්න එපා. මේක තමයි ඔබට කරන අපගේ අනුශාසනාව.

සාදු ! සාදු !! සාදු !!!

9.1.2
සමථවිපස්සනා සූත්‍රය
සමථ විපස්සනා භාවනා ගැන වදාළ දෙසුම

පින්වත් මහණෙනි, ඔබට අසංඛතයත් (නිවනත්), අසංඛතය කරා යන්නා වූ මාර්ගයත් දේශනා කරන්නම්. එය සවන් යොමා අසන්න. පින්වත් මහණෙනි, අසංඛතය යනු කුමක්ද? පින්වත් මහණෙනි, යම් රාගය ක්‍ෂය වීමක් ඇද්ද, ද්වේෂය ක්‍ෂය වීමක් ඇද්ද, මෝහය ක්‍ෂය වීමක් ඇද්ද, පින්වත් මහණෙනි, මෙයට තමයි අසංඛතය කියලා කියන්නේ. පින්වත් මහණෙනි, අසංඛතය කරා පමුණුවන මාර්ගය මොකක්ද? සමථ භාවනාවත්, විදර්ශනා භාවනාවත් ය. පින්වත් මහණෙනි, අසංඛතගාමී මාර්ගය කියන්නේ මෙය යි. පින්වත් මහණෙනි, මා විසින් ඔබට මේ අයුරින් දේශනා කරලයි තියෙන්නේ ....(පෙ).... මේක තමයි ඔබට කරන අපගේ අනුශාසනාව.

සාදු ! සාදු !! සාදු !!!

9.1.3
සවිතක්කසවිචාර සූත්‍රය
විතර්ක සහිත, විචාර සහිත සමාධිය ගැන වදාළ දෙසුම

පින්වත් මහණෙනි, ඔබට අසංඛතයත් (නිවනත්), අසංඛතය කරා යන්නා වූ මාර්ගයත් දේශනා කරන්නම්. එය සවන් යොමා අසන්න. පින්වත් මහණෙනි, අසංඛතය යනු කුමක්ද? පින්වත් මහණෙනි, යම් රාගය ක්‍ෂය වීමක් ඇද්ද, ද්වේෂය ක්‍ෂය වීමක් ඇද්ද, මෝහය ක්‍ෂය වීමක් ඇද්ද, පින්වත් මහණෙනි, මෙයට තමයි අසංඛතය කියලා කියන්නේ. පින්වත් මහණෙනි, අසංඛතය කරා පමුණුවන මාර්ගය මොකක්ද? විතක්ක සහිත, විචාර සහිත සමාධියත්, විතක්ක රහිත වූ, විචාර මාත්‍ර ඇති සමාධියත්, අවිතක්ක, අවිචාර සමාධියත්ය. පින්වත් මහණෙනි, අසංඛතගාමී මාර්ගය කියන්නේ මෙයයි. පින්වත් මහණෙනි, මා විසින් ඔබට මේ අයුරින් දේශනා කරලයි තියෙන්නේ ....(පෙ).... මේක තමයි ඔබට කරන අපගේ අනුශාසනාව.

සාදු ! සාදු !! සාදු !!!

9.1.4
සුඤ්ඤතසමාධි සූත්‍රය
සුඤ්ඤත සමාධිය ගැන වදාළ දෙසුම

පින්වත් මහණෙනි, අසංඛතය කරා පමුණුවන මාර්ගය මොකක්ද? සුඤ්ඤත සමාධිය, අනිමිත්ත සමාධිය හා අප්පණිහිත සමාධිය යි. පින්වත් මහණෙනි, අසංඛතගාමී මාර්ගය කියන්නේ මෙය යි ....(පෙ).... මේක තමයි ඔබට කරන අපගේ අනුශාසනාව.

සාදු ! සාදු !! සාදු !!!

9.1.5
සතිපට්ඨාන සූත්‍රය
සතිපට්ඨානය ගැන වදාළ දෙසුම

පින්වත් මහණෙනි, අසංඛතය කරා පමුණුවන මාර්ගය මොකක්ද? සතර සතිපට්ඨානය යි. පින්වත් මහණෙනි, අසංඛතගාමී මාර්ගය කියන්නේ මෙය යි ....(පෙ).... මේක තමයි ඔබට කරන අපගේ අනුශාසනාව.

සාදු ! සාදු !! සාදු !!!

9.1.6
සම්මප්පධාන සූත්‍රය
සම්‍යක්ප්‍රධාන වීරිය ගැන වදාළ දෙසුම

පින්වත් මහණෙනි, අසංඛතය කරා පමුණුවන මාර්ගය මොකක්ද? සතර සම්‍යක් පධානය යි. පින්වත් මහණෙනි, අසංඛතගාමී මාර්ගය කියන්නේ මෙයයි ....(පෙ).... මේක තමයි ඔබට කරන අපගේ අනුශාසනාව.

සාදු ! සාදු !! සාදු !!!

9.1.7
ඉද්ධිපාද සූත්‍රය
ඎද්ධිපාද ගැන වදාළ දෙසුම

පින්වත් මහණෙනි, අසංඛතය කරා පමුණුවන මාර්ගය මොකක්ද? සතර ඎද්ධිපාද යි. පින්වත් මහණෙනි, අසංඛතගාමී මාර්ගය කියන්නේ මෙය යි ....(පෙ).... මේක තමයි ඔබට කරන අපගේ අනුශාසනාව.

සාදු ! සාදු !! සාදු !!!

9.1.8
ඉන්ද්‍රිය සූත්‍රය
ඉන්ද්‍රිය ධර්ම ගැන වදාළ දෙසුම

පින්වත් මහණෙනි, අසංඛතය කරා පමුණුවන මාර්ගය මොකක්ද? පඤ්ච ඉන්ද්‍රිය ධර්ම යි. පින්වත් මහණෙනි, අසංඛතගාමී මාර්ගය කියන්නේ මෙය යි ....(පෙ).... මේක තමයි ඔබට කරන අපගේ අනුශාසනාව.

සාදු ! සාදු !! සාදු !!!

9.1.9
බල සූත්‍රය
බල ධර්ම ගැන වදාළ දෙසුම

පින්වත් මහණෙනි, අසංඛතය කරා පමුණුවන මාර්ගය මොකක්ද? පඤ්ච බල ධර්ම යි. පින්වත් මහණෙනි, අසංඛතගාමී මාර්ගය කියන්නේ මෙය යි ....(පෙ).... මේක තමයි ඔබට කරන අපගේ අනුශාසනාව.

සාදු ! සාදු !! සාදු !!!

9.1.10
බොජ්ඣංග සූත්‍රය
බොජ්ඣංග ධර්මයන් ගැන වදාළ දෙසුම

පින්වත් මහණෙනි, අසංඛතය කරා පමුණුවන මාර්ගය මොකක්ද? සප්ත බොජ්ඣංග ධර්ම යි. පින්වත් මහණෙනි, අසංඛතගාමී මාර්ගය කියන්නේ මෙය යි ....(පෙ).... මේක තමයි ඔබට කරන අපගේ අනුශාසනාව.

සාදු ! සාදු !! සාදු !!!

9.1.11
මග්ගංග සූත්‍රය
මාර්ග අංග ගැන වදාළ දෙසුම

පින්වත් මහණෙනි, අසංඛතය කරා පමුණුවන මාර්ගය මොකක්ද? ආර්ය අෂ්ටාංගික මාර්ගයයි. පින්වත් මහණෙනි, අසංඛතගාමී මාර්ගය කියන්නේ මෙයයි. පින්වත් මහණෙනි, මෙසේ මා විසින් ඔබට අසංඛතයත් දේශනා කළා. අසංඛතගාමී මාර්ගයත් දේශනා කළා. පින්වත් මහණෙනි, ශ්‍රාවකයන්ට හිතෛෂී වූ, අනුකම්පා කරන්නා වූ ශාස්තෘන් වහන්සේ නමක් විසින් යමක් කළයුතු නම්, අනුකම්පා උපදවාගෙන ඔබට මා විසින් එය කරලයි තියෙන්නේ. පින්වත් මහණෙනි, ඔය තියෙන්නේ රුක් සෙවණ, ඔය තියෙන්නේ පාළු කුටි. පින්වත් මහණෙනි, ධ්‍යාන වඩන්න. ප්‍රමාද වෙන්න එපා. පස්සේ පසුතැවෙන්න එපා. මේක තමයි ඔබට කරන අපගේ අනුශාසනාව.

සාදු ! සාදු !! සාදු !!!

පළමුවෙනි අසංඛත වර්ගය යි.

- **එහි පිළිවෙළ උද්දානය යි.**

කායගතාසති සූත්‍රය, සමථවිපස්සනා සූත්‍රය, සවිතක්ක සූත්‍රය, සුඤ්ඤත සූත්‍රය, සතිපට්ඨාන සූත්‍රය, සම්මප්පධාන සූත්‍රය, ඉද්ධිපාද සූත්‍රය, ඉන්ද්‍රිය සූත්‍රය, බල සූත්‍රය, බොජ්ඣංග සූත්‍රය, මග්ගංග සූත්‍රය, යන දෙසුම් වලින් මේ වර්ගය සමන්විත යි.

2. දුතිය අසංඛත වර්ගය

9.2.1
අසංඛත සූත්‍රය
අසංඛතය ගැන වදාළ දෙසුම

පින්වත් මහණෙනි, ඔබට අසංඛතයත් (නිවනත්), අසංඛතය කරා යන්නා වූ මාර්ගයත් දේශනා කරන්නම්. එය සවන් යොමා අසන්න. පින්වත් මහණෙනි, අසංඛතය යනු කුමක්ද? පින්වත් මහණෙනි, යම් රාගය ක්ෂය වීමක් ඇද්ද, ද්වේෂය ක්ෂය වීමක් ඇද්ද, මෝහය ක්ෂය වීමක් ඇද්ද, පින්වත් මහණෙනි, මෙයට තමයි අසංඛතය කියලා කියන්නේ. පින්වත් මහණෙනි, අසංඛතය කරා පමුණුවන මාර්ගය මොකක්ද? සමථ භාවනාව යි. පින්වත් මහණෙනි, අසංඛත ගාමී මාර්ගය කියන්නේ මෙය යි.

පින්වත් මහණෙනි, මෙසේ මා විසින් ඔබට අසංඛතයත් දේශනා කළා. අසංඛතගාමී මාර්ගයත් දේශනා කළා. පින්වත් මහණෙනි, ශ්‍රාවකයන්ට හිතෛෂී වූ, අනුකම්පා කරන්නා වූ ශාස්තෘන් වහන්සේ නමක් විසින් යමක් කළ යුතු නම්, අනුකම්පා උපදවාගෙන ඔබට මා විසින් එය කරලයි තියෙන්නේ. පින්වත් මහණෙනි, ඔය තියෙන්නේ රුක් සෙවණ, ඔය තියෙන්නේ පාළු කුටි. පින්වත් මහණෙනි, ධ්‍යාන වඩන්න. ප්‍රමාද වෙන්න එපා. පස්සේ පසුතැවෙන්න එපා. මේක තමයි ඔබට කරන අපගේ අනුශාසනාව.

සාදු ! සාදු !! සාදු !!!

9.2.2
විපස්සනා සූත්‍රය
විපස්සනා භාවනාව ගැන වදාළ දෙසුම

පින්වත් මහණෙනි, ඔබට අසංඛතයත් (නිවනත්), අසංඛතය කරා යන්නා වූ මාර්ගයත් දේශනා කරන්නම්. එය සවන් යොමා අසන්න. පින්වත් මහණෙනි, අසංඛතය යනු කුමක්ද? පින්වත් මහණෙනි, යම් රාගය ක්ෂය වීමක් ඇද්ද, ද්වේෂය ක්ෂය වීමක් ඇද්ද, මෝහය ක්ෂය වීමක් ඇද්ද, පින්වත් මහණෙනි, මෙයට තමයි අසංඛතය කියලා කියන්නේ. පින්වත් මහණෙනි, අසංඛතය කරා පමුණුවන මාර්ගය මොකක්ද? විදර්ශනා භාවනාව යි. පින්වත් මහණෙනි, අසංඛතගාමී මාර්ගය කියන්නේ මෙය යි. පින්වත් මහණෙනි, මා විසින් ඔබට මේ අයුරින් දේශනා කරලයි තියෙන්නේ ....(පෙ).... මේක තමයි ඔබට කරන අපගේ අනුශාසනාව.

සාදු ! සාදු !! සාදු !!!

9.2.3
සවිතක්කසවිචාර සූත්‍රය
සවිතක්ක සවිචාර සමාධිය ගැන වදාළ දෙසුම

පින්වත් මහණෙනි, අසංඛතය කරා පමුණුවන මාර්ගය මොකක්ද? විතක්ක සහිත, විචාර සහිත සමාධිය යි. පින්වත් මහණෙනි, අසංඛතගාමී මාර්ගය කියන්නේ මෙය යි ....(පෙ).... මේක තමයි ඔබට කරන අපගේ අනුශාසනාව.

සාදු ! සාදු !! සාදු !!!

9.2.4
අවිතක්කවිචාරමත්ත සූත්‍රය
අවිතක්ක විචාරමාත්‍ර සමාධිය ගැන වදාළ දෙසුම

පින්වත් මහණෙනි, අසංඛතය කරා පමුණුවන මාර්ගය මොකක්ද? විතක්ක රහිත, විචාරමාත්‍ර සමාධිය යි. පින්වත් මහණෙනි, අසංඛතගාමී මාර්ගය කියන්නේ මෙයයි .....(පෙ).... මේක තමයි ඔබට කරන අපගේ අනුශාසනාව.

සාදු ! සාදු !! සාදු !!!

9.2.5
අවිතක්කඅවිචාර සූත්‍රය
අවිතක්ක අවිචාර සමාධිය ගැන වදාළ දෙසුම

පින්වත් මහණෙනි, අසංඛතය කරා පමුණුවන මාර්ගය මොකක්ද? අවිතක්ක, අවිචාර සමාධිය යි. පින්වත් මහණෙනි, අසංඛතගාමී මාර්ගය කියන්නේ මෙය යි ....(පෙ).... මේක තමයි ඔබට කරන අපගේ අනුශාසනාව.

සාදු ! සාදු !! සාදු !!!

9.2.6
සුඤ්ඤතසමාධි සූත්‍රය
සුඤ්ඤත සමාධිය ගැන වදාළ දෙසුම

පින්වත් මහණෙනි, අසංඛතය කරා පමුණුවන මාර්ගය මොකක්ද? සුඤ්ඤත සමාධිය යි. පින්වත් මහණෙනි, අසංඛතගාමී මාර්ගය කියන්නේ මෙය යි ....(පෙ).... මේක තමයි ඔබට කරන අපගේ අනුශාසනාව.

සාදු ! සාදු !! සාදු !!!

9.2.7
අනිමිත්තසමාධි සූත්‍රය
අනිමිත්ත සමාධිය ගැන වදාළ දෙසුම

පින්වත් මහණෙනි, අසංඛතය කරා පමුණුවන මාර්ගය මොකක්ද? අනිමිත්ත සමාධිය යි. පින්වත් මහණෙනි, අසංඛතගාමී මාර්ගය කියන්නේ මෙය යි ....(පෙ).... මේක තමයි ඔබට කරන අපගේ අනුශාසනාව.

සාදු ! සාදු !! සාදු !!!

9.2.8
අප්පණිහිතසමාධි සූත්‍රය
අප්පණිහිත සමාධිය ගැන වදාළ දෙසුම

පින්වත් මහණෙනි, අසංඛතය කරා පමුණුවන මාර්ගය මොකක්ද? අප්පණිහිත සමාධිය යි. පින්වත් මහණෙනි, අසංඛතගාමී මාර්ගය කියන්නේ මෙය යි ....(පෙ).... මේක තමයි ඔබට කරන අපගේ අනුශාසනාව.

සාදු ! සාදු !! සාදු !!!

9.2.9
කායානුපස්සනා සූත්‍රය
කායානුපස්සනාව ගැන වදාළ දෙසුම

පින්වත් මහණෙනි, අසංඛතය කරා පමුණුවන මාර්ගය මොකක්ද? පින්වත් මහණෙනි, මෙහිලා භික්ෂුව කෙලෙස් තවන වීරියෙන් යුතුව, මනා නුවණින් යුතුව, සිහියෙන් යුතුව, ලෝකයෙහි විෂම ලෝභයත්, දොම්නසත් දුරු කරමින් කය පිළිබඳව කායානුපස්සනා භාවනාවෙන් වාසය කරයි. පින්වත් මහණෙනි, අසංඛතගාමී මාර්ගය කියන්නේ මෙය යි ....(පෙ).... මේක තමයි ඔබට කරන අපගේ අනුශාසනාව.

සාදු ! සාදු !! සාදු !!!

9.2.10
වේදනානුපස්සනා සූත්‍රය
වේදනානුපස්සනාව ගැන වදාළ දෙසුම

පින්වත් මහණෙනි, අසංඛතය කරා පමුණුවන මාර්ගය මොකක්ද? පින්වත් මහණෙනි, මෙහිලා භික්ෂුව කෙලෙස් තවන වීරියෙන් යුතුව, මනා නුවණින් යුතුව, සිහියෙන් යුතුව, ලෝකයෙහි විෂම ලෝභයත්, දොම්නසත් දුරු කරමින් වේදනා පිළිබඳව වේදනානුපස්සනා භාවනාවෙන් වාසය කරයි. පින්වත් මහණෙනි, අසංඛතගාමී මාර්ගය කියන්නේ මෙය යි ....(පෙ).... මේක තමයි ඔබට කරන අපගේ අනුශාසනාව.

සාදු ! සාදු !! සාදු !!!

9.2.11
චිත්තානුපස්සනා සූත්‍රය
චිත්තානුපස්සනාව ගැන වදාළ දෙසුම

පින්වත් මහණෙනි, අසංඛතය කරා පමුණුවන මාර්ගය මොකක්ද? පින්වත් මහණෙනි, මෙහිලා භික්ෂුව කෙලෙස් තවන වීරියෙන් යුතුව, මනා නුවණින් යුතුව, සිහියෙන් යුතුව, ලෝකයෙහි විෂම ලෝභයත්, දොම්නසත් දුරු කරමින් සිත පිළිබඳව චිත්තානුපස්සනා භාවනාවෙන් වාසය කරයි. පින්වත් මහණෙනි, අසංඛතගාමී මාර්ගය කියන්නේ මෙය යි ....(පෙ).... මේක තමයි ඔබට කරන අපගේ අනුශාසනාව.

සාදු ! සාදු !! සාදු !!!

9.2.12
ධම්මානුපස්සනා සූත්‍රය
ධම්මානුපස්සනාව ගැන වදාළ දෙසුම

පින්වත් මහණෙනි, අසංඛතය කරා පමුණුවන මාර්ගය මොකක්ද?

පින්වත් මහණෙනි, මෙහිලා භික්ෂුව කෙලෙස් තවන වීරියෙන් යුතුව, මනා නුවණින් යුතුව, සිහියෙන් යුතුව, ලෝකයෙහි විෂම ලෝභයත්, දොම්නසත් දුරු කරමින් ධර්මයන් පිළිබඳව ධම්මානුපස්සනා භාවනාවෙන් වාසය කරයි. පින්වත් මහණෙනි, අසංඛතගාමී මාර්ගය කියන්නේ මෙය යි ....(පෙ).... මේක තමයි ඔබට කරන අපගේ අනුශාසනාව.

සාදු ! සාදු !! සාදු !!!

9.2.13
පඨමසම්මප්පධාන සූත්‍රය
සම්‍යක්පධාන වීරිය ගැන වදාළ පළමු දෙසුම

පින්වත් මහණෙනි, අසංඛතය කරා පමුණුවන මාර්ගය මොකක්ද? පින්වත් මහණෙනි, මෙහිලා භික්ෂුව නොහටගෙන තිබෙන්නා වූ පාපී අකුසල ධර්මයන් හට නොගැනීම පිණිස කැමැත්ත උපදවා ගන්නවා. උත්සාහ කරනවා. වීරිය අරඹනවා. සිත දැඩි කොට ගන්නවා. පධන් වෙර වඩනවා. පින්වත් මහණෙනි, අසංඛතගාමී මාර්ගය කියන්නේ මෙය යි ....(පෙ).... මේක තමයි ඔබට කරන අපගේ අනුශාසනාව.

සාදු ! සාදු !! සාදු !!!

9.2.14
දුතියසම්මප්පධාන සූත්‍රය
සම්‍යක්පධාන වීරිය ගැන වදාළ දෙවෙනි දෙසුම

පින්වත් මහණෙනි, අසංඛතය කරා පමුණුවන මාර්ගය මොකක්ද? පින්වත් මහණෙනි, මෙහිලා භික්ෂුව හටගෙන තිබෙන්නා වූ පාපී අකුසල ධර්මයන් ප්‍රහාණය කිරීම පිණිස කැමැත්ත උපදවා ගන්නවා. උත්සාහ කරනවා. වීරිය අරඹනවා. සිත දැඩි කොට ගන්නවා. පධන් වෙර වඩනවා. පින්වත් මහණෙනි, අසංඛතගාමී මාර්ගය කියන්නේ මෙය යි ....(පෙ).... මේක තමයි ඔබට කරන අපගේ අනුශාසනාව.

සාදු ! සාදු !! සාදු !!!

9.2.15
තතියසම්මප්පධාන සූත්‍රය
සම්‍යක්පධාන වීරිය ගැන වදාළ තුන්වෙනි දෙසුම

පින්වත් මහණෙනි, අසංඛතය කරා පමුණුවන මාර්ගය මොකක්ද? පින්වත් මහණෙනි, මෙහිලා භික්ෂුව නොහටගෙන තිබෙන්නා වූ කුසල ධර්මයන් උපදවා ගැනීම පිණිස කැමැත්ත උපදව ගන්නවා. උත්සාහ කරනවා. වීරිය අරඹනවා ....(පෙ).... පින්වත් මහණෙනි, අසංඛතගාමී මාර්ගය කියන්නේ මෙයයි ....(පෙ).... මේක තමයි ඔබට කරන අපගේ අනුශාසනාව.

සාදු ! සාදු !! සාදු !!!

9.2.16
චතුත්ථසම්මප්පධාන සූත්‍රය
සම්‍යක්පධාන වීරිය ගැන වදාළ හතරවෙනි දෙසුම

පින්වත් මහණෙනි, අසංඛතය කරා පමුණුවන මාර්ගය මොකක්ද? පින්වත් මහණෙනි, මෙහිලා භික්ෂුව හටගෙන තිබෙන්නා වූ කුසල ධර්මයන්ගේ පැවැත්ම පිණිස, නැති නොවීම පිණිස, වඩා වර්ධනය වීම පිණිස, විපුල බව පිණිස, භාවනාවෙන් පිරිපුන් වීම පිණිස කැමැත්ත උපදව ගන්නවා. ....(පෙ).... පින්වත් මහණෙනි, අසංඛතගාමී මාර්ගය කියන්නේ මෙය යි ....(පෙ).... මේක තමයි ඔබට කරන අපගේ අනුශාසනාව.

සාදු ! සාදු !! සාදු !!!

9.2.17
ඡන්දිද්ධිපාද සූත්‍රය
ඡන්ද ඍද්ධිපාදය ගැන වදාළ දෙසුම

පින්වත් මහණෙනි, අසංඛතය කරා පමුණුවන මාර්ගය මොකක්ද? පින්වත් මහණෙනි, මෙහිලා භික්ෂුව කැමැත්ත මුල් කොට ඇති කරගන්නා

සමාධියෙන් හා වීරියෙන් යුතු වූ වැඩපිළිවෙළින් සමන්විතව ඍද්ධිපාදය වඩයි. පින්වත් මහණෙනි, අසංඛතගාමී මාර්ගය කියන්නේ මෙයයි ....(පෙ).... මේක තමයි ඔබට කරන අපගේ අනුශාසනාව.

සාදු ! සාදු !! සාදු !!!

9.2.18
විරියිද්ධිපාද සූත්‍රය
විරිය ඍද්ධිපාදය ගැන වදාළ දෙසුම

පින්වත් මහණෙනි, අසංඛතය කරා පමුණුවන මාර්ගය මොකක්ද? පින්වත් මහණෙනි, මෙහිලා භික්ෂුව වීර්යය මුල් කොට ඇති කරගන්නා සමාධියෙන් හා වීරියෙන් යුතු වූ වැඩපිළිවෙළින් සමන්විතව ඍද්ධිපාදය වඩයි. පින්වත් මහණෙනි, අසංඛතගාමී මාර්ගය කියන්නේ මෙයයි ....(පෙ).... මේක තමයි ඔබට කරන අපගේ අනුශාසනාව.

සාදු ! සාදු !! සාදු !!!

9.2.19
චිත්තිද්ධිපාද සූත්‍රය
චිත්ත ඍද්ධිපාදය ගැන වදාළ දෙසුම

පින්වත් මහණෙනි, අසංඛතය කරා පමුණුවන මාර්ගය මොකක්ද? පින්වත් මහණෙනි, මෙහිලා භික්ෂුව සිත මුල් කොට ඇති කරගන්නා සමාධියෙන් හා වීරියෙන් යුතු වූ වැඩපිළිවෙළින් සමන්විතව ඍද්ධිපාදය වඩයි. පින්වත් මහණෙනි, අසංඛතගාමී මාර්ගය කියන්නේ මෙයයි ....(පෙ).... මේක තමයි ඔබට කරන අපගේ අනුශාසනාව.

සාදු ! සාදු !! සාදු !!!

9.2.20
වීමංසිද්ධිපාද සූත්‍රය
වීමංසා ඍද්ධිපාදය ගැන වදාළ දෙසුම

පින්වත් මහණෙනි, අසංඛතය කරා පමුණුවන මාර්ගය මොකක්ද? පින්වත් මහණෙනි, මෙහිලා භික්ෂුව විමසීම මුල් කොට ඇති කරගන්නා සමාධියෙන් හා වීරියෙන් යුතු වූ වැඩපිළිවෙළින් සමන්විතව ඍද්ධිපාදය වඩයි. පින්වත් මහණෙනි, අසංඛතගාමී මාර්ගය කියන්නේ මෙයයි ....(පෙ).... මේක තමයි ඔබට කරන අපගේ අනුශාසනාව.

සාදු ! සාදු !! සාදු !!!

9.2.21
සද්ධින්ද්‍රිය සූත්‍රය
ශ්‍රද්ධා ඉන්ද්‍රිය ගැන වදාළ දෙසුම

පින්වත් මහණෙනි, අසංඛතය කරා පමුණුවන මාර්ගය මොකක්ද? පින්වත් මහණෙනි, මෙහිලා භික්ෂුව විවේකයට නැඹුරු වූ, විරාගයට නැඹුරු වූ, තණ්හා නිරෝධයට නැඹුරු වූ, නිවනට පමුණුවන්නා වූ ශ්‍රද්ධා ඉන්ද්‍රිය වඩයි. පින්වත් මහණෙනි, අසංඛතගාමී මාර්ගය කියන්නේ මෙය යි ....(පෙ).... මේක තමයි ඔබට කරන අපගේ අනුශාසනාව.

සාදු ! සාදු !! සාදු !!!

9.2.22
විරියින්ද්‍රිය සූත්‍රය
වීරිය ඉන්ද්‍රිය ගැන වදාළ දෙසුම

පින්වත් මහණෙනි, අසංඛතය කරා පමුණුවන මාර්ගය මොකක්ද? පින්වත් මහණෙනි, මෙහිලා භික්ෂුව විවේකයට නැඹුරු වූ ....(පෙ).... වීරිය ඉන්ද්‍රිය වඩයි. පින්වත් මහණෙනි, අසංඛතගාමී මාර්ගය කියන්නේ මෙයයි

....(පෙ).... මේක තමයි ඔබට කරන අපගේ අනුශාසනාව.

සාදු ! සාදු !! සාදු !!!

9.2.23
සතින්ද්‍රිය සූත්‍රය
සති ඉන්ද්‍රිය ගැන වදාළ දෙසුම

පින්වත් මහණෙනි, අසංඛතය කරා පමුණුවන මාර්ගය මොකක්ද? පින්වත් මහණෙනි, මෙහිලා භික්ෂුව විවේකයට නැඹුරු වූ ....(පෙ).... සති ඉන්ද්‍රිය වඩයි. පින්වත් මහණෙනි, අසංඛතගාමී මාර්ගය කියන්නේ මෙයයි ....(පෙ).... මේක තමයි ඔබට කරන අපගේ අනුශාසනාව.

සාදු ! සාදු !! සාදු !!!

9.2.24
සමාධින්ද්‍රිය සූත්‍රය
සමාධි ඉන්ද්‍රිය ගැන වදාළ දෙසුම

පින්වත් මහණෙනි, අසංඛතය කරා පමුණුවන මාර්ගය මොකක්ද? පින්වත් මහණෙනි, මෙහිලා භික්ෂුව විවේකයට නැඹුරු වූ ....(පෙ).... සමාධි ඉන්ද්‍රිය වඩයි. පින්වත් මහණෙනි, අසංඛතගාමී මාර්ගය කියන්නේ මෙයයි ....(පෙ).... මේක තමයි ඔබට කරන අපගේ අනුශාසනාව.

සාදු ! සාදු !! සාදු !!!

9.2.25
පඤ්ඤින්ද්‍රිය සූත්‍රය
ප්‍රඥා ඉන්ද්‍රිය ගැන වදාළ දෙසුම

පින්වත් මහණෙනි, අසංඛතය කරා පමුණුවන මාර්ගය මොකක්ද?

පින්වත් මහණෙනි, මෙහිලා භික්ෂුව විවේකයට නැඹුරු වූ ....(පෙ).... ප්‍රඥා ඉන්ද්‍රිය වඩයි. පින්වත් මහණෙනි, අසංඛතගාමී මාර්ගය කියන්නේ මෙයයි ....(පෙ).... මේක තමයි ඔබට කරන අපගේ අනුශාසනාව.

සාදු ! සාදු !! සාදු !!!

9.2.26
සද්ධාබල සූත්‍රය
ශ්‍රද්ධා බලය ගැන වදාළ දෙසුම

පින්වත් මහණෙනි, අසංඛතය කරා පමුණුවන මාර්ගය මොකක්ද? පින්වත් මහණෙනි, මෙහිලා භික්ෂුව විවේකයට නැඹුරු වූ ....(පෙ).... ශ්‍රද්ධා බලය වඩයි. පින්වත් මහණෙනි, අසංඛතගාමී මාර්ගය කියන්නේ මෙයයි ....(පෙ).... මේක තමයි ඔබට කරන අපගේ අනුශාසනාව.

සාදු ! සාදු !! සාදු !!!

9.2.27
විරියබල සූත්‍රය
විරිය බලය ගැන වදාළ දෙසුම

පින්වත් මහණෙනි, අසංඛතය කරා පමුණුවන මාර්ගය මොකක්ද? පින්වත් මහණෙනි, මෙහිලා භික්ෂුව විවේකයට නැඹුරු වූ ....(පෙ).... විරිය බලය වඩයි. පින්වත් මහණෙනි, අසංඛතගාමී මාර්ගය කියන්නේ මෙයයි ....(පෙ).... මේක තමයි ඔබට කරන අපගේ අනුශාසනාව.

සාදු ! සාදු !! සාදු !!!

9.2.28
සතිබල සූත්‍රය
සති බලය ගැන වදාළ දෙසුම

පින්වත් මහණෙනි, අසංඛතය කරා පමුණුවන මාර්ගය මොකක්ද? පින්වත් මහණෙනි, මෙහිලා භික්ෂුව විවේකයට නැඹුරු වූ ....(පෙ).... සති බලය වඩයි. පින්වත් මහණෙනි, අසංඛතගාමී මාර්ගය කියන්නේ මෙයයි ....(පෙ).... මේක තමයි ඔබට කරන අපගේ අනුශාසනාව.

සාදු ! සාදු !! සාදු !!!

9.2.29
සමාධිබල සූත්‍රය
සමාධි බලය ගැන වදාළ දෙසුම

පින්වත් මහණෙනි, අසංඛතය කරා පමුණුවන මාර්ගය මොකක්ද? පින්වත් මහණෙනි, මෙහිලා භික්ෂුව විවේකයට නැඹුරු වූ ....(පෙ).... සමාධි බලය වඩයි. පින්වත් මහණෙනි, අසංඛතගාමී මාර්ගය කියන්නේ මෙයයි ....(පෙ).... මේක තමයි ඔබට කරන අපගේ අනුශාසනාව.

සාදු ! සාදු !! සාදු !!!

9.2.30
පඤ්ඤාබල සූත්‍රය
ප්‍රඥා බලය ගැන වදාළ දෙසුම

පින්වත් මහණෙනි, අසංඛතය කරා පමුණුවන මාර්ගය මොකක්ද? පින්වත් මහණෙනි, මෙහිලා භික්ෂුව විවේකයට නැඹුරු වූ ....(පෙ).... ප්‍රඥා බලය වඩයි. පින්වත් මහණෙනි, අසංඛතගාමී මාර්ගය කියන්නේ මෙයයි ....(පෙ).... මේක තමයි ඔබට කරන අපගේ අනුශාසනාව.

සාදු ! සාදු !! සාදු !!!

9.2.31
සතිසම්බොජ්ඣංග සූත්‍රය
සතිසම්බොජ්ඣංගය ගැන වදාළ දෙසුම

පින්වත් මහණෙනි, අසංඛතය කරා පමුණුවන මාර්ගය මොකක්ද? පින්වත් මහණෙනි, මෙහිලා භික්ෂුව විවේකයට නැඹුරු වූ ....(පෙ).... සතිසම්බොජ්ඣංගය වඩයි. පින්වත් මහණෙනි, අසංඛතගාමී මාර්ගය කියන්නේ මෙයයි ....(පෙ).... මේක තමයි ඔබට කරන අපගේ අනුශාසනාව.

සාදු ! සාදු !! සාදු !!!

9.2.32
ධම්මවිචයසම්බොජ්ඣංග සූත්‍රය
ධම්මවිචය සම්බොජ්ඣංගය ගැන වදාළ දෙසුම

පින්වත් මහණෙනි, අසංඛතය කරා පමුණුවන මාර්ගය මොකක්ද? පින්වත් මහණෙනි, මෙහිලා භික්ෂුව විවේකයට නැඹුරු වූ ....(පෙ).... ධම්මවිචය සම්බොජ්ඣංගය වඩයි. පින්වත් මහණෙනි, අසංඛතගාමී මාර්ගය කියන්නේ මෙයයි ....(පෙ).... මේක තමයි ඔබට කරන අපගේ අනුශාසනාව.

සාදු ! සාදු !! සාදු !!!

9.2.33
විරියසම්බොජ්ඣංග සූත්‍රය
විරිය සම්බොජ්ඣංගය ගැන වදාළ දෙසුම

පින්වත් මහණෙනි, අසංඛතය කරා පමුණුවන මාර්ගය මොකක්ද? පින්වත් මහණෙනි, මෙහිලා භික්ෂුව විවේකයට නැඹුරු වූ ....(පෙ).... විරිය සම්බොජ්ඣංගය වඩයි. පින්වත් මහණෙනි, අසංඛතගාමී මාර්ගය කියන්නේ මෙයයි ....(පෙ).... මේක තමයි ඔබට කරන අපගේ අනුශාසනාව.

සාදු ! සාදු !! සාදු !!!

9.2.34
පීතිසම්බොජ්ඣංග සූත්‍රය
ප්‍රීති සම්බොජ්ඣංගය ගැන වදාළ දෙසුම

පින්වත් මහණෙනි, අසංඛතය කරා පමුණුවන මාර්ගය මොකක්ද? පින්වත් මහණෙනි, මෙහිලා භික්ෂුව විවේකයට නැඹුරු වූ ....(පෙ).... ප්‍රීති සම්බොජ්ඣංගය වඩයි. පින්වත් මහණෙනි, අසංඛතගාමී මාර්ගය කියන්නේ මෙයයි ....(පෙ).... මේක තමයි ඔබට කරන අපගේ අනුශාසනාව.

සාදු ! සාදු !! සාදු !!!

9.2.35
පස්සද්ධිසම්බොජ්ඣංග සූත්‍රය
පස්සද්ධි සම්බොජ්ඣංගය ගැන වදාළ දෙසුම

පින්වත් මහණෙනි, අසංඛතය කරා පමුණුවන මාර්ගය මොකක්ද? පින්වත් මහණෙනි, මෙහිලා භික්ෂුව විවේකයට නැඹුරු වූ ....(පෙ).... පස්සද්ධි සම්බොජ්ඣංගය වඩයි. පින්වත් මහණෙනි, අසංඛතගාමී මාර්ගය කියන්නේ මෙයයි ....(පෙ).... මේක තමයි ඔබට කරන අපගේ අනුශාසනාව.

සාදු ! සාදු !! සාදු !!!

9.2.36
සමාධිසම්බොජ්ඣංග සූත්‍රය
සමාධි සම්බොජ්ඣංගය ගැන වදාළ දෙසුම

පින්වත් මහණෙනි, අසංඛතය කරා පමුණුවන මාර්ගය මොකක්ද? පින්වත් මහණෙනි, මෙහිලා භික්ෂුව විවේකයට නැඹුරු වූ ....(පෙ).... සමාධි සම්බොජ්ඣංගය වඩයි. පින්වත් මහණෙනි, අසංඛතගාමී මාර්ගය කියන්නේ මෙයයි ....(පෙ).... මේක තමයි ඔබට කරන අපගේ අනුශාසනාව.

සාදු ! සාදු !! සාදු !!!

9.2.37
උපේඛාසම්බොජ්ඣංග සූත්‍රය
උපේක්ෂා සම්බොජ්ඣංගය ගැන වදාළ දෙසුම

පින්වත් මහණෙනි, අසංඛතය කරා පමුණුවන මාර්ගය මොකක්ද? පින්වත් මහණෙනි, මෙහිලා භික්ෂුව විවේකයට නැඹුරු වූ ....(පෙ).... උපේක්ෂා සම්බොජ්ඣංගය වඩයි. පින්වත් මහණෙනි, අසංඛතගාමී මාර්ගය කියන්නේ මෙයයි ....(පෙ).... මේක තමයි ඔබට කරන අපගේ අනුශාසනාව.

සාදු ! සාදු !! සාදු !!!

9.2.38
සම්මාදිට්ඨි සූත්‍රය
සම්මා දිට්ඨිය ගැන වදාළ දෙසුම

පින්වත් මහණෙනි, අසංඛතය කරා පමුණුවන මාර්ගය මොකක්ද? පින්වත් මහණෙනි, මෙහිලා භික්ෂුව විවේකයට නැඹුරු වූ ....(පෙ).... සම්මා දිට්ඨිය වඩයි. පින්වත් මහණෙනි, අසංඛතගාමී මාර්ගය කියන්නේ මෙයයි ....(පෙ).... මේක තමයි ඔබට කරන අපගේ අනුශාසනාව.

සාදු ! සාදු !! සාදු !!!

9.2.39
සම්මාසංකප්ප සූත්‍රය
සම්මා සංකල්ප ගැන වදාළ දෙසුම

පින්වත් මහණෙනි, අසංඛතය කරා පමුණුවන මාර්ගය මොකක්ද? පින්වත් මහණෙනි, මෙහිලා භික්ෂුව විවේකයට නැඹුරු වූ ....(පෙ).... සම්මා සංකල්ප වඩයි. පින්වත් මහණෙනි, අසංඛතගාමී මාර්ගය කියන්නේ මෙයයි ....(පෙ).... මේක තමයි ඔබට කරන අපගේ අනුශාසනාව.

සාදු ! සාදු !! සාදු !!!

9.2.40
සම්මාවාචා සූත්‍රය
සම්මා වාචා ගැන වදාළ දෙසුම

පින්වත් මහණෙනි, අසංඛතය කරා පමුණුවන මාර්ගය මොකක්ද? පින්වත් මහණෙනි, මෙහිලා භික්ෂුව විවේකයට නැඹුරු වූ ....(පෙ).... සම්මා වාචා වඩයි. පින්වත් මහණෙනි, අසංඛතගාමී මාර්ගය කියන්නේ මෙයයි ....(පෙ).... මේක තමයි ඔබට කරන අපගේ අනුශාසනාව.

සාදු ! සාදු !! සාදු !!!

9.2.41
සම්මාකම්මන්ත සූත්‍රය
සම්මා කම්මන්ත ගැන වදාළ දෙසුම

පින්වත් මහණෙනි, අසංඛතය කරා පමුණුවන මාර්ගය මොකක්ද? පින්වත් මහණෙනි, මෙහිලා භික්ෂුව විවේකයට නැඹුරු වූ ....(පෙ).... සම්මා කම්මන්ත වඩයි. පින්වත් මහණෙනි, අසංඛතගාමී මාර්ගය කියන්නේ මෙයයි ....(පෙ).... මේක තමයි ඔබට කරන අපගේ අනුශාසනාව.

සාදු ! සාදු !! සාදු !!!

9.2.42
සම්මාආජීව සූත්‍රය
සම්මා ආජීව ගැන වදාළ දෙසුම

පින්වත් මහණෙනි, අසංඛතය කරා පමුණුවන මාර්ගය මොකක්ද? පින්වත් මහණෙනි, මෙහිලා භික්ෂුව විවේකයට නැඹුරු වූ ....(පෙ).... සම්මා ආජීව වඩයි. පින්වත් මහණෙනි, අසංඛතගාමී මාර්ගය කියන්නේ මෙයයි ....(පෙ).... මේක තමයි ඔබට කරන අපගේ අනුශාසනාව.

සාදු ! සාදු !! සාදු !!!

9.2.43
සම්මාවායාම සූත්‍රය
සම්මා වායාම ගැන වදාළ දෙසුම

පින්වත් මහණෙනි, අසංඛතය කරා පමුණුවන මාර්ගය මොකක්ද? පින්වත් මහණෙනි, මෙහිලා භික්ෂුව විවේකයට නැඹුරු වූ ....(පෙ).... සම්මා වායාම වඩයි. පින්වත් මහණෙනි, අසංඛතගාමී මාර්ගය කියන්නේ මෙයයි ....(පෙ).... මේක තමයි ඔබට කරන අපගේ අනුශාසනාව.

සාදු ! සාදු !! සාදු !!!

9.2.44
සම්මාසති සූත්‍රය
සම්මා සති ගැන වදාළ දෙසුම

පින්වත් මහණෙනි, අසංඛතය කරා පමුණුවන මාර්ගය මොකක්ද? පින්වත් මහණෙනි, මෙහිලා භික්ෂුව විවේකයට නැඹුරු වූ ....(පෙ).... සම්මා සතිය වඩයි. පින්වත් මහණෙනි, අසංඛතගාමී මාර්ගය කියන්නේ මෙයයි ....(පෙ).... මේක තමයි ඔබට කරන අපගේ අනුශාසනාව.

සාදු ! සාදු !! සාදු !!!

9.2.45
සම්මාසමාධි සූත්‍රය
සම්මා සමාධි ගැන වදාළ දෙසුම

පින්වත් මහණෙනි, ඔබට අසංඛතයත් (නිවනත්), අසංඛතය කරා යන්නා වූ මාර්ගයත් දේශනා කරන්නම්. එය සවන් යොමා අසන්න. පින්වත් මහණෙනි, අසංඛතය යනු කුමක්ද? පින්වත් මහණෙනි, යම් රාගය ක්‍ෂය වීමක් ඇද්ද, ද්වේෂය ක්‍ෂය වීමක් ඇද්ද, මෝහය ක්‍ෂය වීමක් ඇද්ද, පින්වත් මහණෙනි, මෙයට තමයි අසංඛතය කියලා කියන්නේ. පින්වත් මහණෙනි,

අසංඛතය කරා පමුණුවන මාර්ගය මොකක්ද? පින්වත් මහණෙනි, මෙහිලා භික්ෂුව විවේකයට නැඹුරු වූ, විරාගයට නැඹුරු වූ, තණ්හා නිරෝධයට නැඹුරු වූ, නිවනට පමුණුවන්නා වූ සම්මා සමාධිය වඩයි. පින්වත් මහණෙනි, අසංඛතගාමී මාර්ගය කියන්නේ මෙය යි.

පින්වත් මහණෙනි, මෙසේ මා විසින් ඔබට අසංඛතයත් දේශනා කළා. අසංඛතගාමී මාර්ගයත් දේශනා කළා. පින්වත් මහණෙනි, ශ්‍රාවකයන්ට හිතෛෂී වූ, අනුකම්පා කරන්නා වූ ශාස්තෘන් වහන්සේ නමක් විසින් යමක් කළයුතු නම්, අනුකම්පා උපදවාගෙන ඔබට මා විසින් එය කරලයි තියෙන්නේ. පින්වත් මහණෙනි, ඔය තියෙන්නේ රුක් සෙවණ, ඔය තියෙන්නේ පාළු කුටි. පින්වත් මහණෙනි, ධ්‍යාන වඩන්න. ප්‍රමාද වෙන්න එපා. පස්සේ පසුතැවෙන්න එපා. මේක තමයි ඔබට කරන අපගේ අනුශාසනාව.

සාදු ! සාදු !! සාදු !!!

9.2.46 - 101
අන්ත සූත්‍ර
දුකෙහි නිමාව ගැන වදාළ දෙසුම්

පින්වත් මහණෙනි, ඔබට දුකෙහි නිමාවත්, දුක නිමාවට පමුණුවන මාර්ගයත් දේශනා කරන්නම්. එය සවන් යොමා අසන්න. පින්වත් මහණෙනි, දුකෙහි නිමාව යනු කුමක්ද? ....(පෙ).... අපගේ අනුශාසනාව.

(අසංඛත සූත්‍රවල පරිද්දෙන් විස්තර කළ යුතුය)

9.2.102 - 157
අනාසව සූත්‍ර
ආශ්‍රව රහිත වීම ගැන වදාළ දෙසුම්

පින්වත් මහණෙනි, ඔබට ආශ්‍රව රහිත වීමත්, ආශ්‍රව රහිත වීමට පමුණුවන මාර්ගයත් දේශනා කරන්නම්. ....(පෙ).... අපගේ අනුශාසනාව.

9.2.158 - 213
සච්ච සූත්‍ර
සත්‍යය ගැන වදාළ දෙසුම්

පින්වත් මහණෙනි, ඔබට සත්‍යයත්, සත්‍යයට පමුණුවන මාර්ගයත් දේශනා කරන්නම් ....(පෙ).... අපගේ අනුශාසනාව.

9.2.214 - 269
පාර සූත්‍ර
සසරින් එතෙර ගැන වදාළ දෙසුම්

පින්වත් මහණෙනි, ඔබට සසරින් එතෙරත්, සසරින් එතෙරට පමුණුවන මාර්ගයත් දේශනා කරන්නම් ....(පෙ).... අපගේ අනුශාසනාව.

9.2.270 - 325
නිපුණ සූත්‍ර
අතිශයින් සියුම් වූ දෙය ගැන වදාළ දෙසුම්

පින්වත් මහණෙනි, ඔබට අතිශය සියුම් වූ දෙයත්, අතිශය සියුම් වූ දෙයට පමුණුවන මාර්ගයත් දේශනා කරන්නම් ....(පෙ).... අපගේ අනුශාසනාව.

9.2.326 - 381
සුදුද්දස සූත්‍ර
දැකීමට ඉතා දුෂ්කර වූ දෙය ගැන වදාළ දෙසුම්

පින්වත් මහණෙනි, ඔබට දැකීමට ඉතා දුෂ්කර වූ දෙයත්, දැකීමට ඉතා දුෂ්කර වූ දෙයට පමුණුවන මාර්ගයත් දේශනා කරන්නම් ....(පෙ).... අපගේ අනුශාසනාව.

9.2.382 - 437
අජර සූත්‍ර
ජරාවට හසු නොවන දෙය ගැන වදාළ දෙසුම්

පින්වත් මහණෙනි, ඔබට ජරාවට හසුනොවන දෙයත්, ජරාවට හසුනොවන දෙයට පමුණුවන මාර්ගයත් දේශනා කරන්නම් ....(පෙ).... අපගේ අනුශාසනාව.

9.2.438 - 493
ධුව සූත්‍ර
ස්ථිර වූ දෙය ගැන වදාළ දෙසුම්

පින්වත් මහණෙනි, ඔබට ස්ථිර වූ දෙයත්, ස්ථිර වූ දෙයට පමුණුවන මාර්ගයත් දේශනා කරන්නම් ....(පෙ).... අපගේ අනුශාසනාව.

9.2.494 - 549
අපලෝකිත සූත්‍ර
නොනැසෙන දෙය ගැන වදාළ දෙසුම්

පින්වත් මහණෙනි, ඔබට නොනැසෙන දෙයත්, නොනැසෙන දෙයට පමුණුවන මාර්ගයත් දේශනා කරන්නම් ....(පෙ).... අපගේ අනුශාසනාව.

9.2.550 - 605
අනිදස්සන සූත්‍ර
නිදර්ශන රහිත දෙය ගැන වදාළ දෙසුම්

පින්වත් මහණෙනි, ඔබට නිදර්ශන රහිත දෙයත්, නිදර්ශන රහිත දෙයට පමුණුවන මාර්ගයත් දේශනා කරන්නම් ....(පෙ).... අපගේ අනුශාසනාව.

9.2.606 - 661
නිප්පපඤ්ච සූත්‍ර
ප්‍රපඤ්ච රහිත දෙය ගැන වදාළ දෙසුම්

පින්වත් මහණෙනි, ඔබට ප්‍රපඤ්ච රහිත දෙයත්, ප්‍රපඤ්ච රහිත දෙයට පමුණුවන මාර්ගයත් දේශනා කරන්නම් ....(පෙ).... අපගේ අනුශාසනාව.

9.2.662 - 717
සන්ත සූත්‍ර
ශාන්ත දෙය ගැන වදාළ දෙසුම්

පින්වත් මහණෙනි, ඔබට ශාන්ත දෙයත්, ශාන්ත දෙයට පමුණුවන මාර්ගයත් දේශනා කරන්නම් ....(පෙ).... අපගේ අනුශාසනාව.

9.2.718 - 773
අමත සූත්‍ර
අමෘතය ගැන වදාළ දෙසුම්

පින්වත් මහණෙනි, ඔබට අමෘතයත්, අමෘතයට පමුණුවන මාර්ගයත් දේශනා කරන්නම් ....(පෙ).... අපගේ අනුශාසනාව.

9.2.774 - 829
පණීත සූත්‍ර
ඉතා උතුම් දෙය ගැන වදාළ දෙසුම්

පින්වත් මහණෙනි, ඔබට ඉතා උතුම් දෙයත්, ඉතා උතුම් දෙයට පමුණුවන මාර්ගයත් දේශනා කරන්නම් ....(පෙ).... අපගේ අනුශාසනාව.

9.2.830 - 885
සිව සූත්‍ර
සුන්දර දෙය ගැන වදාළ දෙසුම්

පින්වත් මහණෙනි, ඔබට සුන්දර දෙයත්, සුන්දර දෙයට පමුණුවන මාර්ගයත් දේශනා කරන්නම් ....(පෙ).... අපගේ අනුශාසනාව.

9.2.886 - 941
ඛේම සූත්‍ර
භය රහිත දෙය ගැන වදාළ දෙසුම්

පින්වත් මහණෙනි, ඔබට භය රහිත දෙයත්, භය රහිත දෙයට පමුණුවන මාර්ගයත් දේශනා කරන්නම් ....(පෙ).... අපගේ අනුශාසනාව.

9.2.942 - 997
තණ්හක්ඛය සූත්‍ර
තණ්හාව ක්ෂය වීම ගැන වදාළ දෙසුම්

පින්වත් මහණෙනි, ඔබට තණ්හාව ක්ෂය වීමත්, තණ්හාව ක්ෂය වීමට පමුණුවන මාර්ගයත් දේශනා කරන්නම් ....(පෙ).... අපගේ අනුශාසනාව.

9.2.998 - 1053
අච්ඡරිය සූත්‍ර
ආශ්චර්යවත් දෙය ගැන වදාළ දෙසුම්

පින්වත් මහණෙනි, ඔබට ආශ්චර්යවත් දෙයත්, ආශ්චර්යවත් දෙයට පමුණුවන මාර්ගයත් දේශනා කරන්නම් ....(පෙ).... අපගේ අනුශාසනාව.

9.2.1054 - 1109
අබ්භූත සූත්‍ර
පුදුම සහගත දෙය ගැන වදාළ දෙසුම්

පින්වත් මහණෙනි, ඔබට පුදුම සහගත දෙයත්, පුදුම සහගත දෙයට පමුණුවන මාර්ගයත් දේශනා කරන්නම් ....(පෙ).... අපගේ අනුශාසනාව.

9.2.1110 - 1165
අනීතික සූත්‍ර
දුක් රහිත දෙය ගැන වදාළ දෙසුම්

පින්වත් මහණෙනි, ඔබට දුක් රහිත දෙයත්, දුක් රහිත දෙයට පමුණුවන මාර්ගයත් දේශනා කරන්නම් ....(පෙ).... අපගේ අනුශාසනාව.

9.2.1166 - 1221
අනීතිකධම්ම සූත්‍ර
දුක් නැති ස්වභාවයට අයත් දෙය ගැන වදාළ දෙසුම්

පින්වත් මහණෙනි, ඔබට දුක් නැති ස්වභාවයට අයත් දෙයත්, දුක් නැති ස්වභාවයට අයත් දෙයට පමුණුවන මාර්ගයත් දේශනා කරන්නම් ....(පෙ).... අපගේ අනුශාසනාව.

9.2.1222 - 1277
නිබ්බාන සූත්‍ර
අමා මහ නිවන ගැන වදාළ දෙසුම්

පින්වත් මහණෙනි, ඔබට අමා මහ නිවනත්, අමා මහ නිවනට පමුණුවන මාර්ගයත් දේශනා කරන්නම් ....(පෙ).... අපගේ අනුශාසනාව.

9.2.1278 - 1333
අබ්‍යාපජ්ඣ සූත්‍ර
පීඩා රහිත දෙය ගැන වදාළ දෙසුම්

පින්වත් මහණෙනි, ඔබට පීඩා රහිත දෙයත්, පීඩා රහිත දෙයට පමුණුවන මාර්ගයත් දේශනා කරන්නම් ....(පෙ).... අපගේ අනුශාසනාව.

9.2.1334 - 1389
විරාග සූත්‍ර
විරාගී දෙය ගැන වදාළ දෙසුම්

පින්වත් මහණෙනි, ඔබට විරාගී දෙයත්, විරාගී දෙයට පමුණුවන මාර්ගයත් දේශනා කරන්නම් ....(පෙ).... අපගේ අනුශාසනාව.

9.2.1390 - 1445
සුද්ධි සූත්‍ර
පිරිසිදු දෙය ගැන වදාළ දෙසුම්

පින්වත් මහණෙනි, ඔබට පිරිසිදු දෙයත්, පිරිසිදු දෙයට පමුණුවන මාර්ගයත් දේශනා කරන්නම් ....(පෙ).... අපගේ අනුශාසනාව.

9.2.1446 - 1501
මුත්ති සූත්‍ර
දුකින් නිදහස් වූ දෙය ගැන වදාළ දෙසුම්

පින්වත් මහණෙනි, ඔබට දුකින් නිදහස් වූ දෙයත්, දුකින් නිදහස් වූ දෙයට පමුණුවන මාර්ගයත් දේශනා කරන්නම් ....(පෙ).... අපගේ අනුශාසනාව.

9.2.1502 - 1557
අනාලය සූත්‍ර
ආල රහිත දෙය ගැන වදාළ දෙසුම්

පින්වත් මහණෙනි, ඔබට ආල රහිත දෙයත්, ආල රහිත දෙයට පමුණුවන මාර්ගයත් දේශනා කරන්නම් ....(පෙ).... අපගේ අනුශාසනාව.

9.2.1558 - 1613
දීප සූත්‍ර
පිහිට සළසන දෙය ගැන වදාළ දෙසුම්

පින්වත් මහණෙනි, ඔබට පිහිට සළසන දෙයත්, පිහිට සළසන දෙයට පමුණුවන මාර්ගයත් දේශනා කරන්නම් ....(පෙ).... අපගේ අනුශාසනාව.

9.2.1614 - 1669
ලේණ සූත්‍ර
ආරක්ෂාව සළසන දෙය ගැන වදාළ දෙසුම්

පින්වත් මහණෙනි, ඔබට ආරක්ෂාව සළසන දෙයත්, ආරක්ෂාව සළසන දෙයට පමුණුවන මාර්ගයත් දේශනා කරන්නම් ....(පෙ).... අපගේ අනුශාසනාව.

9.2.1670 - 1725
තාණ සූත්‍ර
රැකවරණය සළසන දෙය ගැන වදාළ දෙසුම්

පින්වත් මහණෙනි, ඔබට රැකවරණය සළසන දෙයත්, රැකවරණය සළසන දෙයට පමුණුවන මාර්ගයත් දේශනා කරන්නම් ....(පෙ).... අපගේ අනුශාසනාව.

9.2.1726 - 1781
සරණ සූත්‍ර
පිළිසරණ වන දෙය ගැන වදාළ දෙසුම්

පින්වත් මහණෙනි, ඔබට පිළිසරණ වන දෙයත්, පිළිසරණ වන දෙයට පමුණුවන මාර්ගයත් දේශනා කරන්නම් ....(පෙ).... අපගේ අනුශාසනාව.

9.2.1782 - 1837
පරායණ සූත්‍ර
පිහිට වන දෙය ගැන වදාළ දෙසුම්

පින්වත් මහණෙනි, ඔබට පිහිට වන දෙයත් (නිවනත්), පිහිට වන දෙය කරා යන්නාවූ මාර්ගයත් දේශනා කරන්නම්. එය සවන් යොමා අසන්න. පින්වත් මහණෙනි, පිහිට වන දෙය යනු කුමක්ද? පින්වත් මහණෙනි, යම් රාගය ක්ෂය වීමක් ඇද්ද, ද්වේෂය ක්ෂය වීමක් ඇද්ද, මෝහය ක්ෂය වීමක් ඇද්ද, පින්වත් මහණෙනි, මෙයට තමයි පිහිට වන දෙය කියලා කියන්නේ. පින්වත් මහණෙනි, පිහිට වන දෙය කරා පමුණුවන මාර්ගය මොකක්ද? කායගතාසතිය යි. පින්වත් මහණෙනි, පරායණගාමී මාර්ගය කියන්නේ මෙයයි.

පින්වත් මහණෙනි, මෙසේ මා විසින් ඔබට පිහිට වන දෙයත් දේශනා කළා. පිහිට වන දෙය කරා යන්නා වූ මාර්ගයත් දේශනා කළා. පින්වත් මහණෙනි, ශ්‍රාවකයන්ට හිතෛෂී වූ, අනුකම්පා කරන්නා වූ ශාස්තෘන් වහන්සේ නමක් විසින් යමක් කළ යුතු නම්, අනුකම්පා උපදවාගෙන ඔබට මා විසින් එය කරලයි තියෙන්නේ. පින්වත් මහණෙනි, ඔය තියෙන්නේ රුක් සෙවණ, ඔය තියෙන්නේ පාළු කුටි. පින්වත් මහණෙනි, ධ්‍යාන වඩන්න. ප්‍රමාද වෙන්න එපා. පස්සේ පසුතැවෙන්න එපා. මේක තමයි ඔබට කරන අපගේ අනුශාසනාව.

(අසංඛත සූත්‍රවල පරිද්දෙන් විස්තර කළ යුතුය)

සාදු ! සාදු !! සාදු !!!

දෙවෙනි අසංඛත වර්ගය යි.

- එහි පිළිවෙල උද්දානය යි.

අසංඛත සූත්‍ර, අන්ත සූත්‍ර, අනාසව සූත්‍ර, සච්ච සූත්‍රය, පාර සූත්‍ර, නිපුණ සූත්‍ර, සුදුද්දස සූත්‍ර, අජර සූත්‍ර, ධුව සූත්‍ර, අපලෝකිත සූත්‍ර, අනිදස්සන සූත්‍ර, නිප්පපඤ්ච සූත්‍ර, සන්ත සූත්‍ර අමත සූත්‍ර, පණීත සූත්‍ර, සිව සූත්‍ර, ඛේම සූත්‍ර, තණ්හක්ඛය සූත්‍ර, අච්ඡරිය සූත්‍ර, අබ්භූත සූත්‍ර, අනීතික සූත්‍ර, අනීතිකධම්ම සූත්‍ර, නිබ්බාන සූත්‍ර යන මේ දෙසුම් දෙසා වදාළේ සුගතයන් වහන්සේ විසිනු යි. අබ්‍යාපජ්ඣ සූත්‍ර, විරාග සූත්‍ර, සුද්ධි සූත්‍ර, මුත්ති සූත්‍ර, අනාලය සූත්‍ර, දීප සූත්‍ර, ලේණ සූත්‍ර, තාණ සූත්‍ර, සරණ සූත්‍ර, පරායණ සූත්‍ර යන මෙයින් දෙවෙනි අසංඛත වර්ගය සමන්විත වේ.

අසංඛත සංයුත්තය නිමා විය.

10. අබ්‍යාකත සංයුත්තය

1. අබ්‍යාකත වර්ගය

10.1.1
ඛේමා සූත්‍රය
ඛේමා භික්ෂුණිය විසින් වදාළ දෙසුම

ඒ දිනවල භාග්‍යවතුන් වහන්සේ වැඩසිටියේ සැවැත් නුවර ජේතවන නම් වූ අනේපිඬු සිටුතුමාගේ ආරාමයේ. ඒ දිනවල ඛේමා භික්ෂුණිය කොසොල් ජනපදයේ චාරිකාවේ වඩිද්දී සැවැත් නුවරටත් සාකේත නුවරටත් අතර තෝරණවත්ථු නම් ගමෙහි සිටීමට පැමිණුනා. එදා පසේනදී කොසොල් රජතුමා සාකේත නුවරින් සැවැත් නුවරට යද්දී සාකේත නුවරටත් සැවැත් නුවරටත් අතර වූ තෝරණවත්ථු ග්‍රාමයෙහි එක් රැයක වාසයට පැමිණුනා. ඉතින් පසේනදී කොසොල් රජතුමා එක්තරා පුරුෂයෙක් ඇමතුවා. "එම්බා පුරුෂය, ඔබ එන්න, මං අද කවුරුන් එක්ක හෝ දහම් ඇසුරක් පවත්වනවා නම්, ඊට සුදුසු ශ්‍රමණයෙකු හෝ බ්‍රාහ්මණයෙකු හෝ තෝරණවත්ථු ගමේ ඉන්නවාද කියලා තොරතුරු හොයා ගන්න."

"එසේය දේවයන් වහන්ස," කියලා ඒ පුරුෂයා පසේනදී කොසොල් රජුට පිළිතුරු දීල මුළු තෝරණවත්ථු ගමම පාහේ පීරා ඇවිද බලද්දී පසේනදී කොසොල් රජතුමා කවුරුන් එක්ක හෝ දහම් ඇසුරක් පවත්වනවා නම්, ඊට සුදුසු ශ්‍රමණයෙකු හෝ බ්‍රාහ්මණයෙකු හෝ තෝරණවත්ථු ගමේ දැක ගත්තේ නෑ. නමුත් ඒ පුරුෂයා ඛේමා භික්ෂුණිය තෝරණවත්ථු ගමේ සිටින බව දැක්කා. දැකලා පසේනදී කොසොල් රජතුමා ළඟට පැමිණුනා. පැමිණිලා පසේනදී කොසොල් රජතුමාට මෙකරුණ සැළ කළා. "දේවයන් වහන්ස, දේවයන් වහන්සේ දහම් ඇසුරක් පිණිස කවුරුන් හෝ ඇසුරු කළ යුතු නම් එබඳු ශ්‍රමණයෙක් හෝ බ්‍රාහ්මණයෙක් හෝ තෝරණවත්ථු ගමේ දැක

ගන්ට ලැබුණේ නෑ. එනමුත් දේවයන් වහන්ස, ඒ අරහත් සම්මා සම්බුද්ධ වූ භාග්‍යවතුන් වහන්සේගේ ශ්‍රාවිකාවක් වන ඛේමා නම් වූ භික්ෂුණියක් නම් ඉන්නවා. ඒ ආර්යාව ගැන මෙවැනි වූ කල්‍යාණ කීර්ති ඝෝෂාවක් පැතිර ගොස් තිබෙනවා. "ඉතා ඥානවන්තයි. ව්‍යක්තයි. ප්‍රඥාවන්තයි. බොහෝ ඇසූ පිරූ දහම් දැනුමක් තියෙනවා. විසිතුරු කතාබහෙන් යුක්තයි. සොඳුරු වැටහීමෙන් යුක්තයි" කියල. දේවයන් වහන්ස, ඒ භික්ෂුණිය සමග දහම් කථාව පවත්වනු මැනව."

එතකොට පසේනදී කොසොල් රජතුමා ඛේමා භික්ෂුණිය සිටි තැනට පැමිණුනා. පැමිණිලා ඛේමා භික්ෂුණියට ආදරයෙන් වන්දනා කොට එකත්පස්ව වාඩිවුණා. එකත්පස්ව වාඩිවුණ පසේනදී කොසොල් රජතුමා ඛේමා භික්ෂුණියට මෙකරුණ පැවසුවා. "ආර්යාවනි, ඇත්තෙන් ම තථාගතයන් වහන්සේ මරණින් මතු ඉන්නවාද?" "පින්වත් මහාරාජ, තථාගතයන් වහන්සේ මරණින් මතු ඉන්නවාය යන කරුණ භාග්‍යවතුන් වහන්සේ විසින් නොවදාළ දෙයක්." "ආර්යාවනි, එහෙමනම් තථාගතයන් වහන්සේ මරණින් මතු නැද්ද?" "පින්වත් මහාරාජ, තථාගතයන් වහන්සේ මරණින් මතු නැතය යන කරුණත් භාග්‍යවතුන් වහන්සේ විසින් නොවදාළ දෙයක්." "ආර්යාවනි, එහෙමනම් තථාගතයන් වහන්සේ මරණින් මතු ඉන්නවාද? නැද්ද?" "පින්වත් මහාරාජ, තථාගතයන් වහන්සේ මරණින් මතු ඇත, නැත යන කරුණ භාග්‍යවතුන් වහන්සේ විසින් නොවදාළ දෙයක්." "ආර්යාවනි, එහෙමනම් තථාගතයන් වහන්සේ මරණින් මතු ඉන්නේත් නැද්ද? නැත්තේත් නැද්ද?" "පින්වත් මහාරාජ, තථාගතයන් වහන්සේ මරණින් මතු ඉන්නේ නැත, නැත්තේ නැතය යන කරුණත් භාග්‍යවතුන් වහන්සේ විසින් නොවදාළ දෙයක්."

"ඇයි ආර්යාවනි, ඇත්තෙන් ම තථාගතයන් වහන්සේ මරණින් මතු ඉන්නවාද? කියලා ඇසූ විට, පින්වත් මහාරාජ, තථාගතයන් වහන්සේ මරණින් මතු ඉන්නවාය යන කරුණ භාග්‍යවතුන් වහන්සේ විසින් නොවදාළ දෙයක් කියලා කිව්වේ? ඒ වගේම ඇයි ආර්යාවනි, එහෙම නම් තථාගතයන් වහන්සේ මරණින් මතු නැද්ද? කියලා ඇසූ විට, පින්වත් මහාරාජ, තථාගතයන් වහන්සේ මරණින් මතු නැතය යන කරුණත් භාග්‍යවතුන් වහන්සේ විසින් නොවදාළ දෙයක් කියලා කිව්වේ? ඒ වගේම ඇයි ආර්යාවනි, එහෙමනම් තථාගතයන් වහන්සේ මරණින් මතු ඉන්නවාද? නැද්ද? කියලා ඇසූ විට, පින්වත් මහාරාජ, තථාගතයන් වහන්සේ මරණින් මතු ඇත, නැත යන කරුණ භාග්‍යවතුන් වහන්සේ විසින් නොවදාළ දෙයක් කියලා කිව්වේ? ඒ වගේම ඇයි ආර්යාවනි, එහෙම නම් තථාගතයන් වහන්සේ මරණින් මතු ඉන්නේත් නැද්ද? නැත්තේත් නැද්ද? කියලා ඇසූ විට, පින්වත් මහාරාජ, තථාගතයන් වහන්සේ මරණින්

මතු ඉන්නේ නැත, නැත්තේ නැතය යන කරුණත් භාග්‍යවතුන් වහන්සේ විසින් නොවදාළ දෙයක් කියලා කිව්වේ? පින්වත් ආර්යාවනි, භාග්‍යවතුන් වහන්සේ විසින් එය නොවදාළ හේතුව මොකක්ද? ප්‍රත්‍යය මොකක්ද?"

"පින්වත් මහාරාජ, එහෙම නම් ඔබෙන්ම මෙම කරුණ විමසන්නම්. ඔබට යම් අයුරකින් වැටහෙනවා නම්, ඒ අයුරින් පිළිතුරු දෙන්න.

පින්වත් මහාරාජ, මේ ගැන ඔබ කුමක්ද හිතන්නේ? යම් කෙනෙක් මෙච්චරක් වැලි තියෙනවා කියල හෝ මෙච්චර සිය ගණනක් වැලි කැට තියෙනවා කියලා හෝ මෙච්චර දහස් ගණනක් වැලි කැට තියෙනවා කියලා හෝ මෙච්චර ලක්ෂ ගණනක් වැලි කැට තියෙනවා කියලා ගංගා නදියෙහි වැලි ගණන් කරන්නට පුළුවන් නම් එබඳු ගණන් තබන්නෙක් හෝ මුද්‍රා තබන්නෙක් හෝ සංඛ්‍යාවන් පෙන්වන්නෙක් හෝ ඔබට ඉන්නවාද?" "ආර්යාවෙනි, මෙය නොවේමය." "යම් කෙනෙක් මෙච්චර වතුර නැළි තියෙනවා කියලා හෝ මෙච්චර සිය ගණනක් වතුර නැළි තියෙනවා කියලා හෝ මෙච්චර දහස් ගණනක් වතුර නැළි තියෙනවා කියලා හෝ මෙච්චර ලක්ෂ ගණනක් වතුර නැළි තියෙනවා කියලා මහා සාගරයේ ජල ප්‍රමාණය ගණන් කරන්නට පුළුවන් නම් එබඳු ගණන් තබන්නෙක් හෝ මුද්‍රා තබන්නෙක් හෝ සංඛ්‍යාවන් පෙන්වන්නෙක් හෝ ඔබට ඉන්නවාද?" "ආර්යාවෙනි, මෙය නොවේමය." "එයට හේතුව කුමක්ද?" "පින්වත් ආර්යාවෙනි, මහා සාගරය ගැඹුරුයි නොවැ. මිණුමකට ගන්ට බැහැ නොවැ. බැස ගන්ට බැහැ නොවැ."

"පින්වත් මහාරාජ, ඔය විදිහමයි. තථාගතයන් වහන්සේව පණවනවා නම් පණවන්නේ යම් රූපයකින් නම්, ඒ රූපය තථාගතයන් වහන්සේට ප්‍රහීණ වෙලයි තියෙන්නේ. මුලින් සිඳිලයි තියෙන්නේ. කරටිය සිඳුනු තල් ගසක් මෙන් වෙලයි තියෙන්නේ. අභාවයට පත් වෙලයි තියෙන්නේ. නැවත නූපදින පරිදි නැතිවෙලයි තියෙන්නේ. පින්වත් මහාරාජ, රූපය පිළිබඳ තෘෂ්ණාව ගෙවා දැමීමෙන් නිදහස් වී ඇති තථාගතයන් වහන්සේ ගම්භීරයි. මිණුමකට අයත් වන්නේ නෑ. බැස ගැනීමකට අයත් වන්නේ නෑ. මහා සාගරය වගේ. තථාගතයන් වහන්සේ මරණින් මතු ඉන්නවාද යන කරුණ යෙදවෙන්නෙත් නෑ. තථාගතයන් වහන්සේ මරණින් මතු නැතය යන කරුණ යෙදවෙන්නෙත් නෑ. තථාගතයන් වහන්සේ මරණින් මතු ඉන්නවාද නැද්ද යන කරුණ යෙදවෙන්නෙත් නෑ. තථාගතයන් වහන්සේ මරණින් මතු ඉන්නේත් නැත නැත්තේත් නැත යන කරුණ යෙදවෙන්නෙත් නෑ.

තථාගතයන් වහන්සේව පණවනවා නම් පණවන්නේ යම් විඳීමකින් නම්, ඒ විඳීම තථාගතයන් වහන්සේට ප්‍රහීණ වෙලයි තියෙන්නේ. මුලින් සිඳිලයි

තියෙන්නේ. කරටිය සිඳුනු තල් ගසක් මෙන් වෙලයි තියෙන්නේ. අභාවයට පත් වෙලයි තියෙන්නේ. නැවත නූපදින පරිදි නැති වෙලයි තියෙන්නේ. පින්වත් මහාරාජ, විඳීම පිළිබඳ තෘෂ්ණාව ගෙවා දැමීමෙන් නිදහස් වී ඇති තථාගතයන් වහන්සේ ගම්භීරයි. මිණුමකට අයත් වන්නේ නෑ. බැස ගැනීමකට අයත් වන්නේ නෑ. මහා සාගරය වගේ. තථාගතයන් වහන්සේ මරණින් මතු ඉන්නවාද යන කරුණ යෙදවෙන්නෙත් නෑ. තථාගතයන් වහන්සේ මරණින් මතු නැතය යන කරුණ යෙදවෙන්නෙත් නෑ. තථාගතයන් වහන්සේ මරණින් මතු ඉන්නවාද, නැද්ද යන කරුණ යෙදවෙන්නෙත් නෑ. තථාගතයන් වහන්සේ මරණින් මතු ඉන්නේත් නැත, නැත්තේත් නැත යන කරුණ යෙදවෙන්නෙත් නෑ. යම් සඤ්ඤාවකින් නම් ....(පෙ)....

තථාගතයන් වහන්සේව පණවනවා නම් පණවන්නේ යම් සංස්කාර වලින් නම්, ඒ සංස්කාර තථාගතයන් වහන්සේට ප්‍රහීණ වෙලයි තියෙන්නේ. මුලින් සිඳිලයි තියෙන්නේ. කරටිය සිඳුනු තල් ගසක් මෙන් වෙලයි තියෙන්නේ. අභාවයට පත් වෙලයි තියෙන්නේ. නැවත නූපදින පරිදි නැතිවෙලයි තියෙන්නේ. පින්වත් මහාරාජ, සංස්කාර පිළිබඳ තෘෂ්ණාව ගෙවා දැමීමෙන් නිදහස් වී ඇති තථාගතයන් වහන්සේ ගම්භීරයි. මිණුමකට අයත් වන්නේ නෑ. බැස ගැනීමකට අයත් වන්නේ නෑ. මහා සාගරය වගේ. තථාගතයන් වහන්සේ මරණින් මතු ඉන්නවාද යන කරුණ යෙදවෙන්නෙත් නෑ. තථාගතයන් වහන්සේ මරණින් මතු නැතය යන කරුණ යෙදවෙන්නෙත් නෑ. තථාගතයන් වහන්සේ මරණින් මතු ඉන්නවාද නැද්ද යන කරුණ යෙදවෙන්නෙත් නෑ. තථාගතයන් වහන්සේ මරණින් මතු ඉන්නේත් නැත නැත්තේත් නැත යන කරුණ යෙදවෙන්නෙත් නෑ.

තථාගතයන් වහන්සේව පණවනවා නම් පණවන්නේ යම් විඤ්ඤාණයකින් නම්, ඒ විඤ්ඤාණය තථාගතයන් වහන්සේට ප්‍රහීණ වෙලයි තියෙන්නේ. මුලින් සිඳලයි තියෙන්නේ. කරටිය සිඳුනු තල් ගසක් මෙන් වෙලයි තියෙන්නේ. අභාවයට පත් වෙලයි තියෙන්නේ. නැවත නූපදින පරිදි නැති වෙලයි තියෙන්නේ. පින්වත් මහාරාජ, විඤ්ඤාණය පිළිබඳ තෘෂ්ණාව ගෙවා දැමීමෙන් නිදහස් වී ඇති තථාගතයන් වහන්සේ ගම්භීරයි. මිණුමකට අයත් වන්නේ නෑ. බැස ගැනීමකට අයත් වන්නේ නෑ. මහා සාගරය වගේ. තථාගතයන් වහන්සේ මරණින් මතු ඉන්නවාද යන කරුණ යෙදවෙන්නෙත් නෑ. තථාගතයන් වහන්සේ මරණින් මතු නැතය යන කරුණ යෙදවෙන්නෙත් නෑ. තථාගතයන් වහන්සේ මරණින් මතු ඉන්නවාද, නැද්ද යන කරුණ යෙදවෙන්නෙත් නෑ. තථාගතයන් වහන්සේ මරණින් මතු ඉන්නේත් නැත, නැත්තේත් නැත යන කරුණ යෙදවෙන්නෙත් නෑ.

ඉතින් පසේනදී කොසොල් රජතුමා ඛේමා භික්ෂුණියගේ භාෂිතය සතුටින් පිළිගෙන අනුමෝදන් වුණා. අසුනෙන් නැගිට ඛේමා භික්ෂුණියට වන්දනා කොට පැදකුණු කොට පිටත් වුණා. ඊටපස්සේ පසේනදි කොසොල් රජතුමා පසුකලෙක භාග්‍යවතුන් වහන්සේ වැඩසිටි තැනට පැමිණුනා. පැමිණිලා භාග්‍යවතුන් වහන්සේට ආදරයෙන් වන්දනා කොට එකත්පස්ව වාඩිවුණා. එකත්පස්ව වාඩිවුණ පසේනදී කොසොල් රජතුමා භාග්‍යවතුන් වහන්සේට මෙකරුණ පැවසුවා. "ස්වාමීනි, ඇත්තෙන් ම තථාගතයන් වහන්සේ මරණින් මතු ඉන්නවාද?" "පින්වත් මහාරාජ, තථාගතයන් වහන්සේ මරණින් මතු ඉන්නවාය යන කරුණ මා විසින් නොවදාළ දෙයක්." "ස්වාමීනි, එහෙමනම් තථාගතයන් වහන්සේ මරණින් මතු නැද්ද?" "පින්වත් මහාරාජ, තථාගතයන් වහන්සේ මරණින් මතු නැතය යන කරුණ මා විසින් නොවදාළ දෙයක්" ....(පෙ)....

"ඇයි ස්වාමීනි, ඇත්තෙන් ම තථාගතයන් වහන්සේ මරණින් මතු ඉන්නවාද? කියලා ඇසූ විට පින්වත් මහාරාජ, තථාගතයන් වහන්සේ මරණින් මතු ඉන්නවාය යන කරුණ මා විසින් නොවදාළ දෙයක් කියලා කිව්වේ? ....(පෙ).... ඇයි ස්වාමීනි, එහෙමනම් තථාගතයන් වහන්සේ මරණින් මතු ඉන්නේත් නැද්ද? නැත්තේත් නැද්ද? කියලා ඇසූ විට, පින්වත් මහාරාජ, තථාගතයන් වහන්සේ මරණින් මතු ඉන්නේ නැත, නැත්තේ නැතය යන කරුණ මා විසින් නොවදාළ දෙයක් කියලා කිව්වේ? ස්වාමීනි, භාග්‍යවතුන් වහන්සේ විසින් එය නොවදාළ හේතුව මොකක්ද? ප්‍රත්‍යය මොකක්ද?

පින්වත් මහාරාජ, එහෙමනම් ඔබෙන් ම මෙම කරුණ විමසන්නම්. ඔබට යම් අයුරකින් වැටහෙනවා නම්, ඒ අයුරින් පිළිතුරු දෙන්න. පින්වත් මහාරාජ, මේ ගැන ඔබ කුමක්ද හිතන්නේ? යම් කෙනෙක් මෙච්චරක් වැලි තියෙනවා කියලා ....(පෙ).... මෙච්චර ලක්ෂ ගණනක් වැලි කැට තියෙනවා කියලා ගංගා නදියෙහි වැලි ගණන් කරන්නට පුළුවන් නම්, එබඳු ගණන් තබන්නෙක් හෝ මුද්‍රා තබන්නෙක් හෝ සංඛ්‍යාවන් පෙන්වන්නෙක් හෝ ඔබට ඉන්නවාද?" "ස්වාමීනි, මෙය නොවේමය." "යම් කෙනෙක් මෙච්චර වතුර නැලි තියෙනවා කියලා ....(පෙ).... මෙච්චර ලක්ෂ ගණනක් වතුර නැලි තියෙනවා කියලා මහා සාගරයේ ජල ප්‍රමාණය ගණන් කරන්නට පුළුවන් නම් එබඳු ගණන් තබන්නෙක් හෝ මුද්‍රා තබන්නෙක් හෝ සංඛ්‍යාවන් පෙන්වන්නෙක් හෝ ඔබට ඉන්නවාද?" "ස්වාමීනි, මෙය නොවේමය." "එයට හේතුව කුමක්ද?" "ස්වාමීනි, මහා සාගරය ගැඹුරුයි නොවැ. මිණුමකට ගන්ට බැහැ නොවැ. බැසගන්ට බැහැ නොවැ."

"පින්වත් මහාරාජ, ඔය විදිහමයි. තථාගතයන් වහන්සේව පණවනවා නම් පණවන්නේ යම් රූපයකින් නම්, ඒ රූපය තථාගතයන් වහන්සේට ප්‍රහීණ වෙලයි තියෙන්නේ. මුලින් සිඳිලයි තියෙන්නේ. කරටිය සිඳුනු තල් ගසක් මෙන් වෙලයි තියෙන්නේ. අභාවයට පත් වෙලයි තියෙන්නේ. නැවත නූපදින පරිදි නැතිවෙලයි තියෙන්නේ. පින්වත් මහාරාජ, රූපය පිළිබඳ තෘෂ්ණාව ගෙවා දැමීමෙන් නිදහස් වී ඇති තථාගතයන් වහන්සේ ගම්භීරයි. මිණුමකට අයත් වන්නේ නෑ. බැස ගැනීමකට අයත් වන්නේ නෑ. මහා සාගරය වගේ. තථාගතයන් වහන්සේ මරණින් මතු ඉන්නවාද යන කරුණ යෙදවෙන්නෙත් නෑ ....(පෙ).... තථාගතයන් වහන්සේ මරණින් මතු ඉන්නේත් නැත නැත්තේත් නැත යන කරුණ යෙදවෙන්නෙත් නෑ.

යම් විඳීමකින් නම් ....(පෙ).... යම් සඤ්ඤාවකින් නම් ....(පෙ).... යම් සංස්කාරවලින් නම් ....(පෙ).... තථාගතයන් වහන්සේව පණවනවා නම් පණවන්නේ යම් විඤ්ඤාණයකින් නම්, ඒ විඤ්ඤාණය තථාගතයන් වහන්සේට ප්‍රහීණ වෙලයි තියෙන්නේ. මුලින් සිඳිලයි තියෙන්නේ. කරටිය සිඳුනු තල් ගසක් මෙන් වෙලයි තියෙන්නේ. අභාවයට පත් වෙලයි තියෙන්නේ. නැවත නූපදින පරිදි නැති වෙලයි තියෙන්නේ. පින්වත් මහාරාජ, විඤ්ඤාණය පිළිබඳ තෘෂ්ණාව ගෙවා දැමීමෙන් නිදහස් වී ඇති තථාගතයන් වහන්සේ ගම්භීරයි. මිණුමකට අයත් වන්නේ නෑ. බැස ගැනීමකට අයත් වන්නේ නෑ. මහා සාගරය වගේ. තථාගතයන් වහන්සේ මරණින් මතු ඉන්නවාද යන කරුණ යෙදවෙන්නෙත් නෑ ....(පෙ).... තථාගතයන් වහන්සේ මරණින් මතු ඉන්නේත් නැත, නැත්තේත් නැත යන කරුණ යෙදවෙන්නෙත් නෑ.

ස්වාමීනි, ආශ්චර්ය යි. ස්වාමීනි, පුදුම සහගතයි. යම් හෙයකින් ශාස්තෘන් වහන්සේගේත් ශ්‍රාවිකාවකගේත් මේ උතුම් දහම් කථාව තුළ අර්ථයෙන් අර්ථය, වචනයෙන් වචනය සැසඳිලා යනවා. ගැලපිලා යනවා. නොවෙනස් වෙලා යනවා. ස්වාමීනි, එක දවසක් මං ඛේමා භික්ෂුණිය ළඟට ගිහින් ඔය කාරණය ම ඇසුවා. ඒ ආර්යාවත් ඔය පද වලින් ම, ඔය වචන ප්‍රකාශ කිරීම් වලින් ම මේ කාරණාව භාග්‍යවතුන් වහන්සේ වදාළ පරිදි ම පැහැදිලි කළා. ස්වාමීනි, ආශ්චර්ය යි. ස්වාමීනි, පුදුම සහගතයි. යම් හෙයකින් ශාස්තෘන් වහන්සේගේත් ශ්‍රාවිකාවකගේත් මේ උතුම් දහම් කථාව තුළ අර්ථයෙන් අර්ථය, වචනයෙන් වචනය සැසඳිලා යනවා. ගැලපිලා යනවා. නොවෙනස් වෙලා යනවා. ස්වාමීනි, අපි දැන් පිටත් වෙන්නම්. අපි බොහෝ කටයුතු ඇති අය නොවැ. කළයුතු බොහෝ දේ ඇති අය නොවැ. පින්වත් මහාරාජ, යම් කිසිවකට දැන් කාලය නම්, එය දැන ගත මැනැව. ඉතින් පසේනදී කොසොල් රජතුමා භාග්‍යවතුන් වහන්සේගේ භාෂිතය සතුටින් පිළිගෙන, අනුමෝදන්

වෙලා, අසුනෙන් නැගිට, භාග්‍යවතුන් වහන්සේට වන්දනා කොට, පැදකුණු කොට පිටත් වුණා.

සාදු ! සාදු !! සාදු !!!

ඛේමා සූත්‍රය නිමා විය.

10.1.2
අනුරාධ සූත්‍රය
අනුරාධ තෙරුන්ට වදාළ දෙසුම

ඒ දිනවල භාග්‍යවතුන් වහන්සේ වැඩසිටියේ විශාලා මහනුවර මහා වනයේ කූටාගාර ශාලාවේ. ඒ දිනවල ආයුෂ්මත් අනුරාධයන් වහන්සේ භාග්‍යවතුන් වහන්සේට නුදුරින් වනගත කුටියකයි වාසය කළේ. එදා බොහෝ අන්‍යාගමික පරිබ්‍රාජකයන් ආයුෂ්මත් අනුරාධයන් වහන්සේ ළඟට පැමිණුනා. පැමිණිලා ආයුෂ්මත් අනුරාධයන් සමඟ සතුටු වුණා. සතුටු විය යුතු පිළිසඳර කතාබහේ යෙදිලා එකත්පස්ව වාඩිවුණා. එකත්පස්ව වාඩිවුණ ඒ අන්‍යාගමික පරිබ්‍රාජකයන් ආයුෂ්මත් අනුරාධයන් වහන්සේට මෙකරුණ සැළකළා. ප්‍රිය ආයුෂ්මත් අනුරාධයෙනි, යම් ඒ උත්තම පුරුෂ වූ පරම පුරුෂ වූ උතුම් ඵලයට පත් වූ තථාගතයන් වහන්සේ නමක් ඇද්ද, ඔහු පිළිබඳව තථාගතයන් වහන්සේ පණවනවා නම් පණවන්ට තිබෙන්නේ මේ සතර තැනක නේද? ඒ කියන්නේ තථාගතයන් වහන්සේ මරණින් මතු ඉන්නවා. එහෙම නැත්නම් තථාගතයන් වහන්සේ මරණින් මතු ඉන්නේ නෑ. තථාගතයන් වහන්සේ මරණින් මතු ඉන්නවා වගේම ඉන්නෙත් නෑ. තථාගතයන් වහන්සේ මරණින් මතු ඉන්නෙත් නෑ, ඉන්නෙ නැත්තෙත් නෑ කියල.

ප්‍රිය ආයුෂ්මත්වරුනි, යම් ඒ උත්තම පුරුෂ වූ පරම පුරුෂ වූ උතුම් ඵලයට පත් වූ තථාගතයන් වහන්සේ නමක් ඇද්ද, ඔහු පිළිබඳව තථාගතයන් වහන්සේ පණවනවා නම් පණවන්ට තිබෙන්නේ, තථාගතයන් වහන්සේ මරණින් මතු ඉන්නවා. එහෙම නැත්නම් තථාගතයන් වහන්සේ මරණින් මතු ඉන්නේ නෑ. තථාගතයන් වහන්සේ මරණින් මතු ඉන්නවා වගේම ඉන්නෙත් නෑ. තථාගතයන් වහන්සේ මරණින් මතු ඉන්නෙත් නෑ, ඉන්නෙ නැත්තෙත් නෑ කියන මේ සතර තැනින් බැහැරවයි. ඔය විදිහට පැවසූ විට ඒ අන්‍යාග මික පරිබ්‍රාජකයන් ආයුෂ්මත් අනුරාධයන් හට මෙකරුණ පැවසුවා. "ඒ මේ

භික්ෂුව නම් නවක පැවිද්දෙක් වගෙයි. පැවිදි වෙලා වැඩි කලක් ගිය කෙනෙක් නම් නොවෙයි. එහෙම නැත්නම් ස්ථවිර කෙනෙක් වුණත් බාල වූ අව්‍යක්ත කෙනෙක් වගෙයි.” ඉතින් ඒ අන්‍යාගමික පරිබ්‍රාජකයන් ආයුෂ්මත් අනුරාධයන් හට නවකවාදයෙනුත්, බාලවාදයෙනුත් අපහාස කරලා ආසනයෙන් නැගිටලා පිටත් වුණා.

එතකොට ඒ අන්‍යාගමික පරිබ්‍රාජකයන් පිටත් වෙලා ගිහින් නොබෝ වෙලාවකින් ආයුෂ්මත් අනුරාධයන් හට මෙහෙම හිතුණා. ඉතින් ඒ අන්‍යාගමික පිරිවැජියන් තවදුරටත් මගෙන් ප්‍රශ්න ඇහුවා නම් මං කොයි විදිහෙන් ඒ අන්‍යාගමික පිරිවැජියන්ට උත්තර දෙනකොට ද භාග්‍යවතුන් වහන්සේ වදාළ දෙය ම පවසන කෙනෙක් වෙන්නේ. භාග්‍යවතුන් වහන්සේට අභූතයෙන් චෝදනා නොකරන කෙනෙක් වෙන්නේ. ධර්මානුකූල වූ ම ධර්මයක් කියන කෙනෙක් වෙන්නේ. යම් කිසි කරුණු මත නොයෙක් වාදයන් නංවමින් ගැරහිය යුතු තැනකට පත් නොවන කෙනෙක් වෙන්නේ. එතකොට ආයුෂ්මත් අනුරාධයන් වහන්සේ භාග්‍යවතුන් වහන්සේ වැඩසිටි තැනට පැමිණුනා. පැමිණිලා භාග්‍යවතුන් වහන්සේට ආදරයෙන් වන්දනා කරලා එකත්පස්ව වාඩිවුණා. එකත්පස්ව වාඩිවුණ ආයුෂ්මත් අනුරාධයන් භාග්‍යවතුන් වහන්සේට මෙකරුණ වදාළා.

ස්වාමීනි, මං මෙහි භාග්‍යවතුන් වහන්සේට නුදුරින් වනගත කුටියකයි වාසය කළේ. එතකොට බොහෝ අන්‍යාගමික පරිබ්‍රාජකයන් මා ළඟට පැමිණුනා. පැමිණිලා මා සමඟ සතුටු වුණා. සතුටු විය යුතු පිළිසඳර කතාබහේ යෙදිලා එකත්පස්ව වාඩිවුණා. එකත්පස්ව වාඩිවුණ අන්‍යාගමික පරිබ්‍රාජකයන් මට මෙකරුණ සැළකළා. ප්‍රිය ආයුෂ්මත් අනුරාධයෙනි, යම් ඒ උත්තම පුරුෂ වූ පරම පුරුෂ වූ උතුම් ඵලයට පත් වූ තථාගතයන් වහන්සේ නමක් ඇද්ද, ඔහු පිළිබඳව තථාගතයන් වහන්සේ පණවනවා නම් පණවන්ට තිබෙන්නේ මේ සතර තැනක නේද? ඒ කියන්නේ තථාගතයන් වහන්සේ මරණින් මතු ඉන්නවා ....(පෙ).... තථාගතයන් වහන්සේ මරණින් මතු ඉන්නෙත් නෑ, ඉන්නෙ නැත්තෙත් නෑ කියල. ඔය විදිහට පැවසූ විට ස්වාමීනි, මං ඒ අන්‍යාග මික පරිබ්‍රාජකයන් හට මෙකරුණ පැවසුවා. ප්‍රිය ආයුෂ්මත්වරුනි, යම් ඒ උත්තම පුරුෂ වූ පරම පුරුෂ වූ උතුම් ඵලයට පත් වූ තථාගතයන් වහන්සේ නමක් ඇද්ද, ඔහු පිළිබඳව තථාගතයන් වහන්සේ පණවනවා නම් පණවන්ට තිබෙන්නේ, තථාගතයන් වහන්සේ මරණින් මතු ඉන්නවා. ....(පෙ).... තථාගතයන් වහන්සේ මරණින් මතු ඉන්නෙත් නෑ, ඉන්නෙ නැත්තෙත් නෑ කියන මේ සතර තැනින් බැහැරවයි.

ස්වාමීනි ඔය විදිහට පැවසූ විට ඒ අන්‍යාගමික පරිව්‍රාජකයන් මට මෙකරුණ පැවසුවා. "ඒ මේ භික්ෂුව නම් නවක පැවිද්දෙක් වගෙයි. පැවිදි වෙලා වැඩි කලක් ගිය කෙනෙක් නම් නොවෙයි. එහෙම නැත්නම් ස්ථවිර කෙනෙක් වුණත් බාල වූ අව්‍යක්ත කෙනෙක් වගෙයි" කියලා. ඉතින් ස්වාමීනි, ඒ අන්‍යාගමික පරිබ්‍රාජකයන් මට නවකවාදයෙනුත්, බාලවාදයෙනුත් අපහාස කරලා ආසනයෙන් නැගිටලා පිටත් වුණා. එතකොට ඒ අන්‍යාගමික පරිබ්‍රාජකයන් පිටත් වෙලා ගිහින් නොබෝ වෙලාවකින් මට මෙහෙම හිතුණා. ඉදින් ඒ අන්‍යාගමික පිරිවැජියන් තවදුරටත් මගෙන් ප්‍රශ්න ඇහුවා නම් මං කොයි විදිහෙන් ඒ අන්‍යාගමික පිරිවැජියන්ට උත්තර දෙනකොට ද භාග්‍යවතුන් වහන්සේ වදාළ දෙය ම පවසන කෙනෙක් වෙන්නේ. භාග්‍යවතුන් වහන්සේට අභූතයෙන් චෝදනා නොකරන කෙනෙක් වෙන්නේ. ධර්මානුකූල වූ ම ධර්මයක් කියන කෙනෙක් වෙන්නේ. යම් කිසි කරුණු මත නොයෙක් වාදයන් නංවමින් ගැරහිය යුතු තැනකට පත් නොවන කෙනෙක් වෙන්නේ කියලා.

පින්වත් අනුරාධ, ඔබ මේ ගැන කුමක්ද සිතන්නේ? රූපය යනු නිත්‍ය දෙයක් ද? අනිත්‍ය දෙයක් ද? ස්වාමීනි, අනිත්‍යයි. යමක් වනාහී අනිත්‍ය නම් එය දුක් දෙයක් ද? සැප දෙයක් ද? ස්වාමීනි, දුකයි. යමක් වනාහී අනිත්‍ය නම්, දුක නම්, වෙනස්වන ධර්මතාවයට අයත් දෙයක් නම් එය 'මෙය මගේ කියා හෝ මෙය මම වෙමියි කියා හෝ මෙය මාගේ ආත්මය' කියා හෝ මුළාවෙන් දකින එක සුදුසුද? ස්වාමීනි, එය සුදුසු නෑ ම යි. වේදනාව ....(පෙ).... සඤ්ඤාව ....(පෙ).... සංස්කාර ....(පෙ).... විඤ්ඤාණය යනු නිත්‍ය දෙයක් ද? අනිත්‍ය දෙයක් ද? ස්වාමීනි අනිත්‍යයි. යමක් වනාහී අනිත්‍ය නම් එය දුක් දෙයක් ද, සැප දෙයක් ද? ස්වාමීනි, දුකයි. යමක් වනාහී අනිත්‍ය නම්, දුක නම්, වෙනස්වෙන ධර්මතාවයට අයත් දෙයක් නම් එය 'මෙය මාගේ කියා හෝ මෙය මම වෙමි කියා හෝ මෙය මාගේ ආත්මය' කියා හෝ මුළාවෙන් දකින එන සුදුසු ද? ස්වාමීනි, එය සුදුසු නෑ ම යි.

එහෙම නම් පින්වත් අනුරාධ, අතීත, අනාගත, වර්තමාන වූ යම් කිසි රූපයක් ඇද්ද, ආධ්‍යාත්ම (තමා යැයි සළකන) රූපයක් වෙන්ට පුළුවනි, බාහිර රූපයක් වෙන්ට පුළුවනි, ගොරෝසු රූපයක් වෙන්ට පුළුවනි, සියුම් රූපයක් වෙන්ට පුළුවනි, හීන රූපයක් වෙන්ට පුළුවනි, උසස් රූපයක් වෙන්ට පුළුවනි, දුර තිබෙන රූපයක් වෙන්ට පුළුවනි, ළඟ තිබෙන රූපයක් වෙන්ට පුළුවනි, ඒ සෑම රූපයක් ම "මෙය මාගේ නොවේ, මෙය මම නොවෙමි. මෙය මාගේ ආත්මය නොවේ" යන ඔය කරුණ ඒ ආකාරයෙන් ම දියුණු කළ ප්‍රඥාවෙන් දැකගන්ට ඕන. අතීත, අනාගත, වර්තමාන වූ යම් කිසි වේදනාවක්

ඇද්ද ....(පෙ).... අතීත, අනාගත, වර්තමාන වූ යම් කිසි සඤ්ඤාවක් ඇද්ද ....(පෙ).... අතීත, අනාගත, වර්තමාන වූ යම් කිසි සංස්කාර ඇද්ද....(පෙ).... අතීත, අනාගත, වර්තමාන වූ යම් කිසි විඤ්ඤාණයක් ඇද්ද, ආධ්‍යාත්ම (තමා යැයි සළකන) විඤ්ඤාණයක් වෙන්ට පුළුවනි, බාහිර විඤ්ඤාණයක් වෙන්ට පුළුවනි, ගොරෝසු විඤ්ඤාණයක් වෙන්ට පුළුවනි, සියුම් විඤ්ඤාණයක් වෙන්ට පුළුවනි, හීන විඤ්ඤාණයක් වෙන්ට පුළුවනි, උසස් විඤ්ඤාණයක් වෙන්ට පුළුවනි, දුර තිබෙන විඤ්ඤාණයක් වෙන්ට පුළුවනි, ළඟ තිබෙන විඤ්ඤාණයක් වෙන්ට පුළුවනි, ඒ සෑම විඤ්ඤාණයක් ම "මෙය මාගේ නොවේ, මෙය මම නොවෙමි, මෙය මාගේ ආත්මය නොවේ" යන ඔය කරුණ ඒ ආකාරයෙන් ම දියුණු කළ ප්‍රඥාවෙන් දැකගන්ට ඕන.

පින්වත් අනුරාධ, ශ්‍රැතවත් ආර්ය ශ්‍රාවකයා ඔය විදිහට දියුණු කරපු ප්‍රඥාවෙන් දකිනකොට රූපය ගැනත් සත්‍ය ස්වභාවය අවබෝධ වීම තුළින් ම කලකිරෙනවා. විඳීම ගැනත් සත්‍ය ස්වභාවය අවබෝධ වීම තුළින් ම කලකිරෙනවා. සඤ්ඤාව ගැනත් සත්‍ය ස්වභාවය අවබෝධ වීම තුළින් ම කලකිරෙනවා. සංස්කාර ගැනත් සත්‍ය ස්වභාවය අවබෝධ වීම තුළින් ම කලකිරෙනවා. විඤ්ඤාණය ගැනත් සත්‍ය ස්වභාවය අවබෝධ වීම තුළින් ම කලකිරෙනවා. කලකිරුණු විට ඒ කෙරෙහි තිබුණු ඇල්ම නැතුව යනවා. ඇල්ම නැතිවීම නිසා එයින් නිදහස් වෙනවා. නිදහස් වූ විට නිදහස් වූ බවට අවබෝධ ඤාණය ඇති වෙනවා. "ඉපදීම ක්ෂය වුණා. බඹසර වාසය සම්පූර්ණ කළා. නිවන පිණිස කළ යුතු දෙය කළා. නිවන පිණිස කළ යුතු වෙන දෙයක් නැත්තේම" යැයි අවබෝධයෙන්ම දැන ගන්නවා.

පින්වත් අනුරාධ, ඔබ කුමක්ද මේ ගැන හිතන්නේ? තථාගතයන් වහන්සේ හැටියට ඔබ දකින්නේ රූපය ද? ස්වාමීනි, එය නොවේ ම යි. තථාගතයන් වහන්සේ හැටියට ඔබ දකින්නේ විඳීම ද? ස්වාමීනි, එය නොවේ ම යි. තථාගතයන් වහන්සේ හැටියට ඔබ දකින්නේ සඤ්ඤාව ද? ස්වාමීනි, එය නොවේ ම යි. තථාගතයන් වහන්සේ හැටියට ඔබ දකින්නේ සංස්කාර ද? ස්වාමීනි, එය නොවේ ම යි. තථාගතයන් වහන්සේ හැටියට ඔබ දකින්නේ විඤ්ඤාණය ද? ස්වාමීනි, එය නොවේ ම යි. පින්වත් අනුරාධ, ඔබ කුමක්ද මේ ගැන හිතන්නේ? ඔබ දකින්නේ රූපය තුළ තථාගතයන් වහන්සේ ඉන්නවා කියලද? ස්වාමීනි, එය නොවේ ම යි. ඔබ දකින්නේ රූපයෙන් බැහැර වූ දෙයක් තුළ තථාගතයන් වහන්සේ ඉන්නවා කියලද? ස්වාමීනි, එය නොවේ ම යි. ඔබ දකින්නේ වේදනාව තුළ තථාගතයන් වහන්සේ ඉන්නවා කියලද? ....(පෙ).... ඔබ දකින්නේ වේදනාවෙන් බැහැර වූ දෙයක් තුළ තථාගතයන් වහන්සේ

ඉන්නවා කියලද? ....(පෙ).... ඔබ දකින්නේ සඤ්ඤාව තුළ තථාගතයන් වහන්සේ ඉන්නවා කියලද? ....(පෙ).... ඔබ දකින්නේ සඤ්ඤාවෙන් බැහැර වූ දෙයක් තුළ තථාගතයන් වහන්සේ ඉන්නවා කියලද? ....(පෙ).... ඔබ දකින්නේ සංස්කාර තුළ තථාගතයන් වහන්සේ ඉන්නවා කියලද? ....(පෙ).... ඔබ දකින්නේ සංස්කාර වලින් බැහැර වූ දෙයක් තුළ තථාගතයන් වහන්සේ ඉන්නවා කියලද? ....(පෙ).... ඔබ දකින්නේ විඤ්ඤාණය තුළ තථාගතයන් වහන්සේ ඉන්නවා කියලද? ස්වාමීනි, එය නොවේ ම යි. ඔබ දකින්නේ විඤ්ඤාණයෙන් බැහැර වූ දෙයක් තුළ තථාගතයන් වහන්සේ ඉන්නවා කියලද? ස්වාමීනි, එය නොවේ ම යි. පින්වත් අනුරාධ, ඔබ කුමක්ද මේ ගැන හිතන්නේ? තථාගතයන් වහන්සේ හැටියට ඔබ දකින්නේ රූපය ද? ....(පෙ).... වේදනාව ද? ....(පෙ).... සඤ්ඤාව ද? ....(පෙ).... සංස්කාර ද? ....(පෙ).... තථාගතයන් වහන්සේ හැටියට ඔබ දකින්නේ විඤ්ඤාණය ද? ස්වාමීනි, එය නොවේ ම යි.

පින්වත් අනුරාධ, ඔබ කුමක්ද මේ ගැන හිතන්නේ? ඒ අරූපී වූ අවේදනීය වූ අසඤ්ඤී වූ අසංඛාර වූ අවිඤ්ඤාණ වූ මෙය තථාගතයන් වහන්සේ හැටියට ද ඔබ දකින්නේ? ස්වාමීනි, එය නොවේ ම යි. පින්වත් අනුරාධ, ඔබට මෙතැනදී ම මේ ජීවිතයේදී ම සත්‍ය වශයෙන්, ස්ථිර වශයෙන්, තථාගතයන් වහන්සේව ලබාගන්ට බැරිව සිටියදී අර විදිහට කතා කරන එක සුදුසුද? "ප්‍රිය ආයුෂ්මත්වරුනි, යම් ඒ උත්තම පුරුෂ වූ පරම පුරුෂ වූ උතුම් ඵලයට පත් වූ තථාගතයන් වහන්සේ නමක් ඇද්ද, ඔහු පිළිබඳව තථාගතයන් වහන්සේ පණවනවා නම් පණවන්ට තිබෙන්නේ, තථාගතයන් වහන්සේ මරණින් මතු ඉන්නවා ....(පෙ).... තථාගතයන් වහන්සේ මරණින් මතු ඉන්නෙත් නෑ, ඉන්නෙ නැත්තෙත් නෑ කියන මේ සතර තැනින් බැහැරවයි" කියලා. ස්වාමීනි, එය නොවේ ම යි. සාදු! සාදු! පින්වත් අනුරාධයෙනි. පින්වත් අනුරාධයෙනි, ඉස්සරත් දැනුත් මං පණවන්නේ දුක ගැනත්, දුක නිරුද්ධ වීම ගැනත් විතරයි.

සාදු ! සාදු !! සාදු !!!

අනුරාධ සූත්‍රය නිමා විය.

10.1.3
උපගත සූත්‍රය
අයත් වීම ගැන වදාළ දෙසුම

ඒ දිනවල ආයුෂ්මත් සාරිපුත්තයන් වහන්සේත්, ආයුෂ්මත් මහාකොට්ඨිතයන් වහන්සේත් වැඩසිටියේ බරණැස් නුවර ඉසිපතන නම් වූ මුවන්ගේ අභය භූමියේ. එදා ආයුෂ්මත් මහාකොට්ඨිතයන් වහන්සේ සවස් කාලයේ භාවනාවෙන් නැගිටලා, ආයුෂ්මත් සාරිපුත්තයන් වහන්සේ වැඩසිටි තැනට පැමිණුනා. පැමිණිලා ආයුෂ්මත් සාරිපුත්තයන් වහන්සේ සමඟ සතුටු විය යුතු පිළිසඳර කතාබහේ යෙදිලා එකත්පස්ව වාඩිවුණා. එකත්පස්ව වාඩිවුණු ආයුෂ්මත් මහාකොට්ඨිතයන් වහන්සේ ආයුෂ්මත් සාරිපුත්තයන් වහන්සේගෙන් මෙකරුණ විමසුවා.

"ප්‍රිය ආයුෂ්මත් සාරිපුත්තයෙනි, ඇත්තෙන්ම තථාගතයන් වහන්සේ මරණින් මතු ඉන්නවාද?" "ප්‍රිය ආයුෂ්මතුනි, තථාගතයන් වහන්සේ මරණින් මතු ඉන්නවා ය යන කරුණ භාග්‍යවතුන් වහන්සේ විසින් නොවදාළ දෙයක්." "ප්‍රිය ආයුෂ්මතුනි, එහෙමනම් තථාගතයන් වහන්සේ මරණින් මතු නැද්ද?" "ප්‍රිය ආයුෂ්මතුනි, තථාගතයන් වහන්සේ මරණින් නැත ය යන කරුණත් භාග්‍යවතුන් වහන්සේ විසින් නොවදාළ දෙයක්." "ප්‍රිය ආයුෂ්මතුනි, එහෙමනම් තථාගතයන් වහන්සේ මරණින් මතු ඉන්නවාද? නැද්ද?" "ප්‍රිය ආයුෂ්මතුනි, තථාගතයන් වහන්සේ මරණින් ඇත, නැත යන කරුණත් භාග්‍යවතුන් වහන්සේ විසින් නොවදාළ දෙයක්." "ප්‍රිය ආයුෂ්මතුනි, එහෙමනම් තථාගතයන් වහන්සේ මරණින් මතු ඉන්නේත් නැද්ද? නැත්තේත් නැද්ද?" "ප්‍රිය ආයුෂ්මතුනි, තථාගතයන් වහන්සේ මරණින් ඉන්නේත් නැත, නැත්තේත් නැත ය යන කරුණත් භාග්‍යවතුන් වහන්සේ විසින් නොවදාළ දෙයක්."

"ඇයි ප්‍රිය ආයුෂ්මත් සාරිපුත්තයෙනි, තථාගතයන් වහන්සේ මරණින් මතු ඉන්නවාද? කියලා ඇසූ විට ප්‍රිය ආයුෂ්මතුනි, තථාගතයන් වහන්සේ මරණින් මතු ඉන්නවා ය යන කරුණ භාග්‍යවතුන් වහන්සේ විසින් නොවදාළ දෙයක් කියලා කිව්වේ? ....(පෙ).... ඒ වගේම ඇයි ප්‍රිය ආයුෂ්මතුනි, එහෙමනම් තථාගතයන් වහන්සේ මරණින් මතු ඉන්නේත් නැද්ද? නැත්තේත් නැද්ද? කියලා ඇසූ විට ප්‍රිය ආයුෂ්මතුනි, තථාගතයන් වහන්සේ මරණින් ඉන්නේත් නැත, නැත්තේත් නැත ය යන කරුණත් භාග්‍යවතුන් වහන්සේ විසින් නොවදාළ දෙයක් කියලා කිව්වේ? ප්‍රිය ආයුෂ්මතුනි, භාග්‍යවතුන් වහන්සේ විසින් එය නොවදාළ හේතුව මොකක්ද? ප්‍රත්‍යය මොකක්ද?"

"ප්‍රිය ආයුෂ්මතුනි, තථාගතයන් වහන්සේ මරණින් මතු ඉන්නවාය යන කරුණ රූපයට අයත් වූ දෙයක්. තථාගතයන් වහන්සේ මරණින් මතු නැතය යන කරුණ රූපයට අයත් වූ දෙයක්. තථාගතයන් වහන්සේ මරණින් මතු ඇත, නැතය යන කරුණ රූපයට අයත් වූ දෙයක්. තථාගතයන් වහන්සේ මරණින් මතු ඇත්තේත් නැත, නැත්තේත් නැතය යන කරුණ රූපයට අයත් වූ දෙයක්. ප්‍රිය ආයුෂ්මතුනි, තථාගතයන් වහන්සේ මරණින් මතු ඉන්නවාය යන කරුණ විඳීමට අයත් වූ දෙයක්. තථාගතයන් වහන්සේ මරණින් මතු නැතය යන කරුණ විඳීමට අයත් වූ දෙයක්. තථාගතයන් වහන්සේ මරණින් මතු ඇත, නැතය යන කරුණ විඳීමට අයත් වූ දෙයක්. තථාගතයන් වහන්සේ මරණින් මතු ඇත්තේත් නැත, නැත්තේත් නැතය යන කරුණ විඳීමට අයත් වූ දෙයක්. ප්‍රිය ආයුෂ්මතුනි, තථාගතයන් වහන්සේ මරණින් මතු ඉන්නවාය යන කරුණ සඤ්ඤාවට අයත් වූ දෙයක්. තථාගතයන් වහන්සේ මරණින් මතු නැතය යන කරුණ සඤ්ඤාවට අයත් වූ දෙයක්. තථාගතයන් වහන්සේ මරණින් මතු ඇත, නැතය යන කරුණ සඤ්ඤාවට අයත් වූ දෙයක්. තථාගතයන් වහන්සේ මරණින් මතු ඇත්තේත් නැත, නැත්තේත් නැතය යන කරුණ සඤ්ඤාවට අයත් වූ දෙයක්. ප්‍රිය ආයුෂ්මතුනි, තථාගතයන් වහන්සේ මරණින් මතු ඉන්නවාය යන කරුණ සංස්කාරවලට අයත් වූ දෙයක්. තථාගතයන් වහන්සේ මරණින් මතු නැතය යන කරුණ සංස්කාරවලට අයත් වූ දෙයක්. තථාගතයන් වහන්සේ මරණින් මතු ඇත, නැතය යන කරුණ සංස්කාරවලට අයත් වූ දෙයක්. තථාගතයන් වහන්සේ මරණින් මතු ඇත්තේත් නැත, නැත්තේත් නැතය යන කරුණ සංස්කාරයට අයත් වූ දෙයක්. ප්‍රිය ආයුෂ්මතුනි, තථාගතයන් වහන්සේ මරණින් මතු ඉන්නවාය යන කරුණ විඤ්ඤාණයට අයත් වූ දෙයක්. තථාගතයන් වහන්සේ මරණින් මතු නැතය යන කරුණ විඤ්ඤාණයට අයත් වූ දෙයක්. තථාගතයන් වහන්සේ මරණින් මතු ඇත, නැතය යන කරුණ විඤ්ඤාණයට අයත් වූ දෙයක්. තථාගතයන් වහන්සේ මරණින් මතු ඇත්තේත් නැත, නැත්තේත් නැතය යන කරුණ විඤ්ඤාණයට අයත් වූ දෙයක්.

ප්‍රිය ආයුෂ්මතුනි, යම් කරුණක් නිසා භාග්‍යවතුන් වහන්සේ විසින් මෙයට පිළිතුරු නොදුන්නා නම් එයට හේතුව මෙයයි. ප්‍රත්‍යය මෙයයි.

සාධු ! සාධු !! සාධු !!!

උපගත සූත්‍රය නිමා විය.

10.1.4
සමුදය සූත්‍රය
හටගැනීම ගැන වදාළ දෙසුම

ඒ දිනවල ආයුෂ්මත් සාරිපුත්තයන් වහන්සේත්, ආයුෂ්මත් මහාකොට්ඨිතයන් වහන්සේත් වැඩසිටියේ බරණැස් නුවර ඉසිපතන නම් වූ මුවන්ගේ අභය භූමියේ ....(පෙ).... ප්‍රිය ආයුෂ්මතුනි, භාග්‍යවතුන් වහන්සේ විසින් එය නොවදාළ හේතුව මොකක්ද? ප්‍රත්‍යය මොකක්ද? ප්‍රිය ආයුෂ්මතුනි, ඒ වූ ආකාරයෙන් ම රූපය ගැන නොදන්නා විට, නොදක්නා විට තමයි, ඒ වූ ආකාරයෙන් ම රූපයේ හටගැනීම ගැන නොදන්නා විට, නොදක්නා විට තමයි, ඒ වූ ආකාරයෙන් ම රූපය නිරුද්ධ වීම ගැන නොදන්නා විට, නොදක්නා විට තමයි, ඒ වූ ආකාරයෙන් ම රූපය නිරුද්ධ වන්නා වූ මාර්ගය ගැන නොදන්නා විට, නොදක්නා විට තමයි ඔහුට "තථාගතයන් වහන්සේ මරණින් මතු ඇත" යන දෘෂ්ටිය ඇති වන්නේ. "තථාගතයන් වහන්සේ මරණින් මතු නැත" යන දෘෂ්ටිය ඇති වන්නේ. "තථාගතයන් වහන්සේ මරණින් මතු ඇත, නැත" යන දෘෂ්ටිය ඇති වන්නේ. "තථාගතයන් වහන්සේ මරණින් මතු ඇත්තේත් නැත, නැත්තේත් නැත" යන දෘෂ්ටිය ඇති වන්නේ.

ඒ වූ ආකාරයෙන් ම විඳීම ගැන නොදන්නා විට, නොදක්නා විට තමයි, ඒ වූ ආකාරයෙන් ම විඳීම හටගැනීම ගැන ....(පෙ).... සඤ්ඤාව ....(පෙ).... සංස්කාර ....(පෙ).... ඒ වූ ආකාරයෙන් ම විඤ්ඤාණය ගැන නොදන්නා විට, නොදක්නා විට තමයි, ඒ වූ ආකාරයෙන් ම විඤ්ඤාණයේ හටගැනීම ගැන නොදන්නා විට, නොදක්නා විට තමයි, ඒ වූ ආකාරයෙන් ම විඤ්ඤාණය නිරුද්ධ වීම ගැන නොදන්නා විට, නොදක්නා විට තමයි, ඒ වූ ආකාරයෙන් ම විඤ්ඤාණය නිරුද්ධ වන්නා වූ මාර්ගය ගැන නොදන්නා විට, නොදක්නා විට තමයි ඔහුට "තථාගතයන් වහන්සේ මරණින් මතු ඇත" යන දෘෂ්ටිය ඇති වන්නේ. "තථාගතයන් වහන්සේ මරණින් මතු නැත" යන දෘෂ්ටිය ඇති වන්නේ. "තථාගතයන් වහන්සේ මරණින් මතු ඇත, නැත" යන දෘෂ්ටිය ඇති වන්නේ. "තථාගතයන් වහන්සේ මරණින් මතු ඇත්තේත් නැත, නැත්තේත් නැත" යන දෘෂ්ටිය ඇති වන්නේ.

ඒ වගේම ප්‍රිය ආයුෂ්මතුනි, ඒ වූ ආකාරයෙන් ම රූපය ගැන දන්නා විට, දක්නා විට තමයි, ඒ වූ ආකාරයෙන් ම රූපයේ හටගැනීම ගැන දන්නා විට, දක්නා විට තමයි, ඒ වූ ආකාරයෙන් ම රූපය නිරුද්ධ වීම ගැන දන්නා විට, දක්නා විට තමයි, ඒ වූ ආකාරයෙන් ම රූපය නිරුද්ධ වන්නා වූ මාර්ගය ගැන

දන්නා විට, දක්නා විට තමයි ඔහුට "තථාගතයන් වහන්සේ මරණින් මතු ඇත" යන දෘෂ්ටිය ඇති නොවන්නේ ....(පෙ).... "තථාගතයන් වහන්සේ මරණින් මතු ඇත්තේත් නැත, නැත්තේත් නැත" යන දෘෂ්ටිය ඇති නොවන්නේ. ඒ වූ ආකාරයෙන් ම විඳීම ගැන දන්නා විට, දක්නා විට තමයි, ඒ වූ ආකාරයෙන් ම විඳීම හටගැනීම ගැන ....(පෙ).... සඤ්ඤාව ....(පෙ).... සංස්කාර ....(පෙ).... ඒ වූ ආකාරයෙන් ම විඤ්ඤාණය ගැන දන්නා විට, දක්නා විට තමයි, ඒ වූ ආකාරයෙන් ම විඤ්ඤාණයේ හටගැනීම ගැන දන්නා විට, දක්නා විට තමයි, ඒ වූ ආකාරයෙන් ම විඤ්ඤාණය නිරුද්ධ වීම ගැන දන්නා විට, දක්නා විට තමයි, ඒ වූ ආකාරයෙන් ම විඤ්ඤාණය නිරුද්ධ වන්නා වූ මාර්ගය ගැන දන්නා විට, දක්නා විට තමයි ඔහුට "තථාගතයන් වහන්සේ මරණින් මතු ඇත" යන දෘෂ්ටිය ඇති නොවන්නේ. "තථාගතයන් වහන්සේ මරණින් මතු නැත" යන දෘෂ්ටිය ඇති නොවන්නේ. "තථාගතයන් වහන්සේ මරණින් මතු ඇත, නැත" යන දෘෂ්ටිය ඇති නොවන්නේ. "තථාගතයන් වහන්සේ මරණින් මතු ඇත්තේත් නැත, නැත්තේත් නැත" යන දෘෂ්ටිය ඇති නොවන්නේ. ප්‍රිය ආයුෂ්මතුනි, යම් කරුණක් නිසා භාග්‍යවතුන් වහන්සේ විසින් මෙයට පිළිතුරු නොදුන්නා නම් එයට හේතුව මෙයයි. ප්‍රත්‍යය මෙයයි.

සාදු ! සාදු !! සාදු !!!

සමුදය සූත්‍රය නිමා විය.

10.1.5
පේම සූත්‍රය
ප්‍රේමය ගැන වදාළ දෙසුම

ඒ දිනවල ආයුෂ්මත් සාරිපුත්තයන් වහන්සේත්, ආයුෂ්මත් මහාකොට්ඨිතයන් වහන්සේත් වැඩසිටියේ බරණැස් නුවර ඉසිපතන නම් වූ මුවන්ගේ අභය භූමියේ ....(පෙ).... ප්‍රිය ආයුෂ්මතුනි, භාග්‍යවතුන් වහන්සේ විසින් එය නොවදාළ හේතුව මොකක්ද? ප්‍රත්‍යය මොකක්ද? ප්‍රිය ආයුෂ්මතුනි, රූපය කෙරෙහි රාගය දුරු නොකළ, කැමැත්ත දුරු නොකළ, ප්‍රේමය දුරු නොකළ, පිපාසය දුරු නොකළ, දාහය දුරු නොකළ, තණ්හාව දුරු නොකළ කෙනාට තමයි "තථාගතයන් වහන්සේ මරණින් මතු ඇත" යන දෘෂ්ටිය ඇති වන්නේ ....(පෙ).... "තථාගතයන් වහන්සේ මරණින් මතු ඇත්තේත් නැත, නැත්තේත් නැත" යන දෘෂ්ටිය ඇති වන්නේ.

විඳීම කෙරෙහි රාගය දුරු නොකළ, කැමැත්ත දුරු නොකළ, ප්‍රේමය දුරු නොකළ, පිපාසය දුරු නොකළ, දාහය දුරු නොකළ, තණ්හාව දුරු නොකළ කෙනාට තමයි ....(පෙ).... සඤ්ඤාව ....(පෙ).... සංස්කාර ....(පෙ).... විඤ්ඤාණය කෙරෙහි රාගය දුරු නොකළ, කැමැත්ත දුරු නොකළ, ප්‍රේමය දුරු නොකළ, පිපාසය දුරු නොකළ, දාහය දුරු නොකළ, තණ්හාව දුරු නොකළ කෙනාට තමයි "තථාගතයන් වහන්සේ මරණින් මතු ඇත" යන දෘෂ්ටිය ඇති වන්නේ ....(පෙ).... "තථාගතයන් වහන්සේ මරණින් මතු ඇත්තේත් නැත, නැත්තේත් නැත" යන දෘෂ්ටිය ඇති වන්නේ.

ප්‍රිය ආයුෂ්මතුනි, රූපය කෙරෙහි රාගය දුරු කළ, කැමැත්ත දුරු කළ, ප්‍රේමය දුරු කළ, පිපාසය දුරු කළ, දාහය දුරු කළ, තණ්හාව දුරු කළ කෙනාට තමයි "තථාගතයන් වහන්සේ මරණින් මතු ඇත" යන දෘෂ්ටිය ඇති නොවන්නේ. ....(පෙ).... "තථාගතයන් වහන්සේ මරණින් මතු ඇත්තේත් නැත, නැත්තේත් නැත" යන දෘෂ්ටිය ඇති නොවන්නේ. විඳීම ....(පෙ).... සඤ්ඤාව ....(පෙ).... සංස්කාර ....(පෙ).... විඤ්ඤාණය කෙරෙහි රාගය දුරු කළ, කැමැත්ත දුරු කළ, ප්‍රේමය දුරු කළ, පිපාසය දුරු කළ, දාහය දුරු කළ, තණ්හාව දුරු කළ කෙනාට තමයි "තථාගතයන් වහන්සේ මරණින් මතු ඇත" යන දෘෂ්ටිය ඇති නොවන්නේ. ....(පෙ).... "තථාගතයන් වහන්සේ මරණින් මතු ඇත්තේත් නැත, නැත්තේත් නැත" යන දෘෂ්ටිය ඇති නොවන්නේ. ප්‍රිය ආයුෂ්මතුනි, යම් කරුණක් නිසා භාග්‍යවතුන් වහන්සේ විසින් මෙයට පිළිතුරු නොදුන්නා නම් එයට හේතුව මෙයයි. ප්‍රත්‍යය මෙයයි.

සාදු ! සාදු !! සාදු !!!

පේම සූත්‍රය නිමා විය.

10.1.6
ආරාම සූත්‍රය
තුළ සිටීම ගැන වදාළ දෙසුම

ඒ දිනවල ආයුෂ්මත් සාරිපුත්තයන් වහන්සේත්, ආයුෂ්මත් මහාකොට්ඨිතයන් වහන්සේත් වැඩසිටියේ බරණැස් නුවර ඉසිපතන නම් වූ මුවන්ගේ අභය භූමියේ. එදා ආයුෂ්මත් සාරිපුත්තයන් වහන්සේ සවස් කාලයේ භාවනාවෙන් නැගිටලා, ආයුෂ්මත් මහාකොට්ඨිතයන් වහන්සේ වැඩසිටි

තැනට පැමිණුනා. පැමිණිලා ආයුෂ්මත් මහාකොට්ඨිතයන් වහන්සේ සමඟ සතුටු විය යුතු පිළිසඳර කතාබහේ යෙදිලා එකත්පස්ව වාඩිවුණා. එකත්පස්ව වාඩිවුණු ආයුෂ්මත් සාරිපුත්තයන් වහන්සේ ආයුෂ්මත් මහාකොට්ඨිතයන් වහන්සේගෙන් මෙකරුණ විමසුවා.

ප්‍රිය ආයුෂ්මත් කොට්ඨිතයෙනි, ඇත්තෙන්ම තථාගතයන් වහන්සේ මරණින් මතු ඉන්නවාද? ....(පෙ).... ඒ වගේම ඇයි ප්‍රිය ආයුෂ්මතුනි, එහෙම නම් තථාගතයන් වහන්සේ මරණින් මතු ඉන්නේත් නැද්ද? නැත්තේත් නැද්ද? කියලා ඇසූ විට ප්‍රිය ආයුෂ්මතුනි, තථාගතයන් වහන්සේ මරණින් මතු ඉන්නේත් නැත, නැත්තේත් නැත ය යන කරුණ භාග්‍යවතුන් වහන්සේ විසින් නොවදාළ දෙයක් කියලා කිව්වේ? ප්‍රිය ආයුෂ්මතුනි, භාග්‍යවතුන් වහන්සේ විසින් එය නොවදාළ හේතුව මොකක්ද? ප්‍රත්‍යය මොකක්ද?

ප්‍රිය ආයුෂ්මතුනි, රූපය තුළ සිටින, රූපයට ඇලී සිටින, රූපයෙන් සතුටු වන, රූපයෙහි නිරුද්ධ වීම ඒ වූ ආකාරයෙන් ම නොදන්නා, නොදක්නා කෙනෙකුට තමයි "තථාගතයන් වහන්සේ මරණින් මතු ඇත" යන දෘෂ්ටිය ඇති වන්නේ. "තථාගතයන් වහන්සේ මරණින් මතු නැත" යන දෘෂ්ටිය ඇති වන්නේ. "තථාගතයන් වහන්සේ මරණින් මතු ඇත, නැත" යන දෘෂ්ටිය ඇති වන්නේ. "තථාගතයන් වහන්සේ මරණින් මතු ඇත්තේත් නැත, නැත්තේත් නැත" යන දෘෂ්ටිය ඇති වන්නේ. ප්‍රිය ආයුෂ්මතුනි, විඳීම තුළ සිටින, විඳීමට ඇලී සිටින, විඳීමෙන් සතුටු වන, විඳීමෙහි නිරුද්ධ වීම ඒ වූ ආකාරයෙන් ම නොදන්නා, නොදක්නා කෙනෙකුට තමයි "තථාගතයන් වහන්සේ මරණින් මතු ඇත" යන දෘෂ්ටිය ඇති වන්නේ ....(පෙ).... ප්‍රිය ආයුෂ්මතුනි, සඤ්ඤාව තුළ සිටින ....(පෙ).... ප්‍රිය ආයුෂ්මතුනි, සංස්කාර තුළ සිටින ....(පෙ).... ප්‍රිය ආයුෂ්මතුනි, විඤ්ඤාණය තුළ සිටින, විඤ්ඤාණයට ඇලී සිටින, විඤ්ඤාණයෙන් සතුටු වන, විඤ්ඤාණයෙහි නිරුද්ධ වීම ඒ වූ ආකාරයෙන් ම නොදන්නා, නොදක්නා කෙනෙකුට තමයි "තථාගතයන් වහන්සේ මරණින් මතු ඇත" යන දෘෂ්ටිය ඇති වන්නේ ....(පෙ).... "තථාගතයන් වහන්සේ මරණින් මතු ඇත්තේත් නැත, නැත්තේත් නැත" යන දෘෂ්ටිය ඇති වන්නේ.

ප්‍රිය ආයුෂ්මතුනි, රූපය තුළ නොසිටින, රූපයට ඇලී නොසිටින, රූපයෙන් සතුටු නොවන, රූපයෙහි නිරුද්ධ වීම ඒ වූ ආකාරයෙන් ම දන්නා, දක්නා කෙනෙකුට තමයි "තථාගතයන් වහන්සේ මරණින් මතු ඇත" යන දෘෂ්ටිය ඇති නොවන්නේ ....(පෙ).... "තථාගතයන් වහන්සේ මරණින් මතු ඇත්තේත් නැත, නැත්තේත් නැත" යන දෘෂ්ටිය ඇති නොවන්නේ. ප්‍රිය ආයුෂ්මතුනි, විඳීම තුළ නොසිටින, විඳීමට ඇලී නොසිටින, විඳීමෙන්

සතුටු නොවන, විඳීමෙහි නිරුද්ධ වීම ඒ වූ ආකාරයෙන් ම දන්නා, දක්නා කෙනෙකුට තමයි "තථාගතයන් වහන්සේ මරණින් මතු ඇත" යන දෘෂ්ටිය ඇති නොවන්නේ ....(පෙ).... ප්‍රිය ආයුෂ්මතුනි, සඤ්ඤාව තුළ නොසිටින ....(පෙ).... ප්‍රිය ආයුෂ්මතුනි, සංස්කාරය තුළ නොසිටින ....(පෙ).... ප්‍රිය ආයුෂ්මතුනි, විඤ්ඤාණය තුළ නොසිටින, විඤ්ඤාණයට ඇලී නොසිටින, විඤ්ඤාණයෙන් සතුටු නොවන, විඤ්ඤාණයෙහි නිරුද්ධ වීම ඒ වූ ආකාරයෙන් ම දන්නා, දක්නා කෙනෙකුට තමයි "තථාගතයන් වහන්සේ මරණින් මතු ඇත" යන දෘෂ්ටිය ඇති නොවන්නේ ....(පෙ).... "තථාගතයන් වහන්සේ මරණින් මතු ඇත්තේත් නැත, නැත්තේත් නැත" යන දෘෂ්ටිය ඇති නොවන්නේ. ප්‍රිය ආයුෂ්මතුනි, යම් කරුණක් නිසා භාග්‍යවතුන් වහන්සේ විසින් මෙයට පිළිතුරු නොදුන්නා නම් එයට හේතුව මෙයයි. ප්‍රත්‍යය මෙයයි.

ප්‍රිය ආයුෂ්මතුනි, යම් කරුණකින් භාග්‍යවතුන් වහන්සේ විසින් එය නොවදාරළ තියෙන බව වෙනත් දහම් ක්‍රමයකින් කියන්න පුළුවන්ද? ප්‍රිය ආයුෂ්මතුනි, එසේ කිය හැකිය. ප්‍රිය ආයුෂ්මතුනි, භවය තුළ සිටින, භවයට ඇලී සිටින, භවයෙන් සතුටු වන, භවයෙහි නිරුද්ධ වීම ඒ වූ ආකාරයෙන්ම නොදන්නා, නොදක්නා කෙනෙකුට තමයි "තථාගතයන් වහන්සේ මරණින් මතු ඇත" යන දෘෂ්ටිය ඇති වන්නේ ....(පෙ).... "තථාගතයන් වහන්සේ මරණින් මතු ඇත්තේත් නැත, නැත්තේත් නැත" යන දෘෂ්ටිය ඇති වන්නේ. ප්‍රිය ආයුෂ්මතුනි, භවය තුළ නොසිටින, භවයට ඇලී නොසිටින, භවයෙන් සතුටු නොවන, භවයෙහි නිරුද්ධ වීම ඒ වූ ආකාරයෙන් ම දන්නා, දක්නා කෙනෙකුට තමයි "තථාගතයන් වහන්සේ මරණින් මතු ඇත" යන දෘෂ්ටිය ඇති නොවන්නේ ....(පෙ).... "තථාගතයන් වහන්සේ මරණින් මතු ඇත්තේත් නැත, නැත්තේත් නැත" යන දෘෂ්ටිය ඇති නොවන්නේ. ප්‍රිය ආයුෂ්මතුනි, යම් කරුණකින් භාග්‍යවතුන් වහන්සේ විසින් එය නොවදාරළ තියෙන බව දැන ගැනීමට මෙයත් දහම් ක්‍රමයකි.

ප්‍රිය ආයුෂ්මතුනි, යම් කරුණකින් භාග්‍යවතුන් වහන්සේ විසින් එය නොවදාරළ තියෙන බව වෙනත් දහම් ක්‍රමයකින් කියන්න පුළුවන්ද? ප්‍රිය ආයුෂ්මතුනි, එසේ කිය හැකිය. ප්‍රිය ආයුෂ්මතුනි, උපාදාන තුළ සිටින, උපාදානයට ඇලී සිටින, උපාදානයෙන් සතුටු වන, උපාදානයෙහි නිරුද්ධ වීම ඒ වූ ආකාරයෙන් ම නොදන්නා, නොදක්නා කෙනෙකුට තමයි "තථාගතයන් වහන්සේ මරණින් මතු ඇත" යන දෘෂ්ටිය ඇති වන්නේ ....(පෙ).... "තථාගතයන් වහන්සේ මරණින් මතු ඇත්තේත් නැත, නැත්තේත් නැත" යන දෘෂ්ටිය ඇති වන්නේ. ප්‍රිය ආයුෂ්මතුනි, උපාදාන තුළ නොසිටින, උපාදානයට ඇලී

නොසිටින, උපාදානයෙන් සතුටු නොවන, උපාදානයෙහි නිරුද්ධ වීම ඒ වූ ආකාරයෙන් ම දන්නා, දක්නා කෙනෙකුට තමයි "තථාගතයන් වහන්සේ මරණින් මතු ඇත" යන දෘෂ්ටිය ඇති නොවන්නේ ....(පෙ).... "තථාගතයන් වහන්සේ මරණින් මතු ඇත්තේත් නැත, නැත්තේත් නැත" යන දෘෂ්ටිය ඇති නොවන්නේ. ප්‍රිය ආයුෂ්මතුනි, යම් කරුණකින් භාග්‍යවතුන් වහන්සේ විසින් එය නොවදාරළ තියෙන බව දැන ගැනීමට මෙයත් දහම් ක්‍රමයකි.

ප්‍රිය ආයුෂ්මතුනි, යම් කරුණකින් භාග්‍යවතුන් වහන්සේ විසින් එය නොවදාරළ තියෙන බව වෙනත් දහම් ක්‍රමයකින් කියන්න පුළුවන්ද? ප්‍රිය ආයුෂ්මතුනි, එසේ කිය හැකිය. ප්‍රිය ආයුෂ්මතුනි, තණ්හාව තුළ සිටින, තණ්හාවට ඇලී සිටින, තණ්හාවෙන් සතුටු වන, තණ්හාවෙහි නිරුද්ධ වීම ඒ වූ ආකාරයෙන් ම නොදන්නා, නොදක්නා කෙනෙකුට තමයි "තථාගතයන් වහන්සේ මරණින් මතු ඇත" යන දෘෂ්ටිය ඇති වන්නේ ....(පෙ).... "තථාගතයන් වහන්සේ මරණින් මතු ඇත්තේත් නැත, නැත්තේත් නැත" යන දෘෂ්ටිය ඇති වන්නේ. ප්‍රිය ආයුෂ්මතුනි, තණ්හාව තුළ නොසිටින, තණ්හාවට ඇලී නොසිටින, තණ්හාවෙන් සතුටු නොවන, තණ්හාවෙහි නිරුද්ධ වීම ඒ වූ ආකාරයෙන් ම දන්නා, දක්නා කෙනෙකුට තමයි "තථාගතයන් වහන්සේ මරණින් මතු ඇත" යන දෘෂ්ටිය ඇති නොවන්නේ ....(පෙ).... "තථාගතයන් වහන්සේ මරණින් මතු ඇත්තේත් නැත, නැත්තේත් නැත" යන දෘෂ්ටිය ඇති නොවන්නේ. ප්‍රිය ආයුෂ්මතුනි, යම් කරුණකින් භාග්‍යවතුන් වහන්සේ විසින් එය නොවදාරළ තියෙන බව දැන ගැනීමට මෙයත් දහම් ක්‍රමයකි.

ප්‍රිය ආයුෂ්මතුනි, යම් කරුණකින් භාග්‍යවතුන් වහන්සේ විසින් එය නොවදාරළ තියෙන බව වෙනත් දහම් ක්‍රමයකින් කියන්න පුළුවන්ද? ප්‍රිය ආයුෂ්මත් සාරිපුත්තයෙනි, මෙකරුණ පිළිබඳව දැන් මෙයින් මතුවටත් කවර දෙයක්ද කැමති වන්නේ? ප්‍රිය ආයුෂ්මත් සාරිපුත්තයෙනි, තණ්හාව ක්ෂය වීම නිසා කෙලෙසුන්ගෙන් නිදහස් වූ භික්ෂුවට සසරෙහි සැරිසැරීමක් නම් නෑ.

සාදු ! සාදු !! සාදු !!!

ආරාම සූත්‍රය නිමා විය.

10.1.7
ආයතන සූත්‍රය
ආයතන පිළිබඳ වදාළ දෙසුම

එදා වච්ඡගොත්ත පිරිවැජියා ආයුෂ්මත් මහා මොග්ගල්ලානයන් වහන්සේ වැඩසිටි තැනට පැමිණුනා. පැමිණිලා ආයුෂ්මත් මහා මොග්ගල්ලානයන් සමඟ සතුටු වුණා. සතුටු විය යුතු පිළිසඳර කතාබහේ යෙදිලා එකත්පස්ව වාඩිවුණා. එකත්පස්ව වාඩිවුණ වච්ඡගොත්ත පිරිවැජියා ආයුෂ්මත් මහා මොග්ගල්ලානයන්ගෙන් මෙකරුණ විමසුවා. භවත් මොග්ගල්ලානයෙනි, ඇත්තෙන්ම ලෝකය සදාකාලික ද? පින්වත් වච්ඡ, ලෝකය සදාකාලික ද යන ඔය කාරණය භාග්‍යවතුන් වහන්සේ විසින් නොවදාළ දෙයක්. භවත් මොග්ගල්ලානයෙනි, එහෙමනම් ලෝකය සදාකාලික නැද්ද? පින්වත් වච්ඡ, ලෝකය සදාකාලික නැද්ද යන ඔය කාරණයත් භාග්‍යවතුන් වහන්සේ විසින් නොවදාළ දෙයක්. භවත් මොග්ගල්ලානයෙනි, එහෙමනම් ලෝකය අන්තවත් ද? පින්වත් වච්ඡ, ලෝකය අන්තවත් ද යන ඔය කාරණය භාග්‍යවතුන් වහන්සේ විසින් නොවදාළ දෙයක්. භවත් මොග්ගල්ලානයෙනි, එහෙමනම් ලෝකය අනන්තවත් ද? පින්වත් වච්ඡ, ලෝකය අනන්තවත් ද යන ඔය කාරණයත් භාග්‍යවතුන් වහන්සේ විසින් නොවදාළ දෙයක්.

භවත් මොග්ගල්ලානයෙනි, එහෙමනම් ජීවයත් ඒකම ද, ශරීරයත් ඒකම ද? පින්වත් වච්ඡ, ජීවයත් ඒකම ද, ශරීරයත් ඒකම ද? යන ඔය කාරණය භාග්‍යවතුන් වහන්සේ විසින් නොවදාළ දෙයක්. භවත් මොග්ගල්ලානයෙනි, එහෙමනම් ජීවය වෙන එකක් ද, ශරීරය වෙන එකක් ද? පින්වත් වච්ඡ, ජීවය වෙන එකක් ද, ශරීරය වෙන එකක් ද? යන ඔය කාරණයත් භාග්‍යවතුන් වහන්සේ විසින් නොවදාළ දෙයක්. භවත් මොග්ගල්ලානයෙනි, තථාගතයන් වහන්සේ මරණින් මතු ඉන්නවාද? පින්වත් වච්ඡ, තථාගතයන් වහන්සේ මරණින් මතු ඉන්නවාය යන කරුණ භාග්‍යවතුන් වහන්සේ විසින් නොවදාළ දෙයක්. භවත් මොග්ගල්ලානයෙනි, එහෙමනම් තථාගතයන් වහන්සේ මරණින් මතු නැද්ද? පින්වත් වච්ඡ, තථාගතයන් වහන්සේ මරණින් මතු නැත යන කරුණත් භාග්‍යවතුන් වහන්සේ විසින් නොවදාළ දෙයක්. භවත් මොග්ගල්ලානයෙනි, එහෙමනම් තථාගතයන් වහන්සේ මරණින් මතු ඉන්නවාද? නැද්ද? පින්වත් වච්ඡ, තථාගතයන් වහන්සේ මරණින් මතු ඇත, නැත යන කරුණ භාග්‍යවතුන් වහන්සේ විසින් නොවදාළ දෙයක්. භවත් මොග්ගල්ලානයෙනි, එහෙමනම් තථාගතයන් වහන්සේ මරණින් මතු ඉන්නේත් නැද්ද? නැත්තේත් නැද්ද?

පින්වත් වච්ඡ, තථාගතයන් වහන්සේ මරණින් මතු ඉන්නේත් නැත, නැත්තේත් නැත යන කරුණත් භාග්‍යවතුන් වහන්සේ විසින් නොවදාළ දෙයක්.

භවත් මොග්ගල්ලානයෙනි, මේ අයුරින් විමසූ විට අන්‍යාගමික පිරිවැජියන් "ලෝකය ශාස්වතයි කියා හෝ, ලෝකය අශාස්වතයි කියා හෝ, ලෝකය අන්තවත්ය කියා හෝ, ලෝකය අනන්තවත්ය කියා හෝ, ජීවයත් එයයි ශරීරයත් එයයි කියා හෝ, ජීවය අනෙකක් ශරීරයත් අනෙකක් කියා හෝ, තථාගතයන් වහන්සේ මරණින් මතු ඉන්නවා කියා හෝ, තථාගතයන් වහන්සේ මරණින් මතු නැත කියා හෝ, තථාගතයන් වහන්සේ මරණින් මතු ඇත නැත කියා හෝ, තථාගතයන් වහන්සේ මරණින් මතු ඉන්නේත් නැත නැත්තේත් නැත කියා හෝ" ඔය අයුරින් පිළිතුරු දෙන්නට හේතුව කුමක්ද? ප්‍රත්‍යය කුමක්ද?

ඒ වගේ ම භවත් මොග්ගල්ලානයෙනි, මේ අයුරින් විමසූ විට ශ්‍රමණ ගෞතමයන් වහන්සේ "ලෝකය ශාස්වතයි කියා ද, ලෝකය අශාස්වතයි කියා ද, ලෝකය අන්තවත්ය කියා ද, ලෝකය අනන්තවත්ය කියා ද, ජීවයත් එයයි ශරීරයත් එයයි කියා ද, ජීවය අනෙකක් ශරීරයත් අනෙකක් කියා ද, තථාගතයන් වහන්සේ මරණින් මතු ඉන්නවා කියා ද, තථාගතයන් වහන්සේ මරණින් මතු නැත කියා ද, තථාගතයන් වහන්සේ මරණින් මතු ඇත නැත කියා ද, තථාගතයන් වහන්සේ මරණින් මතු ඉන්නේත් නැත නැත්තේත් නැත කියා ද" ඔය අයුරින් පිළිතුරක් නොදෙන්නට හේතුව කුමක්ද? ප්‍රත්‍යය කුමක්ද?

පින්වත් වච්ඡ, අන්‍යාගමික පිරිවැජියන්, "මෙය මාගේය. මෙය මම වෙමි. මෙය මාගේ ආත්මය" කියලයි ඇස දිහා බලන්නේ. කන ....(පෙ).... නාසය ....(පෙ).... "මෙය මාගේය. මෙය මම වෙමි. මෙය මාගේ ආත්මය" කියලයි දිව දිහා බලන්නේ. කය ....(පෙ).... "මෙය මාගේය. මෙය මම වෙමි. මෙය මාගේ ආත්මය" කියලයි මනස දිහා බලන්නේ. ඒ නිසයි මේ අයුරින් විමසූ විට අන්‍යාගමික පිරිවැජියන් "ලෝකය ශාස්වතයි කියා හෝ ....(පෙ).... තථාගතයන් වහන්සේ මරණින් මතු ඇත්තේත් නැත, නැත්තේත් නැත කියා හෝ ඔය අයුරින් පිළිතුරු දෙන්නේ.

පින්වත් වච්ඡ, තථාගත වූ අරහත් සම්මා සම්බුදුරජාණන් වහන්සේ "මෙය මාගේ නොවේ. මෙය මම නොවෙමි. මෙය මාගේ ආත්මය නොවේ" කියා ඇස දකින සේක. කන ....(පෙ).... නාසය ....(පෙ).... "මෙය මාගේ නොවේ. මෙය මම නොවෙමි. මෙය මාගේ ආත්මය නොවේ" කියා දිව දකින සේක. කය ....(පෙ).... "මෙය මාගේ නොවේ. මෙය මම නොවෙමි. මෙය මාගේ ආත්මය නොවේ" කියා මනස දකින සේක. ඒ නිසයි මේ අයුරින් විමසූ

විට තථාගතයන් වහන්සේ "ලෝකය ශාස්වතයි කියාද, ...(පෙ).... තථාගතයන් වහන්සේ මරණින් මතු ඇත්තේත් නැත නැත්තේත් නැත" කියා ද ඔය අයුරින් පිළිතුරු නොදෙන්නේ.

එතකොට වච්ඡගොත්ත පිරිවැජියා අසුනෙන් නැගිට භාග්‍යවතුන් වහන්සේ වැඩසිටි තැනට ගියා. ගිහින් භාග්‍යවතුන් වහන්සේ සමඟ සතුටු වුණා. සතුටු විය යුතු පිළිසඳර කතාබහේ යෙදිලා එකත්පස්ව වාඩි වුණා. එකත්පස්ව වාඩිවුණ වච්ඡගොත්ත පිරිවැජියා භාග්‍යවතුන් වහන්සේගෙන් මෙකරුණ විමසුවා. භවත් ගෞතමයන් වහන්ස, ඇත්තෙන් ම ලෝකය සදාකාලික ද? පින්වත් වච්ඡ, ලෝකය සදාකාලික ද යන ඔය කාරණය මා විසින් නොවදාළ දෙයක්. භවත් ගෞතමයන් වහන්ස, එහෙමනම් ලෝකය සදාකාලික නැද්ද? ....(පෙ).... භවත් ගෞතමයන් වහන්ස, එහෙමනම් තථාගතයන් වහන්සේ මරණින් මතු ඉන්නෙත් නැද්ද? නැත්තෙත් නැද්ද? පින්වත් වච්ඡ, තථාගතයන් වහන්සේ මරණින් මතු ඉන්නේ නැත, නැත්තේ නැත යන ඔය කරුණත් මා විසින් නොවදාළ දෙයක්.

භවත් ගෞතමයන් වහන්ස, මේ අයුරින් විමසූ විට අන්‍යාගමික පිරිවැජියන් "ලෝකය ශාස්වතයි කියා හෝ, ...(පෙ).... තථාගතයන් වහන්සේ මරණින් මතු ඉන්නේත් නැත නැත්තේත් නැත කියා හෝ" ඔය අයුරින් පිළිතුරු දෙන්නට හේතුව කුමක්ද? ප්‍රත්‍යය කුමක්ද? භවත් ගෞතමයන් වහන්ස, මේ අයුරින් විමසූ විට භවත් ගෞතමයන් වහන්සේ "ලෝකය ශාස්වතයි කියා ද, ...(පෙ).... තථාගතයන් වහන්සේ මරණින් මතු ඉන්නේත් නැත නැත්තේත් නැත කියා ද" ඔය අයුරින් පිළිතුරක් නොදෙන්නට හේතුව කුමක්ද? ප්‍රත්‍යය කුමක්ද?

පින්වත් වච්ඡ, අන්‍යාගමික පිරිවැජියන් "මෙය මාගේය. මෙය මම වෙමි. මෙය මාගේ ආත්මය" කියලයි ඇස දිහා බලන්නේ. කන ....(පෙ).... නාසය ....(පෙ).... "මෙය මාගේය. මෙය මම වෙමි. මෙය මාගේ ආත්මය" කියලයි දිව දිහා බලන්නේ. කය ....(පෙ).... "මෙය මාගේය. මෙය මම වෙමි. මෙය මාගේ ආත්මය" කියලයි මනස දිහා බලන්නේ. ඒ නිසයි මේ අයුරින් විමසූ විට අන්‍යාගමික පිරිවැජියන් "ලෝකය ශාස්වතයි කියා හෝ ....(පෙ).... තථාගතයන් වහන්සේ මරණින් මතු ඇත්තේත් නැත, නැත්තේත් නැත" කියා හෝ ඔය අයුරින් පිළිතුරු දෙන්නේ.

පින්වත් වච්ඡ, තථාගත වූ අරහත් සම්මා සම්බුදුරජාණන් වහන්සේ "මෙය මාගේ නොවේ. මෙය මම නොවෙමි. මෙය මාගේ ආත්මය නොවේ" කියා ඇස දකින සේක. කන ....(පෙ).... නාසය ....(පෙ).... "මෙය මාගේ

නොවේ. මෙය මම නොවෙමි. මෙය මාගේ ආත්මය නොවේ" කියා දිව දකින සේක. කය ....(පෙ).... "මෙය මාගේ නොවේ. මෙය මම නොවෙමි. මෙය මාගේ ආත්මය නොවේ" කියා මනස දකින සේක. ඒ නිසයි මේ අයුරින් විමසූ විට තථාගතයන් වහන්සේ "ලෝකය ශාස්වතයි කියා ද ....(පෙ).... තථාගතයන් වහන්සේ මරණින් මතු ඇත්තේත් නැත, නැත්තේත් නැත" කියා ද ඔය අයුරින් පිළිතුරු නොදෙන්නේ.

භවත් ගෞතමයන් වහන්ස, ආශ්චර්යයි. භවත් ගෞතමයන් වහන්ස, පුදුම සහගතයි. යම් හෙයකින් ශාස්තෲන් වහන්සේගේත් ශ්‍රාවකයෙකුගේත් මේ උතුම් දහම් කථාව තුළ අර්ථයෙන් අර්ථය, වචනයෙන් වචනය සැසඳිලා යනවා. ගැළපිලා යනවා. නොවෙනස් වෙලා යනවා. භවත් ගෞතමයන් වහන්ස, දැන් මං මොග්ගල්ලාන ශ්‍රමණයන් වහන්සේ ළඟට ගිහින් ඔය කාරණය ම ඇසුවා. ඒ මොග්ගල්ලාන ශ්‍රමණයන් වහන්සේත් ඔය පද වලින් ම, ඔය වචන ප්‍රකාශ කිරීම් වලින් ම මේ කාරණාව භවත් ගෞතමයන් වහන්සේ වදාළ පරිදි ම පැහැදිලි කළා. භවත් ගෞතමයන් වහන්ස, ආශ්චර්යයි. භවත් ගෞතමයන් වහන්ස, පුදුම සහගතයි. යම් හෙයකින් ශාස්තෲන් වහන්සේගේත් ශ්‍රාවකයෙකුගේත් මේ උතුම් දහම් කථාව තුළ අර්ථයෙන් අර්ථය, වචනයෙන් වචනය සැසඳිලා යනවා. ගැළපිලා යනවා. නොවෙනස් වෙලා යනවා.

සාදු ! සාදු !! සාදු !!!

ආයතන සූත්‍රය නිමා විය.

10.1.8
ඛන්ධ සූත්‍රය
ස්කන්ධ ගැන වදාළ දෙසුම

එදා වච්ඡගොත්ත පිරිවැජියා භාග්‍යවතුන් වහන්සේ වැඩසිටි තැනට පැමිණුනා. පැමිණිලා භාග්‍යවතුන් වහන්සේ සමඟ සතුටු වුණා. සතුටු විය යුතු පිළිසඳර කතාබහේ යෙදිලා එකත්පස්ව වාඩි වුණා. එකත්පස්ව වාඩිවුණ වච්ඡගොත්ත පිරිවැජියා භාග්‍යවතුන් වහන්සේගෙන් මෙකරුණ විමසුවා. භවත් ගෞතමයන් වහන්ස, ඇත්තෙන්ම ලෝකය සදාකාලිකද? පින්වත් වච්ඡ, ලෝකය සදාකාලික ද යන ඔය කාරණය මා විසින් නොවදාළ දෙයක් ....(පෙ).... භවත් ගෞතමයන් වහන්ස, එහෙම නම් තථාගතයන් වහන්සේ මරණින් මතු

ඉන්නෙත් නැද්ද?, නැත්තෙත් නැද්ද?" පින්වත් වච්ඡ, තථාගතයන් වහන්සේ මරණින් මතු ඉන්නේ නැත, නැත්තේ නැත ය යන කරුණ මා විසින් නොවදාළ දෙයක්.

භවත් ගෞතමයන් වහන්ස, මේ අයුරින් විමසූ විට අන්‍යාගමික පිරිවැජියන් "ලෝකය ශාස්වතයි කියා හෝ, ...(පෙ).... තථාගතයන් වහන්සේ මරණින් මතු ඉන්නේත් නැත නැත්තේත් නැත කියා හෝ" ඔය අයුරින් පිළිතුරු දෙන්නට හේතුව කුමක්ද? ප්‍රත්‍යය කුමක්ද? භවත් ගෞතමයන් වහන්ස, මේ අයුරින් විමසූ විට භවත් ගෞතමයන් වහන්සේ "ලෝකය ශාස්වතයි කියා ද, ...(පෙ).... තථාගතයන් වහන්සේ මරණින් මතු ඉන්නේත් නැත නැත්තේත් නැත කියා ද ඔය අයුරින් පිළිතුරක් නොදෙන්නට හේතුව කුමක්ද? ප්‍රත්‍යය කුමක්ද?

පින්වත් වච්ඡ, අන්‍යාගමික පිරිවැජියන් "රූපය ආත්මය වශයෙන් දකිනවා. රූපයෙන් හැදුනු ආත්මයක් දකිනවා. ආත්මයක් තුළ රූපය දකිනවා. රූපය තුළ ආත්මයක් දකිනවා. වේදනාව ආත්මය වශයෙන් දකිනවා. ....(පෙ).... සඤ්ඤාව ....(පෙ).... සංස්කාර ....(පෙ).... විඤ්ඤාණය ආත්මය වශයෙන් දකිනවා. විඤ්ඤාණයෙන් හැදුනු ආත්මයක් දකිනවා. ආත්මයක් තුළ විඤ්ඤාණය දකිනවා. විඤ්ඤාණය තුළ ආත්මයක් දකිනවා. ඒ නිසයි මේ අයුරින් විමසූ විට අන්‍යාගමික පිරිවැජියන් "ලෝකය ශාස්වතයි කියා හෝ ....(පෙ).... තථාගතයන් වහන්සේ මරණින් මතු ඇත්තේත් නැත නැත්තේත් නැත කියා හෝ ඔය අයුරින් පිළිතුරු දෙන්නේ.

පින්වත් වච්ඡ, තථාගත වූ අරහත් සම්මා සම්බුදු රජාණන් වහන්සේ රූපය ආත්මය වශයෙන් දකින්නේ නෑ. රූපයෙන් හැදුණු ආත්මයක් දකින්නේ නෑ. ආත්මයක් තුළ රූපය දකින්නේ නෑ. රූපය තුළ ආත්මයක් දකින්නේ නෑ. වේදනාව ආත්මය වශයෙන් දකින්නේ නෑ ....(පෙ).... සඤ්ඤාව ....(පෙ).... දකින්නේ නෑ. සංස්කාර ....(පෙ).... දකින්නේ නෑ. විඤ්ඤාණය ආත්මය වශයෙන් දකින්නේ නෑ. විඤ්ඤාණයෙන් හැදුණු ආත්මයක් දකින්නේ නෑ. ආත්මයක් තුළ විඤ්ඤාණය දකින්නේ නෑ. විඤ්ඤාණය තුළ ආත්මයක් දකින්නේ නෑ. ඒ නිසයි මේ අයුරින් විමසූ විට තථාගතයන් වහන්සේ "ලෝකය ශාස්වතයි කියාද ....(පෙ).... තථාගතයන් වහන්සේ මරණින් මතු ඇත්තේත් නැත නැත්තේත් නැත කියාද ඔය අයුරින් පිළිතුරු නොදෙන්නේ.

එතකොට වච්ඡගොත්ත පිරිවැජියා අසුනෙන් නැගිට ආයුෂ්මත් මහා මොග්ගල්ලානයන් වහන්සේ වැඩසිටි තැනට ගියා. ගිහින් ආයුෂ්මත් මහා මොග්ගල්ලානයන් වහන්සේ සමඟ සතුටු වුණා. සතුටු විය යුතු පිළිසඳර

කතාබහේ යෙදිලා එකත්පස්ව වාඩි වුණා. එකත්පස්ව වාඩිවුණ වච්ඡගොත්ත පිරිවැජියා ආයුෂ්මත් මහා මොග්ගල්ලානයන් වහන්සේගෙන් මෙකරුණ විමසුවා. භවත් මොග්ගල්ලානයෙනි, ඇත්තෙන්ම ලෝකය සදාකාලිකද? පින්වත් වච්ඡ, ලෝකය සදාකාලිකද යන ඔය කාරණය භාග්‍යවතුන් වහන්සේ විසින් නොවදාළ දෙයක්. භවත් මොග්ගල්ලානයෙනි, එහෙම නම් ලෝකය සදාකාලික නැද්ද? ....(පෙ).... භවත් මොග්ගල්ලානයෙනි, එහෙම නම් තථාගතයන් වහන්සේ මරණින් මතු ඉන්නෙත් නැද්ද? නැත්තෙත් නැද්ද? පින්වත් වච්ඡ, තථාගතයන් වහන්සේ මරණින් මතු ඉන්නේ නැත, නැත්තේ නැත ය යන කරුණත් භාග්‍යවතුන් වහන්සේ විසින් නොවදාළ දෙයක්.

භවත් මොග්ගල්ලානයෙනි, මේ අයුරින් විමසූ විට අන්‍යාගමික පිරිවැජියන් "ලෝකය ශාස්වතයි කියා හෝ, ...(පෙ)... තථාගතයන් වහන්සේ මරණින් මතු ඉන්නේත් නැත නැත්තේත් නැත" කියා හෝ ඔය අයුරින් පිළිතුරු දෙන්නට හේතුව කුමක්ද? ප්‍රත්‍යය කුමක්ද? භවත් මොග්ගල්ලානයෙනි, මේ අයුරින් විමසූ විට ශ්‍රමණ ගෞතමයන් වහන්සේ "ලෝකය ශාස්වතයි කියා ද, ...(පෙ).... තථාගතයන් වහන්සේ මරණින් මතු ඉන්නේත් නැත නැත්තේත් නැත" කියා ද ඔය අයුරින් පිළිතුරක් නොදෙන්නට හේතුව කුමක්ද? ප්‍රත්‍යය කුමක්ද?

පින්වත් වච්ඡ, අන්‍යාගමික පිරිවැජියන් "රූපය ආත්මය වශයෙන් දකිනවා. රූපයෙන් හැදුණු ආත්මයක් දකිනවා. ආත්මයක් තුළ රූපය දකිනවා. රූපය තුළ ආත්මයක් දකිනවා. වේදනාව ආත්මය වශයෙන් දකිනවා ....(පෙ).... සඤ්ඤාව ....(පෙ).... සංස්කාර ....(පෙ).... විඤ්ඤාණය ආත්මය වශයෙන් දකිනවා. විඤ්ඤාණයෙන් හැදුණු ආත්මයක් දකිනවා. ආත්මයක් තුළ විඤ්ඤාණය දකිනවා. විඤ්ඤාණය තුළ ආත්මයක් දකිනවා. ඒ නිසයි මේ අයුරින් විමසූ විට අන්‍යාගමික පිරිවැජියන් "ලෝකය ශාස්වතයි කියා හෝ ....(පෙ).... තථාගතයන් වහන්සේ මරණින් මතු ඇත්තේත් නැත නැත්තේත් නැත කියා හෝ ඔය අයුරින් පිළිතුරු දෙන්නේ.

පින්වත් වච්ඡ, තථාගත වූ අරහත් සම්මා සම්බුදු රජාණන් වහන්සේ රූපය ආත්මය වශයෙන් දකින්නේ නෑ. රූපයෙන් හැදුණු ආත්මයක් දකින්නේ නෑ. ආත්මයක් තුළ රූපය දකින්නේ නෑ. රූපය තුළ ආත්මයක් දකින්නේ නෑ. වේදනාව ආත්මය වශයෙන් දකින්නේ නෑ ....(පෙ).... සඤ්ඤාව ....(පෙ).... දකින්නේ නෑ. සංස්කාර ....(පෙ).... දකින්නේ නෑ. විඤ්ඤාණය ආත්මය වශයෙන් දකින්නේ නෑ. විඤ්ඤාණයෙන් හැදුණු ආත්මයක් දකින්නේ නෑ. ආත්මයක් තුළ විඤ්ඤාණය දකින්නේ නෑ. විඤ්ඤාණය තුළ ආත්මයක්

දකින්නේ නෑ. ඒ නිසයි මේ අයුරින් විමසූ විට තථාගතයන් වහන්සේ "ලෝකය ශාස්වතයි කියා ද, ලෝකය අශාස්වතයි කියා ද, ලෝකය අන්තවත්ය කියා ද, ලෝකය අනන්තවත්ය කියා ද, ජීවයත් එයයි ශරීරයත් එයයි කියා ද, ජීවය අනෙකක් ශරීරයත් අනෙකක් කියා ද, තථාගතයන් වහන්සේ මරණින් මතු ඉන්නවා කියා ද, තථාගතයන් වහන්සේ මරණින් මතු නැත කියා ද, තථාගතයන් වහන්සේ මරණින් මතු ඇත නැත කියා ද, තථාගතයන් වහන්සේ මරණින් මතු ඉන්නේත් නැත නැත්තේත් නැත" කියා ද ඔය අයුරින් පිළිතුරු නොදෙන්නේ.

හවත් මොග්ගල්ලානයෙනි, ආශ්චර්යයි. හවත් මොග්ගල්ලානයෙනි, පුදුම සහගතයි. යම් හෙයකින් ශාස්තෘන් වහන්සේගේත් ශ්‍රාවකයෙකුගේත් මේ උතුම් දහම් කථාව තුළ අර්ථයෙන් අර්ථය, වචනයෙන් වචනය සැසඳිලා යනවා. ගැළපිලා යනවා. නොවෙනස් වෙලා යනවා. හවත් මොග්ගල්ලානයෙනි, දැන් මං ශ්‍රමණ ගෞතමයන් වහන්සේ ළඟට ගිහින් ඔය කාරණය ම ඇසුවා. ඒ ශ්‍රමණ ගෞතමයන් වහන්සේත් ඔය පදවලින් ම, ඔය වචන ප්‍රකාශ කිරීම් වලින් ම මේ කාරණාව හවත් මොග්ගල්ලානයන් වහන්සේ වදාළ පරිදිම පැහැදිලි කළා. හවත් මොග්ගල්ලානයෙනි, ආශ්චර්යයි. හවත් මොග්ගල්ලානයෙනි, පුදුම සහගතයි. යම් හෙයකින් ශාස්තෘන් වහන්සේගේත් ශ්‍රාවකයෙකුගේත් මේ උතුම් දහම් කථාව තුළ අර්ථයෙන් අර්ථය, වචනයෙන් වචනය සැසඳිලා යනවා. ගැළපිලා යනවා. නොවෙනස් වෙලා යනවා.

සාදු ! සාදු !! සාදු !!!

ඛන්ධ සූත්‍රය නිමා විය.

10.1.9

කුතූහලසාලා සූත්‍රය

කුතූහල ශාලාවේදී වූ කථාව අරභයා වදාළ දෙසුම

එදා වච්ඡගොත්ත පිරිවැජියා භාග්‍යවතුන් වහන්සේ වැඩසිටි තැනට පැමිණුනා. පැමිණිලා භාග්‍යවතුන් වහන්සේ සමඟ සතුටු වුණා. සතුටු විය යුතු පිළිසඳර කතාබහේ යෙදිලා එකත්පස්ව වාඩි වුණා. එකත්පස්ව වාඩිවුණ වච්ඡගොත්ත පිරිවැජියා භාග්‍යවතුන් වහන්සේගෙන් මෙකරුණ විමසුවා. හවත් ගෞතමයන් වහන්ස, දවස් ගණනකට කලින්, බොහෝ දවස් ගණනකට

කලින් නොයෙක් ආගම් වලට අයත් බොහෝ ශ්‍රමණ බ්‍රාහ්මණ පිරිවැජි ආදීන් කුතුහල ශාලාවේ රැස් වෙලා සිටිද්දී, ඔවුන් අතර මේ කථාව ඇති වුණා.

මේ පූරණ කස්සප පිරිස් සහිතව, සමූහයා සහිතව, පිරිසට ආචාර්ය වෙලා ඉතා ප්‍රසිද්ධව කීර්තිධරව, තමන්ගේ මතවාදය කියා ගෙන යනවා. බොහෝ ජනයා අතරත් හොඳයි කියලා සම්මතයි. ඔහුත් අතීතයට ගිය, කලුරිය කරපු ශ්‍රාවකයා ඉපදුනු තැන ගැන කියනවා. "අසවලා අසවල් තැන උපන්නා. අසවලා අසවල් තැන උපන්නා" කියලා. ඔහුගේ යම් ශ්‍රාවකයෙක් උතුම් පුරුෂයෙක් වෙලා, ශ්‍රේෂ්ඨ පුරුෂයෙක් වෙලා, උතුම් තත්වයකට පත් වුණා නම්, ඒ ශ්‍රාවකයාත් අතීතයට ගිය විට, කලුරිය කළ විට ඉපදුනු තැන කියනවා. "අසවලා අසවල් තැන උපන්නා. අසවලා අසවල් තැන උපන්නා" කියලා.

මේ මක්ඛලී ගෝසාලත් ....(පෙ).... මේ නිගණ්ඨනාතපුත්තත් ....(පෙ).... මේ සංජය බෙල්ලට්ඨිපුත්තත් ....(පෙ).... මේ පකුධ කච්චායනත් ....(පෙ).... මේ අජිත කේසකම්බලත් පිරිස් සහිතව, සමූහයා සහිතව, පිරිසට ආචාර්ය වෙලා ඉතා ප්‍රසිද්ධව කීර්තිධරව, තමන්ගේ මතවාදය කියා ගෙන යනවා. බොහෝ ජනයා අතරත් හොඳයි කියලා සම්මතයි. ඔහුත් අතීතයට ගිය, කලුරිය කරපු ශ්‍රාවකයා ඉපදුනු තැන ගැන කියනවා. "අසවලා අසවල් තැන උපන්නා. අසවලා අසවල් තැන උපන්නා" කියලා. ඔහුගේ යම් ශ්‍රාවකයෙක් උතුම් පුරුෂයෙක් වෙලා, ශ්‍රේෂ්ඨ පුරුෂයෙක් වෙලා උතුම් තත්වයකට පත් වුණා නම්, ඒ ශ්‍රාවකයාත් අතීතයට ගිය විට, කලුරිය කළ විට ඉපදුනු තැන කියනවා. "අසවලා අසවල් තැන උපන්නා. අසවලා අසවල් තැන උපන්නා" කියලා.

මේ ශ්‍රමණ ගෞතමයන් වහන්සේත් පිරිස් සහිතව, සමූහයා සහිතව, පිරිසට ආචාර්ය වෙලා ඉතා ප්‍රසිද්ධව කීර්තිධරව, තමන්ගේ මතවාදය කියා ගෙන යනවා. බොහෝ ජනයා අතරත් හොඳයි කියලා සම්මතයි. උන්වහන්සේත් අතීතයට ගිය, කලුරිය කරපු ශ්‍රාවකයා ඉපදුනු තැන ගැන කියනවා. "අසවලා අසවල් තැන උපන්නා. අසවලා අසවල් තැන උපන්නා" කියලා. උන්වහන්සේගේ යම් ශ්‍රාවකයෙක් උතුම් පුරුෂයෙක් වෙලා, ශ්‍රේෂ්ඨ පුරුෂයෙක් වෙලා, උතුම් තත්වයකට පත් වුණා නම්, ඒ ශ්‍රාවකයාත් අතීතයට ගිය විට, කලුරිය කළ විට ඉපදුනු තැන ගැන කියන්නේ නෑ "අසවලා අසවල් තැන උපන්නා. අසවලා අසවල් තැන උපන්නා" කියලා. ඒ වුණාට ඔහු ගැන මෙහෙම කියනවා. 'තණ්හාව සිඳ දැම්මා. සංයෝජන ඉක්මවා ගියා. මානය මනාකොට අවබෝධ කිරීමෙන් දුක අවසන් කළා' කියලා එතකොට මට භවත් ගෞතමයන් වහන්ස, සැක ඇති වෙනවා ම යි. විචිකිච්ඡාව ඇති වෙනවා ම යි 'ශ්‍රමණ ගෞතමයන් වහන්සේගේ ධර්මය අවබෝධ කරන්නේ කොහොමද?' කියල.

පින්වත් වච්ඡ, ඔබ විසින් සැක කරන්ට සුදුසු ම යි. විචිකිච්ඡා කරන්ට සුදුසු ම යි. සැක ඇති විය යුතු තැන ම යි ඔබට විචිකිච්ඡාව උපන්නේ. පින්වත් වච්ඡ, මං උපතක් පණවන්නේ උපාදාන සහිත කෙනාට විතරයි. උපාදාන රහිත කෙනාට නොවෙයි. පින්වත් වච්ඡ, ඒක මේ වගේ දෙයක්. ගින්නක් දැල්වෙන්නේ උපාදාන සහිතව ම යි. උපාදාන රහිතව නොවේ. ඔය විදිහට ම පින්වත් වච්ඡ, මං උපතක් පණවන්නේ උපාදාන සහිත කෙනාට විතරයි. උපාදාන රහිත කෙනාට නොවෙයි.

භවත් ගෞතමයන් වහන්ස, යම් අවස්ථාවකදී ගිනි දැල් සුළඟට වැදී දුරටත් යනවා. භවත් ගෞතමයන් වහන්සේ, මේ දෙය පණවන්නේ කවර උපාදානයක් තුළද? පින්වත් වච්ඡ, යම් අවස්ථාවකදී සුළඟේ මෙහෙය වීමෙන් ගිනිදැල් ඈතට යනවා නම්, මං එයට සුළඟ උපාදාන වී තියෙනවා කියලයි කියන්නේ. පින්වත් වච්ඡ, ඒ අවස්ථාවේදී එයට සුළඟයි උපාදාන වෙලා තියෙන්නේ.

භවත් ගෞතමයන් වහන්ස, යම් අවස්ථාවක මේ කයත් බැහැර කරනවා නම්, සත්වයා ද වෙන කයකට ඇවිල්ලත් නැත්නම්, භවත් ගෞතමයන් වහන්සේ මොහුට පණවන්නේ කවර උපාදානයක් තුළද? පින්වත් වච්ඡ, යම් අවස්ථාවක මේ කයත් බැහැර කරනවා නම්, සත්වයා ද වෙන කයකට ඇවිල්ලත් නැත්නම්, මං ඔහුට තණ්හාව උපාදාන වෙලා තියෙනවා කියලයි කියන්නේ. පින්වත් වච්ඡ, ඒ අවස්ථාවේදී ඔහුගේ උපාදානය වන්නේ තණ්හාවයි.

සාදු ! සාදු !! සාදු !!!

කුතූහලසාලා සූත්‍රය නිමා විය.

10.1.10
අත්ථත්ත සූත්‍රය
ආත්මයක් තිබෙනවාද යන්න ගැන වදාළ දෙසුම

එදා වච්ඡගොත්ත පිරිවැජියා භාග්‍යවතුන් වහන්සේ වැඩසිටි තැනට පැමිණුනා. පැමිණිලා භාග්‍යවතුන් වහන්සේ සමඟ සතුටු වුණා. සතුටු විය යුතු පිළිසඳර කතාබහේ යෙදිලා එකත්පස්ව වාඩි වුණා. එකත්පස්ව වාඩිවුණ වච්ඡගොත්ත පිරිවැජියා භාග්‍යවතුන් වහන්සේගෙන් මෙකරුණ විමසුවා. භවත් ගෞතමයන් වහන්ස, ඇත්තෙන් ම ආත්මය කියලා දෙයක් තියෙනවාද?

මෙසේ ඇසූ විට භාග්‍යවතුන් වහන්සේ නිශ්ශබ්දව වැඩසිටියා. එහෙම නම් භවත් ගෞතමයන් වහන්ස, ආත්මය කියලා දෙයක් නැද්ද? දෙවන වතාවේදීත් භාග්‍යවතුන් වහන්සේ නිශ්ශබ්දව වැඩසිටියා. එතකොට වච්ඡගොත්ත පිරිවැජියා අසුනෙන් නැගිට පිටත් වුණා. වච්ඡගොත්ත පිරිවැජියා පිටත්ව ගිය නොබෝ වේලාවකින් ආයුෂ්මත් ආනන්දයන් භාග්‍යවතුන් වහන්සේගෙන් මෙකරුණ විමසුවා. ස්වාමීනි, භාග්‍යවතුන් වහන්සේ වච්ඡගොත්ත පිරිවැජියාගේ ප්‍රශ්නය විසඳා නොවදාළේ මක් නිසාද?

පින්වත් ආනන්ද, මං වච්ඡගොත්ත පිරිවැජියාගේ ආත්මය කියලා දෙයක් තියෙනවාද? යන ප්‍රශ්නයට, ආත්මය කියලා දෙයක් ඇත කියලා පිළිතුරු දුන්නා නම්, පින්වත් ආනන්ද, යම් ඒ ශාස්වත දෘෂ්ටි ගත් ශ්‍රමණ බ්‍රාහ්මණයින් ඇද්ද, මෙය ඔවුන්ගේ මතය බවට පත් වෙනවා. පින්වත් ආනන්ද, මං වච්ඡගොත්ත පිරිවැජියාගේ ආත්මය කියලා දෙයක් නැද්ද? යන ප්‍රශ්නයට, ආත්මය කියලා දෙයක් නැත කියලා පිළිතුරු දුන්නා නම්, පින්වත් ආනන්ද, යම් ඒ උච්ඡේද දෘෂ්ටි ගත් ශ්‍රමණ බ්‍රාහ්මණයින් ඇද්ද, මෙය ඔවුන්ගේ මතය බවට පත් වෙනවා. පින්වත් ආනන්ද, මං වච්ඡගොත්ත පිරිවැජියාගේ ආත්මය කියලා දෙයක් තියෙනවාද? යන ප්‍රශ්නයට, ආත්මය කියලා දෙයක් ඇත කියලා පිළිතුරු දුන්නා නම්, පින්වත් ආනන්ද, සියලු ධර්මයන් අනාත්මයි යන අවබෝධ ඤාණය ඉපදීම පිණිස එය මට අනුකූල දෙයක් වෙනවාද? ස්වාමීනි, එය නොවේ ම යි. පින්වත් ආනන්ද, මං වච්ඡගොත්ත පිරිවැජියාගේ ආත්මය කියලා දෙයක් නැද්ද? යන ප්‍රශ්නයට, ආත්මය කියලා දෙයක් නැත කියලා පිළිතුරු දුන්නා නම්, පින්වත් ආනන්ද, මුළාවට පත් වෙලා ඉන්න වච්ඡගොත්ත පිරිවැජියා තවත් බරපතල මුළාවකටයි වැටෙන්නේ. අයියෝ..! මට කලින් ආත්මය තිබුණා. දැන් ඒක නැතෙයි කියලා.

සාදු ! සාදු !! සාදු !!!

අත්ථත්ත සූත්‍රය නිමා විය.

10.1.11
සභිය සූත්‍රය
සභිය තෙරුන් වදාළ දෙසුම

ඒ දිනවල ආයුෂ්මත් සභිය කච්චාන තෙරුන් වාසය කළේ ඤාතික

ගමේ ගඩොලින් කළ ආවාසයකයි. එදා වච්ඡගොත්ත පිරිවැජියා ආයුෂ්මත් සභිය කච්චාන තෙරුන් වැඩසිටි තැනට පැමිණුනා. පැමිණිලා ආයුෂ්මත් සභිය කච්චාන තෙරුන් සමඟ සතුටු වුණා. සතුටු විය යුතු පිළිසඳර කතාබහේ යෙදිලා එකත්පස්ව වාඩිවුණා. එකත්පස්ව වාඩි වුණ වච්ඡගොත්ත පිරිවැජියා ආයුෂ්මත් සභිය කච්චාන තෙරුන්ගෙන් මෙකරුණ විමසුවා.

"භවත් කච්චාන, ඇත්තෙන්ම තථාගතයන් වහන්සේ මරණින් මතු ඉන්නවාද?" "පින්වත් වච්ඡ, තථාගතයන් වහන්සේ මරණින් මතු ඉන්නවා ය යන කරුණ භාග්‍යවතුන් වහන්සේ විසින් නොවදාළ දෙයක්." "භවත් කච්චාන, එහෙම නම් තථාගතයන් වහන්සේ මරණින් මතු නැද්ද?" "පින්වත් වච්ඡ, තථාගතයන් වහන්සේ මරණින් නැත ය යන කරුණත් භාග්‍යවතුන් වහන්සේ විසින් නොවදාළ දෙයක්." "භවත් කච්චාන, එහෙම නම් තථාගතයන් වහන්සේ මරණින් මතු ඉන්නවාද? නැද්ද?" "පින්වත් වච්ඡ, තථාගතයන් වහන්සේ මරණින් ඇත, නැත යන කරුණ භාග්‍යවතුන් වහන්සේ විසින් නොවදාළ දෙයක්." "භවත් කච්චාන, එහෙම නම් තථාගතයන් වහන්සේ මරණින් මතු ඉන්නේත් නැද්ද? නැත්තේත් නැද්ද?" "පින්වත් වච්ඡ, තථාගතයන් වහන්සේ මරණින් මතු ඉන්නේත් නැත, නැත්තේත් නැත යන කරුණත් භාග්‍යවතුන් වහන්සේ විසින් නොවදාළ දෙයක්."

"ඇයි භවත් කච්චාන, තථාගතයන් වහන්සේ මරණින් මතු ඉන්නවාද? කියලා ඇසූ විට පින්වත් වච්ඡ, තථාගතයන් වහන්සේ මරණින් මතු ඉන්නවා ය යන කරුණ භාග්‍යවතුන් වහන්සේ විසින් නොවදාළ දෙයක් කියලා කිව්වේ? ඒ වගේම ඇයි භවත් කච්චාන, එහෙම නම් තථාගතයන් වහන්සේ මරණින් මතු නැද්ද? කියලා ඇසූ විට පින්වත් වච්ඡ, තථාගතයන් වහන්සේ මරණින් මතු නැත ය යන කරුණත් භාග්‍යවතුන් වහන්සේ විසින් නොවදාළ දෙයක් කියලා කිව්වේ? ඒ වගේම ඇයි භවත් කච්චාන, එහෙම නම් තථාගතයන් වහන්සේ මරණින් මතු ඉන්නවාද? නැද්ද? කියලා ඇසූ විට පින්වත් වච්ඡ, තථාගතයන් වහන්සේ මරණින් ඇත, නැත යන කරුණ භාග්‍යවතුන් වහන්සේ විසින් නොවදාළ දෙයක් කියලා කිව්වේ? ඒ වගේම ඇයි භවත් කච්චාන, එහෙම නම් තථාගතයන් වහන්සේ මරණින් මතු ඉන්නේත් නැද්ද? නැත්තේත් නැද්ද? කියලා ඇසූ විට පින්වත් වච්ඡ, තථාගතයන් වහන්සේ මරණින් මතු ඉන්නේත් නැත, නැත්තේත් නැත ය යන කරුණත් භාග්‍යවතුන් වහන්සේ විසින් නොවදාළ දෙයක් කියලා කිව්වේ? භවත් කච්චාන, ශ්‍රමණ ගෞතමයන් වහන්සේ විසින් එය නොවදාළ හේතුව මොකක්ද? ප්‍රත්‍යය මොකක්ද?

ආයුෂ්මත, රූප සහිතයි කියලා හෝ, රූප රහිතයි කියලා හෝ, සඤ්ඤා

සහිතයි කියලා හෝ සඤ්ඤා රහිතයි කියලා හෝ, සඤ්ඤාව ඇත්තේත් නැතුව, නැත්තේත් නැතුව ඉන්නවා කියලා හෝ පැණවීමකට යම් හේතුවක් තියෙනවා නම්, යම් ප්‍රත්‍යයක් තියෙනවා නම්, ඒ හේතුවත් ඒ ප්‍රත්‍යයත් මුළුමණින් ම, සියල්ල ම සියලු තැන්හි ම, සියලු අයුරින් ම ඉතිරි නැතුව නිරුද්ධ වෙනවා නම්, එතකොට කවර දෙයක් මුල් කරගෙනද රූප සහිතයි කියලා හෝ රූප රහිතයි කියලා හෝ සඤ්ඤා සහිතයි කියලා හෝ සඤ්ඤා රහිතයි කියලා හෝ සඤ්ඤාව ඇත්තේත් නැතුව, නැත්තේත් නැතුව ඉන්නවා කියලා හෝ පැණවීමක් පණවන්නේ?

භවත් කච්චානයන් පැවිදි වෙලා කොච්චර කලක් වෙනවද? ආයුෂ්මත, එච්චර කලක් නෑ. අවුරුදු තුනයි. ආයුෂ්මතුනි, යම් කෙනෙකුගේ දේශනාව මෙච්චර කලකින් ම මෙවැනි වුණා නම්, එය ලොකු දේශනාවක් ම යි. ඔයිටත් වඩා සුන්දර වූ දේශනාවක් ගැන කවර කතාද?

සාදු ! සාදු !! සාදු !!!

සභිය සූත්‍රය නිමා විය.

පළමුවෙනි අබ්‍යාකත වර්ගය යි.

- **එහි පිළිවෙළ උද්දානය යි.**

ඛේමා සූත්‍රය, අනුරාධ සූත්‍රය,, උපගත සූත්‍රය, සමුදය සූත්‍රය, පේම සූත්‍රය, ආරාම සූත්‍රය, ආයතන සූත්‍රය, ඛන්ධ සූත්‍රය, කුතුහලසාලා සූත්‍රය, අත්ථත්ත සූත්‍රය, සභිය සූත්‍රය, යන දෙසුම් වලින් මේ වර්ගය සමන්විතයි.

අබ්‍යාකත සංයුත්තය නිමා විය.

- **සළායතන වර්ගයේ සංයුත්තයන්ගේ පිළිවෙළ උද්දානය යි.**

සළායතන සංයුත්තය, වේදනා සංයුත්තය, මාතුගාම සංයුත්තය, ජම්බුඛාදක සංයුත්තය, සාමණ්ඩකානි සංයුත්තය, මොග්ගල්ලාන සංයුත්තය, චිත්ත සංයුත්තය, ගාමණී සංයුත්තය, අසංඛත සංයුත්තය, අබ්‍යාකත සංයුත්තය යන සංයුත්තයන්ගෙන් මෙම වර්ගය සමන්විතයි.

සළායතන වර්ගය නිමා විය.

දසබලසේලප්පභවා නිබ්බානමහාසමුද්දපරියන්තා
අට්ඨංග මග්ගසලිලා ජිනවචනනදී චිරං වහතූති.

දසබලයන් වහන්සේ නමැති ශෛලමය පර්වතයෙන් පැන නැගී
අමා මහ නිවන නම් වූ මහා සාගරය අවසන් කොට ඇති
ආර්ය අෂ්ටාංගික මාර්ගය නම් වූ සිහිල් දිය දහරින් හෙබි
උතුම් ශ්‍රී මුඛ බුද්ධ වචන ගංගාව (ලෝ සතුන්ගේ සසර දුක නිවාලමින්)
බොහෝ කල් ගලාබස්නා සේක්වා !

(සළායතන සංයුත්තය - උද්දාන ගාථා)

සාදු! සාදු!! සාදු!!!

නමෝ තස්ස භගවතෝ අරහතෝ සම්මාසම්බුද්ධස්ස.
ඒ භාග්‍යවත් අරහත් සම්මා සම්බුදුරජාණන් වහන්සේට නමස්කාර වේවා!

මේ උතුම් ගෞතම බුදු සසුනේදී ම මේ ආශ්චර්යවත් ශ්‍රී සද්ධර්මය මැනැවින් උගෙන තම තමන්ගේ නුවණ මෙහෙයවා ධර්මයෙහි හැසිරීමෙන් ආර්ය ශ්‍රාවකයන් බවට පත්ව සතර අපා දුකෙන් සදහටම මිදෙනු කැමැති ලංකාවාසී සැදැහැවත් නුවණැතියන් හට වඩාත් හොඳින් තේරුම් ගැනීම පිණිස මහත් ශ්‍රද්ධාවෙන් යුතුව සංයුත්ත නිකායෙහි සිව්වෙනි කොටස වන සළායතනය වර්ගය සිංහල භාෂාවට පරිවර්තනය කිරීමෙන් ලත් සකල විපුල පුණ්‍ය සම්භාර ධර්මයන් පින් කැමැති සියල්ලෝ ම සතුටින් අනුමෝදන් වෙත්වා! අප සියලු දෙනාට ම වහ වහා උතුම් චතුරාර්ය සත්‍ය ධර්මය සත්‍ය ඥාණ වශයෙන් ද, කෘත්‍ය ඥාණ වශයෙන් ද, කෘත ඥාණ වශයෙන් ද අවබෝධ වීම පිණිස ඒකාන්තයෙන් ම මේ පුණ්‍ය වාසනාව උපකාර වේවා!

සාදු! සාදු!! සාදු!!!

www.ingramcontent.com/pod-product-compliance
Lightning Source LLC
Chambersburg PA
CBHW080446170426
43196CB00016B/2708
9789556871067